Anforderungsbereich III (Reflexion und Problemlösung)

Er umfasst den kritischen und reflektierten Umgang mit neuen Problemstellungen, den eingesetzten Methoden und den gewonnenen Erkenntnissen. Ziel sind eigenständige Begründungen, Folgerungen, Deutungen und Wertungen.

beurteilen

den Stellenwert von Sachverhalten oder Prozessen in einem Zusammenhang bestimmen, um kriterienorientiert zu einem begründeten Sachurteil zu gelangen

entwickeln

zu einem Sachverhalt oder zu einer Problemstellung eine Einschätzung, ein Lösungsmodell, eine Gegenposition oder ein begründetes Lösungskonzept darlegen

erörtern

zu einer vorgegebenen Problemstellung eine reflektierte, abwägende Auseinandersetzung führen und zu einem begründeten Sach- und / oder Werturteil kommen

sich auseinandersetzen

zu einem Sachverhalt, einem Konzept, einer Problemstellung oder einer These usw. eine Argumentation → *entwickeln*, die zu einem begründeten Sach- und / oder Werturteil führt

Stellung nehmen

Beurteilung (→ *beurteilen*) mit zusätzlicher Reflexion individueller, sachbezogener und / oder politischer Wertmaßstäbe, die Pluralität gewährleisten und zu einem begründeten eigenen Werturteil führen

überprüfen

Inhalte, Sachverhalte, Vermutungen oder Hypothesen auf der Grundlage eigener Kenntnisse oder mithilfe zusätzlicher Materialien auf ihre sachliche Richtigkeit bzw. auf ihre innere Logik hin untersuchen

Operator, der Leistungen in allen drei Anforderungsbereichen verlangt:

interpretieren

Sinnzusammenhänge aus Quellen erschließen und ein begründetes Sachurteil oder eine Stellungnahme abgeben, die auf einer Analyse beruhen

Operatoren zusammengestellt nach: http://db2.nibis.de/1db/cuvo/datei/ge_go_kc_druck_2017.pdf (Zugriff: 11. November 2019)

Tipps für den richtigen Umgang mit den Operatoren und den Aufgaben im Buch:

- Nützliche Erklärungen zu den einzelnen Operatoren bietet die Übersicht auf Seite 456 bis 464.
- Zu Aufgaben, die mit einem **H** (= Helfen) oder **F** (= Fordern) gekennzeichnet sind, finden Sie im Anhang auf Seite 494 bis 504 Hinweise und weitere Informationen.

BUCHNERS KOLLEG

Geschichte

Ausgabe Niedersachsen
Abitur 2028

C.C.Buchner Verlag

Buchners Kolleg Geschichte

Ausgabe Niedersachsen
Abitur 2028

Unterrichtswerk für die Oberstufe

Bearbeitet von Thomas Ahbe, Friedrich Anders, Boris Barth, Klaus Dieter Hein-Mooren, Stephan Kohser, Heike Krause-Leipoldt, Martin Liepach, Ulrich Mücke, Oliver Näpel, Thomas Ott, Markus Reinbold, Reiner Schell, Jule Beate Sommersberg, Jürgen Weber, Carl Wilhelm, Stefanie Witt und Hartmann Wunderer

Zu diesem Lehrwerk sind erhältlich:
- Digitales Schulbuch **click & study** Einzellizenz, WEB-Bestell-Nr. 321081
- Digitales Lehrermaterial **click & teach** Einzellizenz, WEB-Bestell-Nr. 321082

Weitere Lizenzformen (Einzellizenz flex, Kollegiumslizenz) und Materialien unter www.ccbuchner.de.

1. Auflage, 1. Druck 2026
Alle Drucke dieser Auflage sind, weil untereinander unverändert, nebeneinander benutzbar.

Dieses Lehrwerk folgt den aktuellen Regelungen für Rechtschreibung und Zeichensetzung. Ausnahmen bilden Texte, bei denen künstlerische, philologische oder lizenzrechtliche Gründe einer Änderung entgegenstehen. Teile des Lehrwerks wurden mithilfe gängiger Large Language Models erstellt oder bearbeitet. Sämtliche Inhalte wurden anschließend redaktionell geprüft, überarbeitet und verantwortet. Weitere Informationen finden Sie auf www.ccbuchner.de/ki-leitlinie

Auf verschiedenen Seiten dieses Buches finden sich Verweise (Links) auf Internetadressen. Haftungshinweis: Trotz sorgfältiger inhaltlicher Kontrolle wird die Haftung für die Inhalte externer Seiten ausgeschlossen.

produktsicherheit@ccbuchner.de

Layout und Umschlag: mgo360 GmbH & Co. KG, Bamberg
Satz: tiff.any GmbH & Co. KG, Berlin
Grafiken und Karten: ARTBOX Grafik und Satz GmbH, Bremen; mgo360 GmbH & Co. KG, Bamberg; tiff.any GmbH & Co. KG, Berlin
Druck und Bindung: Firmengruppe Appl, aprinta Druck, Wemding

www.ccbuchner.de

ISBN 978-3-661-**32108**-0

1. Krisen, Umbrüche und Revolutionen

2. Wechselwirkungen und Anpassungsprozesse

3. Wurzeln unserer Identität

4. Geschichts- und Erinnerungskultur

5. Abiturvorbereitung

Anhang

Hinweis: Die Inhalte des vorliegenden Lehrwerkes sind auf Kurse mit erhöhtem Anforderungsniveau abgestimmt. Bei den Arbeitsfragen zu den (Text-)Materialien finden Sie Vorschläge, wie Kurse auf grundlegendem Anforderungsniveau mit dem Band unterrichtet werden können. Die Aufgaben für die gA-Kurse sind speziell durch einen Unterstrich gekennzeichnet (z. B. **1.**, **2.**, **3.**, **4.**).

Zur Arbeit mit dem Buch

Das vorliegende **Lern- und Arbeitsbuch** wurde eigens nach den Vorgaben des Kerncurriculums für Niedersachsen und den fachbezogenen Hinweisen zur schriftlichen Abiturprüfung konzipiert.

Einführungsseiten
leiten mit problemorientierten Bildern und Texten, einer **Lernstandserhebung** sowie den **Kompetenzerwartungen** in die vier Rahmenthemen ein.

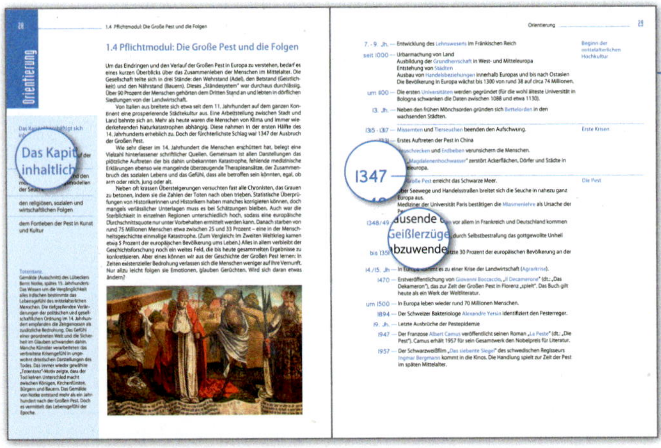

Orientierungsseiten
informieren überblicksartig über die Themen der **Pflichtmodule** (blau) bzw. der **Wahlmodule** (grün). Die Doppelseite umfasst ein Auftaktbild, einen kurzen Text zum Einstieg ins Thema, die **Lerninhalte** des jeweiligen Moduls sowie eine **Chronologie** mit zentralen Daten und Fakten.

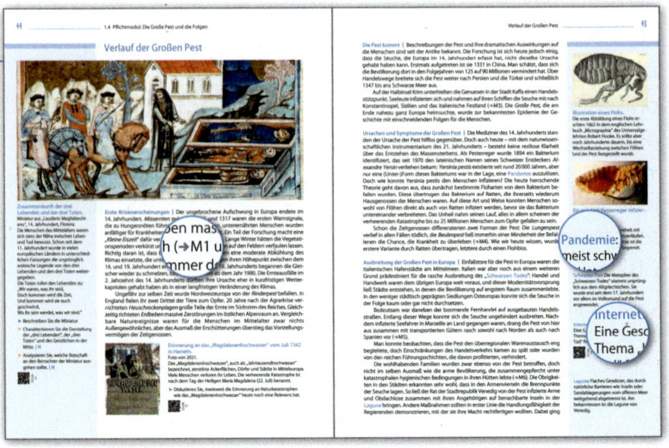

Darstellungen
vermitteln ein Verständnis für historische Zusammenhänge und Strukturen. Sie sind mit den Materialien durch Querverweise vernetzt (➜ M1, ➜ M2 etc.).
Die Randspalte enthält **Namens- und Begriffserklärungen**, weiterführende **Internettipps** sowie Hinweise auf „**Animierte Karten**" und „**Geschichte In Clips**".
Einen Überblick zu den digitalen Angeboten und Hinweise, wie diese abgerufen werden können, finden Sie auf Seite 480 in diesem Buch.

Materialien

vertiefen zentrale Themenaspekte und stellen kontroverse Sichtweisen dar. Die Aufgaben sind farblich je nach **Anforderungsbereich** gekennzeichnet. Erläuterungen dazu stehen ganz vorne im Buch. Tipps zum richtigen **Umgang mit den Operatoren** finden Sie ab Seite 456. Über Angebote zum Helfen (**H**) und Fordern (**F**) informiert Seite 494 ff.

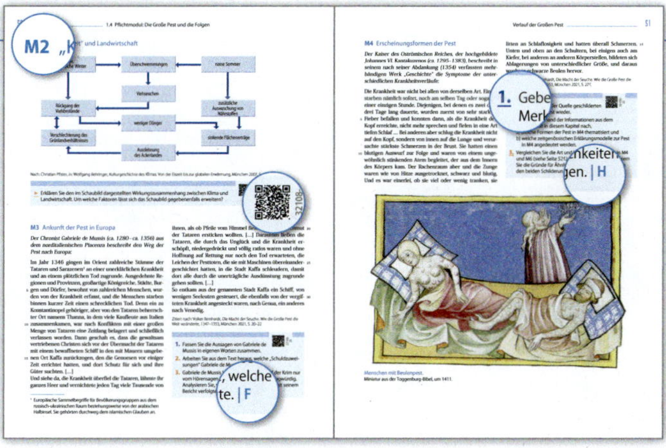

Digitale Aufgaben

Alle Aufgaben im Schulbuch können auch über **QR- und Mediencodes** digital abgerufen werden. Zusätzlich bieten diese digitalen Aufgaben **Hilfen zu Operatoren und Methoden.**

Kernmodule

sind **rot** gekennzeichnet. Sie behandeln **historische Theorien und Erklärungsmodelle** und vernetzen zum Teil die Kapitel durch Querverweise und Aufgaben miteinander.

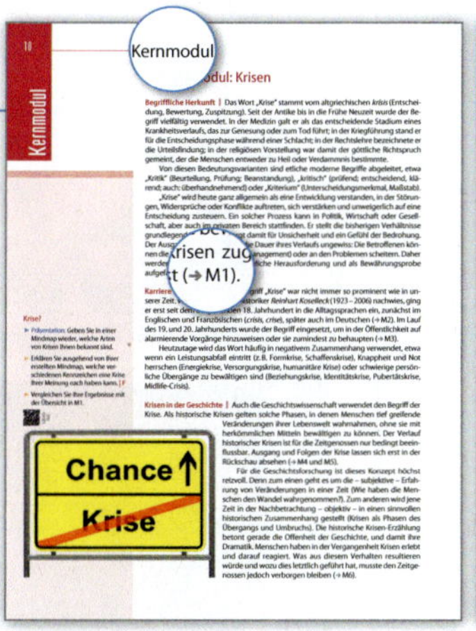

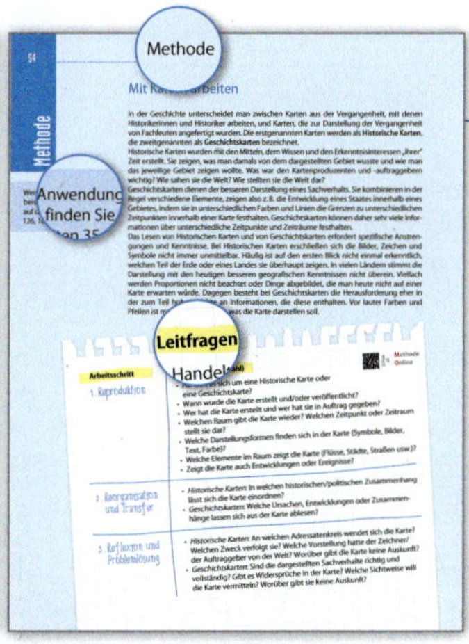

Methoden

erläutern **historische Arbeitstechniken** für die eigenständige Erarbeitung und Wiederholung an einem konkreten Beispiel. Die **Musterlösungen** können Sie auf Seite 482 bis 493 nachlesen. Zudem finden Sie auf Seite 481 grundlegende **Hinweise zur methodischen Arbeit.**

Geschichte kontrovers

präsentiert Standpunkte vornehmlich von Fachwissenschaftlerinnen und Fachwissenschaftlern, die zur Diskussion anregen und die eigene **Urteilskompetenz** fördern sollen.

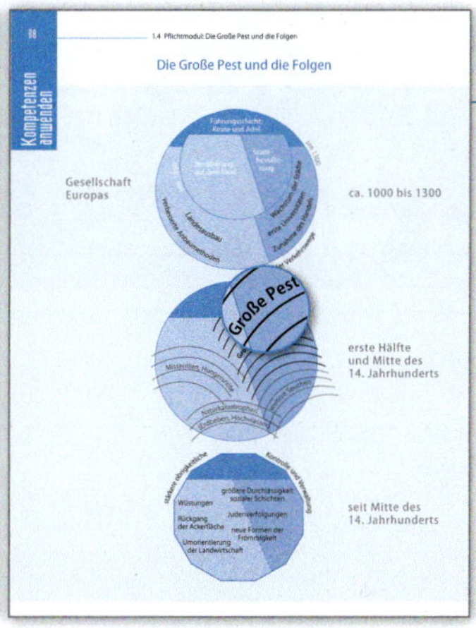

Kompetenzen anwenden

Auf dieser Doppelseite fasst ein **Schaubild** die wesentlichen Lerninhalte des Kapitels zusammen. Mithilfe von **Materialien** können das erworbene Wissen und die angeeigneten methodischen Kenntnisse getestet werden.

Karneval in Venedig.
Foto vom 14. Februar 2023.
Der „Carnevale di Venezia" ist mit seinen aufwendigen Masken, prächtigen Kostümen und künstlerischen Darbietungen weltberühmt. Tausende Besucher strömen jährlich in die Lagunenstadt, um das Spektakel zu erleben.

Auf Luthers Spuren: Sightseeing in Wittenberg.
Foto vom 30. Oktober 2017.
Eine Gruppe von Touristen betrachtet die bronzene „Thesentür" aus dem 19. Jahrhundert an der Wittenberger Schlosskirche.

Französischer Nationalfeiertag.
Foto vom 14. Juli 2012.
Eine Militärparade findet auf den Champs-Elysées vor dem Pariser Triumphbogen statt.

1. Krisen, Umbrüche und Revolutionen

Was steckt hinter den Begriffen Krise, Umbruch und Revolution? Was unterscheidet sie und was ist ihnen gemeinsam? Sicher kennen Sie Beispiele wie Wirtschaftskrisen, politische und gesellschaftliche Umbrüche oder Revolutionen wie die Französische. In diesem Rahmenthema lernen Sie, warum eine Krise noch keinen Umbruch bedeutet und erst recht keine Revolution. Vielmehr bezeichnet sie einen unsicheren Schwebezustand, der sich bis zur Revolution hin verstärken, aber auch wieder auflösen kann. Nicht immer ist Gewalt im Spiel. Und manche alten Strukturen geraten nicht deshalb ins Wanken, weil sich jemand dagegen auflehnt, sondern aus ganz anderen Gründen. Um das vielschichtige Wechselspiel von Ursache und Wirkung, um konkrete Beispiele und die Frage, wie Zeitgenossen und heutige Betrachter die geschichtlichen Ereignisse wahrnahmen bzw. deuten, geht es auf den folgenden Seiten.

Kompetenzen

Am Ende des ersten Rahmenthemas sollten Sie Folgendes können:

… Wendepunkte und beschleunigte Veränderungsprozesse in Form von Krisen, Umbruchsituationen oder Revolutionen benennen und erklären.

… Bedingungen, Verlauf und Folgen von beschleunigten Veränderungsprozessen analysieren und beurteilen.

… sich mit der Gleichzeitigkeit von Kontinuität und Wandel sowie deren Bedeutung in der Geschichte auseinandersetzen.

… unterschiedliche zeitgenössische und moderne Deutungen dieser Prozesse analysieren und überprüfen.

Was wissen und können Sie schon?

32040-001

Bilden Sie Kleingruppen und bearbeiten Sie die Bildmaterialien auf der linken Seite:

1. Beschreiben Sie in wenigen Worten die drei Fotos: Wer oder was ist dargestellt? Was wird thematisiert?
2. Arbeiten Sie heraus, auf welche historischen Ereignisse sich die Bildinhalte beziehen.
3. Ordnen Sie die in Aufgabe 2 ermittelten historischen Ereignisse folgenden Begriffen zu: Krisen, Umbruchsituationen und Revolutionen. Begründen Sie jeweils Ihre Meinung.
4. Präsentieren Sie im Anschluss Ihre Ergebnisse im Kurs und vergleichen Sie zusammenfassend Ihre Einschätzungen.

1.1 Kernmodul: Krisen

Begriffliche Herkunft | Das Wort „Krise“ stammt vom altgriechischen *krísis* (Entscheidung, Bewertung, Zuspitzung). Seit der Antike bis in die Frühe Neuzeit wurde der Begriff vielfältig verwendet. In der Medizin galt er als das entscheidende Stadium eines Krankheitsverlaufs, das zur Genesung oder zum Tod führt; in der Kriegführung stand er für die Entscheidungsphase während einer Schlacht; in der Rechtslehre bezeichnete er die Urteilsfindung; in der religiösen Vorstellung war damit der göttliche Richtspruch gemeint, der die Menschen entweder zu Heil oder Verdammnis bestimmte.

Von diesen Bedeutungsvarianten sind etliche moderne Begriffe abgeleitet, etwa „Kritik“ (Beurteilung, Prüfung; Beanstandung), „kritisch“ (prüfend; entscheidend, klärend; auch: überhandnehmend) oder „Kriterium“ (Unterscheidungsmerkmal, Maßstab).

„Krise“ wird heute ganz allgemein als eine Entwicklung verstanden, in der Störungen, Widersprüche oder Konflikte auftreten, sich verstärken und unweigerlich auf eine Entscheidung zusteuern. Ein solcher Prozess kann in Politik, Wirtschaft oder Gesellschaft, aber auch im privaten Bereich stattfinden. Er stellt die bisherigen Verhältnisse grundlegend infrage und sorgt damit für Unsicherheit und ein Gefühl der Bedrohung. Der Ausgang einer Krise ist für die Dauer ihres Verlaufs ungewiss: Die Betroffenen können die Krise bewältigen (Krisenmanagement) oder an den Problemen scheitern. Daher werden Krisen zugleich als dringliche Herausforderung und als Bewährungsprobe aufgefasst (➔ M1).

Karriere eines Begriffs | Der Begriff „Krise“ war nicht immer so prominent wie in unserer Zeit. Wie der Bielefelder Historiker *Reinhart Koselleck* (1923 – 2006) nachwies, ging er erst seit dem ausgehenden 18. Jahrhundert in die Alltagssprachen ein, zunächst im Englischen und Französischen (*crisis*, *crise*), später auch im Deutschen (➔ M2). Im Lauf des 19. und 20. Jahrhunderts wurde der Begriff eingesetzt, um in der Öffentlichkeit auf alarmierende Vorgänge hinzuweisen oder sie zumindest zu behaupten (➔ M3).

Heutzutage wird das Wort häufig in negativem Zusammenhang verwendet, etwa wenn ein Leistungsabfall eintritt (z. B. Formkrise, Schaffenskrise), Knappheit und Not herrschen (Energiekrise, Versorgungskrise, humanitäre Krise) oder schwierige persönliche Übergänge zu bewältigen sind (Beziehungskrise, Identitätskrise, Pubertätskrise, Midlife-Crisis).

Krisen in der Geschichte | Auch die Geschichtswissenschaft verwendet den Begriff der Krise. Als historische Krisen gelten solche Phasen, in denen Menschen tief greifende Veränderungen ihrer Lebenswelt wahrnahmen, ohne sie mit herkömmlichen Mitteln bewältigen zu können. Der Verlauf historischer Krisen ist für die Zeitgenossen nur bedingt beeinflussbar. Ausgang und Folgen der Krise lassen sich erst in der Rückschau absehen (➔ M4 und M5).

Für die Geschichtsforschung ist dieses Konzept höchst reizvoll. Denn zum einen geht es um die – subjektive – Erfahrung von Veränderungen in einer Zeit (Wie haben die Menschen den Wandel wahrgenommen?). Zum anderen wird jene Zeit in der Nachbetrachtung – objektiv – in einen sinnvollen historischen Zusammenhang gestellt (Krisen als Phasen des Übergangs und Umbruchs). Die historische Krisen-Erzählung betont gerade die Offenheit der Geschichte, und damit ihre Dramatik. Menschen haben in der Vergangenheit Krisen erlebt und darauf reagiert. Was aus diesem Verhalten resultieren würde und wozu dies letztlich geführt hat, musste den Zeitgenossen jedoch verborgen bleiben (➔ M6).

Krise?

- Präsentation: Geben Sie in einer Mindmap wieder, welche Arten von Krisen Ihnen bekannt sind.
- Erklären Sie ausgehend von Ihrer erstellten Mindmap, welche verschiedenen Kennzeichen eine Krise Ihrer Meinung nach haben kann. | F
- Vergleichen Sie Ihre Ergebnisse mit der Übersicht in M1.

32040-002

M1 Krisen in der Moderne

*Die Historiker Rüdiger Graf (*1975) und Konrad H. Jarausch (*1941) geben einen schematischen Überblick zu Krisen der neueren und neuesten Zeit:*

Krisentypus	Beschreibung	Beispiele
internationale Krisen	• internationale Konfrontationen, die bereits von Zeitgenossen als Krisen beschrieben werden • Spannungen, die bis an den Rand eines Krieges führen können oder diesen einleiten	• Faschodakrise (1898) • Erste Marokkokrise (1904–1906) • Julikrise (1914) • Erste Berlinkrise (1947/48) • Kubakrise (1962)
politische Systemkrisen	• Konflikt innerhalb einer Regierung, der deren Existenz bedroht • Phase nach dem erzwungenen Abtreten einer Regierung bis zur neuen Regierungsbildung • politische Entwicklung, die das ganze Staatswesen gefährdet oder den allgemeinen Wunsch nach einem Systemwechsel entstehen lässt	• Krise der Weimarer Republik (1929–1933) • Entstehung der Fünften Republik in Frankreich (1958) • Krise der Ostblockstaaten (um 1980–1989/91)
Wirtschaftskrisen	• vor der Industrialisierung: Agrarkrisen, verursacht durch Missernten oder Spekulationen • im Industriezeitalter: drastische Einbrüche des Wirtschaftswachstums, entweder kurzzeitig (Rezession) oder von längerer Dauer (Depression)	• Tamborakrise (1815–1817) • Gründerkrach (1873) • Weltwirtschaftskrise (nach 1929) • Ölkrise (1973) • globale Finanzkrise (2007/08)
gesellschaftliche Krisen	• Zuspitzung von Problemen innerhalb der Gesellschaft • sie betreffen entweder bestimmte gesellschaftliche Schichten, gesellschaftliches Verhalten und Lebensstile oder den Zusammenhalt der Gesellschaft insgesamt	• Soziale Frage (19. Jh.) • Hyperinflation in Deutschland (1923) • Wohnungsnot nach dem Zweiten Weltkrieg • demografischer Wandel seit dem späten 20. Jh.
„kulturelle Krisen"	• Schlagwort in der Auseinandersetzung mit geistig-kulturellen Entwicklungen, die entweder als „Verfall" abgelehnt oder als „Fortschritt" begrüßt werden	• Streit um die Rolle der Frau in der Gesellschaft im 20. Jh. • moderne vs. klassische Kunst • Streit um Bildungsgüter (z. B. alte Sprachen im Unterricht, bestimmte Erziehungsmethoden) • analoges Zeitalter vs. Digitalisierung

Tabelle zusammengestellt nach: Rüdiger Graf und Konrad H. Jarausch, „Crisis" in Contemporary History and Historiography, in: Docupedia-Zeitgeschichte, 27. März 2017; http://docupedia.de/zg/Graf_jarausch_crisis_en_2017 (Zugriff: 1. November 2018; übersetzt und ergänzt von Thomas Ott)

32040-003

1. Wählen Sie jeweils eines der genannten Beispiele einer internationalen Krise, politischen Systemkrise, Wirtschafts- und gesellschaftlichen Krise aus und informieren Sie sich über die Hintergründe. Beurteilen Sie daraufhin, ob und inwieweit die Definition einer Krise wie auf Seite 10 im Verfassertext „Begriffliche Herkunft" (dritter Absatz) erfüllt ist.
2. Erörtern Sie, inwieweit die „kulturelle Krise" von den übrigen Krisentypen abweicht.
3. Geben Sie weitere Beispiele aus Geschichte und Gegenwart für die in der Übersicht genannten Krisentypen wieder.
4. Gruppenarbeit: Diskutieren Sie, ob es neben den hier aufgeführten Typen von Krisen noch wesentlich andere Arten einer Krise gibt. Tragen Sie die Ergebnisse zusammen, und ergänzen Sie ggf. die vorliegende Übersicht.

M2 Krise als neues Zeitverständnis

Reinhart Koselleck (siehe Seite 10) schreibt über die Entwicklung des Krisenbegriffs:

Seit der zweiten Hälfte des 18. Jahrhunderts kam eine religiöse Tönung in den Wortgebrauch, die aber schon als posttheologisch, nämlich als geschichtsphilosophisch[1] bezeichnet werden muss. Dabei spielt [...] die Assoziationskraft des Jüngsten Gerichtes[2] und der Apokalyptik[3] dauernd in die Wortverwendung hinein [...]. Auch deshalb führt die geschichtsphilosophische Begriffsbildung von ‚Krise' zu harten dualistischen Alternativen. [...]
Entweder gibt die Krise zu erkennen, dass es sich zwar um eine einmalige Situation handelt, dass sie sich aber – wie bei Krankheitsverläufen – grundsätzlich wiederholen könne. Oder die Krise wird in Analogie zum Jüngsten Gericht zwar auch als einmalige, vor allem aber als letzte Entscheidung gedeutet, nach der alles ganz anders sein werde. [...]
So kann der Krisenbegriff die neuzeitliche Erfahrung so weit verallgemeinern, dass ‚Krise' zum Dauerbegriff für ‚Geschichte' schlechthin wird. Dies ist erstmals der Fall bei Schillers[4] Diktum: *Die Weltgeschichte ist das Weltgericht*[5] [...]. [...] Schiller [hat] die ganze Weltgeschichte als einzige Krise gedeutet, die sich stets und ständig vollzieht. Der Richtspruch wird nicht von außen, etwa von Gott oder von den Historikern ex post[6] über die Geschichte gesprochen, sondern er vollzieht sich durch die Handlungen und Unterlassungen der Menschen hindurch. [...]
Eine andere Variante liegt in der wiederholten Anwendbarkeit eines Krisenbegriffs, der zugleich – etwa auf der aufsteigenden Linie des Fortschritts – eine historisch einmalige Durchgangsphase darstellt. Er gerinnt dann zu einem Epochenbegriff, der eine kritische Übergangszeit indiziert, nach der, wenn nicht alles, so doch grundsätzlich sehr vieles sehr anders sein werde. [...]
In allen Fällen handelt es sich um die tastenden Versuche, eine zeitspezifische Ausdrucksmöglichkeit zu gewinnen, die die Erfahrung einer neuen Zeit auf den Begriff bringen sollte, deren Herkunft verschieden tief gestaffelt wird und deren unbekannte Zukunft allen Wünschen und Ängsten, Befürchtungen oder Hoffnungen freien Spielraum zu lassen schien. ‚Krise' wird zur strukturellen Signatur der Neuzeit.

Reinhart Koselleck, Krise, in: Ders., Otto Brunner und Werner Conze (Hrsg.), Geschichtliche Grundbegriffe. Historisches Lexikon zur politisch-sozialen Sprache in Deutschland, Bd. 3, Stuttgart 1982, S. 617–650, hier S. 626 f.

[1] **Geschichtsphilosophie**: Nachdenken über Sinn, Eigenart und mögliche Gesetzmäßigkeiten der Geschichte. Zu den Leitfragen zählen: Was treibt die Entwicklung einer Gesellschaft oder der ganzen Menschheit an? Wie ist der Verlauf der Geschichte zu deuten? Wozu befassen wir uns mit der Vergangenheit?
[2] **Jüngstes Gericht**: im jüdischen, christlichen und muslimischen Glauben Vorstellung eines göttlichen Gerichts über alle Menschen am Ende der Zeiten
[3] **Apokalyptik** (von altgriech. *apokálypsis*: Enthüllung, Offenbarung): Darstellung oder Vorhersage eines Weltendes in Wort und Bild
[4] **Friedrich Schiller** (1759–1805): deutscher Dichter, Publizist, Arzt, Philosoph und Historiker
[5] Zitat aus Schillers Gedicht „Resignation. Eine Phantasie", 1786 veröffentlicht
[6] **ex post** (lat.): hinterher, im Nachhinein

32040-004

1. Erläutern Sie den Zusammenhang zwischen der religiösen Vorstellung eines Jüngsten Gerichts und dem von Koselleck skizzierten Verständnis von Krise.
2. Erklären Sie, welche Vorgänge in Politik, Wirtschaft, Gesellschaft und im Denken seit Ende des 18. Jahrhunderts für die „Erfahrung einer neuen Zeit" (Zeile 35) sorgten. Dazu können Sie auch vorab Informationen aus Fachbüchern und/oder dem Internet zusammentragen.

M3 Wirtschaftskrisen in der Sicht von Marx und Engels

Der Ökonom und Philosoph Karl Marx (1818–1883) und der Philosoph, Soziologe und Unternehmer Friedrich Engels (1820–1895) verfassen 1847/48 das „Manifest der Kommunistischen Partei" (siehe auch M1 auf Seite 18). In der Programmschrift heißt es zur Zukunft von Marktwirtschaft und bürgerlicher Gesellschaft:

Die Bourgeoisie[7] hat in ihrer kaum hundertjährigen Klassenherrschaft massenhaftere und kolossalere Produktionskräfte geschaffen als alle vergangenen Generationen zusammen. Unterjochung der Naturkräfte, Maschinerie, Anwendung der Chemie auf Industrie und Ackerbau, Dampfschifffahrt, Eisenbahnen, elektrische Telegrafen, Urbarmachung ganzer Weltteile, Schiffbarmachung der Flüsse, ganze aus dem Boden hervorgestampfte Bevölkerungen – welches frühere Jahrhundert ahnte, dass solche Produktionskräfte im Schoß der gesellschaftlichen Arbeit schlummerten.
[...] Die [...] moderne bürgerliche Gesellschaft, die so gewaltige Produktions- und Verkehrsmittel hervorgezaubert hat, gleicht dem Hexenmeister, der die unterirdischen Gewalten nicht mehr zu beherrschen vermag, die er heraufbeschwor. Seit Dezennien[8] ist die Geschichte der Industrie und des Handels nur die Geschichte der Empörung der modernen Produktivkräfte gegen die modernen Produktionsverhältnisse, gegen die Eigentumsverhältnisse, welche die Lebensbedingungen der Bourgeoisie und ihrer Herrschaft sind. Es genügt, die Handelskrisen zu nennen, welche in ihrer periodischen Wiederkehr immer drohender die

[7] **Bourgeoisie** (frz.): Besitzbürgertum
[8] **Dezennium** (lat.): Jahrzehnt

Existenz der ganzen bürgerlichen Gesellschaft infrage stellen. In den Handelskrisen wird ein großer Teil nicht nur der erzeugten Produkte, sondern der bereits geschaffenen Produktivkräfte regelmäßig vernichtet. In den Krisen bricht eine gesellschaftliche Epidemie aus, welche allen früheren Epochen als ein Widersinn erschienen wäre – die Epidemie der Überproduktion. Die Gesellschaft findet sich plötzlich in einen Zustand momentaner Barbarei zurückversetzt; eine Hungersnot, ein allgemeiner Vernichtungskrieg scheinen ihr alle Lebensmittel abgeschnitten zu haben; die Industrie, der Handel scheinen vernichtet, und warum? Weil sie zu viel Zivilisation, zu viel Lebensmittel, zu viel Industrie, zu viel Handel besitzt. Die Produktivkräfte, die ihr zur Verfügung stehen, dienen nicht mehr zur Beförderung der bürgerlichen Eigentumsverhältnisse; im Gegenteil, sie sind zu gewaltig für diese Verhältnisse geworden, sie werden von ihnen gehemmt; und sobald sie dies Hemmnis überwinden, bringen sie die ganze bürgerliche Gesellschaft in Unordnung, gefährden sie die Existenz des bürgerlichen Eigentums. [...] – Wodurch überwindet die Bourgeoisie die Krisen? Einerseits durch die erzwungene Vernichtung einer Masse von Produktivkräften; anderseits durch die Eroberung neuer Märkte und die gründlichere Ausbeutung alter Märkte. Wodurch also? Dadurch, dass sie allseitigere und gewaltigere Krisen vorbereitet und die Mittel, den Krisen vorzubeugen, vermindert.

Karl Marx und Friedrich Engels, Manifest der Kommunistischen Partei, in: Dies., Werke, Bd. 4, Berlin [6]1972, S. 459–493, hier S. 467f.

32040-005

1. Geben Sie den Gedankengang von Marx und Engels in eigenen Worten wieder. | H
2. Arbeiten Sie den Krisenbegriff heraus, den Marx und Engels hier vertreten. Berücksichtigen Sie dabei Ursachen, Häufigkeit, Ausmaß, Folgen und Vorhersagbarkeit der geschilderten Krisenfälle.
3. Recherchieren und erklären Sie, inwieweit Marx' Krisentheorie von anderen Wirtschaftswissenschaftlern geteilt oder abgelehnt wurde.

M4 „Lob der Krisen"

Der Schweizer Kulturhistoriker Jacob Burckhardt (1818–1897) stellt in seinen „Weltgeschichtlichen Betrachtungen" um 1870 Überlegungen zu „geschichtlichen Krisen" an:

Zum *Lobe der Krisen* lässt sich nun vor allem sagen: Die Leidenschaft ist die Mutter großer Dinge, d.h. die wirkliche Leidenschaft, die etwas Neues und nicht nur das Umstürzen des Alten will. Ungeahnte Kräfte werden in den Einzelnen und in den Massen wach, und auch der Himmel hat einen andern Ton. Was etwas *ist*, kann sich geltend machen, weil die Schranken zu Boden gerannt sind oder eben werden. Die Krisen und selbst ihre Fanatismen sind [...] als echte Zeichen des Lebens zu betrachten, die Krisis selbst als eine Aushilfe der Natur, gleich einem Fieber, die Fanatismen als Zeichen, dass man noch Dinge kennt, die man höher als Habe und Leben schätzt. [...]

Die Krisen räumen auf: zunächst mit einer Menge von Lebensformen, aus welchen das Leben längst entwichen war, und welche sonst mit ihrem historischen Recht nicht aus der Welt wären wegzubringen gewesen. Sodann aber auch mit wahren Pseudoorganismen, welche überhaupt nie ein Recht des Daseins gehabt und sich dennoch im Laufe der Zeit auf das Stärkste bei dem ganzen übrigen Leben assekuriert[1], ja hauptsächlich die Vorliebe für alles Mittelmäßige und den Hass gegen das Unversöhnliche verschuldet haben. Die Krisen beseitigen auch die ganz unverhältnismäßig angewachsene Scheu vor „Störung" und bringen frische und mächtige Individuen empor.

Jacob Burckhardt, Werke. Kritische Gesamtausgabe, Bd. 10, München bzw. Basel 2000, S. 484

32040-006

1. Fassen Sie zusammen, was nach Burckhardts Auffassung für Krisen charakteristisch ist. | F
2. Arbeiten Sie heraus, inwieweit sich der Verfasser an den überlieferten medizinischen Begriff der Krise anlehnt. Ziehen Sie dazu auch den Verfassertext „Begriffliche Herkunft" auf Seite 10 heran.
3. Vergleichen Sie das Krisenverständnis Burckhardts mit dem des Kommunistischen Manifestes in M3. Stellen Sie Unterschiede und Ähnlichkeiten heraus.

[1] **assekurieren**: versichern

M5 Merkmale historischer Krisen

Der einst in Bochum und Göttingen lehrende Historiker Rudolf Vierhaus (1922–2011) benennt eine Reihe von Kennzeichen für Krisen in der Geschichte:

Versucht man, einige offensichtliche Merkmale von Prozessen aufzuzählen, die gehaltvoll als historische Krisen bezeichnet werden können, so stellen sich die folgenden ein:
1. Krisen verlaufen meist ungleichmäßig. Es können Beschleunigungen, aber auch Verzögerungen und Aufstauungen eintreten, und gerade sie können die besonderen Krisenerfahrungen auslösen.
2. Krisen haben komplexen Charakter. Krisenhafte Entwicklungen in einem Bereich des gesellschaftlichen Lebens [...] machen allein noch keine Krise aus, sondern erst das Zusammentreffen von ähnlichen Erscheinungen in mehreren Lebensbereichen und ihr wechselseitiges Aufeinanderwirken bzw. die von der Krise in einem Lebensbereich ausgreifende Verzerrung im sozialen Funktionszusammenhang. Dadurch entsteht
3. Krisengefühl oder, in gesteigerter Form, Krisenbewusstsein. Die Betroffenen bemerken Veränderungen, ohne Ursachen, Ausmaß und Folgen schon übersehen oder gar erklären zu können; sie fühlen sich verunsichert, weil der gewohnte Zuschnitt der Lebensverhältnisse nicht mehr stimmt; weil bisherige Erfahrungen nicht mehr ausreichen, das, was geschieht, beurteilen und sich darauf einstellen zu können; weil die einen sich von Verlusten bedroht, die anderen Chancen vor sich sehen. Subjektives Krisenbewusstsein, das das Handeln der Menschen mitbestimmt und dadurch auch Verlauf und Ausgang der Krisen beeinflusst, genügt jedoch nicht, um von einer tatsächlichen Krise zu sprechen. Dass Menschen ihre eigene Zeit als krisenhaft erfahren und als Krise benannt haben, berechtigt deshalb den Historiker nicht, dieses Urteil zu übernehmen. Denn Krisen müssen
4. einen objektiven Charakter haben. Das heißt: es müssen tatsächliche strukturelle Veränderungen feststellbar sein, die nicht intendiert zu sein brauchten und die meistens auch dann, wenn Veränderungsabsichten an ihrem Anfang standen oder in sie eingegangen sind, in ihren Auswirkungen nicht intendiert waren. Krisen in ihrem vollen Ausmaß sind nicht gemacht; sie entwickeln eine eigene Dynamik und werden von den betroffenen Menschen deshalb als ein nicht (mehr) lenkbarer Vorgang ungewissen Ausgangs erlebt. Damit ist
5. die Offenheit von Krisen angesprochen. Krisen sind nicht streng kausale, zielgerichtete Abläufe, sondern Entwicklungen mit alternativen Möglichkeiten, auch wenn diese nicht realisiert werden. In jedem Falle aber geht eine in Krise geratene Gesellschaft verändert aus ihr hervor. [...]

Grundsätzlich lassen sich politisch-soziale Krisen nicht auf *naturale Ursachen* zurückführen: also z. B. auf geologische Katastrophen, Dürren oder Epidemien. Diese können allerdings eine Rolle spielen, insofern sich ökonomische Krisenfolgen aus ihnen ergeben oder Administrationen sich als unfähig erweisen, mit ihnen fertig zu werden und deshalb an Ansehen und Geltung verlieren. *Ökonomische Ursachen*, also z. B. Währungszerfall, Verzerrungen in Produktion und Konsumtion, Preisinflationen etc. können durch ihre Auswirkungen auf die Gesellschaft und die politischen Institutionen zur großen Krise werden – nämlich durch Vertrauensverlust der Menschen, Verarmung von erheblichen Gruppen, dadurch erzwungene Abwanderung, defizitäre Politik und Ansehensverlust von Regierungen, die der Entwicklung ohnmächtig gegenüberstehen oder falsch reagieren. *Soziale Ursachen*, also z. B. demografische Katastrophen oder Überbevölkerung, sich verschärfende Rassen-, Klassen-, Generationskonflikte, Emanzipationsbestrebungen aufstiegswilliger und Abwehrmaßnahmen abstiegsbedrohter Gruppen, haben in der Regel auch politische Auswirkungen. Und direkte *politische Ursachen*, also Verschlechterungen der internationalen Beziehungen, Misserfolge der Regierungen in der inneren und äußeren Politik, Unfähigkeit, mit politischen Gegnern fertigzuwerden oder den geltenden Gesetzen Beachtung zu verschaffen oder gesetzgeberische Maßnahmen zu ergreifen, offenbar werdende Korruption der Regierenden und Abkehr der Regierten vom bestehenden System, Sturz von Regierungen und revolutionäre Veränderungen von Regierungssystemen, wirken zurück auf das Verhalten der sozialen Gruppen untereinander und auf die wirtschaftliche Stabilität.

Rudolf Vierhaus, Zum Problem historischer Krisen [zuerst 1978], in: Ders., Vergangenheit als Geschichte. Studien zum 19. und 20. Jahrhundert, hrsg. von Hans Erich Bödeker, Benigna von Krusenstjern und Michael Matthiesen (Veröffentlichungen des Max-Planck-Instituts für Geschichte, Bd. 183), Göttingen 2003, S. 49–63, hier S. 56–58

32040-007

1. Präsentation: Stellen Sie die genannten Merkmale von Krisen (Zeile 4 bis 46) in einem Schaubild dar. Unterscheiden Sie dabei zwischen Bedingungen, die nach Vierhaus notwendig sind, und denen, die ihm zufolge nicht unbedingt gegeben sein müssen.
2. Präsentation: Arbeiten Sie die Aussagen über mögliche Ursachen von Krisen (Zeile 47 bis 77) in Form einer Checkliste heraus.
3. Gruppenarbeit: Wählen Sie aus M1 auf Seite 11 ein Beispiel aus dem Bereich „politische Systemkrisen", „Wirtschaftskrisen" oder „gesellschaftliche Krisen". Überprüfen Sie anhand Ihres Schaubildes und Ihrer Checkliste aus der ersten und zweiten Aufgabe, inwieweit die Bedingungen für eine historische Krise erfüllt sind. | F

M6 Eurokrise

*Am 19. Mai 2010 hält die damalige Bundeskanzlerin Angela Merkel (*1954) eine Rede im Deutschen Bundestag. Darin wirbt sie für die Verabschiedung weiterer Gesetze zur Rettung der gemeinsamen europäischen Währung:*

Heute sind wir zusammengekommen, um eine Entscheidung zu fällen, die für die Zukunft Deutschlands und Europas noch bedeutender ist; denn jeder von uns spürt: Die gegenwärtige Krise des Euro ist die größte Bewährungsprobe, die Europa seit Jahrzehnten, ja wohl seit Unterzeichnung der Römischen Verträge im Jahre 1957[1] zu bestehen hat. Diese Bewährungsprobe ist existenziell, und ich füge hinzu: Sie muss bestanden werden.

Bringen wir es auf den Punkt. Der Euro, der zusammen mit dem Binnenmarkt das Fundament für Wachstum und Wohlstand auch in Deutschland darstellt, ist in Gefahr. Wenden wir diese Gefahr nicht ab, dann sind die Folgen für Europa unabsehbar, und dann sind auch die Folgen über Europa hinaus unabsehbar. Eine Ahnung von dem, was dann geschehen könnte, haben wir […] mit den schon fast hysterisch anmutenden Turbulenzen auf den internationalen Märkten bekommen.

Was dort sichtbar wurde – Sie alle haben es mitverfolgt –, war dramatisch. Deshalb gab es zur Sicherung der Stabilität des gesamten Euro-Finanzsystems wenige Tage später keine vernünftige Alternative. Die Ultima Ratio[2] war erreicht; das heißt nichts anderes, als dass der Euro insgesamt in Gefahr war. Aber das, was sich in jenen Tagen abspielte, war nur die ökonomische Ahnung dessen, was auf Deutschland, Europa und die Welt zukäme, wenn nicht oder falsch gehandelt würde. Die politischen Folgen dagegen sind noch nicht einmal in Gedanken vorstellbar.

Legen wir deshalb einen Moment die technischen Eckdaten des vorliegenden Gesetzentwurfs beiseite: […] Das sind die Zahlen und Eckdaten. Aber legen wir sie kurz beiseite; denn wir wissen: Es geht um viel mehr als um diese Zahlen; es geht um viel mehr als um eine Währung. Die Währungsunion ist eine Schicksalsgemeinschaft. Es geht deshalb um nicht mehr und nicht weniger als um die Bewahrung und Bewährung der europäischen Idee.

Das ist unsere historische Aufgabe; denn scheitert der Euro, dann scheitert Europa. Wenden wir diese Gefahr aber ab, dann werden der Euro und Europa stärker als zuvor sein. […]

Meine Damen und Herren, ich habe an dieser Stelle vor nicht ganz zwei Wochen gesagt: Europa steht am Scheideweg. – Das gilt unverändert. Europa steht am Scheideweg, und es liegt jetzt an uns, den richtigen Weg einzuschlagen, um die existenzielle Bewährungsprobe zu bestehen, in der Europa sich befindet. Wir wissen, dass wir Europa brauchen, um die großen Zukunftsaufgaben, die wir als Mitgliedstaaten nicht alleine bewältigen können, mit Erfolg anzugehen. Ein Weg zurück aus Europa ist in Zeiten der Globalisierung kein Weg.

Stenografische Berichte des Deutschen Bundestages, 17. Wahlperiode, 42. Sitzung, 19. Mai 2010, S. 4125 f. und 4131; http://dipbt.bundestag.de/doc/btp/17/17042.pdf (Zugriff: 1. November 2018)

32040-008

1. Analysieren Sie die Rede auf Aussagen und Formulierungen, die Alternativen andeuten, und solche, die keine Wahlmöglichkeit erkennen lassen.
2. Arbeiten Sie heraus, inwieweit der Text den Deutungsmustern einer Krise entspricht. Ziehen Sie dazu auch die Darstellung auf Seite 10 und M2 auf Seite 12 heran.
3. Präsentation: Verfassen Sie eine Erwiderung auf die Rede Merkels, in der Sie den Befund einer Krise zu relativieren versuchen. Argumentieren Sie, indem Sie die Überlegungen in M5 auf Seite 14 mit einbeziehen.

[1] **Römische Verträge** (1957): in Rom geschlossene Abkommen zur Gründung der Europäischen Wirtschaftsgemeinschaft (EWG), der Europäischen Atomgemeinschaft (EURATOM) und zur Schaffung gemeinsamer Institutionen für die spätere sogenannte Europäische Gemeinschaft (EG), die Vorläuferorganisation der Europäischen Union

[2] **Ultima Ratio** (lat.): letztes Mittel, einziger Ausweg

1.2 Kernmodul: Revolutionen

Was sind Revolutionen? | Der Begriff „Revolution" erhielt erst seit der Französischen Revolution[1] nach 1789 seine heutige Bedeutung, vorher bestanden zahlreiche andere Interpretationen. Eine eindeutige und allgemein akzeptierte Definition von „Revolution" existiert nicht und ist auch nicht möglich. Im Historischen Materialismus, der aus dem Marxismus entstanden war, ist eine derartige Definition, die für alle Revolutionen gelten sollte, zwar versucht worden, doch hält diese aus heutiger Sicht einer näheren Betrachtung nicht mehr stand (→ M1). Die marxistische Variante der Interpretation von Revolutionen wird deshalb heute fast überhaupt nicht mehr vertreten. Die Gründe und die Abläufe von Revolutionen konnten und können sehr unterschiedlich sein, und oft ist es kaum möglich, übergreifend und sinnvoll zu vergleichen. Stattdessen gibt es viele unterschiedliche Theorien, die alle ihre Stärken und Schwächen haben (→ M2 – M4).

Revolutionen lassen sich aber grob von Revolten, Rebellionen, Putschen oder von Reformen abgrenzen. Reformen versuchen langsame (evolutionäre) Veränderungen innerhalb des bestehenden Systems durchzuführen, ohne dass der Staat oder die Gesellschaft grundsätzlich infrage gestellt wird. Diese Veränderungen können die Wirtschaft, die Politik, das Recht, die Kultur oder auch das soziale System betreffen. Revolten, Rebellionen oder auch Putsche hingegen zielen ebenfalls nicht unbedingt auf grundsätzliche Veränderungen ab: Hier versucht etwa eine bestimmte Gruppe oder ein einzelner Akteur mit Gewalt an die Macht zu kommen oder den herrschenden Eliten bestimmte Zugeständnisse abzutrotzen. Oft sind die „Massen" der Bevölkerung nicht an solchen Aktionen beteiligt, und die bestehende Ordnung wird nicht grundsätzlich infrage gestellt. Beispielsweise gab es in der Frühen Neuzeit häufig Agrarrevolten, wenn hungernde Bauern materielle Erleichterungen von der Regierung oder von den Herrschern forderten. Rebellionen oder Revolten konnten aber, auch wenn sie zunächst scheiterten, dazu beitragen, dass langsam eine revolutionäre Situation entstand.

Internettipp
Im jungen Politik-Lexikon der Bundeszentrale für politische Bildung finden Sie einen Eintrag zum Begriff „Revolution". Siehe dazu diesen Code.

32037-01

Wie lassen sich Revolutionen charakterisieren? | Revolutionen verlaufen viel radikaler als Rebellionen oder Revolten. Immer beteiligen sich zumindest Teile der Eliten an den Bewegungen, die Änderungen im System fordert. Manchmal streben diese „Revolutionäre" anfangs gar nicht den vollständigen Umsturz einer Gesellschaft an, sondern haben vordergründig sogar konservative Ziele: Ein vergangener, angeblich besserer Zustand soll wiederhergestellt werden. Typisch für Revolutionen ist aber, dass nach ihrem Beginn Dynamiken freigesetzt werden, die von den Revolutionären selbst kaum oder gar nicht mehr kontrollierbar sind: Dafür ist u.a. die sehr hohe Beteiligung des „Volkes" verantwortlich, das als eigenständiger Akteur auftritt. Oft spielten bei Revolutionen auch neue Ideologien und Weltanschauungen eine Rolle, mit denen das Verlangen nach Veränderungen gerechtfertigt wurde. Dies kann beispielsweise die Forderung nach bestimmten Freiheiten und nach Menschenrechten sein (etwa in der Französischen oder in der Amerikanischen Revolution), aber auch die nach einer Diktatur des Proletariats (in der Russischen Revolution 1917/18). Derartige Weltanschauungen erheben häufig einen absoluten Geltungsanspruch, und dieser Umstand erklärt auch, warum Revolutionen manchmal zu fast unbegrenzter Gewaltanwendung tendieren (→ M5 und M6).

Typisch für Revolutionen ist ferner, dass diejenigen Veränderungen, die an ihrem Ende stehen, dauerhaft sind. Diese können beispielsweise darin bestehen, dass eine grundsätzlich andere Regierungs- oder Verfassungsform geschaffen wird, dass andere soziale Gruppen und Eliten an die Macht gekommen sind oder dass ein völlig anderes

[1] Zur Französischen Revolution und ihrer Wirkung siehe das Kapitel ab Seite 116.

Wirtschaftssystem errichtet wird. Zwischen diesen und weiteren möglichen Veränderungen existieren zahlreiche Kombinationen und Zwischenstufen. In der Amerikanischen Revolution gab es keinen ernsthaften Versuch zu einer Gegenrevolution, weil die potenziellen Gegenrevolutionäre das Land verlassen hatten und die Unabhängigkeit der USA deshalb zu einem Faktum geworden war, das innerhalb des neuen Staates nicht mehr infrage gestellt wurde. In vielen Revolutionen war dies aber anders: Der Versuch zu einer Gegenrevolution – gleichgültig, ob diese erfolgreich oder erfolglos war – löste häufig sehr blutige Kämpfe und Säuberungen aus und radikalisierte auch die revolutionäre Bewegung.

„Die Erstürmung der Bastille."
Ölgemälde von Charles Thévenin, 1793.
Die Festung war Ende des 14. Jahrhunderts zur Verteidigung gegen die Engländer erbaut und später zum Staatsgefängnis gemacht worden. Die im Bild gezeigte blau-weiß-rote Trikolore (lat. *tricolor*: dreifarbig) ist eine Kombination aus den Farben der Stadt Paris (blau und rot) und dem weißen Lilienbanner der Monarchie. Offiziell wurde die Trikolore erst 1794 zur Nationalflagge erklärt.

Sind Revolutionen stets gewaltsam? | Noch vor wenigen Jahrzehnten wurde angenommen, dass Revolutionen immer mit Gewalt verbunden sind: Vorbilder wie die Amerikanische, die Französische und die Russische Revolution schienen dies eindrucksvoll zu bestätigen. Auch 1848 in Europa und 1918/19 im Deutschen Reich war revolutionäre und gegenrevolutionäre Gewalt an der Tagesordnung und forderte viele Todesopfer. Ein weiteres historisches Beispiel zeigt allerdings auch einen anderen Blickwinkel: Ende der 1980er-Jahre brach die Sowjetunion zusammen. Von wenigen Ausnahmen abgesehen (Rumänien oder die Republiken im Kaukasus) blieb offene Gewalt hier aber aus. In der ehemaligen DDR kollabierte das alte System friedlich, und auch in der Tschechoslowakei trat die ehemals herrschende Schicht fast ohne Widerstand ab. Deshalb sprechen Zeitgenossen und Historiker von der „samtenen" Revolution. Ob und wie dieses Faktum des friedlichen Umsturzes in eine Gesamttheorie der Revolutionen integriert werden kann, ist derzeit noch offen.

M1 Revolutionstheorie von Marx und Engels

Karl Marx (1818–1883) und Friedrich Engels (1820–1895) schreiben vom Dezember 1847 bis Januar 1848 im Auftrag des „Bundes der Kommunisten" das „Manifest der Kommunistischen Partei". Darin heißt es:

Es ist hohe Zeit, dass die Kommunisten ihre Anschauungsweise, ihre Zwecke, ihre Tendenzen vor der ganzen Welt offen darlegen und dem Märchen vom Gespenst des Kommunismus ein Manifest der Partei selbst entgegenstellen. [...]

Bourgeois und Proletarier[1]

Die Geschichte aller bisherigen Gesellschaft ist die Geschichte von Klassenkämpfen. Freier und Sklave, Patrizier und Plebejer, Baron und Leibeigener, Zunftbürger und Gesell, kurz, Unterdrücker und Unterdrückte standen in stetem Gegensatz zueinander, führten einen ununterbrochenen, bald versteckten, bald offenen Kampf, einen Kampf, der jedesmal mit einer revolutionären Umgestaltung der ganzen Gesellschaft endete oder mit dem gemeinsamen Untergang der kämpfenden Klassen. [...]
Die aus dem Untergange der feudalen Gesellschaft[2] hervorgegangene moderne bürgerliche Gesellschaft hat die Klassengegensätze nicht aufgehoben. Sie hat nur neue Klassen, neue Bedingungen der Unterdrückung, neue Gestaltungen des Kampfes an die Stelle der alten gesetzt.
Unsere Epoche, die Epoche der Bourgeoisie, zeichnet sich jedoch dadurch aus, dass sie die Klassengegensätze vereinfacht hat. Die ganze Gesellschaft spaltet sich mehr und mehr in zwei große feindliche Lager, in zwei große, einander direkt gegenüberstehende Klassen: Bourgeoisie und Proletariat. [...] Jede dieser Entwicklungsstufen der Bourgeoisie war begleitet von einem entsprechenden politischen Fortschritt. [...] Die Bourgeoisie hat in der Geschichte eine höchst revolutionäre Rolle gespielt. [...]
Das Bedürfnis nach einem stets ausgedehnteren Absatz für ihre Produkte jagt die Bourgeoisie über die ganze Erdkugel. [...] In demselben Maße, worin sich die Bourgeoisie, d.h. das Kapital, entwickelte, in demselben Maße entwickelte sich das Proletariat. [...] Aber mit der Entwicklung der Industrie vermehrt sich nicht nur das Proletariat; es wird in größeren Massen zusammengedrängt, seine Kraft wächst, und es fühlt sie mehr. [...] [Die Bourgeoisie] produziert vor allem ihren eigenen Totengräber.

Proletarier und Kommunisten

[...] Der erste Schritt in der Arbeiterrevolution [ist] die Erhebung des Proletariats zur herrschenden Klasse, die Erkämpfung der Demokratie. [...] Das Proletariat wird seine politische Herrschaft dazu benutzen, der Bourgeoisie nach und nach alles Kapital zu entreißen, alle Produktionsinstrumente in den Händen des Staats, d.h. des als herrschende Klasse organisierten Proletariats, zu zentralisieren und die Masse der Produktionskräfte möglichst rasch zu vermehren. [...]
An die Stelle der alten bürgerlichen Gesellschaft mit ihren Klassen und Klassengegensätzen tritt eine Assoziation[3], worin die freie Entwicklung eines jeden die Bedingung für die freie Entwicklung aller ist. [...]
Mit einem Wort, die Kommunisten unterstützen überall jede revolutionäre Bewegung gegen die bestehenden gesellschaftlichen und politischen Zustände. [...]
Die Kommunisten verschmähen es, ihre Ansichten und Absichten zu verheimlichen. Sie erklären es offen, dass ihre Zwecke nur erreicht werden können durch den gewaltsamen Umsturz aller bisherigen Gesellschaftsordnung. Mögen die herrschenden Klassen vor einer kommunistischen Revolution zittern. Die Proletarier haben nichts in ihr zu verlieren als ihre Ketten. Sie haben eine Welt zu gewinnen.
Proletarier aller Länder, vereinigt euch!

Theo Stammen und Alexander Classen (Hrsg.), Karl Marx: Das Manifest der kommunistischen Partei, Paderborn 2009, S. 66-69, 72, 74, 77, 84-86, 96 und 207

32040-009

1. Präsentation: Beschreiben Sie mithilfe eines Schaubildes das Revolutionsverständnis von Marx und Engels. Unterscheiden Sie dabei die verschiedenen Phasen der revolutionären Entwicklung.
2. Setzen Sie die Merkmale der bürgerlichen, sozialistischen und kommunistischen Gesellschaft zueinander in Beziehung.
3. Nehmen Sie Stellung zum Demokratieverständnis von Marx und Engels (siehe bes. Zeilen 40ff.). Grenzen Sie es vom heutigen Demokratieverständnis ab.

[1] „Unter **Bourgeoisie** wird die Klasse der modernen Kapitalisten verstanden, die Besitzer der gesellschaftlichen Produktionsmittel sind und Lohnarbeit ausnutzen. Unter **Proletariat** die Klasse der modernen Lohnarbeiter, die, da sie keine eigenen Produktionsmittel besitzen, darauf angewiesen sind, ihre Arbeitskraft zu verkaufen, um leben zu können." Fußnote von Engels zur englischen Ausgabe von 1888.

[2] **Feudalismus**: In dieser Gesellschaftsordnung des Mittelalters und der Frühen Neuzeit übt der adlige Lehnsherr richterliche, politische und militärische Herrschaftsfunktionen aus. Bürger und Bauern, der „Dritte Stand", genießen den Schutz des Lehnsherrn, sind ihm aber zu Diensten und Abgaben verpflichtet und unterstehen seiner Herrschaft.

[3] **Assoziation**: im Sinne von Marx und Engels freiwillige Verbindung aller Gesellschaftsmitglieder, nicht nur einer gesellschaftlichen Teilgruppe

M2 Eine Begriffsdefinition

Der Historiker Theodor Schieder (1908–1984) setzt sich mit dem Begriff „Revolution" auseinander. Er kommt dabei zu folgendem Schluss:

Je größer der Anwendungsbereich eines Begriffs wird, desto schwieriger ist es, seinen spezifischen Gehalt zu bestimmen. Dies gilt auch für den Begriff „Revolution". Man wird sich daher im einzelnen Fall einer Revolution an die Ereignisse zu halten haben, die im Geschehensablauf durch relativ feste Daten oder Datenketten markiert sind. Diese Ereignisse spielen sich in der Regel innerhalb der politischen Institutionen ab, erfassen aber je nach ihrer Komplexität gesellschaftliche, kulturell-ideologische, materielle Lebensbereiche. Diese Komplexität ist es, die revolutionäre Ereignisse nach ihrer historischen Bedeutung unterscheiden lässt: Ein *Staatsstreich* führt beispielsweise nur einen irregulären Regierungswechsel oder – in der Monarchie – eine irreguläre Erbfolge herbei, ohne an der Grundstruktur eines politischen und sozialen Systems etwas zu ändern. [...] *Rebellionen* können als Form der Wiederherstellung einer bestimmten politischen Struktur und Sozialstruktur, als Akt sozialer Chirurgie verstanden werden, mit dem eine durch Machtmissbrauch von Einzelnen oder ganzen Schichten gestörte Ordnung restituiert[1] wird. In der modernen Revolutionssoziologie unterscheidet man solche Vorgänge auf drei Ebenen – auf der Ebene 1. der *Regierung*, 2. der *Regierungsform* und 3. der *Gesellschaftsverfassung* – und bemisst danach den Wirkungsgrad und die Stufe einer revolutionären Aktion. [...]
Die großen modernen Revolutionen sind insofern Totalrevolutionen, als von ihnen alle Bereiche erfasst und in verschiedenem Grad dauerhaft umgeformt wurden. Ihnen kommt auch Ausstrahlung über ihren nationalen Ursprungsherd hinaus zu.

Theodor Schieder, Artikel „Revolution", in: C. D. Kernig (Hrsg.), Sowjetsystem und demokratische Gesellschaft. Eine vergleichende Enzyklopädie, Bd. V, Freiburg/Basel/Wien 1972, Sp. 696

32040-010

1. Präsentation: Beschreiben Sie die von Schieder genannten Typen des schnellen Wandels. Notieren Sie dazu die jeweiligen Charakteristika in einem Schaubild. | H
2. Erläutern Sie Schieders Modell, indem Sie selbst gewählte historische Beispiele untersuchen.
3. Präsentation: Entwickeln Sie eine eigene Definition des Begriffes „Revolution".

M3 Reformen können gefährlich sein

Der französische Schriftsteller und Politiker Alexis de Tocqueville (1805–1859) analysiert in den 50er-Jahren des 19. Jahrhunderts die Ursachen der Französischen Revolution und verallgemeinert seine Untersuchung zu folgender grundsätzlichen Hypothese:

Man gelangt nicht immer nur dann zur Revolution, wenn eine schlimme Lage zur schlimmsten wird. Sehr oft geschieht es, dass ein Volk, das die erdrückendsten Gesetze ohne Klage und gleichsam, als fühlte es sie nicht, ertragen hatte, diese gewaltsam beseitigt, sobald ihre Last sich vermindert. Die Regierung, die durch eine Revolution vernichtet wird, ist fast stets besser als die unmittelbar voraufgegangene, und die Erfahrung lehrt, dass der gefährlichste Augenblick für eine schlechte Regierung der ist, wo sie sich zu reformieren beginnt.

Alexis de Tocqueville, Der alte Staat und die Revolution, hrsg. von Jacob Peter Mayer, Reinbek 1969, S. 153 (übersetzt von Theodor Oelckers)

32040-011

1. Vergleichen Sie die Bedeutung von Revolutionen für Tocqueville und Marx/Engels (M1).
2. Überprüfen Sie Tocquevilles Aussage über Revolutionen auf der Grundlage Ihres Wissens über die Französische Revolution (siehe das Kapitel ab Seite 116). Beziehen Sie sich auch – auf Grundlage eigener Recherche – auf die Russische Revolution von 1917. | H

[1] **restituieren**: zurückgeben; hier im Sinne von wiederherstellen

M4 Ursachen von Revolutionen

*Der amerikanische Soziologe und Politikwissenschaftler Jack A. Goldstone (*1953) nennt 1991 folgende zusammenwirkende Trends für die Zusammenbrüche von Staaten:*

1. Zunehmender Druck auf die Staatsfinanzen, da die Inflation die Staatseinnahmen unterhöhlte und das Bevölkerungswachstum die Realausgaben erhöhte. Die Staaten versuchten, sich selbst zu erhalten, indem sie die Einnahmen auf verschiedene Arten erhöhten, doch diese Versuche entfremdeten Eliten, Bauernschaft und die städtischen Konsumenten vom Staat und versagten gleichzeitig als Mittel gegen die wachsende Verschuldung und schließlich den Bankrott.
2. Konflikte zwischen Eliten wurden immer vorherrschender, da eine größere Zahl an Familienmitgliedern und die Inflation es manchen Familien erschwerte, ihren Status zu halten, während Bevölkerungswachstum und steigende Preise zum Aufstieg anderer Familien und somit zu Anwärtern neuer Elitepositionen führten. Die finanziell schwache Situation des Staates erlaubte es diesem nicht, allen diesen Anwärtern entsprechende Positionen zur Verfügung zu stellen, und innerhalb der Elitehierarchie kam es zu beträchtlichen Änderungen und Verschiebungen. [...] Wenn die zentralen Autoritäten dann aufgrund von Bankrott oder Krieg zusammenbrachen, traten beim Kampf um die Macht die Elitegruppen in den Vordergrund.
3. Die Unruhen in der Bevölkerung nahmen in dem Maße zu, in dem Konkurrenz um Boden, Landflucht, übersättigte Arbeitsmärkte, abnehmendes Realeinkommen und Anstieg des Anteils der jugendlichen Bevölkerung zu einem Anstieg des Potenzials für Massenmobilisierung innerhalb der Bevölkerung führten. Unruhen traten sowohl in ländlichen als auch in städtischen Gebieten [...] in verschiedenen Varianten auf: Als Hungeraufstände, Angriffe auf die Landbesitzer und Staatsbeamte oder Land- und Nahrungsbeschlagnahmungen. [...]
4. Die Bedeutung der [...] Ideologien nahm zu.

Jack A. Goldstone, Revolution and Rebellion in the Early Modern World, 1991; zitiert nach: Shmuel N. Eisenstadt, Die großen Revolutionen und die Kulturen der Moderne, Wiesbaden 2006, S. 44 f. (vereinfacht; übersetzt von Ulrike Brandhorst)

32040-012

1. Präsentation: Fassen Sie die Ursachen für eine Revolution nach Goldstone zusammen. Tipp: Verwenden Sie die Form eines Schaubildes mit Folge- und Beziehungspfeilen.
2. Analysieren Sie zum Beispiel die Französische Revolution mithilfe der von Goldstone genannten Faktoren.
3. Erläutern Sie Goldstones Überlegungen anhand eines selbst gewählten historischen Beispiels.

M5 Charakter von Revolutionen

Der israelische Soziologe Shmuel Noah Eisenstadt (1923–2010; siehe auch Seite 27) stellt fest:

Revolutionen, insbesondere die „großen Revolutionen", zeigen zunächst natürlich den radikalen Wandel der politischen Herrschaft weit entfernt von der bloßen Absetzung eines Herrschers oder des Wechsels der herrschenden Gruppen an. Sie bezeichnen eine Situation, in der Absetzung und Wandel, manchmal in Verbindung mit der Exekution oder Ermordung, manchmal „nur" mit der Entthronung und Verbannung des Herrschers, in einem radikalen Wandel der politischen Spielregeln und der Symbole und Grundlagen der Legitimation des Regimes endeten. Ein solcher Wandel ist normalerweise ein gewalttätiger Akt, aber die Gewalt, die sich in diesen Revolutionen entwickelt, ist nicht diejenige, die man auch in vielen Demonstrationen oder Aufständen findet. Was diese Gewalt auszeichnet, ist vielmehr ihre ideologische Rechtfertigung, die bis zur Sanktionierung reicht. Eine solche Rechtfertigung wurzelt oft in dem Versuch, den Wandel in den Symbolen, den Grundlagen der Legitimation und dem institutionellen Rahmen eines Regimes mit neuen Visionen der politischen und sozialen Ordnung zu verbinden. Es ist diese Kombination, die für die großen Revolutionen kennzeichnend ist. [...]
Wie groß auch immer die Differenzen zwischen diesen Revolutionen sind, sie alle teilten [...] einige grundlegende Charakteristika. In allen entstand der Versuch, das Staatswesen zu erneuern – die Zerstörung der alten und die Begründung neuer politischer Institutionen auf der Basis einer neuen Vision, in der Gleichheit, Gerechtigkeit, Freiheit und Partizipation der Gemeinschaft am politischen Zentrum verkündet wurde. Das Propagieren dieser zentralen Anliegen war natürlich nicht auf diese Revolutionen begrenzt; sie können in vielen Protestbewegungen der Menschheitsgeschichte verfolgt werden. Neu war erstens die Kombination dieser immer wiederkehrenden Protestthemen mit neuen „modernen" Themen, wie mit dem Glauben an den Fortschritt und mit den Forderungen nach uneingeschränktem Zugang zu den politischen Zentren. Neu war zweitens die Kombination all dieser Themen mit einer allgemeinen utopischen Vision der Erneuerung der Gesellschaft und der politischen Ordnung – und eben nicht einfach nur die millenarische[1] Vision des Protests. Von zentraler Bedeutung waren die ausgeprägte utopischen Komponente, die [...] auf starken utopischen Visionen dieser Gesellschaften oder Kulturen, in denen diese Revolutionen sich ereigneten, aufbaute, ebenso wie die Verlagerung solch utopischer Visionen in die Zentren ihrer jeweiligen Gesellschaften.

Shmuel N. Eisenstadt, Die Antinomien der Moderne. Die jakobinischen Grundzüge der Moderne und des Fundamentalismus, Frankfurt am Main 1998, S. 44 ff. (übersetzt von Georg Stauth)

[1] **millenarisch**: Lehre von der Erwartung des tausendjährigen Reiches Christi auf Erden nach seiner Wiederkunft vor dem Weltende

1. Geben Sie den Inhalt der Quelle (M5) mit eigenen Worten wieder.
2. Erklären Sie ausgehend von der Quelle und dem Verfassertext auf Seite 17 die Rolle von Gewalt in Revolutionen.
3. Setzen Sie sich mit der Funktion von Utopien in Revolutionen auseinander, wie sie Eisenstadt darstellt.

32040-013

M6 Revolution und Freiheit

Die deutsch-amerikanische Philosophin Hannah Arendt (1906–1975) äußert sich über Revolutionen wie folgt:

[...] [E]ine neue Erfahrung, in der die menschliche Fähigkeit für Anfangen überhaupt erfahren wurde, bildet die Wurzel für das ungeheure Pathos, mit dem die Amerikanische wie die Französische Revolution darauf bestanden, dass nichts an Größe und Bedeutung Vergleichbares sich je in der gesamten überlieferten Geschichte ereignet habe; und da es dieses Pathos ist, das den Ereignissen ihr eigentliches Gewicht gibt, wäre es in der Tat absurd, wenn wir es mit nichts anderem zu tun hätten als mit der erfolgreichen Verteidigung überkommener und wohl begründeter Rechte.
Nur wo dieses Pathos des Neubeginns vorherrscht und mit Freiheitsvorstellungen verknüpft ist, haben wir das Recht, von Revolution zu sprechen. Woraus folgt, dass Revolutionen prinzipiell etwas anderes sind als erfolgreiche Aufstände, dass man nicht jeden Staatsstreich zu einer Revolution auffrisieren darf und dass nicht einmal jeder Bürgerkrieg bereits eine Revolution genannt zu werden verdient. [...]
Alle diese politischen Phänomene haben mit der Revolution die Gewalttätigkeit gemein, und dies ist der Grund, warum sie so oft revolutionär genannt werden. Aber die Kategorie der Gewalt wie die Kategorie des bloßen Wechsels oder Umsturzes ist für eine Beschreibung des Phänomens der Revolution ganz unzulänglich; nur wo durch Wechsel ein Neuanfang sichtbar wird, nur wo Gewalt gebraucht wird, um eine neue Staatsform zu konstituieren, einen neuen politischen Körper zu gründen, nur wo der Befreiungskampf gegen den Unterdrücker die Begründung der Freiheit wenigstens mitintendiert, können wir von einer Revolution im eigentlichen Sinne sprechen. Und Tatsache ist, dass zwar die Geschichte immer [...] Männer [...] hervorgebracht hat, die nach der Macht um der Macht willen streben, und solche, die, gierig nach neuen Dingen [...], die Unruhe um der Unruhe willen begehren, dass aber der revolutionäre Geist der letzten Jahrhunderte, nämlich das Verlangen, zu befreien *und* der Freiheit selbst eine neue Stätte zu gründen, zumindest in den Jahrhunderten unserer Zeitrechnung beispiellos ist und nicht seinesgleichen hat.

Hannah Arendt, Über die Revolution, Frankfurt am Main 1968, S. 41 f.

1. Fassen Sie die Kernaussage des Textes kurz zusammen.
2. Arbeiten Sie heraus, was Hannah Arendt unter „Pathos des Neubeginns“ im Zusammenhang mit „Freiheitsvorstellungen“ meint.
3. Setzen Sie sich anhand dieses Textes mit der Frage der Gewalt in Revolutionen auseinander. Vergleichen Sie anschließend die Thesen von Hannah Arendt mit denen von Shmuel N. Eisenstadt (M5).

32040-014

1.3 Kernmodul: Modernisierung

„Modernisierung" – Geschichte einer Theorie | Das Thema der Modernisierung ist bereits seit den 1950ern und dann vor allem seit den 1970er-Jahren von Historikern, Politikwissenschaftlern, Ökonomen und Soziologen intensiv diskutiert worden – diese Debatten sind auch heute noch nicht entschieden. Modernisierung wurde anfangs oft als Fortschritt gesehen, der gekennzeichnet ist durch sozialen, wirtschaftlichen, gesellschaftlichen, politischen und kulturellen Wandel. Beispiele hierfür sind die Entwicklung von der Agrar- zur Industrie- und schließlich zur Dienstleistungsgesellschaft oder von der Adelsherrschaft zur Republik oder zur Demokratie.

Anfangs wurde stark mit Gegensatzpaaren argumentiert (→ M1 und M2). Allerdings zeigt die Praxis, dass Gesellschaften komplizierter strukturiert sind, als die frühen Modernisierungstheoretiker angenommen haben. Sehr häufig finden sich ältere Strukturen neben neuen und modernen, Rückschritt und Wandel treten oft gleichzeitig auf (→ M3). Prozesse der Modernisierung verlaufen selten konfliktfrei, weil es neben sozialen Gewinnern auch stets Gruppen von sozialen Verlierern gibt. Die Folge hiervon sind Krisen, Umbrüche, Revolten oder sogar Revolutionen.

Ursprünglich gingen viele Wissenschaftler davon aus, dass die Modernisierung von Gesellschaften etwas Positives sei und mittelfristig Prozesse der Demokratisierung fördern würde. Derartige Fälle hat es selbstverständlich im 19. und im 20. Jahrhundert gegeben. Allerdings ist diese sehr optimistische Sicht heute auch scharfer Kritik ausgesetzt. Wie zahlreiche Beispiele zeigen, bedeutet ökonomische Modernisierung keineswegs auch Demokratisierung. Das Beispiel Chinas zeigt, dass dies oft gerade nicht der Fall ist. Das Land hat sich seit den 1980er-Jahren zu einer wirtschaftlichen Großmacht entwickelt, ohne dass eine entsprechende Demokratisierung auch nur im Ansatz zu erkennen wäre. Auch im Falle der Amerikanischen Revolution ist das Verhältnis von Modernisierung und Demokratisierung zwiespältig. Einerseits gelang es den Gründungsvätern, mit der amerikanischen Verfassung einen neuen Typ von Staat zu schaffen, in dem die Herrschaft des Volkes fest verankert wurde. Diese Verfassung hat viele schwere Krisen überstanden und gilt im Prinzip heute noch wie vor weit über 200 Jahren. Andererseits wurden große Teile des Volkes ausgegrenzt: Die Native Americans wurden nicht assimiliert, sondern verdrängt. Die Sklaverei bestand in vielen Staaten fort, und die völlige rechtliche Gleichstellung der Afroamerikaner fand erst in den 1960er-Jahren statt. Auch in diesem Beispiel verschränkten sich also moderne und traditionelle Formen und es ist schwierig zu entscheiden, welche von beiden dominierte.

Peking: Tradition und ...
Foto vom November 2012.
Das Foto zeigt den 18. Nationalkongress der Kommunistischen Partei Chinas in der Hauptstadt Peking.

... Moderne.
Foto vom Mai 2016.
Eine Besucherin probiert eine VR-Brille auf einem Schlauchboot während einer Hightech-Messe in Peking aus.

Technischer Fortschritt | Auch stehen wir heute dem technischen Fortschritt viel skeptischer gegenüber, als dies die Zeitgenossen vor 100 oder 200 Jahren taten. In der Vergangenheit wurden häufig technischer Fortschritt, Modernisierung und Steigerung der Lebensqualität gleich gesetzt. Wir wissen heute, dass zahlreiche neue Errungenschaften unser Leben erheblich erleichtern und verbessern können. Zugleich ist aber auch klar, dass dieser Fortschritt einen Preis hat: zu nennen wäre z. B. Umweltverschmutzung, zu hoher Ressourcenverbrauch oder auch schwere Unfälle wie die Explosionen in den Atomkraftwerken von Tschernobyl (1986) und Fukushima (2011). Technischer Fortschritt ist nicht einfach „gut“ oder „schlecht“, er erfordert eine differenzierte Bewertung, und technische Modernisierung kann, muss aber keineswegs zu einer freieren Gesellschaft führen. Diejenigen Menschen, die zur Zeit der Amerikanischen Revolution lebten, waren zu einer solchen Abwägung noch nicht in der Lage, weil die Industrielle Revolution in Großbritannien erst etwa 1760 begonnen hatte. Für die amerikanischen Siedler war es beispielsweise selbstverständlich, dass die großen Urwälder an der Ostküste so schnell wie möglich abgeholzt werden mussten, um Platz für Farmen und neue Ortschaften zu schaffen – sie glaubten an die unbegrenzte Macht des Fortschritts.

Gesellschaftlicher Wandel | Kritisiert worden ist ferner, dass es schwierig sei, einzelne Prozesse von gesellschaftlichem Wandel isoliert zu beschreiben und Modernisierung ausschließlich positiv zu sehen. Stets fanden und finden Wechselwirkungen zwischen Tradition und Moderne statt, und im konkreten Einzelfall ist es häufig schwierig, genau abzugrenzen, was genau traditionell und was modern ist. Wenn man beispielsweise die Säkularisierung einer Gesellschaft als etwas Modernes und Positives ansieht, entstehen bei der Interpretation der Amerikanischen Revolution einige Probleme. Einerseits steht am Ende der Revolution die klare Trennung von Kirche und Staat. Andererseits ist aber ganz unübersehbar, dass protestantische christliche Kirchen und Sekten auch noch nach der Revolution – teilweise sogar bis heute – über einen enormen Einfluss verfügten und verfügen, der bis in die Tagespolitik hineinreicht. Ein simples Schema „traditionell – modern“ kann diese sehr komplexen Vorgänge nicht erfassen.

Der Soziologe Shmuel N. Eisenstadt hat demgegenüber den Begriff der „multiple modernities“ geprägt (→ M4). Damit ist gemeint, dass es die *eine* Moderne nicht gibt. Gesellschaften, die sich wie z. B. China modernisieren, können zwar, müssen aber keineswegs dem westlichen Modell folgen. Zugleich existieren oft eigenartige Mischformen. Die USA waren bei ihrer Gründung – betreffend die Staatsform – sicherlich der „modernste“ Staat der Welt. Zugleich aber existierte in vielen Bundesstaaten die Sklaverei, die mit modernen politischen und wirtschaftlichen Vorstellungen überhaupt nicht in Einklang zu bringen ist. Ein weiteres Beispiel: Heutige islamische Fundamentalisten bekämpfen offensiv die westliche Moderne. Zugleich nutzen sie aber auch virtuos das Internet und andere moderne Kommunikationsmittel, um ihre Hassbotschaften zu verbreiten.

M1 Traditional und Modern

Der deutsche Historiker Hans-Ulrich Wehler (1931–2014) hat 1975 folgenden Katalog von Begriffen zusammengestellt, um seine modernisierungstheoretischen Vorstellungen anschaulich zu machen:

	Traditional	Modern
Alphabetismus[1]	gering	hoch
Berufe	einfach, stabil	ausdifferenziert, wechselnd
Soziale Bewegung	stabil	mobil
Soziale Differenzierung	gering	hoch
Einkommen	niedrig, große Unterschiede	hoch, tendenzielle Angleichung
Familie	Dominanz großer Primärgruppe	Kernfamilie, konkurrierender Gruppeneinfluss
Herrschaft	lokal, personal	zentralistisch, anonym
Kommunikation	personal	Medien
Konflikte	offen, disruptiv[2]	institutionalisiert, eingehegt
Soziale Kontrolle	direkt, personal	indirekt, bürokratisch
Lebenserwartung	gering	hoch
Mobilität	gering	hoch
Politische Partizipation[3]	gering	groß
Produktivität	gering	hoch
Recht	religiös, personalistisch	abstrakt, formelle Verträge
Religion	Dogmatik, Staatsbeistand	Säkularisierung, Trennung von Staat und Kirche
Siedlungsweise	ländlich	städtisch
Sozialstruktur	homogen, stabile lokale Gruppen	heterogen, hohe Mobilität
Technik	gering	hoch
Wirtschaft	agrarische Subsistenzweise[4]	Technologie

Zitiert nach: Hans-Ulrich Wehler, Modernisierungstheorie und Gesellschaftsgeschichte, in: Ders., Die Gegenwart als Geschichte, München 1995, S. 20 (gekürzt)

1. Erklären Sie einzelne Begriffspaare. Hier ein kurzes Beispiel: „Recht: In traditionellen Gesellschaften ist das Rechtswesen oft an religiösen Werten orientiert, und ein Urteil wird nicht unabhängig von Macht und Einfluss der Prozessbeteiligten gesprochen. In modernen Gesellschaften ..."
2. Wehler hat diese Gegenüberstellung als „Dichotomien-Alphabet" bezeichnet. Erläutern Sie den Begriff.
3. Modernisierungen sind stets positiv. Nehmen Sie Stellung zu dieser Aussage.

32040-015

[1] **Alphabetismus:** Fähigkeit, lesen und schreiben zu können
[2] **disruptiv:** störend
[3] **Partizipation:** Teilhabe
[4] **agrarische Subsistenzweise:** bäuerliche Wirtschaft für den Eigenbedarf

Hans-Ulrich Wehler.
Foto vom Oktober 2008, Buchmesse in Frankfurt am Main.
Wehler lehrte von 1971 bis 1996 als Professor für Allgemeine Geschichte mit besonderer Berücksichtigung der Geschichte des 19. und 20. Jahrhunderts an der Universität Bielefeld. Er gilt als einer der einflussreichsten deutschen Historiker in der zweiten Hälfte des 20. Jahrhunderts. Zu seinen bekanntesten Publikationen zählt seine fünfbändige „Deutsche Gesellschaftsgeschichte", die sich mit der Zeit von 1700 bis 1990 beschäftigt.

M2 Historische Modernisierungsforschung

Hans-Ulrich Wehler schreibt:

Diese historische Modernisierungsforschung bevorzugt die Analyse eines Bündels von Basisprozessen, z. B.
- die Entwicklung des Kapitalismus, insbesondere des Industriekapitalismus;
- die Bildung von Klassen und damit neuer Muster der sozialen Ungleichheit;
- die Entstehung und den Ausbau des bürokratischen Anstaltsstaats[1], vor allem in Form des Nationalstaats mit einem demokratischen politischen System;
- die kulturelle Mobilisierung[2] und Rationalisierung;
- die „Entzauberung" der Welt: die Verwissenschaftlichung der Produktion und der Lebensführung;
- die Urbanisierung usw.

Zugleich gibt die historische Modernisierungsforschung Entwicklungskriterien an (die Bewegung hin zum Kapitalismus, zur Klassengesellschaft, zum modernen Staat), die idealtypisch-hypothetisch[3] verwendet werden können. Sie macht auch die normativen Implikationen[4] klar, um die in jeder Modernisierungsforschung kein Weg herumführt und die deshalb [...] diskussionsfähig gemacht werden müssen.

Hans-Ulrich Wehler, Diktaturenvergleich, Totalitarismustheorie, DDR-Geschichte, in: Ders., Umbruch und Kontinuität. Essays zum 20. Jahrhundert, München 2000, S. 120

32040-016

► Weisen Sie „normativ[e] Implikationen" (Zeile 18) nach Wehler in den von Jens Flemming (M3) referierten Modernisierungstheorien nach.

1 **bürokratischer Anstaltsstaat**: Fachleute führen die Staatsgeschäfte nach demokratisch festgelegten Regeln.
2 **kulturelle Mobilisierung**: Alte, überlieferte Rollen weichen neuen Lebensstilen freier Individualität.
3 **idealtypisch-hypothetisch**: Auf der Grundlage theoretischer Überlegungen werden Analysekriterien oder Modelle gewonnen, die z. B. bei der Untersuchung historischer Ereignisse helfen können.
4 **normative Implikationen**: Annahmen über Gesetzmäßigkeiten

M3 Modernisierungstheorie als Denkanstoß

*Der deutsche Historiker Jens Flemming (*1944) schreibt in einem Lexikonartikel über Modernisierungstheorien:*

Modernisierungstheorien oder Elemente von Modernisierungstheorien, wie sie derzeit in der Geschichtsschreibung benutzt werden, versuchen den sozialen, kulturellen und wirtschaftlichen Wandel zu erfassen, der sich im Zeitalter der industriellen und demokratischen Revolution seit dem späten 18. Jh. vollzieht. Dabei geht es um den Übergang von Agrar- zur Industrie-, von der ständischen zur Klassengesellschaft. Geprägt wird dieser Prozess durch die fortschreitende „Entzauberung der Welt" (Max Weber[1]). Ältere Regelwerke, Normen für Sinnbezüge werden fragwürdig, Religion und Kirche müssen sich der Konkurrenz der Wissenschaften erwehren. Am Ende stehen der säkularisierte Mensch und die säkularisierte Gesellschaft. An die Stelle von Selbstgenügsamkeit und Statik treten Bewegung, Tempo und Mobilität. Darin eingeschlossen sind Bürokratisierung, Rationalisierung und Zentralisierung, Mechanisierung und Kommerzialisierung, Verstädterung, steigende Produktivität und steigende Masseneinkommen. Konflikte werden institutionalisiert und verrechtlicht, insoweit entschärft und gezähmt. Verkehrsmittel durchdringen Landstriche und ganze Kontinente, Raum und Zeit, Metropole und Peripherie rücken zusammen. Moderne Gesellschaften sind im Vergleich zu traditionalen komplexer, arbeitsteiliger und durchlässiger. Sozialer Status orientiert sich nicht mehr an Geburt und Herkunft, sondern an individueller Tüchtigkeit und beruflicher Leistung. Staatliche Herrschaft bedarf neuer Formen der Legitimation, muss Möglichkeiten der politischen Teilhabe für alle bieten, die Erwartungen und Interessen der Bürger zu befriedigen. Milieus und Lebenswelten verlieren an Geschlossenheit und Bindekraft, Rollen und Rollenbilder verändern sich ebenso wie die Beziehungen der Geschlechter, der Generationen und Klassen.

Ein derartiges Raster von Merkmalen und Kategorien entworfen zu haben, ist zweifellos ein Verdienst. Der Nachteil jedoch ist, dass diese ungeordnet, ohne plausiblen inneren Zusammenhang bleiben; überhaupt arbeiten Modernisierungstheorien mit relativ starren, schematischen Gegensatzpaaren, die in dieser Reinheit gewöhnlich nicht in der Wirklichkeit anzutreffen sind. Historische Prozesse verlaufen nicht linear, sondern in Sprüngen, sind widersprüchlich und vielschichtig. Fortschritt und Rückschritt, Tradition und Modernität sind nicht säuberlich getrennt, sondern liegen häufig dicht beieinander. Kennzeichnend ist die Gleichzeitigkeit höchst unterschiedlicher Entwicklungen und Entwicklungslinien, spannend sind die Brüche, die Ambivalenzen und Mischungsverhältnisse. Insofern liefern sozialwissenschaftliche Konzepte der Modernisierung bestenfalls Denkanstöße, Ausgangspunkte für vergleichende Betrachtungen. Idealtypen, die sich am historischen Material aber erst noch zu bewähren haben.

Manfred Asendorf, Jens Flemming, Achatz von Müller und Volker Ullrich (Hrsg.), Geschichte. Lexikon der wissenschaftlichen Grundbegriffe, Hamburg 1994, S. 446f.

32040-017

1. Fassen Sie Flemmings Ausführungen zu Modernisierungstheorien stichpunktartig zusammen.
2. Beurteilen Sie ausgehend von den kritischen Anmerkungen zu den Modernisierungstheorien, ob diese ein sinnvolles Modell zur Betrachtung geschichtlicher Prozesse sein können.
3. Präsentation: Entwickeln Sie ausgehend von M1, M2 und M3 einen Kriterienkatalog, mit dem sich untersuchen lässt, ob ein Modernisierungsprozess vorliegt, und überprüfen Sie anhand dessen, inwieweit bei der Französischen Revolution (siehe das Kapitel ab Seite 116) Formen von Modernisierungsprozessen auszumachen sind.

[1] **Max Weber** (1864–1920): deutscher Jurist, Soziologe und Nationalökonom

Shmuel Noah Eisenstadt.
Foto vom November 2006, Bergen (Norwegen).
Der in Warschau geborene Soziologe Shmuel N. Eisenstadt hält den „Internationalen Holberg-Gedenkpreis" in die Kamera. Die Auszeichnung wird an herausragende wissenschaftliche Arbeiten u.a. in den Geistes- und Sozialwissenschaften von der Universität Bergen verliehen. Eisenstadt lehrte seit 1959 an der Hebräischen Universität von Jerusalem.
Eine weitere Textquelle von Eisenstadt finden Sie im Kernmodul „Revolutionen" auf Seite 20 (M5).

M4 „multiple modernities"

Der israelische Soziologe Shmuel N. Eisenstadt (1923–2010) kritisiert Modernisierungstheorien wie folgt:

Der Begriff *multiple modernities* steht für eine Sicht der heutigen Welt, […] die den im wissenschaftlichen wie auch im allgemeinen Diskurs lange Zeit vorherrschenden Sichtweisen zuwiderläuft. Er richtet sich gegen die in den 1950er-Jahren vorherrschenden Sichtweisen der „klassischen" Modernisierungs- und Konvergenztheorien[1] wie überhaupt gegen die klassischen soziologischen Analysen […]. Sie alle nahmen an […], dass das kulturelle Programm der Moderne, wie es sich im modernen Europa entwickelte, und die institutionellen Grundkonstellationen, die sich dort herausbildeten, letzten Endes in allen modernen und in der Modernisierung begriffenen Gesellschaften die Oberhand gewinnen und mit der Ausbreitung der Moderne schließlich überall auf der Welt gelten würden.

Diese Annahmen wurden durch die Realität, wie sie sich bereits in den frühen Bezugssystemen der Moderne und erst recht nach dem Zweiten Weltkrieg abzeichnete, nicht bestätigt. Die tatsächliche Entwicklung der Gesellschaften, die einen Modernisierungsprozess durchgemacht haben, hat die homogenisierenden und hegemonialen Annahmen dieses westlichen Programms der Moderne widerlegt. […]

Der Gedanke der *multiple modernities* geht davon aus, dass sich die heutige Welt – und die Geschichte der Moderne überhaupt – am ehesten als Geschichte einer in ständiger Neu- und Umbildung begriffenen Vielfalt von kulturellen Programmen verstehen und erklären lässt. […] Eine der wichtigsten Implikationen des Begriffs *multiple modernities* ist, dass Moderne nicht gleich Verwestlichung ist und dass die westlichen Muster der Moderne nicht die einzigen „authentischen" Formen der Moderne sind, auch wenn sie historisch Vorrang haben und für andere Muster immer noch einen grundsätzlichen Bezugspunkt darstellen.

Von zentraler Bedeutung für die Analyse der sich ständig verändernden Vielfalt der Moderne ist die Tatsache, dass sich diese eigenen Muster, die in vielerlei Hinsicht radikal von dem „ursprünglichen" europäischen Muster abwichen, nicht nur in den nicht-westlichen Gesellschaften bildeten, […] sondern auch – und tatsächlich zuallererst – in Gesellschaften, in denen im Rahmen der westlichen Expansion scheinbar rein westliche institutionelle Systeme entstanden, nämlich in den Gesellschaften Nord- und Südamerikas.

Shmuel N. Eisenstadt, Theorie und Moderne. Soziologische Essays, Wiesbaden 2006, S. 473 ff.

32040-018

1. Geben Sie mit eigenen Worten wieder, was Eisenstadt unter den Begriffen des „westlichen Programms der Moderne" (Zeile 21) und den „multiple modernities" (Zeile 22) versteht.
2. Arbeiten Sie mit eigenen Beispielen heraus, wo sich widersprüchliche Fälle von unterschiedlichen Modernen entwickelt haben. Sie können beispielsweise von dem chinesischen Fall ausgehen. Siehe dazu als Anregung die beiden Bilder auf Seite 22.

[1] **Konvergenztheorie**: Diese Theorie geht davon aus, dass sich alle sozialen Systeme irgendwann in dieselbe oder in eine ähnliche Richtung entwickeln. Abweichungen werden als unnormal interpretiert und sind erklärungsbedürftig. Kritisch ist dagegen eingewandt worden, dass diese Theorie viel zu schematisch operiert.

Orientierung

1.4 Pflichtmodul: Die Große Pest und die Folgen

Das Kapitel beschäftigt sich inhaltlich mit ...

- der Ausgangssituation im Mittelalter und dem Verlauf der Großen Pest
- den zeitgenössischen und den modernen Erklärungsmodellen der Seuche
- den religiösen, sozialen und wirtschaftlichen Folgen
- dem Fortleben der Pest in Kunst und Kultur

Um das Eindringen und den Verlauf der Großen Pest in Europa zu verstehen, bedarf es eines kurzen Überblicks über das Zusammenleben der Menschen im Mittelalter. Die Gesellschaft teilte sich in drei Stände: den Wehrstand (Adel), den Betstand (Geistlichkeit) und den Nährstand (Bauern). Dieses „Ständesystem“ war durchaus durchlässig. Über 90 Prozent der Menschen gehörten dem Dritten Stand an und lebten in dörflichen Siedlungen von der Landwirtschaft.

Von Italien aus breitete sich etwa seit dem 11. Jahrhundert auf dem ganzen Kontinent eine prosperierende Städtekultur aus. Eine Arbeitsteilung zwischen Stadt und Land bahnte sich an. Mehr als heute waren die Menschen von Klima und immer wiederkehrenden Naturkatastrophen abhängig. Diese nahmen in der ersten Hälfte des 14. Jahrhunderts erheblich zu. Doch der fürchterlichste Schlag war 1347 der Ausbruch der Großen Pest.

Wie sehr dieser im 14. Jahrhundert die Menschen erschüttert hat, belegt eine Vielzahl hinterlassener schriftlicher Quellen. Gemeinsam ist allen Darstellungen das plötzliche Auftreten der bis dahin unbekannten Katastrophe, fehlende medizinische Erklärungen ebenso wie mangelnde überzeugende Therapieansätze, der Zusammenbruch des sozialen Lebens und das Gefühl, dass alle betroffen sein könnten, egal, ob arm oder reich, jung oder alt.

Neben oft krassen Übersteigerungen versuchten fast alle Chronisten, das Grauen zu betonen, indem sie die Zahlen der Toten nach oben trieben. Statistische Überprüfungen von Historikerinnen und Historikern haben manches korrigieren können, doch mangels verlässlicher Unterlagen muss es bei Schätzungen bleiben. Auch war die Sterblichkeit in einzelnen Regionen unterschiedlich hoch, sodass eine europäische Durchschnittsquote nur unter Vorbehalten ermittelt werden kann. Danach starben von rund 75 Millionen Menschen etwa zwischen 25 und 33 Prozent – eine in der Menschheitsgeschichte einmalige Katastrophe. (Zum Vergleich: Im Zweiten Weltkrieg kamen etwa 5 Prozent der europäischen Bevölkerung ums Leben.) Alles in allem verbleibt der Geschichtsforschung noch ein weites Feld, die bis heute gesammelten Ergebnisse zu konkretisieren. Aber eines können wir aus der Geschichte der Großen Pest lernen: In Zeiten existenzieller Bedrohung verlassen sich die Menschen weniger auf ihre Vernunft. Nur allzu leicht folgen sie Emotionen, glauben Gerüchten. Wird sich daran etwas ändern?

Totentanz.
Gemälde (Ausschnitt) des Lübeckers Bernt Notke, spätes 15. Jahrhundert. Das Wissen um die Vergänglichkeit alles Irdischen bestimmte das Lebensgefühl des mittelalterlichen Menschen. Die tiefgreifenden Veränderungen der politischen und gesellschaftlichen Ordnung im 14. Jahrhundert empfanden die Zeitgenossen als zusätzliche Bedrohung. Das Gefühl einer geordneten Welt und die Sicherheit im Glauben schwanden dahin. Manche Künstler verarbeiteten das verbreitete Krisengefühl in ungewohnt drastischen Darstellungen des Todes. Das immer wieder gewählte „Totentanz“-Motiv zeigte, dass der Tod keinen Unterschied macht zwischen Königen, Kirchenfürsten, Bürgern und Bauern. Das Gemälde von Notke entstand mehr als ein Jahrhundert nach der Großen Pest. Doch es vermittelt das Lebensgefühl der Epoche.

Beginn der mittelalterlichen Hochkultur

7.-9. Jh. — Entwicklung des Lehnswesens im Fränkischen Reich

seit 1000 — Urbarmachung von Land
Ausbildung der Grundherrschaft in West- und Mitteleuropa
Entstehung von Städten
Ausbau von Handelsbeziehungen innerhalb Europas und bis nach Ostasien
Die Bevölkerung in Europa wächst bis 1300 von rund 38 auf circa 74 Millionen.

um 1100 — Die ersten Universitäten werden gegründet (für die wohl älteste Universität in Bologna schwanken die Daten zwischen 1088 und etwa 1130).

13. Jh. — Neben den frühen Mönchsorden gründen sich Bettelorden in den wachsenden Städten.

Erste Krisen

1315-1317 — Missernten und Tierseuchen beenden den Aufschwung.

1331 — Erstes Auftreten der Pest in China

um 1335 — Heuschrecken und Erdbeben verunsichern die Menschen.

1342 — Das „Magdalenenhochwasser" zerstört Ackerflächen, Dörfer und Städte in Mitteleuropa.

Die Pest

1347 — Die Große Pest erreicht das Schwarze Meer.

1348 — Über Seewege und Handelsstraßen breitet sich die Seuche in nahezu ganz Europa aus.
Mediziner der Universität Paris bestätigen die Miasmenlehre als Ursache der Pest.

1348/49 — Bei Judenverfolgungen vor allem in Frankreich und Deutschland kommen Tausende ums Leben.
Geißlerzüge versuchen, durch Selbstbestrafung das gottgewollte Unheil abzuwenden.

bis 1351 — Insgesamt sind geschätzte 30 Prozent der europäischen Bevölkerung an der Seuche gestorben.

14./15. Jh — In Europa kommt es zu einer Krise der Landwirtschaft (Agrarkrise).

1470 — Erstveröffentlichung von Giovanni Boccaccio, „Il Decamerone" (dt.: „Das Dekameron"), das zur Zeit der Großen Pest in Florenz „spielt". Das Buch gilt heute als ein Werk der Weltliteratur.

um 1500 — In Europa leben wieder rund 70 Millionen Menschen.

1894 — Der Schweizer Bakteriologe Alexandre Yersin identifiziert den Pesterreger.

19. Jh. — Letzte Ausbrüche der Pestepidemie

1947 — Der Franzose Albert Camus veröffentlicht seinen Roman „La Peste" (dt.: „Die Pest"). Camus erhält 1957 für sein Gesamtwerk den Nobelpreis für Literatur.

1957 — Der Schwarzweißfilm „Das siebente Siegel" des schwedischen Regisseurs Ingmar Bergman kommt in die Kinos. Die Handlung spielt zur Zeit der Pest im späten Mittelalter.

Herrschaft und Gesellschaft im europäischen Mittelalter – ein Überblick

Mittelalter: In der europäischen Geschichte die Zeitspanne zwischen Antike und Früher Neuzeit: etwa 500 bis 1500. Die mittelalterliche Kultur entwickelte sich auf den Grundlagen der Antike, germanischer Traditionen und des Christentums. Kennzeichen des Hochmittelalters sind eine strenge Ständeordnung, die Blütezeit des Rittertums, Entstehen und Wachsen von Städten und Wirtschaftsleben, starker Einfluß der Papstkirche sowie der Baustil der Gotik.

Das Mittelalter | Ganz im Gegenteil zu den Vorstellungen, die viele heute mit dem Mittelalter verbinden[1], wandelte sich das Leben in Europa während dieser Epoche unaufhaltsam und in erstaunlichem Ausmaß. Die Bevölkerung scheint sich zwischen dem Jahr 1000 und der Mitte des 14. Jahrhunderts von 38 auf 74 Millionen nahezu verdoppelt zu haben, für Mittel- und Westeuropa nimmt man sogar eine Verdreifachung an. Gleichzeitig veränderte sich notwendigerweise das Gesicht der Landschaft. Aus vereinzelt gelegenen Bauernhöfen wuchsen Dörfer, Urwälder wurden gerodet und als landwirtschaftliche Flächen genutzt. Erstmals seit dem Niedergang des Römischen Reiches entstanden in großer Zahl neue Städte als Zentren für Gewerbe und Handel. Der Ausbau von Häfen am Mittelmeer, an Nord- und Ostsee sowie von großen Handelsstraßen quer durch den Kontinent waren Zeichen des Aufbruchs und eines unübersehbaren wirtschaftlichen Wachstums.

Die europäische Staatenwelt seit der Jahrtausendwende | Nach dem Untergang des Weströmischen Reiches im Jahr 476 hatte sich in den folgenden 800 Jahren in Europa ein völlig neues Herrschaftssystem herausgebildet. Den höchsten Rang nahmen die Kaiser des *Heiligen Römischen Reiches* (seit 962) ein. In Nachfolge der römischen Kaiser waren dies die deutschen Könige, die seit dem Beginn des 9. Jahrhunderts ihre Rolle als weltliche Schutzherren der in Rom residierenden Päpste übernommen hatten. Die Päpste ihrerseits beanspruchten als Nachfolger des Apostel Petrus die religiöse Führung der Christenheit in Europa.

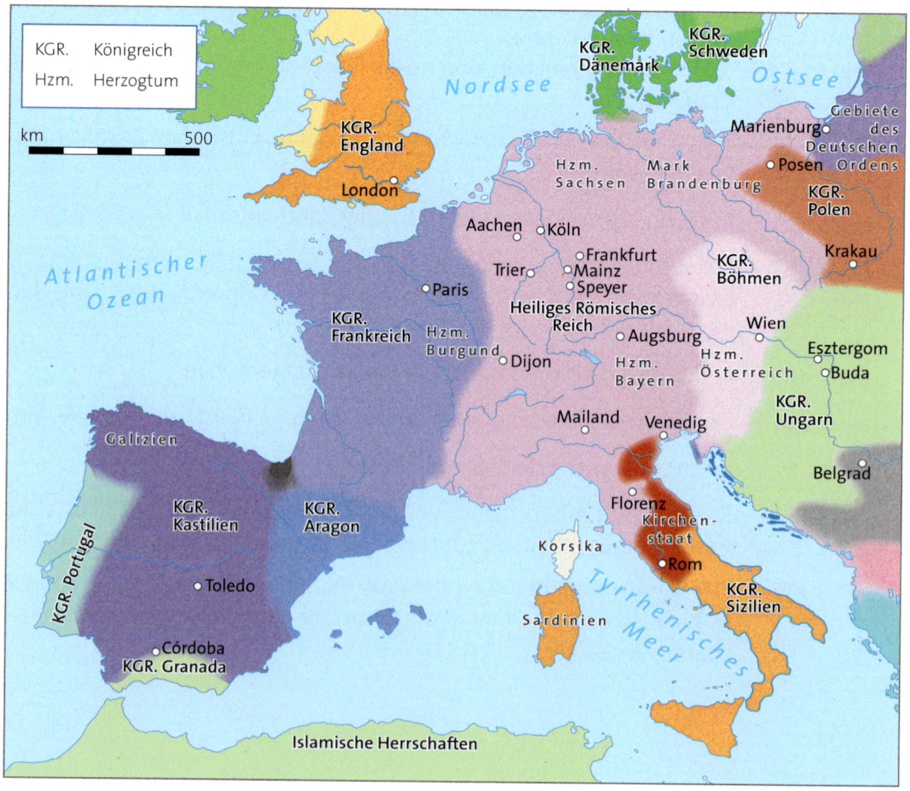

Europa um 1250.

[1] Zu verschiedenen Mittelalterbildern siehe das Kapitel „Epochenbilder in der Geschichtskultur – das Mittelalter" ab Seite 434.

Kaisertum (weltliche Macht) und *Papsttum* (geistliche Macht) standen auf diese Weise nebeneinander. Ein weiteres Machtzentrum war das *Oströmische Reich* mit der Residenz in Konstantinopel. Die Herrscher dort konnten sich auf die direkte Nachfolge der römischen Kaiser berufen. Neue Königreiche entstanden in Frankreich, England und Skandinavien. Auf der Iberischen Halbinsel schlugen christliche Kriegsfürsten zwischen 722 und 1492 nach und nach die aus Nordafrika eingedrungenen Muslime zurück und errichteten am Ende die Königreiche Spanien und Portugal. Im Osten des Heiligen Römischen Reiches entstanden in Ungarn (seit 1001) und in Polen (seit 1025) ebenfalls weitere Königreiche.

Wie regieren Kaiser und Könige? | Das Herrschaftsgefüge im mittelalterlichen Staat war durch keine schriftliche Verfassung im modernen Sinne geregelt. Entscheidende Legitimation des Königs war letztlich seine Wahl und die Erhebung durch die adlige Führungsschicht. Aufgabe des Königs war es, seine Untertanen vor äußeren Feinden zu schützen und im Innern Recht und Frieden zu sichern. Dabei musste er sich an die überlieferten Volksgesetze (Gewohnheitsrecht) halten und war auf die Zustimmung der adligen Machteliten angewiesen. Wichtige Entscheidungen ließ er deshalb auf Hof- oder Reichstagen mit Zustimmung der Großen aus allen Teilen des Landes treffen, um so ihre Durchsetzbarkeit zu erhöhen (➔ M1).

Das Lehnswesen | Für eine erfolgreiche Politik war der König auf die Unterstützung der Großen des Reiches angewiesen. Grundlegend für die Beziehungen zwischen Herrscher und Adel wurde das *Lehnswesen*, das sich ausgehend von Frankreich in ganz West- und Mitteleuropa herausbildete: Der König verlieh aus dem Grundbesitz des Reiches oder aus dem Hausgut seiner Familie Ländereien an hohe Adlige. Diese wurden damit für erbrachte oder geschuldete Leistungen „belohnt", also vor allem für Waffendienste im Krieg.

Mit dem Lehnswesen hatte das Königtum ein zunächst flexibel einsetzbares Mittel gefunden, den Adel an sich zu binden. Umgekehrt war die Oberschicht natürlich interessiert, den eigenen Besitz zu erweitern, und begab sich deshalb freiwillig in die Lehnsabhängigkeit. Der König als oberster *Lehnsherr* und die adligen *Vasallen* (Lehnsleute) waren durch gegenseitige eidliche Treueverpflichtungen eng verbunden. Untreue zog den Verlust des Lehens nach sich. Auch musste der König einem Vasallen helfen, wenn dieser seines Schutzes bedurfte. Beim Tod des Vasallen fiel das Lehen an den Lehnsherrn zurück. Dieser konnte dann einen neuen Vasallen wählen. Schon relativ früh setzte sich aber die Erblichkeit der Lehen durch. Auch die Vasallen des Königs,

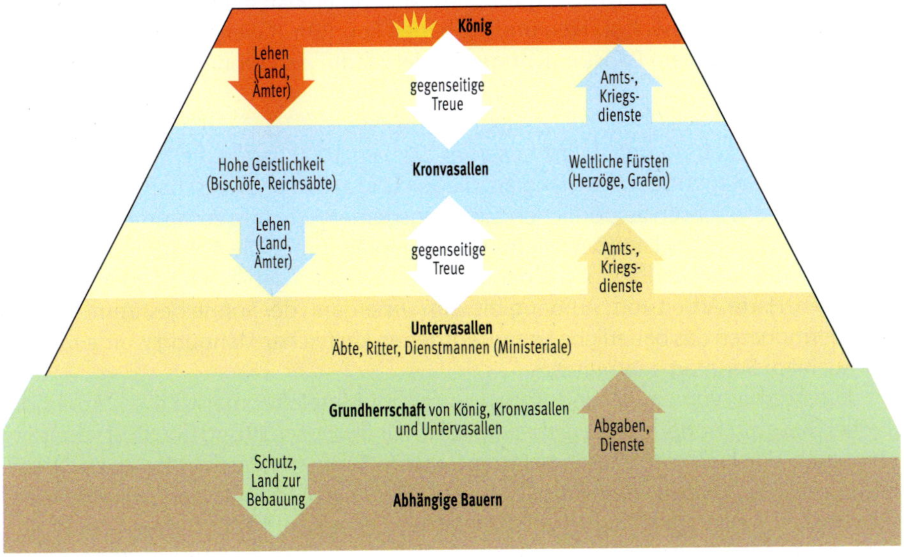

Idealtypisches Ordnungsmodell des Lehnswesens.
Die tatsächlichen Lehnsbindungen waren durch zahlreiche Überschneidungen oftmals komplizierter.

Die Kaiserpfalz in Goslar.
Foto von 2022.
Die Goslarer Kaiserpfalz war im 11. und 12. Jahrhundert ein besonders beliebter Aufenthaltsort der Könige. Pfalzen waren groß angelegte Höfe mit Wirtschaftsgebäuden, einem Saalbau und einer Kapelle. Sie konnten den Herrscher und sein Gefolge längere Zeit beherbergen.

die „Kronvasallen", konnten ihrerseits Lehen an Unter- (After-) Vasallen vergeben. So ergab sich ein mehrfach gestuftes Gefüge von Herrschaftsträgern.

Seit dem 11. Jahrhundert setzten die Könige für Verwaltungs- und Kriegsdienste gerne unfreie Dienstmannen (*Ministeriale*) ein: Die Ministerialen waren weisungsabhängige, dem Herrscher ergebene Gefolgsleute. Wichtige Aufträge konnte der Herrscher so direkt veranlassen, was ihn vom alteingesessenen mächtigen Adel unabhängig machte. Viele Ministeriale erhielten aufgrund ihrer Verdienste ihre ursprünglichen Dienstlehen als erbliches Eigentum und rückten somit in den Stand des niederen (Dienst-)Adels auf.

Vom Personenverbandsstaat zum Territorialstaat | Die Könige im Reich regierten zunächst von keiner festen Residenz aus. Sie ritten von Pfalz zu Pfalz, um jeweils vor Ort ihre Beziehungen zu den lokalen Herrschaftsträgern zu festigen und Recht zu sprechen. Eine moderne Staatlichkeit bildete sich zuerst in den Residenzstädten der Landesfürsten heraus. Hier stellten in den Kanzleien schriftkundige Beamte Urkunden aus und schufen eine das Recht sichernde Verwaltung. Zentral für die Fürsten war die Durchsetzung eines öffentlichen Gewaltmonopols. In dem Maße, in dem es ihnen gelang, in ihren Territorien einen „Landfrieden" durchzusetzen, wurde dem Adel das Fehde- und Selbsthilferecht verwehrt. Der Aufbau landesfürstlicher Gerichte und Behörden stärkte den Fürsten innerhalb seines Herrschaftsgebiets und gab ihm zugleich ein größeres Gewicht gegenüber einer noch wenig durchorganisierten Verwaltung des Königs.

Anders verlief die Entwicklung beispielsweise in Frankreich und England, wo die Könige ihre Zentralgewalt stärken und ausbauen konnten. Italien blieb politisch zerrissen, sodass neben dem Papst mächtige Handelsstädte den größten Einfluss ausüben konnten.

Internettipp
Ein Video zum bäuerlichen Leben im Mittelalter finden Sie unter diesem Code.
32108-01

Die bäuerliche Lebenswelt | Erst etwa um das Jahr 1000 fingen die Menschen in Europa an, Wälder zu roden, Ackerland anzulegen und aktiv Landwirtschaft zu betreiben. Einzelne Höfe wuchsen zu dörflichen Siedlungsgemeinschaften zusammen. Nach wie vor war das Dasein der Landbevölkerung aber geprägt durch die Abhängigkeit von der Natur. Die meisten Landbewohner darf man sich als kaum gebildet und abergläubisch vorstellen. Harte Arbeit vom Aufgang bis zum Untergang der Sonne bestimmte in den Sommermonaten das bäuerliche Leben, entgegen kirchlicher Mahnung wurde manchmal auch am Sonntag gearbeitet.

Eigentümer von Grund und Boden waren im Mittelalter meist König, Adel oder Kirche. Diese *Grundherren* überließen ihr Land zur Bewirtschaftung den dort lebenden Menschen, die dafür einen Teil ihrer Erträge abliefern mussten und zusätzlich zu Dienstleistungen (*Frondienst*) verpflichtet waren. Darüber hinaus konnte der Grundherr über die von ihm abhängigen Bauern und das unfreie Gesinde zu Gericht sitzen und Strafen

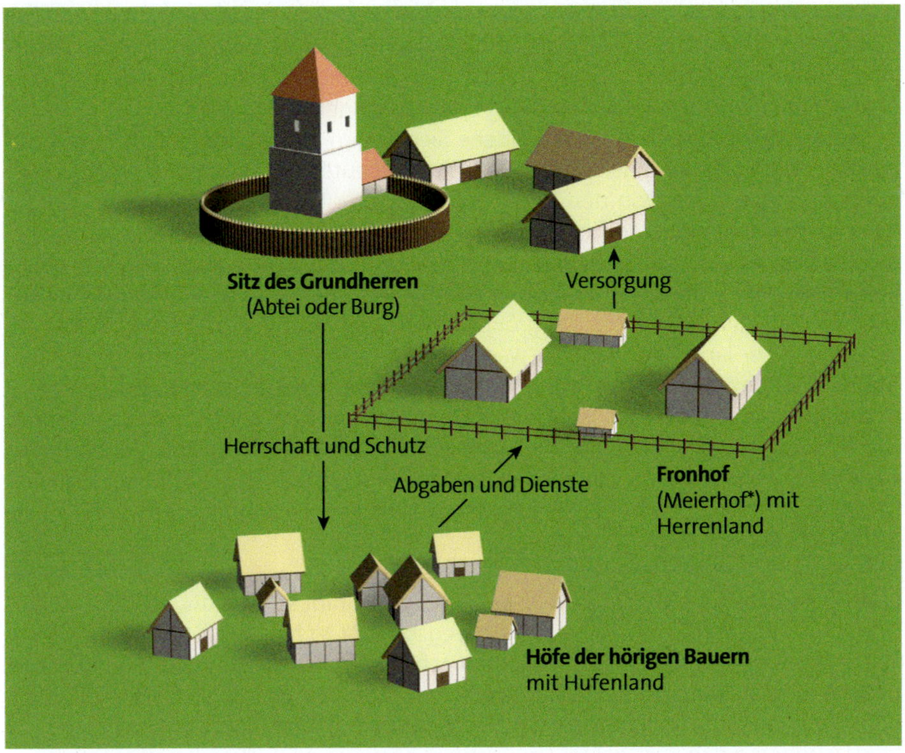

Modell einer Grundherrschaft.

Nach: Arnold Bühler, Herrschaft im Mittelalter, Stuttgart 2013, S. 15.

Eine adlige Grundherrschaft bestand meist aus einem Haupthof, Nebenhöfen und den Höfen der Hörigen. Mächtige Grundherren (Kaiser, Könige, Fürsten, Kirche) besaßen mehrere tausend Höfe.

verhängen. Dieses System der Herrschaft über Land und Leute bezeichnet die Geschichtswissenschaft als *Grundherrschaft.*

Mit der Zeit verloren die geburtsständischen Unterschiede zwischen freien und unfreien Bauern ihre Bedeutung und alle in der Landwirtschaft tätigen Menschen wurden als eigener einheitlicher Stand betrachtet. Entscheidend wurde nunmehr die soziale Stellung. Die wirtschaftliche Lage der Vollbauern, die große Höfe innehatten und Überschüsse auf dem städtischen Markt absetzen konnten, entwickelte sich besonders günstig. Sie standen an der Spitze der dörflichen Hierarchie und versuchten gelegentlich sogar, den Lebensstil höherer Stände nachzuahmen. Aber die meisten Bauern konnten den aus Schafswolle oder Flachs gefertigten grauen Bauernkittel nicht mit vornehmer Kleidung tauschen, sondern rangen um das Existenzminimum. Denn die Erträge der angebauten Getreidesorten (Hafer, Gerste, Roggen, Weizen und Dinkel) überstiegen die Aussaatmenge nur um das 2,5- bis 3-Fache. Da man also etwa ein Drittel der Erntemenge für die Aussaat zurücklegen musste, etwa ein weiteres Drittel der Erträge an den Grundherrn abzugeben hatte, blieb nur das letzte Drittel für den Verbrauch in der bäuerlichen Familie. Neben den Bauern lebte auf dem Land noch eine Gruppe minderberechtigter Lohnarbeiter.

Erstaunlich ist, dass die Nahrungsmittelproduktion bis zum Ende des 13. Jahrhunderts mit dem raschen Bevölkerungswachstum Schritt halten konnte. Dies gelang, weil neue landwirtschaftliche Flächen gewonnen wurden. Hinzu kamen einschneidende technologische Neuerungen, die einige Forscher von einer „agrartechnischen Revolution des Mittelalters" sprechen lassen (Georges Duby): Die ertragssteigernde Dreifelderwirtschaft setzte sich allgemein durch; moderne, wirkungsvollere Methoden des Pflügens, der Einsatz von Eisenwerkzeugen und die ersten Wassermühlen verbreiteten sich mehr und mehr (➔M2).

Dreifelderwirtschaft: Anbaumethode, bei der auf einem Feld in einem Jahr Wintergetreide (z. B. Roggen und Weizen) und im nächsten Jahr Sommergetreide (z. B. Hafer) angebaut wird. Im dritten Jahr liegt das Feld zur Erholung brach. Die Erträge sind dadurch höher, als wenn Anbau und Brache jährlich wechseln.

Städte entstehen | In den Zeiten des Römischen Reiches gab es nicht nur in Italien, sondern auch nördlich der Alpen zahlreiche Städte. In den folgenden wirtschaftlichen Krisenzeiten gingen diese fast vollständig unter. Selbst in der einstigen Millionenstadt Rom lebten im frühen Mittelalter nur noch 20 000 Menschen. Aber ab dem 10./11. Jahr-

Internettipp
Einen Kurzfilm zu den Städten im Mittelalter bietet der folgende Code.

32108-02

hundert bildeten sich überall in Europa wieder urbane Lebensformen aus. In Italien profitierten die wachsenden Städte von dem aufblühenden Handel über das Mittelmeer. Sie entwickelten ein ausgeprägtes Eigenleben, nicht zuletzt, weil es keine Könige oder Fürsten gab, die ihre Rechte maßgeblich beschneiden konnten.

Im Reich wurden bereits vorhandene Siedlungen an Bischofssitzen, Pfalzen und Burgen[1] oder an den Handelsplätzen von Fernkaufleuten zur Stadt erhoben. Neugründungen gingen meist von den Herrschern aus, die sich zusätzliche Einnahmen aus Steuern und Abgaben erhofften. Anders als etwa in den slawischen Ländern gelang es den Städten auf deutschem Boden, ihre innere Ordnung weitgehend selbstständig zu bestimmen. Im Spätmittelalter lebte im Reich bereits etwa jeder Fünfte in einer der 3500 bis 4000 Städte, auf die der größte Teil unserer heutigen deutschen Städte zurückgeht. Über lange Zeit hinweg war Köln mit ca. 35 000 Einwohnern mit großem Abstand die bevölkerungsreichste Kommune. Daneben gab es circa 25 Großstädte, in denen über 10 000 Menschen lebten. Viele Kleinstädte hatten weniger als 500 Einwohner.

Anders als im Reich überflügelten in England und Frankreich die rasch wachsenden Hauptstädte alle anderen Gemeinden. London wuchs zwischen 1100 und 1300 von 15 000 auf 100 000 Einwohner. In Paris lebte Mitte des 14. Jahrhunderts bereits eine Viertelmillion Menschen.

Leben in der Stadt | Was machte das Leben in der Stadt so attraktiv, dass die Menschen aus ihrer dörflichen Gemeinschaft wegzogen? Der bekannte, allerdings erst im 19. Jahrhundert geprägte Satz „Stadtluft macht frei“ spielt auf die vielfach überlieferte Bestimmung an, dass mit der Aufnahme in die Stadt die Abhängigkeit vom Grundherrn verloren ging. Dazu musste der Neuankömmling mindestens ein Jahr in der Stadt leben und den Besitz eines Grundstücks nachweisen. Frauen konnten nur in wenigen Städten das Bürgerrecht erwerben (➔M3).

Ärmeren Menschen wurde das Bürgerrecht zwar versagt, aber sie profitierten von den Zuwendungen reicher Bürger, die sich ihr Seelenheil durch Almosen und Stiftungen sichern wollten. Außerdem bauten die Stadtregierungen Vorratshäuser, die im Falle von Missernten das Überleben garantierten – anders als auf dem Land. Ganz ge-

Das Leben in der Stadt.
Ausschnitt aus dem Wandgemälde „Die Folgen der Guten Regierung“ von Ambrogio Lorenzetti, um 1337–1340, Palazzo Pubblico, Siena.

- ► Beschreiben Sie die verschiedenen Personengruppen und versuchen Sie, deren Tätigkeit und Stellung zu identifizieren.
- ► Charakterisieren Sie, wie das Leben in der Stadt in dem Wandgemälde dargestellt wird.
- ► Vergleichen Sie Ihr Ergebnis mit der Darstellung vom Leben in heutigen Großstädten, zum Beispiel anhand entsprechender Werbebroschüren.

32108-03

[1] Aus dem lateinischen Begriff „burgus“ (Burgsiedlung) entwickelte sich der Begriff „Bürger“.

nerell bot das Leben in den Städten Aufstiegschancen, die auf dem Dorf nicht gegeben waren. Das Gesellschaftsmodell einer mittelalterlichen Stadt erscheint zwar starr, aber in Wahrheit konnten Zuwanderer jederzeit in die Mittel- oder Oberschicht aufsteigen, wenn sie geschäftlichen Erfolg hatten (➔M4 und M5). Auf der anderen Seite versuchte dieselbe Mittel- und Oberschicht sehr wohl, die Zuwanderung zu begrenzen: durch Kontrolle der Stadttore, Einschränkung der Bürgerrechte oder erschwerten Zugang zu einer **Zunft**.

Was in den Städten erstmals obrigkeitlich geregelt werden musste, waren Probleme der Daseinsvorsorge. Aufgabe des Königs war es, seine Untertanen vor auswärtigen Feinden zu schützen und das Recht in seinem Herrschaftsbereich durchzusetzen. Stadtregierungen mussten hingegen das Zusammenleben der Menschen auf engstem Raum regeln: Beseitigung von Unrat und Kot auf den Straßen, die Überwachung der Herstellung von Lebensmitteln, Bauordnungen, die nachbarschaftliche Rechte garantierten. Dies alles waren Vorboten moderner Aufgaben von Staatlichkeit. Und gleichzeitig wurde das westliche Europa zu einer Großbaustelle – nicht nur für Burgen, Kirchen und Klöster, sondern nicht minder für Straßen, Brücken, Stadtmauern, Rathäuser, Hospize und vieles mehr.

Zunft: genossenschaftlicher Zusammenschluss der Handwerksmeister eines Gewerbes (vgl. heute die Innung). Sie regelten die wirtschaftlichen Belange (Herstellung und Absatz der Produkte, Rohstoffbeschaffung, Verkaufspreise). Außerdem boten die Zünfte ihren Mitgliedern gesellige Zusammenkünfte und soziale Unterstützung (für Kranke, Witwen und Waisen; Sorge für das Begräbnis).

Handelswege zwischen Ost und West | Schon vor dem Jahr 1000 bestanden Handelsbeziehungen zwischen dem Fernen Osten und Europa. Die Chinesen erzielten beträchtliche Handelsüberschüsse mit dem Export von Luxuswaren wie Seide, Pelze, Gewürze oder Tee. Transportiert wurden die Güter über die *„Seidenstraße"*, eigentlich ein riesiges Netzwerk an Straßen (10 000 km in Ost-West-Richtung). Gefahr lauerte stets, vor allem durch kriegerische Auseinandersetzungen, seit die muslimischen Araber ab dem 8. Jahrhundert in Asien immer weiter vordrangen. Nachdem die Mongolenkaiser im 13. Jahrhundert ein Großreich vom Chinesischen Meer bis zum Schwarzen Meer erobert hatten, setzte ein immer regerer Kulturaustausch zwischen Europa, Vorderem Orient und China ein.

Verlauf der alten Seidenstraße.

▶ Informieren Sie sich über den Verlauf der heutigen „Neuen Seidenstraße", und vergleichen Sie ihn mit dem Verlauf der alten Seidenstraße.

32108-04

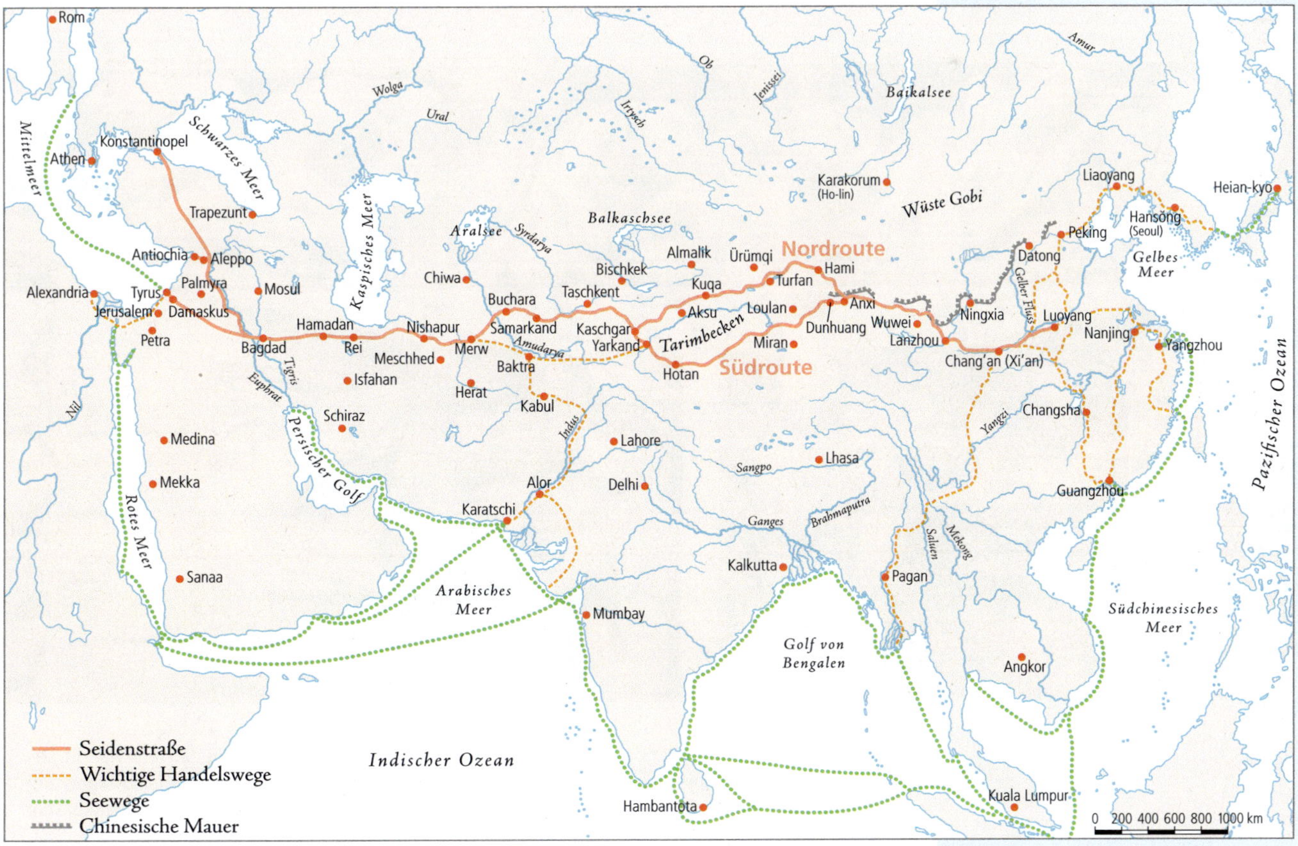

Das Jüngste Gericht.
Foto von 2017.
Die Benediktinerabtei im südfranzösischen Ort Conques lag am berühmten Pilgerweg nach Santiago de Compostela und war selbst Ziel zahlreicher Wallfahrten. Das abgebildete Relief stammt von dem Eingangsportal der Abteikirche (11./12. Jahrhundert) und zeigt die Vorstellung der Menschen des Mittelalters vom Jüngsten Gericht, das sie nach ihrem Tode am Ende aller Zeiten erwarten würde.

- ▶ Partnerarbeit: Beschreiben Sie arbeitsteilig die linke und die rechte Seite des Reliefs.
- ▶ Charakterisieren Sie die Stimmung, die die jeweiligen Bilder erzeugen.
- ▶ Stellen Sie die Beschreibungen und Charakterisierungen beider Seiten gegenüber.
- ▶ Analysieren Sie, was das Relief über die Ängste und Hoffnungen der Menschen des Mittelalters aussagt.
- ▶ Charakterisieren Sie die Rolle und den Einfluss der Kirche (als Erschaffer des Reliefs) in diesem Kontext.

32108-05

In der Folge verlief der Ost-West-Handel über das Mittelmeer und von dort über die Alpen nach Spanien oder in die Champagne, wo auf großen Messen die Waren weiter verteilt wurden. Der zwar risikoreiche, aber lukrative Fernhandel nach Fernost war vor allem den Kaufherren aus italienischen Seestädten vorbehalten. Der Weg über die Seidenstraßen nach Peking dauerte zwar ein Dreivierteljahr, dafür entschädigten Gewinnspannen von rund 100 Prozent.

Ihre Schlüsselstellung verdankten die italienischen Stadtstaaten nicht zuletzt „internationaler" Hilfe. Insbesondere französische Ritter schufen Kreuzfahrerstaaten[1] in Kleinasien, die als Stützpunkte für Schiffe dienten. Das Ergebnis mehrerer erfolgreicher Seeschlachten war die Hegemonie Genuas im westlichen Mittelmeer sowie Venedigs im östlichen Mittelmeer. Ein weiterer Gewinner des aufblühenden Ost-West-Handels war das spanische Córdoba, mit einer halben Million Einwohnern die bevölkerungsreichste Stadt Europas nach Konstantinopel. Hier kreuzten sich die Handelswege der islamischen Welt mit den innereuropäischen Straßen.

Religiöse Lebensformen und Kirche | Im Laufe des 1. Jahrtausends hatte das *Christentum* aus dem Mittelmeerraum heraus in ganz Europa den alten heidnischen Götterglauben abgelöst. Das irdische Leben wurde in der zeitgenössischen Interpretation als Durchgangsstation zum ewigen Leben verstanden. Aber zuvor hatte jeder Einzelne seine Aufgabe in einer göttlich geordneten Welt zu erfüllen. Geistliche entwarfen das Bild vom *Jüngsten Gericht*, dessen Urteile für alle Menschen unabhängig von ihrer weltlichen Stellung galten: für den Herrscher ebenso wie für den Knecht. Der Einfluss der Religion und der sie vertretenden Kirche auf alle Bereiche des Lebens war in Europa nie mehr so groß wie im Mittelalter. Äußere Formen der herrschenden Religiosität:

- Es entstanden die ersten *Klöster* (von lat. *claustrum*: verschlossener Ort), in denen Männer (Mönche) oder Frauen (Nonnen) gemäß ihrem Gelübde von Armut, Ehelosigkeit und Gehorsam ein gottgefälliges Leben führten (➔M6).

31000-983 **Bildinformation**

[1] Ziel des von den Päpsten Ende des 11. Jahrhunderts ausgerufenen Kreuzzugsgedankens war die Befreiung der heiligen christlichen Stätten in Palästina vom Islam. Trotz vorübergehender Erfolge scheiterten die von Kaisern und Königen begleiteten Expeditionen letztendlich. 1291 fiel die letzte Bastion in Kleinasien.

- Mönche und Nonnen schlossen sich, allerdings getrennt, zu religiösen Gemeinschaften (*Orden*) zusammen. Der älteste Orden waren die *Benediktiner*[1], deren Wahlspruch „bete und arbeite" (lat.: *ora et labora*) lautete.
- Klöster wurden oft bedeutende Wirtschaftsgrößen oder trugen maßgeblich zur Pflege und Entwicklung der abendländischen Kultur bei.
- Reiche Stifter gründeten Kirchen und Klöster, um Gott gnädig zu stimmen.
- Könige und Fürsten bemühten sich, ihre Entscheidungen in Übereinkunft mit den Vertretern der Kirche zu rechtfertigen.
- Die Menschen glaubten an die magische Kraft von **Reliquien**. Wallfahrten zu diesen Reliquien bescherten ihren Aufbewahrungsorten zusätzliche Einnahmequellen (➔M7).

Ihre Bedeutung erfuhren die Geistlichen aus ihrer Priesterweihe. Die Päpste hatten sie damit zu Mittlern zwischen Gott und den Menschen erklärt. Der *Zölibat* (Ehelosigkeit der Priester) tat ein Übriges, den Klerikern eine hervorgehobene Stellung einzuräumen.

„Die europäische Christenheit ist das Werk der Mönche" (Ferdinand Seibt). Mag dieser Satz eines Historikers auch stark zugespitzt erscheinen, so darf doch die Bedeutung der Orden im Mittelalter nicht unterschätzt werden. Ursprünglich Vorreiter in der Landwirtschaft (Benediktiner, *Zisterzienser*[2]), gründeten sich im 13. Jahrhundert neue Bettelorden (*Franziskaner, Dominikaner*[3]). Diese errichteten ihre Konvente bewusst in den wachsenden Städten, lebten das Ideal der urkirchlichen Armut und sahen ihre Hauptaufgabe in Mission und Seelsorge. Sie halfen Armen und Kranken und kritisierten sowohl weltliche als auch kirchliche Missstände. Ihre Kirchen gestalteten sie bewusst schlicht. 1280, also 70 Jahre nach der Gründung ihres Ordens, lebten in den 8000 franziskanischen Konventen etwa 200 000 Bettelmönche und prägten das Bild ihrer Städte.

Im Laufe des 13. Jahrhunderts beteiligen sich auch immer mehr Frauen an den Frömmigkeitsbewegungen ihrer Zeit: 1250 existierten bereits 500 Nonnenklöster im Reich. Predigen durften allerdings allein männliche Ordensmitglieder.

Die Entstehung der Universitäten | Eng verbunden mit der kirchlichen Bildung war das Entstehen der ersten Universitäten. Ursprünglich waren dort ausschließlich Kleriker versammelt, bis sich die Könige und Landesfürsten im Interesse ihrer Territorien um Neugründungen bemühten. Die Universitäten waren ursprünglich Genossenschaften zwischen Lehrern und Studenten – so in Bologna, Paris und Oxford. Nach einem mehrjährigen Studium der *„freien Künste"* (Grammatik, Rhetorik, Dialektik, Arithmetik, Geometrie, Musik und Astronomie) wandten sich die Studenten erst anschließend ihrem Spezialgebiet Theologie, Medizin oder Jura zu. Die erste Universität im Reich entstand 1348 in Prag durch eine kaiserliche Stiftung (➔M8).

Reliquie (von lat. *reliquiae*: Zurückgelassenes): (angeblicher) Überrest einer heiligen Person, etwa ein Körperteil, getragene Kleidung, ein Gegenstand aus deren Besitz

Internettipp
Ein interaktives Lernportal zum Einfluss der Kirche im Mittelalter finden Sie unter diesem Code.

32108-06

1 Benedikt von Nursia (um 480–547) gründete 529 das Kloster Montecassino in Italien. Seine Mönchsregel der Benediktiner wurde zur abendländischen Klosterregel schlechthin.

2 Die Zisterzienster gingen aus der besonders strengen Reform des 910 gegründeten Klosters im burgundischen Cluny hervor. Dieser Reformorden der Benediktiner siedelte sich meist in abgelegenen Gebieten an.

3 Die Franziskaner wurden von dem italienischen Kaufmannssohn Franz von Assisi (1181/82–1226) gegründet. Der Kastilianer Dominikus (um 1170–1221) gründete einen Predigerorden, aus dessen Reihen viele berühmte Theologen stammten. Als „domini canes" („Hunde des Herren") wurden sie später in der Ausübung der Inquisition aktiv.

M1 Der Königsumritt Konrads II. 1024

Die „Taten Kaiser Konrads" sind uns durch seinen Hofgeistlichen Wipo (vor 1000–nach 1046) überliefert:

Nachdem der König Konrad sein königliches Gefolge um sich gesammelt hatte, kam er zuerst durch das Gebiet der Ripuarier[1] bis an den Ort, der die Pfalz Aachen genannt wird, wo von den alten Königen und vorzüglich von Karl [dem Großen] ein Königsstuhl errichtet ist, der für den Erzstuhl des ganzen Reiches gilt. Dort sitzend, ordnete er die Angelegenheiten des Reiches in ausgezeichneter Weise, berief Fürsten und Volk zu öffentlicher Verhandlung und waltete trefflich nach göttlichem und menschlichem Recht. Sein Ruf wuchs durch seine vorzüglichen Eigenschaften. Als Verkünder des Friedens wurde er heute noch mehr als gestern geehrt, war allen noch teurer wegen seiner Güte und seines Wohlwollens, wurde geehrt wegen seines Wirkens als königlicher Richter. Obwohl er die Wissenschaften nicht beherrschte, unterwies er doch ungemein verständig die Geistlichkeit sowohl öffentlich in liebenswürdiger und freundlicher Weise, wie auch im Geheimen mit gebührender Strenge. Die Ritter aber gewann er dadurch, dass er die ihren Vätern verliehenen Lehen nicht von ihnen zurückverlangte. [...] Man würde mir vielleicht gar nicht glauben, wenn ich berichtete, wie freigebig er war, wie freundlich, wie standhaft, wie unerschrocken, gegen alle Guten gütig, streng gegen alle Bösen, gegen die Untertanen wohlwollend, hart gegen die Feinde und energisch durchgreifend. Für das Wohl des Reiches war er unermüdlich tätig, und in kürzester Zeit gelang ihm so viel, dass niemand zweifelte, seit Karls [des Großen] Zeiten habe kein Würdigerer als er auf dem Thron gesessen. [...] Nach seiner Rückkehr aus Ripuarien ging der König nach Sachsen, wo er die ungemein strengen Gesetze des Volkes nach ihrem Wunsch durch königlichen Machtanspruch bestätigte. Dann empfing er von den benachbarten Barbaren Tribut und forderte jede dem Fiskus schuldige Abgabe. Von da aus zog er durch Baiern und Ostfranken nach Alemannien. Durch diesen Umritt schützte er die einzelnen Teile des Reiches, fasste sie zu einer Einheit zusammen und festigte den Landfrieden durch königlichen Schutz.

Zitiert nach: Heinrich Pleticha (Hrsg.), Deutsche Geschichte, Bd. 2: Von den Saliern zu den Staufern, 1024–1152, Gütersloh 1981, S. 18

32108-07

1. Arbeiten Sie die Aufgaben und Eigenschaften König Konrads II. aus dem Bericht heraus.
2. Charakterisieren Sie die ideale Form der Königsherrschaft des Mittelalters, die sich aus M1 ergibt.
3. Analysieren Sie, welche Intention Wipo mit seinem Bericht verfolgte. | **H**

[1] **Ripuarier:** Angehörige eines am Rhein siedelnden Frankenstammes

M2 Neuerungen in der Landwirtschaft

*Der Historiker Werner Rösener (*1944) ist ein Fachmann für Agrargeschichte. Für eine breite Leserschaft beschreibt er wesentliche Neuerungen in der mittelalterlichen Landwirtschaft:*

Der größere Teil bäuerlicher Tätigkeit im Mittelalter galt der Feldarbeit. [...] Bestellt wurde ein Acker nur alle zwei Jahre, die Leerzeit dazwischen sollte er ruhen, man nennt es die Feldgraswirtschaft. Später, im Hochmittelalter, setzte sich mehr und mehr die Dreifelderwirtschaft durch: Im ersten Jahr wuchs auf der Fläche Wintergetreide, im zweiten Sommerkorn, im dritten lag sie brach und diente dem Vieh als Weide, was außer der Erholung des Bodens noch Dungzufuhr bewirkte. Dung wurde jedenfalls aufgetragen. Jedes Gehöft hatte seinen Misthaufen. Das Düngen ist eine alte agrarische Kulturtechnik, Dungtransporte gehörten zu den Fronarbeiten.
Vor der Aussaat musste der Boden gelockert werden, was mittels einer Hacke oder mithilfe eines Pfluges geschah. Die älteste und ursprünglichste Pflugform, gebräuchlich noch bis ins Hochmittelalter hinein, war ein simpler Baumast, der als Deichsel diente, versehen mit einem gegen die Zugrichtung gewendeten metallenen Sporn, der die Erde aufriss. Gezogen wurde er wenn nicht von Menschen, dann durch Zugtiere, die in Mitteleuropa zunächst Ochsen waren. [...] Dann kam der Schollenpflug auf. Nachweisbar seit dem 1. Jahrhundert, hat er sich bis zum Hochmittelalter überall in Europa durchgesetzt. Er war eine technologisch fast revolutionäre Erfindung: Er lief auf Rädern, was seinen Einsatz erleichterte, und war ausgestattet mit einem Messer und einer asymmetrischen Pflugschar, die den Boden nicht mehr bloß ritzte, sondern umwälzte. [...] Zusätzlich kam die Egge in Gebrauch, mit der sich die umbrochenen Schollen zerkleinern und glätten ließen. Als Zugvieh wurde der Ochse jetzt mehr und mehr ersetzt durch das Arbeitspferd, außerdem stand ein anderes Zaumzeug zur Verfügung: Anstelle der bis dahin allein gebräuchlichen Riemen, die alle Last auf die Brust des Zugtieres legten, [so]dass sie leicht dessen Fell wund scheuern konnten, traten das gepolsterte Joch oder das Kummet[2], das die Zuglast auf eine größere Körperfläche der eingeschirrten Tiere verteilte, was wiederum die Arbeitszeiten zu verlängern und die Arbeitsleistung zu steigern vermochte. Die Hufe der Pferde wurden beschlagen. Auch das erhöhte die Ausdauer der Tiere.
Man lernte es noch, sie im Vierergespann einzuschirren. Die vermehrte Zugkraft, die das erbrachte, inspirierte ihrerseits den Wagenbau: Neben den zweirädrigen Karren, der bis dahin einzig in Gebrauch war und den so schon die Antike kannte, gesellte sich nunmehr der vierrädrige Wagen, geeignet für das Bewegen von schweren und sperrigen

[2] **Kummet:** gepolsterter Kragen, an dem Riemen zum Pflug oder Wagen befestigt sind

Lasten, ebenso geeignet für den Personentransport. [...] Man erfand die Schubkarre, als eine eminent wichtige und vielfach einsetzbare Gerätschaft. Das Spatenblatt wurde jetzt aus Eisen gefertigt. Die Ernte erfolgte nicht mehr bloß mit der Sichel, sondern mit der Sense, und das eingefahrene Getreide wurde nicht mehr vermittels Füßen oder Tierhufen gedroschen, sondern mit dem Flegel. Die Weiterverarbeitung des Korns zu Mehl, lange eine Arbeit für die Bauersfrau, entwickelte sich zu einer Spezialtätigkeit, der sich ein dann eigener Berufsstand widmete, unter Zuhilfenahme von fließendem Wasser oder von Wind als Antriebskraft. Der Müller wurde zu einem der ersten spezialisierten Handwerker im ländlichen Raum neben dem Schmied. Man darf annehmen, dass dergleichen Neuerungen in aller Regel von den Klöstern ausgingen, denn dort gab es schon früh die spezialisierten Handwerker, die dergleichen zu verfertigen oder zu handhaben wussten. Dort gab es die erforderlichen Mittel für die entsprechenden Investitionen, und dort gab es Agrarbesitz, auf dem sich die Innovationen beispielhaft ausprobieren ließen.

Werner Rösener, Landwirtschaft im Mittelalter, in: Das Mittelalter. Die Welt der Bauern, Bürger, Ritter und Mönche, hrsg. von Dieter Hägermann, München 2001, S. 94–105

32108-08

1. Präsentation: Erstellen Sie zu einer der beschriebenen Veränderungen in der mittelalterlichen Landwirtschaft ein aussagekräftiges Werbeplakat, in dem die positive Entwicklung im Vergleich zur vorherigen Technik angepriesen wird. | H
2. Präsentation: Stellen Sie sich Ihre Werbeplakate in einem Galerierundgang vor. Fertigen Sie dann auf Basis Ihrer Notizen eine Mindmap an, die die sozialen und wirtschaftlichen Auswirkungen der Verbesserungen in der Landwirtschaft verdeutlicht. | H

Verbesserungen in der Landwirtschaft.
Buchmalerei aus dem Londoner Luttrell-Psalter, vor 1340.
Das reich illustrierte Manuskript wurde von Sir Geoffrey Luttrell, einem wohlhabenden englischen Landbesitzer, in Auftrag gegeben. Mit seinen Bibel- und Alltagsszenen ist es eine wichtige Quelle.

▶ Ordnen Sie den Entwicklungsstand in der Landwirtschaft, der in der Buchmalerei zum Ausdruck kommt, mithilfe von M2 ein.

32108-09

M3 Frauen in der Stadt

Die Autorin eines mehrfach neu aufgelegten Werkes zum Leben von Frauen in mittelalterlichen Städten, Professorin Erika Uitz (1931–2009) aus Magdeburg, bilanziert zur Geschichte von Frauen:

Die mittelalterlichen Städte boten in ihrer Gesamtheit, wenn auch je nach Stadttyp mehr oder weniger ausgeprägt, infolge günstiger Bedingungen für die Entfaltung eines blühenden Wirtschaftslebens und den sozialen Aufstieg der Bürger auch für die Städterinnen eine Reihe positiver Veränderungen. Sie erlangten eine anerkannte Position im städtischen Wirtschaftsleben, eine begrenzte Geschäftsfähigkeit im juristischen Sinne und die Möglichkeit zum selbstständigen Erwerb des Bürgerrechts.

Einen großen Beitrag zum Erhalt der Familien leisteten vor allem die Frauen in den städtischen Unterschichten, wo sie durch ihre Arbeit die Existenz der Familienwerkstatt mittrugen oder auch außerhalb dieser Werkstatt berufstätig wurden, vorwiegend als Lohnarbeiterin und im Kleinhandel. In den großen Exportgewerbe- und Fernhandelszentren und in den mittleren Handelsstädten mit Exportgewerbe bildeten die Klein- und Detailhändlerinnen eine nicht wegzudenkende Stütze des Binnenmarktes. Wo sich das Verhältnis von Arbeits- und Arbeitskräfteangebot zuungunsten der Arbeitssuchenden gestaltete, mussten die Frauen der städtischen Unterschichten nicht selten auch schwere körperliche Arbeiten wie im Baugewerbe oder im Schmiedehandwerk ausführen. Nicht wenige dieser Frauen halfen darüber hinaus, die Existenz ihrer Familien durch

Nebenverdienste zu sichern. Die Wehrlosesten verfielen der Prostitution.

Frauen aus dem vermögenderen Stadtbürgertum fanden sich unter den Berufstätigen im Handel, im Wechselgeschäft, in städtischen Ämtern und im Handwerk. Ungeachtet zahlreicher weiterbestehender Zunftbeschränkungen konnten sie in den reinen Frauenzünften oder in gemischten Zünften des Textilgewerbes Meisterrecht erlangen. [...]

Als feste Stütze der Familie erwiesen sich Städterinnen besonders in Notsituationen wie beim Tod des Ehemannes, in demografischen Krisen und innerstädtischen Auseinandersetzungen. Vielfältige weibliche Bemühungen galten aber auch im normalen städtischen Leben der Sicherung und Mehrung des Vermögens, dem sozialen Ansehen der Familie, der Erziehung der Kinder, der Versorgung und Anleitung der Knechte und Mägde, der Lehrlinge, Lehrmädchen, unverheirateten Gesellen und Handlungsdiener, soweit sie im Hause wohnten und zur Familie zählten. Dazu befähigte diese Frauen eine nicht geringe Teilnahme an der Erwerbstätigkeit der männlichen Familienmitglieder und den alltäglichen Vorgängen in der Stadt. Auch der Zugang zu den Grundschulen war dem förderlich. [...]

Zieht man ein vorläufiges Fazit, so zeigen die skizzierten Beobachtungen das Leben der Städterinnen im Mittelalter nicht als eine Aneinanderreihung von erduldeten Erniedrigungen, sondern auch als aktives Eingehen auf historische Chancen.

Erika Uitz, Die Frau in der mittelalterlichen Stadt, Freiburg 1992, S. 189–192

32108-10

1. Arbeiten Sie die verschiedenen Rollen, die Frauen in den Städten des Mittelalters einnahmen, aus dem Text heraus. | H
2. Beurteilen Sie, inwieweit die Stadt im Mittelalter auch Frauen neue Entfaltungsmöglichkeiten bot.

Hafnerin (Steingutmacherin) an der Töpferscheibe.
Bild auf einer Spielkarte, um 1425.

▶ Ordnen Sie die im Bild dargestellte Situation mithilfe von M3 in den Kontext des Lebens von Frauen in der Stadt ein.

32108-88

M4 Schichtenmodell einer mittelalterlichen Stadt

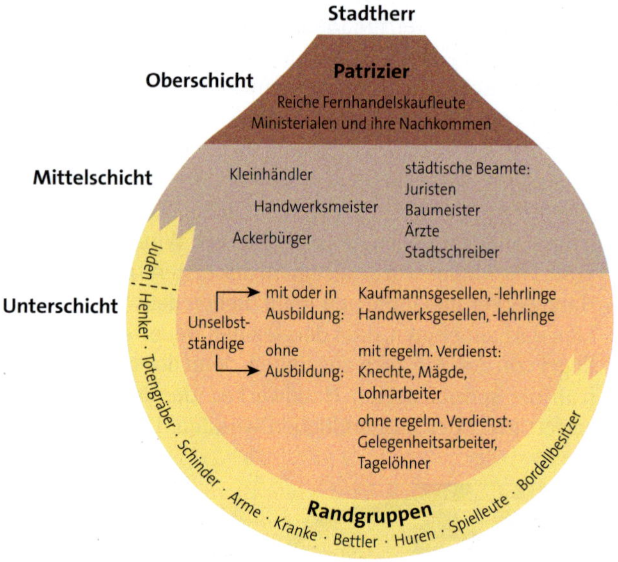

32108-11

1. Beschreiben Sie anhand des Modells die mittelalterliche Stadtbevölkerung.
2. Arbeiten Sie heraus, welche Personengruppe in dem Modell nicht berücksichtigt wurde.

M5 Ein neues Verständnis von Arbeit

Landesausbau und Verstädterung, ein intensiver Handel, Arbeitsteilung und soziale Mobilität sind Kennzeichen des Modernisierungsvorgangs im Hochmittelalter. Der Historiker Karl Bosl (1908–1993) zeigt, wie sich in dieser Aufbruchphase neben dem religiösen Armutsideal auch ein neues Ethos der Arbeit entwickelt hat:

Arbeit war in der archaischen Welt verachtet, sie deklassierte, war Pflicht von Leibeigenen, Abhängigen, der Unterschichten in der „familiae" von König, Adel, Kirche. Die Entfaltung von Bürgertum und Stadt in Italien, Frankreich, Deutschland und der Aufschwung eines Pionier- und Rodungsbauerntums fielen zusammen mit der Freisetzung von Arbeit und Besitz in Stadt und Land, fast genauso wie im 19. Jahrhundert Europas. [...] Befreiung von leibeigener Zwangsarbeit, Emanzipation der arbeitenden Menschen aus der „familia", freie Verfügung über die eigene Arbeitskraft und den eigenen Arbeitsgewinn brachten den großen Auftrieb von Wirtschaft und Gesellschaft [...]. In einer zweiten Phase folgten Befreiung von Heirats- und Verkaufszwang und die persönliche Freiheit. Die befreite Oberschicht der „familiae" bildeten die besonderen (politischen) Leistungs- und Erfolgsträger, die auch die ersten Neureichen und Gewaltträger für die kommunale Selbstregierung in Italien und auch in Deutschland wurden. Freisetzung von Arbeit förderte in Stadt und Land Handels- und Gewerbetätigkeit auf eigene Rechnung; die arbeitenden, produzierenden, verteilenden Menschen arbeiteten auf Profit, berechneten Chancen und Risiken, planten, sammelten Geld = sparten. Leistung und Gewinn wurden neben asketisch-frommem Leben gesellschaftlicher Wert oder setzten sich als solcher durch. Ein neues unfeudales Ethos entstand.

Karl Bosl, Gesellschaft im Aufbruch. Die Welt des Mittelalters und ihre Menschen, Regensburg 1991, S. 123 und 125

32108-12

1. Geben Sie wieder, weshalb die arbeitenden Menschen des Mittelalters zunächst nicht über die eigene Arbeitskraft und den eigenen Arbeitsgewinn verfügen konnten.
2. Charakterisieren Sie die veränderten Ziele und Einstellungen, nachdem die Menschen frei über ihre Arbeitskraft verfügen konnten. | H
3. Diskutieren Sie die Bewertung von „Arbeit" und „Leistung" heute. Vergleichen Sie Ihre Einschätzung mit der neuen Bewertung von Arbeit im Zuge der Verstädterung und dem Landesausbau im Mittelalter.

M6 Modell einer mittelalterlichen Klosteranlage

Nicht alle Klöster waren so reich wie das hier dargestellte Kloster St. Gallen in der heutigen Schweiz. Viele Klöster erhielten jedoch großzügige Schenkungen oder Lehen von Adligen.

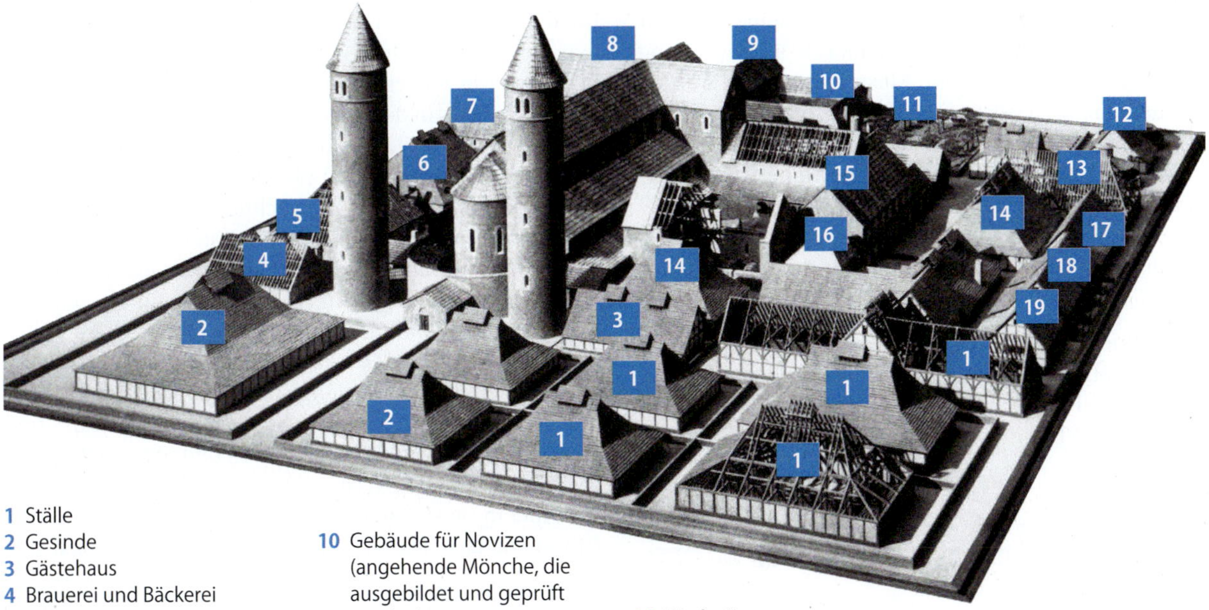

1 Ställe
2 Gesinde
3 Gästehaus
4 Brauerei und Bäckerei
5 Schule
6 Haus des Abtes
7 Haus für Aderlässe
8 Arzt
9 Hospital
10 Gebäude für Novizen (angehende Mönche, die ausgebildet und geprüft werden)
11 Friedhof
12 Wärter
13 Speicher für Getreide und Früchte
14 Werkstätten
15 Speisesaal, Kleiderkammer
16 Küche
17 Mühle
18 Stampfe
19 Raum zum Trocknen (von Lebensmitteln)

32108-13

1. Ordnen Sie die Einrichtungen des Klosters St. Gallen a) religiösen, b) wirtschaftlichen und c) bildungstechnischen Bereichen zu.
2. Erklären Sie anhand des Plans die verschiedenen Funktionen eines Klosters.
3. Erläutern Sie anhand von M6 und M2 (Seite 39, Zeile 60–66) die Wechselbeziehungen zwischen einem Kloster und seinem dörflichen oder städtischen Umfeld. | H

Internettipp
Eine digitale Ansicht des St. Galler Klosterplans finden Sie unter dem nachstehenden Code.

32108-14

M7 Gottesfurcht und Volksfrömmigkeit

a) *Der in England geborene Willibald (um 700-787/788), der später heiliggesprochene Bischof von Eichstätt, erkrankt als Kleinkind schwer. In der Lebensbeschreibung des Heiligen, vermutlich um 780 verfasst, steht dazu geschrieben:*

Er wurde unter den zarten Liebkosungen seiner Ammen und insbesondere der Eltern gepflegt und genährt und gelangte so ins dritte Lebensjahr. Als dann drei Lebensjahre vollendet waren und er noch klein und gebrechlich war, befiel ihn plötzlich eine schwere körperliche Krankheit. Seine zarten Glieder verkrampften sich und der kaum noch spürbare Atem zeigte in bedrohlicher Weise das nahe Ende an. Und als Vater und Mutter sahen, dass ihr Kind schwerkrank und schon beinahe leblos war, da befiel sie große Angst. Da nahmen sie das Kind und brachten es vor dem heiligen Kreuz unseres Herren und Erlösers dar. Vor dem Kreuz legten sie das Kind nieder und baten Gott den Herrn inständig, er möge ihren Sohn durch seine Allmacht am Leben erhalten. Sie versprachen im Fall der Gesundung des Kindes, dass es sofort dem Kloster übergeben werden sollte, um Mönch zu werden. Unmittelbar nachdem sie das Gelübde gemacht hatten, wurden ihre Bitten vom Herrn gnädig erhört und der Knabe erlangte seine frühere Gesundheit alsbald zurück.

b) *In den im 9. Jahrhundert entstandenen Xantener Annalen wird über das Jahr 873 berichtet:*

In der Winterszeit schwoll das Wasser bei der Schneeschmelze plötzlich zur Überschwemmung an, vor allem an den Ufern des Rheins. In den gewaltigen Wasserfluten kamen viele Menschen mit zahllosen Gebäuden und Erntevorräten um. [...]

Ruodold (ein dänischer Wikingerführer) richtete schreckliche Verwüstungen an in sehr vielen Gebieten jenseits des Ärmelkanals, allenthalben im Frankenreich, im Westreich und fast im gesamten Friesland ...

Nachher, in der Mitte des Monats August, kam die alte Plage der Ägypter aus dem Osten von neuem über unsere Länder, nämlich ein unendlicher Schwarm von Heuschrecken ... Sobald sie aufflogen, konnte man den Himmel kaum noch wie durch ein Sieb sehen. An sehr vielen Orten zogen ihnen die Oberhirten und die ganze Geistlichkeit mit Reliquienschreinen und Kreuzen entgegen und erflehten Gottes Barmherzigkeit, dass er sie vor dieser Plage bewahre ... Mit verschiedenen Plagen schlug der Herr ohne Unterbrechungen sein Volk.

Erster Text zitiert nach: Klaus Arnold, Kind und Gesellschaft in Mittelalter und Renaissance, München 1980, S. 97 f.; zweiter Text zitiert nach: Arno Borst, Lebensformen im Mittelalter, Berlin 1979, S 109 f.

32108-15

1. Arbeiten Sie die zentralen Bedrohungen für die Menschen sowie die Art, wie sie diesen begegnen wollen, aus den Materialien heraus.
2. Charakterisieren Sie die Vorstellung von Gott und die Auswirkung des Glaubens auf das Leben der Menschen, die in M7 deutlich werden.
3. Erklären Sie anhand der Materialien die Begriffe „Gottesfurcht“ und „Volksfrömmigkeit“.

M8 Studentisches Leben

In einem für die breite Öffentlichkeit geschriebenen Werk über das Mittelalter versucht die englische Autorin Anne Fremantle (1909–2002), ein anschauliches und begreifliches Bild dieser Zeit zu geben. Über die Universitäten und das studentische Leben heißt es bei ihr:

Die mittelalterlichen Universitäten boten jedoch nicht einmal den Anschein fester Quartiere. In Oxford und Cambridge wurde zunächst unter Vordächern am Straßenrand gelehrt, in Paris in den Kreuzgängen der Kathedrale und in Italien auf den Plätzen. Mit der Zeit mieteten die Lehrer Räume, und die Studenten hockten auf der Erde, die gewöhnlich zum Schutz gegen Feuchtigkeit mit Stroh bedeckt war. Unbelastet von Gebäuden, Bibliotheken und anderer Ausstattung, konnten die Universitäten so jederzeit leicht aufbrechen und ihren Sitz wechseln, wenn sie mit den Bürgern uneins waren. Cambridge wurde auf diese Weise durch Trennung von Oxford gegründet.

Solche Trennungen verliefen nicht immer friedlich. Die Studenten murrten über die hohen Preise für Kost und Logis, über Schmutz auf den Straßen und über die Qualität des Weins in den Tavernen. Die Stadtleute revanchierten sich, indem sie sich über das Auftreten der Studenten und Lehrer lustig machten. Oft arteten die Ressentiments in regelrechte Gefechte aus. Die städtischen Annalen von Paris und Oxford berichteten von blutigen Tumulten, bei denen die Gegner Schwerter, Spieße, Knüttel, Pfeile und Bögen brauchten und wobei Kübel mit heißem Wasser und Spülicht[1] aus den Fenstern geschüttet wurden. Nach einem solchen Aufruhr in Paris im Jahre 1229, bei dem mehrere Studenten getötet wurden, appellierten Lehrer und Schüler an den Bischof von Paris und den päpstlichen Legaten Papst Gregors IX. Wenn ihnen keine Hilfe zuteil werde, würden sie die Stadt geschlossen verlassen und sich über Europa zerstreuen. Schließlich schritt Gregor ein, denn die meisten Studenten waren Kleriker. Er erließ eine Bulle, die der Universität Vollmacht gab, ihre Angelegenheit selbst zu regeln, die Mieten festzusetzen und den Unterricht einzustellen, wenn ihre Rechte von der Stadt angetastet wurden.

[1] **Spülicht:** Schmutzwasser vom Spülen

Die Drohung des Auszugs stellte danach eine wirksame Waffe dar, denn die Bürger fürchteten die mit dem Verlust der Universität verbundene Einbuße an Geld und gutem Ruf.

Der Tag des Studenten begann gewöhnlich zwischen 4 und 5 Uhr. Nach dem Besuch der Messe von 5 bis 6 Uhr hatte er Unterricht bis 10 Uhr, danach eine Pause für die erste Mahlzeit des Tages – ein wenig Rindfleisch und eine Fleischbrühe mit Hafermehl. Anschließend war Unterricht bis um 5 Uhr nachmittags, worauf man sich zu einem ebenso kärglichen Abendbrot begab. Danach wurde bis gegen 9 oder 10 Uhr studiert. In Cambridge stand am Tagesende „eine halbe Stunde Gehen und Laufen, damit [die Studenten] nicht mit kalten Füßen zu Bett gehen“.

In Italien und Südfrankreich betrafen die Studien hauptsächlich römisches Recht oder griechische, arabische und jüdische Medizin, in Paris und England Theologie, kanonisches Recht und die freien Künste. Am Ende des Studiums, das meist 6 Jahre dauerte, standen die Prüfungen. Nach der halben Zeit wurde der Student von seinem Lehrer oder einem Lehrerkollegium mündlich geprüft. Bestand er diese Prüfung, wurde er baccalaureus[1] und damit berechtigt, einem Lehrer als Assistent zu dienen. Mit der Vollendung seiner Studien erwarb er selbst die Lehrberechtigung.

Anne Fremantle, Kaiser, Ritter und Scholaren. Hohes und spätes Mittelalter, Reinbek 1973, S. 103 ff. (übersetzt von Holle Kuschel)

32108-16

1. Gliedern Sie den Text in sinnvolle Abschnitte und versehen Sie diese mit passenden Oberbegriffen.

2. Vergleichen Sie das Studentenleben von heute mit den Bedingungen im Mittelalter. Recherchieren Sie Hintergrundinformationen zur heutigen Situation im Internet oder erkundigen Sie sich zum Beispiel in Ihrem Familien- und Bekanntenkreis.

3. Charakterisieren Sie die Wechselbeziehungen zwischen der Universität und der sie beherbergenden Stadt. | H

Ein Theologe bei einer Vorlesung an der Sorbonne in Paris.
Buchmalerei, Ende des 15. Jahrhunderts.

[1] **baccalaureus**: seit dem 13. Jahrhundert verliehener unterster akademischer Grad (heute: Bachelor)

Verlauf der Großen Pest

Zusammenkunft der drei Lebenden und der drei Toten.
Miniatur aus „Laudario Magliabechiano", 14. Jahrhundert, Florenz.
Die Menschen des Mittelalters waren sich stets der Nähe zwischen Leben und Tod bewusst. Schon seit dem 11. Jahrhundert wurde in vielen europäischen Ländern in unterschiedlichen Fassungen die ursprünglich arabische Legende von den drei Lebenden und den drei Toten weitergegeben.
Die Toten rufen den Lebenden zu:
„Wir waren, was ihr seid,
Doch kommen wird die Zeit,
Und kommen wird sie euch geschwind,
Wo ihr sein werdet, was wir sind."

- Beschreiben Sie die Miniatur.
- Charakterisieren Sie die Darstellung der „drei Lebenden", der „drei Toten" und des Geistlichen in der Mitte. | H
- Analysieren Sie, welche Botschaft an den Betrachter der Miniatur ausgehen sollte. | H

32108-17

Erste Krisenerscheinungen | Der ungebrochene Aufschwung in Europa endete im 14. Jahrhundert. *Missernten* zwischen 1315 und 1317 waren die ersten Warnsignale, die zu Hungersnöten führten. Die geschwächten, unterernährten Menschen wurden anfälliger für Krankheiten und starben massenhaft. Ein Teil der Forschung macht eine *„Kleine Eiszeit"* dafür verantwortlich (➔M1 und M2). Lange Winter hätten die Vegetationsperioden verkürzt und nasse Sommer den Weizen auf den Feldern verfaulen lassen. Richtig daran ist, dass bereits vor etwa 4000 Jahren eine moderate Abkühlung des Klimas einsetzte, die unter ständigen Schwankungen ihren Höhepunkt zwischen dem 16. und 19. Jahrhundert erreichte. Erst Mitte des 19. Jahrhunderts begannen die Gletscher wieder zu schmelzen, beschleunigt etwa ab dem Jahr 1990. Die Ernteausfälle im 2. Jahrzehnt des 14. Jahrhunderts dürften ihre Ursache eher in kurzfristigen Wetterkapriolen gehabt haben als in einer langfristigen Veränderung des Klimas.

Ungefähr zur selben Zeit wurde Nordwesteuropa von der *Rinderpest* befallen. In England fielen ihr zwei Drittel der Tiere zum Opfer. 20 Jahre nach der Agrarkrise vernichteten *Heuschreckenplagen* große Teile der Ernte im Südosten des Reiches. Gleichzeitig richteten *Erdbeben* massive Zerstörungen im östlichen Alpenraum an. Vergleichbare Naturereignisse waren für die Menschen im Mittelalter zwar nichts Außergewöhnliches, aber das Ausmaß der Erschütterungen überstieg das Vorstellungsvermögen der Zeitgenossen.

Erinnerung an das „Magdalenenhochwasser" vom Juli 1342 in Hameln.
Foto von 2021.
Das „Magdalenenhochwasser", auch als „Jahrtausendhochwasser" bezeichnet, zerstörte Ackerflächen, Dörfer und Städte in Mitteleuropa. Viele Menschen verloren ihr Leben. Die verheerende Katastrophe ist nach dem Tag der Heiligen Maria Magdalena (22. Juli) benannt.

- Diskutieren Sie, inwieweit die Erinnerung an Naturkatastrophen wie das „Magdalenenhochwasser" heute noch eine Relevanz hat.

32108-18

Die Pest kommt | Beschreibungen der Pest und ihre dramatischen Auswirkungen auf die Menschen sind seit der Antike bekannt. Die Forschung ist sich heute jedoch einig, dass die Seuche, die Europa im 14. Jahrhundert erfasst hat, nicht dieselbe Ursache gehabt haben kann. Erstmals aufgetreten ist sie 1331 in China. Man schätzt, dass sich die Bevölkerung dort in den Folgejahren von 125 auf 90 Millionen vermindert hat. Über Handelswege breitete sich die Pest weiter nach Persien und die Türkei und schließlich 1347 bis ans Schwarze Meer aus.

Auf der Halbinsel Krim unterhielten die Genuesen in der Stadt Kaffa einen Handelsstützpunkt. Seeleute infizierten sich und nahmen auf ihren Schiffen die Seuche mit nach Konstantinopel, Sizilien und das italienische Festland (➔M3). Die *Große Pest*, die am Ende nahezu ganz Europa heimsuchte, wurde zur bekanntesten Epidemie der Geschichte mit einschneidenden Folgen für die Menschen.

Ursachen und Symptome der Großen Pest | Die Mediziner des 14. Jahrhunderts standen der Ursache der Pest hilflos gegenüber. Doch auch heute – mit dem naturwissenschaftlichen Instrumentarium des 21. Jahrhunderts – besteht keine restlose Klarheit über das Entstehen des Massensterbens. Als Pesterreger wurde 1894 ein Bakterium identifiziert, das seit 1970 den lateinischen Namen seines Schweizer Entdeckers *Alexandre Yersin* verliehen bekam: *Yersinia pestis* existierte seit rund 20 000 Jahren, aber nur eine (Unter-)Form dieses Bakteriums war in der Lage, eine Pandemie auszulösen. Doch wie konnte Yersinia pestis den Menschen infizieren? Die heute herrschende Theorie geht davon aus, dass zunächst bestimmte Floharten von dem Bakterium befallen wurden. Diese übertrugen das Bakterium auf Ratten, die ihrerseits wiederum Hausgenossen der Menschen waren. Auf diese Art und Weise konnten Menschen sowohl von Flöhen direkt als auch von Ratten infiziert werden, bevor sie das Bakterium untereinander verbreiteten. Das Unheil nahm seinen Lauf, alles in allem scheinen der verheerenden Katastrophe bis zu 25 Millionen Menschen zum Opfer gefallen zu sein.

Schon die Zeitgenossen differenzierten zwei Formen der Pest: Die *Lungenpest* verlief in allen Fällen tödlich, die *Beulenpest* ließ immerhin einer Minderheit der Befallenen die Chance, die Krankheit zu überleben (➔M4). Wie wir heute wissen, wurde erstere Variante durch Ratten übertragen, letztere durch einen Flohbiss.

Ausbreitung der Großen Pest in Europa | Einfallstore für die Pest in Europa waren die italienischen Hafenstädte am Mittelmeer. Italien war aber noch aus einem weiteren Grund prädestiniert für die rasche Ausbreitung des „Schwarzen Todes“: Handel und Handwerk waren dem übrigen Europa weit voraus, und dieser Modernitätsvorsprung ließ Städte entstehen, in denen die Bevölkerung auf engstem Raum zusammenlebte. In den weniger städtisch geprägten Siedlungen Osteuropas konnte sich die Seuche in der Folge kaum oder gar nicht durchsetzen.

Bedeutsam war daneben der boomende Fernhandel auf ausgebauten Handelsstraßen. Entlang dieser Wege konnte sich die Seuche ungehindert ausbreiten. Nachdem infizierte Seefahrer in Marseille an Land gegangen waren, drang die Pest von hier aus zusammen mit transportierten Gütern rasch sowohl nach Norden als auch nach Spanien vor (➔M5).

Man konnte beobachten, dass die Pest den überregionalen Warenaustausch eng begleitete, doch Einschränkungen des Handelsverkehrs kamen zu spät oder wurden von den reichen Führungsschichten, die davon profitierten, verhindert.

Die wohlhabenden Familien wurden zwar ebenso von der Pest betroffen, doch nicht im selben Ausmaß wie die arme Bevölkerung, die zusammengepfercht unter katastrophalen hygienischen Bedingungen in ihren Hütten lebte (➔M6). Die Obrigkeiten in den Städten erkannten sehr wohl, dass in den Armenvierteln die Brennpunkte der Seuche lagen. So ließ der Rat der Stadtrepublik Venedig von der Pest infizierte Arme und Obdachlose zusammen mit ihren Angehörigen auf benachbarte Inseln in der Lagune bringen. Andere Maßnahmen sollten in erster Linie die Handlungsfähigkeit der Regierenden demonstrieren, mit der sie ihre Macht rechtfertigen wollten. Dabei ging

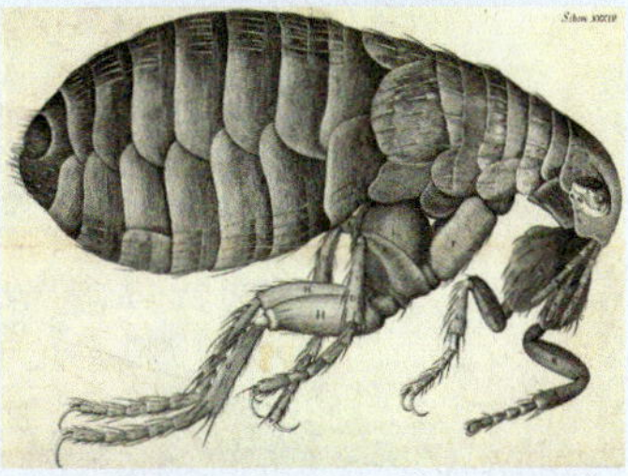

Illustration eines Flohs.
Die erste Abbildung eines Flohs erschien 1665 in dem englischen Lehrbuch „Micrographia“ des Universalgelehrten Robert Hooke. Es sollte aber noch Jahrhunderte dauern, bis eine Wechselbeziehung zwischen Flöhen und der Pest festgestellt wurde.

Ein mit dem Pesterreger infizierter Rattenfloh.

Pandemie: Infektionskrankheit mit meist schweren Krankheitsverläufen. Im Unterschied zur Epidemie ist die Pandemie nicht regional begrenzt.

Schwarzer Tod: Die Metapher des „Schwarzen Todes“ stammt ursprünglich aus dem Altgriechischen. Sie wurde erst seit dem 17. Jahrhundert vor allem im Volksmund auf die Pest angewendet.

Internettipp
Eine Geschichtsdokumentation zum Thema „Karl IV. und der Schwarze Tod“ finden Sie unter diesem Code.

32108-19

Lagune: Flaches Gewässer, das durch natürliche Barrieren wie Inseln oder Sandablagerungen vom offenen Meer weitgehend abgetrennt ist. Am bekanntesten ist die Lagune von Venedig.

Die Pest in Neapel.
Micco Spadaro (eigentlich Domenico Gargiulo, 1609/10–1675) malte für das Kloster San Martino in Neapel auf einem Wandbild wie in einem Brennglas die Vorgänge um die Pest 1656. 300 Jahre vorher dürfte die Verzweiflung der Menschen nicht anders ausgesehen haben.

- Unterteilen Sie das Wandbild in verschiedene Bereiche und geben Sie ihnen passende Überschriften wie „Ausräuchern von Häusern", „Arbeit der Bestatter", „Flucht der Wohlhabenden" etc.
- Partnerarbeit: Analysieren Sie arbeitsteilig, welche Wirkung von den einzelnen Bereichen ausgeht.
- Führen Sie Ihre Ergebnisse zusammen und arbeiten Sie die Botschaft des Wandbildes an den Betrachter heraus.

32108-20

31000-984 **Bildinformation**

es auch darum, den Zorn Gottes zu besänftigen, um die von ihm gesandte Strafe abzuwenden. In diesem Sinne sollten die Untertanen ein sittliches, sündenfreies Leben führen. In vielen Städten ergingen Verordnungen gegen den Alkoholkonsum, die aber beispielsweise in Venedig wieder zurückgenommen wurden, als die Einnahmen der Stadt darunter litten. Wirtshäuser, Bordelle und Bäder wurden geschlossen, während Prozessionen und Massengottesdienste, bei denen Menschen eng zusammenstanden, weiterhin stattfanden.

Was hingegen konsequentes Isolieren vermochte, zeigte das Beispiel Mailands, mit 150 000 Einwohnern eine der größten europäischen Städte. Angeblich wurden die ersten drei Familien, in denen Symptome festgestellt wurden, vom Mailänder Herrscher *Luchino Visconti*[1] in ihren Häusern eingemauert. Die Quellenlage ist ungesichert, tatsächlich aber wurde Mailand von der Pest ausgespart, während sie in der Umgebung genauso wütete wie in ganz Italien.

Die Rolle der Kirche | Unter der Pest litten die geistlichen Seelsorger in den Städten mindestens ebenso sehr wie die arme Bevölkerung. Sie mussten Sterbenden die letzte Ölung spenden oder (bereits infizierte) Angehörige bei der Bestattung begleiten. Besonders betroffen waren die Mönche der Bettelorden. Sie hatten sich zur Krankenpflege verpflichtet und lebten zudem in ihren Stadtklöstern auf engstem Raum zusammen. Die Infektion eines einzelnen Klosterbruders konnte das Todesurteil für den gesamten Konvent bedeuten. Mönche in abgelegenen Abteien profitierten hingegen von ihrer weitgehenden Isolation. Dasselbe galt für höher gestellte Geistliche und Bischöfe. Sie konnten sich von der Bevölkerung fernhalten und lebten weniger gefährdet.

[1] Angehörige der Familie Visconti standen seit dem 13. Jahrhundert an der Spitze Mailands. Luchino Visconti (um 1287–1349) regierte seit 1349 bis zu seinem gewaltsamen Tod die Stadt despotisch.

Triumph.
Französische Buchmalerei (Ausschnitt), um 1500.
Der „Sensenmann" triumphiert auf dem Leichenwagen einer jungen Pesttoten. Um ihn herum liegen weitere Opfer, darunter ein Kardinal (rechts im Bild).

- Beschreiben Sie die in der Buchmalerei dargestellten Figuren, Gerätschaften und Orte. | H
- Partnerarbeit: Erläutern Sie arbeitsteilig auf Basis Ihres Wissens die Bedeutung der einzelnen Bildelemente (Sense, Kardinal, Stadt im Hintergrund, junge Pesttote etc.).
- Führen Sie Ihre Ergebnisse zusammen und arbeiten Sie die Botschaft der Buchmalerei an den Betrachter heraus.

32108-21

Und das Papsttum? Auf Druck der französischen Krone, die Einfluss auf die Autorität der Päpste nehmen wollte, mussten die Stellvertreter Christi seit 1309 im südfranzösischen Avignon residieren. Für nicht wenige Christen bereits ein Beweis dafür, dass die Welt aus den Fugen geraten war. Aber jetzt griff *Clemens VI.*, der das Amt des Papstes von 1342 bis 1352 bekleidete, zugunsten Millionen sterbender Pestkranker ein. Für die Vergebung der Sünden, die nach der kirchlichen Lehre im Fegefeuer abzubüßen waren, konnte bis dahin allein der Papst Sonderleistungen wie Spenden an die Kirche oder Wallfahrten zur Vergebung der Sünden anerkennen. Ab sofort durften alle Priester diesen „Ablass" erteilen, um den Sterbenden einen angstfreien Tod zu ermöglichen. Doch insgesamt: Für das Auftreten der Katastrophe konnte die Kirche keine Erklärung anbieten. Und nicht alle Priester in den Städten kamen ihren Verpflichtungen nach, scheuten das Risiko, ließen die Sterbenden ohne Beistand. So verständlich dies im Einzelnen sein mag, die Kirche als Erklärer menschlichen Daseins auf Erden verlor ihre allumfassende sinnstiftende Macht.

Ganz anders reagierten Länder mit islamischer Religion, die ebenfalls von der Pest heimgesucht wurden. Der Islam interpretierte den Pesttod nicht als göttliche Bestrafung, sondern als Märtyrertum und damit als Zeichen einer göttlichen Erwählung. Nicht zu helfen galt deshalb als Sünde.

Fegefeuer: Von der Papstkirche seit dem 6. Jahrhundert entwickelte Lehre, wonach die Seelen Verstorbener eine Zeit der Reinigung durchlaufen müssen, um ihre Sünden zu büßen. Erst dann werde Gott über ihre Wiederauferstehung oder ihre Verdammnis in der Hölle entscheiden.

Islam: eine der großen Weltreligionen, die vom Propheten Mohammed (um 570–632) in Arabien gegründet wurde. Die Araber eroberten in der Folgezeit Vorderasien, Nordafrika und zeitweise die spanische Halbinsel. Dabei setzten sie überall ihre Religion durch.

Zeitgenössische Erklärungsmodelle zur Großen Pest | Bereits seit der Antike gab es einzelne Spekulationen, dass winzige krankmachende Tierchen für Seuchen verantwortlich sein könnten, doch vor der Erfindung des Mikroskops (1590) konnte ein Beweis dafür nicht erbracht werden. Eine Mehrheit unter den Ärzten vermutete, dass es die Gestirne waren, die in bestimmten Konstellationen die Erde mit tödlicher Luft belegen würden. Studenten der Medizin wurden an den Universitäten deshalb auch in *Astro-*

nomie und *Astrologie*[1] unterrichtet. Dahinter stand der Glaube, dass es Gott selbst war, der durch astrologische Signale die Menschen zu einem gottgefälligen Leben aufrufen wolle. Der Gedanke, dass niedrigere Lebewesen wie Tiere den Menschen mit tödlichen Bakterien anstecken könnten, kam gar nicht erst auf, denn er widersprach sowohl der christlichen Theologie als auch dem antiken humanistischen Bild vom Menschen.

Um die Pest wissenschaftlich zu erforschen, erteilte der französische König *Philipp VI.* im Jahre 1348 Medizinprofessoren der Universität Paris den Auftrag, ein Gutachten zu erstellen. Die Pariser Mediziner folgten dabei der herrschenden Theorie: Ursachen der Seuche seien *Miasmen*[2]. Verantwortlich für deren Entstehen sei eine bestimmte Konstellation der Planeten Mars, Jupiter und Saturn. Dadurch sei die Luft auf der Erde verpestet worden, und in schlechter Luft, verunreinigtem Wasser oder unter mangelhaften Hygienebedingungen würden sich die Krankheitserreger rasch ausbreiten. Die Folge: Durch Einatmen der Luft oder den Verzehr verdorbener Speisen dringen Miasmen in den Körper ein und lassen die Organe verfaulen. Schützen könnten die Erkrankten sich beispielsweise durch Aderlass (das half nach damaligen Regeln immer) oder gesunde Ernährung.

Eine erhöhte Gefahr für ihre Umgebung sollten angeblich Frauen darstellen, weil ihre „feuchte Komponente" und eine von Medizinern unterstellte Labilität der Seuche weniger Widerstandskraft entgegenbrachten. Besondere Vorsicht war auch im Beisein von Sterbenden geboten. Ärzte und Theologen gingen davon aus, dass Todgeweihte angesichts ihres Endes giftige Miasmen ausatmeten. So sahen die Überzeugungen der Wissenschaftler aus, die teilweise bis ins 18. Jahrhundert gelehrt wurden.

Theorie und Praxis | Bemerkenswert an der Miasmentheorie war: Weder der französische König und die Herrscher in anderen Territorien noch die an den Universitäten ausgebildeten Ärzte konnten nach Aussage des Gutachtens für den Einfluss der Planeten und das ungehinderte Ausbreiten der Pandemie verantwortlich gemacht werden. Aber vor Ort entschieden zwischenzeitlich nicht mehr die theoretischen Beiträge einer überforderten Schulmedizin, sondern die praktischen Erfahrungen der Behörden. In deren Augen sprach vieles für eine Isolierung der Erkrankten, nicht unbedingt vielleicht mit derselben Konsequenz wie in Mailand. Wenn auch mit Verspätung, so galt doch seit 1377 im heutigen Dubrovnik die Regel, über See Ankommende 30 Tage unter Beobachtung zu stellen, bevor sie einreisen durften. Die Hafenstadt Marseille erhöhte diese Frist wenige Jahre danach auf 40 Tage[3], ein Beispiel, das in anderen Häfen Schule machte. Schon vorher, 1351, war die Große Pest in Europa fürs Erste vorbei.

„Doctor Schnabel von Rom."
Kupferstich von 1656.
Die behandelnden Ärzte versuchten sich durch aromatische Kräuter in einer Schnabelmaske zu schützen. Dadurch sollte die Atemluft gereinigt werden – mit mäßigem Erfolg. Solche Art von Masken waren vor allem in Italien und Frankreich verbreitet. Sie stammen allerdings nicht aus dem Mittelalter, sondern fanden erst ab dem 17. Jahrhundert Anwendung. Heute steht das Bild des „Pestarztes" mit seiner schnabelartigen Maske sinnbildlich für die Seuche im Mittelalter.

[1] Die Astronomie untersucht die Bewegungen der Himmelskörper, während die Astrologie sich mit dem Schicksal der Menschen unter dem (angeblichen) Einfluss der Planeten beschäftigt.
[2] **Miasma** (altgriechisch): übler Dunst, Verunreinigung
[3] 40, von italienisch „quaranta"; daher rührt unser heutiges Fremdwort „Quarantäne"

M1 Klimawandel in Mitteleuropa

*Der Schweizer Historiker Christian Pfister (*1944) und der Schweizer Klimatologe Heinz Wanner (*1945) rekonstruieren den Klimawandel der vergangenen 1000 Jahre in ihrem Basiswerk zur Klimageschichte (a = Winter; b = Frühling, c = Sommer, d = Herbst):*

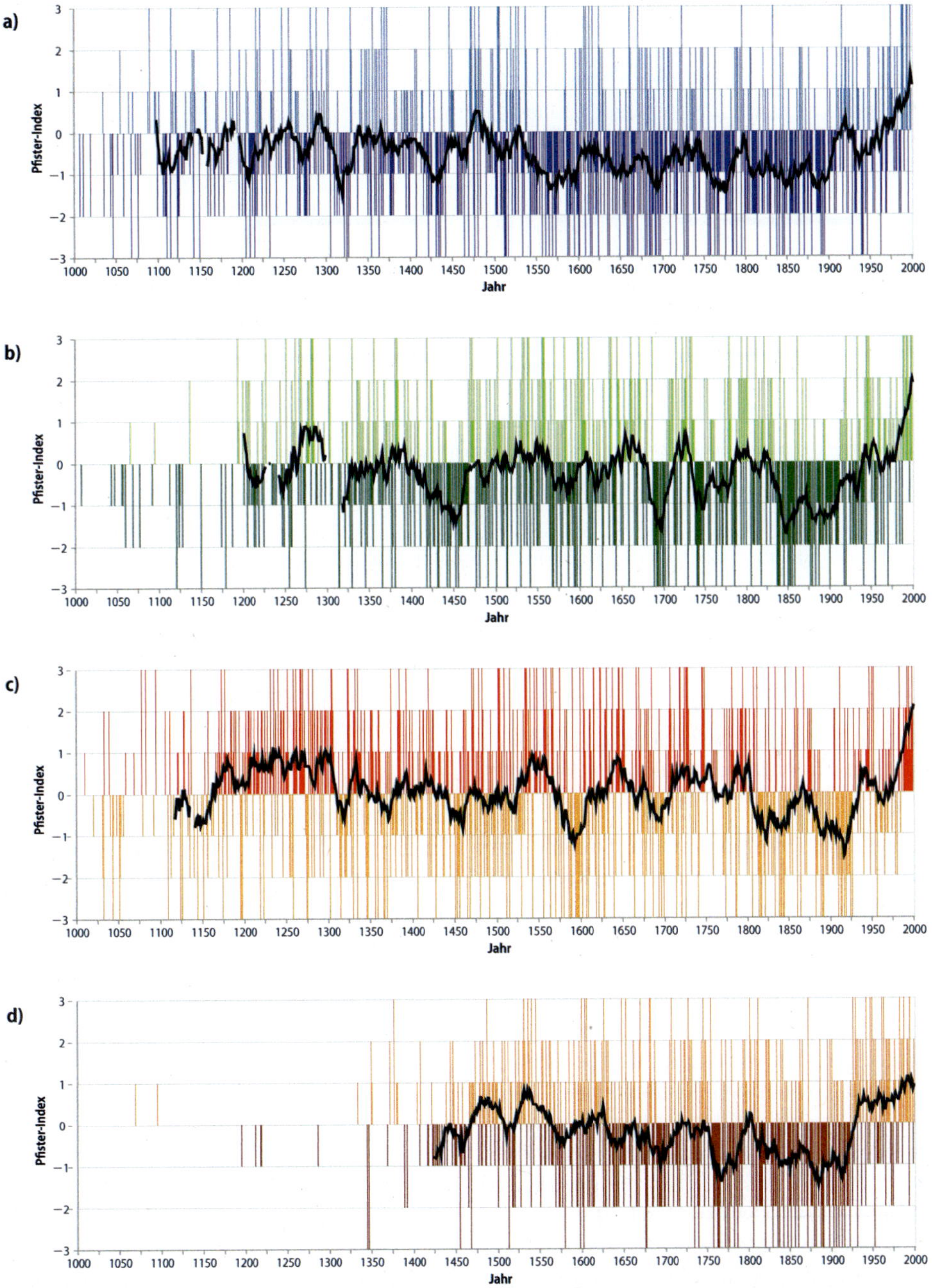

32108-22

1. Analysieren Sie die Grafik, indem Sie a) die durchschnittliche Schwankung in den Indexzahlen für die jeweiligen Jahreszeiten anhand der schwarzen Kurve ermitteln, b) extreme Ausschläge in einzelnen Jahren anhand der schwarzen Kurve und den Farbbalken identifizieren, c) langfristige Entwicklungen anhand der schwarzen Kurve herausarbeiten. | **H**

2. Untersuchen Sie auf Basis Ihrer Ergebnisse aus Aufgabe 1, für welche Jahre die in M2 auf Seite 50 dargestellten Wirkungszusammenhänge zwischen Klima und Landwirtschaft eingetreten sein dürften.

M2 „Kleine Eiszeit“ und Landwirtschaft

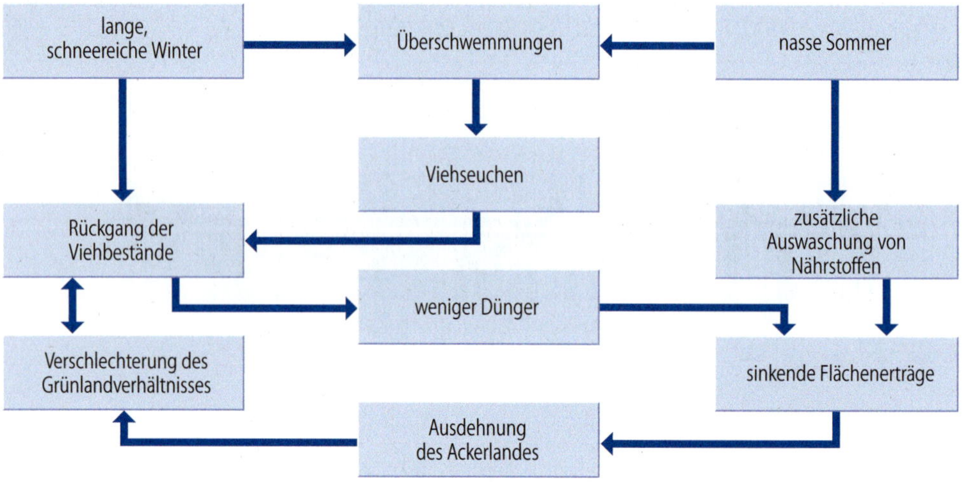

Nach: Christian Pfister, in: Wolfgang Behringer, Kulturgeschichte des Klimas. Von der Eiszeit bis zur globalen Erwärmung, München 2007, S. 130

▶ Erklären Sie den im Schaubild dargestellten Wirkungszusammenhang zwischen Klima und Landwirtschaft. Um welche Faktoren lässt sich das Schaubild gegebenenfalls erweitern?

32108-23

M3 Ankunft der Pest in Europa

Der Chronist Gabriele de Mussis (ca. 1280–ca. 1356) aus dem norditalienischen Piacenza beschreibt den Weg der Pest nach Europa:

Im Jahr 1346 gingen im Orient zahlreiche Stämme der Tataren und Sarazenen[1] an einer unerklärlichen Krankheit und an einem plötzlichen Tod zugrunde. Ausgedehnte Regionen und Provinzen, großartige Königreiche, Städte, Burgen und Dörfer, bewohnt von zahlreichen Menschen, wurden von der Krankheit erfasst, und die Menschen starben binnen kurzer Zeit einen schrecklichen Tod. Denn ein zu Konstantinopel gehöriger, aber von den Tataren beherrschter Ort namens Thanna, in dem viele Kaufleute aus Italien zusammenkamen, war nach Konflikten mit einer großen Menge von Tataren eine Zeitlang belagert und schließlich verlassen worden. Dann geschah es, dass die gewaltsam vertriebenen Christen sich vor der Übermacht der Tataren mit einem bewaffneten Schiff in den mit Mauern umgebenen Ort Kaffa zurückzogen, den die Genuesen vor einiger Zeit errichtet hatten, und dort Schutz für sich und ihre Güter suchten. [...]

Und siehe da, die Krankheit überfiel die Tataren, lähmte ihr ganzes Heer und vernichtete jeden Tag viele Tausende von ihnen, als ob Pfeile vom Himmel fielen und den Hochmut der Tataren ersticken wollten. [...] Daraufhin ließen die Tataren, die durch das Unglück und die Krankheit erschöpft, niedergedrückt und völlig ratlos waren und ohne Hoffnung auf Rettung nur noch den Tod erwarteten, die Leichen der Pesttoten, die sie mit Maschinen übereinandergeschichtet hatten, in die Stadt Kaffa schleudern, damit dort alle durch die unerträgliche Ausdünstung zugrunde gehen sollten. [...]

So entkam aus der genannten Stadt Kaffa ein Schiff, von wenigen Seeleuten gesteuert, die ebenfalls von der vergifteten Krankheit angesteckt waren, nach Genua, ein anderes nach Venedig.

Zitiert nach: Volker Reinhardt, Die Macht der Seuche. Wie die Große Pest die Welt veränderte, 1347–1353, München 2021, S. 20–22

32108-24

1. Fassen Sie die Aussagen von Gabriele de Mussis in eigenen Worten zusammen.
2. Arbeiten Sie aus dem Text heraus, welche „Schuldzuweisungen“ Gabriele de Mussis vornimmt.
3. Gabriele de Mussis kannte die Vorgänge auf der Krim nur vom Hörensagen, seine Schilderung gilt als fragwürdig. Analysieren Sie, welche Absicht der Chronist mit seinem Bericht verfolgte. | F

[1] Europäische Sammelbegriffe für Bevölkerungsgruppen aus dem russisch-ukrainischen Raum beziehungsweise von der arabischen Halbinsel. Sie gehörten durchweg dem islamischen Glauben an.

M4 Erscheinungsformen der Pest

Der Kaiser des Oströmischen Reiches, der hochgebildete Johannes VI. Kantakuzenos (ca. 1295–1383), beschreibt in seinem nach seiner Abdankung (1354) verfassten mehrbändigen Werk „Geschichte" die Symptome der unterschiedlichen Krankheitsverläufe:

Die Krankheit war nicht bei allen von derselben Art. Einige starben nämlich sofort, noch am selben Tag oder sogar in einer einzigen Stunde. Diejenigen, bei denen es zwei oder drei Tage lang dauerte, wurden zuerst von sehr starkem Fieber befallen und konnten dann, als die Krankheit den Kopf erreichte, nicht mehr sprechen und fielen in eine Art tiefen Schlaf … Bei anderen aber schlug die Krankheit nicht auf den Kopf, sondern von innen auf die Lunge und verursachte stärkste Schmerzen in der Brust. Sie hatten einen blutigen Auswurf zur Folge und waren von einem ungewöhnlich stinkenden Atem begleitet, der aus dem Innern des Körpers kam. Der Rachenraum aber und die Zunge waren wie von Hitze ausgetrocknet, schwarz und blutig. Und es war einerlei, ob sie viel oder wenig tranken, sie litten an Schlaflosigkeit und hatten überall Schmerzen. Unten und oben an den Schultern, bei einigen auch am Kiefer, bei anderen an anderen Körperstellen, bildeten sich Ablagerungen von unterschiedlicher Größe, und daraus wuchsen schwarze Beulen hervor.

Zitiert nach: Volker Reinhardt, Die Macht der Seuche. Wie die Große Pest die Welt veränderte, 1347–1353, München 2021, S. 27 f.

32108-25

1. Geben Sie die in der Quelle geschilderten Merkmale der Pest wieder.
2. Weisen Sie anhand der Informationen aus dem Verfassertext in diesem Kapitel nach,
   a) welche Formen der Pest in M4 thematisiert und
   b) welche zeitgenössischen Erklärungsmodelle zur Pest in M4 angedeutet werden.
3. Vergleichen Sie die Art und Weise, in der die Pest in M4 und M6 (siehe Seite 52 f.) dargestellt wird, und erläutern Sie die Gründe für Ähnlichkeiten und Unterschiede in den beiden Schilderungen. | H

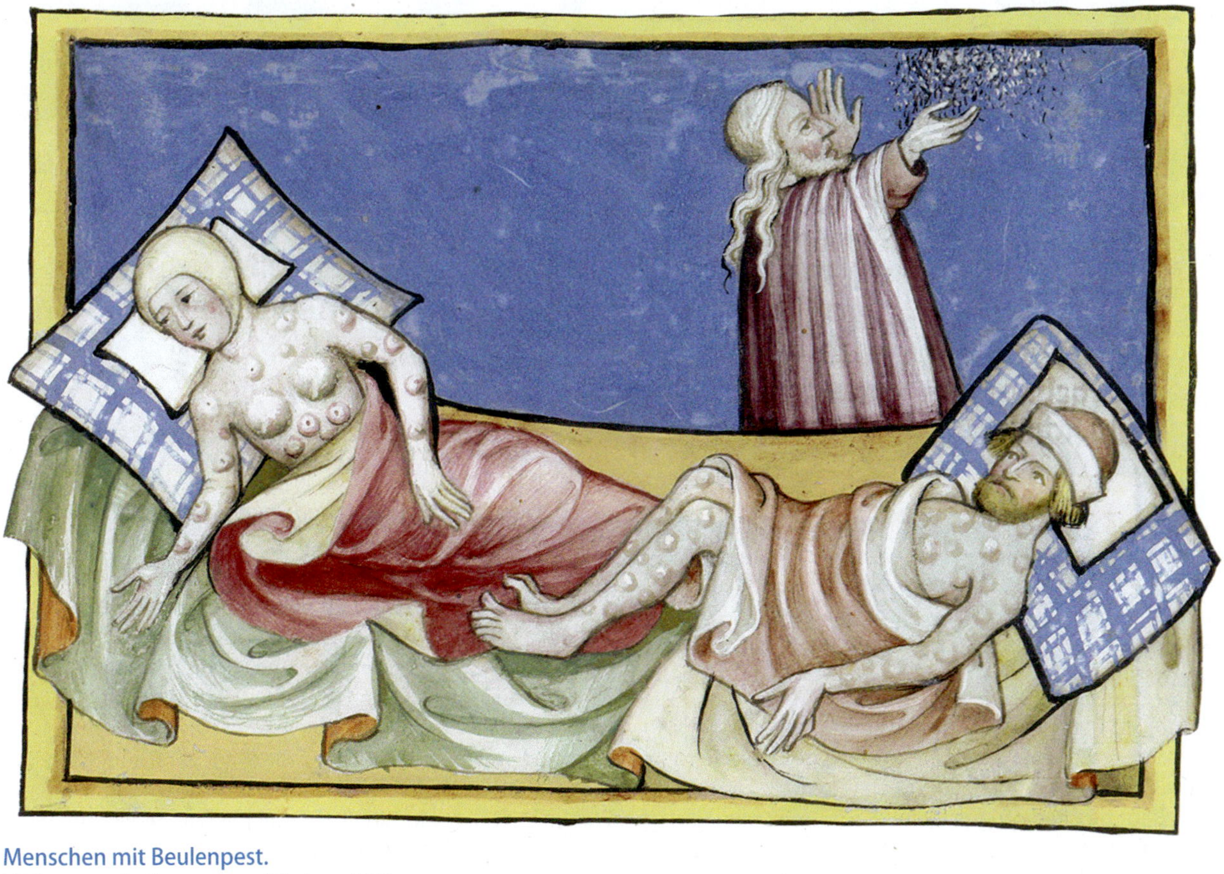

Menschen mit Beulenpest.
Miniatur aus der Toggenburg-Bibel, um 1411.

M5 Ausbreitung der Großen Pest in Europa

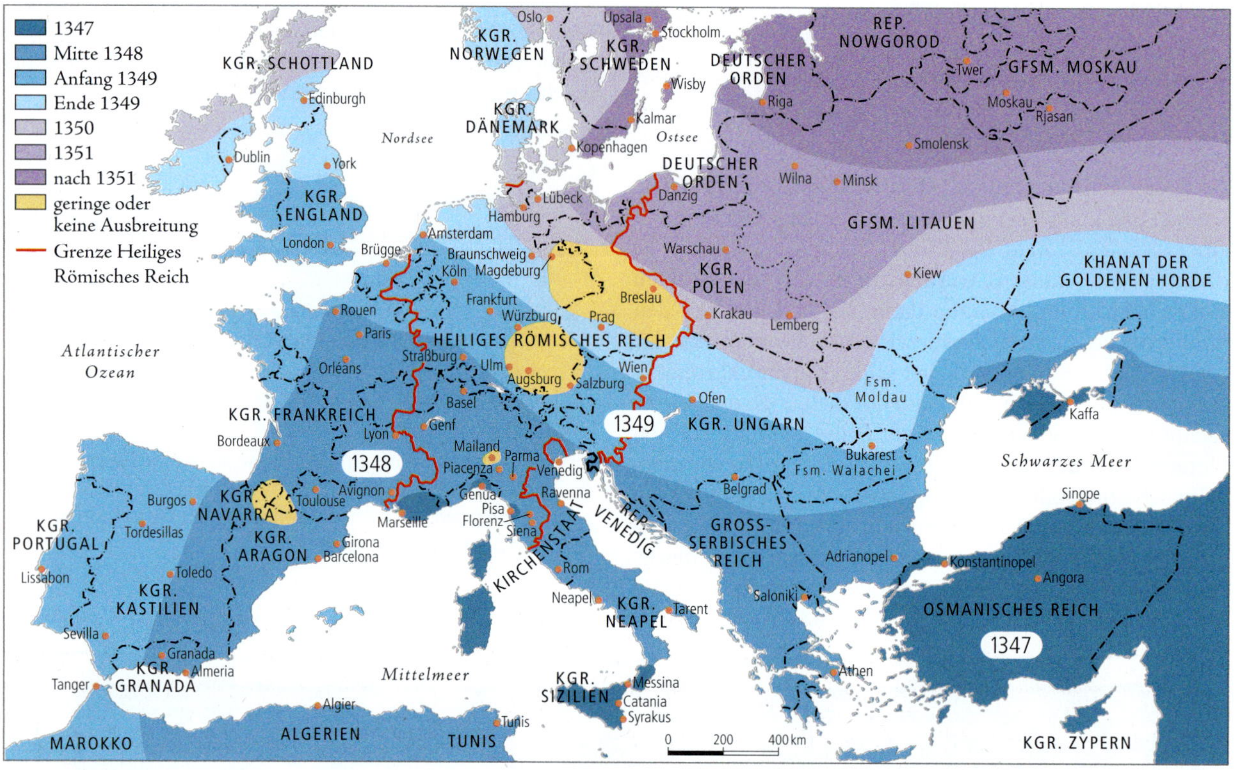

32108-26

1. Beschreiben Sie anhand der Karte den Verlauf der Seuche in Europa. | H

2. Grob geschätzt, betrug die Verbreitungsgeschwindigkeit der Pest ein bis zwei Kilometer pro Tag. Erläutern Sie, auf Basis der Informationen aus dem Verfassertext dieses Kapitels, aus welchen möglichen Gründen einzelne Regionen unterschiedlich heimgesucht wurden. | F

3. Vergleichen Sie die hier gezeigte Karte mit derjenigen in dem Methodenkapitel „Mit Karten arbeiten" auf Seite 55. Stellen Sie Gemeinsamkeiten und Unterschiede in den Formen der Darstellung fest.

M6 Tod in Siena

Agnolo di Tura ist eigentlich Schuhmacher und Steuereintreiber. Er lebt in der Stadt Siena in der Toscana. Neben seinen fünf Kindern verliert er in den Pestzeiten auch seine Frau. Er beschreibt in seiner Chronik der Stadt Siena die Ereignisse von 1300 bis 1351. Über die Große Pest, die Siena 1348 erreicht, heißt es bei ihm:

Im Juni, Juli und August starben [in Siena] so viele Menschen, dass sie, selbst gegen Entgelt, keiner mehr begraben wollte. Weder Freunde noch Verwandte noch ein Priester oder Bettelbruder gingen beim Begräbnis mit, und es wurde keine Messe mehr gehalten. Auch wer einem Verstorbenen nahegestanden hatte, musste sterben. Man packte dann den Toten, ob Tag oder Nacht, und trug ihn zusammen mit zwei oder drei weiteren zur Kirche und begrub ihn, so gut es ging und wo es gerade möglich war und bedeckte ihn mit etwas Erde, damit die Hunde ihn nicht fraßen. Vielerorts in der Stadt hub man Gräben von riesigen Ausmaßen aus und legte, ja warf die Leichen hinein und deckte sie mit etwas Erde zu. So machte man es Schicht für Schicht, bis der Graben voll war. Danach hub man den nächsten aus. Und ich, Agnolo di Tura, genannt „der Dicke", begrub mit eigenen Händen meine fünf Kinder in einer Grube. Und genauso erging es vielen anderen. Es gab auch Leichen, die so schlecht beigesetzt wurden, dass Hunde sie fanden, viele von ihnen über die Stadt zerstreuten und an ihnen fraßen. Es läuteten keine Glocken mehr und niemand weinte. Welch ein Unglück war das, als jeder nur noch seinen Tod erwartete. So schrecklich waren die Ereignisse, dass das Volk glaubte, niemand würde übrig bleiben. Viele waren davon überzeugt und äußerten, dass das Ende der Welt gekommen sei. Weder ein Arzt noch eine Arznei brachten hier Nutzen, und es gab keine Möglichkeit, sich zu schützen. Selbst wer einen Geheimtipp geben konnte, war wenige Tage später tot. Tatsächlich starb man auf so unheimliche, furchtbare und schreckliche Weise, dass es keine Feder gab, die Lage zu beschreiben. Man fand heraus, dass in Siena und seiner Region in dieser Zeit mehr als 80 000 Menschen umkamen.

Zitiert nach: Klaus Bergdolt, Die Pest. Geschichte des Schwarzen Todes, München [4]2021, S. 41 f.

32108-27

1. Arbeiten Sie aus dem Text a) die sozialen und ökonomischen Folgen der Pest, b) die Folgen der Pest für Bewusstsein und Mentalität der Menschen heraus.
2. Charakterisieren Sie die durch die Pest ausgelöste Krise des Zusammenlebens, die in M6 zum Ausdruck kommt, anhand von typischen Merkmalen einer Krise. | H
3. Die Einwohnerzahl von Siena im Mittelalter betrug maximal 50 000. Diskutieren Sie, aus welchen Gründen Agnolo di Tura die Zahl der Pesttoten (Zeile 32) zu hoch ansetzt. | H

Massenbestattung.
Buchmalerei aus Tournai im heutigen Belgien, um 1349.
Während anfangs die Pesttoten noch in Särgen bestattet wurden, verscharrte man sie später in Massengräbern.

Methode

Mit Karten arbeiten

Weitere Anwendungsbeispiele finden Sie u.a. auf den Seiten 35, 52, 90, 126, 164, 256 und 313.

In der Geschichte unterscheidet man zwischen Karten aus der Vergangenheit, mit denen Historikerinnen und Historiker arbeiten, und Karten, die zur Darstellung der Vergangenheit von Fachleuten angefertigt wurden. Die erstgenannten Karten werden als **Historische Karten**, die zweitgenannten als **Geschichtskarten** bezeichnet.
Historische Karten wurden mit den Mitteln, dem Wissen und den Erkenntnisinteressen „ihrer" Zeit erstellt. Sie zeigen, was man damals von dem dargestellten Gebiet wusste und wie man das jeweilige Gebiet zeigen wollte. Was war den Kartenproduzenten und -auftraggebern wichtig? Wie sahen sie die Welt? Wie stellten sie die Welt dar?
Geschichtskarten dienen der besseren Darstellung eines Sachverhalts. Sie kombinieren in der Regel verschiedene Elemente, zeigen also z.B. die Entwicklung eines Staates innerhalb eines Gebietes, indem sie in unterschiedlichen Farben und Linien die Grenzen zu unterschiedlichen Zeitpunkten innerhalb einer Karte festhalten. Geschichtskarten können daher sehr viele Informationen über unterschiedliche Zeitpunkte und Zeiträume festhalten.
Das Lesen von Historischen Karten und von Geschichtskarten erfordert spezifische Anstrengungen und Kenntnisse. Bei Historischen Karten erschließen sich die Bilder, Zeichen und Symbole nicht immer unmittelbar. Häufig ist auf den ersten Blick nicht einmal erkenntlich, welchen Teil der Erde oder eines Landes sie überhaupt zeigen. In vielen Ländern stimmt die Darstellung mit den heutigen besseren geografischen Kenntnissen nicht überein. Vielfach werden Proportionen nicht beachtet oder Dinge abgebildet, die man heute nicht auf einer Karte erwarten würde. Dagegen besteht bei Geschichtskarten die Herausforderung eher in der zum Teil hohen Dichte an Informationen, die diese enthalten. Vor lauter Farben und Pfeilen ist manchmal nicht klar, was die Karte darstellen soll.

32108-28 Methode Online

Arbeitsschritt	Leitfragen (Auswahl)
1. Reproduktion	• Handelt es sich um eine Historische Karte oder eine Geschichtskarte? • Wann wurde die Karte erstellt und/oder veröffentlicht? • Wer hat die Karte erstellt und wer hat sie in Auftrag gegeben? • Welchen Raum gibt die Karte wieder? Welchen Zeitpunkt oder Zeitraum stellt sie dar? • Welche Darstellungsformen finden sich in der Karte (Symbole, Bilder, Text, Farbe)? • Welche Elemente im Raum zeigt die Karte (Flüsse, Städte, Straßen usw.)? • Zeigt die Karte auch Entwicklungen oder Ereignisse?
2. Reorganisation und Transfer	• *Historische Karten*: In welchen historischen/politischen Zusammenhang lässt sich die Karte einordnen? • *Geschichtskarten*: Welche Ursachen, Entwicklungen oder Zusammenhänge lassen sich aus der Karte ablesen?
3. Reflexion und Problemlösung	• *Historische Karten*: An welchen Adressatenkreis wendet sich die Karte? Welchen Zweck verfolgt sie? Welche Vorstellung hatte der Zeichner/der Auftraggeber von der Welt? Worüber gibt die Karte keine Auskunft? • *Geschichtskarten*: Sind die dargestellten Sachverhalte richtig und vollständig? Gibt es Widersprüche in der Karte? Welche Sichtweise will die Karte vermitteln? Worüber gibt sie keine Auskunft?

Die Ausbreitung der Großen Pest im 14. Jahrhundert.
Die Karte wurde im Auftrag eines Schulbuchverlages von einem Grafiker angefertigt.

Maßstab

Information zum Auftraggeber

Untersuchen Sie die Karte mithilfe der Arbeitsschritte auf Seite 54. Ihre Ergebnisse können Sie mit der Lösungsskizze auf Seite 482 vergleichen.

32108-29

Religiöse, soziale und wirtschaftliche Folgen der Großen Pest

„Die Pest."
Gemälde des Schweizer Künstlers Arnold Böcklin, 1898.
Böcklin (1827–1901) gilt als einer der berühmtesten Maler des 19. Jahrhunderts. Insgesamt acht von 14 Kindern des Malers sind zum Teil an Seuchen gestorben. In seinem Gemälde zeigt er symbolhaft den Siegeszug der mit einer überdimensionalen Sense bewaffneten Pest durch eine mittelalterliche Stadt.

- Vergleichen Sie das Gemälde von Arnold Böcklin in seiner Gestaltung (Bildelemente, Farbgebung, Symbolik) mit der französischen Buchmalerei auf Seite 47.
- Erörtern Sie, inwieweit die im Gemälde zum Ausdruck kommende Rezeption der Pest in der Kontinuität der Pestrezeption des Mittelalters steht.

32108-30

Unmittelbare Folgen | Noch während die Große Pest wütete, geriet die gewohnte soziale Ordnung ins Wanken. Todesfälle waren überall zu beklagen, doch insgesamt konnten sich reiche Familien besser schützen. Sie wohnten in den Städten in großzügigen Häusern oder konnten sich auf ihre weniger gefährdeten Landgüter zurückziehen. Ärmeren boten sich allerdings neue Chancen: Wer Pesthäuser betrat, um Patienten zu helfen, konnte dafür reich entlohnt werden. Viele Berichte vermerken, dass insbesondere Ärzte sich ihre Behandlung teuer bezahlen ließen. Apotheker, Bestatter, Totengräber schlossen sich an. Auch sollen Priester vielfach die Häuser der Reichen nur gegen üppige Bezahlung aufgesucht haben. Kirchen und Klöster profitierten im großen Stil von letztwilligen Verfügungen der Sterbenden, die in ihren letzten Stunden noch alles für ihr Seelenheil tun wollten (➔M1).

Das Massensterben beendete die überkommenen Eigentumsverhältnisse. In herrenlos gewordene Häuser zogen die Erben ein. Die Führungsrolle des **Patriziats** als Stand blieb zwar unangetastet, aber neureiche Gewinner der Pestjahre und wohlhabend gewordene Handwerker stiegen in die neu zusammengesetzten Oberschichten auf.

Patriziat (von lat. *patres*: die Väter): Angehörige des Patriziats waren im antiken Rom Familien der alteingesessenen adligen Oberschicht. In den Städten des Mittelalters war das Patriziat eine sozial relativ geschlossene Oberschicht, die meist die höchsten Ämter innehatte.

Und nicht bewahrheitet hat sich die Hoffnung mancher Chronisten auf ein geläutertes Menschengeschlecht nach Überwindung der Seuche. In den Jahren nach dem „Schwarzen Tod" ergingen eine Vielzahl von Verordnungen gegen den Aufwand bei Kleidungen oder gegen Luxus ganz generell (➔M2 und M3).

Religiöse Folgen | Im 14. Jahrhundert stießen grundlegende Neuerungen das Tor in die Zukunft auf. 1344 wurde in Padua die erste öffentliche Turmuhr angebracht, Zeit wurde mit einem Mal neu empfunden. Erste Gewehre und Pistolen revolutionierten den Verlauf von Kriegen. Das langsam erwachende Zeitalter des *Humanismus* versprach ein selbstbestimmtes Bild des Menschen.[1] Doch gleichzeitig zerbrach damit die für so selbstverständlich gehaltene alte Vorstellung von der Welt. Die Pest beschleunigte diesen Prozess. Was war mit Gott, wenn er ein solches Sterben zuließ? War es gerecht, wenn Gute starben und Schlechte überlebten? Und musste die Medizin nicht zu recht scheitern, wenn sie Gottes Entscheidung korrigieren wollte?

Prozession des Heiligen Gregor.
Buchmalerei (Ausschnitt) aus dem Stundenbuch des Herzogs von Berry (siehe hierzu auch Seite 60), 1. Hälfte des 15. Jahrhunderts.
Die Buchmalerei stammt zwar aus dem 15. Jahrhundert, zeigt aber Papst Gregor den Großen (um 540–604), der eine Prozession anführt, um für das Ende der Pest zu beten. Zu seinen Lebzeiten grassierte die sogenannte Justinianische Pest, benannt nach dem oströmischen Kaiser Justinian. Der im Jahre 1295 heiliggesprochene Papst ist nicht nur Schutzpatron für Schülerinnen und Schüler, sondern wird auch zur Abwehr der Pest angerufen. Er zählt neben dem Heiligen Sebastian und dem Heiligen Rochus (siehe Seite 79) zu den „Pestheiligen" der katholischen Kirche.

- ► Gliedern Sie das Bild in sinnvolle Bereiche (z. B. nach Bildebenen, Handlungen, Personengruppen).
- ► Charakterisieren Sie die einzelnen Personengruppen und deren Beziehungen zueinander.
- ► Analysieren Sie die Botschaft, die von der Buchmalerei an den Betrachter vermittelt werden soll. | H

32108-31

[1] Eine Erklärung zum Begriff „Humanismus" finden Sie auf Seite 93.

Noch mehr wurde die Institution der Kirche hinterfragt. Die Päpste hatten ihre überragende politische Macht und Unabhängigkeit verloren, seit sie unter Aufsicht der französischen Könige standen. Gewählt wurden nur noch französische Parteigänger der Krone. Erst 1376 durfte das Papsttum nach Rom zurückkehren, doch noch bis 1417 standen sich während des *Großen Abendländischen Schismas* zwei konkurrierende Päpste in Rom und Avignon gegenüber.[1]

Kritik kam noch von zwei anderen Seiten, besonders heftig aus den Reihen der städtischen Bettelorden, die auf Besitz und Reichtum verzichteten. Wenn, so ihre Ansicht, Jesus Christus weder Eigentum noch Herrschaft über Menschen gehabt habe, so müsse dies auch für seinen irdischen Stellvertreter gelten. Wegen dieser Frage ließ *Johannes XXII.*, der von 1316 bis 1334 als Papst amtierte, mehrere Ordensbrüder verbrennen und erklärte es für ketzerisch, zu verbreiten, Christus habe kein Eigentum besessen.

Und für die Laien galt: Sofern sie die Pest überlebt hatten, waren sie Zeugen geworden, wie Priester im Umgang mit der Seuche die Gläubigen alleine gelassen hatten. Vor allem aber konnte der Klerus seine Vermittlerstellung zwischen Gott und den Menschen nicht mehr glaubhaft verkörpern. Besserung war nicht in Sicht, denn Folge der hohen Sterblichkeit unter den Klerikern war ein Priestermangel. Die Kirche versuchte dem mit einer Herabsetzung der Qualifikationen abzuhelfen. Und die Klöster erreichten nie wieder den Mitgliederstand vor 1347.

Pogrom (russ.: Verwüstung, Zerstörung): gewaltsame Ausschreitung der Bevölkerung gegen religiöse oder ethnische Minderheiten, vor allem gegen Juden

Laterankonzil (von lat. *concilium*: Rat, Zusammenkunft): Konzile waren Kirchenversammlungen, bei denen unter Leitung des Papstes die höchsten Würdenträger grundsätzliche Fragen des Glaubens diskutierten. Der Lateranpalast war bis ins 13. Jahrhundert die Residenz des Papstes in Rom. Das Konzil von 1215 gilt als eines der bedeutendsten. Neben den Kleidervorschriften für Juden wurde auch entschieden, dass Mediziner aus dem Klerus keine chirurgischen Behandlungsmethoden anwenden durften.

Judenverfolgungen | Das Zusammenleben von Christen und den nach eigenem Recht lebenden Juden schien im frühen Mittelalter problemlos. Jüdische Kultur und Gelehrsamkeit von hohem Rang erlebten in den Städten bis zum 11. Jahrhundert sogar eine Blütezeit. Zu **Pogromen** gegen die „Christusmörder" kam es erstmals zur Zeit des *Ersten Kreuzzuges* (1096–1099), als gleichzeitig Hungersnöte die Bevölkerung in Unruhe versetzten.

Seitdem nahm die Rechtsunsicherheit der Juden zu. Das **Laterankonzil** von 1215 erließ neben anderen Diskriminierungsmaßnahmen erstmals die Vorschrift, dass Angehörige jüdischen Glaubens sich in ihrer Kleidung von Christen unterscheiden müssten.

Vertreibung von Jüdinnen und Juden aus England im Jahre 1290.
Miniatur aus dem 14. Jahrhundert.
Judenvertreibungen fanden in den meisten europäischen Ländern statt: in England im Jahre 1290, in Frankreich 1306, um die Jahrhundertmitte und 1394. Ein Jahrhundert später mussten die Juden auch Spanien (1492) und Portugal (1496) verlassen.

[1] Zum Großen Abendländischen Schisma siehe Seite 92.

Die Situation der jüdischen Minderheit blieb stark gefährdet. Einst als Fernhändler, bedeutende Kauf- und Finanzleute und kundige Gelehrte geachtet, wurden die Juden seit dem 13. Jahrhundert aus vielen Berufen verdrängt; sie blieben vor allem in der Geldleihe tätig, die Christen von der Kirche verboten war. Hinter den Übergriffen auf jüdisches Leben und Eigentum im 13. und 14. Jahrhundert verbargen sich oft die Interessen der verschuldeten Kreditnehmer vom Hochadel bis zum Handwerkerstand. Viele Menschen des Mittelalters glaubten aber auch den Gräuelvorwürfen von angeblichen Ritualmorden, Hostienfreveln und Brunnenvergiftungen. Die Obrigkeit versagte beim Schutz der jüdischen Minderheit. Oft genug wurden Vertreibungen und Pogrome sogar mit Wissen der für den Judenschutz Verantwortlichen vorbereitet und durchgeführt.

Angesichts der von der Pest hervorgerufenen allgemeinen Panik wurde vielerorts das Gerücht verbreitet, Juden hätten durch Vergiftung der Brunnen das große Sterben verursacht. Diese unhaltbaren Vorwürfe lösten die bis dahin größte Verfolgungswelle aus – parallel zum Vordringen der Seuche von Frankreich über die Schweiz bis nach Deutschland (➔M4–M7). Papst Clemens VI. versuchte in einer **Bulle** vom Juli 1348, sich dem Morden entgegenzustellen: Die Juden konnten keine Schuld an der Pandemie haben, denn viele von ihnen seien ihr ja selbst zum Opfer gefallen. Der Papst drohte Gewalttätern sogar die Exkommunikation an, doch vergeblich. Ungefähr zwei Drittel der mehr als 300 jüdischen Gemeinden in Mitteleuropa fielen den Ausschreitungen zum Opfer. Wer der Ermordung entging, wanderte vor allem nach Osteuropa aus.

Päpstliche Bulle: offizielle päpstliche Urkunde mit rechtskräftiger Erklärung, die damit im Kirchenrecht Gültigkeit besitzt

Auch in Italien lebten starke jüdische Gemeinden, doch blieben sie von Verfolgungen verschont. Eine mögliche Erklärung lautet, dass die Eliten in den italienischen Stadtrepubliken stärker von Literatur und Philosophie der Antike und dem beginnenden Humanismus geprägt waren. Sie schienen für finstere Verschwörungstheorien weniger empfänglich zu sein.

Geißlerzüge | Eine weitere Begleiterscheinung der Großen Pest war die dramatische Zunahme der *Geißlerzüge*. *Flagellantenbewegungen* (von lat. *flagellare*: schlagen, geißeln) waren seit dem 13. Jahrhundert bekannt, doch traten sie 1348 überall in Europa auf. Buße und öffentliche Selbstbestrafung sollten Gott um Vergebung der Sünden bitten. Angeblich nahmen bis zu 10 000 Geißler an einzelnen Bußfahrten teil (➔M8).[1]

Obwohl die Bewegung zunächst überall sehr geordnet auftrat, sah sich das Papsttum herausgefordert. Die Geißler fanden sich ohne Genehmigung der Amtskirche zusammen, die in ihren Augen bei der Eindämmung der Seuche versagt hatte. Auch entstanden eigene Organisationsformen, die der Papst naturgemäß mit größtem Misstrauen verfolgte. Das von ihm verhängte „immerwährende Verbot" führte deshalb bereits während der Pestjahre zu einem Ende der Geißlerzüge. An einzelnen Orten flackerten sie aber bis ins 17. Jahrhundert immer wieder auf.

Geißler beim Auspeitschen.
Kolorierter Holzschnitt aus der „Schedelschen Weltchronik" des Nürnberger Arztes und Humanisten Hartmann Schedel (1440–1514) von 1493.

[1] Eine mittelalterliche Miniatur mit einem Geißlerzug finden Sie auf Seite 71.

Städte	Anzahl der Pesttoten
Basel	14000
Erfurt	12000
Münster	11000
Mainz	8000
Limburg	2400

Todesopfer in ausgewählten Städten Europas um die Mitte des 14. Jahrhunderts.

Nach: Rolf Walter, Geschichte der Weltwirtschaft. Eine Einführung, Köln 2006, S. 75

Bevölkerungsrückgang | Die Pest hatte die durchschnittliche Lebenserwartung der Menschen rapide fallen lassen. Lag sie in England 1348 noch bei 25 Jahren, so wurden 30 Jahre später nur noch 17 Jahre errechnet (→M9). Auch hatte die Pandemie sich 1351 noch nicht endgültig verabschiedet. In den Folgejahren flammte sie immer wieder auf, wenn auch nicht in vergleichbar verheerendem Ausmaß. Um 1400 hatte die europäische Population ihren Tiefstand erreicht (→M10).[1]

Es dauerte dann gut 100 Jahre, bis die Bevölkerungsverluste wieder ausgeglichen waren. Vor allem die Städte hatten unter der Seuche gelitten. Davon profitierten jetzt besonders die unteren Schichten. Ihre Arbeitskraft wurde besser bezahlt und große Teile der Landbevölkerung zogen deshalb in die Städte, oft unterstützt durch Vergünstigungen wie Steuerfreiheit oder erleichterten Erwerb des Bürgerrechts.

Umgekehrt litt das Land unter der Auszehrung. Man schätzt, dass im Reich ungefähr ein Viertel aller Siedlungen im 14./15. Jahrhundert verlassen wurden (**Wüstungen**). Riesige Ländereien, die in der Expansionsphase des Hochmittelalters erst urbar gemacht worden waren, verfielen und wurden mit der Zeit wieder zu Wäldern (→M11). (Die heutige Verteilung von Wald und landwirtschaftlich genutzter Fläche ist in ihren Grundzügen ein Ergebnis jener Entwicklung.) Da die Bevölkerungszahl allerdings noch wesentlich stärker zurückging als die Anbaufläche, kam es zu einer Überproduktion an Getreide.

Wüstungen: Bezeichnung für aufgegebene Siedlungen und landwirtschaftlich nicht mehr genutzte Flächen

Kalenderblatt zum Monat Juli.
Buchmalerei aus dem Stundenbuch des Herzogs von Berry, 1. Hälfte des 15. Jahrhunderts.
Das „Stundenbuch des Herzogs von Berry" (frz.: „Les Très riches heures du Duc de Berry") wurde zwischen 1410 und 1416 von den drei sogenannten Brüdern von Limburg für ihren Dienstherrn erstellt. Es blieb unvollendet, weil die Miniaturkünstler und ihr Auftraggeber im selben Jahr an einer Seuche (Pest?) starben. Das Stundenbuch gilt als eines der größten Meisterwerke der mittelalterlichen Buchmalerei. Die Blätter dokumentieren anschaulich die Lebensformen ihrer Zeit. Hier werden bäuerliche Arbeiten im Monat Juli gezeigt.

[1] Aber auch in späteren Jahrhunderten waren immer wieder Pestausbrüche zu beklagen, so in London im Jahre 1665 (siehe hierzu auch Seite 82 f.), Hamburg (1712/13), Moskau (1771) und mit zum Teil Millionen Opfern in Ägypten, Indien und China noch im 19. und frühen 20. Jahrhundert.

Umstrukturierung auf dem Land – Aufblühen der Städte | Die sogenannte „*Agrarkrise*" wirkte sich in ganz unterschiedlicher Weise aus:

1. Die kirchlichen und weltlichen Grundherren waren vielerorts gezwungen, die Abgaben für die abhängigen Bauern zu senken. Nur dadurch sicherten sie den bäuerlichen Produzenten ein erträgliches Auskommen und verhinderten eine noch stärkere Landflucht. Die wirtschaftlichen Einbußen für Adel und Kirche waren erheblich. Zum Teil gelang es ihnen jedoch, sich durch intensivierte Abhängigkeitsverhältnisse („Schollenbindung") ihrer Hintersassen vor Abwanderungen zu schützen (Südwestdeutschland, Entstehung der Gutsherrschaft in Ostmitteleuropa).

2. Eine weitere Folge war die tiefgreifende Umstrukturierung der Landwirtschaft. Unrentable Böden wurden aufgegeben und die Bauern gingen dazu über, gewinnbringendere Produkte anzubauen. Vor allem in der Nähe großer Städte versprach der Gemüse- und Obstanbau höhere Einnahmen; Wein und später auch Bier entwickelten sich zu bedeutenden Handelsgütern. Die Umwandlung von Acker- in Weideland schuf die Grundlage für eine umfassende Viehwirtschaft, der Fleischverbrauch stieg und verhalf den Metzgern in den Städten zu Wohlstand. In großem Stil betriebene Schafhaltung (vor allem in Spanien und England) und die Produktion von Leinen (Schweiz, Südwestdeutschland) schufen die Voraussetzung für ein bald aufblühendes Textilgewerbe. Die Krise in der Landwirtschaft beschleunigte also durch grundlegende Anpassungsleistungen der Betroffenen den Wandel. Alles in allem wuchs die europäische Volkswirtschaft, die immer noch weitestgehend landwirtschaftlich geprägt war, allmählich über die bloße Bedarfsdeckung hinaus und trug zu einem bescheidenen Komfort bei.

3. Dank der niedrigen Getreidepreise und gleichzeitig steigenden Handwerkerlöhnen verbesserten sich die Einkommenschancen der Menschen in der Stadt und damit verschoben sich ganz grundsätzlich die Gewichte zwischen Stadt und Land (➔M12 und M13). Der Tiefstand der Getreidepreise versetzte die Städte gleichzeitig in die Lage, Vorräte anzukaufen und in Speichern zu lagern. Gegen Hungersnöte – wie noch zu Beginn des Jahrhunderts – war damit eine neue Form der sozialen Vorsorge getroffen, während die ländliche Bevölkerung weiterhin dem Risiko von Missernten ausgesetzt blieb.

Ganz allgemein: Die Große Pest hatte dafür gesorgt, dass die vorhandenen Ressourcen sich auf eine geschrumpfte Bevölkerung verteilten. Wer überlebt hatte, zählte zu den ökonomischen Gewinnern, vor allem in der unteren Hälfte der Gesellschaft. Erst als um 1500 die Bevölkerungsverluste aufgeholt waren, stellten Zentralisierungsmaßnahmen der frühneuzeitlichen Staaten und der Großgrundbesitzer das soziale Gefüge wieder infrage.

Bäuerliche Tätigkeiten im Monat Dezember.
Wandmalerei im Adlerturm des Castello del Buonconsiglio in Trient, um 1400.

- ▶ Beschreiben Sie die Tätigkeiten der Bauern, die die Wandmalerei und die Buchmalerei (siehe Seite 60) zeigen.
- ▶ Weisen Sie mithilfe der Informationen aus dem Darstellungstext die Umstrukturierung der Landwirtschaft in der Wand- und Buchmalerei nach.

32108-32

M1 Inflation während der Großen Pest?

Die Florentiner Chronik des Marchionne di Coppo Stefani von Baldassare Bonaiuti (1336–1385) ist in Latein verfasst. Sie beschreibt die Geschichte von Florenz seit der Antike bis zu Bonaiutis Tod. Ein besonderer Schwerpunkt gilt den Pestjahren:

Die Totengräber, die ihren Dienst versahen, erhielten so hohe Löhne, dass viele dadurch reich wurden ... Diener und andere, die sich um die Kranken kümmerten, ließen sich mit drei fiorini[1] pro Tag bezahlen, und alles wurde immer teurer. Die Dinge, die die Kranken bevorzugt verzehrten, vor allem Süßigkeiten und Zucker[2], wurden schier unbezahlbar. Masthähnchen und anderes Geflügel waren sehr teuer, und Eier kosteten zwischen 12 und 24 denari[3], und wer mehr als drei von diesen am Tag fand, durfte sich glücklich schätzen, selbst wenn er dafür die ganze Stadt durchforsten musste. Und Wachs zu finden, kam einem Wunder gleich. Ein Pfund Wachs hätte mehr als einen fiorino pro Pfund gekostet, wenn nicht eine Obergrenze verhängt worden wäre, um das eitle Geprotze zu verhindern, das die Florentiner bei Begräbnissen zu veranstalten pflegen. So wurde angeordnet, dass pro Begräbnis nicht mehr als zwei Kerzen mitgetragen werden durften. Die Kirchen hatten normalerweise nur eine Totenbahre, die jetzt nicht mehr ausreichte. So verkauften Gewürzhändler und Totengräber Totenbahren und andere Begräbnisutensilien zu einem sehr hohen Preis. Die angemessene Trauerkleidung aus teurer Wolle, in Form eines langen Mantels mit Schleier, die für Frauen üblicherweise drei fiorini kostete, stieg jetzt auf hundert fiorini an.

Zitiert nach: Volker Reinhardt, Die Macht der Seuche. Wie die Große Pest die Welt veränderte, 1347–1353, München 2021, S. 69 f.

32108-33

1. Arbeiten Sie die verschiedenen Ursachen für die Preissteigerung heraus.
2. Bonaiuti war zum Zeitpunkt der Großen Pest zwölf Jahre alt. Die Chronik schrieb er gegen Ende seines Lebens. Analysieren Sie die Intention, die der Autor mit seinem Bericht verfolgt. | H
3. Nehmen Sie Stellung zu dem Verhalten der Florentiner Geschäftswelt. Beziehen Sie dabei die Frage ein, inwieweit ähnliche Reaktionen auf eine Krise auch gegenwärtig nachweisbar sind.

[1] Der Fiorino oder Florentiner Gulden war eine im Mittelalter in Florenz geprägte, etwa 3,5 Gramm schwere Goldmünze. Umgerechnet dürfte ihre Kaufkraft etwa heutigen 100 Euro entsprochen haben.

[2] Zucker, Hühnchen und Eiern schrieb man damals heilende Wirkung zu.

[3] Der Denari war eine kleine Silbermünze. 30 Denari entsprachen einem Fiorino.

M2 Ein Zeitzeuge berichtet

Der Kaufmann und Geschichtsschreiber Matteo Villani (um 1290–1363) aus Florenz schreibt über die Folgen der Großen Pest:

Da die Leute nur noch wenige waren und Grund und Boden im Überfluss erbten, vergaßen sie die Vergangenheit, als ob sie nie vorhanden gewesen wäre. Sie benahmen sich schamlos und führten ein zügelloses Leben, wie sie es vor der Seuche nie getan hatten. Sie gaben sich dem Nichtstun hin und frönten hemmungslos dem Essen und Trinken, liebten Gelage und Spelunken, schätzten das Angenehme, köstliche Speisen und das Spiel. [...]
Das niedrige Volk [...] wollte nicht mehr in den alten Berufen arbeiten. Man verlangte [...] nach teuren und köstlichen Speisen, und bei Hochzeiten kleideten sich die Kinder und Frauen niedrigen Standes in all die schönen und teuren Gewänder der Vornehmen, die gestorben waren.

Zitiert nach: Klaus Bergdolt (Hrsg.), Die Pest 1348 in Italien. Fünfzig zeitgenössische Quellen, Heidelberg 1989, S. 64

32108-34

1. Charakterisieren Sie das Verhalten, das Matteo Villani für die Florentiner Bevölkerung beschreibt.
2. Stellen Sie die in M2 zum Ausdruck kommende Reaktion auf die Große Pest den Reaktionen gegenüber, die in M1, M4 und M8 beschrieben werden. | H
3. Überprüfen Sie, inwieweit die Menschen der Gegenwart mit ähnlichen Katastrophen anders umgehen. Ziehen Sie dazu aktuelle Beispiele von Naturkatastrophen oder Epidemien heran.

M3 „Krise von welthistorischer Dimension"

*Rolf Walter (*1953), Historiker für Wirtschafts- und Sozialgeschichte, schreibt:*

So handelte es sich bei der Großen Pest um eine gesellschaftliche und wirtschaftliche Krise von welthistorischer Dimension. Es gab kaum eine gesellschaftliche Gruppe, die von der Seuche nicht erheblich dezimiert wurde. Zünfte hatten plötzlich Schwierigkeiten, genügend befähigte Mitglieder zu gewinnen, und sahen sich veranlasst, ihre Aufnahmepolitik rigoros zu revidieren. Die zuvor recht strenge Klasseneinteilung der Gesellschaft wurde brüchig und durchlässig. Die Gruppe der Ärzte hatte nur angesichts ihres vollkommenen Versagens Anlass, über einen verbindlichen Ehrenkodex nachzudenken, und so ist zu erklären, dass sich da und dort sog. „Collegien" gründeten, die das Berufsethos und die Moral heben und pflegen und gemeinsame Verhaltensnormen für die Ärzteschaft entwickeln sollten. Hoffnungslose Fälle zu kurieren war verpönt, alle Kraft sollte den leichter Erkrankten oder der Vorbeugung der Krankheit dienen.

Auch andere Berufsgruppen waren schwer betroffen. Da die Notare nicht zu den Sterbenden gingen, unterblieben Testamente und viele Erbschaften wurden neu und ungeplant verteilt. Viele Gesetze konnten nicht erlassen oder durchgesetzt werden, da die Ratsherren entweder verstorben waren oder die Sitzungen des Rates nicht besuchten. Chaos und Rechtlosigkeit waren häufig die Folge. Es ist unschwer vorstellbar, dass angesichts dieser desolaten Strukturen Handel und Wandel erlahmten, wenn nicht erlagen. [...]
Insgesamt stellte die Pest die bis dahin grausamste und nachhaltigste Fundamentalzäsur dar. Die Grenzen menschlicher Toleranz und Belastbarkeit waren in weiten Teilen der Seuchengebiete erreicht und überschritten worden. Die betroffenen Gesellschaften lebten in einem physischen und psychischen Ausnahmezustand, der Kult und Menschenliebe vorübergehend zu einer nie für möglich gehaltenen Seltenheit werden ließ.

Rolf Walter, Geschichte der Weltwirtschaft. Eine Einführung, Köln 2006, S. 77 f.

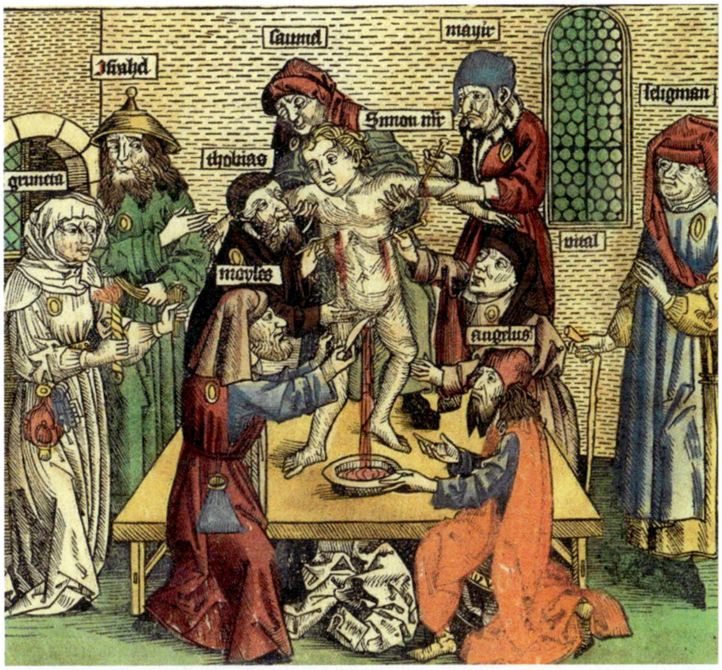

Vorurteile gegen Juden.
Kolorierter Holzschnitt aus der „Schedelschen Weltchronik", 1493.
Seit dem Ende des 12. Jahrhunderts kursierte in Europa das Gerücht, die Juden ermordeten Kinder, um ihnen das Blut für Zaubertränke abzuzapfen. In Wahrheit war gerade den Juden der Umgang mit Blut durch ihre religiösen Gesetze streng verboten.

- ▶ Arbeiten Sie anhand des Holzschnittes das Bild heraus, das von der jüdischen Bevölkerung gezeichnet wird. | H
- ▶ Erklären Sie mögliche Gründe, warum sich die haltlosen Anschuldigungen gegen die jüdische Bevölkerung hartnäckig hielten.

32108-36

32108-35

1. Fassen Sie die gesellschaftlichen und wirtschaftlichen Auswirkungen der Pest nach Rolf Walter zusammen. | H
2. Analysieren Sie, inwieweit sich die von Rolf Walter thematisierten gesellschaftlichen und wirtschaftlichen Auswirkungen der Pest in M1 und M2 nachweisen lassen.
3. Erläutern Sie den von Rolf Walter verwendeten Begriff „Fundamentalzäsur" (siehe Zeile 31). | H

M4 Was in Straßburg und andernorts geschah

Im 14. Jahrhundert leben in Straßburg etwa 20 000 Menschen, die jüdische Gemeinde umfasst 250 bis 300 Personen. Sie wird 1349 ausgelöscht. Über die Vorgänge berichtet um 1400 der in Straßburg geborene Priester und Chronist Jakob Twinger von Königshofen (1346–1420):

In Bern und in Zofingen folterte man etliche Juden, die gestanden, sie hätten viele Brunnen vergiftet, und man fand auch Gift in den Brunnen. Da verbrannte man sie in vielen Städten und schrieb diese Geschichte nach Straßburg, Freiburg und Basel, auf dass sie auch dort ihre Juden verbrennen sollten. Da meinten jedoch die Mächtigen in diesen drei Städten, man solle den Juden nichts tun. In Basel zog das Volk vor das Richthaus und zwang die Ratsherren zu schwören, die Juden verbrennen und zweihundert Jahre lang nicht wieder in die Stadt zu lassen.
Daraufhin wurden die Juden im ganzen Land gefangengesetzt und ein Tag zur Beratung in Benefeld bestimmt. Dorthin kamen der Bischof von Straßburg, alle Landesherren des Elsass und die Ratssendboten der drei genannten Städte zusammen. Die von Straßburg wurden befragt, was sie mit ihren Juden zu tun gedächten; sie antworteten, sie wüssten keine Bosheit von ihren Juden. Da fragte man sie, warum sie dann ihre Brunnen verschlossen und die Eimer entfernt hätten, und es entstand ein großer Lärm und ein Geschrei gegen die Straßburger. So kamen der Bischof, die Herren und die Reichsstädte überein, sich ihrer Juden zu entledigen. So wurden sie in vielen Städten verbrannt, etliche auch vertrieben und diese dann von den Bauern gefangen, erstochen oder ertränkt. [...]
Als nun in Straßburg alles Volk über die Juden ergrimmt war, versperrte man die Judengasse und setzte bewaffnete Leute davor, damit man ihrer desto sicherer wäre, was mit ihnen auch geschehen sollte. [...] An diesem Freitag fing man auch die Juden in Straßburg, und am folgenden Samstag, es war der Valentinstag, verbrannte man sie auf einem hölzernen Gerüst in ihrem Kirchhofe; es waren ihrer an die

zweitausend. Nur wer sich taufen lassen wollte, den ließ man leben. Es wurden auch viele kleine Kinder gegen den Willen ihrer Eltern aus dem Feuer genommen, um sie zu taufen. Was man den Juden schuldete, galt damit als bezahlt, alle Pfänder und Schuldbriefe, die die Juden in Verwahrung gehabt hatten, wurden zurückgegeben. Das Bargeld der Juden nahm der Rat an sich und verteilte es unter die Handwerker. Das Geld war auch die Ursache, warum die Juden getötet wurden. Denn wären sie arm und die Landesherren nicht ihre Schuldner gewesen, so hätte man sie nicht verbrannt. Als nun das Geld verteilt war, gaben etliche ihren Teil für den Bau des Münsters oder nach dem Rat ihrer Beichtväter als Almosen.

Zitiert nach: Klaus Arnold, Das Mittelalter. Quellen zur deutschen und europäischen Geschichte vom 8.–15. Jahrhundert, Paderborn 1991, S. 80f.

32108-37

1. Gliedern Sie die Ereignisse, die in der Quelle beschrieben werden, tabellarisch nach Schauplatz, handelnden Personen und ihren Handlungen.
2. Analysieren Sie die Motive der handelnden Gruppen an den verschiedenen Schauplätzen. Beziehen Sie dabei ein, dass die jüdische Gemeinde erhebliche Geldzahlungen für ihren Schutz an den Stadtrat von Straßburg leistete. | F
3. Arbeiten Sie die Einstellung des Chronisten Jakob Twinger von Königshofen gegenüber den Ereignissen heraus. | H

M5 Judenverfolgung in Tournai (Belgien)

Die Miniatur stammt aus der Chronik des französischen Geistlichen Aegidius Li Muisis (1272–1352) und ist vermutlich um 1349 angefertigt worden:

32108-38

1. Beschreiben Sie die Miniatur.
2. Charakterisieren Sie die dargestellten Personengruppen. | H
3. Erörtern Sie ausgehend von der Miniatur, ob es sich bei den Judenverfolgungen um spontane Ausbrüche handelte oder nicht.

M6 „Aus einsichtigen Gründen"

Im niedersächsischen Wildeshausen vertreibt der Rat 1350 die ortsansässigen Juden und übernimmt ihren Besitz, den er mit dem Landesherrn, dem Bremer Erzbischof, teilt. Der bremische Vogt Liborius erstellt dazu eine Urkunde:

Auch für den Fall, dass gegen uns und dieselben Ratleute und Gemeinde wegen dieser Vertreibung und der Inbesitznahme besagten Hab und Gutes oder des Besitzes oder der Weitergabe irgendein gerichtlicher Schritt oder eine Untersuchung des Rechtes oder des Tatbestandes durch eine beliebige kirchliche oder weltliche Person vor einem beliebigen kirchlichen oder weltlichen Richter unternommen wird, werden wir alsdann im Namen unseres besagten erwählten Herren und im eigenen Namen zusammen mit besagten Ratleuten und Gemeinde die gerichtlichen Schritte und Untersuchungen und Streitigkeiten, die gegen uns und dieselben Ratleute und Gemeinde in Gang gesetzt werden sollen, aus Anlass oben erwähnter Gründe, beständig und getreulich zurückweisen und widerlegen müssen, durch Mühen und Aufwendungen.

Zitiert nach: Albert Marx, Geschichte der Juden in Niedersachsen, Hannover 1995, S. 30 f.

32108-39

1. Die systematisch gestreuten Gerüchte über angebliche Brunnenvergiftungen kursierten auch in Norddeutschland. Den Juden in Wildeshausen wurde jedoch nichts vorgeworfen. Analysieren Sie mögliche Gründe für das Vorgehen des Rates und die aufwendige Begründung.
2. Beispielsweise in Goslar fand keine Judenverfolgung statt. In anderen Städten wie Lüneburg wurden Angehörige jüdischen Glaubens ermordet. Diskutieren Sie die Ursachen der örtlich unterschiedlichen Vorgehensweise und den Spielraum der Obrigkeiten.

M7 „Angesichts des drohenden Massensterbens"

Der Historiker Klaus Bergdolt (1947–2023) schreibt über die Hintergründe der Judenverfolgungen:

Wirtschaftliche Überlegungen und politische Motive spielten zur Zeit der Pestilentia Magna eine erstaunliche Rolle. Angesichts des drohenden Massensterbens entluden sich Angst, Unzufriedenheit, Machtgier, Habsucht und Hoffnungslosigkeit im Hass auf die Juden. Das mehrfach geschilderte Nachgeben von Patriziern und Ratsherren bei Pogromen erklärt sich zunächst durch eine brisante soziale Lage der städtischen Unterschicht, die den Ratsherren und Obrigkeiten wohl bewusst war. Während man lange annahm, dass Besitzbürgertum, Stadtadel, Episkopaten[1], Feudalherren und vor allem der König mäßigend auf das niedere Volk einwirkten, der aufstrebende Handwerkerstand und das „Proletariat" dagegen den aggressiven Antisemitismus verkörperten, lässt sich eine solche Polarisierung heute nicht mehr aufrechterhalten. Schon das mehrfach erwähnte opportunistische Verhalten Karls[2], aber auch die Taktik der Freiburger oder Nürnberger Stadtväter lassen hier Zweifel aufkommen. Zu oft wurden Schutzrechte als Ausbeutungsprivilegien aufgefasst und zwischen Herrscher, Städten und Patriziat hin- und hergeschoben, nicht selten die Ermordung von Juden durch die Zuteilung ihres Erbes an Rat oder Patriziat besiegelt. Während die Zünfte von Steuernachlässen träumten oder auf die Beseitigung unliebsamer Konkurrenz spekulierten, erfreuten sich Landesfürsten, Land- und Stadtadlige, vor allem aber die Städte selbst nicht selten nach Pogromen eines realen Vermögenszuwachses.

Klaus Bergdolt, Der Schwarze Tod in Europa. Die Große Pest und das Ende des Mittelalters, München 1994, S. 139

32108-40

1. Fassen Sie zusammen, welche Rolle Ratsherren und andere Obrigkeiten bei der Judenverfolgung laut Klaus Bergdolt spielten.
2. Klaus Bergdolt begründet den Hass auf die Juden mit „Angst, Unzufriedenheit, Machtgier, Habsucht und Hoffnungslosigkeit" (Zeile 4 f.). Erläutern Sie dies und weisen Sie die genannten Aspekte in M4 (Seite 63 f.) nach.
3. Arbeiten Sie heraus, welche Vorteile die Zünfte, Städte und Landesherren durch die Judenverfolgungen hatten.
4. Diskutieren Sie anhand aktueller Beispiele, wie aus Vorurteilen, Angst, Unsicherheit, Machtgier oder Habsucht noch heute die Sicherheit und Menschenwürde von Minderheiten bedroht werden. | F

M8 Die Geißlerzüge

Eine genaue Beschreibung der Geißlerzüge verdanken wir dem Straßburger Geistlichen und Chronisten Fritsche Closener (um 1315–1390/96). Von ihm erfahren wir auch die Reaktion der Bevölkerung auf die „Bewegung". Er berichtet:

Wenn sie nun Buße tun wollten, so nannten sie das Geißeln. Das geschah täglich wenigstens zweimal, früh und spät. Sie zogen dann ins Feld hinaus und man läutete die Glocken und sie versammelten sich und gingen in Zweierreihen und sangen ihr Lied, wie schon vorher gesagt. Und wenn sie an die Stelle der Geißelung kamen, so zogen sie sich barfuß und bis auf die Hosen aus und legten sich Kittel oder andere weiße Tücher um, die vom Gürtel bis zu den Füßen reichten, und wenn sie anfangen wollten zu büßen, so legten sie sich in einem weiten Ring nieder und je nachdem, wie jeder gesündigt hatte, legte er sich hin: War er ein

[1] **Episkopat**: Gesamtheit der Bischöfe

[2] Hier ist Kaiser Karl IV. (1316–1378) gemeint.

meineidiger Bösewicht, so legte er sich auf eine Seite und streckte seine drei Finger über das Haupt. War er ein Ehebrecher, so legte er sich auf den Bauch. So legten sie sich in verschiedener Weise nach den Sünden verschiedener Art, die sie begangen hatten. Dabei sah man genau, welcherlei Sünde jeder begangen hatte. [...]
Unterdessen gingen die Brüder in Zweierreihen um den Ring herum und schlugen sich mit Geißeln aus Riemen, die vorn Knoten hatten, in die Spitzen gesteckt waren, und schlugen sich auf ihre Rücken, sodass viele heftig bluteten. [...]
Und wo sie in die Städte kamen, da liefen ihnen viele Leute zu, die auch Geißler wurden, sowohl Laien wie Geistliche. Doch schloss sich kein Geistlicher an, der gebildet war. [...] Einigen gefiel die Bruderschaft besonders gut. Wenn sie den Bußakt einmal vollbracht hatten, begannen sie ihn von neuem. Das geschah deshalb, weil sie zu der Zeit müßig gingen und nicht arbeiteten. Denn wo sie hinkamen – wie viele es auch waren –, lud man sie alle ein und behandelte sie außerordentlich großzügig und es gab viele Leute, die sie gern eingeladen hätten, wenn sie nur Gelegenheit dazu gehabt hätten. So hoch wurden sie geschätzt.
Die Bürger in den Städten gaben ihnen von der Gemeinde aus Geld, damit sie sich Fahnen und Kerzen kauften. Die Brüder nahmen große Heiligkeit für sich in Anspruch und sagten: Es geschähen aufgrund ihres Willens große Zeichen. [...]
Diese Geißelfahrt dauerte länger als ein Vierteljahr, indem jede Woche eine Gruppe von Geißlern kam. Danach machten sich Frauen auf und reisten auch durch das Land und geißelten sich. Danach nahmen junge Knaben und Kinder an der Geißelfahrt teil. Danach wollten die von Straßburg ihnen nicht mehr läuten und wollten ihnen auch keine Beihilfe zu Kerzen und Fahnen geben. Man wurde ihrer auch so müde, dass man sie nicht mehr nach Hause einlud, wie man das getan hatte. So kam es zu einer Geringschätzung, sodass man sie wenig achtete.

Zitiert nach: Hartmut Boockmann, Das Mittelalter. Ein Lesebuch, München 1988, S. 247 ff.

32108-41

1. Beschreiben Sie die Geißler und ihre Praktiken.
2. Arbeiten Sie die personelle Zusammensetzung der Geißlerzüge aus der Quelle heraus.
3. Analysieren Sie das Verhältnis zwischen der Bevölkerung in den Städten und den Geißlern. Erläutern Sie dann die Gründe, warum sich dieses Verhältnis wandelte.
4. Mitte des 14. Jahrhunderts traten Geißlerzüge massenhaft auf. Erläutern Sie, warum.
5. Diskutieren Sie die Vor- und Nachteile der Geißlerbewegung für die offizielle Amtskirche. | H

M9 „Das Große Sterben"

*Der britische Historiker Ian Mortimer (*1967) schreibt in seinem „Handbuch für Zeitreisende" über die Auswirkungen der Pest auf die Bevölkerung Englands:*

Das Große Sterben [...] ist eines der entsetzlichsten Ereignisse in der Menschheitsgeschichte, vergleichbar nur mit jenen Traumata, die die Menschen einander in moderner Zeit zugefügt haben. Die Seuche erreicht 1347 das Ostende des Mittelmeers, verbreitet sich entlang der Schifffahrtsrouten nach Frankreich, Südspanien und Italien und gelangt quer über das europäische Festland im August 1348 nach England, dessen Gesellschaft sie in jeder Hinsicht erschüttert. Sie vernichtet große Bevölkerungsteile und hinterlässt manche Gegend völlig menschenleer. [...]
Die oft zitierte Zahl von einem Drittel, das gestorben ist [...], hat Sie vielleicht in der irrigen Annahme bestärkt, dass zwei Drittel der Bevölkerung die Krankheit überleben. Das stimmt nicht. Wenn Sie krank werden, sterben Sie mit höchster Wahrscheinlichkeit auch. Die Überlebenden sind vor allem jene, die sich nicht angesteckt haben, weil sie entweder eine natürliche oder genetische Abwehr gegen die Infektion besitzen oder weil sie einfach Glück haben. Wenn die Seuche ein Kloster befällt, stirbt normalerweise mindestens die Hälfte der Mönche. In Peterborough in Northhamptonshire gehen 32 der 64 Mönche elendig zugrunde. In Henwood in Warwickshire bleiben von ursprünglich 15 Nonnen nur drei verschont. Scheußliche Geschichten sind im Umlauf – etwa darüber, dass in manchen Städten Zehntausende Menschen im Sterben liegen und in Bristol schon neun Zehntel der Bevölkerung dahingerafft sind. Es herrscht nackte Panik. Niemand weiß genau, wie viele Menschen überall im Land sterben. In London werden jeden Tag 200 begraben.
Den besten Überblick über die Sterblichkeitsraten haben jene Schreiber, die die bischöflichen Personallisten führen: Sie sehen zumindest, wie viele Geistliche das Zeitliche segnen. In den Diözesen York und Lincoln sterben in den Jahren 1348/1349 40 Prozent der geistlichen Pfründeninhaber. Manche von ihnen haben sich angesteckt, während sie ihren sterbenden Gemeindemitgliedern die Sakramente spendeten. Im äußeren Südwesten und in Herefordshire liegt die Quote höher, bei fast 50 Prozent. Den Bauern geht es kaum besser: Es ist nicht ungewöhnlich, dass die Hälfte aller Angehörigen eines Lehnsguts stirbt. 55 Prozent der Lehnsleute von 22 zur Glastonbury Abbey gehörenden Gutshöfen sterben; 43 Prozent der Lehnsleute von drei Gutshöfen in Essex; 39 Prozent der Lehnsleute des Bischofs von Winchester. Um diese Zahlen in Relation zu setzen, kann man sich ins Gedächtnis rufen, dass nicht einmal sechs Prozent der erwachsenen Männer Großbritanniens in den vier Jahren des Ersten Weltkrieges starben und die Gesamtverluste sich auf 1,55 Prozent der Bevölkerung beliefen. [...]

In den Jahren 1348/1349 sind so viele Tote zu beklagen, dass man viel leichter über die Statistik sprechen kann als über die Tragödien im Einzelnen. Aus der sicheren Entfernung des 21. Jahrhunderts heraus kann man sogar positive Auswirkungen würdigen – das Große Sterben beendet den Feudalismus, setzt Kapital frei und gestattet der Gesellschaft eine demokratischere Entwicklung. Doch ein Besuch in der Zeit erinnert Sie mit einem furchtbaren Schrecken an die Realität wie an die gewaltige Größenordnung des Leidens.

Ian Mortimer, Im Mittelalter. Handbuch für Zeitreisende, München ^{2}2014, S. 266–269 (übersetzt von Karin Schuler)

32108-42

1. Arbeiten Sie die zentralen Aussagen des Textes zum „Großen Sterben" in England heraus.
2. Vergleichen Sie die zentralen Aussagen Mortimers zur Bedeutung der Pest mit denen Walters in M3 (Seite 62 f.). | H
3. Ian Mortimer schreibt, „dass man viel leichter über die Statistik sprechen kann als über die Tragödien im Einzelnen" (Zeile 51 f.). Setzen Sie sich mit dieser Aussage auseinander.
4. Überprüfen Sie auf Basis Ihrer bisherigen Erkenntnisse die Aussagen Mortimers in Zeile 54 bis 56 zu den „positiven Auswirkungen" der Pest.

M10 Bevölkerungsentwicklung in Europa

Die Zahlen (Angaben in Millionen) zur Bevölkerungsentwicklung in Europa von 1050 bis 1500 sind geschätzt.

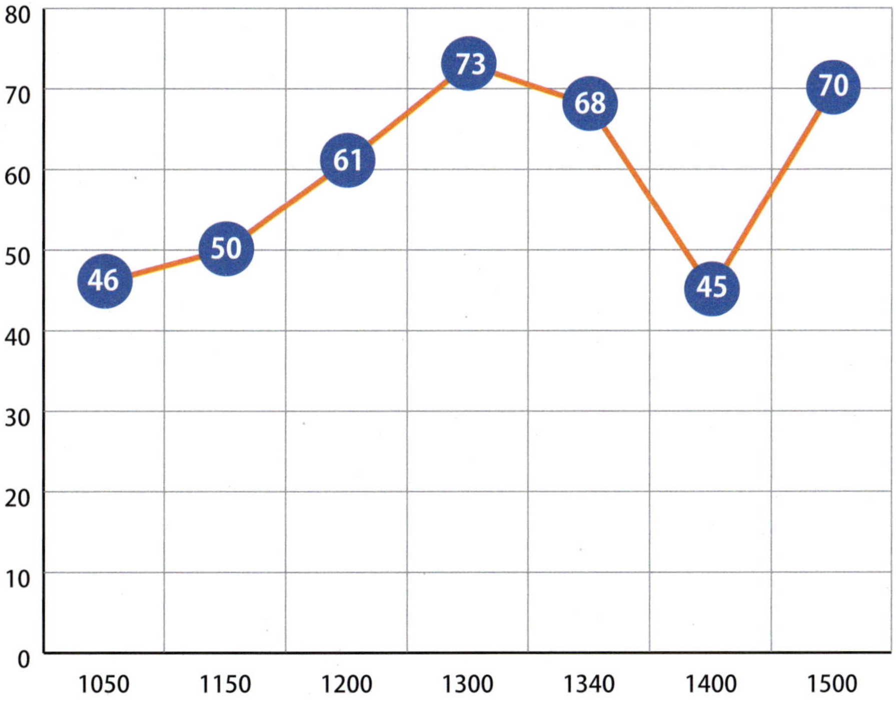

32108-43

1. Analysieren Sie die Bevölkerungsentwicklung in Europa.
2. Setzen Sie die Ergebnisse der Analyse in Beziehung zu den Aussagen Mortimers in M9 und diskutieren Sie Vorzüge und Nachteile der Darstellung der Auswirkungen der Pest in Form einer Grafik und eines Informationstextes.
3. Stellen Sie sich vor, in Ihrem Umfeld leben ein Drittel weniger Menschen: im Freundeskreis, in der Schule, in den Geschäften, die Sie regelmäßig aufsuchen. Überlegen Sie, welche Folgen daraus entstehen könnten.

M11 Spätmittelalterliche Wüstungen

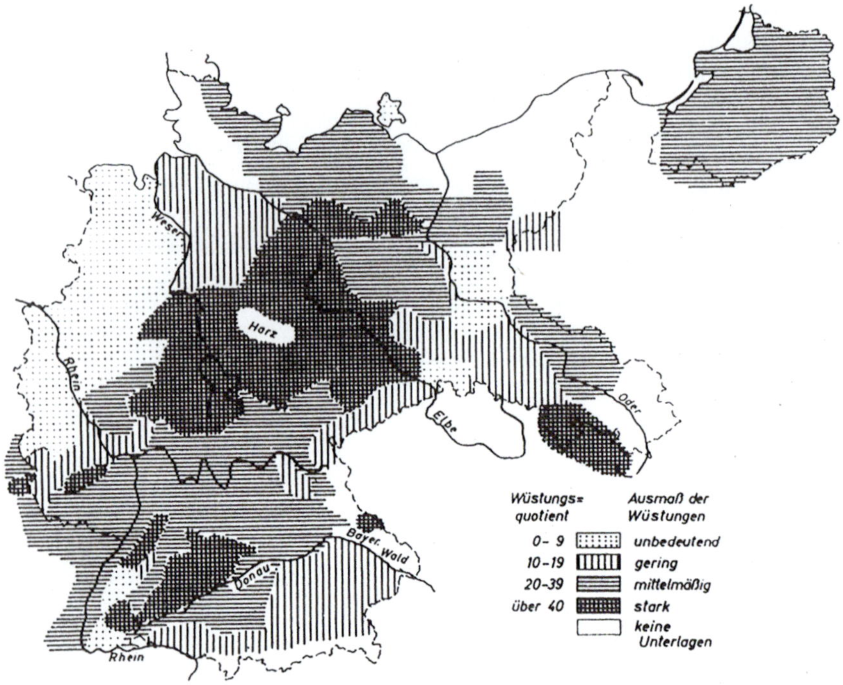

Nach: Werner Rösener, Bauern im Mittelalter, München [3]1987, S. 256

1. Beschreiben Sie die territoriale Ausbreitung der spätmittelalterlichen Wüstungen im deutschen Raum.
2. Nennen und erläutern Sie mögliche Gründe dafür, warum in manchen Gegenden besonders viele bzw. kaum Wüstungen anzutreffen sind.

32108-44

M12 Roggenpreis- und Lohnentwicklung

a) Die Grafik zeigt die Entwicklung der Löhne und Roggenpreise in Göttingen:

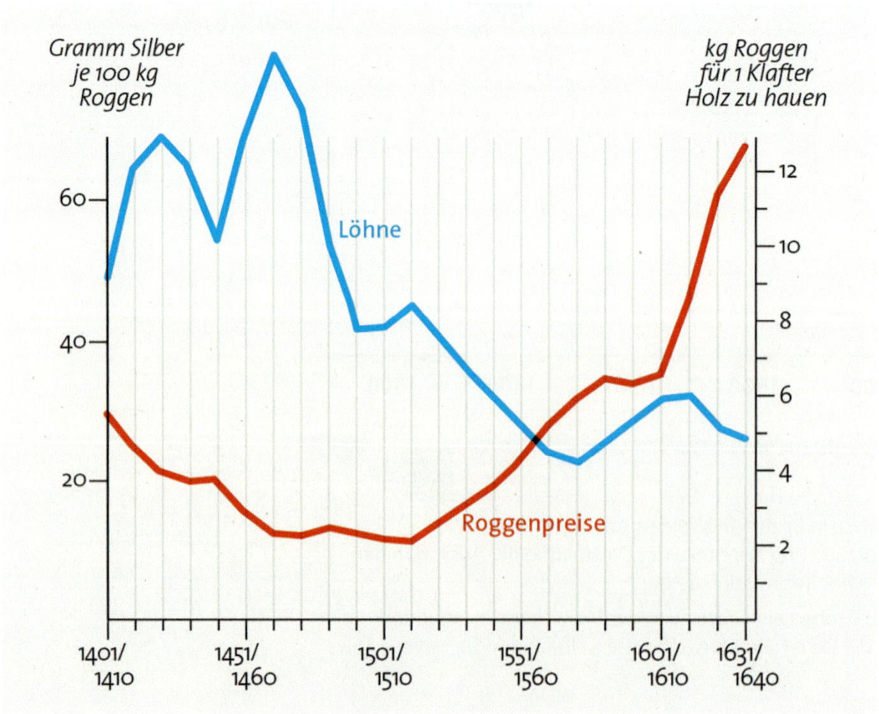

Nach: Wilhelm Abel, Agrarkrisen und Agrarkonjunktur, Hamburg/Berlin 1978, S. 64, Abb. 11

b) Der Wirtschaftshistoriker Wilhelm Abel (1904–1985) schreibt zu der Grafik:

Im Verlauf des 15. Jahrhunderts mehren sich die Aufzeichnungen von Löhnen. Es sei als erstes ein Bild gebracht, das Löhne und Roggenpreise (rot) aus Göttingen in den Jahren 1401 bis 1640 enthält. Die Löhne (blau) wurden für die Zerkleinerung von einem Klafter Holz bezahlt, also im Regelfall an einfache (ungelernte) Arbeiter. Die Löhne (blau) sind in Roggenäquivalenten (also wie viel kg Roggen man für den Lohn für das Schlagen von einem Klafter Holz erwerben konnte) angegeben.

Wilhelm Abel, Agrarkrisen und Agrarkonjunktur, Hamburg/Berlin 1978, S. 64

32108-45

▶ Analysieren Sie die Grafik mithilfe des Textes von Wilhelm Abel.

M13 Kennzeichen der Agrardepression/Agrarkrise

Der Historiker Peter Moraw (1935–2013) äußert sich über die Agrardespression/Agrarkrise wie folgt:

Zahlreich, vielfältig und weitverbreitet waren Krisenzeichen in der deutschen Landwirtschaft spätestens von der zweiten Hälfte des 14. Jahrhunderts an. [...] Aufgegebene Fluren, verlassene Höfe, entvölkerte oder geschrumpfte Weiler und Dörfer (sogenannte Wüstungen), Rückgang des Getreidebaus, Wachstum der Wälder, langfristiger Verfall der Getreidepreise zumindest im Vergleich zu den Betriebskosten und den Preisen städtischer Produkte, Verminderung der grundherrlichen Einkünfte und des Wertes landwirtschaftlich genutzter Böden. [...] In ähnlicher Weise kann man einen Teil des ländlichen Depressionsphänomens – die Abwanderung in die Städte – auch als Rationalisierung verstehen. Es wurden Dörfer aufgegeben, die in unrentable Grenzbereiche vorgetrieben worden waren. Aus kleinen Siedlungen zog man in größere Dörfer, und aus einer Anzahl von Dörfern wurden die Bewohner in nahe Städte umgesiedelt, die gestärkt werden sollten. So verweisen verhältnismäßig einheitliche Vorgänge nicht auf einheitliche Ursachen. Die beiden wichtigsten Merkmale der Agrardepression waren die Aufgabe von Siedlungen und Fluren, also das Entstehen von Wüstungen, und der Preisverfall des Getreides. [...]

Am Wüstungsproblem zeigt sich, dass die Folgen der Depression je nach den sozialen Verhältnissen der Betroffenen ganz unterschiedlich sein konnten. Viele kleine Grundherren waren leidtragende, während offenbar so mancher Bauer infolge des Menschenmangels und des Überangebots an Hofstellen Abgabenbedingungen und Rechtslage verbesserte. Neuverleihungen wurden mit Zinsermäßigungen oder Freijahren verbunden. Seltener war das Umgekehrte, der Versuch, dem Abgabenschwund und der Landflucht durch die Verschärfung des Untertanenverhältnisses zu begegnen. [...]

Kaum weniger kompliziert als die Frage nach den Wüstungen und ihren Begleitumständen ist die Frage nach dem Getreidepreis. Getreide war das einzige Grundnahrungsmittel. Die Nachfrage entsprach recht genau dem Ernährungsbedarf der jeweiligen Bevölkerung. [...] Von ungefähr 1370 bis ungefähr 1470 fielen aufs Große gesehen die Getreidepreise. [...]

Für die langfristige Entwicklung der Getreidepreise sind Stagnation und Schrumpfung der Bevölkerungszahl als maßgebliche Ursachen anzunehmen. Durch den Verzicht auf schlechte Böden und die Vergrößerung der Betriebseinheiten stieg offensichtlich die marktbezogene Produktion. So kam es für eine immer von neuem reduzierte Bevölkerung trotz eines absoluten Rückgangs der Produktion häufig zu einem Überangebot an Getreide. Dementsprechend reagierten die Preise. [...] Ein Preisverfall dürfte sich auf dem Lande je nach der Marktverflechtung der Betroffenen sehr verschieden ausgewirkt haben. Größere Bauern, die auf dem Markt verkauften, erlitten in Jahren niedriger Preise starke Einnahmeverluste, erst recht wenn sie hohe Löhne zu zahlen genötigt waren. Kleinere Bauern, die im Wesentlichen zur Selbstversorgung produzierten oder gar Nahrungsmittel hinzukauften, waren wenig betroffen oder sahen sich begünstigt. Für das Marktgeschehen ist auch diejenige Getreidequote zu beachten, die als Abgabe an die Herrschaft geflossen und von ihr weiterverkauft worden ist; [...] Jedenfalls wurde immer mehr Getreide vom Markt erfasst; es diente auch der Spekulation und den immer planvoller betriebenen Versorgungsmaßnahmen der größeren Städte. Sie kauften alles im Umland Erreichbare auf und pflegten durch Ausfuhrverbote, Bevorratung in Kornhäusern und Kontrolle der Bäcker ihre Interessen.

Peter Moraw, Von offener Verfassung zu gestalteter Verdichtung. Das Reich im späten Mittelalter 1250–1490, Frankfurt am Main 1989, S. 268–273

32108-46

1. Fassen Sie die Merkmale der Agrardepression/Agrarkrise nach Moraw in eigenen Worten zusammen.
2. Stellen Sie auf Basis Ihres Wissens Überlegungen zu Ursachen und Folgen der beschriebenen Agrardepression/Agrarkrise an.

Methode

Mittelalterliche Buchmalereien deuten

Weitere Anwendungsbeispiele finden Sie u. a. auf den Seiten 39, 44, 47, 51, 57, 60 und 64.

Mittelalterliche Buchmalereien stammen aus kostbaren Handschriften, vor allem aus liturgischen Büchern für den Gottesdienst, aber auch aus reich ausgestatteten Bibeln, Chroniken, Gesetzeswerken und höfischer Literatur. Kaiser, Könige und Herzöge sowie Bischöfe und Äbte traten häufig als **Auftraggeber** solcher Handschriften auf. Die Malereien, die der Illustration und Ausschmückung der Bücher dienten, werden auch als **Miniaturen** bezeichnet, weil für sie viel Mennige (lat. minium), ein roter Farbstoff, verwendet wurde. Miniaturen konnten detailreiche Szenen, kleine Bilder oder verzierte Initialen (Anfangsbuchstaben) sein. Sie entstanden vor allem in klösterlichen **Skriptorien**. Seit dem Hochmittelalter kamen weltliche, kommerzielle Schreibstuben hinzu. Mit der raschen Ausbreitung des Buchdruckes um die Mitte des 15. Jahrhunderts verlor die Buchmalerei an Bedeutung.
Die aufwendigen Bilder stellen für uns eine wichtige Informationsquelle für die Zeit des Mittelalters dar. Farben und Symbole waren oft bewusst gewählt und sollten etwas zum Bildinhalt beitragen. Eine sorgfältige Analyse ist daher nötig, um die Buchmalereien richtig zu deuten und ihre (oft christliche) **Symbolsprache** zu verstehen.

Methode Online 32108-47

Arbeitsschritt	Leitfragen (Auswahl)
1. Reproduktion	• Wer hat die Buchmalerei geschaffen? In welcher Handschrift befindet sie sich und wer hat diese in Auftrag gegeben? • Wann und wo wurde die Buchmalerei angefertigt? • Wen oder was zeigt sie? • Welche Komposition (Bildaufbau, Figuren etc.) liegt ihr zugrunde? • Welche Perspektive (Vogel-, Zentralperspektive etc.) wurde gewählt? • Wie ist die Farbgebung (hell, dunkel, kontrastreich etc.)? • Welche Symbole und Sinnbilder (Allegorien) werden verwendet?
2. Reorganisation und Transfer	• Auf welches Ereignis, welchen Sachverhalt oder welche Person bezieht sich die Buchmalerei? • Auf welche religiösen, politischen, sozialen und kulturellen Hintergründe wird angespielt? • Handelt es sich um eine realistische oder allegorische (sinnbildliche) Darstellung? • Wie sind die Gestaltungsmittel und Symbole in ihrer inhaltlichen Aussage zu deuten? • Aus welchem Anlass ist die Buchmalerei bzw. die Handschrift entstanden? Diente sie einem bestimmten Zweck? • Was ist über die Haltung möglicher Auftraggeber bekannt? • Welche Aussageabsicht verfolgen Künstler bzw. Auftraggeber? • An welche Adressaten wendet sich die Buchmalerei bzw. die Handschrift?
3. Reflexion und Problemlösung	• Wie lassen sich Aussage und Wirkung der Buchmalerei insgesamt bewerten? • Gibt es weitere Quellen zum Bildthema, mit denen sich die Buchmalerei vergleichen lässt?

Geißlerzug in Tournai.
Miniatur aus der Chronik des Abtes Aegidius Li Muisis (1272–1352), um 1349.
Tournai ist eine Stadt im heutigen Belgien.

Internettipp
Die vollständige Buchseite aus der Chronik, die heute in der Bibliothèque Royale de Belgique in Brüssel aufbewahrt wird, können Sie unter diesem Code abrufen.

32108-48

32108-49

Untersuchen Sie die Buchmalerei mithilfe der Arbeitsschritte auf Seite 70. Ihre Ergebnisse können Sie mit der Lösungsskizze auf Seite 483 vergleichen.

Die Große Pest und die Corona-Pandemie – vergleichbar?

Pandemien haben die Geschichte der Menschheit immer wieder tief geprägt. Im 14. Jahrhundert wütete in Europa die Große Pest und forderte Millionen Todesopfer. Die Corona-Pandemie, die sich ab Anfang 2020 weltweit ausbreitete, veränderte ebenfalls den Alltag vieler Menschen grundlegend. Wissenschaftlerinnen und Wissenschaftler analysieren solche Seuchen, um Ursachen, Verlauf und Auswirkungen besser zu verstehen. Mithilfe der folgenden Materialien soll untersucht werden, ob und inwiefern die Große Pest und die Corona-Pandemie miteinander vergleichbar sind.

M1 „Zeiten der Verunsicherung, einst und heute"

*Der Historiker Volker Reinhardt (*1954) hält in der Einleitung zu seinem Werk „Die Macht der Seuche" fest:*

Beide Pandemien hatten weitreichende Auswirkungen auf die Kommunikation und das soziale Gefüge. Konkret hieß das: Bestimmte Bevölkerungsgruppen – 1348/49 die Angesteckten, 2020 die Ansteckungsgefährdeten – wurden gemieden, Lebensmittel wurden vor Haustüren deponiert, Generationen auseinandergerissen. Beide Pandemien erzeugten eine Atmosphäre des Misstrauens, mit allem, was dazugehört: ungehemmte Lust an der Denunziation, heftiges Wuchern von Feindbildern, das Aufkommen abstruser Verschwörungstheorien und eine Flut von Schuldzuweisungen. […]

Beide Pandemien wurden zudem eine Belastungsprobe für die Politik und ihre Akteure. Diese mussten Handlungsbereitschaft und Handlungsfähigkeit und damit ihre Existenzberechtigung unter Beweis stellen. Diesem Druck gaben sie überwiegend durch ostentativen Aktionismus nach, der sich in ungehemmter Reglementierungswut niederschlug. So steigerte sich in den Pestjahren von 1347 bis 1353 der ohnehin schon hohe Gesetzesausstoß städtischer und fürstlicher Obrigkeiten nochmals um ein Vielfaches – die Übereinstimmung mit den Beschränkungen der Corona-Zeit auszuführen, erübrigt sich. […]

In den Jahren von 1347 bis 1353 war die Ursache der Pandemie unbekannt, kein Arzt des christlichen und muslimischen Europa kam ihr mit seinen Theorien auch nur nahe. Der tatsächliche Auslöser des Massensterbens, das Pestbakterium, wurde erst ganz am Ende des neunzehnten Jahrhunderts identifiziert. Im Gegensatz dazu war das Coronavirus SARS-CoV-2, das die Krankheit Covid-19 auslöst, 2020 nicht nur sehr schnell bekannt, sondern auch sicher nachweisbar. Die größten Unterschiede aber zeigen sich in den Sterblichkeitsquoten. Über die zentrale Frage, wie viele Menschen der Pest bei ihrem ersten Parcours durch Europa ab dem Herbst 1347 zum Opfer fielen, herrscht bis heute in der Forschung keinerlei Einigkeit. Allerdings würden nur sehr wenige Historiker die durchschnittliche Mortalitätsrate für diesen Zeitraum unter fünfundzwanzig Prozent ansetzen […]. Dagegen nimmt sich der entsprechende Bevölkerungsverlust im Europa des Jahres 2020 geradezu vernachlässigbar niedrig aus, vorausgesetzt, man betrachtet ihn mit der Mitleidlosigkeit und Blindheit für das Einzelschicksal, die Statistiken nun einmal an sich haben.

[…] Im Gegensatz zu den „Peak-Jahren" 1348 und 1349, als die Chancen der Erkrankten, die Pest zu überleben, minimal waren, überstieg 2020 die Zahl der Genesenen die der Verstorbenen schnell um ein Vielfaches. Zudem stellte die Pharmaforschung 2020 für die nähere Zukunft die Entwicklung von Medikamenten und Impfstoffen in Aussicht. Solche Silberstreifen am Horizont fehlten 1348 und 1349 hingegen völlig. Nicht zuletzt gab es 2020 einen weit ausgebauten Behördenstaat, der versuchte, […] die tief einschneidenden wirtschaftlichen Pandemie-Folgen […] aufzufangen. Im Gegensatz dazu waren um die Mitte des vierzehnten Jahrhunderts allenfalls erste bescheidene Ansätze einer solchen Staatlichkeit zu beobachten.

Ein weiterer gravierender Unterschied zwischen den beiden Pandemie-Zeiten liegt in der Öffentlichkeit und Verbreitung des damit verbundenen Geschehens. In den Zeiten der Pest gab es an Medien nur das gesprochene Wort, von der Kanzel und innerhalb der Nachbarschaft, die auf Papier geschriebene und auf dem Kurierweg verbreitete Nachricht sowie einige wenige nicht-verbale Signale, unter denen das Glockenläuten das wichtigste war. […] 2020 war es umgekehrt. Der Fülle von „Informationen" zu allen nur erdenklichen Aspekten der „Coronakrise" konnte sich niemand entziehen. […]

So spricht vieles für und vieles gegen einen Vergleich der Pandemien von einst und jetzt. Erlaubt, wissenschaftlich korrekt und zugleich erhellend ist er dann, wenn er über die angeführten Ähnlichkeiten und Unterschiede im Einzelnen hinaus die grundlegende Andersartigkeit, ja Fremdartigkeit dieser fernen Vergangenheit deutlich macht. Die Menschen zur Zeit der ersten großen Pest lebten in anderen Weltbildern […]. Vor allem gab es damals keine exakte Naturwissenschaft und erst recht keine im heutigen Sinne wissenschaftliche Medizin, und die heute klar gezogenen Grenzen zwischen Naturforschung und Magie waren fließend. So musste es für die überwältigende Mehrheit der Menschen eine höhere, im modernen Verständnis übernatürliche Ursache der Ansteckung geben, während heute von solchen Deutungsversuchen glücklicherweise überwiegend Abstand genommen wird.

Volker Reinhardt, Die Macht der Seuche. Wie die Große Pest die Welt veränderte, 1347–1353, München 2021, S. 9–13

M2 „Corona ist doch nicht die Pest!"

*Der Historiker Martin Dinges (*1953) schreibt in einem Online-Artikel aus dem Jahre 2020:*

Zunächst kamen Fernsehbilder aus dem fernen Wuhan[1]. Ähnlich wie bei der Pest im Spätmittelalter waren dort erste Hinweise auf den Ausbruch der Epidemie unterdrückt worden. Später sollte die Handlungsfähigkeit der Kommunistischen Partei Chinas durch massives Eingreifen, bis zum Einsatz aller elektronischen Überwachungsmöglichkeiten, demonstriert werden. Dann trafen besorgniserregende Nachrichten aus Norditalien und Bayern ein. Aus Medienwirklichkeit wurde plötzlich erlebbare Gegenwart. Wie bei jeder Epidemie werden sogleich Horrorbilder aus Pestzeiten aktiviert – trotz der vielfach geringeren Sterblichkeit bei Corona. Im Italien des 17. Jahrhunderts löschte die Pest bis zu einem Drittel einer ganzen Stadtbevölkerung aus. Bei Corona liegt die Letalität bei 0,37 Prozent. [...]
Motiv für den Versuch, den Ausbruch der Epidemie in Wuhan zu verschleiern, dürften Sorgen um Produktion und Export gewesen sein. In Pestzeiten zögerte man auch in Europa die Deklaration der Seuche aus Angst um Handel und Verkehr hinaus. Stadträte waren oft selbst Kaufleute, die um ihre Geschäfte bangten. So kam es gelegen, dass dazu bestellte Ärzte die ersten Fälle noch genauer überprüfen wollten. Bei den Pestzügen ab dem Jahr 1348 waren die als entscheidend geltenden Symptome noch nicht klar. Mit der Zeit lernte man, dass Beulen eindeutige Krankheitszeichen waren. Die Erfahrung lehrte auch, dass eine Unterbrechung der Außenbeziehungen eine Stadt schützen konnte. Damals wie heute musste man handeln, bevor es sichere Erkenntnisse gab. Allerdings hat sich das Feld der Unsicherheit während der letzten Jahrhunderte verändert. Das Votum der Ärzte war zwar schon seit dem ersten Pestzug für die Entscheidungen der Obrigkeiten wichtig. Die Vorstellungen über die Entstehung der Krankheit waren allerdings anders als heute – und blieben es bis zum Ende des 19. Jahrhunderts. [...]
Um die Entstehung der Krankheit zu erklären, griff man im Spätmittelalter auf drei Wissensformen zurück, die als gleichwertig galten. Das machte die Bekämpfung der Krankheit so schwierig.

1. *Wissenschaftliches Wissen*: Schlechte Dämpfe aus dem Boden und von Abfällen vertrieb man durch Feuer, räucherte Wohnungen von Pestkranken aus und zwang die Anwohner zur Straßenreinigung. [...]
2. *Theologische Erklärungen*: Die katholische Kirche deutete die Pest als Strafe Gottes. [...] Beten und Buße tun waren das Gebot der Stunde. [...]
3. *Genaue Beobachtung*: In oberitalienischen Städten fiel bald auf, dass die ersten Fälle in den ärmeren Vierteln gemeldet wurden und sich von dort ausbreiteten. Die Polizei entdeckte die Bedeutung von ambulanten Händlern und Bettlern. Verbote richteten sich deshalb vor allem gegen diese Gruppen. [...]

Was war wichtiger? Das persönliche und kollektive Seelenheil oder die öffentliche Gesundheitsvorsorge? Konkret wurden solche Konflikte, wenn der Bischof einen Bittgottesdienst oder eine Prozession vorschlug. Da die Seuche eine Strafe Gottes sein konnte, waren solche Maßnahmen durchaus „rational". Zeitgleich beobachteten Ärzte die Ansteckungsverläufe in der Stadt genau: Die Suche nach eindeutigen Symptomen – etwa Pestbeulen – zeigten Verbreitungsmuster von Person zu Person, Haus zu Haus. Treffen von mehreren Personen galten bald als Ansteckungsherde. Mit diesem neuen Wissen mussten die Obrigkeiten zwischen der Förderung des Seelenheils und der Vermeidung weiterer Ansteckungen abwägen. [...]
Dass das Verbot von Prozessionen und Gottesdiensten durchgesetzt werden konnte, ist als ein Schritt der Abgrenzung der Zuständigkeitsbereiche weltlicher und kirchlicher Obrigkeiten zu sehen. Gottesdienstverbote werden heute von den Kirchen akzeptiert. [...]
Trotz des geringen Sterberisikos bangen viele Menschen um ihre Leben. [...] Beunruhigung wurde wohl auch durch TV-Bilder ausgelöst, die eine universelle Verbreitung von Gefahr suggerieren. Bei der Pest waren das nächtliche Feuer zum Ausräuchern der Straßen und Leichenkarren auf dem Weg zu Massengräbern – in diesen Tagen italienische TV-Bilder von Militärlastern mit Särgen oder von Desinfektionstrupps in Flughäfen und U-Bahnen. [...]
Andere Auslöser individueller Ängste haben sich ebenfalls verändert. In Pestzeiten fürchtete man beim Hausbesuch durch den Arzt, dass dieser die Pest diagnostizieren würde. Heute wünschen sich hingegen viele, getestet zu werden. Auch das ist ein Ergebnis der Gewöhnung an die Deutungsmacht der Mediziner.

Martin Dinges, Corona ist doch nicht die Pest!, zitiert nach: https://pmc.ncbi.nlm.nih.gov/articles/PMC7256474/ (Zugriff: 12. Dezember 2025)

32108-50

1. Fassen Sie die wichtigsten Aussagen der beiden Texte stichpunktartig zusammen.
2. Vergleichen Sie die in M1 und M2 gemachten Auffassungen über die Große Pest und die Corona-Pandemie.
3. Beurteilen Sie, inwieweit der Vergleich zwischen der Großen Pest und der Corona-Pandemie hilfreich für das Verständnis von Pandemien in Vergangenheit und Gegenwart ist. | H

[1] **Wuhan:** Stadt in China

Die Pest in Kunst, Literatur und Film

31000-985 **Bildinformation**

„Triumph des Todes."
Öl auf Holz von Pieter Bruegel dem Älteren (um 1525–1569), um 1562.
Der Triumph des Todes ist seit dem Mittelalter ein beliebtes Thema der europäischen Kulturgeschichte. Noch immer fürchten sich die Menschen vor der immer wieder aufflackernden Pest.

▶ Interpretieren Sie das Gemälde. | **H**

32108-51

Die Pest in der Kunst | Verwunderlich ist, dass eine so einzigartige Pandemie wie die Pest in der Kunst der zweiten Hälfte des 14. Jahrhunderts keine auffälligen Zeugnisse hinterlassen hat. Nach wie vor spielten zeitgenössische Alltagsszenen in der Malerei keine Rolle. Stattdessen dominierten Motive aus der Bibel oder dem Leben der Heiligen, denn nach wie vor waren Kirchen und Klöster die zahlungskräftigsten Auftraggeber. Auch war der Tod schon vorher ein ständiger Begleiter der Menschen gewesen – Sterben als Alltagserfahrung war offensichtlich für die Künstler nichts Neues.

Erst seit dem 15. und vor allem im 16. Jahrhundert wurden Darstellungen der Pest häufiger (➔ M1). Das schon seit Jahrhunderten beliebte lateinische *„Memento mori"* (dt.: „gedenke, dass du sterblich bist") wurde in Mittel- und Nordeuropa erweitert um das Bild vom *Totentanz*. Zu der Mahnung „stets an die eigene Vergänglichkeit zu denken" – so der italienische Dichter *Francesco Petrarca* aus dem 14. Jahrhundert – kam jetzt die Erfahrung der Seuche dazu: Der Tod hatte alle gleichermaßen getroffen, die großen Herrscher genauso wie die kleinen Leute. Vor allem jedoch entsprach es dem Lebensgefühl des **Barockzeitalters**, historische Ereignisse, Leidenschaften und menschliche Extremsituationen in dramatischer Überhöhung darzustellen. Die Pest bot dazu ideale Vorlagen, ehe gegen Ende des 18. Jahrhunderts mit dem **Klassizismus** eine rational geprägte Malweise weniger aufgeregte Wege beschritt.

Noch einmal 400 Jahre später war die Pest in Europa ausgestorben. In Gemälden der Künstler wurde sie gleichwohl zum gesellschaftskritischen Sinnbild für politische oder militärische Katastrophen.

Barock: Stilepoche in Kunst, Literatur, Musik und Architektur etwa zwischen 1600 und 1730

Klassizismus (ca. 1770–1840): künstlerische Gegenbewegung zum verspielten Rokoko, die sich an der Antike orientiert mit den Idealen von Klarheit und harmonischer Proportion

Totentanz.
Kolorierter Holzschnitt aus der „Schedelschen Weltchronik", 1493.
Eine weitere Darstellung zum Totentanz finden Sie auf Seite 28.

„Totentanz anno 17 (Hoher Toter Mann)."
Radierung aus der Mappe „Der Krieg" (Blatt 9) von Otto Dix (1891–1969), 1924.
Der deutsche Maler und Grafiker Otto Dix war Soldat im Ersten Weltkrieg und erlebte hautnah die Schrecken an der Front.

- Analysieren Sie vergleichend beide Kunstwerke mit dem Motiv „Totentanz".
- Analysieren Sie die Intention, die Otto Dix mit dem Bezug zum „Totentanz" des Mittelalters verfolgt. | F

32108-52

Die Pest in der Literatur | Seuchen erschütterten schon seit der Antike das Leben der Menschen. Schilderungen der Pest sind bereits aus dem Alten Testament, von griechischen Geschichtsschreibern aus dem 5. Jahrhundert vor Christus und aus römischer Zeit bekannt. Nach heutiger medizinischer Einschätzung handelte es sich dabei aber jeweils nicht um eine Pestepidemie, wie sie 1347 Europa überfiel.

Die erste und wohl berühmteste literarische Darstellung der spätmittelalterlichen Pest stammte von dem Florentiner Schriftsteller *Giovanni Boccaccio*. Die düstere Beschreibung der Epidemie diente ihm dabei in erster Linie als knappe Rahmenhandlung für insgesamt 100 Erzählungen, mit denen sich zehn junge wohlhabende Leute während ihrer Flucht auf ein Landgut die Zeit vertrieben. Am Ende kehrte die Gesellschaft nach Florenz zurück (→ M2).

Nahezu in journalistischem Stil schilderte im 17. Jahrhundert *Samuel Pepys*, ein hoher Beamter im englischen Marineamt, in seinem Tagebuch den Verlauf der Pest in London (→ M3). Zahlreiche Autoren des 19. Jahrhunderts griffen ebenfalls die Pestthematik auf und verknüpften die dramatischen Vorgänge um die Pandemie mit eigenen Schwerpunktsetzungen. Der italienische Schriftsteller *Alessandro Manzoni* (1785–1873) prangerte in seinem Roman „*Die Verlobten*" (1840–1842) das Versagen der Menschen an, die für ihren Untergang selbst verantwortlich waren. Ganz anders der deutsche Schriftsteller *Karl May* (1842–1912), dessen Romane von früheren Generationen Jugendlicher geradezu verschlungen wurden: In dem Band „*Von Bagdad nach Stambul*" (1892) wird der Held Kara Ben Nemsi zwar von der Krankheit befallen, doch natürlich bezwingt er sie – ebenso wie alle seine anderen Widersacher. Aber auch im heutigen Jugendbuch ist die Pest nach wie vor ein „Verkaufsschlager" (→ M4).

Einen eigenen Akzent setzte der Franzose *Albert Camus* in seinem Roman „*Die Pest*" (1947). Anders als frühere Autoren verfügte er über gesicherte medizinische Informationen zur Entstehung der Seuche. Was aber die weltanschauliche Bedeutung seines Romans ausmacht: Camus war von der Sinnlosigkeit menschlichen Lebens überzeugt, dennoch müsse der Mensch zu jeder Zeit sogar in ausweglos scheinenden Situationen gegen sein Schicksal angehen. Neben dieser philosophischen Grundidee verarbeitete Camus zugleich seine Erfahrungen mit der Ideologie des Nationalsozialismus, die aus kleinen Anfängen heraus für viele ansteckend wirkte. Am Ende des Romans ist die Pest besiegt, aber wird sie wiederkommen (→ M5)?

Hohe Literatur ist das Eine: Aber wie sehr sich die Pest ins Gedächtnis der Menschen eingegraben hat, machen eine Reihe von Sprichwörtern in deutscher Sprache deutlich:

Meiden wie die Pest
Stinken wie die Pest
Etwas/jemanden hassen wie die Pest
Jemanden die Pest an den Hals wünschen
Die Wahl haben zwischen Pest und Cholera

Szene aus dem Film „Nosferatu – eine Symphonie des Grauens".
Friedrich Wilhelm Murnau (1888–1931) drehte 1921 den Stummfilm „Nosferatu – eine Symphonie des Grauens" (deutsche Erstaufführung 1922, Remake 2024), der als erster Horrorfilm und einer der größten Klassiker der Filmgeschichte gilt. Die Vampirgestalt Graf Orlok (hier im Szenenbild) reist 1838 mit dem Schiff in die fiktive Hafenstadt Wisborg. Nachdem alle Seemänner unterwegs scheinbar von der Pest dahingerafft worden sind, verlassen die Ratten das Schiff und bringen die tödliche Krankheit in die Stadt. Die Pest ist erst besiegt, als auch der Vampir, vom ersten Strahl der Sonne getroffen, sich in Rauch auflöst.

► Tragen Sie weitere Beispiele aus Film und Fernsehen zusammen, in denen Pandemien aufgegriffen und thematisch verarbeitet werden (z. B. „The Last of Us", „The Walking Dead" oder „28 Days Later") und analysieren Sie deren Dramaturgie.

32108-53

Die Pest im Film | Ein Thema wie die Pest musste für die Filmemacher des 20. Jahrhunderts ein dankbares Sujet abgeben. Die Romanvorlage von Camus wurde erst fast 50 Jahre nach ihrem Erscheinen 1992 verfilmt. Allerdings verlegte der argentinische Regisseur die Handlung nach Südamerika, um die spannungsreichen Verhältnisse in seinem Heimatland zu beleuchten. Der Film blieb hinter dem weltanschaulichen Tiefgang der Vorlage zurück.

Die erste Verfilmung der Pestthematik nach dem Zweiten Weltkrieg stammte von Ingmar Bergman. Der schwedische Regisseur erhielt für den Schwarzweißfilm *„Das siebente Siegel"* (1957) einen Sonderpreis der Internationalen Festspiele in Cannes (➔ M6). Bergman beabsichtigte allerdings keine chronologisch korrekte Darstellung des „Schwarzen Todes" in Schweden auf die Leinwand zu bringen. Thema, so der Regisseur, sei vielmehr „der Mensch, seine ewige Suche nach Gott und dem Tod als einziger Sicherheit". Das Publikum sah vor allem die Parallelen zwischen der Furcht vor der Pest

Ingmar Bergman (1918–2007): Er war einer der bedeutendsten, vielfach ausgezeichneten Filmregisseure des 20. Jahrhunderts. In seinen Filmen geht es häufig um die Frage nach der Existenz Gottes, die Einsamkeit des Menschen und das (vergebliche) Streben nach Glück. Zu seinen größten Erfolgen zählen unter anderem „Einen Sommer lang" (1951), „Wilde Erdbeeren" (1958), „Das Schweigen" (1963), „Szenen einer Ehe" (1973) sowie „Fanny und Alexander" (1982).

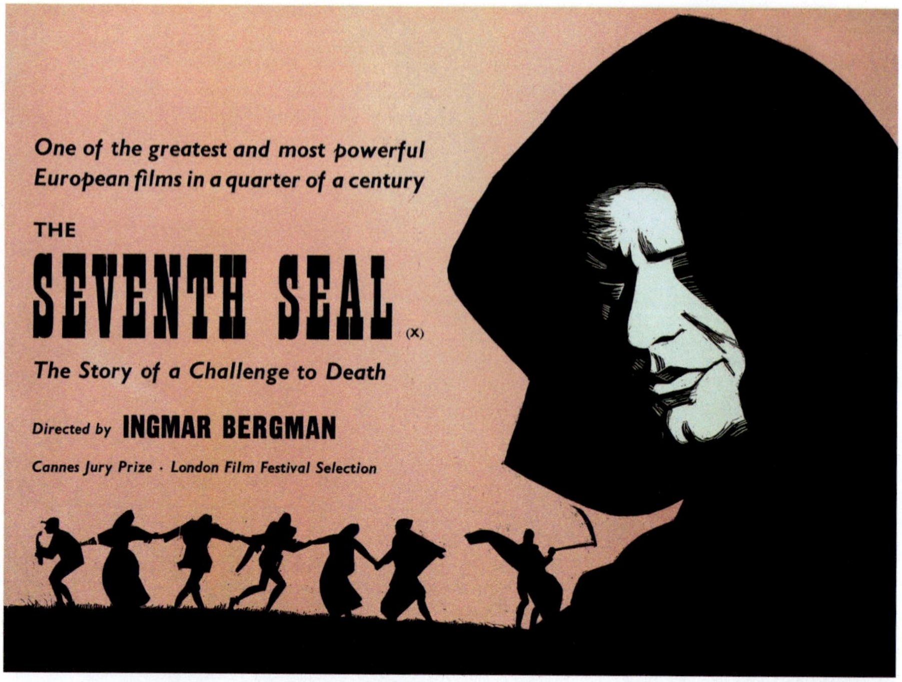

Filmplakat „Das siebente Siegel".

- Beschreiben Sie das Plakat. Gehen Sie besonders auch auf die Figurengruppe ein. | H
- Charakterisieren Sie die Bildwirkung – welche Art von Film erwarten Sie?

32108-54

und der Furcht vor der Atombombe, ein Thema das die Menschen seit dem Abwurf der ersten Atombomben über Hiroshima und Nagasaki (1945) überwältigt hatte.

Spätere Produktionen wollten sich nicht mehr als historische Dramen verstanden wissen, sondern benutzten die Pest als Idee für spannungsgeladene Katastrophenszenarien. Der Film *„Schwarzer Tod – Pest in New York"* (1992) zeigt den Kampf gegen in einem Labor gezüchtete tödliche Viren und gegen korrupte Politiker. Die Fernsehproduktion *„Pest – die Rückkehr"* (Erstsendung 2002) verlegt das Aufflammen der Seuche nach Köln im Jahr 2000.[1] Die Frage, wie die Menschheit auf Herausforderungen reagiert, die schwer lösbar erscheinen, wird uns auch künftig begleiten.

[1] Ein weiterer Film über die Pest wird auf Seite 447 behandelt.

M1 „Heiliger Sebastian"

a) *„Heiliger Sebastian" von Andrea Mantegna (1431–1506), um 1460.*
Den Heiligen Rochus und Sebastian wurde eine besondere Unterstützung bei einer Pesterkrankung zugetraut. Der Legende nach hatten Sebastians Verfolger einst vergeblich versucht, ihn mit Pfeilen zu töten. Pfeile galten schon seit der Antike als Symbol eines von den Göttern gesandten Todes.

b) *„Heiliger Sebastian", Statue, um 1680.*
Als 1627 in der bayerischen Stadt Landsberg die Pest ausbrach, reichten Mönche den Menschen Wein, der in der Hirnschale des Heiligen Sebastian geweiht worden war. Diese Reliquie befand sich in einer Statue des Pestpatrons, die heute in einer Kapelle der Heilig-Kreuz-Kirche steht.

32108-55

1. Die Rolle von Heiligen erfuhr im Laufe der Jahrhunderte oft einen Wandel. Recherchieren Sie im Internet, aus welchen Gründen dem Heiligen Rochus eine besondere Heilkraft zugeschrieben wurde.

2. Zu den kirchlichen Maßnahmen gegen die „Strafe Gottes" gehörten unter anderem Bittprozessionen, Wallfahrten und Reliquienverehrungen. Untersuchen Sie, inwieweit auch heute vergleichbare Reaktionen auf Katastrophen und Krisen zu beobachten sind.

M2 Die Pest in Florenz

Giovanni Boccaccio (1313–1375) erlangt Weltruhm durch seine Novellensammlung „Das Dekameron". Am Ende seines Lebens zählt er selbst zu den Gewinnern der Pest, die nach dem Aussterben zahlreicher Familien in die Oberschicht ihrer Heimatstadt Florenz aufgestiegen sind:

Ich sage nun, dass seit der heilbringenden Menschwerdung des Gottessohnes 1348 Jahre vergangen waren, als in der herrlichen Stadt Florenz, die edler als jede andere in Italien ist, eine todbringende Pest ausbrach, welche entweder durch die Einwirkung von Himmelskörpern oder wegen unserer ungerechten Taten durch Gottes gerechten Zorn zu unserer Besserung über die Sterblichen geschickt wurde. Sie war einige Jahre zuvor in Ländern im Osten entstanden, hatte eine Unzahl von Menschen hinweggerafft, drang dann unaufhaltsam von Ort zu Ort vor und breitete sich auf schreckliche Weise nach Westen aus. Alle menschliche Klugheit und Vorsicht, mit der die Stadt durch hierfür bestellte Beamte von Verunreinigungen vielfältiger Art gesäubert und jedem Kranken der Eintritt verwehrt wurde, waren nutzlos, umsonst auch die vielen Ratschläge zur Erhaltung der Gesundheit, umsonst die demütigen Bitten, mit denen fromme Menschen sich nicht nur einmal, sondern wiederholt in organisierten Prozessionen oder auf andere Weise an Gott wandten. Etwa zu Frühlingsbeginn dieses Jahres zeigte die Seuche erstmals auf furchtbare und erstaunliche Weise ihre schreckliche Wirkung. Sie begann hier nicht wie im Osten, wo bei jedem, als Zeichen des unvermeidlichen Todes, Nasenbluten aufgetreten war. Es bildeten sich nämlich bei Männern und Frauen in gleicher Weise Schwellungen in der Leistengegend oder unter den Achseln, von denen einige mehr oder weniger die Größe eines Apfels oder Eies erreichten und vom Volk Pestbeulen genannt wurden. Von diesen beiden Körperstellen breiteten sich die tödlichen Pestbeulen in kurzer Zeit gleichmäßig auf dem ganzen Körper aus. [...] Bei dieser Erkrankung taugte oder nützte offensichtlich weder der Rat eines Arztes noch eine Medizin. Sehr wenige nur wurden geheilt, sei es nun, dass dies die Natur der Krankheit nicht zuließ oder weil die Ärzte, deren Zahl, abgesehen von den studierten Leuten, durch Männer und Frauen, die nie eine medizinische Ausbildung genossen hatten, sehr groß geworden war, in ihrer Unwissenheit nicht erkannten, woher sie rühre und folglich nicht die richtigen Überlegungen anstellten. Fast alle starben mehr oder weniger innerhalb von drei Tagen nach Auftreten der oben genannten Symptome, meist ohne Fieber oder sonstige Besonderheiten. Diese Pest war deshalb so gewaltig, weil sie, wenn die Menschen miteinander verkehrten, von solchen, die bereits erkrankt waren, auf Gesunde übergriff, nicht anders als es das Feuer mit trockenen und fetten Dingen tut, wenn sie in seine Nähe gebracht werden. [...] Und fast alle hatten nur ein grausames Ziel vor Augen: die Kranken und ihre Sachen zu meiden und zu fliehen. Dadurch glaubte jedermann sich Rettung verschaffen zu können. Manche dachten durch eine maßvolle Lebensweise und dadurch, dass sie sich vor jeglichem Überfluss hüteten, ihre Widerstandskraft gegen die Seuche stärken zu können. Sie taten sich in Gruppen zusammen und lebten von jedem andern abgesondert, versammelten und schlossen sich in Häuser ein, wo kein Kranker war, und, um besser überleben zu können, genossen sie mit Maß die köstlichsten Speisen und besten Weine, mieden aber jede Schwelgerei. [...] Andere vertraten die gegenteilige Auffassung und versicherten, die sicherste Medizin bei einem solchen Übel sei reichlich zu trinken, zu genießen, singend und scherzend umherzuziehen, jeglicher Begierde, wo es nur möglich sei, zu genügen und über das, was kommen werde, zu lachen und zu spotten. [...]
Bei einer so schrecklichen und elenden Verfassung unserer Stadt war das ehrwürdige Ansehen der Gesetze, der göttlichen und menschlichen, fast völlig gesunken und vernichtet, weil ihre Verweser und Vollstrecker wie die anderen tot oder krank waren und es ihnen an Gehilfen mangelte, eine Amtshandlung vorzunehmen. [...] Wir wollen nicht erwähnen, dass ein Bürger dem anderen aus dem Weg ging und sich fast niemand um seinen Nachbarn kümmerte und die

Giovanni Boccaccio als eleganter, junger Mann.
Das Fantasieporträt von Andrea del Castagno (1419–1457) entstand 1448/49, also lange nach dem Tod des Schriftstellers. Es versucht, dem Charakter des Dargestellten möglichst nahezukommen.

Verwandten einander nur selten oder nie und dann nur von ferne sahen. Durch diese Heimsuchung hatte die Herzen der Männer und Frauen eine solche Angst befallen, dass ein Bruder den anderen verließ, der Onkel den Neffen, die Schwester den Bruder und, oft [genug], die Frau ihren Mann, und, was mehr wiegt und fast unglaublich ist, Väter und Mütter scheuten sich, zu ihren Kindern zu gehen und sie zu pflegen, als ob sie nicht die ihren gewesen wären. Deshalb blieb für die unzählige Menge von Männern und Frauen, die erkrankt waren, keine andere Hilfe als das Mitleid der Freunde, von denen es freilich wenige gab, oder die Habgier der Wärter, die sie gegen einen hohen und unverhältnismäßigen Lohn pflegten, obwohl sich trotz allem nicht viele dazu hergaben. [...] Die Leute starben nicht nur ohne viele Klagefrauen um sich zu haben, sondern es gab genug, die ohne Augenzeugen aus diesem Leben schieden. Und nur sehr wenigen wurde das mitleidsvolle Klagen und die bitteren Tränen der Verwandten zuteil. Stattdessen wurden Lachen, Scherze und gesellige Feiern üblich. Diesem Brauch hatten sich die Frauen, die der eigenen Gesundheit zuliebe ihr weibliches Mitleid größtenteils hintansetzten, auf das Beste angepasst. Selten gab es Leichen, die von mehr als zehn oder zwölf Nachbarn zur Kirche geleitet wurden. Es waren nicht ehrbare und angesehene Bürger, die dabei [die Toten] trugen, sondern eine Art Totengräber, die dem untersten Volk entstammten und sich „Leichenknechte“ rufen ließen. Diese Leute, die das für Geld taten, kamen zur Bahre und trugen den Toten mit hastigen Schritten nicht zu der Kirche, die er vor seinem Tode bestimmt hatte, sondern meist zur nächstgelegenen. Voraus gingen vier oder sechs Geistliche mit wenigen Kerzen, manchmal überhaupt keinen. Sie ließen den Toten durch die Leichenträger in das erstbeste Grab legen, das offenstand, ohne sich mit einem langen oder feierlichen Gottesdienst abzumühen. Bei dem niedrigen Volk und wohl auch einem Teil des Mittelstands wirkte alles noch viel erbärmlicher. [...] Da für die beschriebene Masse von Leichnamen, die täglich und fast stündlich zu jeder Kirche gebracht wurden, die geweihte Erde für das Begräbnis nicht mehr ausreichte, besonders, wenn man nach altem Brauch jedem sein eigenes Grab hätte geben wollen, wurden in den Kirchhöfen, als jeder Platz belegt war, große Gräben ausgehoben und die Neuverstorbenen zu Hunderten hineingelegt. Sie wurden dort schichtweise, wie im Schiffsraum die Waren, übereinandergestapelt und mit wenig Erde bedeckt, bis der Graben zum Rand voll war. [...] Wie viele große Paläste, wie viel prächtige Häuser, wie viele andere Wohnsitze, bis dahin voll von Gesinde, Herren und Frauen, standen nun leer bis auf den letzten Knecht! Wie viele denkwürdige Geschlechter, wie viele reiche Erbschaften, wie viele berühmte Vermögensschätze blieben ohne rechtmäßigen Nachfolger! Wie viele tatkräftige Männer, wie viele schöne Frauen, wie viele anmutige Jünglinge [...] speisten am Morgen mit ihren Verwandten, Gesellen und Freunden, um am Abend darauf in der anderen Welt mit ihren Vorfahren zu tafeln!

Giovanni Boccaccio, Das Decamerone, in: Klaus Bergdolt (Hrsg.), Die Pest 1348 in Italien, Heidelberg 1989, S. 39ff.

„Il Decamerone.“
Titelblatt der Venedig-Ausgabe, Holzschnitt von 1492.

32108-56

1. Gruppenarbeit/Präsentation: Arbeiten Sie arbeitsteilig aus dem Bericht von Giovanni Boccaccio
   a) die vermuteten Ursachen und diagnostizierten Formen der Pest,
   b) die unterschiedlichen Reaktionen der Bevölkerung auf die Pest,
   c) die kurzfristigen und langfristigen Folgen der Seuche

   heraus. Tragen Sie anschließend Ihre Ergebnisse in Form einer Mindmap zusammen.
2. Charakterisieren Sie das Menschenbild, das der Autor in seinem Bericht entwirft. | H
3. Setzen Sie sich anhand Ihrer Ergebnisse mit den verschiedenen Verhaltensweisen der Bewohner von Florenz auseinander.

M3 Die Pest in London

Das Tagebuch von Samuel Pepys (1633–1703) gehört zu den meistzitierten Raritäten der englischen Literatur. Es vermittelt ein farbiges Bild des Lebens in der Metropole London. 1665 bricht auch dort die Pest aus:

10.6.
Beim Abendbrot erzählt man mir, dass in der City die Pest ausgebrochen ist.

11.6.
Sah, wie die Tür des armen Dr. Burnet versiegelt ist. Er hat an sich selbst zuerst die Pest festgestellt und veranlasst, dass sein Haus isoliert wurde, was sehr nobel von ihm ist.
[...]

15.6.
Zog meinen neuen Anzug mit den engen Knien an, der mir sehr gut steht, wie meine Frau sagt. Der Herzog von York ist noch nicht nach London zurückgekommen. Die Stadt wird immer ärger verseucht, die Leute fürchten sich. Letzte Woche starben 112 an der Pest, die Woche vorher 43.

17.6.
Heute Nachmittag erschütterte es mich tief, als mein Kutscher immer langsamer fuhr, anhielt und abstieg. Er konnte kaum mehr stehen; er klagte, dass ihm plötzlich sehr schlecht geworden sei und dass er kaum noch sehen könne. So stieg ich auch aus und nahm eine andere Kutsche, traurig über den armen Mann und verängstigt, dass er vielleicht ein Pestkranker war – ich hatte ihn nämlich in einem pestverseuchten Stadtteil angehalten. Gott sei uns allen gnädig. Sir John Lawson ist sehr krank, der König hat ihn heute besucht. Seine Wunden sind nicht so gefährlich, aber er hat Fieber, Ausschlag und Aufstoßen – drei sehr bedenkliche Symptome.
[...]

22.6.
Meine Mutter ist wieder abgereist, es war mir sehr unangenehm, weil sie offenbar noch länger bleiben wollte, ich kann es ihr nachfühlen, denn ihr Leben auf dem Lande ist kümmerlich. Ich erklärte ihr, dass es wegen der Pest besser sei, wenn sie nach Hause führe.
[...]

12.7.
Fastentag wegen der zunehmenden Verbreitung der Pest.
[...]

29.7.
Als ich mittags nach Hause kam, hörte ich, dass mein Bursche Will mit Kopfschmerzen auf meinem Bett liegt, was mich in die größte Angst versetzte. Ich setzte alles daran, ihn möglichst rasch und schonend aus dem Haus schaffen zu lassen.

30.7.
Will ist wieder gesund und wieder bei uns. Trauriges Gefühl, die Kirchenglocke so oft läuten zu hören, entweder für Sterbefälle oder Beerdigungen.
[...]

3.8.
Zu Pferd nach Dagenham. Unterwegs wurde ich ständig gefragt, wie es um die Pest in London steht – diese Woche soll es 2010 Pesttote und 3000 sonstige Todesfälle gegeben haben. Mr. Marr erzählte mir, wie eine Dienerin von Mr. John Wright von der Pest befallen wurde. Man steckte sie in eine Pest-Kutsche, damit sie in ein Pest-Haus gebracht werden konnte. Sir Anthony Brown begegnete dieser Kutsche in einer engen Straße, und weil die Vorhänge zugezogen waren, dachte er, eine vornehme Dame solle sich vielleicht in dieser Gegend nicht zeigen, steckte den Kopf in die Tür und sah eine Kranke in einem Pestgewand, die gewaltig stank. Daraufhin bekam es der junge Herr so mit der Angst zu tun, dass es ihn fast das Leben gekostet hätte, aber inzwischen ist er wieder wohlauf.
[...]

11.8.
Den ganzen Tag am Testament gearbeitet. Bringe meine Papiere in Ordnung und verpacke meine Bücher in Kisten, falls es Gott gefallen sollte, mich abzuberufen.

12.8.
Die Menschen sterben jetzt in solchen Mengen, dass Beerdigungen von Pesttoten auch tagsüber stattfinden, die Nächte reichen nicht mehr aus. Der Bürgermeister hat angeordnet, dass alle Gesunden um 9 Uhr abends zu Hause sein müssen, damit die Kranken an die frische Luft können. Auf unseren Schiffen in Deptford gibt es jetzt auch einen Toten, was uns sehr beunruhigt. Am Hof soll es unter den Bediensteten auch einen Todesfall gegeben haben, sodass der König und die Königin jetzt nach Milton geeilt sind. Gott schütze uns alle.
[...]

15.8.
Träumte letzte Nacht den schönsten Traum meines Lebens. Ich träumte, ich hätte Lady Castlemaine in meinen Armen und dürfte alles mit ihr tun, was ich wollte. Was für ein Glück würde es sein, wenn wir in unseren Gräbern (wie Shakespeare sagt) nur solche Träume hätten – dann brauchten wir den Tod nicht so zu fürchten wie in dieser Pest-Zeit. Es war schon dunkel, als ich nach Haus kam; am Fuß einer Treppe stolperte ich über eine Leiche, aber Gott sei Dank behielt ich meine Fassung. Werde mich in Zukunft hüten, bei Dunkelheit auf die Straße zu gehen.
[...]

22.8.
Sah auf dem Wege nach Greenwich einen Sarg mit einer Leiche darin, einer Pestleiche, die Gemeinde hat offenbar niemanden beauftragt, sie zu begraben, nur einen Wachposten abgeordnet, damit niemand zu nahe herankommt; die Seuche macht uns grausamer gegeneinander als gegen Hunde.
[...]

30.8.
Traf unseren Gemeindeschreiber Hadley, der mir erzählte, dass in unserer Gemeinde die Pest ständig zunimmt. „In dieser Woche sind neun gestorben, ich habe aber nur sechs eingetragen", sagte er – eine üble Praxis, die wahrscheinlich woanders auch geübt wird, deshalb steht es wohl viel schlimmer um uns.

31.8.
So endet dieser Monat mit großer Trübsal in der Bevölkerung wegen des Ausmaßes der Pest, überall im ganzen Königreich. Jeden Tag kommen traurigere Nachrichten über die Verbreitung der Seuche. In der City starben diese Woche 7496, davon 6102 an der Pest. Man fürchtet jedoch, dass die wahre Zahl bei 10 000 liegt – das liegt z. T. an den Armen, die man nicht erfassen kann, und z. T. an den Quäkern[1] und anderen, die nicht zulassen, dass für sie die Totenglocken geläutet werden.

Samuel Pepys, Tagebuch, ausgewählt, übersetzt und herausgegeben von Helmut Winter, Stuttgart 1980, S. 256 ff.

32108-57

1. Charakterisieren Sie den Umgang von Samuel Pepys und der übrigen Londoner Bevölkerung mit der Pest. Beziehen Sie dabei auch die zeitgenössische Illustration ein.
2. Vergleichen Sie das Verhalten der Londoner Bevölkerung mit dem der Bevölkerung von Florenz, die Giovanni Boccaccio in M2 beschreibt.
3. Beurteilen Sie, welche Bedeutung die unterschiedlichen Textgattungen, die bei M2 (zur Veröffentlichung bestimmtes Werk) und M3 (privates Tagebuch) vorliegen, für den Quellenwert des Materials haben.

Die Londoner Pest im Jahre 1665.
Zeitgenössische Illustration.

▶ Beschreiben Sie die einzelnen Szenenbilder.

▶ Vergleichen Sie die einzelnen Szenen mit dem Wandbild von Micco Spadaro auf Seite 46 in Bezug auf die Dramaturgie des Dargestellten.

32108-58

[1] **Quäker**: Angehörige einer streng bibelgläubigen religiösen Gemeinschaft, die sich als von Gott unmittelbar erleuchtet verstand. Die Quäker schlossen sich ab Mitte des 17. Jahrhunderts in England zusammen, wo sie zunächst schweren Verfolgungen ausgesetzt waren. Viele wanderten deshalb nach Nordamerika aus. Dort spielten sie als Vorkämpfer für die Aufhebung der Sklaverei eine wichtige Rolle.

M4 Im Schatten des schwarzen Todes

*Der Geschichtslehrer und Jugendbuchautor Harald Parigger (*1953) schreibt 2001 die fiktive Geschichte des jüdischen Jungen David während der Pest in Europa – ein Bestseller seit vielen Jahren. Der Roman beginnt 1347 mit dem Ausbruch der Pest in der Hafenstadt Kaffa auf der Halbinsel Krim:*

Unter den Tataren war eine Seuche ausgebrochen, plötzlich und unerbittlich. Wer sich am Morgen gesund erhob, zitterte vor dem Abend; mancher, der sich ohne Beschwerden zum Schlafen niederlegte, erwachte nachts, von rasenden Schmerzen gepeinigt, und starb wenige Tage später.
Sie nannten die Krankheit den schwarzen Tod, weil sich auf den Körpern der Kranken übel riechende schwarze Blattern bildeten.
Die Christen, hieß es, trügen die Schuld an dem Unglück, die Genueser Kaufleute, die überall an der Küste ihre Handelsniederlassungen hatten. Sie hätten die Brunnen vergiftet, weil sie unersättlich seien in ihrer Gier nach Besitz und das Land für sich allein haben wollten.
Niemand wusste ein Mittel gegen die Seuche, niemand konnte sich und die Seinen vor ihr schützen. Denn wen sie befallen hatte, der zog andere ins Verderben, unweigerlich, schon sein verpesteter Atem machte krank, die Ausdünstungen seines verfaulenden Leibes; wer ihn berührte, der forderte sein Schicksal heraus. So starben täglich viele von ihnen und noch in ihren letzten qualvollen Augenblicken verfluchten sie jene, die sie für die Urheber ihrer Leiden hielten.
Christen, die in diesen Tagen und Wochen in die Hände der Tataren fielen, durften nicht auf Gnade hoffen. Deshalb hatten sich Tausende in die kleine Stadt Kaffa geflüchtet. Inzwischen jedoch kam niemand mehr hinein oder heraus, es sei denn über die See. Denn vor den schützenden Mauern lag ein großes Tatarenheer, entschlossen, Rache zu üben und nicht eher wieder abzuziehen, bis die Stadt in Trümmern lag und ihre Bewohner getötet waren.
Noch hielten die Mauern. Aber in den Straßen häufte sich der Unrat, es gab nicht für alle genug zu essen. Die Enge in den überfüllten Häusern und Notquartieren machte die Menschen unberechenbar und böse.
Zwei Männer gingen langsam über die Hauptstraße der Stadt. Sie bahnten sich einen Weg zwischen den hölzernen Karren und den über Pfählen gespannten Decken, unter denen sich die Flüchtlinge drängten. So gut es ging, wichen sie den stinkenden Kothaufen und den faulenden Abfällen aus, die überall herumlagen.
„Es wäre besser", meinte der eine sorgenvoll, „diesen verdammten Ort zu verlassen, bevor es zu spät ist. Sonst schlachten uns entweder die Krieger der Khans ab oder wir verrecken an der Seuche." Er deutete nach Norden, wo dunkle Rauchschwaden langsam zum Himmel stiegen. „Da, siehst du, Tag und Nacht verbrennen sie die Leichen ..." Er schüttelte sich, als ob ihm kalt wäre, trotz der sengenden Sonne. „Wir sollten die Stadt verlassen."

Buchcover „Im Schatten des schwarzen Todes".

„Benimm dich nicht wie ein altes Weib", erwiderte der andere unwirsch. Er griff nach der Börse, die an seinem Gürtel hing, und ließ die Münzen darin klimpern. „Hörst du den süßen Klang des Goldes? Niemals im Leben haben wir solche Geschäfte gemacht wie hier. Die Mauern sind sicher, sollten sie fallen, bleibt uns immer noch die Flucht über das Meer. Und was die Seuche betrifft – jede Leiche ist ein Feind weniger. Soll sie unter den Tataren wüten, mir ist's recht – solang sie uns verschont."
„Solang sie uns verschont." Sein Freund blickte nachdenklich zu den Rauchwolken, die fett und schwer über der Ebene hingen. „Der schwarze Tod ... Was meinst du, was ihn verursacht?"
„Wie soll ich das wissen? Vielleicht straft Gott die Tataren für ihren Heidenglauben? Vielleicht hat ein verpesteter Wind sie überfallen? Vielleicht sind ihre Brunnen wirklich vergiftet?" Er lachte auf. „Dass sie uns daran die Schuld geben, zeigt freilich nur, dass sie dumme, ahnungslose Heiden sind. Juden mögen zu so was imstande sein, aber doch keine Christenmenschen! Egal, ich bin gesund, meine Vorratskammer ist voll, meine Truhe noch voller. Warum soll ich die Stadt verlassen? Und jetzt genug davon. Pfui Teufel, was ist das?"

Er war auf etwas getreten, etwas, das weich und doch fest war und unter seinem Gewicht knackend nachgegeben hatte. Angeekelt hob er den elegant beschuhten Fuß und starrte wütend auf die tote Ratte, die mit aufgeplatztem Bauch vor ihm auf dem Boden lag. „So eine Schweinerei, ein nagelneuer Schuh!"

Sein Freund achtete nicht auf ihn. „Sieh dir das an", sagte er und zeigte auf einen Haufen fauliger Gemüsereste. Da war noch eine Ratte, eine lebendige. Sie schob sich langsam unter den Blättern und Schalen hervor und torkelte mit trägen Bewegungen auf die Männer zu. Ohne ein Zeichen von Furcht beschnupperte sie ihre tote Artgenossin und tauchte die Schnauze tief in den geplatzten Leib.

„Weg, verdammtes Ungeziefer!" Der Mann trat nach ihr, sie quietschte, aber sie floh nicht, sondern schleppte sich langsam zurück.

„Hast du schon mal eine Ratte gesehen, die keine Angst vor Menschen hat?"

„Ach, was! Der Überfluss an Unrat macht sie satt und träge. Daran ist nichts Besonderes. Sag mal, warum kratzt du dich eigentlich ständig?"

„Die Flöhe sind es. In dieser Stadt wimmelt es von Flöhen und die meisten davon haben es auf mich abgesehen."

„Sei nicht so zimperlich. Ich kümmere mich schon gar nicht mehr um sie. Lieber Flöhe als Tataren, sag ich dir. Komm jetzt. Ein schattiger Garten und ein Krug mit kühlem Wein, das ist das beste Mittel gegen alle Krankheiten, und nach dem fünften Becher hast du deine Flöhe vergessen."

Am nächsten Tag begaben sich die beiden Kaufleute schon früh in ihr gemeinsames Kontor, um in der morgendlichen Kühle zu arbeiten. Sie waren noch keine Stunde dort, als plötzlich die Tür aufgerissen wurde und ein Diener hereinstürzte. Er keuchte vom schnellen Lauf und aus seiner Stimme sprach die blanke Angst, als er die Schreckensnachricht hervorsprudelte: „Der schwarze Tod ist in der Stadt. Unter den Flüchtlingen gibt es schon Dutzende Tote. Der Khan lässt mit seinen Wurfmaschinen Leichen in die Stadt schleudern, zu Haufen liegen sie schon da, ich hab sie selbst gesehen ... Der Gestank, den sie verbreiten, man meint, man muss schon allein daran krepieren, und ihr Aussehen ist fürchterlich ..." Er konnte nicht weitersprechen, es würgte ihn vor Ekel und Angst.

Entsetzt sahen sich die Freunde an. Was half der Klang des Goldes gegen die Schrecken eines solchen Todes!

„Wir müssen fliehen!", stieß der eine hervor. „Rasch, bevor der Mob in Panik gerät und über unser Schiff herfällt! Lass uns an Gold zusammenraffen, was wir tragen können, und dann nichts wie weg! Komm schon, komm!"

Gemeinsam mit dem Diener rannten sie in die Wohnräume hinauf. [...]

Dann waren sie am Hafen. Am Kai drängten sich die Menschen, doch noch sorgte eine Anzahl Bewaffneter für Ord-

Der Hafen von Kaffa.
Unbekannter Künstler.
Von Kaffa aus exportierten die Flüchtlinge den tödlichen Bazillus nach Italien.

nung. Wer ein Schiff oder einen Anteil daran besaß, konnte ungehindert an Bord gehen. Manch einer von ihnen entsann sich der Gebote seines Glaubens und nahm welche von denen mit, die weniger wohlhabend waren, wenn sie gesund zu sein schienen. Zuletzt sprangen die Söldner und Kriegsknechte an Bord. Ein Schiff nach dem anderen legte ab.

Unterdessen wurde die Menge der Zurückgebliebenen am Kai größer und größer. Sie drohten, schrien, warfen Steine, einige sprangen ins Wasser, schwammen den Schiffen in verzweifelter Anstrengung hinterher und ließen sich dann müde treiben, als ob sie den Willen nicht mehr aufbrächten, an Land zurückzukehren.

Bald war das letzte Segel am Horizont verschwunden. Zurück blieben Tausende, für die kein Platz mehr an Bord gewesen war. Aber auf allen Schiffen, an Deck, in den Kajüten, in den Frachträumen und in der Bilge[1], wo die Ratten hausten, fuhr ein unsichtbarer Reisender mit nach Europa: der schwarze Tod.

Harald Parigger, Im Schatten des schwarzen Todes, München [17]2024, S. 8–14

32108-59

1. Fassen Sie die Verhaltensweisen der Menschen in der Pestzeit, die der Autor beschreibt, in einer Tabelle zusammen.
2. Weisen Sie ausgehend von Ihren Kenntnissen über den Verlauf der Großen Pest wesentliche Fakten und Fragestellungen der Pandemie nach, die Harald Parigger in M4 thematisiert.
3. Arbeiten Sie heraus, welcher Verdacht im Text auf die Juden fällt. Vergleichen Sie mit dem tatsächlichen Verlauf der Judenverfolgungen sowohl in geografischer als auch in chronologischer Hinsicht.
4. Beurteilen Sie, inwieweit der fiktive Roman einen Beitrag zu einem authentischen Verständnis des Themas „Die Große Pest" bei den Leserinnen und Lesern leisten kann. | H

M5 Die Pest in Oran

Der französische Schriftsteller und Philosoph Albert Camus (1913–1960) verlegt den Schauplatz der Seuche in dem Roman „Die Pest" (1947) nach Oran in Algerien, wo er jahrelang gelebt hat – in Wahrheit ist der Ort der Handlung aber fiktiv. Hauptfigur ist der Arzt Dr. Rieux, zugleich der Erzähler der Handlung. Die abgedruckten Auszüge stammen vom Ende des Romans, als die Pest abgeklungen ist:

Albert Camus.
Camus erhielt für sein Gesamtwerk 1957 den Nobelpreis für Literatur.

Denn inmitten des Getümmels bekräftigten diese entrückten, eng umschlungenen und wortkargen Paare mit dem ganzen Jubel und der Ungerechtigkeit des Glücks, dass die Pest zu Ende und die Zeit des Grauens abgelaufen war. Sie leugneten in aller Ruhe und wider jeden Augenschein die Tatsache, dass wir je die wahnwitzige Welt gekannt hatten, in der die Ermordung eines Menschen ebenso alltäglich war wie der Tod der Fliegen. Sie leugneten jene ganz besondere Verwilderung, jene berechnete Raserei, jene Gefangenschaft, die eine entsetzliche Freiheit gegenüber allem, was nicht die Gegenwart war, mit sich brachte, jenen Todesgeruch, der alle, die er nicht tötete, betäubte. Sie leugneten schließlich, dass sie jenes erstarrte Volk gewesen waren, von dem jeden Tag ein Teil in den Rachen eines Ofens geschmissen wurde und in zähem Qualm aufging, während der andere Teil, von Ohnmacht und Angst gekettet, wartete, bis die Reihe an ihn komme. [...]

Aus dem dunklen Hafen stiegen die ersten Raketen der offiziellen Lustbarkeiten empor. [...] Der Alte hatte recht, die Menschen blieben sich immer gleich. Aber das war ihre Kraft und ihre Unschuld, und hierin fühlte Rieux sich ihnen über allen Schmerz hinweg verwandt.

Damals, inmitten des Jubels, der lange am Fuß der Terrasse widerhallte und desto lauter und anhaltender wurde, je zahlreicher die bunten Sträuße am Himmel aufleuchteten, beschloss Dr. Rieux, den Bericht zu verfassen, der hier zu Ende geht. Denn er wollte nicht zu denen gehören, die schweigen, er wollte vielmehr für diese Pestkranken Zeugnis ablegen und wenigstens ein Zeichen zur Erinnerung an die ihnen zugefügte Ungerechtigkeit und Gewalt hinterlassen; er wollte schlicht schildern, was man in den Heimsuchungen lernen kann, nämlich, dass es an den Menschen mehr zu bewundern als zu verachten gibt.

[1] **Bilge**: unterster Raum eines Schiffes, in dem sich Wasser sammelt, das mit Pumpen entsorgt werden muss

Und doch wusste er, dass dies nicht die Chronik des endgültigen Sieges sein konnte. Sie konnte nur das Zeugnis dessen sein, was man hatte vollbringen müssen und was ohne Zweifel noch all jene Menschen vollbringen müssen, die trotz ihrer inneren Zerrissenheit gegen die Herrschaft des Schreckens und seine unermüdliche Waffe ankämpfen, die Heimsuchungen nicht anerkennen wollen, keine Heiligen sein können und sich dennoch bemühen, Ärzte zu sein. Während Rieux den Freudenschreien lauschte, die aus der Stadt empordrangen, erinnerte er sich nämlich daran, dass diese Fröhlichkeit ständig bedroht war. Denn er wusste, was dieser frohen Menge unbekannt war und was in den Büchern zu lesen steht: dass der Pestbazillus niemals ausstirbt oder verschwindet, sondern jahrzehntelang in den Möbeln und der Wäsche schlummern kann, dass er in den Zimmern, den Kellern, den Koffern, den Taschentüchern und den Bündeln alter Papiere geduldig wartet, und dass vielleicht der Tag kommen wird, an dem die Pest zum Unglück und zur Belehrung der Menschen ihre Ratten wecken und erneut aussenden wird, damit sie in einer glücklichen Stadt sterben.

Albert Camus, Die Pest/Der Fremde, Gütersloh o. J., S. 273 und 282f. (übersetzt von Guido G. Meister)

32108-60

1. Arbeiten Sie aus dem Schluss des Romans das Weltbild des Autors heraus. | H
2. Albert Camus war Widerstandskämpfer gegen die deutsche Besatzung im Zweiten Weltkrieg. Arbeiten Sie aus dem letzten Absatz (Zeile 53–65) den metaphorischen Vergleich zu der Zeit, die Camus selbst erlebt hatte, heraus. | H
3. „Die Pest" ist immer noch Pflichtlektüre an französischen Schulen. Diskutieren Sie über die heutige Aktualität des Romans.

M6 „Das siebente Siegel"

Der aus dem Jahre 1957 stammende Film „Das siebente Siegel" des schwedischen Regisseurs Ingmar Bergman (1918–2007) spielt zur Zeit der Pest im Spätmittelalter. In einer Filmszene ist eine Gruppe von Flagellanten zu sehen:

32108-61

1. Charakterisieren Sie die Szene. Gehen Sie dabei auch auf die Mimik und Gestik der gezeigten Personen sowie die mitgeführten Gegenstände ein. | H
2. Vergleichen Sie die Darstellung der Flagellanten mit anderen Bildbeispielen auf Seite 59 und 71 sowie in M8 auf Seite 65f.
3. Beurteilen Sie, inwieweit die Szene ein authentisches Bild der Flagellantenbewegung darstellt.

Die Große Pest und die Folgen

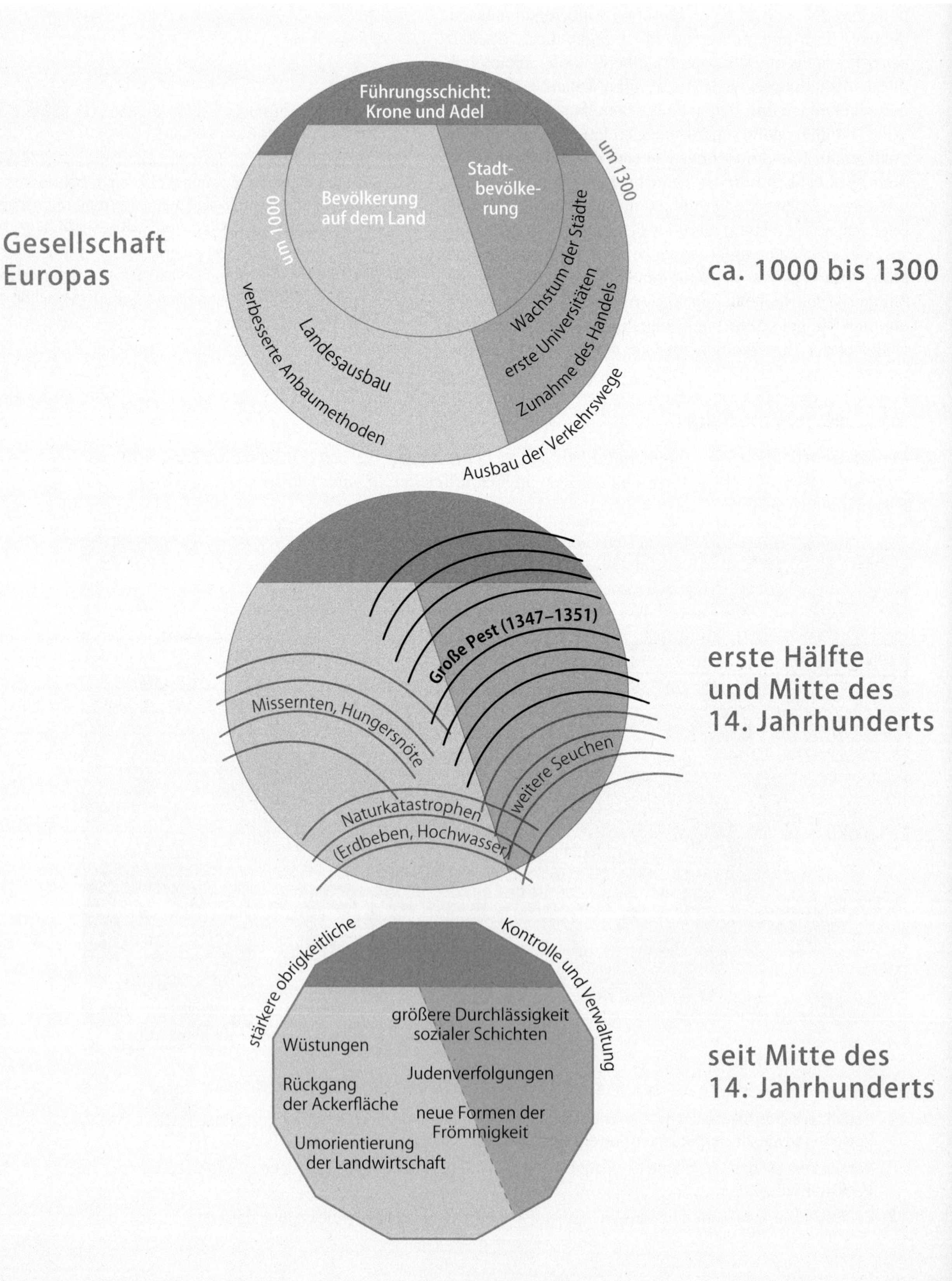

M Der „Schwarze Tod" – politische Folgen und die „Krise" des Spätmittelalters

*Der in Braunschweig geborene Historiker Jürgen Strothmann (*1966) schreibt über die Große Pest:*

An dieser Stelle des Bandes bietet sich vielmehr die Einordnung der spätmittelalterlichen Pest in die Gesellschaft und Politik ihrer Zeit an – ohnehin eine Zeit der Krise, starker gesellschaftlicher Veränderungen, des Vergehens alter Ordnung und des Entstehens einer neuen, in Teilen bereits neuzeitlichen – weil frühbürgerlich geprägten – Ordnung. [...]

Nach der Pest des frühen Mittelalters[1], die im Westen des Reiches mit Ausnahme Italiens vergleichsweise undramatisch verlief, gab es in Europa vom 9. bis zur Mitte des 14. Jahrhunderts keine Pestausbrüche mehr. Dies ist u.a. darauf zurückzuführen, dass die antike urbane Gesellschaft im 7. Jahrhundert allmählich ein Ende fand und eine ausgeprägte städtische Zivilisation sich in Europa erst im Laufe des 13. Jahrhunderts wieder ausbildete. Ohnehin sind als Bedingungen der räumlich ausgedehnten Ausbreitung übertragbarer Krankheiten erhöhte Mobilität und relative Bevölkerungsdichte anzusehen, wie sie sich nach der Antike erst im hohen Mittelalter wieder herausbildeten. [...]

Schon zu Beginn des 14. Jahrhunderts wurde Europa von Hungersnöten und Seuchen schlimmsten Ausmaßes heimgesucht; die europaweite Hungersnot nach 1315 ist darunter die schwerste. Nach neueren Erkenntnissen ist das große Sterben von 1348 nicht allein dem Pestbakterium anzulasten. Mit der Pest kamen weitere Krankheiten, auch direkt ansteckende, die einen erheblichen Anteil an der Zahl der Toten hatten. [...]

Nicht erst die Pest führte zu krisenhaften Erscheinungen im spätmittelalterlichen Europa. Nach einer Zeit des allgemeinen Wachstums im 12. und 13. Jahrhundert, das einherging mit starker Bevölkerungszunahme, Erschließung von neuen landwirtschaftlichen Flächen, Vermehrung von Siedlungen und Ausdehnung der Geldwirtschaft, begann um die Wende zum 14. Jahrhundert wirtschaftlicher Niedergang einzusetzen. [...]

Im 14. Jahrhundert wandelte sich das Lebensgefühl grundlegend. Die Städte wurden zu einem Zentrum kultureller Entwicklungen und bedeuteten zugleich das nahe Beieinander von Zivilisation und Elend, das bis dahin im mittelalterlichen Europa nur an wenigen Orten in dieser Dichte und Größenordnung zu finden gewesen war. Gotische[2] Kirchen in Mittel- und Westeuropa, großartige und gewaltige Rathausbauten besonders in Italien, prunkvolle steinerne Patrizierhäuser und Geschlechtertürme in allen größeren Städten und in vielen Städten hohe Stadtmauern mit Türmen und Toren waren Zeichen höchster Entfaltung von Zivilisation. Sehr bald gehörten zum Erscheinungsbild der Stadt in Europa ebenso unglaublicher Dreck auf den Straßen und – Armut. Das städtische Proletariat, vor allem Tagelöhner und Bettler, bildete die andere Seite – auch ein Zeichen von Zivilisation. [...]

Die gesellschaftliche Ordnung wurde aber auch direkt durch den Tod verändert, indem nämlich Stellungen frei wurden, Eigentum vererbt wurde und mancher unverhofft zu einem reichen Erbe oder in eine angesehene Funktion gelangte. Der Tod armer Leute führt nicht so leicht zu einer erkennbaren gesellschaftlichen Veränderung, wenn aber ein reicher und einflussreicher Bürger einer Stadt stirbt, so rückt ein anderer oder rücken mehrere an seine Stelle.

Die hohe Sterblichkeit auch unter den Eliten, gut dokumentiert für Ratsmitglieder verschiedener Städte, führte zu nachhaltigen Veränderungen der sozialen Strukturen vieler Städte. Eine indirekte Folge dieser Veränderungen, wie der Ausdünnung der Führungsschichten, können soziale Umwälzungen sein, wie sie sich in den zahlreichen städtischen Aufständen des späten Mittelalters deutlich zeigen. Solche Aufstandsbewegungen sind zumeist ein Zeichen dafür, dass sich die städtischen Eliten nicht oder nicht rechtzeitig für neue Mitglieder öffneten. [...]

Die politischen Reaktionen auf die Pest bedeuten in ihrer Gesamtheit eine Verwaltungsrevolution. Die staatliche Verwaltung wächst, mitbedingt durch die Notwendigkeit staatlicher Maßnahmen zur Eindämmung der Pest und ihrer Folgeerscheinungen. Obrigkeiten erhalten damit eine weitere Rechtfertigung für die Ausdehnung der Verwaltung. Letztlich beförderte die Pest des Spätmittelalters damit die Entstehung moderner Staatlichkeit, deren wesentliches Element u.a. die öffentliche Verwaltung ist.

Jürgen Strothmann, Der „Schwarze Tod". Politische Folgen und die „Krise" des Spätmittelalters, in: Mischa Meier (Hrsg.), Pest. Die Geschichte eines Menschheitstraumas, Stuttgart 2005, S. 179–200, hier S. 179 ff.

32108-89

1. Gliedern Sie den Text in sinnvolle Abschnitte und versehen Sie diese mit passenden Überschriften.
2. Arbeiten Sie die zentralen Aussagen des Historikers heraus und vergleichen Sie diese mit den Aussagen der Kapitel über die Große Pest.
3. „Die politischen Reaktionen auf die Pest bedeuten in ihrer Gesamtheit eine Verwaltungsrevolution." Setzen Sie sich mit dieser Behauptung auseinander. | H
4. Diskutieren Sie die Frage, inwieweit die Folgen der Pandemie Entwicklungen auslösten, die unsere Gegenwart beeinflussen. | F

[1] Gemeint ist die „Justinianische Pest", die seit 541 mehr als 200 Jahre lang immer wieder den Mittelmeerraum heimsuchte.

[2] Zur „Gotik" siehe die Begriffserklärung auf Seite 437.

1.5 Wahlmodul: Die Krise der spätmittelalterlichen Kirche und die Reformation

Das Kapitel beschäftigt sich inhaltlich mit ...

religiösen Krisen und Bewältigungsstrategien im 14. und 15. Jahrhundert

Martin Luther und der Reformation

der Entwicklung der Reformation

Lösungsversuchen religiöser Krisen

Im Mittelalter baute die christliche Kirche auf zwei Prinzipien: Einheit im Glauben und Einheit der geistlichen Führung durch den Papst. Mit der Spaltung des Papsttums wurde dieses Gefüge schwer erschüttert. Abhilfe sollten die großen Kirchenversammlungen (Konzilien) des 15. Jahrhunderts schaffen, die das Papsttum wieder vereinten und die Kirchenorganisation zu verbessern suchten. Die angestrebte Reform der Kirche blieb jedoch unvollendet. Unterdessen wurde der Wunsch nach religiöser Erneuerung immer populärer.

Im 16. Jahrhundert gingen Kritiker so weit, mit der päpstlich beherrschten Kirche offen zu brechen. Sie forderten eine Rückbesinnung auf die Wurzeln des Christentums. Diese Bewegung, die später sogenannte Reformation, hatte ihre Zentren in Wittenberg, Zürich und Genf, von wo sich die neuen Lehren in Europa ausbreiteten. Auch die katholische Kirche unternahm damals eine Reform, doch die Spaltung in verschiedene, sich gegenseitig ausschließende Glaubensrichtungen war nicht mehr aufzuhalten. Reformation und katholische Reform verwandelten die vormalige Einheit der Kirche in einen Plural an christlichen Bekenntnissen, wie er für die Neuzeit prägend wurde.

Europa im 16. Jahrhundert.

Großes Schisma und Reformkonzilien

1378 — Spaltung der Kirche in ein Papsttum in Rom und in Avignon, Beginn des **Großen Abendländischen Schismas**.

1409 — Konzil zu Pisa: Die Kardinäle wählen einen dritten Papst.

1414 - 1418 — **Konzil zu Konstanz**: Das Schisma wird überwunden, Reformen für die Kirche werden angestoßen.

1419 - 1436 — In den Hussitenkriegen erheben sich die Anhänger des hingerichteten **Jan Hus** in Böhmen gegen die alte Kirche.

1431 - 1449 — **Konzil zu Basel**: Papst und Kirchenversammlung streiten um die Führung des Christentums.

Anfänge der Reformation

1517 — **Martin Luther** in Wittenberg kritisiert öffentlich den Ablasshandel.

Januar 1521 — Luther wird vom Papst wegen Ketzerei mit dem Kirchenbann belegt.

Mai 1521 — Nach dem **Reichstag zu Worms** fallen Luther und seine Anhänger in die Reichsacht (**Wormser Edikt**).

um 1520/25 — „**Reformation von unten**": Einige Städte und Gemeinden im Reich führen selbstständig evangelische Kirchenordnungen ein.

seit 1523 — Zürich und andere Schweizer Orte schaffen ihre eigene Kirche, angeleitet durch die Lehren des Reformators **Ulrich Zwingli**.

1524 - 1526 — **Bauernkrieg**: Die Erhebung des „Gemeinen Mannes" im Reich wird blutig niedergeschlagen.

Glaubensspaltung in Europa

um 1527/30 — Beginn der **Fürstenreformation**: Fürsten führen in ihren Territorien Luthers evangelische Lehre und eigene Kirchenordnungen ein.

1530 — In der **Confessio Augustana** legen die evangelischen Reichsstände ihr Bekenntnis fest.

um 1530/40 — England, Skandinavien und weite Teile des Reiches trennen sich von der katholischen Kirche und führen neue Kirchenordnungen ein.

1534/40 — Gründung der Gesellschaft Jesu (**Jesuitenorden**), die zu einem Vorreiter der katholischen Erneuerung wird.

1545 — Beginn des **Konzils von Trient**, das bis 1563 tagt.

ab etwa 1550 — Das Reformiertentum, maßgeblich beeinflusst von **Johannes Calvin** in Genf, breitet sich in Teilen Europas aus.

1555 — Der **Augsburger Religionsfrieden** bestätigt die Glaubensspaltung im Reich und schafft Regeln für das Zusammenleben von Katholiken und Protestanten.

Konfessionsbildung und Konfessionalisierung

seit 1563 — Mithilfe der Reformen des Trienter Konzils nimmt das Papsttum eine Erneuerung der katholischen Kirche vor.

1577 — Die **Konkordienformel** grenzt das evangelisch-lutherische Bekenntnis von katholischem und reformiertem Glauben ab.

1598 — **Edikt von Nantes**: Ausgleich in Frankreich zwischen Katholiken und Protestanten nach Jahrzehnten des Bürgerkrieges.

1609 — Spanien gesteht den nördlichen Niederlanden ihre (vorläufige) Unabhängigkeit zu. In den Niederlanden gilt das reformierte Bekenntnis.

1618 - 1648 — **Dreißigjähriger Krieg**: Mitteleuropa versinkt in einem politischen und konfessionellen Dauerkonflikt.

Oktober 1648 — Friede von Münster und Osnabrück (**Westfälischer Friede**): neue Friedensordnung in Mitteleuropa, verbesserter Religionsfrieden im Reich.

Gespaltenes Papsttum | Seit Anfang des 14. Jahrhunderts residierten die Päpste in Avignon, wo sie unter dem Einfluss des französischen Königs standen. Erst 1376 gelang Papst *Gregor XI.* die Rückkehr nach Rom. Sein Nachfolger *Urban VI.* wollte die Macht der mehrheitlich französischen Kardinäle brechen und ging entschieden gegen sie vor. Diese erklärten ihn 1378 für amtsunfähig und wählten einen neuen Papst, der sich jedoch gegen Urban in Rom nicht durchsetzen konnte. Er zog daher nach Avignon. Damit war die Kirche gespalten – in ein römisches und ein avignonesisches Papsttum. Das Schisma betraf weite Teile Europas.

Autoritätsverlust | Die Spaltung beschädigte das Ansehen der Kirche erheblich. Die Päpste sprachen sich gegenseitig die Berechtigung ab. Weltliche Herrscher ergriffen nach eigenem Ermessen für eines der beiden Kirchenoberhäupter Partei.

Schon vor dem Schisma hatte sich die päpstliche Kurie zu einem mächtigen Verwaltungsapparat entwickelt. Für rechtliche Entscheidungen, Gnadenerweise und die Vergabe kirchlicher Ämter erhob sie hohe Gebühren und Steuern. Durch die Kirchenspaltung wuchs noch einmal der Geldbedarf, da nun gleich zwei Päpste ihre Hofhaltung finanzieren mussten. In vielen Ländern klagten die Menschen über die steigenden Abgaben an den Klerus, der dafür immer prunkvoller auftrat (→ M1).

Lösungsansatz: Konzil | Der Verfall der Kirche durch das Schisma, den Ämterhandel und die Verweltlichung der Würdenträger verlangte nach Abhilfe. Die damals oft beschworene Reform wäre eigentlich Sache der Päpste gewesen, die jedoch heillos zerstritten blieben. Als Lösung wurde schließlich eine allgemeine Kirchenversammlung angeregt, ein *Konzil*. Hier sollten Kardinäle, Bischöfe und Äbte sowie Vertreter der Universitäten über Fragen der kirchlichen Ordnung und des Glaubens beraten und entscheiden. Vordringlich war dabei die Wiedervereinigung unter einem einzigen Oberhaupt.

Der erste Anlauf eines *Konzils in Pisa* 1409 misslang. Dem dort neu gewählten Papst wollten sich die beiden bisherigen nicht beugen. Danach beanspruchten gleich drei Päpste die Führung der Kirche.

Die Versammlung von Konstanz | Das in Pisa begonnene Konzil trat von 1414 bis 1418 erneut zusammen, diesmal in Konstanz am Bodensee, unter dem Schutz des römisch-deutschen Königs Sigmund. Die über 2300 Konzilsväter, wie die stimmberechtigten Teilnehmer genannt wurden, stammten aus ganz Europa und waren, ähnlich den Studierenden an den damaligen Universitäten, in „Nationen" organisiert. Es war die größte kirchliche Versammlung des Mittelalters.

Das Konzil stand vor drei Aufgaben: Beseitigung des Schismas (*causa unionis*), Erneuerung der kirchlichen Ordnung (*causa reformationis*), Erörterung von Glaubensfragen (*causa fidei*). In der Frage der Kirchenspaltung beanspruchte das Konzil selbst die oberste Gewalt (Dekret *„Haec sancta"*). Es trat somit, wenn auch nur vorübergehend, an die Stelle des Papstes (→ M2). Die amtierenden Päpste wurden per Konzilsbeschluss abgesetzt oder traten freiwillig zurück. Erst 1417 wählte das Konzil einen neuen, allgemein anerkannten Papst, *Martin V.* Das Schisma war damit beendet. Für die weitere Kirchenreform wurde vereinbart, künftig regelmäßige Konzilien abzuhalten (Dekret *„Frequens"*).

Das Konzil zu Basel | Das Folgekonzil fand 1423 in Pavia statt, wegen der Pest wurde es nach Siena verlegt. Der Papst blieb ihm fern und löste es angesichts der geringen Teilnahme kurzerhand auf. Martin V. versuchte eine eigene Kirchenreform und sah das Konzil nur als Hilfsorgan, nicht als übergeordnete Instanz. Hier bahnte sich ein Gegensatz zwischen Anhängern des Konzils und des Papstes an.

Schisma (altgriech.: Spaltung, Trennung): Spaltung einer Religionsgemeinschaft, aus der keine abweichende Glaubensrichtung hervorgeht. Als Schisma wird etwa auch die Trennung zwischen römischer und griechisch-orthodoxer Kirche im 11. Jahrhundert bezeichnet.

Kurie (von lat. *curia*: Rat, Hof): Gesamtheit der dem Papst unterstehenden Zentralbehörden zur Leitung der katholischen Kirche

Klerus (von lat. *clericus*: Geistlicher): Sammelbegriff für alle Geistlichen

Sigmund, auch Sigismund (1368–1437): Herrscher aus dem Haus Luxemburg, das nach ihm ausstarb. 1378–1388 und 1411–1415 Kurfürst von Brandenburg, seit 1387 König von Ungarn und Kroatien, seit 1411 römisch-deutscher König, seit 1419 auch König von Böhmen, 1433 zum Kaiser gekrönt

Dekret (von lat. *decernere*: beschließen, entscheiden): rechtlich bindende Verfügung

Als das nächste Konzil 1431 in Basel zusammentrat, brach der Konflikt offen aus. Der neue Papst *Eugen IV.* wollte das Konzil verlegen, doch die Versammlung widersetzte sich. Sie wählte 1439 einen eigenen Papst (*Felix V.*). Auf einmal gab es ein neues Schisma.

Das Basler Konzil tagte bis 1449 und beschloss weitere Reformen. Seine lange Dauer erklärt sich auch aus dem Ringen um die oberste Gewalt in der Kirche. Hier behauptete sich der römische Papst. Dieser veranlasste den in Basel gewählten Felix V. zum Rücktritt und bewog die Versammlung schließlich zur Aufgabe. Damit war der Versuch gescheitert, das Papsttum grundsätzlich an die Mitbestimmung des Konzils zu binden.

Der Prozess gegen Hus | Die Konzilien befassten sich auch mit Abweichlern im Glauben. In Konstanz wurde der Prager Theologe und Reformprediger **Jan Hus** vorgeladen. Man warf ihm vor, er vertrete die radikalen Lehren des Engländers *John Wyclif* (ca. 1320–1384), der Sinn und Zweck der Amtskirche angezweifelt hatte. Das Konzil hat Wyclifs Kirchenkritik rückwirkend verdammt und Hus als Ketzer verurteilt. Im Juli 1415 wurde Hus verbrannt, ein Jahr später auch sein Mitstreiter, *Hieronymus von Prag*.

Die Hussitenfrage | In Böhmen wurde der hingerichtete Hus als Märtyrer gefeiert. Seine Anhänger sagten sich von der katholischen Kirche los, ebenso von König Sigmund, der dem Urteil in Konstanz zugestimmt hatte. Die bald sogenannten *Hussiten* bildeten eigene Gemeinden. Die Predigt durfte auch von **Laien** und in der Volkssprache (statt auf Latein) gehalten werden, die Kommunion wurde allen Gläubigen in Gestalt von Brot und Wein (*Laienkelch*) gereicht.

Vergeblich versuchten Papst, Kaiser und Fürsten, die Bewegung gewaltsam zu unterdrücken. Die Hussiten behaupteten sich gegen die sie geführten Kreuzzüge. Erst das Konzil von Basel ging den Weg der Verständigung. 1433 vereinbarten das Konzil und der gemäßigte Teil der Hussiten (**Utraquisten**) ein Friedensabkommen. Die Duldung einer hussitischen Kirche in Böhmen neben der katholischen wurde zwar vom Papst nicht anerkannt, galt aber als Landesgesetz.

Kirche in der Kritik | Ungeachtet der Reformen verlor die Kirche seit dem 15. Jahrhundert weiter an Ansehen. Die Päpste wollten durch die Förderung der Künste und durch prächtige Bauten beweisen, dass sie kulturell auf der Höhe der Zeit standen. Das **Renaissancepapsttum** erschien vielen jedoch als Inbegriff für Verschwendung und Maßlosigkeit, zumal es sich weiterhin über Abgaben aus ganz Europa finanzierte. Bischöfe und Kardinäle, die es den Päpsten an Repräsentation gleichtun wollten, gerieten darüber ebenfalls in Verruf.

Demgegenüber war der niedere Klerus (einfache Pfarrer und Prediger) oft schlecht ausgebildet und auf seinen Stellen mangelhaft versorgt. Auch litt die geistliche Disziplin: Viele Kleriker lebten im **Konkubinat** und hatten uneheliche Kinder.

Der **Humanismus**, die damals sich ausbreitende Bildungsbewegung, legte kritische Maßstäbe an das überlieferte Wissen. Das betraf zumal die Lehrinhalte an Schulen und Universitäten, für die die Kirche verantwortlich war.

Die Gesellschaft auf Sinnsuche | Zugleich war das 15. und beginnende 16. Jahrhundert eine Zeit intensiver Frömmigkeit. Pilgerfahrten, fromme Stiftungen sowie der Kult um **Reliquien** hatten Hochkonjunktur. Viele Menschen traten in Klöster ein oder gründeten Laiengemeinschaften für ein Leben in strikter Hinwendung zu Gott. Darin zeigte sich ein tiefes Verlangen nach religiöser Erfüllung, dem die Kirche mit herkömmlichen Mitteln kaum noch entsprechen konnte (→ M3). Als Kehrseiten des damaligen religiösen Eifers kam es zu Ausschreitungen gegen Juden sowie zu einer Welle von Hexenverfolgungen.

Jan Hus (um 1370–1415): tschechischer Theologe, Prediger und Kirchenkritiker, Rektor der Universität Prag, wird bis heute als tschechischer Nationalheld verehrt

Laien (von lat. *laicus*: weltlich): Bezeichnung für Christen ohne geistliches Amt

Utraquisten (von lat. *sub utraque specie*: unter beiderlei Gestalt): christliche Glaubensgemeinschaft in Böhmen, die das Abendmahl unter Einschluss des Laienkelchs praktizierte

Renaissancepapsttum: spätere Bezeichnung für die Regierung der Päpste von Mitte des 15. bis zur Mitte des 16. Jahrhunderts, die wie weltliche Fürsten auftraten und ihren Herrschaftssitz Rom zu einem Zentrum der Renaissance (Wiederbelebung der klassischen Antike) machen wollten

Konkubinat (von lat. *concubinus*: Geliebter): (heute veraltet für) eheähnliches Verhältnis. Im Mittelalter wurde es als Lebensgemeinschaft für Personen geduldet, die keine Ehe eingehen konnten.

Humanismus (von lat. *humanitas*: Menschenwürde): spätere Bezeichnung für eine geistige Bewegung im Europa des 14. bis 16. Jahrhunderts. Sie nahm das Wissen und die Ideen der griechisch-römischen Antike zum Vorbild, um die eigene Gesellschaft sittlich zu verbessern.

Reliquie (von lat. *reliquiae*: Zurückgelassenes): (angeblicher) Überrest einer heiligen Person, etwa ein Körperteil, getragene Kleidung, ein Gegenstand aus deren Besitz

„Über die Sage, dass Sankt Peters Schifflein zu unserer Zeit an einem Fels zerstoßen wird."
Holzschnitt von Hans von Kulmbach, 1508.
Das Bild illustriert ein astrologisches Werk des Priesters und Gelehrten Joseph Grünpeck, das 1508 zuerst lateinisch, im selben Jahr dann auch in deutscher Übersetzung erschien und bis 1522 in Nachdrucken verbreitet wurde.

- Beschreiben Sie den Holzschnitt.
- Charakterisieren Sie die dargestellten Personen.
- Interpretieren Sie, was das Bild offensichtlich anmahnt.

32040-073

Ablass (althochdt. *Ablaz*: Nachlass): kirchliche Vorstellung von der Verringerung zeitlicher Sündenstrafen im Jenseits. Ein Ablass wurde als Gegenleistung für gute Werke gewährt, wenn der Betreffende zugleich Buße tat. Im Spätmittelalter bot die Kirche Ablässe gegen Gebühren an.

Martin Luther (1483–1546): Theologe und Reformator aus Eisleben in Thüringen. Seit 1505 Mitglied des Ordens der Augustiner-Eremiten, seit 1512 Professor für Bibelauslegung an der Universität Wittenberg. Im Streit um seine Ansichten über Glaube und Kirche wurde er 1521 vom Papst zum Ketzer erklärt. Seit 1525 lebte er als Ehemann, Hausvater und Priester in Wittenberg. Auf seine Lehren geht die evangelisch-lutherische Kirche zurück.

Internettipp
Aus Anlass des Reformationsjubiläums 2017 entstand eine virtuelle Wissensplattform mit multimedialen Inhalten zu Geschichte und Wirkung der Reformation. Siehe hierzu diesen Code.

32037-16

Stein des Anstoßes | Zu den Formen damaliger Frömmigkeit zählte auch der **Ablass**. Die Neigung, den Ablass als einfachen Loskauf von Sündenstrafen zu verstehen und daraus ein Geschäft zu machen, war weit verbreitet, fand aber auch ihre Kritiker. Seit 1506 wurde ein neuer Petersdom in Rom errichtet, Ablasskampagnen in ganz Europa sollten den Bau mitfinanzieren (sogenannter Petersablass). Im Streit um diese Praktiken meldete sich der junge Mönch **Martin Luther** zu Wort, ein Hochschullehrer im sächsischen Wittenberg. Im Herbst 1517 veröffentlichte er 95 Thesen gegen den Ablass. Darin kritisierte er nicht nur den Ablasshandel, sondern bestritt auch die von der Kirche behauptete Wirksamkeit des Ablasses (→ M4).

Eine theologische Initiative | Luthers Thesen standen im Zusammenhang mit seiner Suche nach religiöser Orientierung. Die Frage „Wie finde ich einen gnädigen Gott?" stand im Zentrum seines theologischen Ansatzes. Um 1518 gelangte Luther zu einer Antwort. Der Mensch findet demnach Rechtfertigung vor Gott allein gemäß der Heiligen Schrift (*sola scriptura*). Ihr zufolge befreie ausschließlich Gottes Gnade (*sola gratia*) den Menschen von den Sündenstrafen. Diese Gnade wiederum sei ein Geschenk, das sich nicht verdienen lasse, sondern nur durch den Glauben (*sola fide*) erfahren werden könne. Seine Anschauung stützte Luther auf die Bibel, besonders auf die **Psalmen** und die Schriften des Apostels Paulus.

Eine neue Lehre | Die *Rechtfertigungslehre* Luthers definierte die Beziehung zwischen Gott und den Menschen grundlegend neu. Sie widersprach den bisherigen Ansichten von einer *Werkgerechtigkeit*, wonach der Mensch seine Sündenstrafen durch gute Taten ausgleichen könne. Damit entfiel jedoch auch die Funktion der Kirche zur Vermittlung des Seelenheils. Die Kirche sollte stattdessen der Schulung des Glaubens dienen, indem sie für das rechte Verständnis der Bibel sorgte.

Diese Lehren konnte Luther durch seine Vorlesungen, Predigten und Briefe verbreiten, vor allem aber mithilfe des Buchdrucks. Luther gewann zahlreiche Anhänger und fand in der Bevölkerung teils begeisterten Zuspruch. Seine Schriften erreichten Massenauflagen und verschafften ihm nationale Berühmtheit. Luther erschien vielen als Hoffnungsträger, der eine Alternative zu den kirchlichen Missständen bot. Er trat damit eine Bewegung los, die er als *evangelisch* bezeichnete, da sie Christi Botschaft (das Evangelium) als alleinigen Maßstab in Glaubensfragen ansah (➔ M5).

Der Fall Luther | Luther ging es um die Erneuerung der Kirche streng nach den Grundsätzen der Bibel. Als Mönch unterstand er allerdings der kirchlichen Obrigkeit. Schon seine Thesen gegen den Ablass hatte er an Erzbischof *Albrecht von Mainz* gesendet, um Beschwerde zu führen. Albrecht meldete dies nach Rom, wo man Luthers Kritik als Auflehnung gegen die kirchliche Ordnung deutete. 1518 wurde er der Ketzerei angeklagt.

Luthers wachsende Popularität und seine theologische Kompetenz forderten die Kirche heraus. Papst *Leo X.* erließ 1520 einen Aufruf, wonach Luthers Schriften verbrannt und nicht weiter gedruckt werden sollten. Luther selbst wurde eine Frist eingeräumt, seine Aussagen zurückzunehmen, andernfalls würde er als Ketzer verurteilt. Luther kam der Androhung nicht nach. Vielmehr erklärte er den Papst seinerseits für verdammenswert, solange dieser an seiner Machtfülle festhalte und den Christen falsche Lehren verordne.

Wormser Edikt | Anfang 1521 wurde Luther vom Papst zum Ketzer erklärt. Doch ein Ausgleich schien immer noch möglich. Auf dem Reichstag zu Worms im Frühjahr 1521 sollte Luther angehört werden, bevor auf das Ketzerurteil die **Reichsacht** folgte. Erneut erhielt er die Chance, seine Lehren zu widerrufen. Doch Luther lehnte ab, da er sich keines Irrtums überführt sah: Solange er nicht durch die Bibel widerlegt werde, könne er seinen Standpunkt nicht aufgeben, das verbiete ihm sein Gewissen. Hierauf erklärte Kaiser **Karl V.** die Lehren Luthers für inakzeptabel, da sie mit allem brächen, wofür die Kirche bislang stehe. Der Kaiser erließ gegen Ende des Reichstages eine gesonderte Verfügung, das *Wormser Edikt*. Darin wurde die Reichsacht über Luther und seine Anhänger ausgesprochen und die Verbreitung von Luthers Schriften untersagt. Im Kurfürstentum Sachsen wurde das Edikt allerdings nicht publiziert und blieb dort unwirksam. Auch in anderen Territorien wurde das Edikt nicht konsequent vollzogen.

Auf neuen Wegen | Luther selbst durfte Worms unbehelligt verlassen. Auf Geheiß seines Landesherrn, Kurfürst *Friedrichs von Sachsen*, wurde er heimlich auf die Wartburg bei Eisenach gebracht, wo er über ein Jahr lang versteckt blieb. Die Zeit nutzte Luther für die Übersetzung des Neuen Testaments ins Deutsche, die schon 1522 veröffentlicht wurde. Seit 1534 erschien die gesamte Bibel in Luthers Übersetzung und mit seinen Kommentaren. Es wurde der größte Erfolg einer deutschsprachigen Druckschrift im 16. Jahrhundert.

Psalmen (von altgriech. *psalmós*: Lied, Saitenspiel): Sammlung von Gedichten, Liedtexten und Gebeten im Alten Testament

Reichsacht: Ausschluss aus der Gesellschaft wegen schwerer Verbrechen. Der Geächtete war rechtlos und durfte straflos beraubt oder getötet werden. Die Reichsacht wurde vom Kaiser verhängt, jedoch erst nach einem ordentlichen Verfahren.

Karl V. (1500–1558): Herrscher aus dem Haus Habsburg, seit 1515 Herr über die Niederlande, seit 1516 König von Spanien, Herr über Neapel und Sizilien, seit 1519 römisch-deutscher König, seit 1520 „erwählter römischer Kaiser“, 1530 vom Papst zum Kaiser gekrönt

Luther brach nun endgültig mit der alten Kirche. Er gab sein Mönchsdasein auf und heiratete Katharina von Bora. In der evangelischen Glaubensgemeinschaft sollte es keine Mönche oder Nonnen geben, ebenso sollten Priester heiraten dürfen. Von den sieben Sakramenten ließ Luther nur Taufe und Abendmahl gelten, da alle anderen nicht aus der Bibel ableitbar seien.

Frühe Reformation | Die evangelische Bewegung war zwar von Luther inspiriert, aber keineswegs zentral von ihm gesteuert. Vielmehr gingen zunächst einzelne deutsche Städte daran, die kirchlichen Verhältnisse in Eigenregie umzugestalten. Bürgermeister und Räte folgten dem Drängen der mittleren und oberen Schichten, beriefen evangelische Prediger und schufen neue Kirchenordnungen (*Stadtreformation*). Ähnlich verfuhren in manchen Teilen des Reiches auch ländliche Gemeinden, die dabei auf ihre Selbstverwaltung pochten (*Gemeindereformation*). In dieser Phase, zu Anfang der 1520er-Jahre, entwickelte sich die Reformation somit auf lokaler und volkstümlicher Ebene, als *„Reformation von unten"*.

Bauernkrieg | Seit 1524 kam es zu Aufständen von Bauern und Handwerkern, die sich gegen ihre Grundherren zur Wehr setzten. Schon länger hatten Adlige und Fürsten die Rechte der abhängigen Bauern eingeschränkt, sie zu immer höheren Abgaben gezwungen und zur Leibeigenschaft herabgestuft. In ihrem Widerstand beriefen sich die Bauern auf das „alte Recht" (die frühere Ordnung), bald auch auf ein angebliches „göttliches Recht" (das Recht der Unterdrückten auf Befreiung). Sie bezogen sich dabei auf Luthers Freiheitsbegriff – der jedoch nur Gewissensfreiheit meinte – und seine Kritik bestehender Verhältnisse mithilfe der Bibel (→ M6).

Der „Aufstand des Gemeinen Mannes", wie der *Bauernkrieg* auch genannt wurde, breitete sich bis 1526 über weite Teile des Reiches aus. Doch gegen die Söldnertruppen der Fürsten und Reichsstädte konnten die schlecht organisierten Bauern nichts ausrichten. Die Rebellion wurde blutig niedergeschlagen.

Gegen eine radikale Reformation | Luther distanzierte sich von den Aufständischen. Er appellierte, zumal in der Auseinandersetzung mit Thomas Müntzer, an die Gehorsamspflicht der Christen gegenüber ihren weltlichen Herren: Aufruhr sei unchristlich. In seiner Schrift „Wider die mörderischen und räuberischen Rotten der Bauern" von 1525 verurteilte er einseitig die Gewaltakte mancher Bauern, billigte dagegen das grausame Vorgehen der Obrigkeit. Mit seiner Parteinahme wollte er die Reformation vor der Radikalisierung schützen. Die evangelische Lehre durfte die Ordnung der Gesellschaft nicht infrage stellen. Luther schlug sich nun ganz auf die Seite der Mächtigen. Die Fürsten sollten die neue Lehre in ihren Territorien durchsetzen.

Fürstenreformation | In der zweiten Hälfte der 1520er-Jahre begannen Fürsten im Reich mit der Einführung eigener Kirchenverfassungen. Im Kurfürstentum Sachsen entstand seit 1527 eine neue geistliche Ordnung, an der Luther und sein Weggefährte Philipp Melanchthon maßgeblich beteiligt waren. Der Fürst trat an die Stelle der bisherigen Kirchenobrigkeit, er fungierte als „Notbischof" in seinem Territorium. Eine von ihm bestellte Behörde aus Räten und Theologen, das *Konsistorium*, wachte über die Ausbildung, Versorgung und dienstliche Aufsicht der Pfarrer und übernahm die Verwaltung der kirchlich geführten Schulen und Fürsorgeeinrichtungen. In Glaubensfragen galt künftig ein einheitlicher *Katechismus* (Lehrbuch und Anleitung zum Leben in Frömmigkeit). Für Gottesdienste, Taufen und Trauungen wurden zentrale Vorschriften eingeführt.

Finanziert wurde das neuartige *landesherrliche Kirchenregiment*, indem die Regierung die Klöster auflöste und deren Vermögen einzog. Dem Vorbild Kursachsens folgten viele andere Fürsten. Der Aufbau evangelischer Landeskirchen dauerte oft mehrere Jahrzehnte (→ M7).

Katharina von Bora (1499–1552): stammte aus dem sächsischen Landadel, seit 1515 Nonne, Mitglied der Zisterzienserinnen, verließ 1523 die Klostergemeinschaft und heiratete 1525 Martin Luther, mit dem sie sechs Kinder hatte und ein bürgerliches Leben führte

Sakramente (von lat. *sacrare*: weihen, heiligen): Weihehandlungen, die nur von Priestern durchgeführt werden können. Im Mittelalter wurden sieben Sakramente festgelegt: Taufe, Firmung, Abendmahl (Kommunion), Buße (Beichte), Krankensalbung („letzte Ölung"), Priesterweihe und Ehe.

Leibeigenschaft: Rechtszustand einer dauernden persönlichen und wirtschaftlichen Abhängigkeit von einem Herrn

Thomas Müntzer (1486/90–1525): Theologe, Priester und Revolutionär. Er forderte neben einer Enteignung der Kirchen und Klöster auch die Abschaffung der Vorrechte des Adels. Als Teilnehmer am Bauernkrieg in Thüringen wurde er 1525 hingerichtet.

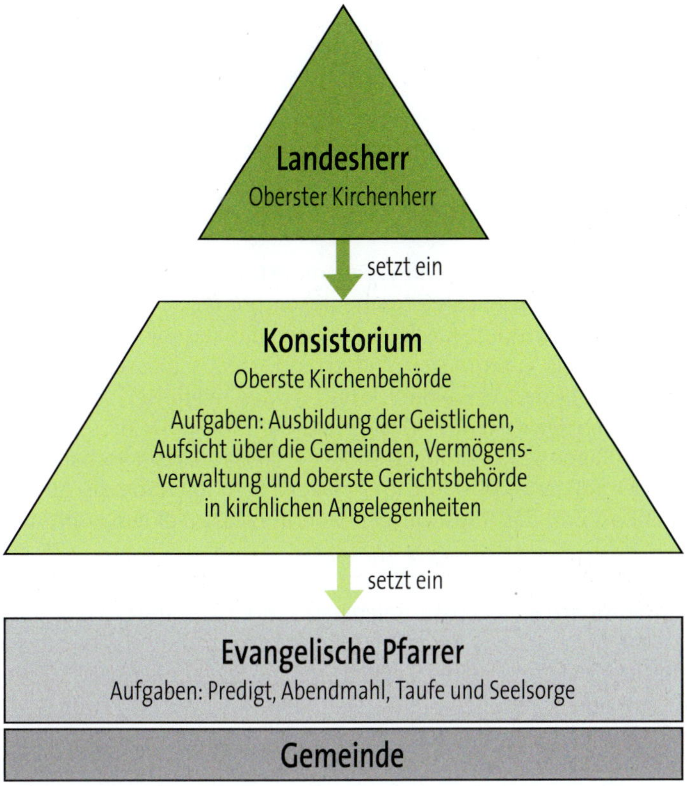

Aufbau einer evangelisch-lutherischen Landeskirche.

Philipp Melanchthon (1497–1560): Humanist, Theologe, Dichter und Reformator. Ab 1518 Professor für Altgriechisch in Wittenberg, seither Luthers Anhänger und Mitarbeiter, nach Luthers Tod Wortführer der Reformation. Er widmete sich zumal der Reform des Unterrichtswesens.

Reichsrecht und fürstliche Selbstbestimmung | Die Reformation war jedoch durch das Reichsrecht nicht gedeckt. Der Kaiser war geradezu verpflichtet, die alte Kirche im Reich zu schützen und Andersgläubige, gleich welchen Standes, als Ketzer zu verfolgen. Wie Karl V. auf die Reformation reagierte, hing freilich auch von den Machtverhältnissen zwischen Reichsoberhaupt und **Reichsständen** ab. Hinzu kam, dass Karl V. nicht nur Kaiser des römisch-deutschen Reiches war, sondern auch in anderen Teilen Europas regierte. Während seiner Abwesenheit vom Reich in den Jahren 1521 bis 1530 verschärfte sich die Religionsfrage. Seit 1526 war das Wormser Edikt, das Verbot der lutherischen Lehre, faktisch außer Kraft gesetzt. Als es der Reichstag 1529 per Mehrheitsbeschluss wieder einführen wollte, verwahrten sich etliche evangelische Fürsten und Reichsstädte dagegen. In Glaubensdingen, so die damalige **Protestation**, seien Mehrheitsentscheidungen auf Reichsebene ungültig. Als *protestantisch* bezeichnete man später alle Glaubensrichtungen, die aus der Reformation hervorgingen.

Reichsstände: Inhaber von Sitz und Stimme auf Reichstagen (geistliche und weltliche Kurfürsten und Fürsten sowie Reichsstädte)

Protestation (von lat. *protestari*: bezeugen): Rechtshandlung eines Reichsstandes, sich gegen einen Mehrheitsbeschluss zu erklären. Dabei blieb es fraglich, ob der Protestierende von der Entscheidung ausgenommen war oder ihr dennoch folgen musste.

Dialog und Dissens | Die Spaltung des Reiches in Anhänger alten und neuen Glaubens schritt weiter voran. Karl V., der 1530 den Reichstag zu Augsburg leitete, versuchte einen Ausgleich über Gespräche. Dazu legten die evangelischen Reichsstände ihre Position dar. In einer von Melanchthon verfassten Bekenntnisschrift, dem „Augsburger Bekenntnis" (*Confessio Augustana*), waren wesentliche Inhalte der evangelischen Lehre fixiert. Das Dokument machte die Unterschiede zum katholischen Glauben deutlich. Eine Einigung in der Religionsfrage kam 1530 aber nicht zustande. Sie sollte künftig entweder durch einen Reichstag, ein **Religionskolloquium** oder ein Konzil herbeigeführt werden.

Religionskolloquium: Religionsgespräch, Verhandlungen über theologische Lehrauffassungen. Die Kolloquien von 1540/41, 1546 und 1557 brachten keine Einigung.

Schutzbund für den neuen Glauben | Um ihre prekäre Lage zu verbessern, gründeten evangelische Reichsstände 1531 ein Schutzbündnis, den nach dem Versammlungsort in Thüringen benannten *Schmalkaldischen Bund*. Angeführt wurde er vom Kurfürsten von Sachsen und vom Landgrafen von Hessen. Dem Bund schlossen sich weitere

Ferdinand I. (1503–1564): Herrscher aus dem Haus Habsburg, Erzherzog von Österreich, seit 1526/27 König von Böhmen, Ungarn und Kroatien. 1531 zum römisch-deutschen König gewählt, blieb er Stellvertreter Karls V. und wurde nach dessen Tod 1558 Kaiser.

Säkularisation (von lat. *saecularis*: weltlich, zeitlich): Enteignung von Kirchengut durch dessen Umwandlung in weltlichen Besitz

Hochstift: weltlicher Herrschaftsbereich eines geistlichen Reichsfürsten (Fürsterzbischof, -bischof, Reichsabt, -äbtissin usw.)

Ulrich (Huldrych) Zwingli (1484–1531): Schweizer Theologe, Priester und Reformator, seit 1523 verantwortlich für die Einführung der Reformation in Zürich und anderen Schweizer Orten. Zürich unterlag 1531 im Krieg gegen katholische Kantone. Zwingli fiel in der Schlacht.

Fürsten und Reichsstädte an. Aus der Glaubensspaltung entstand somit eine politische Opposition gegen den Kaiser und die mehrheitlich katholischen Reichsstände.

Lange Zeit drängte Karl V. auf ein Konzil, das der Papst jedoch erst 1545 nach Trient einberief. Die evangelischen Reichsstände verweigerten ihre Teilnahme. Karl V. versuchte schließlich, den Widerstand mit Waffengewalt zu brechen. 1546 wurde die Reichsacht über die beiden Anführer des Schmalkaldischen Bundes verhängt. Im Jahr darauf wurden sie von Truppen des Kaisers und seiner Verbündeten besiegt.

Erfolgreicher Widerstand | 1548 verfügte Karl V. eine neue Glaubensordnung für die protestantischen Reichsstände. Sie sollte als Zwischenlösung (*Interim*) gelten, bis das Konzil eine Einigung in der Religionsfrage fand. Doch gegen das kaiserliche Diktat wie auch gegen die Übermacht Karls V. regte sich Widerstand. 1552 schlossen mehrere Reichsfürsten ein geheimes Bündnis mit Frankreich und gingen militärisch gegen den Kaiser vor. Die meisten übrigen Reichsstände erklärten sich neutral. Karl V. musste nach Österreich fliehen, in die Erblande seines Bruders, König Ferdinand. Dieser verhandelte anstelle des Kaisers mit der Fürstenopposition. Im *Passauer Vertrag* wurde die Aufhebung des Interims vereinbart und das Augsburger Bekenntnis bis zu einem künftigen Reichstag anerkannt.

Augsburger Religionsfrieden | Der nächste Reichstag fand 1555 statt, wiederum in Augsburg. Karl V. hatte sich aus der Reichspolitik zurückgezogen, daher führte Ferdinand die Verhandlungen. Unter seiner Leitung gelang ein umfassendes Friedensabkommen zwischen den Glaubensparteien. Der *Religionsfrieden* sah vor:
- Anerkennung des Augsburger Bekenntnisses auf Dauer: Schutz der protestantischen Reichsstände vor Strafe und Verfolgung.
- Gewaltverzicht zwischen den Reichsständen in Fragen der Religion.
- Anerkennung des landesherrlichen Reformationsrechts (*ius reformandi*): Weltliche Fürsten sowie Reichsstädte durften den evangelischen Glauben in ihrem Herrschaftsbereich einführen (nach einer späteren Formel: *cuius regio, eius religio* – „wessen Herrschaft, dessen Glaube").
- Bedingter Schutz der Untertanen: Diese mussten den Glauben des Landesherrn oder der Reichsstadt übernehmen, erhielten aber das Recht zur Auswanderung aus Glaubensgründen (*ius emigrandi*).
- *Parität* (Gleichberechtigung) beider Glaubensrichtungen in Reichsstädten mit gemischtgläubiger Bevölkerung.
- Die Säkularisation von Hochstiften im Zuge der Reformation wurde bis zum Stichjahr 1552 anerkannt. Künftig galt jedoch der „Geistliche Vorbehalt" (*reservatum ecclesiasticum*): Geistliche Fürsten durften zwar für ihre Person zum Augsburger Bekenntnis übertreten, büßten aber ihre Herrschaft ein. Dadurch sollte der Bestand der alten Kirche im Reich geschützt werden. Nach einer Zusatzerklärung König Ferdinands (*Declaratio Ferdinandea*) war es Rittern, Städten und Gemeinden in den Hochstiften erlaubt, den evangelischen Glauben zu behalten (→ M8).

Friede – aber keine Einheit | Der Religionsfrieden galt lediglich im Reich, nicht für das übrige Europa. Er hob die religiöse Spaltung nicht auf, sondern legte nur die Bedingungen für ein gewaltfreies, rechtlich geordnetes Zusammenleben fest. Unabhängig davon gab es Bemühungen, die bestehenden Differenzen zu überwinden und das Christentum wieder zu vereinen. Doch seit Mitte des 16. Jahrhunderts schwanden dafür die Chancen. Einmal, weil sich die Reformation selbst aufspaltete, während sie sich international auszubreiten begann. Zum anderen, weil die katholische Kirche ihre eigene Erneuerung vornahm.

Alternativen zu Luthers Reformation | Schon in den 1520er-Jahren war in den Städten Südwestdeutschlands und in der Schweiz eine eigene reformatorische Richtung entstanden. Ihre Führungsfigur, Ulrich Zwingli in Zürich, stimmte in Vielem mit den

Lehren Luthers überein; in manchen Fragen, wie etwa der Bedeutung der Kommunion, blieb es bei unvereinbaren Auffassungen. Zwingli starb 1531. Die süddeutschen protestantischen Reichsstädte schlossen sich danach dem Luthertum an. Die Zwinglische Bewegung blieb dagegen auf Gebiete in der Schweiz beschränkt. Sie verband sich mit der Reformation nach Genfer Vorbild, die in den 1540er-Jahren von **Johannes Calvin** eingeleitet wurde.

Calvinismus | Calvin knüpfte an die Lehre Luthers an, wich aber in wesentlichen Punkten von ihr ab. Wie Luther erachtete auch Calvin die Bibel als allein maßgebliche Quelle des Glaubens. Allerdings betonte er neben der Gnade Gottes auch die Bedeutung von Gottes Geboten. Diese dienten nicht nur der Verurteilung der Sünden, sondern auch als Richtschnur zu einem gottgefälligen Leben. Glaube und Sittenstrenge waren gleichermaßen entscheidend.

Wie im Luthertum gab es zwei Sakramente, neben der Taufe die Kommunion, die jedoch von keiner **Realpräsenz** Jesu Christi ausging, sondern nur eine **Spiritualpräsenz** annahm.

Auch die *Prädestinationslehre* (von lat. *praedestinare*: im Voraus bestimmen) bildete ein Merkmal von Calvins Theologie. Sie besagt, dass Gott jeden Menschen entweder zu Heil oder Verdammnis vorherbestimme. Diese Entscheidung bleibe Gottes Geheimnis, wenngleich die Menschen an ihrer Lebensführung erkennen könnten, ob sie erwählt oder verdammt seien.

Zweite Reformation | Von Calvins Lehren geprägt oder zumindest stark beeinflusst, wurde das *Reformiertentum* zu einer weiteren großen reformatorischen Bewegung. Während lutherische Kirchen in vielen deutschen Territorien, in Skandinavien, Schlesien, im Herzogtum Preußen und im Baltikum entstanden, breitete sich das Reformiertentum in Westeuropa sowie in Ungarn und Siebenbürgen aus.

Das Reformiertentum strahlte auch auf das Reich ab. Einige Fürsten und Städte in West- und Mitteldeutschland, die bereits evangelisch waren, übernahmen seit den 1560er-Jahren reformierte Glaubensinhalte. Dieser Schritt, auch als *Zweite Reformation* bezeichnet, erschien jedoch reichsrechtlich umstritten. Es blieb offen, ob das Reformiertentum in seinen tatsächlichen Ausformungen noch zum Augsburger Bekenntnis gehörte und somit durch den Religionsfrieden von 1555 gedeckt war.

Trienter Konzil | Das Papsttum hatte auf die Glaubensspaltung in Europa erst spät reagiert. Ein Konzil, das der Verständigung mit den Protestanten dienen sollte, kam erst 1545 auf kaiserlichen Druck zustande. Die Kirchenversammlung tagte in Trient, zeitweise in Bologna, und fand nach langen Unterbrechungen 1563 ihren Abschluss.

Das Konzil unterließ es jedoch, sich der Reformation zu öffnen – die Beschlüsse grenzten die katholische Kirche streng von Luthertum und Calvinismus ab. Als Glaubensgrundlage galten neben der Bibel ebenso die von der Kirche entwickelten Bräuche und Bestimmungen (Gleichrangigkeit von „Schrift" und „Tradition"). Das Konzil bekannte sich zu den sieben Sakramenten, zur Ehelosigkeit des Klerus sowie zu den bisherigen Formen der Frömmigkeit (Anrufung der Heiligen, Verehrung von Reliquien und Bildern, Ablass), die jedoch maßvoll praktiziert werden sollten. Die Befreiung des Menschen von seinen Sünden geschehe durch Gottes Gnade, die in den Sakramenten und damit durch die Kirche gespendet werde.

In Trient wurden ebenso Maßnahmen zur Kirchenreform beschlossen. Das geistliche Personal wurde auf neue Grundsätze der Ausbildung und Amtsführung verpflichtet, um die lange vernachlässigte Seelsorge zu verbessern.

Katholische Reform und Gegenreformation | Anders als die großen Konzilien des 15. Jahrhunderts blieb das Trienter Konzil stets unter der Regie des Papstes. Der Papst leitete auch die Umsetzung der Trienter Reformen. Er erließ neue Vorschriften für die katholische Kirche in allen Ländern (etwa den *römischen Katechismus* von 1566 oder

Johannes Calvin (1509–1564): französischer Jurist, Humanist und Reformator, entwickelte eine reformierte Kirchenordnung für Genf, die 1541 in Kraft trat. Von 1536 bis 1559 verfasste er sein großes Lehrwerk „Institutio christianae religionis" (dt.: „Unterricht in der christlichen Religion").

Realpräsenz: Lehrauffassung von der Gegenwart Christi in der Abendmahlsfeier. Christus ist demnach in Brot und Wein „leibhaftig" anwesend. Gemäß der Lehre von der **Spiritualpräsenz** (von lat. *spiritus*: Seele, Geist) ist Christus nicht körperlich, sondern durch den Heiligen Geist zugegen.

Münze aus Genf von 1796.
Die Genfer Silbermünze trägt die Umschrift „Post Tenebras Lux" (lat.: Licht nach der Dunkelheit). Die Reformierten machten das Wort zu ihrem Wahlspruch.

▶ Interpretieren Sie den Wahlspruch im Zusammenhang mit der Reformation.

32040-074

das *römische Messbuch* von 1570). Seit 1559 legte die Kurie in einem *Index verbotener Bücher* fest, welche Schriften für den Glauben schädlich seien. Priesterseminare und Kollegien wurden gegründet, die dort geschulten Kleriker sollten den katholischen Glauben wiederbeleben. Dabei halfen auch neue Ordensgemeinschaften wie die **Kapuziner** und die **Jesuiten**.

Die römische Kirche schlug einen zweifachen Kurs ein: Einerseits sollten innere Missstände beseitigt werden, um die Kirche zu stabilisieren (*katholische Reform*) (→ M9). Andererseits wurde versucht, den Katholizismus dort wieder einzuführen, wo sich die Reformation durchgesetzt hatte. Die *Gegenreformation* war jedoch nur in vereinzelten Regionen in Mitteleuropa erfolgreich.

Trennschärfe im Glauben | Durch die Trienter Beschlüsse änderte sich das Selbstverständnis der katholischen Kirche. Sie vertrat nicht länger (dem Anspruch nach) die Gesamtheit aller Christen, sondern nur noch eine bestimmte Glaubensrichtung. Währenddessen kam es auch im Luthertum zu einer Festlegung der Lehrinhalte, zusammengefasst in der **Konkordienformel** und dem **Konkordienbuch**. Ähnlich verfuhren damals die reformierten Kirchen in den einzelnen Ländern.

Auf die Glaubensspaltung folgte daher in der zweiten Hälfte des 16. Jahrhunderts die Herausbildung klar definierter Glaubensgemeinschaften. Als Maßstab galt jeweils das religiöse Bekenntnis (lat. *confessio*), weshalb in der Rückschau von einem Prozess der *Konfessionsbildung* für Katholizismus, Luthertum und Reformiertentum gesprochen wird.

Konfessionalisierung | Die Konfessionsbildung zielte auf die Einheit im Glauben. Dieses Prinzip übernahmen die weltlichen Obrigkeiten, um das Bekenntnis in ihrem Herrschaftsbereich zu schützen und in der Gesellschaft zu verankern. Neben der Religion wurden nach und nach auch Politik, Recht, Wirtschaft, Kunst, Sitten und Brauchtum von der jeweils geltenden Konfession geprägt, sprich: *konfessionalisiert*. Die Anpassung erfolgte durch Vorschriften und ihre Überwachung (Vereidigung der Priester und Professoren auf das Bekenntnis, Aufsicht über die Gottesdienste und das öffentliche Leben, Bücherzensur), Bildung (Schulunterricht, Predigt, Publikationen), Repräsentation (Kirchenbau, Kirchenmusik, religiöse Feiern und Jubiläen) sowie durch den freiwilligen Gehorsam der Bevölkerung.

Konfessionelle Grenzen | Der Vorgang der Konfessionalisierung fand europaweit seit Mitte des 16. Jahrhunderts statt und betraf alle drei Bekenntnisse gleichermaßen. Er sorgte für Integration, da Herrscher und Beherrschte demselben Glauben anhingen. Zugleich konnte die Obrigkeit viel stärkere Kontrolle über die Gesellschaft ausüben als bisher.

Nach außen jedoch führte die Konfessionalisierung zu radikalen Gegensätzen. Andersgläubige blieben aus der Gemeinschaft ausgeschlossen, wurden vielfach unterdrückt oder zur Emigration gezwungen. Zwischen den Konfessionen entstanden neue mentale Grenzen, etwa durch Eheschranken, Vorurteile oder öffentliche Hetze. Seit der von Rom eingeführten **Kalenderreform** von 1582, die von den Protestanten abgelehnt wurde, zerfiel selbst die Zeitrechnung in konfessionelle Lager (→ M10).

Konfessionelle Konflikte | Während manche Länder wie Spanien und Portugal, die italienischen Staaten, Polen und die skandinavischen Reiche zu konfessioneller Geschlossenheit gelangten, führte die Glaubensfrage in anderen Fällen zu blutigen Konflikten. Oft vermischten sich dabei religiöse Gegensätze mit politischen Machtfragen:

- In England hatte sich das Königtum schon 1534 vom Papsttum losgesagt und eine *anglikanische Staatskirche* gegründet. Auf die Einführung der Reformation folgte der kurze, aber erfolglose Versuch, den Katholizismus gewaltsam wiederherzustellen. Seitdem blieben Anhänger verschiedener Glaubensrichtungen geduldet, solange sie der Staatsgewalt Gehorsam leisteten.

Kapuziner (von ital. *cappuccio*: Haube, Kapuze): Zweig des Franziskanerordens, 1528 vom Papst bestätigt. Die Mönche leben in größter Armut und verdingen sich als Seelsorger sowie als Helfer für Kranke, Arme und Obdachlose.

Jesuiten (eigentlich: Gesellschaft Jesu): geistlicher Orden, von dem Spanier Ignatius von Loyola (1491–1556) 1534 gegründet und 1540 von Rom anerkannt. Die Jesuiten widmen sich dem Unterricht in Schule und Universität sowie der Missionierung. Sie tragen keine eigene Ordenskleidung und betonen den Gehorsam gegenüber dem Papst.

Konkordienformel (von lat. *concordia*: Eintracht): gemeinsame Bekenntnisformel evangelisch-lutherischer Reichsstände, 1577 unterzeichnet. Die Konkordienformel versuchte, einen Schlussstrich unter die Lehrstreitigkeiten innerhalb des Luthertums zu ziehen.

Konkordienbuch: Sammlung der für die evangelisch-lutherische Kirche maßgeblichen Bekenntnisschriften (u.a. Luthers Katechismen, Confessio Augustana von 1530, Konkordienformel), 1580 veröffentlicht

Kalenderreform: von Papst Gregor XIII. verfügte Korrektur des Kalendersystems. Der neue Gregorianische Kalender wich damals um zehn Tage vom bisherigen Julianischen Kalender ab, die Differenz nahm später noch zu. Protestantische Länder führten den neuen Kalender teils erst im 18. Jahrhundert ein. Auch das Reich war in dieser Frage lange gespalten.

- In Frankreich wurden die **Hugenotten** von der katholischen Mehrheit und vom Königtum verfolgt. Erst nach jahrzehntelangen Bürgerkriegen kam es im **Edikt von Nantes** (1598) zu einem rechtlichen Ausgleich.
- In den Niederlanden überwog das Reformiertentum. Die Niederlande gehörten indes zur spanischen Krone, die die Reformation bekämpfte. Mitte der 1560er-Jahre kam es zum Aufstand gegen die spanische Oberhoheit. 1581 erklärten die nördlichen Niederlande ihre Unabhängigkeit, was 1609 von Spanien vorläufig anerkannt wurde.

Der Konsens im Reich zerbricht | Im römisch-deutschen Reich herrschte seit dem Augsburger Religionsfrieden von 1555 ein Gleichgewicht zwischen den Konfessionen. Doch die Konflikte in Frankreich und den Niederlanden (letztere gehörten formal zum Reichsverband), die Einführung des Reformiertentums in einigen Territorien und die katholische Gegenreformation bedrohten den Frieden je länger desto mehr. Der Reichstag und die Reichsgerichte, die den Religionsfrieden bewahren sollten, wurden um 1600 durch die konfessionellen Gegensätze lahmgelegt. Auch der Kaiser, selbst katholisch, war nicht länger zur Vermittlung fähig. Einige Reichsstände gründeten Konfessionsbündnisse: die protestantische *Union* (1608) und die katholische *Liga* (1609).

Dreißigjähriger Krieg | Den Krieg löste jedoch erst der böhmische Aufstand von 1618 aus. Protestantische Adlige in Böhmen hatten sich gegen ihren Landesherrn, den katholischen König *Ferdinand*, aufgelehnt. Ferdinand wurde 1619 auch zum Kaiser gewählt. Die Böhmen erhoben stattdessen *Friedrich V.*, Kurfürst von der Pfalz und Anführer der protestantischen Union, zum neuen König. Er unterlag den Streitkräften des Kaisers, Spaniens und der katholischen Liga. Böhmen und die Kurpfalz wurden besetzt, die protestantische Bevölkerung enteignet und verfolgt. Aufseiten der Protestanten intervenierten nacheinander Dänemark und Schweden als evangelische Mächte, schließlich auch das katholische Frankreich, um eine Übermacht des Kaisers im Reich zu verhindern. Wiederholt wechselten auch einige Reichsstände die Fronten zwischen dem Kaiser und Spanien einerseits, Schweden und Frankreich andererseits. Die endlosen Kämpfe sowie die Raubzüge der Armeen verwüsteten weite Teile Mitteleuropas.

Friede mit Perspektiven | Zum Frieden gelangten das Reich und seine Nachbarn auf einem Kongress, der parallel in Münster und Osnabrück tagte. Der *Westfälische Friede* von 1648 schuf einen dauernden Machtausgleich zwischen Kaiser und Reichsständen. Letztere erhielten die **Landeshoheit** zuerkannt und durften Bündnisse mit auswärtigen Mächten schließen, sofern sie nicht gegen Kaiser und Reich gerichtet waren. Frankreich und Schweden traten als Garantiemächte des Friedens auf, Schweden beteiligte sich als Reichsstand künftig an der Reichspolitik. Die Niederlande und die Schweiz wurden souverän und schieden aus dem Reich aus. Der Religionsfriede von 1555 wurde nachgebessert:

- Neben Katholizismus und Luthertum war nun auch das Reformiertentum reichsrechtlich anerkannt.
- Die Ausbreitung der drei Konfessionen, wie sie bis zum Stichjahr 1624 bestanden hatte, wurde wiederhergestellt, spätere Veränderungen waren zu revidieren (*Normaljahrsregelung*). Fürsten und Reichsstädte konnten zwar weiterhin das Bekenntnis wechseln, die Untertanen durften jedoch beim bisherigen Glauben bleiben (→ M11).
- Der Reichstag sah in Glaubensfragen die getrennte Abstimmung (lat. *itio in partes*) der katholischen und protestantischen Reichsstände vor, die hierauf einen gütlichen Vergleich (*amicabilis compositio*) finden sollten. Konfessionelle Mehrheitsbeschlüsse waren damit ausgeschlossen.

Das Reich wurde endgültig zu einem multikonfessionellen Staatsverband. Auf Reichsebene galt die Gleichberechtigung der Konfessionen, in den Territorien und Reichsstädten wurde der private Glaube jedes Einzelnen geduldet. Aus diesem Nebeneinander konnten langfristig die Ideen der **Toleranz** und der Religionsfreiheit entstehen.

Hugenotten: seit Mitte des 16. Jahrhunderts Bezeichnung für die Protestanten in Frankreich, die stark vom Reformiertentum geprägt waren

Edikt von Nantes: von König Heinrich IV. gewährte Bestimmung, die den Protestanten in Frankreich freie Religionsausübung und rechtliche Gleichstellung versprach, zugleich aber den katholischen Glauben als Staatsreligion festschrieb. Nach der Aufhebung des Edikts 1685 setzten neuen Verfolgungen der Protestanten ein, die massenhaft in andere Länder Europas, nach Amerika oder Südafrika flohen.

Landeshoheit: einheitliche Herrschaftsgewalt eines Fürsten oder einer reichsstädtischen Obrigkeit über die Einwohner. Sie blieb bis zum Ende des Reiches beschränkt durch Reichsgesetze, Gewohnheitsrechte und das Appellationsrecht der Untertanen an die Reichsgerichte.

Toleranz (von lat. *tolerare*: dulden, ertragen): fried- und respektvoller Umgang mit Andersdenkenden; Verhalten, das über eine rein rechtliche Duldung Andersdenkender noch hinausgeht

M1 Kirchenkritik im Spätmittelalter

*Die Historiker Thomas Martin Buck (*1961) und Herbert Kraume (*1943) sprechen über die geistige und religiöse Entwicklung in Europa während des 14. Jahrhunderts:*

Dem Hass auf den „simonistischen"[1] Klerus, der durch Geld in sein Amt gelangt war, dieses hauptsächlich zur Bereicherung nutzte und in seinem Lebenswandel selten den religiösen Ansprüchen genügte […], stand auf der anderen Seite eine gesteigerte Volksfrömmigkeit gegenüber, die sich nicht nur in den frommen Stiftungen für Kirchen und Klöster, sondern auch in einer stetig wachsenden Produktion von volkssprachlichen Andachtsbüchern und Übersetzungen theologischer Schriften äußerte. Die *ars moriendi*, die „Kunst des (guten) Sterbens" und der richtigen Vorbereitung auf den Tod, wurde angesichts der Allgegenwart des Todes zu einer beliebten literarischen Gattung.

Die Forderung nach Reform an Haupt und Gliedern (*reformatio in capite et in membris*) der Kirche war das Signum der Zeit: Abschaffung des päpstlichen Finanzwesens, der Pfründenhäufung[2] und des Klientelwesens[3], bessere Bildung der Geistlichen, Rückführung der geistlichen Orden auf ihre ursprünglichen Ideale, insbesondere auf das Armutsgebot. Benediktiner und Mendikanten (= Bettelorden) begannen, ihre Orden von innen zu reformieren und ihre Ordensregeln neu zu beachten. Reform wurde als eine Wiederbelebung der guten alten Ordnung verstanden, an der die Gegenwart gemessen und für unzulänglich befunden wurde.

Im Schisma sah man die schlimmste Folge der ausgebliebenen Reformen. Die Kirchenkritik ist nicht etwa Folge eines wachsenden Unglaubens, sondern im Gegenteil einer vertieften Frömmigkeit, die an die Kirche höhere Ansprüche stellte als jemals zuvor. […] Kritik und Reformgeist wurden durch die gesteigerte Schriftlichkeit und Lesefähigkeit noch befördert. Die Masse der Handschriften in den Bibliotheken der Klöster und Domkapitel[4] wuchs gewaltig an.

Gerade in der zweiten Hälfte des 14. Jahrhunderts wurden neue Universitäten gegründet, die sich bald zu Zentren der geistigen und theologischen Auseinandersetzung entwickelten. Zwar blieb das *studium* von Paris die unbestrittene geistige Autorität nördlich der Alpen, doch hatte Kaiser Karl IV. 1348 in Prag die erste mitteleuropäische Hochschule gegründet, Kasimir der Große 1364 die von Krakau, Herzog Rudolf IV. 1365 die von Wien, Kurfürst Ruprecht I. von der Pfalz 1386 die Heidelberger Universität und König Sigmund von Ungarn 1389 die von Buda. In Köln (1388) und Erfurt (1392) war die Initiative zur Gründung eines *studium generale*[5] von der Stadt ausgegangen.

Thomas Martin Buck und Herbert Kraume, Das Konstanzer Konzil (1414–1418). Kirchenpolitik – Weltgeschehen – Alltagsleben, Ostfildern 2013, S. 49 f.

32040-075

1. Präsentation: Ordnen Sie die Kritikpunkte, die gegen die Kirche erhoben wurden, in einer Mindmap. Stellen Sie dabei das Schisma ins Zentrum.
2. Arbeiten Sie heraus, welche Rolle Frömmigkeit und Bildung für die damalige Kirchenkritik spielten.
3. Die Krise der spätmittelalterlichen Kirche – eine Folge zu hoher Ansprüche der Gläubigen? Setzen Sie sich mit der These auseinander. Berücksichtigen Sie dabei auch die „Allgegenwart des Todes" (Zeile 11 f.), also die hohe Sterblichkeit angesichts von Pest, Kriegen und Hungersnöten, die die damalige Gesellschaft bedrohten.

M2 Konzil und Papst

Das Konstanzer Konzil beschließt am 6. April 1415 folgendes Dekret:

Diese heilige Synode[6] zu Konstanz, die zum Lobe Gottes rechtmäßig im Heiligen Geist versammelt ist, erklärt, dass sie, ein allgemeines Konzil abhaltend und die irdische katholische Kirche repräsentierend, ihre Vollmacht unmittelbar von Christus hat. Ihr ist jeder, welchen Standes und welcher Würde auch immer – sei es auch die päpstliche – in denjenigen Angelegenheiten zum Gehorsam verpflichtet, die sich auf den Glauben, die Ausrottung des Schismas und die allgemeine Reform der Kirche Gottes an Haupt und Gliedern beziehen.

Desgleichen erklärt sie, dass jeder, welcher Stellung, welchen Standes und welcher Würde auch immer – sei es auch die päpstliche – der den schon beschlossenen wie auch noch zu beschließenden Geboten, Satzungen oder Anordnungen oder Vorschriften dieser heiligen Synode und eines jeden anderen rechtmäßig versammelten allgemeinen Konzils den Gehorsam verweigert, einer entsprechenden Buße unterworfen und gehörig bestraft wird, wobei nötigenfalls auch andere Rechtsmittel angewendet werden.

1 **simonistisch:** die Käuflichkeit geistlicher Ämter und Gnaden betreffend

2 **Pfründe** (von lat. *praebenda*: Unterhalt): Amt mit eigenem Einkommen oder gesicherter Versorgung

3 **Klientelwesen** (von lat. *cliens*: Schutzbefohlener): Herausbildung und Versorgung eines Kreises abhängiger Gefolgsleute durch einen Schutzherrn (hier: einen kirchlichen Würdenträger)

4 **Domkapitel** (von lat. *caput*: Kopf, Haupt): dem Bischof beigeordnetes Leitungsgremium zur Verwaltung eines Bistums

5 **studium generale** (lat.: allgemeines Studium): im Mittelalter Bezeichnung für eine Hochschule mit umfassendem Fächerangebot

6 **Synode** (von altgriech. *sýnodos*: Zusammenkunft): andere Bezeichnung für Konzil

45 Jahre später gibt Papst Pius II. am 18. Januar 1460 in einer Bulle (päpstliche Anordnung) bekannt:

Ein verwünschenswerter Missbrauch ist in unseren Tagen aufgekommen, dass nämlich vom römischen Papst, dem Stellvertreter Jesu Christi, [...] einige vom Geist des Aufruhrs [und] durch Sünde verleitete Kritiker des Papstes sich herausnehmen, ein künftiges Konzil zu verlangen. Wie sehr ein solches Vorgehen den heiligen Canones[1] widerstreitet, wie sehr es dem christlichen Gemeinwesen schadet, kann jeder Rechtskundige erfassen. Um dieses üble Gift aus der Kirche Christi auszuscheiden, verdammen wir solchen Appell und weisen ihn als irrig und abscheulich zurück; wir erklären ihn für null und nichtig, falls er sich noch hervorwagen sollte, und betrachten ihn als sinnlos und bedeutungslos.

Erster und zweiter Text nach: Adolf Martin Ritter, Bernhard Lohse und Volker Leppin (Hrsg.), Kirchen- und Theologiegeschichte in Quellen. Bd. 2: Mittelalter, Neukirchen-Vluyn [8]2014, S. 235–237 (vereinfacht)

32040-076

1. Erläutern Sie, inwieweit das Dekret des Konzils von Konstanz (erster Text) auf die damalige Krise der Kirche reagiert. Ziehen Sie zur Begründung auch den Verfassertext auf Seite 92 sowie M1 heran.
2. Stellen Sie beide Texte gegenüber und überlegen Sie, ob darin eine Verschärfung der kirchlichen Krise sichtbar wird. Vergleichen Sie dazu insbesondere die Sprache sowie die Anspruchsgrundlage von Konzilsdekret und päpstlicher Bulle (Zeile 1 bis 10 bzw. 21 f.). | H

M3 „Ein wahrer Theologe"

Der niederländische Humanist[2] Erasmus von Rotterdam (um 1466/69–1536) spricht in einer Schrift aus dem Jahr 1516 über seine Erwartungen an Theologen und Mönche:

Warum beschränken wir den allen gemeinsamen Stand auf einige wenige? Das steht nämlich nicht mit der Tatsache im Einklang, dass die Taufe, durch die die erste Angelobung auf die Philosophie Christi vollzogen wird, in gleicher Weise allen Christen gemeinsam ist. Ebenso, dass alle übrigen Sakramente und schließlich auch der Lohn des ewigen Lebens in gleicher Weise allen zukommt; und nur die Lehre sollte auf diese wenigen verwiesen werden müssen, die das Volk heute Theologen und Mönche nennt. Von denen möchte ich aber sagen – sie machen zwar nur einen geringen Anteil an dem, was christliches Volk genannt wird, aus –, sie sollten doch in höherem Maße im Leben verwirklichen, was sie hören. Ich fürchte nämlich, man könnte unter den Theologen solche finden, die weit von ihrem Namen entfernt sind, das heißt, dass sie Irdisches, nicht Himmlisches reden; und unter den Mönchen solche, die die Armut Christi und die Verachtung der Welt mehr mit den Lippen bekennen, als dass sie sich von der Welt wirklich lösten. Der ist mir ein wahrer Theologe, der nicht mit künstlich zusammengedrechselten Syllogismen[3], sondern mit Herzenswärme, durch sein Antlitz, durch seine Augen, durch sein persönliches Leben lehrt, dass man den Reichtum verachten müsse, dass der Christ nicht auf den Schutz dieser Welt vertrauen solle, sondern sich ganz vom Himmel abhängig fühlen müsse; dass man kein Unrecht vergelten dürfe, dass man die Fluchenden segnen solle, dass man sich gute Verdienste um die erwerben müsse, die Schlimmes verdienen, dass man alle Guten wie die Glieder desselben Leibes lieben und in gleicher Weise hegen müsse; dass die Bösen ertragen werden müssten, wenn man sie nicht bessern könne. Jene, die ihrer Habe beraubt, die von ihren Besitzungen vertrieben werden, die trauern, die seien selig und nicht zu bejammern; auch jetzt schon müssten die Frommen den Tod herbeisehnen, wo dieser doch nichts anderes ist als ein Übergang zum ewigen Leben. – Wenn einer dieses und Ähnliches, vom Geiste Christi angetrieben, predigt, einschärft, dazu ermahnt, einlädt und ermuntert, der ist letzten Endes ein wahrer Theologe, und sei er auch ein Ackersmann oder Tuchweber.

Nach: Ulrich Köpf (Hrsg.), Deutsche Geschichte in Quellen und Darstellung, Bd. 3: Reformationszeit, 1495–1555, Stuttgart 2001, S. 70 f.

32040-077

1. Fassen Sie Erasmus' Kritikpunkte an den Theologen und Mönchen seiner Zeit zusammen.
2. Arbeiten Sie Merkmale für eine Krise der damaligen Kirche heraus, die in den Beobachtungen von Erasmus anklingen. Ziehen Sie dazu auch die Aussagen des Historikers Rudolf Vierhaus im Kernmodul „Krisen" (M5, Seite 14) heran.
3. Der Reformator Martin Luther trat später für ein „Priestertum aller Gläubigen" ein, wonach jedermann berufen sei, zu predigen und die Sakramente zu spenden. Stellen Sie diese radikale Position den Überlegungen von Erasmus gegenüber. | H

[1] **Canones** (von lat. *canon*: Maßstab, Regel): kirchenrechtliche Gesetze, Kirchenrecht

[2] **Humanist**: Anhänger des Humanismus. Siehe dazu die Definition auf Seite 93.

[3] **Syllogismen** (von altgriech. *syllogismós*: logischer Schluss): theoretische Schlussfolgerungen

M4 Luthers Thesenanschlag: Wahr oder erfunden?

Martin Luther sendet seine Thesen über den Ablass am 31. Oktober 1517 an den Erzbischof von Mainz. Am selben Tag soll er sie auch an das Portal der Wittenberger Schlosskirche angeschlagen haben. Obwohl nicht sicher ist, ob diese Begebenheit tatsächlich stattfand, wird sie in zahlreichen Historienbildern festgehalten. Dazu gehört auch das Gemälde „Martin Luthers Thesenanschlag" des belgischen Malers Ferdinand Pauwels (1830–1904) aus dem Jahr 1872:

32040-078

1. Interpretieren Sie die dargestellte Szene.
2. Recherchieren Sie den Stand der historischen Forschung zur Frage der „Echtheit" von Luthers Thesenanschlag. Verwenden Sie dazu Fachliteratur und Informationen aus dem Internet.
3. Erläutern Sie den Symbolgehalt des Thesenanschlags in Hinblick auf die Krise der damaligen Kirche. Gehen Sie dabei auf die Funktion der szenischen Elemente ein (Hammer, Kirchenportal, gelehrter Text, öffentlicher Aufruf, Initiative eines Einzelnen).
4. Präsentation: Der 31. Oktober gilt als Gedenktag der Reformation (in Niedersachsen gesetzlicher Feiertag). Führen Sie eine Pro- und Kontra-Diskussion in der Klasse über die Frage, ob es die historischen Hintergründe rechtfertigen, gerade mit diesem Datum an die Reformation zu erinnern. | H

M5 „Freiheit" im Sinne der Reformation

Im November 1520 erscheint Luthers Schrift „Von der Freiheit eines Christenmenschen" auf lateinisch und deutsch. Sie ist in 30 Abschnitte gegliedert und wird zu einem zentralen Baustein in Luthers reformatorischer Lehre. Über die Rolle jedes Einzelnen in der Gesellschaft heißt es:

Zum ersten: Damit wir gründlich erkennen mögen, was ein Christenmensch sei, und wie es getan sei um die Freiheit, die ihm Christus erworben und gegeben hat, davon Sankt Paulus viel schreibt, will ich diese zwei Beschlüsse setzen: Ein Christenmensch ist ein freier Herr über alle Dinge und niemandem untertan. Ein Christenmensch ist ein dienstbarer Knecht aller Dinge und jedermann untertan.
Diese zwei Beschlüsse sind klar bei Sankt Paulus im 1. Kor[intherbrief] 9[,19]: „Ich bin frei in allen Dingen und habe mich zu eines jedermann Knecht gemacht." Ebenso im Röm[erbrief] 13[,8]: „Ihr sollt niemandem etwas verpflichtet sein, außer dass ihr euch untereinander liebt." Genauso heißt es auch von Christus in Gal[aterbrief] 4[,4]: „Gott hat seinen Sohn ausgesandt, von einem Weib geboren und dem Gesetz untertan gemacht."
Zum zweiten: Um diese beiden gegensätzlichen Aussagen der Freiheit und Dienstbarkeit zu vernehmen, sollen wir bedenken, dass ein jeglicher Christenmensch zweierlei Naturen hat, eine geistliche und eine leibliche. [...] Und um dieses Unterschiedes willen werden in der Schrift von ihm Aussagen gemacht, die völlig gegeneinander stehen, nämlich, wie ich gerade gesagt habe, von der Freiheit und Dienstbarkeit. [...]
Zum zehnten: Nun sind [...] alle Worte Gottes heilig, wahrhaftig, gerecht, friedsam, frei und aller Güte voll. Darum: Wer ihm mit einem rechten Glauben anhängt, dessen Seele wird mit ihm vereinigt, so ganz und gar, dass alle Tugenden des Wortes auch der Seele eigen werden, und entsprechend durch den Glauben die Seele durch das Wort Gottes heilig, gerecht, wahrhaftig, friedsam, frei und aller Güte voll, ein wahrhaftiges Kind Gottes wird [...]. Hieraus ist leicht zu merken, warum der Glaube so viel vermag und dass keine guten Werke ihm gleich sein können. [...] So sehen wir, dass ein Christenmensch an dem Glauben genug hat, er bedarf keines Werkes, um gut zu sein. Bedarf er aber keines Werkes mehr, so ist er gewiss entbunden von allen Geboten und Gesetzen. Ist er entbunden, so ist er gewiss frei. Das ist die christliche Freiheit, der eine Glaube, der nicht macht, dass wir müßiggehen oder übeltun, sondern dass wir keines Werkes bedürfen, um Güte und Seligkeit zu erlangen [...]. [...]
Zum 25.: Aus all dem ist leicht zu verstehen, wie gute Werke zu verwerfen und nicht zu verwerfen sind [...]. Denn wo der falsche Anhang und die verkehrte Meinung drin ist, dass wir durch die Werke gut und selig werden sollen, sind sie schon nicht gut und ganz verdammungswürdig; denn sie sind nicht frei und schmähen die Gnade Gottes, die allein durch den Glauben gut und selig macht, was die Werke nicht vermögen

[...]. Darum verwerfen wir die guten Werke nicht um ihretwillen, sondern um dieses bösen Zusatzes und falscher verkehrter Meinung willen [...].
Zum 28.: [...] Auf diese Weise gebietet auch Sankt Paulus [...], dass sie [die Christen] weltlicher Gewalt untertan und bereit sein sollen, nicht, dass sie dadurch gut werden können, sondern dass sie den anderen und der Obrigkeit damit frei dienten und deren Willen täten aus Liebe und Freiheit. Wer nun dieses Verständnis hätte, der könnte sich leicht ausrichten auf die unzähligen Gebote und Gesetze des Papstes, der Bischöfe, der Klöster [...], der Fürsten und Herren, die einige verrückte Prälaten[1] so treiben, als wären sie nötig zur Seligkeit und nennen es Gebote der Kirche, wiewohl zu Unrecht. Denn ein freier Christenmensch spricht so: „Ich will fasten, beten, dies und das tun, was geboten ist, nicht, dass ich es bedarf oder dadurch wollte gut oder selig werden, sondern ich will es dem Papst, Bischof, der Gemeinde oder meinem Mitbruder, meinem Herrn zu Willen, Beispiel und Dienst tun und ertragen, genauso wie Christus um meinetwillen viel größere Dinge getan und ertragen hat, die ihm viel weniger nötig waren. Und mögen auch die Tyrannen[2] Unrecht tun solches zu fordern, so schadet es mir doch nicht, weil es nicht gegen Gott ist."

Nach: D. Martin Luthers Werke. Kritische Gesamtausgabe, IV. Abteilung, Bd. 7, Weimar 1897 (unveränderter Nachdruck Weimar 2003), S. 20 f., 24 f., 33 f. und 37 (sprachlich normalisiert)

32040-079

1. Präsentation: Ordnen Sie die Überlegungen Luthers in einer Mindmap, im Mittelpunkt die beiden Aussagen in Zeile 5 bis 7. | F
2. Präsentation: Verfassen Sie, ausgehend vom Text, eine Kurzdefinition von „christlicher Freiheit" im Sinne Luthers.
3. Vergleichen Sie das von Luther empfohlene Verhalten eines freien Christenmenschen mit dem, was Erasmus (M3) als christliche Lebensführung ansieht.
4. Luther hat die Schrift in der lateinischen Version mit einem Sendschreiben an den Papst verbunden, als Versuch einer Verständigung mit Rom. Erörtern Sie die künftige Stellung der Kirche, wie sie Luther im vorliegenden Text umreißt. Heben Sie dabei hervor, welche Gefahren für die Autorität der Kirche von Luthers Schrift ausgehen konnten.

[1] **Prälat** (von lat. *praelatus*: Bevorzugter, Vorsteher): hoher kirchlicher Würdenträger (z. B. Bischof oder Abt) oder kirchlicher Ehrentitel
[2] **Tyrann**: Gewaltherrscher, Willkürherrscher

M6 „Wir wöllen frei sein"

Der Historiker Peter Blickle (1938–2017) untersucht die im Bauernkrieg erhobenen Forderungen nach Freiheit und gegen die Leibeigenschaft:

Kein Herrschaftsrecht stand um 1500 unter einem dermaßen großen Legitimationsdruck wie das über den Leib, Leibeigenschaft genannt. Ihre Umkehrung hieß Freiheit. Auf allen gesellschaftlichen Ebenen, unter Bürgern und Bauern, Juristen und Theologen wurde sie diskutiert, auf allen politischen Ebenen wurde sie verhandelt, von der Dorfgemeindeversammlung bis hinauf in [...] den Reichstag.
Als geprägter und inhaltlich scharf konturierter Begriff tritt Freiheit in den Zwölf Artikeln der oberschwäbischen Bauern von 1525 in Erscheinung, deren dritter ausdrücklich fordert, „das wir frei seien und wöllen sein", und darunter die Aufhebung der Leibeigenschaft (Eigenschaft steht in der Quelle) versteht. Die Drucke der Zwölf Artikel in Augsburg und Breslau, Konstanz und Magdeburg, Nürnberg und Regensburg, Erfurt und Straßburg belegen die Durchschlagskraft der Freiheitsforderung bei den deutschen Bauern.
Radikalität und Prägnanz gewann der bäuerliche Freiheitsbegriff durch seine Verknüpfung mit dem Evangelium. „Zum dritten", heißt es in den Zwölf Artikeln, „ist der Brauch bisher gewesen, das man uns für eigen Leüt gehalten hat, wölchs zuo Erbarmen ist, angesehen das uns Christus all mit seinem kostparlichen Bluotvergüssen erlößt und erkauft hat". Die Begründung der Freiheit mit dem Erlösertod Christi wird ergänzt durch die Hoffnung der Bauern, sie „seien auch on Zweifel, ir [die Herren] werdend uns der Eigenschaft als war und recht Christen geren entlassen oder uns im Evangeli des berichten, daz wirs seien". Aus dem Evangelium ziehen die Bauern die dreifache Begründung der Freiheit mit dem Erlösertod Christi, der christlichen Nächstenliebe und der von Gott in die Welt gelegten Rechtsordnung des Naturrechts. Das war die Hermeneutik[3] der Betroffenen, die sich auf diese Weise das Evangelium erschloss. Sie wäre ohne die Reformation und ihren Rückgriff auf das Evangelium als alleiniger Norm für Theologie und Glauben schwer möglich gewesen. Nicht ohne Grund baten die Bauern die Reformatoren mittels eines gedruckten Aufrufs, der ausdrücklich Richterliste heißt, um Gutachten zu ihren Artikeln, also auch dem Leibeigenschaftsartikel.
Dass gerade Bauern das Problem der Unfreiheit gewissermaßen auf einen prinzipiellen theologischen, juristischen und ethischen Punkt brachten, war nicht selbstverständlich, denn neben ihnen gab es nicht wenige Bürger, namentlich in den landesherrlichen Städten[4], die nicht minder

[3] **Hermeneutik** (von altgriech. *hermēneuein*: ausdrücken, übersetzen): systematische Auslegung, sachgerechte Interpretation
[4] **landesherrliche Städte**: Städte unter der Hoheit eines Fürsten, nicht reichsunmittelbare Städte

leibeigen waren als sie selbst. Aus zahlreichen württembergischen Amtsstädten[1] liegen Urkunden vor, ausgestellt von Schultheiß[2], Richtern und Bürgern, in denen die Bürgerschaften versprechen, sich ihrem Grafen nicht zu „entfremden […], weder mit unsern Leiben, Weiben, Kinden noch Guten". Den Leib darf man nicht entfremden, das ist Leibeigenschaft. Württemberg war kein Sonderfall. Von den meisten Reichsstädten abgesehen, gehört die Freiheit nicht zu den Statusrechten von Bürgern.

Peter Blickle, Der Bauernkrieg. Die Revolution des Gemeinen Mannes, München [4]2012, S. 55 f.

32040-080

1. Erklären Sie, warum die Leibeigenschaft um 1500 „unter einem dermaßen großen Legitimationsdruck" (Zeile 1 f.) stand.
2. Analysieren Sie die Hauptforderungen in den „Zwölf Artikeln". Siehe dazu den Internettipp weiter unten. | H
3. Erläutern Sie die in Zeile 20 bis 32 besprochene Passage aus den „Zwölf Artikeln". Stellen Sie das hier dargelegte Verständnis von Freiheit demjenigen Luthers in M5 gegenüber. | H
4. Blickle sagt an anderer Stelle über die „Richterliste" der Bauern (Zeile 38), die Aufständischen hätten in den Reformatoren gleichsam „Verfassungsrichter" gesehen. Erörtern Sie anhand dieser Bewertung das Verhältnis zwischen Bauernkrieg und Reformation. Ziehen Sie dazu auch den Abschnitt „Gegen eine radikale Reformation" im Darstellungsteil auf Seite 96 heran.

Internettipp
Die „Zwölf Artikel" der Bauern finden Sie unter diesem Code.

32037-17

Die „Zwölf Artikel" der Bauern.
Titelblatt eines Druckes aus Zwickau von 1525.
Der Titel lautet: „Beschwerung vnd freuntlich begeren mit angehefftem Christlichem erbieten der gantzen Bawerschafft So itzund versamlet yn zwelff hawbt Artickel auffs kurtzist gefuget".
In den „Zwölf Artikeln" fasste der Kürschner Sebastian Lotzer 1525 die Forderungen der aufständischen Bauern an die „weltlichen und geistlichen Obrigkeiten" zusammen. Sie waren das Resultat wochenlanger Beratungen oberschwäbischer Bauern.

[1] **Amtsstadt**: Stadt innerhalb eines Amtes (kleinräumige Verwaltungseinheit), häufig dessen Hauptort
[2] **Schultheiß**: Amtsperson zur Aufsicht über die Verwaltung und Rechtsprechung einer städtischen oder dörflichen Gemeinde

M7 Die Fürstenreformation und ihre Folgen für die Gesellschaft

Der Kirchenhistoriker Bernd Moeller (1931–2020) beschreibt die Einführung der ersten evangelischen Landeskirchen:

Das Verfahren, das man zur Neugründung der Kirche in den Territorien anwendete, war aufwändig und anspruchsvoll: Es wurden Visitationen[1] veranstaltet und damit jene alte Einrichtung des Kirchenrechts wiederbelebt, mit der die Bischöfe ihre Diözesen regierten. Nun geschah das in der neuen Form, dass staatliche Kommissionen aus Beamten und Theologen das weite Land bereisten und die kirchlichen Gegebenheiten am Ort zu ermitteln hatten – die Besitzverhältnisse, die Eignung der Pfarrer in Bezug auf Wissen, Meinungen und Sitten sowie den Zustand der Gemeinden. Im Weiteren verloren solche Kleriker, die an ihren katholischen Überzeugungen festhielten oder sonst für den evangelischen Kirchendienst ungeeignet erschienen, zumeist ihre Ämter [...]. Die kirchlichen Vermögenswerte wurden vielerorts in der neuen Form des „Gemeinen Kastens" vereinigt, aus dem in Zukunft die Besoldung der Pfarrer und Lehrer sowie die Armenfürsorge bestritten werden sollten – ein Verfahren, das sich in evangelischen Städten bewährt hatte –, und es wurden die Klöster geschlossen, ihre verbliebenen Insassen versorgt, auch das nach Analogie der Städte.

Das Ganze war ein eingreifender, für Betroffene oft schmerzlicher und nicht immer seriös gehandhabter Umschichtungsprozess. Streit gab es vor allem um die Vermögensfragen. [...]

Die wichtigste und kirchlich wie gesellschaftlich wirkungsreichste Veränderung im Zusammenhang der evangelischen Kirchenbildung erlebten Beruf und soziale Stellung des Pfarrers. [...] Im Grunde entstand in der Figur des evangelischen Pastors ein neuer Beruf, der für die Ausfüllung einer Führungsrolle in Kirche und Gesellschaft prädestiniert war. [...]

[Künftig] trat der evangelische Pastor im Unterschied zum Kleriker des Mittelalters nicht in der Masse, sondern als Einzelner auf. Die Zahl der geistlichen Personen verringerte sich in der evangelischen Kirche drastisch – in Städten mit nunmehr aufgehobenen kirchlichen Institutionen kamen Rückgänge in der Größenordnung von 50:1 vor. Gleichwohl aber nahmen Autorität und Sozialprestige[2] der Pastoren gegenüber den spätmittelalterlichen Klerikern oder Ordensleuten eher zu. Ihre Hauptaufgabe, das Predigen, war – in aller Öffentlichkeit verrichtet – doch eine ganz individuelle Betätigung, hatte aber nach der theologischen Lehre, die nun galt, für Leben und Schicksal der zuhörenden Christen unüberbietbare Bedeutung. So war die öffentliche Resonanz zumal in den Städten in der Regel groß, und dem entsprach es, dass sich vielfach ein neues Amts- und Standesbewusstsein der Pastoren entwickelte [...]. Die negativen Eigenschaften der alten Kleriker hingegen fehlten ihnen zumeist: Der evangelische Pastor wurde zum akademischen Studium angehalten und in späteren Zeiten sogar verpflichtet, so dass er durch Bildung hervortrat, und ihm war die Heirat erlaubt, ja geradezu geboten, so dass die problematischen Begleiterscheinungen des Zölibats[3] aufhörten.

Insbesondere diese letztgenannte Neuerung brachte, zusammen mit dem Verschwinden des Mönchtums, die möglicherweise einschneidendste soziale Veränderung mit sich, die im Zuge der Reformation eintrat. Die enorme Neuerung, dass Luther und seine Anhänger die bis in frühe Zeiten des Christentums zurückreichende Maxime[4], Jungfräulichkeit und Ehelosigkeit besäßen einen sittlich-religiösen Vorrang gegenüber dem sexuellen Leben, grundlegend und nachhaltig bestritten, wurde durch die in der Ehe lebenden evangelischen Pastoren gewissermaßen vollzogen.

Bernd Moeller, Das Zeitalter des Ausbaus und der Konsolidierung der Reformation 1525–1555, in: Ökumenische Kirchengeschichte, Bd. 2, hrsg. von Thomas Kaufmann und Raymund Kottje, Darmstadt 2008, S. 288–308, hier S. 291 f. (gekürzt)

32040-081

1. Fassen Sie zusammen, welche Änderungen durch die neue evangelische Kirchenordnung eintraten. Differenzieren Sie dabei zwischen Landesherr, Untertanen, Geistlichen und der Gesellschaft im Allgemeinen.
2. Erläutern Sie, mit welchen Mitteln die Fürstenreformation einer Radikalisierung der Reformation entgegenwirken konnte.
3. Präsentation: Entwickeln Sie, ausgehend von den Informationen im Text, ein Rollenspiel, das die Visitation einer (noch) katholischen Pfarrei nachstellt. Bringen Sie dabei die Ansprüche der landesherrlichen Kommission ebenso wie die Ängste und Bedenken der Kleriker zum Ausdruck.
4. Partnerarbeit: Vergleichen Sie die Fürstenreformation mit anderen politisch-weltanschaulichen Umwälzungen „von oben" (z. B. Entnazifizierung nach 1945, Aufarbeitung der SED-Vergangenheit in den neuen Bundesländern nach 1990). Stellen Sie Unterschiede und Ähnlichkeiten heraus.

1 **Visitation** (von lat. *visitatio*: Besichtigung, Besuch): Inspektion, Besuch einer Aufsichtsperson zur Kontrolle von dienstlich Untergebenen

2 **Sozialprestige**: Geltung innerhalb der Gesellschaft

3 **Zölibat** (von lat. *caelebs*: unverheiratet): Gebot der Ehelosigkeit und Keuschheit für Geistliche

4 **Maxime**: Leitvorstellung

M8 Reichsverfassung und Augsburger Religionsfrieden

Das Schaubild zeigt das Verfassungssystem des Heiligen Römischen Reiches Deutscher Nation und die Neuerungen durch den Augsburger Religionsfrieden von 1555:

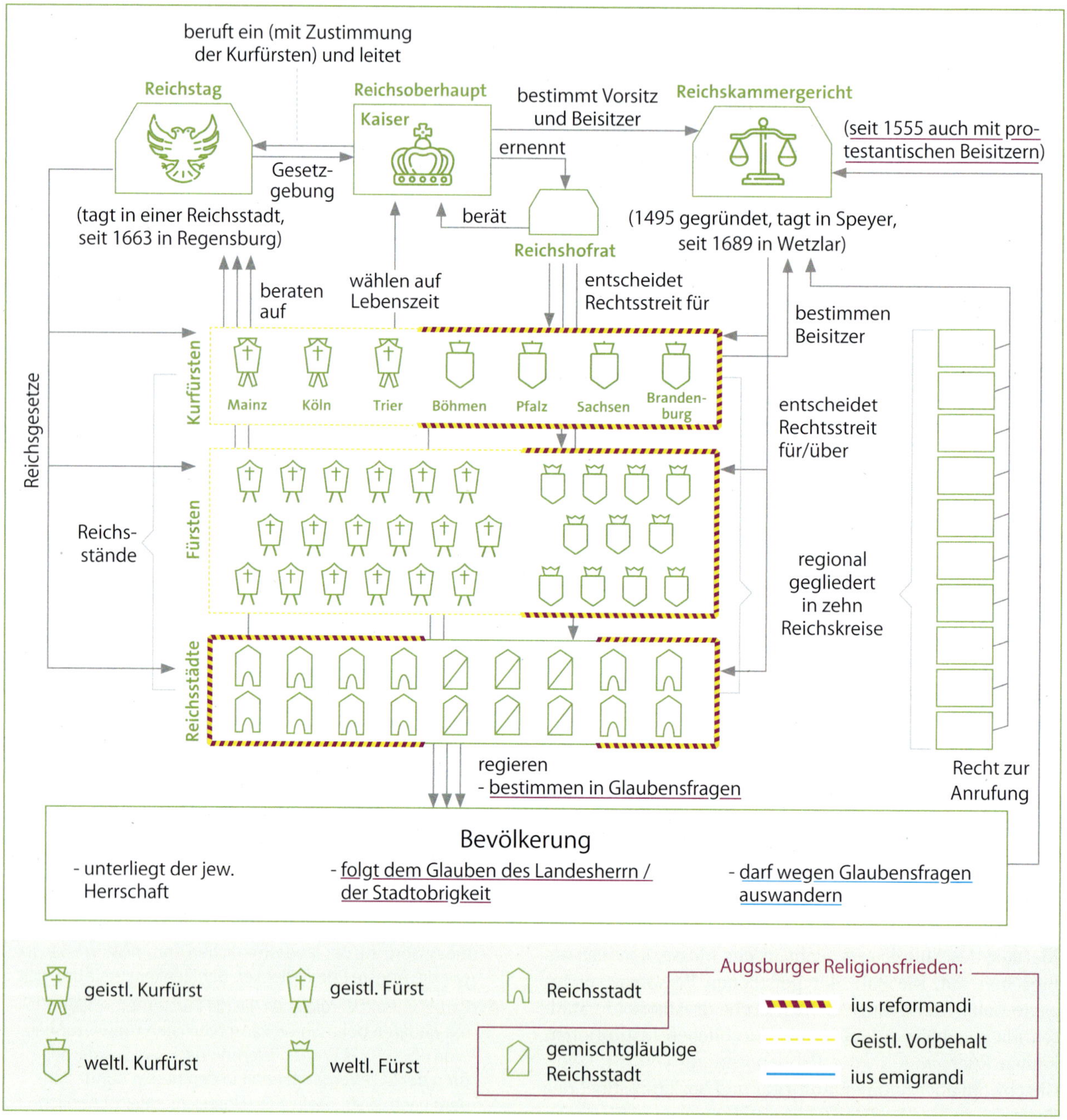

32040-082

1. Beschreiben Sie die Elemente und Aussagen des Schaubildes. | H

2. Arbeiten Sie heraus, welche Bestimmungen des Religionsfriedens für eine Festschreibung der Zustände sorgen sollten, welche dagegen Veränderungen zuließen.

3. Präsentation: Verfassen Sie ein Schreiben, mit dem Sie als Untertan Ihrem Fürsten oder Ihrer Reichsstadt anzeigen, wegen Glaubensgründen auszuwandern. Führen Sie dabei das vom Religionsfrieden gewährte Recht an. Berücksichtigen Sie auch, dass die Emigration mit harten Auflagen verbunden war (Zurücklassen des eigenen Vermögens, Ablösezahlungen).

M9 Empfehlungen zur katholischen Reform

Der Jesuitenpater Petrus Canisius (1521–1597) verfasst 1576 ein Gutachten über die Bewahrung und Erneuerung des katholischen Glaubens im römisch-deutschen Reich. Adressiert ist das Schreiben an den päpstlichen Legaten (Botschafter), Kardinal Giovanni Morone (1509–1580):

Unter andern Missständen, die jetzt nach dem verderblichen „Evangelium" Luthers in Deutschland um sich greifen, stehen folgende nicht an letzter Stelle, durch welche die Zahl der Katholiken von Tag zu Tag kleiner wird, nämlich eine völlige Unwissenheit im Glauben, die Unkenntnis der Kirche und deren Verachtung. Ferner ist nicht nur das Leben der Laien verderbt, sondern auch das des ganzen Klerus und vor allem der Prälaten[1] und der Ordensleute. Diese Missstände zerstören neben der Häresie[2] den Rest der Kirche [...], sodass es ohne rechtzeitige Gegenmaßnahmen unmöglich wird, die Katholiken vor dem Abfall zurückzuhalten oder die Häretiker[3] wiederzugewinnen. [...]

1. Das erste und nächstliegende Mittel ist – damit hat unser Heiliger Vater [der Papst] ja schon den Anfang gemacht –, dass er weiterhin für einen guten Unterricht der deutschen Jugend in verschiedenen Seminarien sorgt, die er auf seine Kosten bauen lassen möge. Zwar hilft das bereits errichtete Deutsche Kolleg in Rom[4] schon viel zu diesem Ziel. Weil aber die Kosten dort höher sind und viele das Klima nicht ertragen und immer wieder krank werden, und wegen anderer Ungelegenheiten scheint es ratsamer zu sein, in Rom selbst nur eine kleine Zahl von Deutschen zu behalten und mehrere Seminarien in Deutschland selber zu errichten. [...] Aus derartigen Seminarien würden sicher nicht nur gelehrte, sondern auch in jeder Hinsicht erprobte junge Leute hervorgehen. [...]

2. Das zweite Mittel ist, dass der Heilige Vater mit den deutschen Bischöfen über die Errichtung solcher Seminare verhandelt, bis sie endlich etwas in Angriff nehmen. [...]

5. Vor allem in Österreich und Böhmen gibt es sehr viele Äbte und Ordensobere, die nie Mönche waren noch rechtmäßig gewählt sind. Als Laien werden sie von einem weltlichen Fürsten eingesetzt [...]. [...] Ob es nicht ratsam wäre, dass der Heilige Vater mit den Fürsten verhandelte, damit sie in Zukunft derartige Ernennungen bleiben lassen oder dass wenigstens das Präsentationsrecht[5] nur unter der Bedingung zugestanden werde, dass sie sich an die Forderungen des Trienter Konzils halten?

6. Selten visitieren die Bischöfe ihre Diözesen, noch seltener erreicht eine Visitation[6] einen Nutzen. Dies kommt vor allem daher, dass sie nicht wissen, was zu verbessern und was anzuordnen ist [...]. Daher wäre es gut, wenn der Heilige Vater darüber wenigstens mit einigen Bischöfen verhandelte und gelehrte Männer auswählte, die der Aufgabe einer Visitation gewachsen und voll Eifer für Gott sind [...].

7. Großer Schaden erwächst daraus, dass allenthalben ohne jede Auswahl ganz Unwürdige geweiht und als Pfarrer eingesetzt werden. Grund dafür ist der Mangel an Geistlichen und die Unwissenheit und Nachlässigkeit der Prälaten. Der ersten Wurzel des Übels wird leicht mit der Errichtung der Seminare begegnet, die zweite wird dadurch behoben, dass auf Geheiß seiner H[eiligkeit] eine Prüfungsordnung für Weihekandidaten und für solche, die als Pfarrer eingesetzt werden sollen, herausgegeben und den Bischöfen übersandt wird.

8. Da wir aus der Werkstätte Satans täglich viele Bücher erscheinen sehen, die mit ihrem Gift das arme Volk verführen, wird es von großem Nutzen sein, wenn vom Apostolischen Stuhl[7] einige ausgezeichnete Männer ausgewählt werden, die die Bücher der Häretiker, die größeren Schaden anrichten, vor allem die Institutionen Calvins[8] und die Verurteilung des Trienter Konzils durch Chemnitz[9] widerlegen und bekämpfen sollten. Zu diesem Zweck wird es auch ganz entsprechend sein, wenn vom Papst eine Druckerei errichtet oder mit der Herausgabe betraut würde.

Nach: Albrecht P. Luttenberger (Hrsg.), Katholische Reform und Konfessionalisierung, Darmstadt 2006, S. 313–316 (gekürzt)

32040-083

1. Fassen Sie die Reformvorschläge zusammen.
2. Arbeiten Sie heraus, welche Missstände das Gutachten der eigenen Kirche und den katholischen Fürsten anlastet, welche dagegen der Reformation.
3. Vergleichen Sie die empfohlenen Reformmaßnahmen mit der Einführung evangelischer Kirchenordnungen in deutschen Territorien (siehe dazu den Verfassertext auf Seite 96 sowie M7 auf Seite 107).
4. Präsentation: Informieren Sie sich über Petrus Canisius und Giovanni Morone. Verfassen Sie Kurzbiografien über ihre Rolle im Rahmen der katholischen Reform.

1 **Prälat**: Siehe Fußnote 1 in M5 auf Seite 105.
2 **Häresie** (von altgriech. *haíresis*: Wahl, Anschauung): abweichende Glaubenslehre, Ketzerei
3 **Häretiker**: Vordenker oder Anhänger einer Häresie, Ketzer
4 **Deutsches Kolleg in Rom** (lat. *Collegium Germanicum*): 1552 gegründete päpstliche Hochschule für Priester, die die katholische Reform ins römisch-deutsche Reich tragen sollten
5 **Präsentationsrecht**: Vorschlagsrecht zur Wahl eines Kandidaten
6 **Visitation**: Siehe dazu Fußnote 1 für M7 auf Seite 107.
7 **Apostolischer Stuhl**: Bezeichnung für das Papsttum
8 **Institutionen Calvins**: Hier wird auf die Schrift „Institutio christianae religionis" (dt.: „Unterricht in der christlichen Religion") von Johannes Calvin (siehe Seite 99, Randspalte) angespielt.
9 Der evangelische Theologe **Martin Chemnitz** (1522–1586) verfasste zwischen 1566 und 1573 eine Kritik der Trienter Konzilsbeschlüsse.

M10 „Geistlicher Rauffhandel"

Auf einem ca. 1619 veröffentlichten illustrierten Flugblatt steht zu lesen:

Ach Herr Gott / ein elends wesen /
Wir können wedr schreibn noch lesen /
Sein ungelehrt / einfältig Leut /
Verstehen nicht den grossen Streit /
So all Lehrer täglich treiben /
In dem predigen und schreiben /
[...]
Es ist etwann bey hundert Jahr /
Fiel Luther dem Bapst in die Haar /
Der Bapst wolt das nicht gut seyn lan /
Fiel den Luther auch wider an /
Das rauffen wärt ein kurtze Frist /
Da mengt sich drein der Calvinist /
Fiel Bapst und Luther in die Haar /
Drauff der Zanck noch viel ärger war /
[...]
Der Punct seynd ein grosser Hauffen /
Drumb sich die drey Männer rauffen /
Und wäret noch je länger je mehr /
Der gemein Läy beklagt das sehr /
Weil er davon wirdt irr und toll /
Weiß nicht wem Theil er glauben soll /
Und ist läyder zu vermuten /
Es möcht sich noch ein Lehr außbruten.
Beschluss:
Herr Jesu / schaw du selbst darein /
Wie uneins die drey Männer seyn /
Komm doch zu deiner Kirch behend /
Und bring solch zancken zu eim end.

Nach: Deutsche illustrierte Flugblätter des 16. und 17. Jahrhunderts, hrsg. von Wolfgang Harms, Bd. II/2, Tübingen ²1997, S. 262 f.

32040-084

1. Arbeiten Sie heraus, welche Position das Gedicht im Streit zwischen den Konfessionen bezieht.
2. Der Text spricht vom „Rauffhandel" (Schlägerei) der Bekenntnisse. Finden Sie andere Begriffe für die damalige Auseinandersetzung.
3. Wie viel Uneinigkeit verträgt eine Religion? Diskutieren Sie allgemein in der Klasse.

M11 Wiederherstellung, Gleichstellung, Duldung

Am 24. Oktober 1648 werden in Münster der Friedensvertrag zwischen dem Kaiser und Frankreich sowie in Osnabrück die Vereinbarung zwischen Kaiser, Reichsständen und Schweden unterzeichnet. Im Osnabrücker Friedensvertrag (lat. Instrumentum Pacis Osnabrugensis, IPO*) heißt es in Artikel V:*

[§ 2] Der Stichtag für die Restitution in geistlichen Angelegenheiten sowie für das, was als deren Folge in den weltlichen Angelegenheiten verändert wurde, soll der 1. Januar 1624 sein. Es soll daher die Wiedereinsetzung aller Kurfürsten, Fürsten und Stände beider Konfessionen[1] unter Einschluss der freien Reichsritterschaft sowie der reichsunmittelbaren Städte und Dörfer vollständig und ohne jeden Vorbehalt geschehen, wobei [...] alles auf den Stand des vorerwähnten Jahres und Tages zurückzuführen ist.

[§ 30] Was ferner die [Landsassen[2], Vasallen[3] und Untertanen] der geistlichen und weltlichen Reichsstände betrifft, so ist, da diesen reichsunmittelbaren Ständen [...] das Reformationsrecht zusteht [...], [...] bestimmt worden, dass diese Vorschrift auch künftig von den Ständen beider Bekenntnisse beachtet und keinem Reichsstand das Recht, das ihm gemäß der Landeshoheit in Religionssachen zusteht, geschmälert werden soll.

[§ 31] Diesen Bestimmungen steht nicht entgegen, dass die Landsassen, Vasallen und Untertanen katholischer Stände, welcher Art sie auch seien, die zu irgendeinem Zeitpunkt des Jahres 1624 die öffentliche oder private Religionsausübung der Augsburgischen Konfession [...] vorgenommen haben, diese auch fernerhin einschließlich aller Nebenrechte, soweit sie diese im vorerwähnten Jahr in Anspruch genommen haben oder deren Ausübung unter Beweis stellen können, beibehalten sollen. Zu diesen Nebenrechten werden gerechnet: die Besetzung der Konsistorien, der Schule und der Kirchenämter, das Patronatsrecht[4] und ähnliche Rechte. Auch sollen sie im Besitz aller zur vorerwähnten Zeit in ihrer Gewalt befindlichen Kirchen, [...] Klöster und Spitäler einschließlich allen Zubehörs, aller Einkünfte und allen Zuwachses verbleiben. [...]

---

[1] Gemäß Artikel VII des IPO wurden die Reformierten den Anhängern des katholischen und evangelisch-lutherischen Bekenntnisses rechtlich gleichgestellt.

[2] **Landsasse**: Grundherr oder Adliger, der der Hoheit eines Fürsten untersteht

[3] **Vasall**: freie Person, die Lehen empfängt und verwaltet, als Lehnsnehmer dem Lehnsherrn zu Abgaben sowie militärischer oder politischer Gefolgschaft verpflichtet

[4] **Patronatsrecht** (von lat. *patronus*: Schutzherr): Schirmherrschaft über eine örtliche Kirche und ihr Personal

[§ 32] Wer [von ihnen] aber auf irgendeine Weise beeinträchtigt oder [seiner Besitztümer] entsetzt worden ist, soll ausnahmslos und vollständig in den Rechtszustand, in dem er sich im Jahre 1624 befunden hat, wiedereingesetzt werden.
Das gleiche gilt für die katholischen Untertanen von Reichsständen der Augsburgischen Konfession, denen im vorerwähnten Jahr 1624 die öffentliche oder private Ausübung des katholischen Bekenntnisses zustand. [...]

[§ 34] Ferner ist man übereingekommen, dass die der Augsburgischen Konfession angehörenden Untertanen katholischer Stände wie umgekehrt katholische Untertanen von Ständen der Augsburgischen Konfession, denen im Jahre 1624 zu keinem Zeitpunkt die öffentliche oder private Religionsausübung zustand, wie auch die, die nach der Verkündung des Friedens künftig ein anderes Glaubensbekenntnis annehmen oder annehmen werden als ihr Landesherr, mit Nachsicht geduldet und nicht daran gehindert werden sollen, sich in vollständiger Gewissensfreiheit in ihren Häusern ihrer Andacht ohne jede Nachforschung und ohne jede Beeinträchtigung privat zu widmen [...], in der Nachbarschaft so oft und wo immer sie wollen am öffentlichen Gottesdienst teilzunehmen und ihre Kinder entweder in auswärtige Schulen ihres Bekenntnisses oder zu Hause von Privatlehrern unterweisen zu lassen. Doch sollen Landsassen, Vasallen und Untertanen im Übrigen ihre Pflicht in schuldigem Gehorsam und Unterordnung erfüllen [...] und zu keinerlei Unruhen Anlass geben.

[§ 35] Ob die Untertanen aber katholischen Glaubens oder Augsburgischer Konfession sind, sollen sie doch nirgends wegen ihres Bekenntnisses verachtet [...] und auch nicht aus der Gemeinschaft der Kaufleute, Handwerker und Zünfte, von Erbschaften, Vermächtnissen, Spitälern, Siechenhäusern[1], Almosen und anderen Rechten oder Geschäften, noch viel weniger von den öffentlichen Kirchhöfen und einem ehrlichen Begräbnis ausgeschlossen [werden] [...]; vielmehr sollen sie in diesen und ähnlichen Fällen in gleicher Weise wie ihre Mitbürger Recht, Gerechtigkeit und Schutz genießen [...].

Nach: Arno Buschmann, Kaiser und Reich. Klassische Texte zur Verfassungsgeschichte des Heiligen Römischen Reiches Deutscher Nation vom Beginn des 12. Jahrhunderts bis zum Jahre 1806, Tl. 2, Baden-Baden [2]1994, S. 35 und 48 – 51

32040-085

1. Fassen Sie zusammen, in welchen Fällen das Normaljahr 1624 als Richtschnur für die konfessionellen Verhältnisse dienen sollte.
2. Erklären Sie, weshalb die Festlegung eines Normaljahrs zur allgemeinen Befriedung beigetragen hat.
3. Stellen Sie die Rechte der Bevölkerung (hier als „Landsassen, Vasallen und Untertanen" bezeichnet) den Rechten gegenüber, die ihr der Augsburger Religionsfrieden gewährte.
4. Arbeiten Sie aus den Paragrafen 34 und 35 (Zeile 42 bis 72) heraus, welche Nachteile es bisher für Andersgläubige in einer Reichsstadt oder einem Territorium geben konnte.
5. Präsentation: Tragen Sie die Bestimmungen des Westfälischen Friedens, soweit sie die Reichsstände und die Bevölkerung betreffen, in das Schaubild in M8 ein. Ziehen Sie dazu auch den Abschnitt „Friede mit Perspektiven" im Darstellungsteil auf Seite 101 heran.

[1] **Siechenhäuser**: damalige Krankenhäuser für besonders ansteckende Krankheiten wie Pest, Cholera oder Aussatz

Methode

Streitschriften untersuchen

Eine **Streitschrift** ist eine Textquelle. Mit ihr meldet sich der Verfasser in einer **öffentlichen Auseinandersetzung** über ein bestimmtes Thema zu Wort. Eine Streitschrift **„sucht Streit"**: Statt abzuwägen oder nüchtern zu beobachten, nimmt der Verfasser einseitig Partei und spitzt seine Meinung zu. Die Aussagen wirken daher leidenschaftlich, bis hin zur Übertreibung. In ihrer Argumentation setzen manche Verfasser vorsätzlich Unwahrheiten, Anfeindungen oder Spott ein. Steht die verbale Kampfansage an einen Gegner oder an eine andere Meinung im Vordergrund, spricht man auch von einer **Schmähschrift** oder einem **Pamphlet**.
Streitschriften der Vergangenheit sind oft sehr aufschlussreich, allerdings ist bei ihrer Untersuchung Vorsicht geboten. Wortwahl und Gedankengang der Quelle können gegen den Verfasser einnehmen, ihn befremdlich oder widerwärtig erscheinen lassen. Es geht jedoch weniger um ein moralisches Urteil, auch wenn eine solche Wertung in die Analyse aufgenommen werden kann. Vielmehr sind die **Motive des Verfassers und seine Position** kenntlich zu machen. Eine Streitschrift enthält kaum etwas Zuverlässiges über den darin beschriebenen Gegner. Sie gibt dagegen viel Aufschluss über den Verfasser selbst, seine Anschauungen oder seine Voreingenommenheit. Ähnliches gilt für das **Publikum**, an das sich der Text wendet. In den Anklagen oder Gehässigkeiten einer Streitschrift werden typische Sorgen, Probleme und Konflikte einer Zeit sichtbar. Mitunter ist das „Nachleben" einer Streitschrift zu berücksichtigen. Ihre Aussagen können auch die Menschen späterer Zeiten noch beeinflusst haben. In der Analyse ist klar zu trennen zwischen der ursprünglichen **Aufnahme (Rezeption)** der Streitschrift und ihren **Folgen** für die Nachwelt.

Weitere Anwendungsbeispiele finden Sie u.a. auf den Seiten 203, 210, 211 und 218.

32039-03 Methode Online

Arbeitsschritt	Leitfragen (Auswahl)
1. Reproduktion	• Wer ist der Verfasser oder Auftraggeber, welche Funktion oder Stellung hat er/sie? • Wann, wo und aus welchem Anlass wurde die Streitschrift verfasst? • Was ist der Gegenstand der Streitschrift? Was wird thematisiert? • Wie ist der Text aufgebaut? Welche Merkmale kennzeichnen ihn (Sprache, Stil)? • Tauchen im Text Übertreibungen, Unwahrheiten, Spott oder verbale Angriffe auf?
2. Reorganisation und Transfer	• Zu welcher öffentlichen Auseinandersetzung nimmt die Streitschrift Stellung? • Welchen Bezug hat der Verfasser zum Thema (Betroffener, distanzierter Beobachter)? • An wen wendet sich die Streitschrift? • Gegen wen oder welche Position ist die Streitschrift gerichtet? • Welche Absichten verfolgt der Verfasser oder Auftraggeber mit dem Text? • Welche Wirkung geht von dem Text aus?
3. Reflexion und Problemlösung	• Was kann die Streitschrift über die Denkweise des Verfassers und seines Publikums aussagen? • Gibt es weitere Äußerungen des Verfassers zum gleichen Thema? • Wie wurde die Streitschrift von den Zeitgenossen aufgenommen? • Von wem und wie wurde der Text in späteren Zeiten rezipiert?

M Luther und die Juden

Im Jahr 1523 veröffentlicht Martin Luther seine Schrift „Dass Jesus Christus ein geborener Jude sei". Er hofft darin, die Juden würden freiwillig die evangelische Lehre übernehmen. Im Winter 1542/43 verfasst er die Schrift „Von den Juden und ihren Lügen". Luthers frühere Haltung hat sich ins Gegenteil verkehrt:

Ich habe eine Schrift erhalten, in der ein Jude ein Gespräch mit einem Christen führt und sich daran macht, die Sprüche der [Heiligen] Schrift (wie sie für unseren Glauben gelten, über unseren Herrn Christus und Maria, seine Mutter) zu verdrehen und ganz anders zu deuten. Damit meint er, unseren Glaubensgrund umzustoßen. Darauf gebe ich Euch und ihm diese Antwort […].
[…] Ja, hier liegt der Grund, der Hader, die Anmaßung, das macht die Juden toll und töricht und treibt sie zu solch verdammtem Ansinnen, alle Sprüche der Schrift so schändlich entstellen zu müssen: Sie wollen und können nicht ertragen, dass wir Heiden mit ihnen vor Gott gleich seien und der Messias Trost und Freude für uns sei ebenso wie für sie. Ehe sie es ertrügen, dass wir Heiden, die wir von ihnen ohne Unterlass verspottet, verwünscht, verflucht, beleidigt und entehrt werden, mit ihnen am Messias teilhaben und Miterben und ihre Brüder heißen sollten, eher, so sage ich, kreuzigten sie noch zehnmal den Messias und schlügen Gott selbst tot, wenn dies möglich wäre, samt aller Engel und Geschöpfe, auch wenn sie dafür tausend Höllen statt nur einer einzigen verdienten. […]
Diesen giftigen Hass gegen die Gojim haben sie seit ihrer Jugend eingesogen, von ihren Eltern und Rabbinern[1], und saugen ihn weiter ein, ununterbrochen, sodass es ihnen, wie es in Psalm 109 heißt, in Fleisch und Blut, in Mark und Bein übergegangen und ganz und gar zu ihrer Natur, ihrem Dasein geworden ist. Und so wenig sie ihr Fleisch und Blut, ihr Mark und Bein ändern können, so wenig können sie solchen Stolz und Neid ändern. Sie müssen so bleiben und verderben, sofern Gott nicht ausgesprochen große Wunder tut. […] Darum wisse, lieber Christ, und zweifle nicht daran, dass du außer dem Teufel keinen erbitterteren, giftigeren, heftigeren Feind hast als einen wahren Juden, der es ernst meint, Jude zu sein. Es mag unter ihnen einige geben, die wie die Kühe oder Gänse an gar nichts glauben. Doch ihre Abstammung und Beschneidung wird niemand von ihnen los. […]
Unseren Obrigkeiten, so sie Juden als Untertanen haben, wünsche ich und bitte sie, sie wollten […] scharfe Barmherzigkeit gegen diese elenden Leute üben, damit es doch noch etwas helfen sollte, wiewohl wenig Aussicht besteht. Wie die treuen Ärzte, wenn der Wundbrand[2] die Knochen befallen hat, mit Unbarmherzigkeit verfahren und schneiden, sägen und Fleisch, Adern, Mark und Bein abbrennen, so verfahre man auch hier. Man verbrenne ihre Synagogen, verbiete alles, was ich oben schon nannte[3], zwinge sie zur Arbeit und behandle sie mit aller Unbarmherzigkeit, wie es Mose getan in der Wüste, als er dreitausend totschlug, damit nicht das ganze Volk verderben müsse. Sie [die Juden] wissen wahrlich nicht, was sie tun und wollen es, wie die Besessenen, nicht wissen, hören oder lernen. Darum kann man hier keine Barmherzigkeit üben, die sie in ihrem Wesen stärken würde. Will das Gesagte nicht helfen, dann müssen wir sie verjagen wie tolle Hunde, damit wir nicht, ihrer grauenvollen Lästerungen und aller Laster teilhaftig, mit ihnen zusammen Gottes Zorn verdienen und verdammt werden. Ich habe das Meine getan, ein jeder sehe, wie er das Seine tue, ich bin ohne Schuld.

Nach: D. Martin Luthers Werke. Kritische Gesamtausgabe, IV. Abteilung, Bd. 53, Weimar 1920 (unveränderter Nachdruck Weimar 2007), S. 417–552, hier S. 417, 481 f. und 541 f. (sprachlich vereinfacht)

Vage Andeutung, der erwähnte Text ist bis heute unbekannt.

Schimpfwort, den Juden in den Mund gelegt

Anfeindungen

Übertreibung

hier: abfällige Bezeichnung für alle Nichtjuden

Verweis auf Altes Testament

suggestive (stark beeinflussende) Vorstellung: Hass der Juden als nicht veränderbare, „natürliche" Eigenschaft

Vorurteil: Stolz und Neid

Anfeindungen

suggestiver (stark beeinflussender) Vergleich: Unglaube der Juden als gefährlicher „Infektionsherd"

Verweis auf Altes Testament (Exodus 32,25–28)

Vorurteil: Verblendung, Unbelehrbarkeit

Drohung

---

[1] **Rabbiner**: jüdische Geistliche
[2] **Wundbrand** (veraltet): sich ausbreitende Wundinfektion
[3] Luther forderte das Verbot jüdischer Religionslehre und die Beschlagnahme jüdischer religiöser Schriften. Juden sollten in keinen festen Behausungen wohnen und keinen erhöhten Zins für Darlehen nehmen dürfen (sogenanntes Wucherverbot).

Untersuchen Sie die Streitschrift mithilfe der Arbeitsschritte auf Seite 112. Ihre Ergebnisse können Sie mit der Beispiellösung auf Seite 484 vergleichen.

32040-086

Die Krise der spätmittelalterlichen Kirche und die Reformation

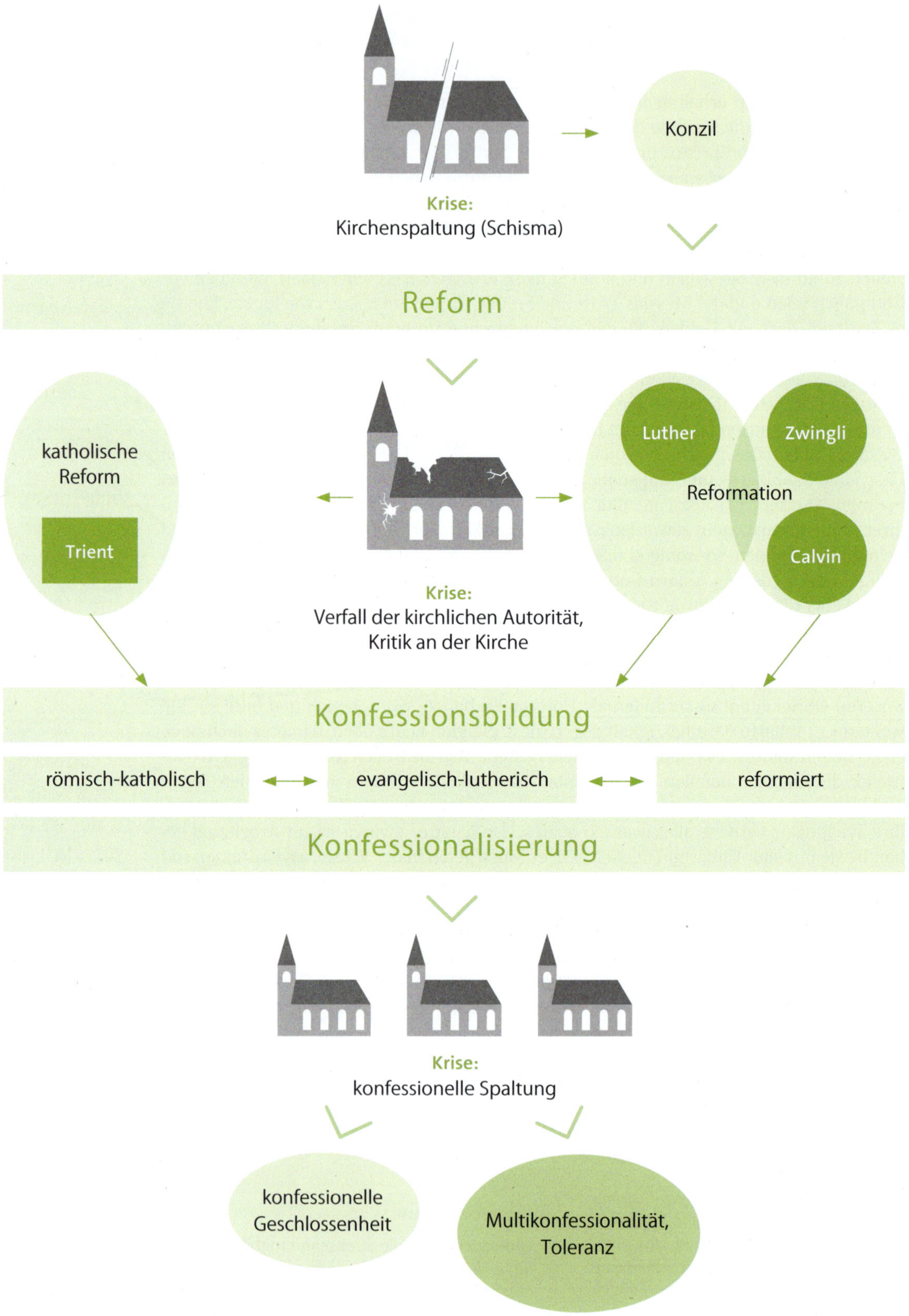

M „Es muss anders werden“

Der Kulturhistoriker Jacob Burckhardt (siehe Seite 13) bemerkt zur Dynamik von Krisen in der Geschichte:

Eine scheinbar wesentliche Vorbedingung für die Krisen ist das Dasein eines sehr ausgebildeten Verkehrs und die Verbreitung einer bereits ähnlichen Denkweise in anderen Dingen über große Strecken.
Allein, wenn die Stunde da ist und der wahre Stoff, so geht die Ansteckung mit elektrischer Schnelle über hunderte von Meilen und über Bevölkerungen der verschiedensten Art, die einander sonst kaum kennen. Die Botschaft geht durch die Luft, und in dem Einen, worauf es ankommt, verstehen sie sich plötzlich Alle, und wäre es auch nur ein dumpfes: „Es muss anders werden.“

*Der Kirchenhistoriker Hubert Wolf (*1959) über gescheiterte Ansätze, die Krise der spätmittelalterlichen Kirche zu überwinden:*

„Wir wissen, dass es an diesem Heiligen Stuhl schon seit einigen Jahren viele gräuliche Missbräuche in geistlichen Dingen und Exzesse gegen die göttlichen Gebote gegeben hat, ja, dass eigentlich alles pervertiert worden ist. So ist es kein Wunder, wenn sich die Krankheit vom Haupt auf die Glieder, das heißt von den Päpsten auf die unteren Kirchenführer ausgebreitet hat. Wir alle [...] sind abgewichen, ein jeder sah nur auf seinen eigenen Weg, und da ist schon lange keiner mehr, der Gutes tut, auch nicht einer.“ Diese Worte stammen nicht von einem zeitgenössischen Kritiker der katholischen Kirche, sondern von Papst Hadrian VI. im Jahr 1523. Keine zwei Jahre zuvor hatte Martin Luther sich auf dem Wormser Reichstag geweigert, seine Thesen zu widerrufen, woraufhin die Reichsacht über ihn verhängt wurde – ein entscheidender Schritt auf dem Weg zur Kirchenspaltung.
Hadrian VI. versuchte, der Kritik den Wind aus den Segeln zu nehmen, indem er die vielfältigen Missstände beim Namen nannte, seiner Kirche überfällige Reformen verordnete und versprach, „dass Wir jede Anstrengung unternehmen werden, dass als erstes diese Kurie, von der das ganze Übel ausgegangen ist, reformiert wird, damit sie in gleicher Weise, wie sie zum Verderben der Untergebenen Anlass geboten hat, nun auch ihre Genesung und Reform bewirkt. Dazu fühlen Wir Uns umso mehr verpflichtet, als Wir sehen, dass die ganze Welt eine solche Reform sehnlichst begehrt.“ Doch Hadrian VI. starb bereits im September 1523, und sein radikales Programm wurde nie umgesetzt.

Erster Text: Jacob Burckhardt, Werke. Kritische Gesamtausgabe, Bd. 10, München/Basel 2000, S. 470 f.; zweiter Text: Hubert Wolf, Die Reformierbare. Von den vielfältigen Optionen der katholischen Kirche, in: Aus Politik und Zeitgeschichte 66 (2016), Heft 52, S. 28–33, hier S. 28

32040-087

1. Erläutern Sie, ob das von Burckhardt geschilderte Merkmal auf die Krise der spätmittelalterlichen Kirche zutraf.
2. Papst Hadrian VI. spricht von einer „Krankheit“ der Kirche sowie von ihrer „Genesung“ (Zeile 16 und 35). Weisen Sie in den Quellentexten M2, M3, M5 und M9 aus dem Wahlmodul nach, ob es gleichlautende oder sinngemäß ähnliche Befunde gibt. Argumentieren Sie, unter Bezug auf die Aussagen im Kernmodul „Krisen“, dass darin ein zeitgenössisches Krisenbewusstsein zum Ausdruck kommt.
3. Setzen Sie sich mit der Frage auseinander, ob und inwieweit die kirchliche Krise von den Zeitgenossen als Chance und Bewährungsprobe verstanden wurde (vgl. dazu M2, M4 und M6 im Kernmodul „Krisen“). Verweisen Sie dabei auf die Geschehnisse um das Konstanzer Konzil, auf Jan Hus und seine Anhänger, auf die Lehre und das Verhalten von Martin Luther und auf die Reformen im Zuge des Konzils von Trient.
4. Beurteilen Sie die Bedeutung a) der Bildung (Gründung von Universitäten, Humanismus, Anstieg der Literaturproduktion usw.) und b) der damaligen Frömmigkeit für die kirchliche Krise und die Reformation.
5. Gruppenarbeit: Tragen Sie zusammen, welche Widerstände es gegen die geplanten Reformen der alten Kirche sowie gegen die reformatorische Bewegung gab (z. B. Konflikt Papst–Konzil, Wormser Edikt). Diskutieren Sie, ob diese Widerstände zu einer Verschärfung der Krise führten oder sie in eine andere Richtung lenkten.
6. Erörtern Sie, inwiefern die Krise der Kirche seit Ende des Mittelalters zu etwas wesentlich Neuem führte. Ziehen Sie dazu das Tafelbild auf der vorherigen Seite sowie M2 und M5 im Kernmodul „Krisen“ heran.
7. Diskutieren Sie in der Klasse, welche Lehren sich aus der Krise der Kirche für die Gegenwart ziehen lassen.

Orientierung

1.6 Wahlmodul: Französische Revolution

Die Französische Revolution gehört zu den wirkungsmächtigsten Ereignissen in der Geschichte der Neuzeit. Ende des 18. Jahrhunderts war das absolutistische Königtum nicht mehr in der Lage, die zerrütteten Staatsfinanzen zu ordnen. Angeleitet von den Ideen der Aufklärung erzwungen die Bürgerinnen und Bürger eine Teilhabe an der Regierung. Bleibend war am Ende die Auflösung der althergebrachten ständischen Ordnung.

Im Verlauf der Revolution wurde die absolute Monarchie in Frankreich zunächst in eine konstitutionelle, das heißt an eine Verfassung gebundene, Monarchie umgewandelt. In einem zweiten Schritt errichtete das unzufriedene Volk eine Republik – ohne Monarchen. Eine radikaldemokratische Revolutionsregierung herrschte zeitweise mit Mitteln des Terrors. Schließlich erklärte nach einem Staatsstreich der Erste Konsul Napoleon Bonaparte 1799 „die Revolution für beendet".

Wirkungsmächtigstes Erbe der Revolution ist die Erklärung der Menschen- und Bürgerrechte vom 26. August 1789, deren Prinzipien bis heute Gültigkeit besitzen.

Das Kapitel beschäftigt sich inhaltlich mit ...

- den Ursachen der Revolution
- den Phasen der Revolution und ihren Trägern
- der Ausstrahlung der Revolution auf Deutschland
- Napoleon als Erbe der Revolution

Denkwürdige Szenen.
Kolorierter Holzschnitt aus dem Jahre 1793, verlegt von Jean-Baptiste Letourmi.
Der populäre Bilderbogen gibt den Verlauf der Ereignisse zwischen 1789 und 1791 wieder. Zu Beginn (Abbildung links oben) wird der Dritte Stand fast erdrückt, weil er neben seinen eigenen Steuern auch noch die Lasten der ersten beiden Stände tragen muss. Das „Erwachen des Dritten Standes" in der zweiten Abbildung (rechts oben) zeigt im Hintergrund die Bastille und beschwört den 14. Juli 1789. Die Abschaffung der Wappen (Abbildung unten links) verbildlicht die Beschlüsse der Nationalversammlung vom 19. Juni 1790: Abschaffung des Erbadels und adliger Titel. Auch kirchliche Insignien werden bei dieser Gelegenheit zerschlagen. In der vierten Abbildung (unten rechts) werden dank der Revolution die Lasten von den drei Ständen nun gemeinsam getragen. Doch nach wie vor erscheinen Adel und Klerus in engem Schulterschluss.

1787/88	Steuer- und Finanzreformen scheitern am Einspruch des Adels und des Klerus.	**Das Ancien Régime in der Krise**
1788	Der König beschließt, die **Generalstände** (Etats généraux) einzuberufen.	
5. 5. 1789	**Ludwig XVI.** eröffnet die Generalstände in Versailles.	**Die erste Revolution (Révolution de la liberté)**
17. 6. 1789	Der **Dritte Stand** erklärt sich zur **Nationalversammlung** (Assemblée nationale).	
14. 7. 1789	In Paris wird die Bastille gestürmt.	
4. 8. 1789	„**Augustbeschlüsse**" der Nationalversammlung; die feudalen Privilegien und Rechte sollen abgeschafft werden.	**Konstitutionelle Monarchie**
26. 8. 1789	Die **Menschen- und Bürgerrechte** werden verkündet.	
5./6. 10. 1789	Protestmarsch der Pariser Frauen nach Versailles; der königliche Hof und die Nationalversammlung werden nach Paris verlegt.	
19. 6. 1790	Erbadel und adlige Titel werden durch die Nationalversammlung abgeschafft.	
14. 7. 1790	Am Jahrestag des Sturms auf die Bastille findet auf dem Pariser Marsfeld ein „Fest der Föderation" statt.	
20./21. 6. 1791	Die königliche Familie versucht zu fliehen; sie wird festgenommen und zurück nach Paris gebracht.	
27. 8. 1791	Österreich und Preußen erklären sich bereit, dem französischem König zu unterstützen.	
3. 9. 1791	Frankreich wird **konstitutionelle Monarchie**.	
5. 9. 1791	**Olympe de Gouges** veröffentlicht ihre „Erklärung der Rechte der Frau und Bürgerin".	
Juli/Aug. 1792	Das Königtum wird vorübergehend aufgehoben und Ludwig XVI. mit seiner Familie gefangengesetzt.	
2. - 6. 9. 1792	In Paris werden die Gefängnisse gestürmt und zahllose Häftlinge ermordet („**Septembrisaden**").	**Die zweite Revolution (Révolution de l' égalité)**
21. 9. 1792	Die Monarchie wird abgeschafft und die **Republik** ausgerufen.	
21. 10. 1792	Französische Truppen marschieren in Mainz ein.	
21. 1. 1793	Ludwig XVI. wird wegen Landesverrats verurteilt und hingerichtet.	
17. 9. 1793	„Gesetz über die Verdächtigen": Höhepunkt der „**Schreckensherrschaft**" („La Terreur").	
27. 7. 1794	**Maximilien de Robespierre** und seine Anhänger werden gestürzt und hingerichtet.	
20. - 23. 5. 1795	Die **Sansculotten** demonstrieren für „Brot und die Verfassung" von 1793; ihr Aufstand wird niedergeschlagen.	**Das „amtliche Ende" der Revolution**
22. 8. 1795	Die „Direktorialverfassung" wird verkündet.	
9./10. 11. 1799	Staatsstreich **Napoleon Bonapartes**; er erklärt die Revolution für beendet.	
21. 3. 1804	Der **Code civil**, ein neues bürgerliches Gesetzbuch, wird veröffentlicht.	
2. 12. 1804	Napoleon Bonaparte krönt sich in Paris zum „Kaiser der Franzosen".	

Frankreich am Vorabend der Revolution | Mit 28 Millionen Menschen (davon über 700 000 in der Metropole Paris) war Frankreich am Ende des 18. Jahrhunderts das am dichtesten besiedelte Land Westeuropas. Landwirtschaft und Kolonialhandel sorgten für den Wohlstand des Königreiches. Kulturell gehörte Frankreich zu den führenden Nationen. Rund ein Drittel der Bevölkerung war alphabetisiert, wobei zwischen den ländlichen und städtischen Regionen starke Unterschiede bestanden. Die Gesellschaft war in drei Stände gegliedert: die Geistlichkeit (*la Clergé*), der Adel (*la Noblesse*) sowie die Bauern und Bürger (*Tiers Etat*).

	Erster Stand	Zweiter Stand	Dritter Stand
	Geistlichkeit	Adel	Bürger und Bauern
Anteil an der Bevölkerung	ca. 130 000 (0,5 %)	ca. 380 000 (1,4 %)	ca. 27,5 Millionen (98 %)
Anteil am Grundeigentum	10 %	20 %	70 %
Nutznießer	hohe Geistlichkeit		Großbürgertum (1 % der Bevölkerung): 30 % Sonstige (97 % der Bevölkerung): 40 %

Die drei Stände in Frankreich um 1788/89.

Aufklärung: Die bis heute meist verwendete Definition lieferte der Königsberger Philosoph Immanuel Kant (1724–1804): „Aufklärung ist der Ausgang des Menschen aus seiner selbst verschuldeten Unmündigkeit." Die Vernunft sollte zum Maßstab allen Denkens werden. Auswirkungen hatte dies für den Kampf gegen (religiöse) Vorurteile, für Bildung und Rechte der Bürger sowie in einer Hinwendung zu den Naturwissenschaften.

feudal: abgeleitet von lat. *foedum:* Lehensgut

Die alte Gesellschaftsordnung hatte bereits im Verlauf des 18. Jahrhunderts begonnen, sich aufzulösen. Schon allein die Unterschiede zwischen dem Hofadel sowie dem wohlhabenden und dem verarmten Provinzadel waren erheblich. Zudem musste der Adel seine einstmals kulturelle Führungsfunktion mit dem Großbürgertum teilen. Die Wortführer der neuen aristokratisch-bürgerlich gemischten Bildungselite setzten sich ganz im Sinne der **Aufklärung** (→ M1) ein gegen den Anspruch der Kirche, im alleinigen Besitz der Wahrheit zu sein, sowie für politische Freiheit. Damit untergruben sie die Fundamente der ständischen Ordnung.

Eine weitere Annäherung zwischen Angehörigen beider Stände brachte der ökonomische Aufschwung Frankreichs in den ersten zwei Dritteln des 18. Jahrhunderts. Dank der Aufwertung des durch Handel und Gewerbe erlangten Reichtums konnten es Adlige nun durchaus mit ihrer Standeswürde vereinbaren, sich kommerziell zu betätigen. Sie beteiligten sich an Industrieunternehmen und wurden als Fernhändler und Reeder aktiv.

Auch in der Landwirtschaft waren Adel und Großbürgertum zu Konkurrenten und Partnern geworden. Hohe Grundrenten ließen den Landbesitz zum vorrangigen Investitionsobjekt für reiche Stadtbürger werden. Die bürgerlichen und adligen Agrarunternehmer nutzten die alten **feudalen** Rechte der Grundherrschaft auf Kosten der Bauern voll aus: etwa Anspruch auf bäuerliche Fronarbeit und Feudalabgaben, das Jagd- und Fischereimonopol, die grundherrliche Gerichtsbarkeit.

Während sich die Lebensformen von Adel und Großbürgertum einander anglichen, waren die Gegensätze innerhalb des *Dritten Standes* besonders deutlich. In den Städten bestimmten das Großbürgertum (Bankiers, Unternehmer etc.) und die aufgeklärte Bildungselite (Künstler, Anwälte, Ärzte, Beamte etc.) die öffentliche Meinung. Die Sorgen der Arbeiter und Dienstboten, der Ladenbesitzer, Gastwirte und Handwerker fanden kaum Gehör; sie lebten oft am Rande des Existenzminimums. Und auf dem Land waren die Kleinbauern als stärkste Bevölkerungsgruppe häufig auf zusätzliche Erwerbsquellen angewiesen. Bei Missernten waren Kleinbauern, Gesinde und Tagelöhner von der Not unmittelbar betroffen.

Machtkampf | Das **Ancien Régime** litt ständig unter finanziellen Problemen. Sie waren durch die massive Unterstützung der nordamerikanischen Kolonien in ihrem Unabhängigkeitskrieg gegen Großbritannien (1776–1783) noch vergrößert worden. Alle Versuche der Krone, die Stände entsprechend ihren Einkünften gleichmäßig zur Deckung der öffentlichen Lasten heranzuziehen, scheiterten am Widerstand von Klerus und Adel.

Ludwig XVI., der seit 1774 regierte, war schließlich gezwungen, die **Generalstände** (*Etats généraux*) einzuberufen. Darauf hatte das absolutistische Königtum (**Absolutismus**) seit 1614 bewusst verzichtet, aber nur die Generalstände sollten das Recht haben, über eine Steuerreform zu beraten.

Doch wie sollte das Wahlrecht zur Ständeversammlung aussehen, vor allem, sollten die Stände getrennt, wie vor 175 Jahren, oder vereint abstimmen? Die Regierung stellte diese Probleme der Öffentlichkeit zur Diskussion. Alle „Gelehrte und andere gebildete Personen" Frankreichs wurden aufgefordert, zu den Fragen der „nationalen Erneuerung" Stellung zu nehmen. Eine Flut von Zeitungsartikeln, Flugschriften, Streit- und Schmähschriften sowie gelehrten Abhandlungen folgte. Der absolutistische Staat hatte sich selbst zur Diskussion gestellt, und die daraus entstehende Auseinandersetzung war geprägt von den Vorstellungen der aufgeklärten Bildungselite.

Im Januar 1789 wurde die Wahlordnung zu den Generalständen veröffentlicht. Die Zahl der zu wählenden Abgeordneten des Dritten Standes war zwar verdoppelt worden, doch der künftige Abstimmungsmodus blieb weiter ungeklärt. Die Wahlordnung bestimmte, dass die gesamte männliche Bevölkerung über 25 Jahre (beim Adel auch die Frauen!), die in den Steuerlisten eingetragen war, wählen durfte. Adel und Klerus konnten ihre Vertreter direkt wählen, die Angehörigen des Dritten Standes dagegen durften ihre Abgeordneten nur indirekt, über Wahlmänner, bestimmen.

Der einsetzende Wahlkampf politisierte die Bevölkerung in nie gekannter Weise. Begriffe wie Freiheit, Gleichheit, Glück, Souveränität und Repräsentation, die schon zuvor den amerikanischen Unabhängigkeitskampf geprägt hatten, wurden zu Schlagwörtern. Der neue Begriff der „Volkssouveränität" fand seinen Ausdruck in einer im Januar 1789 von dem dreißigjährigen Geistlichen **Emmanuel Joseph Sieyès** veröffentlichten Flugschrift mit dem Titel „Was ist der Dritte Stand?" (→ M2). Im Zusammenhang mit der Wahl der Abgeordneten konnten die Wähler ihre Klagen, Beschwerden und Wünsche vorbringen. Sie wurden in „Beschwerdeheften" (*Cahiers de doléances*) zusammengefasst. Die Monarchie stand bei dieser ersten modernen „Meinungsumfrage" der Geschichte nicht zur Diskussion.

Die Revolution der Abgeordneten | Am 5. Mai 1789 eröffnete der König in Versailles die Sitzungsperiode der Generalstände. Doch die Erwartungen wurden enttäuscht. Die Stände tagten getrennt, und die Reformen sollten an die Aufrechterhaltung der Ständeordnung gebunden bleiben. Nachdem die Versammlung deshalb über einen Monat handlungsunfähig geblieben war, forderte Sieyès die Abgeordneten des Ersten und Zweiten Standes auf, gemeinsam mit dem Dritten Stand zu tagen. Dem Aufruf folgten reformwillige Männer aus Adel und Klerus. Am 17. Juni erklärten sich 491 gegen 90 Abgeordnete zur Nationalversammlung (*Assemblée nationale*), und Sieyès verkündete, „dass es der Versammlung – und nur ihr – zukommt, den Gesamtwillen der Nation auszudrücken und zu vertreten; zwischen dem Thron und dieser Versammlung kann kein Veto, keine Macht des Einspruchs stehen". Das war revolutionär! Die an Stand und Auftrag ihrer Wähler gebundenen Deputierten (*imperatives Mandat*) hatten sich eigenmächtig (*souverän*) zu Abgeordneten der gesamten Nation erklärt, die nur noch dem Allgemeinwillen (*Volonté générale*) dienen wollten. Damit hatte der Dritte Stand den ersten Schritt vom politisch unmündigen Untertanen zum mitbestimmenden Staatsbürger (*Citoyen*) vollzogen.

Ancien Régime (wörtlich: alte, ehemalige Regierung): Der Begriff steht für die vorrevolutionären Zustände.

Generalstände: Ständevertretung ganz Frankreichs mit je 300 Abgeordneten des Klerus, des Adels und des Dritten Standes (= Bürger, Bauern)

Absolutismus: die (in der Theorie) ungeteilte Herrschaft des Monarchen. Sie wird hergeleitet aus dem Gottesgnadentum des Herrschers, der über dem Gesetz steht.

Emmanuel Joseph Sieyès (1748–1836): Angehöriger des Klerus und Politiker. Er war einer der einflussreichsten Wortführer des Dritten Standes, wurde Abgeordneter des Nationalkonvents und unterstützte 1799 als Mitglied der Regierung den Staatsstreich Napoleons.

Bildinformation 31000-39

Der Ballhausschwur vom 20. Juni 1789.
Zeitgenössisches Gemälde nach einer kolorierten Zeichnung des Revolutionsmalers Jacques-Louis David, um 1791.
Ursprünglich hatte David seine Arbeit als Vorlage für ein riesiges Wandgemälde im Sitzungssaal der Nationalversammlung erstellt. Der Auftrag wurde nie ausgeführt, nicht zuletzt weil die gefeierten Helden von 1789 schon bald in Misskredit fielen.
Das Historienbild gibt nicht den tatsächlichen Hergang der Ereignisse wieder. Beispielsweise sind alle scheinbar spontanen Gesten so aufeinander abgestimmt, dass sie in der Bildmitte in der zum Schwur erhobenen Hand des Präsidenten der Versammlung zusammentreffen. Auch die Verbrüderung von Vertretern verschiedener Konfessionen im Vordergrund hat nachweislich nicht stattgefunden. Letztlich ging es David darum, die Geburtsstunde einer lebendigen und – trotz der sichtbar werdenden unterschiedlichen Gemütsäußerungen – geeinten Nation darzustellen. Der Vorhang links oben will den wehenden Atem der Geschichte in diesem historischen Augenblick verkörpern.

Als die Krone daraufhin kurzfristig den Versammlungsraum der Deputierten des Dritten Standes schloss, zogen die reformbereiten Abgeordneten aller drei Stände in eine nahe gelegene Sporthalle und beteuerten am 20. Juni in einer improvisierten Erklärung, dem *Ballhausschwur*, „niemals auseinanderzugehen und sich überall zu versammeln, wo es die Umstände gebieten sollten, so lange, bis die Verfassung des Königreiches ausgearbeitet ist und auf festen Grundlagen ruht". Angesichts der Entschlossenheit der Deputierten gab der König sein alleiniges Recht, Ständeversammlungen einzuberufen, zu vertagen oder aufzulösen, preis. Feierlich erklärte sich daraufhin am 9. Juli 1789 die Mehrheit der Abgeordneten zur Verfassunggebenden Nationalversammlung (*Assemblée nationale constituante*). Der Monarch herrschte nicht mehr absolut.

Der 14. Juli 1789 und die städtische Volksrevolution | Ludwig XVI. berief Mitte Juli eine konservative Regierung und zog die Truppen um Paris und Versailles zusammen. Die Furcht vor einer politischen Wende traf in Paris mit sozialen Problemen zusammen, denn die Lebensmittelpreise hatten einen Schwindel erregenden Höhepunkt erreicht. Notleidende Bürger forderten Brot und Waffen, Demonstrationen sorgten für Unruhe. Daraufhin übernahmen die Wahlmänner der Pariser Stadtbezirke als „Kommune" die Stadtverwaltung. Ein *Ständiger Ausschuss*, der zukünftige Stadtrat, gründete eine Bürgerwehr: die Nationalgarde. Damit hatte die bürgerliche Selbstverwaltung begonnen. Sie konnte aber nicht verhindern, dass aufgrund des Gerüchtes, königliche Truppen würden die Stadt angreifen, eine aufgebrachte Menge am 14. Juli die *Bastille* stürmte. Die alte Festung diente als Staatsgefängnis und Pulverlager – und galt als Symbol der Unfreiheit. Ihre Eroberung, bei der sieben Gefangene befreit werden konnten und 98 Angreifer im Kampf fielen, gab der Bevölkerung ein nicht mehr zu nehmendes Bewusstsein von Macht. Sie hatte die „Ketten der Knechtschaft" (*Jean-Jacques Rousseau*) gesprengt – und ganz Europa nahm das staunend zur Kenntnis.

Die Revolution der Bauern | Auch auf dem Lande hatte man von den Generalständen Reformen erwartet. Als diese ausblieben, protestierten die Bauern mit friedlichen und gewaltsamen Mitteln gegen ihre Grundherren. Sie verweigerten Abgaben, stürmten Herrensitze, Schlösser und Klöster und vernichteten die Urkunden, die ihre Abgaben und Pflichten belegten. Gleichzeitig verbreitete sich eine „Große Furcht" (*„Grande Peur"*) vor herumstreunenden Bettlergruppen, plündernden Räuberbanden und Rachefeldzügen der Aristokratie. Sie stellte sich im Nachhinein oft als unbegründet heraus.

Von der ständischen zur bürgerlichen Ordnung | Während die ersten Adligen ins Exil gingen, richteten sich die politischen Hoffnungen des Dritten Standes auf die Verfassunggebende Versammlung. Waren die fast 1 200 Abgeordneten in der Lage, die ständische Gesellschaftsordnung in eine auf Freiheit und Gleichheit beruhende bürgerliche Ordnung umzuwandeln? Diese Aufgabe verlangte zunächst die Umformung der ständischen in eine bürgerliche Rechtsordnung. Der erste Schritt dahin waren die *„Augustbeschlüsse"*, welche die Sonderrechte (Privilegien) von Ständen, Provinzen und Städten abschafften. Die folgende Gesetzgebung regelte erstmals die politische Gleichberechtigung aller Stände und – daraus resultierend – die rechtliche und steuerliche Gleichheit der Bürger. Freie (ständisch ungebundene) Staatsbürger sollten von nun an selbst über ihr Eigentum (vor allem über Grund und Boden) verfügen können. Eine Grundlage der „modernen" bürgerlichen Gesellschaft war geschaffen.

In einem zweiten Schritt wurde am 26. August 1789 die Erklärung der Menschen- und Bürgerrechte im Rahmen der geplanten Verfassung verabschiedet (➔ M3). Die Erklärung verkündete die wirkungsmächtigsten Prinzipien der Französischen Revolution von 1789: die Freiheit des Individuums (*Liberté*), die Gleichheit der Bürger (*Egalité*) sowie, weniger deutlich, die Brüderlichkeit (*Fraternité*) aller Menschen. Diese „Charta der modernen Demokratie", so der Historiker *François Furet*, hatte auch Grenzen: Die noch schwache Forderung nach der Gleichberechtigung der Geschlechter wurde nicht eingelöst.

Von zentraler Bedeutung während der Verfassungsberatungen war die Frage, welche Kompetenzen dem Monarchen künftig zugestanden werden sollten. Seine Exekutivgewalt wurde nicht infrage gestellt, aber in der Gesetzgebung räumte die Mehrheit der Deputierten dem König nur noch ein aufschiebendes Einspruchsrecht (*suspensives Veto*) ein, mit dem er Gesetze zwar nicht generell verhindern, aber für vier Jahre blockieren konnte.

Noch während die Verhandlungen über die Verfassung auf der Stelle traten, zogen mit der Bemerkung „Die Männer trödeln, die Männer sind feige, jetzt nehmen wir die Sache in die Hand", am 5. Oktober 1789 etwa 5 000 Frauen nach Versailles, um gegen die Hungersnot in Paris zu demonstrieren; ihnen folgten rund 20 000 Nationalgardisten.

Nationalgarde: Am 11./12. Juli 1789 in Paris entstandene Bürgerwehr, die einerseits die Bürger vor der königlichen Armee schützen und andererseits das Eigentum der Bürger sichern sollte. Ihre Mitglieder kamen aus dem Bürgertum. Die Nationalgarde bestand mit Unterbrechungen bis 1871.

Kokarde.
Bandschleife in Form einer Rosette, die in der Regel am Hut getragen wurde.
Am 21. Oktober 1789 führte der Militärausschuss der Stadt Paris eine Kokarde ein, die aus einem weißen mit blauer und roter Borte eingefassten Band bestand. Damit verknüpfte man die Farben der Stadt (rot und blau) mit denen der Monarchie (weiß).

Menschenrechte: Wo immer Menschen heute Freiheit und Gerechtigkeit fordern, berufen sie sich direkt oder indirekt auf die „Erklärung der Menschen- und Bürgerrechte" von 1789. Das Vorbild lieferte die „Virginia Bill of Rights" von 1776, mit der sich die von der britischen Krone abtrünnige Kolonie Virginia eine eigene Verfassung gab. Im 19. Jahrhundert wurden die Menschenrechte zunächst Gegenstand nationaler Verfassungen und im 20. Jahrhundert schließlich sogar Bestandteil internationaler Abkommen. Die Vereinten Nationen oder der Europarat haben Menschenrechtsvereinbarungen getroffen, die von ihren Mitgliedstaaten anerkannt werden mussten – als Bedingung für die Aufnahme in diese internationalen Organisationen.
Die Verwirklichung und Sicherung der Menschenrechte bleibt auch in Zukunft eine ständige nationale und internationale politische Aufgabe. Sie steht und fällt mit dem Engagement der Bürgerinnen und Bürger.

Charles Maurice Talleyrand (1754–1838): Priester und Politiker. Seit 1789 war er als Bischof von Autun Vertreter des Ersten Standes in den Generalständen. Er wurde Mitglied der Nationalversammlung, leistete 1790 den Eid auf die Verfassung, woraufhin er vom Papst aus der Gemeinschaft der Gläubigen gebannt wurde. Von 1797 bis 1807 Außenminister Napoleons und nach dessen Niederlage ab 1814 erneut Außenminister.

Nach gewalttätigen Auseinandersetzungen mit der königlichen Leibgarde musste Ludwig XVI. die von der Konstituante erarbeiteten Verfassungsartikel einschließlich der „Augustbeschlüsse" und der Menschenrechtserklärung anerkennen. Außerdem wurde er gezwungen, mit seiner Familie in die Hauptstadt zu ziehen.

Die Arbeit der Konstituante | Die Revolution lähmte Handel und Gewerbe. Der Staat nahm kaum noch Steuern ein. Zur Sanierung des Staatshaushalts beschlossen die Abgeordneten auf Vorschlag des 35-jährigen **Charles Maurice Talleyrand** die Verstaatlichung des Kirchenbesitzes. Orden und Klöster wurden aufgelöst und die kirchlichen Güter versteigert. Der Staat übernahm jetzt selbst die sozialen Aufgaben des Klerus, wie Schulen, Kranken- und Armenpflege, und machte aus Bischöfen und Geistlichen vom Volk wählbare Staatsdiener. Er bezahlte von nun an die Priester und forderte dafür von ihnen einen Eid auf die Verfassung. Dies führte zum Streit. Zahlreiche Priester lehnten den Eid ab – bestärkt vom Papst und vom König, der das Gesetz blockierte –, da sie sich nur der katholischen Kirche gegenüber verantwortlich fühlten.

Eine weitere spektakuläre Entscheidung der Abgeordneten war die Abschaffung des erblichen Adels am 19. Juni 1790. Bei den folgenden Bemühungen, Staat und Wirtschaft neu zu ordnen, konnten die Abgeordneten zum Teil auf die im Ancien Régime begonnenen Reformen zurückgreifen. Die nun durchgeführten Verwaltungs-, Justiz-, Finanz-, Steuer- und Gemeindereformen griffen ineinander und wurden parallel zu einer Neueinteilung des Landes in 83 etwa gleich große Verwaltungsbezirke (*Départements*) durchgeführt. Die Binnenzölle fielen und die Berufs- und Gewerbefreiheit wurde eingeführt. Gleichzeitig wurde den Handwerkern und Arbeitern das Recht auf Vereinigung und Streik genommen, um jeden Rückfall in die alte Wirtschaftsordnung zu unterbinden.

Eine neue politische Kultur | Die Revolution schuf eine neue politische Kultur. Sie zeigte sich in unzähligen öffentlichen Versammlungen, Reden, Demonstrationen, Zeitungen, Plakatanschlägen, Bildern und Grafiken. Einen besonderen Stellenwert erhielten die großartig inszenierten Revolutionsfeiern, die an den solidarischen Aufbruch und die gemeinsamen Ziele erinnerten. Theater, Dichtung, Musik, Malerei und Architektur wurden vom Revolutionsverlauf beeinflusst oder versuchten ihrerseits, die Massen zu manipulieren.

Erster Höhepunkt dieser neuen politischen Kultur war das „Föderationsfest" (*„La Fête de la Fédération"*) vom 14. Juli 1790 auf dem Marsfeld, dem Truppenübungsplatz von Paris. Etwa 400 000 Zuschauer kamen. Demonstrativ vereinten sich hier rund 60 000 Soldaten der Nationalgarde mit den regulären Truppen aus allen 83 neu geschaffenen Départements Frankreichs. Gemeinsam leisteten sie einen Bürgereid auf die „Nation, das Gesetz und den König".

Die politischen Parteiungen begannen, sich zunehmend in Klubs und Volksgesellschaften zu organisieren. Ausgangspunkt der Entwicklung war die Vereinigung der bretonischen Deputierten zur Zeit der Generalstände. Seit dem Umzug der Nationalversammlung nach Paris wurde der **Jakobinerklub** zum Sammelpunkt politisch interessierter Bürger und Mandatsträger. Mitglieder waren zumeist Akademiker und Angehörige des Besitzbürgertums. 1791 hatte ihr Klub bereits rund 1 000 Tochtergesellschaften in der Provinz. Neben dem Jakobinerklub entstand im April 1790 in Paris der **Club des Cordeliers**. In ihm sammelte sich die kleinbürgerliche städtische Volksbewegung, die **Sansculotten**. In den verschiedenen Vereinigungen – darunter auch etwa 60 reine Frauenklubs – wurde einerseits die Arbeit von Deputierten und Stadtverordneten diskutiert und vorbereitet, andererseits wurden von hier aus Petitionen und Demonstrationen in Gang gebracht. Die Bewegung erfasste die Massen. Zwischen 1789 und 1795 wurden in 5 500 Orten ca. 6 000 politische Klubs gezählt, sie hatten um 1794 etwa 500 000 bis 600 000 Mitglieder.

Jakobinerklub: benannt nach dem Dominikanerkloster Saint-Jacques, in dessen Räumen sich die Mitglieder seit dem 24. Dezember 1789 versammelten

Club des Cordeliers: so benannt nach seinem ersten Tagungsort, einer Kirche der Franziskaner, die im Volksmund „cordeliers" genannt wurden

Sansculotten (franz. *sans culotte*: ohne Kniebundhose): Anhänger der städtischen Volksbewegung, die nicht die Kniehose (*culotte*) der „guten Gesellschaft", sondern lange Hosen der einfachen Bürger trugen. Weitere Kennzeichen der Sansculotten waren die rote Mütze (*„Bonnet rouge"*), die Pike (Spieß) und das brüderliche Du.

Pariser politische Zeitungen (Paris)	
sehr kurzlebig	89
kurzlebig	15
langlebig	31
Provinzzeitungen	25
wissenschaftliche Zeitungen	2
ausländische Zeitungen (in französischer Sprache)	13
Summe	175

Zeitungsgründungen im Jahre 1789.
Nach: Pierre Rétat, Die Zeitungen des Jahres 1789: einige zusammenfassende Perspektiven, in: Reinhart Koselleck und Rolf Reichardt (Hrsg.), Die Französische Revolution als Bruch des gesellschaftlichen Bewusstseins, München 1988, S. 155

Frankreich wird konstitutionelle Monarchie | Ludwig XVI. verlor nach einem gescheiterten Fluchtversuch ins Ausland (21. Juni 1791) seine Glaubwürdigkeit und sein Ansehen. Die Mehrheit der Abgeordneten wollte dennoch an der konstitutionellen Monarchie festhalten und die Revolution beenden, um endlich wieder zu stabilen Verhältnissen zurückzukehren. Diese Haltung führte zur ersten Spaltung des Jakobinerklubs. Die verfassungsorientierten, monarchisch eingestellten Mitglieder (rund 1800 von 2400) gründeten im Juli 1791 den **Club des Feuillants.** Ihre Gegner, die Jakobiner, nahmen für sich in Anspruch, über die „Reinhaltung" der revolutionären Prinzipien zu wachen. Sie behielten den alten Namen und das Netzwerk der Tochterklubs bei.

Club des Feuillants: benannt nach dem ehemaligen Feuillantinerkloster in Paris

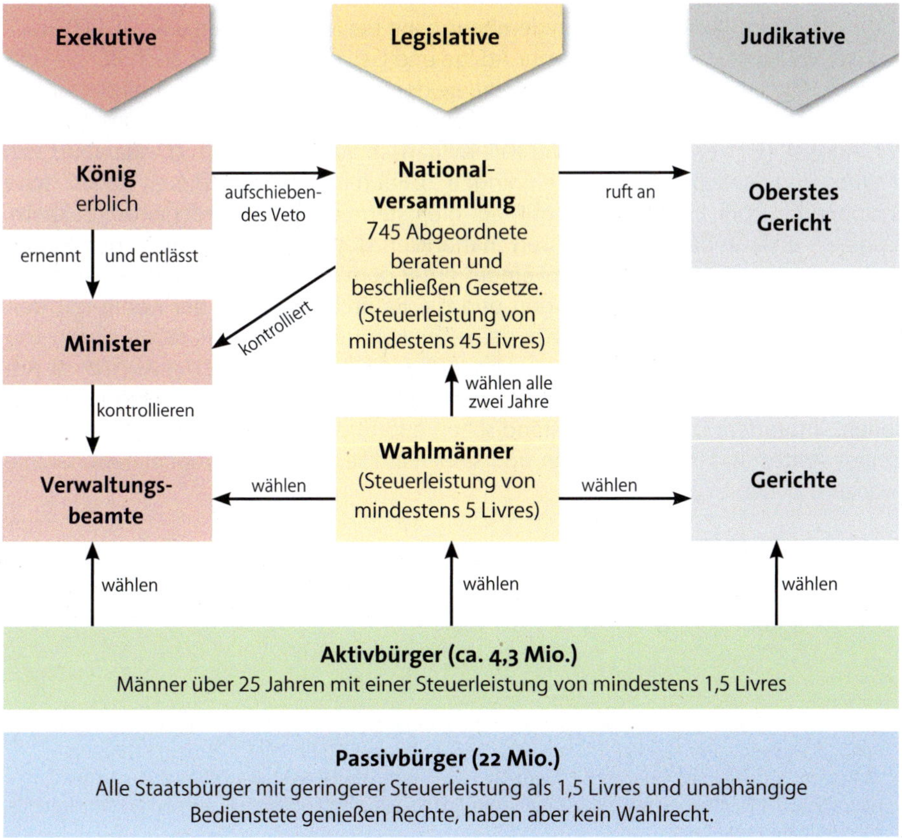

Die Verfassung der konstitutionellen Monarchie von 1791.
Über die Verfassung informiert auch M4 auf Seite 136.

▶ Arbeiten Sie die Rolle der Nationalversammlung heraus.

32040-088

Internettipp
Zu den verschiedenen Verfassungen Frankreichs siehe diesen Code.

32037-19

Am 14. September 1791 musste Ludwig XVI. einen Eid auf die von der Konstituante verabschiedete Verfassung ablegen. Aus Frankreich war eine konstitutionelle Monarchie geworden. Der König stand nicht mehr „über dem Gesetz", sondern regierte „nur durch dieses", wie es die Verfassung bestimmte.

Die Menschenrechte wurden dem Verfassungstext vorangestellt. Die Verfassung hatte weder den Juden die rechtliche Gleichheit eingeräumt (dies wurde am 28. September 1791 nachgeholt) noch die Sklaverei in den Kolonien abgeschafft. Auch die Gleichheit der Bürger fand im **Zensuswahlrecht** und Männerwahlrecht (ein Frauenwahlrecht gibt es in Frankreich erst seit 1944) ihre Grenzen. Die Bevölkerung wurde in politisch berechtigte (steuerzahlende) Aktivbürger (*Citoyens actifs*) und schutzbefohlene Passivbürger (*Citoyens passifs*) geteilt. Von den 4,3 Millionen Aktivbürgern erfüllten nur etwa 45 000 die Voraussetzungen, Abgeordnete wählen zu dürfen (Wahlmänner). Abgeordneter konnte hingegen jeder Aktivbürger werden.

Zensuswahlrecht: Das Recht des Wählers oder das Gewicht der Stimme ist an den Nachweis eines bestimmten Besitzes, Einkommens oder einer bestimmten Steuerleistung (Zensus) gebunden.

Sturz der Monarchie | Die neue *Gesetzgebende Nationalversammlung* (*Assemblée nationale législative*) wurde von nicht mehr als zehn Prozent der Stimmberechtigten gewählt. Sie trat am 1. Oktober 1791 zusammen. Von den 745 Deputierten bildeten 345 die Mitte. Sie besaßen keine direkten Bindungen zu bestimmten Klubs. 264 Abgeordnete gehörten zur Rechten. Sie waren oder wurden Mitglieder im Club des Feuillants und wollten die Revolution beenden. Die zahlenmäßig kleinste Abgeordnetengruppe stellten die 136 Abgeordneten der Linken. Sie hatten sich in den Klubs der Jakobiner, Cordeliers und anderer Volksgesellschaften organisiert, forderten ein allgemeines Wahlrecht und waren gegen das Vetorecht des Königs. Diese Gruppe unterteilte sich noch in *Girondisten*, deren Führungspersonal zum Teil aus dem Département Gironde stammte und die ihren Rückhalt im mittleren und gehobenen Provinzbürgertum hatten, und *Montagnards* („Bergpartei"), die ihren Aufstieg den Sansculotten verdankten.

Zwei Jahre nach dem Sturm auf die Bastille hatten über 40 000 Franzosen ihr Land verlassen, nicht nur Adlige und Geistliche, sondern auch Bürger und Bauern.[1] Die Emigranten, unter ihnen die beiden Brüder des Königs, mobilisierten die europäischen Regierungen gegen die Revolution. Als Österreich und Preußen am 27. August 1791 erklärten, Ludwig XVI. militärisch zu unterstützen (*Deklaration von Pillnitz*) und danach ein Bündnis eingingen (6. Februar 1792), eröffneten französische Truppen im April 1792 einen Angriff auf die österreichischen Niederlande (Belgien). Zugleich erklärte das Parlament den „nationalen Notstand" und begann den Kampf gegen die „inneren und äußeren Feinde" unter dem Motto: „Das Vaterland ist in Gefahr". Erste militärische Niederlagen und die Befürchtung, dass der König mit den „Feinden des Vaterlandes" zusammenarbeiten könnte, führten in Paris zur Absetzung der königstreuen Stadtverwaltung und zur Bildung der *Kommune des Aufstands*. Am 10. August 1792 stürmten Sansculotten und Soldaten das königliche Schloss, die Tuilerien. Unter dem Druck der Aufständischen enthoben die Abgeordneten den König seines Amtes und inhaftierten ihn und seine Familie. Die konstitutionelle Monarchie war zerbrochen.

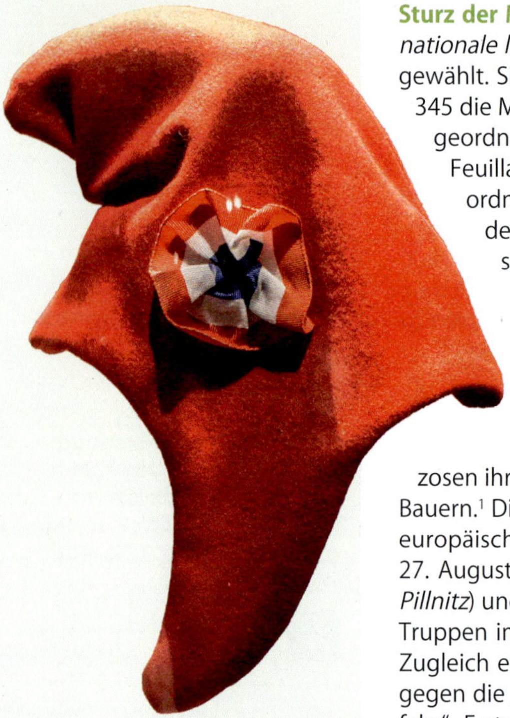

Freiheits- oder Jakobinermütze von 1792.
Im alten Rom trugen in Freiheit entlassene Sklaven solche Kopfbedeckungen. Während der Revolutionszeit bekannten sich die Träger dieser roten Mützen („Bonnet rouge") öffentlich zu den revolutionären Idealen „Freiheit und Gleichheit". Die Jakobinermütze gilt bis heute als Symbol republikanischer Gesinnung.

[1] Zwischen 1789 und 1794 verließen nach amtlichen Angaben mehr als 150 000 Franzosen ihr Land: Rund 25 Prozent waren Kleriker, 17 Prozent Adlige, 11 Prozent Großbürger, 6 Prozent Kleinbürger, 14 Prozent Arbeiter und 19 Prozent Bauern. Darunter waren drei Viertel aller Offiziere der Armee. Hauptziele der Flüchtlinge waren die deutschen Anliegerstaaten, in denen sie allerdings keine freundliche Aufnahme erlebten.

Die zweite Revolution beginnt | Von nun an wurden die königstreuen Politiker offen verfolgt. Willkürliche Verhaftungen und erste politisch motivierte Hinrichtungen waren an der Tagesordnung. Die Furcht vor gegenrevolutionären Aktionen trug dann dazu bei, dass zwischen dem 2. und 6. September 1792 Teile der städtischen Volksbewegung Gefängnisse stürmten und wahllos Gefangene töteten (*„Septembrisaden“*). Der Terror blieb nicht auf Paris beschränkt, aber allein hier wurden um die 1 500 Menschen (Aristokraten, Eid verweigernde Priester und Strafgefangene) ermordet. Weder der vom Parlament ernannte Provisorische Vollzugsrat, dem **Georges Jacques Danton** als Justizminister angehörte, noch die Führer der Pariser Kommune waren fähig oder willens, diese blutigen Aktionen zu unterbinden.

In dieser gewalttätigen Atmosphäre fanden die Wahlen zu einer neuen Nationalversammlung nach dem allgemeinen Wahlrecht statt. Die Unterscheidung zwischen Aktiv- und Passivbürgern war ebenso aufgehoben worden wie das Zensuswahlrecht. Alle Männer über 21 Jahre durften wählen. Trotzdem gingen nur etwa sechs Prozent der Berechtigten zur Wahl.

Am 21. September 1792 traten die 749 Abgeordneten des Nationalkonvents (*Convention nationale*) zusammen. Sie riefen die „eine und unteilbare Republik“ aus und wollten eine neue Verfassung erarbeiten. In diesem Parlament bildeten die Girondisten die neue Rechte. Sie setzten sich ein für eine dezentrale Verwaltung des Landes, die Unverletzlichkeit des Eigentums, Wirtschaftsfreiheit, Rechtssicherheit und die Fortsetzung des begonnenen „Kreuzzuges für die Freiheit der Welt“ (so der girondistische Abgeordnete *Jacques-Pierre Brissot* am 31. Dezember 1792).

Die republikanische Phase der Revolution begann mit militärischen Erfolgen. In der *Schlacht von Valmy* (20. September 1792) vertrieben die Revolutionstruppen das von Preußen und Österreich angeführte Emigrantenheer. Der Kampf gegen die „Feinde der Republik“ stärkte das republikanische und nationale Bewusstsein der Franzosen. Unter dem von dem Abgeordneten *Pierre Joseph Cambon* im Dezember 1792 geprägten Motto „Krieg den Palästen, Friede den Hütten!“ zogen die Revolutionstruppen in Speyer, Worms, Mainz und Frankfurt am Main ein.

Georges Jacques Danton (1759–1794, hingerichtet): Er war Mitbegründer des Cordeliers-Clubs, wurde 1792 Abgeordneter des Nationalkonvents und war zeitweise Mitglied des Wohlfahrtsausschusses.

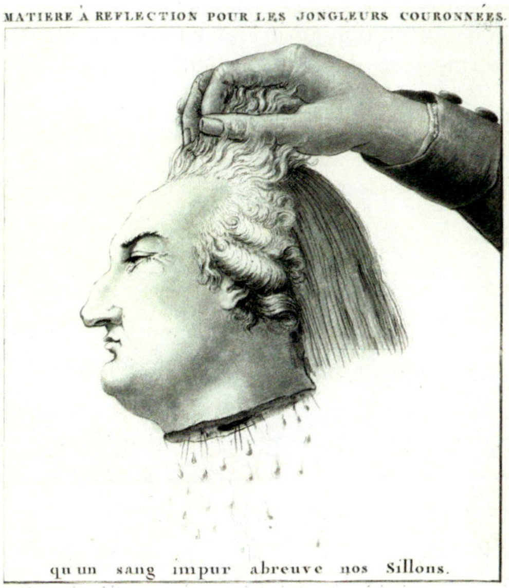

Das Haupt Ludwigs XVI. nach der Hinrichtung.
Ausschnitt aus einer Radierung des jakobinisch orientierten Stechers und Verlegers Villeneuve aus Paris, 1793. Der obere Schriftzug richtet sich warnend an die europäischen Monarchen und lautet übersetzt: „Gegenstand zum Nachdenken für gekrönte Jongleure.“ Die untere Zeile stammt aus dem im April 1792 verfassten revolutionären Kriegslied, der „Marseillaise“. Sie hat übersetzt folgenden Wortlaut: „Das unreine Blut tränke unserer Äcker Furchen.“

Prozess gegen den König | In Paris hatte sich der Nationalkonvent zum Gericht erhoben. Nachdem im November 1792 geheime Unterlagen entdeckt worden waren, die eine Zusammenarbeit des einstigen Königs mit feindlichen Mächten belegten, wurde er wegen „Verschwörung gegen die Freiheit“ und „Anschlägen gegen die nationale Sicherheit“ angeklagt. Über 90 Prozent der Abgeordneten stimmten für schuldig. Uneinigkeit entstand erst über das Strafmaß und den Zeitpunkt der Strafvollstreckung. Am 21. Januar 1793 wurde „Bürger Capet“, wie der abgesetzte König aus dem Geschlecht der *Capetinger* nun genannt wurde, vor den Augen des Volkes auf der Place de la Révolution, der heutigen Place de la Concorde, hingerichtet. In ganz Europa, nicht nur in den Fürstenhäusern, erschraken die Menschen über das gewaltsame Ende des französischen Monarchen.

Die Revolution in der Krise | In den Wintermonaten 1792/93 weitete sich der Krieg gegen die europäischen Mächte aus. Zugleich brachen in den Städten Hungeraufstände und auf dem Land ein grausamer Bürgerkrieg gegen die Bauern der Vendée und der Bretagne aus. In dieser zugespitzten Situation wurden ein außerordentliches Gericht, das spätere *Revolutionstribunal*, und revolutionäre Überwachungsausschüsse gebildet, um das Gewaltmonopol des Staats zurückzugewinnen. Der *Wohlfahrtsausschuss (Comité de salut public)* erhielt weitgehende Ermächtigungen und stellte das Exekutivorgan des Konvents dar. Die neu geschaffenen Instanzen sollten erstmals seit 1789 wieder hin zu einer Stärkung der Zentralgewalt führen.

Für die katastrophale innen- und außenpolitische Lage wurden die Girondisten verantwortlich gemacht. Am 2. Juni 1793 zogen – von den Sansculotten initiiert – 80 000 Bürger und Nationalgardisten vor den Konvent und erzwangen die Auslieferung von 29 führenden girondistischen Abgeordneten und zwei Ministern. Das war das Ende der Girondisten, aber zugleich auch ein schwerer Schlag gegen das repräsentative System. Selbst den Montagnards ging die Macht der Straße nun zu weit. Sie übernahmen die Führung im Konvent und in den, von Girondisten gesäuberten, Ausschüssen. Die sogenannte *Jakobinerherrschaft* begann. Die Reaktion auf diesen Pariser Aufstand waren weitere Erhebungen im ganzen Lande.

Mit der Verabschiedung einer neuen Verfassung am 24. Juni 1793 wollte der Konvent neues Vertrauen stiften. Die Menschen- und Bürgerrechte wurden um soziale Grundrechte (Recht auf Arbeit, öffentlich Unterstützung, Unterricht für alle) ergänzt. Außerdem erweiterte man das Wahlrecht (➔ M4) und legte fest, neue Gesetze erst nach Volksabstimmungen in Kraft zu setzen. Auf Druck des Wohlfahrtsausschusses beschlossen die Abgeordneten, die Verfassung erst nach Beendigung des Krieges zu ratifizieren.

Die belagerte Republik im Sommer 1793.
Während der Auseinandersetzungen zwischen den Revolutionstruppen und ausländischen Heeren oder gegenrevolutionären Gruppen fielen hunderttausende Menschen. Allein der Bürgerkrieg zwischen der königlich-katholisch gesinnten Landbevölkerung und den republikanischen Revolutionstruppen in der Vendée von 1793 bis 1796 kostete in einigen Gemeinden 25 bis 35 Prozent der Bevölkerung das Leben.

Die jakobinische Diktatur | In der Folgezeit bemühte sich der Konvent um weitere Zugeständnisse an die Bevölkerung: Kirchengüter wurden nationalisiert, und den Bauern wurde der Grundbesitz der Emigranten zum Kauf angeboten. Mittels Parzellierung und langer Zahlungsfristen konnten nun auch ärmere Bauern ihre Felder vergrößern. Rund ein Sechstel des Grundbesitzes wechselte seinen Eigentümer.

Schwieriger war es, gegen die Bedrohung von außen materielle und personelle Mittel zu finden. Die *allgemeine Wehrpflicht (Levée en masse)* wurde eingeführt, eine Neuerung gegenüber den üblichen Berufsheeren. Bis zum Sommer 1794 konnte so ein ca. 800 000 Mann starkes Heer aufgestellt werden. Die Hauptprobleme der Bevölkerung von Paris, Teuerung und Hunger, waren jedoch geblieben. Nach erneuten Unruhen umstellten Sansculotten am 5. September 1793 den Nationalkonvent und forderten: „Gesetzgeber! Setzt den Terror auf die Tagesordnung!" Dies galt allen Wucherern, Spekulanten und Kriegsgewinnlern. Die Abgeordneten mussten die Forderung ernst nehmen, da nur mit Unterstützung der Sansculotten die Aufstellung der Volksarmee durchzuführen, die notwendigen Waffen, Kleider und Lebensmittel für das Heer zu beschaffen sowie die aufständischen Gebiete unter Kontrolle zu bringen waren. Die einjährige Herrschaft des Schreckens (*Terreur*) begann, wobei die Montagnards aus Gründen des Machterhalts mit der Sansculotten-Bewegung paktierten.

Auf zwei Parlamentsausschüsse konzentrierte sich nun die Macht. Der zwölfköpfige Wohlfahrtsausschuss übernahm vollends die Leitung und Kontrolle über Kriegsführung, Ministerien, Polizei, Verwaltung und Wirtschaft; der ebenfalls zwölfköpfige *Sicherheitsausschuss (Comité de sûreté générale)* wurde zu einem Polizeiministerium, das die Überwachungsmaßnahmen im ganzen Land koordinierte. **Maximilien de Robespierre** war der führende Kopf der Montagnards und stand seit Juli 1793 mit diktatorischer Macht an der Spitze des Wohlfahrtsausschusses. Nicht mehr die rechtliche Gleichheit war Richtschnur seines Handelns, sondern im Einklang mit den Sansculotten vor allem die wirtschaftliche Gleichheit: „Alles, was zur Erhaltung des Lebens unerlässlich ist, ist gemeinsames Eigentum." In diesem Sinne regulierten eine Reihe zwangswirtschaftlicher Maßnahmen das Wirtschaftsleben. Meinungs-, Versammlungs- und Religionsfreiheit galten nicht mehr. Kirchen und Klöster wurden geschlossen und abgerissen, der christliche Glaube verfolgt und verhöhnt. Dagegen setzten Robespierre und seine Anhänger republikanische Vernunftkulte. Ein deutliches Zeichen für die „Zeitenwende" stellte die Einführung des republikanischen Kalenders im Oktober 1793 dar. Er ersetzte den siebentägigen christlichen Wochenrhythmus durch einen zehntägigen. Zum Jahr I der „einen und unteilbaren Republik" wurde rückwirkend der 22. September 1792 erklärt – am 21. September war die Monarchie abgeschafft worden; der Revolutionskalender galt bis zum 31. Dezember 1805.

Ganz entgegen den ursprünglichen Absichten hatte die revolutionäre Regierung mittlerweile wesentliche Charakterzüge eines absolutistischen Staatswesens angenommen: Rückkehr zur staatlichen Wirtschaftslenkung, Aufbau eines starken Militärapparats, Abhängigkeit der Justiz von der Exekutive, offizielle Staatsideologie statt freier Konkurrenz der politischen Ideen.

Maximilien de Robespierre (1754–1794, hingerichtet): Rechtsanwalt; Mitglied des Jakobinerklubs und Abgeordneter des Nationalkonvents und seit Juli 1793 im Wohlfahrtsausschuss tätig

Der Terror verselbstständigt sich | Denunziantentum und Spitzelwesen stützten den Polizei- und Justizterror. Der Sicherheitsausschuss verbot alle überregionalen Klubs, die nicht zu den Jakobinergesellschaften gehörten. Zeugnisse der Staatsbürgertreue wurden obligatorisch und Hausdurchsuchungen alltäglich. Die Gefängnisse waren bald überfüllt und die Prozesse eine Farce. Die **Guillotine**, die „Sense der Gleichheit", wie der Volksmund sie nannte, wurde zum Inbegriff der „Schreckensherrschaft". „Die Revolution frisst, gleich Saturn, ihre eigenen Kinder," so der gironistische Konventsabgeordnete *Pierre-Victurnien Vergniaud*, der bald selbst ein Opfer des Terrorregimes wurde. Als sich auch in der Bergpartei rivalisierende Flügel bildeten, ließ Robespierre Anhänger beider Fraktionen auf die Guillotine schicken (→ M5). Jetzt sollte der Terror auch die Macht der Sansculotten unterbinden. Am Ende verlor sogar die Diktatur Robespierres den Rückhalt der Bevölkerung. Am 27. Juli 1794 (*9. Thermidor des Jahres II*) stürzte ihn

Guillotine: Hinrichtungsgerät, benannt nach dem Arzt Joseph Ignace Guillotin (1738–1834), der sich als Abgeordneter in der Konstituante für einen humaneren und für alle Stände gleichen Vollzug der Todesstrafe eingesetzt hatte eine Mehrheit des Parlaments, um die „Schreckensherrschaft" zu beenden. Er und 105 seiner engsten Anhänger wurden ohne Prozess hingerichtet. Die Bilanz des Terrors: Landesweit sind wohl rund 500 000 Menschen zeitweise verhaftet worden. Etwa 165 000 Männer und Frauen wurden von (Sonder-)Gerichten verurteilt und hingerichtet. Die Zahl der in Haft Umgekommenen und ohne Prozess Getöteten hat man auf bis 40 000 geschätzt. Diese Zahlen berücksichtigen die vielen Toten der Kämpfe zwischen den republikanischen Revolutionstruppen und den königlich-katholisch gesinnten Aufständischen nicht.

Die Revolution und die Frauen | Mit dem Sturz der Girondisten im Juni 1793 endete auch der von wenigen Frauen und Männern geführte politische Dialog zwischen den Geschlechtern. Dabei hatten Frauen im revolutionären Alltag – wie der Zug der Marktfrauen nach Versailles zu Beginn der Revolution gezeigt hatte – eine wichtige Rolle übernommen. Sie demonstrierten gegen Missstände, entsandten Deputationen und meldeten sich mit Petitionen und Streitschriften zu Wort. Frauen organisierten sich teils in Volksgesellschaften der Männer, teils in eigenen Klubs. Nach Kriegsbeginn stellten sie freiwillige Frauenregimenter für den Kampf gegen die Feinde der Revolution auf. Trotzdem waren, sieht man von dem im September 1792 erlassenen Scheidungsrecht ab, Forderungen nach Verbesserung ihrer Stellung in Ehe und Familie, in Ausbildung und Berufsleben weitgehend unberücksichtigt geblieben. Von der Mitarbeit in den Kommunen und im Parlament blieben Frauen weiterhin ausgeschlossen.

Nach gewalttätigen Ausschreitungen verbot der Nationalkonvent im Oktober 1793 alle Frauenklubs. Danach wurde den Frauen auch das Petitionsrecht genommen und der Besuch des Parlaments sowie der Volksgesellschaften untersagt. Die gelenkte Presse verunglimpfte politisch aktive Frauen als „unweiblich" und „blutrünstig" und forderte sie auf, ihre republikanischen Aufgaben im Haushalt, in der Familie und bei der Erziehung der Kinder zu erfüllen. Es blieb nicht bei verbalen Diskriminierungen: Frauen wurden in Gefängnisse geworfen und starben auf dem Schafott. *Olympe de Gouges*, die nicht nur 1791 die „Erklärung der Rechte der Frau und Bürgerin"[1] veröffentlicht, sondern auch zwei Jahre später in einem Manifest die freie Wahl des Volkes zwischen Monarchie, föderativer oder zentralistischer Republik verlangt hatte, wurde am 3. November 1793 – noch während der „Schreckensherrschaft" – wegen „Gefährdung der Volkssouveränität" hingerichtet.

Wenige Tage später musste auch die 49-jährige bürgerliche Intellektuelle *Manon Roland*, die mit einem führenden Girondisten verheiratet war und einen einflussreichen Salon in Paris führte, aufs Schafott. Ihr konnten feministische Forderungen nicht vorgeworfen werden, denn sie plädierte trotz ihres großen politischen Einflusses für die traditionelle Rolle der Frau im „Schatten" der Männer. Verurteilt wurde sie wegen „Konspiration gegen die Republik und Entfachung des Bürgerkrieges". Sie war ein Opfer ihrer girondistischen Beziehung geworden.

Olympe de Gouges.
Pastell von Alexander Kucharski, 18. Jahrhundert.

[1] Siehe hierzu Seite 135 (M3).

Sitzung des Mainzer Jakobinerklubs.
Federzeichnung von Johann Jakob Hoch, 1792.
Die Sitzung fand im Akademiesaal des Kurfürstlichen Schlosses im November 1792 statt. Der Mainzer Jakobinerklub hatte zeitweise 500 Mitglieder.

Nach der „Schreckensherrschaft" | Nach dem Ende der „Schreckensherrschaft" machte sich ein Gefühl der Befreiung breit. Ein neuer Anfang schien möglich. Der Nationalkonvent tagte weiter, nun dominierten die Abgeordneten der „Mitte", eine stabile Regierung konnten sie aber nicht bilden. Schrittweise wurden der Polizei- und Justizterror, Wirtschaftslenkung und Meinungsdruck beseitigt. Politische Gefangene wurden entlassen und die Jakobinerklubs geschlossen. Eine „Säuberung" des öffentlichen Dienstes von Jakobinern begann. Die Not der städtischen Kleinbürger hielt allerdings an, denn die Lebensmittelpreise wurden wieder freigegeben und stiegen zusätzlich noch wegen der anhaltenden Inflation. Als die Sansculotten im Mai 1795 „Brot und die Verfassung von 1793" forderten und das Parlament bedrohten, beendeten regierungstreue Truppen diese letzte große Aktion der Sansculotten blutig.

Im August 1795 veröffentlichte der Nationalkonvent eine neue Verfassung; es war die dritte seit 1791 (→ M4). Mit ihr wurde das Zensuswahlrecht wieder eingeführt. Danach erfüllten nur noch etwa 30 000 Franzosen die Voraussetzungen, um Wahlmänner zu werden und Abgeordnete wählen zu können. Die Legislative wurde in zwei Kammern geteilt: Beim *Rat der Fünfhundert* lag die ausschließliche Gesetzesinitiative, während der *Rat der Alten* die Gesetze lediglich annehmen oder zurückweisen konnte. Die Exekutive übernahm ein fünfköpfiges *Direktorium (Directoire).*

Noch stärker als die vorhergehenden Regierungen versuchte das Direktorium durch eine expansive Außenpolitik, die innenpolitische Misere auszugleichen. Es ließ sein Volksheer im Glauben an die Revolution und Nation gegen die stehenden Heere der traditionellen Mächte Europas marschieren. Mit Erfolg: Am Ende des *Ersten Koalitionskrieges* 1797 war das gesamte linksrheinische Gebiet erobert.

Wirkung auf Deutschland | Überall im territorial zersplitterten *Heiligen Römischen Reich Deutscher Nation* brachen mit den Nachrichten vom Sturm auf die Bastille alte sowie neue soziale, rechtliche und konfessionelle Konflikte aus. Regional begrenzte Bauern- und Handwerkerunruhen in Baden, in der Pfalz, im Rheinland, in Kursachsen und in Schlesien sowie lokale Aktionen in Trier, Köln, Göttingen, Hamburg, Nürnberg, Ulm und Reutlingen wurden alle mit Gewalt unterdrückt.

Der französische Versuch, die Gedanken der Aufklärung in praktische Politik umzusetzen, wurde zunächst von einem großen Teil des Bildungsbürgertums mit Sympathie verfolgt. Es entstanden ein ausgedehnter Revolutionstourismus nach Paris und eine breite Revolutionspublizistik. Zentren der intellektuellen Auseinandersetzung mit der Revolution waren die Universitäten, die höheren Schulen, Lesegesellschaften und Freimaurerlogen. In einigen deutschen Städten wurden sogar politische Vereinigungen nach dem Vorbild der französischen Jakobinerklubs gegründet.

Nirgendwo sonst im Reich fanden die Ideen der Französischen Revolution eine so intensive Verbreitung wie in Mainz. Angeregt von den Franzosen, die am 21. Oktober 1792 Mainz besetzt hatten, und gefördert von dem kurz darauf gegründeten

Tanz um den Freiheitsbaum.
Ölgemälde (19 x 30 cm) eines unbekannten Künstlers, um 1793.
Ab 1790 wurden in Frankreich „Freiheitsbäume" gesetzt. Man knüpfte damit – wie schon in den amerikanischen Kolonien – an die Tradition des Maibaumes an. Im Frühjahr 1792 standen in ganz Frankreich zehntausende solcher Bäume. Sie symbolisierten unter anderem, dass ein Ort nicht länger Eigentum der Grundherren war und dass alle Einwohner der Nation als freie Bürger angehörten. Auch im Rheinland wurden etwa 100 Freiheitsbäume errichtet, nachdem die Franzosen es besetzt hatten. Das Bild zeigt vermutlich eine Szene, die am 15. Dezember 1792 in Aachen stattfand.

- Beschreiben Sie die abgebildete Szene.
- Analysieren Sie die Symbole und die Zusammensetzung der Tanzenden.
- Arbeiten Sie den Standpunkt des Künstlers heraus.

32040-089

31000-463 **Bildinformation**

Jakobinerklub wurde Anfang 1793 ein *„Nationalkonvent der freien Deutschen diesseits des Rheins"* gewählt. Am 18. März riefen dessen Abgeordnete einen *„Rheinisch Deutschen Freistaat"* für das Gebiet zwischen Landau und Bingen aus. Doch der erste deutsche Versuch, eine auf Freiheit, Gleichheit und Eigentum beruhende demokratische Staats- und Gesellschaftsordnung einzuführen, scheiterte wenige Monate später – einerseits, weil die Franzosen begannen, das Land wirtschaftlich auszubeuten, andererseits, weil zur gleichen Zeit Rheinhessen und die Pfalz von österreichisch-preußischen Truppen zurückerobert wurden. Auch hatte das Schicksal der französischen Flüchtlinge und die Hinrichtung Ludwigs XVI. den Kreis der deutschen Revolutionsanhänger nach 1793 stark schrumpfen lassen (→ M5).

Unabhängig davon wurden in den deutschen Staaten zwischen 1790 und 1798/99 mehrere Verfassungen entworfen. Sie machen die intensive juristische Auseinandersetzung mit den Entwicklungen in den USA und Frankreich deutlich und begründeten zugleich eine frühe demokratische Verfassungstradition in Deutschland.

Das „amtliche Ende" der Revolution | In Paris brachen erneut Machtkämpfe aus, als sich militärische Rückschläge einstellten. In dieser Lage rief Sieyès, der Mann der ersten Stunde, den 30-jährigen, aus korsischem Kleinadel stammenden **Napoleon Bonaparte** zu Hilfe. Als siegreicher Oberbefehlshaber der Truppen in Italien war Bonaparte zur unentbehrlichen Stütze der Machthaber geworden. Das hinderte ihn nicht, die Regierung am 9. November 1799 (18. Brumaire des Jahres VIII) zu stürzen und den Widerstand des Parlaments mit Waffengewalt zu brechen. Ein Kollegium von drei Konsuln trat an die Stelle der alten Regierung. Bonaparte wurde *Erster Konsul* und ließ sich seine Stellung vom Volk bestätigen. Von über drei Millionen Stimmen wurden nur 1562 gegen ihn abgegeben – bei allerdings vier Millionen Enthaltungen. Danach erklärte er die Revolution für „amtlich beendet".

Betrachtet man das Ergebnis des Jahrzehnts zwischen 1789 und 1799, so war das vermögende Bürgertum zum Gewinner der Revolution geworden. Es hatte von der Veräußerung der Nationalgüter am stärksten profitiert und den Adel endgültig aus wichtigen Positionen in Verwaltung und Militär verdrängt. Die soziale und politische Lage der städtischen Unterschichten und der kleinen Bauern hatte sich nicht wesentlich verbessert. Die ersten Anfänge einer politischen Kultur im Gesellschaftsleben und vor allem die Berufung auf vom Staat nicht mehr zurückholbare Menschenrechte der Bürger sind bleibendes Ergebnis der Epoche (→ M6).

Napoleon Bonaparte (1769–1821): Er kämpfte als Offizier zunächst gegen die Royalisten, später im Auftrag des Direktoriums in Italien. Er kam 1799 durch einen Staatsstreich an die Regierung, krönte sich 1804 selbst zum Kaiser der Franzosen und nannte sich fortan Napoleon I. Er starb in Verbannung auf der Atlantikinsel St. Helena.

Napoleon – Erbe der Revolution? | Napoleons Umgestaltung der Verwaltung vollendete, was der Absolutismus seit König *Ludwig XIV.* (1643–1715) vorbereitet hatte und was bis heute die französische Binnenstruktur kennzeichnet. Von der Zentrale Paris aus wurde das ganze Land durch staatlich besoldete, von Napoleon ernannte (also nicht mehr gewählte) Berufsbeamte verwaltet. Eine lückenlose Befehlskette führte von der Regierung über die Präfekten der ursprünglich 83 Departements und die Unterpräfekten der **Arrondissements** zu den Bürgermeistern der Gemeinden. Mit dieser straff organisierten Bürokratie verfügte Napoleon über ein Instrument zur raschen Durchsetzung seiner Pläne.

Pragmatisch bemühte sich der Erste Konsul um eine Einigung der Nation und einen Ausgleich zwischen den von der Revolution aufgerissenen Fronten. Der zuvor bekämpfte katholische Glauben wurde in einem **Konkordat** mit Papst *Pius VII.* wieder als Religion der großen Mehrheit der Franzosen anerkannt. Die Regierung behielt sich aber weiterhin die Einsetzung der Bischöfe vor und sicherte sich durch Treueid und Übernahme der Besoldung die Loyalität der Priester. Die Gefahr einer Gegenrevolution aus kirchlichen Kreisen war damit gebannt.

Diskriminierende Gesetze gegen den Adel wurden aufgehoben sowie die Rückkehr von Emigranten gestattet. Gleichzeitig entstand eine neue Führungsschicht: Zwischen 1808 und 1814 ließ Napoleon 3 263 Personen adeln. Militär und zivile Funktionsträger seines Regimes profitierten am meisten davon, Kaufleute, Bankiers, Künstler und Wissenschaftler berücksichtigte er kaum. Abgesehen davon sollten über die Zugehörigkeit zu einem bestimmten Stand nicht mehr Geburt und ständische Privilegien entscheiden, sondern Leistung und Funktion. Ein zentral reglementiertes, in erster Linie auf Effizienz bedachtes Bildungswesen schuf die Grundlagen für eine anschließende Karriere in Staat und Gesellschaft. Voraussetzung dafür war jedoch, dass man die Mittel für eine teure Ausbildung aufbringen konnte.

Arrondissements: den Departements untergeordnete Verwaltungseinheiten

Konkordat: völkerrechtlicher Vertrag zwischen Staat und katholischer Kirche zur Regelung kirchlich-staatlicher Angelegenheiten

Internettipp
Weitere Informationen über die Französische Revolution finden Sie unter diesem Code.
32037-21

Der Code civil | Von zentraler Bedeutung war die Schaffung eines neuen bürgerlichen Gesetzbuches, des *Code civil* (auch *Code Napoléon*). Die 1804 veröffentlichte Gesetzessammlung regelte in knapp 2 300 Artikeln das gesamte Zivilrecht und bildete damit die rechtliche Grundlage der bürgerlichen Gesellschaftsordnung. Gleichzeitig sicherte sie die Errungenschaften der Revolution: Freiheit der Person und des Gewissens, Gleichheit vor dem Gesetz, Freiheit der wirtschaftlichen Betätigung, Garantie des Privateigentums und Emanzipation der Juden. Dagegen nahm es im Ehe- und Familienrecht Reformen zurück. Das Scheidungsrecht wurde rückgängig gemacht und die Frau wieder ganz unter die Vormundschaft der Männer gestellt.

Der Code civil fand im Gefolge der französischen Truppen bald Eingang in das deutsche Rechtssystem, zunächst im Badischen Landrecht von 1809. Neu für die deutschen Staaten war insbesondere die Übernahme der französischen Gerichtsverfassung, die Verwaltung und Justiz weitgehend trennte und die Gerichte zur unabhängigen dritten Gewalt machte.

In Frankreich entsprachen Napoleons Gesetzgebung und Reformen der Grundhaltung des Bürgertums. Zusammen mit einer wachsenden Wirtschaft verhalfen sie dem Herrscher zu ungeheurer Popularität. Die Aufrechterhaltung der persönlichen Freiheit konnte allerdings nicht darüber hinwegtäuschen, dass eine Errungenschaft der Revolution wieder verloren gegangen war: Die politischen Freiheitsrechte setzte Napoleon außer Kraft. Ein wertloses Wahlrecht, strenge Pressezensur, eingeschränkte Versammlungsfreiheit, Bespitzelung und politische Morde zeigten das andere Antlitz seiner Herrschaft.

Der Mythos Napoleons | Schon als junger Heerführer in Italien hatte Napoleon Bonaparte gezielt für seine Reputation in der Heimat gesorgt (→ M7). Dennoch empfand er nach seinem Staatsstreich seine Herkunft aus dem Kleinadel gegenüber den etablierten Fürstenhäusern als Makel. Sein Legitimationsbedürfnis wollte er durch Rückbesinnung auf antike und mittelalterliche Herrschaftssymbole stillen. Zunächst regierte er als

Erster Konsul, schließlich seit dem 2. Dezember 1804 als „Kaiser der Franzosen“. Nicht das französische Königtum wollte er neu errichten, sondern als mächtigster Herrscher in Europa stellte er eine direkte Verbindungslinie zu den Kaisern Roms und deren Nachfolgern im Mittelalter her. Napoleons zweite Ehe mit der Habsburgerin *Marie Louise*, der Tochter des österreichischen Kaisers (1810), sollte seinen Aufstieg in den Kreis der traditionellen Monarchien besiegeln. Überdies führten die bei Künstlern in Auftrag gegebenen heroischen Gemälde, seine Porträts auf Münzen und seine Bauprojekte den Zeitgenossen die Einzigartigkeit der Herrschaft Napoleons vor Augen. Eine strenge Pressezensur sorgte gleichzeitig dafür, dass sein Ansehen in der Öffentlichkeit nicht beschädigt wurde.

Nach dem verlorenen Krieg gegen die verbündeten Regierungen Europas (1815) lebte Napoleon noch bis 1821 im Exil auf der Atlantikinsel St. Helena. Sein Mythos überlebte ihn.

Bildinformation 31000-464

Kaiserkrönung Napoleons I. am 2. Dezember 1804 in der Pariser Kathedrale Notre-Dame.
Ölgemälde (610 × 930 cm) von Jacques-Louis David, 1805/07.
Um an das mittelalterliche Zeremoniell bei solchen Anlässen anzuknüpfen, lud Napoleon eigens Papst Pius VII. nach Paris ein. Der Papst segnete und salbte den neuen Kaiser, doch die Krönung des Kaiserehepaars vollzog Napoleon selbst.
Das Gemälde veranschaulicht zugleich die widersprüchliche Entwicklung des Künstlers David. 1789 hatte er den historischen Augenblick des Ballhausschwurs verherrlicht (siehe Seite 120), 15 Jahre später glorifiziert er die Einsetzung einer neuen Erbmonarchie.

- ▶ Gliedern Sie das Gemälde in sinnvolle Abschnitte und versehen Sie diese mit passenden Überschriften.
- ▶ Napoleon krönt seine Frau zur Kaiserin, der Papst sitzt im Hintergrund. Erklären Sie, was der Maler mit diesem Gemälde zum Ausdruck bringen will. 32040-090

M1 „Aufklärung" – eine Begriffsdefinition

*Die Historikerin Susanne Lachenicht (*1971) beschreibt die Wesenszüge der Aufklärung, auf die sich manche Revolutionäre berufen haben:*

Als Aufklärung (franz. *Lumières*, engl. *Enlightenment*) wird in Europa die Epoche zwischen dem Ende des 17. Jahrhunderts und ca. 1789 verstanden, die unterschiedliche Geistesströmungen hervorbrachte. Den meisten Vertretern der Aufklärung (franz. *Philosophes*) gemein ist die Überzeugung, dass der Mensch durch Vernunft Wahres und Falsches unterscheiden und durch die Erkenntnis des einzig Wahren in ein Goldenes Zeitalter gelangen könne. Der Mensch sei seiner Natur nach gut und nur durch die Entfernung vom Naturzustand verderbt worden. Durch die Rückkehr zur Natur, angeleitet von Vernunft könne der Mensch vervollkommnet und in ein freiheitliches und glückliches Dasein überführt werden. Ziel der Aufklärung war es, den Mensch von Aberglauben und Irrationalem zu befreien, Naturwissenschaften und Technik zu fördern, damit diese dem Menschen in seinem Emanzipationsprozess dienen konnten. Häufig findet sich auch ein Plädoyer für religiöse Toleranz; die Moral- und Rechtsphilosophie berief sich zunehmend auf das Naturrecht, d. h. Gesetze, die bereits vor der Gründung der Staaten vorhanden gewesen seien, wie sie dann in den Menschen- und Bürgerrechten von 1789 formuliert werden sollten. Forderungen der Aufklärung schlossen Pressefreiheit, Freiheitsrechte des Einzelnen (Schutz vor willkürlicher Verhaftung, Schutz des Eigentums, Redefreiheit) und eine neue Pädagogik zur Herausbildung des vernünftigen Menschen mit ein. Fortschrittsglaube und Optimismus, dass die Menschheit durch Aufklärung und Vernunft im Diesseits (und nicht mehr im Sinne christlicher Traditionen im Jenseits) in ein neues Arkadien, ein Goldenes Zeitalter geführt werden könne (Perfektibilitätsglaube), ist fast allen Aufklärungsphilosophen eigen. Zu den wichtigsten Aufklärern zählen in Frankreich Voltaire (eigentlich François Marie Arouet, 1694–1778), Charles de Secondat, Baron de Montesquieu (get[auft] 1689–1755), Jean-Jacques Rousseau (1712–1778) und Denis Diderot (1713–1784), in England John Locke (1632–1704) und David Hume (1711–1776), in Deutschland Christian Wolff (1679–1754), Gotthold Ephraim Lessing (1729–1781) und Immanuel Kant (1724–1804). [...]
Viele Aufklärer verwarfen mit dieser säkularen Heilsgeschichte die religiöse Offenbarung, waren nicht nur antiklerikal, sondern bekämpften Religion generell als Aberglauben und Vorurteil; beide müssten für immer beseitigt werden. An die Stelle des Dogmatismus der katholischen Kirche trat der Dogmatismus der Aufklärung, der radikale Glaube an Vernunft, Wissenschaft, Technik und den ewigen Fortschritt der Menschheit. Wichtigstes Werk der Aufklärung war die zwischen 1751 und 1785 von Diderot und Jean-Baptiste de Rond d'Alembert (1717–1783) herausgegebene *Encyclopédie*, die sämtliche *philosophes* und ihre wichtigsten Thesen umfassen sollte.

Susanne Lachenicht, Die Französische Revolution, Darmstadt ^{2}2016, S. 38

32040-091

1. Fassen Sie in wenigen Stichpunkten zusammen, was laut Susanne Lachenicht unter „Aufklärung" zu verstehen ist. | F

2. Das Naturrecht definiert den Menschen als ein von Natur aus mit Rechten ausgestattetes Wesen. Erklären Sie die Folgen dieser These für die von der Aufklärung angestoßene Entwicklung.

3. Arbeiten Sie heraus, inwieweit die Ideen der Aufklärung in Gegensatz zu den überkommenen Regierungs- und Gesellschaftsvorstellungen geraten mussten.

M2 „Was ist der Dritte Stand?"

Der katholische Geistliche Emmanuel Joseph Sieyès, genannt Abbé Sieyès, verfasst Ende 1788 die Schrift „Qu'est-ce que le tiers état?". Sie wird im Januar 1789 anonym veröffentlicht, erreicht eine Auflage von über 30 000 Exemplaren und wird damit zur maßgeblichen „Kampfschrift" des Dritten Standes:

Der Plan dieser Schrift ist ganz einfach. Wir haben uns drei Fragen vorzulegen.
1. Was ist der Dritte Stand? ALLES.
2. Was ist er bis jetzt in der politischen Ordnung gewesen? NICHTS.
3. Was verlangt er? ETWAS ZU SEIN. [...]

Also, was ist der Dritte Stand? Alles, aber ein gefesseltes und unterdrücktes Alles. Was wäre er ohne den privilegierten Stand? Alles, aber ein freies und blühendes Alles. Nichts kann ohne ihn gehen; alles ginge unendlich besser ohne die anderen. [...]
Was ist eine Nation? Eine Körperschaft von Gesellschaftern, die unter einem *gemeinschaftlichen* Gesetz leben und durch dieselbe *gesetzgebende Versammlung* repräsentiert werden usw. [...]
Der Dritte Stand umfasst also alles, was zur Nation gehört; und alles, was nicht der Dritte Stand ist, kann sich nicht als Bestandteil der Nation ansehen. Was also ist der Dritte Stand? ALLES. [...]
Unter dem Dritten Stand muss man die Gesamtheit der Bürger verstehen, die dem Stand der gewöhnlichen Leute (l'ordre commun) angehören. Alles, was durch das Gesetz privilegiert ist, einerlei auf welche Weise, tritt aus der gemeinschaftlichen Ordnung heraus, macht eine Ausnahme für das gemeinschaftliche Gesetz und gehört folglich nicht zum Dritten Stand. [...]
Der Dritte Stand hat bis zur Stunde keine wahren Vertreter auf den Generalständen gehabt. Er hat also keinerlei politische Rechte. [...]

Was verlangt der Dritte Stand? Etwas zu werden. […] Man kann die wirklichen Forderungen des Dritten Standes nur nach den authentischen Beschwerden beurteilen, welche die großen Stadtgemeinden (municipalités) des Königreichs an die Regierung gerichtet haben. Was sieht man da? Dass das Volk *etwas* sein will, und zwar nur das Wenigste, was es sein kann. Es will haben 1. echte Vertreter auf den Generalständen, das heißt Abgeordnete, die aus seinem Stand kommen und die fähig sind, die Interpreten seines Willens und die Verteidiger seiner Interessen zu sein. Was nützt es ihm, an den Generalständen teilzunehmen, wenn das dem seinen entgegengesetzte Interesse dort dominiert? […] Es verlangt weiter 2. eine Zahl von Vertretern, die derjenigen ebenbürtig ist, welche die beiden anderen Stände zusammen besitzen. Diese Gleichheit der Vertretung wäre indessen völlig illusorisch, wenn jede Kammer eine eigene Stimme besäße. Der Dritte Stand verlangt deshalb 3., dass die Stimmen nach Köpfen und nicht nach Ständen gezählt werden. […]

Ich bitte zu beachten, welch gewaltiger Unterschied zwischen der Versammlung des Dritten Standes und den Versammlungen der beiden anderen Stände besteht. Ersterer vertritt fünfundzwanzig Millionen Menschen und berät über die Interessen der Nation. Die beiden letzteren haben, sollten sie zusammentreten, nur die Vollmacht von ungefähr zweihunderttausend Einzelpersonen und denken nur an ihre Vorrechte. Man wird sagen, der Dritte Stand allein könne keine *Generalstände* bilden. Nun, umso besser, dann wird er eben eine *Nationalversammlung* bilden!

Eberhard Schmitt und Rolf Reichardt (Hrsg.), Emmanuel Joseph Sieyès. Politische Schriften 1788–1790, München/Wien [2]1981, S. 119, 123–125, 127, 130 f. und 180

32040-092

1. Erklären Sie, was die Ausführungen von Sieyès zu einer revolutionären „Kampfschrift" macht.
2. Arbeiten Sie Sieyès' Argumente dafür heraus, dass nur ein Stand die Nation vertreten könne.
3. Entwickeln Sie aus dem Beitrag eine Definition des Begriffes „Nation".

M3 Menschenrechte für alle?

Die „Erklärung der Menschen- und Bürgerrechte" wird am 26. August 1789 von der Verfassunggebenden Versammlung (Konstituante) verkündet und der Verfassung von 1791 vorangestellt (erster Text). In Anlehnung an dieses Dokument veröffentlicht am 5. September 1791 die 43-jährige Schriftstellerin Olympe de Gouges eine „Erklärung der Rechte der Frau und Bürgerin" (zweiter Text):

Erklärung von 1789

Da die Vertreter des französischen Volkes, als Nationalversammlung eingesetzt, erwogen haben, dass die Unkenntnis, das Vergessen oder die Verachtung der Menschenrechte die einzigen Ursachen des öffentlichen Unglücks und der Verderbtheit der Regierungen sind, haben sie beschlossen, die natürlichen und unveräußerlichen und heiligen Rechte der Menschen in einer feierlichen Erklärung darzulegen, damit diese Erklärung allen Mitgliedern der Gesellschaft beständig vor Augen ist und sie unablässig an ihre Rechte und Pflichten erinnert; damit die Handlungen der Gesetzgebenden wie der Ausübenden Gewalt in jedem Augenblick mit dem Endzweck jeder politischen Einrichtung verglichen werden können und dadurch mehr geachtet werden; damit die Ansprüche der Bürger, fortan auf einfache und unbestreitbare Grundsätze begründet, sich immer auf die Erhaltung der Verfassung und das Allgemeinwohl richten mögen. Infolgedessen erkennt und erklärt die Nationalversammlung in Gegenwart und unter dem Schutze des Allerhöchsten folgende Menschen- und Bürgerrechte:

Artikel 1

Die Menschen sind und bleiben von Geburt frei und gleich an Rechten. Soziale Unterschiede dürfen nur im gemeinen Nutzen begründet sein.

Artikel 2

Das Ziel jeder politischen Vereinigung ist die Erhaltung der natürlichen und unveräußerlichen Menschenrechte. Diese Rechte sind Freiheit, Eigentum, Sicherheit und Widerstand gegen Unterdrückung. […]

Artikel 4

Die Freiheit besteht darin, alles tun zu können, was einem anderen nicht schadet. So hat die Ausübung der natürlichen Rechte eines jeden Menschen nur die Grenzen, die den anderen Gliedern der Gesellschaft den Genuss der gleichen Rechte sichern. Diese Grenzen können allein durch Gesetz festgelegt werden. […]

Artikel 6

Das Gesetz ist der Ausdruck des allgemeinen Willens. Alle Bürger haben das Recht, persönlich oder durch ihre Vertreter an seiner Formung mitzuwirken. Es soll für alle gleich sein, mag es beschützen, mag es bestrafen. Da alle Bürger in seinen Augen gleich sind, sind sie gleicherweise zu allen Würden, Stellungen und Beamtungen nach ihrer Fähigkeit zugelassen ohne einen anderen Unterschied als den ihrer Tugenden und ihrer Talente.

Artikel 7

Jeder Mensch kann nur in den durch das Gesetz bestimmten Fällen und in den Formen, die es vorschreibt, angeklagt, verhaftet und gefangen gehalten werden. […]

Artikel 10

Niemand soll wegen seiner Meinung, selbst religiöser Art, beunruhigt werden, solange ihre Äußerungen nicht die durch das Gesetz festgelegte öffentliche Ordnung stören.

Artikel 11
Die freie Mitteilung der Gedanken und Meinungen ist eines der kostbarsten Menschenrechte. Jeder Bürger kann also frei schreiben, reden, drucken unter Vorbehalt der Verantwortlichkeit für den Missbrauch dieser Freiheit in den durch Gesetz bestimmten Fällen. […]

Artikel 17
Da das Eigentum ein unverletzliches und heiliges Recht ist, kann es niemandem genommen werden, wenn es nicht die gesetzlich festgelegte, öffentliche Notwendigkeit augenscheinlich erfordert und unter der Bedingung einer gerechten und vorherigen Entschädigung.

Olympe de Gouges von 1791
Wir, die Mütter, Töchter, Schwestern, Vertreterinnen der Nation, verlangen in die Nationalversammlung aufgenommen zu werden. In Anbetracht dessen, dass Unkenntnis, Vergessen oder Missachtung der Rechte der Frauen die alleinigen Ursachen öffentlichen Elends und der Korruptheit der Regierungen sind, haben wir uns entschlossen, in einer feierlichen Erklärung die natürlichen, unveräußerlichen und heiligen Rechte der Frau darzulegen, damit diese Erklärung allen Mitgliedern der Gesellschaft ständig vor Augen ist und sie unablässig an ihre Rechte und Pflichten erinnert; damit die Machtausübung von Frauen ebenso wie jene von Männern jederzeit und somit auch mehr geachtet werden kann; damit die Beschwerden von Bürgerinnen, nunmehr gestützt auf einfache und unangreifbare Grundsätze, sich immer zur Erhaltung der Verfassung, der guten Sitten und zum Wohl aller auswirken mögen. Das an Schönheit wie Mut im Ertragen der Mutterschaft überlegene Geschlecht anerkennt und erklärt somit, in Gegenwart und mit dem Beistand des Allmächtigen, die folgenden Rechte der Frau und Bürgerin:

Artikel I
Die Frau ist frei geboren und bleibt dem Manne gleich in allen Rechten. Die sozialen Unterschiede können nur im allgemeinen Nutzen begründet sein.

Artikel II
Ziel und Zweck jedes politischen Zusammenschlusses ist der Schutz der natürlichen und unveräußerlichen Rechte sowohl der Frau als auch des Mannes. Diese Rechte sind: Freiheit, Sicherheit, das Recht auf Eigentum und besonders das Recht auf Widerstand gegen Unterdrückung. […]

Artikel IV
Freiheit und Gerechtigkeit besteht darin, den anderen zurückzugeben, was ihnen zusteht. So wird die Frau an der Ausübung ihrer natürlichen Rechte nur durch die fortdauernde Tyrannei, die der Mann ihr entgegensetzt, gehindert. Diese Schranken müssen durch Gesetz der Natur und Vernunft revidiert werden. […]

Artikel VI
Das Gesetz sollte Ausdruck des allgemeinen Willens sein. Alle Bürgerinnen und Bürger sollen persönlich oder durch ihre Vertreter an seiner Gestaltung mitwirken. Es muss für alle das Gleiche sein. Alle Bürgerinnen und Bürger, die gleich sind vor den Augen des Gesetzes, müssen gleichermaßen nach ihren Fähigkeiten, ohne andere Unterschiede als die ihrer Tugenden und Talente, zu allen Würden, Ämtern und Stellungen im öffentlichen Leben zugelassen werden.

Artikel VII
Für Frauen gibt es keine Sonderrechte; sie werden verklagt, in Haft genommen und gefangen gehalten in den durch das Gesetz bestimmten Fällen. Frauen unterstehen wie Männer den gleichen Strafgesetzen. […]

Artikel X
Niemand darf wegen seiner Meinung, auch wenn sie grundsätzlicher Art ist, verfolgt werden. Die Frau hat das Recht, das Schafott zu besteigen. Sie muss gleichermaßen das Recht haben, die Tribüne zu besteigen, vorausgesetzt, dass ihre Handlungen und Äußerungen die vom Gesetz gewahrte öffentliche Ordnung nicht stören.

Artikel XI
Die freie Gedanken- und Meinungsäußerung ist eines der kostbarsten Rechte der Frau, denn diese Freiheit garantiert die Vaterschaft der Väter an ihren Kindern. Jede Mutter kann folglich in aller Freiheit sagen: „Ich bin die Mutter eines Kindes, das du gezeugt hast", ohne dass ein barbarisches Vorurteil sie zwingt, die Wahrheit zu verschleiern. […]

Artikel XVII
Das Eigentum gehört beiden Geschlechtern vereint oder einzeln. Jede Person hat darauf ein unverletzliches und heiliges Anrecht. Niemandem darf es als wahres Erbteil der Nation vorenthalten werden, es sei denn, eine öffentliche Notwendigkeit, die gesetzlich festgelegt ist, mache es augenscheinlich erforderlich, jedoch unter der Voraussetzung einer gerechten und vorher festgesetzten Entschädigung.

Ute Gerhard, Menschenrechte – Frauenrechte 1789, in: Viktoria Schmidt-Linsenhoff (Hrsg.), Sklavin oder Bürgerin? Französische Revolution und Neue Weiblichkeit 1760–1830, Frankfurt am Main 1989, S. 68–72

32040-093

1. Erläutern Sie die Funktion der Präambeln beider Erklärungen.
2. Geben Sie die wesentlichen Rechte wieder, die den Bürgern nach den jeweiligen Texten eingeräumt werden.
3. Leiten Sie aus diesen Rechten bzw. Forderungen möglicherweise bestehende Missstände ab.
4. Die Forderungen von Olympe de Gouges sind unseren heutigen Vorstellungen näher. Überprüfen Sie diese These.

M4 Staatsform und Wahlrecht von 1789 bis 1795

Zwischen 1789 und 1799 werden in Frankreich vier Verfassungen verabschiedet. Sie alle dokumentieren unterschiedliche Stadien der Revolution und sind Ausdruck eines intensiven Erfahrungs- und Lernprozesses.

	Ancien Régime (Wahlordnung von 1789)	Verfassung von 1791	Verfassung von 1793 (trat nicht in Kraft)	Verfassung von 1795
Regierungsform	absolutistische Monarchie	konstitutionelle Monarchie	Republik	Republik
Staatsoberhaupt	König	König	—	5 Direktoren
Vertretungssystem	Generalstände (beratende Funktion) 1. Stand: ca. 300 Vertreter 2. Stand: ca. 300 Vertreter 3. Stand: ca. 600 Vertreter	Nationalversammlung für 2 Jahre (etwa 745 Vertreter aus 83 Départements)	Nationalrepräsentation für 1 Jahr (je 1 Abgeordneter auf 40 000 Einwohner, 749 Abgeordnete, zuzüglich 28 aus den Kolonien)	• Rat der Alten (250 Mitglieder) • Rat der Fünfhundert (beide Räte wurden alljährlich zu einem Drittel erneuert)
Wahlverfahren	nach Ständen	indirekt	direkt	indirekt
Wahlberechtigung (in den Urversammlungen)	• Männer (beim Adel auch Frauen) • 25 Jahre • Eintragung in die Steuerliste	• Männer • 25 Jahre • fester Wohnsitz seit einem Jahr • weder Tagelöhner noch Dienstleute • Steuerleistung im Wert von 3 Arbeitstagen • Mitglied der Nationalgarde • Bürgereid	• Männer • 21 Jahre • ein Jahr in Frankreich	• Männer • 21 Jahre • ein Jahr in Frankreich und/oder (ehemaliger) Soldat • Jungwähler sollten lesen und schreiben können und einer qualifizierten Arbeit nachgehen
Voraussetzungen, um als Wahlmann bestellt zu werden	—	• aktives Bürgerrecht • 25 Jahre	—	• aktives Bürgerrecht • 25 Jahre
Eigentum/Einkommen im Wert von • in Städten über 6 000 Einwohner		• 200 Arbeitstagen		• 100 Arbeitstagen
• in Städten unter 6 000 Einwohner		• 100–150 Arbeitstagen		• 150 Arbeitstagen
• auf dem Land		• ca. 150 Arbeitstagen		• 150–200 Arbeitstagen
Zahl der Wahlmänner	—	etwa 45 000	—	etwa 30 000
Voraussetzungen, um als Abgeordneter gewählt zu werden	—	aktives Bürgerrecht	aktives Bürgerrecht	Rat der Fünfhundert: • 30 Jahre • fester Wohnsitz seit 10 Jahren Rat der Alten: • 40 Jahre • fester Wohnsitz seit 15 Jahren

Nach: Wilhelm Ihde, Wegscheide 1789. Darstellung und Deutung eines Kreuzweges der europäischen Geschichte, Leipzig/Berlin 1940 (Beilage)

1. Vergleichen Sie die vier Verfassungen hinsichtlich der politischen Teilhaberechte der Bevölkerung. | F
2. Erklären Sie das unterschiedliche Ausmaß der Teilhaberechte.
3. Arbeiten Sie heraus, welche Interessen welcher gesellschaftlicher Gruppen Niederschlag in den jeweiligen Verfassungen gefunden haben.

32040-094

M5 Die „Schreckensherrschaft" – Rechtfertigung und Kritik

Maximilien de Robespierre rechtfertigt am 5. Februar 1794 vor dem Nationalkonvent das Ziel der Revolution und den Terror seiner Regierung:

Welches Ziel streben wir an? Wir wollen den friedlichen Genuss der Freiheit und der Gleichheit […]. Wir wollen die Dinge so ordnen, dass alle niedrigen und grausamen Leidenschaften im Zaum gehalten und alle wohltätigen und edlen Leidenschaften durch die Gesetze geweckt werden; wir wollen eine Ordnung schaffen, in der sich der Ehrgeiz auf den Wunsch beschränkt, Ruhm zu erwerben und dem Vaterland zu dienen; in der Vornehmheit nur aus der Gleichheit entsteht; wo der Bürger dem Magistrat, der Magistrat dem Volke und das Volk der Gerechtigkeit unterworfen ist; eine Ordnung, in der das Vaterland das Wohlergehen eines jeden Einzelnen sichert und jeder Einzelne stolz das Gedeihen und den Ruhm des Vaterlandes genießt […].

Wir wollen in unserem Lande die Moral gegen den Egoismus, die Rechtschaffenheit gegen die Ehre, […] ein großherziges, mächtiges und glückliches Volk gegen ein bloß liebenswürdiges, leichtfertiges und beklagenswertes Volk eintauschen, das heißt, alle Tugenden und alle Wunder der Republik gegen alle Laster und alle Lächerlichkeiten der Monarchie.

Mit einem Wort: Wir wollen den Willen der Natur erfüllen, das Schicksal der Menschheit vollenden, das Versprechen der Philosophie halten und die Vorsehung von der langen Herrschaft des Verbrechens und der Tyrannei befreien […].

Welche Regierungsform kann diese Wunder vollbringen? Nur die demokratische oder republikanische Regierung! Denn diese beiden Wörter sind synonym, trotz aller Missbräuche der volkstümlichen Sprache. Die Aristokratie ist ebenso wenig republikanisch wie die Monarchie. Die Demokratie ist kein Staat, in dem sich das Volk ständig versammelt und alle seine öffentlichen Angelegenheiten selbst regelt; sie ist noch weniger ein Staat, in dem hunderttausend Volksparteien durch isolierte, übereilte und widersprüchliche Maßnahmen über das Schicksal der gesamten Gesellschaft entscheiden. Eine solche Regierung hat niemals bestanden und sie könnte auch nur bestehen, um das Volk zum Despotismus zurückzuführen.

Die Demokratie ist ein Staat, in dem das souveräne Volk sich nach Gesetzen richtet, die sein eigenes Werk sind, indem es von selbst alles tut, was es tun kann, und indem es durch seine Abgeordneten tun lässt, was es nicht selbst tun kann. […]

Von außen werden wir von allen Tyrannen umzingelt; im Innern konspirieren alle Freunde der Tyrannen gegen uns: Sie werden solange konspirieren, bis dem Verbrechen jede Hoffnung genommen ist. Man muss die inneren und äußeren Feinde der Republik beseitigen oder mit ihr untergehen. Deshalb sei in der gegenwärtigen Lage der erste Grundsatz eurer Politik, das Volk durch Vernunft und die Volksfeinde durch Terror zu lenken.

Wenn in friedlichen Zeiten der Kraftquell der Volksregierung die Tugend ist, so sind es in Zeiten der Revolution Tugend und Terror zusammen. Ohne die Tugend ist der Terror verhängnisvoll, ohne den Terror ist die Tugend machtlos. Der Terror ist nichts anderes als die unmittelbare, strenge und unbeugsame Gerechtigkeit: Er ist also eine Emanation[1] der Tugend; er ist nicht so sehr ein besonderer Grundsatz als vielmehr die Folge des allgemeinen Grundsatzes der Demokratie: angewandt auf die dringenden Bedürfnisse des Vaterlandes.

Der am 21. Oktober 1793 geschriebene Brief des Pfarrers und Schriftstellers Johann Caspar Lavater (1741–1801) aus Zürich an den Konventsabgeordneten Marie-Jean Héraut de Séchelles (1760–1794, hingerichtet) zeigt exemplarisch die Abwendung des größten Teils der europäischen Revolutionssympathisanten:

Seitdem Ihr Euren guten König umgebracht und ermordet habet auf eine unerhörte Weise und auf die despotischste Art; seitdem Ihr die Unverletzbarkeit verletzt habt, die Ihr ihm versichert hattet; seitdem Ihr auf seine Verteidigung keine Achtung mehr schluget; seitdem Ihr im Geschmack der lissabonischen Inquisition handeltet; seitdem Ihr, den Dolch in der Hand, zur Freiheit zwanget; seitdem Ihr die bewegliche Köpfmaschine an die Stelle der zerstörten Bastille setztet; seitdem man nichts mehr sagen oder schreiben darf, was man unter den despotischsten Königen sagen und schreiben durfte, seitdem zittre ich, wenn ich Euch von Freiheit reden höre.

Monarchie oder Republik, das ist mir gleichgültig; aber Freiheit! Nicht das Wort jedoch, nicht die Ausrufungen, nicht die Marktschreierei gehaltener Reden werden Frankreich diese Freiheit geben. Erlaubet mir, über diesen Gegenstand Eurer (unbeschadet der Beredsamkeit) armseliger Reden frei zu sein: Wo ist die Freiheit, wo ist die Sicherheit der Ehre, des Eigentums, des Lebens? […]

[1] **Emanation**, von lat. *emanare*: hervorgehen, herausfließen

Glauben Sie mich nicht schwach genug, die Partie der Prinzen und der Royalisten von Frankreich zu nehmen; keineswegs. Ich habe nichts zu sagen als eine klare, einfache und niederschlagende Sache. Alle Eure Könige und alle Könige der Erde zusammen gaben nie so viele Beispiele des abscheulichen Despotismus, wie Ihr seit drei Jahren gebet. In Wahrheit, Ihr treibet Spott mit uns andern, mit dem Universum und mit den künftigen Jahrhunderten. Ich erwähne nicht einmal der groben Unmenschlichkeiten eines verwilderten Pöbels. Ich bemerke die öffentlichen Akte, die Dekrete des Nationalkonvents, die unterstützten und privilegierten Grausamkeiten der größten sogenannten *Antidespoten*.
Im Namen der Menschlichkeit beschwöre ich Sie auf den Knien, spottet nicht mehr dem Universum und den künftigen Jahrhunderten! Sprecht nie mehr das Wort *Freiheit* aus, indem ihr den allerunerträglichsten Despotismus ausübt.

Erster Text: Maximilien Robespierre, Ausgewählte Texte, Hamburg 1971, S. 584–586 und 594; zweiter Text: Gustav Landauer, Briefe aus der Französischen Revolution, Band 2, Berlin (Ost), [3]1985, S. 105 f.

32040-095

1. Geben Sie die Ziele Robespierres aus dem ersten Text mit eigenen Worten wieder. | H
2. Beurteilen Sie die Ziele Robespierres. | H
3. Erklären Sie, welche Gefahr bei der Verfolgung dieser Ziele deutlich wird.
4. Setzen Sie sich mit der Frage auseinander, ob es auch andere Wege als den Terror gegeben hätte, die Absichten Robespierres in die Tat umzusetzen. | F
5. Arbeiten Sie die Kritikpunkte aus dem zweiten Text heraus, die der Briefeschreiber der Politik des Konvents entgegensetzt.
6. Nehmen Sie abschließend Stellung: An welche Grenzen stoßen Regierungen bei der Durchsetzung ihrer Maßnahmen?

M6 „Die Geburtsstunde von Freiheit und Demokratie"

*Die Historikerin Susanne Lachenicht (*1971) schreibt über die Bedeutung der Französischen Revolution:*

Die Französische Revolution wird bis heute als das Ereignis betrachtet, das die Vormoderne von der Moderne oder die Frühe Neuzeit von der Neuzeit trennt. Sie steht für einen Epochenumbruch, der Politik, Gesellschaft, Wirtschaft und Kultur inklusive der kollektiven Mentalitäten (Michel Vovelle) tiefgreifend verändert haben soll. Aus politischer Perspektive ist die Französische Revolution immer wieder als Geburtsstunde von Freiheit und Demokratie beschrieben worden. Aus dem Untertanen (*sujet*) sei der (Staats-)Bürger (*citoyen*) geworden. Gesellschaftlich und wirtschaftlich bedeutete sie – so viele Autoren – das Ende der Ständegesellschaft und damit Rechtsgleichheit und den Aufstieg des Bürgertums in Frankreich. Wirtschaftlich wird mit der Französischen Revolution durch die Abschaffung von ständischen Privilegien, von Zünften und Gilden Unternehmensfreiheit und die allmähliche Durchsetzung des Leistungsprinzips auf dem europäischen Kontinent verbunden. Kulturell bedeutete die Revolution das Ende des alten Europas, in dem Staat und Kirche bis dato ein enges Bündnis eingegangen waren. Neben die christliche Religion bzw. die christlichen Konfessionen trat 1789 eine säkulare Ideologie, die sich in England und auch in Frankreich seit dem 16. Jahrhundert entwickelt hatte: Der Nationalismus, der in Frankreich während der Revolution zum „demokratischen Nationalismus" werden sollte, verdrängte die Staatsreligion – den Katholizismus – zwar nicht, setzte jedoch an dessen Stelle eine klare Alternative, die bis zum heutigen Tag von vielen Franzosen gelebt wird: Republikanismus und Laizismus.
Schon die Revolutionäre selbst sahen in den Ereignissen zwischen 1789 und 1799 etwas Irreversibles; eine Umkehr, eine Rückkehr in alte Zeiten schien ihnen nicht mehr möglich. Nach der Hinrichtung des Königs, Ludwigs XVI. (geb. 1754), am 21. Januar 1793 soll der Abgeordnete des Nationalkonvents Pierre Joseph Cambon (1756–1820) gesagt haben: „Wir sind endlich auf der Insel der Freiheit gelandet und haben das Schiff verbrannt, das uns hinfuhr" […]. Spätestens mit der radikalen Revolution von 1792 wurde nicht mehr das Alte, das bisher Dagewesene als Legitimation für Reformen, für Veränderung bemüht. Bis dahin waren Revolten wie der Bauernkrieg von 1525, die Englische Revolution der 1640er-Jahre sowie die Glorreiche Revolution von 1688/89 von den Revolutionären immer als Rückkehr zum „alten Recht", zu einem Zustand gesehen worden, der von den Herrschenden gewaltsam verändert worden sei und den die Revolutionäre nun wiederherstellen mussten. Vor dem Amerikanischen Unabhängigkeitskrieg[1] und den Ereignissen in Frankreich von 1789 bis 1799 bezeichnete der Begriff „Revolution" den immer wiederkehrenden Kreislauf der Gestirne oder politisch die Rückkehr zu altem Recht und alter Ordnung.
Dies änderte sich mit der Französischen Revolution. Das Neue, die Realisierung einer Utopie, der Fortschritt der Menschheit hin zu neuen Ufern waren nun Legitimation für politisches und gesellschaftliches Handeln. Die Revolution katalysierte die Entwicklung weg vom Alten, zu Bewahrenden, hin zum Neuen, zum Unbekannten; ein Wandel der Mentalitäten, der sich bereits mit der Aufklärung angekündigt hatte. Mit den Ereignissen in Nordamerika, aber vor allem durch die Umwälzungen, die in Frankreich zwischen 1789 und 1799 stattfanden, veränderte sich auch die Bedeutung des Begriffs „Revolution". Seitdem steht der Begriff

[1] **Amerikanischer Unabhängigkeitskrieg:** 1775 bis 1783

„Revolution" für die mit Aufständen und Gewalt einhergehende Veränderung von staatlichen Institutionen, von Eigentumsverhältnissen, von Zugangsbedingungen zu staatlichen, wirtschaftlichen und gesellschaftlichen Eliten, für die Durchsetzung neuer, manchmal staatlich verordneter Ideologien, im Grunde also für die totale, wenn nicht gar totalitäre Umwälzung von Staat, Kultur und Gesellschaft.

Susanne Lachenicht, Die Französische Revolution, a. a. O., S. 9f.

32040-096

1. Gliedern Sie den Text in sinnvolle Abschnitte und versehen Sie diese mit passenden Überschriften.
2. Arbeiten Sie aus dem Text die Veränderungen heraus, die von der Französischen Revolution ausgingen. | F
3. Informieren Sie sich im Internet und/oder in der Fachliteratur über die von der Autorin genannten früheren Revolutionen (siehe ab Zeile 39 ff.). Erläutern Sie anschließend, welchen Unterschied Lachenicht beschreibt.

M7 „Der Wahrheit stets eine Nasenlänge voraus"

*Der Journalist Andreas Kilb (*1961) rezensiert 2018 in der Frankfurter Allgemeinen Zeitung eine neue Napoleon-Biografie des britischen Historikers Adam Zamoyski (*1949):*

Die Schlüsselszene dieses Buches spielt in Italien. Die französische Revolutionsarmee unter ihrem General Napoleon Bonaparte hat ein österreichisches Korps in Mantua eingeschlossen. [...] Die entscheidende Brücke liegt bei dem Dorf Arcole.

Die Franzosen versuchen sie am 15. November [1796] im Sturm zu nehmen, aber die Verteidiger sind gut verschanzt. Als die erste Attacke scheitert, steigt der General vom Pferd und ergreift eine Fahne. Der Trupp, den er anführt, wird von einer gut gezielten Salve empfangen, die seinen Adjutanten tötet. Seine überlebenden Begleiter stoßen Bonaparte in einen Entwässerungsgraben. Triefnass, aber unverletzt wird er aus dem Wasser gezogen. Die Brücke bleibt in österreichischer Hand. Soweit die Fakten.

In Bonapartes Bulletin[1] an das fünfköpfige Direktorium in Paris, das nach dem Sturz Robespierres die Revolutionsgeschäfte führt, klingt alles ganz anders. Hier verschmilzt die Schlappe bei Arcole mit den Gefechten der folgenden Tage, die die Österreicher schließlich doch zum Rückzug zwingen, zu einem einzigen, durch Bonapartes Fahnenmarsch ausgelösten Triumph. Noch im selben Monat beginnt Antoine-Jean Gros, der die französische Armee begleitet, mit seinem Ölbild „Bonaparte an der Brücke von Arcole". Es zeigt den General in Galauniform mit gezücktem Schwert und wehendem Haar. Das Gemälde, durch zahlreiche Drucke verbreitet, wird zur Ikone der siegreichen Revolution.

„Der Wahrheit stets eine Nasenlänge voraus" von Andreas Kilb, in: F. A. Z. Literaturbeilage vom 6. Oktober 2018,

„Bonaparte an der Brücke von Arcole."
Ölgemälde (94 x 130 cm) von Antoine-Jean Gros, 1796.

32040-097

1. Ein Ergebnis der Französischen Revolution war das Entstehen von Zeitungen, die sich im politischen Meinungsstreit behaupten mussten. Erklären Sie, wie Napoleon seinen Bericht vom Krieg in Italien zur Beeinflussung der Massen nutzt.
2. Setzen Sie die in der Quelle beschriebenen Ereignisse (Zeile 1–14) in Beziehung zur Aussage des Ölgemäldes von Antoine-Jean Gros auf dieser Seite. | H
3. Überlegen Sie, welche damaligen Möglichkeiten es gab, Berichte von einem fernen Kriegsschauplatz zu überprüfen. Vergleichen Sie mit heutigen „fake news".

[1] **Bulletin**: amtlicher Bericht, offizielle Bekanntmachung

Methode

Umgang mit historischer Fachliteratur üben

Historische Fachliteratur ist ein Sammelbegriff für wissenschaftliche Veröffentlichungen. Dazu gehören **Textsorten** wie wissenschaftliche Bücher eines Autors (Monografien), Aufsätze in Sammelbänden oder in (Fach-)Zeitschriften, gedruckte Vorträge, Lexikonartikel und Rezensionen (Buchbesprechungen). Die Literatur über die Französische Revolution beispielsweise ist unüberschaubar. Die Zahl der Veröffentlichungen geht in die Zigtausende und ständig kommen neue hinzu.

Eine für alle Mal gültige oder richtige und verbindliche **Geschichtsschreibung** gibt es nicht. Wichtig ist die Einsicht, dass sie immer **abhängig** ist von der Person, die Forschung betreibt, von der Zeit, in der geforscht wird, von den Fragen, die Untersuchende an die Vergangenheit stellen, von den ausgewerteten Quellen und von der benutzten Literatur. Für das Verständnis eines Textes, seine Einordnung und Bewertung ist es daher notwendig, ihn mit anderen Darstellungen zu vergleichen und ihn nach bestimmten **Kriterien** zu untersuchen.

Im Materialienteil des Buches gibt es zahlreiche Beispiele, um historische Fachliteratur zu analysieren.

32039-04 Methode Online

Arbeitsschritt	Leitfragen (Auswahl)
1. Reproduktion	• Wer ist der Autor / die Autorin? • Welche Funktion, welchen Beruf oder welche Stellung hat er / sie? • Welche Textsorte liegt vor (z. B. Lexikonartikel, Fachbuch, Essay oder Rezension)? • Wann, wo und aus welchem besonderen Anlass (Jubiläum, Jahrestag etc.) ist der Text veröffentlicht worden? • Was wird thematisiert? • Wie ist der Text aufgebaut? Welche besonderen Merkmale gibt es (Sprache, Stil)? • Mit welchen Argumenten bzw. Belegen (Quellen, Sekundärliteratur) begründet der Autor / die Autorin seine / ihre Aussagen? • Welche Behauptungen oder Thesen werden aufgestellt?
2. Reorganisation und Transfer	• Welchen Zeitraum, welches Ereignis oder welche Person behandelt der Text? • Auf welche wissenschaftliche / politische Diskussion geht der Autor / die Autorin ein? • In welchem Bezug steht der Autor / die Autorin zum behandelten Thema? • An welche Adressaten wendet sich der Text? • Welche Aussageabsicht hat er? • Welchen Standpunkt nimmt der Autor / die Autorin ein?
3. Reflexion und Problemlösung	• Wurde das Thema schlüssig und überzeugend bearbeitet oder ist die Argumentation lückenhaft? Wurden mehrere Perspektiven berücksichtigt? • Nimmt der Autor / die Autorin Wertungen vor oder stellt er / sie Vermutungen auf? • Wie lässt sich der Text bzw. die Publikation insgesamt einordnen und bewerten?

M1 „Im Zentrum der modernen Weltgeschichte"

Albert Soboul (1914–1982) fasst das Ergebnis der Französischen Revolution in einem erstmals 1962 in Frankreich veröffentlichten Werk wie folgt zusammen:

Zehn Jahre revolutionäre Ereignisse hatten allerdings die Lage in Frankreich im Wesentlichen in Übereinstimmung mit den Wünschen der Bourgeoisie und Besitzenden grundlegend verändert. Die alte Aristokratie war samt ihren Privilegien und ihrer früheren gesellschaftlichen Bedeutung zerschlagen, und die letzten Spuren der Feudalität waren beseitigt. Mit der radikalen Zerstörung der gesamten feudalen Hinterlassenschaft, der Befreiung der Bauern von den Herrenrechten, den kirchlichen Zehnten und – eingeschränkt – auch von den kollektiven Zwängen (contraintes communautaires), mit der Aufhebung der Zunftmonopole und der Herstellung des nationalen Marktes beschleunigte die Französische Revolution die Entwicklung des Übergangs vom „Feudalismus" zum Kapitalismus und bildete zugleich eine ihrer entscheidenden Etappen. Indem sie andererseits die provinziellen Besonderheiten und die lokalen Vorrechte aufhob und die Staatsgewalt des Ancien Régime zerbrach, schuf sie vom Direktorium bis zum Empire die Voraussetzungen eines modernen Staates, der den wirtschaftlichen und sozialen Interessen der Bourgeoisie entsprach. [...]

Die Französische Revolution steht damit im Zentrum der modernen Weltgeschichte, am Kreuzweg verschiedener gesellschaftlicher und politischer Strömungen, welche die Nationen entzweit haben und noch weiterhin entzweien werden. Ihr Enthusiasmus begeistert die einen, die an die Kämpfe für Freiheit und Unabhängigkeit und an ihren Traum von der brüderlichen Gleichheit erinnern – oder löst Hassgefühle aus. Ihr aufgeklärter Geist lenkt die Angriffe gegen Privilleg und Tradition oder reißt die Vernunft durch ihre großen Bemühungen mit fort, um die Gesellschaft auf rationale Grundlagen zu stellen. Ob bewundert oder gefürchtet – die Revolution lebt im Bewusstsein der Menschen weiter.

Albert Soboul, Die große Französische Revolution. Ein Abriss ihrer Geschichte (1789–1799), hrsg. und übersetzt von Joachim Heilmann und Dietfrid Krause-Vilmar, Frankfurt am Main [5]1988, S. 571 f. und 574

Verfasser
(Soboul: französischer Historiker und Marxist)

Fokus auf „Signalwörter"
(Hinweis auf sozialistische Geschichtsschreibung)

Literaturangabe

M2 Einfluss auf die politische Kultur Europas

*Rolf E. Reichardt (*1940) schreibt in einem erstmals 1998 veröffentlichten Buch über die Französischen Revolution:*

Überall wirkte die Revolution bei unzufriedenen Gruppen als Anstoß, überfällige Reformen und Veränderungen im jeweils eigenen Land energischer zu betreiben. Überall löste sie eine Welle politischer Publizistik von neuer Radikalität und sozialer Reichweite aus, welche die revolutionären Grundvorstellungen und Schlagworte verbreitete. Überall verband sich damit sowohl eine neuartige Klubkultur als auch eine internationale Freiheits- und Gleichheitssymbolik – beides nach französischem Vorbild. Überall wurden durch die so bewirkten Akkulturationsprozesse[1] neue soziale Gruppen und Schichten an die Politik herangeführt beziehungsweise zusätzlich politisiert, überall erkämpften sich diese Gruppen unter Rekurs[2] auf die Revolution Zugang zum Politischen: die Intellektuellen auf der Apenninenhalbinsel, das mittlere Bürgertum im Alten Reich, die kleinen Leute auf den Britischen Inseln. Überall bildeten sich in Auseinandersetzung mit der Revolution deutlicher als zuvor gegensätzliche politische Lager heraus. So hat die Französische Revolution, wie unterschiedlich sie auch vordergründig auf einzelne Länder einwirkte, letztlich wichtige Impulse zur Herausbildung einer gemeinsamen, tendenziell demokratischen politischen Kultur Europas gegeben.

Rolf E. Reichardt, Das Blut der Freiheit. Französische Revolution und demokratische Kultur, Frankfurt am Main 2014, S. 331

Verfasser
(Reichardt: deutscher Historiker, Romanist und Bibliothekar)

Fokus auf „Signalwörter"
(Hinweis auf den Schwerpunkt des Textauszuges: Kulturgeschichte)

Literaturangabe

[1] **Akkulturation:** Übernahme fremder geistiger und materieller Kulturgüter durch Einzelpersonen oder ganze Gruppen

[2] **Rekurs:** Rückgriff auf etwas

Untersuchen Sie die beiden Texte mithilfe der Arbeitsschritte auf Seite 140. Ihre Ergebnisse können Sie mit der Beispiellösung auf Seite 485 vergleichen.

32040-098

Die Französische Revolution (1789–1799)

Ursachen

- Finanzkrise des Staates (u.a. Kriege, Schulden)
- soziale und wirtschaftliche Probleme (Abgaben/Steuern, Hungersnöte)
- gescheiterte Reformen
- reformunfähige Monarchie
- politischer Gestaltungswille (Dritter Stand)
- Ideen der Aufklärung (u.a. Montesquieu, Rousseau)

Phasen

Beginn der Revolution (1789) →

- Ziele: Ende der Not, Reformen, politische Mitbestimmung
- Träger: Bauern, Bürger (Dritter Stand)

Konstitutionelle Monarchie (1789–1792) →

- Ziele: Abschaffung feudaler Privilegien, Menschen- und Bürgerrechte, Verfassung
- Träger: gehobenes Bürgertum, liberaler Adel, Frauen

Republik und „Schreckensherrschaft" (1792–1794) →

- Ziele: Abschaffung der Monarchie, Verfassung, „Überwachungsstaat"/Terror
- Träger: Kleinbürgertum (Sansculotten), Besitzbürgertum (Jakobiner)

Direktorium (1795–1799)

- Ziele: Verfassung, Beendigung von Unruhen
- Träger: gehobenes Bürgertum

Fazit

Gewinner der Revolution

- gehobenes Bürgertum

Verlierer der Revolution

- Adel und Klerus

Das Erbe

- Menschen- und Bürgerrechte
- Aufhebung der Ständegesellschaft
- Trennung von Kirche und Staat
- Abschaffung der Monarchie, Entwicklung der Republik
- Bewusstsein für eine politische Demokratie
- Entstehung von Parteien und einer Debattenkultur
- Beginn einer politischen Frauenbewegung
- Veränderung der Presselandschaft (neue „Öffentlichkeit")
- Code Napoléon bzw. Code civil (neues Zivilrecht)

M Der „moderne Mensch" und das Störfeuer revolutionärer Politik

*Der britische Historiker Simon Schama (*1945) schreibt über die Ergebnisse der Französischen Revolution:*

Ihre beiden großen gesellschaftlichen Veränderungen – das Ende der Feudalherrschaft und die Abschaffung der Zünfte – hatten mehr versprochen als gehalten. So erleichtert sich fraglos viele Handwerker über die Beseitigung der Zunfthierarchie mit ihren strengen Arbeits- und Verdienstvorschriften fühlten, den wirtschaftlichen Ungerechtigkeiten, die Meister und Gesellen nach wie vor voneinander schieden, waren sie nun noch schutzloser ausgesetzt. Und ebenso war die Abschaffung des Feudalismus mehr eine Sache der Gesetze als der gesellschaftlichen Umschichtung und besiegelte lediglich die bereits unter dem Ancien régime angebahnte Umwandlung des Feudalherrn in einen Gutsherrn. [...]

Den größten Gewinn vom Verkauf der Kirchengüter und des Emigrantenbesitzes hatten genau dieselben Bevölkerungsgruppen, die schon unter dem Ancien régime wirtschaftlich ihren Schnitt gemacht hatten. Gewiss bedeuteten diese unwiderruflichen Verkäufe eine beträchtliche Verschiebung des Reichtums. Aber ein guter Teil dieses Transfers wickelte sich *innerhalb* der Klasse der Grundbesitzer ab. Das heißt, die fetten Katzen wurden nur noch fetter. [...]

Hat die Revolution dann wenigstens die Probleme, über die die Monarchie gestürzt war, gelöst und entsprechende staatliche Einrichtungen geschaffen? Auch hier ist es [...] einfacher, die Kontinuität zu verfolgen, vornehmlich in den Zentralisierungsbestrebungen, als einen umwerfenden Wandel auszumachen. Was die öffentlichen Finanzen angeht, so entpuppte sich die Einführung einer Papierwährung als eine Katastrophe, neben der die Insolvenzen des Ancien régime nahezu zur Bedeutungslosigkeit herabsanken. So kehrte das bonapartistische Konsulat [...] zu guter Letzt reumütig zur Metallwährung zurück. [...]

Hatte sich die Revolution dann wenigstens in dem Punkt besser bewährt, an dem die Monarchie gescheitert war, nämlich an ihrer Unfähigkeit, repräsentative Einrichtungen zur Verwirklichung ihrer Reformprogramme zu schaffen? In einer Hinsicht ja. Die verschiedenen, vom Volke gewählten gesetzgebenden Körperschaften von den Generalständen bis zum Nationalkonvent gehören in der Tat zu den eindrucksvollsten Neuerungen, die die Revolution hervorgebracht hat. [...]

Nach dem Jahr III[1] aber ging die Gewalt nicht mehr von der Straße und den Sektionen, sondern von der uniformierten Armee aus. Und hier endlich stoßen wir auf eine Umwandlung, die niemand der Französischen Revolution streitig machen kann: die Schöpfung eines neuen Rechtsträgers, des Citoyen. Doch kaum war diese hypothetisch freie Person erfunden, wurden ihre Freiheiten auch schon von der Polizeigewalt des Staates eingeschränkt. Und wenn dies auch stets im Namen des republikanischen Patriotismus geschah, waren die Zwänge darum doch nicht weniger drückend. [...]

Ein wesentliches Element, vielleicht sogar *das* wesentliche Element des Anspruchs der Revolutionäre von 1789 war die Überzeugung, *la patrie* selber besser regenerieren zu können als die königlichen Beamten. So war der Kampfgeist, der sich wie ein dicker roter Faden durch die Revolution zog, von allem Anfang an patriotisch eingefärbt und mithin der militarisierte Nationalismus keine zufällige, unbeabsichtigte Folge, sondern Herz und Seele der Französischen Revolution. Logisch folglich auch, dass all die Millionen Erben der revolutionären Macht, die wahre „neue Klasse" dieses Abschnitts der französischen Geschichte, nicht irgendeine *bourgeoisie conquérante*, sondern die *wirklichen* Eroberer waren: die napoleonischen Marschälle, deren Vermögen selbst die überlebenden Adelsdynastien vergleichsweise armselig erscheinen ließen.

Der „moderne Mensch" – der Ingenieur, der adlige Industrielle, der Wissenschaftler, der Bürokrat und General –, allem Anschein nach schon unter Ludwig XVI. drauf und dran, die Verwaltung mit Beschlag zu belegen, setzte, kaum war das Störfeuer der revolutionären Politik ausgeschaltet, seinen Marsch zur Macht auf Gedeih und Verderb fort.

Simon Schama, Der zaudernde Citoyen. Rückschritt und Fortschritt in der Französischen Revolution, München 1989, S. 834 ff. (übersetzt aus dem Englischen von Gerda Kurz und Siglinde Summerer)

32040-099

1. Fassen Sie stichpunktartig die Ergebnisse der Französischen Revolution nach Schama zusammen.
2. Der Historiker Thomas Nipperdey hat einmal geschrieben: „Die Revolution hat die Modernisierung unterbrochen." Überprüfen Sie diese Aussage anhand der Quelle.
3. Vergleichen Sie den Text mit M6 auf Seite 138 f. Stellen Sie übereinstimmende Wertungen und Unterschiede fest.
4. Bilden Sie Arbeitsgruppen. Nennen und begründen Sie Ihre eigene Einschätzung der Französischen Revolution. Vergleichen Sie anschließend in der Klasse Ihre Ergebnisse miteinander. | H

[1] **Jahr III:** 22. September 1794 bis 22. September 1795

Blick in die Sonderausstellung „Tatmensch. Albert Ballin“.
Foto vom 26. April 2018.
Eine Besucherin betrachtet verschiedene Exponate im Hamburger Auswanderermuseum „BallinStadt“. Die Sonderausstellung fand anlässlich des 100. Todestages des Reeders Albert Ballin statt, der als eine der bedeutendsten jüdischen Persönlichkeiten der damaligen Zeit galt.

Lateinunterricht an einem Bremer Gymnasium.
Foto vom 27. Januar 2006.
Im Schuljahr 2021/22 lernten in Deutschland laut Statistischem Bundesamt 539 000 Schülerinnen und Schüler Latein als Fremdsprache.

„The Rocket“.
Foto vom 28. Juni 2010.
Die Aufnahme zeigt die Dampflokomotive der britischen Ingenieure George und Robert Stephenson im Londoner „Science Museum“. Sie wurde 1829 gebaut und gilt als „Urahn“ aller Lokomotiven.

2. Wechselwirkungen und Anpassungsprozesse

Kein politisches, wirtschaftliches oder gesellschaftliches System ist von Dauer. Das lehrt uns die Geschichte. Wenn sich jedoch Strukturen ändern, müssen wir uns anpassen. Gleichzeitig beeinflusst unser Verhalten die weitere Entwicklung dieser Strukturen. Das muss nicht immer negativ sein, denn Wechselwirkungen und Anpassungsprozesse haben auch ihre guten Seiten. Denken wir an den kulturellen Austausch, an neue Handelsbeziehungen oder private Bekanntschaften. Ob Migration oder Flucht, Imperialismus oder Wettstreit, immer treffen unterschiedliche Menschen und Systeme aufeinander. Wir müssen lernen, mit dem Ungewohnten umzugehen, und im ständigen Miteinander neue Wege des Zusammenlebens finden. Dies ist ein langfristiger Prozess, der, soll er gelingen, sowohl Toleranz als auch Geduld und Flexibilität erfordert.

Kompetenzen

Am Ende des zweiten Rahmenthemas sollten Sie Folgendes können:

- … Formen der Begegnung von unterschiedlichen Kulturen sowie die Auswirkungen von Inklusion und Exklusion untersuchen und beschreiben.
- … Identitätsaufbau und -wandel von Gruppen sowie die in ihnen zum Ausdruck kommenden Mentalitäten und Weltbilder untersuchen.
- … historische Transformationsprozesse analysieren sowie ihre wechselseitigen Auswirkungen beurteilen.
- … das Gefüge von Gruppeninteressen, ökonomischen Entscheidungen und Strukturen sowie deren Auswirkungen auf Mensch und Umwelt erläutern und beurteilen.
- … sich mit unterschiedlichen Ansätzen zur Deutung historischer Anpassungs- und Transformationsprozesse auseinandersetzen.
- … Werturteile aus der Geschichte der eigenen und fremder Kulturen reflektieren sowie unterschiedliche Geschichtsbilder überprüfen.

Was wissen und können Sie schon?

32040-100

Bilden Sie Kleingruppen und bearbeiten Sie die Bildmaterialien auf der linken Seite:

1. Beschreiben Sie in eigenen Worten die drei Fotos: Wer oder was ist dargestellt? Was wird thematisiert?
2. Ordnen Sie die drei Bilder in den historischen Kontext ein: Auf welche Geschehnisse bzw. Sachverhalte beziehen sich die Fotos? Welchen historischen Zeitabschnitten können sie zugeordnet werden?
3. Arbeiten Sie anhand des Fotos aus Bremen heraus, inwiefern der Bildinhalt die Auswirkungen der Begegnung von Kulturen repräsentiert.
4. Suchen Sie weitere Beispiele für Wechselwirkungen und Anpassungsprozesse in der Geschichte. Fertigen Sie eine Tabelle an, in der Sie den Verlauf und die Ergebnisse stichpunktartig festhalten.
5. Vergleichen und ergänzen Sie anschließend Ihre Tabelle im Kurs.

2.1 Kernmodul: Kulturkontakt und Kulturkonflikt

Kulturkontakt | Theorien zum *Kulturkontakt* gehen davon aus, dass jeder Mensch einer bestimmten Kultur bzw. einem Kulturkreis angehört. Die Menschheitsgeschichte lässt sich entsprechend als eine Abfolge von Kontakten verschiedener Kulturen betrachten. In unterschiedlichem Maße haben Kulturen in der Geschichte dabei offenbar den Antrieb und die Mittel, sich auszubreiten und so andere Kulturen zu beeinflussen. So lässt sich z.B. die Geschichte des Römischen Reiches als „Romanisierung"[1] der Mittelmeerwelt beschreiben. Die im späten Mittelalter einsetzende europäische Expansion nach Amerika, Afrika und Asien kann man als einen langen Prozess der „Europäisierung" der Welt verstehen. Und die Zeit nach dem Zweiten Weltkrieg könnte man als eine maßgeblich von den USA dominierte Phase der „Verwestlichung" der Welt interpretieren.

Allerdings betont die Wissenschaft auch, dass Kulturkontakte niemals nur in eine Richtung verlaufen: Kultur wird nicht einseitig „übertragen", sondern es gibt stets wechselseitige Beeinflussung und Vermischung (*Akkulturation*). Im Zuge der Romanisierung der Mittelmeerwelt veränderte sich also auch das Römische Reich, und der Kontakt mit außereuropäischen Kulturen hat auch Europa seit dem 15./16. Jahrhundert erheblich beeinflusst. Ebenso haben sich die USA durch ihre dominierende Rolle in der Welt stark verändert. Sinnvoll könnte es daher sein, von einer ununterbrochenen Geschichte des kulturellen Austausches zu sprechen. Das bedeutet dann auch, dass es keine unveränderlichen und „reinen" Kulturen gibt. Kulturen wären immer das Ergebnis von Kulturkontakten und stets im Wandel begriffen.[2] Am Beispiel der europäischen Expansion hat der Historiker *Urs Bitterli* eine entsprechende Theorie der Kulturbegegnung entwickelt (➔M1), deren Grundgedanken sich auf andere historische Epochen und Prozesse übertragen lassen.

Kulturkonflikt | Nach dem Zusammenbruch der Sowjetunion 1991 und dem Ende des Kalten Krieges stellte der US-amerikanische Politikwissenschaftler *Samuel Phillips Huntington* die These auf, dass die Konflikte in der Welt in der Zukunft zwischen verschiedenen Großkulturen verlaufen würden. Die in seinem Modell wichtigsten Kulturen sind der Westen, der Islam und China. Um einen Dritten Weltkrieg zu vermeiden, müsste der Westen seine Kultur verteidigen und dürfe nicht darauf hoffen, dass die anderen Kulturen sich ihm annähern würden (➔M2). Huntington widersprach damit der Vorstellung, die engere Verflechtung der Welt würde die Unterschiede zwischen den Kulturen abschwächen. Huntingtons Auffassung ist vielfach scharf kritisiert worden. Insbesondere ist dem Politikwissenschaftler vorgeworfen worden, dass die von ihm beschriebenen Kulturen gar nicht als Einheiten existierten, da sowohl der Westen als auch der Islam und China aus vielfältigen Gesellschaften bestünden, die nicht auf einen kulturellen Nenner reduziert werden könnten. Huntington vertrete eine Vorstellung vom Westen, die einen großen Teil der westlichen Bevölkerung ausschließe (➔M3).

---

[1] Lesen Sie über den Prozess der Romanisierung das Wahlmodul auf den Seiten 226 bis 247.
[2] Vgl. dazu das Kernmodul „Transformationsprozesse" auf den Seiten 150 bis 153.

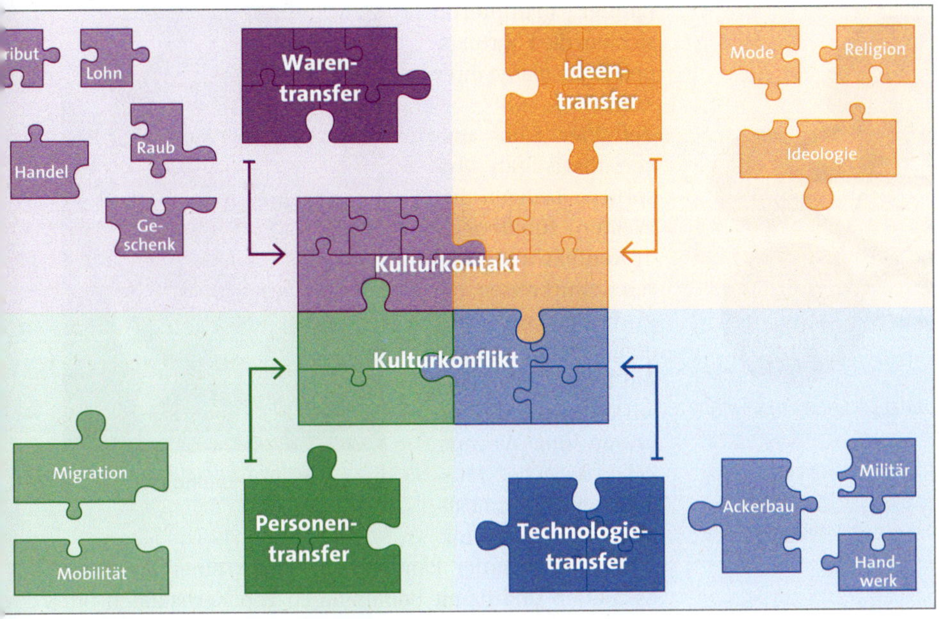

Bereiche des Kulturkontaktes/Kulturkonfliktes.

Schaubild nach: Matthias Knaut und Dieter Quast (Hrsg.), Die Völkerwanderung. Europa zwischen Antike und Mittelalter, Stuttgart 2005, S. 18

- Erklären Sie das Schaubild mit eigenen Worten.
- Gruppenarbeit: Diskutieren Sie in Gruppen Beispiele für die unterschiedlichen Bereiche des Kulturkontaktes/-Kulturkonfliktes zwischen Einzelpersonen, Gruppen und Gesellschaften.

32040-101

M1 Wie Kulturen einander begegnen

Der Schweizer Historiker Urs Bitterli (1935–2021) unterscheidet am Beispiel der europäischen Expansion ab dem 15. Jahrhundert verschiedene Formen der Kulturbegegnung:

Unter Kulturberührung verstehen wir das in seiner Dauer begrenzte erstmalige oder mit großen Unterbrüchen erfolgende Zusammentreffen einer kleinen Gruppe von Reisenden mit Vertretern einer geschlossenen archaischen Bevölkerungsgruppe, wie es besonders den Charakter der frühen Entdeckungsfahrten bestimmt. […] Solche Zusammentreffen hatten für beide Teile sowohl den Reiz wie die Bedrohlichkeit des Neuen und Überraschenden. […]
Zum Kulturkontakt kam es in solchen Fällen, wenn die rückwärtigen Verbindungen zum Mutterland sich sichern und ausbauen ließen und sich andererseits aus der ersten Berührung ein dauerhaftes Verhältnis wechselseitiger Beziehungen zur Eingeborenenbevölkerung ergab, ohne dass Landnahme und Kolonisation von europäischer Seite beabsichtigt gewesen wären. […]
Kulturberührung und Kulturkontakt blieben bis zum Ende des achtzehnten Jahrhunderts die häufigsten Formen der kulturellen Begegnung zwischen Zivilisierten und Eingeborenen in Übersee. Wenn diese Begegnung einen besonders aggressiven Charakter gewann und die Europäer sich entschlossen, ihre militärisch-technische Überlegenheit mehr oder weniger rücksichtslos so lange einzusetzen, bis die Eingeborenen entweder ausgerottet, in unwegsames Hinterland zurückgetrieben oder aber derart unterjocht waren, dass sie ihr kulturelles Eigenleben einem weite Daseinsbereiche erfassenden Abhängigkeitsverhältnis aufzuopfern hatten, wird man von einem Kulturzusammenstoß sprechen müssen. […]
Im Unterschied zu den bereits beschriebenen Formen der kulturellen Begegnung setzen Akkulturation[1] und vor allem Kulturverflechtung ein länger dauerndes Zusammenleben und Zusammenwirken von Bevölkerungsgruppen verschiedener Kulturen im selben geografischen Raum voraus. Während in der Beziehung, die wir als Kulturkontakt bezeichnet haben, Aspekte des Handels oder der Mission in der Regel im Vordergrund stehen und die Permanenz des gegenseitigen Verhältnisses nicht so sehr durch Ansiedlung und Fortpflanzung der einen Partnergruppe, als vielmehr durch die laufende Ablösung ihrer Vertreter durch Neuankömmlinge gesichert wird, vollzieht sich besonders die Kulturverflechtung vor dem Hintergrund einer intensiven gesellschaftlichen Durchdringung. Diese Durchdringung tritt dann an die Stelle des historisch häufiger zu beobachtenden Kulturzusammenstoßes, wenn sich zwischen zwei oder mehreren Kulturen die zwingende Notwendigkeit zur existenzsichernden Zusammenarbeit und das Bewusstsein einer verpflichtenden Aufeinanderangewiesenheit ergibt.

Urs Bitterli, Die „Wilden" und die „Zivilisierten". Grundzüge einer Geistes- und Kulturgeschichte der europäisch-überseeischen Begegnung, München ²1991, S. 81, 95, 130 und 161

32040-102

1. Präsentation: Beschreiben Sie die von Urs Bitterli genannten Formen der Kulturbegegnung. Notieren Sie dazu die jeweiligen Merkmale in einem Schaubild. | F
2. Arbeiten Sie Stärken und Schwächen der von Bitterli entwickelten Kategorien heraus.
3. Überprüfen Sie anhand eines selbst gewählten historischen Beispieles, inwiefern die von Bitterli genannten Formen der Kulturbegegnung sich anwenden lassen.

[1] **Akkulturation**: kultureller Anpassungsprozess

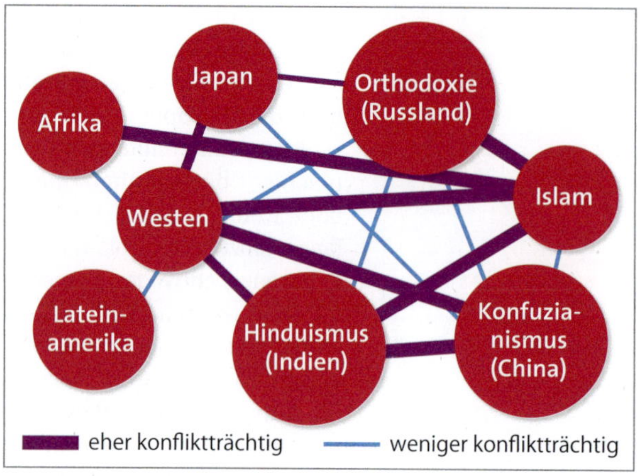

Kulturkreise nach Huntington.

Schaubild nach: Samuel P. Huntington, Kampf der Kulturen. Die Neugestaltung der Weltpolitik im 21. Jahrhundert, übersetzt von Holger Fliessbach, München [10]2002, S. 398

M2 „Kampf der Kulturen"

In seinem 1996 erschienenen Buch „The Clash of Civilizations and the Remaking of World Order" äußert sich der amerikanische Politikwissenschaftler Samuel Phillips Huntington (1927–2008) über die Entwicklung der Kulturen:

Das zentrale Thema dieses Buches lautet: Kultur und die Identität von Kulturen […] prägen heute, in der Welt nach dem Kalten Krieg, die Muster von Kohärenz[1], Desintegration und Konflikt. Die fünf Teile dieses Buches entwickeln diese Hauptaussage weiter.

Teil Eins. Zum ersten Mal in der Geschichte ist globale Politik sowohl multipolar als auch multikulturell; Verwestlichung ist etwas anderes als Modernisierung; und wirtschaftliche und soziale Modernisierung erzeugt weder eine universale Kultur irgendeiner Art noch die Verwestlichung nichtwestlicher Gesellschaften.

Teil Zwei. Das Machtgleichgewicht zwischen den Kulturkreisen verschiebt sich: Der Westen verliert an relativem Einfluss; asiatische Kulturen verstärken ihre wirtschaftliche, militärische und politische Macht; der Islam erlebt eine Bevölkerungsexplosion mit destabilisierenden Folgen für muslimische Länder und ihre Nachbarn; und nichtwestliche Kulturen bekräftigen selbstbewusst den Wert ihrer eigenen Grundsätze.

Teil Drei. Eine auf kulturellen Werten basierende Weltordnung ist im Entstehen begriffen: Gesellschaften, die durch kulturelle Affinitäten[2] verbunden sind, kooperieren miteinander. Bemühungen, eine Gesellschaft von einem Kulturkreis in einen anderen zu verschieben, sind erfolglos; und Länder gruppieren sich um die Führungs- und Kernstaaten ihrer Kultur.

Samuel Phillips Huntington.
Foto von 2004.

Teil Vier. Seine universalistischen Ansprüche bringen den Westen zunehmend in Konflikt mit anderen Kulturkreisen, am gravierendsten mit dem Islam und China. Auf lokaler Ebene bewirken Bruchlinienkriege (im Wesentlichen zwischen Muslimen und Nichtmuslimen) den „Schulterschluss verwandter Länder", die Gefahr einer breiteren Eskalation und damit Bemühungen von Kernstaaten um Eindämmung und Unterbindung dieser Kriege.

Teil Fünf. Das Überleben des Westens hängt davon ab, dass die Amerikaner ihre westliche Identität bekräftigen und die Westler sich damit abfinden, dass ihre Kultur einzigartig, aber nicht universal ist, und sich einigen, um diese Kultur zu erneuern und vor der Herausforderung durch nichtwestliche Gesellschaften zu schützen. Ein weltweiter Kampf der Kulturen kann nur vermieden werden, wenn die Mächtigen dieser Welt eine globale Politik akzeptieren und aufrechterhalten, die unterschiedliche kulturelle Wertvorstellungen berücksichtigt. […]

Weltpolitik wird heute nach Maßgabe von Kulturen und Kulturkreisen umgestaltet. In dieser Welt werden die hartnäckigsten, wichtigsten und gefährlichsten Konflikte nicht zwischen sozialen Klassen, Reichen und Armen oder anderen ökonomisch definierten Gruppen stattfinden, sondern zwischen Völkern, die unterschiedlichen kulturellen Einheiten angehören. […] Menschen, die durch Ideologien getrennt, aber durch eine Kultur geeint waren, finden zusammen […]. Gesellschaften, die durch Ideologie oder historische Umstände geeint, aber kulturell vielfältig waren, fallen […] auseinander […]. Länder mit kulturellen Affinitäten kooperieren miteinander auf wirtschaftlichem und politischem Gebiet. Internationale Organisationen, die auf Staaten mit kultureller Gemeinsamkeit basieren, wie etwa die Europäische Union, sind viel erfolgreicher als solche, die kulturelle Grenzen zu überschreiten suchen. Fünfundvierzig Jahre lang war der Eiserne Vorhang die zentrale Trennungslinie in Europa. Diese Linie hat sich um mehrere hundert Kilometer nach Osten verschoben. Heute ist es die Linie, die die Völker des westlichen Christentums auf der einen Seite von muslimischen und orthodoxen Völkern auf der anderen trennt.

Samuel P. Huntington, Kampf der Kulturen. Die Neugestaltung der Weltpolitik im 21. Jahrhundert, München [7]2002, S. 19f. und 24f.

[1] **Kohärenz:** Zusammenhang
[2] **Affinität:** hier Ähnlichkeit

1. Geben Sie mit eigenen Worten die Thesen von Samuel Phillips Huntington wieder.
2. Gruppenarbeit: Bilden Sie Gruppen. Suchen und analysieren Sie historische und aktuelle Beispiele, die entweder die Argumentation von Huntington stützen oder sie infrage stellen könnten. Nutzen Sie dabei auch das Schaubild.
3. Vergleichen Sie Huntingtons Vorstellungen vom Verhältnis der Kulturen mit der Theorie der Kulturbegegnung von Urs Bitterli (M1).
4. Erörtern Sie, inwiefern Huntingtons Vorstellung abgeschlossener Kulturkreise Ihrer eigenen Erfahrung entspricht.

32040-103

M3 Doch kein Kampf?

*Der deutsche Politikwissenschaftler Ulrich Menzel (*1947) kritisiert Huntingtons Vorstellung vom „Kampf der Kulturen“:*

[Muss] das auch zwangsläufig heißen, dass die schiere Existenz unterschiedlicher Kulturen die einzig relevante oder zumindest die dominante Konfliktursache des 21. Jahrhunderts sein wird? [...] Und selbst wenn es Kulturkonflikte gibt, was spricht dagegen, sie auf kooperative Weise lösen zu können? Ganz so wie die zweifellos immer vorhandenen unterschiedlichen wirtschaftlichen Interessen nicht zwangsläufig immer zu militärischen Konflikten geführt haben, sondern durchaus konsensual gelöst werden können und vielfach auch gelöst wurden. [...]
Der gravierendste Einwand resultiert allerdings aus der Inkonsequenz, die in Huntingtons eigener Argumentation angelegt ist, und aus den normativen[1] Schlussfolgerungen, die daraus gezogen werden. Auf der einen Seite wird die Einzigartigkeit der westlichen Kultur betont, die es zu bewahren und neu zu stärken gilt. Andererseits wird einem Kulturrelativismus[2] und damit Einmischungsverbot gegenüber der übrigen Welt das Wort geredet. Dies übersieht aber zweierlei: Erstens ist die westliche Kultur keineswegs statisch, besteht nicht nur aus Elementen wie dem vormodernen Christentum, katholischer oder puritanischer Orthodoxie, Gegenreformation und Inquisition, sondern besteht auch aus Opposition und Gegenbewegungen wie Reformation, Humanismus, Aufklärung, Rationalismus, Säkularisierung und der Propagierung universalistischer Werte. Insofern ist der Westen zumindest beides, religiös und säkular[3] [...], wobei letzteres sicher die stärkere Komponente bildet. [...] Alle Menschen sind in der westlichen Vorstellung nicht nur gleich, sie haben auch gleiche Rechte, und zwar nicht nur gleiche soziale und ökonomische, sondern auch gleiche Freiheitsrechte. Und das heißt zweitens, dass die Bekräftigung und Verfolgung westlicher Werte eben gerade die Einmischung weltweit, die universale Deklaration der Menschenrechte, die Charta der Vereinten Nationen, den Idealismus, die Vorstellung der one world, der global governance, das „Projekt Weltethos“ [...] als paradigmatischen Gegenentwurf zu Huntington, die Ausweitung der westlichen Wertegemeinschaft verlangt.
Geradezu grotesk wird die Argumentation Huntingtons, wenn er zwar das heutige Griechenland aus dem Westen ausgrenzen will, gleichzeitig aber das klassische, d.h. in erster Linie das griechische Erbe zu den Wurzeln der christlichen Kultur zählt, jedoch die orientalischen Wurzeln des Christentums unterschlägt bzw. geflissentlich übersieht oder auch übersieht, dass die westliche Kultur sehr viel germanisches und keltisches und damit heidnisches, also keinesfalls aufklärerisches oder christliches Kulturgut inkorporiert hat.

Ulrich Menzel, Globalisierung versus Fragmentierung, Frankfurt am Main 1998, S. 87–90

1. Fassen Sie die wesentlichen Aspekte der Argumentation von Ulrich Menzel zusammen.
2. Vergleichen Sie die Vorstellungen von Kultur bei Menzel und Huntington (M2). Erläutern Sie die Unterschiede.
3. Entwickeln Sie eigene Definitionen von „Kulturkontakt“ und „Kulturkonflikt“.

32040-104

[1] **normativ**: maßgebend, als Leitsatz dienend
[2] **Kulturrelativismus**: Diese Richtung betrachtet die Kulturen als ganzheitliche Systeme. Sie sind nicht miteinander zu vergleichen, sondern können nur in ihrem jeweiligen kulturellen Kontext betrachtet werden.
[3] **säkular**: weltlich

2.2 Kernmodul: Transformationsprozesse

Wechselspiel von Wandel und Kontinuität | Geschichte handelt von Wandel und Kontinuität. Die Beschäftigung mit der Vergangenheit steht daher immer vor der Frage, wie das gleichzeitige Sich-Verändern und Gleichbleiben beschrieben und erklärt werden kann. Dies ist auch der Hintergrund vieler historischer Debatten, wenn z. B. danach gefragt wird, ob der Nationalsozialismus ein Bruch in der deutschen Geschichte war oder in der Kontinuität langfristiger Entwicklungen stand. Häufig laufen solche Diskussionen darauf hinaus, die Frage nach Wandel und Kontinuität weniger allgemein zu stellen, sondern vielmehr einzelne Bereiche der Geschichte zu betrachten. Eine radikale Veränderung des politischen Systems muss keine Veränderung der sozialen Schichtung bedeuten. Der Ausgang eines Krieges mag die internationalen Machtverhältnisse beeinflussen; aber hat er zwingenderweise auch Konsequenzen für die Geschlechtergeschichte?

Für die wissenschaftliche Auseinandersetzung mit Wandel und Kontinuität ist vor allem der französische Historiker *Fernand Braudel* von großer Bedeutung. In seinem 1949 erschienenen und 1966 grundlegend überarbeiteten Werk über „Das Mittelmeer und die mediterrane Welt in der Epoche Philipps II." unterschied er zwischen drei verschiedenen Zeitebenen: „Strukturen" mit einer „langen Dauer" (*longue durée*) von mehreren Jahrhunderten, „Konjunkturen" mit einer mittleren Dauer von einigen Jahrzehnten und kurzfristigen „Ereignissen" (➔M1). Seit Braudel ist somit klar, dass historische Zeit relativ ist und von den Themen, die uns beschäftigen, abhängt.

Fernand Braudel zählte zu einer Gruppe französischer Historiker, die der „Schule der Annales" („Ecole des Annales") angehören. Sie ist eine bedeutende, über mehrere Generationen wirkende Historikerschule, die Methoden aus der Soziologie und der Geografie für die Geschichtswissenschaft nutzbar macht und auch Disziplinen wie Psychologie, Linguistik und Wirtschaftswissenschaften einbezieht. Die „Ecole des Annales" beschäftigt sich u. a. auch mit der Erforschung der Kultur- und Mentalitätsgeschichte. Ihr Name leitet sich von der seit 1929 erscheinenden geschichtswissenschaftlichen Zeitschrift „Annales" (franz.: „Chronik") ab.

Zahlreiche Schlüsselbegriffe der Geschichte bezeichnen Veränderungen unterschiedlichster Natur. Dazu gehören u. a. Begriffe wie Revolution, Reform und Krise, aber auch Industrialisierung, Urbanisierung und Europäisierung sowie Expansion, Kolonisation oder Romanisierung. „Transformation" (lat. transformare: umgestalten, verwandeln) bezieht sich ähnlich wie der Begriff „Revolution" nicht auf eine konkrete historische Entwicklung. Er ist vielmehr ein Oberbegriff, der tief greifende Veränderungen (Trans-Formierungen) bezeichnet. Sprechen wir von *Transformationsprozessen*, so meinen wir also nicht eine langsame Veränderung eines bestimmten Aspekts einer Gesellschaft, sondern wir beziehen uns auf einen Wandel, durch den grundlegende Strukturen einer Gesellschaft innerhalb eines überschaubaren Zeitraums verändert werden. Einer der wichtigsten Begriffe, um solche Veränderungen der letzten Jahrhunderte zu beschreiben, ist „Modernisierung" (➔M2). Denn Modernisierung bezieht sich nicht auf einen Teilaspekt des Wandels (in der Politik oder Wirtschaft), sondern auf alle Bereiche menschlichen Lebens (einschließlich der Wertvorstellungen und Weltanschauungen). Gegen die Modernisierungstheorien ist in den letzten Jahren eingewandt worden, sie seien zu stark auf Europa ausgerichtet und berücksichtigten nicht die Rolle Lateinamerikas, Afrikas und Asiens. Daher gewann der Begriff „Globalisierung" an Bedeutung, da man hofft, mit ihm die weltweiten Verflechtungen der Veränderungen der letzten Jahrzehnte und Jahrhunderte besser beschreiben zu können (➔M3).

M1 „Geschichte in mehrere Etagen […] zerlegen“

Der Historiker Fernand Braudel (1902–1985) entwickelt in der Mitte des 20. Jahrhunderts die Vorstellung verschiedener Zeitebenen. Im Vorwort zu seinem Werk „Das Mittelmeer und die mediterrane Welt in der Epoche Philipps II.“ schreibt er:

Dieses Buch zerfällt in drei Teile, von denen jeder den Versuch einer Gesamterklärung unternimmt.
Der erste führt eine gleichsam unbewegte Geschichte vor, die des Menschen in seinen Beziehungen zum umgebenden Milieu; eine träge dahinfließende Geschichte, die nur langsame Wandlungen kennt, in der die Dinge beharrlich wiederkehren und die Kreisläufe immer wieder neu beginnen. Diese fast außer der Zeit liegende, dem Unbelebten benachbarte Geschichte wollte ich weder vernachlässigen noch sie, wie es traditionell in so vielen Büchern geschieht, als nutzlose geografische Einführung an die Schwelle der eigentlichen Darstellung verbannen: jene Geschichte mit ihren mineralischen Landschaften, Äckern und Blumen, die man rasch vorzeigt und von der dann nie mehr die Rede ist, als ob die Blumen nicht in jedem Frühling wiederkämen, als ob die Herden in ihren Wanderungen innehielten, als ob die Schiffe nicht auf einem realen Meer segeln müssten, das sich mit den Jahreszeiten verändert.
Oberhalb dieser unbewegten Geschichte lässt sich eine Geschichte langsamer Rhythmen ausmachen; man möchte fast sagen – wäre dem Ausdruck sein voller Sinn nicht verloren gegangen – eine soziale Geschichte, die der Gruppen und Gruppierungen. Wie diese Grundsee das mediterrane Leben als Ganzes aufwühlt, das ist die Frage, die ich mir im zweiten Teil meines Buches gestellt habe. Dort werden nacheinander die Ökonomien, die Staaten, die Gesellschaften und die Zivilisationen untersucht; und damit mein Verständnis der Geschichte deutlicher wird, versuchte ich schließlich zu zeigen, wie all diese aus der Tiefe wirkenden Kräfte im komplexen Bereich des Krieges am Werk sind. Denn der Krieg ist, wie wir wissen, keine reine Domäne individueller Verantwortlichkeiten.
Der dritte Teil endlich ist der der traditionellen Geschichte; wenn man so will, der Geschichte nicht im Maßstab des Menschen, sondern des Individuums; der Ereignisgeschichte […]. Eine ruhelos wogende Oberfläche, vom Strom der Gezeiten heftig erregte Wellen. Eine Geschichte kurzer, rascher und nervöser Schwankungen. Überempfindlich, wie sie ist, versetzt der geringste Schritt all ihre Messinstrumente in Alarm. So ist sie von allen die leidenschaftlichste, menschlich reichste, doch die gefährlichste auch. Misstrauen wir dieser Geschichte, deren Glut noch nicht abgekühlt ist, der Geschichte, wie sie die Zeitgenossen im Rhythmus ihres Lebens – das kurz war wie das unsere – empfunden, beschrieben, erlebt haben. Sie hat die Ausmaße ihres Zorns, ihrer Träume und ihrer Illusionen. Im 16. Jahrhundert folgt der eigentlichen Renaissance die Renaissance der Armen, Bescheidenen, die begierig sind zu schreiben, von sich zu erzählen, zu den anderen zu sprechen. Diese kostbaren Berge von Papier geben ein ziemlich verzerrtes Bild, verdecken die verlorene Zeit, stehen außerhalb der Wahrheit. Der Historiker, der die Papiere Philipps II.[1] liest, gleichsam an seinem Platz und an seiner Stelle, fühlt sich in eine bizarre, dimensionslose Welt versetzt. Eine Welt heftiger Leidenschaften, gewiss; blind wie jede lebendige Welt, wie die unsere, unbekümmert um die geschichtlichen Tiefen, um jene lebhaften Gewässer, auf denen unser Boot dahinzieht wie das trunkenste aller Schiffe. Eine gefährliche Welt, deren Zauber wir jedoch gebannt haben werden, sobald wir die großen, lautlosen Strömungen in der Tiefe erkennen, deren Richtung sich nur feststellen lässt, wenn man große Zeiträume umfasst. Die dröhnenden Ereignisse sind oft nur Augenblicke, nur Erscheinungen jener großen Schicksale und erklären sich nur aus diesen.
So sind wir dahin gelangt, die Geschichte in mehrere Etagen zu zerlegen oder, wenn man will, in der Zeit der Geschichte eine geografische, eine soziale und eine individuelle Zeit zu unterscheiden.

Fernand Braudel.
Foto von 1984.

Fernand Braudel, Das Mittelmeer und die mediterrane Welt in der Epoche Philipps II., Bd. 1, Frankfurt am Main ²2001, S. 20 f.

32040-105

1. Fassen Sie die Thesen von Fernand Braudel zu den verschiedenen historischen Zeitebenen mit eigenen Worten zusammen. | F
2. Erläutern Sie die Aussagen Braudels anhand eines selbst gewählten historischen Beispiels.
3. Erörtern Sie, inwiefern der Klimawandel in Braudels Vorstellungen von Geschichte zu integrieren ist.

[1] **Philipp II.** (1527–1598): seit 1556 König von Spanien, seit 1580 auch König von Portugal

M2 Modernisierungstheorie

Der Historiker Hans-Ulrich Wehler (1931–2014) erläutert den Begriff „Modernisierung“, indem er die Vorstellungen anderer Wissenschaftler darlegt, und begründet den Vorteil einer „historischen Modernisierungstheorie“:

Modernisierung sei ein revolutionärer, unausweichlicher, irreversibler, globaler, komplexer, systemischer, langwieriger, aber in Phasen unterteilbarer, tendenziell homogenisierender und – last not least – progressiver Prozess. In diesem Modernisierungsprozess setzten sich angeblich vor allem sechs Subprozesse durch:

1. Wirtschaftliches Wachstum als eine kumulative Dauerbewegung industrieller Expansion; sie soll hier nicht weiter verfolgt werden.
2. „Strukturelle Differenzierung“, wie sie Herbert Spencer oder vor ihm Adam Smith als Basisaxiom[1] entwickelt hat. Aus dem alteuropäischen „ganzen Haus“ gliedert sich eine zunehmend arbeitsteilige Wirtschaft, aus Herrschaft als individueller Verfügungsgewalt über einen Personenverband die überindividuelle Staatsorganisation eines Territoriums, aus dem öffentlichen Leben die bürgerliche Privat- und Intimsphäre aus. Auf einer Integrationsebene müssen dann, ganz à la Spencer, die Differenzierungen wieder vermittelt werden, etwa im Konsens über allgemein akzeptierte Werte.
3. Wertewandel, z. B. […] als Übergang von partikularistischen, diffusen, unspezifischen zu universalistischen, funktional spezifizierten Wertemustern, die in Sozialisationsprozessen verinnerlicht und handlungsleitend werden.
4. Mobilisierung. Sie wird verstanden als Erzeugung von räumlicher und sozialer Mobilität, aber auch als Erhöhung der Erwartungen (kulturelle Mobilisierung, Revolution of Rising Expectations) und als Verfügbarmachung von Ressourcen und Mitteln.
5. Partizipation. Je komplizierter die Differenzierung, umso mehr – so der Gedankengang – seien Vermittlungsmechanismen erforderlich, die Teilnahme unabweisbar machen. Und je erfolgreicher die Mobilisierung von Ressourcen sei, umso wichtiger würden Entscheidungsgremien, in denen zur Legitimierung von Präferenzentscheidungen Mitwirkung notwendig werde.
6. Institutionalisierung von Konflikten. Um die Tradition ungeregelter Konflikte überwinden zu können, die noch im 19. Jahrhundert (z. B. im Konflikt zwischen Kapital und Arbeit) tendenziell an die Grenze des Bürgerkrieges führen konnten, sei eine Vermeidungsstrategie erforderlich, die Konflikte dadurch einhegt, dass sie organisations- und verfahrensabhängig gemacht werden. Der gezähmte Konflikt kann fortab zum konfliktimitierenden Ritual werden, bei dem Drohgebärde und Imponiergehabe die potenziell systemsprengende Wirkung ersetzen (Tarifkonflikt).

Den Hauptgewinn des Modernisierungsprozesses sehen viele Theoretiker […] in der anwachsenden Herrschaft des Menschen über seine natürliche und soziale Umwelt, anders gesagt: in der anhaltenden Ausweitung der Steuerungs- und Leistungskapazitäten. […]

[…] Die historische Modernisierungstheorie trägt dazu bei:
a) die Voraussetzungen für den epochalen Einschnitt im ausgehenden 18. Jahrhundert weiter zu klären,
b) die Zäsur, den Durchbruch der „Moderne“ genauer zu bestimmen,
c) die Folgewirkungen im Okzident und dann für die Welt, die Epoche der Modernisierung präziser als bisher zu analysieren. In diesem Sinn beansprucht sie tendenziell, die moderne Epoche allmählich auf eine adäquate historische Theorie zu bringen. Sie begreift mithin, um es zu wiederholen, Modernisierung als einen auf ganz spezifischen Ausgangskonstellationen beruhenden „bestimmten Typ des sozialen Wandels, der im 18. Jahrhundert eingesetzt hat …, der seinen Ursprung hat in der englischen Industriellen Revolution … und in der politischen Französischen (und Amerikanischen) Revolution; er besteht im wirtschaftlichen und politischen Vorangang einiger Pioniergesellschaften und den darauf folgenden Wandlungsprozessen der Nachzügler“; diese stehen vor dem Problem, „ihre historisch überkommene Struktur und ihre typischen Spannungen (einschließlich des Impulses zur Modernisierung) mit den Einwirkungen der von außen kommenden Ideen und Techniken in einen Zusammenhang zu bringen“ [Reinhard Bendix].

[…] Für die Analyse dieses okzidentalen Modernisierungsprozesses bietet die historische Modernisierungstheorie mit der Summe aller ihrer Überlegungen und Begriffe, Theoreme[2] und Ergebnisse das zurzeit wahrscheinlich differenzierteste Instrumentarium an.

Hans-Ulrich Wehler, Modernisierungstheorie und Geschichte, Göttingen 1975, S. 16 f. und 59

32040-106

1. Geben Sie wieder, was Hans-Ulrich Wehler unter „Modernisierung“ und unter „Modernisierungstheorie“ versteht.
2. Erklären Sie, warum der Begriff „Modernisierung“ mehr umfasst als z. B. der Begriff „Industrialisierung“.
3. Überprüfen Sie, ob sich Braudels Vorstellungen von Zeit (M1) in dem von Wehler beschriebenen Begriff der „Modernisierung“ finden.

[1] **Axiom**: Grundsatz, der keines Beweises bedarf

[2] **Theorem**: Lehrsatz

M3 Globalisierung

*Die Historiker Jürgen Osterhammel (*1952) und Niels P. Petersson (*1968) erläutern den Begriff „Globalisierung“:*

„Globalisierung“ scheint sich schon von der Wortform her für einen Platz unter den Makroprozessen der modernen Welt zu qualifizieren. Man muss den Begriff nicht gleich auf die oberste Ebene, also direkt neben (oder gar über) „Modernisierung“, stellen und in der zunehmenden Verdichtung ferner Zusammenhänge das Hauptmerkmal der Weltentwicklung sehen. Es genügt zu fragen, ob „Globalisierung“ möglicherweise so aussagekräftig und so wichtig sein könnte wie etwa „Industrialisierung“. Das wäre schon eine ganze Menge und würde das Deutungsrepertoire der Geschichtswissenschaft deutlich bereichern. Es wäre umso willkommener, als sich keine der oben genannten „Ierungen“ auf Zusammenhänge zwischen Völkern, Staaten und Zivilisationen bezieht. Sie alle machen sich im nationalen und regionalen Rahmen bemerkbar und werden auch auf diese Weise wissenschaftlich untersucht. Sollte „Globalisierung“ sich einen Rang unter den großen Entwicklungsbegriffen verdienen, dann wäre damit endlich eine breite Lücke gefüllt. Es gäbe dann eine Stelle, an der alles Inter-Kontinentale, Inter-Nationale, Inter-Kulturelle (usw.) untergebracht werden könnte, das gegenwärtig zwischen den etablierten „Diskursen“ der Historiker heimatlos herumvagabundiert.

Dass aber überhaupt eine solche Lücke existiert, liefert uns den Ausgangspunkt für die folgenden Überlegungen. Wir schlagen nicht vor, die bisherige Geschichtsschreibung in Bausch und Bogen zu verwerfen, und hüten uns vor dem albernen Anspruch, die Geschichte der Neuzeit als eine der Globalisierung neu schreiben zu wollen. Wir werden vielmehr versuchen, aus der *Perspektive* von Globalisierung einen neuen Blick auf die Vergangenheit zu werfen. Man kann es auch anders sagen: Dass viele Aspekte unseres Daseins heute nur noch im Zusammenhang weltweiter Verflechtungen verstanden werden können, ist ein Gemeinplatz. Haben solche Verflechtungen aber nicht auch in der Vergangenheit eine größere Rolle gespielt, als es im gängigen Geschichtsbild zum Ausdruck kommt? Welcher Art waren diese Verflechtungen, wie funktionierten sie, und summierten sie sich wirklich zu einem Prozess eigenen Charakters, der es rechtfertigt, den neu geschaffenen Begriff der „Globalisierung“ dafür zu verwenden? Schließlich: Wenn sich die letzte Frage bejahen lässt – kann man dann eine Zeitenwende gegen Ende des 20. Jahrhunderts identifizieren, an der Globalisierungstendenzen so dramatisch und dominant wurden, dass man es wagen kann, von einer tiefen Zäsur, also dem Beginn einer neuen Epoche zu sprechen, eines „globalen Zeitalters“ (Martin Albrow), einer „Zweiten Moderne“ (Ulrich Beck, Anthony Giddens) oder welches Etikett man auch immer wählen mag?

Jürgen Osterhammel und Niels P. Petersson, Geschichte der Globalisierung. Dimensionen. Prozesse. Epochen, München 2003, S. 9f.

32040-107

1. Charakterisieren Sie den Begriff „Globalisierung“ nach Jürgen Osterhammel und Niels P. Petersson.
2. Erläutern Sie, was Osterhammel und Petersson mit der „oberste[n] Ebene“ (vgl. Zeile 4) meinen und wie sich in ihrer Darstellung „Globalisierung“ dazu verhält.
3. Nehmen Sie dazu Stellung, ob die „Globalisierung“ heute etwas grundlegend Neues ist. | H

Kernmodul

2.3 Kernmodul: Migration

Emigration und Immigration | *Migration* (lat. migrare: wandern) ist die längerfristige oder dauerhafte Verlagerung des Lebensmittelpunktes von einem Ort zu einem anderen. Dabei ist es nicht von entscheidender Bedeutung, dass eine große Entfernung überbrückt wird. Wichtig ist vielmehr, dass eine politische, soziale, geografische oder kulturelle Grenze überschritten wird. Die Abwanderung aus der alten Heimat wird als Emigration, die dauerhafte Zuwanderung in die neue Heimat als Immigration bezeichnet.

Push- und Pull-Faktoren | Die Gründe für menschliche Wanderungsbewegungen sind vielfältig: Menschen wandern ab, weil sie von Armut, Hunger, Kriegen oder Naturkatastrophen bedroht sind. Oder sie werden aufgrund ihrer Abstammung, Religion, Nationalität, politischen Überzeugung oder sexuellen Orientierung benachteiligt und verfolgt. Die Motive, die Menschen dazu bewegen, abzuwandern, werden auch *Push-Faktoren* genannt. Als *Pull-Faktoren* werden die Gründe bezeichnet, aus denen Migranten in ein ganz bestimmtes Zielgebiet zuwandern, z. B. mehr Freiheit, bessere Lebensbedingungen, größere Karrierechancen (➔M2 und M3). Eine wichtige Rolle für Migrationsprozesse spielen Wissen und Netzwerke der Migranten: Informationen über Zielregionen und Kontakte zu bereits dorthin Gewanderten bestimmen maßgeblich, ob, wohin und wie Menschen migrieren. Wenn Menschen gezwungen werden, räumlich mobil zu werden, spricht man von *Zwangs- oder Gewaltmigration*: Versklavung, Deportation, Vertreibung, Umsiedlung und Flucht sind Typen solcher erzwungenen Wanderungsbewegungen.

Migration in Geschichte und Gegenwart | Migrationen hat es zu allen Zeiten der Geschichte gegeben: Die Menschen waren und sind mobil (➔M1). Während der Völkerwanderungszeit (375 – 568) strebten Germanen und andere „Barbaren" nach Zuwanderung ins Römische Reich, um dort Siedlungs- und Herrschaftsgebiete zu finden oder um in römischen Diensten Karriere zu machen. Im 19. Jahrhundert führte eine umfangreiche europäische Massenauswanderung 50 bis 60 Millionen Europäer auf andere Kontinente. Zur Zeit der stalinistischen und nationalsozialistischen Diktaturen sowie nach dem Zweiten Weltkrieg kam es zu millionenfacher erzwungener Migration in Europa. In den 1950er- und 60er-Jahren warb die Bundesrepublik Deutschland Millionen von „Gastarbeitern" vor allem aus der Türkei, Italien, Spanien und Griechenland an. Seit einigen Jahren kommen vermehrt Menschen aus Afrika und dem Nahen Osten nach Europa: Die europäischen Staaten versuchen, diese Migration zu kontrollieren und zu steuern. Dabei gelten besondere Regelungen für Flüchtlinge, deren Leben oder Freiheit in ihrer Heimat bedroht ist. In Deutschland wird seit 2015 kontrovers darüber diskutiert, ob diese Zuwanderung notwendig und nützlich ist oder ob sie zu viele Probleme mit sich bringt.

Akkulturation und Integration | Mit Migration gehen immer auch Kulturkontakte und Neuorientierung einher.[1] Aber auch Konflikte und Ängste können damit verbunden sein. Denn Migranten werden von der Kultur der Aufnahmegesellschaft, in die sie kommen, verändert, und verändern diese ebenfalls (Akkulturation) (➔M2). Im Laufe der Geschichte waren es häufig Migranten, die neue Ideen und Technologien mitbrachten und so die Entwicklung ihrer neuen Heimat positiv vorantrieben (➔M1). Die Eingliederung von Migranten gilt als gelungen, wenn sie keine soziale Sonderstellung in der Aufnahmegesellschaft einnehmen.

Internettipp
Umfassende Informationen zum Thema bietet auch das Dossier „Migration" der Bundeszentrale für politische Bildung. Sie finden es unter diesem Code.
32037-23

31000-249 **Bildinformation** Seite 155, Abbildung links

31000-268 **Bildinformation** Seite 155, Abbildung rechts

[1] Sehen Sie hierzu das Kernmodul „Kulturkontakt und Kulturkonflikt" auf den Seiten 146 bis 149.

Germanen während der Völkerwanderungszeit.
Holzstich von 1880 nach einer Zeichnung von Otto Knille (1832–1898); spätere Kolorierung.

Auswanderung über See.
Holzstich von 1870. Das Bild zeigt das Zwischendeck eines Auswandererschiffes im 19. Jahrhundert.

32040-108

► Charakterisieren Sie die Formen von Migration, die in den Bildern dargestellt werden. Nutzen Sie dazu auch M1 bis M3.

M1 Mobilität als „Wesenseigenheit" des Menschen

*Der italienische Demograf und Politiker Massimo Livi Bacci (*1936) skizziert Geschichte und Bedeutung menschlicher Migration:*

Sich räumlich zu bewegen ist eine „Wesenseigenheit" des Menschen, ein Bestandteil seines „Kapitals", eine zusätzliche Fähigkeit, um seine Lebensumstände zu verbessern. Es ist diese tief im Menschen verwurzelte Eigenschaft, die das Überleben der Jäger und Sammler, die Verbreitung der menschlichen Spezies über die Kontinente, die Verbreitung des Ackerbaus, die Besiedlung leerer Räume, die Integration der Welt und die erste Globalisierung im 19. Jahrhundert ermöglichte. Dieselbe Eigenschaft lässt sich auch erklären als „Anpassungsfähigkeit" des Migranten, auf Englisch *fitness* genannt. Diese *fitness* – ein Gemisch biologischer, psychologischer und kultureller Eigenschaften – war in den verschiedenen historischen Epochen und den Umständen der Migration entsprechend nicht immer von derselben Art. […]

Mit der Entstehung von Staatswesen und den daraus folgenden internationalen Migrationen entwickelte sich dann auch eine „Migrationspolitik". Dabei griff die Regierung, entweder ein weltlicher Fürst oder mächtige Institutionen, ein, um die Migrationsströme zu steuern, zu planen, im Voraus zu ordnen und zu unterstützen. Die Politik entzieht den beteiligten Personen einiges ihrer Entscheidungsfreiheit, ob viel oder wenig, ist situationsabhängig. Sie glaubt, besser als die Einzelpersonen beurteilen zu können, über welche Art von Anpassungsfähigkeit der Migrant angesichts der Umstände verfügen muss. Manchmal trifft sie Vorkehrungen, welche die Anpassungsfähigkeit des Migranten „verbessern" sollen, indem sie ihm die notwendigen Ressourcen und Kenntnisse oder besondere Vorrechte mitgibt. […]

Mit der Neuzeit nehmen, noch vor der industriellen Revolution, die Fähigkeiten zur räumlichen Bewegung zu: Die Ressourcen vermehren, die Techniken verbessern, die Infrastrukturen konsolidieren sich. Binnenländische und internationale Migrationssysteme werden geschaffen. Die Schifffahrt verbindet Eurasien, Afrika und Amerika eng miteinander. Von 1500 an exportiert Europa Humanressourcen, nachdem es jahrtausendelang Ziel von Einwanderungen und Invasionen gewesen war. Der Wille und die Fähigkeit der Staaten, auf die individuellen Entscheidungen der Mobilität Einfluss zu nehmen, steigern sich. Die Migrationen beschleunigen ihren Rhythmus, der sich im 19. Jahrhundert überstürzt […].

Das vorige Jahrhundert war vom Ersten Weltkrieg bis heute geprägt von einer widersprüchlichen Politik, von der Schockwirkung der großen Kriege auf den Ortswechsel der Menschen, von der Trennung des europäischen Ostens vom Rest Europas, von der Umkehrung des migratorischen Zyklus – das exportierende Europa beginnt wieder zu importieren –, vom tief greifenden Einfluss des demografischen Zyklus.

In der letzten Zeit wurde die Migrationspolitik restriktiver und selektiver, während sich der Druck aus demografischen und ökonomischen Ursachen, die durch die Kluft zwischen Nord und Süd erzeugt wurden, vermehrte. Die Vorrechte der Migranten werden schwächer. Die Migrationen werden empfunden als ein Tribut, der dem demografischen Wandel zu entrichten ist, als ein Heilmittel gegen die Engpässe des Arbeitsmarktes, als ein zu behebender Notstand, als eine unmittelbar bevorstehende Gefahr. [...] Die Interessenkonflikte zwischen den Herkunftsländern, den Aufnahmeländern sowie den Migranten, den wahren Protagonisten[1], waren noch nie so evident wie heute. [...] Doch besteht gerade ein wachsender Bedarf an einer Kooperation [...], wenn die widerstreitenden Interessen ausgeglichen werden sollen und wenn man den Migrationen ihre positive Funktion in der Entwicklung von Gesellschaften wiedergeben will.

Massimo Livi Bacci, Kurze Geschichte der Migration, übersetzt von Marianne Schneider, Berlin 2015, S. 8–10

32040-109

1. Arbeiten Sie historische Phasen der menschlichen Migration nach Massimo Livi Bacci heraus. | **H**
2. Erklären Sie, inwieweit Mobilität nach Bacci ein wichtiges „Kapital" des Menschen ist. Welche Arten von „fitness" könnten dabei von Nutzen sein?
3. Erläutern Sie, was man unter „Migrationspolitik" versteht. Welche migrationspolitischen Regelungen gelten aktuell in Deutschland?
4. Bacci schreibt Migrationen eine „positive Funktion in der Entwicklung von Gesellschaften" (vgl. Zeile 67) zu. Setzen Sie sich mit dieser These auseinander.

M2 Migration und Integration

*Der Historiker Jochen Oltmer (*1965) benennt zentrale Merkmale von Migration und Integration:*

Migrationen sind räumliche Bewegungen von Menschen. Jedoch wird keineswegs jede dieser Bewegungen als Migration verstanden, touristische Unternehmungen, Reisen oder das tägliche Pendeln zwischen Wohn- und Arbeitsort etwa zählen nicht dazu. Gemeint sind vielmehr jene Formen regionaler Mobilität, die weitreichende Konsequenzen für die Lebensverläufe der Wandernden haben und aus denen sozialer Wandel resultiert. Migration kann das Überschreiten politisch-territorialer Grenzen bedeuten. Aber auch räumliche Bewegungen innerhalb eines staatlichen Gebildes lassen sich als Migration fassen; denn selbst sie können es erfordern, dass Migranten sich mit wirtschaftlichen Gegebenheiten und Ordnungen, kulturellen Mustern sowie gesellschaftlichen Normen und Strukturen auseinandersetzen, die sich zum Teil erheblich von denen des Herkunftsortes unterscheiden. Migration kann unidirektional eine Bewegung von einem Ort zu einem anderen meinen, umfasst aber nicht selten auch Zwischenziele, die häufig dem Erwerb von Mitteln zur Weiterreise dienen. Fluktuation, beispielsweise zirkuläre Bewegung oder Rückwanderung, bildete immer ein zentrales Element von Migration. Die dauerhafte Ansiedlung andernorts stellt also nur eines der möglichen Ergebnisse von Wanderungsbewegungen dar. [...]
Der Prozess der Migration bleibt grundsätzlich ergebnisoffen, denn das Wanderungsergebnis entspricht bei Weitem nicht immer der Wanderungsintention: Eine geplante Rückkehr wird aufgeschoben, die Ferne schließlich zur Heimat, und die alte Heimat erscheint fern. Räumliche Bewegungen werden abgebrochen, weil bereits ein zunächst nur als Zwischenstation gedachter Ort unverhofft neue Chancen bietet. Umgekehrt kann sich das geplante Ziel als ungeeignet oder wenig attraktiv erweisen, woraus eine Weiterwanderung resultiert. Zudem vermag der Erfolg im Zielgebiet die Rückkehr in die Heimat möglich oder der Misserfolg sie nötig machen. [...]
Migrationsentscheidungen unterliegen in der Regel multiplen Antrieben. Meist sind wirtschaftliche, soziale, politische, religiöse und persönliche Motive in unterschiedlichen Konstellationen mit je verschiedenem Gewicht eng miteinander verflochten. Hoffnungen und Erwartungen hinsichtlich einer Verbesserung der Situation nach der Abwanderung können dabei immer auch Enttäuschungen über die individuelle Lage in der Herkunftsgesellschaft widerspiegeln. Sieht man von den Gewaltmigrationen ab, streben Migranten danach, durch den temporären oder dauerhaften Aufenthalt andernorts Erwerbs- oder Siedlungsmöglichkeiten, Arbeitsmarkt-, Bildungs-, Ausbildungs- oder Heiratschancen zu verbessern und sich neue Chancen durch eigene Initiative zu erschließen. Die räumliche Bewegung soll ihnen zu vermehrter Handlungsmacht verhelfen. [...]
In der historischen Lebenswirklichkeit war Integration weder für die Zuwanderer noch für die Mehrheitsbevölkerung *ein* Globalereignis *der* Anpassung an *eine* Gesellschaft. Integration bedeutet vielmehr das langwährende, durch Kooperation und Konflikt geprägte Aushandeln von Chancen der ökonomischen, politischen, religiösen oder rechtlichen Teilhabe. Sie wird von Individuen, Gruppen oder Organisationen in der Zuwanderer- wie in der Mehrheitsbevölkerung in ihren je verschiedenen Stadien unterschiedlich wahrgenommen und vermittelt. Die lange Dauer des Prozesses bedingt, dass er zugleich Teil eines mehr oder minder tief greifenden Wandels von Wirtschaft und Gesellschaft, Politik und Kultur im Ankunftsraum ist. Dabei verblassen als distinkt[2] verstandene Unterschiede zwischen Einwanderern und länger Eingesessenen in der Wahrnehmung der Einwanderungsgesellschaft immer weiter: ethnische Zugehörigkeit, kulturelle Muster, nationale oder regionale Identitäten, Sprache. [...]
In den Zielländern werden Migranten nicht selten als Konkurrenten um begehrte Ressourcen (etwa Erwerbsmöglich-

[1] **Protagonist**: Hauptperson, hauptsächlich Handelnder

[2] **distinkt**: klar und deutlich

keiten, Versorgungsgüter oder Sozialleistungen) wahrgenommen und müssen deshalb mit Ablehnung bis hin zu Hass rechnen. Außerdem gelten sie nicht selten als Gefahr für die innere und äußere Sicherheit und für gesellschaftliche Gewissheiten, wie beispielsweise Vorstellungen über die Homogenität von Bevölkerungen oder Kulturen.

Jochen Oltmer, Migration. Geschichte und Zukunft der Gegenwart, Darmstadt 2017, S. 18–40

32040-110

1. Geben Sie wieder, wie Jochen Oltmer den Begriff „Migration" erklärt. | H
2. Analysieren Sie Oltmers Definition von Integration.
3. Erörtern Sie Chancen und Herausforderungen von Migration für die Migranten und ihre Zielländer.

M3 Dimensionen von Migration

*Die Sozialgeografin Felicitas Hillmann (*1964) stellt wichtige Dimensionen zur Beschreibung von Migration vor:*

		Merkmal	Ausprägung
Kriterien	räumlich	Distanz	Nahwanderungen, Fernwanderungen, Binnenmigration grenzüberschreitend (international/interkontinental)
		Richtung (= Unterscheidung nach Herkunfts- und Zielregion)	Peripherie – Zentrum, Land – Stadt/Stadt – Land
	zeitlich	Permanent, dauerhaft	Langfristige Verlagerung des Lebensmittelpunktes (i.d.R. länger als ein Jahr)
		Kurzfristig	Zeitlich begrenzter Aufenthalt mit Verlagerung des Lebensmittelpunktes
		Langfristig, aber nicht-permanent	Saisonal (wiederkehrend, episodisch), Tourismus (ohne Veränderung des Lebensmittelpunktes)
Rechtlicher Status		Legal	Unterschiedliche Formen der Aufenthaltsberechtigung, Duldung (z.B. Familiennachzug, anerkannte Flüchtlinge, Asylsuchende, Gastarbeiter, Saisonarbeitnehmer, angeworbene Fachkräfte)
		Illegal	Einwanderer ohne registrierten und gültigen Aufenthaltsstatus/Visum
Motivation: Grad der Freiwilligkeit/des Zwanges		Freiwilligkeit	z.B. Ruhesitzwanderung oder Bildungstourismus (Schüleraustausch, Praktika, Auslandsstudium)
		Unfreiwilligkeit	Gewaltmigration (z.B. Flucht, Vertreibung, Deportation)
Migrationsauslösende Faktoren (i.d.R. Motivbündel)		Ökonomische Faktoren	z.B. Einkommenseinbußen, Verarmung, Verschwinden lokaler und traditioneller Wirtschaftskreisläufe, Nahrungsunsicherheit
		Politische Faktoren	z.B. politische Unruhen, Konflikte, Umsiedlungsmaßnahmen
		Soziale Faktoren	Migrationsnetzwerke, soziale Konflikte
		Psychologische Faktoren	Migrationsmythen, Traum vom besseren Leben
		Kulturelle und religiöse Faktoren	z.B. Verfolgung von Minderheiten, Diskriminierung, Veränderung traditioneller Lebensformen
		Ökologische Faktoren	z.B. Landflucht, Umwelthavarien (z.B. Tschernobyl, Fukushima), Extremwetterlagen (z.B. Dürren, Überschwemmungen)
Umstände der Migranten		Individuelle Merkmale und Merkmale der Familie/des Haushalts	Vermögen und Einkommen, Alter, Geschlecht und Familienstand, Bildung, soziale Vernetzung, Migrationserfahrungen (in der Familie), Gesundheit

Tabelle nach: Felicitas Hillmann, Migration. Eine Einführung aus sozialgeographischer Perspektive, Stuttgart 2016, S. 19

32040-111

1. Fassen Sie die Dimensionen von Migration nach Felicitas Hillmann in eigenen Worten zusammen.
2. Suchen und analysieren Sie Ihnen bekannte historische und aktuelle Migrationsprozesse mit den von Hillmann genannten Dimensionen.
3. Vergleichen Sie Hillmanns Dimensionen von Migration mit den Merkmalen von Migration nach Jochen Oltmer (M2).

2.4 Pflichtmodul: Jüdisches Leben in Deutschland im langen 19. Jahrhundert

Das Kapitel beschäftigt sich inhaltlich mit …

- der rechtlichen und ökonomischen Stellung der Juden im 19. Jahrhundert
- der jüdischen Akkulturation und Assimilation im aufstrebenden Bürgertum und ihren Grenze
- dem jüdischen Leben im Deutschen Kaiserreich
- dem beginnenden Antisemitismus und den jüdischen Reaktionen

Als das „lange 19. Jahrhundert" bezeichnet die Geschichtsschreibung die Epoche zwischen Französischer Revolution (1789) und Erstem Weltkrieg (1914–1918). In dieser Zeit entwickelten sich viele Länder Europas zu modernen Staaten und Gesellschaften. In Deutschland betraf der Wandel auch die dort lebenden Jüdinnen und Juden. Seit dem Mittelalter waren sie nur als gesellschaftliche Randgruppe geduldet gewesen. Im Lauf des 19. Jahrhunderts wurden sie dagegen der christlichen Bevölkerung rechtlich gleichgestellt. Jüdischen Familien gelang zudem der wirtschaftliche und soziale Aufstieg und die Integration in die vom Bürgertum geprägte deutsche Gesellschaft. Dennoch gab es weiterhin Diskriminierungen durch den Staat sowie Ablehnung und Widerstand durch deutsche Mitbürger. Der im späten 19. Jahrhundert aufkommende antijüdische Rassismus gefährdete nicht nur das Zusammenleben. Er führte auch dazu, dass Jüdinnen und Juden ihr Deutschtum selbst infrage stellten und ihre Identität neu überdachten.

Neue Synagoge in Hannover.
Foto-Postkarte von 1905.
Das jüdische Gotteshaus entstand zwischen 1864 und 1870 nach Entwürfen des deutsch-jüdischen Architekten Edwin Oppler (1831–1880). Das Bauwerk befand sich in der Bergstraße im Hannoverschen Stadtteil Calenberger Neustadt. 1938 wurde die Synagoge von den Nationalsozialisten niedergebrannt.

- ▶ Gruppenarbeit: Beschreiben Sie in Zweiergruppen gegenseitig, welche Eindrücke das Bild erweckt.
- ▶ Der Architekt Edwin Oppler nahm für das Bauwerk christliche Kirchen zum Vorbild, u. a. den Aachener Dom, den Dom zu Worms und die Kirche Saint-Augustin in Paris. Setzen Sie sich vor diesem Hintergrund mit der Gestaltung der Synagoge auseinander.

32040-322

Der lange Weg zur Emanzipation

1781 — Der deutsche Jurist und Aufklärer Christian Wilhelm Dohm verfasst seine wegweisende Schrift „Über die bürgerliche Verbesserung der Juden".

1790/91 — In Frankreich werden den Juden staatsbürgerliche Rechte zuerkannt.

1812 — Im Rahmen seiner staatlichen Reformen gewährt das Königreich Preußen den Juden staatsbürgerliche Rechte (Emanzipationsedikt).

1848/49 — Die Nationalversammlung in Frankfurt am Main verabschiedet eine gesamtdeutsche Verfassung. In den Grundrechten wird garantiert, dass das religiöse Bekenntnis die staatsbürgerlichen Rechte nicht beschränken darf. Mit dem Scheitern der Revolution verlieren sie ihre Gültigkeit.

3.7.1869 — Gesetz des Norddeutschen Bundes über die rechtliche Gleichstellung aller Staatsangehörigen ungeachtet ihrer Religion. Seit 1871 gilt das Gesetz für das ganze Deutsche Reich.

Jüdische Akkulturation und Assimilation

um 1780 — Henriette Herz gründet den ersten literarischen Salon in Berlin.

um 1800 — Im Berliner Salon der Jüdin Rahel Levin Varnhagen verkehren bedeutende Literaten, Philosophen und Naturforscher.

1805 — Die vom jüdischen Kaufmann und Bankier Israel Jacobson 1801 gestiftete Schule im niedersächsischen Seesen steht künftig auch christlichen Kindern offen.

1838 — Abraham Geiger wird in Breslau, einer der größten jüdischen Gemeinden, Rabbiner. Er gehört der jüdischen Reformbewegung an.

1. Hälfte des 19. Jh. — Schätzungsweise etwa 5 000 Jüdinnen und Juden treten in Preußen zum Christentum über.

Jüdisches Leben im Deutschen Kaiserreich

1878 — Der Berliner evangelische Hofprediger Adolf Stoecker gründet die antisemitische Christlich-Soziale Arbeiterpartei.

1879 - 1881 — Im Berliner Antisemitismusstreit geraten deutsche Professoren über die „Judenfrage" aneinander.

seit ca. 1880 — Einwanderung von Jüdinnen und Juden aus Osteuropa ins Deutsche Reich. Viele „Ostjuden" emigrieren weiter in die USA, manche bleiben.

1893 — In Berlin wird der „Central-Verein deutscher Staatsbürger jüdischen Glaubens" gegründet. Seine Mitglieder bekennen sich gleichermaßen zum Deutschtum wie zu ihrer jüdischen Herkunft.

1896 — Theodor Herzl wirbt in seinem Buch „Der Judenstaat" für eine jüdische Staatsbildung außerhalb Europas. Er wird zur Führungsfigur der neuen Bewegung des Zionismus.

1899 — Der deutsch-jüdische Geschäftsmann Albert Ballin übernimmt die Leitung des Hamburger Schifffahrtsunternehmens HAPAG, das er bis 1913 zur weltweit größten Reederei ausbaut.

1907 — Lise Meitner, Tochter jüdischer Eltern aus Wien, beginnt in Berlin mit Forschungen zur Kernphysik. 1926 wird sie zur ersten Professorin für Physik an einer deutschen Hochschule berufen.

1914 — Der Ausbruch des Ersten Weltkrieges sorgt für nationale Aufbruchstimmung im Deutschen Reich. An ihr nimmt auch die jüdische Bevölkerung teil.

1916 — Das preußische Kriegsministerium ordnet eine „Judenzählung" in den Streitkräften an. Das Ergebnis bleibt bis Kriegsende unveröffentlicht.

Der lange Weg zur Emanzipation

Lavater und Lessing zu Gast bei Moses Mendelssohn.
Ölgemälde (70 x 58 cm) von Moritz Daniel Oppenheim, 1856. Zum jüdischen Maler Oppenheim siehe u.a. auch Seite 174f. und die Methode auf Seite 187.
Das Gemälde zeigt ein imaginäres Treffen des jüdischen Philosophen und politischen Publizisten Moses Mendelssohn (1729–1786; links sitzend), des bekannten Dramatikers und Philosophen Gotthold Ephraim Lessing (1729–1781; stehend) und des Schweizer Theologen Johann Caspar Lavater (1741–1801; rechts sitzend). Mendelssohn, der in Dessau geboren wurde und nach einer rabbinischen Ausbildung 1742 nach Berlin ging, war seit 1753 eng mit Lessing befreundet. Er gilt bis heute als Pionier, der unter den deutschen Juden den Gedanken der Aufklärung und Emanzipation verbreitete.

- Beschreiben Sie das Gemälde.
- Informieren Sie sich im Internet und/oder in der Fachliteratur darüber, in welcher Beziehung Lavater, Mendelssohn und Lessing zueinander standen.

32040-323

Emanzipation in Europa | Der Emanzipationsgedanke resultierte aus der Idee der Gleichheit und dem Toleranzgebot der **Aufklärung**. Die *Emanzipation* war kein gleichzeitiger und gleichmäßiger Vorgang. Die Diskussion um die bürgerliche Integration der Juden verlief analog zur Aufklärung, in einem europäischen Kontext. 1714 hatte in England der Philosoph *John Toland* bereits seine Schrift „Reasons for Naturalizing the Jews in Great Britain and Ireland" (dt.: „Gründe für die Einbürgerung der Juden in Großbritannien und Irland") veröffentlicht. Geistig-kulturelle Einflüsse begründeten den Fortgang der Emanzipation, konkrete politisch-historische Ereignisse wirkten dabei wie ein Katalysator. Das Toleranzpatent Kaiser *Josephs II. von Österreich* (1782) für die habsburgischen Kronländer und erst recht die *Französische Revolution* gossen die bis dato theoretischen Überlegungen in staatsrechtlich feste Formen.

Im revolutionären Frankreich wurden Juden 1790/91 praktisch über Nacht zu gleichberechtigten Staatsbürgern erklärt (→M1). Die Niederlande schlossen sich 1796 dem Vorbild Frankreichs an, und Griechenland und Belgien folgten 1830 bzw. 1833.

In den deutschen Staaten begann die Emanzipationsdebatte mit der wegweisenden Schrift von *Christian Wilhelm Dohm* „Über die bürgerliche Verbesserung der Juden"

Aufklärung: Die bis heute meist verwendete Definition lieferte der Königsberger Philosoph Immanuel Kant (1724–1804): „Aufklärung ist der Ausgang des Menschen aus seiner selbst verschuldeten Unmündigkeit." Die Vernunft sollte zum Maßstab allen Denkens werden. Auswirkungen hatte dies für den Kampf gegen (religiöse) Vorurteile, für Bildung und Rechte der Bürger sowie in einer Hinwendung zu den Naturwissenschaften.

aus dem Jahre 1781, die auf eine Anregung des Philosophen *Moses Mendelssohn* zurückging (➔M2). Mendelssohn war die führende Gestalt der jüdischen Aufklärungsbewegung, der *Haskala.* Er setzte sich für die Öffnung des jüdischen Kulturkreises ein und forderte eine nicht allein von der Religion bestimmte Bildung der Jugend, sondern deren Ausbildung auch in „weltlichen" Fächern, und verlangte eine besondere Pflege der deutschen Sprache.

In den deutschen Staaten zog sich der Emanzipationsprozess vom **Schutzjuden** zum Staatsbürger über mehr als 80 Jahre bis 1871 hin, da Emanzipation als Belohnung für Anpassung (*Assimilation*) verstanden wurde. Das *Badische Judenedikt* von 1809 ist ein Beispiel dafür (➔M3). Die Bemühungen um die gesellschaftliche Integration und um die Emanzipation der Juden unterlagen in den deutschen Staaten einem langwierigen Prozess und glichen einem „Zickzackkurs". In Russland räumte erst die Februarrevolution von 1917 die Beschränkungen für Juden beiseite.

Internettipps
Verschiedene Online-Beiträge zur jüdischen Aufklärung (Haskala) finden Sie unter diesem Code.

32040-324

Einen Podcast zum Thema „Judentum in der Zeit der Aufklärung" (Staffel 3, Episode 1) können Sie sich unter diesem Code anhören.

32040-325

Schutzjuden: Bezeichnung für Juden, die einen Schutzbrief durch ihre Landesherren erhielten. Es war eine Art Vertrag, der die Dauer ihrer Niederlassung sowie Rechtsschutz, Schutz der Religion, Handelserlaubnis und anderes mehr festlegte. Dafür mussten die Juden jährlich ein Schutzgeld und andere Abgaben an den Schutzherren zahlen.

„Toleranz."
Radierung des deutschen Kupferstechers und Grafikers Daniel Chodowiecki von 1791 für den „Goettinger Taschen Calender für das Jahr 1792".

- ▶ Beschreiben Sie die Radierung.
- ▶ Identifizieren Sie die Frauengestalt und die Personen am unteren Bildrand.
- ▶ Erklären Sie den Titel der Abbildung.

32040-326

Aufbruch in Preußen | Das 1812 erlassene preußische *Emanzipationsedikt* war Teil der Preußischen Reformen und erklärte Juden zwar zu Staatsbürgern, schloss sie aber immer noch beispielsweise vom Beamtenstand aus (➔M4 und M5). Die Neuregelung galt dann auch nur für das nach dem *Frieden von Tilsit* (1807) bei Preußen verbliebene Kerngebiet. Sie wurde nicht auf die 1815 wiedergewonnenen oder neu erworbenen Landesteile ausgedehnt. Allein in der Provinz Posen (heutiges Polen) wohnte um 1815 mehr als ein Drittel der preußischen Juden. Sie erhielten weder das Staatsbürgerrecht noch die **Freizügigkeit**, sondern blieben Schutzjuden, die sich nur in einer festgelegten Anzahl und an bestimmten Orten niederlassen durften.

Freizügigkeit: Im 19. Jahrhundert bezeichnete Freizügigkeit das Recht, sich frei innerhalb eines Staates oder Landes zu bewegen und einen Wohnsitz zu wählen, ohne durch feudale oder ständische Bindungen eingeschränkt zu sein. Es bedeutete auch die Freiheit, einen Beruf oder ein Gewerbe frei zu wählen und auszuüben.

In den Gegenden, in denen unter napoleonischer Herrschaft nach dem Vorbild der Französischen Revolution eine konsequente Gleichstellung erfolgt war, wurde diese häufig rückgängig gemacht. In Frankfurt am Main war dies beispielsweise 1814 bereits der Fall. Als Begründung wurde die Ideologie vom „christlichen Staat" angeführt, in dem Nicht-Christen keine wichtigen Positionen übernehmen sollten. Den Juden stellte man die Alternative, sich entweder taufen zu lassen oder auf eine Laufbahn im Staatsdienst zu verzichten.

Jüdischer Patriotismus | Die Beteiligung jüdischer Kriegsfreiwilliger in den *Befreiungskriegen* (1813–1815) gegen die napoleonische Herrschaft, die einen Höhepunkt vom 16. bis 19. Oktober 1813 in der Völkerschlacht bei Leipzig fand, gilt als Beispiel für den jüdischen Patriotismus (➔M6). Unter den preußischen Juden betrug die Anzahl der Kriegsfreiwilligen 1813/14 etwa 400. Damit lag der Anteil über dem allgemeinen Landesdurchschnitt an Freiwilligen. In manchen kleinen Staaten war der Anteil der jüdischen Soldaten noch deutlich höher. In Mecklenburg-Schwerin dienten, prozentual gesehen, etwa dreimal so viele Juden wie Christen als Freiwillige. Die Bekundung der patriotischen Gesinnung beschränkte sich nicht nur auf den Militärdienst, sondern kommt auch in zahlreichen Dokumenten von Rabbinern und Gemeindevorständen zum Ausdruck. So veranstaltete beispielsweise die Breslauer Gemeinde eine Kollekte zugunsten von Kriegsausrüstung. In der dortigen Synagoge segnete der Oberrabbiner am 11. März 1813 die jüdischen Freiwilligen. Der Berliner Rabbiner *Meyer Simon Weyl* ordnete für die Dauer des Krieges ein tägliches hebräisches Gebet in seiner Synagoge an, in dem Gottes Schutz für den König, dessen Räte, das Heer und alle Bewohnerinnen und Bewohner des Landes erfleht wurde.

Das Phänomen militärischer Beteiligung von Juden im deutschsprachigen Raum war nicht gänzlich neu. Der österreichische Kaiser Joseph II. verpflichtete im Rahmen seiner Reformpolitik auch jüdische Untertanen zum Militär. So wird geschätzt, dass zwischen 1788 und 1815 nicht weniger als 36 200 Juden im kaiserlichen Heer gedient hatten, davon 35 000 aus österreichischen Ländern. Der Kampf gegen die Truppen Napoleons war für Juden keine Selbstverständlichkeit. Immerhin waren unter der Herrschaft Napoleons Juden mit gleichen Rechten ausgestattet worden. Dennoch, die französische Politik war widersprüchlich. Während Württemberg (1808), Baden (1809) und Bayern (1813) unter dem Einfluss der neuen napoleonischen Ordnungen Reformen durchführten, unterstellte das *décret infâme* (dt.: schändliches Dekret) aus dem Jahre 1808 die Juden in den ostfranzösischen Départments wieder strengen Restriktionen. So hob es die freie Erwerbstätigkeit und Freizügigkeit wieder auf.

Restauration und Vormärz als Konfliktfeld | Im Zuge der Debatten um die Emanzipation spielte der stete Verweis auf die patriotische Haltung in den Befreiungskriegen eine bedeutende Rolle. Man berief sich auf die Zeit der „nationalen Erhebung" und verlangte deshalb die Anerkennung und Integration durch die Gesellschaft.

Restauration (lat. *restaurare:* wiederherstellen): Wiederherstellung früherer, politischer und gesellschaftlicher Verhältnisse, die oft durch eine Revolution beseitigt worden waren. So wird auch die Epoche in der Zeit von 1815 bis 1848 genannt, in der die Fürsten durch eine restaurative Politik versuchten, alle nationalen und liberalen Bestrebungen zu unterdrücken.

Rückschläge in der Emanzipation hatten mit dem veränderten Meinungsklima zu tun, das sich in der **Restauration** nach 1815 verstärkt gegen die Reformbemühungen und die rechtliche Gleichstellung richtete. Beispiele sind die Publikationen des Berliner Geschichtsprofessor *Friedrich Rühs* und des Heidelberger Philosophen und Mathematiker *Jacob Fries.* 1815 behauptete Rühs, dass das Judentum keineswegs eine Konfession, sondern eine eigene Nation darstelle, weshalb Juden auch nicht Bürger eines christlichen Staates werden könnten. Die Konversion (Glaubenswechsel) sei der einzige Weg für Juden, Deutsche zu werden. Fries, der ansonsten Rühs' Position teilte, hielt selbst diesen Weg für ausgeschlossen und plädierte offen für eine Vertreibung der Juden.

Als im März 1819 der Student *Karl Sand* den konservativen Dichter und Zarenberater *August von Kotzebue* ermordete, wurden in der Folge die *Karlsbader Beschlüsse* im Deutschen Bund verkündet. Quasi alle Druckerzeugnisse standen nunmehr unter Zensur. Auch der Schriftsteller und Herausgeber *Ludwig Börne* (jüdisch, seit 1818 evangelisch) musste wegen zunehmender Eingriffe seitens des städtischen Polizeiamtes nach sechs Monaten das Verlagsbüro der Frankfurter Zeitung räumen.[1] Während dieser Zeit wurde er viermal wegen Übertretung der Zensurbestimmung bestraft, dreimal mit Geldbußen, am Ende einmal mit Haft, um die er nur durch die fristlose Entlassung herumkam. Danach arbeitete er als Redakteur für die in Offenbach erscheinenden „Zeitschwingen", inhaltlich damals die radikalste deutschsprachige Zeitschrift. Dies verbesserte nicht gerade seinen Ruf bei den politisch Mächtigen. Auch diese Tätigkeit währte nur kurz: Das Verbot der Zeitschrift kam im Oktober 1819.

Verbaler Judenhass sowie soziale und wirtschaftliche Missstände mündeten in antijüdische Gewaltausbrüche. Die sogenannten *„Hep-Hep-Unruhen"* brachen am 2. August 1819 in Würzburg aus und verbreiteten sich schnell von Bayern nach Württemberg, Baden, Frankfurt am Main bis ins Rheinland und sogar bis nach Hamburg und Kopenhagen. Die Ausschreitungen wurden in der Regel von Handwerkern und Bauern getragen. Der Begriff ist wahrscheinlich von den „Hepp-Hepp"-Rufen der Viehtreiber abgeleitet. Dabei kam es nicht nur zu Sachschäden, sondern auch zu körperlichen Misshandlungen. Zwar gelang es Militär und Polizei zumeist, den Aufruhr durch schnelles Eingreifen einzudämmen, dennoch bedeuteten die Ausschreitungen einen herben Rückschlag für die Emanzipation der Juden.

Deutscher Bund: Auf dem Wiener Kongress 1815 gegründeter Zusammenschluss von anfangs 34 unabhängigen (souveränen) Fürsten und vier freien Städten (Lübeck, Hamburg, Bremen und Frankfurt am Main). Sitz der Bundesversammlung (Bundestag) war Frankfurt am Main. Der Deutsche Bund blieb bis zur Gründung des Norddeutschen Bundes 1866 bestehen.

31000-390 **Bildinformation**

„Hepp! Hepp!"
Nachkolorierte Radierung von Johann Michael Voltz, erschienen 1819.

- Beschreiben Sie die jeweiligen Akteure und Ereignisse auf der Abbildung.
- Entwickeln Sie mithilfe der Abbildung eine Problemfrage zur gesellschaftlichen Stellung der Juden in der 1. Hälfte des 19. Jahrhunderts.

32040-327

[1] Zu Ludwig Börne siehe auch die Methode auf Seite 187.

Exkurs: die rechtliche Stellung im Königreich Hannover | Über Jahrhunderte hatten Juden kein Wohnrecht in Hannover, sie wurden nur in der fürstlichen Calenberger Neustadt gegen Sonderzahlungen zugelassen (Schutzjuden). Das „Gesetz über die Rechtsverhältnisse der Juden" vom 30. September 1842 verbesserte zwar ihre Rechtsstellung im 1814 gegründeten Königreich Hannover, ließ jedoch einige gravierende Ungleichheiten bestehen. Dazu gehörten das Verbot des freien Immobilienverkehrs, die Beibehaltung des Schutzgeldes trotz Aufhebung des Schutzverhältnisses und der fehlende Zugang zu Beamtenstellen.

Das Frankfurter Paulskirchenparlament | Das politische Interesse der jüdischen Bevölkerung nahm während der *Revolution von 1848/49* zu, versprachen doch die Ereignisse den entscheidenden Schritt zur Emanzipation. Zugleich hatten Jüdinnen und Juden Anlass zur Sorge. In der Frühphase der Revolution, von Februar bis April 1848, ereigneten sich antijüdische Übergriffe und Plünderungen in mindestens 180 Orten. Begleitet wurden sie durch eine antijüdische Propaganda in Flugblättern und Zeitungen. Zwar berichtete die jüdische Presse über diese Ausschreitungen, vermied es jedoch, ihnen besonderes Gewicht zu verleihen. Der bekannte jüdische Schriftteller *Berthold Auerbach* bezeichnete sie als „Tölpeleien", die aus einer überkommenen Zeit stammten.

Jüdische Emanzipation in Europa im 18./19. Jahrhundert.

1848 traten erstmals jüdische Politiker auf nationaler und staatlicher Ebene in Erscheinung, einige davon in herausgehobener Position. In den kontroversen Debatten der *Frankfurter Nationalversammlung*, die in der Paulskirche tagte, engagierte sich allen voran der Hamburger Anwalt *Gabriel Riesser*. Er war Abgeordneter der Nationalversammlung und zeitweise ihr Vizepräsident. Er gehörte dort bald zu den prominenten Rednern und wurde Mitglied des Verfassungsausschusses. Im August 1848 sprach er leidenschaftlich für die Gleichstellung der Juden in Deutschland (➔M7). Er setzte sich für das allgemeine, direkte und gleiche Wahlrecht ein, vertrat die kleindeutsche Lösung und gehörte zur Delegation, die den preußischen König *Friedrich Wilhelm IV.* 1849 fragte, ob er die Kaiserkrone aus der Hand der Paulskirchenversammlung annehmen wolle, was dieser jedoch ablehnte.

Die vollständige Gleichheit der Juden in der Frankfurter Reichsverfassung von 1849 blieb angesichts des Scheiterns der Revolution von 1848/49 Makulatur (➔M8). Erst im Jahre 1869 wurde die vollständige „Gleichberechtigung der Konfessionen" im **Norddeutschen Bund** sowie im April 1871 durch die *Reichsverfassung* auch für das Deutsche Kaiserreich gesetzlich festgelegt (➔M9). Dies bedeutete schließlich die rechtliche Gleichstellung aller deutschen Juden.

Wirtschaftlicher Wandel | Ende des 18. Jahrhunderts fristeten die allermeisten Jüdinnen und Juden noch ein Leben am Rande des Existenzminimums. Der soziale Aufstieg zog sich über Generationen hin. Nach Berechnungen gehörten 1848 die Hälfte der Jüdinnen und Juden einer sozial marginalen, das bedeutetet einer nicht-verbürgerlichten Existenz an. Die jüdische Bevölkerung machte sich die Mobilitätschancen zunutze und zog in die Handels- und Verwaltungszentren. Als Folge der Binnenwanderung nahm die jüdische Bevölkerung in zahlreichen Städten seit den 1840er-Jahren deutlich zu. Das aufkommende kapitalistische Wirtschaftssystem eröffnete im 19. Jahrhundert, die seit Jahrhunderten unter schwierigen Bedingungen gesammelten Erfahrungen im kaufmännischen Bereich erfolgreich anzuwenden. Emanzipation und Industrialisierung waren die Triebkräfte des Aufstiegs (➔M10–M12). Die Emanzipation gab den Juden Freizügigkeit und gestattete ihnen, fast jeden Beruf zu ergreifen. Die Eisenbahn machte die Belieferung kleiner und später auch größerer Geschäfte einfacher und billiger. Mit ihrer Ausbreitung waren die Tage der Hausierer gezählt. Den Erfolg der Juden könnte man ganz einfach definieren als Aufstieg vom Hausieren und anderen unstetigen Gewerben zur Tätigkeit des „geachteten" Ladenbesitzers oder Kaufmanns mit allgemein zugänglichem Laden oder Kontor und einer festen Adresse. Bis zur Jahrhundertmitte ist ein deutlicher Rückgang der Händler zu verzeichnen, die ihren Lebensunterhalt als Kommissionswarenhändler[1], Makler und Pfandleiher oder Hausierer betrieben, während die Zahl derjenigen, die ihre Waren „in offenen Läden" vertrieben, d.h. von einer festen Adresse aus, sprunghaft zunahm. Aus diesen kleinen Läden wurden dann später teilweise größere Handelsunternehmen, deren Gewinne entweder in die Weiterbildung der Söhne oder in die Geschäftserweiterung gesteckt wurden. Für einige wenige bedeutete Erfolg den Erwerb ansehnlichen Reichtums. Der Prozess des sozialen Aufstiegs setzte sich im Deutschen Kaiserreich während der Zweiten Industriellen Revolution fort.

Internettipp
Weiterführende Informationen zu Gabriel Riesser finden Sie unter diesem Code.
32040-328

Norddeutscher Bund: 1866 entstand unter Preußens Führung der Norddeutsche Bund. Er löste den auf dem Wiener Kongress geschaffenen Deutschen Bund ab und bestand aus Preußen, 17 Kleinstaaten nördlich der Mainlinie und vier Freien Städten. Der Norddeutsche Bund ging 1871 im Deutschen Kaiserreich auf.

[1] Zu den Kommissionären siehe M10 auf Seite 172.

M1 Die Gleichberechtigung der Juden in Frankreich

Am 26. August 1789 nimmt die französische Nationalversammlung die „Erklärung der Menschen- und Bürgerrechte" an. Daraufhin erhalten die Juden spanisch-portugiesischer (sefardischer) Herkunft in Bordeaux am 28. Januar 1790 die staatsbürgerlichen Rechte zuerkannt. Die elsässischen (aschkenasischen) Juden erhalten sie drei Wochen nach der Verkündung der Verfassung am 28. September 1791:

In Anbetracht dessen, dass die den Titel eines französischen Bürgers und den Genuss der Rechte aktiver Bürger begründenden Voraussetzungen in der Verfassung festgelegt sind, dass ferner jeder die erwähnten Voraussetzungen in sich vereinigende Mensch, soweit er den Bürgereid geleistet und das Gelöbnis abgelegt hat, alle von der Verfassung auferlegten Pflichten zu erfüllen, ein Anrecht auch auf alle von dieser gewährleisteten Freiheit hat, setzt die Nationalversammlung sämtlich in die früher ergangenen Dekrete in Bezug auf die Juden aufgenommenen Vertragsbestimmungen, Klauseln und Ausnahmeverfügungen außer Kraft, indem sie zugleich bestimmt, dass der von den Juden zu leistende Bürgereid als Verzicht auf alle ehedem zu ihren Gunsten geltenden Privilegien und Sondergesetze zu betrachten sei.

Zitiert nach: Julius Höxter, Quellenbuch zur jüdischen Geschichte und Literatur, V. Teil: Neueste Zeit: 1789 bis zur Gegenwart, Frankfurt am Main 1930, S. 9

32040-329

► Erklären Sie die Begründung für die Gleichstellung der Juden.

M2 „Auch der Jude hat auf diesen Genuss […] Anspruch"

Christian Wilhelm von Dohm (1741–1829) ist Kriegsrat König Friedrichs II. von Preußen (1712–1786). Er setzt sich auf Veranlassung Moses Mendelssohns, den die Juden im Elsass um eine Denkschrift für die Verbesserung ihrer politischen Lage ersuchen, für die jüdische Gleichberechtigung ein. In seiner 1781 verfassten Schrift „Über die bürgerliche Verbesserung der Juden" heißt es:

Christian Wilhelm von Dohm. Seine Schrift „Über die bürgerliche Verbesserung der Juden" machte ihn europaweit bekannt.

Nur der Pöbel, der es für erlaubt hält, einen Juden zu hintergehen, gibt ihm Schuld, dass er nach seinem Gesetze fremde Glaubensgenossen[1] betrügen dürfe, und nur verfolgungssüchtige Priester haben Märchen von den Vorurteilen der Juden gesammelt, die nur ihre eigenen beweisen. Die der Menschlichkeit und der Politik gleich widersprechenden Grundsätze der Ausschließung, welche das Gepräge der finsteren Jahrhunderte tragen, sind der Aufklärung unserer Zeit unwürdig und verdienen, schon längst nicht mehr befolgt zu werden. Unseren fest gegründeten Staaten müsste jeder Bürger willkommen sein, der die Gesetze beobachtet und durch seinen Fleiß den Reichtum des Staates vermehrt. Auch der Jude hat auf diesen Genuss, auf diese Liebe Anspruch. Seine Religion macht ihn ihrer nicht unwürdig, da er bei ihrer strengsten Befolgung ein sehr guter Bürger sein kann. Ich wage es, selbst die standhafte Anhänglichkeit an die nach ihrem Glauben ihren Vätern verliehene Lehre von Gott dem jüdischen Charakter als einen guten Zug anzurechnen. Was der Christ Blindheit und verstockte Hartnäckigkeit nennt, ist beim Juden standhafte Beharrlichkeit bei dem, was er einmal als göttliches Gebot glaubt. Wer kann sich versagen, den Juden hochzuachten, den keine Marter[2] bewegen konnte, von seiner Religionsvorschrift abzugehen, und den Nichtswürdigen zu verachten, der um des Vorteils willen sich (von ihr) lossagt und den christlichen Glauben mit den Lippen bekennt? Schon allein die Anhänglichkeit an den uralten Glauben gibt dem Charakter der Juden eine Festigkeit, die auch zur Bildung ihrer Moralität überhaupt vorteilhaft ist. Ihre Armen fallen dem Staate nicht zur Last; die ganze Gemeinde nimmt sich ihrer an. Das häusliche Leben genießen sie mit mehr Einfachheit. Sie sind meistens gute Ehemänner und Hausväter. Der Luxus ist auch unter ihren Reichen noch lange nicht soweit gestiegen als bei den Christen von gleichem Vermögen. Dem Staate sind sie überall ergeben, und sie haben oft in Gefahren einen Eifer bewiesen, den man von so wenig begünstigten Gliedern der Gesellschaft nicht erwarten sollte.

Zitiert nach: Julius Höxter, Quellenbuch zur jüdischen Geschichte und Literatur, Bd. 5/9, Reprint Zürich 1983 (erstmals 1927), S. 157 f.

32040-330

1. Fassen Sie zusammen, welches Bild die Quelle über die Lebensverhältnisse der Juden in Preußen zeichnet.
2. Charakterisieren Sie die Haltung des Autors gegenüber den Juden. | F
3. Interpretieren Sie M2 im Kontext der Aufklärung. | H

[1] Gemeint sind hier Menschen anderen Glaubens.

[2] **Marter**: Qual, Folter

M3 Badisches Judenedikt von 1809

Die Verordnung regelt die Verhältnisse der badischen Juden im Großherzogtum Baden. Sie steht im Zusammenhang der Neuordnung des badischen Staates als Mitglied des Rheinbundes, der 1806 aus 16 deutschen Staaten unter französischer Führung gegründet worden ist. In dem Edikt heißt es:

Wir Carl Friedrich von Baden von Gottes Gnaden Großherzog zu Baden Herzog zu Zähringen […] haben durch Unser sechstes Konstitutionsedikt die Juden unseres Staats den Christen in den Staatsbürgerlichen Verhältnissen gleich gesetzt.

Diese Rechtsgleichheit kann jedoch nur alsdann in ihre Wirkung treten, wenn sie, in politischer und sittlicher Bildung ihnen gleichzukommen allgemein bemüht sind; damit Wir nun dieses Bestrebens sicher werden und inzwischen ihre Rechtsgleichheit nicht zum Nachtheil der übrigen Staatsbürgern gereiche, so setzen und ordnen Wir in dieser Hinsicht folgendes:

1. *Kirchliche Verfassung*

Die Judenschaft des Grossherzogtums bildet einen eigenen konstitutionsmässig aufgenommenen Religionsteil in unserer Lande, der gleich den übrigen unter seinem eigenen angemessenen Kirchenregiment steht, wie solches weiter unten näher bestimmt wird. […]

18. *Gemeinde- und Bürgerrechtserfordernisse*

Niemand von jenen, welche dermalen noch nicht volle Ein und zwanzig Jahr alt sind, hat künftig Hoffnung zum Antritt eines Gemeinde- oder Bürgerrechts, mithin zu einer eigenen Niederlassung im Lande gelassen zu werden, er habe denn zu einem auch für Christen bestehenden Nahrungszweig sich befähiget.

Von der Handelschaft gehöret dazu der Kaufmannshandel, der mit ordentlicher Fabrikenbetreibung oder in offenen Läden mit einem zur Ernährung hinlänglichen Vorrate an Metall, Leder, Ellenwaren, Spezerei, Wechselgeschäften u.(nd) d.(er) gl.(eichen) betrieben wird, so weit sie sich wie die Christen ordnungsmässig dazu befähigen.

19. *Nothandel*

Zu diesem Nothandel rechnen Wir die Mäklerei[1] […], die Viehmäklerei, wohin auch die Gattung vom schlechten Viehhandel gehöret, da jemand im einzelnen an einem Platz ein Stück Vieh aufkauft, um es gleich wieder an einen andern loszuschlagen; der Hausierhandel […], der Trödelhandel, da jemand sich mit dem Ein- und Wiederverkauf alter Waren zu nähren sucht, und der Leihhandel […].

Zitiert nach: Adolf Lewin, Geschichte der badischen Juden, Karlsruhe 1909, S. 91 – 102

[1] **Mäklerei:** Tätigkeit eines Maklers, der als Vermittler zwischen Käufer und Verkäufer bei Geschäften auftritt.

32040-331

1. Arbeiten Sie heraus, was „konstitutionsmässig aufgenommen" (Zeile 15) im Gegensatz zu früheren Zeiten bedeutet.
2. Analysieren Sie, was das Edikt für die Mehrheit der badischen Juden, die Hausierer und Viehhändler waren, bedeutete.
3. Das badische Edikt gilt als „Erziehungsedikt". Erörtern Sie diese Einschätzung. Vergleichen Sie dazu auch die Quelle mit M1. | H | F

M4 „Über den Entwurf zu einer neuen Konstitution für die Juden"

Nach der Niederlage Preußens gegen Frankreich im Jahre 1806 legt Wilhelm von Humboldt (1767 – 1835) als Leiter des preußischen Kultusministeriums am 17. Juli 1809 den Entwurf einer Judenordnung vor. Er leitet ihn mit folgenden Überlegungen ein:

Die gegenwärtige Lage der Juden unter uns, welche aufzuheben das grosse Problem jeder Gesetzgebung über diese Nation ist, gründet sich auf Ursachen und steht mit Umständen in Verbindung, auf welche wesentlich und radical zu wirken ausser der Macht jedes einzelnen Staats liegt. […] [S]o ist wohl nicht zu bestreiten, dass nur eine plötzliche Gleichstellung aller Rechte gerecht, politisch und consequent ist.

Gerecht; denn es lässt sich kein möglicher Rechtsgrund denken, warum der Jude, der alle Pflichten des Christen erfüllen will, nicht auch der Rechte theilhaftig sein soll? […]

Politisch; […] Mag das Volk auch noch so viele gutgeartete Juden sehen; es wird nie leicht dadurch zu andern Meinungen über die Juden, als solche, selbst kommen, sondern die Einzelnen immer nur als Ausnahmen betrachten. Auch soll der Staat nicht gerade die Juden zu achten lehren, aber die inhumane und vorurtheilsvolle Denkungsart soll er aufheben, die einen Menschen nicht nach seinen eigenthümlichen Eigenschaften, sondern nach seiner Abstammung und Religion beurtheilt und ihn, gegen allen wahren Begriff von Menschenwürde, nicht wie ein Individuum, sondern wie zu einer Race[2] gehörig und gewisse Eigenschaften gleichsam nothwendig mit ihr theilend ansieht. Dies aber kann der Staat nur, indem er laut und deutlich erklärt, dass er keinen Unterschied zwischen Juden und Christen mehr anerkennt.

[2] **Race:** Bis ins frühe 19. Jahrhundert wurde der Begriff „Rasse" (engl.: race, frz.: race) noch nicht im modernen Sinne verwendet, um verschiedene ethnische oder biologische Gruppen zu beschreiben. Stattdessen bezeichnete der Begriff oft eine Gruppe von Menschen, die durch gemeinsame Abstammung, Herkunft oder Nation verbunden waren.

Endlich consequent: denn eine allmählige Aufhebung bestätigt die Absonderung, die sie vernichten will, in allen nicht mit aufgehobenen Punkten, verdoppelt, gerade durch die neue grössere Freiheit, die Aufmerksamkeit auf die doch noch bestehende Beschränkung und arbeitet dadurch sich selbst entgegen.

Allein der ganze Grund, auf welchem das System der allmähligen Aufhebung beruht, ist, meines Erachtens, aus einer zwar ehemals angenommenen, aber auch schon längst mit Recht verworfenen Theorie der Gesetzgebung geschöpft.

Es ist nämlich dies diejenige, welche die Gesetzgebung zu einer Art Erziehung des Staatsbürgers macht; wo sie nur immer die Mittel in Händen hat, positiv wirken will und, von einem bestimmten Begriff des Charakters und der Cultur der Nation ausgehend, im Stande zu sein wähnt, den Fortschritt und sogar die Richtung zu einer andern Stufe leiten zu können: [...] kurz, da der Staat kein Erziehungs-, sondern ein Rechtsinstitut ist.

Zitiert nach: Kurt Müller-Vollmer (Hrsg.), Wilhelm von Humboldt. Studienausgabe in drei Bänden, Frankfurt am Main 1971, Bd. 2, S. 114–128

32040-332

1. Arbeiten Sie Wilhelm von Humboldts Haltung zur Judenemanzipation heraus.
2. Vergleichen Sie Humboldts Position mit M1 und M2. | F

M5 Das preußische Emanzipationsedikt von 1812

Gegen Widerstände innerhalb der Verwaltung lässt der preußische Staatskanzler Karl August von Hardenberg (1750–1822) folgendes Emanzipationsgesetz ausarbeiten, das am 11. März 1812 von König Friedrich Wilhelm III. (1770–1840) verkündet wird:

Wir Friedrich Wilhelm, von Gottes Gnaden, König in Preußen [...] verordnen wie folgt:

§ 1. Die in Unsern Staaten jetzt wohnhaften, mit Generalprivilegien, Naturalisationspatenten, Schutzbriefen und Konzessionen versehenen Juden und deren Familien sind für Inländer und preußische Staatsbürger zu achten.

§ 2. Die Fortdauer dieser ihnen beigelegten Eigenschaft als Inländer und Staatsbürger wird aber nur unter der Verpflichtung gestattet, dass sie fest bestimmte Familiennamen führen und dass sie nicht nur bei Führung ihrer Handelsbücher, sondern auch bei Abfassung ihrer Verträge und rechtlichen Willenserklärung der deutschen oder einer anderen lebenden Sprache und bei ihren Namensunterschriften keiner anderen als deutscher oder lateinischer Schriftzüge sich bedienen sollen.

§ 3. Binnen sechs Monaten, von dem Tage der Publikation dieses Edikts angerechnet, muss ein jeder geschützte oder konzessionierte Jude vor der Obrigkeit seines Wohnorts sich erklären, welchen Familiennamen er beständig führen will. Mit diesem Namen ist er sowohl in öffentlichen Verhandlungen und Ausfertigungen als im gemeinen Leben gleich einem jeden andern Staatsbürger zu benennen. [...]

§ 7. Die für Inländer zu achtenden Juden hingegen sollen, insofern diese Verordnung nichts Abweichendes enthält, gleiche bürgerliche Rechte und Freiheiten mit den Christen genießen.

§ 8. Sie können daher akademische Lehr- und Schul-, auch Gemeindeämter, zu welchen sie sich geschickt gemacht haben, verwalten.

§ 9. Inwiefern die Juden zu andern öffentlichen Bedienungen und Staatsämtern zugelassen werden können, behalten Wir Uns vor, in der Folge der Zeit gesetzlich zu bestimmen.

§ 10. Es stehet ihnen frei, in Städten sowohl als auf dem platten Lande sich niederzulassen.

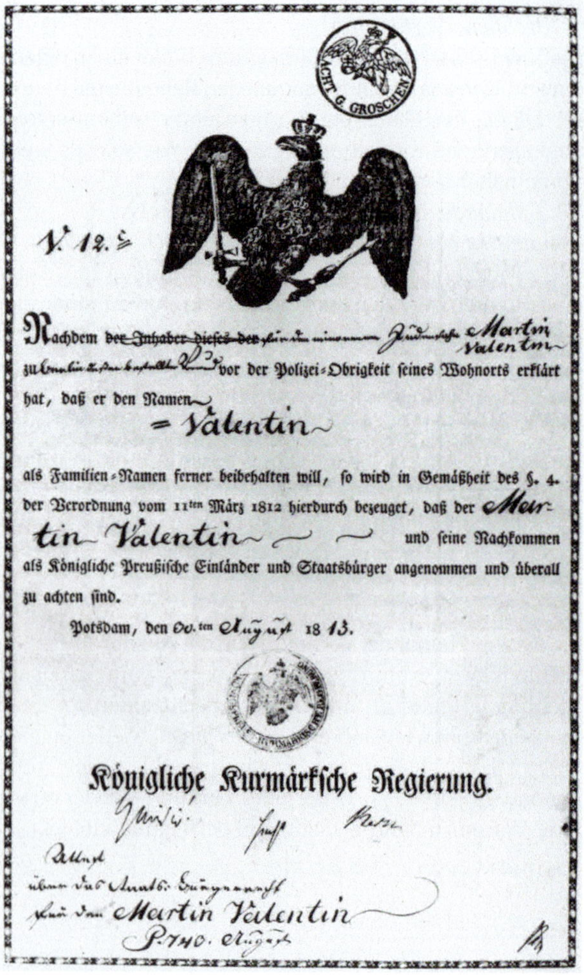
N. 12.

Nachdem ~~der Inhaber dieses der~~ ... Martin Valentin zu ... vor der Polizei-Obrigkeit seines Wohnorts erklärt hat, daß er den Namen

= Valentin

als Familien-Namen ferner beibehalten will, so wird in Gemäßheit des §. 4. der Verordnung vom 11ten März 1812 hierdurch bezeuget, daß der Martin Valentin und seine Nachkommen als Königliche Preußische Einländer und Staatsbürger angenommen und überall zu achten sind.

Potsdam, den 30.ten August 1813.

Königliche Kurmärksche Regierung.

... Martin Valentin

Staatsbürgerschaftsurkunde für den Juden Martin Valentin.
Urkunde vom 30. August 1813, Potsdam.

§ 11. Sie können Grundstücke jeder Art gleich den christlichen Einwohnern erwerben, auch alle erlaubten Gewerbe mit Beobachtung der allgemeinen gesetzlichen Vorschriften treiben.

§ 12. Zu der aus dem Staatsbürgerrechte fließenden Gewerbefreiheit gehöret auch der Handel. […]

§ 39. Die nötigen Bestimmungen wegen des kirchlichen Zustandes und der Verbesserung des Unterrichts der Juden werden vorbehalten, und es sollen bei der Erwägung derselben Männer des jüdischen Glaubensbekenntnisses, die wegen ihrer Kenntnisse und Rechtschaffenheit das öffentliche Vertrauen genießen, zugezogen und mit ihrem Gutachten vernommen werden.

(gez.) Friedrich Wilhelm. Hardenberg. Kircheisen.

Zitiert nach: Julius Höxter, Quellenbuch zur jüdischen Geschichte und Literatur, V. Teil: Neueste Zeit: 1789 bis zur Gegenwart, Frankfurt am Main 1930, S. 21 f.

32040-333

1. Fassen Sie die zentralen Inhalte des Judenedikts zusammen.
2. Vergleichen Sie die Regelung des Edikts mit der Emanzipation der Juden in Frankreich 1790/91 (M1). | H
3. Überprüfen Sie, ob die Forderungen Humboldts (M4) in dem Gesetz umgesetzt wurden.

M6 Heimkehr

Das Ölgemälde „Die Heimkehr des Freiwilligen aus den Befreiungskriegen zu den nach alter Sitte lebenden Seinen" (86,4 x 94 cm) malt der jüdische Künstler Moritz Daniel Oppenheim (1800–1882) in den Jahren 1833/34:

32040-334

1. Analysieren Sie das Gemälde. Welches jüdische Selbstverständnis kommt darin zum Ausdruck? Tipp: Nutzen Sie für Ihre Analyse auch die Bildinformationen unter dem Code **32040-335**.
2. Erörtern Sie, inwiefern der Entstehungszeitpunkt bedeutsam für das Bildverständnis ist. | H

M7 Aus der Beratung der Grundrechte

a) Der Nationalökonom Moritz Mohl (1802–1888) gehört in der Frankfurter Nationalversammlung einer der liberalen Fraktionen an. In der Debatte über die Grundrechte sagt er am 28. August 1848:

Moritz Mohl.
Zeitgenössisches Porträt.

Meine Herren! Ich habe zu diesem Paragraphen folgendes Amendement[1] gestellt: „Die eigentümlichen Verhältnisse des israelitischen Volksstammes sind Gegenstand besonderer Gesetzgebung, und können vom Reich geordnet werden. Den israelitischen Angehörigen Deutschland's werden die aktiven und passiven Wahlrechte gewährleistet."

Meine Herren! Es ist mir gemütlich[2] schwer geworden, diesen Antrag zu stellen; ich aber halte ihn für eine heilige Pflicht gegen das deutsche Volk. Es gibt gewiss kein größeres Unglück – wir Alle werden es mit größter Teilnahme fühlen – es gibt gewiss kein schmerzlicheres Unglück, als sein Vaterland verloren zu haben. Dieses Unglück ist das der über die ganze Welt zerstreuten Israeliten *(Eine Stimme aus dem rechten Zentrum: Nein!)* Erlauben Sie mir, die Israeliten gehören vermöge ihrer Abstammung, das wird Niemand ableugnen, dem deutschen Volk nicht an. Und sie können demnach ganz und vollkommen niemals angehören. *(Oh!)* Nicht ihre Religion ist es, die sie daran verhindert, sondern die Unmöglichkeit der Familienvermischung ist es, und diese Unmöglichkeit hat allerdings einen religiösen und einen kirchlichen Grund. […]

Ich will damit keineswegs sagen, dass die Gemeinsamkeit der Sprache, dass die Gemeinschaft des Landes nicht die Israeliten bis zu einem gewissen Grade zu Deutschen macht; aber vollständig können und werden die Israeliten zu einem deutschen Stamme wegen dieser historisch gegebenen Verhältnisse und allerdings auch der religiös-gegebenen niemals werden.

Wenn es sich nur von den politischen Rechten handelte. So wäre die Frage viel einfacher. Gewiss niemandem wird es einfallen, das aktive und passive Wahlrecht der Israeliten beanstanden zu wollen. Wir werden uns im Gegenteil nur freuen, wenn Israeliten, – wie dies ja häufig der Fall ist, – so sehr das Vertrauen des deutschen Volkes genießen, dass sie das deutsche Volk zu seinen Vertretern wählt. […]

Aber der Hauptgrund der von mir erörterten Übelstände liegt gleichwohl in ganz anderen Verhältnissen: er liegt darin, dass der israelitische Volksstamm sich mit dem deutschen Volke nicht verschmilzt, sich mit demselben nicht identifiziert und nicht identifizieren kann, vermöge seiner religiösen Verhältnisse. […]

Das ganze Leben, die ganze Richtung und Beschäftigung der Israeliten in den unteren Volksschichten ist eine volksverderbliche […]. Den alten Juden in den unteren Volksschichten machen sie nicht anders, und je mehr man ihn von allen Fesseln befreit, umso leichter wird er es haben, das Volk auszubeuten.

b) Der Jurist und Politiker Gabriel Riesser (1806–1863) reagiert auf Mohl wie folgt:

Gabriel Riesser.
Zeitgenössisches Porträt.
Im Jahre 1860 wurde Riesser als erster Jude in Hamburg zum Richter ernannt.

Meine Herren! Es hat in einer früheren Diskussion, wo es sich um bevorzugte Stände handelte, ein geehrter Redner mit voller Befugnis das Recht in Anspruch genommen, vor Ihnen im Namen des bevorzugten Standes, dem er angehört, zu reden und denselben zu verteidigen. Ich nehme das Recht in Anspruch, vor Ihnen aufzutreten im Namen einer seit Jahrtausenden unterdrückten Klasse, der ich angehöre durch die Geburt, und der ich – denn die persönliche religiöse Überzeugung gehört nicht hierher – ferner angehöre durch das Prinzip der Ehre, das es mich hat verschmähen lassen, durch einen Religionswechsel schnöde versagte Rechte zu erwerben. Im Namen dieser unterdrückten Volksklasse gegen gehässige Schmähungen vor Ihnen das Wort zu ergreifen, dieses Recht nehme ich in Anspruch. […]

Ich selbst habe unter den Verhältnissen der tiefsten Bedrückung gelebt, und ich hätte bis vor kurzem in meiner Vaterstadt nicht das Amt eines Nachtwächters erhalten können. Ich darf es als ein Werk, ich möchte sagen, als ein Wunder des Rechts und der Freiheit betrachten, dass ich befugt bin, hier die hohe Sache der Gerechtigkeit und der Gleichheit zu verteidigen, ohne zum Christentum übergegangen zu sein. Und so lebe ich denn in der festen Zuversicht, dass die gute Sache bereits gesiegt hat, ungeachtet der letzten Aufwallungen des bösen Willens von wenigen Seiten. Ich glaube nicht, dass es möglich ist, gleiche Rechte zu geben für aktive und passive Wählbarkeit, für das hohe Werk der Gesetzgebung, solange noch die verletzendsten Ausnahmegesetze in der niederen Sphären bestehen. Durch

---
[1] **Amendement:** Verbesserung, Abänderung
[2] **gemütlich:** hier „vom Gemüt her"

diese Ausnahmegesetze würde das höchste politische Recht geschändet, dass Sie zum Gemeingut aller Deutschen machen wollen, ohne allen Unterschied der Konfession [...]. Die Juden werden immer begeistertere und patriotischere Anhänger Deutschlands unter einem gerechten Gesetze werden. Sie werden mit und unter den Deutschen Deutsche werden. Vertrauen Sie der Macht des Rechts, der Macht des einheitlichen Gesetzes und dem großen Schicksale Deutschlands. Glauben Sie nicht, dass sich Ausnahmegesetze machen lassen, ohne dass das ganze System der Freiheit einen verderblichen Riss erhalte, ohne dass der Keim des Verderbens in dasselbe gelegt würde. Es ist Ihnen vorgeschlagen, einen Teil des deutschen Volkes der Intoleranz, dem Hasse als Opfer hinzuwerfen; das werden Sie aber nimmermehr tun, meine Herren!

Erster und zweiter Text: Riesser/Mohl, Stenographischer Bericht über die Verhandlungen der deutschen constituierenden Nationalversammlung, hrsg. von Franz Wigard, Bd. 3, Frankfurt am Main 1848, S. 1754–1757

32040-336

1. Fassen Sie die verschiedenen Einwände Mohls in Stichworten zusammen. Welche Rechte wollte er den Jüdinnen und Juden zugestehen?
2. Charakterisieren Sie Riessers Antwort. Was ist für ihn „deutsch"? Welche Argumente bringt er vor?

M8 Verfassung des deutschen Reiches vom 28. März 1849

Aus den Grundrechten:

Artikel V § 144: Jeder Deutsche hat volle Glaubens- und Gewissensfreiheit. Niemand ist verpflichtet, seine religiöse Überzeugung zu offenbaren.
Artikel V § 146: Durch das religiöse Bekenntnis wird der Genuss der bürgerlichen und staatsbürgerlichen Rechte weder bedingt noch beschränkt. Den bürgerlichen und staatsbürgerlichen Pflichten darf dasselbe keinen Abbruch tun.
Artikel V § 149: Die Formel des Eides soll künftig lauten: „So wahr mir Gott helfe."

Zitiert nach: Die Grundrechtsdiskussion in der Paulskirche. Eine Dokumentation, hrsg. von Heinrich Scholler, Darmstadt 1982, S. 102–104

32040-337

1. Arbeiten Sie die Bedeutung der Artikel heraus.
2. Informieren Sie sich im Internet und/oder in Fachbüchern über die Umsetzung der Verfassung und erörtern Sie die Folgen.

M9 Gesetz über die Gleichberechtigung

Im „Gesetz betreffend die Gleichberechtigung der Konfessionen in bürgerlicher und staatsbürgerlicher Beziehung" vom 3. Juli 1869 heißt es:

Wir Wilhelm[1], von Gottes Gnaden König von Preußen etc. verordnen im Namen des Norddeutschen Bundes, nach erfolgter Zustimmung des Bundesrathes und des Reichstages, was folgt:
Einziger Artikel
Alle noch bestehenden, aus der Verschiedenheit der religiösen Bekenntnisse hergeleiteten Beschränkungen der bürgerlichen und staatsbürgerlichen Rechte werden hierdurch aufgehoben. Insbesondere soll die Befähigung zur Theilnahme an der Gemeinde- und Landesvertretung und zur Bekleidung öffentlicher Aemter vom religiösen Bekenntnis unabhängig sein.

Zitiert nach: http://www.documentArchiv.de/nzjh/ndbd/gleichberechtigung-konfessionen_ges.html (Zugriff: 12. Februar 2025)

32040-338

▶ Setzen Sie das Gesetz in Bezug zu den Grundrechten in der Paulskirchenverfassung (M8). Berücksichtigen Sie dabei auch die Form des Rechtsakts. | F

[1] Gemeint ist König Wilhelm I. von Preußen (1797–1888).

M10 Wirtschaftliche Tätigkeit

a) Von je 100 Juden in Preußen (ohne Posen) leben 1834:

von Handel und Kredit	60,8 %
von Handwerk und Industrie	9,8 %
von freien Berufen und als Beamte	4,2 %
von Landwirtschaft	1,3 %
als Rentner und Pensionäre	3,9 %
vom Verkehrsgewerbe	0,1 %
als Tagelöhner und von häuslichen Diensten	13,7 %
ohne Beruf, als Unterstützungsempfänger und Bettler	6,2 %
	100,0 %

b) Von je 100 im Handel- und Kreditwesen beschäftigten Juden in Preußen entfallen 1843 auf:

Geld- und Wechselhandlungen	1,0 %
Großhandel und Großfabrikanten	2,8 %
Offene Läden	19,7 %
Kommissionäre[1] und Pfandleiher	4,5 %
Gehilfen genannter 4 Gruppen	12,5 %
Lebensmittelhändler	9,3 %
Trödler	3,0 %
Stehender Kramhandel	19,4 %
Gehilfen genannter Gruppen	2,0 %
Hausierer	11,8 %
Gehilfen der Hausierer	2,1 %
Pferdehändler	2,5 %
Gast- und Schankwirtschaft	9,4 %
	100,0 %

Erste Tabelle: Avraham Barkai (Hrsg.), Arthur Prinz: Juden im Deutschen Wirtschaftsleben. Soziale und wirtschaftliche Struktur im Wandel 1850–1914, Schriftenreihe wissenschaftlicher Abhandlungen des Leo Baeck Instituts 43, Tübingen 1984, S. 19; zweite Tabelle: Arthur Prinz, a. a. O., S. 26

32040-339

1. Beschreiben Sie die wirtschaftliche Tätigkeit der Juden.
2. Erläutern Sie mögliche Gründe für die Verteilung der Zahlen. | H

[1] **Kommissionär:** Eine Person, die im Auftrag eines anderen (des Kommittenten) Geschäfte tätigt, im eigenen Namen, aber auf Rechnung und Gefahr des Kommittenten, und dafür eine Provision erhält.

M11 Wie lässt sich der wirtschaftliche Wandel erklären?

Der in Deutschland geborene israelische Historiker Avraham Barkai (1921–2020) schreibt hierzu:

Vergleicht man jedoch die wirtschaftliche Lage der Juden um 1848 im großen Durchschnitt mit ihrer Ausgangsposition am Anfang des Jahrhunderts, so war der Aufstieg unverkennbar. Die Märzpogrome[2] können keineswegs nur durch rein ökonomische Gründe erklärt werden, aber der Umstand, dass jüdisches Eigentum bereits vielerorts sichtbar war und dem Neid und die Habgier des plündernden Pöbels erwecken konnte, zeugt bereits von früherem wirtschaftlichen Erfolg.
Wann genau die Industrialisierung in Deutschland einsetzte und ob dies auf dem Wege eines plötzlichen Starts („Take-Off") oder eines länger verlaufenden „Großen Spurts" verlief, ist immer noch umstritten. Aus der Sicht der jüdischen Wirtschaftsentwicklung ist auch dies nicht sehr wesentlich. Für sie waren die längerfristigen strukturellen Veränderungen der politischen und gesellschaftlichen Umgebung in den deutschen Ländern, die seit Anfang des Jahrhunderts im Gange waren, viel eher ausschlaggebend, und diese wirkten unverkennbar zu ihren Gunsten. Trotz aller Verzögerungen und Hemmungen setzte sich die rechtliche Emanzipation der Juden durch. Bevölkerungswachstum und die sich durchsetzende Marktwirtschaft ermöglichten die Diversifizierung[3] ihrer kommerziellen Tätigkeit, noch bevor die volle Gewerbefreiheit gesetzlich festgelegt war. Dazu wurde die soziale Mobilität durch die geografische unterstützt. Die demografische Entwicklung, natürliche Wachstumsraten und Wanderungsbewegungen […] trugen ihrerseits zu der günstigen Startposition der Juden zu Beginn der Industrialisierung bei.

Avraham Barkai, Jüdische Minderheit und Industrialisierung, Tübingen 1988, S. 16 f.

32040-340

1. Geben Sie wieder, wie der Autor den wirtschaftlichen Wandel bewertet.
2. Arbeiten Sie die Faktoren heraus, die zu diesem Ergebnis führten, und erläutern Sie diese.

[2] **Märzpogrome:** Serie von antijüdischen Ausschreitungen und Pogromen, die im März 1848 in verschiedenen Städten und Orten des Deutschen Bundes stattfanden.

[3] **Diversifizierung:** Der Begriff bezeichnet die Erweiterung der Berufsmöglichkeiten und -strukturen der jüdischen Bevölkerung, um ihre wirtschaftliche und soziale Situation zu verbessern und ihre Abhängigkeit von bestimmten Berufen zu reduzieren.

M12 Eine Erfolgsgeschichte?

*Der deutsche Historiker Till van Rahden (*1967) über den Erfolg der deutschen Juden:*

Überblickt man drei Generationen deutscher Juden zwischen 1780 und 1870, lässt sich eine eindrucksvolle Geschichte des sozialen Aufstiegs aus Armut und gesellschaftlicher Randständigkeit erzählen. Noch im Laufe des 18. Jahrhunderts hatte sich die soziale Lage der Juden im deutschsprachigen Mitteleuropa verschlechtert. Viele Juden verarmten, und manche waren gezwungen, von der Bettelei zu leben. Um 1750 gehörten fast drei Fünftel aller Juden der „unbemittelten Klasse" an und lebten am Rande des Existenzminimums. Aufs Ganze gesehen gelang den Juden auf dem Gebiet des späteren Deutschen Reiches vor allem in den Städten, aber auch auf dem Land zwischen dem späten 18. Jahrhundert und der Reichsgründung ein rascher sozialer Aufstieg. Für die deutschen Juden trifft die These der sozialhistorischen Mobilitätsforschung nicht zu, das Zeitalter der Industrialisierung sei kein „Goldenes Zeitalter" gewesen. Während innerhalb der Gesamtbevölkerung der Anteil der Unterschichten zumindest bis zur Jahrhundertmitte zunahm, schafften viele Juden den Sprung von dort in das Klein- oder sogar das Großbürgertum. Je mehr ständische und zünftische Schranken fielen, sich die Wirtschaft liberalisierte, Handel und Industrie auf Kosten der Landwirtschaft wuchsen, desto mehr Mobilitätschancen boten sich den Juden. Aus der Sicht vieler deutschsprachiger Juden Mitteleuropas war das 19. Jahrhundert deshalb durchaus ein goldenes Zeitalter des wirtschaftlichen Aufstiegs.

Freilich verbergen sich hinter dem Bild einer hohen Aufstiegsmobilität Biografien voller Anstrengungen: Der Aufstieg hatte seinen Preis. Wie hoch dieser war, ist schwierig zu ermitteln. Autobiografien verfassten zumeist jene, denen der Aufstieg gelungen war, und ihr oft nostalgischer Rückblick wirft wenig Licht auf Entbehrungen und Rückschläge. Wenn der Blick auf die Armut in Kindheit und Jugend fiel, diente er vor allem dazu, die Geschichte des eigenen Aufstiegs umso wirkungsvoller zu inszenieren.

Eine erste Vorstellung von der Bedeutung, die Juden in der Geschichte des Bürgertums gespielt haben, erhält man, wenn man nicht nach ihrem Anteil am Bürgertum, sondern an den bürgerlichen Berufsgruppen und bürgerlichen Einkommensklassen gefragt wird. Schaut man etwa auf die Berufsstruktur und Einkommensverhältnisse der Breslauer Juden im Kaiserreich – zu Beginn des Kaiserreiches hatte Breslau immerhin die zweitgrößte jüdische Gemeinde in Deutschland –, ergibt sich folgendes Bild. Obwohl das 19. Jahrhundert für die Breslauer Juden eine Zeit hoher Aufstiegsmobilität war, ist die Vorstellung irreführend, die Mehrheit der Juden in der schlesischen Hauptstadt habe dem Bürgertum angehört. Wenn man zwischen Kleinbürgertum und gehobenem Bürgertum unterscheidet und die bedeutende Anzahl von alleinstehenden Frauen berücksichtigt, sind weder zu Beginn noch am Ende des Kaiserreiches die Mehrheit der Juden dem Bürgertum im engeren Sinne zuzurechnen. Gemessen am Beruf gehörten 1876 zwar rund 40 und 1906 fast 60 Prozent aller Breslauer Juden dem gehobenen Bürgertum an. Da jedoch viele, die einem bürgerlichen Beruf nachgingen, über kein bürgerliches Einkommen verfügten, ist die Analyse der Berufe durch eine der Einkommen zu ergänzen.

Till van Rahden, Von der Eintracht zur Vielfalt: Juden in der Geschichte des deutschen Bürgertums, in: Juden, Bürger, Deutsche. Zur Geschichte von Vielfalt und Differenz 1800–1933, herausgegeben von Andreas Gotzmann, Rainer Liedtke und Till van Rahden, Tübingen 2001, S. 14 ff.

32040-341

1. Geben Sie die Faktoren für den wirtschaftlichen Aufstieg, die der Autor nennt, wieder.
2. Vergleichen Sie die Faktoren aus Aufgabe 1 mit M11.
3. Erläutern Sie, warum Autobiografien eine schwierige Quellengattung sind.
4. Erörtern Sie die These, wonach der Aufstieg seinen Preis hatte (vgl. Zeile 29 f.).

Jüdische Akkulturation und Assimilation im Bürgertum und ihre Grenzen

Henriette Herz (1864–1847): deutsch-jüdische Schriftstellerin. Sie war mit dem Arzt Marcus Herz verheiratet, der in sein Haus regelmäßig namhafte Naturwissenschaftler und Philosophen einlud. Selbst umfassend gebildet, gründete sie um 1780 den ersten Salon in Berlin. Dieser war für viele Jahre Treffpunkt für die bedeutendsten Intellektuellen der Stadt.

Rahel Levin Varnhagen (1771–1833): Schriftstellerin und Intellektuelle. Ihr Salon in Berlin galt um 1800 als der einflussreichste der Stadt; in ihm verkehrten die bedeutendsten Philosophen und Dichter.

Internettipp
Einen Audiobeitrag über Rahel Levin Varnhagen können Sie sich unter diesem Code anhören.

32040-342

Begriffe und Deutungen | Der Begriff *„Assimilation"* scheint heute einen eher negativen Beigeschmack zu besitzen. Dabei war das nicht immer so. Anfänglich war der Begriff – auch für die jüdische Bevölkerung – positiv belegt. Im späten 19. Jahrhundert wurde er umgangssprachlich benutzt, um Formen der sozialen und kulturellen Integration zur parallel verlaufenden Emanzipation zu beschreiben. Die unterschiedliche Bedeutung des Assimilationsbegriffs setzte sich in der wissenschaftlichen Auseinandersetzung um die deutsch-jüdische Geschichte fort. Mal bezeichnet Assimilation die erfolgreiche Anpassung der jüdischen Minderheit an die Mehrheitsgesellschaft, mal wird darunter die Anpassung unter Preisgabe wesentlicher eigener Identitätsmerkmale verstanden. Häufig spielte in der Vergangenheit auch der verwirrende Begriff *„Symbiose"* bzw. deutsch-jüdischen Symbiose eine Rolle. Darunter verstanden Autorinnen und Autoren, je nach Position, die Existenz oder die Leugnung eines engen, harmonischen Zusammenlebens zwischen jüdischen und nichtjüdischen Menschen. Um dem Dilemma der aufgeladenen Wertigkeiten und wissenschaftlich unscharfen Begriffsverwendung zu entgehen, wurde in den vergangenen Jahren zunehmend der Begriff *„Akkulturation"* in die Diskussion eingebracht. Er basiert auf einem umfassenden Kulturbegriff, der sämtliche Aspekte des Lebens einbezieht (→ M1).

Jüdische Salons | Schon vor der jüdischen Aufklärung (Haskala) und Emanzipation gab es neben den Handelskontakten Stätten der Begegnung, die zu einem verstärkten jüdisch-nichtjüdischen Miteinander führten. Sie sollten mit der Haskala wesentlich zunehmen. Besonders deutlich kamen sie in den jüdischen Salons zum Ausdruck. In den letzten Jahrzehnten des 18. und ersten Jahren des 19. Jahrhunderts ergaben sich ausgedehnte Sozialkontakte zwischen Juden und Nichtjuden in den von jüdischen Frauen unterhaltenen Salons, vor allem in Berlin.

Zu den Gästen zählten renommierte Künstler und Intellektuelle sowie gesellschaftlich und politisch einflussreiche Personen, die musikalisch oder literarisch unterhalten wurden und kommunikativen Austausch über neueste wissenschaftliche und gesellschaftliche Entwicklungen pflegten. Eine der ersten und bekanntesten Einrichtungen war der sogenannte „Dopppelsalon" der Familie Herz (→ M2 und M3). Während Henriette Herz und ihre Gäste in einem Teil des Hauses über neueste Literatur sprachen, gab *Marcus Herz* in einem anderen Zimmer Vorlesungen über Entwicklungen in den Naturwissenschaften. Wichtig war auch der Berliner Salon von Rahel Levin Varnhagen, wo viele Intellektuelle der damaligen Zeit verkehrten (→ M4 und M5).

Auch wenn die Salons Treffpunkte darstellten, wo Religionszugehörigkeit keine Rolle spielte, standen sie doch für einen Wunsch, den Juden an Christen richteten. Den Wunsch nach gesellschaftlicher und kultureller Anerkennung. Umgekehrt wurden selbst die wohlhabendsten und berühmtesten Juden nur selten von Christen in ihr Haus eingeladen, hätte dies doch bedeutet, dass man sie in der eigenen gesellschaftlichen Sphäre akzeptierte (→ M6). So war der Besuch einer Abendgesellschaft (Soirée) schließlich bloß eine Exkursion. Nach 1806 existierten nur noch wenige namhafte jüdische Salons.

Exkurs: Moritz Daniel Oppenheim – ein Maler von Weltruf | Oppenheim wurde 1800 in der Hanauer Judengasse in eine traditionell-religiös lebende Familie hineingeboren. Seine erste künstlerische Ausbildung erhielt er an der Hanauer Zeichenakademie, die vor allem Zeichner für die Schmuckindustrie ausbilden sollte. Zwischen 1821 und 1825 absolvierte er seine Wanderjahre in Italien mit Stationen in Rom, Florenz und Neapel, bevor er sich in Frankfurt am Main als Maler etablierte.

Der Dichter und Schriftsteller Heinrich Heine (1797–1856).
Ölgemälde von Moritz Daniel Oppenheim, 1831.
Heine war regelmäßiger Gast im Berliner Salon von Rahel Levin Varnhagen, die er als „geistreichste Frau des Universums" bezeichnete.

Bereits zu Lebzeiten war er der erste wirklich populäre jüdische Künstler der Neuzeit. Seine stilistische und thematische Vielseitigkeit macht es schwierig, ihn in gängige Kategorien einzuordnen. Zu seinen Werken gehören Porträts jüdischer Persönlichkeiten wie der Rothschilds, bedeutender Zeitgenossen wie Ludwig Börne[1] und Heinrich Heine. Er malte biblische Darstellungen und schuf Bilder, die auf das jüdische religiöse Brauchtum verweisen. Diese zeigen selbstbewusste Menschen in einer eigenständigen kulturellen Tradition.[2]

Oppenheims besonderes Engagement für die Gleichstellung der jüdischen Bevölkerung zeigt sich in seinen Skizzenbüchern von 1848, die ihn als häufigen Besucher der Parlamentssitzungen in der Frankfurter Paulskirche ausweisen. Dort zeichnete er nicht nur Gabriel Riesser, sondern auch eine ganze Reihe weiterer Parlamentsmitglieder, wie Moritz Mohl und Robert Blum (→ M7).

Konversion | Heiraten von konvertierten Jüdinnen und Juden mit Personen nichtjüdischen Glaubens waren in den gehobenen Berliner Kreisen keine Seltenheit. Verallgemeinernde Aussagen über Jüdinnen und Juden, die sich entschlossen, das Judentum zugunsten des Christentums aufzugeben, sind kaum möglich. Konvertiten kamen aus verschiedenen Schichten der jüdischen Bevölkerung, zumeist jedoch aus den Städten. Ihre Beweggründe waren ganz unterschiedlich und reichten vom blanken Zynismus

1812–1821	763
1822–1831	1 274
1832–1841	1 153
1842–1846	581

Jüdische Übertritte zur evangelischen Kirche in Preußen.
Nach: Bruno Blau, Die Entwicklung der jüdischen Bevölkerung in Deutschland von 1800 bis 1945. Manuskript in Leo Baeck Institute, Archives, New York 1950, S. 89

▶ Analysieren Sie die Entwicklung der Zahlen. | H

32040-390

[1] Ein Porträt von Ludwig Börne befindet sich auf Seite 187.
[2] Siehe hierzu das Gemälde auf Seite 169.

bis zu echter Glaubensüberzeugung. Der konvertierte Schriftsteller *Heinrich Heine* bezeichnete die Taufe als „Entreebillet in die europäische Kultur". Einige getaufte Jüdinnen und Juden hielten auch nach der Konversion engen Kontakt zu ihren einstigen Glaubensgenossen. Andere waren bestrebt, einen klaren Bruch mit der jüdischen Umwelt zu vollziehen, in der sie aufgewachsen waren. Nach Schätzungen konvertierten während der ersten Hälfte des 19. Jahrhunderts in Preußen etwa 5000 Jüdinnen und Juden zum Christentum, wobei der weitaus größere Anteil auf Berlin fiel. Mit zunehmender Hoffnung auf eine vollständige gesellschaftliche Akzeptanz war um die Jahrhundertmitte ein Rückgang der Konversionsfrage festzustellen.

Akkulturation durch Bildung? | Zum Ausgang des 18. Jahrhunderts betonten Vertreter der jüdischen Aufklärung die Rolle der bisher vernachlässigten säkularen Bildung, insbesondere des Erwerbs der deutschen Sprache, bei der Erziehung jüdischer Kinder (➔ M8 und M9). Der Haskala ging es sowohl darum, die jüdische Gesellschaft an Sprache und Kultur der Umwelt heranzuführen, als auch um ein den Anforderungen der Aufklärung genügendes Religionsverständnis. Reform-Schulen wurden, neben Reform-Synagogen, zu zentralen Orten der Verbürgerlichung[1]. Zwischen 1778 und 1816 wurden nicht weniger als zehn moderne jüdische Schulen im deutschen Kulturbereich errichtet.

Im niedersächsischen Seesen stiftete *Israel Jacobson* 1801 eine „Religions- und Industrieschule". Vier Jahre nach ihrer Errichtung nahm sie auch christliche Kinder auf und wurde damit zur ersten von Juden gegründeten überkonfessionellen Simultanschule in Deutschland (➔ M10). Das heutige Jacobson-Gymnasium in Seesen geht auf die jüdische Gründung zurück.

Jacobsonschule in Seesen.
Foto, ungefähr Anfang des 20. Jahrhunderts.

[1] Zum Begriff der „Verbürgerlichung" siehe auch Seite 188.

In Frankfurt am Main wurde auf Initiative von *Mayer Amsel Rothschild* durch seinen Bürovorsteher *Siegmund Geisenheimer* im Jahre 1804 für bedürftige jüdische Kinder das *Philanthropin* gegründet. Der Name bedeutete „Stätte der Menschlichkeit" und war zugleich Programm. Die Schülerzahl wuchs stetig, ab 1811 wurden auch christliche Kinder aufgenommen. Während der Zeit des Nationalsozialismus wurde das Philanthropin zwangsgeschlossen. Seit 2006 lernen im ehemaligen Gebäude des Philanthropins wieder Schülerinnen und Schüler. Eine jüdische Schule gibt es in Frankfurt am Main seit 1966.

Judentum und Liberalismus | Die Emanzipation der Juden war nicht nur ein staatsrechtlicher Akt, sondern hatte auch eine innerjüdische Diskussion zur Folge. Auf die immer wieder verzögerte rechtliche Gleichstellung sowie auf die kulturellen Herausforderungen seit der Aufklärung reagierte eine neue Generation von Rabbinern mit einer Reform des Judentums. Neuerungen wie Chöre, deutschsprachige Predigten oder Orgelmusik wurden mancherorts eingeführt. Die erste Orgel ließ übrigens Israel Jacobson 1810 in die Synagoge auf dem Schulgelände im niedersächsischen Seesen einbauen, was zu dieser Zeit eine absolute Neuheit war.

Der Rabbiner Abraham Geiger (1810–1874).
Gemälde von Lesser Ury, um 1905.

Ab 1830 konfrontierte ein akademisch gebildetes Rabbinat das jüdische Publikum mit neuen theoretischen Begründungen für den Fortbestand des Judentums. Der starke Reformflügel erhielt später die institutionelle Bezeichnung „liberal". 1838 wurde *Abraham Geiger* Rabbiner in Breslau. Damit erlangte erstmals ein erklärter Reformer eine Rabbinerstelle in einer der größten jüdischen Gemeinden. Die unterschiedlichen Modernisierungen führten auch zu Gegenreaktionen und zur Herausbildung weiterer Richtungen, wie beispielsweise der Neo-Orthodoxie.

Exkurs: Jüdische Auswanderung und Binnenmigration | Im Zeitraum von 1815 bis 1939 kam es zur *Auswanderung* von rund 35 Millionen Europäerinnen und Europäern nach Nordamerika. Der Großteil von ihnen emigrierte vor dem Ersten Weltkrieg. Insbesondere aus Osteuropa stammende Jüdinnen und Juden stellten einen erheblichen Anteil an der Migration nach 1880 dar, vor allem nach antijüdischen Ausschreitungen im Russischen Reich.[1] Die Vereinigten Staaten, wo um 1800 nur einige hundert Jüdinnen und Juden gelebt hatten, entwickelten sich in den beiden Jahrzehnten nach 1880 zum größten Zentrum der jüdischen Diaspora außerhalb von Osteuropa.

Zu den frühen Auswanderern gehörte *Levi Strauss* aus Buttenheim in der Nähe von Bamberg. 1829 wurde er dort als jüngstes Kind des jüdischen Hausierers *Hirsch Strauss* geboren. Nach dem plötzlichen Tod des Vaters geriet die Familie in wirtschaftliche Not und wanderte 1847 nach Amerika aus, zunächst nach New York, danach nach Kalifornien, wo die Zeit des großen Goldrausches zahlreiche Menschen anlockte. Strauss gründete ein Handelshaus für Stoffe und Kurzwaren und entwarf eine vernietete Arbeitshose, die Kult und als Markenname auf der ganzen Welt bekannt wurde.

Neben der Auswanderung war die jüdische *Binnenmigration* in die Städte ein bedeutsames Phänomen. Jüdinnen und Juden, die sich in Städten niederließen, stammten insbesondere aus den süddeutschen Staaten sowie aus den Provinzen Westpreußen und Posen. Die Abwanderung aus den wirtschaftlich rückständigen preußischen Ostprovinzen nahm nach 1820 stetig zu, zumal die Berliner Regierung die strukturelle Entwicklung von Posen und Westpreußen vernachlässigte. Berlin und Breslau lagen geografisch nahe, aber viele Jüdinnen und Juden zog es wie erwähnt auch nach Nordamerika.

Diaspora (griech.: Zerstreuung): Allgemein: Zustand, bei dem Angehörige eines Volkes oder einer Religion in bestimmten Ländern die Minderheit bilden. Speziell: Die Zerstreuung der Jüdinnen und Juden in alle Länder nach der Zerstörung des Jerusalemer Tempels 70 n. Chr.

Internettipp
Weiterführende Informationen zu Levi Strauss finden Sie unter diesem Code.
32040-343

[1] Ausführliche Informationen zu Jüdinnen und Juden aus Osteuropa finden Sie auf Seite 191 f.

Für die jüdische Binnenwanderung spielten überwiegend wirtschaftliche Motive eine Rolle. Aber auch die Hoffnung darauf, den eigenen Kindern eine bessere Bildung zu ermöglichen, sowie die kulturellen und gesellschaftlichen Annehmlichkeiten des städtischen Lebens dürften ebenso eine Motivation dargestellt haben. Nicht notwendigerweise war der Zug in die Stadt mit dem Umzug in eine Großstadt verbunden, wie besonders die Verhältnisse in Bayern oder anderen süddeutschen Staaten zeigen.

Verteilung der jüdischen Bevölkerung nach Wohnortgrößen in Hessen-Darmstadt in Prozent.
Für die jüdische Bevölkerung in Hessen-Darmstadt liegt die umfangreichste statistische Dokumentation über deutsche Jüdinnen und Juden vor. So wurde für den hessischen Bereich eine Sonderauszählung der Volkszählung 1925 durchgeführt. Für den Untersuchungszeitraum blieben die Verwaltungsgebiete unverändert. Sitz des Parlaments war in Darmstadt.

- Analysieren Sie die Tabelle mit Blick auf die jüdische Binnenwanderung.

32040-391

Jahr	Bis 1999	2000–19999	20000 +
1861 (Gebietsstand von 1866)	56,6	31,3	12
1925	24,9	34,5	40,5

Nach: Uziel Oscar Schmelz, Die Jüdische Bevölkerung Hessens. Von der Mitte des 19. Jahrhunderts bis 1933, Tübingen 1996, S. 24

Integration oder jüdisches Milieu? | Die Frage nach der Bewertung des Ausmaßes der sozialen Integration hängt eng mit der Bewertung des Antisemitismus zusammen.[1] Die rechtliche Emanzipation bedeutete noch keine soziale Integration (→ M11). Diese wurde von der deutschen Gesellschaft, in der antijüdische Einstellungen verbreitet waren, nur teilweise gewährt. Von Führungspositionen in Universität, Justizdienst und Armee wurden jüdische Bürger weiterhin zumeist ferngehalten. Aber es gab auch Bereiche, in denen interkonfessionelle Freundschaften gediehen. Dazu trugen auch die erwähnten Simultanschulen bei.

Mit der Einführung der *Zivilehe* im Jahre 1875 wurden die Ehen zwischen Menschen jüdischen und nichtjüdischen Glaubens legalisiert. Diese Eheschließungen lassen auf eine weit stärkere soziale Interaktion schließen, als man vielleicht geglaubt hat. Folgt man der Statistik, so wuchs die Intimität zwischen der jüdischen Minderheit und den Mitgliedern der Mehrheit. Der Anteil der „Mischehen" stieg in den direkten Jahren vor und während des Ersten Weltkrieges besonders in einigen Großstädten an.

[1] Zum Antisemitismus siehe vor allem das Kapitel ab Seite 206.

M1 Schlüsselbegriffe: Emanzipation – Assimilation – Akkulturation

a) Zum Begriff „Emanzipation" schreibt der aus Ungarn stammende israelische Historiker Jacob Katz (1904–1998) in seinem Standardwerk „Aus dem Ghetto in die bürgerliche Gesellschaft":

Das ursprüngliche Wort entstammt dem lateinischen emancipacio und bedeutet die Freilassung eines Sklaven. Der Ausdruck wurde in die Politik übernommen, als die irischen Katholiken am Ende des 18. Jahrhunderts für ihre politische und religiöse Freiheit kämpften, und die Bezeichnung „katholische Emanzipation" war auf britischem Gebiet das Schlagwort für die Aspiration[1] der Katholiken. Im Jahre 1828 erreichten die Katholiken ihr Ziel. Der Treueeid durfte jetzt nach dem christlichen Glauben und nicht mehr allein nach dem anglikanischen Bekenntnis geleistet werden. Nach dieser Änderung wurde im Parlament wieder die Judenfrage zur Sprache gebracht, die seit der Rücknahme des Judengesetzes im Jahre 1753 nicht mehr angerührt worden war. Solange nichtangelikanische Christen vom Staatsdienst ausgeschlossen waren, hatten die Juden keinen Grund, sich über Diskriminierung zu beschweren. Jetzt aber, da alle Einschränkungen beseitigt waren, verblieben die Juden allein in der wenig beneidenswerten Lage, kein öffentliches Amt antreten zu können, nur weil sie den Treueeid nicht leisten konnten. Man wird sich daran erinnern, dass die in England geborenen Juden automatisch britische Staatsbürger wurden, doch die hier beschriebenen Umstände macht sie zu Bürgern von politisch minderwertigem Sonderstatus. Es folgte ein Kampf gegen diesen Status, der nach dem katholischen Beispiel „jüdische Emanzipation" genannt wurde. Von England kam der Ausdruck nach Deutschland. Trotz der Unterschiede zwischen beiden Ländern, hatten sie eines gemeinsam – dass Juden zu dieser Zeit als Staatsbürger anerkannt waren, jedoch nicht die gleichen Rechte genossen wie andere. Deshalb war der Ausdruck Emanzipation hier ebenso zutreffend wie in England.

*b) Zum Begriff „Assimilation" heißt es bei der israelischen Historikerin Shulamit Volkov (*1942):*

Die Diskussion über das deutsch-jüdische Leben im Vor-Nazi-Deutschland dreht sich immer um den sog. Assimilationsprozess. Deshalb soll zunächst auch etwas von der Verwirrung, die mit diesem Terminus zusammenhängt, aufgeklärt werden. Ursprünglich hatte „Assimilation" für Juden in Deutschland eine positive Bedeutung. Besonders im ausgehenden 19. Jahrhundert wurde der Begriff in der Umgangssprache angewandt, bezogen auf die Formen sozialer und kultureller Integration von Juden in das Leben der deutschen Gesellschaft, die den Prozess der legalen Emanzipation ergänzten. In den Auseinandersetzungen zwischen Zionisten[2] und ihren Gegnern wurde der Begriff jedoch zunehmend negativ gebraucht. Es mag überraschen, dass „Assimilation" bald für beide Lager zu einem Synonym für ein Leben der Selbstverleugnung und der Blindheit gegenüber einer feindlichen Umwelt wurde. So wurde der Begriff mit Werturteilen beladen, die ihn ungeeignet für eine nüchterne, unideologische Diskussion machen.
Aber „Assimilation" ist nicht nur unter normativen und historischen Gesichtspunkten ein verwirrender Terminus. Er ist ebenso analytisch unsauber. Erstens bezieht sich der Begriff auf soziale, kulturelle und psychische Prozesse, als ob sie ein und dasselbe wären; zweitens tendiert er dazu, die diesen Prozessen innewohnenden Wechselwirkungen zu verschleiern; und drittens bezeichnet er zugleich einen Prozess und seine Ergebnisse. Es ist vielleicht nicht notwendig oder sogar unmöglich, auf den Terminus ganz zu verzichten, es wird aber nützlich sein, seine Bedeutung für die anschließenden Ausführungen genauer zu definieren.
Es handelt sich hier um den doppelten Prozess sozialer Integration auf der einen und kultureller Anpassung auf der anderen Seite. Umfang und Effektivität dieser Prozesse werden an ihren doppelten Ergebnissen gemessen: dem Stadium der sozialen und kulturellen Angleichung und dem der völligen Verschmelzung. Trotz der Literaturfülle ist unser Wissen über diese Prozesse, wie exakt man sie auch definiert, bei Weitem nicht hinreichend, und es gibt wenig Übereinstimmung in Bezug auf ihre Auswirkungen. Auf der einen Seite argumentiert man, dass am Vorabend des Ersten Weltkrieges das deutsche Judentum sozial integriert war und einen wichtigen Teil des deutschen Kulturlebens darstellte. Demgegenüber vertritt man auf der anderen Seite den Standpunkt, dass eine solche soziale Integration niemals bestanden habe und es einen wirklichen deutsch-jüdischen Dialog, auch auf kulturellem Gebiet, niemals wirklich gegeben habe. Schließlich gehen die Meinungen über die Auswirkungen solcher Prozesse auseinander, und Anklagen über Selbsttäuschung und sogar Selbsthass wechseln ab mit Stolz über Leistungen und Erfolg.

c) Über den Begriff „Akkulturation" schreibt die deutsche Historikerin Trude Maurer (1955–2017):

Dieser Begriff wurde bereits 1880 in den USA gebraucht. Zwar bezeichneten deutsche Ethnologen damit vor dem Ersten Weltkrieg die Wirkung einer entwickelten auf eine sogenannte primitive Kultur; doch wurde Akkulturation in der Entwicklung durch die amerikanische Kulturanthropologie und in der Anwendung auf die Urbanisierungs- und Migrationsforschung schließlich zu einem Konzept, „das die Begegnung von Elementen verschiedener Kulturen und ihre Synthese zu einer neuen Einheit in einem instabilen Gleichgewicht von verschiedener Dauer bedeutet". Akkul-

[1] **Aspiration:** Streben

[2] Zum Zionismus siehe das Kapitel ab Seite 214.

turation kann an objektiven, d.h. durch unabhängige Beobachter nachprüfbaren Merkmalen wie Sprache, Gewohnheiten und Kleidung im Einzelnen dargestellt werden. Akkulturation kann auch als subjektive emotionale oder intellektuelle Identifizierung mit einer Kultur oder kulturellen Synthese beobachtet werden. Akkulturation ist ein beschreibender Begriff und vermeidet Werturteile ebenso wie die im Assimilationsbegriff implizierte Unterordnung eines kulturellen Stranges unter den anderen. Der Akkulturationstheorie liegt ein weiter Kulturbegriff zugrunde, der alle Lebensbereiche umfasst. Da sie vom Kulturkontakt zweier Kulturen ausgeht, ermöglicht sie es, sowohl die Bewahrung des Eigenen wie den Wandel dieser Kultur darzustellen. Deshalb scheint es plausibel, den Begriff „Assimilation" für einen Prozess zu reservieren, der einen „totalen Kulturwechsel" zielt – also, auf die jüdische Minderheit angewandt, deren Aufgehen in der nichtjüdischen Mehrheit meint. Die deutschen Juden waren als Gruppe akkulturiert, nicht assimiliert. Individuen freilich konnten sich auch ganz anders verhalten.

Erster Text: Jacob Katz, Aus dem Ghetto in die bürgerliche Gesellschaft. Jüdische Emanzipation 1770–1870, Frankfurt am Main 1986, S. 215 f.; zweiter Text: Shulamit Volkov, Jüdische Assimilation und Eigenart im Kaiserreich, in: Dies., Jüdisches Leben und Antisemitismus im 19. und 20. Jahrhundert, München 1990, S. 132 f.; dritter Text: Trude Maurer, Die Entwicklung der jüdischen Minderheit in Deutschland (1780–1933), Tübingen 1992, S. 172

32040-344

1. Fassen Sie die Kerngedanken der jeweiligen Begriffe stichwortartig zusammen.
2. Setzen Sie die drei Begriffe in Beziehung zueinander.
3. Erörtern Sie die Verwendbarkeit der Begriffe. | F

M2 Über die jüdischen Salons in Berlin

Friedrich Daniel Ernst Schleiermacher (1768–1834) ist Prediger an der Dreifaltigkeitskirche und Professor an der Theologischen Fakultät der Universität in Berlin. Beeindruckt und begeistert von der Atmosphäre der ersten Salons publiziert er seinen „Versuch einer Theorie des geselligen Betragens". Weder bei seinen Vorgesetzten noch bei seiner Familie findet er Verständnis für den unbefangenen Verkehr in jüdischen Familien. Am 4. August 1789 schreibt er seiner Schwester:

Dass junge Gelehrte und Elegants die hiesigen großen jüdischen Häuser fleißig besuchen, ist natürlich, denn es sind bei Weitem die reichsten bürgerlichen Familien hier, fast die einzigen, die ein offenes Haus halten, und bei denen man wegen ihrer ausgebreiteten Verbindungen in allen Ländern Fremde aus allen Ständen antrifft. Wer also auf reine recht ungenierte Art gute Gesellschaft sehen will, lässt sich in solchen Häusern einführen, wo natürlich jeder Mensch von Talenten, wenn es auch nur gesellige Talente sind, gern gesehen wird und sich gewiss amüsiert, weil die jüdischen Frauen – die Männer werden zu früh in den Handel gestürzt – sehr gebildet sind, von allem zu sprechen wissen und gewöhnlich die eine oder die andere schöne Kunst in einem hohen Grade besitzen. Auch ich würde ein paar von diesen Häusern besuchen, wenn ich nicht den Zirkel meiner Bekanntschaften ein für allemal geschlossen hätte. [...] Mit Herzen' und Veit'[1] ist das eine ganz andere Sache. Die ersten sehen zwar auch viele Fremde und es kommt nicht ein merkwürdiger Mensch nach Berlin, der sie nicht besuchte, und auch hier die ausgebreitesten Verbindungen, aber sie halten doch nicht, was man ein offenes Haus nennt, und ich besonders bin meisteneils en familie mit ihnen. [...] Sie besonders, die Herz, schränkt ihre persönliche Bekanntschaft sehr ein, und wenn sie nicht des Mannes wegen müsste und weil sie einmal eine bekannte Figur ist, so würde sie gewiss nur mit ein paar Menschen leben. Veit's aber sind gar nicht in diese Klasse zu setzen und leben sehr eingezogen.

Zitiert nach: Reinhard Rürup (Hrsg.), Jüdische Geschichte in Berlin. Bilder und Dokumente, Berlin 1995, S. 64

32040-345

1. Geben Sie wieder, wie Schleiermacher die Salons in Berlin erlebt.
2. Erklären Sie die Funktion, die die Salons erfüllten. | H

M3 Aus den Erinnerungen von Henriette Herz

Nach dem Tod ihres Mannes ist Henriette Herz (1764–1847) in bedrängte finanzielle Verhältnisse geraten, in denen sie allerdings zuverlässig die Hilfe ihrer Freunde und Gäste erfährt. 1817 lässt sie sich protestantisch taufen. Sie schreibt in ihren Erinnerungen, die sie bis 1829 aufzeichnet:

Ich beschließe diese Zeilen hiermit, die ich weiter ausführen wollte: Wozu das Leben mich durch den Umgang mit ausgezeichneten Menschen gemacht hat, dafür danke ich allein Gott. Eine lange Reihe von Jahren lebte ich mit den vorzüglichen Menschen Berlins in geselligem Verkehr; einige will ich hier nur nennen: [...] Die beiden Humboldts, Dohm, Klein, Engel, Zöllner, [...] Künstler und Staatsmänner, Gelehrte und Frauen [...] kamen in unser Haus, so wie fast jeder an Geist bedeutende Fremde es besuchte. Herz zog durch seinen Geist und als berühmter Arzt die an sich, ich durch meine Schönheit und durch den Sinn, den ich für alles Wissenschaftliche hatte, denn es gab kaum eine, in der ich mich nicht einigermaßen umgesehen hätte, und

[1] **„Herzen' und Veit'"**: Gemeint sind hier die Familie Herz (siehe auch Seite 174) und Veit. Dorothea Veit (1764–1839), Tochter des jüdischen Aufklärers Moses Mendelssohn und spätere Ehefrau des Philosophen Friedrich Schlegel, unterhielt ebenfalls einen Salon.

einige betrieb ich ernstlich, so Physik und später mehrere Sprachen. […] Herzens großer Ruf als Arzt führte ihm viele Fremde zu, so wie seine ausgebreitete Praxis uns mit vielen Leuten in Verkehr brachte, da Herzens Verstand und Witz ihn zu einem angenehmen Gesellschafter macht.

Zitiert nach: Reinhard Rürup (Hrsg.), Jüdische Geschichte in Berlin. Bilder und Dokumente, Berlin 1995, S. 65

32040-346

1. Analysieren Sie das Rollenverständnis von Henriette Herz.
2. Präsentation: Recherchieren Sie Hintergrundinformationen zu den Besuchern im Hause Herz (vgl. Zeile 6 f.) und geben Sie Ihre Ergebnisse in einer kurzen Präsentation wieder.

M4 „Lichtgestalt des literarischen Salons"

In einem Onlinebeitrag heißt es von der deutschen Autorin Ulrike Rückert anlässlich des 250-jährigen Geburtstages von Rahel Levin Varnhagen (1771–1833) im Jahre 2021:

Rahel Levin, später Varnhagen von Ense, wurde am 19. Mai 1771 in Berlin als Tochter eines jüdischen Kaufmanns und Bankiers geboren. Ihr Leben lang litt sie unter den Fesseln, die ihr als Frau angelegt waren, und der Ablehnung, die Juden entgegenschlug. Es war aber auch eine Zeit, in der sie ihre besondere Begabung entfalten und ihre größte Leidenschaft ausleben konnte: den Umgang und Austausch mit Menschen. […]

Die kulturell und intellektuell aufregendsten Orte in Berlin am Ende des 18. Jahrhunderts waren die Salons junger Jüdinnen. Hier trafen Dichter, Diplomaten und Offiziere, Schauspielerinnen und Gräfinnen zusammen, diskutierten über Literatur, Philosophie, Theater, Musik und freie Liebe und ignorierten die sonst unüberwindlichen Grenzen von Stand und Religion. Um 1800 überstrahlte Rahel Levins Salon alle anderen.

„Ich liebe unendlich Gesellschaft und bin ganz überzeugt, dass ich dazu geboren, von der Natur bestimmt und ausgerüstet bin. Ich habe unendliche Gegenwart und Schnelligkeit des Geistes. Großen Sinn für Naturen und alle Verhältnisse, verstehe Scherz und Ernst und kein Gegenstand ist mir bis zur Unschicklichkeit fremd, der dort vorkommen kann. Ich bin bescheiden und gebe mich doch preis durch Sprechen und kann sehr lange schweigen und liebe alles Menschliche." […]

„Mit welcher Freiheit und Grazie wusste sie um sich her anzuregen, zu erhellen, zu erwärmen", so erinnerte sich ein Besucher an ihre Qualitäten als Gastgeberin. Und ihr Salon war auch eine Bühne, auf der sie sich selbst in Szene setzte.

„Und was sagte sie Alles? Ich fühlte mich wie im Wirbel herumgedreht, und konnte nicht mehr unterscheiden, was in ihren wunderbaren, unerwarteten Äußerungen Witz, Tiefsinn, Gutdenken, Genie oder Sonderbarkeit und Grille war. Kolossale Sprüche hörte ich von ihr, wahre Inspirationen, oft in wenigen Worten, die wie Blitze durch die Luft fuhren und das innerste Herz trafen."

Als Napoleon 1806 die Preußen besiegte und Berlin besetzte, zerstreuten sich die Gäste der Salons.

„Bei meinem ‚Teetisch' sitze nur ich mit Wörterbüchern. So ist alles anders. Nie war ich so allein. Alles ist vorbei!"

Doch Freundschaft und Briefeschreiben standen weiter hoch im Kurs. Rahel Levins Korrespondenzen rissen nicht ab. Briefe waren für sie eine andere Form des Salongesprächs, ein Austausch von Gedanken, Ideen und Klatsch, sprühend, von einem Thema zum anderen springend, wechselnd zwischen Einfühlung und scharfer Analyse, aber auch ein Medium der Selbsterforschung und Selbstreflexion. […]

In den 1820er-Jahren führte Rahel auch wieder einen berühmten Salon, nun als Frau Varnhagen. 1814 hatte sie den 14 Jahre jüngeren Karl August Varnhagen von Ense geheiratet. Er half ihr nun auch, ihre Briefe zu sammeln und für Buchausgaben vorzubereiten.

„Ich will noch leben, wenn man's liest."

Das schaffte sie nicht, erst nach ihrem Tod 1833 konnten Karl August Varnhagen und später seine Nichte die Bücher herausgeben.

Ulrike Rückert, Deutschlandfunk vom 19.05.2021, https://www.deutschlandfunk.de/vor-250-jahren-geboren-rahel-varnhagen-lichtgestalt-der-100.html (Zugriff: 12. März 2025)

32040-347

1. Fassen Sie die Kernaussagen über Rahel Levin Varnhagen in eigenen Worten zusammen.
2. Charakterisieren Sie das Bild, das Ulrike Rückert von Rahel Levin Varnhagen zeichnet.
3. Setzen Sie sich mithilfe des Textes und eigener Recherchen mit der Bezeichnung Rahel Levin Varnhagens als „Lichtgestalt des literarischen Salons" auseinander.

M5 Rahel Levin Varnhagen im Porträt

a) Porträt aus dem 19. Jahrhundert, unbekannter Künstler

b) Porträt aus dem 21. Jahrhundert, unbekannter Künstler

32040-348

1. Interpretieren Sie das Porträt von Rahel Levin Varnhagen aus dem 19. Jahrhundert mithilfe der Methode auf Seite 186.
2. Vergleichen Sie das Porträt mit der modernen Variante.

M6 Jüdische Salons – ein Ort der Akkulturation?

*Der US-amerikanische Historiker Michael A. Meyer (*1937) lehrt Jüdische Geschichte am Hebrew Union College in Cincinnati und bekleidet von 1991 bis 2013 das Amt des Präsidenten des Leo Baeck Instituts. Über jüdische Salons schreibt er:*

In den Salons von Henriette Herz, Dorothea Mendelssohn und namentlich der gefeierten Rahel Varnhagen waren die Schriften Goethes häufiges Gesprächsthema. [...] Bei aller Bedeutung für die deutsche Kultur waren die Berliner Salons jedoch nur eine Randerscheinung des jüdischen Bildungsstrebens. Sie betrafen lediglich eine kleine Anzahl von Juden, zumeist am Rande des Judentums oder bereits auf dem Weg zum Christentum. Generell bezeichnender für die Akkulturation der Juden ist zunehmende Beteiligung an öffentlichen Theater- und Konzertdarbietungen. In den letzten Jahrzehnten des 18. Jahrhunderts verließ das Theater die Höfe und eroberte den bürgerlichen Rahmen der Stadt. Mit bemerkenswerter Schnelligkeit gesellten sich Juden zum christlichen Publikum und unterstrichen damit ihren Anspruch auf Gemeinsamkeit des künstlerischen Interesses. Zeitgenössische Beobachter waren verblüfft von der Anzahl der Juden, welche die Aufführungen in den frühen Zentren jüdischer Akkulturation besuchten – in Berlin, Königsberg, Breslau und Wien. Sogar in Fürth, einer Hochburg der jüdischen Orthodoxie, waren 1816 von den 21 Gründern eines Theaters wenigstens vierzehn Juden.

Michael Brenner, Stefi Jersch-Wenzel und Michael A. Meyer, Deutsch-jüdische Geschichte in der Neuzeit, Bd. 2: Emanzipation und Akkulturation 1780–1871, München 1996, S. 211 f. (übersetzt von Holger Fließbach)

32040-349

1. Beschreiben Sie, welche Bedeutung der Autor den jüdischen Salons zumisst.
2. Erläutern Sie unter Verwendung von M1 (Text c) den Begriff der „Akkulturation".
3. Gruppenarbeit: Erörtern Sie, unter Einbezug von M2 bis M4, ob jüdische Salons Beispiele für a) Integration und für b) Frauenemanzipation sind. | F

M7 „Dem Gedanken der Emanzipation [...] verpflichtet"

*Bei der deutschen Kunsthistorikerin Annette Weber (*1957) heißt es über den jüdischen Künstler Moritz Daniel Oppenheim (1800–1882):*

In seiner gesamten künstlerischen Laufbahn hat sich Moritz Daniel Oppenheim immer wieder mit dem Thema Porträt auseinandergesetzt. Besonders in der Zeit von 1820 bis 1850 hat er neben wohlhabenden Mitgliedern der jüdischen Gemeinde Frankfurts auch so bedeutende Persönlichkeiten wie Heinrich Heine, Ludwig Börne und Gabriel Riesser ge-

malt. Oppenheim gilt daher als der Porträtist des jüdischen Bürgertums in der ersten Hälfte des 19. Jahrhunderts.
Die Bildnisse von Ludwig Börne, Heinrich Heine und Gabriel Riesser gehören zu den künstlerisch bedeutendsten Leistung Moritz Daniel Oppenheims und stehen gleichrangig neben so herausragenden Schöpfungen wie der Heimkehr des Kriegsfreiwilligen. Über die künstlerische Qualität hinaus ist allen genannten Arbeiten gemeinsam, dass sie programmatisch dem Gedanken der Emanzipation und Idealen des Bürgertums verpflichtet sind, d.h. Themen, mit denen sich Oppenheim zeitlebens als politisch interessierter Bürger intensiv auseinandergesetzt hat. Die Tatsache, dass Oppenheim diese Porträts mehrfach überarbeitet und wiederholt hat, kann als Beleg dafür gelten, dass die Beteiligung an der Emanzipationsbewegung für Moritz Oppenheim nicht nur ein allgemein menschliches und politisches Anliegen bedeutete, sondern sich ganz konkret auf sein Selbstverständnis als Künstler, Bürger und Jude auswirkte.
Dieses Ringen um die eigene dreifache Identität durchzieht Moritz Oppenheims gesamtes Leben und Schaffen und bestimmt damit auch die Phasen seiner malerischen Entwicklung. [...] Vor der Revolution hatten sich nur vereinzelt Juden malen lassen, was daran lag, dass traditionell eingestellte Juden Bildnisse aus religiösen Gründen ablehnten und die christliche Gesellschaft jede öffentliche Form jüdischer Selbstdarstellung als provozierend empfand, da Porträts immer auch zugleich (als) Standesdokumente galten, auf die Juden a priori kein Anrecht hatten, weil sie außerhalb der Standesgesellschaft lebten.
Seit der Revolution entwickelt sich in Deutschland jedoch eine neue Form des Bürgerporträts, das nicht mehr die absolutistische Standesgesellschaft spiegelte, sondern die Darstellung der individuellen Persönlichkeit sowie die Zugehörigkeit zu einer sozialen Schicht in den Vordergrund rückte. Bürgerporträts erhoben Anspruch auf eine wirklichkeitsnahe Wiedergabe, die bewusst auf jeden Pomp verzichtete, denn nach bürgerlicher Vorstellung vertrug individuelle Existenz keine Inszenierung. Gleichzeitig sollte das Bildnis der dargestellten Person auch als Träger aller Bürgertugenden und somit ein konstitutives Mitglied der Gesellschaft charakterisieren.

Annette Weber, Moritz Oppenheim als Künstler, Bürger und Jude im Spiegel seines Bildschaffens, in: Georg Heuberger und Anton Merk (Hrsg.), Moritz Daniel Oppenheim. Die Entdeckung des jüdischen Selbstbewusstseins in der Kunst, Frankfurt am Main 1999, S. 187 f.

32040-350

1. Geben Sie wieder, wie die Autorin das Schaffen Moritz Daniel Oppenheims einschätzt.
2. Erklären Sie die Bedeutung der Emanzipation für das Schaffen Moritz Daniel Oppenheims.
3. Setzen Sie den Text in Beziehung zu den im Buch abgedruckten Bildern Moritz Daniel Oppenheims. Siehe hierzu Seite 160, 169, 175, 184 und 187. | F

M8 Über die jüdische Bildung

Der jüdische Aufklärer und Schriftsteller Naphtali Herz Wessely (1725–1805) aus Hamburg äußert sich so:

Ein Volk aber gibt es in diesen Ländern, bei dem auf die menschliche Lehre nicht geachtet und der Jugend in den Schulen die sittlichen, natürlichen und wissenschaftlichen Gesetze nicht mehr beigebracht worden. Das sind wir, die Israeliten, die, in den Ländern Europas zerstreut, in den meisten Reichen dieses Erdteils wohnen. [...] Sie [= wir] wissen nichts von dem Wohlklange, den Sprachgesetzen, den Schönheiten ihrer Dichtungen [...] noch viel weniger von der Sprache des Volkes, unter dem sie wohnen, die viele von ihnen kaum zu lesen, geschweige denn zu schreiben verstehen. Verborgen ist ihnen die Kunde von der Beschaffenheit der Erde, von geschichtlichen Ereignissen, und ebenso unbekannt sind ihnen die Moral- und Sittengesetze, die natürlichen wie die Erfahrungswissenschaften. [...]
Einige Schüler bemühen sich zwar, ... indem sie sich hier und da einige Kunde von den erwähnten Gegenständen teils aus Büchern, teils aus Gesprächen mit anderen zusammentragen, wenn sie in der göttlichen Lehre glückliche Fortschritte gemacht haben, größer werden und einsehen, was ihnen an Kenntnissen abgeht. Das geschieht aber ohne Ordnung und bleibt ohne Nutzen. Ein solches Wissen gleicht einem seidenen Kleide für den Wintertag. Eine genaue Bekanntschaft aber mit all jenen Dingen findet sich nur bei Einzelnen, die sich aus eigenem Antrieb und geistiger Regsamkeit dazu gedrungen fühlten, auf den Ruf der Weisheit zu hören und ihr Herz dem Wissen zuzuwenden. Diese wenigen, die die Sprache verschiedener Völker gelernt, ihre Bücher gelesen haben und so ein immer lebendiger Springquell geworden sind, haben das nicht mithilfe eines Lehrers, nicht auf Befehl ihrer Eltern und der Vorgesetzten, sondern nur aus Liebe zur Wahrheit zuwege gebracht.
Wisset aber, dass nicht wir die Schuld für diese Zustände tragen, [...] sondern die Völker, die seit mehr als tausend Jahren vor uns gelebt haben. [...]
Von jener Zeit ward es in den Herzen der Unsrigen finster, sodass sie von der Beschäftigung mit menschlichem Wissen abließen [...]. Denn sie sagten: „Was soll uns dies alles? Die Bewohner des Landes sind uns feindlich gesinnt, sie werden weder auf unseren Rat hören noch unsere Kräfte in Anspruch nehmen. Wir aber besitzen weder Felder noch Weinberge in diesem Lande. So lassen wir denn all diese Wissenschaften und beschäftigen uns mit Handel, um uns und unsere Kinder zu ernähren."

Zitiert nach: Julius Höxter, Quellenbuch zur jüdischen Geschichte und Literatur, Teil 3, Frankfurt am Main 1930, S. 160–163

32040-351

1. Fassen Sie zusammen, wie der Autor den jüdischen Bildungsstand sieht.
2. Setzen Sie sich mit der Begründung, die der Autor für diesen Zustand gibt, auseinander.

M9 „Der Cheder"

Cheder (hebr.: Zimmer, Stube) bezeichnet eine traditionelle jüdische Schule. Das Ölgemälde „Der Cheder – die jüdische Elementarschule" (21,8 × 28,8 cm) malt Moritz Daniel Oppenheim im Jahre 1878:

1. Beschreiben Sie, wie der Unterricht in diesem Gemälde dargestellt wird.
2. Arbeiten Sie heraus, welche Tätigkeiten die Schüler ausführen.
3. Erläutern Sie, welche mögliche Haltung der Maler zu dem Schulunterricht einnahm.

32040-352

M10 Die Jacobsonschule in Seesen

a) In einem Antrag an Karl Wilhelm Ferdinand (1735–1806), Herzog zu Braunschweig und Lüneburg, schreibt der jüdische Kaufmann und Bankier Israel Jacobson (1768–1828) am 10. Juni 1801:

Der Cammeragent Israel Jacobs Sohn bittet unterthänigst um Landesherrlichen Schutz und Concession zu Etablierung eine Schul Instituts für arme Juden Kinder aus hiesigem Lande, in der Stadt Seesen.
Solange ich die Aufsicht über die in hiesigem Lande mit gnädigstem Schutz versehenen Juden, in deren Landdörfern und Städten versehen, habe ich die traurige Bemerkung gemacht, dass die Jugend derselben und deren Sittlichkeit sowohl als körperliche Bildung theils aus Mangel an Mitteln, theils an Gelegenheit und zum theil selbst aus Hang der Eltern äußerst vernachlässigt werde.
Mein Wunsch war daher schon lange, nach meinen Kräften etwas dazu beizutragen, die Jugend der Juden auf dem Lande, zu bessern sittlichen Menschen zu bilden und sie solcher gestalt dem Staate, in dem sie wohnen, nützlicher zu machen und vorzüglich armen Eltern dazu Gelegenheit zu verschaffen. Da mich Gott dazu durch einiges Vermögen in Stand gesetzt, so glaube ich für meine Glaubensgenossen armer und geringer Classen, etwas gutes zu stiften, wenn ich durch Belegung eines auf meine Kosten zu begründenden Instituts Gelegenheit gebe, armer Juden Kinder beiderlei Geschlechts, deren Anzahl ich vor der Hand auf zehn bestimmt, bessern sittlich und körperlich zu bilden [...] dass ich denke Michaelis [29.09.] den Anfang dieses Instituts, dessen Absicht dahin gehet, arme Juden Kinder von 10 bis 15 Jahren in allen, was ihnen zu wissen nötig, unterrichten zu lassen, körperlich und sittlich zu bilden, zu unterhalten, Beschäftigung und Arbeiten zu geben, zu erleben.

b) Aus dem Lehrplan der Jacobsonschule (1806):

Die erste Klasse[1] hatte in einer Woche 6 Stunden Französisch, 6 Latein, 4 Englisch, 3 deutsche Sprache und Stylübungen, 2 Geografie, 2 Mathematik, 2 Rechnen, 3 Buch-

[1] Die erste Klasse ist die höchste Klasse.

halten, 2 jüdisch, 1 deutsch schreiben, 2 Singen, 1 Declamieren[1], 1 Moral[2], 1 Naturgeschichte, 1 Physik.
Die zwaeyte Klasse hatte 6 Stunden Französisch, 6 Latein, 3 deutsche Sprache und Stylübungen, 2 Geografie, 2 Geschichte, 1 Mathematik, 2 Rechnen, 2 jüdisch, 1deutsch schreiben, 2 Singen, 1 Declamieren, 1 Moral, 1 Naturgeschichte, 1 Physik, 1 Zeichnen.
Die dritte Klasse hatte 5 Stunden Französisch, 6 Latein, 2 deutsche Grammatik, 3 Stylübungen, 2 Geografie, 2 Geschichte, 2 Rechnen, 6 jüdisch und deutsch schreiben, 2 Lesen, 1 Singen, 1 Zeichnen, 1 Naturgeschichte.
Die vierte Klasse hat 6 Stunden Französisch, 4 Latein, 5 deutsche Grammatik und Stylübungen, 2 Geografie, 2 Geschichte, 2 Rechnen, 4 jüdisch, 2 deutsch schreiben, 2 Lesen, 1 Singen, 1 Naturgeschichte, 1 Moral, 1 Zeichnen.

Erster Text zitiert nach: Rolf Ballof und Joachim Frassl, 200 Jahre Jacobson-Schule Seesen, Seesen 2001, S. 23 f.; zweiter Text zitiert nach: Rolf Ballof und Joachim Frassl, a. a. O., S. 73

32040-353

1. Beschreiben Sie das Ziel, das mit der Schulgründung erreicht werden sollte (Text a).
2. Überprüfen Sie den Lehrplan (Text b) hinsichtlich dieser Ziele.
3. Vergleichen Sie den Lehrplan der Jacobsonschule mit Ihrem heutigen Stundenplan. Welche Unterrichtsfächer werden heute noch unterrichtet, welche gibt es nicht mehr?
4. Beurteilen Sie die Bedeutung von Bildung für den sozialen Aufstieg.

M11 „Darwinistisches“

Die Karikatur „Darwinistisches“ wird 1904 in der zionistischen Satirezeitschrift „Schlemiel“ abgedruckt, die erstmals 1903 im Verlag des Sozialdemokraten Julius Moses (1868–1942) erscheint. Es ist in jüdischen Kreisen das zweite satirische Blatt dieser Art gewesen.
Die Figur des Schlemiel gilt als wandlungsfähige Figur oder Unglücksvogel, der aufgrund seiner Naivität oft sein Leid zu mindern vermag. Er zählt zu den bekannten Figuren moderner jüdischer Kultur.

„Wie sich der Chanukkaleuchter[3] des Ziegenfellhändlers Cohn in Pinne zum Christbaum des Kommerzienrats[4] Conrad in der Tiergartenstraße[5] (Berlin W.) entwickelte.“

32040-354

1. Beschreiben Sie die Karikatur.
2. Erläutern Sie, welche Veränderungen im Leben der Jüdinnen und Juden die Karikatur aufgreift. Berücksichtigen Sie dabei auch den Text zur Karikatur.
3. Arbeiten Sie die Haltung des Karikaturisten zu diesen Veränderungen heraus.
4. Beurteilen Sie, ob die Karikatur als ein Kommentar zur „Akkulturation“ gesehen werden kann. | H

[1] **Declamieren:** lautes und ausdrucksvolles Vortragen
[2] **Moral:** Unterrichtsfach, das sich mit ethischen und moralischen Fragen auseinandersetzt
[3] **Chanukkaleuchter:** mehrarmiger Leuchter, der anlässlich des jüdischen Lichterfestes Chanukka entzündet wird
[4] **Kommerzienrat:** Ehrentitel, der im Kaiserreich an wichtige Persönlichkeiten aus der Wirtschaft verliehen wurde
[5] **Tiergartenstraße:** Straße in einem Berliner Villenviertel

Methode

Historische Porträts untersuchen

Die künstlerische Darstellung eines bestimmten Menschen nennt man **Porträt** (von lat. *protrahere:* hervorziehen und von frz. *portrait:* Bild/Bildnis). Seine **Absicht** ist es, das Wesen bzw. die Persönlichkeit des Porträtierten zum Ausdruck zu bringen. Das Porträt war einst ein Herrschaftssymbol und das Privileg, sich als Individuum zu inszenieren. Es gilt als eines der ältesten Motive in der Kunst. So gab es schon im alten Ägypten porträtähnliche Malereien in der Grabmalkunst.

In Porträts aus dem **19. Jahrhundert** war es üblich, dass die Hintergründe mit Objekten oder Symbolen ausgestattet waren, die die Persönlichkeit, den Beruf oder die Interessen des Porträtierten widerspiegelten. Die neue, vom Vernunftdenken der Aufklärung und dem rousseauschen Empfinden (Wertschätzung für die Natur, Emotionen und individuelle Erfahrung) gleichermaßen bestimmte Bildvorstellung führte zu einer festen Porträtform, die in Deutschland bis in die Gründerzeit (1871 bis 1914) tradiert wurde.

Weitere Anwendungsbeispiele finden Sie u. a. auf den Seiten 175 und 182.

32040-355 Methode Online

Arbeitsschritt	Leitfragen (Auswahl)
1. Reproduktion	• Wer ist die Künstlerin/der Künstler? • Wurde das Kunstwerk in Auftrag gegeben? • Wann und wo ist das Porträt entstanden? • Um welche Kunstgattung (z. B. Gemälde, Holzstich, Kupferstich) handelt es sich? Welches Format (Größe) besitzt es? • Wen zeigt das Kunstwerk? • Wie ist die Person inszeniert (Pose, Gestik, Mimik, Kleidung)? • Welche Perspektive hat die Künstlerin/der Künstler gewählt (Frontalansicht, Dreiviertelperspektive etc.)? Welche Position nimmt die Person im Raum ein? • Was ist im Hintergrund zu sehen? Welche Symbolik könnte der Hintergrund haben? Gibt es Symbole oder Attribute in der Darstellung?
2. Reorganisation und Transfer	• Welche soziale, kulturelle oder politische Bedeutung hat die dargestellte Person? • Wie sind die verwendeten Gestaltungsmittel und Symbole in ihrer inhaltlichen Aussage zu deuten? • Gibt es weitere Quellen (Briefe, Zitate etc.) zur Entstehung des Porträts? • Welche Rolle spielt die Künstlerin/der Künstler in der Kunstszene? In welchem Verhältnis steht dieses Porträt zu ihrem/seinem Gesamtwerk? • Welche Absicht lässt sich durch die Form der Selbstdarstellung in dem Porträt vermuten? • Was ist über die Haltung der Künstlerin/des Künstlers und möglicher Auftraggeber bekannt? • Welche Wirkung hat das Porträt bei heutigen Betrachtern?
3. Reflexion und Problemlösung	• Wie lassen sich Aussage und Wirkung des Porträts bewerten? • Gibt es verborgene Bedeutungen oder gesellschaftliche Kommentierungen im Kunstwerk und wie lassen sich diese bewerten?

„Ludwig Börne."
Ölgemälde (119 x 90 cm) von Moritz Daniel Oppenheim, 1840, Datierung nach Angabe des Israel Museum, Jerusalem.

Internettipp
Unter diesem Code können Sie ausführliche Informationen über Ludwig Börne abrufen.

32040-356

Untersuchen Sie das Porträt mithilfe der Arbeitsschritte auf Seite 186. Ihre Ergebnisse können Sie mit der Lösungsskizze auf Seite 486 vergleichen.

32040-357

Jüdisches Leben im deutschen Nationalstaat

Im Deutschen Kaiserreich | Die große Mehrheit der jüdischen Bevölkerung begrüßte den deutschen Nationalstaat, der Ende der 1860er-Jahre unter der Führung Preußens entstanden war. Mit einem geeinten Deutschland verbanden Jüdinnen und Juden die Hoffnung auf freie wirtschaftliche Entfaltung, Gleichberechtigung und gesellschaftlichen Fortschritt.

Damals lebten rund 512000 Jüdinnen und Juden im Deutschen Reich, ein Anteil von 1,25 Prozent der Gesamtbevölkerung. Viele von ihnen zog es aus den ländlichen Gebieten Preußens und anderer deutscher Staaten in die großen Städte, vor allem nach Berlin und Frankfurt am Main, ebenso nach Köln, Leipzig, Breslau oder Hannover. 1871 wohnte knapp ein Zehntel der jüdischen Bevölkerung ganz Deutschlands in Berlin, 1910 waren es bereits mehr als ein Viertel. In Süddeutschland blieb dagegen ein Großteil der Jüdinnen und Juden in kleinen und mittleren Städten ansässig. Insgesamt gab es nur in sieben Prozent aller Gemeinden des Deutschen Reiches jüdische Einwohnerinnen und Einwohner (➔ M1).

Demografischer Wandel | Während die Gesamtbevölkerung im Deutschen Reich kräftig wuchs, fiel das jüdische Bevölkerungswachstum demgegenüber zurück. Das lag zum einen an Übertritten von Jüdinnen und Juden zum Christentum. Das lag auch an der Zunahme von „Mischehen" mit einem nichtjüdischen Elternteil, insofern die Kinder aus diesen Verbindungen überwiegend christlich oder nicht-religiös erzogen und nicht mehr als Angehörige des „israelitischen Bekenntnisses" erfasst wurden. Viel erheblicher war indes, dass seit etwa 1880 die Geburtenrate stetig abnahm, eine Entwicklung, die mit dem Wohlstand und der Verbürgerlichung von immer mehr jüdischen Familien zusammenhing. Diese Rahmenbedingungen sorgten etwa für längere Schulbildung, mehr Selbstständigkeit für Frauen und eine steigende Lebenserwartung – Faktoren, derentwegen manche Jüdinnen und Juden später oder seltener heirateten und weniger Kinder bekamen als die Mehrheit der Deutschen. Ein Teil der jüdischen Bevölkerung nahm daher moderne Lebensentwürfe vorweg, noch ehe sie in der deutschen Gesellschaft allgemein üblich wurden.

Verbürgerlichung: Aufstieg von Menschen in bürgerliche Schichten einer Gesellschaft, verbunden mit materieller Besserstellung und der Übernahme bürgerlicher Werte, Verhaltensformen und Anschauungen

Angestammte Beschäftigungsfelder | Seit jeher unterschied sich die Beschäftigungsstruktur der jüdischen Bevölkerung von der der übrigen Deutschen. Auch in der Zeit des Deutschen Kaiserreiches trat hier kaum eine Änderung ein. Es blieb beim traditionell sehr geringen Anteil jüdischer Beschäftigter in der *Land- und Forstwirtschaft*. Gleichbleibend arbeiteten rund 15 Prozent der jüdischen Erwerbstätigen im *Handwerk*. Etwa ein Fünftel der jüdischen Beschäftigten verdingten sich in *Industrie- und Gewerbebetrieben*, während in der Gesamtbevölkerung mehr als ein Drittel diesem Wirtschaftszweig angehörte.

Der überwiegende Teil der jüdischen Erwerbstätigen war, wie schon in den Jahrzehnten vor der Reichsgründung, im *Handel* und im *Bankwesen* beschäftigt. Etwa 50 Prozent arbeiteten dort, während der entsprechende Anteil der deutschen Erwerbsbevölkerung insgesamt nur bei zehn bis zwölf Prozent lag. Dabei konzentrierten sich jüdische Beschäftigte auf ganz bestimmte Handelsbranchen. Das betraf in den Städten etwa den Handel mit Textilien, Pelzen, Schuhen und sonstigen Lederwaren, aber auch mit Eisen, Metall und Kohle. In ländlichen Gegenden galt dies für den Handel mit Hopfen und Getreide, Vieh und Immobilien sowie für den gesamten Geldhandel. In diesen Bereichen waren jüdische Beschäftigte überproportional stark vertreten (➔ M2).

Altes und neues Führungspersonal | Besonders auffallend war der Anteil jüdischer Unternehmer und Führungskräfte vor allem im Bankwesen. Um 1895 waren 37 Prozent der Inhaber und Direktoren deutscher Banken Juden, im damaligen Berlin traf dies fast auf die Hälfte aller Banken zu. Langfristig ging die Zahl jüdischer Bankbesitzer allerdings

Warenhaus Tietz in der Leipzigerstraße in Berlin.
Foto, um 1900/01.
Großräumige, teils palastartige Geschäfte mit breitgefächertem Warenangebot entstanden seit Mitte des 19. Jahrhunderts zunächst in den USA, Großbritannien und Frankreich. Der deutsch-jüdische Unternehmer Oscar Tietz (1858–1923) gründete 1882 im thüringischen Gera das erste Warenhaus im Deutschen Reich. Es folgten weitere Filialen in deutschen Großstädten wie das hier gezeigte Warenhaus, eröffnet im Jahr 1900.

► Präsentation: Recherchieren Sie nach weiteren Warenhäusern im Deutschen Kaiserreich, die von jüdischen Kaufleuten gegründet wurden. Stellen Sie Ihre Beispiele in einem Referat vor.

32040-358

zurück: Wegen des steigenden Kapitalbedarfs, den die Hochindustrialisierung mit sich brachte, wurden Privatbanken, unter ihnen viele in jüdischem Besitz, von größeren, durch Aktiengesellschaften getragene Banken abgelöst.

In manchen Zweigen der Industrie nahm der Anteil jüdischer Unternehmer und Werksleiter stetig zu, etwa in Betrieben der Textilindustrie, der Fertigwarenindustrie, der Metallverarbeitung, der Elektrotechnik und des Maschinenbaus. Während es im Bergbau oder der Eisen- und Stahlerzeugung nur sehr wenige jüdische Unternehmer gab, bildete für sie der Handel mit diesen Erzeugnissen einen desto größeren Schwerpunkt. Jüdische Führungskräfte traten auch im Pressewesen in Erscheinung. Hier machten sich Verleger wie *Samuel Fischer, Rudolf Mosse, Leopold Sonnemann* und Leopold Ullstein einen Namen. Daneben traf man auf viele jüdische Herausgeber und Chefredakteure. Die meisten Zeitungen und Verlage unter jüdischer Leitung waren in Berlin und Frankfurt am Main angesiedelt.

Leopold Ullstein (1826 – 1899): Der deutsch-jüdische Verleger gründete 1898 die „Berliner Morgenpost", die bald auflagenstärkste Tageszeitung der Reichshauptstadt. Ullstein gehörten auch andere Massenblätter wie die „Berliner Zeitung am Mittag" oder die „Berliner Illustrirte Zeitung". Wegen ihrer niedrigen Preise und einfachen Berichterstattung fanden sie eine große Leserschaft.

Freie Berufe als „Nische" | Einen ganz eigenen Bereich mit starker jüdischer Präsenz bildeten die sogenannten *freien Berufe*. Dazu zählten etwa Ärzte, Rechts- und Patentanwälte, Steuerberater, Wirtschaftsprüfer, Journalisten, Schriftsteller, Künstler oder Schauspieler. Die Zahl der jüdischen Ärzte und Zahnärzte war zumal in den großen deutschen Städten überproportional hoch. Noch höher lag der Anteil der Rechtsanwälte – 1907 waren 15 Prozent aller Mitglieder dieses Berufsstands Juden. Die freien Berufe boten insbesondere eine Alternative für viele jüdische Hochschulabsolventen, die trotz ihrer Qualifikation nicht in den Staatsdienst aufgenommen wurden oder dort keine Beförderung auf höhere Posten erhielten. Ungeachtet des Gleichstellungsgesetzes von 1869 blieb in Preußen und anderen deutschen Staaten die Beamtenlaufbahn in Justiz und Verwaltung für Juden stark eingeschränkt.

Aufsteiger und Leistungsträger | Vielen jüdischen Familien gelang der Aufstieg in die mittlere und obere *Mittelschicht* der Gesellschaft. Zwar existierte noch eine *Unterschicht* der jüdischen Bevölkerung, zumal in ländlichen Gegenden und unter jüdischen Zuwanderern aus Osteuropa, doch nahm sie sich im Verhältnis deutlich geringer aus als für die Nichtjuden im Deutschen Reich. Von der jüdischen Arbeiterschaft etwa zählte kaum jemand zum Proletariat, ebenso wie es nur noch wenige Fälle von Armut unter Jüdinnen und Juden gab. Die sozialen Schichtungen von Juden und Nichtjuden im Deutschen Reich wichen daher stark voneinander ab.

Eine kleine Zahl jüdischer Familien gehörte dank ihres Reichtums inzwischen auch zum *Großbürgertum*, der nach dem Adel obersten sozialen Schicht des Kaiserreiches. Gemessen an der Bevölkerungszahl war der jüdische Anteil an den vermögendsten Familien überdurchschnittlich hoch.

Wie sehr der Wohlstand vieler Juden vom Rest der deutschen Bevölkerung abwich, zeigte sich etwa im Steueraufkommen. Im Jahr 1905 zahlten die Juden in Berlin, die dort vier bis fünf Prozent der Stadtbevölkerung ausmachten, über 30 Prozent aller Steuern. Um die Jahrhundertwende war die Steuerleistung jüdischer Familien im Deutschen Reich durchschnittlich siebenmal so hoch wie die der katholischen sowie dreieinhalb- bis viermal höher als die der protestantischen Einwohnerinnen und Einwohner. Vom wirtschaftlichen Erfolg ihrer jüdischen Mitbürger profitierte die Allgemeinheit somit ganz erheblich.

Politische Orientierung und Teilhabe | Was das Wahlverhalten der Juden anging, bekannte sich die große Mehrheit traditionell zum *Liberalismus*. Liberale Gesetze hatten für rechtliche Gleichstellung, wirtschaftliche Entfaltung und politische Mitbestimmung gesorgt und damit insbesondere die Integration der jüdischen Bevölkerung ermöglicht. Zudem repräsentierten liberale Parteien das Bürgertum, dem inzwischen die Mehrzahl der Jüdinnen und Juden angehörte. Auch nach der Gründung des Deutschen Reiches gaben jüdische Wähler bevorzugt liberalen Politikern ihre Stimme, im Reichstag wie in den meisten Landtagen der deutschen Staaten.

In den 1880er-Jahren verschob sich dieser Zuspruch von der Nationalliberalen Partei zur eher linksliberalen Deutschen Freisinnigen Partei. Unter den damals führenden Liberalen gab es auch Reichstagsabgeordnete jüdischen Glaubens, etwa *Eduard Lasker* und *Ludwig Bamberger*. Nach 1900 wählte ein zunehmender Teil der Juden die Sozialdemokraten, besonders in Berlin und anderen Großstädten. Juden bekleideten bedeutende Parteiämter in der SPD und zogen für sie in den Reichstag. Die Betreffenden gehörten zwar nicht zur Arbeiterschaft, bekannten sich aber zu den Ideen des Sozialismus.

Offene und verschlossene Türen | Der Wohlstand oder Reichtum mancher jüdischer Familien versetzte sie in die Lage, als Stifter und für wohltätige Zwecke aufzutreten. In vielen Gemeinden entstanden Kranken- und Waisenhäuser, Theater oder öffentliche Büchereien mit großzügiger jüdischer Unterstützung oder unter jüdischer Leitung. Auch der Bau von stattlichen Synagogen hatte im späten 19. Jahrhundert Konjunktur. Diese Maßnahmen drückten ein gestiegenes Selbstbewusstsein der jüdischen Bevölkerung aus, die mehr denn je bemüht war, als fester Bestandteil der deutschen Gesellschaft und des Bürgertums zu gelten. In vielen Fällen schien dieses Ziel erreicht, etwa bei der Teilnahme an öffentlichen Festen oder Gedenkfeiern oder in der Unterhaltung, in der jüdische Künstlerinnen und Künstler vor allgemeinem Publikum auftraten.

Dagegen blieb das bürgerliche *Vereinsleben* Jüdinnen und Juden auch im Kaiserreich teilweise verschlossen. Zwar fanden Juden seit dem späten 19. Jahrhundert Aufnahme in die Schützengesellschaften, die besonders in Dörfern und Kleinstädten den Mittelpunkt des Vereinswesens bildeten. Dagegen verwehrten Gesangsvereine und Lesegemeinschaften sowie die studentischen Verbindungen an den Universitäten Jüdinnen und Juden weiterhin den Zutritt. Als Reaktion hierauf entstanden eigene jüdische Kultur-, Sozial- und Wohlfahrtsvereine. Die jüdische Bevölkerung bildete notgedrungen eigene Zirkel und unterhielt eigene Gasthäuser, Restaurants oder Hotels. Sie ahmte damit das übrige deutsche Bürgertum nach, ohne sich ihm weiter annähern zu können.

Bildung und Wissenschaft | Anders sah es mit dem *Bildungswesen* im Deutschen Reich aus. Hier standen Schulen und Hochschulen der jüdischen Bevölkerung grundsätzlich offen. Dieses Angebot wurde häufig genutzt, besonders was den Besuch weiterführender Schulen anging. Um 1880 erhielten etwa achtmal so viele jüdische Kinder wie nichtjüdische eine Schulbildung über die Volksschule hinaus. In Berlin waren um 1900 ein Viertel aller Gymnasiasten Juden, in den Realgymnasien ein Drittel. Ähnlich fiel der Anteil bei den jüdischen Mädchen an den höheren Töchterschulen sowie an den Mädchengymnasien aus.

Die vergleichsweise hohe Zahl jüdischer Abiturientinnen und Abiturienten setzte sich an den Universitäten fort. Auch dort waren jüdische Studierende deutlich überrepräsentiert, besonders in den Fächern Jura und Medizin. Um 1912 gab es mehr als fünfmal so viele Jüdinnen und Juden unter den deutschen Studierenden, wie es dem Bevölkerungsanteil entsprochen hätte.

Da weibliche Studierende vor 1918 nicht zu akademischen Karrieren zugelassen waren, ergab sich auch für die Jüdinnen mit Hochschulabschluss in erster Linie der Beruf der Lehrerin. Auf die männlichen jüdischen Absolventen warteten gleichfalls Einschränkungen in der Berufswahl. Wie erwähnt blieb es schwierig, in die Justiz- oder höhere Verwaltungslaufbahn aufgenommen zu werden. Ebenso selten gelang eine Laufbahn als Hochschullehrer, da sich die Fachbereiche (Fakultäten) vieler Universitäten weigerten, Juden zu ordentlichen Professoren zu berufen. Immerhin entstanden in Preußen nach der Jahrhundertwende zahlreiche außeruniversitäre Forschungsinstitute, in denen auch jüdische Wissenschaftler Aufnahme fanden (→ M3).

Volksschule: im 19. Jahrhundert in den deutschen Staaten eingeführte einheitliche Elementarschule mit acht Jahrgangsstufen

höhere Töchterschule: im 19. Jahrhundert Bildungseinrichtung nach der Volksschule, die Mädchen auf die Tätigkeit als Hausfrauen, Ehefrauen und Mütter vorbereitete

Reformer und Orthodoxe | Die fortschreitende Akkulturation der jüdischen Bevölkerung hatte auch Folgen für ihre religiösen Bindungen. In den ländlichen Gemeinden und kleineren Städten blieb die traditionelle, an den jüdischen Religionsvorschriften orientierte Lebensweise stärker erhalten als in den großen urbanen Zentren. Dort schwächten sich strenge religiöse Praktiken schneller und nachhaltiger ab (→ M4). Ein liberales Reformjudentum, das auf Vernunft und Offenheit gegenüber anderen Religionen setzte, galt als Leitbild vieler bürgerlicher jüdischer Familien. Als „Zugeständnis" an die neuen Verhältnisse wurde etwa die *Bar Mizwa*, der feierliche Übergang jüdischer Knaben zur religiösen Mündigkeit, in vielen städtischen Gemeinden wie eine protestantische Konfirmationsfeier gestaltet. Einzelne Gemeinden verlegten die *Sabbatfeier* auf den Sonntag, aus Rücksicht auf die sechstägige Arbeitswoche. Wegen besserer Karrierechancen ließen sich auch immer mehr Juden taufen und zählten damit nicht länger zur jüdischen Glaubensgemeinschaft.

Manchen Jüdinnen und Juden gingen diese Neuerungen zu weit. Sie fürchteten den Verlust ihres kulturellen Erbes und bemühten sich um die Wiederbelebung alter Regeln für Glauben und Lebensführung. Zwischen liberalen Reformern und konservativen Orthodoxen gab es zwar Spannungen, doch blieben die beiden Richtungen zumeist vereint unter dem Schirm der örtlichen religiösen Gemeinde. Nur in wenigen Fällen kam es zur Abspaltung kleiner orthodoxer „Austrittsgemeinden".

Zuwanderung aus Osteuropa | Vor ihrer nationalen Einigung waren die deutschen Staaten Auswanderungsländer gewesen, mit einem Überschuss an Emigranten gegenüber Zuwanderern. Ebenso wie die allgemeine ging auch die jüdische Auswanderung Ende des 19. Jahrhunderts spürbar zurück. Zwischen 1880 und 1890 emigrierten noch etwa 20 000 Jüdinnen und Juden aus dem Deutschen Reich, bei einer Gesamtzahl von damals 1,5 Millionen Auswanderern. Auch diese Tendenz deutete auf eine fortschreitende gesellschaftliche Integration. Im Gegenzug nahm die Einwanderung von Menschen jüdischen Glaubens seit 1880 deutlich zu. Bis zum Beginn des Ersten Weltkrieges gelangten etwa zwei Millionen Jüdinnen und Juden aus den östlichen Nachbarländern ins Deutsche Reich. Die meisten dieser *„Ostjuden"* stammten aus dem Habsburgerreich, dort besonders aus dem polnisch bevölkerten Galizien oder aus Ungarn. Weitere Ausgangspunkte waren Rumänien und das Russische Reich. In diesen Ländern herrschte größere Armut als in Mitteleuropa, im Russischen Reich kam es seit Ende des 19. Jahrhunderts außerdem zu neuen Wellen antijüdischer Verfolgung.

Für die überwiegende Mehrzahl der Migranten und Flüchtlinge war das Deutsche Reich nur Durchgangsland auf dem Weg nach Westeuropa oder in die USA. Vielfach leisteten deutsch-jüdische Wohlfahrtsvereine Hilfe bei der vorübergehenden Aufnahme und für die Weiterwanderung. Dieses Verhalten war einerseits Ausdruck der Verbundenheit mit jüdischen Glaubensgenossen. Es hing andererseits auch mit Vorbehalten der im Deutschen Reich angestammten Juden gegenüber den neuen „Ostjuden" zusammen. Letztere hatten in ihrer früheren Heimat nicht jene Akkulturation durchlaufen wie die deutschen Jüdinnen und Juden. Im äußeren Erscheinungsbild, in ihrer Sprache und ihrer stärkeren Betonung religiöser Traditionen unterschieden sie sich anfangs deutlich von der übrigen jüdischen Bevölkerung.

Ein Teil der Neuankömmlinge ließ sich im Deutschen Reich nieder, vor allem in den Großstädten. Die Behörden erschwerten eine Einbürgerung, weshalb auf Dauer immer mehr ausländische Jüdinnen und Juden im Deutschen Reich lebten. Auch wenn viele von ihnen wirtschaftlich erfolgreich waren und bürgerliche Existenzen aufbauen konnten, blieb bis zum Ende des Kaiserreiches eine gewisse Distanz zwischen ihnen und den „alteingesessenen" jüdischen Familien (→ M5 und M6).

Mahnmal auf dem jüdischen Friedhof Berlin-Weißensee.
Foto von 2008.
Das Mahnmal nach einem Entwurf des deutsch-jüdischen Architekten Alexander Beer (1873–1944) geht auf eine Initiative des Reichsbundes jüdischer Frontsoldaten (RjF) zurück. 1927 wurde es eingeweiht. Die kleinen Steine auf dem Sockel wurden von Besucherinnen und Besuchern hinterlegt, gemäß einem jüdischen Brauch, damit die Toten zu ehren.

► Präsentation: Informieren Sie sich über die Geschichte des 1919 gegründeten Reichsbundes jüdischer Frontsoldaten. Verfassen Sie auf der Grundlage Ihrer Ergebnisse einen kurzen Beitrag für ein Online-Lexikon.

32040-359

Militär und Erster Weltkrieg | Als Staatsbürger unterlagen auch Juden der allgemeinen Wehrpflicht. Ihren Dienst in der preußischen Armee oder den Streitkräften der übrigen deutschen Staaten verstanden viele Juden als Bekenntnis zur deutschen Nation. Im deutsch-französischen Krieg von 1870/71 wurden mehr als vierhundert jüdische Soldaten getötet oder verwundet und etwa dreihundert für ihre Tapferkeit ausgezeichnet. Trotz ihres Engagements blieb Juden der Aufstieg zum Offizier oder Reserveoffizier dauerhaft verwehrt, zumal in Preußen, während es in den süddeutschen Staaten Ausnahmen gab. Da das Militär einen hohen Stellenwert in der damaligen Gesellschaft besaß, empfand die jüdische Bevölkerung diese Sperren, die mit der angeblichen „fehlenden Zuverlässigkeit" von Juden begründet wurden, als tiefe Kränkung.

Am *Ersten Weltkrieg* nahmen erneut viele deutsche Juden als Soldaten teil, darunter eine große Zahl Freiwilliger, besonders unter Studenten und Bildungsbürgern. Zu Anfang des Krieges sah sich die jüdische Bevölkerung als Teil einer allgemeinen Bewegung, die die nationale Zusammengehörigkeit feierte und das Verbindende über Partei-, Klassen- und religiöse Grenzen hinweg betonte (→ M7). Diese Geschlossenheit, damals als „Burgfrieden" bezeichnet, zerfiel jedoch in den späteren Kriegsjahren 1916 bis 1918, als die Kämpfe immer höhere Opfer forderten und die innere Not zunahm. Entgegen damaligen Behauptungen, Juden würden sich vor dem Einsatz an der Front drücken, kamen Erhebungen nach dem Krieg zu dem Ergebnis, dass der jüdische Wehrbeitrag im Verhältnis nicht geringer ausfiel als der der nichtjüdischen Deutschen. Annähernd hunderttausend deutsch-jüdische Männer dienten im Ersten Weltkrieg, von denen mindestens 12 000 ihr Leben ließen (→ M8).

M1 Räumliche Verteilung

Bevölkerungsverteilung im Deutschen Reich, 1871–1910 (Angaben in Prozent):

	1871		1890		1910	
	gesamte	jüdische	gesamte	jüdische	gesamte	jüdische
	Bevölkerung		Bevölkerung		Bevölkerung	
Preußen (mit Berlin)	60,2	63,7	60,7	65,6	62,0	67,7
Berlin	2,0	7,0	3,2	14,0	3,2	14,6
Bayern	11,9	9,9	11,3	9,5	10,6	9,0
Sachsen	6,2	0,7	7,1	1,6	7,4	2,9
Württemberg	4,4	2,4	4,1	2,2	3,8	2,0
Baden	3,6	5,0	3,4	4,7	3,3	4,2
Hessen	2,1	5,0	2,0	4,5	2,0	3,9
Elsass-Lothringen	3,8	8,0	3,2	6,1	2,9	5,0
andere Länder	7,0	2,6	6,9	2,6	6,4	2,1

Nach: Usiel O. Schmelz, Die demographische Entwicklung der Juden in Deutschland von der Mitte des 19. Jahrhunderts bis 1933, in: Bulletin des Leo Baeck Instituts 28 (1989), Heft 83, S. 15–62, hier S. 21 und 23, Tabelle 1 und 2

32040-360

1. Fassen Sie die Aussagen der Tabelle stichpunktartig zusammen.
2. Arbeiten Sie heraus, in welchen Teilen des Deutschen Kaiserreiches besonders auffällige Veränderungen stattfanden.
3. Beurteilen Sie anhand der Tabelle die Bedeutung der genannten Länder und Berlins für die jüdische Bevölkerung.

M2 Straftaten

Ein in Berlin erscheinendes Nachrichtenblatt kommentiert die Ergebnisse der Kriminalstatistik für das Deutsche Reich zum Stichjahr 1889:

Die verschiedenen Religionsbekenntnisse weichen in den moralischen Grundlehren wenig voneinander ab. Es kann deshalb die Religion an sich in der Kriminalstatistik einen erheblich verschiedenartigen Einfluss nicht zeigen. Zudem lässt sich nur die äußere Hinzurechnung zu einer Religionsgesellschaft statistisch erfassen, während es die innere religiöse Ueberzeugung des Verurtheilten ist, welche seine Kriminalität beeinflussen könnte. […]
Besonders ungünstig stellt sich für die Katholiken das Ergebnis bei gefährlicher Körperverletzung. Allein das katholische Bekenntnis hat damit nichts zu thun, sondern vielmehr der Umstand, dass die Katholiken hauptsächlich in Gegenden wohnen (Bayern und Posen), wo Raufereien und Messergeschichten zu den alteingewurzelten Fehlern des Volkscharakters gehören. Ebenso hängt die im Allgemeinen günstige Kriminalstatistik der Juden wesentlich mit dem allem Rohen und Gewaltthätigen abgeneigten Stammescharakter zusammen; von 100 000 strafmündigen Juden wurden nur 63,5 wegen gefährlicher Körperverletzung verurtheilt, während dasselbe Verhältnis bei den Christen 100 000 : 171,8 war. Dagegen stehen die Juden sehr schlecht in der Statistik der Delictsarten Meineid, Beleidigung, Erpressung, Betrug und Urkundenfälschung. Die relativen Zahlen (das Verhältnis der Verurtheilten zu 100 000 Strafmündigen gleicher Religion) waren: bei Meineid für Christen 2,2, für Juden 4,7, bei Beleidigung für Christen 128, für Juden 195,2, bei Erpressung für Christen 1,4, für Juden 2,7, bei Betrug für Christen 49,7, für Juden 89,3, bei Urkundenfälschung für Christen 10,1, für Juden 16,6. Diese ungünstige Stellung der Juden rührt zum Theil daher, dass die Juden hauptsächlich in Berufsarten (des Handels und Verkehrs) thätig sind, die überhaupt bei Beleidigung, Erpressung, Betrug und Fälschung durch hohe Zahlen auffallen. Außerdem ist aber wahrscheinlich auch hier bei den Juden die Eigenart der Abstammung von Einfluss.

[o. Verf.] Geschlecht und Religion in der Kriminalstatistik, in: Neueste Mittheilungen, Jg. 10, Nr. 86, 6. November 1891, S. 1

32040-361

1. Präsentation: Geben Sie die im Text genannten Angaben in einer Grafik wieder.
2. Erläutern Sie, welche Kriterien der Text für das jeweilige Strafverhalten einzelner Bevölkerungsgruppen als maßgeblich ansieht. | F
3. Erklären Sie, wie es zur Häufung der für Juden geltend gemachten Delikte kommen konnte.
4. Erörtern Sie, ob und inwieweit der Zeitungsartikel als Beleg für die Emanzipation der Juden gelten kann. Gehen Sie dabei auf die Themenstellung des Textes, seine Argumentation und Wortwahl ein.

M3 Wohlstand und Wohltätigkeit

Der US-amerikanisch-jüdische Historiker Steven Lowenstein (1945–2020) untersucht das gemeinnützige Engagement wohlhabender Juden in Frankfurt am Main zu Beginn des 20. Jahrhunderts:

Jüdische Philanthropen[1] widmeten sich oft speziell der Förderung der Kultur in ihrer Heimatstadt. Hier könnten Hunderte solcher Fälle aus großen wie aus kleinen Gemeinden angeführt werden; nirgends war jedoch dieser Beitrag so umfassend wie in Frankfurt am Main. Das beste Beispiel für diese Rolle von Frankfurter Juden (unter ihnen einige Konvertiten) bietet die Gründung der Universität Frankfurt im Jahr 1914. Diese Hochschule war aus zwei Gründen einzigartig: Sie stand unter städtischer und nicht unter staatlicher Kontrolle, und sie untersagte in ihren Statuten ausdrücklich die religiöse Diskriminierung bei Fakultätsberufungen. Wilhelm Merton (1848–1916), dessen Motiv ursprünglich die jüdische Tradition der Abgabe eines Zehntels[2] für eine würdige Sache gewesen war, der sich aber schließlich vom Judentum abwandte und konvertierte, stand an der Spitze der Bewegung zur Gründung der Universität. Als Metallhändler zu Wohlstand gelangt, glaubte er fest an die soziale Verantwortung der Reichen für die Armen und an die Wichtigkeit rationaler Planung in der Sozialhilfe. 1890 hatte er das Institut für Gemeinwohl gegründet, dem zahlreiche andere soziale Einrichtungen folgten.

Die bedeutendsten finanziellen Beiträge zur künftigen Universität Frankfurt kamen von der Georg und Franziska Speyer'schen Studienstiftung und von der Familie Gans, die besonders an den Naturwissenschaften interessiert war und damit Mertons sozialwissenschaftliche Ausrichtung kompensierte. Viele andere Frankfurter Juden stellten kleinere, aber immer noch stattliche Beträge bereit. Konservativen Schätzungen zufolge stammten denn auch fast 80 Prozent der 8 Millionen Mark, die für den Aufbau der Universität gestiftet worden waren, von Personen jüdischer Abstammung; andere Berechnungen veranschlagen den jüdischen Gesamtbetrag sogar noch wesentlich höher.

Eine andere Gruppe wissenschaftlicher Einrichtungen, die stark von der Beachtung durch jüdische Philanthropen profitierte, waren die Kaiser-Wilhelm-Institute für Naturwissenschaften, die 1912 in Berlin-Dahlem gegründet worden waren. Mindestens 25 der 89 Gründungsmitglieder der Kaiser-Wilhelm-Gesellschaft (die die Einrichtung der Institute förderte) kamen aus jüdischen Familien. Großzügige jüdische Zuwendungen mögen sogar einer der Gründe dafür gewesen sein, dass so viele führende Wissenschaftler jüdischer Abstammung einen Platz an diesen Instituten finden konnten.

Steven M. Lowenstein, Der jüdische Anteil an der deutschen Kultur, in: Deutsch-jüdische Geschichte in der Neuzeit, Bd. 3, München 1997, S. 302–332, hier S. 327 f. (übersetzt von Holger Fliessbach)

32040-362

1. Gliedern Sie die genannten Personen oder Personengruppen nach ihrer Rolle bei der Gründung der Frankfurter Universität.
2. Charakterisieren Sie das Verständnis von Wohltätigkeit und „Förderung der Kultur" (Zeile 2), das für die im Text erwähnten Personen maßgeblich war.
3. Präsentation: Recherchieren Sie zur Geschichte der Kaiser-Wilhelm-Gesellschaft und ihren Instituten, insbesondere zu den dort erzielten Forschungsleistungen. Stellen Sie Ihre Ergebnisse in einem Referat vor.
4. Gruppenarbeit: Nehmen Sie Stellung zu der Frage, inwieweit Stiftungen geeignet sind, Minderheiten zu fördern.

M4 Religion als Privatsache?

a) Der Historiker Steven Lowenstein (siehe M3) beschreibt, wie der Schulunterricht in jüdischer Religionslehre im Deutschen Kaiserreich gehandhabt worden ist:

Da die meisten deutsch-jüdischen Kinder Schulen unter nichtjüdischer Leitung besuchten, stellte sich die Frage eines zusätzlichen jüdischen Religionsunterrichts. Entweder konnten jüdische Gemeinden eine zusätzliche Religionsschule vor oder nach der „regulären" Unterrichtszeit einrichten, oder es konnten Vereinbarungen über einen jüdischen Religionsunterricht im Rahmen der nichtjüdischen Schule selbst getroffen werden. In diesem Falle konnte ein jüdischer Lehrer Kinder seiner Konfession in der Zeit unterrichten, in der die nichtjüdischen Kinder evangelische bzw. katholische Religion hatten. Die einschlägige Gesetzgebung war von Land zu Land verschieden, aber die meisten Regierungen lehnten es ab, den jüdischen Religionsunterricht obligatorisch zu machen oder zu subventionieren. Diese Weigerung, die jüdische Konfession neben der evangelischen und katholischen als gleichberechtigt anzuerkennen, erbitterte besonders die Führer nationaler jüdischer Organisationen. Die meisten jüdischen Eltern machten von der „Freiheit" Gebrauch, ihre Kinder nicht in den jüdischen Religionsunterricht der nichtjüdischen Schulen zu schicken. Dafür besuchten fast 10 Prozent der jüdischen Kinder in den höheren Schulen den christlichen Religionsunterricht! Viele kleine und große Gemeinden unterhielten ihre eigene Religionsschule, die entweder vor oder nach der regulären Schule abgehalten wurde. Solche Schulen erreichten ebenfalls nur eine Minderheit der jüdischen Kinder. Manche ländlichen Gemein-

[1] **Philanthrop** (altgriech.: Menschenfreund): Person, die es sich zur Aufgabe macht, das Allgemeinwohl zu fördern

[2] **Abgabe eines Zehntels:** Im jüdischen Glauben gilt das Gebot der Wohltätigkeit (hebr. *Zedaka*: Gerechtigkeit). Nach dem *Schulchan Aruch*, einer Sammlung religiöser Vorschriften, erstmals zusammengestellt im 16. Jahrhundert, soll jeder Gläubige ein Zehntel seines Einkommens für Notleidende spenden.

den waren zu arm, um sich einen Lehrer leisten zu können, und viele städtische Juden machten von den Schulen in ihrer Gemeinde keinen Gebrauch.

*b) Die US-amerikanische Historikerin Marion Kaplan (*1946) untersucht die religiöse Haltung jüdischer Familien in den Städten des Deutschen Kaiserreiches:*

Um die Jahrhundertwende befolgten die meisten Stadtjuden nicht mehr die Speisegesetze, doch es erhielt sich eine Art gastronomisches Judentum, für das Speisen als „ethnische Embleme“[1] fungierten. Juden – Männer wie Frauen, wobei aber die Frauen für die Küche „verantwortlich“ waren – hielten auf komplizierte und symbolische Weise an der tradierten Ernährung fest, um die ältere Generation zu beschwichtigen, das eigene Gewissen zu erleichtern, oder aus Gewohnheit. Die von den Frauen geschaffenen Essgewohnheiten und Familienbräuche verschafften ihren Ehemännern und Kindern eine jüdische Erfahrung, gelegentlich in Form eines Kompromisses. In den meisten Fällen wird man sich darüber verständigt haben, was „drinnen“, zu Hause, und „draußen“, in der Öffentlichkeit, gegessen wurde [...]. Ein anderer Kompromiss galt bei Familien, die nur deshalb eine koschere Küche führten, damit ihre gesetzestreuen Eltern bei ihnen essen konnten. [...]
Während die meisten Juden die Religionsausübung umgestalteten und mit familiären Anlässen vermengten, betrachteten sie doch eine gewisse Observanz[2] weiterhin als legitim. Als die Juden einen Teil der Rituale aufgaben, wurde die Familie selbst zum entscheidenden Ort jüdischer Observanz, zur zentralen Form der religiösen Aktivität, ja sogar zum Ersatz für sie. Nicht anders als viele christliche Familien, in denen „die Familie die christlichen Feiertage ehrte, um sich selbst zu feiern“, erlebten viele Juden den Sabbat und die Feiertage als Familienfeiern. Sie versammelten sich am Freitagabend oder am Samstag zu einem Familienessen ohne jegliches Ritual. In den 1880er-Jahren herrschte, wie sich eine Berliner Frau erinnert, an Freitagabenden „ein strenges Gebot der Familienzusammengehörigkeit“. Die beiden Elemente – Familie und religiös/ethnisches Bewusstsein – sind nicht voneinander zu trennen. Während die Juden die Rituale reduzierten, begingen sie die hohen Feiertage nach wie vor mit einem Familientreffen und einer traditionellen Mahlzeit. So wurde die Familie zum Grundstein einer säkulareren Version des Judentums, dessen, was George Mosse[3] als „Verbürgerlichung der jüdischen Frömmigkeit“ bezeichnet hat.

[1] **Emblem** (altgriech.): Sinnbild, Abzeichen
[2] **Observanz** (lat.): strenges Befolgen von Regeln, zumal in Glaubensgemeinschaften
[3] **George Mosse** (1918–1999): US-amerikanisch-jüdischer Historiker, geboren in Berlin als Georg Lachmann-Mosse, Enkel des Berliner Verlegers Rudolf Mosse (siehe Seite 189), emigrierte 1933 in die Schweiz und nach Westeuropa, dann in die USA.

Erster Text: Steven M. Lowenstein, Die Gemeinde, in: Deutsch-jüdische Geschichte in der Neuzeit, Bd. 3, München 1997, S. 123–150, hier S. 134 f. (übersetzt von Holger Fliessbach); zweiter Text: Marion Kaplan, Konsolidierung eines bürgerlichen Lebens im kaiserlichen Deutschland, 1871–1918, in: Dies. (Hrsg.), Geschichte des jüdischen Alltags in Deutschland. Vom 17. Jahrhundert bis 1945, München 2003, S. 225–344, hier S. 314 f. (übersetzt von Friedrich Griese)

32040-363

1. Fassen Sie beide Texte jeweils in Thesenform zusammen.
2. Setzen Sie die im ersten Text genannte „Freiheit“ (Zeile 19) und die im zweiten Text beschriebenen Kompromisse in Beziehung zur damaligen Akkulturation der jüdischen Bevölkerung. | F
3. Präsentation: Verfassen Sie einen Kommentar aus jüdischer Sicht, die die in beiden Texten genannten Gewohnheiten jüdischer Familien kritisiert.

M5 Angestammte und Ausländer

Jüdische Gesamtbevölkerung und ausländische Jüdinnen und Juden im Deutschen Reich, 1880–1910:

	jüdische Bevölkerung	davon ausländische Bevölkerung	Anteil (in Prozent)
	1880		
Deutsches Reich	561 612	15 000	2,7
Preußen	363 790	10 000	2,7
Berlin	53 916	2 954	5,5
Sachsen	6 516	1 000	15,3
Leipzig	3 265	331	10,1
Dresden	2 280	299	13,1
München	4 144	367	8,9
	1890		
Deutsches Reich	567 884	22 000	3,9
Preußen	372 059	11 390	3,1
Berlin	79 286	5 077	6,4
Sachsen	9 368	2 800	29,9
Leipzig	4 136	1 696	41,0
Dresden	2 585	933	36,1
München	6 108	794	13,0

Nach: Salomon Adler-Rudel, Ostjuden in Deutschland, 1880–1940. Zugleich eine Geschichte der Organisationen, die sie betreuten, Tübingen 1959, S. 164

	jüdische Bevölkerung	davon ausländische Bevölkerung	Anteil (in Prozent)
		1900	
Deutsches Reich	586 833	41 113	7,0
Preußen	392 322	21 800	5,6
Berlin	92 206	11 651	12,6
Sachsen	12 416	5 637	45,5
Leipzig	6 117	3 677	60,1
Dresden	3 096	1 244	40,2
München	8 739	1 905	21,8
		1910	
Deutsches Reich	615 021	78 746	12,8
Preußen	415 926	48 166	11,6
Berlin	143 965	21 683	15,1
Sachsen	17 578	10 378	59,0
Leipzig	9 434	6 376	67,6
Dresden	3 734	1 985	53,2
München	11 083	3 030	27,3

32040-364

1. Geben Sie die Aussagen der Statistik in eigenen Worten wieder.
2. Erläutern Sie, weshalb etwa in Preußen und Sachsen für das Jahr 1880 nur gerundete Zahlen von Jüdinnen und Juden aus dem Ausland vorliegen, während die Daten später exakter werden.
3. Die jüdische Bevölkerung im Deutschen Kaiserreich: eine zunehmend zweigeteilte Minderheit? Nehmen Sie dazu Stellung.

M6 In Richtung Westen

Die israelische Historikerin Shulamit Volkov (siehe Seite 179) vergleicht verschiedene jüdische Migrationswellen aus dem östlichen Europa seit Mitte des 19. Jahrhunderts:

Die Geschichte des deutschen Judentums im Jahrhundert der Emanzipation ist in der Tat vor allem eine Geschichte der Wanderung – aus einer Kultur in die andere, aus dem Dorf in die Stadt, aus der Kleinstadt in die Metropole, aus dem Osten in den Westen. Die Elemente der Mobilität erkennt man bei den meisten Juden in Deutschland, aber bei den Einwanderern aus dem Osten zeigen sie sich am deutlichsten. Sie verkörperten das Wesen des Assimilationsprozesses, demonstrierten am besten seine Schwierigkeiten und spiegelten seine Absurditäten. [...]
Juden aus dem Osten setzten sich sogleich dasselbe Hauptziel wie die deutschen Juden der damaligen Zeit: den sozialen Aufstieg. Die deutschen Juden wurden damals zu einem Teil des deutschen Bürgertums, indem sie sich auf ihre privaten und gemeindlichen Leistungen stützten, um die beiden unentbehrlichen Merkmale des Bürgertums zu erwerben: Besitz und Bildung. Die Ostjuden waren von Anfang an ein nicht wegzudenkender Bestandteil dieser Entwicklung. Sie ließen ihn sogar nur um so spektakulärer erscheinen. Schließlich war ihr geografischer und kultureller Ausgangspunkt besonders entlegen. Die Posener Juden, weit östlich in den früheren polnischen Gebieten siedelnd, waren bis weit in die 1830er-Jahre hinein fest in einer orthodoxen, jiddischen Kultur verankert. Aber sowohl in der Provinz als auch überall sonst, wohin diese Juden auf dem Weg nach Westen gelangten, meisterten sie bravourös Akkulturation und sozialen Aufstieg – oft innerhalb einer einzigen Generation. [...]
Anders jedoch als bei den Einwanderern aus Posen wurde die Absorption der galizischen Juden durch eine Reihe von Faktoren erschwert. Zum einen umfasste die Einwanderungswelle aus Osteuropa, die in den achtziger Jahren begonnen hatte, auch eine ziemlich große Zahl russischer Juden. Nach den Pogromen versuchten viele aus den zaristischen Ländern zu fliehen, um 1890 waren 10 000 von ihnen mehr oder weniger für immer in Deutschland eingewandert. Im Gegensatz zu den Posenern und den Galiziern und auch im Gegensatz zu den ungarischen Einwanderern waren diese Menschen leicht als Fremde zu erkennen. Ihre Sprache, ihre Gewohnheiten, ihre Denkweise und ihre Interessengebiete: Alles verriet ihre Herkunft, und sie selbst machten kaum einen Versuch, das zu verbergen. Ihr Anteil an der Einwanderungswelle nahm jedoch rasch ab, und im Vergleich zu den Größenordnungen von Galiziern und Posenern wurde das russische Element allmählich verschwindend gering.
Zweitens eignete den ostjüdischen Einwanderern Ende des 19. Jahrhunderts vermutlich ein niedrigeres soziales Profil als ihren Posener Vorgängern um die Jahrhundertmitte, wenngleich präzise Angaben hierüber fehlen. Während die deutsch-jüdische Bevölkerung zunehmend wohlhabender wurde, bevölkerten Ostjuden die jüdischen Wohlfahrtseinrichtungen und „erweiterten das Berufsspektrum" der jüdischen Gemeinde beträchtlich. Am bedeutsamsten war aber wohl, dass die neu Zugewanderten, zumal die Galizier, die um die Jahrhundertwende nach Deutschland kamen, auf eine eingesessene jüdische Gemeinde trafen, die die Anfangsstadien von Emanzipation und Assimilation bereits hinter sich gelassen hatte und dabei war, in ein neues Stadium einzutreten. Während der Zeithorizont durch den herannahenden Krieg[1] beschnitten wurde, gestaltete sich der Zugang zum etablierten jüdischen Milieu immer schwieriger. Die Barrieren wurden höher.

[1] **herannahender Krieg:** meint den Ersten Weltkrieg (1914–1918)

Shulamit Volkov, Die Dynamik der Dissimilation: Deutsche Juden und die osteuropäischen Einwanderer, in: Dirk Blasius und Dan Diner (Hrsg.), Zerbrochene Geschichte. Leben und Selbstverständnis der Juden in Deutschland, Frankfurt am Main 1991, S. 64–78, hier S. 73 und 75 f.

32040-365

1. Fassen Sie die Aussagen des Textes in Stichpunkten zusammen.
2. Erläutern Sie, was mit den „Elemente[n] der Mobilität" (Zeile 5) für die jüdische Bevölkerung gemeint ist.
3. Arbeiten Sie die unterschiedlichen Bedingungen für die jüdische Zuwanderung um die Mitte und seit Ende des 19. Jahrhunderts heraus. | H
4. Erörtern Sie die Frage, inwieweit sich eingewanderte Jüdinnen und Juden „doppelt" integrieren mussten: in die deutsche Mehrheitsgesellschaft und in den etablierten Teil der jüdischen Gesellschaft. | H
5. Gruppenarbeit: Setzen Sie sich allgemein und mit Verweis auf den Text mit der Frage auseinander, ob und wodurch sich die Integration von Zuwanderern beschleunigen lässt. | H

M7 Kriegsweihnacht 1914

Der 1889 geborene Rabbiner Alfred Zweig kämpft seit Kriegsbeginn im deutschen Heer. Über das Weihnachtsfest 1914, das er an der Front erlebt, berichtet er einem Freund in einem Brief. Zweig fällt am 31. Dezember jenes Jahres. Einen Auszug aus dem Brief können Sie unter dem folgenden Code anhören:

32040-366

32040-367

1. Beschreiben Sie die beiden Feiern, an denen Zweig teilnimmt.
2. Analysieren Sie die Haltung des Rabbiners Zweig zum christlichen Weihnachtsfest.
3. Beurteilen Sie, ausgehend vom Text, die Bedeutung des Ersten Weltkrieges für den gesellschaftlichen Zusammenhalt im Deutschen Kaiserreich.

M8 „Wir können nicht anders, weil wir mutig sind"

Der deutsch-jüdische Mediziner und Schriftsteller Felix Aron Theilhaber (1884–1956) aus Bamberg dient im Ersten Weltkrieg als Feldarzt. Schon während des Krieges veröffentlicht er seine Eindrücke von den Kämpfen in Osteuropa. Er schildert u. a. eine Begebenheit im damals von Deutschen besetzten Litauen:

Rauschhaschonoh und Jomkippur[1] hatte ich Urlaub nach Berlin. Dann musste ich zurück. Um Mitternacht ging ich von zu Hause weg; am nächsten Spätnachmittag war ich in Schaulen[2]. [...] Hier traf ich auch einen bekannten Studenten, dessen beide Brüder den Tod fürs Vaterland gefunden haben. Es waren Mitglieder des jüdischen Ruderklubs „Ivria", von dessen 24 Angehörigen neun bereits auf dem Felde der Ehre blieben. Drei von ihnen waren Kriegsfreiwillige bei den Ulanen[3] gewesen: Henschel, Pinner, Hirschfeld. [...] Mitte Mai sah ich die drei Freunde in Kielmy[4]. Sie standen neben ihren Pferden und riefen mich an. Wir scherzten zusammen und trennten uns schließlich mit „auf Wiedersehen". Bald darauf waren sie alle drei gefallen an der Dubissa[5]. Alle drei tot! [...]

Und nun war ich mit dem Bruder des einen wieder zusammen, einem famosen Menschen mit prächtigem, allgemeinem Wissen und gediegenen talmudischen[6] und neuhebräischen Kenntnissen. „Der Herr B.", sagte ich zu ihm, „verriet mir, dass Sie hier sind. Woher kennen Sie den Herrn B.?"

„Herr B. ist Mitglied eines kleinen hebräischen ‚Stotterer'-Klubs, wie wir ihn nennen, wozu auch ich gehörte." So trifft man sich in Feindesland.

„Mir erzählte Herr B. auch, dass Sie einen Posten in Szawle[7] bekommen konnten. Nachdem Ihre beiden Brüder schon gefallen sind, sollten Sie doch die Stelle annehmen."

„Wir Juden haben die Pflicht, unsern Platz an der Front nicht zu verlassen. Wir können nicht anders, weil wir mutig sind – wir, die Jungen. Mögen einzelne anders denken. Aber die meisten unserer jüdischen Jugend wünschen sich keinen Drückebergerposten ..."

Und dabei blieb er. Am nächsten Tage traf ich ihn noch kurz, als er zu seiner Truppe ging. Ich konnte ihm nur noch nachwinken.

Felix A. Theilhaber, Schlichte Kriegserlebnisse (Lamm's Jüdische Feldbücherei, Nr. 7), Berlin 1916, S. 46–48 (gekürzt)

32040-368

1. Fassen Sie den Text zusammen. | H
2. Präsentation: Schreiben Sie den Dialog zwischen Theilhaber und seinem Kameraden fort, indem versucht wird, letzteren doch noch von der Annahme des frontfernen Postens zu überzeugen.
3. Interpretieren Sie den Text als einen Protest gegen damalige Gerüchte über das angebliche „Drückebergertum" deutscher Juden im Krieg. | H

[1] **Rauschhaschonoh und Jomkippur:** jüdisches Neujahrsfest (andere Schreibweise: Rosch Haschana) und Versöhnungsfest (Jom Kippur)
[2] **Schaulen** (litauisch: Šiauliai): Stadt im nördlichen Litauen
[3] **Ulanen:** mit Lanzen bewaffnete Reiter
[4] **Kielmy** (litauisch: Kelmė): Stadt in Litauen
[5] **Dubissa** (litauisch: Dubyesa): Nebenfluss der Memel in Litauen
[6] **talmudisch:** den Talmud, die maßgebliche Sammlung jüdischer Gesetze, Vorschriften und Lehren, betreffend
[7] **Szawle:** polnischer Name für die Stadt Šiauliai/Schaulen (siehe Fußnote 2)

Jüdische Karrieren im Kaiserreich

Prominente Vertreter | Im Deutschen Kaiserreich bildeten die Menschen jüdischer Herkunft eine Bevölkerungsgruppe, aus der berühmte und einflussreiche Persönlichkeiten hervorgingen. Die folgenden Beispiele stellen lediglich eine beliebige Auswahl dar, viele weitere bedeutende Karrieren ließen sich anfügen.

Albert Ballin (1857 – 1918).
Foto von 1901.

Albert Ballin: Hamburger Reeder und „Kaiserjude" | *Albert Ballins* Vater stammte aus Dänemark und gründete in Hamburg eine Agentur für Auswanderer. Als er 1874 starb, übernahm Albert mit nur 17 Jahren das väterliche Geschäft, das er erfolgreich fortführte. 1886 wurde Ballin Abteilungsleiter der *„Hamburg-Amerikanischen Packetfahrt-Actien-Gesellschaft"* (*HAPAG*). Das Unternehmen bot neben dem Gütertransport vor allem Schiffsreisen rund um den Globus, nicht zuletzt für Millionen damalige Auswanderinnen und Auswanderer aus Europa nach Nordamerika. Seit 1899 war Ballin Generaldirektor der HAPAG, die er zur weltweit größten Schifffahrtslinie ausbaute. Für die vielen Ausreisewilligen nach Übersee, unter ihnen Jüdinnen und Juden aus Osteuropa, ließ Ballin im Hamburger Stadtteil Veddel ein großes Auswanderungszentrum errichten, mit Unterkünften, Speisesälen, Bädern, Krankenstationen, Geschäften und Andachtsstätten.

Ballin war Anhänger der Monarchie und zählte zu den Beratern Kaiser *Wilhelms II.*, der ihn regelmäßig in seiner Hamburger Villa besuchte. Etwas verächtlich wurde Ballin in der Öffentlichkeit als „Kaiserjude" bezeichnet, da er einem kleinen Kreis jüdischer Bankiers und Unternehmer angehörte, mit denen der Monarch engeren Kontakt pflegte. Das deutsch-britische Flottenwettrüsten seit der Jahrhundertwende sah Ballin mit großer Sorge und warnte vor den Folgen eines Krieges. Der Erste Weltkrieg führte dann dazu, dass der deutsche Handelsverkehr mit Nordamerika und das Passagierwesen weitgehend zum Erliegen kamen. Mehr als die Hälfte der Schiffe der HAPAG wurden von Großbritannien und Frankreich entweder zerstört oder beschlagnahmt. Ballin half im Krieg die öffentliche Versorgung im Deutschen Reich zu bewerkstelligen, als Mitbegründer und Leiter der „Zentral-Einkaufsgesellschaft" für den Bezug von Lebensmitteln aus dem Ausland. Im Herbst 1918, als sich die deutsche Niederlage abzeichnete, trat

31000-275 **Bildinformation**

Reklamemarke der HAPAG aus dem Jahre 1911.
Unter der Regie von Albert Ballin wuchs die Flotte der HAPAG (auch „Hamburg-Amerika-Linie" genannt) bis 1913 auf mehr als 175 Schiffe an, 19 weitere befanden sich damals im Bau. Um diese Zeit besaß Hamburg, gemessen an verschifften Gütern und Passagieren, hinter New York den zweitgrößten Hafen der Welt.

► Ballins Wahlspruch lautete „Mein Feld ist die Welt". Interpretieren Sie das Motto mit Blick auf die Person Ballins wie auch auf die von ihm geführten Unternehmen.

32040-369

Ballin für eine Friedensanbahnung ein, wofür seine internationalen Beziehungen als Geschäftsmann dienlich sein konnten. Anfang November 1918 folgte auf den militärischen Zusammenbruch des Deutschen Reiches die Revolution. Ballin starb am 9. November 1918 an einer Überdosis Medikamenten. Vieles deutet darauf hin, dass er aus Furcht vor einem gewaltsamen Umsturz Selbstmord beging (→M1).

Bertha Pappenheim: mehr Rechte und Bildungschancen für Jüdinnen | *Bertha Pappenheim* wurde 1859 in Wien geboren. Sie wuchs in einem Elternhaus auf, das dem orthodoxen jüdischen Glauben anhing. Mit 16 Jahren endete ihre Schulzeit, seitdem half sie im elterlichen Haushalt. Nach dem Tod ihres Vaters zog sie 1888 mit ihrer Mutter nach Frankfurt am Main, deren Familie dort beheimatet war. Hier übernahm Bertha die Leitung eines jüdischen Waisenhauses. Inspiriert durch Schriften über Frauenrechte, verband sich ihr soziales Engagement bald mit dem Eintreten für die rechtliche Besserstellung der Frauen, insbesondere in den jüdischen Gemeinden. 1904 rief sie mit Gleichgesinnten in Berlin den *Jüdischen Frauenbund* (*JFB*) ins Leben, als Dachverband der jüdischen Frauenbewegung im Deutschen Reich. Pappenheim wurde zur Vorsitzenden gewählt und behielt dieses Amt für die nächsten zwanzig Jahre. Der Verband vertrat die Anliegen jüdischer Frauen, arbeitete jedoch mit der nichtjüdischen deutschen Frauenbewegung zusammen, die sich bereits in den 1890er-Jahren organisiert hatte. Schon nach wenigen Jahren zählte der JFB über 80 Ortsvereine mit mehr als 32 000 Mitgliedern.

Pappenheims feministische Vorstellungen suchten die jüdische Religion und Kultur mit den Forderungen nach besserer Bildung, rechtlicher Gleichstellung und Selbstverantwortung für Jüdinnen in Einklang zu bringen. Besonders ging es ihr um die Hilfe für „gefallene" und verstoßene junge Frauen – Opfer von Mädchenhandel, Prostitution und häuslicher Gewalt, unverheiratete Mütter und deren Kinder. Ihre Vision sozialer Fürsorge löste sie in einem eigenen jüdischen *Mädchenwohnheim* in Neu-Isenburg bei Frankfurt ein, das sie nach der Eröffnung 1907 über Jahrzehnte persönlich leitete. Auch andere Erziehungs- und Bildungseinrichtungen wurden von ihr gegründet oder unterstützt (→M2).

Neben ihrem Wirken als Pädagogin und Frauenrechtlerin veröffentlichte sie zahlreiche Schriften zur Situation jüdischer Frauen im Deutschen Reich und in Osteuropa. Sie übertrug zudem religiöse und historische Texte aus dem Jiddischen ins Deutsche. Nach 1933 verhalf sie vielen Jüdinnen und Juden zur Ausreise aus dem Deutschen Reich, blieb selbst jedoch in Neu-Isenburg. Dort starb sie 1936 nach längerer Krankheit. Das von ihr gegründete Mädchenwohnheim wurde 1938 während des Novemberpogroms teilweise niedergebrannt. 1940 begannen die Nationalsozialisten damit, Frauen und Kinder aus dem Heim in Arbeits- und Konzentrationslager zu deportieren, ehe sie das Heim im April 1942 ganz auflösten.

Walther Rathenau: vom Großindustriellen zum Staatsmann | *Walther Rathenau* kam 1867 in Berlin zur Welt. Er war der älteste Sohn des Industriellen *Emil Rathenau*, der 1887 die *„Allgemeine Elektricitäts-Gesellschaft"* (*AEG*) gründete, eines der führenden Unternehmen der damals aufkommenden Elektroindustrie. Als Jude blieb Walther Rathenau eine erhoffte Laufbahn als Offizier oder Diplomat versperrt, weshalb er nach dem Studium der Physik, Chemie, Philosophie und des Maschinenbaus den Weg in die Industriewirtschaft wählte. Er gründete eine elektrochemische Firma in Bitterfeld und Rheinfelden und trat 1899 dem Vorstand der AEG bei. Nach dem Tod seines Vaters übernahm er 1915 zusammen mit dem Geschäftsführer *Felix Deutsch* die Leitung der AEG.

Rathenau machte sich auch einen Namen als Vordenker und Zeitkritiker, verfasste Aufsätze zur Stellung der jüdischen Bevölkerung im Deutschen Reich und zur Zukunft von Wirtschaft und Gesellschaft (→M3). Ebenso wie Albert Ballin zählte er zu den wenigen sogenannten „Kaiserjuden", die das Staatsoberhaupt in wirtschaftlichen oder

Bertha Pappenheim (1859 – 1936). Foto von 1882.

Novemberpogrom: gewaltsames Vorgehen von Nationalsozialisten und deren Anhängern gegen die jüdische Bevölkerung in vielen Städten und Gemeinden des Deutschen Reiches während des 9. und 10. November 1938. Neben der Zerstörung von Wohnungen, Geschäften, Friedhöfen und Synagogen kamen mehr als 1500 Jüdinnen und Juden durch Gewalttaten ums Leben.

Walther Rathenau (1867 – 1922). Foto, um 1920.

politischen Fragen zu Rate zog. So reiste er im Auftrag Wilhelms II. 1907 und 1908 nach Afrika zur Bewertung der deutschen Kolonialpolitik, die er wegen ihres geringen wirtschaftlichen Ertrages und den Gewaltakten gegen die einheimische Bevölkerung für verfehlt hielt. Zu Beginn des Ersten Weltkrieges wurde Rathenau zum Leiter der Kriegsrohstoffabteilung im preußischen Kriegsministerium berufen. Er sollte die Versorgung der Rüstungsindustrie mit Rohstoffen sichern, die durch den Wegfall der meisten Importe gefährdet war. Enttäuscht über die geringe Wirkung seiner Arbeit, gab er den Posten im Frühjahr 1915 auf.

Nach 1918 wandelte sich Rathenau vom Anhänger der Monarchie zum „Vernunftrepublikaner", da er die neue Ordnung aus rationalen Überlegungen mittrug. Er gehörte zu den Gründern der linksliberalen *Deutschen Demokratischen Partei* (*DDP*) und diente unter Reichskanzler *Joseph Wirth* (*Deutsche Zentrumspartei*) 1921 als Minister für Wiederaufbau, seit Januar 1922 als Außenminister. Rathenau wurde von rechten Parteien und Medien angefeindet, als Jude wie auch wegen seiner Politik des Ausgleichs mit den ehemaligen Kriegsgegnern. Am 24. Juni 1922 fiel er in Berlin einem Attentat zum Opfer, das auf das Konto der rechtsextremen Terrorgruppe „Organisation Consul" ging. Die junge Weimarer Repulik verlor einen ihrer profiliertesten Staatsmänner.

Internettipp
Lise Meitner spricht in einer Tonaufnahme von 1953 über ihre Zeit als Studentin in Wien und Berlin. Sie können sich den Audiobeitrag unter diesem Code anhören.
32040-370

Lise Meitner: Pionierin der Atomphysik | *Lise Meitner*, Jahrgang 1878, wuchs in Wien auf. Ihr Vater, ein Rechtsanwalt, ließ sich später taufen, während seine Frau und Kinder Mitglieder der jüdischen Gemeinde blieben. Erst mit 29 Jahren konvertierte Lise selbstständig zum protestantischen Glauben. Nach dem Abitur studierte sie Physik, Mathematik und Chemie in Wien und promovierte dort 1906. Im Jahr darauf wechselte sie nach Berlin, wo der Physiker *Max Planck* und der Chemiker *Emil Fischer* zu ihren Lehrern gehörten. Letzterer verhalf ihr zu einer Beschäftigung am Institut für Chemie der Berliner Universität, zunächst noch mit vielen Einschränkungen, solange die wissenschaftliche Tätigkeit von Frauen an staatlichen Hochschulen in Preußen nicht offiziell erlaubt war. 1912 erhielt sie eine Anstellung am neugegründeten *Kaiser-Wilhelm-Institut* (*KWI*) für Chemie in Berlin.

Lise Meitner (1878–1968) als Gastprofessorin an der Katholischen Universität von Amerika in Washington D.C.
Foto von 1946.

Im Ersten Weltkrieg diente Lise Meitner als Krankenpflegerin und Röntgenassistentin, kehrte im Herbst 1916 an das KWI für Chemie zurück und wurde dort 1918 zur Leiterin einer eigenen Forschungsabteilung ernannt. In der Weimarer Republik konnte sie schließlich habilitieren und lehrte seit 1926 in Berlin als Deutschlands erste Physikprofessorin. Ihre Studien galten besonders der Radioaktivität. Hierzu arbeitete sie mit dem Chemiker *Otto Hahn* zusammen, eine Kooperation, die schon 1908 begonnen hatte.

Während des Kaiserreiches und der Weimarer Republik spielte ihre jüdische Herkunft kaum eine Rolle. Das änderte sich 1933, als ihr das NS-Regime aufgrund ihrer jüdischen Geburt die Lehrbefugnis entzog. Ihre Forschungen setzte sie am KWI in Berlin fort, ehe sie im Juli 1938 das Land verließ und in Schweden Zuflucht und Beschäftigung fand. Von Stockholm aus begleitete sie die Experimente Hahns, dem 1939 erstmals die künstliche *Spaltung eines Atomkerns* gelang. Lise Meitner und ihr Neffe *Otto Frisch* lieferten dazu den theoretischen Beweis und berechneten die bei der Spaltung freiwerdende Energie. Diese Erkenntnisse waren maßgeblich für die Entwicklung der Atombombe durch die USA im *Zweiten Weltkrieg* wie für die künftige friedliche Nutzung der Kernkraft. Nach 1945 erhielt Meitner als Wissenschaftlerin weltweite Anerkennung, nur ein Nobelpreis blieb ihr versagt, obwohl namhafte Fachvertreter sie immer wieder vorschlugen. Die bekennende Pazifistin lehnte die Herstellung von Atomwaffen ab, hielt sich jedoch mit politischen Appellen zeitlebens zurück. 1960 zog sie zu ihrem Neffen Otto Frisch ins britische Cambridge, wo sie im Oktober 1968 verstarb.

M1 „Weitestgehendes Verstecken"

*Der Historiker Christian Schölzel (*1964) beschreibt Albert Ballins Umgang mit seiner jüdischen Herkunft:*

Albert Ballin besuchte offenbar nur selten die Synagoge. Er heiratete 1883 mit Marianne Rauert eine Christin nach protestantischem Ritus. Gleichwohl trat er selbst nie zum Christentum über. Er stand zu seiner Familie und unterstützte seine Geschwister auch materiell. Namensänderungen von Juden lehnte er als gegen die Ehre der Väter gerichtet ab. Aus späteren Jahren ist überliefert, dass er das christliche Weihnachten feierte. Ballin war Mitglied der Jüdischen Gemeinde in Hamburg. Mehrfach spendete er größere Geldsummen für wohltätige Zwecke. Allerdings ließ er diese oftmals durch seinen Freund, den Hamburger Bankier Max M. Warburg[1], ebenfalls ein Jude, an die Gemeinde überbringen. [...]

Der Hamburger Reeder schätzte seine Heimatstadt und hielt sie doch für provinziell. Er meinte einmal: „Ich sehe ganz deutlich, was dieser Stadt fehlt, dieser Stadt fehlen 10 000 Juden. Ich verkenne keinesfalls die unangenehmen Eigenschaften der Juden, und doch muss ich sagen, für Hamburgs Entwicklung wären 10 000 mehr davon ein Segen." [...] Er meinte hier einerseits, die Stadt an der Elbe wäre weltläufiger, wenn mehr Juden in ihr leben würden. Andererseits wollte Ballin sich und andere Juden nicht zu stark öffentlich präsentiert sehen. [...] Ballin lehnte es, anders als Max M. Warburg, aus diesem Grunde auch ab, ein politisches Amt in der Hansestadt zu bekleiden. Die erwähnte Äußerung, es sollten 10 000 Juden mehr in Hamburg leben, blieb eine reine Wunschfantasie. Seine gleichzeitige Bemerkung über die „unangenehmen Eigenschaften" von Juden lässt vermuten, dass auch Ballin offenbar in Ansätzen antisemitische Klischees seiner Umwelt verinnerlicht hatte, um selbst der Diskriminierung durch Nichtjuden zu entgehen. Ihm ging es darum, durch eine Anpassung an die nichtjüdische Umwelt zu vermeiden, dass er als Jude benachteiligt würde. Diese Überlegung steckte auch später hinter dem Bemühen, nicht zu viele jüdische Mitarbeiter in seiner Reederei, der Hapag, anzustellen.

Dieser Versuch stellte sich aber als eine kaum wirksame Strategie heraus. [...] Vor dem Ersten Weltkrieg erschienen antisemitische Karikaturen in Berlin, die Ballin als „jüdischen Kapitalisten" zeigten. [...] Während des Kriegs warf man Ballin [...] oftmals anglophile[2] „Vaterlandslosigkeit" oder „Kriegswucher" vor. Ballin blieb dabei. Er ging mit seinem Judentum im Sinne eines weitestgehenden Versteckens um. Die spärlich überlieferten Quellen spiegeln dies wider.

Der nationale Ruhm als kaisertreuer Reeder ersetzte für ihn in Teilen die gänzlich freie Gleichberechtigung als jüdischer Deutscher gegenüber seinen christlichen Mitbürgern. Überspitzt gesagt, symbolisierten die unter Ballins Leitung gebauten Hapag-Dampfer in seinem Empfinden auch ein Stück weit die Emanzipation als akkulturiertem Juden.

[...] Die osteuropäischen Juden, die als Auswanderer einen Großteil seiner ersten Kunden ausmachten, lehnte Ballin ab. Er befürchtete, ihre offen zur Schau gestellte osteuropäisch-jüdische Tracht (Schläfenlocken und Kaftan) würde Antisemiten in Deutschland verstärkt auf den Plan rufen.

Christian Schölzel, Albert Ballin (1857 – 1918). „Ein Schiffsherr ist's ... Ein Kaiser neigt sich vor dem jüdischen Mann ...", Teetz 2004, S. 11 – 16 (gekürzt)

32040-371

1. Gliedern Sie den Text a) nach Aussagen über Ballins Selbstbewusstsein als Jude und b) nach Versuchen, sich vom eigenen Judentum zu distanzieren.
2. Während des Ersten Weltkrieges wurde Ballin wiederholt als möglicher Reichskanzler gehandelt, zuletzt im September 1918. Ballin verwarf diesen Gedanken jeweils von sich aus. Arbeiten Sie heraus, welche Argumente es für solche Vorschläge geben konnte. Ziehen Sie dazu auch den Verfassertext auf Seite 198 f. heran.
3. Nehmen Sie Stellung zur Frage, ob Vertreter von Minderheiten sich um öffentliche Ämter bemühen sollten, um damit die Integration oder den Integrationswillen ihrer Bevölkerungsgruppe zu demonstrieren. | F

[1] **Max Moritz Warburg** (1867 – 1946): deutsch-jüdischer Bankier, 1903 bis 1919 Mitglied der Hamburgischen Bürgerschaft, Finanzberater Kaiser Wilhelms II., emigrierte 1938 in die USA

[2] **anglophil**: (lat.) englandfreundlich, England bzw. Großbritannien freundschaftlich zugetan

M2 Unterdrückung und Unsittlichkeit

Auf einer Delegiertentagung des Jüdischen Frauenbundes in Frankfurt am Main am 7. Oktober 1907 hält die Verbandspräsidentin Bertha Pappenheim ein Referat „Zur Sittlichkeitsfrage". Darin prangert sie den Mädchenhandel mit Jüdinnen an, der damals besonders unter den jüdischen Einwanderern aus Osteuropa auftritt:

[W]er nicht blind und taub sein will, der kann hören und sehen, wie an dem Horizont unseres Volkslebens die wachsende Unsittlichkeit als eine Wolke aufsteigt [...]. [...] Wir wissen, dass eine große Anzahl jüdischer Mädchen das Gewerbe der freien Prostitution betreibt [...]. Wo sind nun die Ursachen zu suchen, für die Gefahr sittlichen Verfalls, der unserem Volk zu drohen scheint? [...]
Wir Frauen aller Kulturländer, wir wehren uns heute dagegen, vor dem Gesetz mit Idioten und Kindern gleichgestellt zu werden, weil wir die Wirkung dieser Zurücksetzung als Hemmschuh unserer Entwicklung erkennen gelernt haben. Und die jüdische Frau? – Seit Jahrhunderten genoss sie innerhalb des jüdischen Gemeinlebens, seiner Kultur und Kultuswelt, die für die Juden lange Zeit fast identisch war, noch nicht einmal die Rechte eines dreizehnjährigen Knaben[1]. [...] Sie zählt nicht mit, sie gilt nichts, sie lernt nichts, ihr Geist braucht keine Kraft und Anmut [...] – vor dem jüdischen Gesetz ist die Frau kein Individuum, keine Persönlichkeit, nur als Gattin und Mutter wird sie gewertet und beurteilt. [...] Das Mädchen, das aus inneren und äußeren Gründen trotz aller Bemühungen keinen Mann gefunden hat, ist nach altjüdischen Begriffen der Gegenstand verächtlichen Mitleids. [...]
Diejenigen Eltern, die ihre Töchter heute noch fürsorglich und geputzt hinter Gitter setzen, das sie fern hält von den Erkenntnissen, die stärkend und befreiend auf ihren Geist wirken können, die es nicht gestatten, dass Mädchen das wirkliche Leben sehen und sich in einem Gefühl von Mitverantwortung als Kettenglied eines Ganzen betrachten lernen – [...] die sind, ohne dass sie es zugeben wollen, vielmehr traditionell „jüdisch", als wenn sie das Schreckliche gestatten würden, dass sich die Mädchen in jüdischer Vereinsarbeit betätigen, d.h. sich frei und offen zur Gemeinschaft unseres Volkes bekennen. Noch schlimmer aber finden wir die Nachwirkungen dieser geistigen Unterdrückung in den breiten Kreisen der jüdischen Bevölkerung, wo die Frauen und Mädchen durch den Umschwung aller Erwerbs- und Existenz-Bedingungen vor die Notwendigkeit gestellt sind, zu arbeiten und selbst Brot zu verdienen, bevor sie geheiratet werden oder ohne dass sie geheiratet werden. Das sind ganz neue, ungewohnte Gedankengänge [...], ebenso ungewohnt, wie die Freiheit, die Freizügigkeit und der Verkehr mit Männern draußen in der Welt, die sie nun plötzlich unter dem Druck der Verhältnisse, vollständig unvorbereitet, betreten. [...] Aber eine Unzahl junger Jüdinnen [...] gibt es, die oft noch im frömmsten Elternhaus der Prostitution verfallen. Auch das ist erklärlich; diese Mädchen wissen, dass sie nur einen Geschlechtswert haben. Ihre Individualität, ihre Wünsche und Neigungen können sie nur in den seltensten Fällen geltend machen [...].
Ich halte die Zusammenhänge zwischen der Jahrhunderte langen Unterdrückung des Frauenrechts unter den Juden mit all ihren Konsequenzen und Verästelungen für ausreichend, um den Widerspruch zu erklären, zwischen der alten unantastbaren Ethik des Judentums und gewissen beschämenden Erscheinungen, wie sie jetzt auf der Oberfläche unseres Volkslebens sichtbar werden. Wir dürfen dagegen nicht gleichgültig sein! – Die ernsten wohlmeinenden Führer und Ratgeber der jüdischen Gemeinden, vor allem aber wir jüdischen Frauen, wir müssen unser Volk verteidigen gegen das Überhandnehmen dieser Erscheinungen, die uns beschämen und uns in den Augen der Welt erniedrigen. Wir stehen damit vor Anforderungen, die nach zwei Seiten unsere ganze Energie in Anspruch nehmen können. Nach der einen Seite fordern sie Einkehr und Ehrlichkeit gegen uns selbst, – Klugheit und Klarheit in der Erziehung der Töchter, – von den Söhnen strenge Selbstzucht und Achtung vor der Frau. Nach der anderen Seite eine soziale Hilfstätigkeit, die [...] ein die Welt umspannendes System darstellen müsste, das bei aller Anpassung an die Allgemeinheit der jüdischen Eigenart dient.

Bertha Pappenheim, Zur Sittlichkeitsfrage (1907), in: Dies., Sisyphus: Gegen den Mädchenhandel – Galizien, hrsg. von Helga Heubach, Freiburg im Breisgau 1992, S. 107 – 114, hier S. 111 – 114 (stark gekürzt)

[1] Im Judentum werden Knaben mit dreizehn Jahren zu mündigen Mitgliedern der religiösen Gemeinde, ein Übergang, der als Bar Mizwa feierlich begangen wird.

32040-372

1. Fassen Sie den Text in Thesenform zusammen.
2. Erläutern Sie den von Bertha Pappenheim geltend gemachten Zusammenhang zwischen der Benachteiligung von Jüdinnen durch die Religion und der Gefahr, in die Prostitution abzugleiten. | F
3. Vergleichen Sie die Sorgen Pappenheims um das Ansehen der jüdischen Bevölkerung im Deutschen Kaiserreich mit der Haltung Albert Ballins zum Judentum in M1.
4. Erörtern Sie, ausgehend vom Text, ob und inwiefern die jüdische Frauenbewegung im Deutschen Kaiserreich mit größeren Schwierigkeiten zu kämpfen hatte als damalige nichtjüdische Frauenrechtlerinnen für ihre Sache. Verweisen Sie dabei auch auf mögliche Widerstände jüdischer Geistlicher gegen eine Gleichstellung der Geschlechter.

M3 Kritik an der Judenpolitik in Preußen

Walther Rathenau bezieht in einem Aufsatz in der Berliner „Deutschen Montags-Zeitung“ vom 9. Januar 1911 mit dem Titel „Judentaufen?“ Stellung zur Frage, ob sich deutsche Juden vor Diskriminierungen schützen sollten, indem sie zum Christentum übertreten. 1918 erscheint der Text zusammen mit weiteren Äußerungen Rathenaus zum Thema „Staat und Judentum“ in seinen „Gesammelten Schriften“:

Den Juden trifft ein sozialer Makel. In die Vereinigungen und den Verkehr des besseren christlichen Mittelstandes wird er nicht aufgenommen. Zahlreiche Geschäftsunternehmungen schließen ihn als Beamten aus. Die Universitätsprofessur ist ihm durch stille Vereinbarung versperrt, die Regierungs- und Militärlaufbahn, der höhere Richterstand durch offizielle Maßnahmen. In den Jugendjahren eines jeden deutschen Juden gibt es einen schmerzlichen Augenblick, an den er sich zeitlebens erinnert: wenn ihm zum ersten Male voll bewusst wird, dass er als Bürger zweiter Klasse in die Welt getreten ist, und dass keine Tüchtigkeit und kein Verdienst ihn aus dieser Lage befreien kann.

Gleichzeitig aber erfährt er, dass ein Glaubensakt, gleichviel ob innerlich gerechtfertigt oder äußerlich herbeigeführt, seine Abstammung zu verdunkeln, seinen Makel zu tilgen, seine bürgerlichen Nachteile zu beseitigen vermag. [...]

Die Forderung der Taufe enthält somit für den gebildeten und gewissenhaften Juden eine doppelt schwere Zumutung: sie legt ihm auf, ein altertümlich-dogmatisch gefasstes Glaubensbekenntnis abzulegen, von dem er weiß, dass gerade die Verlegenheiten, die es ihm bereitet, zur Beibehaltung beiträgt; sie legt ihm ferner auf, sich als einen Menschen zu empfinden, der von der Ablehnung seines Väterglaubens geschäftlich oder sozial profitiert; und zu guter Letzt nötigt sie ihn, durch den Akt löblicher Unterwerfung sich einverstanden zu erklären mit der preußischen Judenpolitik, die nicht weniger bedeutet als die schwerste Kränkung, die ein Staat einer Bevölkerungsgruppe zuzufügen vermag. [...] In diesem Zusammenhange darf und muss es ausgesprochen werden: Die der preußischen Judenpolitik zugrundeliegenden Vorstellungen sind rückständig, falsch, unzweckmäßig und unsittlich. [...] [W]enn man die Wahl hat, eine ungesunde und unhaltbare Staatsräson zu beseitigen oder eine halbe Million Menschen zum Glaubenswechsel zu bewegen, so sollte man es zunächst einmal mit dem einfacheren Mittel versuchen.

Die deutschen Juden tragen einen erheblichen Teil unsres Wirtschaftslebens, einen unverhältnismäßigen Teil der Staatslasten und der freiwilligen Wohlfahrts- und Wohltätigkeitsaufwendungen auf ihren Schultern. Sie hätten die Mittel in der Hand, um eine unvernünftige Staatsräson in kürzester Zeit unmöglich zu machen. Dass sie in weit überwiegender Zahl staatsfördernd gesinnt bleiben, beweist einen Gemütszug, der praktischem Christentum nicht unähnlich sieht. [...] Ein Industriestaat von der Bedeutung unsres Reiches bedarf aller seiner Kräfte, der geistigen wie der materiellen; er kann auf einen Faktor wie den des deutschen Judentums nicht verzichten. Noch ehe ein Jahrzehnt vergeht, wird der letzte Schritt zur Emanzipation der Juden geschehen sein.

Man kann nicht sagen, dass die deutschen Juden das erste Jahrhundert ihrer beginnenden Freiheit schlecht angewendet haben. Kulturell und materiell haben sie zum Wohl ihres Vaterlandes beigetragen. Ist der Makel sozialer Ungleichheit getilgt, so ist damit auch der offizielle Teil der Volksabneigung gegen die jüdischen Deutschen beseitigt und der Weg zum herzlichen Verständnis gebahnt.

Walther Rathenau, Staat und Judentum. Eine Polemik [1911/12], in: Ders., Gesammelte Schriften in fünf Bänden, Bd. 1, Berlin 1918, S. 183–207, hier S. 188–191 (gekürzt)

32040-373

1. Geben Sie in eigenen Worten wieder, was Rathenau der preußischen Politik vorwirft und welche Änderungen er empfiehlt.
2. Erläutern Sie das von Rathenau beschriebene Dilemma, das die Taufe Jüdinnen und Juden bereitet.
3. Setzen Sie die Aussagen des Textes in Beziehung zu Walther Rathenaus Biografie. Gehen Sie dabei auch auf seine anfänglichen Karrierewünsche sowie seine Rolle in Staat und Wirtschaftsleben ein. Siehe dazu den Verfassertext auf Seite 199 f.
4. Beurteilen Sie die Behauptung Rathenaus, die Juden „hätten die Mittel in der Hand“, die in Preußen herrschende Diskriminierung „in kürzester Zeit unmöglich zu machen“ (Zeile 42–44). | F

Methode

Autobiografien erschließen

Der Begriff **Autobiografie** (von altgriech. *autos*: selbst; *graphein*: schreiben; *bios*: Leben) bezeichnet die textliche Beschreibung des eigenen Lebens durch einen Verfasser oder eine Verfasserin. Schriften, die sich vor allem auf die eigene berufliche oder öffentliche Tätigkeit konzentrieren, werden dagegen oft als **Erinnerungen** oder **Memoiren** bezeichnet. Enthält der Text auch erfundene Geschichten, kann es sich um eine **Mischung aus autobiografischem Roman und Autobiografie** handeln. Verallgemeinernd wird auch von **autobiografischen Texten** oder **Selbstzeugnissen** statt von Autobiografien gesprochen. Damit sind alle Werke gemeint, in denen der Verfasser oder die Verfasserin (hauptsächlich) nicht fiktional über das eigene Leben schreibt.

Ein weiteres Anwendungsbeispiel finden Sie auf Seite 374.

Autobiografische Texte wurden früher als Ausdruck eines selbstbestimmten, von äußeren Bedingungen weitgehend unabhängigen Ichs verstanden. Die Angaben und Sichtweisen dieser Texte galten daher als Dokumentation einer Vergangenheit aus erster Hand. Mittlerweile jedoch wird ein autobiografischer Text viel stärker in seiner Abhängigkeit von spezifischen Prägungen des Verfassers bzw. der Verfasserin gesehen. Zu solchen Prägungen gehört etwa die Epoche, das Geschlecht, die Bildung (und damit das Ausdrucks- und Darstellungsvermögen) sowie die gesellschaftliche Position des Verfassers oder der Verfasserin. In der **Analyse** autobiografischer Texte wird daher eine **zeitliche Doppelstruktur** angenommen – die Zeit der beschriebenen Vergangenheit und die Zeit der Niederschrift. Ebenso ist zu bedenken, dass der Verfasser oder die Verfasserin sich zu rechtfertigen oder zu erklären versucht und dem beschriebenen Leben eine eigene Bedeutung geben möchte. Demnach enthalten autobiografische Texte auch eine **inhaltliche Doppelstruktur** – das, was beschrieben wird, und das, was wir davon halten sollen.

32040-374 Methode Online

Arbeitsschritt	Leitfragen (Auswahl)
1. Reproduktion	• Wer ist der Verfasser bzw. die Verfasserin? • Wann, wo und aus welchem Anlass wurde der Text verfasst und veröffentlicht? • Über welche vergangenen Ereignisse und Kontexte wird berichtet bzw. nicht berichtet? • Welche Merkmale kennzeichnen den Text (Sprache, Stil, Wertungen)?
2. Reorganisation und Transfer	• Welchen Zeitraum, welche Ereignisse oder Entwicklungen und welche Personen behandelt der Text? • Was sagt der Text über die beschriebene Zeit? • Welche Sichtweise des Verfassers bzw. der Verfasserin wird in der Darstellung erkennbar? • An welchen Adressatenkreis wendet sich der Text?
3. Reflexion und Problemlösung	• Wie lässt sich der Text einordnen und bewerten? Ist er glaubwürdig? • Wie ist der Quellenwert des Textes zu beurteilen? • Gibt es alternative oder ergänzende Quellen, mit denen sich die Aussagen des Verfassers bzw. der Verfasserin überprüfen lassen?

M „Mein Weg als Deutscher und Jude“

Der deutsch-jüdische Schriftsteller Jakob Wassermann (1873–1934) veröffentlicht 1921 „Mein Weg als Deutscher und Jude“. In der Abhandlung heißt es einleitend:

Ohne Rücksicht auf die Gewöhnung meines Geistes, sich in Bildern und Figuren zu bewegen, will ich mir – gedrängt von innerer Not und Not der Zeit – Rechenschaft ablegen über den problematischsten Teil meines Lebens, den, der mein Judentum und meine Existenz als Jude betrifft, nicht als Jude schlechthin, sondern als deutscher Jude, zwei Begriffe, die auch dem Unbefangenen Ausblick auf Fülle von Missverständnissen, Tragik, Widersprüchen, Hader und Leiden eröffnen. […] Es verlangt mich, Anschauung zu geben. […] Auf Beweis und Verteidigung verzichte ich somit überhaupt, auf Anklage und jede Art konstruktiver Beredsamkeit. Ich stütze mich auf das Erlebnis.

[*Über seine Kindheit in Fürth berichtet Wassermann:*] Die meinem Judentum geltenden Anfeindungen, die ich in der Kindheit und ersten Jugend erfuhr, gingen mir […] nicht besonders nahe, da ich herausfühlte, dass sie weniger die Person als die Gemeinschaft trafen. Ein höhnischer Zuruf von Gassenjungen, ein giftiger Blick, abschätzige Miene, gewisse wiederkehrende Verächtlichkeit, das war alltäglich. Aber ich merkte, dass meine Person, sobald sie außerhalb der Gemeinschaft auftrat, das heißt, sobald die Beziehung nicht mehr gewusst wurde, von Sticheleien und Feindseligkeit fast völlig verschont blieb. […]

Was die Gemeinschaft anlangt, so fühlte ich mit ihr keinerlei tieferen Zusammenhang. Religion war eine Disziplin und keine erfreuliche. Sie wurde von einem seelenlosen Manne seelenlos gelehrt. […] Dieser, wie alle, bläute Formeln ein, antiquierte hebräische Gebete, die ohne eigentliche Kenntnis der Sprache mechanisch übersetzt wurden, Abseitiges, Unlebendiges, Mumien von Begriffen. […] Genau betrachtet war man Jude nur dem Namen nach und durch die Feindseligkeit, Fremdheit oder Ablehnung der christlichen Umwelt […].

[*In Würzburg leistet er als Freiwilliger seinen Militärdienst ab:*] Obwohl ich meine Ehre und ganze Kraft darein setzte, als Soldat meine Pflicht zu erfüllen, […] gelang es mir nicht, die Anerkennung meiner Vorgesetzten zu erringen, und ich merkte bald, dass es mir auch bei exemplarischer Führung nicht gelungen wäre, dass es nicht gelingen konnte, weil Absicht dawider war. Ich merkte es an der verächtlichen Haltung der Offiziere, an der unverhehlten Tendenz, die befriedigende Leistung selbstverständlich zu finden, die unbefriedigende an den Pranger zu stellen. Von gesellschaftlicher Annäherung konnte nicht die Rede sein, […] Beförderung über eine zugestandene Grenze hinaus kam nicht infrage, alles, weil die bürgerliche Legitimation unter der Rubrik Glaubensbekenntnis die Bezeichnung Jude trug. Aber dies ist ja hinlänglich bekannt, niemand hat sich schließlich mehr darüber gewundert, auch ich war von vornherein mit der Situation vertraut, was ja an sich schlimm genug ist und eine beständige Trübung der allgemeinen Lebensstimmung herbeiführen muss. […]

Es geschah, dass ich zu einem jungen Menschen in förderliche Beziehungen trat; wenn dann die gewisse Enthüllung unvermeidlich war, zog er sich entweder vorsichtig zurück, oder er gab sich eine Weile unbefangen, um schließlich doch ein schwer bekämpfbares Misstrauen durchblicken zu lassen, oder er ließ mich verstehen, dass er in meiner Person eine Ausnahme statuiere und sich seines begründeten Vorurteils zu meinen Gunsten entäußere. Das war dann das Beleidigendste von allem. Eher noch können wir es ertragen, dass das Individuum in uns für minderwertig proklamiert wird, als die Gattung; eher noch darf der Charakter verdächtigt werden, als die Geburt; gegen jenes kann man sich retten, man kann den Irrtum beweisen, oder wenigstens sich einbilden, ihn widerlegen zu können; gegen dieses sind alle Argumente und Beispiele machtlos, und der gehütetste innerste Spiegel des Bewusstseins trübt und befleckt sich.

Jakob Wassermann, Mein Weg als Deutscher und Jude, Berlin 1921, S. 7, 12, 13, 15, 38 und 39f.

Judenhass als persönliche und gesellschaftliche Notlage

Autobiografie als Rechenschaftsbericht

eigene Erlebnisse sollen zur Anschauung dienen

Wassermanns Judentum: „seelenlos“, inhaltsleer, nur ein „Name“

Sich-Abfinden mit ungerechten Verhältnissen

Resignation

sarkastische Umschreibung, sich als Jude erkennen zu geben

sarkastische Umschreibung einer „ausnahmsweise“ gewährten Duldung

Der Verfasser will für alle Jüdinnen und Juden sprechen.

Untersuchen Sie die Textauszüge mithilfe der Arbeitsschritte auf Seite 204. Ihre Ergebnisse können Sie mit der Lösungsskizze auf Seite 487 vergleichen.

32040-375

Beginnender Antisemitismus im Deutschen Reich

Politischer Klimawandel | Bis Anfang der 1870er-Jahre hatten liberale Gesetzgebung, wirtschaftlicher Aufschwung und die Gründung des Kaiserreiches in der deutschen Bevölkerung für ein Klima des Fortschrittsglaubens und der Toleranz gesorgt. Unter diesen Vorzeichen waren judenfeindliche Äußerungen in der Öffentlichkeit selten geworden.

Seit Mitte des Jahrzehnts änderte sich dies. 1873 lösten Spekulationen an der Wiener Börse eine Finanzkrise aus, die auch das Deutsche Reich erfasste. Auf den „Gründerkrach“ folgte ein jahrelanger wirtschaftlicher Abschwung. Breite Schichten des Mittelstands (Handwerker, Kleinunternehmer, Landwirte) wurden von der Krise erfasst und suchten nach Schuldigen. Ihr Unmut richtete sich gegen das damals neue System der liberalen Marktwirtschaft, aber auch gegen die deutsch-jüdische Bevölkerung, die als Anhänger des Liberalismus und Nutznießer des modernen internationalen Handels- und Finanzwesens galt. 1874/75 behauptete der Publizist *Otto Glagau* in einer Serie von Zeitungsartikeln fälschlich, 90 Prozent aller Spekulanten seien Juden. Dass es unter den Geschädigten der Wirtschaftskrise auch viele jüdische Unternehmen und Beschäftigte gab, spielte dabei kaum eine Rolle.

Etwa zeitgleich brach im Deutschen Kaiserreich auch der sogenannte *Kulturkampf* aus, ein über Jahre dauernder Machtkampf zwischen den Regierungen der deutschen Bundesstaaten und der katholischen Kirche um die Kontrolle des Schulwesens, des Ehe- und Scheidungsrechts und um die Aufsicht über das Priesterpersonal. Es entstand ein erbitterter Streit zwischen Staat und Kirche sowie zwischen den politischen Parteien, die der Kulturkampf gegeneinander aufbrachte. Die katholische Presse sah den Einfluss der liberalen Zeitungen am Werk, die von jüdischen Verlegern beherrscht würden und angeblich Regierungen und Parteien gegen die Kirche aufhetzten.

Eine „Judenfrage“? | Im Lauf der 1870er-Jahre ergab sich somit ein neues Feindbild. Der jüdischen Bevölkerung wurde von immer mehr Publizisten vorgeworfen, sie würden mit der Macht des Geldes und der öffentlichen Meinung die Politik im Deutschen Reich bestimmen. Diese Unterstellungen waren zwar haltlos, fanden aber eine breite Leserschaft. Das Interesse an den Hetzschriften hing mit einem wachsenden Misstrauen der Bevölkerung gegenüber dem damaligen Liberalismus zusammen. Dessen Ziele wie freie Marktwirtschaft, Demokratie und Pressefreiheit schienen die Gesellschaft eher zu spalten als zusammenzuführen. Der bisherige Fortschrittsglaube und die Euphorie über die Reichsgründung wichen einer Zukunftsangst, die die Moderne als Bedrohung ansah. Als Sinnbild der Moderne galt dabei die jüdische Bevölkerung, da sie von den gesellschaftlichen Reformen scheinbar am meisten profitierte (➔ M1).

Jüdinnen und Juden wurden im Deutschen Reich nicht mehr nur als Religionsgemeinschaft wahrgenommen, sondern ebenso als eigenes Volk mit angeborenen Wesensmerkmalen. In erster Linie waren es negative Eigenschaften wie Geiz, Hochmut, Verschlagenheit usw., die die jüdische Bevölkerung angeblich von den übrigen Deutschen unterschieden. Die Vorstellung einer tief verwurzelten, grundsätzlichen Fremdheit brachte auch der Begriff der „**Semiten**“ zum Ausdruck. Er wurde ursprünglich in der Sprachwissenschaft und Völkerkunde gebraucht und ordnete die Menschen jüdischer Herkunft einer anderen sprachlich-ethnischen Abstammung zu als die nichtjüdischen Deutschen. Den judenfeindlichen Meinungsmachern bot dies eine scheinbar wissenschaftliche Begründung. Mit dem Schlagwort des *„Semitentums“* oder *„Semitismus“* fassten sie die behaupteten fremden und schädlichen Einflüsse zusammen, die die jüdische Bevölkerung angeblich auf Wirtschaft und Gesellschaft des Deutschen Reiches ausübte. Die Frage, wie darauf zu reagieren sei, wurde seit den 1870er-Jahren als „Judenfrage“ bezeichnet.

Semiten: seit dem späten 18. Jahrhundert wissenschaftliche Bezeichnung für Angehörige einer Völker- und Sprachenfamilie, die im oder seit dem Altertum in Nordafrika sowie im Nahen und Mittleren Osten beheimatet waren. Nach heutigen wissenschaftlichen Maßstäben erscheint der Begriff „semitisch“ zu unbestimmt für eine völkerkundliche Zuordnung, weshalb er kaum noch verwendet wird.

Judenfeindlichkeit wird organisiert | Ende der 1870er-Jahre entstand aus den bis dahin nur vereinzelten judenfeindlichen Stellungnahmen eine politische Bewegung. *Adolf Stoecker*, protestantischer Theologe und Prediger am Berliner Dom und am preußischen Königshof, gründete 1878 eine *„Christlich-Soziale Arbeiterpartei"*, anfänglich mit dem Ziel, die dem Christentum entfremdete Arbeiterschaft wieder für die Kirche zurückzugewinnen. Als politischer Redner fand Stoecker erst ab September 1879 Anklang, allerdings nicht unter den Arbeitern, sondern bei Handwerkern und Kleinhändlern, die seine verbalen Angriffe gegen jüdische Händler und Unternehmer begrüßten. Die Partei Stoeckers (seit 1881: Christlich-Soziale Partei) war die erste antijüdische politische Gruppierung im Kaiserreich.

Im Oktober 1879 trat in Berlin eine *„Antisemiten-Liga"* in Erscheinung, ein Verein zur Ausgrenzung der jüdischen Bevölkerung aus dem deutschen Vereins- und Geschäftsleben. Ideengeber und erster Vorsitzender war der Publizist *Wilhelm Marr*. In seiner Schrift „Vom Sieg des Judenthums über das Germanenthum" von 1879 rief er dazu auf, sich gegen ein angebliches Überhandnehmen jüdischen Einflusses zu wehren. Im Umkreis Marrs wurde damals das Schlagwort *„Antisemitismus"* geprägt, das sich schnell im deutschen Sprachgebrauch – sowie in anderen europäischen Sprachen – verbreitete. Für seine Anhänger war der Antisemitismus die gesuchte Antwort auf die „Judenfrage": Die Gleichstellung der jüdischen Bevölkerung im Deutschen Reich wurde abgelehnt und sollte rückgängig gemacht werden.

„Das orientalische Wüstenroß, geritten von dem bewährten Schul- und Prinzipienreiter Herrn Stöcker."
Karikatur eines unbekannten Künstlers aus der Satirezeitschrift „Der wahre Jacob" vom Februar 1884.
Adolf Stoecker (1835–1909) war dafür bekannt, in seinen Reden vor dem Verfall der gesellschaftlichen Ordnung zu warnen. Für diese angebliche Gefahr machte er den Liberalismus und die deutsch-jüdische Bevölkerung verantwortlich.

► Interpretieren Sie, wie Stoecker und seine judenfeindlichen Botschaften in der Karikatur dargestellt werden.

32040-376

Heinrich von Treitschke ergreift das Wort | Ebenfalls im Herbst 1879 breitete sich die Debatte über die „Judenfrage" auf akademische Kreise aus. Der Historiker Heinrich von Treitschke, Professor für Geschichte an der Friedrich-Wilhelms-Universität zu Berlin, der späteren Berliner Humboldt-Universität, veröffentlichte im November jenes Jahres einen Beitrag („Unsere Aussichten") in den von ihm herausgegebenen „Preußischen Jahrbüchern". Darin gab er den Jüdinnen und Juden eine erhebliche Mitschuld an den gegen sie gerichteten Anfeindungen. Er forderte, die jüdische Bevölkerung solle sich ohne Wenn und Aber assimilieren, andernfalls drohe „ein Zeitalter deutsch-jüdischer Mischcultur", was der deutschen Nation nur schaden könne. Treitschke lehnte die antisemitischen Hetzangriffe zwar ab, zeigte jedoch Verständnis für den „Instinkt der Massen" (→ M2).

Der Autor gehörte zu den angesehensten Gelehrten seiner Zeit. Als Hochschullehrer und Verfasser berühmter Geschichtswerke hatte Treitschkes Wort großes öffentliches Gewicht. Seine Stellungnahme war nicht nur eine Abkehr von den eigenen früheren Überzeugungen als Liberaler, sondern verschaffte auch dem deutschen Antisemitismus unverhoffte Legitimität. Er dramatisierte die angebliche „Judenfrage" zu einer Schicksalsfrage für alle Deutschen. Mit historischen Argumenten versuchte er die Diskriminierung und Verfolgung der Juden in der Vergangenheit zu relativieren und eine geschichtliche Kluft zwischen Deutschtum und Judentum nachzuweisen.

Heinrich von Treitschke (1834–1896): deutscher Historiker und Publizist, von 1871 bis 1884 Abgeordneter des Deutschen Reichstages (bis 1878 für die Nationalliberale Partei, danach parteilos)

Theodor Mommsen (1817–1903): deutscher Historiker, erhielt 1902 für sein Hauptwerk, die fünfbändige „Römische Geschichte" (1854–1885), den Nobelpreis für Literatur

Widerspruch gegen Treitschke | Auf Treitschke erwiderten zunächst fast nur jüdische Gelehrte und Publizisten. Ihre nichtjüdischen Kollegen blieben dagegen zurückhaltend. Sie erhoben erst Widerspruch, als Treitschke Studenten in Berlin ermunterte, eine seit Sommer 1880 umlaufende „Antisemiten-Petition" an die Reichsregierung zu unterzeichnen, obwohl Studenten in Preußen die Teilnahme an politischen Kampagnen verboten war. In Berlin erschien am 12. November 1880 eine öffentliche Erklärung gegen „Racenhaß" und „Fanatismus", unterschrieben von 75 hochangesehenen Wissenschaftlern und Prominenten. Einer der Unterzeichner war Theodor Mommsen, wie Treitschke Historiker an der Berliner Universität. Mommsen trat seinem Kollegen im Dezember 1880 auch in einer eigenen Streitschrift („Auch ein Wort über unser Judenthum") entgegen. Er tadelte Treitschke dafür, seine Autorität als Hochschullehrer und Publizist zu missbrauchen. Der Antisemitismus sei bislang ein Tabu gewesen, das Treitschke gebrochen habe (→ M3). Nach dieser Zurechtweisung endete die Kontroverse im Winter 1880/81, die damals als „Judendebatte" oder „Judenstreit" bezeichnet wurde und erst im 20. Jahrhundert rückblickend den Namen *„Berliner Antisemitismusstreit"* erhielt.

Antisemitismus in Parteien und Verbänden | Treitschke galt zwar als der Unterlegene im damaligen Meinungsstreit, dennoch fielen seine Thesen auf fruchtbaren Boden und heizten die antijüdische Stimmung weiter an. Die erwähnte Antisemiten-Petition, die die Einwanderung von Jüdinnen und Juden zu begrenzen forderte und Berufsverbote oder -beschränkungen für jüdische Beschäftigte vorsah, erhielt bis April 1881 über eine Viertelmillion Unterschriften. Die Regierung unter Kanzler *Otto von Bismarck* nahm die Petition jedoch nicht zur Kenntnis. Als 1881 gewaltsame antijüdische Ausschreitungen in Pommern und Westpreußen auftraten, ließ die Staatsmacht die Krawalle unter Einsatz des Militärs niederschlagen. Eine öffentliche Verurteilung durch Bismarck oder Kaiser *Wilhelm I.* fand jedoch nicht statt.

Die antisemitische Bewegung setzte sich in den 1880er- und 90er-Jahren fort, vor allem auf dem Feld der Parteipolitik. 1887 zog erstmals ein antisemitischer Abgeordneter in den Reichstag ein. Bei den Wahlen von 1890 kamen erklärte Antisemiten auf fünf Mandate, 1893 stieg ihre Zahl auf 16. Allerdings war ihre Wirkung im Parlament sehr begrenzt. Das Hauptziel der Antisemiten, die gesetzliche Gleichstellung der jüdischen Bevölkerung aufzuheben, blieb unerreicht.

Besser organisiert als die untereinander zerstrittenen anitsemitischen Parteien waren manche mittelständischen Interessen- und Berufsverbände, die sich eine betont judenfeindliche Ausrichtung gaben. Zu ihnen zählten der *Bund deutscher Landwirte (BdL)* oder der *Deutsche Handlungsgehilfen-Verband (DHV)*, beide 1893 gegründet, deren Funktionäre oft zugleich Mitglieder oder auch Abgeordnete antisemitischer Parteien waren. Antisemitismus gehörte ebenso zu den Leitbildern des 1881 gegründeten *Verbands der Vereine Deutscher Studenten (VVDSt)*. Seit 1896 schloss der Verband nicht mehr nur Studenten jüdischen Glaubens, sondern auch jüdischer Abstammung von der Mitgliedschaft aus.

Antisemitismus im Alltag | Ab Ende der 1890er-Jahre verlor der Antisemitismus in der deutschen Öffentlichkeit an Bedeutung. Ein fortdauernder Wirtschaftsaufschwung im Deutschen Reich seit 1895 sorgte dafür, dass das Konkurrenzdenken gegenüber der jüdischen Bevölkerung allgemein nachließ. Es gab weiterhin judenfeindliche Zeitungen und Zeitschriften, Vereine und Parteien, und zumal in konservativen und katholischen Medien tauchte immer wieder antisemitisches Gedankengut auf. Doch eine einflussreiche politische Bewegung ging daraus nicht hervor.

Was sich dagegen im Alltag erhielt, war ein gesellschaftlich geduldeter Antisemitismus, der auf Gewalt ebenso verzichtete wie auf allzu aggressive Parolen. Stattdessen erlebten Jüdinnen und Juden Ausgrenzung durch verächtliche Bemerkungen, bei Zutrittsverboten oder der Ablehnung von Stellenbewerbungen (→ M4).

Neue Radikalisierung | In manchen Teilen der Gesellschaft radikalisierten sich dagegen die antisemitischen Vorstellungen noch weiter. Sie übernahmen nun Anschauungen eines völkischen Rassismus, der um die Jahrhundertwende in populären, pseudowissenschaftlichen Schriften und als neue Weltanschauung Verbreitung erlangte. Danach lag der behauptete Gegensatz zwischen Deutschen und Juden nicht nur in kulturellen Unterschieden. Viel grundsätzlicher ging es um eine biologische „Reinhaltung" der „germanischen Rasse". Um deren Leistungsfähigkeit zu sichern, müsse sie vor jeder Vermischung bewahrt werden, insbesondere vor der „jüdischen Rasse" und ihrer angeblich „zersetzenden" Qualität. Ein deutsch-jüdisches Zusammenleben, selbst bei vollkommener jüdischer Assimilation, schloss dieses Denken aus.

Diese wahnhaften Ansichten blieben zunächst auf kleine, vereinzelte Gruppen beschränkt. Ein stärkeres Echo fanden sie etwa im 1896 gegründeten „*Wandervogel*", einer Jugendbewegung, die sich für Naturverbundenheit und eine Rückkehr zu schlichten Lebensstilen aussprach. Radikale Vordenker des „Wandervogels" wünschten eine Zukunft ohne Industrie, Technisierung und Verstädterung. In dieser Gesellschaftsutopie schien es keinen Platz mehr für die jüdische Bevölkerung zu geben, die als Repräsentant der verhassten Gegenwart galt. Viele, die zu Beginn des 20. Jahrhunderts an der völkischen Jugendbewegung teilnahmen, hielten auch später an einem extremen Nationalismus und Antisemitismus fest.

völkisch: Bezeichnung für eine radikal-nationalistische Überzeugung, die für das eigene Staatsvolk völlige ethnische Einheitlichkeit anstrebt

Antisemitismus im Ersten Weltkrieg | Zu Anfang des Ersten Weltkrieges spielte der Antisemitismus im Deutschen Kaiserreich keine Rolle. Die seit Kriegsbeginn geltende staatliche Pressezensur schritt gegen judenfeindliche Äußerungen ein, um den inneren Frieden zu sichern. Führende deutsch-jüdische Unternehmer wie Albert Ballin und Walther Rathenau wurden mit Leitungsaufgaben für die Kriegswirtschaft betraut.[1]

Um 1916 kamen dagegen Gerüchte auf, Juden würden ihrer Wehrpflicht nicht nachkommen. Hierauf ordnete das preußische Kriegsministerium ab Oktober 1916 eine „Judenzählung" in den eigenen Truppen an. Das Ergebnis blieb unveröffentlicht, womit auch die – völlig unzutreffenden – Anschuldigungen nicht widerlegt wurden.

Im Verlauf des Krieges wuchs der Druck nationalistischer Publizisten, Parteien und Verbände auf die Staatsführung. Sie forderten als deutsche Kriegsziele Eroberungen in Europa und größeren Kolonialbesitz. Dagegen sahen sie einen Verständigungsfrieden, der auf Gewinne verzichtete und um den sich seit 1917 gemäßigte politische Kräfte bemühten, nur als Zeichen der Schwäche und als „Judenfrieden". Der jüdischen Bevölkerung hielten sie vor, sie verfolge im Krieg eigene Interessen und beeinflusse Parteien und Medien, um den deutschen Siegeswillen zu untergraben. Schon vor Kriegsende entstand somit in rechtsgerichteten Kreisen die Legende, Jüdinnen und Juden trügen Mitschuld an der deutschen Niederlage. Der Antisemitismus überdauerte daher das Kaiserreich und entwickelte sich als politische Bewegung in der Weimarer Republik immer weiter.

[1] Siehe hierzu nochmals Seite 198 bis 200.

M1 „Die ‚goldene Internationale'"

Der preußische Justizbeamte und Reichstagsabgeordnete Carl Wilmanns (1835–1898) veröffentlicht 1876 die Schrift „Die ‚goldene' Internationale und die Nothwendigkeit einer socialen Reformpartei". Darin kritisiert er das damalige liberale Wirtschaftssystem, das sich nach seiner Ansicht in der Hand jüdischer Geldgeber und Unternehmer befinde:

Im umfassendsten Maße kommen […] die Vortheile aus der einseitigen Richtung unserer Gesetzgebung dem der Speculation dienenden Kapital zu statten. Die Sammel- und Stützpunkte desselben sind die Börsen und Banken. Diese bilden daher naturgemäß den Mittelpunkt für die Organisation der Geldmächte. Der kosmopolitischen Natur des Geldcapitals entsprechend hat dieselbe einen internationalen Charakter. Die Herstellung des internationalen Bundes hat sich gewissermaßen von selbst gemacht: An den Börsen und Banken dominirt bekanntlich das jüdische Volk […]. Das jüdische Volk ist aber wie geschaffen dazu, den Mittelpunkt jenes Bundes zu bilden: Es hat gegen den Ackerbau ein auf den Talmud gegründetes Vorurtheil. Der Erwerb durch körperliche Arbeit widerstrebt seinem National-Charakter; nur in der äußersten Noth greift es zum Handwerk. Es lebt vom Handel und hat hier durch seine einseitige Lebensrichtung im Laufe der Jahrhunderte eine dem Christen weit überlegene Gewandtheit erlangt, welche dasselbe für die Spekulation ganz besonders befähigt. Sein Sittengesetz kommt ihm dabei außerordentlich zu statten. Leider herrscht über dasselbe in weiten Kreisen die größte Unkenntnis. Einiges Licht verbreitet die lesenswerthe Schrift des Prof. Dr. Rohling[1] „der Talmudjude" (Münster 1873 bei Ad[olph] Russel) […]. Für unsere Zwecke reicht es aus hervorzuheben, dass jeder Christ den Juden als „Feind" erscheint (a. a. O. S. 32); es ist erlaubt, ihm Unrecht zu thun, ihn zu betrügen und auszubeuten (S. 34). Der Wucher, welcher dem Juden gegenüber getadelt wird, ist im Verkehr mit Christen ein verdienstliches Werk, nach der Ansicht vieler Rabbiner sogar die Pflicht (S. 37) […]. – Gern erkennen wir an, dass einzelne Juden humanen Principien folgen, aber es beruht auf bitterer Täuschung, wenn man glaubt, dass das Volk als solches oder auch nur der Theil desselben, welcher angeblich die Lehren des Talmud verwirft (die sog. Reformjuden), nach wesentlich anderen Grundsätzen handeln werde. Ein Sittengesetz, welches seit mehr denn einem Jahrtausend die Grundlage für die Erziehung eines Volkes gebildet hat, ist mehr als eine bloße Lehre; sein Inhalt bildet einen wesentlichen Bestandtheil des Volkscharakters, welcher für die Gesammthaltung nothwendig bestimmend ist. […]

Jeder Versuch nationaler Verschmelzung muss nothwendig misslingen […]. Obwohl die Juden seit Jahrhunderten in unserer Mitte leben, tritt noch jetzt der Rasse-Unterschied in den Gesichtszügen, in der Erscheinung, in der Sprache, ebenso aber auch in der Gesinnung und dem Charakter unverkennbar hervor. Der einzelne kann wohl seine Confession, nicht aber die Eigenthümlichkeiten seiner Rasse aufgeben; auch der humanistische Reformjude ist und bleibt „Jude". […] Um so fester ist die Verbindung der Juden unter einander. Die Verheißung des Talmud, welcher ihnen eine Zukunft in Aussicht stellt, „in der sie unermeßlich reich werden, alle Schätze der Welt in ihre Hand kommen, alle Völker ihnen dienen und alle Königreiche ihnen unterthänig sind" (a. a. O. S. 30), ist der Leitstern, welchem sie folgen […]. […]

Mit ihren erheblichen Geldmitteln, mit ihrer steten Bereitwilligkeit, Hunderte zur Unterstützung talentvoller Glaubensgenossen zu opfern, deren Einflüsse in den Regierungen, in den Parlamenten, in der Presse etc. ihnen demnächst Millionen wieder einbringen, mit ihrer alle Staaten umfassenden Organisation, welche es ihnen möglich macht, überall die günstigsten Conjuncturen in ihrem Interesse auszunutzen, bilden sie den festen Kern der immer mehr zur Herrschaft gelangenden „goldenen Internationale".

Carl Wilmanns, Die „goldene" Internationale und die Nothwendigkeit einer socialen Reformpartei, Berlin 1876, S. 58 f., 61, 62 und 66 f.

32040-377

1. Fassen Sie die Aussagen des Textes in Thesenform zusammen.
2. Erklären Sie, was der Verfasser unter der „goldenen Internationale" versteht. | H
3. Arbeiten Sie heraus, wodurch das moderne Judentum nach Ansicht des Verfassers geprägt ist. Differenzieren Sie dabei zwischen den behaupteten religiösen, ethnischen, charakterlichen und weltanschaulichen Merkmalen. | F
4. Die „goldene Internationale": eine Verschwörungstheorie? Nehmen Sie dazu Stellung.

[1] **August Rohling** (1839–1931): katholischer Priester und Theologe. In seinem Buch „Der Talmudjude", das erstmals 1871 erschien, verbreitete er viele Falschaussagen über den Talmud, das überlieferte religiöse Gesetzeswerk für Jüdinnen und Juden.

M2 Anerkennung für „Zorn" und „Erbitterung"

Heinrich von Treitschke (siehe Seite 207) bewertet in seinem Aufsatz „Unsere Aussichten" vom November 1879 die damalige judenfeindliche Stimmung im Deutschen Reich:

Unter den Symptomen der tiefen Umstimmung[1], welche durch unser Volk geht, erscheint keines so befremdend wie die leidenschaftliche Bewegung gegen das Judenthum. [...] Antisemitenvereine treten zusammen, in erregten Versammlungen wird die „Judenfrage" erörtert, eine Fluth von judenfeindlichen Libellen[2] überschwemmt den Büchermarkt. [...] Aber verbirgt sich hinter diesem lärmenden Treiben wirklich nur Pöbelroheit und Geschäftsneid? Sind diese Ausbrüche eines tiefen, lang verhaltenen Zornes wirklich nur eine flüchtige Aufwallung, so hohl und grundlos wie einst die teutonische Judenhetze des Jahres 1819[3]? Nein, der Instinkt der Massen hat in der That eine schwere Gefahr, einen hochbedenklichen Schaden des neuen deutschen Lebens richtig erkannt; es ist keine leere Redensart, wenn man heute von einer deutschen Judenfrage spricht. Wenn Engländer und Franzosen mit einiger Geringschätzung von dem Vorurtheil der Deutschen gegen die Juden reden, so müssen wir antworten: Ihr kennt uns nicht; Ihr lebt in glücklicheren Verhältnissen, welche das Aufkommen solcher „Vorurtheile" unmöglich machen. Die Zahl der Juden in Westeuropa ist so gering, dass sie einen fühlbaren Einfluss auf die nationale Gesinnung nicht ausüben könne; über unsere Ostgrenze aber dringt Jahr für Jahr aus der unerschöpflichen polnischen Wiege eine Schaar strebsamer hosenverkaufender Jünglinge herein, deren Kinder und Kindeskinder dereinst Deutschlands Börsen und Zeitungen beherrschen sollen; die Einwanderung wächst zusehends, und immer ernster wird die Frage, wie wir dies fremde Volksthum mit dem unseren verschmelzen können. [...]
Was wir von unseren israelitischen Mitbürgern zu fordern haben, ist einfach: sie sollen Deutsche werden, sich schlicht und recht als Deutsche fühlen – unbeschadet ihres Glaubens und ihrer alten heiligen Erinnerungen, die uns Allen ehrwürdig sind; denn wir wollen nicht, daß auf die Jahrtausende germanischer Gesittung ein Zeitalter deutsch-jüdischer Mischcultur folge. [...]
Zehn Jahre lang wurde die öffentliche Meinung in vielen deutschen Städten zumeist durch jüdische Federn „gemacht"; es war ein Unglück für die liberale Partei und einer der Gründe ihres Verfalls, dass grade ihre Presse dem Judenthum einen viel zu großen Spielraum gewährte. Der nothwendige Rückschlag gegen diesen unnatürlichen Zustand ist die gegenwärtige Ohnmacht der Presse; der kleine Mann lässt sich nicht mehr ausreden, dass die Juden die Zeitungen schreiben, darum will er ihnen nichts mehr glauben. [...]
Ueberblickt man alle diese Verhältnisse [...] so erscheint die laute Agitation des Augenblicks doch nur als eine brutale und gehässige, aber natürliche Reaction des germanischen Volksgefühls gegen ein fremdes Element, das in unserem Leben einen allzu breiten Raum eingenommen hat. Sie hat zum Mindesten das unfreiwillige Verdienst, den Bann einer stillen Unwahrheit von uns genommen zu haben; es ist schon ein Gewinn, dass ein Uebel, das Jeder fühlte und Niemand berühren wollte, jetzt offen besprochen wird. Täuschen wir uns nicht: die Bewegung ist sehr tief und stark; einige Scherze über die Weisheitssprüche christlich-sozialer Stump-Redner[4] genügen nicht sie zu bezwingen. Bis in die Kreise der höchsten Bildung hinauf, unter Männern, die jeden Gedanken kirchlicher Unduldsamkeit oder nationalen Hochmuths mit Abscheu von sich weisen würden, ertönt es heute wie aus einem Munde: die Juden sind unser Unglück! [...]
Eine Kluft zwischen abendländischem und semitischem Wesen hat von jeher bestanden [...]; es wird immer Juden geben, die nichts sind als deutsch redende Orientalen; auch eine specifisch jüdische Bildung wird immer blühen, sie hat als kosmopolitische Macht ihr gutes historisches Recht. Aber der Gegensatz lässt sich mildern, wenn die Juden, die so viel von Toleranz reden, wirklich tolerant werden und einige Pietät[5] zeigen gegen den Glauben, die Sitten und Gefühle des deutschen Volkes, das alte Unbill[6] längst gesühnt und ihnen die Rechte des Menschen und des Bürgers geschenkt hat. Dass diese Pietät einem Theile unseres kaufmännischen und literarischen Judenthums vollständig fehlt, das ist der letzte Grund der leidenschaftlichen Erbitterung von heute.

Zitiert nach: Der „Berliner Antisemitismusstreit" 1879–1881. Eine Kontroverse um die Zugehörigkeit der deutschen Juden zur Nation. Kommentierte Quellenedition, bearb. von Karsten Krieger, München 2003, Teil 1, S. 6–16, hier S. 10–15 (Auszüge)

32040-378

1. Geben Sie die Hauptaussagen des Textes in eigenen Worten wieder.
2. Stellen Sie gegenüber, was Treitschke an der damaligen Judenfeindschaft kritisiert und wie er diese Erscheinungen jeweils zu erklären oder zu rechtfertigen versucht.
3. Charakterisieren Sie das von Treitschke entworfene Bild der jüdischen Bevölkerung. | H
4. Setzen Sie sich mit Treitschkes Vorschlägen auseinander, den damaligen Antisemitismus zu entschärfen.

[1] **Umstimmung**: Stimmungswandel
[2] **Libell** (lat.): Büchlein, kleine Schrift
[3] **teutonische Judenhetze des Jahres 1819**: Umschreibung der sogenannten „Hep-Hep-Unruhen". Siehe dazu den Verfassertext auf Seite 163.
[4] **christlich-soziale Stump-Redner** (engl. *stump speech*: Wahlkampfrede): Anspielung auf die Wahlkampfauftritte der Christlich-Sozialen Arbeiterpartei von Adolf Stoecker
[5] **Pietät** (lat. *pietas*: Frömmigkeit, Pflichtgefühl): Ehrfurcht, Rücksichtnahme auf die (religiösen) Gefühle anderer Menschen
[6] **Unbill** (gehoben): üble, schwer zu ertragende Behandlung, Unrecht

M3 „Das heißt den Bürgerkrieg predigen"

Theodor Mommsen (siehe Seite 208) tritt in seiner Schrift „Auch ein Wort über unser Judenthum" vom Dezember 1880 den Äußerungen Heinrich von Treitschkes entgegen:

Die gute Sitte und noch eine höhere Pflicht gebieten, die Besonderheiten der einzelnen Nationen und Stämme mit Maß und Schonung zu discutieren. Je namhafter ein Schriftsteller ist, desto mehr ist er verpflichtet, in dieser Hinsicht diejenigen Schranken einzuhalten, welcher der internationale und der nationale Friede erfordert. Eine Charakteristik der Engländer und der Italiener von einem Deutschen, der Pommern und der Rheinländer von einem Schwaben ist ein gefährliches Unternehmen: bei aller Wahrhaftigkeit und allem Wohlwollen hört der Besprochene doch von allem nur den Tadel. Das unvermeidliche und unvermeidlich ungerechte Generalisieren wirkt verstimmend und erbitternd [...]. Darin vor allem liegt das arge Unrecht und der unermessliche Schaden, den Herr v. Treitschke mit seinen Judenartikeln[1] angerichtet hat. Jene Worte von den hosenverkaufenden Jünglingen und den Männern aus den Kreisen der höchsten Bildung, aus deren Munde der Ruf ertönt „die Juden sind unser Unglück" – ja es ist eingetroffen, was Herr v. Treitschke voraussah, dass diese „versöhnenden Worte" missverstanden worden sind. Gewiss waren sie sehr wohlgemeint; gewiss liegt den einzelnen Klagen, die dort erhoben werden, vielfach Wahres zu Grunde; gewiss sind härtere Anklagen gegen die Juden tausendmal ungehört verhallt. Aber wenn die Empfindung der Verschiedenheit dieses Theils der deutschen Bürgerschaft von der großen Majorität bis dahin niedergehalten worden war durch das starke Pflichtgefühl des bessern Theils der Nation, [...] so sah sich diese Empfindung nun durch Herrn v. Treitschke proclamirt als die „natürliche Reaction des germanischen Volksgefühls gegen ein fremdes Element", als „der Ausbruch eines tiefen lang verhaltenen Zornes". Das sprach Herr v. Treitschke aus, der Mann, [...] dessen Feder eines der besten Schwerter war und ist in dem gewendeten, aber nicht beendeten Kampfe gegen den alten Erbfeind der Nation, den Particularismus[2]. Was *er* sagte, war damit anständig gemacht. Daher die Bombenwirkung jener Artikel, die wir alle mit Augen gesehen haben. Der Kappzaun der Scham war dieser „tiefen und starken Bewegung" abgenommen; und jetzt schlagen die Wogen und spritzt der Schaum.

Ohne Zweifel hat Herr v. Treitschke diese Wogen und diesen Schaum nicht gewollt, und es fällt mir nicht ein, ihn für die einzelnen Folgen seines Auftretens verantwortlich zu machen. Aber die Frage ist doch unerlässlich: was hat er gewollt? Jene „tiefe und starke Bewegung" hatte doch wohl irgend einen Zweck? Herr v. Treitschke ist ein redegewaltiger Mann; aber selbst er hat doch wohl kaum geglaubt, dass auf seine Allocution[3] hin die Juden nun, wie er es ausdrückt, sämtlich deutsch werden würden. Und wenn nicht, was dann? ein kleines klares Wort darüber wäre nützlicher gewesen als all die ziellosen großen. Nur so viel ist klar: jeder Jude deutscher Nationalität hat den Artikel in dem Sinne aufgefasst und auffassen müssen, dass er sie als Mitbürger zweiter Klasse betrachtet, als eine allenfalls besserungsfähige Strafcompagnie. Das heißt den Bürgerkrieg predigen. [...]

Diese Hetze des Tages, wie sie [...] jetzt ihren Lauf hat, kann das Publikum nicht bannen, aber ächten. Dies wird hoffentlich nicht ausbleiben, und die entwichene Toleranz zurückkehren, – nicht diejenige, die sich von selbst versteht, gegen die Synagoge, sondern die wesentlichere Toleranz gegen die jüdische von ihren Trägern nicht verschuldete, ihnen als Schicksal auf die Welt mitgegebene Eigenartigkeit. Was über die Sonderstellung des deutschen Judenthums im Guten wie im Bösen zu sagen ist [...] dafür werden die Schriftsteller, welche in Betracht kommen, sehr wohl eine Form zu finden wissen, die der verständige Jude hinnehmen kann.

Zitiert nach: Der „Berliner Antisemitismusstreit", a.a.O., Teil 2, S. 695–709, hier S. 703–705

32040-379

1. Fassen Sie zusammen, was Mommsen an Treitschkes Äußerungen kritisiert.
2. Arbeiten Sie heraus, welches Verhalten Mommsen von einem Schriftsteller wie Treitschke erwartet. | F
3. Vergleichen Sie den Begriff der „Toleranz", den Treitschke und Mommsen jeweils vertreten.
4. Erörtern Sie anhand des Textes, ob und inwieweit sein Verfasser den Antisemitismus für überwindbar hält.

[1] **Judenartikel**: Treitschke veröffentlichte nach „Unsere Aussichten" weitere Stellungnahmen, in denen er sich gegen Kritiker zu behaupten suchte.

[2] **Particularismus** (lat. *pars*: Teil): Bestreben einzelner Landesteile oder Bevölkerungsgruppen, die eigenen Interessen ohne Rücksicht auf den ganzen Staat oder die Gesamtgesellschaft durchzusetzen

[3] **Allocution** (lat.): Ansprache

M4 „Gruß aus Borkum“

Manche Hotels, Seebäder und Kurorte im Deutschen Reich werben damit, jüdischen Gästen den Aufenthalt zu verweigern. Auf der um 1905 entstandenen Postkarte ist das berüchtigte „Borkum-Lied“ zitiert, das damals auf der Nordseeinsel Borkum regelmäßig von Kapellen angestimmt wird. Das Lied schließt mit den Worten: „Doch wer dir naht mit platten Füßen, / Mit Nasen krumm und Haaren kraus, / Der soll nicht deinen Strand genießen, / Der muss hinaus! Der muss hinaus! / Hinaus!“ Der Liedtext spielt auf weitverbreitete, falsche Vorstellungen an, wonach Jüdinnen und Juden besondere körperliche Merkmale aufweisen.

32040-380

1. Beschreiben Sie die Szenen der beiden Abbildungen auf der Postkarte.
2. Analysieren Sie den Text des „Borkum-Liedes“. Nutzen Sie dazu auch den Internettipp. | H
3. Der Ausschluss jüdischer Mitbürgerinnen und Mitbürger von Touristenorten wurde schon im Kaiserreich als „Bäderantisemitismus“ bezeichnet. Setzen Sie sich damit auseinander, ob der Begriff eher verharmlosend oder anklagend wirkt.

Internettipp
Eine Transkription des „Borkum-Lieds“ finden Sie unter diesem Code.

32040-381

Jüdische Reaktionen auf den deutschen Antisemitismus

Konfliktscheu und Selbstkritik | Auf den Antisemitismus im Deutschen Reich reagierten jüdische Repräsentanten zunächst mit Zurückhaltung. Viele Rabbiner und Vorstände in den jüdischen Ortsgemeinden hielten die Anfeindungen der 1870er- und 80er-Jahre nur für eine vorübergehende Erscheinung. Ihre Aufrufe zu Geduld und Friedfertigkeit entsprachen den Grundsätzen liberaler Toleranz. Hinzu kam die Sorge, eine offene Konfrontation könne die erreichte rechtliche Gleichstellung wieder aufs Spiel setzen.

Zu den anfänglichen Reaktionen deutscher Jüdinnen und Juden gehörte auch die Selbstkritik. Jüdische Familien wollten ihren Wohlstand künftig weniger zur Schau stellen, um öffentlichen Ärger zu vermeiden. Neugegründete jüdische Vereine zur Förderung des Handwerks und der Landwirtschaft boten Umschulungen zum Einstieg in Berufsfelder, in denen jüdische Erwerbstätige bislang kaum vertreten waren. Damit sollte auch der Vorwurf entkräftet werden, die jüdische Bevölkerung dominiere einseitig Handel, Bankwesen und freie Berufe. Austritte aus jüdischen Gemeinden sowie die Konversion zum Christentum nahmen zu. Obgleich jährlich nur wenige hundert Jüdinnen und Juden solche Schritte vollzogen, erschien dies oft wie ein Zugeständnis an antijüdische Stimmungen in der deutschen Gesellschaft, insofern sich die Betreffenden von ihrer jüdischen Herkunft lossagten. Insgesamt zeigte die deutsch-jüdische Bevölkerung ein noch größeres Bemühen um Anpassung und Integration, in der Hoffnung, der Judenhass werde sich dadurch legen.

Organisierte Abwehr | Da die judenfeindliche Agitation nicht abnahm oder gar verschwand, ergab sich auf Dauer die Notwendigkeit zur Gegenwehr. Im Dezember 1890 entstand der *Verein zur Abwehr des Antisemitismus*, eine Organisation, die die antijüdischen Anfeindungen als Angriff auf Freiheit und Rechtsgleichheit ablehnte. Der „Abwehr-Verein", wie er gemeinhin genannt wurde, bestand aus jüdischen und nichtjüdischen Mitgliedern, darunter namhafte Vertreter von Wissenschaft, Wirtschaft und liberalen Parteien. Um der Judenfeindschaft zu entgegnen, gab der Verein Schriften heraus, die gegen das Auftreten von Antisemiten Stellung bezogen und deren Falschaussagen widerlegten. Ebenso organisierte der Verein Proteste im Reichstag und in den Landtagen gegen Antisemitismus sowie gegen antijüdische Diskriminierung im Staatsdienst. Bei Wahlen warnte der Abwehr-Verein vor antisemitischen Kandidaten und warb für aussichtsreiche Gegenbewerber. Ungeachtet ihrer Solidarität mit der jüdischen Bevölkerung vertraten die Leiter des Vereins eine Haltung des traditionellen politischen Liberalismus, der auf eine möglichst vollständige Assimilation der deutschen Jüdinnen und Juden setzte. Schutz vor dem Antisemitismus war daher nicht von vornherein gleichbedeutend mit einer Bewahrung jüdischer religiöser und kultureller Identität (→ M1).

Der „Central-Verein" | Im März 1893 wurde in Berlin der *„Central-Verein deutscher Staatsbürger jüdischen Glaubens"* gegründet. Wie zuvor der Abwehr-Verein begann diese Organisation als Initiative angesehener Personen des öffentlichen Lebens (Honoratioren). Der Central-Verein, der bis 1938 bestand, fand großen Zulauf, vor Beginn des Ersten Weltkrieges zählte er bereits 38 000 Mitglieder. Eine Aufnahme gab es nur für deutsch-jüdische Staatsangehörige. Nichtjuden und ausländische Jüdinnen und Juden hatten keinen Zugang. Der Verein nahm für sich in Anspruch, die „Gesamtheit der deutschen Juden" zu repräsentieren. Dieses Ziel wurde nicht erreicht, denn die Mitglieder stammten mehrheitlich aus dem liberalen und nichtreligiösen Judentum. Viele orthodoxe Jüdinnen und Juden wahrten dagegen Distanz zum Central-Verein.

Ebenso traf der Central-Verein zunächst auf Vorbehalte bei jüdischen Gemeindevorständen und Geistlichen. Ihnen ging bereits der Kurs des Abwehr-Vereins zu weit, der den offenen politischen Streit mit Antisemiten suchte. Erst recht galt das für das kämpferische Vorgehen des Central-Vereins: Seine Schwerpunkte lagen in der Öffentlichkeitsarbeit (u. a. mit der vom Verein herausgegebenen Monatsschrift „Im deutschen Reich" und vielen Einzelschriften, die über das Judentum aufklären sollten) sowie in juristischen Prozessen gegen die Verfasser antisemitischer Schriften, gegen Beleidigungen oder andere diskriminierende Akte. Die vom Central-Verein unterstützten Klagen vor Gericht – nach 1900 befasste sich die Rechtsschutzabteilung des Vereins mit rund hundert Fällen jährlich – hatten zwar nicht immer Erfolg. Sie sorgten jedoch für deutlichen Widerspruch gegen antijüdische Anfeindungen und hoben das Selbstbewusstsein der jüdischen Bevölkerung, die miterlebte, wie Verleumdung, Hetze und Benachteiligung nicht länger hingenommen wurden (→ M2).

Ja zum Judentum | Der Central-Verein war mehr als nur ein weiterer Abwehr-Verein. Er verstand sich als „bewusstseinsbildende Organisation" – so die israelische Historikerin *Shulamit Volkov* –, die jüdische Denk- und Lebensweisen als bewahrenswert ansah. Dieses Leitbild schloss auch diejenigen mit ein, die keine oder nur noch geringe Bindungen an den jüdischen Glauben unterhielten. So sprach sich der Central-Verein ausdrücklich gegen die christliche Taufe aus. Entscheidend war der Verbleib in der jüdischen Gemeinde, unabhängig davon, ob die Religion der Vorfahren praktiziert wurde oder nicht.

Ebenso entscheidend war für den Central-Verein das Bekenntnis seiner Mitglieder zum Deutschtum. Die jüdische Herkunft sollte nicht als Gegensatz zur christlichen Mehrheitsgesellschaft gelten, sondern als Bereicherung für eine gemeinsame deutsche Geschichte und Kultur. Die vom Verein geprägte Formel „deutsche Staatsbürger jüdischen Glaubens" setzte daher auf Inklusion und beschwor ein möglichst harmonisches Nebeneinander von deutscher Nationalität und jüdischem Erbe.

Der Central-Verein versuchte langfristig, eine einheitliche Vertretung des deutschen Judentums gegenüber dem Staat zu schaffen. Als Vorbild diente dabei die Minderheit der Katholiken im Deutschen Kaiserreich, die mit der Partei des *Zentrums* eine nationale politische Vertretung besaß. Nach 1900 gab es Anläufe zur Gründung einer jüdischen Zentrumspartei oder einer parteipolitischen Organisation der Juden in Preußen, die jedoch erfolglos blieben.

„Trotzjudentum" und jüdische Traditionspflege | Auch wenn eine eigene Parteigründung nicht gelang, ging der Bewusstseinswandel der jüdischen Bevölkerung im Deutschen Reich weiter. Die Angriffe des Antisemitismus sorgten dafür, dass liberale und orthodoxe Jüdinnen und Juden sich mehr denn je auf ihre Gemeinsamkeiten besannen. Zusammen bewiesen sie auch Solidarität mit den jüdischen Ein- und Durchwanderern aus Osteuropa, die materiell unterstützt und gegen Anfeindungen in Schutz genommen wurden. Selbst nichtgläubige Jüdinnen und Juden bekannten sich zu ihrer Herkunft und zur Bedeutung der jüdischen Religion, um Geschlossenheit zu demonstrieren, ein Verhalten, das als „Trotzjudentum" gegen den Antisemitismus aufgefasst wurde.

Je länger Antisemiten versuchten, jüdische Traditionen in Verruf zu bringen, desto größer wurde das Interesse der jüdischen Bevölkerung an der eigenen Kultur und Vergangenheit. 1893 entstand der *Verband der Vereine für jüdische Geschichte und Literatur*, der schon nach zehn Jahren etwa 15 000 Mitglieder in 180 Ortsvereinen zählte. Um die Jahrhundertwende kam es auch zu zahlreichen Gründungen jüdischer Bibliotheken und Museen im Deutschen Reich. Das Judentum wurde in diesem Umfeld nicht länger nur religiös definiert, sondern zugleich als „Stamm" oder auch als „Schicksalsgemeinschaft" wahrgenommen.

Theodor Herzl (1860 – 1904): aus Budapest stammender österreichisch-jüdischer Journalist, Schriftsteller und Publizist. Er gilt als einer der wichtigsten Vordenker der Gründung des Staates Israel, die 1948 erfolgte. Herzls Leichnam wurde 1949 nach Jerusalem überführt und auf dem nach ihm benannten Herzlberg beigesetzt.

Dreyfus-Affäre: Benannt nach dem jüdisch-französischen Offizier Alfred Dreyfus (1859 – 1935), der fälschlich der Spionage beschuldigt und 1894 nach einem manipulierten Gerichtsverfahren zu lebenslangem Exil verurteilt wurde. Der Justizskandal spaltete die öffentliche Meinung in Frankreich und im übrigen Europa. Erst 1906 wurde der Schuldspruch für Dreyfus aufgehoben und der zu Unrecht Verurteilte rehabilitiert.

Eine neue Bewegung: der Zionismus | Der Ansatz des Central-Vereins sah vor, deutsches und jüdisches Selbstverständnis in Einklang zu bringen, indem letzteres aufgewertet wurde. Die große Mehrheit der Jüdinnen und Juden im Deutschen Reich hielt diesen Weg für den richtigen.

Eine Minderheit der deutsch-jüdischen Bevölkerung schloss sich dagegen der Bewegung des *Zionismus* an. Der Begriff ist abgeleitet von Zion, dem Namen des jüdischen Tempelberges in Jerusalem. Der Jerusalemer Tempel, der im Altertum zerstört worden war, erinnerte Jüdinnen und Juden noch im 19. Jahrhundert an ihre religiöse Tradition, ebenso an eine Zeit, in der es einen jüdischen Staat gegeben hatte. Anknüpfend an diese Vergangenheit wollte der Zionismus eine neue jüdische Heimat schaffen. Daraus entstand um die Wende zum 20. Jahrhundert die Forderung nach einem jüdischen Nationalstaat.

Um Gegenwart und Zukunft | Seinen Anfang nahm der Zionismus in den 1880er-Jahren. Als damals im Russischen Reich antijüdische Verfolgungen stattfanden, erhoben sich Stimmen, die zur Rettung jüdischer Flüchtlinge aus Osteuropa aufriefen. Die Schutzsuchenden sollten in Palästina Zuflucht finden, wo jüdische Hilfsorganisationen für ihre Ansiedlung sorgten. Jüdische Intellektuelle, Politiker, Journalisten und Studenten warben in vielen Ländern Europas für diese Initiativen.

Bis zur Mitte der 1890er-Jahre bestand die zionistische Bewegung aus vielen kleinen Vereinen, Gruppierungen und Hilfsaktionen in verschiedenen Ländern. Dann aber trat mit Theodor Herzl ein Visionär an die Spitze der Bewegung, der den Zionismus programmatisch und organisatorisch in eine neue Richtung lenkte. Herzl stammte aus einer jüdischen Familie in Budapest. Seine Eltern gehörten zum assimilierten Bürgertum. Während des Jurastudiums in Wien und später als Journalist und Schriftsteller erlebte er den damaligen Hass gegen jüdische Studenten und den Aufstieg des antisemitischen Wiener Politikers *Karl Lueger*. Als Korrespondent in Paris wurde er auch Zeuge der Dreyfus-Affäre, die ihm vor Augen führte, wie weit der Antisemitismus inzwischen in Europa verbreitet war. Unter diesen Eindrücken verfasste Herzl das Werk „Der Judenstaat", das 1896 erschien. Darin kam er zu dem Ergebnis, dass die Emanzipation der jüdischen Bevölkerung in Europa letztlich gescheitert sei. Die Zukunft des Judentums liege nicht in der weiteren Assimilation, sondern in der Schaffung eines eigenen Staates, der alle Jüdinnen und Juden aufnehmen solle, die ihre bisherige Heimat verlassen wollten oder müssten. Dabei ließ Herzl offen, ob der künftige „Judenstaat" in Palästina liege oder in einem anderen Gebiet außerhalb Europas (➔ M3).

Zionistisches Verbandswesen | Herzl deutete die Frage, wie auf den Antisemitismus zu reagieren sei, als eine nationale Frage. Wie die Griechen, Belgier, Italiener oder Deutschen im Lauf des 19. Jahrhunderts ihren eigenen Staat erhalten hatten, sollte es langfristig auch einen jüdischen Nationalstaat geben. Damit wandelte sich der Zionismus zu einer internationalen politischen Sammlungsbewegung. Im August 1897 beschloss der erste *Zionistische Weltkongress* in Basel auch offiziell das Ziel einer „rechtlich gesicherten Heimstätte in Palästina". Zugleich wurde eine *Zionistische Weltorganisation* gegründet, mit Herzl als Präsidenten.

Der politische Zionismus fand im Deutschen Kaiserreich mehr Zuspruch als in anderen Ländern. Das lag einerseits daran, dass auf Herzl als Präsident des Weltverbandes nacheinander zwei deutsche Juden folgten – der Kölner Unternehmer *David Wolffsohn* von 1904 bis 1911 sowie der in Berlin ansässige Botaniker und Agrarfachmann *Otto Warburg* (Amtszeit von 1911 bis 1920). Das lag andererseits am deutschen Ableger der Zionistischen Weltorganisation, der seit 1897 bestehenden *Zionistischen Vereinigung für Deutschland (ZVfD)*. Sie unterhielt mit der Wochenzeitung „Jüdische Rundschau" ein vielbeachtetes Presseorgan und brachte es bereits 1914 auf annähernd 10 000 Mitglieder in 450 Ortsgruppen. Zu diesen Mitgliedern zählten viele jüngere, insbesondere ausländische Jüdinnen und Juden, die nicht wie im Falle des Central-Vereins mangels deutscher Staatsbürgerschaft ausgeschlossen blieben.

Der Zionismus im Kaiserreich | Für die deutschen Anhänger des Zionismus war die Vision einer jüdischen Staatsgründung zunächst nicht vorrangig. Im Mittelpunkt standen die Auseinandersetzung mit dem Antisemitismus sowie die Hilfstätigkeit für jüdische Migrantinnen und Migranten aus Osteuropa (→ M4).

In den letzten Jahren vor dem Ersten Weltkrieg übernahm eine neue Führungsriege die zionistische Bewegung im Deutschen Reich. Aktivisten wie *Kurt Blumenfeld*, seit 1909 Sekretär der ZVfD, oder *Arthur Hanke*, seit 1910 ihr Präsident, gaben die bisherige Mäßigung der zionistischen Positionen auf. Ein radikaleres Auftreten sollte dem Zionismus mehr Profil und eine größere Mitgliederbasis verschaffen. Im Mai 1912 forderte die ZVfD auf ihrem Delegiertentag in Posen alle Zionistinnen und Zionisten dazu auf, die Auswanderung nach Palästina zu ihrem Lebensziel zu machen. Ging es dem Zionismus im Kaiserreich bislang hauptsächlich um soziales Engagement, so betonte er nun immer stärker das Programm eines jüdischen Nationalismus (→ M5).

Innerjüdischer Streit | Die Radikalisierung des Zionismus im Deutschen Reich führte zum Bruch mit den übrigen jüdischen Organisationen. Der Central-Verein und andere Verbände gingen auf Distanz zu den Zionisten. Jüdische Kritiker warfen dem Zionismus vor, den Antisemiten in die Hände zu spielen, da der jüdischen Bevölkerung empfohlen wurde, sich von der deutschen Gesellschaft abzusondern. Die Zionisten wiederum sprachen verächtlich von „Assimilanten", womit sie Jüdinnen und Juden bezeichneten, die noch an der Hoffnung auf Versöhnung mit Nichtjuden festhielten.

Dabei war der Zionismus auch in sich gespalten. Neben der politischen Bewegung gab es die Vertreter eines sogenannten *Kulturzionismus*. Diese Richtung machte die Rückkehr nach Palästina nicht in erster Linie von einer Staatsgründung abhängig, sondern wünschte vor allem eine geistige und religiöse Erneuerung der jüdischen Bevölkerung, ehe diese das „Land der Väter" besiedeln könne.

Neuformierung der jüdischen Identität | Auf den deutschen Antisemitismus seit Ende des 19. Jahrhunderts reagierte die jüdische Bevölkerung, indem sie ihr Judentum entweder aufgab oder die eigene Identität neu bestimmte. Jüdinnen und Juden verstanden sich nicht länger nur als Glaubensgemeinschaft, sondern machten eine gemeinsame Abstammung geltend, die sich in einer besonderen Lebensart und einem jahrtausendealten kulturellen Erbe ausdrückte. Daraus schöpften sie ein neues Selbstwertgefühl. Die große Mehrheit empfand sich dabei weiterhin als Teil der deutschen Nation.

Erst der politische Zionismus bestritt grundsätzlich, dass eine Verbindung von Judentum und Deutschtum Bestand haben könne. Vielmehr habe die jüdische Nation, von deren Existenz der Zionismus ausging, Anspruch auf einen eigenen Staat. Allerdings blieben die Anhänger dieser Idee im Deutschen Kaiserreich stets eine kleine Minderheit. Immerhin aber zweifelten zuletzt selbst liberale Jüdinnen und Juden, die sich als Deutsche sahen, an einer völligen „Verschmelzung" mit der deutschen Mehrheitsgesellschaft, was noch Mitte des 19. Jahrhunderts als wünschbare und realistische Perspektive gegolten hatte.

Das Ringen um Gewissheit, wer man sei und wozu man gehöre, betraf freilich nicht nur die Jüdinnen und Juden im Deutschen Reich. Die deutsche Niederlage im Ersten Weltkrieg und der Untergang des Kaiserreiches erschütterten auch das Selbstverständnis der nichtjüdischen Bevölkerung nachhaltig. Am Ende des „langen 19. Jahrhunderts" fand sich die deutsch-jüdische Bevölkerung innerhalb einer Gesellschaft wieder, die ganz allgemein nach Zusammenhalt und Orientierung suchte.

M1 „Helfen wir uns aus eigener Kraft!"

Im Januar 1893 erscheint die anonyme Broschüre „Schutzjuden oder Staatsbürger?". Als Autor gibt sich später der deutsch-jüdische Sprachwissenschaftler Raphael Löwenfeld (1854–1910) zu erkennen. Anlass für seine Streitschrift ist eine Petition der Berliner jüdischen Gemeinde an Kaiser Wilhelm II., die um Schutz gegen den Antisemitismus nachsucht. Gegen diesen Schritt erhebt Löwenfeld heftige Kritik:

Der Vorstand der jüdischen Gemeinde zu Berlin tritt zusammen und beschließt, eine Abordnung an seine Majestät den Kaiser zu schicken und den Monarchen um Schutz und Schirm gegen den Antisemitismus anzuflehen. So hat die Angst diesen Herren die Köpfe verwirrt, dass sie nicht mehr unterscheiden können zwischen Gleichberechtigung und Vorrecht. [...]

Um Schutz fleht, wer keine Rechte genießt, oder wem seine Rechte geschmälert werden. Wir aber sind im Vollbesitze der Bürgerrechte, und der lärmende Haufe der Antisemiten hat keine Macht, sie uns zu schmälern. Jede Meinung aber darf sich in einem freien Staatswesen frei aussprechen: wer sie bekämpfen will, trete mit Waffen des Geistes in die Schranken und rufe nicht von außen seine Hilfe herbei. Wenn wir mehr thun, erniedrigen wir uns. Dann verzichten wir schweigend auf die Mittel, die unsere Rechte uns gewähren und fallen zurück in das mittelalterliche Elend, das unsere Ahnen zu Schutzjuden[1] machte. [...]

Der bessere Teil der deutschen Juden hat keine andere Gemeinschaft mit den Juden anderer Länder, als die des überkommenen Glaubens, wie auch der deutsche Katholik durch das Band der Kirche mit den Katholiken Frankreichs verbunden ist, und wie der deutsche Protestant mit den Protestanten Schwedens in geistiger Verwandtschaft steht. Aber über dieser Glaubenseinheit und vor ihr steht uns, wie unseren katholischen und protestantischen Mitbürgern, das theure Vaterland. [...]

Wieder wollen unberufene Vertreter in bester Absicht einen Schritt thun, der uns nur Unehre und Schaden bringen kann. Lassen wir es nicht dahin kommen, protestiren wir einmütig gegen ein Bittgesuch an den Monarchen! Helfen wir uns aus eigener Kraft! Nicht Schutzjuden wollen wir sein, sondern Staatsbürger.

Dazu aber gehört zweierlei. Wir müssen mit aller Kraft die Gleichberechtigung, die uns nur auf dem Papier gewährleistet ist, auch in der Praxis des Lebens erstreben, und wir müssen diese Gleichberechtigung durch eine fortgesetzte Arbeit der Selbst-Erziehung verdienen. Vorurteile von Jahrhunderten fallen nicht, wie die Mauern Jerichos[2], auf den ersten Posaunenstoss. Durch langsame, stetige Arbeit müssen sie überwunden werden. Stein um Stein müssen wir die Mauern abtragen, die vergangene Zeiten aufgethürmt haben [...].

Nur wenn wir an die Erziehungsarbeit der Schichten gehen werden, deren Lebensführung den berechtigten Tadel einsichtiger Beurteiler herausfordert, werden wir das volle Vertrauen aller anständigen Bürger gewinnen. Denn keine Täuschung! Die Zahl unserer Freunde ist gering, weit geringer als die unserer Feinde. Zwischen Freunden und Feinden aber steht eine gewaltige Masse Gleichgültiger, und an uns liegt es, ob sie unsere Feinde oder Freunde werden sollen. Diese Gleichgültigen urteilen nur nach dem Scheine, nach dem Augenfälligen. [...] Die großen, nachahmenswerten Tugenden der Juden sind keineswegs ausgestorben; aber sie leben ein ruhiges, stilles Leben im Innern der Mauern, wo das Auge des fremden Beobachters selten nur hindringt. [...] Was der Gleichgültige sieht, ist das Protzentum übermütiger Parvenus[3], die geschmacklose Putzsucht[4] ungebildeter Judenfrauen und die laute Vordringlichkeit des Ladenjünglings an öffentlichen Orten. Wer aber das Gute nicht sieht, urteilt nur nach dem Schlechten, das sich ihm täglich aufdrängt. Wir können ihm nicht die Möglichkeit verschaffen, gerecht zu urteilen. Darum gebietet die Klugheit und die Sorge um das eigene Wohl, dass wir uns endlich aufraffen, um diesen Uebelständen abzuhelfen [...].

Fort also mit der Gleichgültigkeit! Nicht um religiöse Fragen handelt es sich, [...] sondern um unser Verhältnis zu unsern Mitbürgern und zum Staate. Nicht, als ob es nothwendig wäre, dieses Verhältnis erst klar zu stellen. Es ist klar, seitdem die Verfassung beschworen, und seitdem wir Pflichten und Rechte des deutschen Staatsbürgers mit Begeisterung üben. Nicht deutsche Juden sind wir, sondern jüdische Deutsche. Das Verhältnis zum Staate ist für alle Juden ein gleiches und unwandelbares; unser Verhältnis zur Religion aber ist Sache des Einzelnen [...].

[Raphael Löwenfeld,] Schutzjuden oder Staatsbürger? Von einem jüdischen Staatsbürger, Berlin ^{3}1893, S. 6, 8, 11, 12 f. und 14 f.

32040-382

1. Beschreiben Sie den Unterschied zwischen Schutzjuden und jüdischen Staatsbürgern.
2. Arbeiten Sie die Forderungen heraus, die der Autor an die jüdische Bevölkerung im Deutschen Reich stellt. | H
3. In der Streitschrift heißt es: „Nicht deutsche Juden sind wir, sondern jüdische Deutsche" (Zeile 72 f.). Erörtern Sie, ob und inwieweit sich die damalige deutsch-jüdische Bevölkerung mit dieser Aussage identifizieren konnte. | H

[1] **Schutzjuden**: Siehe die Begriffserklärung auf Seite 161.

[2] **wie die Mauern Jerichos**: Verweis auf die im Alten Testament beschriebene wundersame Eroberung von Jericho. Die Israeliten zogen als Belagerer sechs Tage lang um die Stadt, bevor die jüdischen Priester am siebten Tag in Hörner bliesen und die Mauern damit zum Einsturz brachten.

[3] **Parvenu** (frz.): Emporkömmling

[4] **Putzsucht**: angebliche Eigenschaft jüdischer Frauen, die oft als judenfeindliches Stereotyp angeführt wurde

M2 Was will der Central-Verein?

Zu den Mitbegründern des „Central-Vereins" gehört der deutsch-jüdische Rechtsanwalt und Redakteur Eugen Fuchs (1856–1923), der von 1917 bis 1919 auch den Vorsitz des Vereins führt. In einer Rede vor den Vereinsdelegierten im Jahr 1895 skizziert er das Selbstverständnis und die Ziele der damals noch jungen Organisation:

1. Wir sind der Meinung, dass es die Pflicht aller Juden ist, ihre Stellung im Vaterlande durch eigene Kraft zu wahren; Selbstverteidigung im vollen Lichte der Oeffentlichkeit wollen wir üben. […] So wenig wir Schutzjuden sein wollen, sondern Staatsbürger, so wenig wollen wir, dass die Verteidigung und Vertretung der jüdischen Rechte und Interessen durch jemand anders als die korporative Vereinigung aller Juden geführt werde. Nicht eine kleine Zahl von Notabeln[1], sondern die ganze Judenschaft soll es sein. […]
2. Wir sind ein Centralverein, der alle Juden umfasst, „ohne Unterschied ihrer politischen Parteirichtung". […] Als Juden gehören wir keiner politischen Partei an. Die politische Anschauung ist, wie die religiöse, Sache des einzelnen. […]
3. „Wie die politische Seite ist auch die religiöse Sache des einzelnen." […] Der Centralverein umfasst alle Juden, welcher religiösen Richtung sie auch angehören mögen, und er muss sie umfassen; denn um die Abwehr eines äußeren Feindes handelt es sich, um die Verteidigung der staatsbürgerlichen Rechte des Juden, und diese Abwehr muss, wenn auch in den inneren Fragen die Meinungen auseinandergehen mögen, von allen Juden gemeinsam geübt werden. Wie es im Kampfe des Vaterlandes gegen einen auswärtigen Feind keinen Unterschied der politischen Parteirichtung geben soll und gibt, so müssen auch gegenüber antisemitischen Angriffen alle Juden zusammenstehen, mögen sie Reformjuden oder orthodoxe Juden sein. […]
4. „Wir sind ein Verein deutscher Staatsbürger, wir stehen fest auf dem Boden der deutschen Nationalität, wir haben mit den Juden anderer Länder keine andere Gemeinschaft als die Katholiken und Protestanten Deutschlands mit den Katholiken und Protestanten anderer Länder." […] Deutsch sind wir und deutsch wollen wir bleiben, die Freude an unserem deutschen Vaterlande wollen wir uns auch durch die gehässigsten Angriffe nicht verkümmern lassen. Wenn uns das Vaterland verlassen sollte, wir wollen das Vaterland nicht verlassen. […]
5. Wenn so weder das Politische, noch das Religiöse uns scheiden darf oder einigen soll, wenn der Centralverein weder ein Religionsverein sein will, noch ein parteipolitischer Verein sein soll, so ist es das Staatsbürgerliche, das uns alle eint. Wir wollen nicht dulden, dass uns um unseres Judentums wegen die Rechte des Staatsbürgers verkümmert werden. Wir wollen alle Pflichten des Staatsbürgers erfüllen, aber wir wollen auch in unserer politischen, wirtschaftlichen und gesellschaftlichen Stellung nicht um vermeintlicher Religions- oder Rassendefekte wegen Abbruch erleiden. Wir wollen unser Recht, unsere Persönlichkeit, unser Gut, unsere Religion gegen äußere brutale Angriffe im Wege Rechtens schützen, und wir wollen dafür Sorge tragen, dass jene unheilvolle Bewegung, welche Zwietracht säet, nicht Sturm ernte, und dass der Bürgerfriede wieder in unser deutsches Vaterland einkehre. Rechtsschutz und Aufklärung sind so Mittel und Ziele unseres Vereins, der Rechtsschutz als repressives, die Aufklärung als präventives Mittel. Da politische Macht uns versagt ist, so können wir unsere wirtschaftliche und gesellschaftliche Stellung nur durch die Waffen der Aufklärung verteidigen. […]

Der Centralverein betrachtet es nicht als seine Aufgabe, überall da, wo ein Jude in seinen individuellen Rechten und Interessen angegriffen wird, ihn durch die Gesamtheit zu schützen. So wenig die Gesamtheit der Juden verantwortlich ist für die Handlung des einzelnen, so wenig will der Verein ein Schildhalter jedes einzelnen Juden sein. […] Wir sind uns aber dessen bewusst, dass es eine Reihe von Angriffen gibt, die abzuwehren Recht und Pflicht der Gesamtheit ist. Wo der Angriff seine offene oder versteckte Spitze gegen die Gesamtheit der Juden richtet, oder wo der Angegriffene um seines Judentums wegen Unrecht erleidet, das abzuwehren die Kraft des einzelnen nicht ausreicht, soll die Gesamtheit eintreten. Und auch da soll nicht bei jedem Hundegekläff und Mückenstich nach Strafrichter und Polizei gerufen werden. Der großen Mehrzahl antisemitischer Angriffe geschieht eine unverdiente Würdigung, wenn man sie der Vergessenheit entreißt. Aber es gibt eine Spezies von Fällen der Religionsbeschimpfung und der Aufreizung zum Klassenhass[2], wo der Kampf von der Gesamtheit geführt werden muss, weil Selbsterhaltung und Ehre des Judentums den Kampf aufzwingen und große Rechtsgüter nicht bloß des Judentums, sondern des Gesamtvaterlandes in Frage stehen.

Eugen Fuchs, Bestrebungen und Ziele (Ansprache gehalten in der Delegierten-Versammlung am 6. Oktober 1895), in: Ders., Um Deutschtum und Judentum. Gesammelte Reden und Aufsätze, hrsg. von Leo Hirschfeld, Frankfurt am Main 1919, S. 51–65, hier S. 56–59 (gekürzt)

32040-383

1. Fassen Sie die Aussagen des Textes stichpunktartig zusammen.

2. Weisen Sie nach, welche Überlegungen und Forderungen der Streitschrift „Schutzjuden oder Staatsbürger?" (M1) vom Central-Verein übernommen wurden.

3. Beurteilen Sie die Haltung, die der Central-Verein gegenüber dem deutschen Antisemitismus einnimmt.

4. Gruppenarbeit: Diskutieren Sie allgemein die Wirksamkeit von „Rechtsschutz und Aufklärung" (Zeile 57 f.) gegen Ausländerfeindlichkeit und Rassismus. | F

[1] **Notabeln**: Personen hohen Standes oder mit herausgehobener Stellung in der Öffentlichkeit

[2] **Religionsbeschimpfung, Aufreizung zum Klassenhass**: seit 1872 Straftatbestände nach den Paragrafen 166 bzw. 130 des Strafgesetzbuches für das Deutsche Reich

M3 „Wir sind ein Volk"

Theodor Herzl (siehe Seite 216) wirbt in seinem Buch „Der Judenstaat" (1896) für die Idee einer gemeinsamen Heimstätte für alle Jüdinnen und Juden:

Der Gedanke, den ich in dieser Schrift ausführe, ist ein uralter. Es ist die Herstellung des Judenstaates. [...]
Die Judenfrage besteht. Es wäre thöricht sie zu leugnen. Sie ist ein verschlepptes Stück Mittelalter, mit dem die Culturvölker auch heute beim besten Willen noch nicht fertig werden konnten. Den grossmüthigen Willen zeigten sie ja, als sie uns emancipirten. Die Judenfrage besteht überall, wo Juden in merklicher Anzahl leben. Wo sie nicht ist, da wird sie durch hinwandernde Juden eingeschleppt. Wir ziehen natürlich dahin, wo man uns nicht verfolgt; durch unser Erscheinen entsteht dann die Verfolgung. [...] Ich halte die Judenfrage weder für eine sociale, noch für eine religiöse, wenn sie sich auch noch so und anders färbt. Sie ist eine nationale Frage, und um sie zu lösen, müssen wir sie vor Allem zu einer politischen Weltfrage machen, die im Rathe der Culturvölker zu regeln sein wird. Wir sind ein Volk, Ein Volk.
Wir haben überall ehrlich versucht, in der uns umgebenden Volksgemeinschaft unterzugehen und nur den Glauben unserer Väter zu bewahren. Man lässt es nicht zu. Vergebens sind wir treue und an manchen Orten sogar überschwängliche Patrioten, vergebens bringen wir dieselben Opfer an Gut und Blut wie unsere Mitbürger [...]. In unseren Vaterländern, in denen wir ja auch schon seit Jahrhunderten wohnen, werden wir als Fremdlinge ausgeschrieen; [...]. [...]
Niemand ist stark oder reich genug, um ein Volk von einem Wohnort nach einem anderen zu versetzen. Das vermag nur eine Idee. Die Staatsidee hat wohl eine solche Gewalt. Die Juden haben die ganze Nacht ihrer Geschichte hindurch nicht aufgehört, diesen königlichen Traum zu träumen [...]. Nun handelt es sich darum, zu zeigen, dass aus dem Traum ein tagheller Gedanke werden kann. [...]
Der ganze Plan ist in seiner Grundform unendlich einfach, und muss es ja auch sein, wenn er von allen Menschen verstanden werden soll. Man gebe uns die Souveränetät eines für unsere gerechten Volksbedürfnisse genügenden Stückes der Erdoberfläche, alles andere werden wir selbst besorgen.

Theodor Herzl, Der Judenstaat. Versuch einer modernen Lösung der Judenfrage, Leipzig/Wien 1896, S. 3, 11, 15 und 27

32040-384

1. Geben Sie die Aussagen des Textes in eigenen Worten wieder.
2. Vergleichen Sie Herzls Vorschlag zur Lösung der „Judenfrage" mit den Wegen zur Abwehr oder Beseitigung des Judenhasses, wie sie in M1 und M2 beschrieben sind. | H
3. Entwickeln Sie Thesen, wonach Herzls Schrift dem damaligen Antisemitismus neue Nahrung liefern konnte.

M4 Zionistischer Aufruf

Anfang 1898 erscheint ein erstes Flugblatt der Zionistischen Vereinigung für Deutschland. Darin heißt es:

Dass gegenwärtig eine brennende Judenfrage existirt, sogar für die deutsche Judenheit existirt, das kann wohl nicht mehr Gegenstand einer ernsten Diskussion sein. [...] Die bürgerliche Gleichberechtigung auf dem Papier, die so schwer erkämpft wurde, hat uns nicht viel genützt; sie ist in Deutschland fast zu einer hohlen Phrase geworden. Die Juden sind in Deutschland thatsächlich Bürger zweiten Ranges, sie sind es politisch auf dem Wege der Verwaltung und noch mehr gesellschaftlich. Wer mag es leugnen, dass die augenblickliche soziale und moralische Lage der Juden oft unerträglich ist? [...] Wir sind nicht mehr im Ghetto, wo der gläubige Jude alle Leiden als himmlische Strafe resignirt hinnahm. Wir haben freiheitlich fühlen und bürgerlich denken gelernt, unser ganzes Innenleben ist mit der europäischen modernen Kultur verschmolzen. [...]
Was philosophirt ihr, ob die antisemitische Bewegung kulturell und moralisch berechtigt ist? Nein, tausend Mal nein! Sie ist nicht berechtigt, sie ist ein Hohn auf jede Kultur, sie ist der Ruin jeder Moral, sie ist die Erzfeindin der Idee der Menschlichkeit. [...]
Aber selbst wenn den deutschen Juden absolut keine Gefahr drohte, existirt dennoch eine brennende Judenfrage, die der Lösung harrt. Denn die größte Mehrzahl der Judenheit, die Juden Russlands und Rumäniens, schmachten unter den Ketten barbarischer Knechtschaft [...]. Diese Juden müssen, da auf eine Besserung gar nicht zu hoffen ist, allmählich aus dem Lande, dem sie ihr Bestes geopfert haben, heraus, und zwar je früher desto besser.
Die russischen und rumänischen Juden. Was gehen sie uns an?
Sie sind ebenso wie die deutschen Juden unsere Brüder. Denn die Zionisten betrachten alle Söhne Israels als Brüder, alle Töchter Judas als Schwestern, die eine gemeinsame Abstammung, eine gemeinsame Geschichte und eine gemeinsame Zukunft haben. Der Ort der Geburt ist Zufall, die Grenzen eines Landes verschieben sich durch äußere politische Verhältnisse, die Gemeinsamkeit liegt im Blute. Wir sind Glieder einer großen Familie, die zueinander gehören. [...]

Aber wohin mit all diesen jüdischen Proletariern, deren Elend himmelschreiend ist? […] Man hat allerhand Lösungen dieser Frage versucht, bezopfte Gelehrte und hohle Charlatane[1] haben daran herumgedoktert. „Assimilirt Euch, dann wird es besser werden!" rief man uns mit Pathos zu. Wir haben es gethan, wir haben uns assimilirt bis auf die Nasen. Wir haben alle Sitten und Gebräuche der Völker, ohne sie auf ihren Wert zu prüfen, nachgeahmt, wir haben unsere eigenen Sitten verspottet, unsere eigene Kultur vernachlässigt. Was hat uns das genützt? Wir sind in den Augen der Völker Juden geblieben, d.h. nicht Bekenner des jüdischen Glaubens, sondern Söhne eines andern Stammes. Wir haben uns nicht von der Gemeinsamkeit der Völker losgesagt, sondern sie haben uns nie als voll und ganz zu ihnen gehörig betrachtet. […]

Schaffet den Heimatlosen eine dauernde Heimat auf dem geschichtlichen Boden Palästinas. Suchet, die armen Juden in dem Lande zu glücklichen Bauern und Handwerkern zu machen, wohin ihre Sehnsucht seit Jahrtausenden gerichtet ist, und wenn recht viele Juden dort einen kräftigen Stamm bilden, dann erstrebet auf dem Wege der natürlichen Entwickelung, auf dem Wege des Gesetzes und des Rechtes, für sie ein eigenes Gemeinwesen, damit ihnen diese geistige Heimat auch zur wirklichen wird, damit ihre Existenz dort dauernd politisch und sozial gesichert ist und sie lernen, sich freudigen Herzens als jüdische Bürger zu fühlen, damit auch für alle verfolgten Stammesgenossen in der Zukunft eine sichere Zufluchtsstätte gebildet ist.

Zitiert nach: Dokumente zur Geschichte des deutschen Zionismus, hrsg. und eingeleitet von Jehuda Reinharz, Tübingen 1981, Nr. 23, S. 51–53 (gekürzt)

32040-385

1. Arbeiten Sie heraus, welche Kritik das Flugblatt am Verhalten deutscher Jüdinnen und Juden übt. | F

2. Charakterisieren Sie das Selbstverständnis der Anhänger des Zionismus, wie es im Text zum Ausdruck kommt.

3. Stellen Sie das Flugblatt den Aussagen Herzls in M3 gegenüber. Inwieweit gibt es Übereinstimmungen, Zuspitzungen oder Abweichungen?

M5 Posener Resolution

Auf dem XIII. Delegiertentag der Zionistischen Vereinigung für Deutschland in Posen werden am 28. Mai 1912 u.a. folgende Erklärungen verabschiedet:

I. […] Der XIII. Delegiertentag hält unerschütterlich an dem großen Gedanken des Baseler Programms[2] fest und erklärt, dass die Agitation für die Palästina-Arbeit bei jeder größeren Kundgebung im engsten Zusammenhang mit der Propaganda des Zionismus steht und darum das zionistische Endziel – Lösung der Judenfrage durch Schaffung einer öffentlich-rechtlich gesicherten Heimstätte in Palästina – betonen muss.

Der XIII. Delegiertentag der deutschen Zionisten erinnert in Uebereinstimmung mit den Kongressabschlüssen an die Notwendigkeit, alle Mittel zur Vorbereitung und Ermöglichung einer Immigration nach dem Orient zu ergreifen. […]

III. […] In Konsequenz der überragenden Bedeutung der Palästina-Arbeit für die Befreiung der Einzelpersönlichkeit, sowie als Mittel zur Erreichung unseres Endziels, erklärt es der Delegiertentag für die Pflicht jedes Zionisten – in erster Reihe der wirtschaftlich Unabhängigen – die Uebersiedlung nach Palästina in ihr Lebensprogramm aufzunehmen. In jedem Falle sollte jeder Zionist für sich persönliche Interessen in Palästina schaffen.

Zitiert nach: Jüdische Rundschau, Jg. 17, Nr. 22, vom 31. Mai 1912, S. 198

32040-386

1. Präsentation: Geben Sie die wichtigsten Aussagen der Resolution als Schlagzeilen wieder.

2. Setzen Sie die Beschlüsse in Beziehung zu den Aussagen Herzls in M3 und des zionistischen Flugblattes in M4.

3. Erörtern Sie, ob und inwieweit die Posener Resolution als Absage an ein deutsch-jüdisches Zusammenleben zu verstehen ist. Berücksichtigen Sie dabei auch, wie weit der Zionismus damals in der deutsch-jüdischen Bevölkerung verbreitet war. | F

[1] **Charlatan** (engl., frz.): Hochstapler, Schwindler

[2] **Baseler Programm**: Beschlüsse des ersten Zionistischen Weltkongresses, der im August 1897 in Basel tagte (siehe dazu auch Seite 216)

Das deutsch-jüdische Verhältnis bis 1918 – ein gescheitertes Zusammenleben?

Der Holocaust wirft die Frage auf, woher der gewaltbereite Judenhass in Deutschland stammte. Eine wichtige Rolle spielt dabei das „lange 19. Jahrhundert", in dessen Verlauf die deutsch-jüdische Bevölkerung zwar rechtlich aufgewertet wurde und sich freier als zuvor entfalten konnte, zugleich aber der moderne deutsche Antisemitismus entstand. Mit den Widersprüchen zwischen gesellschaftlichem Fortschritt und neuer Ausgrenzung, die das deutsch-jüdische Verhältnis in dieser Epoche kennzeichneten, setzten sich seit 1945 insbesondere jüdische Gelehrte auseinander.

M1 Bilanz der jüdischen Eingliederung

Die deutsch-jüdische Historikerin und Soziologin Eva Gabriele Reichmann (1897–1998) emigriert 1939 nach Großbritannien. 1950 erscheint auf Englisch ihre Untersuchung über die gesellschaftlichen Ursachen des Antisemitismus in Deutschland, bald darauf auch auf Deutsch. In ihrem Fazit heißt es:

Wir haben die allmähliche Eingliederung der deutschen Juden in die deutsche Gesellschaft seit der Emanzipation verfolgt und sind zu der Feststellung gekommen: Diese Eingliederung schritt im Ganzen gesehen ständig fort, wenn auch nicht ohne Störungen und zeitweise Rückschläge. Das Gesamtergebnis der Eingliederung wird deutlich, wenn man die wirtschaftliche, gesellschaftliche und kulturelle Situation der Juden in Deutschland von 1812 mit der von 1912 vergleicht. Aus einer in jeder Beziehung von der Umwelt geschiedenen, innerlich weithin einheitlichen Gruppe ist eine in jeder Beziehung der Umwelt sehr ähnliche, innerlich außerordentlich verschiedenartige Gruppe geworden. Nur noch in einigen vergleichsweise unbedeutenden Merkmalen auf religiös-ethnischem, geistig-politischem, beruflichem und wohnortsmäßigem Gebiet drückt sich der jüdische Gruppencharakter aus.

In dem Maße, in dem man den Schwerpunkt der jüdischen Problematik in Deutschland von der gesetzlichen Ebene, nämlich den Fortschritten der formalen Gleichberechtigung, auf die gesellschaftliche Ebene, in den gesellschaftlichen Anpassungsprozess verlegt, der durch die Emanzipation in ein entscheidend neues Stadium tritt, gewinnen auch die Proteste, die von einigen Kreisen der Nichtjuden zeitweise ausgehen, eine andere Bedeutung. Sie müssen als die unvermeidlichen Reaktionen auf einen komplizierten und verhältnismäßig jungen gesellschaftlichen Vorgang betrachtet werden, nicht dagegen als die frühzeitigen Symptome eines unversöhnlichen Hasses, der schließlich seinen Höhepunkt im Nationalsozialismus fand. Es kommt hinzu, dass Reaktionen gegen die jüdische Gruppe als solche im Laufe der jüdischen Einordnung dahin neigten, sich zu verringern. Immer deutlicher ließ sich erkennen, dass Bewegungen, die sich als antisemitisch bezeichneten, in Wirklichkeit gegen die Ideen der Menschenrechte im weitesten Sinne gerichtet waren, dass sie den Liberalismus, den Humanismus und die Demokratie bekämpften. Sie wurden fast regelmäßig von jenen Kreisen geführt, die sich durch diese Ideen in ihren Vorrechten bedroht fühlten: den Feudalen[1] und sonstigen ihnen nahestehenden Reaktionären. Soweit sie im Mittelstand Anklang fanden, bestand das Hauptmotiv hierfür in der Abwehr jüdischer Konkurrenz. Selbst diese aus gemischten Motiven entspringenden, aber sich als antisemitisch gebärdenden Bewegungen haben nur dann größere Erfolge gehabt, wenn die allgemeine Unzufriedenheit durch wirtschaftliche Krisen größer war als zu normalen Zeiten. Mit dem Erliegen einer Krisensituation verloren sie gewöhnlich jede ernsthafte politische Bedeutung. […]

Die jüdische Emanzipation in Deutschland ist vernichtet worden. Ist sie auch gescheitert? […] Aufgrund unserer Untersuchung haben wir das Recht, die Frage kategorisch zu verneinen. Die Lebensform der Juden in Deutschland, also die kulturelle Angleichung und weitgehende Identifizierung mit der Umwelt bei Beibehaltung jüdischen Lebenswillens und jüdischer Eigenleistung, ist weder durch die Zerstörung der Emanzipation noch durch die Vernichtung der deutschen Judenheit ad absurdum[2] geführt worden.

Eva G. Reichmann, Die Flucht in den Hass. Die Ursachen der deutschen Judenkatastrophe, Frankfurt am Main [1954], S. 285 f. und 288

M2 Antisemitismus und Christentum

Jacob Katz (siehe auch Seite 179) stammt aus einer ungarisch-jüdischen Familie und emigriert 1936 nach Palästina. Von 1948 bis 1974 lehrt er als Historiker an der Hebräischen Universität Jerusalem. Den Judenhass im 19. Jahrhundert deutet er wie folgt:

Die Christen tolerierten die Existenz einer jüdischen Minderheit in ihrer Mitte nur unter der Bedingung, dass sie

[1] **Feudale**: Angehörige der adligen Oberschicht
[2] **ad absurdum** (lat.): ins Sinnlose

politisch und sozial auf dem Status von Parias[1] blieben. [...] Eine Überwindung des jüdischen Pariastatus schien sich anzukündigen, als die Juden in der Folge von Rationalismus und Aufklärung aus ihrer besonderen Lage befreit und in die Klasse der Bürger aufgenommen wurden. Da mit dem geistigen Umbruch auch eine Überwindung der althergebrachten christlichen Weltbilder einherging, war das theologische Fundament für die Ausgrenzung der Juden anscheinend zerbrochen. In einem säkularisierten Staat und in einer säkularisierten Gesellschaft, so klang die Prognose, würden nicht nur die Hindernisse für die ökonomische, soziale und politische Integration der Juden ausgeräumt werden, sondern sich auch alle Überreste von Vorurteilen verflüchtigen.

Diese nicht ganz unlogische Erwartung erfüllte sich nur zum Teil. Wenn der Verzicht auf die Ausübung typisch jüdischer Berufe, das Verschwinden enger Familienbande, eines gesellschaftlichen Zusammenhalts und der Verlust spezifisch jüdischer Charakteristika Bedingung für die Integration war, dann waren die Propheten einer vollständigen Assimilation zu Recht enttäuscht. Denn die jüdische Minderheit blieb [...] eine deutlich erkennbare Untergruppe. [...] Die Juden stellten nun ein vielleicht noch auffälligeres Problem dar als vor der Emanzipation, zu einer Zeit, als anerkannte theologische Auffassungen ihre Herkunft und ihren Charakter erklärt, ihre Andersartigkeit und ihren sozialen Status gerechtfertigt [...] hatten. Da der Rationalismus die verstandesmäßigen Inhalte dieser Auffassung widerlegt hatte, musste die jüdische Besonderheit durch eine neue Theorie begründet werden. Eine solche Theorie lieferte der Rationalismus zu jener Zeit, als der Verfall theologischer Leitbilder der Emanzipation der Juden den Weg ebnete. Die neue Theorie baute auf einem ethnologischen Geschichtsbild auf [...]. Dass der jüdische Charakter schlecht und die nationalen Eigenarten der Juden verachtenswert seien, blieb unbestritten. Das negative Urteil über die Juden wurde einfach aus der christlichen Tradition übernommen [...]. [...]

Die Hauptfunktion der modernen antisemitischen Theorien bestand folglich nicht darin, neue Animositäten gegen die Juden zu erzeugen, sondern den Rückzug überkommener Empfindungen, Verzerrungen und Vorurteile zu stoppen. Unter dem Deckmantel modernen Denkens konserviert, konnten sich antijüdische Ressentiments und Gefühle jedoch noch extremer als in ihrem ursprünglichen theologischen Umfeld ausprägen.

Jacob Katz, War der Holocaust vorhersehbar? [zuerst 1975], in: Ders., Zwischen Messianismus und Zionismus. Zur jüdischen Sozialgeschichte, Frankfurt am Main 1993, S. 202–232, hier S. 221 –225 (übersetzt von Holger Fliessbach)

M3 Gleichstellung im Obrigkeitsstaat

Der aus Wien stammende, 1938 nach Palästina ausgewanderte jüdische Historiker Walter Grab (1919–2000) macht auf den Mangel an Demokratie bei der Emanzipation der deutsch-jüdischen Bevölkerung im 19. Jahrhundert aufmerksam:

Die konservativen Machtträger gewährten den Juden zwar formelle Gleichheit vor dem Gesetz, weil die Bedürfnisse der Industriegesellschaft dies erforderlich machten; sie neigten jedoch grundsätzlich dazu, alle politischen Freiheitsrechte, also auch die Judenemanzipation, als staatliche Konzession mit Vorbehalt des Widerrufs zu betrachten. [...] Infolge der Diskriminierung des Judentums blieb die jüdische Emanzipation ein Torso, solange das Deutsche Kaiserreich bestand.

Es stellte sich heraus, dass der Gegensatz zwischen der formalen Gleichberechtigung der Juden als Privatpersonen und der fortdauernden Diskriminierung des Judentums die Gefahr barg, den Judenhass als politische Waffe zu verwerten. [...] Da das demokratische Bewusstsein im Obrigkeitsstaat verkümmerte, konnte man die Juden in Krisenzeiten leicht zu Sündenböcken stempeln, um die breite Masse zu verdummen und von den wirklichen Urhebern des Massenelends abzulenken. [...]

Der deutsche Liberalismus, der in seiner Blütezeit zur verfassungsmäßigen Verankerung der Gleichberechtigung der Juden beigetragen hatte, war infolge der Verkümmerung des demokratischen Ideenguts im Obrigkeitsstaat zu schwach, um dem völkischen Rassenantisemitismus zu widerstehen. So konnte die Judenemanzipation, die nicht von unten erkämpft, sondern von oben gnädig gewährt worden war, von den Nazis zwei Generationen später ungnädig zurückgenommen werden.

Walter Grab, Der deutsche Weg der Judenemanzipation 1789–1938, München/Zürich 1991, S. 26 f. und 38

32040-387

1. Fassen Sie die drei Texte jeweils in Thesenform zusammen.
2. Stellen Sie gegenüber, wie Reichmann, Katz und Grab die jüdische Emanzipation im 19. Jahrhundert bewerten.
3. Vergleichen Sie die verschiedenen Charakterisierungen des Antisemitismus im Hinblick auf a) seine Ursachen und Anlässe, b) seine gedanklichen Grundlagen, c) seine Gefährlichkeit.
4. Präsentation: Verfassen Sie eine kurze Gegendarstellung zu einem der drei Texte, die sich kritisch mit der jeweiligen Argumentation auseinandersetzt. Verweisen Sie dabei auch auf Inhalte aus den vorherigen Kapiteln.

[1] **Paria:** Ausgestoßener, Außenseiter

Jüdisches Leben in Deutschland im langen 19. Jahrhundert

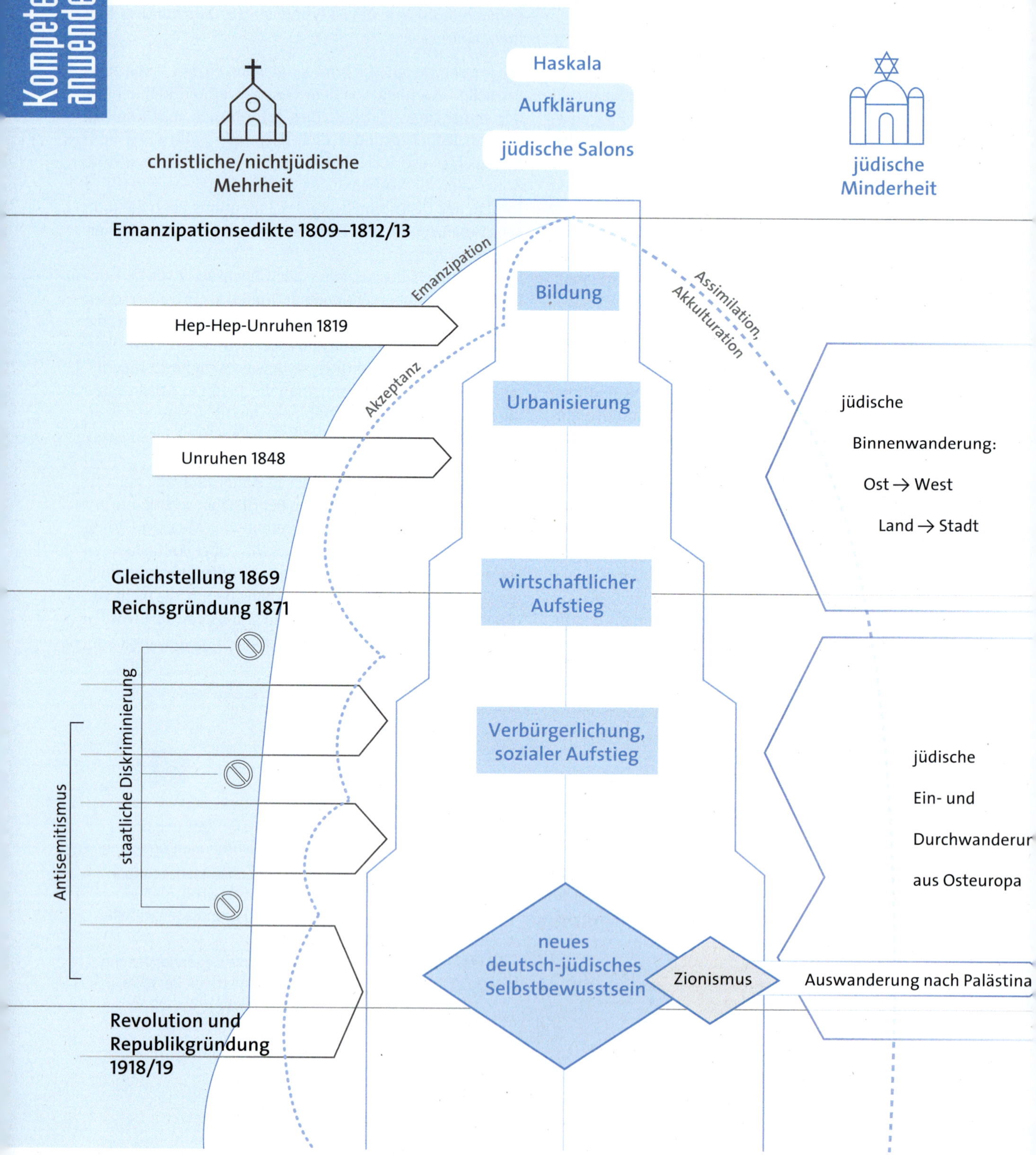

M Von der Religionsgemeinschaft zur „Streitgenossenschaft"

Eugen Fuchs (siehe Seite 219), einer der Mitbegründer des „Central-Vereins deutscher Staatsbürger jüdischen Glaubens", hält 1912 einen Vortrag zum Gedenken an das preußische Emanzipationsedikt, das hundert Jahre zuvor erlassen worden ist:

Am 11. März 1812 vollzog König Friedrich Wilhelm III. das Edikt betreffend die bürgerlichen Verhältnisse der Juden im Preußischen Staate […]. […]
Mit dem Edikt hörte in Preußen der Begriff jüdische Nation auf, die Juden galten nicht mehr als Fremde, als Staat im Staate. Sie bilden, sagen die später ergangenen Ministerialverfügungen, nicht mehr eine besondere Gemeinde, […] sondern nur eine kirchliche Verbindung. Und was das Wesentlichste ist, indem man sie zu Staatsbürgern erklärte, hat man ihnen die rechtliche Möglichkeit gewährt, alles zu erreichen. […] Die Verwirklichung des Edikts hat lange auf sich warten lassen. Dem kurzen Freudenrausch sind lange und bange Tage der Enttäuschung gefolgt. […]
Mit der Bildung des Norddeutschen Bundes kommt wieder eine Wendung zum Besseren und ein liberaler Hauch in die preußische Regierung. Den Abschluss der Kämpfe enthält das Bundesgesetz vom 3. Juli 1869, das sogenannte Toleranzgesetz […]. […] Man sollte meinen, dass damit […] das Ziel der Gleichberechtigung endlich erreicht ist. Ob das verbriefte Recht in den 43 Jahren seit Emanation[1] des Gesetzes zur Tat geworden ist, darüber können Sie aus eigener Erfahrung urteilen. Es genügt darauf hinzuweisen, dass in einem Staate, der 600 000 Juden hat, nicht einer der Ehre gewürdigt wird, als Leutnant im Frieden eine halbe Kompagnie Soldaten zu kommandieren, dass nicht einer Landgerichtsdirektor, Staatsanwalt oder Landrat geworden ist, von den höheren Stellen ganz abgesehen. […]
Die Schlagworte „Assimilation" und „Verschmelzung", „rückhaltloses, restloses Aufgehen" haben ihre Werbekraft verloren […]. Die heutige Welt weiß, […] dass die Rechte und Pflichten des Staatsbürgers unabhängig sein sollen von Glaube und Religion […]. Die heutige Welt weiß, […] dass der Begriff des Volkes nicht bloß durch objektive Merkmale, sondern auch durch subjektives Empfinden erfüllt wird, dass mein Volk diejenigen sind, die ich als mein Volk ansehe, mit denen ich geistig empfinde und fühle. […]
Wir wollen dem deutschen Vaterlande angehören und werden ihm angehören. Dabei können wir und müssen wir unserer Glaubensgemeinschaft und unserer Stammesgeschichte treu bleiben. […] Wir können stolz sein, nicht weil wir uns als auserlesenes Volk betrachten, sondern weil wir Erben der ältesten Kultur sind […]. […]
Um in der tatkräftigen Wahrung ihrer Gleichstellung die deutschen Juden zu bestärken, ist der Centralverein deutscher Staatsbürger jüdischen Glaubens gegründet worden. […] Ob die Juden noch Volk, Nation, Rasse oder nur eine soziale und religiöse Gruppierung sind, […] ob es wahr ist, dass der jüdische Geist zurzeit heimatlos ist und eine Heimat erst gefunden haben wird, wenn eine reale Heimstätte für das Volk vorhanden sein wird, darüber mögen die Meinungen auseinandergehen. […] Aber diese Differenzen dürfen uns in unserer Streitgenossenschaft nicht trennen, nicht dazu bringen, das Banner zu verlassen, das der Centralverein aufgestellt hat, um die zu sammeln, denen es ernst darum zu tun ist, hier auf dem Boden des deutschen Vaterlandes unsere volle Gleichberechtigung zu erringen. […] Die vollen Menschenrechte werden der Siegeslohn des Kampfes sein, die Emanzipation wird zur Wahrheit werden.

Eugen Fuchs, Zur Jahrhundertwende des Emanzipationsedikts. Vortrag gehalten am 12. Februar 1912, in: Ders., Um Deutschtum und Judentum. Gesammelte Reden und Aufsätze, hrsg. von Leo Hirschfeld, Frankfurt am Main 1919, S. 102–120, hier S. 102, 108 f., 110 f., 118 und 120

32040-388

1. Fassen Sie die Aussagen des Textes in Stichpunkten zusammen.
2. Charakterisieren Sie die Bedeutung des Emanzipationsedikts von 1812 und des Toleranzgesetzes von 1869 für die Gleichstellung der jüdischen Bevölkerung.
3. Erläutern Sie, welche Widerstände gegen die Gleichstellung im Lauf des 19. Jahrhunderts auftraten. Unterscheiden Sie dabei zwischen dem Verhalten von Staat und Behörden sowie von politischen Bewegungen und Parteien.
4. Arbeiten Sie heraus, welche Beziehung zwischen jüdischer Bevölkerung und deutscher Nation dem Autor zufolge gelten soll.
5. Überprüfen Sie die Aussage, „Assimilation" habe als Schlagwort seine „Werbekraft verloren" (Zeile 28–30), unter Verweis darauf, wie die jüdische Bevölkerung auf den deutschen Antisemitismus reagierte.
6. Entwickeln Sie Lösungsansätze, wie die im Text genannten „Differenzen" (Zeile 51) über das jüdische Selbstverständnis damals überwunden werden konnten. Berücksichtigen Sie dabei auch die wirtschaftlichen, wissenschaftlichen und kulturellen Leistungen deutscher Jüdinnen und Juden.

[1] **Emanation** (lat. *emanatio*: Ausfließen): (hier) in Erscheinung treten, Inkrafttreten

Orientierung

2.5 Wahlmodul: Romanisierung und Kaiserzeit

Seit dem späten 19. Jahrhundert wird der Begriff „Romanisierung" verwendet, um den kulturellen, religiösen, politischen und wirtschaftlichen Einfluss Roms in einem großen Teil Europas und der Welt des Mittelmeers zu beschreiben. Zeitlich bezieht sich der Begriff in der Regel auf die sogenannte Kaiserzeit, also etwa die Jahre von 27 v. Chr. bis 284 n. Chr. In dieser antiken Epoche erreichte die römische Herrschaft ihren Höhepunkt, sowohl hinsichtlich ihrer geografischen Ausdehnung als auch hinsichtlich ihres kulturellen Einflusses. Romanisierungsprozesse fanden daher nicht nur in West- und Mitteleuropa, sondern auch in Teilen Osteuropas, Kleinasiens, des Nahen Ostens und Nordafrikas statt. Die Grenzen der Romanisierung ergaben sich nicht allein aus den politischen Grenzen des Römischen Reiches. Wie stark der Einfluss Roms war, hing auch von den einheimischen Kulturen und deren Verhältnis zu Rom ab.

Das Kapitel beschäftigt sich inhaltlich mit ...

- der Entwicklung des römischen Kaiserreiches vom augusteischen Prinzipat bis in die Spätantike
- den Neuordnungen der Provinzverwaltung
- Integrationsprozessen innerhalb der Provinzen und der Idee der „Pax Romana"
- der römischen Kultur, Wirtschaft, Armee und Gesellschaftsordnung
- dem Umgang des Imperiums mit Kulten und monotheistischen Religionen
- dem Weg des Christentums von einer Minderheit zur Staatsreligion

Ohne Worte.
Karikatur aus der englischen Zeitschrift „PUNCH", 1912.

- Erläutern Sie, welche Vorzüge der römischen Kultur hier hervorgehoben werden.
- Beurteilen Sie die Aussage des Zeichners unter Berücksichtigung des Entstehungszeitpunktes der Karikatur.

32040-112

27 v. Chr. - 14 n. Chr.	Das Prinzipat des Augustus geht einher mit der Neuordnung der Provinzen und der Vergrößerung des Reiches	Beginn der Kaiserzeit
um 30	Jesus von Nazareth predigt in Palästina. Das Christentum entsteht.	
43	Südbritannien (Britannia) wird unter Kaiser Claudius erobert.	
70	In Jerusalem wird der jüdische Tempel durch die Römer zerstört.	Expansion und Grenzsicherung
98 - 117	Unter Kaiser Trajan erreicht das Imperium Romanum seine größte Ausdehnung.	
212	Kaiser Caracalla gewährt allen freien Bewohnern des Reiches das römische Bürgerrecht.	Integration
ab 250	In den Provinzen entstehen selbstständige Reiche, die sich von Roms Herrschaft lösen.	Übergang zur Spätantike
284 - 305	Unter Diokletian kommt es zur Neuordnung der Provinzen und zur Einführung einer erstmals einheitlichen Münzprägung. Seine Herrschaft markiert den Übergang zur Epoche der Spätantike.	
311/313	Das Christentum wird unter den Kaisern Galerius und Konstantin I. erlaubt: „Konstantinische Wende".	Ende des Römischen Reiches
330	Kaiser Konstantin fördert die Stellung von Byzanz/Konstantinopel im Osten des Reiches durch Erhebung zur kaiserlichen Residenzstadt.	
380	Das Christentum wird unter Theodosius I. zur Staatsreligion erklärt.	
410	Die Eroberung und Plünderung Roms durch die Westgoten beschleunigen den Bedeutungsverlust der Stadt und des Weströmischen Reiches.	

Statue des Augustus im Panzer.
Rund zwei Meter hohe Statue aus Marmor, ca. 20 v. Chr., gefunden in Primaporta bei Rom, farbiger Rekonstruktionsversuch.

► Erklären Sie, was die Statue den Betrachtern aus der Ferne und in der Nähe vermitteln sollte.

32040-113

Die Kaiserzeit als Epoche | Rom hatte seit seinen Ursprüngen im 5. Jahrhundert v. Chr. als republikanischer Stadtstaat zunächst die Apennin-Halbinsel und anschließend immer größere Teile des Mittelmeerraums und des westlichen Kontinentaleuropas erobert. Die militärische Expansion des Stadtstaates stellte seine politische Ordnung im Laufe der Jahrhunderte immer wieder vor große Probleme. Zunehmend entschieden Kriegszüge darüber, wer in Rom politische Macht erhielt. Ein erfolgreicher Heerführer genoss Ansehen und verfügte über ihm ergebene Truppen, sodass er sich im Zweifelsfall gegen seine Gegner durchsetzen konnte. Die letzten hundert Jahre der *Römischen Republik* waren von Krisen, blutigen Bürgerkriegen zwischen verschiedenen Gruppierungen und ihnen verbundenen Heerführern gekennzeichnet. Als sich einer dieser Heerführer namens *Octavian* (63 v. Chr – 14 n. Chr.) durchsetzte, reformierte er die Republik (*res publica restituta*). Im Jahr 27 v. Chr. beschloss der römische **Senat**, dass Octavian – zunächst für zehn Jahre – die Machtbefugnisse in etwa der Hälfte der Provinzen übertragen wurden und er fortan *Augustus* (dt.: „der Erhabene") genannt werden sollte. Da Augustus die Macht in den noch nicht befriedeten Provinzen erhielt, bedeutete dies, dass er Oberbefehlshaber über den überwiegenden Teil des römischen Heeres war. Dies sicherte seine Macht gegenüber allen Konkurrenten.

Um seine herausgehobene Rolle im Staat zu benennen, nahm Augustus den Titel *„princeps"* (dt.: „Erster unter Gleichen") an. Nach dieser Bezeichnung erhielt die Herrschaftsform des Augustus auch ihren Namen: *Prinzipat*. Damit begann die *Kaiserzeit*. Durch das Kaisertum wurde der Erhalt der römischen Ordnung gesichert. Denn die meisten grundlegenden sozialen und politischen Strukturen änderten sich zunächst nicht. In den folgenden Jahrzehnten bauten Augustus und die nachfolgenden Kaiser ihre Stellung zunehmend aus, wenngleich das Kaisertum sich zu keinem Zeitpunkt in eine Erbmonarchie nach frühneuzeitlichen Vorstellungen verwandelte.

Das Ende der Kaiserzeit wird gewöhnlich als eine längere Übergangsphase beschrieben. In der Regel werden die Reformen des Kaisers *Diokletian* (236/45 – 312 n. Chr.) zwischen 284 und 305 als Beginn der Epoche der *Spätantike* betrachtet. Diese war durch grundlegende Veränderungen der römischen Herrschaft in Europa, der Mittelmeerwelt und Vorderasien gekennzeichnet. In der zweiten Hälfte des 3. Jahrhunderts entstanden erste Reiche innerhalb des Römischen Reiches, und einzelne Provinzen wurden von Rom aufgegeben.

Das Imperium Romanum | Das Römische Reich erlebte unter Kaiser *Trajan* (53 – 117) seine größte Ausdehnung. Sie übertraf die aller bis dahin existierenden Reiche. Nie wieder sollten die Welt des Mittelmeers, große Teile Kleinasiens und Europas eine politische Einheit bilden. Die territoriale Entwicklung war nicht allein der Verdienst der Kaiser, denn ein Großteil des Reiches entstand bereits in Zeiten der Republik. Aber in der Kaiserzeit gelang es, die Expansion weiter voranzutreiben und die römische Herrschaft über mehrere Jahrhunderte zu festigen (→M1). Das Römische Reich teilte die eroberten Gebiete in *Provinzen* als Verwaltungseinheiten ein. Deren Grenzen ergaben sich dabei weniger aus naturräumlichen Bedingungen (z. B. Flüsse oder Berge) oder aus ethnischen Kriterien (z. B. Sprachgruppen), sondern aus militärischen und verwaltungstechnischen Überlegungen. Unter der Regierungszeit von Kaiser Diokletian (284 – 305) kam es zur Neugestaltung der Provinzordnung. Die Gesamtzahl der Provinzen im Reich wurde erheblich erhöht und auch das bis dahin privilegierte römische Italien in Provinzen eingeteilt, womit es seine Sonderstellung (u. a. Steuervorteile) verlor. Der dann einsetzende Zerfallsprozess des *Imperium Romanum* war daher weniger der Überle-

Senat (lat. senatus: Ältestenrat / Rat erfahrener Politiker): oberster Rat des Römischen Reiches. In ihn wurde nur aufgenommen, wer Magistrat („Regierungsbeamter") gewesen war und über großes Vermögen verfügte. Unter Augustus umfasste der Senat 600 Mitglieder.

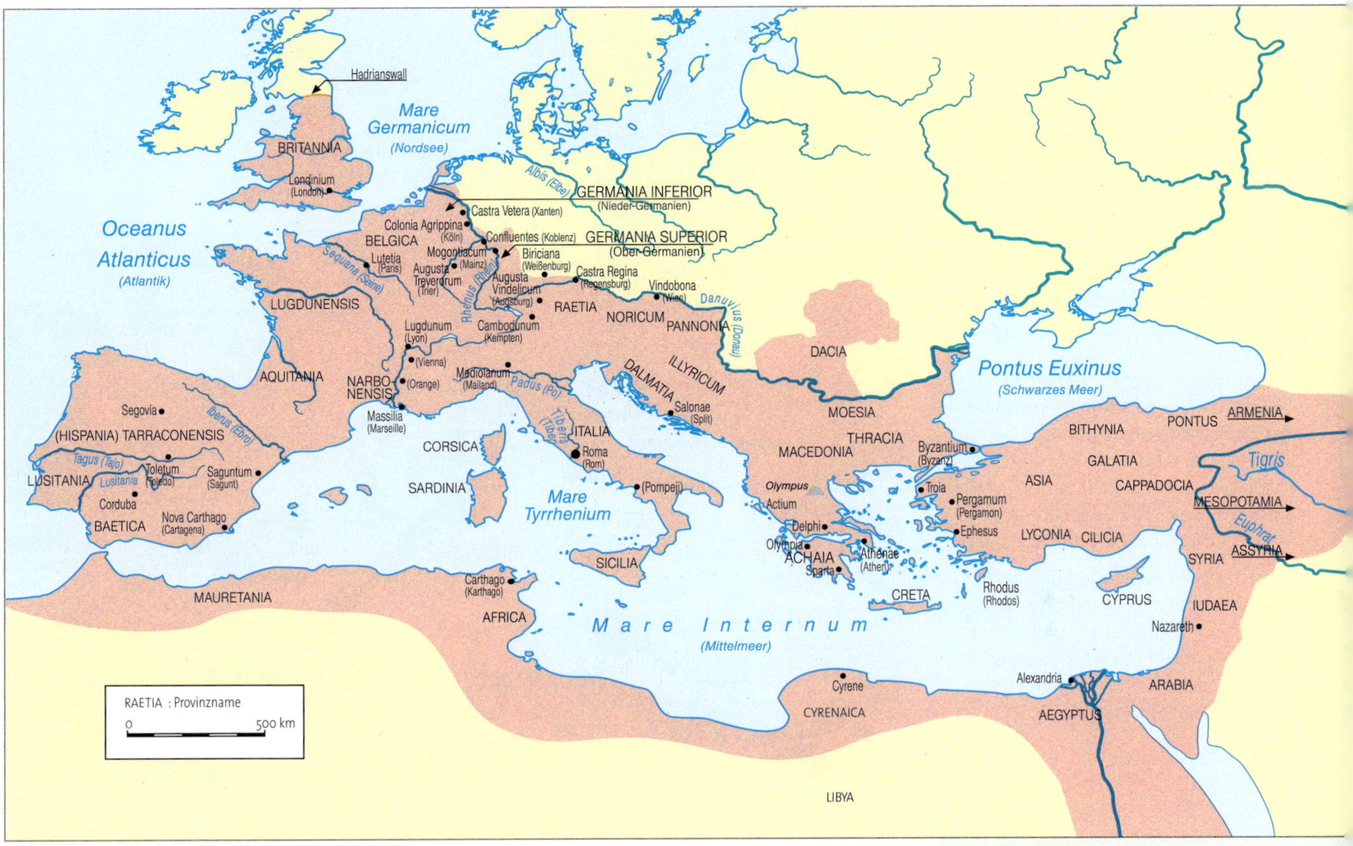

Das Römische Reich zur Zeit seiner größten Ausdehnung, um 117 n. Chr.

▶ Analysieren Sie die Karte.

32040-114

genheit eines anderen Großreiches geschuldet, als vielmehr der allmählichen Machtverschiebung zwischen verschiedenen Teilen des Reiches. 330 wurde mit Konstantinopel eine zweite gleichberechtigte Hauptstadt eingerichtet, und im Osten wie im Westen entstanden zahlreiche mit Rom konkurrierende Städte (Antiochia, Alexandria, Mediolanum-Mailand). Als die Westgoten im Jahr 410 Rom eroberten, triumphierten sie nicht über das Zentrum eines Weltreiches. Denn Rom hatte schon viele Machtbefugnisse an zahlreiche Städte und Provinzen des Reiches abgetreten.

Romanisierung und „Selbst-Romanisierung" | Die Ausdehnung der römischen Herrschaft basierte auf der Stärke der Streitkräfte. In unzähligen Kriegen wurden die Gegner Roms besiegt. Die Beherrschung der eroberten Gebiete stützte sich aber nicht allein auf Waffengewalt. Zwar hatte Rom auch in Friedenszeiten Dutzende von Truppeneinheiten im ganzen Reich stationiert, doch wurden sie häufig nicht im Kampf, sondern für den Bau von Straßen, Brücken, Aquädukten und ähnlichen Infrastrukturprojekten eingesetzt. Die Stabilität der römischen Herrschaft verdankte sich vor allem jenem Prozess, den die historische Forschung als *Romanisierung*, also als „Römisch-Werden" bezeichnet. Im Laufe der Jahrhunderte glichen sich die Lebensweisen in den römischen Provinzen immer stärker an (➔M2). Die Städte erhielten ähnliche Bauten, Latein als Kommunikationsmedium gewann an Gewicht, römische Gesetze galten und römische Münzen kursierten. Vor allem die Elite übernahm römische Gepflogenheiten: Mahlzeiten, Kleidung, Baderituale, den Festkalender und viele andere alltägliche Verrichtungen.

Romanisierung wurde sowohl von oben erzwungen als auch von unten gewünscht. Dass römisches Recht galt und der Kaiser verehrt wurde, waren Anliegen Roms, die notfalls auch mit Gewalt vertreten wurden. Allerdings konnte den Menschen nicht vorgeschrieben werden, römische Mode und Sitten zu übernehmen. Vielmehr wurde die römische Kultur oft bereitwillig übernommen und kopiert. Romanisierung war daher häufig kein Zwang, sondern aktives Handeln, eben *„Selbst-Romanisierung"*. Dabei

Wandelhalle mit Medusenmedaillons im Severischen Forum in Leptis Magna (Libyen).
Foto vom Dezember 2007.
In der antiken Stadt Leptis Magna lebten wohl bis zu 100 000 Einwohner. Der römische Kaiser Septimius Severus (146 – 211) stammte von dort. Er ließ seine Heimatstadt umfangreich ausbauen. Seit 1982 zählt Leptis Magna zum UNESCO-Weltkulturerbe.

▶ Recherchieren Sie weitere Informationen über die Ruinenstätte aus Nordafrika. Erläutern Sie, inwiefern im Falle von Leptis Magna von einer erfolgreichen Romanisierung gesprochen werden kann.

32040-115

verband sich die Bewunderung für Rom mit der Hoffnung, durch Übernahme des römischen „way of life" die eigene Stellung, die Position der Familie, des Clans oder der eigenen Provinz verbessern zu können.

Am Ende wendete sich die Romanisierung gegen Rom selbst. Da die Provinzen mehr und mehr Rom glichen, verschwanden die Unterschiede und in mancherlei Hinsicht auch die Überlegenheit Roms. Romanisierung und Widerstand gegen Rom waren daher keine sich ausschließenden Gegensätze. Zwar gab es auch Völker, die sich gegen alle römischen Einflüsse wehrten. Häufig übernahmen aber auch die Gegner Roms Elemente römischer Kultur, zum einen weil dies in Jahrhunderten römischer Herrschaft unausweichlich war, zum anderen weil die römischen Techniken und Verfahren sich als nützlich erwiesen hatten. Der Niedergang Roms seit dem 4. Jahrhundert war also auch Ausdruck der erfolgreichen Romanisierung. Rom hatte die Völker, die es besiegt hatte, im Laufe seiner Herrschaft erheblich geprägt, sodass die nun neu entstehenden Reiche – wie z. B. das der Westgoten – auf die eine oder andere Weise die römische Tradition weitertrugen. Romanisierung war daher ein Prozess, dessen Folgen wir bis heute beobachten können: in den romanischen Sprachen, im Christentum römischer Prägung, in den auf Rom zurückgehenden Vorstellungen unseres Rechtssystems und in den bis heute existierenden römischen Stadtgründungen. Romanisierung ist daher nicht nur für Europa und die Mittelmeerwelt von Bedeutung. Denn ab 1492 trugen die europäischen Erben Roms ihre Sprachen, ihre Religion, ihr Recht und ihre Weltbilder nach Amerika.

Rekonstruktion der Saalburg bei Bad Homburg v. d. Höhe (Hessen).
Zeitgenössisches Foto.
Der ursprüngliche Bau stammt aus dem 2. Jahrhundert. Auf antiken Fundamenten wurde zwischen 1897 und 1907 das einstige Römerkastell rekonstruiert. Dieses bewachte und schützte damals wie viele andere Kastelle den rund 550 Kilometer langen Limes (Grenzwall), der das Römische Reich vom wenig erschlossenen Siedlungsgebiet kleinerer Völker trennte.

Heer und Provinzverwaltung | In der Kaiserzeit verfügte Rom über Truppen von insgesamt ca. 350 000 Mann. Diese waren in *Legionen* unterteilt, die vor allem in den Randprovinzen des Reiches standen. Schon in der frühen Kaiserzeit wurde ein *stehendes Heer* geschaffen. Es war Rom bzw. dem Kaiser verpflichtet, während zur Zeit der Römischen Republik die Truppen vor allem ihren jeweiligen Feldherren die Treue hielten. Da das Heer der Kaiserzeit nicht mehr demobilisiert wurde, kam es zur Einrichtung von festen Legionsstandorten und unter Kaiser *Hadrian* (76–138) zur Errichtung eines festen Verteidigungssystems an den Reichsgrenzen. Die Standorte der Legionen dienten als Zentrale einer oder mehrerer Legionen und glichen mit ihren Gebäuden aus Holz oder Stein kleinen „Lager"-Städten. Tatsächlich hielten sich aber häufig viele der jeweils 5 500 bis 6 000 Mann starken Legionen nicht am eigentlichen Standort auf. Ihnen waren zahlreiche Aufgaben zugeteilt, die heute die Polizei übernimmt. Sie bewachten Straßen, Brücken und selbst Bergwerke oder Steinbrüche. Darüber hinaus wurden sie in befriedeten Gebieten zunehmend zum Ausbau der Infrastruktur eingesetzt. Die Legionen romanisierten die Provinzen aber nicht allein durch Polizeitätigkeit und Bauvorhaben. Sie verschmolzen auch zunehmend mit der Provinzbevölkerung. In der Regel bestanden die Heereseinheiten etwa zur Hälfte aus *Hilfstruppen (auxilia)*, die aus den verschiedensten Provinzen kamen. Diese Hilfstruppen wurden von Rom ausgehoben und unterstanden römischen Offizieren oder wurden zumindest von Römern überwacht. Sie trugen langfristig auch zur Romanisierung der Einheimischen bei. Denn in der Armee eigneten sich die Soldaten die römische Sprache und Lebensweise an. Nach Ende ihrer Dienstzeit erhielten sie das römische Bürgerrecht und ein Stück Land. Die Zugehörigkeit zu den Hilfstruppen in römischen Provinzen wurde von vielen Einheimischen als Möglichkeit gesehen, die eigene Position zu verbessern. Als Soldat und eventuell sogar Offizier Roms konnten sie Ansehen und Einfluss erwerben (→M3).

Internettipp
Die Homepage des Museums informiert u. a. über die Geschichte der Saalburg und den archäologischen Park. Siehe dazu diesen Code.

32037-34

Im Vergleich zur Armee war die zivile Verwaltung Roms winzig. Sie bestand zu Beginn der Kaiserzeit bestenfalls aus wenigen Tausend und in der Spätantike aus etwa 35 000 Personen. An der Spitze einer Provinz stand ein römischer *Statthalter*, der dort die Herrschaft Roms repräsentierte. Da er über keine Verwaltung im heutigen Sinne verfügte, beschränkten sich seine Aufgaben auf die Erhaltung der öffentlichen Ordnung und die Verteidigung der Provinz. In der Finanzverwaltung waren *Prokuratoren* tätig. Diese kaiserlichen Beauftragten kontrollieren die Eintreibung der Steuern in den Provinzen, um eine Ausbeutung durch die Statthalter zu unterbinden.

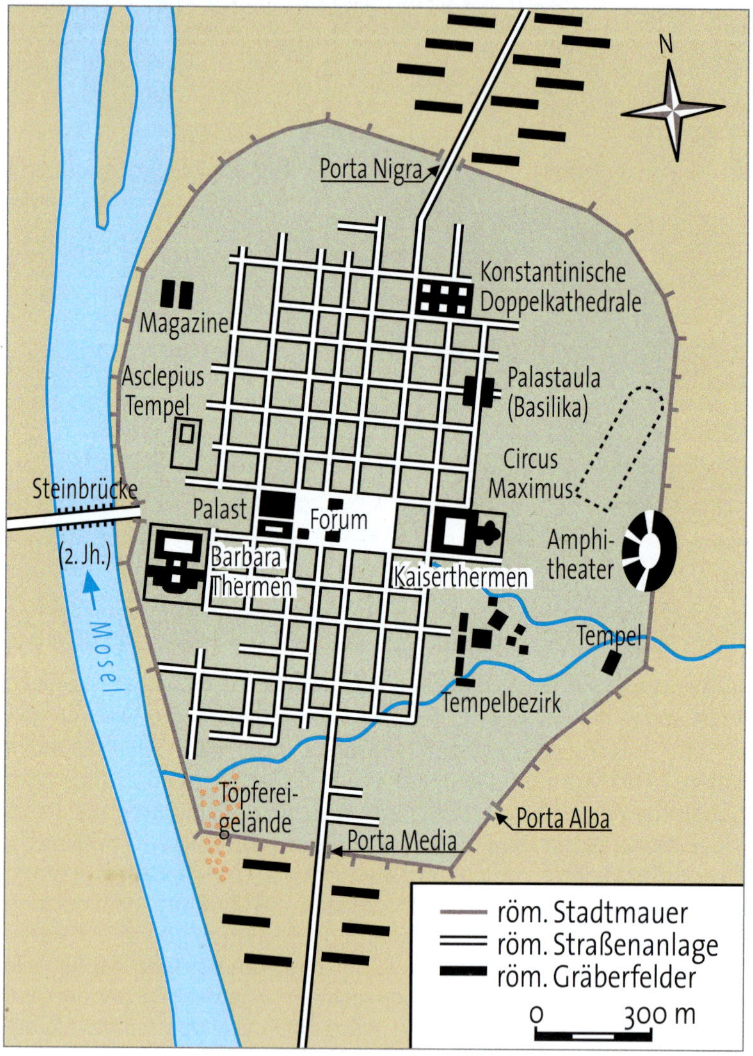

Stadtplan von Trier im 4. Jahrhundert.
Rekonstruktionszeichnung.
Die in Rheinland-Pfalz liegende Stadt Trier wurde von den Römern um 16 v. Chr. unter dem Namen „Augusta Treverorum" (dt.: „Stadt des Augustus im Land der Treverer") gegründet. Von 293 bis 392 war sie eine der kaiserlichen Residenzen im Westen des Römischen Reiches.

- Beschreiben Sie den Stadtgrundriss. Suchen Sie anschließend auf einem modernen Stadtplan die Steinbrücke und die Porta Nigra in Trier.
- Erklären Sie anhand des Stadtplans die Bedeutung der Stadt für Handel und Kultur.

32040-116

Internettipp
Informationen zur Porta Nigra, den Kaiserthermen und zu weiteren Überresten römischer Baukunst im heutigen Trier finden Sie unter diesem Code.

32037-35

Die Städte | Städte bildeten neben der Armee eine wichtige Säule der römischen Herrschaft. Im Osten und an der Küste der Iberischen Halbinsel hatte Rom Gebiete erobert, in denen das politische Leben bereits in Städten und Siedlungen konzentriert war. Rom bemühte sich, an die bestehenden städtischen Ordnungen anzuknüpfen. Dazu gehörte vor allem, dass die Städte sich mithilfe eines *Stadtrates* selbst verwalteten, der sich aus den Angehörigen der lokalen Elite zusammensetzte. Dies beinhaltete auch, dass sich die Städte mit Eingaben oder gar Beschwerden an den Kaiser wenden durften.

Rom schuf in den Provinzen eine Hierarchie von Städten, die sich vor allem an deren Loyalität orientierte. Wer Rom treu diente, wurde ausgezeichnet. Städte, die gegen Rom gekämpft oder sich erhoben hatten, wurden bestraft oder gar zerstört.

In jenen Teilen des Reiches, in denen es keine Städte im römischen Sinne gab, kam es zu neuen Stadtgründungen. Insbesondere an den Grenzen des Reiches schufen die Römer *Kolonien (coloniae)*, in denen sie römische Bürger ansiedelten, die die neu eroberte Region sichern sollten. Die Gründung von Kolonien diente von Beginn an der Versorgung von ausgemusterten Soldaten, den *Veteranen*. Diese ließen sich in einer neu gegründeten Stadt (einer Kolonie) nieder und erhielten dann häufig das römische Bürgerrecht, was gleichbedeutend mit einem gewissen sozialen Status war.

Alte und neue Städte bildeten Zentren römischer Lebensart. Dies ließ sich schon an zahlreichen Gebäuden, häufig der gesamten Anlage einer Stadt beobachten. Es gab einen Hauptplatz (*forum*), an dem große Gebäude wie Markthallen und/oder Tempel standen. Es waren Brunnen und häufig auch Thermen vorhanden, deren Wasserzufuhr hölzerne oder steinerne Wasserleitungen sicherstellten. Gepflasterte und mit Säulenreihen/Kolonnaden (Säulengängen) geschmückte Straßen durchzogen teilweise die Städte.

In einer römischen Stadt leben hieß, auf römische Art und Weise zu leben. Dies galt nicht nur für eine kleine Elite, die sich einen exklusiven Lebensstil leisten konnte und die lokalen Schaltstellen der politischen Macht besetzte. Dies traf auch für einen großen Teil der einfachen Leute zu. Denn auch sie lebten innerhalb einer von römischer Architektur geprägten Stadt, besuchten Märkte und Feste auf den römisch gestalteten Plätzen oder Theateraufführungen und Kämpfe in römischen Amphitheatern. So wurde die Stadt für breite Bevölkerungsschichten zum Raum und zum Motor der Romanisierung (➔M4).

Die Eliten | Der Beginn der Kaiserzeit bedeutete keine grundlegende Veränderung der sozialen Strukturen des Reiches. Die Zusammensetzung der Eliten im Kaiserreich entsprach daher zunächst im Großen und Ganzen ihrer Zusammensetzung in republikanischer Zeit. Sie bestanden aus der *Reichsaristokratie* und den *lokalen Eliten*.

Die Reichsaristokratie umfasste einen Teil der Ritterschaft und der Senatoren. Der Senat hatte zwar seine herausragende Stellung an den Kaiser abgetreten. Dennoch stützte sich auch die kaiserliche Herrschaft auf die Zusammenarbeit mit dem Senat und den Rittern als Funktionselite, die die Stabilität der Kaiserzeit sicherte. Um vom Kaiser zum Ritter ernannt zu werden, musste man nicht nur wohlhabend sein, sondern dem Kaiser auch lange treu gedient haben.

Die lokalen Eliten setzten sich vor allem aus den Großgrundbesitzern in den Provinzen zusammen. Inhaber politischer und religiöser Ämter auf lokaler und provinzialer Ebene wurden als *Magistrate* bezeichnet, Mitglieder des Stadtrates als *Dekurionen*. Auch hier fanden sich vom Kaiser ernannte Ritter.

Es waren diese Eliten, die maßgeblich zur Romanisierung im Imperium Romanum beitrugen. Die dem römischen Lebensstil nacheifernden lokalen Eilten zeigten damit, dass sie ein Teil der herrschenden Ordnung waren, und drückten gleichzeitig gegenüber Rom ihre Loyalität und Verbundenheit aus. Dies führte im Laufe der Jahrhunderte dazu, dass die römischen Kaiser immer mehr Angehörige aus den Provinzen in die Reichsaristokratie beriefen. Ritter aus den eroberten Gebieten erhielten Aufgaben in Rom und wurden schließlich in den Senat aufgenommen. Dies stieß zwar anfangs auf Widerstand, wurde aber mit zunehmender Romanisierung der eroberten Gebiete ein übliches Verfahren. Selbst die römischen Kaiser stammten nicht zwangsläufig aus Rom: Hadrian (76–138) war in Italica auf der Iberischen Halbinsel geboren, *Septimius Severus* (146–211) in Leptis Magna in Nordafrika, *Caracalla* (188–217) im heutigen Lyon und *Verus Maximinus* (172/73–238) auf der östlichen Balkanhalbinsel. Letztgenannter Kaiser trug sogar den Beinamen „Thrax", der auf seine thrakische Herkunft verwies. Auch wenn Rom bis Ende des 3. Jahrhunderts das unbestrittene Zentrum des Imperium Romanum blieb, so waren es doch nicht nur Römer oder Italiker, die im Reich herrschten. Vielmehr rekrutierte Rom die Eliten aus allen Teilen seines Herrschaftsgebietes, sofern sie römische Lebensart und Wertvorstellungen übernahmen. Da sie im kulturellen und politischen Sinn Römer wurden, konnten sie ins Zentrum der Macht vorstoßen (➔M5).

Handel an der römischen Limesgrenze.
Szene aus dem Zinnfigurendiorama im Limesmuseum Aalen.

► Beschreiben Sie das Geschehen auf dem Bild. Was erfahren Sie über den Handel?

32040-117

Handel und Wirtschaft | Die relative politische Stabilität während der hohen Kaiserzeit schuf gute Voraussetzungen für die Wirtschaftsentwicklung. Der überwiegende Teil der Bevölkerung war in der Landwirtschaft beschäftigt und von ihr hing das Wohlergehen des Reiches maßgeblich ab. Die Blüte der Städte basierte großenteils auf der Tatsache, dass das jeweilige Umland ausreichend Lebensmittel produzierte, um die Stadtbewohner zu ernähren. Die *pax Romana* (➔M1) (dt.: römischer Frieden) half der Landwirtschaft dadurch, dass sie den Handel über weite Entfernungen begünstigte. So wurde aus Sizilien und vor allem Ägypten, der „Kornkammer" Roms, Getreide auf die Italische Halbinsel exportiert, während von der Iberischen Halbinsel Olivenöl in viele Regionen des Reiches gelangte. Begünstigt wurde der Handel nicht nur durch die langen Friedenszeiten im Reich sowie die Eindämmung von Piraterie und Bandenwesen, sondern auch durch Straßenbau und Münzprägungen. Rom baute in fast allen Provinzen Straßen, die als Kommunikationsnetze innerhalb und zwischen den Provinzen dienten (➔M6). Das römische Münzwesen stellte schließlich über Jahrhunderte sicher, dass Handel auf Geldbasis getrieben werden konnte. Das Römische Reich war jedoch kein einheitlicher Wirtschaftsraum. Dazu war die Bedeutung der Subsistenzwirtschaft (Selbstversorgung) und der rein lokalen Märkte zu groß. Allerdings ermöglichte es das Imperium Romanum, dass regionaler Handel und Fernhandel in einem Umfang betrieben werden konnten, wie dies vorher nicht möglich war. Dies führte dazu, dass der Handel sich romanisierte. Denn er beruhte auf römischen Münzen und häufig auch auf römischem Recht und römischer Sprache (➔M7).

Internettipp
Mehr über das Wirtschaftssystem im Römischen Reich erfahren Sie unter diesem Code.

32037-36

Die Sprache | Die Sprache ist jener Bereich, in dem die Romanisierung bis heute am leichtesten zu sehen (und zu hören) ist. In großen Teilen des ehemaligen Imperium Romanum werden auch heute noch Sprachen gesprochen, deren Wurzel das von Rom aus verbreitete Latein ist. Hierzu gehören u. a. Spanisch, Französisch, Portugiesisch und Rumänisch. Die iberische Kolonialherrschaft in Amerika und später der französische Kolonialismus in Nordamerika, Afrika und Asien haben die romanischen Sprachen über die ganze Welt verbreitet.

Die römischen Kaiser hatten weder Interesse noch die Mittel, um Latein als Sprache für die 50 bis 60 Millionen Menschen im Römischen Reich durchzusetzen. Für die allermeisten Bewohner gab es keinen Schulunterricht, und überall wurden die alten, regionalen Sprachen gesprochen. Die Eliten in den Provinzen hatten dagegen ein großes Interesse, Latein zu erlernen, war es doch für die Kommunikation mit Rom unerlässlich und zugleich ein Ausweis der eigenen Nähe zur römischen Kultur. So gab es auf der einen Seite einen jahrhundertelangen Spracherwerb aufseiten der provinzialen Eliten. Auf der anderen Seite siedelten Latein sprechende Kolonisten in unzähligen Provinzen des Reiches und brachten die Sprache mit. Für beide Prozesse war die Armee ein wichtiger Katalysator, denn der Aufstieg in der Armee erforderte die Beherrschung der lateinischen Sprache. Gleichzeitig brachten die Armee und ausgemusterte Soldaten Latein in die Provinzen (➔M8).

Trotz der enormen Verbreitung der lateinischen Sprache überlebten zahlreiche Sprachen das Römische Reich. Zum Teil waren dies Sprachen ohne Schriftsysteme, aber auch einige wenige Schriftsprachen überdauerten die römische Herrschaft (z. B. Hebräisch). In der Spätantike entwickelten sich dann angesichts der nachlassenden Bedeutung Roms in manchen Gegenden neue Schriften (z. B. Koptisch). Unter allen Sprachen stellte das Griechische eine Ausnahme dar, da es im Osten als zweite offizielle Sprache fungierte. Die spätere Teilung in ein West- und ein Oströmisches Reich führte zu einem weitgehenden Niedergang des Lateinischen im Osten. Mit Ausnahme des Rumänischen finden sich heute in Osteuropa keine romanischen Sprachen von Bedeutung.

Römisches Recht | Roms Herrschaft beruhte auf schriftlichem Recht, also auf schriftlich fixierten Regeln mit allgemeinem Geltungsanspruch. Seit den Anfängen Roms hatte sich eine lange, viele Bereiche des Lebens umfassende Tradition römischen Rechts entwickelt, die im Laufe der Jahrhunderte ständig erweitert und verändert wurde.

Römische Herrschaft in einer Provinz drückte sich dadurch aus, dass Rom schriftliche Rechtsverordnungen für die entsprechende Provinz erließ (➔M9). Sie regelten die Beziehung zwischen der Provinz und Rom, aber auch die Verhältnisse innerhalb einer Provinz. Vor allem im Osten waren verschiedene Städte einander nicht wohlgesonnen, sodass die römischen Verordnungen darauf abzielten, die Konflikte in den Provinzen zu reduzieren. Gleichzeitig dienten sie dazu, jene Städte und Gruppen zu belohnen, die Rom treu ergeben waren, während die Gegner Roms rechtlich bestraft wurden. Römische Rechtsverordnungen regelten aber auch die Rechte und Pflichten von Privatpersonen. Dies galt sowohl für politische (z. B. Bürgerrechte) als auch für private Fragen (z. B. Eigentumsrechte). Als Kaiser Caracalla 212 die reichsweite Vergabe des Bürgerrechts für alle freien Bewohner einführte, hob er auf rechtlicher Ebene die Trennung zwischen Römern, Italikern und den anderen Bewohnern des Imperium Romanum auf. Ein Bürger einer Provinz verfügte fortan über die gleichen Bürgerrechte wie ein Römer.

Ein zentraler Aspekt des Römischen Rechts war die Rechtsprechung. Diese unterstand in den Provinzen dem Statthalter, der dazu einen Rat (bzw. ein Gericht) einberief, welcher sich während der Gerichtstage versammelte. Aufgrund des großen Einflusses des vorsitzenden Statthalters entsprachen die Verfahren zwar nicht unserem heutigen Verständnis von Fairness und Gleichbehandlung der Parteien, aber sie fußten auf geschriebenem Recht und Provinzen konnten z. B. gegen Statthalter Klage erheben, die sie ausgebeutet hatten.

Die jahrhundertelange Praxis von schriftlicher Rechtsetzung und Rechtsverfahren beeinflusste das Rechtsverständnis in den Provinzen nachhaltig. Römisches Recht stabilisierte die Herrschaft und überdauerte sie. Bis heute ist ein großer Teil des europäischen Rechts von den ursprünglich in Rom entwickelten Rechtsvorstellungen geprägt.

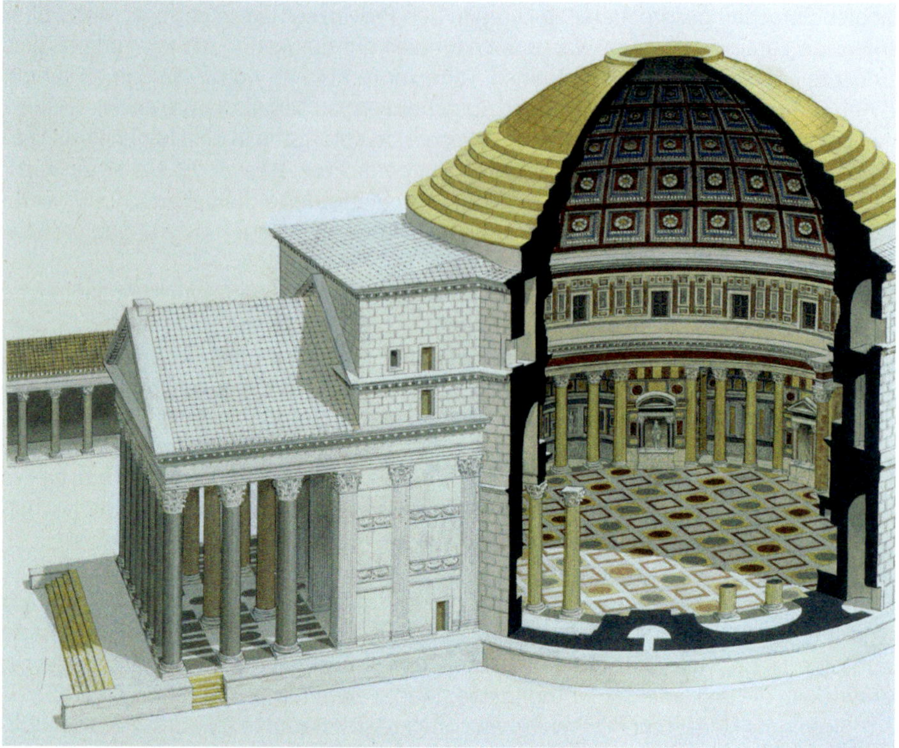

Das Pantheon in Rom zur Kaiserzeit.
Undatierte Rekonstruktionszeichnung von Peter Connolly.
Das bereits in vorchristlicher Zeit angelegte und von Kaiser Hadrian fertiggestellte Pantheon gehört zu den am besten erhaltenen Bauten der römischen Antike. Dies liegt vor allem an der frühen Umweihung zur katholischen Kirche.

Der Kaiserkult | Die kultische Verehrung des Herrschers war eine gängige Praxis vieler Völker des Altertums. In Rom begann die göttliche Verehrung der Herrscher nach dem Tod von *Gaius Julius Caesar* (100 v. Chr. – 44 v. Chr.), als dieser zum Gott erklärt wurde. Lebende Kaiser wurden in Rom nicht als Götter verehrt, während dies in verschiedenen Provinzen durchaus üblich war. Dort huldigten die Bewohner den Kaisern wie auch ihren lokalen Gottheiten. Da die religiösen Vorstellungen der Zeit die Göttlichkeit von Menschen und die Verehrung einer Vielzahl von Gottheiten (*Polytheismus*) gestatteten, war es kein großes Problem, den Kaiserkult in die religiösen Praktiken der meisten unterworfenen Völker zu integrieren. Die Aufnahme des lebenden oder der verstorbenen Kaiser in das **Pantheon** der lokalen Gottheiten verband Rom mit den unterworfenen Völkern und drückte gleichzeitig Roms Überlegenheit aus (➔M10).

Pantheon: Bezeichnung sowohl für die Gesamtheit der Götter als auch für das ihnen geweihte Heiligtum

Der Bau von Tempeln zu Ehren des lebenden oder verstorbenen Kaisers löste im Osten des Reiches häufig handfeste Machtkämpfe zwischen lokalen Eliten aus. Denn solche Tempel demonstrierten die Nähe und Loyalität zu Rom, das jeden Bau genehmigen musste. Die Vorrangstellung durch einen Tempel kam auch dadurch zum Ausdruck, dass sie Orte von Feiern und Festlichkeiten waren. Hier versammelten sich die politischen Machtträger und auch das einfache Volk, um dem Kaiser zu huldigen. Dies konnte einhergehen mit Opfern, Festen und Wettkämpfen, sodass eine Tempelanlage die gesellschaftliche und zum Teil auch wirtschaftliche Stellung einer Stadt unterstrich. Während der Feierlichkeiten repräsentierten Statthalter, Priester und andere Amtspersonen die römische Ordnung. Der Kaiserkult diente daher nicht nur dazu, einen Gott oder eine göttliche Person zu verehren. Er diente auch dazu, den Menschen die soziale und politische Ordnung zu demonstrieren sowie die Eliten und das einfache Volk an Rom zu binden.

Umgang des Imperiums mit Kulten und Religionen | Im Laufe der Jahrhunderte vermischten sich römische Kultpraktiken mit lokalen Religionen. Nicht nur dem Kaiser, sondern auch den eigenen lokalen Göttern wurde immer stärker auf römische Art und Weise gehuldigt. Vielfach kam es zur Aufnahme fremder Götter anderer Völker in die religiöse Vorstellungswelt der Römer. Während der Kaiserzeit erfreute sich der aus dem Orient stammende *Kult des Mithras*, eines Gottes des Lichtes, insbesondere beim römischen Heer großer Beliebtheit.

Der grundsätzliche offene Umgang der Römer mit Religionen und Göttern wurde durch das *Judentum* (➔M11) und das *Christentum* infrage gestellt. Da es sich bei ihnen um *monotheistische Religionen* handelt, verbieten sie anderen Göttern zu huldigen (erstes der Zehn Gebote). Aufgrund dessen lehnten sie es auch ab, die römischen Kaiser als Götter zu verehren. Nachdem *Jesus von Nazareth* um 30 in Palästina gepredigt hatte, versuchte Rom zunächst, die neue Religion in ihre Glaubensvorstellungen zu integrieren. Die Christen aber blieben bei ihrer Intoleranz gegenüber anderen religiösen Ansichten und machten einen Kompromiss unmöglich. Schon im 1. Jahrhundert nach Christus kam es vereinzelt zu Christenverfolgungen. Die bekannteste ist sicherlich die unter dem oft zu Unrecht als Tyrann auf dem Kaiserthron bezeichneten Kaiser *Nero* (37–68). Im zweiten nachchristlichen Jahrhundert erfolgte die Christenverfolgung dann systematisiert.

Mithras-Kultbild (Ausschnitt).
Um 200 n. Chr.
Unter einem Rundbogen mit den zwölf Tierkreiszeichen ist der Gott Mithras mit römischer Tunika dargestellt, wie er einen Stier erdolcht. Blut galt als Quelle des Lebens. Der Mithras-Kult erreichte im Römischen Reich im 2. und 3. Jahrhundert seinen Höhepunkt. Im 4. Jahrhundert wurde er vom Christentum verdrängt.

▶ Der Mithras-Kult zählt zu den Mysterienkulten (Mysterien: geheime religiöse Feiern). Recherchieren Sie, welche weiteren Mysterienkulte im Römischen Reich existierten. Erklären Sie vor diesem Hintergrund, inwiefern der Kontakt mit anderen Kulturen die religiösen Vorstellungen der Römer veränderte.

32040-118

Die seit 250 einsetzenden reichsweiten Christenverfolgungen fanden mit dem Toleranzedikt des Kaisers *Galerius* (um 250–311) ihr Ende (➔M12). Im Jahre 311 hatte dieser das Christentum als Religion erlaubt. Damit tolerierte nun auch Rom eine Religion, die römische Vorstellungen nicht akzeptierte und den Kaiserkult explizit ablehnte. Auf der Gegenseite hatte das Christentum schon lange von seinen Vorstellungen Abstand genommen, das Ende der Welt – und das hieß: das Ende des Imperium Romanum – stünde unmittelbar bevor. Dies führte zu der Auffassung, dass die Verteidigung der bestehenden Ordnung einhergehen konnte mit einem gottgefälligen christlichen Leben. Ein solches Verhalten konnte sich auch auf das vermutlich in der zweiten Hälfte des 1. Jahrhunderts entstandene Matthäusevangelium (22, 21) berufen: „Gebt dem Kaiser, was des Kaisers ist, und Gott, was Gottes ist."

Die spätere Integration des Christentums in Herrscherkult und Herrscherpraxis durch Kaiser *Konstantin I.* (272/73–337) war durchaus auch im Interesse Roms. Er bestätigte 313 im *Toleranzedikt von Mailand* nicht nur die Anerkennung des Christentums, sondern privilegierte und praktizierte es sogar. Zugleich hielt Konstantin an alten Kultpraktiken fest und wurde nach seinem Tod als Gott verehrt. Gleichwohl bedeutete die sogenannte *Konstantinische Wende*, dass das Christentum sich von nun an innerhalb des Römischen Reiches massiv verbreiten konnte.

Das Christentum kann als Teil der jahrhundertelangen Romanisierungsprozesse betrachtet werden, da es sich seit dem 4. Jahrhundert gerade dank der Strukturen des Imperium Romanum ausdehnen konnte. Gleichzeitig war es den alten römischen religiösen Vorstellungen so fremd, dass die Christianisierung auch zum Ende des Reiches, so wie es viele Jahrhunderte bestanden hatte, beitrug.

M1 Pax Romana

*Der Althistoriker Werner Dahlheim (*1938) erklärt die Langlebigkeit des Römischen Reiches:*

Alle Segnungen, die die Kaiser in den Augen der Zeitgenossen gebracht haben, gipfelten in der Vorstellung des Friedens, der *pax Romana*. Seit Augustus ist pax eine Gottheit mit Anspruch auf kultische Verehrung: Der 13–9 v. Chr. gebaute Altar der pax Augusta stellte durch das Beiwort zugleich unmissverständlich die Beziehung zur Person und zur Herrschaft des Kaisers her. Die Formel vom Kaiser als Friedensbringer betonte zunächst die Wiederherstellung der Eintracht (*concordia*) der Bürger, die in der Tat die erste große Leistung des ersten Monarchen gewesen war. Gemeint war damit nicht nur das Ende der Bürgerkriege, sondern das gesamte Spektrum der inneren Befriedung: die Einigung mit dem Senat, die Befriedung des Militärs, die Sicherheit vor Umsturz, Enteignung und politischem Terror. Nicht damit gemeint war der Friede nach außen; im Gegenteil: Die Erfolge der römischen Waffen bildeten die andere Seite des inneren Friedens, den sie sicherten und weiter ausbauten.
Im zweiten Jahrhundert war die römisch gewordene Welt überzeugt, mit dem gewonnenen Frieden den glücklichen Endpunkt aller Geschichte, das goldene Zeitalter erreicht zu haben. Die, welche außerhalb dieser Welt standen, Barbaren und Fremde, waren zum Gegenstand des Bedauerns geworden. Innerhalb dieser Welt bedeutete das Ende der Kriege der Völker die Gewissheit, allein die zivilisierte Welt zu verkörpern: Nur in ihr war die städtische Zivilisation vorherrschend, nur sie kannte die umfassende Sicherheit des Rechts, und nur innerhalb ihrer Grenzen war der freie Austausch von Gütern und Meinungen möglich.

Werner Dahlheim, Die griechisch-römische Antike, Bd. 2: Rom, Paderborn ^{3}1997, S. 237

32040-119

1. Erläutern Sie, welche Vor- und Nachteile die Unterwerfung unter Rom mit sich bringen konnte.
2. Erörtern Sie, inwiefern die Vorstellung einer überlegenen Zivilisation heutigen Auffassungen widerspricht. | F

M2 Die Iberische Halbinsel wird romanisiert

Der griechische Geograf und Geschichtsschreiber Strabon (um 63 v. Chr.–nach 23 n. Chr.) schildert die Romanisierung verschiedener Volksstämme im heutigen Spanien:

Der Segen des Landes hat bei den Turdetanern auch Zivilisation und Gemeinsinn zur Folge gehabt; auch bei den Keltikern dank ihrer Nachbarschaft […], aber bei ihnen weniger (sie leben ja meist in Dörfern); die Turdetaner dagegen, besonders die am Baetis, sind ganz zu dem Lebensstil der Römer übergegangen und bewahren nicht einmal mehr eine Erinnerung an ihre eigene Sprache: Ferner sind die meisten Latiner geworden und haben römische Siedler bekommen, sodass nur noch wenig daran fehlt, dass sie sämtlich Römer sind; auch die neuerdings zusammengesiedelten Städte, Pax Augusta bei den Keltikern, Augusta Emerita bei den Turdulern und Caesaraugusta im Gebiet der Keltiberer, und einige andere Siedlungen illustrieren den Umschwung besagter Gemeinwesen; so werden denn auch alle Iberer, die zu dieser Kategorie gehören, *togati*[1] genannt (darunter sind auch die Keltiberer, die ehedem als die wildesten von allen galten).

Strabon, Geographika 3, 2, 15, nach: Strabon, Geographika. Mit Übersetzung und Kommentar, hrsg. von Stefan Radt, Bd. 1, Göttingen 2003, S. 381

32040-120

1. Präsentation: Recherchieren Sie die modernen Namen der genannten Städte bzw. Regionen. Informieren Sie sich, ob in diesen Gebieten bis heute römische Spuren vorhanden sind. Geben Sie Ihre Ergebnisse in einer kleinen Präsentation wieder.
2. Arbeiten Sie die Kriterien der Romanisierung nach Strabon heraus.
3. Nehmen Sie zu der Frage „Romanisierung – Fluch oder Segen?" Stellung. Beziehen Sie dabei auch die Sichtweise Strabons mit ein. | F

M3 Wie trägt das Militär zur Romanisierung bei?

Der griechische Schriftsteller Plutarch (um 45–um 125 n. Chr.) beschreibt, wie der römische Feldherr Quintus Sertorius (123–72 v. Chr.) unterworfene Völker an Rom zu binden versucht:

Durch solche Taten erwarb sich Sertorius die Bewunderung und Liebe der Barbaren und ebenso dadurch, dass er durch Einführung römischer Bewaffnung, Formierung und Befehlserteilung ihre wilde und rohe Kampfweise beseitigte und ihre Streitmacht aus einer großen Räuberbande zu einem wirklichen Heer machte. Auch sparte er nicht mit Gold und Silber, womit er ihre Helme schmücken und ihre Schilde reich verzieren ließ, lehrte sie, buntgestickte Waffenröcke und Mäntel zu tragen, und indem er ihnen dabei half und ihre Wünsche förderte, schmeichelte er sich bei ihnen ein. Am meisten aber gewann er sie für sich durch sein Verfahren mit ihren Söhnen. Er ließ nämlich die vornehmsten Knaben aus den Stämmen in der großen Stadt Osca[2] zusammenziehen, bestellte für sie Lehrer in Griechisch und Latein und machte sie so tatsächlich zu Geiseln, während er vorgab, er lasse sie dazu erziehen, dass sie,

[1] **togati**: Personen, die die Toga tragen. Die Toga war ein typisches Kleidungsstück des römischen Bürgers.
[2] **Osca**: die heutige, im Nordwesten Spaniens liegende Stadt Huesca

Männer geworden, an der Regierung und Staatsverwaltung teilnehmen könnten. Die Väter freuten sich dann außerordentlich, wenn sie ihre Söhne in purpurverbrämten Kleidern wohlgeordnet zur Schule gehen sahen, wo Sertorius die Lehrer für sie besoldete, häufig Prüfungen abnahm, an diejenigen, die sich auszeichneten, Preise verteilte und ihnen die goldenen Umhängekapseln schenkte, die die Römer *bulla* nennen.

Plutarch, Sertorius 14, 1 ff., nach: Plutarch, Große Griechen und Römer, eingeleitet und übersetzt von Konrat Ziegler, Bd. 5: Die Bibliothek der Alten Welt, Griechische Reihe, Zürich/Stuttgart 1960, S. 196

32040-121

1. Beschreiben Sie, wie Sertorius laut Plutarch das Militär einsetzte, um die Loyalität der Unterworfenen zu erlangen.
2. Erläutern Sie, wer in der Darstellung Plutarchs durch die Unterwerfung der „Barbaren" Vorteile erzielt.
3. Überprüfen Sie, welche allgemeinen Elemente der Rechtfertigung von Herrschaft sich in dem Text von Plutarch finden.

Pont del Diable (dt.: Teufelsbrücke) bei Tarragona (Spanien).
Das Aquädukt wurde vermutlich im 1. Jahrhundert erbaut und versorgte noch bis ins Mittelalter die Stadt mit Wasser. Seit 2000 gehört es zum UNESCO-Weltkulturerbe.

M4 Städte strahlen in Glanz und Anmut

Der griechische Schriftsteller und Redner Aelius Aristides (117–um 181) hält Mitte des 2. Jahrhunderts vor Kaiser Antoninus Pius (86–161) in Rom folgende Rede:

So sind denn die Städte frei von Besatzungen, kleine Reiter- und Infanterieabteilungen genügen als Aufsicht für ganze Völker, [...] viele Völker wissen überhaupt nicht, wo ihre Besatzungen stehen. [...] An Kriege, ja, dass es sie je gegeben hat, glaubt man nicht mehr, wie man sonst von Mythenerzählungen hört, hört die Menge von ihnen. Und wenn auch einmal Kämpfe an den Grenzen des Reiches stattfinden [...], dann gehen sie wie Mythen schnell vorüber und mit ihnen das Gerede über sie. [...] Reich besetzt sind die Küsten am Meere und das Binnenland mit Städten, teils neu gegründeten, teils solchen, die unter eurer Herrschaft und von euch gefördert worden sind. [...] Wie an einem Festtage hat der ganze Erdkreis sein altes Gewand, das Eisen, abgelegt, sich festlichem Schmucke und allem, was das Leben froh macht, nach Lust und Belieben zugewandt. Jeder andere Wettstreit ist den Städten fremd geworden: Nur darum eifert mit Macht jede einzelne, als die schönste und anmutigste dazustehen. Überall Gymnasien[1], Springbrunnen, Vorhallen, Tempel, Werkstätten, Schulen [...]. Städte stehen strahlend in Glanz und Anmut, die ganze Erde ist wie ein Paradiesgarten geschmückt: Brandrauch aus den Ebenen und Signale von Freund und Feind sind verschwunden, als hätte sie ein Wind davongetragen, jenseits von Land und Meer. An ihre Stelle traten anmutige Schauspiele aller Art und festliche Wettspiele ohne Zahl. So hören, wie ein heiliges, unauslöschliches Feuer, die festlichen Zusammenkünfte nicht auf, sie gehen von Stadt zu Stadt. [...] Ja, das vielgesprochene Wort, dass die Erde die Mutter von allen und gemeinsames Vaterland ist, ihr habt es aufs Schönste zur Wahrheit werden lassen. Denn heute können Hellenen[2] wie Barbaren, mit und ohne Habe, ziehen, wohin es jeden verlangt, ohne alle Schwierigkeiten, gerade als zögen sie von einer Heimatstadt zur anderen. [...] [Es] bedeutet Sicherheit genug, ein Römer zu sein oder, besser gesagt: einer von denen, die unter eurer Herrschaft stehen.

Aelius Aristides, Rede auf Rom, 67, 70, 94, 97, 99 f., nach: Walter Arend (Bearb.), Altertum. Geschichte in Quellen, München ³1978, S. 679 f.

32040-122

1. Fassen Sie zusammen, wie Aelius Aristides die römischen Städte beschreibt.
2. Erklären Sie, wie sich das (städtische) Leben unter römischer Herrschaft verändert hat.
3. Erörtern Sie, warum nur wenige Soldaten zur Sicherung der Herrschaft im Innern des Reiches benötigt wurden.

[1] **Gymnasien**: Sportstätten

[2] **Hellenen**: Griechen

M5 Römischer Lebensstil bei den Briten

Der römische Senator und Schriftsteller Tacitus (um 55 – um 120) ehrt seinen Schwiegervater Agricola nach dessen Tod mit einer Biografie. Darin beschreibt er das Vorgehen Agricolas als Statthalter in der Provinz Britannien:

Sobald aber der Sommer nahte, zog er das Heer zusammen, war allenthalben mit auf dem Marsch, lobte die Manneszucht und hielt die Truppe zusammen; den Platz für das Lager bestimmte er selbst, Gewässer und Wälder erkundete er als erster, den Feinden ließ er unterdessen keine Ruhe, unternahm vielmehr ganz plötzlich verheerende Streifzüge; sobald er jedoch genug Schrecken verbreitet hatte, schonte er sie wieder und zeigte ihnen die Lockungen des Friedens. Durch solche Maßnahmen ließen sich viele Stämme, die bis dahin unabhängig geblieben waren, bewegen, Geiseln zu stellen und von ihrer Erbitterung abzulassen. Er belegte ihr Gebiet mit Stützpunkten und Kastellen, und zwar mit derart planmäßiger Sorgfalt, dass kein anderer neu eroberter Teil Britanniens so ruhig in römischen Besitz überging.
Der folgende Winter wurde zur Ausführung sehr heilsamer Pläne verwendet. Denn um die verstreuten und primitiv lebenden Menschen, die infolgedessen zum Kriege leicht geneigt waren, durch Annehmlichkeiten an Ruhe und friedliches Verhalten zu gewöhnen, ermunterte er sie persönlich und unterstützte sie mit staatlichen Mitteln, Tempel, öffentliche Plätze und Häuser in der Stadt zu bauen, lobte die Eifrigen und tadelte die Säumigen; so trat Anerkennung und wetteiferndes Bemühen an die Stelle des Zwanges. Ferner ließ er die Söhne der Vornehmen in den freien Künsten[1] bilden [...]. So kam es, dass die Menschen, die eben noch die römische Sprache ablehnten, nun die römische Redekunst zu erlernen begehrten. Von da an fand auch unser Äußeres Beifall, und die Toga wurde häufig getragen; und allmählich gab man sich dem verweichlichenden Einfluss des Lasters hin: Säulenhallen, Bädern und erlesenen Gelagen. Und so etwas hieß bei den Ahnungslosen Lebenskultur, während es doch nur ein Bestandteil der Knechtschaft war.

Tacitus, Agricola, 21, nach: Tacitus, Das Leben des Iulius Agricola, herausgegeben und übersetzt von Rudolf Till, Berlin [5]1988, S. 35

32040-123

1. Beschreiben Sie, wie sich das Leben in Britannien unter römischer Herrschaft änderte.
2. Arbeiten Sie Vor- und Nachteile heraus, die sich nach Tacitus für die Britannier aus der Übernahme des römischen Lebensstils ergeben. | H
3. Tacitus steht dem luxuriösen römischen Lebensstil seiner Zeit kritisch gegenüber. Weisen Sie diese Einstellung anhand der Quelle nach.
4. Nehmen Sie Stellung zu Tacitus' Einschätzung, die Übernahme des römischen Lebensstils sei „Bestandteil der Knechtschaft" (vgl. Zeile 31 f.).

M6 Straßen verbinden

Der griechische Geschichtsschreiber Strabon erläutert die Verkehrslage der Stadt Lugdunum (heute Lyon):

Lugdunum liegt durch das Zusammenströmen der Flüsse und durch seine Nähe zu allen Teilen wie eine Burg in der Mitte des Landes; daher hat auch Agrippa[2] die Straßen von dort aus gezogen: die durch das Kemmenon-Gebirge bis zu den Santonern und nach Aquitanien, die zum Rhein und drittens die zum Ozean bei den Bellovacern und den Ambianern; die vierte ist die ins Narbonitische und zu der Massaliotischen Küste. Man kann aber auch Lugdunum und das darüber hinaus liegende Land links liegen lassen, direkt am Poeninus eine Abzweigung nehmen, auf der man nach Überquerung der Rhone oder des Lemenna-Sees in die Ebenen der Helvetier kommt, und von dort über das Iura-Gebirge in das Land der Sequaner und der Lingonen hinübersteigen; bei ihnen teilt die Straße sich in zwei Durchgangsstraßen: eine zum Rhein und eine zum Ozean.

Strabon, Geographika 4, 6, 11, nach: Strabon, a.a.O., S. 547 f.

32040-124

1. Erläutern Sie die Bedeutung, die das Straßennetz für Lyon besaß.
2. Suchen Sie das von Strabon beschriebene Straßennetz auf einer modernen Karte. Vergleichen Sie es mit den heutigen Autobahnrouten. Hat sich die Position Lyons verändert?
3. Die Länge des römischen Fernstraßennetzes betrug im 2. Jahrhundert rund 80 000 km. In der Kaiserzeit bestanden Verbindungen nicht nur mit den Provinzen, sondern auch über die Reichsgrenzen hinaus. Beurteilen Sie die Bedeutung des Straßennetzes für den Romanisierungsprozess.

[1] Zu den **freien Künsten** zählten Grammatik, Rhetorik, Dialektik, Arithmetik, Geometrie, Musik und Astronomie.

[2] **Marcus Vipsanius Agrippa** (63/64 – 12 v. Chr.): römischer Feldherr und Politiker, verheiratet mit der Tochter Augustus'

M7 Herstellung und Verbreitung von Terra sigillata-Keramik

Die Alltagskultur in den Provinzen wird in Schriftquellen nur selten ausführlich beschrieben. Die kulturelle Entwicklung des Römischen Reiches fernab des Zentrums muss daher vor allem aus archäologischen Quellen erschlossen werden. Dabei spielen Keramikfunde eine besondere Rolle. Mit diesen Funden können wir den antiken Menschen noch heute direkt auf den Esstisch schauen, denn obwohl die meisten Gefäße zerbrochen sind, bleiben die Scherben aus gebranntem Ton im Unterschied zu anderen Materialien in vielen Fällen selbst nach Jahrhunderten noch gut erhalten. Die teils glattwandige, teils reliefverzierte Terra sigillata (= gestempelter Ton) war vom 1. bis 3. Jahrhundert die beliebteste Geschirrkeramik der Römer. Sehr charakteristisch ist die rot glänzende Oberfläche, die nur mit bestimmten Tonarten und einer gezielten Luftzufuhr während des Brennvorgangs erreicht werden konnte. Aufgrund dieser besonderen Anforderungen war die Terra sigillata trotz einer sehr gut organisierten Produktion keine billige Ware. Da der Hersteller seine Gefäße mit einem Namensstempel versah, lassen sich die Funde bestimmten Herstellungsorten zuordnen.

Terra sigillata-Gefäße aus französischer Herstellung.
4. Jahrhundert, gefunden in der Gegend um Reims.

32040-125

1. Beschreiben Sie die Entwicklung bei den Herstellungsorten der Terra sigillata (Karte).
2. Vergleichen Sie das Verbreitungsgebiet der Terra sigillata mit dem Gebiet des Römischen Reiches (siehe hierzu auch die Karte auf Seite 229). | F
3. Erklären Sie wichtige Erkenntnisse, die die Verbreitung der Terra sigillata den Archäologinnen / Archäologen und Historikerinnen / Historikern heute liefert.

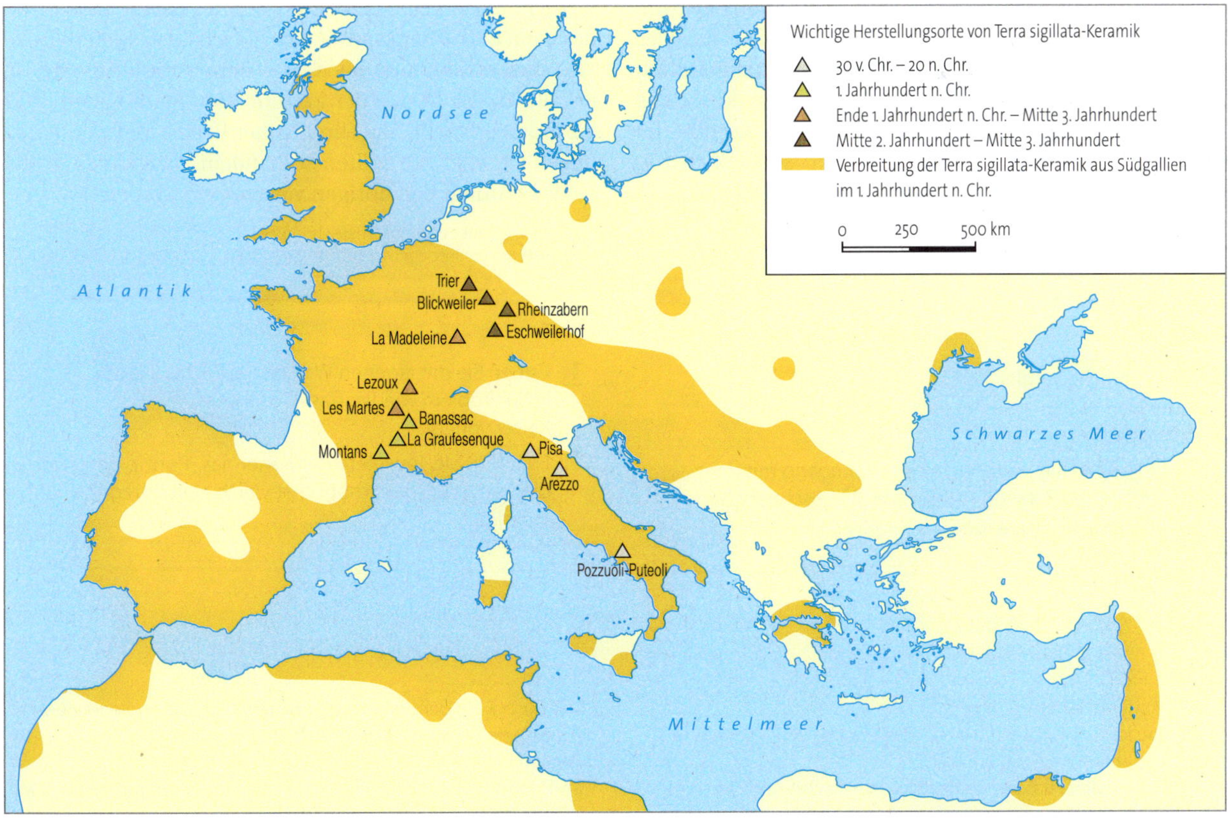

Wichtige Herstellungsorte von Terra sigillata-Keramik.

M8 Latein versus Griechisch

*Der Althistoriker Eckhard Meyer-Zwiffelhoffer (*1955) erklärt die Bedeutung der lateinischen Sprache im Römischen Reich:*

Rom hatte nie versucht, die lateinische Sprache und Schrift reichsweit durchzusetzen, aber sie war die Sprache der Herrschaft. In den Legionen und Auxiliarverbänden wurde lateinisch geschrieben und gesprochen, ebenso in der Verwaltung, soweit es deren interne Kommunikation betraf. Die Münzlegenden der Reichsprägung waren lateinisch und alle kaiserlichen Gesetze ebenfalls. Doch erkannte Rom das Griechische als zweite offizielle Sprache insofern an, als die Kommunikation des Kaisers und der römischen Amtsträger mit der Provinzialbevölkerung im Osten auf Griechisch erfolgte. Auch in den Gerichtsverhandlungen konnte auf Griechisch gesprochen werden; kaiserliche Edikte[1], Reskripte[2] und andere Dokumente wurden übersetzt. Denn die hohen römischen Amtsträger und auch die meisten Kaiser waren seit der Republik zweisprachig gewesen.
In der östlichen Reichshälfte setzte sich das Lateinische nie als zweite Sprache durch. Nur die provinzialen Aristokraten, die in den Reichsdienst eintreten wollten, und die Soldaten lernten Latein. In der Spätantike, als das Reich faktisch geteilt war[3], verschärfte sich die sprachliche Trennung: In Rom und den westlichen Provinzen lernten nur noch wenige Aristokraten Griechisch und in der östlichen Hälfte immerhin all diejenigen Latein, die römisches Recht studierten und im Heer und der Ziviladministration Dienst taten. Aber schon die Bischöfe im Osten des Reichs konnten kein Latein mehr, sowenig wie die Bischöfe im Westen Griechisch […]. Unter Justinian[4] schließlich zog dann das Griechische auch in die Reichsverwaltung ein, wie seine noch erhaltenen Gesetze („Novellen") zeigen.

Eckhard Meyer-Zwiffelhoffer, Imperium Romanum. Geschichte der römischen Provinzen, München 2009, S. 115f.

32040-126

1. Arbeiten Sie vergleichend die Stellung der lateinischen und der griechischen Sprache heraus. | H
2. Analysieren Sie, inwiefern sich der Umgang mit der griechischen Sprache von dem in M3 beschriebenen Vorgehen unterscheidet.

M9 Ein Problemfall in der Provinzialverwaltung

Plinius der Jüngere (61/62 – um 113) kommt 111 als römischer Statthalter in die Provinz Bithynien und Pontus an der türkischen Schwarzmeerküste. Er schreibt häufig an Kaiser Trajan, um sich Rat zu holen. Sein Schriftwechsel mit dem Kaiser bietet einen Einblick in die Verwaltung einer Provinz und ist im zehnten Buch seiner „Epistulae" überliefert. Im Zusammenhang mit der Ernennung neuer Ratsherren (Dekurionen) wendet sich Plinius an Trajan:

Das Gesetz des Pompeius, das für die Bewohner von Bithynien und Pontus gilt,[5] fordert keine Geldzahlungen von denjenigen, die von den Zensoren[6] in den Stadtrat gewählt werden. Die Männer aber, die Deiner Huld zufolge in einigen Städten über die gesetzmäßige Zahl hinaus gewählt werden durften, haben teils 1 000, teils 2 000 Denare[7] gezahlt. Der Prokonsul Anicius Maximus hat daraufhin verfügt – was freilich nur für einige wenige Städte gilt –, dass auch die von den Zensoren gewählten Ratsherren jeweils verschiedene Summen zu zahlen hätten. Darum bleibt nichts anderes übrig, als dass Du selbst entscheidest, ob in sämtlichen Städten alle, die künftig zu Ratsherren gewählt werden, für ihren Eintritt eine bestimmte Summe zu entrichten haben. […]

Trajan antwortet:

Ob alle, die in irgendeiner Stadt Bithyniens Ratsherren werden, ein Antrittsgeld zu entrichten haben oder nicht, das kann ich nicht grundsätzlich entscheiden. Man soll sich also meiner Meinung nach, was immer das sicherste ist, jeweils an das Gesetz der betreffenden Stadt halten. Was die Männer betrifft, die ehrenhalber Ratsherren werden, so meine ich eher, sie sollten so handeln, dass sie aufgrund einer Leistung[8] den übrigen vorgezogen werden.

C. Plinius Caecilius Secundus, Briefe, 10, 112–113, nach: Ders., Sämtliche Briefe, übersetzt und herausgegeben von Heribert Philips und Marion Giebel, Stuttgart 1998, S. 799ff.

32040-127

1. Geben Sie mit eigenen Worten das rechtliche Problem wieder, das Plinius dem Kaiser vorlegt.
2. Erläutern Sie, inwiefern der Kaiser das „Prinzip der Subsidiarität", nach dem möglichst viel vor Ort geregelt wird, verfolgt.

[1] **Edikt**: kaiserliche Verordnung
[2] **Reskript**: kaiserlicher Bescheid auf eine Eingabe von Untertanen oder römischen Amtsträgern hin
[3] Im Jahr 395 zerfiel das Römische Reich in eine Ost- und eine Westhälfte.
[4] **Justinian I.** (um 482–565): oströmischer Kaiser von 527 bis 565
[5] Das Gesetz aus dem Jahre 63 v. Chr. regelte die grundlegenden Aspekte der römischen Herrschaft in der Provinz.
[6] **Zensoren**: Beamte, die neue Ratsherren einsetzen
[7] Im 1. Jahrhundert bekam ein gut verdienender Arbeitnehmer etwa 1 Denar am Tag.
[8] in der Regel eine wohltätige Geldspende

M10 Kaiserkult bei den Galliern

Der griechische Geschichtsschreiber Strabon berichtet von einem Heiligtum im heutigen Lyon:

Lugdunum selber denn, gegründet am Fuß einer Spitze beim Zusammenfluss des Arar-Flusses und der Rhone, haben die Römer in Besitz. Es ist, abgesehen von Narbo, die volkreichste Stadt von allen, denn sie wird als Handelsplatz benutzt, und die Statthalter der Römer prägen dort ihre Silber- und Goldmünzen; ferner liegt das von allen Galatern gemeinsam für Caesar Augustus gestiftete Heiligtum vor dieser Stadt an dem Zusammenfluss der Flüsse (es besteht aus einem stattlichen Altar mit einer Inschrift der Namen der Völker – sechzig an der Zahl –, Bildnissen eines jeden dieser Völker).

Strabon, Geographika 4, 3, 2, nach: Strabon, a. a. O., S. 499–501

32040-128

1. Fassen Sie mit eigenen Worten die wichtigsten Aspekte des von Strabon beschriebenen Heiligtums zusammen.
2. Erklären Sie mögliche Gründe für die Nennung der Stämme im Altar.
3. Erörtern Sie die Verbindung von religiöser und politischer Macht anhand dieser Quelle.

Vorder- und Rückseite einer römischen Münze.

- Beschreiben Sie Vorder- und Rückseite der Münze.
- Erläutern Sie, wer und was dargestellt ist.
- Ordnen Sie die Münze in ihren historischen Kontext ein.

32040-129

M11 Umgang mit den Juden

Der Althistoriker Eckhard Meyer-Zwiffelhoffer beschreibt die Stellung der Juden im Römischen Reich:

Die Juden in Palästina und zum Teil auch in der Diaspora[1] waren die einzigen römischen Untertanen, die in ihrer Mehrheit die römische Herrschaft ablehnten. Zwar gestanden ihnen die Kaiser eine Lebensweise gemäß dem jüdischen Gesetz zu, doch stießen sie mit ihren Sitten und Privilegien – dass sie am Sabbath[2] nicht vor Gericht erscheinen oder keinen Militärdienst leisten mussten – bei ihrer nichtjüdischen Umgebung wie bei den römischen Statthaltern auf wenig Verständnis: Die Aufstände in Mesopotamien, der Kyrenaika und Ägypten (115–117) resultierten aus Konflikten mit den griechischen und ägyptischen Nachbarn. Das jüdische Kernland in Galiläa, Judäa und Samaria war seit der Herrschaft des römischen Vasallenkönigs Herodes und seiner Dynastie die unruhigste Region des gesamten Imperiums geworden. Kleinere Aufstände waren an der Tagesordnung, und das Bandenwesen war allenthalben anzutreffen. Verantwortlich dafür war eine explosive Mischung aus wirtschaftlicher Not vieler Kleinbauern und Pächter, massiven sozialen Spannungen zwischen der lokalen, zum Teil romfreundlichen jüdischen Aristokratie und der breiten Bevölkerung sowie religiösem Fanatismus und Sektenbildung.
Seit der Fremdherrschaft der von Rom eingesetzten Herodes-Dynastie, die entgegen dem Herkommen über das Hohepriesteramt in Jerusalem verfügte, war der Traum von einem eigenen jüdischen Staat wieder virulent geworden. Viele jüdische Sekten hegten Endzeiterwartungen oder hofften auf den Messias[3]. In den ersten Jahrzehnten nach der Zeitenwende traten zahlreiche Messiasfiguren auf und scharten Anhänger um sich; einer von ihnen war Jesus „Christus". Sie suchten zumeist den Konflikt mit der etablierten Orthodoxie der Pharisäer, der jüdischen Aristokratie und den römischen Behörden – die Statthalter ließen Tausende von ihnen mitsamt ihren Anführern kreuzigen. Die gewaltsamen sozialen Spannungen unter den Juden und der religiöse Fanatismus der Zeloten („Eiferer")[4] und anderer Gruppen führte – entzündet durch die Ignoranz und Verachtung der römischen Präfekten und später der

[1] **Diaspora** (griech.: Zerstreuung): die jüdischen Gemeinden außerhalb Palästinas

[2] **Sabbath**: wöchentlicher jüdischer Feier- und Ruhetag zur Erinnerung an die Schöpfung der Welt und an Israels Befreiung aus der ägyptischen Sklaverei

[3] Der erwartete Messias sollte die Juden von der römischen Fremdherrschaft befreien und das jüdische Reich wiedererrichten.

[4] jüdische Widerstandsbewegung

Plünderung des jüdischen Tempels in Jerusalem.
Ausschnitt aus einem Relief am Titusbogen auf dem Forum Romanum in Rom, nach 81.
Der Triumphbogen wurde vom Senat zu Ehren Kaiser Titus' (39–81) errichtet. Er eroberte mit seinem Heer im Jahre 70 die Stadt Jerusalem und zerstörte den jüdischen Tempel. Damit verloren die Juden ihr politisches und religiöses Zentrum. Das Relief zeigt römische Soldaten, wie sie ihre Beute aus dem jüdischen Tempel tragen. Dazu zählten u.a. der goldene Schaubrottisch mit den Silbertrompeten (rechts) sowie der goldene siebenarmige Leuchter (Menora; links von der Bildmitte).

► Erörtern Sie, warum die Soldaten mit den erbeuteten Kultgeräten auf dem Triumphbogen dargestellt wurden.

32040-130

Prokuratoren von *Iudaea*[1] – zum Ausbruch der beiden großen jüdischen Aufstände, die tatsächlich die römische Herrschaft infrage stellten (66–70/73 und 132–135). Sie mussten mit einem großen Aufgebot an Legionen, Auxiliarverbänden und Hilfstruppen der Vasallenfürsten niedergekämpft werden.

Eckhard Meyer-Zwiffelhoffer, Imperium Romanum, a.a.O., S. 84 f.

32040-131

1. Fassen Sie zusammen, was die Stellung des Judentums nach Meyer-Zwiffelhoffer charakterisierte.
2. Erklären Sie, warum die Juden oft unterdrückt worden sind, obwohl die Römer in religiösen Fragen in der Regel tolerant waren.
3. Präsentation: Erläutern Sie Gemeinsamkeiten und Unterschiede der Konflikte mit Rom im Juden- und im Christentum. Ziehen Sie dazu auch das Internet oder Lexika sowie M12 heran. Stellen Sie Ihre Ergebnisse in einem Kurzreferat vor.
4. Beurteilen Sie, inwiefern sich der jüdische Widerstand gegen Rom mit heutigen religiös begründeten Kriegen vergleichen lässt.

[1] Von 6 bis 70 n. Chr. war Iudaea Teil der römischen Provinz Syria, dann bis 135 n. Chr. eine eigenständige Provinz, die nach dem zweiten Aufstand in „Syria Palaestina" umbenannt wurde.

M12 Toleranzedikt des Kaisers Galerius

Der aus Nordafrika stammende christliche Autor Laktanz (um 250 – nach 317) beschreibt in seiner Schrift „Über die Todesarten der Verfolger" die gewaltsamen Tode der Christenverfolger als Beweis für deren Fehlverhalten. Darin zitiert er einen aus dem Jahre 311 stammenden Erlass des Kaisers Galerius:

Unter den übrigen Verordnungen, die wir immer zu Nutz und Frommen des Staates erlassen, hatten wir seinerzeit den Willen bekundet, alles entsprechend den alten Gesetzen und der staatlichen Ordnung der Römer einzurichten und dafür zu sorgen, dass auch die Christen, die die Religion ihrer Väter verlassen hatten, wieder zur Vernunft zurückkehrten. Aus irgendeinem Grunde hatte diese Christen ein solcher Eigensinn erfasst und solche Torheit befallen, dass sie nicht mehr den Grundsätzen der Alten folgten, die vielleicht ihre eigenen Vorfahren zuerst eingeführt hatten, sondern sich nach eigenem Gutdünken und Belieben selbst Gesetze machten, an die sie sich hielten, und da und dort bunte Menschenmengen zu einer Gemeinde vereinigten. Nachdem dann von uns der Befehl ergangen war, dass sie zu den Grundsätzen der Alten zurückkehren sollten, wurden viele in Prozesse auf Leben und Tod verwickelt, viele auch von Haus und Herd vertrieben. Da aber die meisten bei ihrem Vorsatz beharrten und wir sahen, dass sie weder den Göttern den Kult und die Verehrung zollten, die ihnen gebührt, noch den Kult des Christengottes ausübten, so haben wir in Anbetracht unserer großen Milde und im Hinblick auf unsere ständige Gepflogenheit, allen Menschen Verzeihung zu gewähren, diese unsere bereitwilligst gewährte Nachsicht auch auf die Christen ausdehnen zu müssen geglaubt. Sie sollen also erneut Christen sein und ihre Versammlungsstätten wiederherstellen, jedoch unter der Bedingung, dass sie nicht der Ordnung zuwiderhandeln. In einem weiteren Schreiben werden wir den Provinzstatthaltern Weisung erteilen, wie sie sich zu verhalten haben. In Ansehung dieser unserer Gnade sollen die Christen daher zu ihrem Gott für unser Wohlergehen, das des Staates und ihr eigenes beten, auf dass der Staat in jeder Hinsicht unversehrt bleibe und sie sorglos in ihren Wohnsitzen leben können.

Laktanz, Über die Todesarten der Verfolger, 34, 1 – 5, nach: Hans Jürgen Hillen (Bearb.), Die Geschichte Roms. Römische und griechische Historiker berichten, Düsseldorf 2006, S. 384 f.

Kaiser Konstantin I. („der Große").
Silbermedaillon, um 315.
Zwei Jahre nach dem Toleranzedikt von Kaiser Galerius bestätigte Kaiser Konstantin I. die Anerkennung des Christentums als erlaubte Religion.

▶ Interpretieren Sie die Aussage des Medaillons. Beachten Sie dabei die am Helmbusch vorne und am Schild angebrachten Symbole.

32040-132

Bildinformation 31000-466

32040-133

1. Beschreiben Sie den Umgang des Römischen Reiches mit den Christen vor dem Umdenken Kaiser Galerius'.
2. Arbeiten Sie heraus, was Kaiser Galerius gegenüber den Christen beschließt und wie er dies begründet.
3. Nehmen Sie dazu Stellung, inwieweit den von Galerius genannten Gründen geglaubt werden kann.
4. Beurteilen Sie, ob der Erlass von Kaiser Galerius einen Neuanfang der römischen Religionspolitik bedeutet. Informieren Sie sich in diesem Zusammenhang über das Vorgehen Roms gegenüber den Christen vor allem ab der Mitte des 3. Jahrhunderts.

Säulen der Romanisierung im Kaiserreich

SPRACHE
- Tolerierung verschiedener Sprachen
- Verbreitung von Latein als Sprache Roms
- im Osten starke Stellung des Griechischen
- romanische Sprachen heute unter anderem: Italienisch, Französisch, Spanisch, Portugiesisch, Rumänisch

RELIGION
- Tolerierung verschiedener Religionen
- Verbreitung des Kaiserkults
- Probleme mit Monotheismus (Judentum und Christentum)
- Übernahme und Verbreitung des Christentums ab 311/313

STÄDTEBAU
- Gründung und Ausbau von Städten
- Bau von Brunnen, Thermen und Wasserleitungen
- Bau von Tempeln und Amphitheatern
- Anlage von Plätzen als Stadtzentren

WIRTSCHAFT
- Verbreitung von Geld (Münzen)
- Handel innerhalb des Römischen Reiches
- Interesse an Luxusgütern
- Ausbau der Verkehrswege

POLITIK
- Einrichtung von Provinzen
- Vergabe des Bürgerrechts außerhalb Roms
- politischer Aufstieg bis hin zum Kaiser
- Gültigkeit des römischen Rechts in den Provinzen

MILITÄR
- Eroberung
- Stationierung von Truppen
- Rekrutierung von Einheimischen
- Ansiedlung von Veteranen

M Das Imperium Romanum

Der Althistoriker Eckhard Meyer-Zwiffelhoffer schreibt über die Romanisierung im Römischen Reich:

Das Römische Reich zeichnet sich vor anderen Imperien dadurch aus, dass es seine provinziale Peripherie im Laufe der Zeit vollständig integrierte und den Unterschied zwischen herrschender Gesellschaft und unterworfenen Gemeinwesen aufhob. Dabei entsprach der wachsenden Integration der Provinzialbevölkerung eine schleichende Entwertung des römischen Bürgerstatus in politischer wie rechtlicher Hinsicht. [...] Wie bereits [...] Zeitgenossen gesehen hatten, spielten für diese Integrationsleistung die Beteiligung provinzialer Gruppen an der Herrschaftsausübung und die Bürgerrechtsvergabe die entscheidende Rolle. Eine Partizipation einzelner indigener Gruppen an der über sie ausgeübten Kolonialherrschaft hat es zwar in vielen Imperien gegeben, doch Rom ging hier noch einen Schritt weiter: Während sich die meisten Kolonialherrschaften auf die Kollaboration bzw. Kooperation der lokalen Aristokratie stützten, beließ es Rom nicht bei einer Zusammenarbeit auf lokaler oder provinzialer Ebene, sondern gestattete Teilen der kolonialen Elite, in das Zentrum der Macht aufzusteigen und dort selbst die Position des Kaisers einzunehmen. [...] Die mit diesem politischen und sozialen Aufstieg verbundene Bürgerrechtsvergabe beschränkte sich nicht auf einzelne Ausnahmefälle für besondere Verdienste, wie dies auch in anderen Kolonialherrschaften vorkam. Rom setzte seit der Kaiserzeit systematisch auf die politische Integration aller für die Herrschaftsausübung wichtigen Gruppen, nicht nur auf die kolonialen Eliten, sondern auch auf Provinziale einfacher Herkunft. Möglich wurde diese enorme Ausweitung des Bürgerverbandes, weil die mit dem Bürgerrecht verbundenen politischen Privilegien nur denjenigen Neubürgern, die in den Senat oder die kaiserliche Verwaltung aufstiegen, Einfluss auf die Herrschaftsausübung einräumten. Ein weiterer Grund lag darin, dass das römische Bürgerrecht weder ethnisch noch religiös fundiert war, sondern rechtlich-politischen Charakter besaß. [...] Rom setzte nicht nur auf die Kooperation der kolonialen Eliten, sondern formte diese nach seinen eigenen Vorstellungen. Dem diente die reichsweite Schaffung städtischer Selbstverwaltungseinheiten, die sich zugleich nach dem Muster bestehender griechischer Poleis[1] und italischer Munizipien urbanistisch entwickelten oder entwickelt wurden. Diese (Selbst-)Romanisierung brachte eine reichsweit ziemlich homogene Führungsschicht hervor, die sich durch einen gemeinsamen Habitus[2] auszeichnete, über eine gemeinsame Bildungswelt und Werteorientierung gebot und in den Städten einen repräsentativen Lebensstil pflegte, der sich im Prinzip nicht von dem in der Metropole Rom unterschied. Zusätzlich stärkte Rom die soziale Position der lokalen Eliten (*honestiores*[3]) gegenüber dem Rest der städtischen und ländlichen Gesellschaften und zog damit die zentrale gesellschaftliche Trennlinie weniger zwischen Römern und Provinzialen, als zwischen Römern und provinzialen Eliten auf der einen Seite und den provinzialen (und später auch römischen) *humiliores*[4] auf der anderen.

Eckhard Meyer-Zwiffelhoffer, Imperium Romanum. Geschichte der römischen Provinzen, München 2009, S. 117–120

32040-134

1. Fassen Sie die Kernaussagen des Textes in eigenen Worten zusammen.
2. Erläutern Sie, inwiefern sich das Imperium Romanum laut Meyer-Zwiffelhoffer von anderen Imperien oder Kolonialreichen unterschied.
3. Erläutern Sie, warum die Ausdehnung des Imperium Romanum „eine schleichende Entwertung des römischen Bürgerstatus“ (vgl. Zeile 6 f.) verursachte.
4. Gruppenarbeit/Präsentation: Analysieren Sie ausgehend vom Text und auf der Basis Ihres Sachwissens, welche Folgen die Romanisierung in den Bereichen Gesellschaft, Wirtschaft, Politik und Kultur nach sich zog. Entwerfen Sie dazu in Gruppenarbeit eine Mindmap.
5. Gruppenarbeit: Diskutieren Sie in der Gruppe, inwiefern das Imperium Romanum durch die Romanisierung stabilisiert und gleichzeitig infrage gestellt wurde. Begründen Sie Ihre Meinung.

[1] **Poleis**: Plural von Polis: Stadtstaat
[2] **Habitus**: Art und Weise sich zu verhalten, Umgangsform
[3] **honestiores**: die Angehörigen der Elite
[4] **humiliores**: die Angehörigen der unteren Schichten

Orientierung

2.6 Wahlmodul: Industrialisierung

Das Kapitel beschäftigt sich inhaltlich mit ...

- den wirtschaftlichen, sozialen und geistigen Rahmenbedingungen
- den wirtschaftlichen Veränderungen und ihren Folgen für die Gesellschaft und Umwelt
- der Arbeitsmigration und Urbanisierung
- den Lösungsversuchen der Sozialen Frage
- den politischen Folgen der Industrialisierung

31000-40 Bildinformation

Um die Mitte des 18. Jahrhunderts begannen in Großbritannien tiefgreifende Veränderungen der Gesellschaft und der wirtschaftlichen Strukturen. Dieser Wandlungsprozess wird als Industrialisierung bezeichnet (von lat. *industria*: Fleiß, Betriebsamkeit). Maschinelle Massenproduktion und Arbeitsteilung in Fabriken wurden zu Grundprinzipien einer hochleistungsfähigen Wirtschaftsweise. Sie verdrängte die bisherigen Handwerks- und Verlagsbetriebe und wurde im 19. Jahrhundert ebenso in anderen Ländern Europas, in Nordamerika und Japan prägend, im 20. Jahrhundert dann weltweit. Von einer „Industriellen Revolution" sprachen Historiker schon um 1840, da die wirtschaftlichen und technischen Neuerungen auch Gesellschaft und Staat erfassten und in ein neues Zeitalter beförderten.
Die Industrialisierung sorgte nachhaltig für wirtschaftliches Wachstum, mehr Beschäftigung, verbesserte Infrastruktur und Mobilität, größeren Konsum sowie Bildung und höhere Lebenserwartung für breite Schichten. Zugleich entstanden in allen Industrieländern neue Formen von Armut, Ausbeutung und sozialer Benachteiligung, neuartige gesellschaftliche und politische Konflikte und ein bislang nicht gekanntes Ausmaß der Zerstörung der Umwelt. Die Bilanz dieser gewaltigen Umwälzungen fällt daher zwiespältig aus.

Das Eisenwalzwerk.
Ölgemälde von Adolph Menzel, 1872/75.
Das Bild zeigt eine Walzhalle für Eisenbahnschienen im Betrieb „Königshütte" in Oberschlesien.

- ► Beschreiben Sie die Eindrücke, die das Bild vermittelt.
- ► Gruppenarbeit: Diskutieren Sie in der Klasse, ob das Bild als Kritik oder Verherrlichung der Industrialisierung zu verstehen ist.

32040-135

Industrieller Aufbruch

um 1760 — Beginn der Industrialisierung in Großbritannien

1807-1811 — **Reformen in Preußen** führen zur Bauernbefreiung und zur Gewerbe- und Niederlassungsfreiheit. Andere deutsche Staaten folgen dem Beispiel.

1825 — In England eröffnet die erste Eisenbahnstrecke für den Personenverkehr.

1834 — Durch den **Deutschen Zollverein** entsteht ein Binnenmarkt ohne Handelsbarrieren.

1835 — Erste deutsche Eisenbahnverbindung zwischen Nürnberg und Fürth

ca. 1840 — Die Industrialisierung gelangt auf dem europäischen Kontinent und in Teilen Nordamerikas zum Durchbruch.

Gesellschaftliche Umwälzungen und Soziale Frage

1848 — **Karl Marx** und **Friedrich Engels** veröffentlichen das „Kommunistische Manifest".

ca. 1860 - 1914 — Etwa 16 Millionen Menschen wandern auf der Suche nach Arbeit vom Osten in den industrialisierten Westen Deutschlands (**Arbeitsmigration**).

1865 — In den USA wird die Sklaverei per Gesetz abgeschafft.

1869 — **Wilhelm Liebknecht** und **August Bebel** gründen die Sozialdemokratische Arbeiterpartei (SDAP).

um 1875 - 1910 — In Deutschland entstehen **industrielle Ballungszentren**, Wohn- und Arbeitsbedingungen der Arbeiterschaft verschlechtern sich.

1878 - 1890 — Mit dem „**Sozialistengesetz**" geht die deutsche Reichsregierung gegen die Arbeiterbewegung vor.

1883 - 1889 — **Staatliche Sozialgesetze** schaffen einen Rechtsanspruch auf finanzielle Leistungen im Alter, bei Krankheit oder Unfall.

Hochindustrialisierung

ab 1890/95 — Durch den **Aufschwung in den „neuen" Industrien** (Elektrotechnik, Chemie und Maschinenbau) steigt Deutschland zu einer der größten Industrienationen auf.

nach 1900 — In Deutschland sind erstmals mehr Menschen in Industrie und Handwerk als in der Landwirtschaft beschäftigt.

1913 — **Henry Ford** setzt in den USA das erste Fließband in der Automobilfertigung ein.

1913/14 — In Deutschland leben rund 60 Prozent der Bevölkerung in Städten.
Die Arbeitszeit sinkt durchschnittlich auf etwa neun Stunden pro Tag.

Die industrialisierte Welt im 20. Jahrhundert

1914 - 1945 — Das Ruhrgebiet wird in beiden Weltkriegen zur deutschen „Rüstungsschmiede".

1952 — Sechs westeuropäische Länder, darunter die Bundesrepublik, gründen die Europäische Gemeinschaft für Kohle und Stahl (**Montanunion**).

seit 1950/60 — Nach der Auflösung der früheren Kolonialreiche entwickeln sich zahlreiche Länder in Asien, Afrika und Lateinamerika zu Industrieländern.

um 1970 — Höhepunkt der industriellen Beschäftigung in der Bundesrepublik. Zugleich erfolgt ein **Wandel von der Industrie- zur Dienstleistungsgesellschaft**.

Vorreiter Großbritannien | Ihren Anfang nahm die *Industrialisierung* in Großbritannien. Hier gab es schon im frühen 18. Jahrhundert günstige Bedingungen für die Entfaltung einer fortschrittlichen Wirtschaft. Die Bevölkerung wuchs stetig, vor allem dank besserer Ernährung und Hygiene. Dadurch stieg sowohl die Nachfrage nach Lebensmitteln und gewerblichen Gütern als auch das Angebot an Arbeitskräften. Die Landwirtschaft bot nicht mehr genügend Beschäftigung, seit Großgrundbesitzer die meisten Nutzflächen übernahmen und die Agrarproduktion in großen, hochleistungsfähigen Farmen konzentrierten. Viele Landarbeiter und Bauern, die nach britischem Recht nicht an Grundherren gebunden waren, suchten und fanden dafür Arbeit entweder im gewerblichen Bereich, vornehmlich in der Textilherstellung, oder im Transportwesen.

Handel und Verkehr blühten in Großbritannien dank einer weit entwickelten Schifffahrt, gut befestigter Landstraßen sowie schiffbarer Flüsse und Kanäle. Das Land besaß Kolonien in Übersee, die zum Bezug von Rohstoffen und als Absatzmärkte genutzt wurden. Im Inland gab es Vorkommen an Steinkohle als Energieträger und an Erzen zur Herstellung von Eisen und Stahl.

Bergmann.
Druckgrafik von Robert und Daniel Havell, nach einer Vorlage von George Walker, 1813.
Gezeigt wird ein Bergarbeiter auf dem Heimweg von der Kohlegrube Middleton nahe Manchester. Der Einsatz von Dampflokomotiven begann ab 1812, bis dahin wurden die Kohlenwaggons mit Pferden gezogen.

► Interpretieren Sie das Bild als Werbemittel für die damalige Bergarbeit. | H

32040-136

Wissen und technischer Fortschritt | Einen wichtigen Entwicklungsschub lieferte das Bildungswesen. Britische Wissenschaftler und Konstrukteure brachten Erfindungen hervor, die die technischen Möglichkeiten für die Wirtschaft revolutionierten. Dazu gehörten Spinnmaschinen wie die um 1765 von *James Hargreaves* (um 1720–1778) entwickelte „Spinning Jenny" und ihre verbesserten Nachfolgemodelle („Waterframe", „Spinning Mule"), die das einfache Spinnrad ablösten und Textilfasern auf einer Vielzahl von Spindeln gleichzeitig aufzogen. *Edmund Cartwright* (1743–1823) stellte 1761 den ersten mechanischen Webstuhl vor, der nach und nach die Handarbeit bei der Herstellung von Tuchen ersetzte. Im Bereich der Energiegewinnung gelang zwischen 1765 und 1782 unter Federführung von *James Watt* (1736–1819) die Konstruktion einer Dampfmaschine. Durch Dampfdruck mittels Verbrennung stand nun ein Antrieb zur Verfügung, der sich unabhängig von Zugtieren, Wind- oder Wasserkraft einsetzen ließ.

Diese neuen Technologien gaben in der zweiten Hälfte des 18. Jahrhunderts den Weg frei für die Produktion von Gütern in bisher nicht gekanntem Umfang. *Massenproduktion*, *Massenbeschäftigung* und der Einsatz von Maschinen an einem Betriebsort (*Fabrik*) wurden zu Kennzeichen der neuen Wirtschaftsform, die man als „industriell" bezeichnete (→M1). Als erster Gewerbebereich wurde zwischen etwa 1780 und 1800 die Textilherstellung industrialisiert (*Textilindustrie*). Nachdem im 18. Jahrhundert der

Internettipp
„The World's First Industrial City" – das Science and Industry Museum in Manchester stellt online die Industrialisierung der Stadt vor. Siehe dazu diesen Code.

32037-38

Bergbau intensiviert und technisch verbessert worden war, entfaltete sich seit Anfang des 19. Jahrhunderts die industrielle Produktion von Eisen und Stahl (*Schwerindustrie*). Aufgrund des wachsenden Bedarfs an Maschinen wurde auch der *Maschinenbau* zu einem eigenen Industriezweig.

Der Aufbau großer Fabrikanlagen und die Anschaffung von Maschinen waren kostspielig. Um den Bedarf an **Kapital** für die Gründung oder Erweiterung von Unternehmen zu decken, gab es in Großbritannien große Finanzreserven des Adels und des vermögenden Bürgertums. Diese Gesellschaftsschichten investierten in den Bergbau, den Überseehandel und die entstehenden Industriebetriebe. Das Finanzwesen wurde von staatlichen Zentralbanken (Bank of England, Bank of Scotland) beaufsichtigt.

Kapital (von lat. *caput*: Haupt, Kopf; ital. *capitale*: Kopfzahl, Vermögen): Sammelbegriff für Mittel, die zur Produktion von Gütern oder Dienstleistungen zur Verfügung gestellt werden, etwa Bargeld, Kredite oder Wertpapiere, Grundbesitz, Maschinen und Geräte, Betriebsstätten usw.

Wirtschaft ohne staatliche Fesseln | Adel und Besitzbürgertum, die sich als Geldgeber oder Privatunternehmer betätigten, besaßen über den Zugang zum britischen Parlament auch einen Weg, ihre Interessen politisch zu vertreten. Der Ruf nach einem möglichst ungehinderten und rationalen (von Vernunft geleiteten) Wirtschaftsgeschehen wurde damals auch wissenschaftlich begründet. Auf den schottischen Ökonomen und Moralphilosophen *Adam Smith* (1723–1790) gehen Theorien zurück, die später als *Wirtschaftsliberalismus* Verbreitung fanden. Smith sah die menschliche Arbeit und Arbeitsteilung als eine Quelle des Wohlstands. Das Gewinnstreben jedes Einzelnen diene der Wirtschaft als Antrieb. Die Gesetze des „Marktes" (der freie Wettbewerb und das Wechselspiel von Angebot und Nachfrage) würden das Gemeinwohl fördern, da nur solche Güter und Dienstleistungen bestehen blieben, für die auch eine Absatzmöglichkeit vorhanden sei. Um diese Mechanismen zur Anwendung zu bringen, müsse sich der Staat zurücknehmen und darauf beschränken, günstige Rahmenbedingungen für die Wirtschaft zu schaffen. Der bisher verbreitete **Merkantilismus** sollte vom System einer freien **Marktwirtschaft** abgelöst werden.

Merkantilismus (von lat. *mercator*: Kaufmann): staatlich gelenkte Wirtschaftsform in Europa im 16. bis 18. Jahrhundert, die auf hohe Ausfuhren heimischer Fertigprodukte angelegt ist, um Handelsgewinne zu erzielen, während die Binnenwirtschaft von Importen anderer Staaten möglichst abgeriegelt wird

Marktwirtschaft (auch: Kapitalismus): System, das auf freien Wettbewerb setzt und dem Grundsatz von Angebot und Nachfrage folgt, um möglichst großen wirtschaftlichen Gewinn zu erzielen

Aufbruch im übrigen Europa | Auf dem europäischen Festland setzte die Industrialisierung deutlich später ein als in Großbritannien – zunächst in Belgien, dann auch in Frankreich, der Schweiz und den Staaten des Deutschen Bundes. Dennoch holten diese Länder den Rückstand immer schneller auf. Die zuvor rein landwirtschaftlich und handwerklich geprägten Staaten wandelten sich binnen eines Jahrhunderts zu modernen Industrienationen.

In Deutschland begann die Industrialisierung zu Anfang des 19. Jahrhunderts. Damals trat an die Stelle des Heiligen Römischen Reiches deutscher Nation zunächst eine Anzahl souveräner Einzelstaaten. Sie waren oftmals das Produkt einer – teils gewaltsamen – Zusammenlegung kleiner und kleinster Territorien und Städte. Neben die Großmächte Österreich und Preußen traten Zentralstaaten wie Bayern, Württemberg, Sachsen oder das Königreich Hannover. Ihre alten und neuen Gebietsteile wurden um 1800 erstmals mit modernen Methoden rechtlich und verwaltungstechnisch vereinheitlicht, etwa durch die Einführung gleicher Maße und Gewichte, allgemeiner Schulpflicht und landesweiter Besteuerung, von der auch Adel und Geistliche nicht länger ausgenommen blieben.

Neben der Einführung von Religionsfreiheit und der formalen Gleichstellung der jüdischen Bevölkerung wurden einschneidende wirtschaftliche Reformen verfügt. So entfiel der *Zunftzwang*, die ausschließliche Kontrolle der einzelnen Handwerksberufe und ihres Personals durch örtliche Zünfte. Stattdessen führten die deutschen Staaten nach und nach die *Gewerbe- und Niederlassungsfreiheit* ein, das Recht zu freier Berufs- und Ortswahl. Im Bereich der Landwirtschaft kam es schon um 1810 zur *Bauernbefreiung*, wonach die bisher unfreien Bauern aus der persönlichen Abhängigkeit von ihrem Grund- oder Gutsherrn (Leibeigenschaft) entlassen wurden.

Deutschland wird zu einem Wirtschaftsraum | Um 1815 bestand Deutschland aus etwa vierzig Staaten und freien Städten, die im *Deutschen Bund* locker miteinander verknüpft waren. Zwischen ihnen galten weiterhin Zollschranken, unterschiedliche Währungen, abweichendes Handelsrecht usw. Vonseiten des Bundes gab es kaum Schritte zur wirtschaftlichen Integration. Dafür erwies sich ein Einzelstaat, das Königreich Preußen, als Impulsgeber. Seit 1815 im Besitz des *Ruhrgebietes*, dessen reiche Steinkohlevorkommen damals entdeckt wurden, nahm Preußen eine Vorreiterrolle für die Industrialisierung in Deutschland ein. 1834 wurde unter preußischer Führung der *Deutsche Zollverein* gegründet, dem bis 1854 die meisten deutschen Staaten beitraten.

Damals begann auch die Einführung eines neuen Transportmittels in Deutschland, der *Eisenbahn*. Sie zeigt, wie sich der Aufholprozess gegenüber Großbritannien immer mehr beschleunigte: Nach der Inbetriebnahme der ersten regulären Eisenbahnstrecke überhaupt, die 1825 vom englischen Stockton nach Darlington verlief, vergingen nur zehn Jahre, bis zwischen Nürnberg und Fürth die erste deutsche Bahnlinie eröffnete. Von da an wuchs das Eisenbahnnetz stetig. Schienen und Züge verbanden wie die damals neu angelegten Kanäle und Überlandstraßen neben Hauptstädten und Handelszentren auch die Industriestandorte mit ihren Absatzmärkten.

Mit der Gründung des *Deutschen Kaiserreiches* 1871 war nicht nur die staatliche Einheit Deutschlands vollzogen, sondern auch der letzte Schritt zur Schaffung eines deutschen Binnenmarktes. Deutschland wurde von einem Spätstarter in Sachen Industrialisierung zum Zentrum einer *Zweiten Industriellen Revolution*. Um 1900 waren deutsche Unternehmen bereits führend in den damals neuen Industriezweigen des Maschinenbaus, der **chemischen** und der **Elektroindustrie**.

chemische Industrie: seit etwa 1850 aufkommender Wirtschaftsbereich, in dem Rohstoffe in chemischen Fertigungsprozessen zu Produkten wie künstlichen Farben, Kunststoffen, Kunstdünger, Reinigungs- oder Konservierungsmitteln und Medikamenten verarbeitet werden

Elektroindustrie: Industriezweig, der gegen Ende des 19. Jhs. entstand und auf die Herstellung etwa von Stromgeneratoren, Kabeln, Batterien und elektrisch betriebenen Anlagen, Geräten und Bauteilen spezialisiert ist

Entwicklung des Deutschen Zollvereins seit 1834.

- Vergleichen Sie die Grenzen des Zollvereins mit denjenigen des Deutschen Bundes. Zu einer Karte zum Deutschen Bund siehe den Code **32037-39**.
- Die deutsche Einigung im 19. Jh. – eine wirtschaftliche Notwendigkeit? Nehmen Sie dazu Stellung.

32040-137

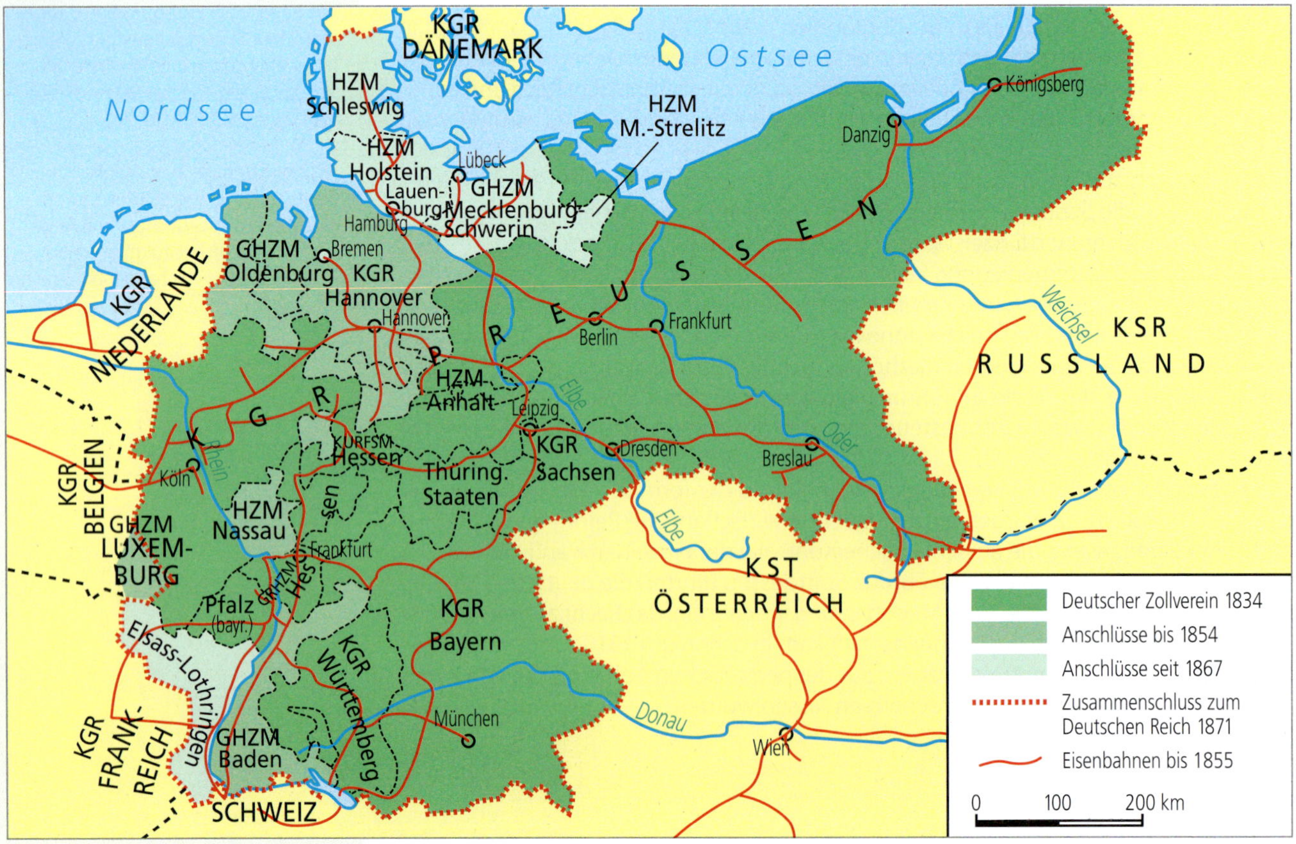

Grenzen werden überschritten | Die Industrialisierung erfasste neben Europa ebenso die Neue Welt. Auch im von Einwanderern besiedelten Nordamerika entstanden im Lauf des 19. Jahrhunderts Fabriken und Eisenbahnnetze. Während der Norden der USA und Teile Kanadas Industriestandorte ausbildeten, blieb der Süden der USA agrarisch geprägt. Auf riesigen Plantagen wurde hier neben Tabak oder Zuckerrohr vor allem Baumwolle angebaut. Die Arbeit verrichteten Sklavinnen und Sklaven, die zumeist aus Afrika stammten. Am *transatlantischen Sklavenhandel* beteiligten sich bis ins frühe 19. Jahrhundert Länder wie Großbritannien, Frankreich oder Spanien. Sklavenjäger verschleppten Afrikanerinnen und Afrikaner in die Karibik oder nach Nordamerika, um sie dort als billige Arbeitskräfte zu verkaufen. Großbritannien verbot 1807 den Sklavenhandel, während die USA erst 1865 die Sklaverei gesetzlich aufhoben. Die Südstaaten der USA wurden zum weltweit größten Baumwollproduzenten, der die Textilindustrie im eigenen Land wie auch in Europa versorgte. Nach dem Ende des organisierten Menschenhandels mussten die bisherigen Sklavinnen und Sklaven zumeist als Pachtbauern Baumwolle und andere Rohstoffe für viel zu geringe Löhne liefern. Dieses System der Ausbeutung war nicht nur in den USA verbreitet, sondern ebenfalls in den Kolonien europäischer Mächte, in Indien und Afrika (➔M2).

Allgemein sorgte die Industrialisierung für eine wachsende Verflechtung von Rohstoff- und Energielieferung, Fertigung und Warenabsatz auch zwischen entfernten Regionen und über Ländergrenzen oder Kontinente hinweg. Die *transnationale Arbeitsteilung* wurde durch die im 19. Jahrhundert entwickelten neuen Technologien im Bereich des Verkehrswesens (Eisenbahn, Dampfschifffahrt, um 1900 auch erste Automobile und Flugzeuge) und der Kommunikation (Telegrafie, Telefonie) ganz wesentlich befördert (➔M3).

Uhr, Signaltafel, Spinde und Stechuhr: Maßnahmen zur Disziplinierung der Arbeiter.
Holzstich aus der „Illustrirten Zeitung" vom 18. Mai 1889.

► Interpretieren Sie die Darstellung.

32040-138

Neue Arbeitsweisen | Mit der Industrialisierung gingen tiefgreifende Veränderungen der Arbeitswelt einher. Die Massenproduktion in den Fabriken führte zu verbilligten Erzeugnissen. Damit wurden vor allem kleinere Handwerksbetriebe verdrängt, die der industriellen Konkurrenz erlagen. Viele Menschen verarmten aus Mangel an Beschäftigung. In der Frühphase der Industrialisierung entstand daher eine bislang nicht gekannte *Massenarmut* (*Pauperismus*) in der werktätigen Bevölkerung.

Wer Beschäftigung in einem Industriebetrieb fand, musste sich auf Maßregeln und Arbeitsbedingungen einstellen, die in Landwirtschaft und Handwerk traditionell nicht üblich waren. In den Fabriken herrschte ein System strenger *Arbeitsteilung*. Massengüter wurden rationell und unter Einsatz von Maschinen hergestellt. Der Produktionsprozess wurde in einzelne Arbeitsschritte zerlegt. Folglich mussten die Beschäftigten genaue Zeit- und Ablaufpläne einhalten. Hatte sich die menschliche Arbeit früher an den Jahres- und Tageszeiten, dem Wetter oder der Belastbarkeit von Nutztieren orientiert, so gab nun der Rhythmus der Maschinen den Takt. Im Vordergrund stand eine möglichst hohe Auslastung der Maschinen, damit sich deren Anschaffung bezahlt machte. Daher arbeiteten Fabrikbelegschaften oft im Schichtbetrieb. Stechuhren und stichprobenartige Kontrollen von Vorarbeitern verzeichneten jeden Verstoß gegen die strengen Fabrikordnungen und das kalkulierte Arbeitssoll.

Die Tätigkeit in den Fabriken verlangte vor allem Gehorsam und Ausdauer von den vielen Beschäftigten, die wie „Rädchen im Getriebe" ihre eng definierte betriebliche Rolle erfüllen sollten. Unternehmen bildeten eine strenge *personelle Hierarchie* aus – mit dem Besitzer oder Geschäftsführer an der Spitze, danach den Werkleitern, Vorarbeitern und Aufsehern, schließlich der Masse der Arbeiterinnen und Arbeiter, unter ihnen lange Zeit auch Minderjährige (➔M4).

Arbeitsdruck, Arbeitsrisiken | Die industrielle Arbeitsteilung wurde immer weiter perfektioniert. US-Firmen wie der Automobilhersteller Ford begannen 1913 mit dem Betrieb von *Fließbändern*. Die Fertigung sollte möglichst ohne Unterbrechung ablaufen, wobei die Beschäftigten nur noch wenige, stets gleiche Handgriffe ausführten. Dadurch ließen sich noch mehr als bislang un- oder angelernte Arbeitskräfte einsetzen, während der einzelne Beschäftigte desto eher austauschbar schien.

Erschwert wurde das hohe Arbeitspensum in Fabriken durch Lärm, Hitze, Schmutz, Gestank, Licht- und Luftmangel. Fehlende Sicherheitsvorkehrungen an den Maschinen verursachten immer wieder schwere Unfälle. Hinzu kamen Berufskrankheiten. Bei Arbeitsunfähigkeit oder Verlust des Arbeitsplatzes drohte den Familien der Ruin, denn Unfall- oder Krankenversicherungen, Kündigungsschutz oder Arbeitslosenhilfe wurden erst gegen Ende des 19. und zu Beginn des 20. Jahrhunderts eingeführt. Fabrikarbeit bedeutete ein durch Arbeitsvertrag und Lohnarbeit geprägtes Abhängigkeitsverhältnis der Beschäftigten. Dagegen blieb der Wunsch nach Mitbestimmung, Rücksicht auf individuelle Bedürfnisse oder Identifikation mit der Arbeit weitgehend unerfüllt.

Die industriellen Arbeitsbedingungen strahlten langfristig auf andere Wirtschaftsbereiche ab. Um dem Konkurrenzdruck der neuen Industrien standhalten zu können, griffen auch die kleineren Gewerbe- und Handwerksbetriebe zu Maßnahmen der *Rationalisierung*. Diese Tendenz erfasste in den 1920er- und 30er-Jahren selbst die Büroarbeit: Die Arbeitsvorgänge wurden zerlegt, normiert und etwa durch Rechen- und Buchungsmaschinen mechanisiert.

Arbeitszeiten und Löhne | Zu Anfang der Industrialisierung hatte die durchschnittliche Arbeitszeit rasch zugenommen: Männer, Frauen und auch Kinder arbeiteten nicht unter zwölf Stunden täglich, oft sogar 15 bis 17 Stunden an mindestens sechs Tagen der Woche. Seit den 1860er-Jahren verkürzte sich die Arbeitszeit etwa in Deutschland schrittweise auf zwölf, bis 1914 auf neun Stunden. Urlaub oder Erholung waren vonseiten der Arbeitgeber in der Regel nicht vorgesehen. Auch das 1891 in Deutschland eingeführte Verbot der Sonn- und Feiertagsarbeit wurde vielfach nicht beachtet.

Die *Lohnarbeit* wurde im 19. Jahrhundert zur überwiegenden Entgeltform. Statt Jahreslöhnen wurden oft streng leistungsabhängige Monats-, Wochen- oder selbst Tagelöhne berechnet, die den Beschäftigten kein sicheres Einkommen boten. Für einen gewissen Ausgleich sorgten seit Mitte des 19. Jahrhunderts steigende **Reallöhne**. Allerdings bestanden große Abweichungen je nach Industriezweig, Tätigkeit und Region, und besonders zwischen gelernten und ungelernten Beschäftigten herrschte ein deutliches Gefälle. So verdienten die meist als Vorarbeiter und Fabrikmeister tätigen ausgebildeten Handwerker das Vier- bis zuweilen Sechsfache der ungelernten Kräfte.

Reallöhne: statistische Höhe von Einkommen, bei denen das erhaltene Entgelt (Nominallohn) mit den bestehenden Lebenshaltungskosten verrechnet wird, Gradmesser für die tatsächliche Kaufkraft

Oft reichte das Einkommen ungelernter Arbeiter nicht zum Lebensunterhalt der Familie aus, sodass Frauen und Kinder hinzuverdienen mussten, deren Verdienst zudem erheblich unter dem der Männer lag. Seit der Jahrhundertmitte ging die Kinderarbeit zwar wegen der wachsenden Kritik und der Durchsetzung der Schulpflicht allmählich zurück. Viele Familien blieben jedoch auf den Zuverdienst der Kinder angewiesen. Arbeitslosigkeit oder Krankheit konnten schnell das Einkommen einer Familie aufzehren und sie an den Rand des Existenzminimums bringen. Lohnfortzahlung im Krankheitsfall oder Invalidenrente waren nicht vorgesehen. Die oft schwere körperliche Arbeit konnte von Beschäftigten über 40 Jahren nur selten bewältigt werden. Ältere Arbeiterinnen und Arbeiter fielen fast zwangsläufig unter die Armutsgrenze.

Wandel der sozialen Schichtung | Von der Industrialisierung profitierten zunächst vor allem mittlere und höhere Schichten der Gesellschaft. Die Massenproduktion sorgte für ein größeres Warenangebot und für mehr Konsum durch einen wachsenden Teil der Bevölkerung. Seit den 1840er-Jahren wurde die Gründung von Aktiengesellschaften in Preußen und im Deutschen Zollverein gesetzlich erleichtert. Daraufhin entstand eine Vielzahl neuer Banken und Versicherungen, Eisenbahn- und Schifffahrtsgesellschaften, Bau- und **Montanunternehmen**. An diesen Firmen beteiligten sich immer mehr Aktio-

Montanunternehmen (von lat. *mons*: Berg): Industriebetriebe des Bergbaus sowie der Produktion oder Verarbeitung von Eisen und Stahl näre, vorwiegend aus dem vermögenden Adel und bürgerlichen Schichten. Sie versorgten die Industrie mit dem nötigen Kapital, um im Gegenzug ihren Wohlstand zu vergrößern.

Der Aufstieg des Finanz- und Versicherungswesens, der wachsende Verwaltungsaufwand der Unternehmen wie auch der Betrieb der modernen Infrastruktur (Bahnen, Post, Telegrafie und Telefonie, Energieversorgung usw.) brachte seit Ende des 19. Jahrhunderts ein Anwachsen der *Dienstleistungsberufe* mit sich. Die Beschäftigten in diesem Bereich der Wirtschaft bildeten die neue Berufsgruppe der *Angestellten*, die sich von den Industriearbeiterinnen und -arbeitern abzugrenzen suchten.

Zwischen 1882 und 1907 verdoppelte sich die Industriearbeiterschaft in Deutschland. Bis zum Ersten Weltkrieg wurde sie zur größten sozialen Gruppe. Zudem überholten Industrie und Handwerk um 1900 die Land- und Forstwirtschaft in Deutschland als beschäftigungsstärksten Sektor. Damit hatte sich Deutschland endgültig von einer Agrar- zu einer Industriegesellschaft entwickelt. Mit diesem Wandel ging auch eine Veränderung der Gesellschaftsstruktur einher. Die Industriegesellschaft war nicht länger eine ständische Gesellschaft, in der sich die Angehörigen einer bestimmten Schicht über ererbte, gruppenspezifische Vorrechte definierten. Diese Schranken waren durch die Garantie persönlicher Freiheit und Rechtsgleichheit schon früh im 19. Jahrhundert gefallen. Seither gab es mehr Chancen für gesellschaftlichen Auf- und Abstieg. Über den sozialen Status entschieden nun vorrangig die persönlichen Lebensverhältnisse, Bildung und Qualifikation sowie das eigene Vermögen. In dieser Schichten- oder *Klassengesellschaft* hing oft sogar die politische Mitbestimmung vom Besitz ab: Viele Länder Europas, darunter Preußen, hielten lange an einem *Zensuswahlrecht* fest, das den Zugang zu Wahlen oder das Gewicht einer Wählerstimme nach der Steuerleistung bemaß.

Lasten für Umwelt und Natur | Nicht nur Arbeit und Gesellschaft erfuhren Umwälzungen durch die Industrialisierung, sondern auch Umwelt und Natur. Während die Wirtschaftsleistung wie auch die Bevölkerung ständig zunahmen, veränderten sich die allgemeinen Lebensbedingungen.

In den Städten wuchs mit der Beschäftigten- und Einwohnerzahl die Belastung der Wasserversorgung. Fäkalien, Schmutz und Unrat aus privaten Haushalten wurden in der Regel entweder durch Gräben entfernt oder mit Fässern abtransportiert. Wassertoiletten und Schwemmkanalisationen waren noch so gut wie unbekannt. Erst um die Mitte des 19. Jahrhunderts begann man in Europa mit dem Bau von *Kanalisationssystemen* in den großen Städten. Kanalisation und sauberes Trinkwasser sorgte für eine enorme Verbesserung der sanitären und hygienischen Verhältnisse. Diese Art der Abwasserentsorgung brachte jedoch bald ein neues Problem mit sich. Durch das Einleiten von Abwässern aus Haushalten und Fabriken in die Flüsse wurden diese so stark verschmutzt, dass sie kaum noch als Trinkwasserreservoirs infrage kamen. Gerade viele kleinere Flüsse verkamen zu Kloaken.

Gegen die negativen Folgen der Industrialisierung für Mensch und Umwelt regte sich bereits früh Protest. Die Anwohner von Fabriken klagten häufig gegen Belästigungen und Gefährdungen, die von den gewerblichen Anlagen ausgingen. Allerdings blieben ihre Beschwerden in der Regel erfolglos. Das Wissen um die Auswirkungen der *Umweltverschmutzung* war noch gering, man betrachtete den Rauch und Gestank als lästiges, aber im Grunde notwendiges „Culturübel". Geeignete Messverfahren und wissenschaftlich gesicherte Erkenntnisse über die Folgen der Umweltbelastung entwickelten sich erst seit Ende des 19. Jahrhunderts (➔M5).

Umweltschutz? | Für die meisten Unternehmer war der *Umweltschutz* in erster Linie eine Kostenfrage. Solange es keine gesetzlichen Regelungen gab, wollte niemand die eigene Produktion durch einen höheren Aufwand bei der Vermeidung oder Entsor-

„Pfui Deifel."
Federzeichnung von Heinrich Kley, um 1905.

► Präsentation: Verfassen Sie einen Beitrag für ein Online-Lexikon, der das Bild und seine Aussage geschichtlich einordnet.

32040-139

gung von Schadstoffen verteuern. Der Versuch der Behörden, mit Gewerbeordnungen die Beeinträchtigungen durch die Fabriken zu vermindern, erwies sich als unzulänglich. Die Luftverschmutzung in den großen Städten verringerte sich erst mit der aufkommenden Elektrifizierung am Ende des 19. Jahrhunderts. Viele Fabriken stellten den Antrieb ihrer Maschinen von Dampfkraft und Transmissionssystemen auf Elektromotoren um. Trotzdem blieb mit der Verbrennung von Kohle und den Schadstoffen der Fabriken die hohe Belastung von Luft, Boden und Gewässern bestehen.

Der Ruf nach Umweltschutz als Reaktion auf die Industrialisierung betraf im 19. Jahrhundert vor allem die Lebensqualität bewohnter Gegenden. Dabei führte die neue Wirtschaftsstruktur ebenso zu erheblichen Eingriffen in vormals unberührte Landschaften – durch die Zersiedelung infolge wachsenden Raumbedarfs für Fabriken und Wohngebiete, durch den Bau von Eisenbahntrassen, Straßen und Kanälen, die Begradigung von Flüssen, die Rodung von Wäldern sowie durch die Erschließung immer neuer Flächen für die Landwirtschaft.

Dynamik der Bevölkerung | Auf dem Gebiet des späteren Deutschen Kaiserreiches wuchs die Bevölkerung zwischen 1816 und 1871 von gut 23 auf 41 Millionen. Die stetige Zunahme wie auch die Umstellungen in der Arbeitswelt zwangen die Menschen zu mehr Mobilität. Ströme von Arbeitsuchenden brachen in die entstehenden Industrieregionen auf. In der Regel bedeutete das die Abwanderung aus ländlichen Gegenden in Städte. Noch zu Beginn des 19. Jahrhunderts waren zwei Drittel der deutschen Bevölkerung auf dem Land beheimatet. Am Vorabend des Ersten Weltkrieges lebten rund 60 Prozent der Bevölkerung Deutschlands in Städten, ein Anteil, der damals nur noch von Großbritannien übertroffen wurde (→M6).

Die industriellen Standorte in Deutschland und manchen Nachbarregionen um 1900.

► Präsentation: Recherchieren Sie über einen der auf der Karte gezeigten Standorte und das Anwachsen seiner Bevölkerung im späten 19. und frühen 20. Jahrhundert. Gehen Sie dabei auch auf die Herkunft von Zuwanderern ein. Stellen Sie Ihre Ergebnisse in einer Statistik vor.

32040-140

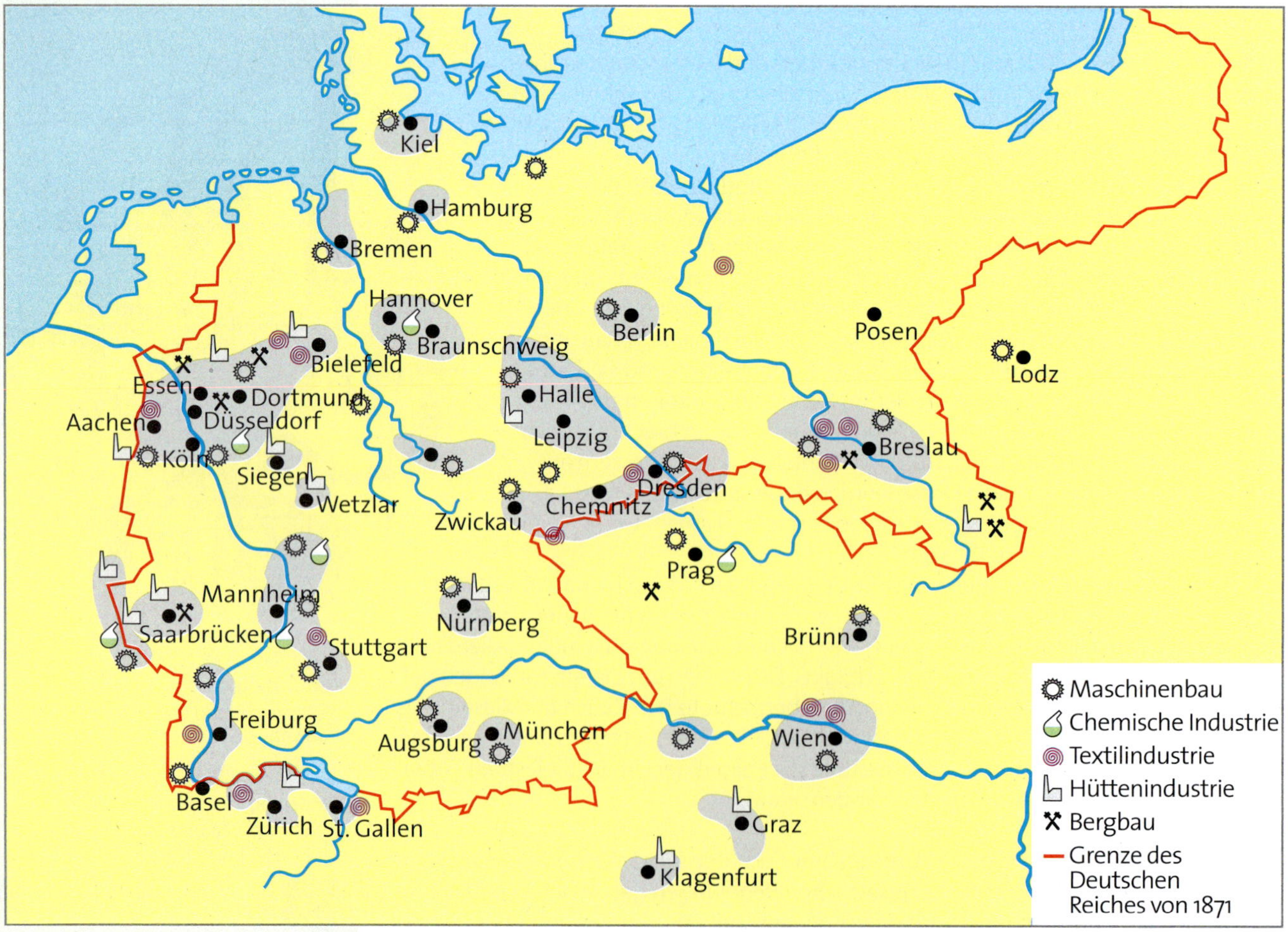

Neben der damals als *„Landflucht"* bezeichneten Entwicklung bedingte oder beförderte die Industrialisierung weitere Formen der *Migration*[1]. Zwischen 1860 und 1914 verließen etwa 16 Millionen Menschen die eher gering industrialisierten ostdeutschen Gebiete in Richtung Westen. In die Industrieregionen Deutschlands, Frankreichs und der Schweiz zog es auch viele Arbeitskräfte aus Süd-, Südost- und Osteuropa. Schlechte Lebensbedingungen, Arbeitslosigkeit oder der Mangel an politischer Freiheit waren überdies Anlässe zu massenhafter Auswanderung aus Europa. In der zweiten Hälfte des 19. Jahrhunderts verließen etwa 40 bis 45 Millionen Menschen den alten Kontinent. Allein aus Deutschland emigrierten zwischen 1830 und 1913 über fünf Millionen Menschen in die USA, deren schnell wachsende Industrie immer mehr Arbeitskräfte aufnehmen konnte.

In Deutschland führte die Binnenwanderung zu einem Anwachsen der Städte sowie zum Wandel bisher ländlicher Gebiete in Räume mit städtischer Struktur. Die *Urbanisierung* betraf zunächst Standorte der Textilproduktion, des Bergbaus und der Schwerindustrie. Kaum eine Region veränderte sich so schnell wie das Ruhrgebiet, in erster Linie bedingt durch den Kohlebergbau. Das vormals ländlich und kleinstädtisch geprägte Ruhrgebiet wuchs bis Ende des 19. Jahrhunderts zum größten industriellen Ballungszentrum Europas an. Auch Städte wie Berlin, Hamburg, Köln, Frankfurt am Main, Hannover und Nürnberg sowie das sächsisch-oberschlesische Industrierevier entwickelten sich zu urbanen Großräumen (➔M7). Verbesserte Hygiene und medizinische Versorgung sowie der Zuzug jüngerer Menschen waren der Grund für mehr Geburten. In vielen Städten verdreifachte sich die Einwohnerzahl in wenigen Jahrzehnten. Gleichfalls nahm die Anzahl der Großstädte zu: 1871 gab es im Deutschen Reich sieben, 1918 bereits mehr als 50.

„Heimweh".
Postkarte, um 1910/20.
Die fremde und anonyme großstädtische Lebens- und Arbeitswelt weckte bei vielen vom Land Zugewanderten Heimwehgefühle und führte zu einer romantischen Verklärung und Idealisierung des Landlebens.

► Interpretieren Sie die Postkarte.

32040-141

Verändertes Wohnen | Durch den enormen Andrang in die Städte wurde der Wohnraum knapp. Dies betraf zumal Arbeiterinnen und Arbeiter und ihre Familien. Zunächst hatten die Zuwandernden in den meist heruntergekommenen Vierteln der Altstädte eine Bleibe gefunden, ehe dort der Platz aufgebraucht war. Daher entstanden Siedlungen in der Nähe der Fabriken, die sich meist außerhalb der Stadtkerne befanden – weit ab von den Villenvierteln und bürgerlichen Wohngegenden. Wohnlage und stark abweichende Mietpreise sorgten für einen hohen Grad an sozialer Differenzierung.

Die Städte dehnten sich ins Umland aus. Sie verloren dabei ihre teils noch mittelalterliche Gestalt: Stadtmauern und Befestigungsanlagen wurden niedergerissen, die Stadtgräben aufgefüllt und kleinere benachbarte Orte eingemeindet. Um die neuen Fabriken und Bahnhöfe bildeten sich eigene Stadtviertel. Trotz allem blieb das Angebot an Wohnraum hinter dem ständig wachsenden Bedarf zurück. Zudem war die Qualität der Unterkünfte häufig unzureichend, in den überfüllten Altstadtwohnungen ebenso wie in den Arbeiterkolonien an den Stadträndern und in neuartigen Industriedörfern.

Viele kinderreiche Arbeiterfamilien mussten in *„Mietskasernen"* leben, Massenunterkünften, die weder Komfort boten noch privaten Rückzugsraum gewährten. Ein Großteil der Gebäude war aus Kostengründen mit minderwertigem Baumaterial angefertigt, erwies sich als schlecht beheizbar und verfügte kaum über sanitäre Versorgung. Gleichwohl lagen die Mieten hoch und fraßen einen Großteil des Einkommens auf. Der Aufenthalt in den Arbeiterquartieren wurde nicht nur durch Enge und schlechte Ausstattung belastet, sondern ebenso durch Rauch und Lärm der Industrieanlagen. Vielfach lag die Lebenserwartung deutlich niedriger als in den Wohnvierteln des Bürgertums (➔M8).

[1] Zum Thema „Migration" siehe auch das Kernmodul auf den Seiten 154 bis 157.

Berliner Mietskasernen.
Foto von 1910.
Die Berliner Mietskasernen waren berüchtigt für ihre Blockbebauung, bei der meist drei oder vier Höfe aufeinanderfolgten. Hierhin fiel kaum Tageslicht, weil die Höfe nach Polizeivorschrift nur 5,30 Meter im Quadrat groß sein mussten, damit die pferdebespannten Spritzenwagen der Feuerwehr gerade noch darin wenden konnten.

► Partnerarbeit: „Mietskaserne" erinnert an militärische Unterkünfte. Finden Sie alternative Begriffe für die damaligen Wohnanlagen.

32040-142

Die Stadtverwaltungen reagierten auf das verbreitete Wohnungselend lange nur zögerlich. Da die Arbeiterschaft in den politischen Gremien kaum vertreten war, konnte sie sich wenig Gehör verschaffen. Erst seit den 1890er-Jahren suchten Kommunen in Deutschland verstärkt nach Lösungen. Sie legten Bebauungspläne fest und erarbeiteten städtebauliche Konzepte, um die innerstädtische Entwicklung zu lenken und die Wohn- und Hygieneverhältnisse zu verbessern. Doch erst um die Jahrhundertwende entspannte sich die Lage.

Die Entstehung der „Sozialen Frage" | Für die Arbeiterinnen und Arbeiter in Industrie und Landwirtschaft, die für ihren Lebensunterhalt nichts als ihre Arbeitskraft besaßen, wurde zeitgenössisch der Begriff **Proletarier** üblich. Deren Lebenserwartung war wegen der schwierigen Arbeits- und Lebensbedingungen gering. Um 1914 bildeten Arbeiterinnen und Arbeiter in Deutschland bereits die größte gesellschaftliche Gruppe. Trotz ihres wachsenden Anteils an der Bevölkerung blieben sie lange ohne politische Mitbestimmung. Die prekären Lebensverhältnisse der Arbeiterschaft sowie ihre gesellschaftliche Ausgrenzung schufen eine langfristige Herausforderung, die als *Soziale Frage* bekannt wurde. Zu ihrer Lösung beschritten Unternehmer und Intellektuelle, Parteien und Gewerkschaften, Hilfsorganisationen und Kirchen sowie der Staat im 19. und frühen 20. Jahrhundert unterschiedliche Wege.

Proletarier (von lat. *proles*: Nachkomme): im Alten Rom Bezeichnung für die Angehörigen der Unterschicht, die nichts außer ihren eigenen Kindern besaßen

Der Streik.
Ölgemälde (181,6 x 275,6 cm) des deutsch-amerikanischen Künstlers Robert Koehler, 1886. Das auf zahlreichen Ausstellungen präsentierte Gemälde wurde zu einem Wahrzeichen der Arbeiterbewegung in vielen Ländern, etwa in den USA, wo Anfang Mai 1886 Massenstreiks stattfanden, gegen die die Polizei teils mit brutaler Gewalt einschritt.

► Interpretieren Sie das Gemälde. | H

32040-143

Bildinformation 31000-195

Angebote der Unternehmer | Nur wenige Arbeitgeber entschieden sich, die Lage ihrer Beschäftigten zu verbessern. Großunternehmer wie *Alfred Krupp* (1812–1887) oder *Friedrich Harkort* (1793–1880) gründeten in ihren Betrieben im Ruhrgebiet ab 1836 erste Betriebskrankenkassen, ließen Werkswohnungen bauen und ordneten Hygiene- und Sicherheitsvorschriften am Arbeitsplatz an. Eigene Konsumvereine boten den Beschäftigten Güter des täglichen Bedarfs zu günstigen Preisen. Diese betriebliche Vorsorge sollte die Arbeiterinnen und Arbeiter an das Unternehmen binden. Im Gegenzug wurde von den Beschäftigten erwartet, dass sie sich von Streiks, Protesten und politischen Vereinigungen fernhielten.

Umsturzvisionen | Einen wissenschaftlichen und zugleich revolutionären Ansatz entwarfen der Philosoph und Journalist **Karl Marx** in Zusammenarbeit mit dem Unternehmersohn **Friedrich Engels**. Marx und Engels beschrieben die Verhältnisse seit der Industrialisierung als *Kapitalismus*. In diesem System konzentriere sich alles Eigentum und alle wirtschaftliche Kontrolle bei den Unternehmern. Die Beschäftigten würden zwar immer mehr produzieren, aber selbst immer weniger besitzen. Damit spalte sich die Gesellschaft in eine Klasse der Eigentümer und der recht- und besitzlosen Arbeiterschaft. Der Kapitalismus untergrabe durch seine ausbeuterischen Methoden zunehmend die eigenen Grundlagen. Ab einem gewissen Punkt werde sich die Arbeiterklasse in einer Revolution gegen die Besitzenden erheben. Danach würde aller Privatbesitz in öffentliches Eigentum überführt und gemeinschaftlich verwaltet. Auf den Kapitalismus folge somit der *Sozialismus*, in dem alle Klassengegensätze nach und nach wegfielen und zuletzt auch die Existenz des Staates überflüssig werde. Der Sozialismus führe schließlich zum *Kommunismus*, einer Art Naturzustand ohne Staat, Ausbeutung und gesellschaftliche Unterschiede (➔M9).

Arbeiterbewegung und Politik | Im Lauf des 19. Jahrhunderts entstanden in den industrialisierten Ländern organisierte Arbeiterbewegungen. In den deutschen Staaten galt lange das Verbot politischer Versammlungen und Vereine, daher kam es hier erst in der Märzrevolution von 1848/49 zu namhaften Zusammenschlüssen. Eine im September 1848 aus 30 Arbeitervereinen gegründete *Allgemeine Deutsche Arbeiterverbrüderung* forderte neben besseren Arbeitsbedingungen und Versorgungsleistungen auch ein allgemeines Wahlrecht. Nach dem Scheitern der Revolution dauerte es bis zum Beginn der 1860er-Jahre, ehe deutsche Staaten wieder die Bildung von Arbeiterparteien zuließen. 1863 gründete der Journalist, Philosoph und Politiker *Ferdinand Lassalle* (1825–1864) in Leipzig den *„Allgemeinen Deutschen Arbeiterverein“* (*ADAV*). Im Gegensatz zu Marx hielt Lassalle es für möglich, die Soziale Frage durch Reformen zu lösen und dabei die staatliche Grundordnung und das Privateigentum beizubehalten. Gefordert wurde dafür Mitbestimmung in den Betrieben und in der Gesetzgebung.

1869 gründeten *Wilhelm Liebknecht* (1826–1900) und *August Bebel* (1840–1913) in Eisenach eine zweite Arbeiterpartei: die *Sozialdemokratische Arbeiterpartei* (*SDAP*). Sie orientierte sich anfangs an den Lehren von Marx und Engels. Erst 1875 gab sich die Partei in Gotha, nun unter dem Namen *Sozialistische Arbeiterpartei Deutschlands* (*SAP*) ein Programm, das auf eine gewaltsame Revolution verzichtete und friedliche Reformen auf dem Weg der Gesetzgebung empfahl. Dennoch sah die Reichsleitung unter Kanzler *Otto von Bismarck*[1] die Sozialdemokratie als politische Gefahr. Bismarcks umstrittenes *„Sozialistengesetz“* verhängte von 1878 bis 1890 ein Verbot über die Partei. Nach ihrer Wiederbegründung als *SPD* (1890) wurden die Sozialdemokraten im Reichstag zu einer immer stärkeren Kraft. Am Ende des Kaiserreiches stellten sie die größte Fraktion im Parlament.

Karl Marx (1818–1883): Wirtschaftswissenschaftler, Philosoph und Publizist aus Trier, Begründer der Wirtschafts- und Gesellschaftstheorie des Marxismus, brachte als politisch Verfolgter 1845 bis 1848 in Brüssel zu, ging nach der Revolution von 1848/49 ins Exil nach London

Friedrich Engels (1820–1895): Kaufmann, Philosoph und Publizist aus Barmen, enger Weggefährte und Mitarbeiter von Karl Marx

Internettipp
Zum „Sozialistengesetz“ siehe auch diesen Code.

32037-40

[1] Siehe Seite 260.

Gewerkschaften: Nach dem Vorbild der britischen *trade unions* gegründete Arbeitervereinigungen, die die Interessen der Beschäftigten gegenüber Arbeitgebern und Regierung vertreten

In enger Zusammenarbeit mit der politischen Arbeiterbewegung wirkten manche **Gewerkschaften**. Auch sie traten erst seit den 1860er-Jahren nennenswert in Erscheinung. Als Arbeitnehmervertreter versuchten sie Reformen in den Betrieben sowie bessere Löhne und Arbeitsschutz durchzusetzen. Ein wichtiges Druckmittel war der Arbeitskampf, die Ankündigung oder Durchführung von Streiks. Vor allem die sozialdemokratisch orientierten *Freien Gewerkschaften* hatten großen Zulauf unter den Beschäftigten. Weit weniger Einfluss besaßen die bürgerlich geprägten Arbeitnehmerverbände sowie christliche Gewerkschaften.

Initiativen von kirchlicher Seite | In der Sozialen Frage fehlte es lange an einem wahrnehmbaren Engagement der Amtskirchen. Ausschlaggebend waren u. a. weltanschauliche Gegensätze zur Sozialdemokratie und zu den Anhängern des Kommunismus. Hinzu kam ein generelles Misstrauen vor der Industrialisierung und den von ihr verursachten sozialen Umbrüchen. Daher blieb es vorerst bei den Initiativen Einzelner. Der evangelische Pastor *Johann Hinrich Wichern* (1808–1881) gründete 1833 in Hamburg das *„Rauhe Haus"*, das sich um alleinstehende Jugendliche und ihre Ausbildung bemühte. Wichern regte auch die *„Innere Mission"* an, die für die Sozialarbeit in den evangelischen Kirchen richtungweisend wurde.

Auf katholischer Seite traten besonders der Kölner Domvikar *Adolph Kolping* (1813–1865) und der Mainzer Erzbischof *Wilhelm von Ketteler* (1811–1877) hervor, um die Lage der Handwerker und der Arbeiterschaft zu verbessern. Die von Kolping angestoßenen katholischen Gesellenvereine unterstützten seit 1846 vor allem junge Handwerksgesellen bei der Suche nach geistiger Betreuung. Daraus ging das *Kolpingwerk* hervor, ein Netzwerk an Fürsorge- und Bildungseinrichtungen (➔M10). Erst Ende des 19. Jahrhunderts bezog auch das Papsttum zu sozialen Problemen Stellung und forderte etwa in der **Enzyklika** „Rerum Novarum" („Die neuen Dinge") von 1891 Arbeitsschutz und gerechten Lohn.

Enzyklika (von altgriech. *kyklos*: Ring, Kreis): Rundschreiben des Papstes an die katholischen Gemeinden in aller Welt, mit Lehrinhalten zu Fragen des Glaubens, der Lebensführung oder über gesellschaftliche Themen

Otto von Bismarck (1815–1898): Ministerpräsident Preußens von 1862 bis Januar 1873 und November 1873 bis 1890, von 1867 bis 1871 Kanzler des Norddeutschen Bundes, danach bis 1890 Deutscher Reichskanzler

Staatliches Vorgehen | Von staatlicher Seite herrschte lange Zurückhaltung, der Sozialen Frage zu begegnen. Die Arbeiterbewegung und viele ihrer Forderungen galten in den bürgerlichen und adligen Kreisen Deutschlands als Gefahr für die bestehende gesellschaftliche Ordnung. Nach der Gründung des Deutschen Reiches 1871 ging Reichskanzler **Otto von Bismarck** daran, Sozialdemokratie und Arbeiterbewegung zu schwächen. Durch das „Sozialistengesetz" von 1878 sollten die Arbeiterparteien politisch ausgeschaltet werden.

Gleichzeitig nahm Bismarck sozialpolitische Forderungen der Arbeiterbewegung auf und versuchte, durch eine fortschrittliche *Sozialgesetzgebung* die Arbeiterschaft mit dem Staat zu versöhnen. Hierzu wurde 1883 reichsweit eine gesetzliche Krankenversicherung für Arbeiterinnen und Arbeiter sowie einen Teil der Angestellten eingeführt (➔M11). 1884 folgte eine Unfallversicherung für Beschäftigte, die von den Arbeitgebern zu tragen war. Zuletzt entstand 1889 eine staatliche Rentenversicherung. Ehemalige Beschäftigte mit niedrigem Einkommen hatten ab dem 70. Lebensjahr Anspruch auf eine Rente, ebenso Invaliden nach mehr als einem Jahr Arbeitsunfähigkeit.

Mithilfe dieser Gesetze verbesserte sich die soziale Sicherheit der Beschäftigten spürbar. Alter und Krankheit waren nun nicht mehr gleichbedeutend mit dem Verlust jeglichen Einkommens. Hingegen erreichten weder das Verbot der Sozialdemokratie bis 1890 noch die Sozialgesetze das von Bismarck angestrebte Ziel, den Arbeiterparteien und Gewerkschaften die Anhängerschaft zu entziehen.

Wachsende staatliche Verantwortung | Einmal eingeführt, waren soziale Sicherungssysteme nicht mehr aus der Industriegesellschaft wegzudenken. Der Auf- und Ausbau eines **Sozialstaates** wurde zu einem Hauptanliegen von Regierung und Parlament, im Deutschen Reich wie in anderen Industrieländern. In den 1920er-Jahren wurde eine *Arbeitslosenversicherung* eingeführt, nach dem Zweiten Weltkrieg traten weitere Sozialleistungen hinzu.

Sozialstaat: Gesamtheit von Gesetzen, öffentlichen Einrichtungen und Angeboten zur Unterstützung für sozial Schwache

Zu Beginn der Industrialisierung hatte der Staat in den Augen der Unternehmer noch als Hindernis für die wirtschaftliche Entwicklung gegolten. Gegen Ende des 19. Jahrhunderts wurde der Ruf nach einer staatlich gelenkten Wirtschaftspolitik immer lauter. Das betraf etwa die Errichtung von Außenzöllen zum Schutz heimischer Wirtschaftszweige (*Protektionismus*) oder umgekehrt den Abschluss internationaler Handelsverträge zur Öffnung von Märkten (*Freihandel*). Staatliche Kredite oder Großaufträge an Industriebetriebe sollten über Krisen des Wirtschaftswachstums hinweghelfen. Viele Unternehmer gründeten seit dem späten 19. Jahrhundert nationale Interessenverbände, um organisierten Einfluss auf Gesetzgebung, Lohnentwicklung, Handels- und Außenpolitik des eigenen Landes auszuüben. Bis heute spielen Arbeitgeber- und Arbeitnehmerverbände eine wichtige Rolle in der öffentlichen Meinung, bei Wahlkämpfen und politischen Entscheidungen.

Internationale und globale Gegensätze | Seit den 1880er-Jahren gingen europäische Staaten, die USA und Japan dazu über, mit einer Politik des *Imperialismus* Kontrolle über Länder in Afrika, Asien oder Lateinamerika zu erlangen, um sie als Rohstofflieferanten, Handelsstützpunkte und Absatzmärkte zu nutzen. Die Mehrzahl der Industrienationen verfügte am Vorabend des Ersten Weltkrieges über Kolonien, deren Bevölkerung, Landschaft und Bodenschätze oft rücksichtslos ausgebeutet wurden. Erst nach dem Zweiten Weltkrieg lösten sich die noch vorhandenen Kolonialreiche in Asien, Lateinamerika und Afrika auf. Die damals neu entstehenden Staaten oder auch das kommunistisch regierte China waren noch überwiegend vorindustriell geprägt. Als *Entwicklungs- und Schwellenländer* auf dem Weg zu modernen Industrienationen durchliefen sie – teils bis in die Gegenwart – vergleichbare Schwierigkeiten wie die europäischen Länder im 19. Jahrhundert (starkes Bevölkerungswachstum, unkontrollierte Zunahme städtischer Ballungsräume, verschärfte soziale Gegensätze). Der *Nord-Süd-Konflikt*, das Gefälle zwischen Ländern hoher und geringer wirtschaftlicher Entwicklung, hängt eng mit der Industrialisierung der verschiedenen Teile der Welt zusammen.

Schon seit Ende des Ersten Weltkrieges ergab sich aus den Folgen der Industrialisierung ein anderer globaler Gegensatz. Während viele Industrieländer auf das System eines politischen und wirtschaftlichen Liberalismus setzten, schlug die nach 1917 entstandene Sowjetunion den Weg eines revolutionären Sozialismus ein. Dieser *Ost-West-Konflikt* kam jedoch erst am Ende des Zweiten Weltkrieges voll zur Geltung, als die USA wie die Sowjetunion ihren jeweiligen Machtbereich erheblich ausdehnten. Die industrialisierte Welt teilte sich bald darauf in gegnerische Blöcke mit unterschiedlicher Wirtschaftsform und Weltanschauung. Erst der Zusammenbruch der kommunistischen Regime in Osteuropa 1989/91 hob den Konflikt auf.

Internettipp
Zum Nord-Süd-Konflikt siehe den gleichnamigen Artikel im „Staatslexikon" unter diesem Code.

32037-41

Internationale und globale Zusammenarbeit | Damit wurde auch der Weg frei für einen europäischen Binnenmarkt als Bestandteil der Europäischen Union. Der 1993 geschaffene *EU-Binnenmarkt* ist die Fortsetzung der schrittweisen wirtschaftlichen Integration europäischer Industrieländer, ein Prozess, der in den 1950er-Jahren begann und zunächst nur auf den Westen Europas begrenzt blieb (➔M12).

Wie in Europa beförderten Industrialisierung, wirtschaftliches Wachstum und technischer Fortschritt auch weltweit grenzüberschreitende Verknüpfungen. Die **Globalisierung** ist seit den 1990er-Jahren immer deutlicher wahrnehmbar, vor allem als Bewusstsein zunehmender Abhängigkeit zwischen den Erdteilen – in Hinsicht auf die Beachtung der Menschenrechte, den Bedarf an Ressourcen, Nahrung, Energie und Kapital, den Austausch von Wissen sowie den Schutz der Umwelt und der weltweiten Lebensgrundlagen.

Globalisierung: Prozess einer fortschreitenden Annäherung und Verflechtung zwischen den verschiedenen Weltregionen durch Handel, Kapitalverkehr und sonstige Wirtschaftsbeziehungen, Migration und Tourismus, Medien und Kommunikation oder zwischenstaatliche Vereinbarungen

M1 Aufschwung und Technologie

Der Historiker Toni Pierenkemper (1944–2019) verweist auf grundsätzliche Neuerungen, die in der Industrialisierung zum Durchbruch gekommen sind:

Dies erscheint als das historisch Einmalige des europäischen Industrialisierungsprozesses. Die betroffenen Nationen erzielten ein langfristiges und stetiges Wirtschaftswachstum. Immerhin erlebte Großbritannien seit den 1760er-Jahren, d. h. seit mehr als zweihundert Jahren, eine durchschnittliche jährliche Steigerung des Pro-Kopf-Sozialprodukts[1] von 1,2 Prozent, und Deutschland und Frankreich folgten mit ähnlichen Raten, nämlich mit 1,7 Prozent seit den 1830er- (Frankreich) bzw. seit den 1850er-Jahren (Deutschland). [...]
Nun hat es allerdings auch zu vorindustriellen Zeiten bemerkenswerte ökonomische Aufschwungphasen gegeben. Diese vollzogen sich jedoch immer in kleinräumig organisierten traditionellen Gesellschaften, in denen Ernteschwankungen, Krankheiten und Seuchen sowie Kriege und Eroberungen diesen gelegentlichen Aufschwüngen bald ein Ende setzten. Die traditionellen Gesellschaften stießen bei ihren Versuchen, zu einer langfristigen ökonomischen Expansion zu kommen, immer wieder an quasi natürliche Grenzen. Vielversprechenden Aufschwüngen folgten bald enttäuschende Abschwünge. Entscheidend für die Befangenheit in dem durch die Natur gesetzten Rahmen waren vor allem technische Gründe. Innovationen erfolgten nur vereinzelt und bauten nicht aufeinander auf. Der Mensch hatte die „Methode der Erfindung" noch nicht erfunden. Dies gelang erst in der Industriellen Revolution. Hier erfolgte erstmals, und von nun an andauernd, die systematische Anwendung von Wissenschaft und Technologie auf die Produktion von Gütern und Dienstleistungen. Hinzu traten in den traditionellen Gesellschaften kulturelle Faktoren und soziale Werte, die einer beschleunigten ökonomischen Expansion entgegenstanden. Sie blieben in einem Teufelskreis der Armut befangen, die eine Expansion der Produktion nur bei steigenden Inputs[2] und sinkenden Erträgen ermöglichte. Realisierte Zuwächse wurden bald wieder durch eine wachsende Bevölkerung aufgezehrt. Diese latente[3] Armut der vorindustriellen Welt konnte erst durch die Industrialisierung überwunden werden.

Toni Pierenkemper, Umstrittene Revolutionen. Industrialisierung im 19. Jahrhundert, Frankfurt am Main 1996, S. 26 f.

[1] **Sozialprodukt**: Gesamtwert der in einem bestimmten Zeitraum von einer Volkswirtschaft hergestellten Güter, Gradmesser für die wirtschaftliche Leistungsfähigkeit eines Landes
[2] **Input** (engl.: Eingabe): (hier) Zufuhr (bspw. an Rohstoffen) oder Einsatz (von Personal, Energie usw.) für einen wirtschaftlichen Herstellungsprozess
[3] **latent** (von lat. *latere*: verborgen sein): unterschwellig, nicht offen zutage tretend

32040-144

1. Erstellen Sie anhand des Textes eine Übersicht, die die Gegebenheiten in vorindustriellen Gesellschaften mit den Bedingungen seit der Industrialisierung vergleicht. | F
2. Erklären Sie, was mit der „Methode der Erfindung" (Zeile 25) gemeint ist. | F
3. Arbeiten Sie heraus, welche grundsätzlichen Hindernisse vor der Industrialisierung einem dauerhaften Wirtschaftswachstum entgegenstanden. | F

M2 Das Reich der Baumwolle

*Der Historiker Sven Beckert (*1965) urteilt kritisch über die Entwicklung der Marktwirtschaft im Weltmaßstab:*

Wir glauben für gewöhnlich, dass der Kapitalismus[4] – zumindest in seiner globalisierten[5], von der Massenproduktion geprägten Form – um 1780 mit der Industriellen Revolution aufkam. Aber er existierte lange vor den Maschinen und den Fabriken. Der Kriegskapitalismus gedieh nicht in den Fabriken, sondern auf Feldern; er war nicht mechanisiert, sondern flächen- und arbeitsintensiv, da er auf der gewaltsamen Enteignung von Land und Arbeitern in Afrika, Asien und den Amerikas beruhte. Diese Enteignungen brachten großen Wohlstand und neue Erkenntnisse mit sich, was wiederum den Reichtum, die Institutionen und Staaten Europas stärkte – alles zentrale Voraussetzungen für Europas herausragende wirtschaftliche Entwicklung im 19. Jahrhundert. [...]
Wenn wir an Kapitalismus denken, dann denken wir an Lohnarbeiter – aber diese erste Phase des Kapitalismus basierte im Wesentlichen nicht auf freier Arbeit, sondern auf der Sklaverei. Wenn wir an Kapitalismus denken, dann denken wir an Verträge und Märkte, aber die erste Phase des Kapitalismus gründete sich häufig auf den Einsatz von Gewalt und körperlichem Zwang. Wenn wir an Kapitalismus denken, dann denken wir an einen Rechtsstaat und einflussreiche Institutionen, die durch diesen gestützt werden, aber diese erste Phase des Kapitalismus, wenngleich zur Errichtung weltumspannender Imperien auf staatliche Unterstützung angewiesen, basierte häufig auf Enteignung und dem skrupellosen und ungebremsten Vorgehen privater Individuen – etwa von Plantagenbesitzern, die über Sklaven herrschten, oder von Kapitalbesitzern in der nordamerikanischen Peripherie[6], die sich die Ureinwohner unterwarfen. Dies alles führte dazu, dass die Europäer in der Lage waren, die jahrhundertealten Welten der Baumwolle

[4] **Kapitalismus**: Siehe dazu die Definition auf Seite 251.
[5] **globalisiert**: weltweit wirtschaftlich verflochten
[6] **nordamerikanische Peripherie**: Umschreibung für die Länder Nordamerikas, von Europa als Zentrum aus betrachtet

zu dominieren, sie zu einem einzigen Imperium mit dem Zentrum Manchester[1] zu verschmelzen und schließlich auch die globale Ökonomie aufzubauen, die uns heute selbstverständlich erscheint. Mit anderen Worten: Der Kriegskapitalismus brachte den Industriekapitalismus hervor. [...] Baumwolle begann den globalen Handel zu dominieren. Baumwollfabriken übertrumpften jede andere Industrie in Europa oder Nordamerika. Der Baumwollanbau beherrschte die Wirtschaft der Vereinigten Staaten während eines Großteils des 19. Jahrhunderts. Zahlreiche neue industrielle Herstellungsmethoden kamen zuerst im Bereich der Baumwollfabrikation auf. Die Fabrik selbst war eine Erfindung der Baumwollindustrie, ebenso wie die Verknüpfung der Sklavenplantagen in Nord- und Südamerika mit der Verarbeitung in Europa. Da die Baumwollindustrie für viele Jahrzehnte Europas wichtigster Industriezweig war, wurde sie zur Quelle für riesige Gewinne, die wiederum zum Aufbau anderer Segmente der europäischen Wirtschaft beitrugen. Die Baumwolle war auch die Wiege der Industrialisierung in praktisch jedem anderen Teil der Erde – den Vereinigten Staaten und Ägypten, Mexiko und Brasilien, Japan und China. Zugleich führte Europas beherrschende Stellung in der weltweiten Baumwollindustrie zu einer Welle der Zerstörung handwerklichen Spinnens und Webens fast überall sonst auf der Welt, was eine neue und sehr einseitige Form der Integration der Weltwirtschaft ermöglichte.

Sven Beckert, King Cotton. Eine Geschichte des globalen Kapitalismus, München 2014, S. 12–15 (übersetzt von Annabel Zettel; Auszüge)

32040-145

1. Erläutern Sie die Rolle Europas und der übrigen Weltteile in Hinblick auf die Produktion, Verarbeitung und Vermarktung von Baumwolle.
2. Präsentation: Recherchieren Sie im Internet, wie und in welchen Regionen Baumwolle gewonnen wird. Stellen Sie Ihre Ergebnisse in einem Referat vor.
3. Untersuchen Sie die Bedeutung anderer wichtiger Rohstoffe für Wirtschaft und Politik in aller Welt.
4. Gruppenarbeit: „Die Industrialisierung: Wohlstand für Europa auf Kosten der übrigen Welt?" Diskutieren Sie in der Klasse über diese Streitfrage. | F

M3 Industrialisierung in Zahlen

a) Anteil bestimmter Regionen an der Weltindustrieproduktion[2], 1750–1900 (in Prozent):

	Europa	USA, Kanada, Japan	China, Indien, Brasilien, Mexiko
1750	23,2	3,9	73,0
1800	28,1	4,2	67,7
1830	34,2	5,3	60,5
1860	53,2	10,2	36,6
1880	61,3	17,8	20,9
1900	62,0	26,9	11,0

Aus: Handbuch der europäischen Wirtschafts- und Sozialgeschichte, hrsg. von Wolfram Fischer, Jan A. van Houtte, Hermann Kellenbenz, Ilja Mieck und Friedrich Vittinghoff, Bd. 4, Stuttgart 1993, S. 151

b) Roheisenproduktion je Einwohner in einzelnen Ländern, 1800–1910:

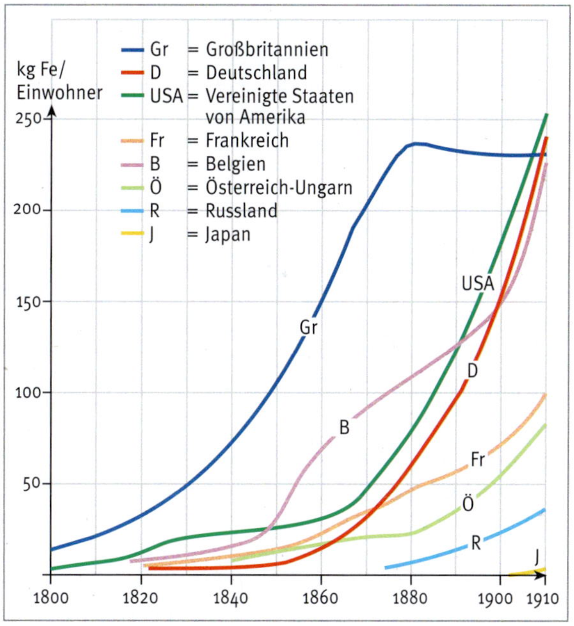

Nach: Friedrich-Wilhelm Henning, Die Industrialisierung in Deutschland 1800 bis 1914, Paderborn/München/Wien/Zürich [9]1995, S. 153

[1] **Manchester**: Die Stadt im Nordwesten Englands war Dreh- und Angelpunkt der britischen Textilindustrie.

[2] Gesamtheit der Güterproduktion durch Industrie und Handwerk, ausgenommen die Erzeugnisse von Landwirtschaft, Bergbau, Baugewerbe sowie Versorgungsleistungen

c) Produktion von Roheisen und Stahl in Deutschland 1800–1870 (in tausend Tonnen):

	Deutscher Bund[1]		Preußen	
	Roheisen	Stahl	Roheisen	Stahl
um 1800	80,8	60,0	30,0	21,4
1830	–	–	59,3	41,6
1840	190,7	122,0	111,6	92,1
1850	214,6	196,9	135,0	149,3
1860	530,3	426,3	394,7	352,5
1870	1390,5	1044,7	1155,5	916,7

Nach: Wolfram Fischer, Jochen Krengel und Jutta Wietog, Sozialgeschichtliches Arbeitsbuch, Bd. I: Materialien zur Statistik des Deutschen Bundes 1815–1870, München 1982, S. 68–71

32040-146

1. Fassen Sie die zentralen Aussagen der drei Statistiken zusammen. | H
2. Arbeiten Sie anhand von a) und b) jeweils „Vorreiter" und „Nachzügler" der gewerblichen Produktion bzw. der Industrialisierung heraus. | F
3. Erläutern Sie unter Verweis auf c) die Rolle Preußens für die Industrialisierung in Deutschland.

M4 Kinder- und Jugendarbeit

Die preußische Regierung erlässt im März 1839 erstmals ein „Regulativ über die Beschäftigung jugendlicher Arbeiter in Fabriken". Die Bestimmungen werden in einem Lexikonartikel über „Fabrikwesen" von 1861 wie folgt zusammengefasst:

Unterm 9. März 1839 erging ein „Regulativ über die Beschäftigung jugendlicher Arbeiter in Fabriken", welches aber durch ein Gesetz vom 16. Mai 1853 mehrfach abgeändert wurde. Danach ist es untersagt, Kinder vor zurückgelegtem zwölften Lebensjahr in Fabriken, Berg-, Hütten- und Pochwerken[2] regelmäßig zu beschäftigen (das Regulativ hatte das neunte Jahr bestimmt). Bis zum vierzehnten Altersjahre ist die Arbeitszeit auf sechs Stunden (nach dem Regulativ 10 Stunden) beschränkt, und sie darf auch vom vierzehnten bis nach beendigtem sechzehnten Lebensjahre nicht über 10 Stunden ausgedehnt werden. Für die noch nicht Vierzehnjährigen ist ein dreistündiger Schulunterricht vorgeschrieben.

In außerordentlichen Fällen darf die Ortspolizei eine Verlängerung der Arbeitszeit bis zu einer Stunde täglich, jedoch höchstens auf vier Wochen bewilligen.
Die Beschäftigung jugendlicher Arbeiter vor 5½ Uhr morgens und nach 8½ Uhr abends sowie an Sonn- und Feiertagen ist gänzlich untersagt. Zwischen den Arbeitsstunden ist freie Zeit zu lassen, und zwar vor- und nachmittags je eine halbe Stunde, mittags eine ganze Stunde, wobei jedesmal Bewegung in freier Luft gestattet sein muß.
Für den Religionsunterricht muß die nöthige Zeit gelassen werden. Die Fabrikeigenthümer haben über die von ihnen beschäftigten jungen Leute genaue Register zu führen und der Polizei mitzutheilen. [...]
Die Ministerien bestimmen die Art der örtlichen Aufsicht. Strafen: 1–5 Th[a]l[e]r für jedes vorschriftswidrig beschäftigte Kind; das zweite mal 5–50 Th[a]l[e]r. Nach drei verschiedenen Übertretungsfällen innerhalb fünf Jahren kann der Richter beim vierten Falle die Beschäftigung von Kindern unter 16 Jahren auf bestimmte Zeit oder für immer untersagen. Sind in fünf Jahren sechs Übertretungsfälle bestraft worden, so muß diese Untersagung wenigstens auf drei Monate ausgesprochen werden.

Georg Friedrich Kolb, Fabrikwesen, in: Das Staats-Lexikon. Encyklopädie der sämmtlichen Staatswissenschaften für alle Stände, hrsg. von Karl von Rotteck und Karl Welcker, Bd. 5, Leipzig [3]1861, S. 216–245, hier S. 243

32040-147

1. Erläutern Sie, worauf die hier beschriebenen Bestimmungen besonderen Wert legen. | F
2. Arbeiten Sie heraus, welche mutmaßlichen Zustände in den Fabriken vor Erlass des Regulativs herrschten.
3. Beurteilen Sie, welche Gefahren für jugendliche Beschäftigte in den Bestimmungen nicht oder nicht ausreichend berücksichtigt sind.
4. Präsentation: Entwerfen Sie ein Poster, das die genannten Anordnungen grafisch und einfach nachvollziehbar darstellt.
5. Präsentation: Recherchieren Sie über Länder, in denen Kinder- und Jugendarbeit heute noch existiert. Stellen Sie ein Beispiel in einem Referat vor. Gehen Sie dabei auch auf die Wirtschaftslage des Landes und die Problematik der Beschäftigung Minderjähriger ein.

M5 Vorrang für den Fortschritt

Konrad Wilhelm Jurisch (1846–1917), Chemiker an der Technischen Hochschule Berlin, verfasst 1890 ein Gutachten über die Gewässerverschmutzung durch die chemische Industrie. Was die Nachteile für die Fischerei betrifft, lautet sein Befund:

Es hat sich herausgestellt, daß für ganz Deutschland der wirthschaftliche Werth der Industrien, welche Abwässer

[1] Angaben für 1870: ohne Österreich, Böhmen und Luxemburg
[2] **Hüttenwerk**: Industriebetrieb zur Herstellung von Metallen, Schwefel oder Glas aus Rohstoffen (Verhüttung); **Pochwerk**: Anlage, meist innerhalb eines Hüttenbetriebs, zur Zerkleinerung von Rohstoffen für die weitere Verarbeitung

liefern, ca. 1000 mal größer ist, als der Werth der Binnenfischerei in Seen und Flüssen [...]. Nun ist hierbei noch zu bedenken, daß die Flußfischerei sich über das ganze Deutsche Reich ziemlich gleichmäßig vertheilt, während die Industrien sich auf einzelne Gegenden concentriren. [...] Haben sich an einem kleinen Fluß wie z.B. Wupper oder Emscher, Bode und anderen, so viele Fabriken angesiedelt, daß die Fischzucht in denselben gestört wird, so muß man dieselbe preisgeben. Die Flüsse dienen dann als die wohlthätigen, natürlichen Ableiter der Industriewässer nach dem Meere. [...] Die Fischerei hat auf ein Flußgebiet, an dem gewerbliche und industrielle Anlagen errichtet worden sind, oder werden, keinen Anspruch auf alleinige Berechtigung; und wenn die besten Einrichtungen für Reinigung und Abwässer getroffen, und diese vom Staat durch seine technischen Beamten gutgeheißen worden sind, so hat die Fischerei kein weiteres Vorrecht zu beanspruchen. [...] Dieser Grundsatz entspricht nicht nur den Anforderungen des Nationalwohlstandes, sondern auch den wirthschaftlichen Interessen der örtlichen Bevölkerung. Denn wo ein Landstrich vor dem Entstehen der Industrie nur eine spärliche und ärmliche Bevölkerung trug, welche zwar ungehinderten und reichlichen Fischfang trieb, aber nur geringen Absatz und geringen Verdienst fand, und an die Scholle gebunden[1], an den Fortschritten der Civilisation nur geringen Anteil nehmen konnte; – da verdichtet sich die Bevölkerung durch das Aufblühen der Industrie, Arbeiterschaaren strömen herbei; Verkehrswege werden geschaffen; ein fortwährendes Kommen und Gehen Fremder bringt die ortsansässige Bevölkerung in lebendige Berührung mit dem kräftig pulsierenden Leben der Nation; neuer Absatz, vermehrter Verdienst öffnen sich; Bildungsanstalten entstehen und gestatten der Bevölkerung, sich auf eine höhere Stufe der Kultur zu heben. Es liegt daher im wohlverstandenen Interesse eines jeden armen Landstriches, das Aufblühen der Industrie zu fördern, selbst auf Kosten der Fischerei.

Konrad Wilhelm Jurisch, Die Verunreinigung der Gewässer. Eine Denkschrift im Auftrage der Flusscommission des Vereins zur Wahrung der Interessen der chemischen Industrie Deutschlands, Berlin 1890, S. 103

32040-148

1. Fassen Sie die Argumentation des Gutachtens in eigenen Worten zusammen. | H
2. Vergleichen Sie die Gegenüberstellung von vorindustrieller und Industriegesellschaft mit den Ausführungen in M1 auf Seite 262.
3. Setzen Sie sich mit der abschließenden Behauptung des Textes (Zeile 36–38) auseinander.
4. Präsentation: Recherchieren Sie im Internet über Fälle, in denen Unternehmen der chemischen oder Pharmaindustrie in Geschichte oder Gegenwart für Umweltschäden haftbar gemacht wurden. Stellen Sie ein Beispiel in der Klasse vor.

M6 Urbanisierung

Verteilung von Stadt- und Landbevölkerung im Deutschen Reich, 1871–1910:

	Prozentualer Anteil an der Gesamtbevölkerung in Gemeinden mit				
	weniger als 2 000 Einwohnern	2 000 bis 5 000 Einwohnern	5 000 bis 20 000 Einwohnern	20 000 bis 100 000 Einwohnern	über 100 000 Einwohnern
1871	63,9	12,4	11,2	7,7	4,8
1880	58,6	12,7	12,6	8,9	7,2
1890	53,0	12,0	13,1	9,8	12,1
1900	45,6	12,1	13,5	12,6	16,2
1905	42,6	11,8	13,7	12,9	19,0
1910	40,0	11,2	14,1	13,4	21,3

Nach: Gerd Hohorst, Jürgen Kocka und Gerhard A. Ritter, Sozialgeschichtliches Arbeitsbuch, Bd. II: Materialien zur Statistik des Kaiserreichs 1870–1914, München 1975, S. 52

32040-149

1. Präsentation: Setzen Sie die Statistik in eine geeignete Diagrammform um, die das Verhältnis von Stadt- und Landbevölkerung anzeigt.
2. Erläutern Sie die hier gezeigte Entwicklung.
3. Die Industrialisierung – ein Abschied von der ländlichen Welt? Setzen Sie sich mit dieser Frage auseinander.

[1] **an die Scholle gebunden**: veraltete Bezeichnung für die Bindung der bäuerlichen Bevölkerung an ihr eigenes oder von einem Grundherrn gepachtetes Land

M7 Vom Dorf zur Stadt

Linden im Westen von Hannover ist zu Beginn des 19. Jahrhunderts eine Dorfgemeinde mit etwas mehr als tausend Einwohnerinnen und Einwohnern. Seit Mitte der 1830er-Jahre entsteht hier ein Standort der Textilindustrie, des Lokomotiv- und Maschinenbaus. Der enorme Zuzug von Beschäftigten sorgt für Wohnungsnot, seit 1845 werden erste Arbeitersiedlungen in Linden errichtet. 1865 versucht die Gemeinde den Anschluss an die Stadt Hannover, wird jedoch abgewiesen, ebenso 1885, als sich der Ort noch weiter vergrößert hat. Über die damalige Situation heißt es in einer lokalgeschichtlichen Darstellung:

Wollte man für das 25 000 Einwohner zählende Linden in dieser Entwicklungsphase eine treffende Bezeichnung finden, so stößt man auf Schwierigkeiten. In rechtlichem Sinne war Linden noch ein Dorf, und darauf bezugnehmend nannte man Linden zu dieser Zeit scherzhafterweise „das größte Dorf Preußens". Man wusste natürlich sehr wohl, dass dieses Gebilde im Westen Hannovers seinen dörflichen Zustand längst verlassen hatte. Linden war einem allgemein im 19. Jahrhundert sich entwickelnden Siedlungstyp zuzuordnen, der gekennzeichnet war durch ursprünglich dörfliche Strukturen, die durch Arbeiterwohnungen und Industrie überwuchert wurden. Häufiger entstand dieser Siedlungstyp im Einzugsbereich großer Städte oder an Standorten intensiver industrieller Produktion, wie im Ruhrgebiet, in Sachsen, im Saarland und in Oberschlesien. In der Statistik wurden diese Orte, solange sie weder von benachbarten Großstädten eingemeindet worden waren oder selbst Stadtrechte verliehen bekamen, als industrialisierte Landgemeinden geführt. In Preußen konzentrierten sich diese Gemeinden im Ruhrgebiet und auch rund um Berlin. Linden war in Preußen eine der größten dieser Landgemeinden. Nur drei andere Orte (Rixdorf bei Berlin, Altendorf und Borbeck bei Essen) erreichten um 1885 ebenfalls mehr als 20 000 Einwohner. Gemessen an der Einwohnerzahl hatten diese Orte längst den Schritt zur Stadt vollzogen. Doch infrastrukturelle Versorgung und kommunale Verwaltung waren vom städtischen Status noch weit entfernt. Auch das im Wesentlichen durch zerstreut liegende Häusergruppen geprägte Ortsbild ähnelte in der Regel wenig dem herkömmlichen Bild einer Stadt. Nur noch bedingt ließen sich diese typischen Agglomerationen[1] des 19. Jahrhunderts in jenen Formen regieren und verwalten, die eigentlich für ländliche Gemeinden vorgesehen waren.
In Linden waren die Verhältnisse des Ortes schon längst nicht mehr mit den Mitteln der alten Dorfverfassung zu re-

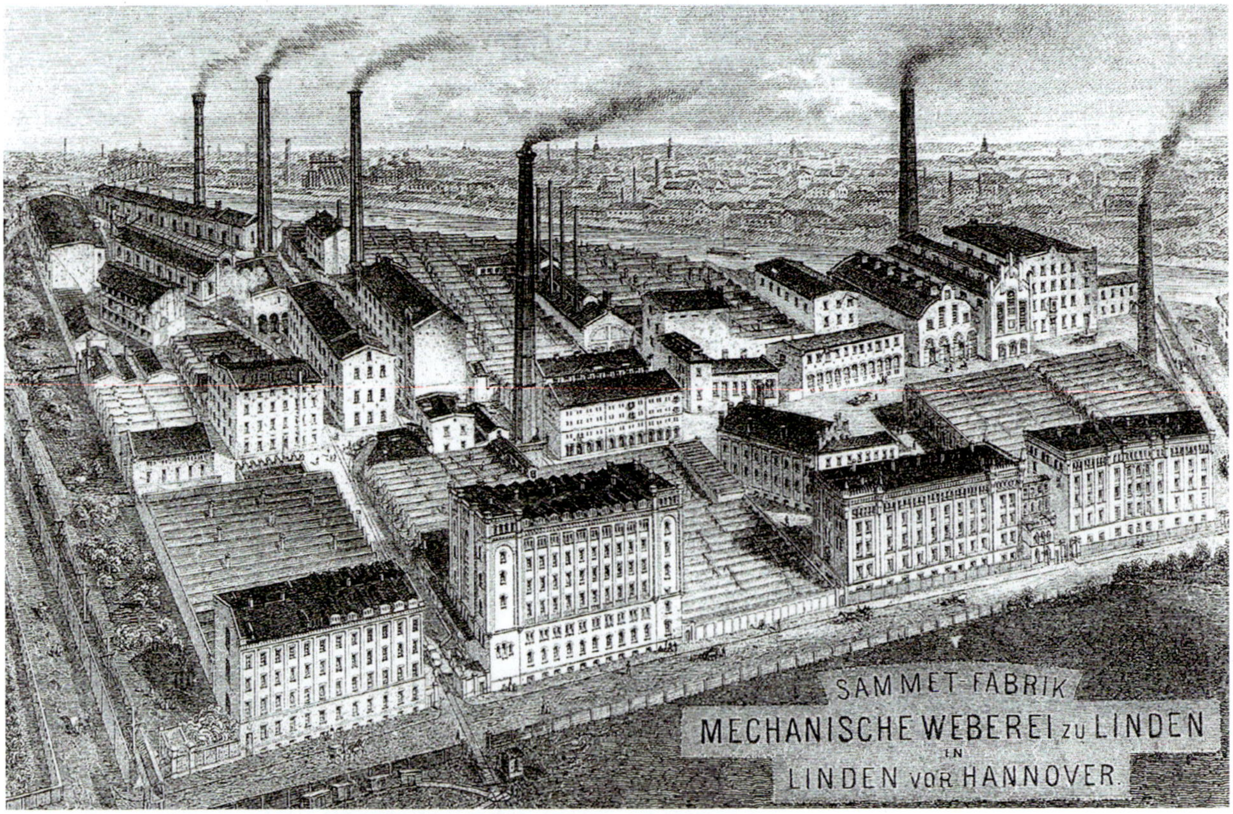

Ansicht der Mechanischen Weberei in Linden.
Stahlstich, um 1890.
Im Hintergrund die Ihme, dahinter die Stadt Hannover. Erst 1920 wurde die Stadt Linden in Hannover eingemeindet.

[1] **Agglomeration**: Anhäufung, Ballungsgebiet

geln gewesen. […] Zur Bewältigung der kommunalen Aufgaben waren höhere Steuereinnahmen und eine tatkräftigere Verwaltungsorganisation notwendig. Der Übergang Lindens zur städtischen Verfassung war unumgänglich geworden. […] Die Frage nach einer neuen Ortsverfassung war noch drängender geworden, seitdem bekannt geworden war, dass Linden nach der jetzt fälligen Kreisreform dem neugebildeten Kreis Hannover zugeordnet worden wäre. Diese Verwaltungsreform hätte dem Ort zusätzliche Lasten, aber keine Vorteile gebracht. Als selbstständige Stadt wollte Linden vielmehr Mittelpunkt eines eigenständigen Landkreises werden. […] Schließlich gelang es der Lindener Gemeindeverwaltung, sich durchzusetzen. Als Übergangslösung erhielt die Gemeinde Linden das Recht, einen juristisch ausgebildeten Bürgermeister einzustellen. Und später zum 1. April 1885 sollten endgültig die Stadtrechte verliehen werden. […]

Die finanzielle Situation Lindens besserte sich erheblich. Allein die Einnahmen aus Gewerbesteuern stiegen um das Vierfache. Es war nun möglich, eine effektivere städtische Verwaltung zu begründen. Ein Stadtphysikus[1] wurde angestellt zur Beobachtung der Morbiditäts- und Mortalitätsverhältnisse[2] und auch zur Organisation der öffentlichen Gesundheitspflege. Es entstand ein Stadtbauamt, an dessen Spitze 1888 der Architekt Theodor Krüger (1852–1926) gewählt wurde. Krüger, der in Hannover studiert hatte und vor dem Stellenantritt in Linden langjähriger Stadtbaumeister in Peine war, konnte gerade in dieser Anfangszeit einer organisierten Bauverwaltung wesentliche Grundlagen für die weitere Entwicklung Lindens schaffen.

Walter Buschmann, Linden. Geschichte einer Industriestadt im 19. Jahrhundert, Hildesheim 1981 [Nachdr. Hannover 2012], S. 302f. und 307

32040-150

1. Beschreiben Sie die Merkmale einer „industrialisierte[n] Landgemeinde" (Zeile 18f.).
2. Arbeiten Sie heraus, welche Vorteile die Verleihung des Stadtrechts für eine wachsende Landgemeinde besaß. Machen Sie dabei Vorzüge für die Verwaltung wie für die Einwohnerinnen und Einwohner geltend.
3. Präsentation: Recherchieren Sie über die Entwicklung Lindens um die Jahrhundertwende bis zur Eingemeindung in Hannover 1920. Stellen Sie Ihre Ergebnisse in einem Schaubild dar.

[1] **Stadtphysikus:** Amtsarzt einer Stadt

[2] **Morbidität:** Häufigkeit einer bestimmten Erkrankung; **Mortalität:** Häufigkeit von Sterbefällen aufgrund einer bestimmten Krankheit

M8 Wohnungselend

Der Journalist und spätere SPD-Reichstagsabgeordnete Albert Südekum (1871–1944) begleitet Mitte der 1890er-Jahre einen Amtsarzt bei dessen Besuch in einer Berliner Mietskaserne. Seine Eindrücke hält er in persönlichen Aufzeichnungen fest:

Ein heißer, schwüler Augustnachmittag. […] Die stagnierende Luft des engen Hofes lag bleischwer auf dem unsauberen Pflaster, die Wände des Hauses strömten eine brütende Hitze aus, nachdem schon tagelang die Sonne ihre Glutpfeile unbarmherzig auf die Stein- und Asphaltwüste der staubigen Großstadt herniedergesandt hatte. Ein Gefühl der Beklemmung legte sich mir auf die Brust, als wir durch die enge Tür zum Treppenhaus traten und die Stiegen emporklommen. Fast jede Stufe knarrte und ächzte laut unter unserem Tritt, und obschon wir beide nur leichtes Schuhwerk trugen, vollzog sich der Aufstieg nicht ohne beträchtliches Geräusch. Wie es erst in einem solchen Hause kracht und dröhnt, wenn ein müder, schwerer Mann mit derben Nagelstiefeln die Stufen hinaufstapft, davon macht sich der „herrschaftlich" Wohnende keine Vorstellung.

Auf jeden Treppenpodest gingen drei Türen, die meisten mit mehreren Schildern oder Karten behängt. In diesem Quergebäude gab es fast nur zweiräumige Wohnungen, aus Stube und Küche bestehend. Viele Mieter teilten ihre Räume noch mit Schlafburschen oder Logiermädchen[3].

Die Patientin meines Freundes, die Frau eines Gelegenheitsarbeiters, hatte der furchtbaren Hitze wegen die Tür der Küche, in der sie lag, und die Tür nach dem Treppenhause hin offen gelassen. […] Die Atmosphäre in dem Raum war fürchterlich, denn wegen des Lärms der spielenden Kinder konnte die Kranke das Fenster den ganzen Tag nicht öffnen. […]

Nur wenig ärmlicher Hausrat fand sich in dem unwohnlichen Raum. Auf der kleinen eisernen Kochmaschine standen ein paar Töpfe, die nach dem letzten Gebrauch noch nicht gereinigt waren; den einzigen Tisch bedeckten ein paar Teller und Gläser, Zeitungsblätter, Kamm, Bürste und Seifenschale, eine Schachtel mit Salbe zum Einreiben, Teller mit Speiseresten und andere Gegenstände. Der geringe Kleidervorrat der Familie hing an den Wänden; ein paar halbverblasste Familienbilder und ungerahmte Holzschnitte aus einer illustrierten Zeitung bildeten den einzigen Schmuck. Außer der Frau und ihrem Manne lebten in dieser Küche noch drei Kinder, von denen das älteste, ein Mädchen, 14 Jahre, die beiden Knaben etwa 7 und 4 Jahr alt waren. Das Bett der Kranken, die einzige sichtbare Schlafgelegenheit, war etwas quer geschoben, sodass sie von ihm aus, ohne sich zu erheben, den Wasserzapfhahn erreichen konnte; hinter dem Bett eine Kommode; in der

[3] **Schlafbursche, Logiermädchen:** Personen, die sich mit den Mietern einer Wohnung abwechselnd eine Schlafstelle teilen

Ecke ein Korblehnstuhl, sonst nur zwei hölzerne Schemel ohne Lehne. [...]
Ich fragte die Frau nach ihren „Wohnschicksalen“ in der Großstadt. [...] Meistens hatten sie nur einen Raum ermieten können, seit sie in Berlin selbst wohnten; nur etwa zwei Jahre lang im Ganzen, bei etwas höherem Verdienst und regelmäßiger Arbeit des Mannes, konnten sie in besser ausgestatteten Zweizimmerwohnungen weilen. Jedesmal, wenn es schien, als ob es ihnen dauernd etwas besser gehe, waren sie durch eine Krankheit oder durch ein, manchmal verfrühtes, Wochenbett – die Frau hatte im Ganzen deren sechs durchgemacht – oder einen Todesfall wieder zurückgeworfen worden. Armenunterstützung hatten sie noch nicht in Anspruch genommen, waren dagegen wiederholt gelegentlich beschenkt worden, nachdem die Kranke einst in der Frau eines rasch zu Vermögen gelangten ehemaligen Maurerpoliers eine Jugendfreundin entdeckt hatte. [...]
Wie die Familie schlief? Mann und Frau in einem einzigen Bett. Die Kinder wurden auf ausgebreiteten Kleidungsstücken untergebracht und durften erst dann ins Bett kriechen, wenn Vater und Mutter – gewöhnlich vor 5 Uhr morgens – aufgestanden waren. Die kleinsten Kinder waren jeweils in einem Korbe, gelegentlich auch, wenn die Frau zu irgendeinem Gange das Zimmer verlassen musste, in einem halbaufgezogenen Schub der Kommode gebettet gewesen.

Zitiert nach: Jens Flemming, Klaus Saul und Peter-Christian Witt (Hrsg.), Quellen zur Alltagsgeschichte der Deutschen 1871–1914, Darmstadt 1997, S. 237–239

Blick in ein Berliner Hinterhofzimmer.
Foto von 1903.
Der sieben Quadratmeter große Raum diente der ganzen Familie als Wohn- und Schlafstube zugleich. In Berlin wurden um 1900 rund 2 000 Haushalte gezählt, die nur aus einem Raum bestanden.

32040-151

1. Arbeiten Sie aus Südekums Beschreibung (M8) die Hauptprobleme der Wohnsituation in damaligen Mietskasernen heraus.
2. Analysieren Sie allgemein mögliche Wechselwirkungen zwischen Wohnverhältnissen, Bildungschancen und Aussichten auf dem Arbeitsmarkt.
3. Gruppenarbeit: Diskutieren Sie in der Klasse, ob und inwieweit das Leben in der Stadt für sozial Schwache damals mehr Vorteile bot als auf dem Land.

M9 Das Kommunistische Manifest

Karl Marx und Friedrich Engels unterhalten im Exil in Brüssel Beziehungen zum „Bund der Kommunisten“, einer Untergrundorganisation, die das private Eigentum an Kapital (Fabriken, Maschinen usw.) abschaffen will. In deren Auftrag veröffentlichen sie im Februar 1848 das „Manifest der Kommunistischen Partei“. Darin heißt es:

Die Geschichte aller bisherigen Gesellschaft ist die Geschichte von Klassenkämpfen.
Freier und Sklave, Patrizier und Plebejer, Baron und Leibeigener, Zunftbürger und Gesell, kurz, Unterdrücker und Unterdrückter standen in stetem Gegensatz zueinander, führten einen ununterbrochenen, bald versteckten, bald offenen Kampf, einen Kampf, der jedes Mal mit einer revolutionären Umgestaltung der ganzen Gesellschaft endete oder mit dem gemeinsamen Untergang der kämpfenden Klassen. [...]
Unsere Epoche, die Epoche der Bourgeoisie[1], zeichnet sich jedoch dadurch aus, dass sie die Klassengegensätze vereinfacht hat. Die ganze Gesellschaft spaltet sich mehr und mehr in zwei große feindliche Lager, in zwei große, einander direkt gegenüberstehende Klassen: Bourgeoisie und Proletariat[2]. [...]
Im Anfang kämpfen die einzelnen Arbeiter, dann die Arbeiter einer Fabrik, dann die Arbeiter eines Arbeitszweiges an einem Ort gegen den einzelnen Bourgeois, der sie direkt ausbeutet. Sie richten ihre Angriffe nicht nur gegen die bürgerlichen Produktionsverhältnisse, sie richten sie gegen die Produktionsinstrumente selbst; sie vernichten die fremden konkurrierenden Waren, sie zerschlagen die Maschinen, sie stecken die Fabriken in Brand [...]. Auf dieser Stufe bilden die Arbeiter eine über das ganze Land zerstreute und durch die Kon-

[1] **Bourgeoisie** (frz.): Besitzbürgertum
[2] Siehe hierzu auch die Begriffserklärung „Proletarier“ auf Seite 258.

kurrenz zersplitterte Masse. [...] Aber mit der Entwicklung der Industrie vermehrt sich nicht nur das Proletariat; es wird in größeren Massen zusammengedrängt, seine Kraft wächst, und es fühlt sie mehr. [...] Es werden ferner [...] durch den Fortschritt der Industrie ganze Bestandteile der herrschenden Klasse ins Proletariat hinabgeworfen oder wenigstens in ihren Lebensbedingungen bedroht. Auch sie führen dem Proletariat eine Masse Bildungselemente zu.
In Zeiten endlich, wo sich der Klassenkampf der Entscheidung nähert, nimmt der Auflösungsprozess innerhalb der herrschenden Klasse, innerhalb der ganzen alten Gesellschaft, einen so heftigen, so grellen Charakter an, dass ein kleiner Teil der herrschenden Klasse sich von ihr lossagt und sich der revolutionären Klasse anschließt [...].
Wenn das Proletariat im Kampfe gegen die Bourgeoisie sich notwendig zur Klasse vereinigt, durch eine Revolution sich zur herrschenden Klasse macht und als herrschende Klasse gewaltsam die alten Produktionsverhältnisse aufhebt, so hebt es mit diesen Produktionsverhältnissen die Existenzbedingungen des Klassengegensatzes, die Klassen überhaupt, und damit seine eigene Herrschaft als Klasse auf.
An die Stelle der bürgerlichen Gesellschaft mit ihren Klassen und Klassengegensätzen tritt eine Assoziation, worin die freie Entwicklung eines jeden die Bedingung für die freie Entwicklung aller ist. [...]
Mögen die herrschenden Klassen vor einer kommunistischen Revolution zittern. Die Proletarier haben nichts zu verlieren als ihre Ketten. Sie haben eine Welt zu gewinnen. Proletarier aller Länder, vereinigt euch!

Karl Marx und Friedrich Engels, Werke, Bd. 4, Berlin 1974, S. 459–493, hier S. 461, 462, 463, 470, 471, 482 und 493

32040-152

1. Erklären Sie, wie sich nach Marx und Engels eine gesellschaftliche Klasse herausbildet. | H
2. Überprüfen Sie die Aussage, in der bürgerlichen Wirtschaftsgesellschaft habe sich der Klassenkampf auf eine Konfrontation Bourgeois – Proletarier zugespitzt.
3. Erklären Sie, worin sich die erwähnte proletarische Revolution von allen früheren Revolutionen in der Geschichte unterscheidet.

M10 Gesellenvereine

Im November 1846 entsteht in Elberfeld der „Katholische Jünglingsverein", ein Verein zur Erziehung junger Handwerkergesellen. Sein Vorsitzender, der katholische Geistliche und Religionslehrer Adolph Kolping, schildert in einer Schrift von 1849 die ersten Erfolge der Vereinsarbeit und wirbt für die dahinterstehende Idee:

Es fehlt dem jungen Arbeiter ein Zufluchtsort außer der Herberge und dem Wirthshause, wo er recht eigentlich eine Weile rasten und Nahrung für seinen Geist erhalten könnte, die auf ihn berechnet, ihm zusagen müßte. Es fehlt ihm ferner die Gelegenheit, sich für seinen Beruf, für seine Zukunft gewissermaßen auszubilden, abgesehen von der technischen Fertigkeit, welche ihm die Werkstätte des Meisters mitgeben soll. Noch mehr fehlt ihm: eine passende, Geist und Gemüth wahrhaft aufrichtende und stärkende Unterhaltung und Erheiterung, wie er sie weder zu Hause, noch im Wirthshause noch an öffentlichen Vergnügungsorten erhält. [...]
Man richte nun in allen Städten [...] einen freundlichen, geräumigen Saal ein, sorge am Sonn- und Feiertage wie am Montag-Abend für Beleuchtung und im Winter für behagliche Wärme dazu und öffne dann dies Lokal allen jungen Arbeitern, denen es mit ihrem Leben und ihrem Stande nur immer Ernst ist. Da die jungen Leute, die der Einladung folgen, Gemeinsames mit ziemlich gleichen Kräften wollen; bilden sie dadurch einen Verein, für dessen Bestehen und Gedeihen ein Vorstand von achtbaren Bürgern, die dem guten Zwecke zu dienen entschlossen sind, zu sorgen hätte, und an dessen Spitze ein Geistlicher stehen soll, der dieser Stelle mit all der persönlichen Hingebung und Aufopferung vorzustehen hat, welches sein heiliges, grade dem Volke gewidmetes Amt und die gute Sache erheischen. Je nützlicher und angenehmer, je freier und würdiger der Aufenthalt in dem Vereinslokale für die jungen Leute gemacht wird, um so größer wird die Theilnahme sein, um so fester werden sie bei der guten Sache halten. Da dürfte es nicht an guten Büchern, Schriften und Zeitungen fehlen, nicht blos, die das religiöse Interesse vertreten, sondern die auch [...] dem bürgerlichen Leben gelten, die gewerbliche Gegenstände behandeln und, so viel möglich, jedem Handwerker von Nutzen sein können. Dazu muß das lebende Wort treten. Da wäre die Gelegenheit günstig, die Religion, als die Grundlage des Volks- und Menschenglückes, wieder anzubauen und den Herzen nahe zu bringen, wie überhaupt auf alle Lebensverhältnisse einzugehen, die den Gesellen berühren [...]. Wenn man einestheils dahin zu wirken hätte, die jungen Leute mit nützlichen und passenden Gebieten des Wissens zu bereichern: würde man von der andern Seite sie warnen, führen und leiten können auf den Wegen, die sie gegenwärtig wandeln. Erfahrung und Beispiel würde eindringlicher durch das lebendige Wort wirken. Klar und unabläßig könnte man ihnen ihren wahren Beruf, ihr rechtes Lebensziel vor Augen halten, wie die Mittel besprechen, dies Ziel auf die sicherste Weise zu erreichen. Tüchtige Bürger sollen sie werden, zu tüchtigen Bürgern muß man sie erziehen. Ein tüchtiger Bürger muß ein tüchtiger Christ und ein tüchtiger Geschäftsmann sein, nun, dann muß man der betreffenden Jugend wenigstens in so weit zur Hand gehen, daß sie beides werden können. Tüchtige Bürger gedeihen aber nur in einem tüchtigen Familienleben. Wenn das für unsere Jugend anderwärts fehlt, und daß es fehlt, wissen wir Alle sehr gut, dann suchen wir unsern jungen Leuten durch einen solchen Verein

wenigstens annähernd die Vortheile zu gewähren und darauf mit allen Kräften hinzuwirken, daß diejenigen, welche sich um uns schaaren, einst eine bessere, an Leib und Seele gesündere Generation in besserm Familienleben erziehen.

Adolph Kolping, Der Gesellen-Verein. Zur Beherzigung für Alle, die es mit dem wahren Volkswohl gut meinen, Köln/Neuß 1849, S. 18–21 (gekürzt)

32040-153

1. Nennen Sie die Missstände und Gefahren für junge Handwerker, auf die Kolping hinweist (M10).
2. Analysieren Sie die Vereinsidee, für die im Text geworben wird. Stellen Sie dabei die vorgeschlagenen Mittel dem Ziel und Zweck der Einrichtungen gegenüber.
3. Kolping bezeichnet an anderer Stelle in seiner Schrift die Geistlichen als „geborne Volkserzieher", den Gesellenverein als eine „Volksakademie". Setzen Sie sich mit seinem Engagement vor dem Hintergrund einer damaligen Abwendung vieler Arbeiterinnen und Arbeiter von den christlichen Kirchen auseinander.

M11 Pflicht zur Versicherung

Der preußische Regierungsbeamte Theodor Lohmann (1831–1905) verfasst im Juli 1881 eine Denkschrift betreffend das geplante Gesetz über eine Krankenversicherung für Arbeiterinnen und Arbeiter:

Die Krankenversicherung ist für die wirtschaftliche Lage des Arbeiterstandes im ganzen noch wichtiger als die Unfallversicherung, wenn sie so geregelt ist, dass sie dem durch Krankheit zeitweilig erwerbsunfähigen Arbeiter nicht bloß ein kümmerliches Almosen gewährt, sondern wirklich die Aufrechterhaltung des geordneten Haushaltes ermöglicht. Die Verarmung zahlreicher Arbeiterfamilien hat ihren Grund darin, dass sie in Krankheitszeiten des Ernährers, wenn überhaupt eine Unterstützung, nur so viel erhalten als erforderlich ist, um sie nicht Hungers sterben zu lassen. Dabei geht alles, was sie an Arbeitsgerät, häuslicher Einrichtung, Kleidung und Sparpfennig besitzen, rettungslos durch Verpfändung oder Verkauf verloren, u. wenn der Ernährer wieder erwerbsfähig ist, so hat er oft jahrelang unter Entbehrung zu arbeiten, um wieder in geordnete Verhältnisse zu kommen, u. dazu fehlt meistens die Energie, sodass eine durch Krankheit – namentlich durch wiederholte Krankheit – heruntergekommene Familie meist niemals wieder auf einen grünen Zweig kommt. […]
Das Hauptbedenken, welches gegen den Krankenkassenzwang geltend gemacht wird, geht dahin, dass die erzwungene Versicherung dem Arbeiter Opfer auferlege, ohne die Erreichung des Zwecks unter allen Umständen zu sichern. Dieses Bedenken ist begründet, solange der Kassenzwang ein durch Örtlichkeit und Berufszweig bedingter ist, d.h. wenn der Arbeiter durch Wechsel des Wohnorts oder der Beschäftigung die Mitgliedschaft der Krankenkasse, welcher er zwangsweise angehört, verliert u. an dem neuen Wohnort oder in der neuen Beschäftigung die Versicherung überhaupt nicht oder nicht sofort ohne außerordentliche oder erhöhte Opfer wieder Platz greift. Solange der Kassenzwang auf Ortsstatut[1] oder wie bei Fabrikkassen auf Anordnung des Arbeitgebers beruht, ist dieser Übelstand nicht zu vermeiden. Wenn der Arbeiter den Ort, wo Kassenzwang besteht, oder die Fabrik mit Fabrikkasse verlässt, hat er keine Sicherheit, an dem neuen Wohnort oder an der neuen Arbeitsstelle wieder eine Krankenkasse zu finden, welche ihn aufnimmt, u. wenn er eine solche findet, so muss er sich gewöhnlich einer längeren oder kürzeren Karenzzeit[2] u. der Zahlung eines Eintrittsgeldes unterwerfen. Dagegen fällt das Bedenken im Wesentlichen weg, sobald der Kassenzwang ein schlechthin allgemeiner wird u. in Verbindung damit bestimmt wird, dass jeder Arbeiter, welcher irgendeiner anerkannten Krankenkasse angehört hat, ohne Karenzzeit und ohne Eintrittsgeld in diejenige Krankenkasse wieder eintritt, zu welcher er nach Wohnort u. Beschäftigung gehört. […]
Der allgemeine Kassenzwang und die Gemeindekrankenkasse als die in subsidium[3] zur Durchführung des Kassenzwanges bestimmte Zwangskasse werden zunächst zu regeln sein in der Weise, dass jeder Arbeiter, welcher nicht einer anderen im Gesetz vorgesehenen Krankenkasse angehört, kraft des Gesetzes Mitglied der Gemeindekrankenkasse wird.

Aus: Quellensammlung zur Geschichte der deutschen Sozialpolitik 1867 bis 1914, I. Abteilung, Bd. 5, bearb. von Florian Tennstedt und Heidi Winter unter Mitarbeit von Elmar Roeder und Christian Schmitz, Darmstadt 1999, Nr. 203, S. 615–620 (Auszüge)

32040-154

1. Beschreiben Sie die Problematik, die sich für Arbeiterinnen und Arbeiter vor Einführung eines Krankenversicherungsgesetzes ergab.
2. Präsentation: Ermitteln Sie die näheren Bestimmungen des Krankenversicherungsgesetzes von 1883, und stellen Sie sie in der Klasse vor.
3. Charakterisieren Sie die in der Denkschrift angestrebte Rolle des Staates gegenüber Beschäftigten, Arbeitgebern und Gemeinden.
4. Präsentation: Informieren Sie sich über die Person Theodor Lohmanns, seine Herkunft und sein Wirken als Staatsbeamter und Sozialreformer. Präsentieren Sie Ihre Arbeitsergebnisse in einem Kurzreferat in der Klasse. | F

[1] **Ortsstatut**: Bestimmungen einer Gemeinde
[2] **Karenzzeit**: Wartezeit, Übergangsfrist (hier: bis zur Geltung des neuen Versicherungsschutzes)
[3] **in subsidium** (lat.): ersatzweise, unterstützend

M12 Montanunion

Am 9. Mai 1950 stellt der damalige französische Außenminister Robert Schuman (1886–1963) einen Plan zur Verklammerung der westeuropäischen Schlüsselindustrien vor. Die Initiative führt 1952 zur Gründung der Europäischen Gemeinschaft für Kohle und Stahl (EGKS oder „Montanunion"), mit Belgien, der Bundesrepublik, Frankreich, Italien, Luxemburg und den Niederlanden als Gründungsmitgliedern. In der deutschen Fassung des Schuman-Plans heißt es:

Der Friede der Welt kann nicht gewahrt werden ohne schöpferische Anstrengungen, die der Größe der Bedrohung entsprechen. […] Europa lässt sich nicht mit einem Schlage herstellen und auch nicht durch eine einfache Zusammenfassung: Es wird durch konkrete Tatsachen entstehen, die zunächst eine Solidarität der Tat schaffen. Die Vereinigung der europäischen Nationen erfordert, dass der Jahrhunderte alte Gegensatz zwischen Frankreich und Deutschland ausgelöscht wird. […]

Die französische Regierung schlägt vor, die Gesamtheit der französisch-deutschen Kohle- und Stahlproduktion einer gemeinsamen Hohen Behörde zu unterstellen, in einer Organisation, die den anderen europäischen Ländern zum Beitritt offensteht. Die Zusammenlegung der Kohle- und Stahlproduktion wird sofort die Schaffung gemeinsamer Grundlagen für die wirtschaftliche Entwicklung sichern – die erste Etappe der europäischen Föderation – und die Bestimmung jener Gebiete ändern, die lange Zeit der Herstellung von Waffen gewidmet waren, deren sicherste Opfer sie gewesen sind.

Die Solidarität der Produktion, die so geschaffen wird, wird bekunden, dass jeder Krieg zwischen Frankreich und Deutschland nicht nur undenkbar, sondern materiell unmöglich ist. Die Schaffung dieser mächtigen Produktionsgemeinschaft, die allen Ländern offensteht, die daran teilnehmen wollen, mit dem Zweck, allen Ländern, die sie umfasst, die notwendigen Grundstoffe für ihre industrielle Produktion zu gleichen Bedingungen zu liefern, wird die realen Fundamente zu ihrer wirtschaftlichen Vereinigung legen. […]

Durch die Zusammenlegung der Grundindustrien[1] und die Errichtung einer neuen Hohen Behörde, deren Entscheidungen für Frankreich, Deutschland und die anderen teilnehmenden Länder bindend sein werden, wird dieser Vorschlag den ersten Grundstein einer europäischen Föderation bilden, die zur Bewahrung des Friedens unerlässlich ist. […]

Die der gemeinsamen Hohen Behörde übertragene Aufgabe wird sein, in kürzester Frist sicherzustellen: die Modernisierung der Produktion und die Verbesserung der Qualität, die Lieferung von Stahl und Kohle auf dem französischen und deutschen Markt sowie auf dem aller beteiligten Länder zu den gleichen Bedingungen, die Entwicklung der gemeinsamen Ausfuhr nach den anderen Ländern, den Ausgleich im Fortschritt der Lebensbedingungen der Arbeiterschaft dieser Industrien. […]

Im Gegensatz zu einem internationalen Kartell[2], das nach einer Aufteilung und Ausbeutung der nationalen Märkte durch einschränkende Praktiken und die Aufrechterhaltung hoher Profite strebt, wird die geplante Organisation die Verschmelzung der Märkte und die Ausdehnung der Produktion gewährleisten.

Die Grundsätze und wesentlichen Vertragspunkte, die hiermit umrissen sind, sollen Gegenstand eines Vertrages werden, der von den Staaten unterzeichnet und durch die Parlamente ratifiziert wird.

Nach: https://european-union.europa.eu/principles-countries-history/history-eu/1945-59/schuman-declaration-may-1950_de (Zugriff: 1. März 2022)

32040-155

1. Fassen Sie die Aussagen des Schuman-Plans in Stichpunkten zusammen.
2. Erläutern Sie den Zusammenhang zwischen Industriewirtschaft, Rüstung und Politik, an den Schuman hier erinnert. | H
3. Gruppenarbeit: Der Schuman-Plan gilt als ein Gründungsdokument der späteren Europäischen Union. Diskutieren Sie darüber, ob und inwieweit eine Vereinigung Europas erst durch die Industrialisierung möglich wurde. Ziehen Sie dabei auch die Aussagen in dem Kapitel heran, die auf rechtliche, gesellschaftliche und technische Fortschritte seit dem Ende des 18. Jahrhunderts verweisen.

[1] **Grundindustrien**: Industriezweige zur Herstellung von Grundstoffen (z. B. aufbereitetes Erdöl, Stahl, Eisen, Leichtmetall, Kunststoffe, Baustoffe usw.)

[2] **Kartell**: Gruppe von Unternehmen, die ihr Verhalten aufeinander abstimmen, um gemeinsam das Marktgeschehen zu kontrollieren. Gegen zu weitreichende Kartellbildungen gelten in vielen Ländern Gesetze zum Schutz des Wettbewerbs.

Statistiken auswerten

Eine **Statistik** (von lat. *status*: Stand, Verfassung, Zustand) stellt eine systematische Bestandsaufnahme in Form von Zahlenangaben dar. Statistische Daten sind entweder in einer **Tabelle** verzeichnet oder grafisch als **Diagramm** aufbereitet (von altgriech. *diágramma*: Zeichnung, Umriss). Diagramme sind unterschiedlich gestaltet, als Linien- und Kurvendiagramme, Kreisdiagramme („Tortendiagramme"), Säulen- und Balkendiagramme oder auch als detailliert abgestufte Einfärbungen einer Fläche („Heatmaps").
Die in Statistiken genannten Zahlen können **absolute Größenangaben** sein, also exakte Werte einer Messeinheit, z. B. Tonnen, Euro, Stück. Ebenso werden **relative Werte** verwendet, also Prozentanteile oder Verhältniszahlen mit Bezug auf einen Ausgangs- oder Zielwert (Index).
Aus Statistiken lassen sich **Zustände**, **Entwicklungen** und **Zusammenhänge** ablesen. Bei Statistiken aus der Vergangenheit ist zu beachten, dass sich ihre Zahlen oft auf Maße, Gewichte, Währungen oder Räume beziehen, die im Lauf der Zeit verändert wurden. Statistiken über lange Zeiträume müssen gegebenenfalls auch die Abnahme des Geldwertes (Inflation), das Bevölkerungswachstum, den Anstieg der Lebenserwartung oder ganz allgemein die Verbesserung der Datenerhebung in Rechnung stellen. Um anhand von Statistiken gültige Aussagen zu treffen, sollten die verwendeten Angaben möglichst lückenlos, unbedingt aber miteinander vergleichbar sein.

Weitere Anwendungsbeispiele finden Sie u. a. auf den Seiten 263 f. und 265.

32039-07 Methode Online

Arbeitsschritt	Leitfragen (Auswahl)
1. Reproduktion	• Um welchen Gegenstand (Thema, Zeitraum) geht es in der Statistik? • Wer hat die Statistik erstellt/in Auftrag gegeben und wo wurde sie veröffentlicht? • Wann und zu welchem Anlass ist die Statistik entstanden (Erhebung in der betreffenden Zeit oder nachträgliche Forschungsarbeit)? • Woher stammen die Daten? • In welcher Form werden die Daten präsentiert (Tabelle oder Diagramm, bestimmte Gestaltungselemente)?
2. Reorganisation und Transfer	• Worüber informiert die Statistik (Angaben, erfasster Raum, Messgrößen)? • Welche Zustände oder Entwicklungen werden wiedergegeben? • Welche Fachbegriffe müssen erläutert werden?
3. Reflexion und Problemlösung	• Auf welchen historischen Zeitraum/welches Ereignis bezieht sich die Statistik? • Wie zuverlässig sind die Daten? Bestehen wesentliche Lücken? • Welche Gesamtaussagen oder Thesen lassen sich ableiten? • Gibt es ergänzende Statistiken oder alternative Erfassungsmethoden zum Thema?

M Strukturwandel im internationalen Vergleich

Als Strukturwandel bezeichnet man langfristige Umschichtungen in einer Volkswirtschaft, insbesondere Verschiebungen des Anteils der Erwerbstätigen zwischen den drei Bereichen Landwirtschaft, Industrie und Handwerk sowie Dienstleistungen. Die Industrialisierung hat in vielen Ländern einen solchen Strukturwandel in Gang gesetzt. Wann und in welchem Ausmaß, darüber gibt die folgende Statistik Auskunft:

Prozentualer Anteil der Erwerbstätigen in Landwirtschaft (L), Industrie und Handwerk (I) sowie Dienstleistungen (D) in ausgesuchten Ländern, 1800 bis 1980/90:

	ca. 1800			ca. 1850			ca. 1900			ca. 1950			ca. 1980/90		
	L	I	D	L	I	D	L	I	D	L	I	D	L	I	D
Großbritannien	40	30	30	22	48	30	9	51	40	5	49	46	2	29	69
Dänemark	–	–	–	59	26	14	47	24	29	25	33	42	6	27	67
Deutschland	62	21	17	56	24	20	40	39	21	19	45	36	3	40	57
Frankreich	–	–	–	52	27	21	41	29	29	27	36	37	6	30	64
USA	74	–	–	55	21	24	40	28	32	12	30	58	3	26	71
				1872											
Japan	–	–	–	74	–	–	67	14	19	50	22	26	7	34	59
										1965					
Südkorea	–	–	–	–	–	–	–	–	–	59	13	28	21	35	45
Indien	–	–	–	–	–	–	67	10	23	74	8	18	70	13	17
ca. 35 ärmere Entwicklungsländer (Durchschnitt)	–	–	–	–	–	–	–	–	–	–	–	–	72	13	15

Aus: Christoph Buchheim, Industrielle Revolutionen. Langfristige Wirtschaftsentwicklung in Großbritannien, Europa und in Übersee, München 1994, S. 33

Deutschland: wechselnde Grenzen, deutsche Teilung

näherungsweise Zeitschnitte

abweichende Zeitschnitte

Indien: nach 1948 mit stark veränderten Grenzen

nicht näher genannte Länder

laut Vorlage zusammengestellt aus acht Quellen aus den Jahren 1976 bis 1992

USA: bis um 1900 wachsendes Staatsgebiet

32040-156

Untersuchen Sie die Statistik mithilfe der Arbeitsschritte auf Seite 272. Verwenden Sie dabei auch die Begriffe „Agrar-", „Industrie-" und „Dienstleistungsgesellschaft". Ihre Ergebnisse können Sie mit der Beispiellösung auf Seite 488 vergleichen.

Industrialisierung

Wirtschaft | Gesellschaft | Umwelt

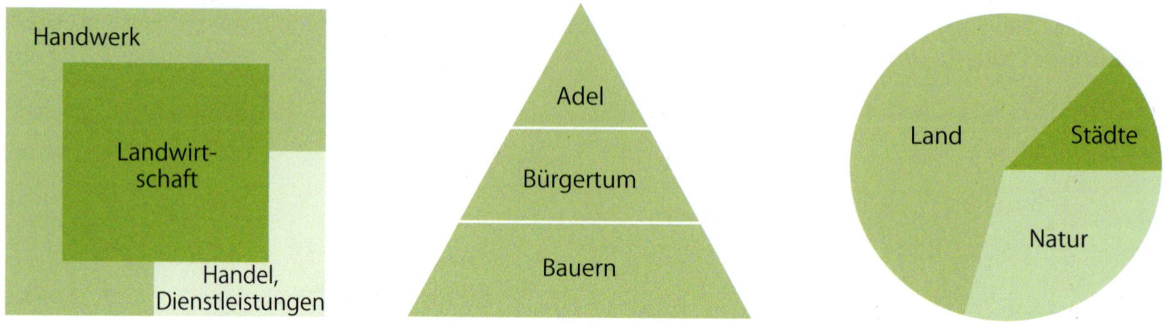

INDUSTRIALISIERUNG

Marktwirtschaft
technischer Fortschritt
Massenproduktion
Massenbeschäftigung
Fabrikarbeit
Lohnarbeit

wirtschaftliche, soziale, politische Reformen

Herausbildung einer Klassengesellschaft
Soziale Frage
Arbeiterbewegung
kirchliche, betriebliche Fürsorge
Sozialgesetzgebung

Bevölkerungs-wachstum

Landflucht
Urbanisierung
transnationale Migration
Umweltverschmutzung
Umweltzerstörung

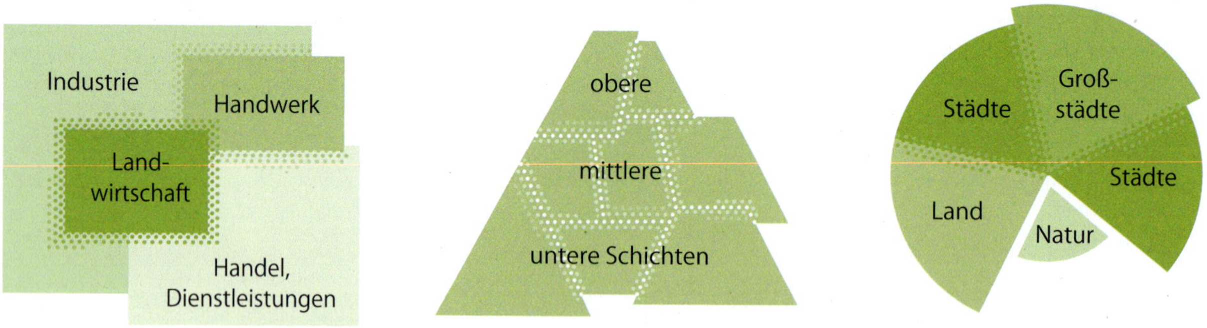

Massenkonsum

wirtschaftliche Verflechtung (transnational, global)
Rationalisierung

Sozialstaat

Entwicklungsprobleme
Bedrohung der Lebensgrundlagen

M Das Ruhrgebiet neu erfinden

*Seit den 1980er-Jahren ist die Kohleproduktion in der Bundesrepublik angesichts internationaler Konkurrenz und günstigerer Energieträger kaum noch rentabel. Trotz staatlicher Unterstützung stellen langfristig immer mehr Bergbaubetriebe im Ruhrgebiet und den übrigen Kohlerevieren ihre Arbeit ein. Zur Schließung des letzten deutschen Steinkohlebergwerks in Bottrop findet am 21. Dezember 2018 eine zentrale Abschiedsveranstaltung statt. Bundespräsident Frank-Walter Steinmeier (*1956) hält dabei eine Ansprache:*

Bevor der Bergbau, bevor die Steinkohle die Welt so rasant verändert haben, da war das Gebiet, das wir heute Ruhrgebiet nennen, eine Ansammlung kleiner, bescheidener Städtchen und Dörfer. Idyllisch flossen Ruhr und Emscher und Lippe durch grünes Land in den Rhein. Ackerbau trieben die Menschen. Auch Handel: Immerhin ging die große West-Ost-Verbindung Europas, jene Straße die seit Jahrhunderten Brügge mit Nowgorod verband, als der Hellweg mitten hindurch. Ein Stück davon heißt heute A 40. In Essen regierten noch, wie seit 1000 Jahren, Fürstäbtissinnen. […]
Nein, die Geschichte des Reviers hat nicht erst im 19. Jahrhundert begonnen. In Essen nicht, aber auch nicht in Duisburg und auch nicht in Bottrop oder Bochum. Und auch Gelsenkirchen gab es schon lange, bevor es die „Stadt der tausend Feuer“ wurde. […] Denn dann kam die Kohle und sie hat eine ganze Region von Grund auf verändert und die Welt revolutioniert.
Aber die Kohle kam nicht von selbst. Dieser unterirdische Schatz, seit Millionen von Jahren vergraben – er musste von Menschen mühselig nach oben befördert werden. Von Menschen, denen keine Arbeit zu hart war und die vom Traum eines besseren Lebens angetrieben wurden. Sie kamen aus allen Teilen Deutschlands, das es ja als einiges Land bis 1871 noch gar nicht gegeben hatte. Immerhin gab es seit 1834 den „Zollverein“, der erste ökonomische Schritt zur Einigung Deutschlands. […]
Die Menschen kamen aus den Ostprovinzen Preußens, aus Masuren[1] und Schlesien, darunter zahlreiche Polen; andere wanderten aus Bayern, Hessen und weiteren Regionen Deutschlands zu, aber auch aus Italien, Belgien und Großbritannien, später aus ganz Südeuropa, aus der Türkei, aus Nordafrika und, wie einige hier wissen: aus Korea. […]
Die große Wirtschaftsmacht, die Deutschland vom Ende des 19. Jahrhunderts an wurde: ohne die Kohle, ohne den Bergmann völlig undenkbar. Und auch die Wurzeln der Europäischen Gemeinschaft liegen hier, durch die Gründung der Montanunion. […]
Nach dem zweiten Weltkrieg kam dann die bedeutendste Zeit der Kohle. Mehr als eine halbe Million Bergleute waren Tag und Nacht auf Schicht, um die Grundlagen des Wohlstands zu produzieren; eines Wohlstandes, von dem wir – und nicht nur hier im Ruhrgebiet – immer noch leben. […]
Dank der starken Gewerkschaften, dank der verantwortungsvollen Werksleitungen konnte man im Rahmen der Mitbestimmung gemeinsame Interessen finden. Und letztlich mit dem Staat gemeinsam und partnerschaftlich ein friedliches, sozialverträgliches Auslaufen der Steinkohlenförderung gestalten. […]
Mit dem Ende der Steinkohlenförderung kommt die Rolle des Ruhrgebiets in der Energiewirtschaft keineswegs zu einem Ende. Die Unternehmen der Energiewirtschaft haben sich verändert, aber sie bleiben – und mit ihnen das in Generationen angewachsene Wissen. Auf Zollverein[2] entsteht gerade ein neuer Verbund von Forschungseinrichtungen und Unternehmen, ein integrierter Forschungscampus für die Zukunft der Energieversorgung. Optionen für eine energiepolitische Zukunft sollen hier erarbeitet werden, die stabil, nachhaltig und auf weitere Dekarbonisierung[3] der Energieversorgung ausgerichtet ist.

Nach: https://www.bundespraesident.de/SharedDocs/Reden/DE/Frank-Walter-Steinmeier/Reden/2018/12/181221-Abschied-Steinkohlebergbau.html (Zugriff: 1. März 2022)

32040-157

1. Beschreiben Sie die Entwicklung des Ruhrgebiets vom frühen 19. Jahrhundert bis in die Gegenwart, wie in der Rede dargestellt.
2. Überprüfen Sie anhand Ihrer Ergebnisse aus der ersten Aufgabe, ob und inwieweit der Wandel des Ruhrgebiets stellvertretend für die Industrialisierung in ganz Deutschland gelten kann.
3. Ordnen Sie das Bemühen um ein „sozialverträgliches Auslaufen der Steinkohlenförderung“ (Zeile 49 f.) in die Tradition a) marktwirtschaftlicher Überlegungen und b) sozialpolitischer Maßnahmen ein.
4. Präsentation: Recherchieren Sie zur Entwicklung der Energieversorgung in Deutschland bis in die Gegenwart, unter Berücksichtigung der heimischen Kohleförderung. Führen Sie Ihre Ergebnisse in einem Referat aus.
5. Präsentation: Informieren Sie sich über Museen und Gedenkstätten im Ruhrgebiet, die an die Geschichte der Industrialisierung erinnern. Stellen Sie ein Beispiel in der Klasse vor.

[1] **Masuren**: Gegend im heutigen Nordosten Polens

[2] **Zollverein**: (hier) Name eines Kohlebergwerks in Essen, das 1986 den Betrieb einstellte. Die Schachtanlagen gehören seit 2001 zum UNESCO-Welterbe.

[3] **Dekarbonisierung** (von engl. *carbon*: Kohlenstoff): Übergang zu kohlenstoffarmen Energieträgern mit dem Ziel, CO_2-Emissionen zu senken

Mohnblüten als Gedenksymbol.
Foto vom November 2018.
Das Foto wurde im Dorf Great Ayton in North Yorkshire (Vereinigtes Königreich) aufgenommen.

Demonstration für Europa.
Foto vom März 2017.
Mitglieder der überparteilichen Bürgerinitiative „Pulse of Europe“ versammelten sich im März 2017 auf dem Berliner Gendarmenmarkt.

Schulbesuch in Weimar.
Foto vom Februar 2019.
Bundespräsident Frank-Walter Steinmeier besuchte den Kunstunterricht einer 9. Klasse in der Weimarer Parkschule.

3. Wurzeln unserer Identität

Wo kommen wir her? Diese Frage ist für den Einzelnen wie für Gruppen von zentraler Bedeutung, und zwar im religiösen wie im kulturellen und historischen Sinne. Unsere ethnische und weltanschauliche Zugehörigkeit, unsere regionalen und sozialen Wurzeln haben einen tiefen Einfluss auf unser Denken und Handeln. Gleichzeitig sind diese Identitäten Brüchen unterworfen, die mit unseren individuellen Lebenswegen zusammenhängen. Dementsprechend lassen sich geschichtliche Ereignisse viel leichter verstehen, wenn wir wissen, welche Personen und Gruppen daran beteiligt waren – und es bis heute sind, denn das Beharren wie auch Wandel und Umbruch sind nicht nur Komponenten der Vergangenheit, sondern betreffen uns ebenso in unseren aktuellen Lebensumständen. Dieses Rahmenthema unterstützt Sie dabei, sich Ihrer Identität und der großen Zusammenhänge bewusster zu werden.

Kompetenzen

Am Ende des dritten Rahmenthemas sollten Sie Folgendes können:

… die Grundlagen einer deutschen Identität sowie deren mentalitätsgeschichtliche und ideologische Voraussetzungen analysieren und sich damit auseinandersetzen.

… Ausprägungen und Veränderungsprozesse im kollektiven Selbstverständnis der Menschen in Deutschland erläutern.

… sich mit Erscheinungsformen nationalen Denkens und Selbstverständnisses sowie deren Auswirkungen bis in die Gegenwart auseinandersetzen.

Was wissen und können Sie schon?

32040-158

Teilen Sie den Kurs in kleine Gruppen ein und bearbeiten Sie mithilfe der drei Fotografien folgende Aufgaben. Stellen Sie die Gruppenergebnisse anschließend im Kurs vor.

1. Beschreiben Sie die Bildinhalte: Wer oder was ist dargestellt? Was wird thematisiert?
2. Ordnen Sie die drei Bilder in den historischen Kontext ein. Auf welche Ereignisse bzw. Sachverhalte beziehen sich die Fotos? Wann fanden sie statt und welche historische Bedeutung haben sie?
3. Erklären Sie, was Sie allgemein unter dem Begriff „Identität“ verstehen.
4. Präsentation: Stellen Sie in einer Tabelle „nationale Identität“ und „europäische Identität“ gegenüber. Erarbeiten Sie für jede Spalte Merkmale der jeweiligen Identität.

3.1 Kernmodul: Nation – Begriff und Mythos

Was ist eine Nation? | Der Begriff der Nation bezeichnet eine große Anzahl von Menschen, die aufgrund bestimmter Merkmale eine dauernde Gemeinschaft bilden oder bilden sollen. Als Kennzeichen von Nationen gelten die gleiche Staatsangehörigkeit (Zugehörigkeit zu einer *Staatsnation*), eine gemeinsame Sprache, Abstammung und Kultur (Verklammerung durch vor- oder nichtstaatliche Gemeinsamkeiten, auch als *Kulturnation*[1] bezeichnet) oder auch das Bekenntnis zu einer bestehenden Rechts- und Werteordnung (*Verfassungspatriotismus*[2]).

Ursprünglich stand der Begriff „Nation" für die unterschiedliche Herkunft von Menschen. Seit dem späten 18. Jahrhundert wurde der Ausdruck mit politischen Inhalten verknüpft. Er meinte nun ein Kollektiv, innerhalb dessen gesellschaftliche Gleichberechtigung herrschen sollte und das zur Selbstbestimmung und Unabhängigkeit berechtigt sei (→M1). Die Idee eines *Nationalstaates*, der diese Ziele zu erfüllen versprach, wurde zunächst in den USA und Westeuropa verwirklicht, ehe sie sich auch in Mittel- und Osteuropa sowie im 20. Jahrhundert schließlich global verbreitete. Heute erscheint das Nationale als nahezu universale Kategorie. Die meisten Menschen können einer Nation zugerechnet werden, auch wenn manche Nationen keinen eigenen oder gemeinsamen Staat bilden. Man spricht von Nationalökonomien (Volkswirtschaften), von den Vereinten Nationen (der 1945 gegründeten Weltorganisation souveräner Staaten) und von inter-, multi- oder transnationalen Beziehungen oder Konflikten.

Einzug des Teams Irland bei den Olympischen Spielen in London.
Foto vom 27. Juli 2012.

- ► Beschreiben Sie die auf dem Bild dargestellte Szene.
- ► Präsentation: Suchen Sie nach Veranstaltungen in Geschichte und Gegenwart, in denen sich Nationen nach außen darstellen (z. B. internationale Konferenzen oder Fachtagungen, Weltausstellungen, Sportturniere, Musikwettbewerbe). Wählen Sie ein Beispiel aus und erstellen Sie ein Schaubild mit den wichtigsten Kennzeichen der Veranstaltung (Gründung/Datum, Veranstaltungsort/e, teilnehmende Nationen, Zweck, Ergebnisse usw.).

32040-159

Wie entsteht eine Nation? | Nationen sind nicht naturgegeben, sondern wurden von Menschen geschaffen. In der Vergangenheit behaupteten die Repräsentanten einer nationalen Bewegung – Politiker, Gelehrte, Künstler, Literaten oder Freiheitskämpfer – das Vorhandensein einer Nation (→M2 und M3). Fand diese Behauptung in der Öffentlichkeit genügend Anklang, wurde daraus ein politisches Programm, das vorsah, ein schon bestehendes Staatswesen in einen Nationalstaat umzuwandeln oder einer noch nicht geeinten Nation staatliche Gestalt zu geben. Die historische Forschung betont daher die *Konstruktion* von Nationen, die unter bestimmten Bedingungen und zu bestimmten Zeiten versucht wurde und entweder erfolgreich war oder scheiterte. „Konstruiert" werden Nationen aber nicht nur in ihrer Entstehungsphase, sondern fortlaufend, etwa durch die Abgrenzung nach außen, im internationalen Wettbewerb (in Wirtschaft, Wissenschaft und Technik, den Künsten oder im Sport) oder bei der Integration von Minderheiten und Zuwanderern.

Nation und Mythos | Für die Konstruktion von Nationen, also deren anfängliche wie spätere Selbstvergewisserung, spielen *Mythen* eine wesentliche Rolle. Mythen sind Erzählungen, die durch eine oft nicht nachprüfbare, dagegen sehr einprägsame Darstellung für Sinn und Orientierung sorgen. In nationalen Mythen werden Personen oder Ereignisse, nicht selten aus grauer Vorzeit, als Zeugen eines möglichst frühen nationalen Bewusstseins aufgeboten, um die Altehrwürdigkeit oder gar „Ewigkeit" einer Nation vorzuspiegeln (→M4 und M5). Nationale Mythen bilden sich jedoch nicht allein um Themen der Vergangenheit, sondern auch im Verhältnis der Menschen zu ihrer Umwelt (Wald, Gebirge, Flüsse, die Wüste, das Meer) und mit Blick auf das Alltagsleben der Gegenwart. So verklären und überhöhen manche Nationen etwa die eigene Währung, das Militär, den Sozialstaat, Spitzenprodukte ihrer Wirtschaft, sportliche und kulturelle Leistungen, gesetzliche Errungenschaften oder bahnbrechende Erfindungen.

[1] Der Begriff „Kulturnation" stammt von dem Historiker Friedrich Meinecke (1862–1954), der darunter eine bestimmte Entwicklungsstufe auf dem Weg zu einem Nationalstaat verstand.

[2] Das Konzept des „Verfassungspatriotismus" geht auf den Politikwissenschaftler Dolf Sternberger (1907–1989) und den Soziologen und Philosophen Jürgen Habermas (*1929) zurück.

M1 Nation: Herkunft und Definition

*Der Historiker Andreas Fahrmeir (*1969) skizziert die Begriffsgeschichte von „Nation":*

Im klassischen Latein bezeichnet *natio* (abgeleitet von *nascor*, geboren werden) den individuellen Geburtsort oder die ethnische Herkunft. *Nationes*, Gruppen von Personen, deren Geburt eine Gemeinsamkeit aufwies, teilten daher die Abstammung von einem Stamm, die Herkunft aus einer Region oder einer Stadt. Da *nationes* auf Geburt oder Zeugung zurückgingen und zur Unterteilung von Menschen in Gruppen dienten, wurde das Wort auch zur Klassifizierung von Tier- oder Pflanzenarten verwandt. Diese Bedeutung lässt sich seit der als *Vulgata* bezeichneten spätantiken lateinischen Bibelübersetzung nachweisen, geriet aber im späten 18. Jahrhundert außer Gebrauch.
Für die Begriffsgeschichte zentraler war, dass der Namenszusatz *de natione* auch im mittelalterlichen Latein eine durch Geburt erworbene Eigenschaft bezeichnete, etwa die regionale Herkunft, die Stammes- oder Standeszugehörigkeit oder die Sprache. Damit näherte sich die Bedeutung von *natio* der von *gens* (Stamm oder Abstammungsgemeinschaft) an, bis beide Begriffe praktisch austauschbar gebraucht wurden. [...] *Natio* bezeichnete somit wie *gens* eine durch ihren politischen wie kulturellen Zusammenhalt bestimmte Gruppe. Während *gens* in diesem Sinne aber kaum Eingang in die europäischen Volkssprachen fand, wurde aus *natio* zwischen dem 13. und 15. Jahrhundert italienisch *nazione*, portugiesisch *nasçião/naçao*, spanisch *nación* oder eben deutsch *Nation*.
Nationes konnten politischen Einheiten wie Königreichen entsprechen, aber auch erheblich kleiner oder größer ausfallen. Dennoch: *Natio* und seine Äquivalente in lateinischen und volkssprachlichen Quellen bezeichneten am Ende des Mittelalters eine Gruppe, die zu einem abgegrenzten Territorium gehörte, und/oder eine Gruppe, die sich durch Gemeinsamkeiten der Sprache, der Geschichte, der Herkunft, der Sitten und Gebräuche von anderen unterschied. [...] Allgemein orientierte sich die Zuordnung zu *nationes* nun häufiger, wenn auch bei Weitem nicht immer, an politischen Grenzen. Das kann als Beleg dafür dienen, dass „Nation" bereits gegen Ende des Mittelalters seine moderne Bedeutung erlangte, denn es unterschied sich kaum von der Definition, die der *Brockhaus* in den 1980er-Jahren vorschlug: „Nation" sei eine „größere Gruppe von Menschen, die durch das Bewusstsein ihrer politischen und/oder kulturellen Eigenständigkeit zur Gemeinschaft wird".
Kaum zehn Jahre später beschrieb der *Brockhaus* „Nation" jedoch als ein in den 1790er-Jahren entstandenes Konzept, das „im [...] Denken der letzten beiden Jahrhunderte den Rahmen bezeichnet, innerhalb dessen sich Menschen neben kultureller Eigenständigkeit v. a. polit. Selbständigkeit (Souveränität) [...] zumessen". Diese Definition wies Ähnlichkeiten mit der Formulierung in *Qu'est-ce que le tiers-état?* (*Was ist der dritte Stand?*) des Abbé Sieyès[1] von 1789 auf, der eine „nation complète" (die er mit dem „dritten Stand" identifizierte) als „un corps d'Associés vivant sous une loi *commune* et représentés par la même *législature*" definierte, also nicht durch Geburtsort, Abstammung oder Sprache, sondern die Unterwerfung unter ein für alle gleiches Gesetz sowie die Repräsentation durch eine gesetzgebende Versammlung.
Die Definition von „Nation" über gleiches Recht, Volkssouveränität und Partizipation markierte allerdings keinen völligen Abschied von bisherigen Vorstellungen, denn gleiches Recht konnte kaum ohne Einfluss auf Sitten und Gebräuche bleiben, und eine gemeinsame Legislative setzte eine begrenzte Zahl politischer Verkehrssprachen voraus. Dennoch: Die Verbindung der Abgrenzung nach außen mit der Betonung der Gleichheit im Innern markierte eine weitere mögliche Geburtsstunde des Nationenbegriffs, die sich auch durch weitere Bedeutungsverschiebungen bestimmen lässt: Das Adjektiv „national", das sich seit dem 16. Jahrhundert verbreitete, bezog sich nun meist auf Staaten. Das Wort „Nationalist" tauchte erstmals um 1800 auf; es bezeichnete Personen, für welche die Interessen der eigenen Nation (oder des eigenen Staates) im Mittelpunkt standen. „Nationalismus" bezeichnete fortan nicht mehr eine regionale sprachliche oder kulturelle Wunderlichkeit, sondern eine politische oder kulturelle Bewegung, die der „Nation" zum Durchbruch verhelfen und sie über andere Bindungen stellen wollte.

Andreas Fahrmeir, Die Deutschen und ihre Nation. Geschichte einer Idee, Ditzingen 2017, S. 8–10

32040-160

1. Fassen Sie die hier beschriebene Entwicklung des Begriffs „Nation" von der europäischen Spätantike bis zum Ende des Mittelalters in eigenen Worten zusammen.
2. Arbeiten Sie heraus, welche neue Bedeutung der Begriff „Nation" gegen Ende des 18. Jahrhunderts erlangte.
3. Gruppenarbeit: Diskutieren Sie in der Klasse, welche Assoziationen die Begriffe „Nation" und „national" bei Ihnen auslösen. Verweisen Sie dabei auch auf Wortverbindungen, in denen diese Begriffe auftauchen. | F

[1] Zu Emmanuel Joseph Sieyès und seiner Schrift „Was ist der Dritte Stand?" siehe Seite 119 und 133 f. im Buch.

M2 Nationale Ruhmeshallen

Im Zentrum von Paris befindet sich das Panthéon. Ursprünglich als Kirche errichtet, wurde es nach der Fertigstellung 1790 von den Anführern der Französischen Revolution zu einer nationalen Gedenkstätte umgewidmet. Bedeutende Persönlichkeiten Frankreichs sind hier beigesetzt. In der Apsis (Bild rechts) steht seit 1913 ein Denkmal von François-Léon Sicard (1862–1934), das an den Nationalkonvent, das Parlament der ersten französischen Republik (1792–1804), erinnert.

Bei Donaustauf nahe Regensburg steht die Walhalla. Das tempelartige Monument am Ufer der Donau wurde von 1830 bis 1842 im Auftrag König Ludwigs I. von Bayern (reg. 1825–1848) errichtet, der damit eine nationale Gedenkstätte schaffen wollte. In der Walhalla sind bedeutende Persönlichkeiten „teutscher Zunge" mit Marmorbüsten und Gedenktafeln verewigt.

32040-161

1. Ermitteln Sie, an welche realen oder in Sagen überlieferten Vorbilder das Panthéon und die Walhalla angelehnt sind.
2. Recherchieren Sie im Internet, welche Persönlichkeiten in den Gebäuden gewürdigt werden.
3. Vergleichen Sie das für beide Gedenkstätten maßgebliche Verständnis von „Nation". Berücksichtigen Sie dabei insbesondere die jeweiligen Auftraggeber, den Ort, an dem Panthéon und Walhalla stehen, und die Auswahl der Persönlichkeiten, die dort Eingang gefunden haben.
4. Präsentation: Recherchieren Sie im Internet nach nationalen Ruhmeshallen in anderen Ländern. Stellen Sie ein Beispiel in der Klasse vor.
5. Gruppenarbeit: Diskutieren Sie, wer in eine europäische Ruhmeshalle aufgenommen werden sollte. | F

M3 „Vorgestellte" Gemeinschaften

In seinem 1983 erschienenen Buch „Imagined Communities" (dt. Titel: „Die Erfindung der Nation") benennt der US-amerikanische Politikwissenschaftler Benedict Anderson (1936–2015) Merkmale moderner Nationen:

[Die Nation] ist eine vorgestellte politische Gemeinschaft – vorgestellt als begrenzt und souverän. Vorgestellt ist sie deswegen, weil die Mitglieder selbst der kleinsten Nation die meisten anderen niemals kennen, ihnen begegnen oder auch nur von ihnen hören werden, aber im Kopf eines jeden die Vorstellung ihrer Gemeinschaft existiert. [...] Die Nation wird als begrenzt vorgestellt, weil selbst die größte von ihnen mit vielleicht einer Milliarde Menschen in genau bestimmten, wenn auch variablen Grenzen lebt, jenseits derer andere Nationen liegen. Keine Nation setzt sich mit der Menschheit gleich. Selbst die glühendsten Nationalisten träumen nicht von dem Tag, da alle Mitglieder der menschlichen Rasse ihrer Nation angehören werden – anders als es in vergangenen Zeiten den Christen möglich war, von einem ganz und gar „christlichen" Planeten zu träumen.
Die Nation wird als souverän vorgestellt, weil ihr Begriff in einer Zeit geboren wurde, als Aufklärung und Revolution die Legitimität der als von Gottes Gnaden gedachten hierarchisch-dynastischen Reiche zerstörten. Dieser Begriff erlangte seine Reife in einem historischen Moment, als selbst die frommsten Anhänger jeglicher Universalreligion mit dem lebendigen Pluralismus solcher Religionen und dem Auseinandertreten von ontologischen[1] Ansprüchen jeden Glaubens und seiner territorialen Ausdehnung konfrontiert waren. Deshalb träumen Nationen davon, frei zu sein und dies unmittelbar – wenn auch unter Gott. Maßstab und Symbol dieser Freiheit ist der souveräne Staat.
Schließlich wird die Nation als Gemeinschaft vorgestellt, weil sie, unabhängig von realer Ungleichheit und Ausbeutung, als „kameradschaftlicher" Verbund von Gleichen verstanden wird. Es war diese Brüderlichkeit, die es in den letzten zwei Jahrhunderten möglich gemacht hat, dass Millionen von Menschen für so begrenzte Vorstellungen weniger getötet haben als vielmehr bereitwillig gestorben sind.

Benedict Anderson, Die Erfindung der Nation. Zur Karriere eines erfolgreichen Konzepts, Frankfurt am Main/New York [2]1996, S. 15–17 (gekürzt; übersetzt von Benedikt Burkard)

32040-162

1. Präsentation: Stellen Sie die Aussagen von Anderson in einer Mindmap dar, mit dem Begriff „Nation" im Mittelpunkt.
2. Geben Sie wieder, was der Autor unter „Vorstellung" versteht. | H
3. Charakterisieren Sie das Verhältnis von Nation und Religion, auf das Anderson verweist.

[1] **ontologisch** (altgriech. *ontología*: Lehre vom Seienden): Fragen nach dem Dasein und dessen Sinn betreffend

M4 Nationale Mythen als „Volkspädagogik"

*Der Politikwissenschaftler Herfried Münkler (*1951) setzt sich mit nationalen Mythen, ihrer Entstehung und ihrem Zweck auseinander:*

Nationalmythen beschwören Gestalten der Vergangenheit, um Zukunft zu garantieren. Sie erheben den Anspruch, die Geschichte der Nation nicht nur zu deuten, sondern ihren Fortgang auch zu strukturieren. Dazu müssen sie freilich zwei große Herausforderungen bewältigen: Sie müssen die Komplexität des Geschehens reduzieren und dieses ethischen und ästhetischen Vorstellungen anpassen, und sie müssen den Schrecken der Kontingenz[2] wegerzählen, also die Furcht besänftigen, die nationale Geschichte sei womöglich nur eine bedeutungslose Episode der Weltgeschichte. Indem sie diesen beiden Anforderungen genügen, stiften Nationalmythen Vertrauen und Zuversicht, dass die Nation die groß und bedrohlich vor ihr stehende Zukunft meistern werde. Barbarossa, der schlafende Kaiser, wird wiederkehren und das Reich in all seiner Macht und Herrlichkeit neu errichten; Siegfried, der stolze Held, wird alle anderen überstrahlen; und der forschende Gelehrte Faust wird die Welt verändern und beherrschen. [...]
Damit literarische Texte und historische Ereignisse das leisten können, muss ihr mythisierbarer Kern freigelegt werden: Was zum Nationalmythos avancierte, war nicht das *Nibelungenlied*[3] als literarischer Text, sondern eine von den Herausgebern der Textsammlungen und Sagenbücher kompilierte[4] Sage, in der die psychische Komplexität der Figuren vereinfacht und ihr Charakter vereindeutigt wurden. Das gilt in ähnlicher Weise für Faust, bei dem sich der Typus des Welterforschers schon bald von seiner Charakterzeichnung durch Goethe entfernte. Jedenfalls kam, je stärker das *Nibelungenlied* zur Nibelungensage umgestaltet und zum Nationalmythos erhoben beziehungsweise Faust zum Inbegriff des ruhelos tätigen Deutschen stilisiert wurde, eine „volkspädagogische Komponente" ins Spiel, die Ambivalenzen und Uneindeutigkeiten tilgte, indem sie die Helden heldisch, den Verrat abgründig und die Einzelfigur kollektiv anschlussfähig machte. So wurde aus dem *Nibelungenlied* ein politischer Mythos, der Identität anbot und Identifikation abverlangte, wobei die jeweiligen politischen Konstellationen darüber entschieden, ob man eher Siegfried oder Hagen zum Vorbild wählte. Aus dem Teufelsbündner Faust, der entweder schmählich scheiterte oder auf die Hilfe himmlischer Mächte angewiesen war, wurde im Verlauf dieser Umwandlungen eine umstürzend-zupackende Figur, die zum Symbol des deutschen Aufbruchs im 19. und 20. Jahrhundert avancierte. Am einfachsten hatte

[2] **Kontingenz**: prinzipielle Offenheit einer Situation
[3] **Nibelungenlied**: Das Nibelungenlied ist das berühmteste Heldenepos der mittelhochdeutschen Literatur. Es wurde um 1200 von einem unbekannten Dichter in Passau niedergeschrieben.
[4] **kompilieren**: aus verschiedenen Texten zusammenstellen

man es da noch mit Kaiser Friedrich Barbarossa, den man nur aus einer notorischen Schlafmütze, als die ihn die Lokalsagen kannten, in eine schlummernde Urgewalt verwandeln musste, die kurz vor einem Aufbruch stand, der die politische Welt grundlegend verwandeln würde.

Herfried Münkler, Die Deutschen und ihre Mythen, Berlin [3]2009, S. 33 f.

32040-163

1. Informieren Sie sich in Fachbüchern und im Internet über die hier erwähnten historischen Vorlagen (Nibelungenlied, Faust, Friedrich Barbarossa).
2. Vergleichen Sie anhand Ihrer Recherchen und des Textes die ursprünglichen Inhalte mit den später entwickelten Mythen.
3. Arbeiten Sie heraus, welche Personen und Bedingungen dafür verantwortlich sind, dass nationale Mythen Anerkennung finden.
4. „Nationalmythen beschwören Gestalten der Vergangenheit, um Zukunft zu garantieren." (Zeile 1 f.) Nehmen Sie zu dieser Aussage von Münkler Stellung.

M5 Mythen (be)gründen

*Die Historikerin Heidi Hein-Kircher (*1969) definiert politische Mythen und ihre Funktion:*

Unter einem Mythos ist eine sinnstiftende Erzählung zu verstehen, die Unbekanntes oder schwer zu Erklärendes vereinfacht mit Bekanntem erklären will. Er entflechtet schwer oder gar nicht erklärbare Vorgänge und stellt sie auf einfache Weise dar, wobei mythisches Denken auf einem Raster apriorischer Prämissen[1] beruht. […]
So gibt es Gründungs- und Ursprungsmythen, Mythen […] der Beglaubigung und Verklärung, wobei aber der politische Gründungsmythos letztlich eine alle anderen umfassende Kategorie ist, da jeder Mythos in seinem Kern über den Sinn und das Entstehen einer Gemeinschaft berichtet. […]
Politische Mythen behandeln nur das, was für die jeweilige Gesellschaft konstitutiv[2] und von Bedeutung ist. Diese im Mythos erzählten Bilder repräsentieren die Werte, Ziele und Wünsche einer sozialen Gruppe. Sie beglaubigen ihre grundlegenden Werte, Ideen und Verhaltensweisen, weil sie die historischen Vorgänge aus ihrer Sicht und in ihrem Sinne interpretieren, sodass diese durch die Erzählung einer geschichtlich wirksamen Einheit zusammengebunden wird. Daher geben politische Mythen nationalen und nicht-nationalen (Massen-)Gesellschaften bzw. Gruppen Sinn […]. Eine solche Identitätsbildung ist jedoch nur möglich, wenn zugleich eine Abgrenzung nach außen, zu anderen Gruppen hin, stattfindet. Auch dies wird durch Mythen geleistet, weil sie kennzeichnen, wer zur Gruppe gehört und wer nicht. Dies geschieht, indem Mythen immer den Gegensatz zwischen „gut", also „eigen/selbst", und „böse", also „die anderen", schaffen.

Als Beispiele für politische Mythen in Deutschland führt die Autorin an:

Im Zuge des Entstehens der modernen Nationsgesellschaften erlebten politische Mythen in ganz Europa eine Konjunktur. Sie halfen, den Zusammenbruch des Ancien Régime[3] zu verarbeiten, aber auch die Ablösung der alten Eliten durch neue gesellschaftliche Gruppen und somit die jeweilige Nation zu begründen. Ereignismythen wurden dabei als besondere Leistungen der jeweiligen Gesellschaft verstanden, während der Rückgriff auf Helden die Entwicklung personalisierte.
Aufgrund der Bedeutung der Befreiungskriege[4] waren Mythen über die Antike als Verteidigungsmythen ein wichtiger Topos[5] im 19. Jahrhundert. So bot sich der Rückgriff auf den Cheruskerfürsten Arminius (Hermann) geradezu an: Als Sieger der Varusschlacht gegen die Römer habe er die vaterländische Freiheit verteidigt. Dieses Motiv findet sich etwa bei den ersten Planungen des Detmolder Hermann-Denkmals 1819 wieder. Der Arminius-Mythos wandelte sich im Laufe des 19. Jahrhunderts und verweist so auf die Entwicklung der zugrunde liegenden Nationsidee: Während der rund 60-jährigen Errichtungsphase verschwanden ursprünglich großdeutsche[6] Intentionen zugunsten der ideellen Begründung der Reichsgründung durch Preußen und dessen Führungsrolle im Reich; die Idee einer Verbrüderung der freien Nationen wurde durch ein starkes antifranzösisches Moment ersetzt, das letztlich auch die Vorstellung von der „Erbfeindschaft" zu Frankreich beeinflusste. Bis in die Zeitgeschichte wirkte der Arminius-Mythos: So wurde das Hermann-Denkmal zum „Symbol deutscher Einheit" und Freiheit und visualisierte „Abgrenzung zu äußeren und inneren Feinden".
Eine zentrale Rolle für die Nationswerdung kommt dem Germanen-Mythos im 19. Jahrhundert zu. Er basiert auf einem konstruierten Gegensatz zu Rom […] – ein Motiv, dessen Entwicklung sich bis ins Mittelalter zurückverfolgen lässt und das die Ursprünge der „deutschen Nation" erläutert. Dieses Narrativ[7] formulierte 1807/1808 Johann

[1] **apriorische Prämisse**: von vornherein geltende Annahme
[2] **konstitutiv**: grundlegend, bestimmend

[3] **Ancien Régime** (frz.: alte Herrschaft): vorrevolutionäre Herrschafts- und Gesellschaftsordnung
[4] **Befreiungskriege**: Kriege in den Jahren 1813 bis 1815, die zum Zusammenbruch der Vorherrschaft Napoleons in Europa führten
[5] **Topos** (altgriech.: Ort, Stelle): weitverbreiteter Gedanke, geläufiges Motiv
[6] **großdeutsch**: Konzept zur Einigung Deutschlands unter Einbeziehung Österreichs
[7] **Narrativ** (von lat. *narrare*: erzählen): Erzählmotiv, oft mit sinnstiftender Wirkung

Gottlieb Fichte[1] in seinen „Reden an die deutsche Nation“ prägnant und legte die Grundlagen für dessen Weiterentwicklung: Die deutsche Nation habe sich die Ursprünglichkeit der Germanen („Urvolk“) bewahrt, wodurch sie eine besondere Mission erhielten. Der Germanen-Mythos, etwa durch Denkmäler (wie das Niederwalddenkmal der „Germania“), Festumzüge, Literatur und Museen kommuniziert, definierte somit nicht nur das Verständnis von „deutsch“, sondern entwickelte sich auch zu der zentralen narrativen Grundlage der völkischen[2] Rasseideologie. [...]

Auch die bundesdeutsche Gesellschaft schuf Mythen. Maßgeblich für ihr Selbstverständnis war vor allem der Mythos von der „Stunde Null“, der über einen Neuanfang einer gereinigten Gesellschaft berichtete und bis heute das deutsche Selbstverständnis prägt: Dem Bombenkrieg, der bedingungslosen Kapitulation und der alliierten Besetzung kamen dabei kathartische Wirkung[3] zu. Als Gründungsmythos legitimierte er die Existenz der Bundesrepublik und blendete aus, dass dieser Neuanfang tatsächlich aus umfangreichen Kontinuitäten bestand. Nach dem wirtschaftlichen Aufschwung wurde er durch denjenigen vom „Wirtschaftswunder“ ergänzt, der die Gesellschaft darin bestätigte, auf dem richtigen Weg zu sein.

Erster Text: Heidi Hein-Kircher, Zur Definition und Funktion von politischen Mythen, in: 2000 Jahre Varusschlacht, Bd. 3: Mythos, Stuttgart 2009, S. 149–154, hier S. 149 und 151 ff.; zweiter Text: Dies., „Deutsche Mythen“ und ihre Wirkung, in: Aus Politik und Zeitgeschichte 63 (2013), Heft 13/14, S. 33–38, hier S. 35 und 37

32040-164

1. Fassen Sie die wesentlichen Aussagen der Historikerin thesenartig zusammen.
2. Vergleichen Sie M4 und M5 hinsichtlich ihrer Definition von Mythen. Stellen Sie Übereinstimmungen und Abweichungen heraus.
3. Erörtern Sie, ob und inwieweit sich der Mythos von der „Stunde Null“ von sonstigen nationalen Gründungsmythen unterscheidet.
4. Setzen Sie sich mit der Frage auseinander, ob in der heutigen Gesellschaft und Medienlandschaft noch nationale Mythen entwickelt werden können.

„Zur Enthüllungsfeier des Hermanns-Denkmals am 16. August 1875.“
Holzschnitt aus der Berliner Satirezeitschrift „Kladderadatsch“ vom 15. August 1875.
Die Karikatur zeigt Arminius und Martin Luther, im Hintergrund die Kuppel des Petersdoms in Rom. Auf dem Schild des Arminius steht: „Vici“ („Ich habe gesiegt!“), Luther deutet auf die Bibel, auf der „Vincam!“ („Ich werde siegen!“) zu lesen ist.
Die Karikatur erschien in der Zeit des sogenannten Kulturkampfes (1872 bis 1878). Damals gingen die Regierungen in Preußen und im Deutschen Reich gegen die katholische Kirche vor, um v. a. deren Einfluss auf das Schulwesen, die politische Opposition und auf die polnische Minderheit in Preußen drastisch einzuschränken.

- Interpretieren Sie die Karikatur vor dem Hintergrund des Kulturkampfes der 1870er-Jahre. Tipp: Über Martin Luther informiert Seite 94 f. | H
- Arbeiten Sie heraus, welche mythische Funktion Arminius und Luther hier erfüllen sollen. | H
- Analysieren Sie, ausgehend von der Bildunterschrift „Gegen Rom“, welcher Gründungsmythos für das damals neue Deutsche Kaiserreich hier entworfen wurde. | H

32040-165

[1] **Johann Gottlieb Fichte** (1762–1814): deutscher Pädagoge und Philosoph
[2] **völkisch**: politische Vorstellung, die eine Gesellschaft allein aus Angehörigen gleicher Abstammung anstrebt
[3] **kathartische Wirkung** (von altgriech. *kátharsis*: Reinigung): psychische Läuterung, die sich nach dem Durchleben aufwühlender Konflikte einstellt

3.2 Kernmodul: Deutungen des deutschen Selbstverständnisses

Frühe deutsche Nationalstaatsidee | Wer sind die Deutschen? Wer gehört zu ihnen und was verbindet sie miteinander? Diese Fragen beschäftigten bis ins späte 18. Jahrhundert vornehmlich Künstler und Gelehrte. Erst mit der Auflösung des *Heiligen Römischen Reiches Deutscher Nation* am Beginn des 19. Jahrhunderts wurden daraus gesellschaftliche Themen ersten Ranges. „Deutschland" existierte seitdem nur als Ansammlung von über dreißig größeren und kleineren Staaten, für die der 1815 gegründete *Deutsche Bund* einen losen Zusammenhalt bot. Die Vertreter des Liberalismus und der deutschen *Nationalbewegung* wünschten dagegen einen geeinten Nationalstaat, der Sicherheit nach außen, wirtschaftlichen Fortschritt sowie Freiheit und Mitbestimmung für jedermann versprach. Das gesamtdeutsche Nationalbewusstsein war damals neu. Es konkurrierte als Idee mit anderen patriotischen Strömungen in Deutschland, die die Verbundenheit der Bevölkerung mit ihrem jeweiligen Einzelstaat oder der regierenden Herrschaftsfamilie betonten.

Macht statt Freiheit | Erst ab Mitte der 1860er-Jahre gelang es dem Königreich Preußen, die *deutsche Frage* in drei aufeinanderfolgenden Kriegen zu entscheiden und einen Nationalstaat unter Ausschluss Österreichs durchzusetzen (➔M1). Das 1871 gegründete *Deutsche Kaiserreich* war ein Obrigkeitsstaat, der die Forderung des Liberalismus nach parlamentarischer Mitbestimmung nur teilweise verwirklichte. Um die Machtposition der Monarchie und der adlig-großbürgerlichen Führungsschichten, aber auch die Vorherrschaft Preußens im neuen Deutschland zu sichern, wurden tatsächliche oder vermeintliche Gegenkräfte als „Reichsfeinde" gebrandmarkt, systematisch ausgegrenzt oder gar verfolgt. Das betraf nationale Minderheiten wie die Elsässer, Lothringer, Dänen und Polen, Teile der katholischen Bevölkerung, aber auch die politische Opposition wie Linksliberale und Sozialdemokraten. Wie zum Ausgleich für die fortwährende gesellschaftliche Spaltung entstand ein aggressiver, übersteigerter Nationalismus, der Deutschland anderen Nationen für überlegen hielt und das Kaiserreich zur Weltmacht auserwählt sah.

Nationalismus im Exzess | Der Erste Weltkrieg radikalisierte das Nationalbewusstsein in Deutschland weiter. Einerseits glaubte man, „gegen eine Welt von Feinden" (Wilhelm II.) zu kämpfen, andererseits trat bei Kriegsausbruch 1914 ein neues Gemeinschaftsgefühl auf, das alle inneren Gegensätze zu überwinden schien (➔M2).[1] Der Kriegsverlauf machte diesen Konsens allerdings zunichte.

Durch die Niederlage von 1918 und ihre Folgen – dem Versailler „Schmachfrieden", schweren wirtschaftlichen Krisen und einer von vielen Deutschen abgelehnten Republik[2] – verlor die Idee des Nationalstaates erheblich an Glaubwürdigkeit. Zukunft versprach nicht mehr die *Staatsnation*[3] als im Grunde freiwilliger Zusammenschluss, sondern eine *Volksgemeinschaft* als gleichsam naturgegebene Einheit. Aus dieser Anschauung ließ sich ein extremer, *völkischer Nationalismus* ableiten. Er definierte das „Deutschtum" sowohl weltanschaulich, indem er Kommunisten und Sozialdemokraten davon ausschloss und die liberale Demokratie als „undeutsch" ablehnte, als auch rassistisch und antisemitisch, da Juden und andere Minderheiten zu „Volksfremden" erklärt wurden (➔M3). Die gewaltsame Umsetzung dieser Vorstellungen durch die Nationalsozialisten führte in die Diktatur, zum Zweiten Weltkrieg und zum Holocaust.

[1] Zum Ersten Weltkrieg siehe das Kapitel auf den Seiten 296 bis 355.
[2] Über die Weimarer Republik informieren die Seiten 356 bis 385.
[3] Zum Begriff „Staatsnation" siehe das Kernmodul „Nation – Begriff und Mythos" auf Seite 278.

„Deutschland – August 1914."
Ölgemälde (192 x 147 cm) von Friedrich August von Kaulbach, 1914.

- Beschreiben Sie die dargestellte Frauenfigur und ihre Attribute.
- Charakterisieren Sie die Stimmung, die von dem Gemälde ausgeht.
- Arbeiten Sie heraus, welches deutsche Selbstverständnis in dem Gemälde anklingt. Berücksichtigen Sie dabei auch die Entstehungszeit und den historischen Hintergrund. | H

32040-166

Hinweis: Zum deutschen Selbstverständnis nach 1945 siehe auch das Kapitel ab Seite 386.

Geläutert in die Gegenwart | Nach 1945 war das Nationalbewusstsein in Deutschland nachhaltig diskreditiert, sowohl aus Verantwortung für die im deutschen Namen begangenen Verbrechen, als auch angesichts der *deutschen Teilung* im Zeichen des Kalten Krieges. Beide deutsche Staaten suchten den Anschluss an eine internationale Wertegemeinschaft: die Bundesrepublik durch ihre (freiwillige) Politik der Westintegration, die DDR durch die (erzwungene) Übernahme einer sozialistischen Ordnung nach dem Vorbild der Sowjetunion (➔M4). Die Westdeutschen akzeptierten die Bundesrepublik im Lauf der Zeit als *„postnationale Demokratie"* – so der Politikwissenschaftler Karl Dietrich Bracher –, in der Freiheit, Frieden und eine europäische Einigung wichtiger waren als eine deutsche Einheit, die seit dem Bau der Mauer 1961 nicht mehr realistisch schien. Auch die Staatsführung der DDR nahm vom Einheitsgedanken Abstand – 1974 strich sie das Bekenntnis zu einer deutschen Nation aus der Verfassung.

Gleichwohl wurde in den 1980er-Jahren in beiden deutschen Staaten ein gemeinsames kulturelles Erbe wiederentdeckt. Ebenso erfolgte eine schrittweise Annäherung in der – bis dahin höchst unterschiedlichen – Auseinandersetzung mit der Vergangenheit des Nationalsozialismus. Als die *friedliche Revolution* in der DDR im Herbst 1989 die kommunistische Diktatur beseitigte, verschwand auch der politische und weltanschauliche Gegensatz zur Bundesrepublik. Die *deutsche Einheit*, die 1990 vollzogen wurde, erschien zwar nicht als einzige, aber doch als sinnvollste Lösung für die Krise in Ostdeutschland, zumal von einem neuen gesamtdeutschen Nationalstaat keine Bedrohung mehr ausging.

Das Deutschland der Gegenwart gilt als fest in der westlichen Staatengemeinschaft verankert (➔M5). Fragen nach dem Selbstverständnis der Deutschen stellen sich immer wieder neu, wenngleich nicht mehr isoliert und abgehoben vom Rest der Welt.

M1 Eine preußisch-deutsche Erfolgsgeschichte?

*Der deutsch-amerikanische Historiker Konrad H. Jarausch (*1941) und sein deutscher Kollege Michael Geyer (*1947) untersuchen den Einfluss der Geschichtsschreibung auf das Nationalbewusstsein der Deutschen im 19. Jahrhundert:*

In dem Bemühen von romantischen Dichtern und Publizisten, die lockere Kulturnation[1] in einen festen Nationalstaat zu verwandeln, spielten Historiker eine führende Rolle, da sie das nationale Programm als logische Folge einer gemeinsamen Geschichte wissenschaftlich rechtfertigten. Heinrich von Treitschke machte sich als *praeceptor Germaniae*[2] selbstbewusst daran, eine „allen Gebildeten gemeinsame Geschichtsüberlieferung" zu schaffen, die den zersplitterten Deutschen ein Gefühl geben würde, zusammenzugehören, über die Zeiten hinweg gemeinsame Erfahrungen zu teilen. [...] Treitschkes *Deutsche Geschichte im 19. Jahrhundert*, der führende Text der nationalistischen Sichtweise, bot den Deutschen eine unwiderstehliche Vision von innerer Befreiung und äußerer Ermächtigung. Erstens sollte die Vereinigung die politischen und kulturellen Horizonte über die Grenzen der Kleinfürstentümer hinweg auf größere Kommunikationsräume erweitern und dadurch einengende lokale Beschränkungen abschütteln. Zugleich sollte die Schaffung eines größeren Gemeinwesens die Verwirklichung der „Freiheitshoffnungen" in einer konstitutionellen Monarchie ermöglichen, die ihre Untertanen an der Regierung teilnehmen und durch die Übernahme von Verantwortung reifen lassen würde. Schließlich sollte die Schaffung eines Nationalstaates den bisher unterdrückten, aber dennoch auch „den leidenschaftlichen, reizbaren Nationalstolz" befriedigen und den Deutschen wieder hinreichend Macht verschaffen, um fremde Bevormundung abzuschütteln und gleichberechtigt am Weltgeschehen teilzunehmen. Dieser nationalistische Aufruf fand Widerhall bei den Gebildeten und Besitzenden, weil er sich nicht an die Herrschenden, sondern an das Volk wandte und eine fortschrittliche Mission anklingen ließ, die Spinnweben der ständischen Gesellschaft hinwegzufegen. [...]

Norddeutsche protestantische Historiker wie Heinrich von Sybel wiesen die südliche, katholische und österreichische Alternative als spalterisch zurück und konnten nach und nach den aufsteigenden Staat Preußen zum Träger der nationalen Sendung salben. Diese borussische Schule[3] bemühte sich, die unleugbaren militärischen Elemente des Hohenzollernschen Erbes mit den attraktiveren kulturellen Impulsen der Stein-Hardenbergschen[4] Reformen und der liberalen Erbschaft der westdeutschen Staaten in einem erneuerten, aber föderalen Reich zu versöhnen [...]. Diese nationalliberalen Gelehrten verschmolzen die disparaten und entmutigenden Geschichten der mitteleuropäischen Vergangenheit zu einer zusammenhängenden Meistererzählung[5], die das Gefühl einer Schicksalsgemeinschaft entstehen ließ, die politischen Energien auf den Nationalstaat lenkte, dem Einzelnen Opfer für das größere Ganze abverlangte und alle äußeren Einflüsse zurückwies. In Liedern wiederholt, auf Gemälden dargestellt und in Ritualen gefeiert, gelang es dieser nationalen Vision nach und nach, eine über den partikularistischen Patriotismus hinausgehende Loyalität zu schaffen und spätere Generationen zu bewegen, sich ungeachtet aller Unterschiede von Klasse, Geschlecht und Religion als Deutsche zu fühlen. Ältere Konfessions-, Dynastie- und Regionalgeschichten wurden durch diese neue Meistererzählung verdrängt oder allenfalls als untergeordnete Stränge in ein neues nationales Gesamtbild integriert.

Konrad H. Jarausch und Michael Geyer, Zurück zur Nationalgeschichte? Die Krise der nationalen Meistererzählung, in: Dies., Zerbrochener Spiegel. Deutsche Geschichten im 20. Jahrhundert, München 2005, S. 54–76, hier S. 57–59 (übersetzt von Friedrich Griese)

32040-167

1. Recherchieren Sie im Internet über die Historiker Heinrich von Treitschke und Heinrich von Sybel und stellen Sie ihr Leben, ihr Werk sowie ihre politischen Anschauungen gegenüber.
2. Gliedern Sie den vorliegenden Text in sinnvolle Abschnitte und versehen Sie diese mit einer passenden Überschrift.
3. Arbeiten Sie heraus, welche gesellschaftlichen und politischen Verhältnisse die hier beschriebene „Meistererzählung" befürwortete, und welche von ihr abgelehnt wurden.
4. Präsentation: Suchen Sie nach nationalen „Meistererzählungen" in anderen Ländern (etwa USA, Frankreich, Israel, Russland). Stellen Sie ein Beispiel in einem Kurzreferat vor.

[1] Zum Begriff „Kulturnation" siehe das Kernmodul „Nation – Begriff und Mythos" auf Seite 278.

[2] **praeceptor Germaniae** (lat.: Lehrmeister Deutschlands): Ehrentitel für eine deutschlandweit anerkannte Lehrautorität

[3] **borussische Schule** (von lat. *Borussia*: Preußen): Bezeichnung für eine Gruppe einflussreicher Historiker im 19. Jahrhundert, die den preußischen Staat dazu berufen hielten, die Einigung Deutschlands herbeizuführen

[4] **Stein-Hardenbergsche Reformen**: Sammelbegriff für die von den Staatsministern Karl Freiherr vom Stein (1757–1831) und Karl August von Hardenberg (1750–1822) angestrengten Maßnahmen, die in den Jahren 1807 bis 1815 für eine weitreichende gesellschaftlich-politische Modernisierung in Preußen sorgten

[5] **Meistererzählung**: Geschichtsdarstellung großen Stils, deren Inhalt und Aussage das Selbstverständnis einer Gesellschaft prägen können

M2 „Wir sind ein Volk von Kriegern"

In seiner Schrift „Helden und Händler" von 1915 bezieht der Soziologe, Historiker und Wirtschaftswissenschaftler Werner Sombart (1863–1941) Stellung zum damaligen Kriegsgeschehen. Den Ersten Weltkrieg deutet er als Kampf zwischen „heldenhafter" (selbstlos-opferbereiter) und „händlerischer" (selbstbezogen-interessengeleiteter) Gesinnung, wobei er die Rolle der „Helden" den Deutschen, die der „Händler" den Briten zuweist. Sombart kommt auch auf den deutschen Militarismus zu sprechen:

Was kann deutscher Militarismus anderes sein als der deutsche Geist […]? Es ist dieser deutsche Geist, so kann man es vielleicht ausdrücken, in seiner lebendigen Betätigung, in seiner Ausgestaltung zu äußeren Lebensformen. Militarismus ist die Sichtbarwerdung des deutschen Heldentums. Militarismus ist die Verwirklichung heldischer Grundsätze, insonderheit, soweit es sich um Vorbereitung und Durchführung von Kriegen handelt.
Militarismus ist der zum kriegerischen Geist hinaufgesteigerte heldische Geist. Er ist Potsdam und Weimar[1] in höchster Vereinigung. Er ist „Faust" und „Zarathustra"[2] und Beethoven-Partitur in den Schützengräben. Denn auch die Eroica[3] und die Egmont-Ouvertüre[4] sind doch wohl echtester Militarismus. […]
Vor allem wird man unter Militarismus verstehen müssen das, was man den Primat der militärischen Interessen im Lande nennen kann. Alles, was sich auf militärische Dinge bezieht, hat bei uns den Vorrang. Wir sind ein Volk von Kriegern. Den Kriegern gebühren die höchsten Ehren im Staate. Was äußerlich in so vielen Dingen, die dem Fremden auffallen, in die Erscheinung tritt: unser Kaiser erscheint selbstverständlich offiziell immer in Uniform, bei feierlichen Gelegenheiten tun desgleichen auch unsere höchsten Beamten und unsere Abgeordneten, wenn sie in einem Militärverhältnis stehen; die Prinzen kommen sozusagen als Soldaten auf die Welt und gehören von Jugend auf der Armee. Alle andern Zweige des Volkslebens dienen dem Militärinteresse. Insbesondere auch ist das Wirtschaftsleben ihm untergeordnet usw.
Das zweite Merkmal des Militarismus ist die Hochhaltung und Pflege aller kriegerischen Tugenden; vor allem der beiden Grundtugenden des Kriegers: der Tapferkeit und des Gehorsams: der wahren Tugenden des freien Mannes. […]
Selbstzucht und Disziplin sind die Früchte der Pflege dieser Tugenden: Ordnung drinnen und Ordnung draußen: das ist ein Grundzug des deutschen Militarismus. […] Die äußere Organisation unseres Heerwesens hat dann dahin gewirkt, dass die geistige und körperliche Disziplin in alle Volkskreise eingedrungen ist und somit heute auch im realen Sinne einen festen Bestandteil des deutschen Volksgeistes bildet. Nicht nur im Bereiche der Armee: auf allen Gebieten unseres öffentlichen Lebens und im privaten Leben jedes einzelnen Deutschen hat sich dieser Geist der Zucht und Ordnung eingebürgert. Ob es sich um die Volksschule oder die Universitäten, um die Arbeitervereine oder die Reichsbank, um die Eisenbahnen oder die Wissenschaft handelt: es ist immer derselbe Geist, es ist immer der deutsche „Militarismus", der sie beseelt, vor dem der Fremde wie vor einem Wunder steht. Denn aus diesem Geist werden die Riesenwerke der Organisation geschaffen, die in diesem Kriege wiederum die Welt in Erstaunen versetzt haben.
Aber es hieße den deutschen Militarismus nur unvollkommen charakterisieren, wollte man in ihm nicht noch eines anderen Zuges gedenken […]: ich meine den lebendigen Drang der Hingabe an das Ganze, die jeden Deutschen beseelt, wenn das Vaterland in Gefahr ist. Was in aller wahrhaft heldischen Weltanschauung […] eingeschlossen ist, das löst der Militarismus gleichsam aus: er weckt das heldische Empfinden in der Brust des letzten Tagelöhners im Dorfe, er popularisiert die Gedanken, die in den Köpfen unserer Größten zuerst aufgesprungen sind. Die Idee des Vaterlandes wird erst zu einer Leben weckenden Kraft durch die Mittlerrolle des Militarismus.

Werner Sombart, Helden und Händler. Patriotische Besinnungen, München/Leipzig 1915, S. 84–87 (gekürzt)

32040-168

1. Fassen Sie die Aussagen des Textes thesenartig zusammen.
2. Interpretieren Sie unter Einbeziehung der im Text entwickelten Thesen das Bild „Deutschland – August 1914" auf Seite 285.
3. Präsentation: Ordnen Sie in einer Übersicht (Schaubild/Grafik), welche Personen, Einrichtungen und gesellschaftlichen oder kulturellen Leistungen der Text mit Deutschland verbindet. | F
4. Überlegen Sie, weshalb Sombart nicht vom „preußischen", sondern vom „deutschen Militarismus" spricht.

[1] **Potsdam und Weimar**: Kurzformeln für das preußische Königtum (Potsdam) und die deutsche Klassik um Johann Wolfgang von Goethe und Friedrich Schiller (Weimar)
[2] **Zarathustra** (eigentlich: „Also sprach Zarathustra"): Werk des Philosophen Friedrich Nietzsche (1844–1900)
[3] **Eroica** (ital.: die Heldenhafte): Beiname der dritten Symphonie von Ludwig van Beethoven (1770–1827)
[4] **Egmont-Ouvertüre**: Einleitung zur Oper „Egmont" von Beethoven

M3 Volksgemeinschaft

*Der Historiker Michael Wildt (*1954) setzt sich mit einem politischen Leitbegriff im Deutschland des frühen 20. Jahrhunderts auseinander:*

„Volksgemeinschaft“ ist kein genuin nationalsozialistischer Begriff. Seine erste Hochkonjunktur verdankte er dem Ersten Weltkrieg. Der Satz Wilhelms II. vom August 1914, dass er von nun an keine Parteien, sondern nur noch Deutsche kenne, erzielte weite Resonanz, weil er den Wunsch vieler Deutscher nach Gleichheit und Inklusion zu repräsentieren vermochte. Gerade Juden und Sozialdemokraten hofften, dass sie aufgrund ihrer patriotischen Haltung endlich von der Mehrheit der Gesellschaft als gleichwertig akzeptiert werden würden. Doch obwohl sich bald die Risse in der Kriegsgesellschaft zeigten, blieb die „Volksgemeinschaft“ eine mächtige Formel, die immer wieder an den Mythos der Einigkeit des Volks im Sommer 1914 anknüpfen konnte.
Gerade die Vieldeutigkeit von „Volk“ machte den Begriff im Unterschied zur „Nation“ attraktiv, die vor allem an die Ambiguität[1] von Staatsnation und Kulturnation[2] gebunden war und stets auch einen Bezug zur klassischen Nation Frankreich und deren Hervorbringung durch die Revolution besaß. Nation war in weit stärkerem Maß an „Staat“ gebunden als „Volk“. Und anders als „Nation“ ließ sich „Volk“ deutlich besser ethnisieren und biologisch-sozialdarwinistisch[3] aufladen. […]
Da sich die Deutschen angesichts ihrer staatlichen Zersplitterung lange Zeit nicht als klassische Staatsnation definieren konnten – anders als beispielsweise Frankreich oder Großbritannien –, waren auch sie für eine Ethnisierung des Volksbegriffs anfällig. Dem Konzept des Volks als *demos*, für das Rechtsgenossenschaft und staatsbürgerliche Gleichheit kennzeichnend sind, steht die Vorstellung vom Volk als *ethnos* gegenüber, in dem imaginierte Abstammungsgemeinschaften, Geschichtsmythen, Phantasmen von gemeinschaftlichem Blut und Boden miteinander verknüpft sind. […]
„Volksgemeinschaft“ wurde in Deutschland schon vor 1933 zu einer […] „beherrschenden politischen Deutungsformel“. Die liberalen Parteien betonten den sozialharmonischen inkludierenden Aspekt „über die Klassen“ hinweg. Für die Sozialdemokraten hatte sich die Arbeiterklasse mittlerweile zum Volk der Schaffenden ausgeweitet, die einer kleinen und ungerechtfertigt mächtigen Minderheit von Monopolkapitalisten und Großgrundbesitzern gegenüberstanden. Und selbst diese Minorität könnte, so die Vorstellung, wenn sie einer wirklichen Arbeit nachginge, Teil einer sozialistischen Volksgemeinschaft werden. In den Reden Friedrich Eberts als Reichspräsident hatte die „Volksgemeinschaft“ als Inklusion aller Schaffenden ihren festen Platz.
Dagegen begriff die politische Rechte, insbesondere die Nationalsozialisten, bei aller Inklusionsrhetorik die „Volksgemeinschaft“ vor allem in ihrer exkludierenden Dimension. Nicht so sehr die Frage, wer zur „Volksgemeinschaft“ gehörte, stand obenan als vielmehr, wer nicht zu ihr gehören durfte: eben jene bereits sprachlich ausgegrenzten sogenannten Gemeinschaftsfremden, allen voran die Juden. Der Antisemitismus spielte dabei die entscheidende Rolle. „Staatsbürger kann nur sein, wer Volksgenosse ist. Volksgenosse kann nur sein, wer deutschen Blutes ist, ohne Rücksichtnahme auf Konfession. Kein Jude kann daher Volksgenosse sein.“ – So hieß es klar und deutlich im Parteiprogramm der NSDAP aus dem Jahre 1920.

Michael Wildt, Volksgemeinschaft, Version 1.0, in: Docupedia-Zeitgeschichte, 3. Juni 2014, http://docupedia.de/zg/wildt_volksgemeinschaft_v1_de_2014 (Auszüge; Zugriff: 8. März 2021)

32040-169

1. Geben Sie in eigenen Worten wieder, was den Begriff „Volk“ im Unterschied zum Begriff „Nation“ im frühen 20. Jahrhundert attraktiver erscheinen ließ.
2. Arbeiten Sie die Unterschiede zwischen einer „Volksgemeinschaft“ im Sinne der Nationalsozialisten und der übrigen damaligen Parteien heraus. | H
3. Präsentation/Gruppenarbeit: „Stand die Idee der ‚Volksgemeinschaft‘ für eine Kontinuität oder den Bruch mit dem deutschen Nationalbewusstsein seit dem 19. Jahrhundert?“ Führen Sie dazu eine Pro- und Kontra-Debatte.

[1] **Ambiguität**: Mehrdeutigkeit, Unbestimmtheit
[2] Zu den Begriffen „Staatsnation“ und „Kulturnation“ siehe das Kernmodul „Nation – Begriff und Mythos“ auf Seite 278.
[3] **sozialdarwinistisch**: wissenschaftlich nicht haltbare Übertragung der Lehren von Charles Darwin (1809–1882) über die Entwicklung der Pflanzen- und Tierwelt auf die Gesellschaft. Demnach wird ein „Kampf ums Dasein“ als Prinzip menschlichen Fortschritts erachtet.

M4 Der vierte Jahrestag der DDR

Walter Ulbricht (1893–1973), Generalsekretär der SED, hält am 7. Oktober 1953 eine Ansprache zum vierjährigen Bestehen der DDR:

Wir begehen den vierten Jahrestag der Gründung der Deutschen Demokratischen Republik. Zum ersten Mal in der deutschen Geschichte ist in einem großen Teil Deutschlands der Militarismus mit der Wurzel ausgerottet und die Arbeiter-und-Bauern-Macht errichtet worden.
Durch die Vernichtung der Kriegsmaschine des faschistischen[4] deutschen Imperialismus und die Befreiung Deutschlands von der faschistischen Knechtschaft durch die heroische Sowjetarmee war es nach 1945 möglich, in einem großen Teil Deutschlands die Wurzeln des Imperia-

[4] **faschistisch, Faschismus** (von ital. *fasci di combattimento*: Kampfbünde): rechtsextreme, antidemokratische und antikommunistische Weltanschauung oder Herrschaftsform

lismus zu beseitigen. [...] Unter Führung der Arbeiterklasse schlossen sich alle demokratischen Kräfte zusammen, um die Folgen des Hitlerkrieges zu beseitigen. [...]
In Westdeutschland hingegen wurden mithilfe der amerikanischen, englischen und französischen Besatzungsmächte die Grundlagen des deutschen Imperialismus geschützt und wurde die Macht der Konzernherren, Bankherren und Großagrarier wieder errichtet. Auf Initiative der USA-Regierung und der westdeutschen Monopolherren wurde Deutschland gespalten, um den westlichen Teil Deutschlands in die militärische Hauptbasis der USA in Europa zu verwandeln. Das Ergebnis der westdeutschen Wahlen vom 6. September[1] brachte zum Ausdruck, dass es den amerikanischen und den westdeutschen Imperialisten gelungen ist, in Westdeutschland die aggressivsten Revanchepolitiker an die Macht zu bringen, die gewillt sind, im Dienst des USA-Finanzkapitals als Stoßtrupp gegen die Sowjetunion und gegen die volksdemokratischen[2] Staaten in Europa zu kämpfen.

Walter Ulbricht, Zur Geschichte der deutschen Arbeiterbewegung. Aus Reden und Aufsätzen, Bd. 4: 1950–1954, Berlin 1958, S. 650f.

32040-170

1. Analysieren Sie, welche Art von gemeinsamer Identität Ulbricht mit seiner Rede zu schaffen versucht.
2. Charakterisieren Sie Ulbrichts Sprache anhand der verwendeten Schlagworte.
3. Überprüfen Sie, ob der Text als Beispiel für eine „Meistererzählung" gelten kann, wie sie in M1 auf Seite 286 beschrieben wird.

M5 Von der „Abstammungs-" zur „Abstimmungsgemeinschaft"

*Wenige Jahre nach Vollzug der deutschen Einheit benennt der Historiker Heinrich August Winkler (*1938) Perspektiven für die noch junge „Berliner Republik":*

Auf das vereinigte Deutschland trifft Brachers Formel von der „postnationalen Demokratie unter Nationalstaaten" nicht mehr zu. Die neue Bundesrepublik ist ein demokratischer Nationalstaat unter anderen – freilich kein souveräner Nationalstaat der klassischen Art mehr wie einst das Deutsche Reich, sondern ein postklassischer Nationalstaat, [...] eingebunden in supranationale Gemeinschaften wie die Europäische Union und das atlantische Bündnis. Anders als die Weimarer Republik ist die Berliner Republik, die jetzt entsteht, auch keine ungelernte Demokratie mehr: Sie kann auf die Erfahrungen von vier Jahrzehnten des gelebten Parlamentarismus in der Bonner Demokratie zurückgreifen. Die neue Bundesrepublik ist mithin frei von jenem Erbe des Bismarckreiches, an dem der erste deutsche Nationalstaat letztlich gescheitert ist: der historischen Verschleppung der Freiheitsfrage. [...]
Die alte Bundesrepublik hat sich im Lauf der Jahrzehnte gegenüber der politischen Kultur des Westens weit geöffnet – mehr noch: diese Kultur verinnerlicht. Das gilt heute zu Recht als eine der großen Leistungen der Bonner Republik. Doch die Berliner Republik kann sich damit nicht zufriedengeben. Denn die Verwestlichung ist solange ein unvollkommenes Projekt, als sie nicht auch den deutschen Begriff von Nation erfasst hat. Nationszugehörigkeit ist in Deutschland immer noch in höherem Maße, als das auch in anderen westlichen Demokratien der Fall ist, eine Frage der Abstammung und weniger eine des Willens, zur Nation zu gehören. Auf dem Weg von der Abstammungs- zur Abstimmungsgemeinschaft, von der objektiv zur subjektiv definierten Nation, hat Deutschland noch eine längere Wegstrecke zurückzulegen als manche seiner europäischen Nachbarn.
Eine Verwestlichung, Modernisierung, Demokratisierung des deutschen Begriffs von Nation: das ist eine der Herausforderungen, vor die das vereinte Deutschland gestellt ist. Eine andere ist, als Antwort auf die wechselseitige Entfremdung von Ost- und Westdeutschen in vier Jahrzehnten staatlicher Trennung, die Neubildung der deutschen Nation. Wenn die neue Bundesrepublik beide Aufgaben als die zwei Seiten einer Medaille begreift, könnte sich zwischen Demokratie und Nation in Deutschland ein anderes Verhältnis entwickeln als in der Vergangenheit: eine Beziehung, die die Deutschen umfassend und auf Dauer mit der politischen Kultur des Westens verbindet.

Heinrich August Winkler, Demokratie und Nation in der deutschen Geschichte, in: Ders., Streitfragen der deutschen Geschichte. Essays zum 19. und 20. Jahrhundert, München 1997, S. 31–51, hier S. 50f.

32040-171

1. Erläutern Sie, was Winkler mit der „historischen Verschleppung der Freiheitsfrage" (Zeile 15f.) meint.
2. Erklären Sie, ausgehend vom Text, den Unterschied zwischen „Abstammungs-" und „Abstimmungsgemeinschaft" (Zeile 28f.). | H
3. Seit dem Jahr 2000 berechtigen neben der Abstammung von deutschen Eltern auch die Geburt in Deutschland und der dauernde Aufenthalt zur Staatsbürgerschaft. Analysieren Sie, inwieweit dies die Vorstellungen von „deutscher Nation" und „deutschem Volk" verändert hat. | F

[1] Aus den Bundestagswahlen von 1953 ging die CDU/CSU mit Bundeskanzler Konrad Adenauer (1876–1967) als Wahlsieger hervor. Adenauer erhielt damit ein Mandat für seine Politik der Westintegration.
[2] **volksdemokratisch**: Bezeichnung für ein Regierungssystem, das von einer sozialistischen oder kommunistischen Partei dominiert wird

3.3 Kernmodul: Deutscher Sonderweg und transnationale Geschichtsschreibung

Deutschlands Weg bis 1945 | Staat und Gesellschaft in Deutschland entwickelten sich im 19. Jahrhundert anders als in den Ländern Westeuropas. Der deutsche Nationalstaat von 1871 entstand nicht durch eine bürgerliche Freiheitsbewegung, sondern war das Ergebnis dreier Kriege und einer „Revolution von oben". Bis zum Ende des Ersten Weltkrieges empfanden viele Deutsche diese Besonderheit als Vorzug. Während der Weimarer Republik und im „Dritten Reich" wurde daraus eine „Ideologie des deutschen Weges" (Bernd Faulenbach), die die Ideen der Französischen Revolution und die westliche Demokratie als „undeutsch" ablehnte. Erst der Zweite Weltkrieg, der Holocaust und die deutsche Teilung führten zu einem Umdenken. Nun wurde die bisherige Entwicklung Deutschlands als Irrweg begriffen.

Seit 1945: versuchter Nachweis und künftige Vermeidung eines „Sonderwegs" | Im Zuge der Aufarbeitung der NS-Vergangenheit entstand die Vorstellung vom „deutschen Sonderweg". Historiker, Philosophen, Politikwissenschaftler und Soziologen wollten damit erklären, weshalb es gerade in Deutschland zur Diktatur der Nationalsozialisten kommen konnte. Sie verwiesen dabei auf langfristig wirksame Bedingungen: Die staatliche Zersplitterung seit dem Mittelalter, die Glaubensspaltung im 16. Jahrhundert oder das Scheitern der Revolution von 1848/49 hätten die Entwicklung zu Freiheit und Selbstbestimmung belastet oder gar verhindert (→M1). Im Zentrum dieser Betrachtungen stand das preußisch dominierte Deutsche Kaiserreich von 1871 bis 1918 – dessen politische Rückständigkeit habe die Deutschen nachhaltig von der Demokratie entfremdet (→M2).

Die in den 1960er- und 70er-Jahren entwickelte *„Sonderweg"-These* über den verhängnisvollen Verlauf der deutschen Geschichte des 19. und frühen 20. Jahrhunderts erntete sowohl Zuspruch als auch Kritik (→M3). Einerseits sorgte sie für eine griffige historische Bilanz und diente als Mahnung gegen Unterdrückung, Militarismus, Rassismus und nationalen Größenwahn. Andererseits erschien die deutsche Geschichte allzu eindimensional dargestellt, als bloße Vorgeschichte des Nationalsozialismus. Immerhin bestand Konsens darüber, dass die Fehlentwicklung Deutschlands mittlerweile beendet war. Die Nachfolger des 1945 zusammengebrochenen deutschen Nationalstaates, Bundesrepublik und DDR, verstanden sich jeweils als Gegenentwurf zur NS-Diktatur. Als 1990 die deutsche Einheit in Frieden und Freiheit vollzogen wurde, galt dies als endgültiger Schritt in eine westlich geprägte „Normalität".

Transnationale Geschichte | Ein weiteres Manko der Vorstellung vom „Sonderweg" und anderer nationaler Geschichtsdeutungen besteht darin, dass sie die eigene Vergangenheit eher isoliert betrachten. Seit dem Ende des 20. Jahrhunderts wird daher – nicht nur in Deutschland – nach einer Geschichte jenseits der reinen Nationalgeschichte gefragt. Das hängt auch mit der wachsenden Vernetzung und Globalisierung vieler Lebensbereiche, mit Mobilität und Zuwanderung, mit der europäischen Integration und mit grenzüberschreitender geschichtlicher Erinnerung zusammen. Die Einflüsse und Verflechtungen, die zwischen zwei oder mehr Nationen bestehen, werden als „transnational" bezeichnet (→M4). Sie entstanden im wesentlichen erst seit dem 19. Jahrhundert und betreffen nicht nur Politik und Wirtschaft, sondern auch Kultur, Religion, Bildung und Wissenschaft sowie zwischenmenschliche Kontakte. In einer transnationalen Geschichtsschreibung, die diese Felder untersucht, geht die deutsche Geschichte nicht etwa vollkommen auf. Vielmehr lässt sich die eigene Geschichte damit erweitern und in einen größeren Zusammenhang stellen (→M5).

M1 Diagnosen über Deutschland

Weshalb kam es in Deutschland zur Herrschaft des Nationalsozialismus? Als eine wesentliche Voraussetzung gilt die geistig-politische Entwicklung des Landes bis 1933. In diesem Zusammenhang spricht der Philosoph und Soziologe Helmuth Plessner (1892–1985) von einer „verspäteten Nation", der Politologe und Historiker Karl Dietrich Bracher (1922–2016) von einem „deutschen Sonderbewusstsein":

	Helmuth Plessner (1935/59)	Karl Dietrich Bracher (1969)
These (als Schlagwort)	„verspätete Nation"	„deutsches Sonderbewusstsein"
betrachteter Zeitraum	17. bis frühes 20. Jahrhundert	19. bis frühes 20. Jahrhundert
Merkmale der Entwicklung in Deutschland	• bis ins späte 19. Jahrhundert Aufspaltung in viele Einzelstaaten, Fehlen einer gemeinsamen Nationalidee • lange bestimmender Einfluss des Luthertums: unkritischer Glaube an Staat und Kirche, Distanz zur westeuropäischen Aufklärung • besonders in Preußen kein bürgerliches Freiheitsideal, sondern Untertanengeist und Diensteifer (Militär- und Beamtenstaat) • im 19. Jahrhundert rasche Industrialisierung, nun Einfluss von „Ersatzreligionen" wie Darwinismus[1], Materialismus[2] und Sozialismus	• Ablehnung der Ideen der Französischen Revolution • Scheitern der Revolution von 1848/49 • Deutsches Kaiserreich seit 1871 behindert die Mitbestimmung politischer Parteien • Weigerung, die Kriegsniederlage von 1918 und die Versailler Friedensordnung anzuerkennen • nach dem Ersten Weltkrieg wird Deutschland weniger als Gemeinschaft von Staatsbürgern, sondern eher als (biologisch-rassisch definierte) „Volksgemeinschaft" verstanden
negative Folgen	• geistig-politische Entfremdung von Großbritannien und Frankreich • Deutschland als „unpolitisches" Volk: bei breiten Schichten kein Wille zur Selbstbestimmung • Rückständigkeit in Sachen Menschenrechte und individueller Freiheit	• nationale Einheit und Macht wichtiger als demokratische Freiheit • Weimarer Republik wird von vielen Deutschen verachtet oder abgelehnt • in Deutschland wird antiwestliches Denken bestimmend

Basierend auf: Helmuth Plessner, Die verspätete Nation. Über die Verführbarkeit bürgerlichen Geistes (1935/1959), in: Ders., Gesammelte Schriften, hrsg. von Günter Dux, Odo Marquard und Elisabeth Ströker, Bd. 6, Frankfurt am Main 1982, S. 11–223; Karl Dietrich Bracher, Die deutsche Diktatur. Entstehung, Struktur, Folgen des Nationalsozialismus (1969), Köln/Berlin [4]1972, S. 16–28

32040-172

1. Arbeiten Sie die Unterschiede und Übereinstimmungen zwischen den Beobachtungen Plessners und Brachers heraus.
2. Gruppenarbeit: Finden Sie zu den Stichpunkten der Rubrik „Merkmale der Entwicklung in Deutschland" jeweils gegenteilige Befunde für ein westeuropäisches Land oder die USA (z. B. „Aufspaltung in Einzelstaaten" – staatliche Einheit in Frankreich). Tragen Sie die Ergebnisse in der Klasse zusammen und erläutern Sie diese. | H
3. Gruppenarbeit: Greifen Sie einen Stichpunkt der Rubrik „negative Folgen" heraus und stellen Sie die Aussage den Verhältnissen im heutigen Deutschland gegenüber.

[1] **Darwinismus:** Lehre des englischen Naturwissenschaftlers Charles Darwin (1809–1882) über Abstammung und Entwicklung der Pflanzen- und Tierwelt. Darwins Leitsätze wurden ebenso auf die menschliche Gesellschaft übertragen (Sozialdarwinismus), insofern auch hier ein „Kampf ums Dasein" herrsche, in dem sich nur die Stärksten und Anpassungsfähigsten behaupten könnten.

[2] **Materialismus:** Anschauung, die das Streben nach materiellen Gütern für vordringlich erachtet; Weltbild, das die Entwicklung des Einzelnen und der Gesellschaft hauptsächlich von materiellen Bedingungen abhängig sieht.

M2 Das Kaiserreich in der Kritik

Die eigentliche Fehlentwicklung Deutschlands, so argumentiert der Historiker Hans-Ulrich Wehler (siehe Seite 24f.), habe mit dem Deutschen Kaiserreich (1871–1918) begonnen:

Wie immer man das Kaiserreich von 1871 beurteilt [...], eine eigentümliche Fusion von modernen und traditionalen Elementen verkörperte es ganz unstreitig. Von der Beurteilung des relativen Gewichts dieser Kräfte, erst recht ihrer Entwicklungsfähigkeit hängt das historische Urteil über die moderne deutsche Geschichte nach 1871 [...] in einem ganz eminenten Maße ab. Deshalb müssen an dieser Stelle unausweichlich drei zusammenhängende Fragen geklärt werden: Ist seit 1871 ein „deutscher Sonderweg" im Sinne einer gravierenden Abweichung von dem Modernisierungspfad der westlichen Gesellschaften eingeschlagen worden? Oder ist ein bereits mehr oder minder lang bestehender „Sonderweg" nur weiter fortgesetzt worden? Oder aber hat es weder vor noch nach 1871 einen solchen „Sonderweg" gegeben? [...]

Lange Zeit, auf jeden Fall von 1871 bis 1945, hat es eine positive Vorstellung von einem solchen deutschen „Sonderweg" gegeben. Seit 1933, vollends erst seit 1945 setzte sich dann eine negative Vorstellung von einem deutschen „Sonderweg" durch, aus dem eine historisch plausibel wirkende Erklärung der großen Frage hergeleitet wurde, wie es dazu kommen konnte, dass die Weimarer Republik nach zwölf Jahren zerfiel, die nationalsozialistische Diktatur aber zwölf Jahre lang bestehen konnte, dass Deutschland als bisher einziges Industrie- und Kulturland der westlichen Zivilisation einen Radikalfaschismus[1] praktiziert hat, der die Welt in einen fünfjährigen totalen Krieg und bis nach Auschwitz führte. Dieser „Sonderweg" mündete in eine beispiellose Vernichtungspolitik und Katastrophe, die aber paradoxerweise auch die Chance eröffnete, eine zweite, erfolgreichere liberal-demokratische Republik aufzubauen und zugleich auch eine westliche Staatsbürgergesellschaft mit ihrer politischen Kultur zu entwickeln und allmählich fest zu verankern. [...]

Zahlreiche politische, gesellschaftliche, rechtliche Reformen standen im Kaiserreich von Anfang an auf der Tagesordnung, und ihre Anzahl und Bedeutung nahm kontinuierlich zu, da sich das Modernisierungsdilemma des wachsenden Abstands zwischen beschleunigter sozialökonomischer Entwicklung und erstarrtem politischen Ordnungsgefüge verschärfte. Jeder Reformanlauf ist jedoch an jenem Herrschaftssystem, das 1867/71 verfassungsrechtlich sanktioniert worden war, und an jenem Machtkartell gescheitert, das es seither aus eigennützigen Interessen verteidigt hat. Die Aufwertung des Adels, die politische Zweitrangigkeit des Bürgertums, die Isolierung der marxistischen Arbeiterbewegung, die Härte der Klassengegensätze – so beginnt eine lange Reihe von [...] Faktoren, die für die gesellschaftliche Erklärung der Bedingungen des deutschen Modernisierungswegs von grundlegender Bedeutung sind. Ausschlaggebend für den deutschen „Sonderweg" war aber letztlich das politische Herrschaftssystem und die es tragende soziale Kräftekonstellation. Sie haben zusammen jene verhängnisvollen Belastungen geschaffen, welche die Deformationen der deutschen Geschichte bis 1945 ermöglicht haben. Das Kaiserreich hat zu einem deutschen „Sonderweg" geführt, weil seine politische und soziale Herrschaftsstruktur es ermöglichte, um es in den Worten Max Webers[2] zu sagen, „in einem bürokratischen ‚Obrigkeitsstaat' mit Scheinparlamentarismus die Masse der Staatsbürger unfrei zu lassen und sie wie eine Viehherde zu ‚verwalten'", anstatt „sie als Mitherren des Staates in diesen einzugliedern".

Hans-Ulrich Wehler, Deutsche Gesellschaftsgeschichte, Bd. 3: Von der „Deutschen Doppelrevolution" bis zum Beginn des Ersten Weltkrieges, 1849–1914, München 1995, S. 461 und 1294f.

32040-173

1. Fassen Sie die Kritik Wehlers an den politischen und gesellschaftlichen Verhältnissen im Deutschen Kaiserreich zusammen.
2. Für Wehler hängt der „deutsche Sonderweg" mit Versäumnissen in der Modernisierung des Landes zusammen. Arbeiten Sie anhand des Textes und eigener Recherchen heraus, in welchen Bereichen Deutschland vor 1914/18 als modern gelten konnte, in welchen dagegen nicht. Als Kriterienkatalog können Sie dazu M1 im Kernmodul „Modernisierung" auf Seite 24 heranziehen.
3. Diskutieren Sie in der Klasse, ob sich ein „Modernisierungsdilemma" im Sinne Wehlers (wachsender Abstand zwischen beschleunigter sozialökonomischer Entwicklung und erstarrtem politischen Ordnungsgefüge) auch in der Gegenwart beobachten lässt, beispielsweise in der Europäischen Union, der Türkei, den USA oder China.

[1] **Faschismus** (von ital. *fasci di combattimento*: Kampfbünde): seit den 1920er-Jahren nationalistische, antikommunistische und diktatorische Bewegung in Italien, später auch in anderen Ländern. Die Nationalsozialisten übernahmen viele Elemente des Faschismus in ihre Herrschaftspraxis.

[2] **Max Weber** (1864–1920): deutscher Soziologe, Wirtschafts- und Kulturwissenschaftler

Propagandapostkarte aus dem Jahr 1933.
Die Aufschrift lautet: „Was der König eroberte, der Fürst formte, der Feldmarschall verteidigte, rettete und einigte der Soldat."

- ▶ Beschreiben und benennen Sie die abgebildeten Personen.
- ▶ Erläutern Sie die genannten Titel und Funktionen („König", „Fürst" usw.) sowie die den Personen zugedachten Tätigkeiten („erobern", „formen", „verteidigen" usf.).
- ▶ Stellen Sie die hier behauptete Kontinuität deutscher Geschichte derjenigen gegenüber, wie sie in M1 und M2 skizziert wird.

32040-174

M3 Sonderweg pro und kontra

*Der Historiker Heinrich August Winkler (*1938) fasst 1981 die bisherige Diskussion über den „deutschen Sonderweg" zusammen:*

Die Ausgangsfrage jener Historiker und Soziologen, die in kritischer Absicht von einem deutschen Sonderweg sprechen, lautete und lautet heute noch: Warum war Deutschland das einzige hochindustrialisierte Land, das im Zuge der Weltwirtschaftskrise nach 1929 sein demokratisches System aufgab und durch eine totalitäre[1] Diktatur von rechts ersetzte? Die Antworten gehen weit auseinander, aber sie haben doch einen gemeinsamen Nenner: Deutschland war zu spät eine Demokratie geworden. Ohne die Weltwirtschaftskrise hätte Weimar vermutlich noch lange überleben können, aber ohne das fortwirkende Erbe der obrigkeitsstaatlichen Vergangenheit hätte die erste deutsche Demokratie wohl auch die Weltwirtschaftskrise überstanden. Dass Deutschland *vor* 1918 nicht parlamentarisch, sondern autoritär regiert wurde, hat seine politische Entwicklung *nach* 1918 entscheidend bestimmt. [...]

Deutschland unterschied sich von Frankreich und England viel weniger als etwa Russland. Es gab eine Fülle von gesellschaftlichen und kulturellen Gemeinsamkeiten zwischen Deutschland und Westeuropa. Im Gegensatz zum Zarenreich war Deutschland von den großen europäischen Emanzipationsbewegungen – von der Reformation über die Aufklärung bis zum bürgerlichen Liberalismus und zum demokratischen Sozialismus – tief erfasst worden. [...] Aber gerade auf dem Hintergrund der Gemeinsamkeiten fallen die Unterschiede auf. Die Nähe zu Westeuropa berechtigt dazu, von einem deutschen Sonderweg zu sprechen.

Die deutsche Abweichung vom Westen sprang erst im 20. Jahrhundert aller Welt in die Augen, aber begonnen hatte sie lange zuvor. Während in Westeuropa die Nationalstaaten im Mittelalter entstanden, formten sich in der Mitte Europas viele Territorialstaaten heraus. Während sich in Frankreich und England große Teile des Bürgertums und auch des Adels gegen den Absolutismus des Königs auflehnten, scharten sich in den protestantischen deutschen Territorien die Bürger um den Landesherrn als den Verteidiger des neuen Glaubens. Während in Frankreich eine Revolution von unten den Absolutismus und die Überreste des Feudalismus[2] hinwegfegte, setzten aufgeklärte Monarchen und Beamte in Deutschland auf rechtzeitige Reformen, ja auf eine Art Revolution von oben.

In seinem Werk „Der lange Weg nach Westen" aus dem Jahr 2000 verteidigt Winkler noch einmal die „Sonderweg"-These gegen ihre Kritiker:

Der stärkste Einwand gegen die These vom „deutschen Sonderweg" lautet noch immer, dass es einen oder gar den westlichen „Normalweg" nicht gibt: Der englische war es so wenig wie der französische oder der amerikanische. Aber der Begriff „westliche Demokratien" verweist doch auf ein gemeinsames Merkmal der Staaten, von deren politischer Entwicklung sich die deutsche bis 1945 scharf abhob. Die Menschen- und Bürgerrechte in der Tradition der englischen Habeas-Corpus-Akte von 1679[3], der amerikanischen Unabhängigkeitserklärung von 1776 und der Erklärung der Menschen- und Bürgerrechte durch die französische Nationalversammlung am 26. August 1789 waren tief genug in der politischen Kultur der westlichen Demokra-

[1] **totalitär** (von lat. *totus*: ganz, umfassend): Bezeichnung für eine Herrschaftsform, die die vollständige Unterwerfung und Kontrolle der Menschen anstrebt

[2] **Feudalismus** (von lat. *feudum*: Lehen): Aus dem europäischen Mittelalter stammende Wirtschafts- und Gesellschaftsordnung. Darin verleiht der Adel seine Güter an Untertanen, um dafür von ihnen Abgaben und persönliche Gefolgschaft zu erhalten.

[3] **Habeas-Corpus-Akte**: englisches Gesetz aus dem Jahr 1679. Es verbietet die Inhaftierung einer Person ohne vorherige richterliche Prüfung und bildet einen Grundstein moderner Rechtsstaatlichkeit.

tien verankert, um Verstöße gegen dieselben zum öffentlichen Skandal zu machen und den Kampf um ihre weitere Verwirklichung voranzutreiben. Diese Tradition fehlte in Deutschland nicht, aber sie war schwächer als die des langlebigen Obrigkeitsstaates. Anders gewendet: Die Verschleppung der Freiheitsfrage im 19. Jahrhundert bildet eines der wichtigsten Kapitel in der Vorgeschichte der „deutschen Katastrophe“ der Jahre 1933 bis 1945.

Erster Text: Heinrich August Winkler, Der deutsche Sonderweg: Eine Nachlese, in: Merkur. Deutsche Zeitschrift für europäisches Denken 35 (1981), Heft 399, S. 793–804, hier S. 801–803; zweiter Text: Ders., Der lange Weg nach Westen, Bd. 2: Deutsche Geschichte vom „Dritten Reich“ bis zur Wiedervereinigung, München [7]2010, S. 648

32040-175

1. Arbeiten Sie anhand von M1 bis M3 heraus, was den deutschen „Obrigkeitsstaat“ bis 1945 kennzeichnete.
2. Fassen Sie die Merkmale zusammen, die Winkler für den „Westen“ als prägend ansieht.
3. Diskutieren Sie in der Klasse, welche politischen, gesellschaftlichen, wirtschaftlichen und kulturellen Charakteristika Sie mit der „westlichen Welt“ verbinden.
4. Gruppenarbeit: Finden Sie Beispiele aus der deutschen Geschichte seit 1945, in denen versucht wurde, die Fehler der Vergangenheit zu vermeiden.
5. Nehmen Sie Stellung zu der Frage, ob nicht auch Europa insgesamt einen „Sonderweg“ in die Moderne beschritten hat. Beziehen Sie dabei die kulturelle und staatliche Vielfalt, Kriege und Revolutionen sowie die Kolonialherrschaft europäischer Länder in Ihre Überlegungen mit ein.

M4 Über Grenzen hinweg

In der Einführung zu einem Sammelband wird der Begriff „transnational“ historisch eingeordnet und definiert:

Der Rückblick auf die Herausbildung starker nationaler Identitäten seit dem 19. Jahrhundert macht deutlich, dass die Identifikation mit dem Nationalstaat ihre Dynamik nicht zuletzt daraus gewann, dass der Nationalstaat für die zentralen Herausforderungen des 19. Jahrhunderts wie z.B. den technischen Fortschritt, die allgemeine Wohlstandsmehrung und die damit zusammenhängende „soziale Frage“, aber auch hinsichtlich der Kolonialisierung und weltwirtschaftlichen Expansion die effizientesten Kapazitäten bereitzustellen versprach. Im 20. Jahrhundert lässt sich dagegen in wichtigen Politikfeldern eine bemerkenswerte Verschiebung der Problemlagen auf die transnationale Ebene feststellen. Außenpolitisch haben dabei vor allem die beiden Weltkriege, die verschiedenen Krisen im Rahmen des Kalten Kriegs, die verschärfte Nord-Süd-Problematik[1] und die daraus erwachsenden supranationalen Zusammenschlüsse sowie globale ökologische Krisen und die neuen Migrationen die offenkundigen Grenzen des Systems der Nationalstaaten und damit auch einer rein „internationalen“ Politik aufgezeigt. [...]
Der Begriff [„transnational“] findet sich in der wissenschaftlichen Literatur vereinzelt seit den 1960er- und verstärkt ab der Mitte der 1970er-Jahre. Hierbei standen Themen des Wirtschaftsrechts und Analysen übernational agierender Wirtschaftsunternehmen und -verbände sowie des Technologietransfers im Vordergrund, vereinzelt findet sich auch der Bezug auf den über die nationalen Grenzen hinweg agierenden Terrorismus. Innerhalb der Wirtschaftswissenschaften handelte es sich um eine ergänzend-abgrenzende Begrifflichkeit zu „multinational“, wobei eine Hierarchisierung in der Weise eingeführt wurde, dass „multinational“ häufig als eine Vorstufe von „transnational“ innerhalb eines allgemeinen Internationalisierungsprozesses definiert wurde [...]. Seit den 1980er- und insbesondere in den 1990er-Jahren hat der Begriff dann Eingang in die allgemeine sozialwissenschaftliche Literatur gefunden, wobei nur selten versucht wird, ihn genauer zu beschreiben [...]. Es zeichnet sich jedoch trotz vieler Unschärfen eine Art Konsens darüber ab, dass als *transnational* zunächst ganz allgemein all diejenigen Interaktionen zwischen Individuen, Gruppen, Organisationen und Staaten bezeichnet werden können, die über Grenzen hinweg agieren und dabei gewisse über den Nationalstaat hinausgehende Strukturmuster[2] ausbilden. Eine solche Definition lässt dabei zunächst den räumlichen Rahmen solcher Austauschprozesse offen, um die analytische Reichweite nicht von vornherein einzuengen.

Hartmut Kaelble, Martin Kirsch und Alexander Schmidt-Gernig, Zur Entwicklung transnationaler Öffentlichkeiten und Identitäten im 20. Jahrhundert. Eine Einleitung, in: Dies. (Hrsg.), Transnationale Öffentlichkeiten und Identitäten im 20. Jahrhundert, Frankfurt am Main/New York 2002, S. 7–33, hier S. 7–9

32040-176

1. Präsentation: Geben Sie die Aussagen des Textes in Form einer Mindmap wieder, in deren Mittelpunkt der „Nationalstaat“ steht.
2. Finden Sie Beispiele aus Geschichte und Gegenwart für transnationale Vorgänge oder Verflechtungen, die der hier angebotenen Definition (Zeile 39 bis 44) entsprechen. Erklären Sie die ausgewählten Beispiele.

[1] **Nord-Süd-Problematik**: Bezeichnung für das seit dem 20. Jahrhundert weltweit herrschende Gefälle zwischen Industrienationen (vereinfacht: „Norden“) und Schwellen- und Entwicklungsländern („Süden“).
[2] **Strukturmuster**: wiederkehrende, wiederholbare oder feste Formen (hier: von Begegnung und Zusammenarbeit)

M5 Lohnender Perspektivenwechsel

*Anhand eines Beispiels skizziert der deutsch-britische Historiker Kiran Klaus Patel (*1971), worin der Mehrwert einer transnationalen Geschichtsschreibung liegen kann:*

[Ein Beispiel für transnationale Geschichtsschreibung] bezieht sich auf die Geschichte der europäischen Auswanderung im 19. und frühen 20. Jahrhundert. Wenn man sich etwa auf die deutsche Geschichte konzentriert, so lässt sich das gängige Narrativ[1] zum Thema relativ knapp zusammenfassen [...]. Danach waren vor allem aufgrund der Diskrepanz zwischen raschem Bevölkerungswachstum und nicht schnell genug ansteigenden Ernährungs- und Arbeitsmöglichkeiten über fünf Millionen Deutsche gezwungen, auszuwandern. So gingen, gemessen an der Gesamteinwohnerzahl von 1900, rund 10 Prozent der deutschen Bevölkerung „verloren", von denen wiederum rund 90 Prozent in die USA auswanderten. Häufig folgt die Darstellung dieser Geschichte dem Muster einer Verlusterzählung. Lediglich in ihrer Funktion als soziales Sicherheitsventil erscheint die Auswanderung in etwas hellerem Licht. Zugleich endet das historiografiegeschichtliche Interesse an den Betroffenen, sobald sie den Bremer oder Hamburger Hafen verlassen haben – fortan fallen sie demnach in die Zuständigkeit der Geschichtsschreibung ihres Ziellandes. Migration gilt, zusammengefasst, als Einbahnstraße. [...]

In transnationaler Perspektive erscheint diese Geschichte dagegen in einem anderen Licht: Trotz einer schwierigen Quellenlage kann man festhalten, dass in einigen Jahrzehnten die Rückwanderung nach Deutschland zwischen 10 und 20 Prozent der Auswanderung betrug, dass also Hunderttausende aus Amerika wieder an ihren Ursprungsort oder in einen anderen Teil Deutschlands zurückkehrten. Viele blieben zudem nicht in den USA, sondern zogen von dort weiter. Für andere europäische Gesellschaften ergeben sich noch dramatischere Befunde: So kehrten zum Beispiel zwischen 1860 und 1930 etwa 20 Prozent aller finnischen Amerika-Auswanderer in ihre Heimat zurück, nach Spanien im Zeitraum von 1899 bis 1924 ungefähr 45 Prozent und nach Italien im selben Zeitraum sogar rund 50 Prozent der Emigranten. Schätzungen zufolge kamen insgesamt rund sieben Millionen von den ca. 50 bis 55 Millionen Europäern, die ihren Kontinent zwischen 1815 und 1939 verließen, in die Alte Welt zurück.

Für die transnationale Geschichte ergibt sich daraus ein ganzes Bündel von Fragen: Welche Netzwerke entstanden durch diese Itinerare[2] über den Atlantik hinweg? Welche Rückwirkungen hatten die frühen Transmigranten für die verschiedenen Gesellschaften? Viele von ihnen wurden erstmals in den USA massiv mit der – sich häufig erst bildenden – Nation identifiziert, aus der sie ausgewandert waren, während sie sich selbst häufig primär über ihre territoriale und regionale Zugehörigkeit oder auch konfessionell definierten. Pointiert gesagt: Erst in den USA wurde der Pfälzer zum Deutschen. Insgesamt kann man also [...] hier die Konstituierung des Nationalen aus dem Transnationalen erkennen.

Kiran Klaus Patel, Überlegungen zu einer transnationalen Geschichte, in: Zeitschrift für Geschichtswissenschaft 52 (2004), S. 626–645, hier S. 638 f.

32040-177

1. Der Verfasser unterscheidet zwischen einer herkömmlichen Sicht auf die europäische Auswanderung und einem neuen, transnationalen Zugang zum Thema. Stellen Sie die Merkmale beider Darstellungsweisen, wie sie im Text genannt werden, stichpunktartig zusammen.
2. Erläutern Sie, ausgehend vom Text, was mit einer „Konstituierung des Nationalen aus dem Transnationalen" (Zeile 51 f.) gemeint ist. Finden Sie weitere Beispiele, etwa aus Ihrer persönlichen Erfahrung, um diesen Gedanken zu veranschaulichen.
3. Präsentation: Recherchieren Sie im Internet nach Sammelbänden oder Monografien, die ein historisches Thema transnational untersuchen. Informieren Sie sich über das ausgesuchte Werk in Fachrezensionen und stellen Sie es in einem Kurzreferat vor.

[1] **Narrativ** (von lat. *narrare*: erzählen): Erzählmotiv, meist mit sinnstiftender Wirkung

[2] **Itinerar** (von lat. *iter*: Weg): zurückgelegte Wegstrecke, Reiseroute

3.4 Pflichtmodul: Der Erste Weltkrieg

Das Kapitel beschäftigt sich inhaltlich mit …

den Ursachen und dem Anlass des Ersten Weltkrieges

dem Verlauf, den Ergebnissen und den Auswirkungen des Krieges

der nationalen und internationalen Erinnerung an den Ersten Weltkrieg

„Es wird ein Krieg Aller gegen Alle entbrennen, wie ihn die Weltgeschichte noch nicht erlebt hat." So mutmaßte ein deutscher Diplomat am 3. August 1914, und er sollte recht behalten. In den Konflikt, der damals ausbrach und bis zum November 1918 andauerte, wurden sämtliche europäischen Großmächte und manche ihrer Kolonien, Japan, das Osmanische Reich, die USA und viele weitere Länder hineingezogen. Wie nie zuvor wurden Wirtschaft, Wissenschaft, Technik und Medien mobilisiert, für die Kriegsführung ebenso wie für das Durchhalten der „Heimatfront". Rund 16 Millionen Menschen starben, zahllose Soldaten und Zivilpersonen blieben an Leib und Seele verwundet zurück.

Die Welt nach dem Krieg war eine grundlegend andere als zuvor. In Europa und Nahost zerfielen mehrere Imperien. Manche der besiegten Länder wurden von Revolutionen erfasst, selbst die Siegermächte erlebten gesellschaftliche Umbrüche. Der Frieden war nicht von Dauer, sondern endete schon bald in einem weiteren Weltkrieg.

„Historial de la Grande Guerre" im französischen Péronne.
Foto von 2012.
Péronne war einer der umkämpften Orte während der Schlacht an der Somme, die 1916 mehr als eine Million Tote, Vermisste und Verwundete hinterließ. Im Schloss Péronne ist heute ein Museum eingerichtet, das den Ersten Weltkrieg aus transnationaler Sicht vorstellt.

- Informieren Sie sich über das „Historial de la Grande Guerre" in Péronne und sein Schwestermuseum in Thiepval.
- Entwickeln Sie eigene Ideen, was Sie in einem modernen Museum über den Ersten Weltkrieg aus nationaler und globaler Perspektive zu sehen erwarten.

32040-178

seit ca. 1880	Im Zeichen eines neuen **Imperialismus** versuchen europäische Mächte, die USA und Japan, die restliche Welt unter sich aufzuteilen.	**Vorgeschichte und Kriegsausbruch**
1905 - 1911	Krisen um Marokko und Bosnien verschärfen die Gegensätze in Europa.	
Juli - August 1914	**Julikrise**: Ein Konflikt zwischen Österreich-Ungarn und Serbien entfesselt den Krieg zwischen den Mittelmächten (Deutsches Reich, Österreich-Ungarn) und der Entente (Russland, Frankreich, Großbritannien).	
Herbst 1914	Die deutsche Westoffensive kommt zum Stehen, in Nordfrankreich und Belgien entsteht ein **Stellungskrieg**. An der Ostfront wehrt das Deutsche Reich den russischen Vormarsch ab.	**Vom kurzen zum langdauernden Krieg**
Oktober 1914	Kriegseintritt des Osmanischen Reiches aufseiten der Mittelmächte	
Februar 1915 - Januar 1916	Die Eroberung der türkischen Meerengen durch Truppen der Entente scheitert.	
Mai 1915	Kriegseintritt Italiens aufseiten der Entente	
Oktober 1915	Kriegseintritt Bulgariens aufseiten der Mittelmächte	
1916	Die Schlachten um **Verdun** und an der **Somme** erzielen trotz ungeheurer Verluste keinen Durchbruch.	
Februar 1917	Das Deutsche Reich nimmt seinen 1915 eingestellten unbeschränkten **U-Boot-Krieg** wieder auf.	**Vom „Epochenjahr“ 1917 zur Entscheidung**
April 1917	**Kriegseintritt der USA** aufseiten der Entente	
November 1917	**Oktoberrevolution** in Russland. Die neue Regierung von **Wladimir Iljitsch Lenin** bittet um Frieden.	
Januar 1918	US-Präsident **Woodrow Wilson** formuliert ein allgemeines Friedensprogramm (Vierzehn Punkte).	
März 1918	**Friede von Brest-Litowsk** zwischen Russland und den Mittelmächten	
September - November 1918	Nacheinander brechen Bulgarien, das Osmanische Reich, Österreich-Ungarn und das Deutsche Reich militärisch zusammen.	
11. 11. 1918	Das Deutsche Reich schließt den **Waffenstillstand von Compiègne** mit Frankreich und Großbritannien.	**Kriegsende und Friedensschluss**
1919/20	Pariser Vorortverträge. Das Deutsche Reich unterzeichnet 1919 den **Friedensvertrag von Versailles**. Der **Völkerbund** als internationale Friedensorganisation wird gegründet.	
1920er-Jahre	Der **ANZAC Day** (25. April) zum Gedenken an die gefallenen Soldaten Australiens und Neuseelands wird in diesen Ländern nationaler Gedenktag.	**Erinnerung an den Ersten Weltkrieg**
1922	Frankreich begeht den 11. November erstmals offiziell als Feiertag.	
ab 1925	Zum Gedenken an die Gefallenen des Weltkrieges wird im Deutschen Reich jährlich der **Volkstrauertag** begangen. Im Nationalsozialismus wird daraus der „Heldengedenktag“.	
1928	Der Weltkriegsroman „**Im Westen nichts Neues**“ von Erich Maria Remarque erscheint. 1930 wird er erstmals in Hollywood verfilmt.	
2014 - 2018	Die britische BBC bietet zum Weltkriegsjubiläum mehr als 130 eigens produzierte TV- und Radiosendungen.	

Europas Wege in den Krieg

Imperialismus (von lat. *imperium*: Reich, Herrschaft): Erweiterung des Herrschaftsbereiches eines Staates auf andere Völker oder Länder, oft gegen deren Willen

Die Aufteilung der Welt | Als eine der Ursachen des Ersten Weltkrieges gilt der verschärfte **Imperialismus**, der seit den 1880er-Jahren die internationalen Beziehungen prägte. Um diese Zeit gingen sämtliche Großmächte in Europa, aber auch die USA und Japan daran, den eigenen Einfluss- und Herrschaftsbereich gewaltsam auszudehnen. Schauplätze jener Expansion waren Ost- und Südostasien sowie Afrika, das europäische Staaten bis um 1910 nahezu restlos unter sich aufteilten.

Schon in den Jahrhunderten zuvor hatte es die Errichtung von Kolonien, Stützpunkten und abhängigen Territorien oder ihre Angliederung an das eigene Staatsgebiet gegeben. Neu war nun jedoch die Zielstrebigkeit der Mächte. Die beanspruchten Gebiete blieben nicht mehr privaten Handelsgesellschaften überlassen, sondern wurden von der Regierung des Mutterlandes durch Kolonialbehörden, Polizei und Militär kontrolliert.

Hinter dieser Politik stand der ständig zunehmende Bedarf der inzwischen industrialisierten Länder an Rohstoffen und Märkten. Weil in vielen Industriestaaten die Bevölkerung enorm anwuchs, schienen Kolonien auch einen Ausweg für den vermeintlichen demografischen Überdruck zu bieten. Fragen des Imperialismus beschäftigten jedoch nicht nur Regierende und Unternehmer, sondern wurden ebenso zum Programm von Parteien, Vereinen und Interessenverbänden und zum Streitgegenstand in Presse und Literatur. Der Erwerb und die Erschließung neuer Gebiete sollte von innenpolitischen Konflikten ablenken, das bestehende Herrschaftssystem stabilisieren und das Ansehen eines Landes stärken.

Internettipp
Zu den Haager Friedenskonferenzen und ihren Beschlüssen siehe diesen Code.

32039-08

Zivilisation und Gewalt | Neu war insbesondere auch die Brutalität, mit der imperialistische Mächte gegen Widerstand in den Kolonien einschritten. Während die internationale Staatengemeinschaft Regeln für die Kriegsführung vereinbarte – zumal in den *Haager Friedenskonferenzen* von 1899 und 1907 – fanden humanitäre Grundsätze in den Kriegen und „Strafaktionen" gegen aufständische Kolonialvölker kaum Beachtung. In der historischen Forschung nimmt man an, dass die damals von europäischen Soldaten verübten Grausamkeiten später auch die Kriegsführung im Ersten Weltkrieg beeinflussten. Die Verrohung im Umgang mit anderen Völkern war nicht zuletzt Ausdruck eines übersteigerten Nationalismus und Rassismus. Im Glauben an die Überlegenheit der eigenen Zivilisation und Kultur hielt man sich für berech-

„Blutiger Kampf im Südwesten Afrikas. Die deutsche Garnison von Windhuk, von den Herero belagert, wird freigekämpft."
Illustration aus der Pariser Tageszeitung „Le Petit Journal", Beilage vom 21. Februar 1904.
Seit 1884 befand sich Deutsch-Südwestafrika, das heutige Namibia, unter deutscher Kolonialherrschaft. Anfang 1904 kam es dort zum Aufstand der einheimischen Herero. Im Herbst jenes Jahres erhoben sich auch die Nama.

- Beschreiben Sie die Szene auf dem Bild.
- Analysieren Sie, welchen Eindruck die Illustration auf die Menschen im damaligen Europa machte. Gehen Sie dabei auch auf die Formulierung der Schlagzeile (siehe Bildtitel) ein. | F
- Präsentation: Informieren Sie sich im Internet über den Aufstand der Herero und der Nama. Schreiben Sie anschließend einen Blogbeitrag über den Völkermord an den Herero und Nama sowie über seine Aufarbeitung in der Gegenwart.

32040-179

tigt, den „Wilden“ die neue Ordnung aufzuzwingen. In ihrer Heimat wurden die Kolonialbeamten und -offiziere dabei oft als Helden und Pioniere des Fortschritts gefeiert (➔M1).

Selbstbehauptung oder Niedergang? | Der Wunsch nach Geltung in aller Welt brachte bald auch die imperialistischen Staaten gegeneinander auf. Zwischen ihnen entstand ein starkes Konkurrenzdenken. Demnach hatten Nationen und Gesellschaften, die sich im Kampf um politische und wirtschaftliche Macht behaupten konnten, Aussicht auf eine glänzende Zukunft, während „schwächere“ Völker verdrängt würden. Dieser Sozialdarwinismus sah sich etwa durch den Niedergang des spanischen Kolonialreiches bestätigt, dessen ehemalige Besitzungen in Lateinamerika und im Pazifik unter die Kontrolle der aufstrebenden USA gelangten. Ebenso sprach die Öffentlichkeit in Europa vom Osmanischen Reich verächtlich als vom „kranken Mann am Bosporus“. Aus seinem Herrschaftsverband hatten sich im 19. Jahrhundert immer mehr Völker (Griechen, Bulgaren, Serben, Montenegriner, Rumänen) gelöst und eigene Staaten gegründet.[1] Was von dem alten Reich auf dem Balkan und im Nahen Osten noch übrigblieb, weckte die Begehrlichkeiten der Großmächte wie auch der neuen Nationalstaaten. Der Nationalismus in Südosteuropa bedrohte langfristig ebenso den Bestand des Vielvölkerreiches Österreich-Ungarn. Selbst Großbritannien mit seinem riesigen Weltreich in Indien, im Pazifik, in Nordamerika und Afrika hielt um 1900 seine Kräfte für überdehnt. Bei den heimischen Führungsschichten löste dies Abstiegsängste aus, und auch das Ausland spekulierte über ein Ende des britischen Empire als globaler Spitzenmacht (➔M2).

Sozialdarwinismus: Anschauung, die manche Theorien des Naturforschers Charles Darwin (1809–1882) auf die moderne Gesellschaft anzuwenden sucht. Demnach herrsche auch unter den Menschen ein dauernder „Kampf ums Dasein“, in dem sich nur die Stärksten und Anpassungsfähigsten behaupten könnten.

Europas neue Vormacht | Eine weitere Hauptursache für den Ersten Weltkrieg sieht die Geschichtsforschung in der Außenpolitik des Deutschen Kaiserreiches seit Beginn des 20. Jahrhunderts.

Deutschland war 1871 zu einem Nationalstaat geeint worden, unter Führung Preußens, das nacheinander die Großmächte Österreich und Frankreich besiegt hatte, um die Staatsgründung durchzusetzen. Um das neue Deutsche Reich nach außen abzusichern, verfolgte die Reichsleitung in Berlin eine streng auf Europa beschränkte Politik. Erst Mitte der 1880er-Jahre gab Reichskanzler *Otto von Bismarck* dem Drängen deutscher Unternehmer nach und gewährte Schutzbriefe für Gebiete in Afrika und Ozeanien, die danach unter deutsche Verwaltung gelangten. Bismarcks Kanzlerschaft endete 1890. Das Deutsche Reich hatte sich bis dahin zur stärksten Wirtschaftsmacht in Europa entwickelt, mit wachsender Bevölkerung und weltweit anerkannten Errungenschaften in Wissenschaft, Kunst und Technik. An der Spitze stand der noch junge Kaiser Wilhelm II., der die Dynamik und das Selbstbewusstsein seines Landes zu verkörpern schien.

Reichsleitung: zivile politische Führung des Deutschen Kaiserreiches, bestehend aus dem Reichskanzler und seinen Staatssekretären. Der Kanzler wurde vom Kaiser (zugleich preußischer König) ernannt und entlassen und war nur ihm, nicht dem Parlament, verantwortlich. Das Militär lag außerhalb der Befugnisse der Reichsleitung und blieb dem Monarchen direkt unterstellt.

Wilhelm II. (1859–1941): Sohn Kaiser Friedrichs III. und der aus England stammenden Kaiserin Viktoria, von 1888 bis 1918 König von Preußen und deutscher Kaiser, dankte am Ende des Ersten Weltkrieges ab und lebte danach im Exil in den Niederlanden. Seine Zeit als Monarch wird als „Wilheminismus“ bezeichnet.

Zeitenwende | Um 1900 schlug das Deutsche Reich einen neuen politischen Kurs ein. Wilhelm II. berief 1897 den Konteradmiral *Alfred von Tirpitz* zum Leiter des Reichsmarineamts. Er organisierte seither den Bau einer umfangreichen Schlachtflotte. Die künftige Flotte sollte in der Lage sein, einen Krieg in der Nordsee gegen die Verbände Großbritanniens, die damals stärkste Seemacht der Welt, zu bestehen. Großbritannien, so lautete die Strategie, wäre angesichts einer solchen „Risikoflotte“ gezwungen, das Deutsche Reich als gleichberechtigten Partner zu akzeptieren.

1897 umriss auch der Staatssekretär im Auswärtigen Amt und spätere Reichskanzler *Bernhard von Bülow* die Ziele einer geänderten Außenpolitik: Deutschland strebe nach einem „Platz an der Sonne“, seine Interessen in der Welt könne es wirksam nur mithilfe einer starken Flotte vertreten. Die von Bülow so bezeichnete „Weltpolitik“ vertrat den Anspruch, bei der Verteilung der Welt mitzureden und neben Großbritannien und Russland Anerkennung als Weltmacht zu finden.

[1] Zum Balkan siehe auch die Karte auf Seite 301.

Zwar gelangen in dieser Phase einige punktuelle Erfolge wie die Errichtung des Schutzgebiets Jiaozhou (Kiautschou), das man China als Pachtland abnötigte, oder die Konzession für den Bau der Bagdadbahn von der Türkei bis nach Mesopotamien. Dennoch wirkte die deutsche „Weltpolitik" vor allem sprunghaft und für das Ausland verstörend, kaum anders als die wachsende deutsche Hochseeflotte, die nicht nur Großbritannien als Bedrohung empfand. Weil es seine ehrgeizigen Ziele meist im Alleingang zu erreichen suchte, geriet das Deutsche Reich politisch immer mehr ins Abseits.

Frankreich, Russland und Großbritannien | Nicht nur das Deutsche Reich änderte um 1900 seine Außen- und Sicherheitspolitik grundlegend, sondern ebenso alle übrigen Großmächte in Europa. Dieser Wandel führte bis 1914 zur Bildung zweier verfeindeter Lager, einer weiteren wesentlichen Voraussetzung für den späteren Krieg.

Zunächst schlossen die Republik Frankreich und das Zarenreich Russland 1894 ein Militärbündnis. Bis dahin hatte die deutsche Politik unter Bismarck dafür gesorgt, dass Frankreich ohne einen Bündnispartner blieb, mit dem es Revanche für die Niederlage im deutsch-französischen Krieg von 1870/71 hätte nehmen können.

Auch Großbritannien war bereit, neue Bindungen einzugehen, auf die es zuvor im Vertrauen auf die Stärke seines globalen Empire verzichtet hatte. Ein deutsch-britisches Abkommen misslang jedoch, da das Deutsche Reich nicht bereit war, den Aufbau seiner Flotte einzuschränken. Statt einer gemeinsamen Rüstungsbegrenzung entstand ein *Wettrüsten zur See*. Mit dem nun beginnenden Flottenausbau Großbritanniens konnte das Deutsche Reich allerdings nicht mithalten. Dennoch wollte es nicht einlenken, und die deutsch-britischen Beziehungen blieben angespannt (➜M3).

Krisen um Marokko | Eine geeignete Partnermacht fand Großbritannien hingegen in Frankreich. Beide Länder verständigten sich über ihre Interessensphären in Afrika und schlossen 1904 einen Ausgleich, die *Entente cordiale* (frz.: herzliches Einvernehmen).

Die deutsche Reichsleitung reagierte, indem sie eine Krise um Marokko lostrat. Das Land war seit 1900 immer mehr unter französische Kontrolle gelangt, ein Vorgang, den das Deutsche Reich bis dahin kaum beanstandet hatte. Im März 1905 reiste Wilhelm II. unerwartet nach Tanger und versprach dem Sultan von Marokko Schutz gegen jede auswärtige Einflussnahme. Das Deutsche Reich wollte mit dieser Provokation vor allem testen, wie zuverlässig der Beistand Großbritanniens und Russlands für Frankreich sei. Der Streit um Marokko wurde Anfang 1906 auf einer Konferenz der Großmächte im spanischen Algeciras beigelegt, aus der Frankreich gestärkt hervorging. 1907 schlossen seine beiden Verbündeten Großbritannien und Russland auch untereinander eine Entente, zum Ausgleich ihrer Interessen im Mittleren Osten. Die drei Entente-Mächte (*Tripelentente*) waren damit fester denn je verbunden, nicht zuletzt als Reaktion auf den deutschen Versuch, sie gegenseitig auszuspielen (➜M4).

Als Frankreich 1911 mit Truppen in Marokko einmarschierte, angeblich zur Stützung des Sultans gegen Aufständische, kam es zu einer *zweiten Marokkokrise*: Das Deutsche Reich entsendete Kriegsschiffe, um eigene Ansprüche auf Marokko geltend zu machen. Erneut konnte Frankreich auf die Rückendeckung der Entente-Partner zählen und den deutschen Vorstoß abwehren. Im *Marokko-Kongo-Vertrag* ließ das Deutsche Reich alle Forderungen fallen und wurde dafür mit Gebieten in Kamerun in Zentralafrika abgefunden. 1912 errichtete Frankreich ungehindert ein **Protektorat** über Marokko.

Protektorat (lat.: Schutzherrschaft): Verwaltung eines Landes und militärischer Schutz nach außen durch einen anderen Staat

Krise um Bosnien-Herzegowina | Mit dem Deutschen Reich war die Donaumonarchie Österreich-Ungarn verbündet, beide Mächte hatten schon 1879 den *Zweibund* als Verteidigungsallianz gegründet. 1882 war der Zweibund um das Königreich Italien zum *Dreibund* erweitert worden. Österreich-Ungarn, ein Vielvölkerreich mit mehr als einem Dutzend Nationalitäten und Bevölkerungen unterschiedlicher Sprache und Religion, befand sich seit Ende des 19. Jahrhunderts in der Defensive gegenüber den Unabhängigkeitsbestrebungen in Ost- und Südosteuropa. Im Oktober 1908 gliederte es das seit dreißig Jahren bestehende Protektorat *Bosnien-Herzegowina* vollständig in sein Staatsgebiet ein. Die Annexion verstieß gegen internationale Verträge, sollte jedoch das Land vom Nationalismus Serbiens abschirmen, der eine Vereinigung mit den bosnischen Serben wünschte. Der Schritt stieß auf den Widerspruch Russlands, das mit Serbien verbündet war und sich als Schutzmacht aller Slawen (**Panslawismus**) verstand. Ein drohender Krieg wurde dennoch vermieden, da sich das Deutsche Reich demonstrativ hinter Österreich-Ungarn stellte und Russland dadurch einschüchterte.

Panslawismus: geistig-politische Strömung, die die kulturelle Gemeinsamkeit aller slawischen Völker betont. Seit dem späten 19. Jahrhundert entstand daraus die Forderung nach nationaler Befreiung aller Slawen unter der Führung Russlands.

Suche nach Sicherheit | Seit der Bosnienkrise war das Verhältnis Österreich-Ungarns und des Deutschen Reiches mit ihrem Nachbarn Russland dauerhaft beschädigt. Das Zarenreich begann 1908 eine langfristige Heeresreform, die seine Landstreitkräfte bis 1917 auf zwei Millionen Mann vergrößern würde. Auch das Deutsche Reich, Österreich-Ungarn und Frankreich nahmen nun den Ausbau ihrer Armeen vor, ein neues Wettrüsten setzte ein.

Europas Großmächte spalteten sich immer mehr in zwei Gruppierungen. Die Bündnisse auf beiden Seiten erschienen dabei keineswegs „wasserdicht“ und verfestigten sich erst allmählich zu Militärblöcken. Gerade dies sorgte für ständige Verunsicherung zwischen den Mächten, die stets um die Zuverlässigkeit ihrer Bündnisse und um den Beistand der Vertragspartner besorgt sein mussten. Jede neue Krise geriet daher zur Belastungsprobe – für die eigene Sicherheit wie für den Frieden insgesamt (➔M5).

Krise um das Osmanische Reich | 1911 überfiel Italien Gebiete in Nordafrika, die zum Osmanischen Reich gehörten. Der Krieg endete im Herbst 1912 mit einem Sieg Italiens, dem das heutige Libyen zugesprochen wurde. Gleich darauf erklärte auch der *Balkanbund*, ein Bündnis aus Serbien, Montenegro, Bulgarien und Griechenland, dem Osmanischen Reich den Krieg. Bis zum Jahresende 1912 verlor das Osmanische Reich alle ihm noch verbliebenen Gebiete auf der Balkanhalbinsel. Die europäischen Großmächte vermittelten den *Londoner Vertrag*, der den *ersten Balkankrieg* im Mai 1913 beilegte. Doch die Unzufriedenheit der Staaten des Balkanbundes über die Gebietsaufteilung führte zu einer Wiederaufnahme der Kämpfe. Im *zweiten Balkankrieg* von Juni bis August 1913 unterlag Bulgarien gegen Serbien, Griechenland, Rumänien und das Osmanische Reich. Der *Friede von Bukarest* verschob die Grenzen in Südosteuropa ein weiteres Mal.

Der Balkan als „Pulverfass“ | Die Balkankriege von 1912/13 konnten durch Einschaltung der Großmächte entschärft werden, ehe daraus ein europaweiter Krieg entstand. Doch die Konflikte wurden danach nicht weniger. Österreich-Ungarn hatte zwar erreicht, dass Serbien keinen Zugang zur Adria erhielt, wofür ein unabhängiger Staat *Albanien* geschaffen wurde. Die Donaumonarchie sah sich jedoch mehr denn je vom Nationalismus Serbiens bedroht, der die Abspaltung aller slawischen Völker von Österreich-Ungarn forderte. Der junge Nationalstaat Serbien fühlte sich als kommende Macht in Südosteuropa, auch dank seiner engen Anlehnung an Russland. Angesichts unklarer Machtverhältnisse und weiterhin offener Nationalitätenfragen blieb der Balkan ein gefährlicher Unruheherd.

Der Balkan 1913.

► Arbeiten Sie aus der Karte heraus, welche Umwälzungen sich 1912/13 für die Länder dieser Region ergaben.

32040-180

Julikrise | Am 28. Juni 1914 ereignete sich ein Anschlag, der die nächste Balkankrise auslöste. Erzherzog *Franz Ferdinand*, der Thronfolger Österreich-Ungarns, und seine Ehefrau *Sophie* wurden bei einem Besuch in Sarajewo, der Hauptstadt Bosnien-Herzegowinas, erschossen. Der 19-jährige Täter, Gavrilo Princip, war bosnischer Serbe und gehörte der proserbischen Organisation *Mlada Bosna* (Junges Bosnien) an.

Österreich-Ungarn nahm das Attentat zum Anlass, einen großen Vergeltungsschlag gegen Serbien vorzubereiten. Die Belgrader Regierung wurde als Drahtzieher für den „Königsmord" von Sarajewo vermutet, eine Ansicht, für die damals keine Beweise vorlagen. Mit Serbien „abzurechnen" barg freilich das Risiko eines Krieges mit Russland. Österreich-Ungarn erhielt jedoch schon Anfang Juli deutsche Rückendeckung, als Kaiser Wilhelm und sein Reichskanzler *Theobald von Bethmann Hollweg* versicherten, man werde der Donaumonarchie in jedem möglichen Konflikt beistehen.

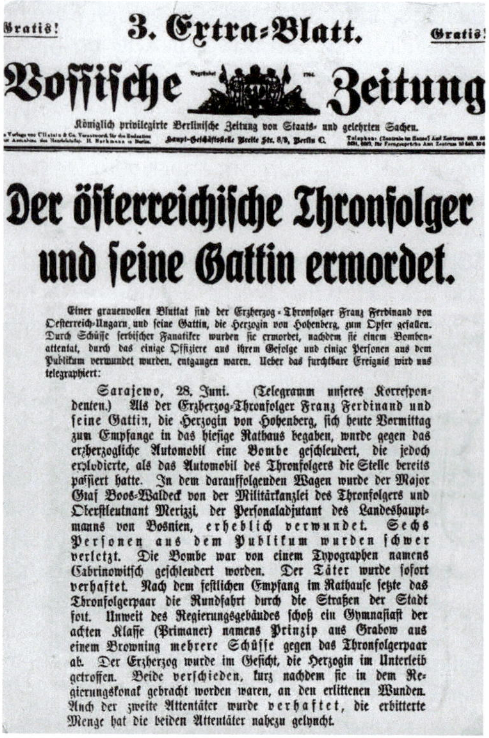

Gratis! 3. Extra-Blatt. Gratis!

Vossische Zeitung

Königlich privilegirte Berlinische Zeitung von Staats- und gelehrten Sachen.

Der österreichische Thronfolger und seine Gattin ermordet.

Einer grauenvollen Bluttat sind der Erzherzog-Thronfolger Franz Ferdinand von Oesterreich-Ungarn, und seine Gattin, die Herzogin von Hohenberg, zum Opfer gefallen. Durch Schüsse serbischer Fanatiker wurden sie ermordet, nachdem sie einem Bombenattentat, durch das einige Offiziere aus ihrem Gefolge und einige Personen aus dem Publikum verwundet wurden, entgangen waren. Ueber das furchtbare Ereignis wird uns telegraphiert:

Sarajewo, 28. Juni. (Telegramm unseres Korrespondenten.) Als der Erzherzog-Thronfolger Franz Ferdinand und seine Gattin, die Herzogin von Hohenberg, sich heute Vormittag zum Empfange in das hiesige Rathaus begaben, wurde gegen das erzherzogliche Automobil eine Bombe geschleudert, die jedoch explodierte, als das Automobil des Thronfolgers die Stelle bereits passiert hatte. In dem darauffolgenden Wagen wurde der Major Graf Boos-Waldeck von der Militärkanzlei des Thronfolgers und Oberstleutnant Merizzi, der Personaladjutant des Landeshauptmanns von Bosnien, erheblich verwundet. Sechs Personen aus dem Publikum wurden schwer verletzt. Die Bombe war von einem Typographen namens Cabrinowitsch geschleudert worden. Der Täter wurde sofort verhaftet. Nach dem festlichen Empfang im Rathause setzte das Thronfolgerpaar die Rundfahrt durch die Straßen der Stadt fort. Unweit des Regierungsgebäudes schoß ein Gymnasiast der achten Klasse (Primaner) namens Prinzip aus Grabow aus einem Browning mehrere Schüsse gegen das Thronfolgerpaar ab. Der Erzherzog wurde im Gesicht, die Herzogin im Unterleib getroffen. Beide verschieden, kurz nachdem sie in dem Regierungskonak gebracht worden waren, an den erlittenen Wunden. Auch der zweite Attentäter wurde verhaftet, die erbitterte Menge hat die beiden Attentäter nahezu gelyncht.

Bildinformation 31000-467

„Der österreichische Thronfolger und seine Gattin ermordet."
Kostenloses Extrablatt der in Berlin erscheinenden „Vossischen Zeitung" vom 28. Juni 1914.

- Recherchieren Sie über den Hergang des Attentats von Sarajewo.
- Setzen Sie sich auf der Grundlage Ihrer Recherchen mit der Frage auseinander, ob und inwieweit es gerechtfertigt war, die Regierung Serbiens für den Anschlag verantwortlich zu machen.

32040-181

Gavrilo Princip (1894–1918):
aus Bosnien stammender serbischer Nationalist. Für den Doppelmord von Sarajewo verurteilte ihn ein österreichisches Gericht im Oktober 1914 zu einer Gefängnisstrafe statt zum Tode, da er zum Tatzeitpunkt nicht volljährig gewesen war. Wenige Monate vor Kriegsende starb er in der Haft an Tuberkulose.

Deutsche Planungen | Hinter diesem „Blankoscheck" stand die Überlegung, Österreich-Ungarn zu einem energischen Vorgehen gegen Serbien zu ermutigen. Die deutsche Reichsleitung nahm dafür einen möglichen neuen Balkankrieg in Kauf, ebenso kalkulierte sie mit einem Krieg gegen Russland. Ein deutsch-russischer Konflikt bedeutete aber sehr wahrscheinlich auch einen Krieg mit Frankreich. Die deutsche Militärführung hatte seit Langem für einen Zweifrontenkrieg gegen das französisch-russische Bündnis geplant. Der sogenannte Schlieffen-Plan sah zuerst eine Großoffensive gegen Frankreich vor, um danach alle Kräfte gegen Russland zu werfen. Eine alternative Strategie hatte die Militärführung nicht zu bieten.

Jetzt oder nie | Trotz dieser Gefahren hielten Wien und Berlin daran fest, gegen Serbien gewaltsam vorzugehen. Österreich-Ungarn glaubte sich berechtigt und genötigt, Stärke zu zeigen und gegen den serbischen Nationalismus einzuschreiten. Das Deutsche Reich wollte seinen Verbündeten stützen und sah eine Gelegenheit, die Entente-Mächte zu testen. Im günstigsten Fall schreckten sie vor einem großen Krieg zurück, ließen Serbien fallen und wären untereinander entzweit. Trat dagegen der *worst case* eines europäischen Krieges ein, so fand dieser Konflikt besser jetzt als in den kommenden Jahren statt. Dann nämlich hätten Russland und Frankreich den gegenwärtigen Rüstungswettlauf für sich entschieden und wären nicht mehr besiegbar (→M6).

Damit das Vorhaben gelingen konnte, setzten Wien und Berlin einvernehmlich auf Überraschung und Geheimhaltung. Österreich-Ungarn wollte ein *Ultimatum* an Serbien stellen, kurz befristet und mit unannehmbaren Forderungen, deren Ablehnung den gesuchten Kriegsgrund liefern würde. In dieses Vorgehen wurde nur die deutsche Reichsleitung eingeweiht. Berlin wiederum erklärte auf jede Anfrage der übrigen Mächte, es habe mit dem Geschehen auf dem Balkan nichts zu tun. Diese Politik der „Lokalisierung" hatte jedoch zur Folge, dass Vermittlungsversuche, wie sie etwa Großbritannien unternahm, ins Leere gingen.

Internettipp
Zum deutschen „Blankoscheck" vom Juli 1914 finden Sie ausführliche Informationen unter diesem Code.

32039-09

Ein neuer Balkankrieg | Es dauerte mehrere Wochen, bis Österreich-Ungarn das Ultimatum an Serbien ausgearbeitet hatte. Immer wieder wurde an dem Entwurf gefeilt. In der Zwischenzeit konnten sich Russland und Frankreich aufeinander abstimmen, ebenso Serbien und Russland. Somit gab es auch hier ein wohlüberlegtes Kalkül, wie weit man in der Krise gehen wollte. Nach Lage der Dinge schloss dies den Krieg gegen Österreich-Ungarn und notfalls gegen das Deutsche Reich mit ein.

Am 23. Juli erhielt Serbien das österreichisch-ungarische Ultimatum, auf das es binnen 48 Stunden zu antworten hatte. Der Forderungskatalog war kaum erfüllbar, wollte Serbien nicht seine Souveränität preisgeben. Nach Rücksprache mit der russischen Regierung akzeptierte Belgrad zwar die meisten Punkte, wenngleich nicht alle. Österreich-Ungarn sah die Antwort als ungenügend an und erklärte Serbien am 28. Juli den Krieg. Schon am folgenden Tag begann es mit der Bombardierung von Belgrad durch Kanonenboote auf der Donau, ein Verstoß gegen das Kriegsvölkerrecht (→M7 und M8).

Schlieffen-Plan: Operationsplan von 1905 für einen Zweifrontenkrieg, benannt nach dem damaligen preußischen Generalstabschef Alfred von Schlieffen (1833–1913). Der Plan sah eine schnelle Überflügelung Frankreichs von Norden her vor, indem deutsche Armeen durch das neutrale Belgien marschierten. Nach einem Sieg im Westen sollten genügend Kräfte gegen Russland zur Verfügung stehen.

Europaweiter Krieg | Der Balkankrieg war damit Wirklichkeit. Doch was würden die übrigen Mächte tun? Russland hatte schon nach Bekanntwerden des Ultimatums beschlossen, Serbien in einem Krieg beizustehen. Die Regierung des Zaren gab am 30. Juli den Befehl zur Mobilmachung aller Truppen, was sich sowohl gegen Österreich-Ungarn als auch gegen das Deutsche Reich richten konnte. Wegen der Schwerfälligkeit eines russischen Aufmarschs musste dieser Schritt jedoch nicht sogleich den Kriegsbeginn bedeuten. Dennoch reagierte das Deutsche Reich bereits am nächsten Tag mit der eigenen Mobilmachung. Für die Reichsleitung schien es günstiger, als Angegriffener dazustehen und die eigene Öffentlichkeit hinter sich zu wissen, als abzuwarten und nach einer politischen Lösung zu suchen. Der deutschen Militärführung wiederum kam es darauf an, durch eine schnelle Mobilmachung „nach Plan" einen Zeitvorsprung zu gewinnen. Am 1. August endete die Frist für ein deutsches Ultimatum an Russland, seine Mobilisierung abzubrechen. Gleich darauf erklärte das Deutsche Reich dem Zarenreich den Krieg. Da der erwähnte Schlieffenplan vorsah, den deutschen Aufmarsch zunächst gegen Frankreich zu richten, forderte Berlin am 1. August auch den westlichen Nachbarn ultimativ auf, sich neutral zu erklären. Als die Frist am 3. August verstrich, folgte die deutsche Kriegserklärung an Frankreich. Binnen weniger Tage war aus dem Balkankrieg ein großer europäischer Krieg erwachsen.

Mobilmachung: Anordnung eines Staates zur Einsatzbereitschaft seiner Streitkräfte

Auch die letzte Großmacht greift ein | Großbritannien hatte seit Beginn der Krise mehrmals vergeblich zu vermitteln versucht. Es besaß keine Interessen auf dem Balkan, vielmehr war ihm an einem Gleichgewicht zwischen den Mächten gelegen. Da ein europäischer Krieg dieses Gleichgewicht zerstören würde, konnte es in diesem Fall nicht beiseite stehen. Jene Haltung wurde jedoch erst spät signalisiert: Außenminister *Edward Grey* ließ Berlin am 29. Juli wissen, Großbritannien könne bei einem Angriff auf Frankreich nicht neutral bleiben. Dennoch zögerte die Regierung in London mit einer Kriegserklärung. Den letzten Auslöser lieferte der deutsche Aufmarsch, der auf dem Weg nach Frankreich durch die neutralen Länder Luxemburg und Belgien führte. Als deutsche Truppen die Grenze nach Belgien überquerten, stellte Großbritannien ein Ultimatum an das Deutsche Reich, sich unverzüglich zurückzuziehen. Am 4. August war die Frist abgelaufen, Großbritannien trat an der Seite Frankreichs und Russlands in den Krieg ein.

Der Friede wird verspielt | Anders als die zahlreichen Krisen zuvor konnte die *Julikrise* von 1914 nicht friedlich beigelegt werden. Keine Seite war am Ende zum Nachgeben bereit gewesen. Die Bündnisse wirkten nicht mehr als gegenseitige Abschreckung, vielmehr sahen sich ihre Mitglieder veranlasst, den jeweiligen Verbündeten in den Konflikt zu folgen. Die Militärs boten ihren Regierungen zwar nur wenige Optionen und setzten sie mit den eigenen Vorgaben unter extremen Zeitdruck. Doch waren es jeweils zivile Politiker, die die Entscheidung zum Krieg trafen.

M1 Jugend und Zukunft im Imperialismus

*a) Der US-Historiker John H. Morrow jr. (*1944) skizziert die Rolle des Krieges im Zeitalter des Imperialismus:*

Robert Baden-Powell.
Foto um 1900.

Das Lebensgefühl des imperialistischen Zeitalters schuf eine Atmosphäre, in der Jugendliche der oberen und mittleren Gesellschaftsschichten Europas den Krieg als ultimativen Sport geradezu herbeisehnten. Sir Robert Baden-Powell, aus dem Burenkrieg[1] als Held zurückgekehrt, gründete die „Boy Scouts". Sie sollten den schwächlichen Nachwuchs der Industriegesellschaft, der bei den Musterungen zum Burenkrieg reihenweise durchgefallen war, in robuste Kriegernaturen verwandeln. Garnet Wolseley, Großbritanniens meistbewunderter Soldat, sah im Krieg das „beste Mittel zur Läuterung" einer „allzu verfeinerten ... Rasse oder Nation". Das Britische Empire benötige einen „imperialen" Menschenschlag, dem man die „verweichlichten" oder „verkümmerten" Züge ausgetrieben habe. Sir Arthur Conan Doyle, der Erfinder von Sherlock Holmes, sann im August 1914 darüber nach, wie gut dem Land eine „blutige Säuberungsaktion" bekäme. Die Gründer der Pfadfinder, der deutschen Variante der Boy Scouts, waren Veteranen des grausamen Krieges gegen die Herero in Deutsch-Südwestafrika. Wie bei den Briten gab es auch unter Deutschen die Sorge, durch das Leben in den Städten würden junge Männer geschwächt. Daher förderte der „Wandervogel", die deutsche Jugendbewegung, den Ausbruch in die Reinheit der Natur, während der „Jungdeutschlandbund" eine Militarisierung der Jugendarbeit vornahm. Vereinigungen wie diese, so der Historiker Derek Linton, waren „in hohem Maße das Ergebnis der Ära des Imperialismus", die den Krieg für „ein heldenhaftes und ruhmreiches Spiel" hielt und als „Bewährungsprobe einer ganzen Generation und Gelegenheit zur Flucht ... aus dem städtischen Alltag" ansah.

*b) Der deutsche Historiker Wolfgang Kruse (*1957) erinnert an den Kulturpessimismus der jungen Generation zu Beginn des 20. Jahrhunderts:*

Eine im Einzelnen schwer einschätzbare, zweifellos aber nicht zu unterschätzende Rolle in der Vorgeschichte des Krieges spielten [...] die inneren Krisen, die den Modernisierungsprozess der europäischen Gesellschaften und Staaten begleiteten und die sich im frühen 20. Jahrhundert vielfach noch zuspitzten. Hier ist nicht zuletzt der Kulturpessimismus zu nennen, eine geistige Strömung, die sich insbesondere in den jüngeren Generationen des Bürgertums breitmachte. Ihnen erschienen die Errungenschaften und Verheißungen der Modernisierung in mancher Hinsicht schal, unmittelbar betroffen waren sie dagegen von den Zwängen und Verwerfungen der modernen Gesellschaft, der Naturzerstörung, der Unwirtlichkeit der Städte, der Künstlichkeit sozialer Beziehungen, der Bürokratisierung moderner Institutionen und nicht zuletzt einer wohlanständigen Bürgerlichkeit, die ihrem Erlebnishunger wenig Entfaltungsmöglichkeiten zu bieten schien. Auch der Frieden verlor für sie so an Bedeutung, ihre Ausbruchsphantasien schlossen den Krieg als Bruch mit der bürgerlichen Welt ein. [...] Der Kulturpessimismus der „Generation von 1914", wie diese Jugend rückblickend genannt wurde, war allerdings mehr ein Symptom für die allgemeine Krise der Moderne, die den Ersten Weltkrieg hervorbrachte. Ihre treibenden Kräfte dagegen sind in den ökonomischen, sozialen und politischen Strukturentwicklungen der Zeit zu sehen, in deren Zentrum die Verbindung von Krisenerfahrung und Konfliktverschärfung stand.

Erster Text: John H. Morrow jr., The imperial framework, in: The Cambridge History of the First World War, hrsg. von Jay M. Winter, Bd. 1, Cambridge 2014, S. 405–432, hier S. 408 f. (übersetzt von Thomas Ott); zweiter Text: Wolfgang Kruse, Der Erste Weltkrieg (Geschichte kompakt), Darmstadt [2]2014, S. 8 f.

32040-182

1. Fassen Sie in Stichpunkten zusammen, wie „Krieg" vor 1914 in Teilen der britischen und deutschen Gesellschaft gesehen wurde.
2. Vergleichen Sie beide Texte auf die Frage hin, gegen welche gesellschaftlichen Zustände ein Krieg „Abhilfe" schaffen sollte.
3. Beurteilen Sie anhand beider Texte das damalige Verhältnis von Militarismus, Bildung und Zukunftserwartung.

[1] **Burenkrieg**: von 1899 bis 1902 dauernder Konflikt im heutigen Südafrika. Großbritannien besiegte und unterwarf dabei die von niederländischen Einwanderern (Buren) gegründeten Freistaaten Oranje und Transvaal.

M2 Entwicklung der großen Mächte

Wirtschafts- und Bevölkerungsentwicklung der großen Industrienationen, 1890–1913:

	Bevölkerung (in Mio.)	Anteil an der Weltindustrieproduktion (in Prozent)	Bevölkerung (in Mio.)	Anteil an der Weltindustrieproduktion (in Prozent)	Bevölkerung (in Mio.)	Anteil an der Weltindustrieproduktion (in Prozent)
	1890		1900		1913	
Russland	116,8	7,6	135,6	8,8	175,1	8,2
USA	62,6	14,7	75,9	23,6	97,3	32,0
Deutsches Reich	49,2	8,5	56,0	13,2	66,9	14,8
Frankreich	38,3	7,8	38,9	6,8	39,7	6,1
Großbritannien	37,4	22,9	41,1	18,5	45,6	10,7
Italien	30,0	2,5	32,2	2,5	35,1	2,4
Österreich-Ungarn	42,6	4,4	46,7	4,7	52,1	4,4

Nach: Michael Epkenhans, Der Erste Weltkrieg 1914–1918 (Seminarbuch Geschichte), Paderborn 2015, Tabelle 1, S. 13

32040-183

1. Stellen Sie die Daten in einem Diagramm dar.
2. Ordnen Sie anhand der Daten die genannten Länder den Kategorien Aufstieg, Stillstand oder Abstieg zu.
3. Setzen Sie sich damit auseinander, ob und inwieweit diese Daten für das tatsächliche Leistungsvermögen eines Landes aussagekräftig sind. Berücksichtigen Sie dabei auch Kenngrößen außerhalb von Demografie und Wirtschaft.

M3 Rüstungen zu Lande und zur See

Entwicklung der Truppenstärke und des Flottenumfangs der führenden Mächte, 1890–1914:

	Truppenstärke (Heer und Marine)	Kriegsschifftonnage	Truppenstärke (Heer und Marine)	Kriegsschifftonnage	Truppenstärke (Heer und Marine)	Kriegsschifftonnage	Truppenstärke (Heer und Marine)	Kriegsschifftonnage
	1890		1900		1910		1914	
Russland	677000	180000	1162000	383000	1285000	401000	1352000	679000
Frankreich	542000	319000	715000	499000	769000	725000	910000	900000
Deutsches Reich	504000	190000	524000	285000	694000	964000	891000	1305000
Großbritannien	420000	679000	624000	1065000	571000	2174000	532000	2714000
Österreich-Ungarn	346000	66000	385000	87000	425000	210000	444000	372000
Italien	284000	242000	255000	245000	322000	327000	345000	498000
USA	39000	240000*	96000	333000	127000	824000	164000	985000
Japan	84000	41000	234000	187000	271000	496000	306000	700000

Nach: Michael Epkenhans, a.a.O., Tabelle 2, S. 19

*Angabe fraglich

32040-184

1. Beschreiben Sie den Verlauf der Rüstungen, nach Ländern und insgesamt.
2. Entwickeln Sie Argumente für und gegen die damaligen Rüstungen eines Landes, etwa in Hinsicht auf Wirtschaft, Finanzierung, Beschäftigung, internationales Ansehen oder die äußere Sicherheit. | H
3. Beurteilen Sie die Bedeutung der Rüstungen im Kontext der zahlreichen Krisen jener Zeit.

M4 „Einkreisung"

Reichskanzler Bernhard von Bülow (1849–1929) hält am 14. November 1906 im Reichstag eine Rede über die Perspektiven der deutschen Außenpolitik:

Ich höre manchmal, es gebe Franzosen, die ein näheres Verhältnis mit uns wünschen [...]; öffentlich ist aber noch keiner, kein Deputierter, kein Minister, kein Senator vor seinem Volk dafür eingetreten, ich meine, unter Voraussetzungen, die für uns annehmbar wären. [...] Was aber zwischen uns und Frankreich sehr gut möglich ist, das sind ruhige, normale und korrekte Beziehungen. [...] Wir hoffen alle, dass bei beiden Völkern die Einsicht fortschreiten wird, dass keiner von beiden ein Interesse daran hat, das ganze gewaltige Risiko und das ganze furchtbare Elend eines Krieges auf sich zu nehmen, und dass den gegenseitigen Frieden nicht zu stören im Interesse beider Völker liegt. (*Bravo!*) [...]
Die französisch-russische Allianz ist bis jetzt seit ihrem Bestehen keine Gefahr für den Frieden gewesen [...]. Wir hoffen, dass man von der englisch-französischen *entente cordiale* dasselbe wird sagen können. Gute Beziehungen zwischen Deutschland und Russland haben der französisch-russischen Allianz keinen Eintrag getan. Gute Beziehungen zwischen Deutschland und England können an und für sich ebenso wenig im Widerspruch stehen mit der *entente cordiale*, wenn diese friedliche Zwecke verfolgt. (*Zurufe.*) Die *entente cordiale* ohne gute Beziehungen der Weltmächte zu Deutschland wäre eine Gefahr für den europäischen Frieden. Eine Politik, die darauf ausginge, Deutschland einzukreisen, einen Kreis von Mächten um Deutschland zu bilden, um es zu isolieren und lahmzulegen, wäre eine für den europäischen Frieden bedenkliche Politik. (*Sehr wahr!*) Eine solche Ringbildung ist nicht möglich ohne Ausübung eines gewissen Druckes. Druck erzeugt Gegendruck, aus Druck und Gegendruck können schließlich Explosionen hervorgehen. [...]
Zwischen Deutschland und England [...] bestehen auch keine tieferen politischen Gegensätze. [...] Auf wirtschaftlichem Gebiete sind wir aufeinander angewiesen; der internationale Verkehr besteht nun einmal im Geben und Nehmen. Gewiss ist zwischen Deutschland und England auf wirtschaftlichem Gebiete auch Konkurrenz und Rivalität vorhanden. Solche Rivalität und Konkurrenz braucht aber keine politischen Gegensätze, geschweige denn einen Krieg hervorzurufen. [...]
Zu meinem Bedauern lese ich immer wieder, namentlich in der sozialistischen Presse, dass unsere Verteidigungsmaßnahmen zur See die Schuld trügen an der gegen uns in England bestehenden Verstimmung. Ich habe auch dargelegt, dass der Gedanke, als ob der Ausbau der deutschen Flotte sich gegen England richte, einfach töricht ist [...], als ob wir uns England gegenüber mit offensiven Absichten trügen, und dass auch die Besorgnis mancher englischen Kreise vor einer gar nicht vorhandenen großen deutschen Flotte einfach unfassbar ist. Hat doch gerade [...] ein englischer Minister hervorgehoben, England besitze zurzeit die schlagfertigste und streitbarste Flotte, welche es je gehabt habe, und es sei auch gewillt, diese Flotte auf ihrer jetzigen Höhe zu halten. [...]
Also ich frage: Wozu der Lärm? Wir denken gar nicht daran, eine Flotte zu bauen, die so stark wie die englische wäre. (*Zurufe von den Sozialdemokraten.*) Aber wir haben das Recht und die Pflicht, uns eine Flotte zu halten, die dem Umfange unserer Handelsinteressen entspricht (*Sehr wahr! sehr richtig! rechts.*) und der Notwendigkeit, unsere überseeischen Interessen zu schützen und unsere Küsten zu verteidigen. [...]
Deutschland, meine Herren, braucht sich vor der Isolierung gar nicht so sehr zu fürchten. Wären wir wirklich isoliert – wir sind es nicht; aber nehmen wir den Fall an –, so brauchten wir auch noch nicht zu flennen wie ein einsames Kind im Walde. (*Sehr richtig! rechts.*) Ein Volk von 60 Millionen mit einem Heer, wie das deutsche, ist niemals isoliert, solange es sich selbst treu bleibt, solange es sich nicht selbst aufgibt. (*Sehr wahr! sehr richtig! rechts.*) Wir haben es gar nicht nötig, irgendjemand nachzulaufen (*Bravo! und sehr richtig! rechts.*), den anderen gegenüber entgegenkommender zu sein als diese uns gegenüber. (*Sehr richtig! rechts.*) Das wäre nicht würdig, das wäre nicht einmal klug. (*Sehr richtig! rechts.*) Solange wir unser Schwert scharf halten, sind wir auch in der Lage, uns unseren Freunden nützlich und unseren Feinden unangenehm zu machen.

Stenographische Berichte über die Verhandlungen des Reichstags, 11. Legislaturperiode, 2. Session, 1905/1906, Bd. 5, Berlin 1906, S. 3623–3633 (Auszüge)

32040-185

1. Gliedern Sie Bülows Aussagen danach, was ihm für das Deutsche Reich am wichtigsten erscheint.
2. Arbeiten Sie aus der Rede und ihrem Echo im Parlament (Bemerkungen in Klammern) heraus, welche Parteien Bülow umwirbt und von wem er sich abgrenzt.
3. Analysieren Sie die Rede auf die Frage hin, welche Äußerungen aggressiv, welche dagegen beschwichtigend oder versöhnlich wirken.
4. Gruppenarbeit: Diskutieren Sie in der Klasse, welche Gefahren sich aus der hier dargestellten Haltung sowohl für das Deutsche Reich als auch für die internationale Sicherheit ergaben.

M5 Europa 1914

1. Beschreiben Sie einzelne Länder auf der Karte, indem Sie auch auf Daten aus M2 und M3 verweisen. | F

2. Erläutern Sie anhand der Karte das Bündnissystem in Europa am Vorabend des Ersten Weltkrieges. | F

32040-186

M6 Eine „Lösung der serbischen Frage"

Nach dem Attentat von Sarajewo schickt Österreich-Ungarn den Grafen Alexander von Hoyos (1876–1937) nach Berlin, um die Haltung des Deutschen Reiches zu sondieren. Vor seiner Abreise empfängt Hoyos am 1. Juli 1914 in Wien den Berliner Publizisten Victor Naumann (1865–1927), der für seine Kontakte zum Auswärtigen Amt bekannt ist. Hoyos verfasst hierüber den folgenden, streng geheimen Bericht an die Regierung in Wien:

Der deutsche Publizist Dr. Victor Naumann hat heute bei mir vorgesprochen und seine Empörung über die furchtbare Bluttat von Sarajewo zum Ausdruck gebracht. Hieran anknüpfend besprach Dr. Naumann die allgemeine politische Lage, indem er ausführte, man sei in Berlin über die russischen Rüstungen [...] sehr beunruhigt. Er selbst habe wahrnehmen können, dass man nicht nur in Armee- und Marinekreisen, sondern auch im Auswärtigen Amte der Idee eines Präventivkrieges[1] gegen Russland nicht mehr ganz so ablehnend gegenüberstehe wie vor einem Jahre. Man habe sich mit England über Afrika und die portugiesischen Kolonien geeinigt, und der Besuch der englischen Flotte in Kiel[2] sei zur Dokumentierung in der Besserung der Beziehungen arrangiert worden. Daher glaube man die Sicherheit zu haben, dass England in einen europäischen Krieg nicht eingreifen werde. Ferner sei man im Auswärtigen Amte durch die mündliche Berichterstattung des bisherigen deutschen Konsuls in Moskau [Wilhelm von Stumm] beeindruckt, der [...] sehr beachtenswerte Aufklärungen über die russischen Rüstungen gegeben habe. Herr von Stumm hat Dr. Naumann sehr ernst von dieser Gefahr gesprochen und den Krieg [...] als nicht unmöglich

[1] **Präventivkrieg** (von lat. praevenire: zuvorkommen, überholen): Krieg, der einem vermuteten Angriff des Gegners zuvorkommen soll

[2] Auf der Kieler Woche, der alljährlichen internationalen Segelregatta, war im Juni 1914 nach jahrelanger Abwesenheit erstmals wieder ein britisches Geschwader erschienen. Zum Abschied funkte das Flaggschiff an die Gastgeber: „Friends today, friends in future, friends for ever".

bezeichnet. Ich dankte Dr. Naumann für diese interessante Mitteilung und ließ die Bemerkung fallen, dass diese Dispositionen[1] jedenfalls für uns nicht unerwünscht wären, wenn wir in die Notwendigkeit kommen sollten, gegen Serbien etwas unternehmen zu müssen. Dr. Naumann griff diese Bemerkung mit Eifer auf und sagte, gerade dies habe er mir vorschlagen wollen. Seiner Ansicht nach sei es nach der Bluttat von Sarajewo für die Monarchie[2] eine Existenzfrage, dass sie dieses Verbrechen nicht ungesühnt lasse, sondern Serbien vernichte. Eine solche Aktion würde für Deutschland der Prüfstein sein, ob Russland den Krieg wolle oder nicht. [...] Frankreich werde wahrscheinlich wegen Geldverlegenheiten genötigt sein, auf Russland in friedlichem Sinne einzuwirken, wenn es aber doch zum europäischen Krieg komme, so sei der Dreibund jetzt noch stark genug. Dr. Naumann glaubt, dass Kaiser Wilhelm, wenn man im jetzigen Augenblicke, wo er über die Bluttat von Sarajewo entsetzt ist, in richtiger Weise mit ihm spricht, uns jede Zusicherung geben und diesmal auch bis zum Kriege durchhalten wird, weil er die Gefahren für das monarchische Prinzip einsieht. Im Auswärtigen Amte werde man aber dieser Stimmung nicht entgegentreten, weil man den Augenblick für günstig halte, um die große Entscheidung herbeizuführen. Was die öffentliche Meinung in Deutschland anbelange, meinte Naumann, jetzt würde er [...] die Garantie dafür übernehmen, dass sie wie ein Mann sich an die Seite des Verbündeten stellen und den Krieg als befreiende Tat ansehen würde. Österreich-Ungarn sei als Monarchie und Großmacht verloren, wenn es diesen Moment nicht benütze. Ich erwiderte Dr. Naumann, dass ich auch meinerseits eine Lösung der serbischen Frage für unbedingt notwendig halte und dass es jedenfalls für uns von großem Werte wäre, die Gewissheit dafür zu erhalten, dass wir gegebenenfalls auf die Rückendeckung Deutschlands rechnen könnten. [...] Naumann hat auf die ganze deutsche Presse in antiserbischem Sinne eingewirkt und ist der Ansicht, dass die öffentliche Meinung Deutschlands das Auswärtige Amt zwingen würde, uns zu unterstützen.

Zitiert nach: Gerd Krumeich, Juli 1914. Eine Bilanz, Paderborn/München/Wien/Zürich 2014, Dokumente, Nr. 3, S. 212–214 (gekürzt)

32040-187

1. Geben Sie Naumanns Einschätzung in eigenen Worten wieder.
2. Arbeiten Sie heraus, welche Gefahren Österreich-Ungarn und/oder dem Deutschen Reich Ihrer Ansicht nach drohten, falls man unbedingt am Frieden festhielte.
3. Charakterisieren Sie anhand des Textes die Position a) Naumanns, b) Hoyos', c) Kaiser Wilhelms II., d) der öffentlichen Meinung im Deutschen Reich in dieser Phase der politischen Willensbildung.

[1] **Dispositionen:** Veranschlagungen, Planungen
[2] Hier ist Österreich-Ungarn gemeint.

M7 „Sie setzen Europa in Brand"

Am 23. Juli 1914 stellt Österreich-Ungarn sein Ultimatum an Serbien. Am folgenden Tag übergeben die österreichisch-ungarischen Botschafter den Außenministern in den europäischen Hauptstädten eine Erklärung, die den Wortlaut des Ultimatums enthält. Wie man in Russland darauf reagiert, meldet der Botschafter in St. Petersburg, Friedrich von Szápáry (1869–1935), nach Wien:

Gestatte mir nur in Kürze vorläufige Meldung, dass Minister[3] gleich anfangs erklärte, zu Demarche[4] nicht Stellung nehmen zu wollen und trotz gelegentlich ziemlich heftiger Diskussionen Verlesung und Kommentar in relativer Ruhe anhörte. Er vermied es, etwas zu äußern, was der Stellungnahme Russlands präjudizieren[5] würde, sagte nur ab und zu: „Ich weiß, was es ist. Sie wollen Serbien den Krieg machen! Ich sehe, was da vorgeht, die deutschen Zeitungen feuern Sie an. *Sie setzen Europa in Brand. Sie übernehmen eine schwere Verantwortung. Sie werden sehen, welchen Eindruck das in London, Paris und vielleicht auch sonst noch machen wird. Man wird das als eine ungerechtfertigte Aggression betrachten.*"[6] Sprach aber niemals direkt von Russland [...]. In der Argumentation versuchte er die Verantwortlichkeit der serbischen Regierung in Abrede zu stellen, unsere Forderungen als unannehmbar zu bezeichnen [...]. Er tadelte die Ultimatumform, welche Serbien hindere, sich zu rechtfertigen [...]. Auf die von mir wiederholt [...] angerufene Solidarität der monarchischen Interessen wollte er durchaus nicht eingehen.

Zitiert nach: Gerd Krumeich, a.a.O., Dokumente, Nr. 25, S. 268f. (gekürzt)

32040-188

1. Präsentation: Recherchieren Sie, welche Forderungen Österreich-Ungarn in seinem Ultimatum an Serbien erhob. Stellen Sie Ihre Ergebnisse in einem Kurzreferat vor.
2. Fassen Sie die russische Haltung zusammen, wie sie der Bericht mitteilt.
3. Setzen Sie sich mit dem Argument einer „Solidarität der monarchischen Interessen" (Zeile 19f.) auseinander, wie es ähnlich auch in M6 anklingt. Berücksichtigen Sie dabei ferner, dass der Großvater des russischen Zaren Nikolaus II., Zar Alexander II., bei einem Attentat ums Leben kam.
4. Gruppenarbeit: Entwickeln Sie Vorschläge zu einer friedlichen Lösung zwischen Österreich-Ungarn, Russland und Serbien. | H

[3] Damit ist der russische Außenminister Sergei Dmitrijewitsch Sasonow gemeint.
[4] **Demarche** (frz.: Schritt): diplomatischer Einspruch eines Staates; hier: Bezeichnung für das Ultimatum an Serbien
[5] **präjudizieren:** (lat.) vorgreifen, vorwegnehmen
[6] Der kursiv gedruckte Text steht im Original auf Französisch.

M8 Stimmen des Pazifismus

a) Jean Jaurès (1859–1914), Historiker und Abgeordneter der sozialistischen Partei im französischen Parlament, arrangiert Ende Juli in Brüssel ein Treffen der Vertreter der Arbeiterparteien Europas, um über eine Friedenslösung zu beraten. In der von ihm herausgegebenen Zeitung „L'Humanité" veröffentlicht er am 29. Juli 1914 einen Leitartikel mit dem Titel „Sang-froid" (sinngemäß: „kühler Kopf"):

Österreich-Ungarns nunmehr offizielle Kriegserklärung an Serbien ist nicht zu rechtfertigen. Es behauptet, Serbien habe nicht alle in seiner Note aufgeführten Bedingungen erfüllt. Dagegen war die Welt und jeder anständige Mensch auf Erden beeindruckt, wie Serbien bei seinen Zugeständnissen viel weiter ging, als man annehmen konnte. […] Für Krieg gibt es keine Entschuldigung. „Immanente Gerechtigkeit"[1] ist mehr als nur ein Wort. Was es bedeutet, bekommt eines Tages jene Monarchie selbst zu spüren, die die Menschheit zwingt, entweder einen ungerechten Gewaltmissbrauch mitanzusehen oder beim Ausbruch eines weltweiten Krieges Zeuge der riskantesten Wiedergutmachung für begangenes Unrecht zu werden.

Europa muss einen kühlen Kopf bewahren. Russland beginge einen großen Fehler, wenn es sein Vorgehen übereilte und den Konflikt ausweitete. Die offizielle Eröffnung von Feindseligkeiten macht den Vermittlungsversuch Englands nicht notwendig zunichte. Wir müssen der Weisheit und Vernunft Zeit zum Handeln geben. […] Das deutsche Kaiserreich kann sich des berechtigten Vorwurfs nicht erwehren, es habe Österreich zu diesem Irrweg ermutigt. Überall aber werden die Mächte des Rechts, der Demokratie und des Friedens ihre Chance bekommen.

b) Der aus Böhmen stammende Journalist und Sozialdemokrat Friedrich Stampfer (1874–1957) arbeitet als Redakteur in Berlin. In einem Beitrag „Sein oder Nichtsein!" vom 31. Juli 1914, der am nächsten Tag in verschiedenen SPD-nahen Zeitungen erscheint, führt er aus:

Solange es die Möglichkeit gibt, den Frieden zu retten, gibt es nur eine Pflicht: für ihn zu arbeiten. In dem Augenblick aber, in dem das weltgeschichtliche Ringen beginnt – und wir wissen nicht, um wie viel Stunden wir von ihm getrennt sind – ändern sich die Aufgaben des deutschen klassenbewussten Proletariats. […]

Unsere Vertreter im Reichstag haben es unzählige Male für eine Verleumdung erklärt, dass die Sozialdemokraten ihr Land im Augenblick der Gefahr im Stich lassen könnten. Wenn die verhängnisvolle Stunde schlägt, dann werden die Arbeiter das Wort einlösen, das von ihren Vertretern für sie abgegeben worden ist. Die „vaterlandslosen Gesellen"[2] werden ihre Pflicht erfüllen und sich darin von den Patrioten in keiner Weise übertreffen lassen. […]

Unser Herz weiß nichts von Begeisterung für einen Krieg. Es ist erfüllt mit tiefem Abscheu vor dem Krieg. Aber wenn kein Opfer mehr hilft, um das Verhängnis aufzuhalten, wenn wir uns dann der namenlosen Schändlichkeiten erinnern, die der Zarismus an seinen eigenen Volksgenossen verübt hat, wenn wir uns weiter vorstellen, die Schergen dieser barbarischen Gewalt könnten als trunkene Sieger unser Land betreten, dann dringt ein Schrei über unsere Lippen: Nur das nicht!

Jenseits aller Gräuel der Verwüstung steigt uns ein anderes, freundlicheres Bild auf. Ein freies, deutsches Volk, das sich sein Vaterland eroberte, indem es dieses sein Land verteidigte. Dieses freie deutsche Volk nach billigen[3] Friedensbedingungen im Bunde mit den großen Kulturvölkern des Westens. Unsere große Sache allüberall im Vordringen. Drüben aber im Osten die rauchenden Trümmer eines Zarenthrons.

Erster Text: Jean Jaurès, Sang-froid, in: L'Humanité, Jg. 11, vom 29. Juli 1914, S. 1 (übersetzt von Thomas Ott); zweiter Text: zitiert nach: Wolfgang Kruse, Krieg und nationale Integration. Eine Neuinterpretation des sozialdemokratischen Burgfriedensschlusses 1914/15, Essen 1994, S. 240–242, Anm. 206

32040-189

1. Fassen Sie die Aussagen beider Texte zusammen.
2. Vergleichen Sie die Äußerungen von Jaurès und Stampfer hinsichtlich ihres Friedenswillens und ihrer Friedenshoffnung.
3. Analysieren Sie, worauf es den deutschen Sozialdemokraten in dem heraufziehenden Krieg ankam. Gehen Sie dabei auf die Wahrnehmung Russlands und der Zarenherrschaft wie auch auf das Ansehen der Sozialdemokraten im damaligen Deutschen Reich ein.
4. Präsentation: Entwerfen Sie ein Protestplakat für eine Demonstration gegen die Kriegsgefahr im Juli 1914.
5. Jean Jaurès wurde am 31. Juli 1914 von einem französischen Nationalisten ermordet. Beurteilen Sie vor diesem Hintergrund die Stimmung in Europa in den letzten Tagen vor Kriegsausbruch.
6. Interpretieren Sie die beiden Texte als Gegenentwürfe zu den Visionen des Bürgertums und der Oberschichten in M1 auf Seite 304.

[1] **immanente Gerechtigkeit:** (hier) unmittelbare Aufrechnung oder Bestrafung erlittenen Unrechts

[2] **vaterlandslose Gesellen:** politisches Schmähwort im Deutschen Kaiserreich und später in der Weimarer Republik, das der Arbeiterbewegung und den Sozialdemokraten böswillig unterstellte, sich nicht mit der eigenen Nation zu identifizieren.

[3] **billig:** angemessen, gerechtfertigt

Kriegsausbruch 1914 – einseitige Verantwortung oder kollektives Versagen?

Wer war für den Ausbruch des Ersten Weltkrieges verantwortlich? Diese Frage konnte erst nach dem Zweiten Weltkrieg zuverlässig untersucht werden. Damals öffneten viele Staaten ihre Archive, während bis dahin meist nur handverlesene Dokumente verfügbar gewesen waren. Daraufhin entstand in den 1960er- und 70er-Jahren ein breiter Konsens in der internationalen Geschichtsforschung, wonach dem Deutschen Reich und Österreich-Ungarn die Hauptverantwortung am Kriegsausbruch zufalle. Bis in die Gegenwart ziehen manche neuen Studien diese Einschätzung allerdings in Zweifel. Sie weisen dabei entweder auf das Verhalten der anderen Mächte hin oder wollen eine Gesamtverantwortung des europäischen Staatensystems geltend machen.

M1 Täter oder „Schlafwandler"?

*Der australische Historiker Christopher Clark (*1960) setzt sich kritisch mit älteren Fragen der Forschung zum Kriegsausbruch auseinander, um danach eine eigene Deutung vorzunehmen:*

Die gegenseitigen Schuldzuweisungen haben niemals ihre Anziehungskraft verloren. Die wohl einflussreichste Manifestation dieser Tradition ist die sogenannte „Fischer-Kontroverse" – ein Kürzel für eine Reihe von Argumenten, die in den sechziger Jahren Fritz Fischer[1], Imanuel Geiss und eine Schar jüngerer deutscher Historiker vorbrachten und nach denen Deutschland die Hauptschuld am Kriegsausbruch trug. Nach dieser Sichtweise stolperten oder schlitterten die Deutschen nicht in den Krieg. Sie entschieden sich für ihn – schlimmer noch, sie planten ihn im Voraus, in der Hoffnung, aus ihrer europäischen Isolation auszubrechen und den berüchtigten „Griff nach der Weltmacht" zu wagen. [...] Fischers Argumentation ist in vielen Punkten scharf kritisiert worden. Dennoch dominiert eine entschärfte Version der Fischer-These noch heute die Studien von Deutschlands Weg in den Krieg.

Ist es wirklich nötig, dass wir ein Plädoyer gegen einen einzigen schuldigen Staat halten oder eine Rangordnung der Staaten nach ihrem jeweiligen Anteil an der Verantwortung für den Kriegsausbruch aufstellen? [...] Eine Darstellung, die sich in erster Linie mit der Schuldfrage befasst, ist nicht deswegen problematisch, weil sie am Ende eventuell der falschen Partei die Schuld gibt, sondern weil ein schuldorientiertes Untersuchungsmodell oft mit Vorurteilen einhergeht. [...]

Der Kriegsausbruch von 1914 ist kein Agatha-Christie-Thriller [...]. In dieser Geschichte gibt es keine Tatwaffe als unwiderlegbaren Beweis, oder genauer: Es gibt sie in der Hand jedes einzelnen wichtigen Akteurs. So gesehen war der Kriegsausbruch eine Tragödie, kein Verbrechen. Wenn man dies anerkennt, so heißt das keineswegs, dass wir die kriegerische und imperialistische Paranoia der österreichischen und deutschen Politiker kleinreden sollten [...]. Aber die Deutschen waren nicht die einzigen Imperialisten, geschweige denn die einzigen, die unter einer Art Paranoia litten. [...]

Eines liegt auf der Hand: Kein einziges der Anliegen, für die die Politiker von 1914 stritten, war die darauffolgende Katastrophe wert. Waren sich die Protagonisten überhaupt darüber im Klaren, um wie viel es tatsächlich ging? [...] Der britische Premierminister Herbert Asquith fürchtete in der vierten Juliwoche das Nahen eines „Armageddons"[2]. Französische und russische Generäle sprachen von einem „Vernichtungskrieg" und der „Auslöschung der Zivilisation". Sie wussten es, aber haben sie es auch wirklich so empfunden? Das ist womöglich der große Unterschied zwischen den Jahren vor 1914 und den Jahren nach 1945. In den fünfziger und sechziger Jahren hatten die Entscheidungsträger ebenso wie die Bevölkerung auf schmerzliche Weise die Bedeutung eines Atomkriegs kennengelernt: Bilder von der Atompilzwolke über Hiroshima und Nagasaki waren Gegenstand der Albträume gewöhnlicher Bürger. Als Folge gipfelte das größte Wettrüsten der Menschheitsgeschichte niemals in einen Atomkrieg zwischen den Supermächten. Vor 1914 war das anders. In den Köpfen vieler Staatsmänner hoben sich anscheinend die Hoffnung auf einen kurzen Krieg und die Angst vor einem langen gegenseitig auf und rückten so eine umfassendere Einschätzung der Risiken in weite Ferne. [...]

So gesehen waren die Protagonisten von 1914 Schlafwandler – wachsam, aber blind, von Albträumen geplagt, aber unfähig, die Realität der Gräuel zu erkennen, die sie in Kürze in die Welt setzen sollten.

Christopher Clark, Die Schlafwandler. Wie Europa in den Ersten Weltkrieg zog. Aus dem Englischen von Norbert Juraschitz, München 2013, S. 715–717

[1] **Fritz Fischer** (1908–1999): deutscher Historiker. In seinem Buch „Griff nach der Weltmacht. Die Kriegszielpolitik des kaiserlichen Deutschland 1914/1918" von 1961 und in weiteren Studien wies er dem Deutschen Reich eine Hauptverantwortung für den Kriegsausbruch zu.

[2] **Armageddon**: (altgriech.) endzeitlicher Entscheidungskampf, gewaltige Katastrophe

M2 In die Enge getrieben

*Der deutsche Historiker Jörn Leonhard (*1967) stellt die Julikrise von 1914 dem Krisenmanagement früherer Jahre gegenüber:*

Entscheidend für die Frage der Verantwortung in der Julikrise ist aber nicht allein die Frage der Eskalation – zu ihr trugen alle Beteiligten bei: in Belgrad, Wien und Berlin genauso wie in St. Petersburg, Paris und London. Von mindestens ebenso großer Bedeutung ist die Frage, wo der Schlüssel zur Deeskalation lag. Gerade hier aber kam Deutschland und auch Großbritannien eine ganz besondere Verantwortung zu: Beide hatten 1912/13 bewiesen, wie eine erfolgreiche Lösung aussehen konnte. Aber mit dem deutschen Blankoscheck für Österreich-Ungarn zu einem frühen Zeitpunkt ging man in Berlin bewusst ein enormes Risiko ein. Man wollte den Konflikt zwischen Österreich-Ungarn und Serbien zum Testfall machen – im klaren Bewusstsein dafür, dass sich diese Krise zum Weltkrieg auswachsen konnte. Die deutsche Risikostrategie, es darauf ankommen zu lassen, wie weit Russland gehen würde und ob es zum Krieg letztlich bereit war oder nicht, traf zugleich auf die russisch-französische Bereitschaft, die Balkan-Krise zum Anlass für einen großen Konflikt zu machen. Die britische Position schließlich blieb zu lange zu unklar und nährte immer wieder widerstreitende Hoffnungen: auf eine britische Neutralität bei den Regierungen in Berlin und Wien oder eine Intervention in Paris und St. Petersburg. Diese Konstellation schränkte den Spielraum für eine Deeskalation im Gegensatz zu 1912/13 massiv ein.

Jörn Leonhard, Die Büchse der Pandora. Geschichte des Ersten Weltkriegs, München [6]2020, S. 118–120

M3 „Nicht hilflos in den Krieg geschlittert"

*Die deutsche Historikerin Annika Mombauer (*1967) prüft das Verhalten der einzelnen Mächte im Juli 1914:*

Liest man die neuesten Forschungsergebnisse, gewinnt man leicht den Eindruck, Europa könne 1914 tatsächlich in den Krieg „geschlittert" sein, wie es David Lloyd George[1] behauptete. Im Folgenden wird jedoch argumentiert, dass eine solche Relativierung von Verantwortung einer kritischen Probe nicht standhält. Die Regierungen der Großmächte sind nicht hilflos in den Krieg geschlittert (die Bevölkerung tat es allerdings), und nicht jede Regierung war im gleichen Maße verantwortlich für die Eskalation der Krise, die mit dem Fürstenmord in Sarajewo begann. Vielmehr kann gezeigt werden, dass die Julikrise in zwei Phasen zerfällt. Die erste, bis zum 23. Juli währende Phase ist dominiert von den in Wien und Berlin fahrlässig getroffenen Entscheidungen, die auf eine absichtliche Eskalation der Krise hinausliefen – man kann hier sehr wohl von Verantwortung für den späteren Kriegsausbruch sprechen. Die Ermordung des Erzherzogs musste nicht zwangsläufig einen Krieg mit Serbien und mit dessen [...] Beschützer Russland nach sich ziehen. Eine diplomatische Lösung der Krise wurde in Wien und Berlin jedoch kategorisch abgelehnt. Diese frühe Entscheidung, eine Konfrontation mit Serbien zu riskieren, wiegt schwer.

Die Reaktionen der anderen Großmächte – und Serbiens – fallen in die zweite Phase der Julikrise, beginnend mit der Übergabe des österreichisch-ungarischen Ultimatums an Belgrad am 23. Juli. Sie waren durchaus schwerwiegend, und auch sie trugen gewiss zur Eskalation der Krise bei. Man war auch in Paris und Petersburg (wie eben auch in Wien und Berlin) darum bemüht, der Welt die Unerschütterlichkeit des eigenen Zweistaaten-Bündnisses unter Beweis zu stellen, und aus diesem Bedürfnis leiteten sich folgenschwere Entscheidungen ab. Dennoch waren diese Entscheidungen, die in der zweiten Phase in den Hauptstädten der anderen Großmächte getroffen wurden und die Krise weiter eskalieren ließen, nicht ausschlaggebend dafür, dass sich die Ermordung des Erzherzogs zu einem Krieg ausweitete. Die Verantwortung (für den Historiker sicher ein besseres Konzept als Schuld) ist vielmehr vorrangig in Wien und Berlin zu finden.

Annika Mombauer, Die Julikrise. Europas Weg in den Ersten Weltkrieg, München [2]2014, S. 13 f.

[1] **David Lloyd George** (1863–1945): britischer Premierminister von 1916 bis 1922. In seinen „War Memoirs" von 1933 (dt. Ausgabe: „Mein Anteil am Weltkrieg") urteilte er über den Kriegsausbruch: „The nations slithered over the brink into the boiling cauldron of war" (etwa: „Die Nationen schlitterten über den Rand in den siedenden Kessel des Krieges").

32040-190

1. Geben Sie die zentralen Aussagen aller drei Texte in Thesenform wieder.
2. Vergleichen Sie die Herangehensweise der drei Verfasser an das Thema „Julikrise und Kriegsausbruch 1914". | H
3. Arbeiten Sie a) die Unterschiede sowie b) einen gemeinsamen Nenner zwischen den Forschungsmeinungen von Fischer, Clark, Leonhard und Mombauer heraus. | H
4. Nehmen Sie zu den Aussagen der Historikerin und der beiden Historiker Stellung.
5. Setzen Sie sich mit der Bemerkung auseinander, „Verantwortung" sei in historischen Untersuchungen „sicher ein besseres Konzept als Schuld" (vgl. M3, Zeile 37 f.).

Verlauf und Dimensionen des Krieges

Der Krieg bricht aus | Wie verhielt sich die Bevölkerung Europas bei Kriegsbeginn? In den Großstädten vieler Länder gab es bis unmittelbar vor Kriegsausbruch Massendemonstrationen für den Frieden. Organisiert wurden die Kundgebungen zumeist von Arbeiterparteien und Gewerkschaften. Daneben gingen auch Schüler und Studenten auf die Straßen, viele von ihnen mit nationalistischen Parolen, die für einen Kriegseintritt Stimmung machten.

In den ersten Augusttagen änderte sich das Bild. Mit Bekanntgabe der Kriegserklärungen verhängten die Regierungen den Ausnahmezustand, der jeden weiteren Protest gegen den Krieg verbot. Seither sah man in den Stadtzentren vor allem jubelnde Mengen, die die Soldaten beim Auszug verabschiedeten. Die damalige *Kriegsbegeisterung* blieb jedoch auf die Innenstädte beschränkt. In den Vororten und auf dem Land überwogen Betroffenheit und Sorge, bei den Soldaten wie bei ihren Angehörigen. Den Kriegsausbruch nahmen die Menschen somit ganz unterschiedlich wahr. Übereinstimmung herrschte dagegen in der Frage, ob es auch berechtigt war, in den Krieg zu ziehen. Regierungen und Presse stellten das eigene Land jeweils als Angegriffenen dar, dessen Verteidigung die Pflicht jedes Einzelnen sei.

31000-468 Bildinformation

„Ausflug nach Paris."
Foto vom August 1914.
Deutsche Soldaten beim Abtransport an die Front. Die Aufschrift auf dem Waggon rechts lautet: „Auf in den Kampf, mir juckt die Säbelspitze."
In Bildern wie diesen zeigte sich eine verbreitete nationale Aufbruchsstimmung, damals als „Augusterlebnis" bezeichnet.

- Beschreiben Sie die Szene auf dem Foto.
- Präsentation: Formulieren Sie eine eigene Bildunterschrift für a) eine deutsche Tageszeitung aus dem Jahr 1914, b) eine Tageszeitung aus dem damaligen gegnerischen Ausland, c) ein heutiges Schulbuch. | F

32040-191

Geschlossenheit in allen Ländern | Der beginnende Konflikt führte zu einer Welle nationaler Solidarisierung in den kriegsführenden Staaten.

Im Deutschen Reich musste der Reichstag über die Finanzierung des Krieges entscheiden. Sämtliche Parteien stimmten Anfang August 1914 für die Kriegskredite, auch die SPD, die zusammen mit ihren Anhängern bis dahin gesellschaftlich und politisch ausgegrenzt worden war. Ihre Zustimmung hielten die Sozialdemokraten für ein Gebot der Notwendigkeit, das eigene Land nicht im Stich zu lassen. Für die neue Einigkeit machte das Wort vom *Burgfrieden* die Runde: Im Innern sollte für die Dauer des Krieges Ruhe herrschen, also der Verzicht auf politische Opposition oder Streiks, um nach außen vollkommen gefestigt aufzutreten (➔M1 und M2).

In Frankreich rief Staatspräsident *Raymond Poincaré* anlässlich der deutschen Kriegserklärung zur nationalen Einheit auf. Er beschwor eine *union sacrée* (dt. „heiliger Bund") zur Verteidigung der Republik. In diesem Sinne wurde Ende August eine Regierung aus Vertretern nahezu sämtlicher Parteien gebildet.

Auch in Großbritannien verstummten Anfang August die Verfechter einer Friedenspolitik. Der deutsche Einmarsch in das neutrale Belgien löste einen Sturm der Entrüstung aus. Vor diesem Hintergrund verkündete die Regierung in London den Kriegseintritt zur Verteidigung von Demokratie und Völkerrecht. Das Parlament beschloss mit überwältigender Mehrheit die Entsendung von Truppen. Die britische Armee bestand damals fast nur aus Berufssoldaten, eine Wehrpflicht wie in den meisten anderen Staaten Europas gab es nicht. Dafür meldeten sich zehntausende britische Zivilisten freiwillig zum Kriegsdienst. Sie empfanden den Schutz Belgiens und Frankreichs als zutiefst gerechte und ehrenwerte Sache.

Die Ausgangslage | Das Deutsche Reich und Österreich-Ungarn, die *Mittelmächte*, waren ihren Gegnern, der *Entente* aus Frankreich, Russland und Großbritannien, die auch als *Alliierte* bezeichnet wurden, sowohl an Einwohnerzahl als auch an verfügbaren Soldaten unterlegen. Sie besaßen jedoch den Vorteil der „inneren Linie“, indem sie von einer geografischen Mittellage aus operierten und ihre Kräfte dank gut ausgebauter eigener Verkehrswege rasch verlagern konnten. Österreich-Ungarn wollte zunächst Serbien unterwerfen, bevor es gegen Russland in Stellung gehen würde. Das Deutsche Reich folgte dem schon erwähnten Schlieffen-Plan, der nach einem Durchmarsch durch Belgien darauf abzielte, Frankreich zu schlagen, um sich dann ebenfalls Russland entgegenzustellen.

Der Krieg 1914 in Westeuropa | Doch diese Strategie ging nicht auf. Die österreichisch-ungarische Armee traf auf den hartnäckigen Widerstand Serbiens, während russische Streitkräfte bereits im August die Ostgrenzen der Mittelmächte bedrohten. Anders als geplant musste die deutsche Militärführung daher zwei Armeekorps nach Osten entsenden, die dafür beim Aufmarsch im Westen fehlten. Auch der Durchzug durch Belgien erforderte mehr Zeit als einkalkuliert. Die belgische Armee leistete starke Gegenwehr und verzögerte den deutschen Vormarsch. Bei der Invasion Belgiens verübten deutsche Soldaten zahlreiche Massaker an belgischen Zivilisten, teils aus Rache für den unerwarteten Widerstand, teils aus Panik vor vermeintlichen **Partisanen**.

Partisanen (von ital. *partigiano*: Parteigänger): Bezeichnung für bewaffnete Personen, die an einem Krieg teilnehmen, ohne regulären Streitkräften anzugehören

Anfang September gelangte der deutsche Vormarsch bis ca. 60 Kilometer östlich von Paris. Statt der geplanten Umfassung, erfolgte ein direkter Vorstoß auf die Hauptstadt. Die breit aufgestellte deutsche Front drohte an der Marne von einer französisch-britischen Gegenoffensive durchbrochen zu werden. Das deutsche Hauptquartier ordnete schließlich den Rückzug an die Aisne an.

Auf die *Marneschlacht* folgten etliche Kämpfe, in denen beide Seiten vergeblich versuchten, sich gegenseitig zu überflügeln. Ein regelrechter Wettlauf zur Kanalküste entstand, der ergebnislos endete. Um ihre Positionen zu sichern, gruben sich die Truppen beider Seiten von nun an in Stellungen ein. Seit November 1914 war die gesamte Westfront, vom Ärmelkanal bis zur Schweizer Grenze, in ein System von Gräben, Unterständen und Drahtverhauen umgewandelt. Der *Bewegungskrieg* ging in einen *Stellungskrieg* über. Beide Seiten belagerten und bekämpften sich entlang einer Frontlinie, an der kein größerer Durchbruch mehr gelang. Dieser Zustand sollte die nächsten Jahre fortdauern (➔M3).

Deutscher Vormarsch im Westen, August bis Anfang September 1914.

- ▶ Beschreiben Sie den Verlauf des deutschen Angriffs, wie ihn die Karte darstellt.
- ▶ Arbeiten Sie das Verhalten der belgischen, französischen und britischen Streitkräfte heraus.
- ▶ In Frankreich galt die Entwicklung im September 1914 rückblickend als das „Wunder an der Marne“, im Deutschen Reich wurde die Marne als „Schicksalsfluss“ erinnert. Erläutern Sie beide Deutungen.

32040-192

Erich Ludendorff (1865–1937): preußischer Offizier, seit August 1914 und bis Kriegsende Stabschef und Stellvertreter Hindenburgs, nach 1918 erklärter Gegner der Weimarer Republik und rechtsnationalistischer Politiker.

Dominions: Bezeichnung für Territorien des Britischen Weltreiches, die sich selbst verwalteten, außenpolitisch jedoch vom britischen Mutterland vertreten wurden. Als erstes erlangte Kanada 1867 diesen Status. Ihm folgten 1901 Australien, 1907 Neufundland und Neuseeland, 1910 Südafrika.

Der Krieg 1914 im Osten Europas | In Osteuropa waren die russischen Truppen früher einsatzbereit, als es die Mittelmächte angenommen hatten. Ein russischer Vorstoß in die österreichische Provinz Galizien (im heutigen Grenzgebiet Polens und der Ukraine) konnte nur unter großen Verlusten aufgefangen werden. Mitte August drangen auch zwei russische Armeen in Ostpreußen ein. Den deutschen Verbänden im Osten unter Führung von *Paul von Hindenburg*[1] und seinem Stabschef Erich Ludendorff gelang es jedoch, den russischen Vormarsch aufzuhalten. In zwei Schlachten Ende August 1914 bei *Tannenberg* (heute poln. Stębark) sowie Anfang September an den *Masurischen Seen* wurden die russischen Angreifer geschlagen. Es war der erste große Erfolg aufseiten der Mittelmächte. Dennoch gingen die Kämpfe in Russisch-Polen und in Galizien weiter.

Kein kurzer Krieg | Bis Dezember 1914 fielen auf den damaligen Kriegsschauplätzen insgesamt mehr als eine Million Soldaten, weitere vier Millionen wurden verwundet oder gefangengenommen. Dennoch war nirgendwo eine Entscheidung eingetreten. Der von vielen erhoffte kurze Waffengang entwickelte sich zu einem langen, die Gesellschaften auszehrenden Konflikt.

Krieg in den Kolonien | Von Beginn an wurde der Krieg auch außerhalb Europas geführt. Japan erklärte dem Deutschen Reich im August 1914 den Krieg und eroberte das Pachtgebiet Kiautschou. Die übrigen deutschen Schutzgebiete im Pazifik wurden von Japanern wie auch von Truppen der britischen Dominions Australien und Neuseeland kampflos besetzt. In Afrika gerieten die deutschen Kolonien Togo und Kamerun unter französische und britische Besatzung. Mitte 1915 gab sich die deutsche Schutztruppe in Deutsch-Südwestafrika (heute: Namibia) ihren britischen und südafrikanischen Gegnern geschlagen. Als letzte deutsche Kolonie wurde Deutsch-Ostafrika (das Gebiet der heutigen Staaten Tansania, Burundi und Ruanda) von britischen, indischen, südafrikanischen, belgischen und portugiesischen Truppen eingenommen.

Krieg zur See | Die deutsche Kriegsflotte konnte den Schutzgebieten in Übersee nicht zu Hilfe kommen. Großbritannien errichtete mit Kriegsbeginn eine *Seeblockade* in der Nordsee, die die deutsche Marine von den Weltmeeren abschnitt. Zugleich sollte die Blockade den Handel der Mittelmächte mit den Ländern außerhalb Europas unterbinden. Die Blockade durch eine offene Seeschlacht zu durchbrechen, kam angesichts der britischen Überlegenheit nicht infrage. Stattdessen versuchte das Deutsche Reich, die britische Marine durch U-Boote zu bekämpfen. Die damals noch junge U-Boot-Technologie wurde im Lauf des Krieges immer weiterentwickelt.

Im Februar 1915 erklärte das Deutsche Reich die Gewässer um Großbritannien und Irland zum Kriegsgebiet. Deutsche U-Boote griffen nun auch zivile Schiffe des Gegners an. Als Anfang Mai 1915 der britische Passagierdampfer „Lusitania“, der auch Munitionsteile geladen hatte, von einem deutschen U-Boot ohne Vorwarnung versenkt wurde, kamen fast 1200 Menschen ums Leben, darunter 128 Passagiere aus den neutralen USA. Die US-Regierung drohte mit dem Kriegseintritt aufseiten der Entente. Hierauf stellte das Deutsche Reich seinen *unbeschränkten U-Boot-Krieg* im Atlantik wieder ein.

Kriegsschauplatz Naher Osten | Für die kriegsführenden Mächte kam es auch darauf an, neue Verbündete zu gewinnen, um den Konflikt für sich zu entscheiden.

Im Oktober 1914 trat das Osmanische Reich an der Seite der Mittelmächte in den Krieg ein. Osmanische Truppen griffen Russland im Kaukasus an, erlitten jedoch eine Niederlage. Im Gegenzug stießen russische Verbände ins türkische Anatolien vor, ebenso britische Einheiten vom Persischen Golf in Richtung Bagdad. Für diese Rückschläge suchte die Staatsführung in Konstantinopel nach Schuldigen und glaubte sie

[1] Biografische Informationen über Paul von Hindenburg finden Sie auf Seite 358.

in den Armeniern zu finden, von denen sich manche freiwillig den russischen Truppen angeschlossen hatten. Aus Furcht vor einer allgemeinen Rebellion der Armenier und anderer Minderheiten ordnete die Regierung ihre Vernichtung an. 1915/16 starben nach Schätzungen etwa eineinhalb Millionen armenische Zivilisten durch Racheakte oder die Verschleppung in Wüstengebiete. Vom *Völkermord an den Armeniern* wusste die Reichsleitung in Berlin durch Berichte deutscher Augenzeugen. Das Deutsche Reich verzichtete jedoch auf Einspruch und Sanktionen, aus Rücksicht auf das Bündnis mit den Osmanen.

Wie wichtig das Osmanische Reich für die Mittelmächte war, zeigte das damalige britisch-französische *Dardanellenunternehmen*. Im Frühjahr 1915 begannen die beiden Entente-Mächte mit einem Angriff auf die Meerenge an den Dardanellen, dem ein Vorstoß bis nach Konstantinopel folgen sollte. Danach, so das Vorhaben, würde im Verbund mit Russland der ganze Balkan „aufgerollt", um Österreich-Ungarn und das Deutsche Reich von Südosten her zu besiegen. Dennoch scheiterte der Versuch, die Halbinsel *Gallipoli* durch britische, französische, indische und ANZAC-Truppen einzunehmen. Die verlustreiche Offensive wurde im Januar 1916 eingestellt.[1]

Krieg in Süd- und Südosteuropa | Hingegen gelang es der Entente, das Königreich Italien im Mai 1915 auf ihre Seite zu ziehen. Italien war vor dem Krieg mit dem Deutschen Reich und Österreich-Ungarn verbündet gewesen, wahrte jedoch bei Kriegsausbruch Neutralität. Seither von beiden Bündnissen umworben, gaben letztlich Zusagen für Gebietsgewinne auf Kosten Österreich-Ungarns den Ausschlag gegen die Mittelmächte. Es entstand eine neue Front in den Alpen und in der heutigen Grenzregion zwischen Italien und Slowenien. Dort entwickelte sich ein ähnlicher Stellungskrieg wie in Nordfrankreich und Belgien.

Bewegung geriet dagegen in den Krieg auf dem Balkan, mit dem der Weltkrieg im Vorjahr begonnen hatte. Im Oktober 1915 trat Bulgarien den Mittelmächten bei. Dadurch wurde Serbien, das sich bis dahin erfolgreich gegen den Angriff Österreich-Ungarns hatte behaupten können, von Norden und Süden gleichzeitig attackiert. Anfang Dezember waren Serbien und das benachbarte Montenegro vollständig von den Mittelmächten besetzt, der Balkankrieg fand damit vorerst ein Ende.

Deutscher Durchbruchsversuch im Westen: Verdun | Ungeachtet dieser Erfolge arbeitete die Zeit gegen die Mittelmächte. Je länger der Krieg dauerte, desto mehr Truppen boten die Entente-Mächte auf. Letztere griffen dabei auch auf Soldaten aus den Kolonien und den britischen Dominions zurück, in Großbritannien galt seit Anfang 1916 zudem die allgemeine Wehrpflicht (→M4). Ebenso führte die britische Seeblockade dazu, dass die Mittelmächte kaum noch Rohstoffe und Nahrungsmittel aus Übersee beziehen konnten.

Der deutsche Generalstabschef *Erich von Falkenhayn* wollte daher eine schnelle Entscheidung. An der Westfront sollte die symbolträchtige und strategisch wichtige Festung *Verdun* genommen werden. Für ihre Verteidigung würde Frankreich immer mehr Truppen einsetzen, die dem deutschen Artillerie- und Maschinengewehrfeuer zum Opfer fielen. Es ging somit um die gezielte Abnutzung – in den Worten Falkenhayns um das „Ausbluten" – des Gegners. Der deutsche Angriff ab Februar 1916 gelang jedoch nur teilweise und kostete die eigene Seite kaum weniger große Verluste als die Franzosen. Die monatelangen Kämpfe um Verdun wurden zur ersten großen *Materialschlacht*, in der sich die Gegner durch den ungeheuren Aufwand von Menschen und Kriegsmaterial niederzuringen suchten. Die „Knochenmühle" von Verdun, wie die Schlacht zynisch genannt wurde, forderte rund 360 000 Gefallene auf französischer und 335 000 auf deutscher Seite. Bis Mitte Dezember waren die deutschen Angreifer wieder auf ihre Ausgangsstellungen zurückgeworfen (→M5).

[1] Weiterführende Informationen zum sogenannten ANZAC Day finden Sie auf Seite 344.

Internettipp
Informationen und ein Video über den Beschluss des Bundestages, die Tötung der Armenier als Völkermord einzustufen, finden Sie unter diesem Code.

32039-11

ANZAC (Australian and New Zealand Army Corps): Truppenverband zumeist freiwilliger Soldaten aus Australien und Neuseeland, der im Ersten Weltkrieg für Großbritannien und die Entente kämpfte

Internettipp
Einen Überblick über die Schlacht von Verdun bietet das Video unter diesem Code.

32039-12

Durchbruchsversuche der Entente | Die Entente plante dagegen für die zweite Jahreshälfte 1916 einen koordinierten Angriff auf die Mittelmächte. Im Westen sollten britische Truppen an der *Somme* einen Durchbruch erzielen, während gleichzeitig Italien im Süden und Russland an der Ostfront gegen Österreich-Ungarn vorgehen würden. Überdies trat Rumänien im August 1916 aufseiten der Entente in den Krieg ein. Allerdings schlugen die Mittelmächte die russische wie die italienische Offensive zurück, während sie Rumänien in einem kurzen Feldzug besetzen konnten. An der Somme entbrannte von Juli bis November 1916 eine riesige Materialschlacht wie zuvor um Verdun, die gleichfalls keine Entscheidung brachte. Trotz gewaltiger Verluste auf beiden Seiten hatten sich die Fronten in Europa kaum verschoben.

Bilder des Krieges.
Foto oben: britische Maschinengewehrschützen mit Gasmasken an der Somme, 1916.
Foto unten: Gräben und zerstörter Wald bei Messines in Flandern, 1917.

- Partnerarbeit: Beschreiben Sie sich gegenseitig Ihre Eindrücke zu den beiden Fotos.
- Erörtern Sie das Verhältnis von Mensch, Technik und Natur, wie es in den Aufnahmen zum Ausdruck kommt.

32040-193

Industrieller Krieg | Der Krieg fand zwischen hochentwickelten Industrieländern statt. Daher war die Kriegsführung geprägt vom Einsatz modernster Waffen und Technologie wie auch von der Anwendung industrieller Organisationsmethoden.

Zunächst ging es dabei um eine möglichst schnelle militärische Entscheidung, die durch Eisenbahnen und Kraftfahrzeuge sowie genau getaktete Aufmarschpläne und Telekommunikation (drahtlose Telegrafie, erste Telefone) ermöglicht werden sollte. Als der Kriegsverlauf fast überall zu einem Stillstand der Fronten führte, versuchte jede Seite, die Pattsituation durch eine Zermürbung des Gegners aufzuheben. Dazu wurden immer verheerendere Waffen entwickelt. 1915 setzten deutsche Truppen erstmals tödliches Kampfgas ein, danach auch ihre Gegner. Geschütze erlangten noch größere Reichweiten, Granaten und Minen noch mehr Zerstörungskraft. Während die Verteidigung durch den Einsatz von Maschinengewehren oder Stacheldraht verbessert werden sollte, wurden für Angriffe seit 1916 u.a. die ersten Panzer verwendet, um Sperren zu durchbrechen, ebenso wie Flugzeuge durch Luftaufnahmen für präzise Aufklärung sorgten.

Industriell war der Krieg auch im Sinne eines massenhaften Einsatzes von Menschen und Material. Die Militärführungen kalkulierten jeweils mit Verlusten in einem Ausmaß, wie es frühere Konflikte nicht gekannt hatten. Die einfachen Soldaten auf allen Seiten wurden dabei zu beinahe beliebig austauschbaren Statisten („Kanonenfutter"). Was zählte, war ihre schiere Masse und das Funktionieren im Kollektiv. Während des Einsatzes an der Front herrschten meist menschenunwürdige Verhältnisse. Hier waren die Soldaten nicht nur ständiger Todesgefahr ausgesetzt, sondern ebenso Kälte, Nässe, Hunger und Durst, Krankheiten und Ungeziefer sowie nervenaufreibendem Gefechtslärm. Der industrielle Krieg hinterließ neben Millionen Todesopfern und körperlich Verwundeten auch Hunderttausende von psychisch Kranken, die von den Schrecken des Krieges oft lebenslang traumatisiert blieben (→M6).

Krieg und Heimat | Mit Fortdauer des Krieges wurde es für alle beteiligten Mächte immer entscheidender, wie belastbar die heimische Wirtschaft und die Zivilbevölkerung waren. Bei den Mittelmächten, aber auch in Russland traten wachsende Mängel in der Versorgung mit Lebensmitteln, Medikamenten und Konsumgütern auf, in erster Linie deshalb, weil die zivile Produktion zugunsten der militärischen stark vernachlässigt wurde (→M7). Die Einschränkungen im Alltag, die sich daraus ergaben, wurden von den Menschen lange Zeit hingenommen, teils aus Pflichtgefühl, teils aus Solidarität mit den kämpfenden Angehörigen oder Bekannten. Hinzu kam, dass inländische Medien jeglichen Unmut auf den Gegner lenkten, etwa wenn im Deutschen Reich wie in Österreich-Ungarn verbreitet wurde, für die Engpässe sei allein die britische Seeblockade verantwortlich. Zudem beteiligten sich selbst ärmere Schichten an den Aufrufen der Regierungen zu Spenden und Kriegsanleihen. Die Presse in den kriegsführenden Ländern hielt sich mit kritischen Berichten zurück, auch um der staatlichen *Zensur* zu entgehen, und versuchte in der Regel Siegeszuversicht zu verbreiten. Für die Stimmung ebenso wichtig waren die vielen Millionen Briefe und gesendeten Hilfsgüter (sog. Liebesgaben) an Frontsoldaten, Kriegsgefangene oder Verwundete in den Lazaretten. Während des Krieges entstand der Begriff der „Heimatfront", im Englischen „home front", der die Rolle der eigenen Bevölkerung und Wirtschaft für den Kriegsverlauf hervorhob (→M8 und M9).

Kriegsanleihen: Schuldverschreibungen eines Staates, die dieser zur Finanzierung eines Krieges anbietet und nach Kriegsende mit Zinsen zurückzuzahlen verspricht

Kein Frieden in Sicht | Die Kehrseite jener Vertröstungen auf den Sieg waren überzogene Hoffnungen in der Öffentlichkeit. In den kriegsführenden Ländern entwickelte sich eine Debatte über Kriegsziele. In Teilen der Bevölkerung wuchs die Erwartung, die eigene Regierung müsse angesichts der vielen Opfer große territoriale und wirtschaftliche Entschädigungen von den Gegnern verlangen. Daher schien ein gemäßigter Frieden vor dem eigenen Land politisch kaum vertretbar. Dennoch formulierte der deutsche Reichskanzler Bethmann Hollweg Mitte Dezember 1916 einen allgemeinen Friedensvorschlag der Mittelmächte an die Entente. Das Angebot sah den Verzicht auf Grenzveränderungen vor, wobei unklar blieb, ob das Deutsche Reich auch das besetzte Belgien aufgeben wollte. Die Entente-Mächte lehnten ab, aus Misstrauen gegenüber der deutschen Haltung wie aus eigener Siegesgewissheit. Der Krieg ging somit auch 1917 weiter.

M1 Der Kaiser an seine Landsleute

a) *Am 31. Juli 1914 spricht Wilhelm II. vom Balkon des Berliner Stadtschlosses zu den Menschen. Einen eingesprochenen Text können Sie sich dazu unter diesem Code anhören.*

32039-13

b) *Einen Hörtext zur zweiten „Balkonrede" Wilhelms II. vom 1. August 1914 finden Sie unter diesem Code.*

32039-14

c) *Am 6. August folgt ein schriftlicher Aufruf des Kaisers „An das deutsche Volk!", der im Januar 1918 von ihm auf Schallplatte aufgenommen wird. Die Tonaufzeichnung der Rede Wilhelms II. können Sie unter diesem Code abrufen.*

32039-15

32040-194

1. Geben Sie den Inhalt der drei Verlautbarungen (a bis c) in eigenen Worten wieder.
2. Analysieren Sie die einzelnen Texte danach, an welche Gefühle und Wertvorstellungen Wilhelm II. appelliert.
3. Arbeiten Sie heraus, mit welchen Aussagen, Begriffen und Stilmitteln das Deutsche Reich in den Verlautbarungen als Angegriffener dargestellt wird.
4. Der an die zweite „Balkonrede" angelehnte Satz Wilhelms II. „Ich kenne keine Parteien mehr, ich kenne nur noch Deutsche" wurde zum Sinnbild für das „Augusterlebnis" von 1914 (zur Erläuterung siehe die Bildlegende auf Seite 312). Begründen Sie, ausgehend von den drei Texten, weshalb.

M2 „Meiner ist auch dabei!"

Die deutsche Lyrikerin Theresa Gröhe (1853–1929) veröffentlicht nach Kriegsbeginn das Gedicht „Wir Mütter":

Wer ist so stolz wie wir auf der Welt?!
Uns're Söhne zogen hinaus in's Feld –
Für Kaiser und Reich – zu Trutz und Wehr,
Deutschlands Blüte für Deutschlands Ehr',
Zu steh'n oder fallen – wie's Gott gefällt –
Jeder Jüngling ein Mann, jeder Mann ein Held!
– Dass Gott ihnen gnädig sei! –
Meiner ist auch dabei!

Wir wissen alle: Es musste sein,
Wir tragen's tapfer und schicken uns d'rein –
Nur manchmal, so im Vorübergeh'n,
Bleiben wohl zwei zusammen steh'n;
Mit Augen von heimlichen Tränen verbrannt,
Reichen sie sich die zitternde Hand –
Da bricht's aus der Brust wie ein Schrei:
„Meiner ist auch dabei!"

O Zeit so hart! O Zeit so groß!
Wir alle tragen das gleiche Los.
Ein einz'ger Gedanke mit uns geht,
Ein Glaube, ein Hoffen, ein Gebet:
„Herrgott, lass Deutschland nicht verderben,
Für das uns're Söhne bluten und sterben!
Herr, höre der Mütter Schrei!
– – Meiner ist auch dabei!" – –

Und vor mir steigt's auf – eine Vision! –
Ich höre den Sturm der Glocken schon,
Trommelwirbel und Hurraruf –
In Rosen versinkt der Rosse Huf.
Von Siegesgeläut die Luft erdröhnt –
Sie kommen, sie kommen! Lorbeergekrönt,
Von Jubel umbraust, von Fahnen umwallt,
Und über die deutschen Lande schallt
Ein einziger jauchzender Schrei! – –
Und meiner ist auch dabei! – –

T. Resa [Theresa Gröhe], Wir Mütter, in: Fliegende Blätter 141 (1914), Nr. 3609, S. 150

32040-195

1. Beschreiben Sie, welche Stimmung von dem Gedicht insgesamt und von seinen einzelnen Strophen ausgeht.
2. Charakterisieren Sie die Rolle der Mütter von in den Krieg ziehenden Soldaten, wie in dem Gedicht skizziert.
3. Vergleichen Sie die Aussagen des Gedichts und der Texte in M1 über den Kriegsausbruch, das eigene Land und die Erwartungen an die Bevölkerung. | F
4. Beurteilen Sie die Hoffnung der Dichterin, wie der Krieg enden möge.

M3 Bewegungs- und Stellungskrieg

a) Der zwanzigjährige Leutnant Leopold von Stutterheim aus Braunschweig fällt Ende August 1914 an der Westfront. Sein Kompaniechef teilt Stutterheims Mutter in einem Brief vom 30. September jenes Jahres mit, wie er zu Tode kam:

In der Nacht vom 21. auf den 22. August waren wir für wenige Stunden in dem Dorfe Bouillet untergebracht. Morgens um 2 Uhr am 22.8. traten wir den Vormarsch an, um bald die Sombre zu überschreiten. Nicht lange nachdem wir den Fluss überschritten hatten, kamen wir in ein Dorf, wie wir später erfuhren, Roselies. Als die Kompagnien des Bataillons in Marschkolonnen im Dorfe waren [...], erhielten wir plötzlich rasendes Feuer aus allen Häusern, Gärten, Hecken und wo sonst sich eine Gelegenheit für den Feind bot. Es herrschte vollkommene Dunkelheit, sodass man immer nur das Aufblitzen der feindlichen Schüsse sah. Ich ordnete an, dass sich die Kompagnie in dem freien Raum zwischen den Häusern hinlegen sollte. Hier lagen wir etwa eineinhalb Stunden, immerfort vom Feind beschossen. [...] Als es endlich langsam hell wurde, erhielt die Kompagnie Feuer aus einem einsam gelegenen weißen Hause und bekam den Befehl vorzugehen. Ich schickte den 3. Zug dagegen vor. Inzwischen hatten sich auf dem auf der Höhe halbrechts vor uns liegenden Walde Franzosen entwickelt[1] und nahmen das Feuer gegen den Ort auf. Ich entwickelte den Zug Ihres Herrn Sohnes, der [...] das Feuer erwiderte. Im Verein mit anderen Kompagnien und dem gegen das weiße Haus angesetzten Zug wurde nun der Angriff gegen die auf der Höhe liegenden Franzosen angesetzt. Unter Benutzung der zahllosen Hecken, die das Gelände durchzogen, arbeiteten sich die Schützen bis an einen kleinen, vor uns liegenden Steilabfall heran. Hier fanden sie vollkommene Deckung, konnten aber selbst im Augenblicke nicht schießen. Ihr Herr Sohn, der inmitten seiner Leute in voller Deckung lag, richtete sich einen Augenblick etwas auf, um [...] nach dem Feinde Ausschau zu halten. In dem Augenblick, den er dazu benötigte, traf ihn das feindliche Geschoss. Die Kugel traf ihn in den Hals und gewiss die Schlagader. Ihr Herr Sohn sagte in dem Augenblick: „Grüßen Sie meine guten Eltern". Dann sank er in sich zusammen und war sofort tot.

b) Der Student Lothar Dietz (1889–1915) aus Pegau bei Leipzig schildert seinen Angehörigen in einem Brief vom November 1914, wie es ihm im Schützengraben auf einer Anhöhe nahe dem belgischen Ypern ergeht:

Ihr in der Heimat könnt Euch nicht die geringste Vorstellung davon machen, was es für uns bedeutet, wenn in der Zeitung schlicht und einfach zu lesen ist: „In Flandern fanden heute wieder nur Artilleriekämpfe statt!" Tausendmal lieber vorgehen in verwegenem Angriff, koste es, was es wolle, als das tagelange Ausharren im Granatfeuer, wo man immer nur wartet, ob denn die nicht kommt, die einen verstümmelt oder zerschmettert. Rechts von mir stöhnt seit drei Stunden im Unterstand ein Unteroffizier, dem eine Granate beide Beine und einen Arm zerschmetterte. Den steilen Abhang des Laufgrabens hinunter ist er in der Zeltbahn nicht zu transportieren, und der andere Verbindungsgraben nach rückwärts ist ersoffen. So ist guter Rat teuer. Wer schwer verwundet ist, geht auf dem Transport aus dieser Stellung meist zugrunde. Der Tag kostete uns vier Tote, zwei Schwerverletzte und drei Leichtverwundete. Auf 60 m liegen wir den Engländern gegenüber und sind sehr auf der Hut, da sie gar zu gern unsere Höhe wiederhaben möchten. [...]

600 m hinter unserer Stellung haben wir unsere Bereitschaftsstellung. Ein kleines Waldtal, in dem furchtbare Nahkämpfe getobt haben. Baum und Strauch sind von Granaten zerfetzt, mit Gewehrkugeln gespickt. Überall liegen in den Wasserlöchern noch die Leichen, von denen wir schon viele begraben haben. Zahllose Blindgänger von Granaten jeden Kalibers haben sich in den Waldboden eingewühlt. Französische Ausrüstungsstücke sind in Masse zu finden. In den einen Abhang der Schlucht haben wir unsere Unterstände eingebaut: Erdhöhlen, gedielt, mit Dachpappe überdeckt und kleinen Öfen versehen, die allerdings zum Erwärmen des Raumes nicht ausreichen, wohl aber zum Erwärmen der Speisen, ja auch zum Kochen nützlich sind. Da man sich naturgemäß in solcher Verwüstung der Natur nicht wohlfühlen kann, haben wir ein wenig nachgeholfen. Zunächst einen sauberen Knüppeldamm mit Geländer die Schlucht entlang gebaut, dann aus einem nahen Kiefernwalde, der auch von Granaten geknickt war, die schönsten Baumkronen herangeschleppt und einfach in der Schlucht neu gepflanzt, allerdings ohne Wurzeln. Aber auf einen längeren Aufenthalt als vier Wochen rechnen wir doch hier zunächst nicht, und solange bleiben sie sicher grün.

Erster Text zitiert nach: Tagebuch mit Abschriften von Briefen des Leutnants Leopold von Stutterheim, 1914, https://www.dhm.de/lemo/zeitzeugen/leopold-von-stutterheim-kriegsbegeisterung-sommer-1914.html (Zugriff: 1. Februar 2024); zweiter Text zitiert nach: Kriegsbriefe gefallener Studenten, hrsg. von Philipp Witkop, München 1928, S. 47 f.

[1] **entwickeln:** (hier) postieren, in Stellung gehen (lassen)

32040-196

1. Stellen Sie die Gefahren des Bewegungskrieges (Text a) denen des Grabenkrieges (Text b) gegenüber.
2. Analysieren Sie den ersten Text auf die Frage hin, welche Absicht der Kompaniechef mit seinem Brief verfolgte.
3. Erläutern Sie unter Verweis auf den zweiten Text, warum die Soldaten den Bewegungskrieg gegenüber einem Stellungskrieg bevorzugten.
4. Präsentation: Verfassen Sie ein Antwortschreiben aus der Sicht der Angehörigen wahlweise auf den ersten oder den zweiten Brief und stellen Sie es in der Klasse vor.

M4 Soldaten aus aller Welt

*Der Schweizer Historiker Christian Koller (*1971) erinnert an die Kolonialsoldaten aufseiten der Entente-Mächte:*

Die Entente-Mächte setzten insgesamt ungefähr 650 000 Kolonialsoldaten in Europa ein, wobei diese Zahl die ebenfalls große Kontingente stellenden europäisch stämmigen Siedler aus den Kolonien und Dominions nicht einschließt. Zugleich waren die Mittelmächte nicht in der Lage, koloniale Einheiten in Europa einzusetzen, da diese auf den dortigen Kriegsschauplätzen gebunden waren oder das koloniale Territorium innerhalb weniger Monate nach Kriegsausbruch von den Kriegsgegnern besetzt wurde, womit die Kolonialtruppen in Kriegsgefangenschaft gerieten.

Großbritannien mobilisierte insgesamt etwa 1,5 Millionen indischer Soldaten, von denen 90 000 für die Kolonialmacht ihr Leben auf den Schlachtfeldern ließen. Ab September 1914 wurden etwa 150 000 indische Soldaten auf den Schlachtfeldern Flanderns eingesetzt. Die überwiegende Mehrheit der Inder kämpfte indessen auf außereuropäischen Kriegsschauplätzen, insbesondere im Nahen Osten gegen das Osmanische Reich […]. Außerdem dienten in den Expeditionskorps aus den Dominions etwa 4 000 Angehörige der kanadischen „First Nations“[1], 2 800 Maori und 580 Aborigines[2]. […]

Im Unterschied zu den Briten setzten die Franzosen in großer Zahl afrikanische Truppen in Europa ein. 172 800 Soldaten kamen aus Algerien, 134 400 aus Westafrika, 60 000 aus Tunesien, 37 300 aus Marokko, 34 400 aus Madagaskar und 2 100 von der Somaliküste. Ein weiteres Kontingent aus Indochina[3] umfasste 44 000 Mann. […]

Der Einsatz von über 600 000 afrikanischen und asiatischen Soldaten in Europa hatte erhebliche kulturelle Rückwirkungen in verschiedene Richtungen. Nie zuvor waren so viele Europäerinnen und Europäer mit so vielen Afrikanern und Asiaten persönlich konfrontiert worden – etwa als Kriegskameraden, Feinde an der Front oder Kriegsgefangene. Und nie zuvor waren so viele Männer aus den Kolonien in Europa mit der lokalen Kultur und Gesellschaft in Kontakt gekommen. Diese veränderte die Wahrnehmung ihrer Kolonialherren und langfristig das koloniale Abhängigkeitsverhältnis. In Europa und Nordamerika gab das Phänomen Anlass zu ausgedehnten öffentlichen Debatten.

Christian Koller, Deutsche Wahrnehmungen feindlicher Kolonialtruppen im Ersten Weltkrieg, in: Südasien-Chronik – South Asia Chronicle 5 (2015), S. 42–62, hier S. 44–46

32040-197

1. Entwickeln Sie Thesen, welche Auswirkungen der hier beschriebene verstärkte Kulturkontakt zwischen Europäern und Kolonialvölkern nach sich zog. | H
2. Der Erste Weltkrieg – ein „multikultureller“ Krieg? Nehmen Sie dazu Stellung. | H

M5 Überleben in der Materialschlacht

*Der deutsche Historiker Gerd Krumeich (*1945) und sein französischer Kollege Antoine Prost (*1933) untersuchen den Durchhaltewillen der Soldaten beider Seiten während der Kämpfe um Verdun:*

Alle Soldaten, die deutschen wie die französischen, waren sich der Bedeutung der Schlacht, in der sie kämpften, bewusst. […] Die Truppenmoral hing in erster Linie davon ab, um was es ging. Wenn viel auf dem Spiel stand, erstarkte sie. Zu Beginn der Schlacht war die Kampfmoral der deutschen Soldaten am stärksten, denn sie rückten vor und waren beflügelt von der Idee, dass der Sieg in dieser Schlacht den Krieg entscheiden und damit beenden werde. Nachdem diese Hoffnung enttäuscht war, stellte sich recht schnell eine Art Resignation ein. Der Schütze Heinrich Koch verlor seine Illusionen schon innerhalb einer Woche. Franz Marc[4] hingegen zweifelt „keine Minute an dem Fall von Verdun und an dem darauf folgenden Einbruch in das Herz des Landes.“ Mitte März war allerdings bei den Deutschen die anfängliche Begeisterung verstummt. Die Franzosen hingegen waren wie elektrisiert von dem Gedanken, den Vormarsch des Feindes aufhalten zu müssen, und kämpften mit unverkennbarer Überzeugung und Courage. […]

Zu einem ausgesprochen starken Rückgang der französischen Truppenmoral scheint es von Mitte Mai bis Mitte Juni gekommen zu sein, trotz der Ankündigung, dass es wieder Fronturlaub gäbe. In dieser Zeit fanden die intensivsten Kämpfe statt, vornehmlich um Höhe 304 und Fort Vaux. […]

Doch scheint eine zweite Periode extremer Müdigkeit diesen intensiven Kämpfen von Ende Juni bis Anfang Juli gefolgt zu sein. Sie betraf vor allem Einheiten, die seit längerer Zeit an der Front lagen und zeigte sich besonders bei Fraternisierungsversuchen[5]. Marc Delfaud[6] berichtet, dass

[1] **First Nations**: Ureinwohner Kanadas

[2] **Maori, Aborigines**: Ureinwohner Neuseelands bzw. Australiens

[3] **Indochina**: (hier) Bezeichnung für das französische Kolonialreich in Südostasien, das die heutigen Länder Vietnam, Kambodscha und Laos umfasste

[4] **Franz Marc** (1880–1916): deutscher Maler und Grafiker, wurde zu Kriegsbeginn als Soldat einberufen. Er fiel am 4. März 1916 bei Braquis in der Nähe von Verdun.

[5] **Fraternisierung** (von lat. *frater*: Bruder): Verbrüderung zwischen bisherigen Gegnern

[6] **Marc Delfaud** (1887–1962): französischer Schullehrer und Soldat, dessen Kriegstagebuch 2009 veröffentlicht wurde

am 12. Juli Deutsche bis zu seinem französischen Schützengraben gekommen seien: „Von der Brüstung aus schütteln sie den Franzosen die Hände. Sie bringen Zigarren mit, eine deutsche Zeitschrift und Schwarzbrot. Wir geben ihnen dafür Weißbrot. Das sind über vierzigjährige Männer. Sie versprechen, sie würden nicht schießen, wenn wir auch nicht schießen. Zumindest würden sie, weil sie von Zeit zu Zeit schießen müssten, in die Luft ballern."
Fünf Tage später lassen sie den Franzosen ein Briefchen zukommen, in dem sie bitten, um 6 Uhr morgens Granaten zu werfen, weil dann ihr Oberst vorbeikäme. Zwar war das nicht die heißeste Stelle in der Schlacht, doch war dieser Vorfall sicher nicht einmalig, denn am 12. September notierte Pétain[1], es käme zu Kontakten, die unbedingt zu unterdrücken seien. „An bestimmten Punkten der Front haben sich zwischen den französischen und deutschen Soldaten Beziehungen entwickelt."

Im Lauf des Herbsts 1916 gewinnen die Franzosen das verlorene Terrain um Verdun Schritt für Schritt zurück. Die Begeisterung über den Erfolg hält jedoch nicht lange an, wie aus den Briefen der Soldaten hervorgeht:

Zwei Themen sind in den Briefen vorherrschend. Zunächst die Auffassung, dass der Krieg endlos ist: Deutschland ist nicht siegreich, aber es bleibt unbesiegbar. Man käme nicht zum Ende, und bis dahin müsse man sich töten lassen. Der Krieg werde erst enden, wenn es keine Männer mehr gebe und kein Geld. [...] „Wenn die an der Spitze der Regierung an unserer Stelle wären, wäre ein Friedensvertrag schnell unterzeichnet." [...]
Gleichzeitig war offensichtlich die Truppenmoral der Deutschen mehr als angeschlagen, wenn man die Anzahl der kapitulierenden Soldaten als Indiz nimmt. Am 24. Oktober zählte man 6000 Gefangene und 11000 im Dezember. [...] Anscheinend kannte die deutsche Armee dieselbe Art von Kriegsmüdigkeit und Ungehorsam, bis hin zur Verweigerung, wie die französische Armee, wenn auch in geringerem Ausmaß.

Gerd Krumeich und Antoine Prost, Verdun 1916. Die Schlacht und ihr Mythos aus deutsch-französischer Sicht, Essen ²2016, S. 144–149 (Auszüge) (übersetzt von Ursula Böhme)

32040-198

1. Fassen Sie die Indizien zusammen, an denen die Autoren den Durchhaltewillen der Soldaten jeweils festmachen.
2. Erläutern Sie, weshalb die höheren Offiziere beider Seiten eine „Fraternisierung" zwischen den Frontsoldaten fürchteten.
3. Präsentation: Recherchieren Sie im Internet und in der Fachliteratur, in welcher Form Fälle von Ungehorsam und Befehlsverweigerung bestraft wurden. Stellen Sie die Ergebnisse in einem Referat vor, in dem auch Vergleiche zwischen den kriegsführenden Staaten gezogen werden.

M6 Krieg als „industrielle Arbeit"

Der Medizinhistoriker Wolfgang Uwe Eckart (1952–2021) stellt Ähnlichkeiten zwischen dem Kriegsdienst im Ersten Weltkrieg und der damaligen Industriearbeit heraus:

Wenn der Erste Weltkrieg als erster technisch-industrieller Krieg aufgefasst wird, so ist mit dieser impliziten Metaphorik nicht nur der waffentechnische Aspekt im Sinne einer technischen Modernität gemeint, die sich sowohl auf den Kampf mit neuen Waffen als auch auf deren Entwicklung und auf moderne Industrieproduktion unter den Bedingungen von Taylorismus[2] und Rationalisierung bezog. Auch die Soldaten selbst fassten den neuen Krieg als industrielle Arbeit auf, was sich sogar in ihrer Sprache niederschlug. Man ging ‚auf Arbeit' in seinen Schützengraben wie in die Bergwerksstollen des Ruhrgebietes, um die erschöpfte Vorschicht abzulösen; man hatte auf dem Schlachtfeld mindestens so ‚viel Arbeit' wie in einem Maschinensaal bei Krupp[3]. Und man wurde in schweißtreibender Zuarbeit und unter dem Druck eines unerbittlich drängenden Zeittaktes an einem Artilleriegeschütz als Kanonier oder Munitionsschlepper so unerbittlich eins mit den maschinellen Abläufen dieser großen monströsen Todesmaschine wie mit denen in einem Stanzwerk in der Heimat; nur dass man dort mit den Produktionsmitteln technische Werte in abhängiger Lohnarbeit schuf, an der Front aber technische Massenprodukte und mit ihnen Menschenleben in Massen vernichtete, hier in befehlsabhängiger Soldarbeit.

Wolfgang Uwe Eckart, Medizin und Krieg. Deutschland 1914–1924, Paderborn 2014, S. 65

32040-199

1. Stellen Sie in einer Übersicht dar, welche Ähnlichkeiten zwischen damaliger Kriegsführung und Industriearbeit bestanden.
2. Vergleichen Sie die Gefahren für Soldaten mit denjenigen für Beschäftigte in damaligen Fabriken oder Bergwerken. Ziehen Sie dazu auch den Darstellungstext auf Seite 316 sowie die Ausführungen in M3 heran.
3. Im Lauf des Krieges wurden „kriegswichtige" Fachkräfte und Industriearbeiter häufig vom Dienst an der Front freigestellt, da sie in den Betrieben benötigt wurden. Erörtern Sie vor diesem Hintergrund, ob und inwieweit der Erste Weltkrieg die gesellschaftliche Stellung der Arbeiterschaft verändern konnte.

[1] **Philippe Pétain** (1856–1951): französischer General, später Feldmarschall und Staatsmann, verantwortlich für die erfolgreiche Verteidigung von Verdun

[2] **Taylorismus**: Grundsätze für die betriebliche Beschäftigung, entwickelt durch den US-amerikanischen Ingenieur und Unternehmensberater Frederick Winslow Taylor (1856–1915), die auf Arbeitsteilung und eine möglichst große Arbeitsleistung abzielen

[3] **Krupp** (Friedrich Krupp AG): 1903 gegründetes Unternehmen für Stahlerzeugnisse in Essen, das während des Ersten Weltkrieges zu einem der wichtigsten deutschen Rüstungslieferanten wurde

M7 Kriegswirtschaft

Landwirtschaftliche Produktion im Deutschen Reich, 1914–1918. Der Indexwert 100 entspricht der Produktionsmenge von 1913.

	Weizen	Roggen	Hafer	Kartoffeln	Zuckerrüben
1914	83	85	93	84	91
1915	83	75	62	100	59
1916	66	73	72	46	55
1917	49	57	38	64	54
1918	50	55	45	46	53

Nach: Wolfgang Kruse, Der Erste Weltkrieg (Geschichte kompakt), Darmstadt [2]2014, S. 44

32040-200

1. Geben Sie die Aussagen der Statistik in eigenen Worten wieder. | H
2. Erläutern Sie die hier dargestellte Entwicklung der landwirtschaftlichen Erzeugung. Berücksichtigen Sie dabei Faktoren wie den Ausfall von Personal, Maschinen und Zugtieren, den Vorrang der Rüstungsproduktion oder die Knappheit von Energie, Saatgut oder Düngemitteln.
3. Entwickeln Sie mögliche Konzepte, mit denen das Deutsche Reich auf die Nahrungsmittelknappheit reagieren konnte. Gehen Sie dabei auch auf die Behandlung der von den Mittelmächten besetzten Gebiete (Belgien, Nordfrankreich, Russisch-Polen, Baltikum, Serbien, Rumänien) ein.

M8 Feldpost

In einem Nachschlagewerk skizziert der Historiker Gerd Krumeich (siehe Seite 320) die Bedeutung von Briefen und Postkarten als Medien im Ersten Weltkrieg. Berücksichtigt sind darin allerdings nur die deutschen Verhältnisse:

Die Soldaten des Ersten Weltkrieges waren in erster Linie Wehrpflichtige, also in Uniform gesteckte Zivilisten, die alle nur zwei Jahre, eine für damalige Vorstellungen recht kurze Zeit, in den Kasernen verbracht hatten. Dementsprechend war die Verbindung zur Heimat sehr stark. Sie wurden 1914 aus den Fabriken und von den Feldern einberufen, fühlten sich aber gleichwohl noch in der Pflicht als Ehemänner oder Familienväter. Das Bedürfnis nach Kommunikation mit der Heimat war also riesig, was die Verantwortlichen auch genau wussten und in ihre Kriegsplanung mit einbeziehen mussten. [...] So wurden schon mit Beginn des Krieges sog. „Feldpoststellen" geschaffen, die im Laufe der Zeit zu einem regelrechten Verteilungssystem ausgebaut wurden. Um 1916 waren nicht weniger als 800 Feldpoststellen tätig, die durchschnittlich pro Tag (!) 8 Millionen einlaufende Briefe und Päckchen über die Divisionen und Regimentsstäbe bis hin zu den einzelnen Kompanien zu verteilen hatten. Für 1918 sind sogar 11 Millionen Sendungen pro Tag verzeichnet. Die Soldaten schickten ihrerseits kaum weniger Sendungen auf demselben Weg zurück in die Heimat. 1914 waren das bereits 6 Millionen pro Tag, später lag die Zahl dann bei 8 Millionen. Insgesamt haben die Feldpoststellen also täglich bis zu 19 Millionen Sendungen bearbeitet, wofür ca. 8000 Postbeamte zuständig waren, von denen ungefähr die Hälfte Militärs waren. Von diesen wiederum gehörte eine große Gruppe zu den Zensoren der soldatischen Briefe. Missliebige oder gar „defaitistische"[1] Aussagen über den Krieg konnten Bestrafung zur Folge haben, hatten aber auf jeden Fall zur Konsequenz, dass die Sendungen nicht an die Adressaten weiterbefördert, sondern von den Zensurbehörden gesammelt und ausgewertet wurden, um sich ein Bild von der „Stimmung der Truppe" zu verschaffen. [...] Insgesamt ist aber in den soldatischen Briefen viel weniger die Rede vom erlebten Krieg als von den „kleinen" täglichen Problemen der Nahrungsbeschaffung. Außerdem war es normal, dass ein Ehemann oder Vater seiner Frau bzw. den Kindern auch aus dem Feld heraus noch Anweisungen über gute Haushaltsführung, Viehzucht und Benehmen in der Schule gab.

Gerd Krumeich, Die 101 wichtigsten Fragen – Der Erste Weltkrieg, München [3]2015, S. 89 f.

32040-201

1. Fassen Sie die Gesichtspunkte zusammen, weshalb die Feldpost so große Bedeutung hatte.
2. Weisen Sie anhand des Textes nach, dass Feldpostbriefe als historische Quelle kein ganz zuverlässiges Bild über die Erfahrungen der Soldaten im Ersten Weltkrieg bieten.
3. Setzen Sie sich mit der Frage auseinander, was für die deutsche Militärführung wichtiger war: eine strenge Zensur der Feldpost oder ein möglichst gut funktionierender Briefverkehr zwischen Front und Heimat.

Internettipp
Eine digitale Sammlung von Feldpost aus dem Ersten Weltkrieg finden Sie unter diesem Code.

32039-16

[1] **defaitistisch > defätistisch, Defätismus** (von engl. *defeat*, frz. *défaite*: Niederlage): gegenteilige Haltung zur Siegeszuversicht, die den eigenen Behauptungswillen untergräbt

M9 Der „Eiserne Hindenburg“

Nach der gewonnenen Schlacht bei Tannenberg gilt Paul von Hindenburg (1847–1934) im Deutschen Reich als Kriegsheld. Auf dem Königsplatz in Berlin (dem heutigen Platz der Republik) wird eine dreizehn Meter hohe Statue des Feldmarschalls aus Ebenholz errichtet. Sie dient als Nagelfigur: Für eine Geldspende können Passanten Nägel erwerben, die sie in die Figur oder ihren Sockel einhämmern. Das Foto aus der „Berliner Illustrirten Zeitung“ vom 12. September 1915 stammt von der feierlichen Enthüllung acht Tage zuvor, als zum Auftakt rund 20 000 Nägel eingeschlagen wurden.

32040-202

1. Präsentation: Recherchieren Sie im Internet nach anderen Nagelfiguren während des Ersten Weltkrieges und stellen Sie Beispiele in der Klasse vor.
2. Interpretieren Sie den „Eisernen Hindenburg“ als Symbol einer „Heimatfront“. Gehen Sie dabei auch auf die Auswahl, Gestaltung und Benennung der Statue und die möglichen Motive der Menschen ein, sich an der Spendenaktion zu beteiligen. | F

Fotografien als Quellen deuten

Das Buch bietet verschiedene Anwendungsbeispiele. Hier eine Auswahl geeigneter Fotografien: siehe Seite 312, 316, 334, 371, 393 und 395.

Fotografien gibt es seit Mitte des 19. Jahrhunderts. Seit der Erfindung zuverlässiger Aufnahme- und Druckverfahren hielten „Lichtbilder" immer häufiger Personen, Landschaften, Pflanzen und Tiere, Gegenstände und Geschehnisse fest, entweder für die Öffentlichkeit oder zur privaten Erinnerung. In der ersten Hälfte des 20. Jahrhunderts wurde das Fotografieren technisch einfacher und weniger kostspielig, wodurch breite Bevölkerungsschichten selbstständig Fotos aufnehmen konnten. Fotos kommen als Abbildungen in Zeitungen, Zeitschriften und Büchern, in Broschüren, auf Plakaten und im Internet vor, sie finden sich in Alben, Sammlungen und Bildarchiven sowie auf Online-Datenbanken.
Fotografien beeindrucken uns, weil sie die Welt scheinbar so wiedergeben, „wie sie ist". Dennoch sehen wir auf Fotos nur einen **Ausschnitt der Wirklichkeit**, der u. a. von der subjektiven Auswahl durch den Fotografierenden, den technischen Möglichkeiten und den Lichtverhältnissen abhängt. Daneben konnten Fotos schon immer **manipuliert** werden, durch Retuschen, Montagen, Zuschnitte oder Vergrößerungen, lange bevor es die digitale Bildbearbeitung gab.
Als Quellen sind Fotos höchst aufschlussreich, aber auch **kritisch zu bewerten**. Sie zeigen nicht nur das Abgebildete, sondern erlauben ebenso Rückschlüsse auf die Person hinter der Kamera und ihre Absichten. Überdies ist zu beachten, für welche Zielgruppe ein Foto ursprünglich aufgenommen wurde und wer es tatsächlich zu sehen bekam.

32039-17 **Methode Online**

Arbeitsschritt	**Leitfragen (Auswahl)**
1. Reproduktion	• Wer hat das Foto aufgenommen, in Auftrag gegeben und veröffentlicht? • Wer oder was ist auf dem Foto abgebildet? Was wird thematisiert? • Welche Darstellungsmittel werden verwendet (Schwarz-Weiß- oder Farbbild, Kameraperspektive, Aufbau, Schnappschuss oder gestellte Szene, Profi- oder Amateuraufnahme)? • Sind Hinweise auf eine Bildbearbeitung erkennbar (Retusche, Montage, Beschnitte, Ausschnittvergrößerungen)?
2. Reorganisation und Transfer	• Auf welches Ereignis oder welche Person bezieht sich das Foto? • Wie lässt sich das Foto in den historischen Kontext einordnen? • Für wen und in welcher Absicht wurde das Foto hergestellt bzw. veröffentlicht? • Welche Botschaft, welche Deutung vermittelt das Foto, beabsichtigt oder unbeabsichtigt? • Welche Wirkung soll beim Betrachter erzeugt werden?
3. Reflexion und Problemlösung	• Wie lässt sich das Foto insgesamt einordnen und bewerten? • Welche Auffassung vertreten Sie zu dem Bild?

„The Raid."
Fotomontage, 475 × 601 cm, von Frank Hurley (1885–1962), zusammengestellt im Mai 1918 aus zwölf Einzelaufnahmen vom Herbst 1917.
Der australische Fotograf Frank Hurley reiste 1917 nach Frankreich und Belgien. Im Auftrag seiner Regierung sollte er den Einsatz australischer Soldaten an der Westfront dokumentieren. Er erkannte bald, dass einzelne Aufnahmen das Geschehen auf dem Schlachtfeld nicht angemessen festhielten, weshalb er sich für zusammengesetzte Fotos entschied.
Das Bild „The Raid" (dt. „Der Angriff") fertigte Hurley für eine Ausstellung in London im Jahre 1918 an. Es erschien auf weiteren Ausstellungen bis 1921, danach im Australian War Museum in Sydney. Dargestellt wird ein Vorstoß australischer Soldaten bei Zonnebeke in Flandern im September/Oktober 1917. Da es zu gefährlich war, das Gefecht selbst zu fotografieren, stammen manche Bildteile vermutlich von einem Übungsgelände. Hurley war immerhin Augenzeuge der Kämpfe, seine Eindrücke bildeten die Grundlage für die Bildkomposition.

32040-203

Untersuchen Sie das Foto mithilfe der Arbeitsschritte auf Seite 324. Berücksichtigen Sie dabei die hier vermerkten Angaben. Ihre Ergebnisse können Sie mit der Lösungsskizze auf Seite 489 vergleichen.

Vom Epochenjahr 1917 bis zum Kriegsende

Ersatzstoffe.
Foto aus Berlin, 1917.
Weil alle kriegswichtigen Stoffe vorrangig dem Militär zugeteilt wurden, blühten im Zivilleben die sonderbarsten „Ersatzlösungen". Bei diesem Auto traten Spiralfedern an die Stelle von Gummireifen.

► Präsentation: Recherchieren Sie im Internet nach „Kriegskochbüchern" aus dem Ersten Weltkrieg und stellen Sie in einem Referat Rezepte daraus vor.

32040-204

Die Not nimmt zu | Seit den Materialschlachten von 1916 war vor allem das Deutsche Reich nachhaltig geschwächt. Die enormen Verluste an Menschen ließen sich immer weniger durch Reserven ausgleichen, es fehlte an Rohstoffen für die Rüstungsproduktion, Lebensmittel und Energieversorgung waren inzwischen rationiert. Dringend notwendige Einfuhren blieben aus, da das Deutsche Reich mit seinen vormaligen Haupthandelspartnern Krieg führte und Importe aus neutralen Ländern durch die britische Seeblockade weitgehend abgeschnürt wurden. Die Lage verschlimmerte sich noch durch schlechte Ernten 1916 und den besonders kalten und langdauernden sogenannten *Steckrübenwinter* von 1916/17, als jene Anbaupflanzen die wesentliche Nahrungsquelle boten. An Unterernährung und dadurch verursachten Krankheiten starben während des Krieges hunderttausende Zivilisten im Deutschen Reich und in Österreich-Ungarn.

Hoffnungsträger | Große Erwartungen ruhten auf der neuen Militärführung des Deutschen Reiches. Im August 1916 waren Paul von Hindenburg und Erich Ludendorff vom Kaiser zu Chefs der *Obersten Heeresleitung* (*OHL*) berufen worden. Beide genossen als Sieger der Schlacht bei Tannenberg (1914) höchstes Ansehen in Militär, Politik und Gesellschaft. Unter ihrer Regie wurde versucht, die Rüstungsproduktion drastisch zu steigern. Ebenso wurde ein „Gesetz über den vaterländischen Hilfsdienst" (1916) auf Drängen der OHL verabschiedet. Es verpflichtete alle Männer zwischen 17 und 60 Jahren zur Arbeit entweder in der Kriegsindustrie, in Behörden, in der Krankenpflege oder der Land- und Forstwirtschaft. Die OHL wollte diese Arbeitspflicht auch auf Frauen ausdehnen, wofür es jedoch keine Mehrheit im Reichstag gab (➜M1).

Kampf um die öffentliche Meinung | Hindenburg und Ludendorff glaubten an einen Sieg, der es den Mittelmächten ermöglichen würde, die Friedensbedingungen zu diktieren. Dazu war jedoch eine allgemeine Siegeszuversicht nötig: Front und „Heimatfront" mussten auf ein Ausharren bis zum erfolgreichen Ausgang des Krieges eingeschworen werden. Die OHL besaß über das *Kriegspresseamt* seit 1915 die Kontrolle der inländischen Presse, die ab 1916/17 noch strenger beaufsichtigt wurde, um Äußerungen von Kriegsmüdigkeit, Aufrufe zum Protest oder Nachrichten über militärische Rückschläge zu unterdrücken. Flugblätter, Plakate und Filme im Auftrag der OHL sollten Optimismus verbreiten. Welches Echo sie fanden, wurde der OHL in regelmäßigen Stimmungsberichten gemeldet. Von Juli 1917 an gab es verpflichtende Fortbildungen für alle Soldaten, die sie über die Notwendigkeit des Weiterkämpfens belehrten. Dieser „Vaterländische Unterricht" zielte ab Herbst 1917 auch auf die Zivilbevölkerung, zumal die Arbeiterschaft, wo solche „Aufklärungsarbeit" jedoch nur wenig verfing. Selbst in den Schulen sollten Lehrkräfte vom bevorstehenden Sieg sprechen, damit Kinder und Jugendliche die Botschaften im Elternhaus verbreiteten. Ähnliche Methoden der Propaganda wurden auch von den übrigen kriegsführenden Ländern angewandt, teils, wie etwa in Großbritannien, mit noch größerem Aufwand (➜M2).

Propaganda (von lat. *propagare:* verbreiten): systematischer Einsatz von Medien, der die öffentliche Meinung für eine bestimmte politische oder weltanschauliche Richtung einnehmen soll. Um Zweifel, Kritik oder Widerspruch zu zerstreuen, werden dabei Sachverhalte oft stark vereinfacht, übertrieben oder falsch dargestellt.

Der Schlüssel zum Sieg? | Neben der Mobilisierung von Wirtschaft und Bevölkerung wurde auch die Kriegsführung verschärft. Gegen den Widerstand von Reichskanzler Bethmann Hollweg setzte die OHL beim Kaiser die Wiederaufnahme des unbeschränkten U-Boot-Krieges durch. Die Versenkung von Schiffen jedweder Herkunft und ohne Vorwarnung war im Frühjahr 1915 aufgegeben worden, aus Rücksicht auf das neutrale Ausland, insbesondere die USA. Sie sahen darin eine nicht hinnehmbare Verletzung des

Völkerrechts. Mittlerweile schob Kaiser Wilhelm II. alle Bedenken beiseite und folgte den Berechnungen der Militärs. Ihnen zufolge würde die fortdauernde Vernichtung von Handelstransporten die Versorgung Großbritanniens derart drosseln, dass das Land binnen eines halben Jahres zum Frieden bereit sei. Ohne ihren wichtigsten Verbündeten müssten dann auch die übrigen Entente-Mächte einlenken. Am 1. Februar 1917 erklärte das Deutsche Reich die Seegebiete um Großbritannien und Irland, Frankreich, Italien und das östliche Mittelmeer zur Sperrzone, in der jedem Schiffsverkehr „ohne Weiteres mit allen Waffen entgegengetreten" werde – so der deutsche Botschafter in Washington in einer Note an die US-Regierung Ende Januar 1917.

Bruch mit den USA | Die US-Regierung unter Präsident **Woodrow Wilson** hatte im Dezember 1916 und Januar 1917 noch Frieden vermitteln wollen, auf der Grundlage eines Verzichts aller Seiten auf Gebietsgewinne oder Entschädigungen („Frieden ohne Sieg"). Doch nach der Verkündung des uneingeschränkten U-Boot-Krieges brachen die USA die diplomatischen Beziehungen zum Deutschen Reich ab. Als obendrein ein geheimes deutsches Bündnisangebot an Mexiko bekannt wurde, erklärten die USA dem Deutschen Reich am 6. April 1917 den Krieg (→M3). Dem Kriegseintritt der Vereinigten Staaten folgten mehrere Länder Lateinamerikas sowie Liberia, im Sommer 1917 auch China und Siam (heute Thailand). An die Seite der Entente bzw. der Alliierten trat damit eine Reihe von *assoziierten Mächten*, die ohne ein förmliches Bündnis am Krieg gegen die Mittelmächte teilnahmen.

Der U-Boot-Krieg erwies sich für das Deutsche Reich als gewaltiger politischer Fehlschlag. Das eigentliche Ziel, Großbritanniens Versorgung zu gefährden, wurde indessen verfehlt: Die britische Landwirtschaft konnte ihre Produktion steigern, der Schutz gegen deutsche U-Boote wurde verbessert, und die USA halfen mit der Bereitstellung oder dem Neubau von Transportschiffen, die Versenkungen auszugleichen.

Woodrow Wilson (1856–1924): US-Politiker (Demokratische Partei), Präsident der Vereinigten Staaten von 1913 bis 1921, erhielt 1920 den Friedensnobelpreis

Russland lenkt ein | Hoffnung auf einen Sieg bot den Mittelmächten dagegen die Entwicklung in Osteuropa. Im März 1917 führten in Russland Streiks und Massenproteste gegen die katastrophale Versorgungslage zur Revolution. Der Zar dankte ab, eine neue provisorische Regierung versprach freie Wahlen. In der Zwischenzeit setzte Russland den Krieg allerdings fort. Als die Offensiven des Sommers 1917 scheiterten, zerfiel die russische Armee. Anfang November 1917 übernahm die linksrevolutionäre Partei der *Bolschewiki* unter *Wladimir Iljitsch Uljanow*, gen. *Lenin*, in der Hauptstadt Petrograd und in Moskau die Macht und setzte die provisorische Regierung ab. Die Bolschewiki wünschten einen sofortigen Frieden, der die neue Räterepublik stabilisieren sollte. Lenin war erst im Frühjahr mit deutscher Hilfe aus seinem Schweizer Exil nach Russland eingeschleust worden – der Versuch des Deutschen Reiches, den russischen Gegner zu unterwandern, schien somit erfolgreich. Noch vor Jahresende 1917 schlossen die Bolschewiki mit den Mittelmächten einen Waffenstillstand.

Risse in der „Heimatfront" | Die Kriegserklärung der USA wie auch die Revolutionen in Russland blieben nicht ohne Wirkung auf die deutsche Innenpolitik. Im April 1917 fanden in deutschen Städten Massenstreiks der Industriearbeiterschaft statt, die ein Ende des Krieges forderten. Zur Beruhigung versprach Kaiser Wilhelm II. in einer Osterbotschaft politische Reformen für die Zeit nach dem Krieg. Ganz allgemein war die Gesellschaft in der Frage gespalten, ob das Deutsche Reich Gebietsgewinne anstreben und dafür den Krieg fortsetzen solle. Im Sommer 1917 schaltete sich erstmals der Reichstag in die Friedensfrage ein. Eine Mehrheit aus Sozialdemokraten, der Zentrumspartei und der liberalen Fortschrittlichen Volkspartei verabschiedete eine Erklärung zugunsten eines **Verständigungsfriedens**. Die drei Parteien bildeten seitdem einen *Interfraktionellen Ausschuss*, der die Rechte des Parlaments zu stärken suchte und als Gegengewicht zur OHL und ihrer Politik für einen **Siegfrieden** auftrat (→M4).

Verständigungsfrieden: Friedensschluss auf der Grundlage von Kompromissen und Verzichtleistungen aller Seiten

Siegfrieden: Friedensschluss, dessen Bestimmungen einseitig durch den oder die Sieger eines Krieges diktiert werden

Animierte Karten
Eine animierte Geschichtskarte zum Thema „Das Jahr 1917“ können Sie unter diesem Code abrufen.
32039-19

Die Welt an einer Wegscheide | Ende 1917 war der Krieg noch immer nicht entschieden. Dennoch hatten der Kriegseintritt der USA und die russischen Revolutionen eine Wende eingeleitet. Für die USA kündigte sich bereits der Aufstieg zur Weltmacht an – ohne ihr Eingreifen konnte Europa nicht mehr befriedet werden (➔M5). In Russland endete die Zarenherrschaft und begann eine sozialistische Räterepublik, was auch die Regierungssysteme und Gesellschaftsordnungen Österreich-Ungarns und des Deutschen Kaiserreiches grundsätzlich infrage stellte. Die damals einsetzenden politischen und sozialen Umwälzungen blieben für das weitere 20. Jahrhundert bestimmend. Rückblickend gilt das Jahr 1917 wegen seiner tiefen weltgeschichtlichen Einschnitte als *Epochenjahr.*

Osteuropa wird unterworfen | Seit Dezember 1917 verhandelten die Mittelmächte und die Bolschewiki über einen Separatfrieden, ohne die Beteiligung von Russlands bisherigen Verbündeten. Die Forderungen des Deutschen Reiches und Österreich-Ungarns schienen für die Bolschewiki zunächst nicht annehmbar, woraufhin Truppen der Mittelmächte weitere Gebiete besetzten. Am 3. März 1918 willigte die Regierung Lenin in den *Vertrag von Brest-Litowsk* (im heutigen Belarus) ein. Russland verlor Russisch-Polen, die baltischen Länder und Gebiete im Kaukasus, die unter die Kontrolle der Mittelmächte gelangten. Finnland und die Ukraine wurden als selbstständige Staaten anerkannt.

Mit der Ukraine hatten die Mittelmächte schon im Februar 1918 ein Abkommen über militärischen Beistand geschlossen, das ihnen im Gegenzug Rohstoffe und Lebensmittel versprach (sogenannter „Brotfrieden“). Im *Friedensvertrag von Bukarest* vom Mai 1918 muteten die Mittelmächte dem geschlagenen Rumänien Gebietsverluste und hohe Abgaben zu.

Russland nach dem Frieden von Brest-Litowsk.
In den von den Mittelmächten besetzten Gebieten sollten neue Staaten entstehen. Das ehemalige Russische Reich büßte etwa ein Viertel seiner Bevölkerung und seiner Landwirtschaftsfläche ein, dazu drei Viertel seiner damaligen Eisen-, Stahl- und Bergbauindustrie.

- Beschreiben Sie die dargestellten Gebietsveränderungen.
- Das Deutsche Reich und Österreich-Ungarn verzichteten auf eine Erweiterung ihres eigenen Territoriums. Erläutern Sie anhand der Karte, weshalb der Vertrag von Brest-Litowsk dennoch als ein „Siegfrieden“ galt.

32040-205

Entscheidung an der Westfront | Für die Mittelmächte brachten diese Friedensschlüsse nur teilweise Entlastung, denn zur Sicherung des neuen Machtbereichs blieben große Truppenverbände in Osteuropa gebunden. Dennoch meinte die OHL, endlich eine Entscheidung an der Westfront erzwingen zu können. Die deutsche Offensive ab März 1918 brachte anfangs erhebliche Geländegewinne, forderte jedoch riesige Verluste und führte zu keinem Durchbruch. Ab Mitte Juli erfolgte der Gegenangriff der Entente-Mächte, unterstützt von immer mehr US-Soldaten. Nach und nach wichen die deutschen Streitkräfte auf ihre Ausgangslinie, die sogenannte *Siegfriedstellung*, zurück. Ende September begannen Entente- und US-Truppen mit einer Großoffensive, die die verbliebenen deutschen Reserven zu erschöpfen drohte.

Die Mittelmächte geben auf | Den militärischen Zusammenbruch vor Augen, forderte die OHL am 29. September von der Reichsleitung, unverzüglich einen Waffenstillstand zu erreichen. Das Gesuch um Waffenruhe sollte an die USA gerichtet sein, da deren Position einen eher gemäßigten Frieden in Aussicht stellte. Die USA waren zwar selbst Kriegspartei, übernahmen aber eine gewisse Vermittlerrolle zwischen dem Deutschen Reich und der Entente. US-Präsident Wilson bestand darauf, nur mit einer demokratisch legitimierten Regierung zu verhandeln. Auch die OHL empfahl dem Kaiser, eine neue, vom Reichstag getragene Regierung solle die Gespräche führen. Der Kaiser willigte ein. Während sich die Militärs damit aus der Verantwortung zogen, würde die Abwicklung des verlorenen Krieges den zivilen Politikern zufallen. Das Eingeständnis der Niederlage traf weite Teile der deutschen Öffentlichkeit völlig unvorbereitet.

Ebenso wie das Deutsche Reich standen seine Verbündeten vor dem Aus. Ende September schloss Bulgarien einen Waffenstillstand. Am 31. Oktober endeten die Kämpfe zwischen den Entente-Mächten und dem Osmanischen Reich, das in Palästina und Mesopotamien vernichtende Niederlagen erlitten hatte. In Österreich-Ungarn erklärten sich Ende Oktober Ungarn, Tschechen und Südslawen unabhängig. In Wien übernahm eine republikanische Regierung die Staatsgewalt für den deutschen Teil des Habsburgerreiches (Deutsch-Österreich) und willigte am 3. November 1918 in einen Waffenstillstand mit der Entente ein.

Die Monarchie am Ende | Im Deutschen Reich kam es auf Drängen einer Mehrheit des Reichstages im Oktober 1918 zu einer Verfassungsreform. Seither war der Reichstag für die Entscheidung über Krieg und Frieden zuständig und der Reichskanzler, seit Anfang Oktober Prinz *Max von Baden*, mit seiner Regierung vom Vertrauen des Parlaments abhängig. Der Kaiser behielt dagegen Teile der Befehlsgewalt über das Militär. Im Lauf des Oktober stellten die USA, auch auf Druck Frankreichs und Großbritanniens, immer härtere Forderungen für den Waffenstillstand. Daraufhin wollte die deutsche Seekriegsleitung die Flotte zu einem letzten Gefecht gegen Großbritannien aufbieten. Dieser Schritt sollte den eigenen Behauptungswillen demonstrieren und den deutschen Rückzug entlasten, er war jedoch nicht mit dem Reichskanzler abgestimmt. Gegen den Befehl zum Auslaufen meuterten zahlreiche Matrosen in Wilhelmshaven und Kiel. Umgehend entstand daraus eine Aufstandsbewegung von Soldaten und Arbeitern, die Anfang November Berlin und andere deutsche Städte erfasste. Sie richtete sich gegen jede Fortsetzung des Krieges, gleichfalls jedoch gegen den Kaiser und die übrigen regierenden Fürsten im Deutschen Reich. Immer mehr Abgeordnete des Reichstages sahen als einzigen Ausweg den Thronverzicht des Kaisers, auch weil der US-Regierung die jüngsten Verfassungsänderungen nicht weit genug gingen. Da Wilhelm II. zu lange zögerte, gab Reichskanzler Max von Baden am 9. November selbstständig die Abdankung des Monarchen bekannt und übertrug danach das Kanzleramt an den Sozialdemokraten *Friedrich Ebert*. In Berlin wurde die Republik ausgerufen, eine Übergangsregierung versprach Neuwahlen für eine Verfassunggebende Versammlung.[1]

Matthias Erzberger (1875–1921): deutscher Publizist und Politiker, seit 1903 Mitglied des Reichstages (Zentrumspartei), im November 1918 Bevollmächtigter des Deutschen Reiches für das Waffenstillstandsabkommen von Compiègne, 1919 bis 1920 Finanzminister der Weimarer Republik, fiel im August 1921 einem rechtsextremen Mordanschlag zum Opfer

Schwierige Bedingungen | Während im Deutschen Reich die Revolution ausbrach, erschien eine von Matthias Erzberger geleitete Delegation in *Compiègne* in Nordfankreich, um die Bedingungen für den Waffenstillstand entgegenzunehmen. Das deutsche Heer musste sich hinter den Rhein zurückziehen. Die deutsche Kriegsflotte, sämtliche U-Boote, ein großer Teil der schweren Waffen und Transportmittel waren auszuliefern. Die bisherigen Friedensschlüsse von Brest-Litowsk und Bukarest verloren ihre Gültigkeit. Am 11. November frühmorgens wurde der Waffenstillstand unterzeichnet (➔M6). Noch am selben Tag um elf Uhr vormittags trat er in Kraft. Der Krieg war beendet.

[1] Siehe hierzu auch das Wahlmodul „Die Gesellschaft der Weimarer Republik" ab Seite 356.

M1 Frauen an der „Heimatfront"

*Der deutsche Historiker Michael Epkenhans (*1955) untersucht die Tätigkeitsfelder von Frauen im Deutschen Reich während des Ersten Weltkrieges:*

Die individuellen Formen der Beteiligung von Frauen am Dienst an der „Heimatfront" […] waren vielfältig. Sie variierten nach Stand und Klasse. Die Bessergestellten engagierten sich zu Tausenden in Hilfsvereinen aller Art: Sie arbeiteten als Hilfsschwestern in Krankenhäusern und Pflegeheimen, in Volks- und Kriegsküchen sowie Sammelstellen aller Art. Zudem strickten und nähten sie unablässig für die Soldaten an der Front und die Bedürftigen in der Heimat in unzähligen, eigens dafür organisierten „Strick- und Nähstuben".

Dieses freiwillige, karitativen Motiven entspringende Engagement an der „Heimatfront" gilt es jedoch von der wachsenden Übernahme ursprünglich männlicher Arbeiten in der Kriegswirtschaft zu unterscheiden. Frauen ersetzten Männer in zunehmendem Umfang bei immer mehr Tätigkeiten. Als Schaffnerin in der Straßenbahn, als Schornsteinfegerin und als Arbeiterin beim Straßenbau oder in den Rüstungsbetrieben sowie als Angestellte in den Verwaltungen. […]

Die Annahme, dass […] der Anteil erwerbstätiger Frauen seit Kriegsbeginn massenhaft gestiegen wäre, trügt jedoch. Im Vergleich zur Vorkriegszeit war die Steigerungsrate hinsichtlich der weiblichen Erwerbsquote mit durchschnittlich 17 anstatt 20 Prozent wie in den Jahren zuvor eher geringer. […] Wenn die Zahlen erwerbstätiger Frauen insofern nicht so in die Höhe schnellten, wie es gelegentlich den Anschein hat, so gab es allerdings wohl eine erhebliche Verschiebung bei den Beschäftigungsverhältnissen. Im Vergleich zu 1914 war der Anteil von Frauen, die in der Maschinenbauindustrie beschäftigt waren, 1918 35-mal so hoch, in der Metall- und Elektroindustrie immerhin noch achtmal. […]

Auch wenn manche Frauen dies sicherlich erhofft hatten, ihre Emanzipation machte während des Krieges keine Fortschritte. Dass Frauen Männer nur temporär ersetzen sollten, nicht aber als wirklich gleichberechtigt neben diesen betrachtet wurden, zeigen allein die Verzichtserklärungen auf Weiterbeschäftigung nach dem Krieg, die sie häufig genug vor Aufnahme einer Tätigkeit in den Fabriken unterschreiben mussten. Damit verknüpft war die Weigerung der Unternehmen, Frauen weiter zu qualifizieren; ihnen blieben nur reine Hilfstätigkeiten. […] Aber auch materiell lohnte sich die Arbeit immer weniger. Inflation einer-, Mangel am Nötigsten andererseits ließ es vielen Frauen, zumal in den Städten, bald wichtiger erscheinen, sich auf das Anstellen bei Verteilung der immer knapper werdenden Lebensmittel oder auf Hamsterfahrten aufs Land als auf die Arbeit zu konzentrieren. Seit der zweiten Kriegshälfte wandelte sich der Kampf an der „Heimatfront" für immer mehr Frauen und ihre Familien zu einem Kampf ums eigene Überleben.

Michael Epkenhans, Der Erste Weltkrieg 1914–1918 (Seminarbuch Geschichte), Paderborn 2015, S. 159–161 (gekürzt)

32040-206

1. Fassen Sie die Aussagen des Textes in Stichpunkten zusammen.
2. Erklären Sie mögliche Vorbehalte damaliger Arbeitgeber gegen eine langfristige Beschäftigung und Weiterbildung von Frauen in damaligen „Männerberufen".
3. Erörtern Sie, in welcher Hinsicht der Erste Weltkrieg traditionelle Geschlechterrollen entweder verstärken oder infrage stellen konnte.

M2 Werbung für den Sieg

a) *Das deutsche Werbeplakat für Kriegsanleihen mit dem Titel „Durch Arbeit zum Sieg! Durch Sieg zum Frieden!" (96,2 × 65 cm) entsteht 1918 in Berlin nach einem Entwurf von Alexander M. Cay (1887–1971):*

b) Das französische Werbeplakat für Kriegsanleihen des Bankhauses „Société Générale" mit dem Titel „Pour le suprême Effort" (dt.: „Für die äußerste Anstrengung", 120 × 79 cm) erscheint 1918 in Paris nach einem Entwurf von Marcel Falter (1866–1932):

32040-207

1. Beschreiben Sie die bildliche und textliche Gestaltung beider Plakate.
2. Vergleichen Sie beide Plakate auf die Frage hin, an welche Gefühle sie appellieren.
3. Arbeiten Sie aus dem Text der Plakate heraus, gegen welche Strömungen innerhalb der eigenen Gesellschaft die Aufrufe gerichtet waren. | H

M3 „Die Welt muss der Demokratie zugeführt werden"

US-Präsident Woodrow Wilson (siehe Seite 327) spricht am 2. April 1917 vor dem US-Kongress, der über eine Kriegserklärung an das Deutsche Reich abstimmen soll:

Die gegenwärtige deutsche Kriegsführung gegen den Handel ist eine Kriegsführung gegen die Menschheit. Es ist ein Krieg wider alle Nationen. […] Wir handeln nicht aus Rache oder um die brutale Gewalt unserer Nation siegreich geltend zu machen, sondern einzig und allein um das Recht, das menschliche Recht, von welchem wir nur ein einzelner Vorkämpfer sind, zu verteidigen. […]

Solange der Frieden der Welt und die Freiheit ihrer Völker infrage stehen, solange jener Frieden und jene Freiheit von der Existenz autokratischer Regierungen abhängig ist, – jener Regierungen, die sich auf eine Macht stützen, die einzig und allein ihren eigenen Willen kennt und nicht den Willen des Volkes, so lange ist die Neutralität ein unerträglicher Zustand. […]

Wir haben keinen Streit mit dem deutschen Volke. Wir haben gegen das deutsche Volk kein anderes Gefühl als das der Sympathie und der Freundschaft. Nicht das deutsche Volk hat seine Regierung in den Krieg getrieben. Es geschah weder unter seinem vorherigen Mitwissen, noch mit seiner Zustimmung. Dieser Krieg ist entfesselt worden wie die Kriege in jenen alten unglücklichen Zeiten entfesselt wurden, als die Völker nirgends von ihren Herrschern zu Rate gezogen wurden, als Kriege hervorgerufen oder geführt wurden lediglich im Interesse der Dynastien oder kleiner Gruppen ehrgeiziger Männer, welche gewohnt waren, ihre Mitmenschen als Schachfiguren und Werkzeuge zu benutzen. […]

Jetzt […] sind wir froh zu kämpfen für den endgültigen Frieden der Welt, für die Befreiung ihrer Völker – einschließlich des deutschen Volkes – für die Rechte aller Nationen, der großen und der kleinen, und für das Vorrecht der Menschen, überall ihren Lebensweg und ihre Vorgesetzten zu wählen. Die Welt muss der Demokratie zugeführt werden. Der Weltfriede muss gegründet sein auf den sicheren Grundlagen politischer Freiheit.

Rede des Präsidenten Wilson, gehalten am 2. April 1917 im Kongress zu Washington, o.O. u.J. [Berlin 1918], https://www.europeana.eu/de/item/9200231/BibliographicResource_3000060330619 (Zugriff: 10. März 2024) (Auszüge)

32040-208

1. Geben Sie die Aussagen von Wilsons Rede in eigenen Worten wieder.
2. Analysieren Sie die Friedensziele, für die die US-Regierung hier eintritt.
3. Beurteilen Sie die Unterscheidung Wilsons zwischen dem deutschen Volk und dessen damaliger Regierung im Hinblick darauf, wie sich die USA zu beiden positionieren.
4. Setzen Sie sich mit Wilsons Einschätzung auseinander, wer die Verantwortung für den Ausbruch des Krieges trägt. Ziehen Sie dazu auch die Darstellung auf Seite 302 f. und „Geschichte kontrovers" auf Seite 310 f. heran.

M4 Staat, Militär und Verwaltung im Kaiserreich, 1914–1918

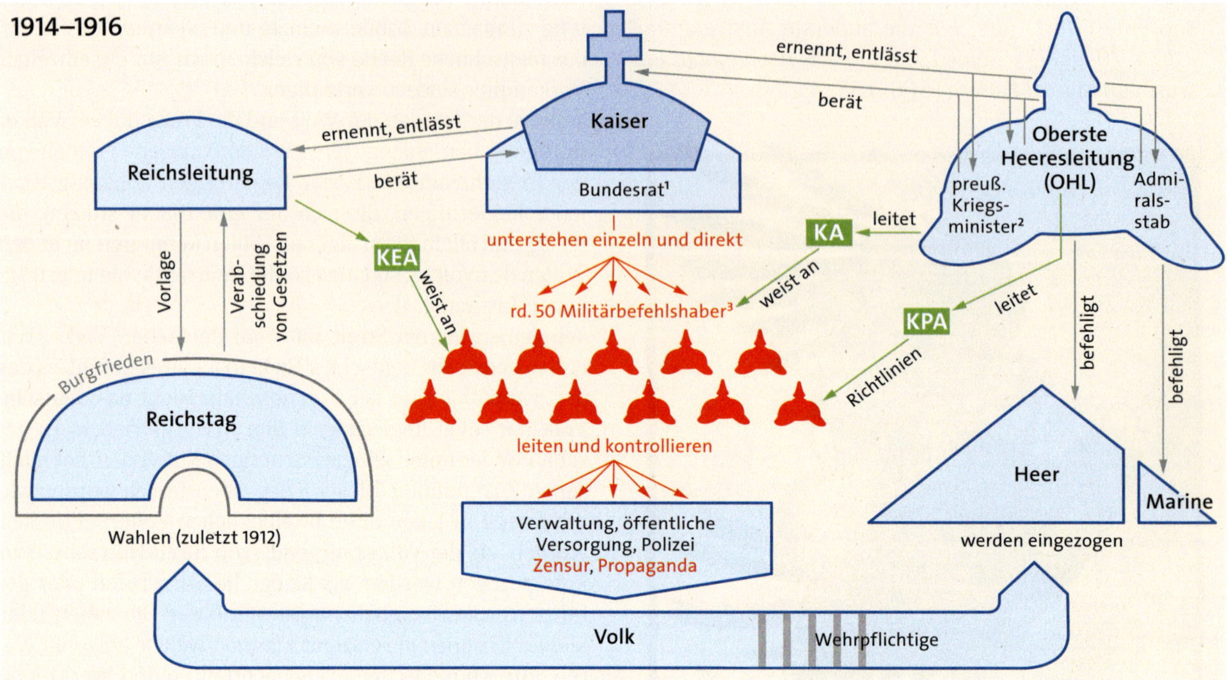

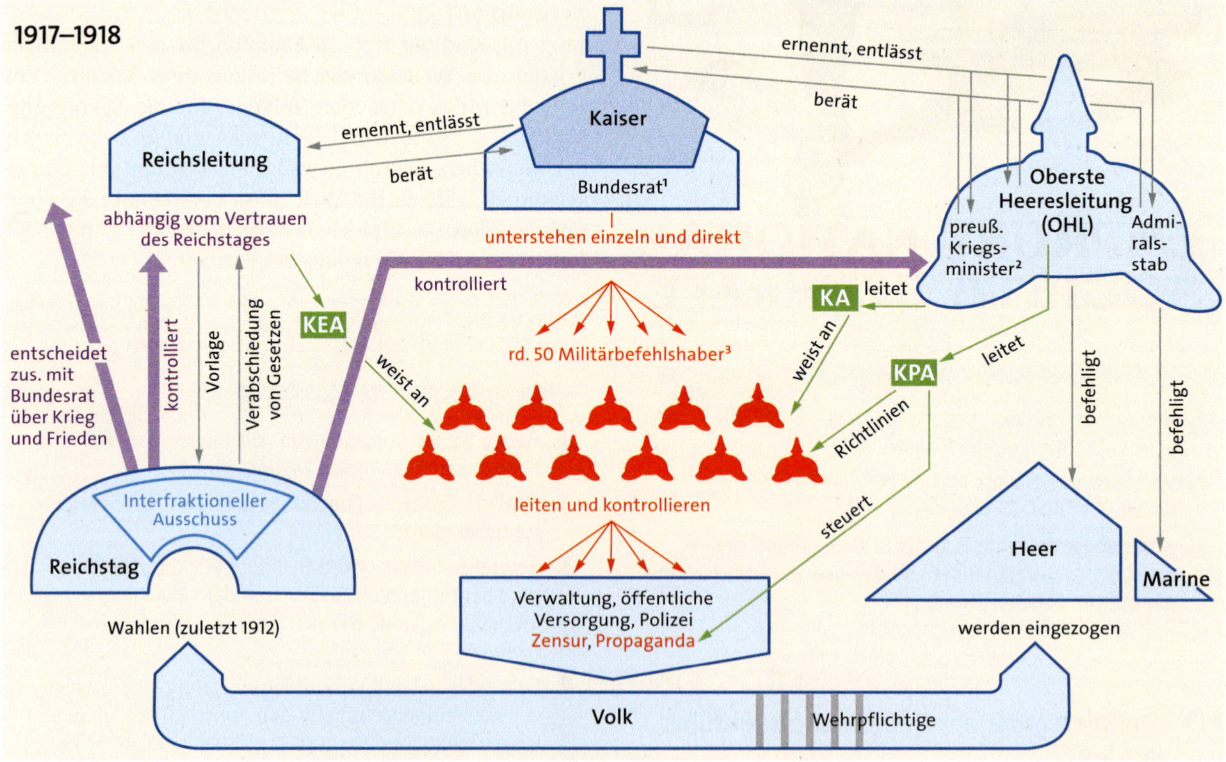

1 Vertretungsorgan der deutschen Bundesstaaten, stimmt neben dem Reichstag über Gesetze ab
2 amtiert neben den Kriegsministern der Königreiche Bayern, Sachsen und Württemberg
3 zuständig für Bezirke oder Städte im Deutschen Reich

→ Regelungen gemäß dem seit 31. Juli 1914 geltenden Ausnahmezustand (Kriegszustand)

KA Kriegsamt, zuständig für Fragen der Kriegswirtschaft (seit 1916)
KEA Kriegsernährungsamt, zuständig für die Lebensmittelversorgung (seit 1916)
KPA Kriegspresseamt, zuständig für Zensur und Propaganda (seit 1915)

⇨ Verfassungsänderungen vom Oktober 1918 (Oktoberreformen)

32040-209

1. Beschreiben Sie anhand der Schaubilder den Ausnahmezustand, der während des Krieges im Deutschen Reich galt.
2. Arbeiten Sie heraus, welche Machtverschiebungen zwischen Kaiser, ziviler Reichsleitung, Militärführung und Parlament zwischen 1914 und 1918 stattfanden. | H

M5 Wilsons Vierzehn Punkte

In einer Rede vor dem Kongress in Washington am 8. Januar 1918 legt US-Präsident Wilson die Forderungen seiner Regierung für einen künftigen Frieden dar:

Die Welt muss nur tauglich und sicher gemacht werden, um in ihr leben zu können […]. Gerechtigkeit und faires Handeln der anderen Völker der Welt müssen gegen Gewalt und selbstsüchtigen Angriffsgeist gesichert werden. Sämtliche Völker sind in Wahrheit Genossen in diesem Interesse, dass, wenn anderen keine Gerechtigkeit gewährt wird, sie auch uns nicht gewährt werden kann. Das Programm des Weltfriedens ist daher unser Programm, und dieses Programm […] lautet:

I. Öffentliche Friedensverträge, öffentlich beschlossen, nach denen es keine privaten internationalen Abmachungen irgendwelcher Art geben darf. Vielmehr soll die Diplomatie stets frei vor aller Öffentlichkeit sich abspielen.

II. Absolute Freiheit der Schifffahrt auf der See außerhalb der territorialen Gewässer sowohl im Frieden wie im Kriege […].

III. Soweit als möglich die Aufhebung sämtlicher wirtschaftlicher Schranken und die Festsetzung gleichmäßiger Handelsbedingungen zwischen sämtlichen Nationen, die dem Frieden zustimmen und sich zu seiner Aufrechterhaltung vereinigen.

IV. Angemessene Garantien, […] dass die nationalen Rüstungen auf den niedrigsten Grad, der mit der inneren Sicherheit vereinbar ist, herabgesetzt werden.

V. Eine freie, offenherzige und absolut unparteiische Ordnung aller kolonialen Ansprüche […].

VI. Die Räumung des russischen Gebietes […].

VII. Belgien […] muss, ohne jeden Versuch, die Souveränität […] zu beschränken, geräumt und wiederhergestellt werden. […]

VIII. Das gesamte französische Gebiet müsste befreit und die verwüsteten Teile wiederhergestellt werden. Ebenso müsste das Frankreich durch Preußen 1871 in Sachen Elsass-Lothringen angetane Unrecht […] berichtigt werden […].

X. Den Völkern Österreich-Ungarns […] sollte die freieste Möglichkeit autonomer Entwicklung gewährt werden.

XI. Rumänien, Serbien und Montenegro sollten geräumt werden, besetzte Gebiete wiederhergestellt, Serbien freier und gesicherter Zugang zum Meere gewährt und die Beziehungen der verschiedenen Balkanstaaten zueinander aufgrund freundschaftlicher Verabredung […] festgesetzt werden. […]

XIII. Ein unabhängiger polnischer Staat sollte errichtet werden, der die von unbestreitbar polnischer Bevölkerung bewohnten Gebiete umfassen soll, denen ein freier und sicherer Zugang zum Meer gewährleistet und dessen politische und ökonomische Unabhängigkeit sowie dessen territoriale Integrität durch internationalen Vertrag garantiert werden sollen.

XIV. Eine allgemeine Gesellschaft der Nationen muss aufgrund eines besonderen Bundesvertrages gebildet werden zum Zweck der Gewährung gegenseitiger Garantien für politische Unabhängigkeit und territoriale Integrität in gleicher Weise für die großen und kleinen Staaten.

Zitiert nach: Deutsche Geschichte in Quellen und Darstellung, Bd. 8: Kaiserreich und Erster Weltkrieg 1871–1918, hrsg. von Rüdiger vom Bruch und Björn Hofmeister, Stuttgart 2000, S. 453–455 (gekürzt)

32040-210

1. Gliedern Sie die Forderungen nach ihrer Dauer (kurz-, mittel-, langfristig) und Reichweite (national, international, global).
2. Stellen Sie den Forderungskatalog Wilsons seinen Aussagen anlässlich des Kriegseintritts der USA im April 1917 (siehe M3) gegenüber: Welche Ideen tauchen erneut auf oder sind inzwischen weiterentwickelt?
3. Gruppenarbeit: Diskutieren Sie in der Klasse, ob und inwieweit das Programm der „Vierzehn Punkte" als ein Verständigungsfrieden oder als ein Siegfrieden beurteilt werden kann. | H

M6 „Der Gang nach Compiègne"

Vom 8. bis 11. November 1918 führt Matthias Erzberger (siehe Seite 329) an der Spitze einer deutschen Delegation die Waffenstillstandsverhandlungen mit den Entente-Mächten. Er berichtet darüber in seinen Erinnerungen von 1920. Auszüge daraus können Sie als Hörtext unter diesem Code abrufen.

32039-20

32040-211

1. Geben Sie den Gang der Ereignisse in Compiègne mit eigenen Worten wieder.
2. Arbeiten Sie heraus, mit welchen Schwierigkeiten die deutschen Vertreter in Compiègne konfrontiert waren. Verweisen Sie dabei auf die damalige Situation im Deutschen Reich und auf die militärische Lage. | F
3. Präsentation: Entwickeln Sie ein Standbild, das das Verhältnis zwischen den Entente-Mächten und der deutschen Seite bei den Waffenstillstandsverhandlungen zum Ausdruck bringt.

Die Welt nach dem Krieg

Feier in New York anlässlich des Waffenstillstands.
Foto vom 11. November 1918.

▶ Beschreiben Sie die Szene auf dem Foto. Gehen Sie dabei auch auf Mimik und Gestik der abgebildeten Personen ein.

32040-212

31000-469 **Bildinformation**

Anlass zur Freude? | Auf die Nachricht vom Waffenstillstand von Compiègne fanden noch am selben Tag Siegesfeiern in den Ländern der Entente und den USA statt. In den Städten gingen die Menschen auf die Straße, an der Front, in Kasernen, Lazaretten und Gefangenenlagern jubelten die Soldaten, die den Krieg überlebt hatten. In Großbritannien etwa läuteten im ganzen Land die Kirchenglocken, die für die Dauer des Krieges weitgehend verstummt waren. Doch der Weg zurück in die Normalität war weit. Trauer überwog bei den Siegern wie den Verlierern – über viele Millionen Tote und Vermisste, über Verwundete, die der Krieg oft für den Rest ihres Lebens entstellt hatte und mit schweren Traumata zurückließ (➔M1 und M2).

Der Krieg hatte zum Untergang ganzer Gesellschaftsordnungen geführt. Zunächst war das Russische Reich zusammengebrochen. Seit 1917 sagten sich immer mehr Völker von der russischen Herrschaft los, Russland selbst versank nach der Revolution der Bolschewiki in einen verheerenden Bürgerkrieg. Im Herbst 1918 zerfiel das Osmanische Reich, die arabischen Reichsteile, die im Juni 1916 einen Aufstand gegen die türkische Oberhoheit begonnen hatten, forderten ihre Unabhängigkeit. Im Oktober/November 1918 löste sich der Vielvölkerstaat Österreich-Ungarn auf. Ebenso wie die Herrschaft der Habsburger endete auch die Monarchie im Deutschen Reich – Kaiser Wilhelm II. und die übrigen deutschen Fürsten besaßen nach der Niederlage keine Legitimität mehr für einen Neuanfang.

Schwer vereinbare Friedensziele | Während der Waffenstillstand mit dem Deutschen Reich mehrmals verlängert wurde, begann Mitte Januar 1919 die *Pariser Friedenskonferenz*. Ursprünglich war geplant, dass die Siegerstaaten, nicht weniger als 27 alliierte und assoziierte Mächte, einen Friedensvorschlag erarbeiten sollten, um dann mit den unterlegenen Mittelmächten darüber zu verhandeln. Doch es erwies sich als schwierig genug, allein schon aufseiten der Sieger Übereinstimmung zu finden.

Die USA wollten das **Selbstbestimmungsrecht der Völker** als weltweit gültiges Prinzip einführen und mit dem **Völkerbund** eine Institution zur internationalen Friedens- und Rechtswahrung errichten. Großbritannien ging es um die Behauptung seines globalen Empire, um Erstattung seiner enormen Kriegskosten und die Zerschlagung der deutschen Seemacht. Frankreich und Belgien benötigten umfassende Hilfen für den Wiederaufbau der von den Deutschen im Krieg verwüsteten Landesteile. Darüber hinaus suchte Frankreich nach Sicherheit vor einem künftigen deutschen Überfall. Die übrigen Sieger wie Italien, Serbien, Rumänien oder das erst 1917 in den Krieg eingetretene Griechenland wünschten vor allem territoriale Gewinne. Neu gegründete Länder wie die Ende Oktober 1918 entstandene Tschechoslowakei oder Polen, das im November 1918 seine Selbstständigkeit erklärt hatte, strebten nach Festigung ihrer Grenzen. Russland war auf der Friedenskonferenz nicht vertreten, denn angesichts des Bürgerkrieges blieb es völlig offen, wer das Land überhaupt repräsentieren konnte.

Selbstbestimmungsrecht der Völker: Grundsatz des modernen Völkerrechts, wonach jedes Volk das Recht hat, selbstständig über seine Staats- und Regierungsordnung sowie seine innere Entwicklung zu entscheiden.

Völkerbund (engl.: *League of Nations*, frz.: *Société des Nations*): internationale Organisation zur Wahrung des Friedens und zur Zusammenarbeit aller Völker, 1920 von 32 Staaten gegründet, mit Sitz in Genf. Der Völkerbund bestand bis April 1946.

Die Sieger unter sich | Wegen der Vielzahl widerstreitender Interessen übernahm ein „Rat der Zehn" (Regierungschefs und Außenminister der USA, Frankreichs, Großbritanniens, Italiens und Japans) die Leitung der Friedenskonferenz. Ab Ende März 1919 wurden die wichtigsten Fragen vom „Rat der Vier“ erörtert, den Regierungschefs der USA (Präsident *Woodrow Wilson*), Frankreichs (Ministerpräsident *Georges Clemenceau*), Großbritanniens (Premierminister *David Lloyd George*) und Italiens (Ministerpräsident *Vittorio Emanuele Orlando*, seit Juni 1919 dessen Nachfolger *Francesco Saverio Nitti*). Somit berieten die Siegermächte vorerst nur untereinander. Sie entschieden zunächst über die Behandlung des Deutschen Reiches, mit dem der erste von mehreren Friedensverträgen abzuschließen war.

Auflagen für das Deutsche Reich | Die deutsche Delegation in Paris musste bis Anfang Mai 1919 warten, ehe sie den Vertragsentwurf zu Gesicht bekam. Die Bedingungen waren wesentlich härter, als von deutscher Seite erwartet. Der Entwurf sah vor:

- Gebietsverluste (Abtretung Elsass-Lothringens an Frankreich und der Kreise Eupen und Malmedy an Belgien; an Polen sollten Oberschlesien, Posen und Westpreußen fallen; das Memelland im Norden Ostpreußens und die Stadt Danzig gelangten unter Aufsicht des Völkerbundes); dazu Volksabstimmungen über den Verbleib oder Verlust des Saarlands, Schleswigs und von Teilen West- und Ostpreußens;
- Besetzung des linken Rheinlands und Errichtung einer neutralen rechtsrheinischen Zone für fünfzehn Jahre, Entmilitarisierung des linken Rheinlands auf Dauer;
- Verlust aller Kolonien;
- Maßnahmen zur Abrüstung (Reduzierung der Truppen auf ein Berufsheer von maximal 100 000 Mann Land- und 15 000 Mann Seestreitkräften, Verbot von schwerer Artillerie, Panzern, Kampfflugzeugen und U-Booten);
- Wiedergutmachung und Wiederaufbauleistungen zugunsten der Sieger, zusammengefasst durch den neu eingeführten Begriff der *Reparationen*, deren Höhe und Zahlungsbedingungen später bestimmt werden sollten.

„Kriegsschuld“ | Besonders schwer wog der *Artikel 231* des Vertrages. Er hielt fest, „dass Deutschland und seine Verbündeten als Urheber für alle Verluste und Schäden verantwortlich sind, die die alliierten und assoziierten Regierungen und ihre Staatsangehörigen infolge des ihnen durch den Angriff Deutschlands und seiner Verbündeten aufgezwungenen Krieges erlitten haben“. Damit sollte der Anspruch der Siegermächte auf Entschädigung eine rechtliche Grundlage erhalten. In der deutschen Öffentlichkeit entstand jedoch umgehend das Wort vom „Kriegsschuldartikel“. Die Empörung war auch deshalb so groß, weil die Bevölkerung in ihrer Mehrheit bis zuletzt geglaubt hatte, das eigene Land führe einen Verteidigungskrieg. Obendrein sollte der Vertrag in Versailles unterzeichnet werden – ein Akt der Revanche für die Ausrufung des Deutschen Kaiserreiches an gleicher Stelle 48 Jahre zuvor. Sowohl symbolisch als auch in seinen Bestimmungen erschien der *Versailler Vertrag* den Deutschen wie eine Bestrafung.

Der Versailler Vertrag | Die deutschen Vertreter in Versailles erhielten nur eine kurze Frist, um auf den Vertragsentwurf zu antworten. Sie erreichten geringe Korrekturen – Erleichterungen für die Besetzung des Rheinlands sowie die Zusage einer Volksabstimmung in Oberschlesien. In der deutschen Nationalversammlung, die damals in Weimar tagte, wurde lange um eine Annahme gerungen (➔M3). Eine Mehrheit stimmte schließlich für die Unterzeichnung, die in Versailles am 28. Juni 1919, exakt fünf Jahre nach dem Attentat von Sarajewo, stattfand.

Der Versailler Vertrag enthielt auch die Satzung des Völkerbundes, die in Paris im April 1919 verabschiedet worden war. Das

Die Unterzeichnung des Friedensvertrages im Spiegelsaal von Versailles.
Ölgemälde (Ausschnitt) des britischen Künstlers William Orpen (1878–1931) von 1919.
Das Gemälde zeigt den Moment der Vertragsunterzeichnung durch den deutschen Verkehrsminister Johannes Bell (sitzend) und Reichsaußenminister Hermann Müller (über den Stuhl gebeugt).

► Der französische Ministerpräsident Georges Clemenceau hatte veranlasst, dass die deutschen Vertreter zuvor an einer Abordnung französischer Soldaten mit schwersten Gesichtsverletzungen vorbeigehen mussten. Interpretieren Sie die Absicht hinter diesem protokollarischen Detail und schätzen Sie seine Wirkung ab.

32040-213

Internettipp
Wissenswertes zum Völkerbund bietet der Videobeitrag unter diesem Code.

32039-22

Territoriale Veränderungen in Europa nach dem Ersten Weltkrieg.

- Vergleichen Sie die Grenzziehungen von 1919/20 mit denen vor Kriegsbeginn. | F
- Die neuen Staaten in Osteuropa wurden als „Cordon sanitaire" (Sperrgürtel, Pufferzone) bezeichnet. Erläutern Sie anhand der Karte, gegen welche Mächte die Absperrungen wirken sollten.

32040-214

Deutsche Reich durfte dem Völkerbund erst beitreten, sobald es ausreichende Garantien für die Erfüllung des Friedensvertrages leistete.

Der Versailler Vertrag war ein Kompromiss zwischen den Siegermächten. Frankreichs Forderungen an das Deutsche Reich gingen anfangs noch wesentlich weiter. Die US-Regierung scheiterte mit ihren Plänen für einen ausgewogenen Friedensschluss an den Sonderinteressen europäischer Mächte. Langfristigen Ausgleich sollte dagegen der Völkerbund bieten, für Präsident Wilson der Dreh- und Angelpunkt seiner Friedensvision. Doch im November 1919 und nochmals im März 1920 stimmte der US-Kongress gegen eine Ratifikation des Versailler Vertrages und der Völkerbundssatzung. Damit blieb der Völkerbund ohne die USA, die als künftige Stütze des Friedens ausschieden. Die USA und das Deutsche Reich vereinbarten 1921 in Berlin einen Sonderfrieden, der den Kriegszustand zwischen ihnen formell beendete.

Verlierer und Gewinner | Nach dem Versailler Vertrag schlossen die Siegermächte Friedensverträge mit den ehemaligen Verbündeten des Deutschen Reiches. Auch hier gab es so gut wie keine Mitsprache der Besiegten. Die neue Republik Österreich verlor im *Frieden von Saint-Germain-en-Laye* (September 1919) Südtirol an Italien und das mehrheitlich deutsch besiedelte Sudetenland an die Tschechoslowakei. Übrig blieb ein Rumpfstaat zwischen Innsbruck, Wien und Graz, der kaum als wirtschaftlich lebensfähig galt. Der Vertrag von Saint-Germain verbot ausdrücklich einen Zusammenschluss mit dem Deutschen Reich, wie ihn weite Teile der Bevölkerung wünschten.

Im *Frieden von Trianon* (Juni 1920) büßte Ungarn fast zwei Drittel seiner Vorkriegsterritorien an Nachbarländer ein. Bulgarien trat im *Frieden von Neuilly-sur-Seine* (November 1919) seine Gebiete entlang der Ägäisküste an Griechenland ab. Das Os-

manische Reich wurde im *Frieden von Sèvres* vom August 1920 auf einen türkischen Reststaat um Zentralanatolien reduziert, während Konstantinopel, nahezu die gesamte türkische Mittelmeerküste und die nicht-türkischen Reichsteile unter die Kontrolle Großbritanniens, Frankreichs und Italiens fielen.

Die Pariser Friedensschlüsse versuchten eine neue Staatenordnung in Osteuropa und im Vorderen Orient zu schaffen. Als Gewinner dieser Entwicklung galten das wiederbegründete Polen, die Tschechoslowakei und Rumänien, vor allem aber Serbien und Montenegro. Die beiden Länder wurden um die südlichen Teile der ehemaligen Donaumonarchie erweitert. Mit dem daraus entstandenen Königreich der Serben, Kroaten und Slowenen gelangten die Bestrebungen um einen Zusammenschluss aller Südslawen (Jugoslawien) an ihr Ziel.

Neue Konflikte, neue Leidtragende | Die neuen Grenzziehungen lösten die bisherigen Nationalitätenfragen nur zum Teil. Auch nach 1919/20 gab es in Osteuropa und im Nahen Osten viele nationale Minderheiten, entweder, weil eine Grenzziehung entlang von Siedlungsgebieten einzelner Völker kaum möglich war oder weil ein solches Vorgehen nicht im Interesse der Siegermächte lag (➔M4). Zahlreiche Grenzkonflikte prägten daher die ersten Jahre nach Kriegsende. Hinzu kam der russische Bürgerkrieg, den Länder wie Polen oder Rumänien nutzten, um ihr Territorium zu vergrößern.

Griechenland besetzte im Mai 1919 Teile der türkischen Ägäisküste, um diese Gebiete mit ihrer großenteils griechischstämmigen Bevölkerung zu annektieren. Türkische Militärverbände unter Führung von *Mustafa Kemal* (genannt *Atatürk*, „Vater der Türken") erzwangen bis 1922 den Rückzug Griechenlands, zusammen mit gewaltsamen Vertreibungen der griechischstämmigen Einwohnerinnen und Einwohner. Die türkischen Machthaber besetzten Konstantinopel und gaben nach der Flucht des osmanischen Sultans den Weg frei zur Gründung einer Republik. An die Stelle des Vertrages von Sèvres trat der *Vertrag von Lausanne* vom Juli 1923. Darin wurde die Türkei in revidierten, für sie deutlich verbesserten Grenzen anerkannt. Zwischen Griechenland und der Türkei wurde ein umfassender Bevölkerungstausch verfügt, der auch die bisherigen Vertreibungen bestätigte.

Die frühe Nachkriegszeit war eine Phase massenhafter *Zwangsmigration*. Bis Mitte der 1920er-Jahre mussten insgesamt fast zehn Millionen Menschen in Europa ihre Heimat verlassen – auf der Flucht vor dem russischen Bürgerkrieg und anderen Konflikten oder da sie in den neuen Staaten nicht länger geduldet waren.

Frieden ohne Stabilität | Die Friedensordnung von Paris erwies sich nicht als nachhaltig. Die Verträge von 1919/20 vertieften noch die Spaltung zwischen Siegern und Verlierern. Um Frieden herzustellen, sollte das Selbstbestimmungsrecht der Völker gelten und ein Völkerbund die internationalen Beziehungen regeln. Das Selbstbestimmungsrecht galt jedoch nicht für die Kolonien. Es kam im Wesentlichen nur in Europa zur Anwendung und sorgte dort vielfach für neue Konflikte, innerhalb der Staaten und zwischen ihnen. Der Völkerbund war von Beginn an geschwächt durch das Fehlen der USA, die für das neue Friedenssystem keine Verantwortung übernahmen.

Bei Siegern wie Besiegten des Ersten Weltkrieges überwog die Enttäuschung. Die Besiegten sahen sich als Opfer hoher Reparationslasten und ungerechter Grenzziehungen sowie als die alleine „Schuldigen" des Krieges. Manche Siegernationen hielten sich dagegen nicht für ausreichend entschädigt. Nationalistische und rechtsextreme Kräfte in vielen Ländern forderten daher die Revision der Friedensverträge. Zudem hinterließ der Krieg eine weitgehend zerrüttete Weltwirtschaft, die in den Industrieländern für Inflation, Massenarbeitslosigkeit und Armut sorgte. Der Protest breiter gesellschaftlicher Schichten gefährdete die liberalen Demokratien, zumal in den noch jungen Republiken in Mittel- und Osteuropa. Die Welt nach dem Krieg war somit nicht weniger anfällig für Krisen und Feindschaft, für Unterdrückung und Gewalt als zuvor.

M1 Die Toten des Ersten Weltkrieges

	Bevölkerung (in Mio.)	eingesetzte Streitkräfte	militärische Todesfälle[1]	zivile Todesfälle[2]	
Belgien	7,6	292 000	38 700	50 000	
Bulgarien	4,7	600 000	87 500	300 000[6]	
Deutsches Reich	67,8	13 200 000	2 037 000	700 000[6]	v.a. Hungertote
Frankreich	39,0	8 100 000	1 327 000	300 000	
Französische Kolonien	52,7	449 000	73 000	–	
Griechenland[3]	4,9	230 000	26 000	–	
Großbritannien und Irland	46,1	6 100 000	761 000	600 000	
Britische Dominions und Kolonien	342,2	2 800 000	198 000	–	
Italien	36,0	4 300 000	600 000	700 000[6]	
Japan	53,0	30 000	1000	–	
Montenegro	0,2	50 000	13 000	?	
Österreich-Ungarn	52,6	9 000 000	1 457 000	400 000[6]	v.a. in Galizien
Osmanisches Reich	17,0	1 600 000	772 000[6]	2 000 000	v.a. Vertreibung der Armenier
Portugal[4]	6,1	> 100 000	7200	–	
Rumänien	7,6	750 000	250 700	300 000[6]	v.a. Hungertote
Russland	164,0[5]	15 800 000[6]	1 997 500	500 000[6]	
Serbien	3,1	750 000	278 000	300 000[6]	
USA	98,8	2 100 000	114 000[7]	–	
gesamt		66 251 000	10 038 600	6 150 000	

Zusammengestellt nach: Rüdiger Overmans, Kriegsverluste, in: Enzyklopädie Erster Weltkrieg, hrsg. von Gerhard Hirschfeld, Gerd Krumeich und Irina Renz in Verbindung mit Markus Pöhlmann, Paderborn ²2014, S. 663–666, hier S. 664 f.; Antoine Prost, The dead, in: The Cambridge History of the First World War, hrsg. von Jay Winter, Bd. 3, Cambridge 2014, S. 561–591, hier S. 587 f., Tabelle 22.1

32040-215

1. Fassen Sie die Aussagen der Tabelle stichpunktartig zusammen. | H
2. Arbeiten Sie heraus, welche Länder unter dem Krieg am meisten litten. Verweisen Sie dabei auf das Verhältnis von Bevölkerungsgröße und Anzahl der toten Soldaten oder Zivilisten. | H
3. Etliche Angaben in der Statistik sind lediglich Schätzungen. Entwickeln Sie Thesen, weshalb manche der Daten bis heute nicht eindeutig geklärt sind.

[1] **militärische Todesfälle**: Gefallene, im Krieg Vermisste, verstorbene Verwundete, Opfer in Kriegsgefangenschaft, Opfer von Seuchen
[2] **zivile Todesfälle**: Opfer von Hunger, Seuchen, Vertreibung und Verschleppung, Besatzungsverbrechen oder Zwangsarbeit, Opfer des U-Boot-Krieges oder von Bombenangriffen
[3] **Griechenland**: Kriegsteilnehmer aufseiten der Entente seit Juni 1917
[4] **Portugal**: Kriegsteilnehmer aufseiten der Entente seit März 1916
[5] ohne Finnland
[6] Angaben unsicher
[7] etwa die Hälfte Opfer der Grippepandemie (sogenannte Spanische Grippe, die von 1918 bis 1920 weltweit wütete)

M2 Sichtbare und unsichtbare Verwundungen

a) Der Journalist Erich Kuttner (1887–1942) kämpft als Soldat im Ersten Weltkrieg und wird 1916 bei Verdun schwer verwundet. 1917 gründet er den „Bund der Kriegsteilnehmer und Kriegsbeschädigten" und wird später Abgeordneter der SPD im Preußischen Landtag. 1920 schildert er in einem Zeitungsbericht einen Besuch in einer Berliner Spezialklinik für Gesichtsverletzte:

Von den elendsten und verzweifeltsten Opfern des Krieges handeln diese Zeilen, von Dingen, die schlechthin so entsetzlich sind, dass die Sprache keine Worte dafür hat. […] Wie viel Berliner ahnen überhaupt, dass es noch ca. 20 Lazarette in Berlin mit über 2 000 Insassen gibt, gefüllt mit Opfern des nun schon seit fast zwei Jahren beendeten Krieges? Und wie viele von denen, die es wissen, haben sich jemals die Frage vorgelegt, wie der Körper eines Menschen aussehen muss, der nach zwei-, nach drei-, nach fünf- und sechsjähriger Behandlung noch immer nicht entlassen werden kann, obwohl bei der Entlassung der Kriegsbeschädigten alles andere als zimperlich verfahren wird. Das sind keine Kriegsbeschädigten mehr, das sind die Kriegszermalmten! In der Stille abgelegener Lazarette fristen sie ein einförmiges Dasein. […] Die Lazarettkommission, die von

den Berliner Lazarettinsassen als ihre Vertretung gewählt worden ist, hatte mich zu einem Besuch mehrerer Lazarette eingeladen [...]. Die Studienreise begann in dem Versorgungslazarett Thüringer Allee, das in einsamer Verlassenheit weit draußen im Westend liegt und doch verdiente, ein Wallfahrtsort aller empfindenden Menschen zu werden, denn dort liegen die Menschen, denen der Krieg das edelste und schönste des menschlichen Ansehens genommen hat – so schaurig es sich ausspricht: Menschen ohne Gesicht.
Auf die Bitte der Lazarettkommission tritt in das kleine Geschäftszimmer [...] ein Mann, der quer über die Mitte des Gesichts eine Binde trägt. Er nimmt sie ab und ich starre in ein kreisförmiges Loch von der Größe eines Handtellers, das von der Nasenwurzel bis zum Unterkiefer reicht. Das rechte Auge ist zerstört, das linke halb geschlossen. Während ich mit dem Mann rede, sehe ich das ganze Innere seiner Mundhöhle offen vor mir liegen: Kehlkopf-, Speiseröhre, Luftröhre, wie bei einem anatomischen Präparat. [...]
[Seine Behandlung] wird noch wahrscheinlich fünf Jahre dauern. [...] Einstweilen hat der Mann seine achtzehnte Operation überstanden. Aber das ist kein Rekord. Bald darauf lerne ich Leute mit 30 und 36 überstandenen Operationen kennen. [...]
Im Westend zeigte man mir eine Sammlung von Gipsbüsten [...]. Es sind Gesichtsmasken, die von den Kieferverletzten bei ihrer Einlieferung angefertigt werden. Das zusammengeflickte Gesicht wird dann später ebenfalls abgegipst und zum Vergleich aufgehoben. Warum versteckt man diese Denkmäler des Schreckens? [...] Man sollte sie der Jugend zeigen, damit sie lernt und erfährt, was Krieg ist. Mancher vom deutschnationalen Koller mitgerissene Gymnasiast würde vielleicht dadurch zur Erkenntnis gebracht werden. Aber den Kieferverletzten im Westend ist es verboten – aufgrund einer Verordnung von 1914 –, Fotografien von sich zu besitzen. Soll auch heute noch das wahre Antlitz des Kriegselends verheimlicht werden?

*b) Der US-amerikanische Historiker Jay Winter (*1945) informiert in einem Beitrag über psychisch geschädigte Soldaten in den Nachkriegsgesellschaften:*

Der Große Krieg brachte einen revolutionären Wandel in der Geschichte menschlicher Behinderungen und ihrer Problematik für Gesellschaft, Wirtschaft und Politik. Schon die ungeheure Anzahl der Männer mit Behinderungen in den am Krieg beteiligten Ländern hatte zur Folge, dass sich Behandlung und später geltende Ansprüche der Kriegsversehrten dauerhaft und eindrücklich in jeder Bilanz niederschlugen, die die Gesellschaften über den Krieg und seine Kosten zogen. Zu jenen Kosten gehörte auch die Pflege von Männern mit entweder neurologischen oder psychischen Verwundungen. Diese Unterscheidung war durchaus relevant, denn es gab, vereinfacht gesagt, zwei Schulmeinungen über Patienten, die zwar Symptome einer Verwundung, aber keine sichtbaren Wunden aufwiesen. [...] Die Neurologen neigten insgesamt zu Skepsis gegenüber denen, die eine kriegsbedingte Behinderung ohne nachweisbare physische Verletzung geltend machten. In einigen Fällen hielten sie die Betreffenden für Simulanten, die ihre Behinderung nur vorgaben. Psychologen mochten eher akzeptieren, dass kerngesunde Männer ohne eine Spur von geistiger Krankheit in ihren Familien schwer geschädigt sein konnten, während ihnen rein äußerlich nichts fehlte. Die psychischen Folgen von schwerem Granatbeschuss oder der enorme Stress während Kampfhandlungen konnten zu Behinderungen führen, selbst wenn der betreffende Soldat körperlich unversehrt geblieben war. [...]
Welchen Tribut an psychischen Opfern der Krieg forderte, wurde auch deshalb weithin unterschätzt, weil unter den Politikern niemand die finanziellen Kosten tragen wollte, die entstanden, wenn solche Behinderungen in vollem Umfang Anerkennung fanden. In Deutschland war ganz offen von „Rentenneurosen" die Rede. Andere Länder hielten sich mit derlei Bemerkungen eher zurück, aus Respekt vor den Männern, die an der Front gedient hatten. Wie immer man darüber sprechen mochte – wenn es um Versorgungsansprüche ging, blieben die Gerichte unbestreitbar geizig, setzten Unterstützungen herab oder strichen sie komplett für die, deren Verwundungen nicht sichtbar waren und vielen auch nicht als glaubwürdig galten.

Erster Text: Erich Kuttner, Vergessen! Die Kriegszermalmten in Berliner Lazaretten, in: Vorwärts, 9. September 1920, Abend-Ausgabe, S. 1 f.; zweiter Text: Jay Winter, Shell shock, in: The Cambridge History of the First World War, hrsg. von dems., Bd. 3, Cambridge 2014, S. 310–333, hier S. 308 und 332 (übersetzt von Thomas Ott)

32040-216

1. Geben Sie die zentralen Aussagen beider Texte in Stichpunkten wieder.
2. Vergleichen Sie beide Texte daraufhin, welche möglichen Vorbehalte in der Gesellschaft gegen die Anerkennung der Kriegsversehrten bestanden.
3. Wie Erich Kuttner hält der Historiker Gerd Krumeich die Gesichtsverletzten für die „größten Verlierer des Ersten Weltkrieges". Setzen Sie sich mit dieser Einschätzung auseinander, auch vor dem Hintergrund der Aussagen des zweiten Textes.
4. Präsentation: Recherchieren Sie im Internet nach kurzen Filmdokumentationen über die Behandlung von Kriegsversehrten des Ersten Weltkrieges. Stellen Sie die Inhalte in einem Referat vor.

M3 Der Versailler Vertrag: alternativlos?

In einer Denkschrift vom 1. Juni 1919, verfasst für die deutsche Reichsregierung, legen Matthias Erzberger (siehe Seite 329) und der Sozialdemokrat Eduard David (1863–1930) dar, welche Folgen eine Annahme oder Ablehnung des Versailler Vertrages haben könnte:

I. Wenn der Friede unterzeichnet wird. [...]
1. Außenpolitische Folgen: Der Kriegszustand hört auf. Die Blockade wird beseitigt. Die Grenzen öffnen sich, es kommen wieder Lebensmittel und Rohstoffe ins Land, der deutsche Kaufmann kann auf Privatkredit Waren kaufen. Der Export kann wieder beginnen. Die Kriegsgefangenen kommen in die Heimat zurück. [...] Die Einheit des Reiches bleibt bestehen.
2. Innenpolitische Folgen: Die Steuerlasten werden außerordentlich drückend sein, aber durch die vermehrte Einfuhr von Lebensmitteln, Waren und Rohstoffen wird eine Beruhigung und ein gewisser Ausgleich geschaffen. Die Arbeit wird in steigendem Umfang wieder aufgenommen werden können. Neben der Befriedigung der Inlandsbedürfnisse kommt der Außenhandel wieder in Gang. Der Bolschewismus verliert an Werbekraft. [...] Von rechts her und von einem Teil des liberalen Bürgertums wird ein erbitterter Kampf gegen die Regierung entbrennen. Es ist nicht ausgeschlossen, dass es zu einem militärischen Putsch gegen die Regierung kommt. [...] Die Bewegung wird aber wahrscheinlich an der vorbehaltlosen Friedenssehnsucht der großen Mehrheit des Volkes wie an der greifbar in die Erscheinung tretenden Besserung der allgemeinen Lage durch den Friedenszustand bald verpuffen.

II. Wenn der Friede nicht unterzeichnet wird.
1. Außenpolitische Folgen: Der Kriegszustand wird wieder aufgenommen [...]. Die Alliierten, und zwar sämtliche, auch die Amerikaner, rücken in breiter Front vor [...]. Die Blockade wird verschärft. Die Grenzen werden hermetisch abgeschlossen. Die neutralen Länder haben bereits Anweisung von den Alliierten, jede Ein- und Ausfuhr nach bzw. von Deutschland zu sperren. [...]
2. Innenpolitische Folgen: Allgemeine Lebensmittel-, Waren- und Rohstoffnot in Deutschland. Von den Grenzen Deutschlands werden die Bevölkerungen von Osten und Westen nach dem Innern Deutschlands zusammenströmen und die Lebensmittelnot ins Ungeheure steigern. Durch die Besetzung des Ruhrkohlengebietes fällt der Nachschub an Kohlen fort, daher ist allgemeiner Zusammenbruch des Verkehrs und Hungersnot in den großen Städten in einigen Wochen zu erwarten. Überhandnehmen des Bolschewismus, der seine Zeit gekommen sieht. Plünderung, Mord und Totschlag wird an der Tagesordnung sein. [...] Wir werden dann tatsächlich russische Verhältnisse in Deutschland bekommen. Aus Angst vor diesem Terror werden, wie in Russland, zahlreiche bürgerliche Elemente der äußersten Linken in die Arme geführt werden. Der andere Teil wird sich zur Rechten schlagen. Blutiger Bürgerkrieg, vor allem in Berlin und in den großen Städten.
Das Deutsche Reich fällt auseinander. Die einzelnen Freistaaten[1] werden dem Anerbieten und Druck der Alliierten, mit ihnen Frieden zu schließen, nicht widerstehen können. [...] Damit geriete ungefähr das ganze Deutsche Reich auch unter die territoriale Abhängigkeit der Alliierten, und was dann von Deutschland übrigbliebe, müsste, wenn es zum Frieden kommen wollte, als ein innerlich völlig zerstörtes und erschöpftes Land neue schwere Opfer auf sich nehmen.

Nach: Quellen zum Friedensschluss von Versailles, hrsg. von Klaus Schwabe unter Mitarbeit von Tilman Stieve und Albert Diegmann, Darmstadt [2]1997, Nr. 116, S. 308–311 (gekürzt)

32040-217

1. Stellen Sie die aufgeführten Argumente für oder gegen die Annahme des Friedensvertrages in einer Tabelle gegenüber.
2. Arbeiten Sie heraus, welche Gefahren den Verfassern der Denkschrift am wichtigsten erscheinen.
3. Erläutern Sie, weshalb „russische Verhältnisse" (Zeile 43) als Schreckensvision eine so große Rolle spielten. | H
4. Beurteilen Sie die Denkschrift auf die Frage hin, ob und inwieweit sie einseitig oder ausgewogen argumentiert.

[1] **Freistaaten**: seit dem Ende der Monarchie im Deutschen Reich Bezeichnung für die einzelnen Länder (Freistaat Preußen, Freistaat Bayern, Freistaat Braunschweig, Freistaat Württemberg usw.)

M4 Der Schutz von Minderheiten

Am 28. Juni 1919 schließen die Siegermächte in Versailles nicht nur Frieden mit dem Deutschen Reich. Sie unterzeichnen ebenso mit Polen einen Vertrag über den Schutz von Minderheiten in dem neu gegründeten Staat. Gleichlautende Abkommen schließen die Siegermächte danach auch mit Österreich, der Tschechoslowakei, Ungarn, Jugoslawien, Bulgarien, Rumänien, Griechenland und der Türkei:

Artikel 2
Die polnische Regierung verpflichtet sich, allen Einwohnern ohne Unterschied der Geburt, der Staatsangehörigkeit, der Sprache, des Volkstums und der Religion den umfassendsten Schutz ihres Lebens und ihrer Freiheit zu gewähren. [...]
Artikel 3
Polen anerkennt als polnische Staatsangehörige rechtmäßig ohne jede Förmlichkeit die deutschen, österreichischen, ungarischen oder russischen Staatsangehörigen, die im Augenblicke des Inkrafttretens des gegenwärtigen Vertrages in dem Gebiete wohnen, welches als Teil Polens schon anerkannt ist oder noch wird [...].
Artikel 7
Alle polnischen Staatsangehörigen sind vor dem Gesetze gleich und genießen ohne Unterschied des Volkstums, der Sprache oder der Religion die gleichen bürgerlichen und staatsbürgerlichen Rechte.
Der Unterschied der Religion, der Weltanschauung oder des Bekenntnisses soll keinem polnischen Staatsangehörigen im Genuss der bürgerlichen oder staatsbürgerlichen Rechte schaden, insbesondere bei der Zulassung zu öffentlichen Ämtern, Tätigkeiten und Ehrenstellungen oder bei der Ausübung der verschiedenen Berufe und Gewerbe.
Kein polnischer Staatsangehöriger darf in dem freien Gebrauch einer beliebigen Sprache irgendwie beschränkt werden, weder in seinen persönlichen oder wirtschaftlichen Beziehungen, noch auf dem Gebiete der Religion, der Presse oder bei Veröffentlichungen jeder Art, noch endlich in öffentlichen Versammlungen.
Unbeschadet des Rechts der polnischen Regierung, eine Staats- und Amtssprache zu bestimmen, müssen den fremdsprachigen Staatsangehörigen für den schriftlichen oder mündlichen Gebrauch ihrer Sprache vor den Gerichten angemessene Erleichterungen gewährt werden.
Artikel 8
Die polnischen Staatsangehörigen, die zu einer völkischen, religiösen oder sprachlichen Minderheit gehören, sollen die gleiche Behandlung und die gleichen rechtlichen und tatsächlichen Sicherheiten genießen wie die übrigen polnischen Staatsangehörigen. Sie sollen insbesondere das gleiche Recht haben, auf ihre Kosten Wohlfahrts-, religiöse oder soziale Einrichtungen sowie Schulen und andere Erziehungsanstalten zu errichten, zu leiten und zu beaufsichtigen und ihre Religion frei auszuüben.

Vertrag zwischen den alliierten und assoziierten Hauptmächten und Polen, abgeschlossen zu Versailles am 28. Juni 1919, www.europa.clio-online.de/quelle/id/q63-28322 (Zugriff: 30. März 2024)

32040-218

1. Fassen Sie zusammen, worauf der polnische Staat in dem Vertrag verpflichtet wurde.
2. Analysieren Sie die vertraglichen Auflagen auf die Frage hin, ob sie für den neuen Staat eine Belastung darstellten oder Vorteile boten. Berücksichtigen Sie dabei auch die Schutzrechte für spätere Zuwanderer.
3. Erläutern Sie, worin die friedensstiftende Funktion lag, die der Schutz ethnischer, sprachlicher oder religiöser Minderheiten in Osteuropa nach dem Willen der Siegermächte mit sich bringen sollte.
4. Charakterisieren Sie die Verträge zum Schutz von Minderheiten als Eingeständnis, dass das Selbstbestimmungsrecht der Völker in Osteuropa nicht konsequent durchsetzbar war.

Methode

Politische Plakate auswerten

Weitere Anwendungsbeispiele finden Sie u. a. auf den Seiten 356, 363, 373 und 391.

Plakate (von frz. *placard*: öffentlicher Anschlag, Bekanntmachung) sind öffentliche Aushänge. Meist werden sie an stark frequentierten Standorten platziert, um möglichst viele Menschen zu erreichen. Plakate können entweder informieren (sachliche Funktion), werben (tendenziöse Funktion), einladen oder zu einem bestimmten Verhalten aufrufen (appellative Funktion). Sie sollen stets auf den ersten Blick wirken und in Erinnerung bleiben. Deshalb werden oft auffällig gestaltete **Bildmotive**, wiederkehrende **Symbole** und kurze **Slogans** verwendet.

Eine Form des Plakates ist das politische Plakat, das es in Deutschland seit dem frühen 19. Jahrhundert gibt. Zum **Massenmedium** wurde es im frühen 20. Jahrhundert. Politische Plakate dienten und dienen u. a. zur Bekanntmachung von Regierungen, Parteien, Gewerkschaften und sonstigen Verbänden, zur Verbreitung von Protest oder Propaganda. Wenn sich politische Fragen verschärften, war dies häufig auch an Plakaten ablesbar, deren Texte und Bilder dann besonders zugespitzt oder radikal ausfielen. Nicht selten wurden dabei politische oder weltanschauliche Gegner diffamiert, Feindbilder geschürt und Bedrohungsszenarien heraufbeschworen, jeweils mit starken **Vereinfachungen**, **Übertreibungen** oder absichtlichen **Falschaussagen**.

Politische Plakate sollen zwar öffentliche Entscheidungen beeinflussen, sagen aber nichts über den Erfolg oder Misserfolg dieser Einflussnahme aus. Als **Quellen** geben sie vielmehr Auskunft über die politischen Auseinandersetzungen einer Zeit und die Art und Weise, wie sie geführt wurden. Dabei kommen gegebenenfalls Alltagsfragen, Erwartungen, Sorgen und Grundhaltungen der Menschen zum Vorschein.

32039-23 **Methode Online**

Arbeitsschritt	**Leitfragen (Auswahl)**
1. Reproduktion	• Um welche Art von Plakat handelt es sich? • Wer hat das Plakat in Auftrag gegeben? • Wann und wo wurde es veröffentlicht? • Wen oder was zeigt das Plakat? • Was wird thematisiert?
2. Reorganisation und Transfer	• Wie ist das Plakat aufgebaut? • Welche Gestaltungsmittel werden verwendet (Verhältnis von Text und Bild, Perspektive, Farben, Haltung und Position der Figuren, Schriftgröße und -art, Symbole, Verwendung bestimmter Stilmittel)? • Tauchen Allegorien auf, die zu entschlüsseln sind? Wer oder was steckt hinter den dargestellten Personen/Gegenständen? • In welchen geschichtlichen Kontext ist das Plakat einzuordnen? • An wen wendet sich das Plakat? • Ist das Plakat gegen jemanden gerichtet? Werden Feindbilder bedient? • Welche Wirkung soll das Plakat beim zeitgenössischen Betrachter erzielen? • Welche Aussageabsicht verfolgt das Plakat?
3. Reflexion und Problemlösung	• Wie lässt sich die Aussage des Plakates insgesamt einordnen und bewerten? • Inwiefern ist die Gestaltung des Plakates gelungen?

„Schlesier seid auf der Hut! – Der Tod Eures Wohlstandes naht sich."
Plakat von 1921, kolorierte Lithografie (71,2 x 48,6 cm), gedruckt in Berlin, zur Volksabstimmung in Oberschlesien vom 20. März jenes Jahres.

Internettipp
Unter diesem Code finden Sie Informationen zur Volksabstimmung in Oberschlesien von 1921 sowie zur Teilung Oberschlesiens zwischen dem Deutschen Reich und Polen im Jahr darauf.

32039-24

32040-219

Untersuchen Sie das politische Plakat mithilfe der Arbeitsschritte auf Seite 342. Ihre Ergebnisse können Sie mit der Lösungsskizze auf Seite 490 vergleichen.

Erinnerung und Gedenken bis in die Gegenwart

Wohin mit der Trauer? | Seit seinem Ende wurde der Erste Weltkrieg anders erinnert als die meisten früheren Kriege. Statt einer traditionellen Verehrung von beteiligten Feldherren oder Staatsoberhäuptern stand das Gedenken an die Gefallenen im Mittelpunkt. Der Verlust so vieler Menschenleben wie noch nie zuvor in einem Krieg machte die Suche nach Sinn und Trost angesichts dieser Opfer zum vorrangigen Gedenkmotiv (→M1).

Die meisten Gefallenen blieben in der Nähe der ehemaligen Schlachtfelder begraben. Große Soldatenfriedhöfe wurden in Frankreich, Belgien, Italien, auf dem Balkan und im Nahen Osten angelegt. Da diese Stätten für viele Trauernde nicht erreichbar waren, entstanden in den 1920er- und 30er-Jahren *Mahnmale* und *Gedenktafeln* in den Heimatorten, um dort das Erinnern zu begehen. Diese Initiativen gingen meist auf Privatleute oder Veteranenverbände zurück, die durch Spenden für die Errichtung und Pflege eines Mahnmals sorgten.

Weltkriegsdenkmal.
Foto aus Celle von 2014.
Das Denkmal in den Triftanlagen wurde 1930 errichtet und erinnert an die Gefallenen des Ersten Weltkrieges.

► Präsentation: Recherchieren Sie nach Mahnmalen für Gefallene in der Nähe Ihres Wohnortes und stellen Sie ein Beispiel in einem Referat vor.

32040-220

Erinnern außerhalb Europas | Neben dem Erinnern auf lokaler Ebene bemühten sich die Regierungen vieler Staaten um ein zentrales, nationales Gedenken. Eine Ausnahme bildete Russland, dessen sozialistische Regierung den Weltkrieg als Krieg imperialistischer Mächte deutete, mit dem das neue Gesellschaftssystem nichts länger zu tun habe. In Japan, Indien, Lateinamerika und den Kolonien in Afrika, die ebenfalls am Krieg beteiligt gewesen waren, galt der Konflikt lediglich als „Krieg der Europäer", für den die breite Bevölkerung wenig Interesse aufbrachte.

Wesentlich mehr Aufmerksamkeit erfuhr das Erinnern an den Krieg in Ländern wie Kanada, Australien und Neuseeland. Als Dominions unter britischer Hoheit hatten sie mit großen Verlusten zum Sieg der Entente-Mächte beigetragen. Das Gedenken an die Opfer stärkte das Selbstwertgefühl gegenüber dem Mutterland Großbritannien. Für Australien und Neuseeland spielte dabei die verlorene *Schlacht von Gallipoli* auf den Dardanellen eine besondere Rolle. Der 25. April 1915, an dem die Schlacht begann, wurde schon im folgenden Jahr und seither alljährlich als *ANZAC Day* (benannt nach dem Truppenkontingent beider Länder) als Gedenktag begangen. Er ging zwar zurück auf eine militärische Niederlage, die sich fern der Heimat ereignet hatte, schuf jedoch ein nationales Gemeinschaftserlebnis in beiden Dominions, insofern er die Opferbereitschaft einer ganzen Generation junger Australier und Neuseeländer (ANZAC-Mythos) vor Augen führte (→M2).

Der Krieg als Gründungsmythos | An den Konflikt um die Dardanellen erinnerte auch der türkische *Gedenktag der Gefallenen* (türk.: Şehitler Günü) am 18. März. 1915 war es türkischen Verbänden an diesem Tag gelungen, einen britisch-französischen Angriff zur See abzuwehren. Als Sieger der bis Januar 1916 dauernden Schlacht von Gallipoli (in türkischer Benennung: der *Schlacht von Çanakkale*) ließ sich der türkische Offizier Mustafa Kemal feiern. Er führte in den Jahren 1919 bis 1922 auch die Truppen seines Landes im Aufstand gegen die alliierten Besatzungsmächte an und wurde im Oktober 1923 zum ersten Präsidenten der türkischen Republik gewählt. „Çanakkale" stand in türkischer Sicht somit für den Auftakt eines Kampfs um die nationale Unabhängigkeit, der noch über den Ersten Weltkrieg hinausreichte.

In den 1930er-Jahren versuchte die türkische Regierung, den ehemaligen Kriegsschauplatz Gallipoli/Çanakkale zu einem Ort der Versöhnung zu gestalten. Auf der Halbinsel entstanden Friedhöfe und Mahnmale für die Gefallenen aller an der Schlacht beteiligten Länder. Der türkische Präsident Kemal soll 1934 folgende Worte an die ersten offiziellen Besucher aus Australien, Neuseeland und Großbritannien gerichtet haben: „Für uns besteht kein Unterschied zwischen den Johnnies und den Mehmets, wo sie hier in unserem Land Seite an Seite begraben sind. [...] Ihr Mütter, die ihre Söhne von weit entfernten Ländern herschickten, wischt Eure Tränen fort. Eure Söhne ruhen nun an unserer Brust und sind in Frieden. Aus ihnen wurden, nachdem sie ihr Leben in diesem Land ließen, auch unsere Söhne." (➔M3).

Das Gedenken der Siegermächte | Für andere Staaten rückte dagegen der 11. November in den Mittelpunkt des Weltkriegsgedenkens, das Datum des Waffenstillstands von Compiègne im Jahr 1918. In Großbritannien und anderen Ländern des britischen Empire wurde der Tag zum *Remembrance Day* (dt.: Tag des Erinnerns), in den USA zum *Veterans Day* (dt.: Tag der Veteranen) (➔M4).

In Frankreich sollten nach dem Willen der Regierung am 11. November regelmäßig Siegesfeiern stattfinden. Dagegen protestierten Veteranenorganisationen, die das Datum in Besinnlichkeit statt mit Pomp und Ausgelassenheit begehen wollten. Auf ihren Druck erhob ein Gesetz vom Oktober 1922 den Tag zum nationalen Gedenktag „des Sieges und des Friedens". Wenige Jahre nach Kriegsende entwickelte sich der 11. November zum „Nationaltrauertag" (Annette Becker), der in ganz Frankreich einheitlich begangen wurde. Neben zentralen Gedenkakten in Paris zogen Bürgerinnen und Bürger in den Dörfern und Städten des Landes zum örtlichen Weltkriegsdenkmal. Dort wurden Kränze niedergelegt und die Namen der Gefallenen – in den ehemals

Das Beinhaus von Douaumont.
Foto von 1996.
In den Kämpfen um Verdun starben 1916 rd. 700 000 Menschen. Zwischen 1920 und 1932 wurde in der ehemaligen Ortschaft Douaumont im Norden von Verdun ein Beinhaus (frz.: Ossuaire de Douaumont) als Gedenkstätte errichtet. Dort werden die Gebeine von über 130 000 nicht identifizierten deutschen und französischen Soldaten aufbewahrt. Vor dem Beinhaus befindet sich ein Friedhof mit Gräbern von 15 000 französischen Soldaten.

- ▶ Charakterisieren Sie die Stimmung, die vom Anblick der Gedenkstätte ausgeht.
- ▶ Stellen Sie das Beinhaus als massenhaftes „Ersatzgrab" für Soldaten beider Seiten dem französischen Soldatenfriedhof gegenüber.
- ▶ Der Boden der Gedenkstätte ist mit schmalen Fenstern durchsetzt, die den Blick auf Berge menschlicher Gebeine freigeben. Interpretieren Sie, welche Absicht hinter dieser Gestaltung steht.

32040-221

31000-470 **Bildinformation**

Grab des unbekannten Soldaten am Arc de Triomphe in Paris.
Foto von 2010.
Die Inschrift auf der Grabplatte lautet ins Deutsche übersetzt: „Hier ruht ein französischer Soldat, der für das Vaterland starb, 1914–1918." Am Grab brennt eine Flamme der Erinnerung (frz.: Flamme du Souvenir).

- Erläutern Sie den Umstand, dass sich das Grabmal als Gedenkort an einem der belebtesten Plätze von Paris befindet.

32040-222

frontnahen oder besetzten Gemeinden auch diejenigen der getöteten Zivilisten – verlesen, jeder einzelne mit dem Zusatz „mort (morte) pour la France" (dt.: gestorben für Frankreich). Bürgermeister, Lehrer oder Veteranen hielten Gedenkreden, die sich bevorzugt an die Jugend richteten. Sie beschworen die Unmenschlichkeit des Krieges, die den Nachgeborenen erspart bleiben müsse. Das in den Reden vielzitierte „Plus jamais ça!" (dt.: „Nie wieder!") bildete gleichsam das Leitmotiv für den Gedenktag.

Am Pariser Arc de Triomphe wurde schon 1920 das Grab eines unbekannten Soldaten errichtet, ebenso wie in London im selben Jahr sowie im Jahr darauf in Brüssel, Lissabon, Rom und Washington. In allen Fällen dienten diese Grabmale als zentraler Gedächtnisort. Sie brachten die Anonymität und Wahllosigkeit des Sterbens in den Materialschlachten des Ersten Weltkrieges zum Ausdruck, während jener eine unbekannte Tote zugleich alle Gefallenen repräsentierte.

Deutsche Gedenkversuche | In der Weimarer Republik entwickelte sich kein zentrales Gedenken an den Weltkrieg. Zwar entstanden auch in deutschen Städten und Gemeinden viele Mahnmale, doch ein geplantes Ehrenmal für die gesamte Nation wurde nicht verwirklicht. Das lag an der Uneinigkeit von Parteien und Verbänden, die wiederum der tiefen Gespaltenheit der damaligen Gesellschaft entsprach. Im Umgang mit dem Kriegsende und seinen Folgen fanden die Deutschen in den 1920er-Jahren zu keinem Konsens. Viele wollten die Niederlage von 1918 nicht akzeptieren und klammerten sich an die sogenannte Dolchstoßlegende, wonach das deutsche Heer nicht militärisch besiegt, sondern von revolutionären Kräften im Inland verraten worden sei.[1] Hinzu kam die Verbitterung über den Artikel 231 des Friedensvertrages von Versailles, der als „Kriegsschuld"-Urteil aufgefasst wurde. Er erklärte den von Deutschen geführten Krieg für Unrecht und schien anzudeuten, die Opfer auf deutscher Seite seien letztlich für eine falsche Sache erbracht worden.

Auch in Hinsicht auf einen Gedenktag gab es keine Einigung. Die Länder des Deutschen Reiches führten ihre je eigenen Gedenktage ein. Immerhin begingen Reichstag und Reichsregierung in Berlin erstmals 1922 und ab 1925 jährlich eine Gedenkfeier in Berlin. Dieser *„Volkstrauertag für die im Weltkriege Gefallenen"* fand jeweils am fünften Sonntag vor Ostern statt und wurde als Trauerzeremonie mit Gedenkreden und Musik begangen, die die Bevölkerung landesweit im Radio mitverfolgen konnte. Allerdings erlangte der Volkstrauertag nicht den Rang eines gesetzlichen Gedenk- und Feiertages, da die Länder hierzu ihre Einwilligung versagten.

Kriegserinnern in den Medien | Die Aufarbeitung der Kriegserfahrungen führte im Deutschen Reich ebenso wie im Ausland zu einer Flut medialer Darstellungen. Der Erste Weltkrieg erschien seit den 1920er-Jahren in Radiosendungen, in Filmberichten und Spielfilmen im Kino, in Bildbänden, Chroniken oder Romanen. Nach dem Wegfall staatlicher Zensur und Propaganda sah sich die Öffentlichkeit oft mit schonungslosen Aussagen und Betrachtungen konfrontiert. Politiker und Generäle blickten in Memoiren auf den Krieg oder seine Vorgeschichte zurück, nicht ohne ihre eigene Rolle zu beschönigen. Künstler wie *Otto Dix* oder *George Grosz*, beides Kriegsveteranen, versuchten,

[1] Zur „Dolchstoßlegende" siehe auch das Wahlmodul auf Seite 363.

sich den Schrecken des modernen Krieges in verstörenden Gemälden zu nähern. Die Grafiken und Skulpturen von *Käthe Kollwitz*, deren Sohn 1914 in Flandern gefallen war, handeln vom Schmerz, den der Verlust von Angehörigen hinterließ.

1920 erschien das Buch „In Stahlgewittern" von *Ernst Jünger*, das dessen Jahre an der Front in Tagebuchaufzeichnungen vorstellte. Ein anderer Kriegsteilnehmer, *Erich Maria Remarque* aus Osnabrück, veröffentlichte 1928 mit „Im Westen nichts Neues" den erfolgreichsten deutschsprachigen Roman seiner Zeit. Die Schilderung des Krieges aus der Perspektive eines jungen Freiwilligen gelangte schon 1930 als Film in die Kinos. „All Quiet on the Western Front", eine Hollywood-Produktion des US-Regisseurs *Lewis Milestone*, erwies sich als Vorbild für viele spätere Antikriegsfilme. Eine deutsche Neuverfilmung aus dem Jahr 2022 wurde mit vier „Oscars" prämiert, darunter die Auszeichnung als bester internationaler Film.

Internettipp
Hintergrundinformationen zum Roman „Im Westen nichts Neues" sowie zu der Verfilmung von 1930 erhalten Sie unter diesem Code.

32039-25

Gedenken im Zeichen der Gewalt | Stand für die deutsche Bevölkerung anfangs die Trauer im Vordergrund des Kriegserinnerns, so änderte sich dies zu Beginn der 1930er-Jahre. Seither wurden die gefallenen Soldaten immer einseitiger zu Helden verklärt und ihr Andenken für politische Zwecke vereinnahmt. Rechtsgerichtete Schriftsteller, Künstler, Parteien und Verbände stilisierten die Gemeinschaft der Frontsoldaten in der Kriegszeit zum Vorbild für eine künftige, gleichgeschaltete Gesellschaft, die sich von der liberalen Demokratie der Weimarer Republik lossagen sollte.

Mit der Machtübernahme der Nationalsozialisten 1933 setzte sich diese Linie des Erinnerns vollends durch. Das NS-Regime verbot kriegskritische Schriften, Filme und Kunstwerke oder ließ sie aus der Öffentlichkeit entfernen. Ein Gesetz vom Februar 1934 erhob den bisher inoffiziellen Volkstrauertag zum nationalen Gedenktag. Er hieß nun „*Heldengedenktag*" und wurde zum Symbol eines Militarismus, der an das alte Kaiserreich erinnerte. Statt eine Botschaft der Demut und Aussöhnung zu vermitteln, sollten die Inszenierungen vor allem für Gefühle des Stolzes und der Überlegenheit sorgen und auf einen neuen Krieg einstimmen. Am Heldengedenktag 1935 führte *Adolf Hitler* die allgemeine Wehrpflicht wieder ein. Die bisher auf 100 000 Mann begrenzte Reichswehr wurde in „Wehrmacht" umbenannt und seither ständig vergrößert und aufgerüstet – ein eindeutiger Verstoß gegen den Versailler Friedensvertrag. Im Oktober 1935 erklärte Hitler auch das von 1924 bis 1927 errichtete Tannenberg-Denkmal in Ostpreußen, das an die Schlacht von 1914 erinnerte, zum zentralen „Reichsehrenmal". Zugleich ließ der Diktator dort den 1934 verstorbenen Paul von Hindenburg bestatten, den einstigen Sieger von Tannenberg und letzten Reichspräsidenten der Weimarer Republik.[1]

Das NS-Regime fuhr fort, die Bestimmungen von Versailles zu revidieren, um damit auch die Niederlage von 1918 vergessen zu machen. Diese Politik des gewaltsamen *Revisionismus* führte schließlich in den Zweiten Weltkrieg, in dem die anfänglichen deutschen Erfolge von der Propaganda auch als Abrechnung mit den Gegnern des Ersten Weltkrieges dargestellt wurden (➔M5). Als sich Frankreich im Juni 1940 der deutschen Wehrmacht geschlagen gab, wurde der Waffenstillstand erneut im Wald von Compiègne unterzeichnet, im selben Bahnwaggon, in dem auch der Waffenstillstand von 1918 geschlossen worden war.

Der Erste Weltkrieg seit 1945 | Der Zweite Weltkrieg drängte das Erinnern an den Ersten unweigerlich in den Hintergrund. Manche Länder erlitten noch weit größere Verluste als zwischen 1914 und 1918. Der Holocaust wie auch der deutsche Vernichtungskrieg gegen die Sowjetunion waren nicht mehr mit den Kategorien der Trauer und Sinngebung zu fassen, wie sie noch für die Opfer des Ersten Weltkrieges angemessen schienen.

In vielen Staaten erhielten die bisherigen Mahnmale neue Inschriften und Gedenktafeln, nun auch für die Opfer des Zweiten Weltkrieges. Gedenktage wie der 11. November, der Remembrance Day oder der ANZAC Day schlossen seither die Toten der

[1] Über Paul von Hindenburg informiert Seite 358.

Jahre 1939 bis 1945 mit ein. In der Bundesrepublik Deutschland einigten sich Bundesregierung, Länder und Glaubensgemeinschaften 1952 auf eine Wiedereinführung des Volkstrauertages, der jeweils am vorletzten Sonntag vor dem ersten Advent stattfinden sollte. Das offizielle Totengedenken am Volkstrauertag galt seit Mitte der 1950er-Jahre den Gefallenen der beiden großen Kriege, ebenso den zivilen Opfern von Krieg und Verfolgung.

Nach 1945 wurden und werden Erster und Zweiter Weltkrieg im Plural erinnert und in Begriffen wie „beide Weltkriege" oder „Zeitalter der Weltkriege" mit einer „Zwischenkriegszeit" (1919 bis 1939) als Zusammenhang gedeutet. In diesem Sinne prägte der US-Diplomat und Historiker *George F. Kennan* 1979 das Wort von der „Urkatastrophe des 20. Jahrhunderts", die der Erste Weltkrieg darstelle, als anfänglicher Höhepunkt einer Epoche der Gewalt sowie als Voraussetzung für eine ganze Reihe weiterer transnationaler oder globaler Konflikte.

Neue Gemeinsamkeit, neue Grenzen | Das Erinnern an den Ersten Weltkrieg stand seit den 1950er-Jahren im Zeichen der Versöhnung. Gedenkveranstaltungen beschworen den Ersten Weltkrieg als Mahnung zur Zusammenarbeit und Völkerverständigung – Lehren, die nach 1918 in vielen Ländern rasch in Vergessenheit geraten waren. 1966 sprach der französische Staatspräsident *Charles de Gaulle* zum fünfzigjährigen Gedenken der Schlacht um Verdun davon, Franzosen und Deutsche müssten gemeinsam zu Vorreitern eines geeinten Europas werden. In der Bundesrepublik unternahm die Geschichtsforschung in den 1960er-Jahren eine Aufarbeitung der deutschen Rolle beim Ausbruch des Ersten Weltkrieges. Wissenschaft, Politik und Gesellschaft fanden zu der Ansicht, wonach dem Deutschen Reich eine Hauptverantwortung für den Beginn des Krieges zukomme. Die Bundesrepublik und ihre westlichen Nachbarn pflegen seitdem weitgehend übereinstimmende Anschauungen über den Ersten Weltkrieg.

Gleichzeitig gab es neue Grenzen des Erinnerns. Die DDR und viele Staaten Osteuropas folgten der Haltung der Sowjetunion, die dem Ersten Weltkrieg aus weltanschaulichen Gründen keine Beachtung schenkte und daher auch kein öffentliches Gedenken vorsah. Diese Kluft in der europäischen Erinnerung blieb bis zum Zerfall des Ostblocks und der Sowjetunion Ende der 1980er-Jahre bestehen.

Versöhnung in Verdun.
Foto vom 22. September 1984.
Am 6. Juni 1984 feierten Frankreich, Großbritannien, die USA, Kanada und weitere Alliierte des Zweiten Weltkrieges den vierzigsten Jahrestag der Landung in der Normandie, mit der einst die Befreiung Westeuropas von der NS-Herrschaft begonnen hatte. Die Bundesrepublik sollte nicht teilnehmen. Dafür vereinbarten der französische Staatspräsident François Mitterrand und Bundeskanzler Helmut Kohl ein gemeinsames Gedenken der Toten beider Weltkriege in Verdun. Auf dem Soldatenfriedhof von Douaumont reichten sich Mitterrand (im Bild links) und Kohl während des Abspielens beider Nationalhymnen spontan die Hand.

- Erklären Sie, warum die Szene in ihrer Zeit für großes Aufsehen sorgte. Berücksichtigen Sie dabei, dass 1984 erstmals ein deutscher Regierungschef an einer Gedenkfeier in Verdun teilnahm.
- Interpretieren Sie das Bild als Wegmarke in der Geschichte der europäischen Integration.

32040-223

31000-471 **Bildinformation**

Lehren für die Gegenwart | Seit den 1990er-Jahren entstanden zahlreiche neue Museen zum Ersten Weltkrieg, etwa in Péronne[1], Meaux und Thiepval in Frankreich oder im belgischen Ypern. Errichtet in der Nähe ehemaliger Schlachtfelder und ihrer Friedhöfe und Gedenkstätten, vernetzen sie Geschichtstourismus, den Besuch von Lernorten und Erinnerungsarbeit miteinander.

Als sich der Erste Weltkrieg 2014 bis 2018 zum hundertsten Mal jährte, gab es in vielen Ländern aufwändige Gedenk- und Informationsveranstaltungen (➔M6). Die britische Sendeanstalt BBC beispielsweise bot ein Jubiläumsprogramm „in Echtzeit", indem während jener vier Jahre mehr als 130 neue TV- und Radioproduktionen zum Thema ausgestrahlt wurden, neben Online-Präsentationen und Wiederholungen älterer Sendungen, darunter Zeitzeugeninterviews aus den 1960er-Jahren. Am 4. August 2014 gab es im belgischen Lüttich am „Mémorial Interallié" (dt.: Interalliierten-Denkmal), einem von 1928 bis 1937 errichteten Denkmalsensemble, eine große internationale Gedenkfeier. Es war das erste Mal, dass an diesem Ort ein deutscher Vertreter (der damalige Bundespräsident Joachim Gauck) am Erinnern teilnahm.

Das Weltkriegsjubiläum sorgte nochmals für ein Wiederaufleben der Debatte um die Verantwortlichkeit einzelner Länder und Regierungen am Kriegsausbruch von 1914. Neue Anstöße für die historische Forschung ergaben sich etwa in Hinsicht auf den Krieg in Afrika und in Osteuropa, die Behandlung von Kriegsgefangenen und die zivilen Opfer des Ersten Weltkrieges.

Im November 2018 fand erneut ein Treffen in Compiègne statt. Dort, wo Kriegsgegner 1918 und 1940 ihre Bedingungen diktiert hatten, enthüllten Frankreichs Staatspräsident *Emmanuel Macron* und die damalige Bundeskanzlerin *Angela Merkel* eine Steintafel. Ihrem Text zufolge wurde hundert Jahre nach dem Ende des Ersten Weltkrieges „die Bedeutung der deutsch-französischen Aussöhnung im Dienste Europas und des Friedens bekräftigt."

---

[1] Siehe hierzu die Abbildung auf Seite 296.

M1 „Siegeszug eines Symbols“

*Der deutsche Historiker Daniel Schönpflug (*1969) beschreibt, wie es im November 1918 zur Erfindung der „Remembrance Poppies“ gekommen ist:*

Um 5 Uhr morgens amerikanischer Ostküstenzeit ist der Waffenstillstand zwischen den alliierten Mächten und dem Deutschen Reich in Kraft getreten. [...] Die New Yorker haben es in den Morgenzeitungen gelesen und sind zu Tausenden in die Straßen geströmt. [...] Die Stadt feiert ein improvisiertes Straßenfest mit handgemalten Plakaten, [...] Kapellen, ausgelassenen Tänzen auf dem Pflaster. [...]
Moina Michael ist kurz zuvor von ihrem Dienst als Hausmutter und Lehrerin eines Mädchencolleges in Georgia beurlaubt worden. [...] In den Gebäuden der Columbia University in Manhattan hilft Michael, junge Frauen und Männer auf ihren Einsatz in Europa vorzubereiten. Wenig später werden die Fähigsten unter ihnen als zivile Helfer über den Atlantik reisen, um dort Versorgungsstationen für Soldaten hinter der Front aufzubauen. Zwei Tage vor dem Waffenstillstand ist Moina Michael eine Ausgabe des *Ladies Home Journal* in die Hände gefallen, in dem das Kriegsgedicht *In Flanders Fields* des kanadischen Leutnants John McCrae abgedruckt ist [...]. Sie liest gebannt bis zur letzten Zeile, in der McCrae das Bild von einem sterbenden Soldaten beschwört, dessen schwächer werdende Hände den Überlebenden die Fackel des Kampfes weiterreichen. Während die Worte und Bilder in ihrem Inneren nachklingen, ist ihr, als wäre das Gedicht für sie geschrieben, als sprächen die Stimmen der Toten durch die Zeilen direkt zu ihr. Sie ist gemeint! Sie muss ihre Hand ausstrecken und die sinkende Fackel von Frieden und Freiheit ergreifen! Sie muss [...] dafür Sorge tragen, dass die Erinnerung an Millionen Opfer nicht verblasst, dass sie nicht umsonst gekämpft haben und dass ihr Tod nicht sinnlos war!
So tief berührt ist Moina von dem Gedicht und ihrer Mission, dass sie [...] ihre eigenen Zeilen an den Mohn, „an die Blume, die über den Toten blüht“, niederschreibt. [...]
Während sie diese Worte zu Papier bringt, tritt eine Abordnung von jungen Männern an ihren Schreibtisch. Zehn Dollar haben sie als Dank für Moinas Unterstützung bei der Ausstattung ihres YMCA-Quartiers[1] gesammelt. Als sie den Scheck entgegennimmt, fügt sich plötzlich alles in ihrem Kopf zusammen: Sie will es nicht bei Worten belassen, und seien sie noch so schön gereimt. Das Gedicht soll Wirklichkeit werden! „Ich werde rote Mohnblüten kaufen. [...] Ich werde von jetzt an immer rote Mohnblüten tragen“, verkündet sie den verblüfften Männern. Dann zeigt sie ihnen McCraes Gedicht, und nach kurzem Zögern liest sie ihnen auch

Remembrance Poppy (dt. etwa: Mohnblume der Erinnerung). Foto von 2011.

ihr eigenes vor. Die Männer sind begeistert. Sie wollen sich auch Mohnblüten an die Kleider stecken, und Moina verspricht, ihnen welche zu besorgen. [...] Sie ersteht eine große Kunstmohnblume für ihren Schreibtisch und zwei Dutzend kleine vierblättrige Seidenblüten. Zurück bei der YMCA, heftet sie die Blüten an die Revers der jungen Männer, die bald zu ihrem Dienst nach Frankreich aufbrechen werden. Es ist der bescheidene Anfang des Siegeszugs eines Symbols. Wenige Jahre später schon sollen die *Remembrance Poppies* in der gesamten englischsprachigen Welt zum Inbegriff der Erinnerung an die Toten des Weltkrieges werden.
Der Mohnblütenkult ist aus einem außergewöhnlichen historischen Augenblick geboren, in dessen weltumspannender Gegenwart Millionen Menschen feierten, innehielten, trauerten oder Rache schworen. Doch aus dem Moment heraus verweisen die Mohnblüten in die Vergangenheit, und ebenso in die Zukunft. Sie mahnen einerseits, sich einer gerade erst vergangenen Wirklichkeit zu stellen, sie nicht zu vergessen. In diesem Sinne sind sie Teil einer weltweiten Gedenkkultur, in deren Rahmen Zeremonien abgehalten, Denkmäler errichtet und in Schulen, Behörden und Kasernen die Namen der Gefallenen in Steintafeln gemeißelt werden. Andererseits weist Moina Michaels Idee auch nach vorn, denn für sie bedeuten das vergossene Blut und die massenhaften Opfer eine Verpflichtung für das Kommende: Auf den Gräbern sollen Blumen blühen, so ihre zunächst naive, aus einer spontanen Eingebung und ihrer tiefen Religiosität geborene Zukunftshoffnung.

Daniel Schönpflug, Kometenjahre. 1918: Die Welt im Aufbruch, Frankfurt am Main 2017, S. 11–15

[1] **YMCA** (Young Men's Christian Association, dt.: Christlicher Verein Junger Menschen, CVJM): weltweit verbreitete Jugendorganisation, die auf Vereinsgründungen in Europa Mitte des 19. Jahrhunderts zurückgeht

32040-224

1. Gliedern Sie den Text in sinnvolle Abschnitte und versehen Sie diese mit passenden Überschriften.
2. Erläutern Sie anhand des Textes und der Abbildung den Symbolwert der „Remembrance Poppies“.
3. Charakterisieren Sie die Entstehung der „Remembrance Poppies“ als eine Gedenkbewegung „von unten“, ohne staatliche Anleitung. | F
4. Recherchieren Sie im Internet, in welchen Ländern die „Remembrance Poppies“ getragen oder zu Trauerkränzen gebunden werden und welchen Stellenwert sie dort für das öffentliche Gedenken besitzen. | F

M2 Die „Australisierung" von Gallipoli

*Der deutsche Historiker und Japanologe Frank Jacob (*1984) untersucht die Bedeutung des Schlachtortes Gallipoli für die dort 1915/16 eingesetzten australischen Soldaten und für ihre Landsleute:*

Die Soldaten erblickten bisweilen auffallende Gemeinsamkeiten zwischen den Räumen ihrer Heimat und dem ihres Kriegseinsatzes, wobei letzterer nicht selten zum australischen Hinterland umgedeutet wurde. Diese Fantasien können verdeutlichen, weshalb die ANZAC-Tradition bis zum heutigen Tag so lebendig ist, denn die nationale Identität der Australier wurde unterbewusst auf den geografischen Raum Gallipolis projiziert. Dabei wird diese Tradition in Australien selbst, durch die jährliche Begehung des ANZAC-Tages am 25. April, also dem Jubiläum der australisch-neuseeländischen Landungen, begangen. Der Mythos, der damit verbunden ist, ist gewiss künstlich geschaffen worden. Darin werden die Heldentaten der jungen Männer, die weit entfernt der Heimat ihr Leben verloren hatten, zu Heroen nationaler Größe stilisiert. Nicht zu Unrecht ist der ANZAC-Mythos deshalb mitunter kritisch betrachtet worden. Es waren Vertreter des gesamten politischen und wirtschaftlichen Spektrums, die die Deutungshoheit der ANZAC-Erinnerung beanspruchten und deshalb bestrebt waren, aus dem einfachen australischen Soldaten einen Helden zu kreieren. Im Zuge dessen wurden Legendenbildungen, wie sie bereits von den Goldgräbern im Australien der 1850er-Jahre entstanden waren, transformiert und entsprechend fortgesetzt. Oft wurden die Erfahrungen der Truppen mit denen der Australier im Outback[1] gleichgesetzt und die klimatischen Parallelen dieser Leben miteinander verglichen.
Die Landschaft Gallipolis wurde folglich aus ihrem räumlichen und zeithistorischen Kontext entfernt, um in ein mythisches Gebilde eingefügt zu werden, bei dem nicht der Erste Weltkrieg oder der Angriff auf die osmanische Armee, sondern ganz klar die Erfahrung der australischen Soldaten im Mittelpunkt stand. Die Landschaft wurde damit automatisch zum Bezugspunkt des kollektiven Gedächtnisses und nationaler Geschichtstraditionen. [...] Dabei war die Landschaft von Gallipoli bestens geeignet, da sie doch denjenigen, der über sie las, zwangsläufig an Australiens Wüsten und Bergformationen erinnern konnte [...]. Es fand folglich eine „Australisierung", also kulturelle Aneignung fremden Territoriums statt. Das Schlachtfeld der Dardanellen-Kampagne konnte so als Fortsetzung der Besiedlung der australischen Wildnis verstanden und deshalb umso einfacher in die nationale Geschichtsschreibung integriert werden. Diese wurde im Zuge des Ersten Weltkrieges, der erstmals eigens aufgestellte und geführte australisch-neuseeländische Truppenkontingente ermöglichte, von der Ebene einer kolonialen auf die einer nationalen erhoben. Die ANZAC-Truppen setzten den Kampf ihrer Vorfahren in einer ähnlich gestalteten Landschaft fort und konnten deshalb den Anspruch auf nationale und unabhängige Größe erheben.

Frank Jacob, Gallipoli 1915/16. Britanniens bitterste Niederlage, Berlin/Boston 2020, S. 143 f.

[1] **Outback**: Bezeichnung für die Wildnisgebiete Australiens, die ca. 70 bis 80 Prozent des Kontinents ausmachen

32040-225

1. Fassen Sie die Aussagen des Textes stichpunktartig zusammen.
2. Erläutern Sie den Begriff „Australisierung" im Zusammenhang mit dem Erinnerungsort Gallipoli.
3. Charakterisieren Sie die hier beschriebene „kulturelle Aneignung" (Zeile 39) als Versuch, den Opfern nachträglich Sinn zu verleihen. | F
4. Im Jahr 1985 benannte die Türkei die einstige Landestelle der ANZAC-Truppen offiziell in „Anzac Cove" (ANZAC-Bucht) um. Am ANZAC Day 1985 wurde in Australiens Hauptstadt Canberra auch ein Denkmal zu Ehren von Mustafa Kemal eingeweiht. Interpretieren Sie die beiden Gesten.

Gedenkfeier zum ANZAC Day in Mount Isa im australischen Bundesstaat Queensland.
Foto vom 25. April 2014.
Die Gedenksäule im George McCoy Park von Mount Isa ist mit Blumengedecken und Kränzen aus „Remembrance Poppies" geschmückt. Vier Soldaten halten Ehrenwache für die einst Gefallenen. Im Vordergrund nehmen australische Pfadfinderinnen und Pfadfinder an der Feier teil.

M3 Das Kenotaph in London

Im Londoner Stadtteil Whitehall wird 1920 das Kenotaph (wörtlich: leeres Grab) errichtet, ein Mahnmal nach dem Entwurf des britischen Architekten Edwin Lutyens (1869–1944). Das elf Meter hohe Monument, ein steinerner Pylon mit einem leeren Sarg an der Spitze, sollte an die Gefallenen des britischen Empire (heute: des Commonwealth of Nations) erinnern. Die Inschrift lautet schlicht „The Glorious Dead" (dt.: „Den glorreichen Toten"). An jedem Remembrance Day versammeln sich hier Militärabordnungen, Besucherinnen und Besucher, Vertreter des britischen Königshauses legen Kränze nieder und Veteranen ziehen am Mahnmal vorbei. 1946 wurde der Remembrance Day vom 11. November auf einen Sonntag verlegt (Remembrance Sunday). Seit 1956 ist der zweite Sonntag im November der Tag des nationalen Gedenkens, das an den Beitrag der britischen und Commonwealth-Truppen und zivilen Bediensteten in beiden Weltkriegen und späteren Konflikten erinnert.
Die Fotografie stammt vom April 2019.

32040-227

1. Beschreiben Sie den Eindruck, den das Mahnmal auf Sie macht.
2. Das Kenotaph weist keine religiösen Symbole auf. Erläutern Sie, welche Wirkung für das britische Empire mit seinen zahlreichen Kulturen von dieser Gestaltung ausgehen konnte. Verweisen Sie dabei auch auf den Umstand, dass nach dem Londoner Vorbild ähnliche Mahnmale an vielen Orten des britischen Weltreiches entstanden. | F

M4 Wiederkehr des „Heldentums"

Nach dem deutschen Überfall auf Polen im September 1939 erklären Großbritannien und Frankreich dem Deutschen Reich den Krieg. Sie greifen jedoch nicht in die Kämpfe ein. Die deutsche Wehrmacht trifft im Frühjahr 1940 Vorbereitungen für einen Angriff gegen die Westmächte. Vor diesem Hintergrund hält Adolf Hitler (1889–1945) am 5. März 1940 im Berliner Zeughaus eine Rede zum „Heldengedenktag":

In ernster Zeit feiert heute das deutsche Volk seinen Heldengedenktag. Mit größerem Recht als in den letzten 20 Jahren kann es vor das geistige Auge derer treten, die sich einst als tapfere Söhne unseres Volkes für die Zukunft der Nation, die Größe und Unversehrtheit des Reiches opferten. Was jahrelang nur blasse Redensarten einer unwürdig gewordenen Nachwelt waren, ist heute der stolze Dank einer ebenbürtigen Gegenwart. […]
In schwerster geopolitischer Lage konnte das Dasein unseres Volkes immer wieder nur durch den heroischen Einsatz seiner Männer sichergestellt werden. Wenn wir seit 2000 Jahren ein geschichtliches Leben, Dasein führen, dann nur, weil in diesen 2000 Jahren immer wieder Männer bereit gewesen sind, für dieses Leben der Gesamtheit ihr eigenes einzusetzen und, wenn nötig, zu opfern. Jeder dieser Helden aber hat sein Leben gegeben nicht in der Meinung, damit spätere Generationen von der gleichen Pflicht befreien zu können. Alle Leistungen der Vergangenheit, sie wären vergeblich gewesen, wenn in einer einzigen Generation der Zukunft die Kraft zu gleichem Opfer fehlen würde. Denn das Leben eines Volkes gleicht einer Kette ohne Ende nur so lange, als nicht in einer Generation ein Glied zerbricht und damit den Lauf der Entwicklung abschließt. Es hat daher niemand das Recht, Helden zu feiern, der nicht selbst einer ähnlichen Gesinnung fähig ist. Niemand soll von Tradition reden, der nicht durch sein eigenes Leben und sein eigenes Handeln diese Tradition vermehrt. […]
So treten wir heute zu diesem Gedenktag unserer Helden an mit dem Gefühl einer neuen inneren Würdigkeit. Nicht gesenkten Hauptes, sondern stolz erhobenen Blickes grüßen wir sie in dem Bewusstsein der Ebenbürtigkeit, der gleichen Leistungen und, wenn notwendig, in der Bereitwilligkeit des Ertragens der gleichen Opfer. Für was sie einst

kämpften, kämpfen nunmehr auch wir. Was ihnen hoch genug war, um, wenn notwendig, dafür zu sterben, soll uns in jeder Stunde zu gleicher Tat bereitfinden.

Zitiert nach: Der großdeutsche Freiheitskampf. Reden Adolf Hitlers, hrsg. von Philipp Bouhler, Bd. 1, München 1940, S. 181–185 (Auszüge)

32040-228

1. Fassen Sie die Aussagen der Rede in eigenen Worten zusammen.
2. Analysieren Sie die Rede auf die Frage hin, an welche Gefühle oder Stimmungen sie appelliert.
3. Arbeiten Sie heraus, was Hitler von den Deutschen erwartet.
4. Setzen Sie sich mit dem Begriff einer „ebenbürtigen Gegenwart" (Zeile 8) im Zusammenhang mit dem Gedenken an den Ersten Weltkrieg auseinander.

M5 „Was geht uns der Erste Weltkrieg an?"

*Am 3. Juli 2014 veranstaltet der Deutsche Bundestag eine Gedenkfeier „Hundert Jahre Erster Weltkrieg". In der Rede des damaligen Parlamentspräsidenten Norbert Lammert (*1948) heißt es:*

[Ü]ber dem Eingangsportal dieses Hauses, des Reichstagsgebäudes, prangt die Inschrift: „Dem deutschen Volke". Angebracht wurde sie 1916, mitten im Krieg. Spötter hatten vorgeschlagen, man solle besser „Dem deutschen Heere" schreiben – und damit den in Staat und Gesellschaft verbreiteten Militarismus bloßgestellt. [...]

Meine Damen und Herren, was geht uns der Erste Weltkrieg an? Die Bundesrepublik ist der Rechtsnachfolger dieses Staates, der 1918 geächtet aus dem Krieg hervorging, der als deutsche Demokratie Teil des Völkerbundes sein wollte, dessen Weg aber, selbstverschuldet, in die Diktatur führte, in den Zweiten Weltkrieg und den Holocaust. [...]

In Deutschland werden die historischen Lektionen zweier Weltkriege mit maßgeblicher deutscher Beteiligung politisch besonders deutlich durch die Verankerung unserer Armee im demokratischen Staat. Als erstes Land der Welt nahm die Bundesrepublik Kriegsdienstverweigerung als ein Grundrecht in ihre Verfassung auf. Die deutsche Öffentlichkeit debattiert seit 20 Jahren kontrovers über jede Beteiligung an einem internationalen Militäreinsatz, und anders als in den allermeisten Ländern der Welt hat über jeden bewaffneten Auslandseinsatz der Bundeswehr das Parlament das letzte Wort. [...]

Zu dieser besonderen Verantwortung für unsere „Parlamentsarmee" steht der Deutsche Bundestag, auch wenn sich mit der gemeinsamen europäischen Außen-, Sicherheits- und Verteidigungspolitik neue Fragen an ihn richten. [...] Zu Beginn dieses Gedenkjahres 2014 konnte und wollte sich kaum einer auch nur vorstellen, dass ausgerechnet unser Kontinent einen Rückfall erleiden würde in jene Zeiten, als Repression und Gewalt die freie Selbstbestimmung von Bürgern unterdrückte. Mit den Ereignissen in der Ukraine und der völkerrechtswidrigen Annexion der Krim durch Russland wird die territoriale Integrität souveräner Staaten in Europa erstmals wieder infrage gestellt.[1] Trotz der Entschlossenheit, völkerrechtswidrige und mutwillige Veränderungen an Europas Grenzen nicht hinzunehmen, will niemand deshalb einen Krieg, das unterscheidet die heutige Lage entscheidend von 1914. [...]

[D]ie Lettern des Schriftzugs „Dem deutschen Volke" wurden 1916 aus französischen Kanonen gegossen. Sie waren während der Befreiungskriege gegen Napoleon erbeutet worden. Das ist auch deswegen von Bedeutung, weil für viele Deutsche und die Franzosen der Weltkrieg ein deutsch-französischer Krieg war. Seitdem hat sich die Welt grundlegend verändert, aus Feinden wurden Freunde, enge Partner, gemeinsam sind wir Garanten für den Frieden im Zentrum eines vereinten Europa. [...]

Was geht uns der Erste Weltkrieg an? Er war nicht der von manchem ersehnte „war against war" – der Krieg gegen den Krieg. Ihm folgten andere, noch verlustreichere. Die Erinnerungen der Europäer an die Gewaltgeschichte des 20. Jahrhunderts werden immer dissonant bleiben, sie werden von nationalen Siegen und Niederlagen erzählen, Verantwortung und Schuld zuweisen. Der wichtigste Sinn unseres gemeinsamen Gedenkens aber bleibt die beispielhafte europäische Erfahrung, der Gewalt ein Ende gesetzt zu haben.

Ansprache des Bundestagspräsidenten Norbert Lammert im Deutschen Bundestag am 3. Juli 2014, https://www.bundestag.de/parlament/praesidium/reden/2014/001-286046 (Zugriff: 10. März 2024; Auszüge)

32040-229

1. Fassen Sie zusammen, welche Lehren die Bundesrepublik aus dem Ersten Weltkrieg gezogen hat.
2. Arbeiten Sie aus Lammerts Rede heraus, welche Rolle Parlamentarismus und Demokratie bei der Vermeidung von Kriegen spielen können.
3. Nehmen Sie Stellung zu der Behauptung, der „wichtigste Sinn unseres gemeinsamen Gedenkens" bleibe „die beispielhafte europäische Erfahrung, der Gewalt ein Ende gesetzt zu haben" (Zeile 56–59). | F

[1] Im Februar 2014 floh der damalige Präsident der Ukraine vor Protesten und Ausschreitungen in Kiew nach Russland. Während sich eine Übergangsregierung bildete, besetzten russische Soldaten die ukrainische Halbinsel Krim. Eine dort am 16. März durchgeführte Volksabstimmung ergab angeblich eine Mehrheit für den Anschluss an Russland, das die Krim zwei Tage später annektierte.

Der Erste Weltkrieg (1914–1918)

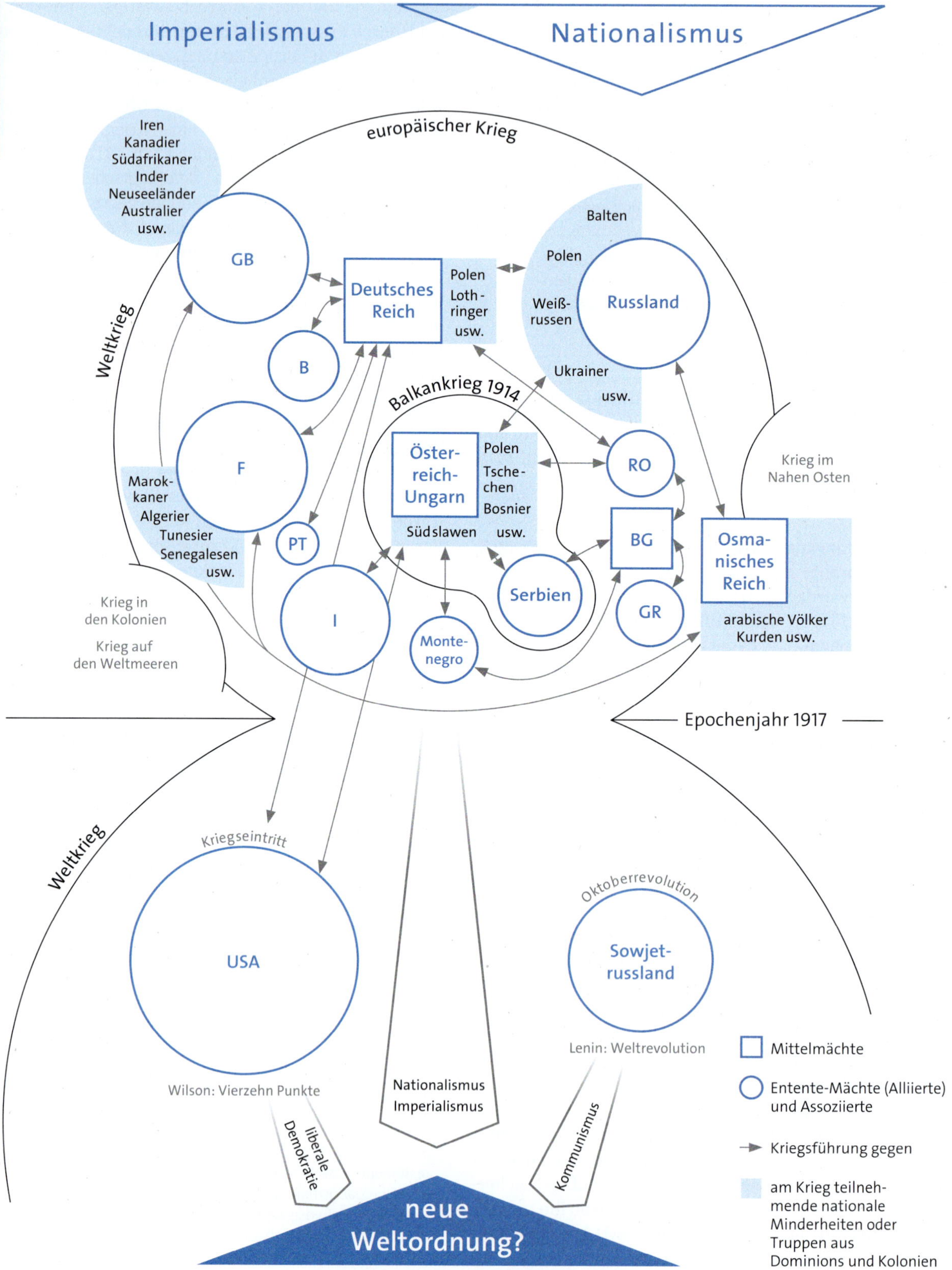

M Ein deutsch-französischer Krieg?

Der französische Historiker Jean-Jacques Becker (1928–2023) und sein deutscher Kollege Gerd Krumeich (siehe Seite 320) heben die Bedeutung der deutsch-französischen Gegnerschaft im Ersten Weltkrieg hervor:

Der Krieg, der 1914 in Europa ausbrach, wurde zunächst ganz selbstverständlich „Krieg von 1914“ genannt, um dann rasch zum „Großen Krieg“ zu werden, eben weil er ungeahnt große Dimensionen annahm. […] Erst nach dem Zweiten Weltkrieg hat man diesen Krieg „Erster Weltkrieg“ genannt. „Weltkrieg“ ist allerdings eine sowohl zutreffende als auch problematische Formulierung. Zutreffend deshalb, weil außer den meisten europäischen Ländern auch zahlreiche außereuropäische Staaten in den Krieg eintraten, lateinamerikanische Staaten, Japan und China[1], doch deren tatsächliche Bedeutung blieb recht beschränkt oder hatte oft auch nur rein symbolischen Charakter. Hingegen war die Teilnahme der USA, der weißen britischen Dominions, Indiens und der französischen Kolonien doch so massiv, dass faktisch alle Weltteile in diesen Krieg verwickelt waren. Aber ganz unzweifelhaft und in erster Linie war dieser Krieg ein europäischer. Deshalb wäre die beste Bezeichnung sicherlich „Der große europäische Krieg“ gewesen, wobei – was Frankreich angeht – der Krieg in erster Linie ein deutsch-französischer war, der zweite große deutsch-französische Krieg. Für Deutschland hingegen traf dies nicht zu, denn in der Vergangenheit war es oft von französischen Armeen besetzt und manchmal auch verwüstet worden. Aber 1870/71 und nun wiederum seit 1914 spielte sich der Krieg fast ausschließlich außerhalb Deutschlands ab. Aus diesem Grund stand für die Deutschen weniger der Konflikt mit Frankreich im Mittelpunkt, als vielmehr der Krieg gegen Großbritannien, das man für die stärkste feindliche Macht hielt. […]

Gleichwohl ist es vertretbar, den Ersten Weltkrieg als einen deutsch-französischen Krieg zu bezeichnen, denn die wichtigsten militärischen Operationen haben auf französischem Territorium stattgefunden. Bezogen auf den gesamten Krieg waren die zwei hauptsächlichen Streitkräfte die französische und die deutsche Armee. Hätte die deutsche oder die französische Armee nicht so lange ausgehalten, wäre der Krieg früher zu Ende gewesen. […]

Der Krieg hätte nicht so lange andauern können, wenn nicht sowohl das französische als auch das deutsche Volk – zu Beginn des Krieges nahezu einmütig und bis zum Ende mit großer Mehrheit – entschlossen gewesen wäre, bis zum Sieg durchzuhalten, gleichgültig, wie grausam die Verluste und Opfer waren. Auf deutscher wie französischer Seite war dieser Krieg genauso sehr ein Krieg der Zivilisten wie ein Krieg zwischen Soldaten, allerdings mit der Besonderheit, dass die deutsche Bevölkerung unter noch schlechteren Lebensbedingungen litt als die französische. Auch waren die Deutschen auf eine ganz andere Art vom Krieg betroffen als die Franzosen, weil sich der Krieg eben in Frankreich, und nicht auf deutschem Boden abspielte. Aber die Deutschen fühlten sich gleichwohl in ihrer Existenz bedroht, denn die Einheit des Deutschen Reiches, die erst wenige Jahrzehnte zuvor auf Kosten Frankreichs zustande gekommen war, drohte im Falle einer Niederlage wieder zerschlagen zu werden. Auch wenn es also wichtige Unterschiede im Kriegserleben der beiden Völker gegeben hat, so blieb doch das deutsch-französische Verhältnis während der gesamten Kriegsdauer ein zentraler Aspekt.

Jean-Jacques Becker und Gerd Krumeich, Der Große Krieg. Deutschland und Frankreich 1914–1918, Essen 2010, S. 7 f. (übersetzt von Marcel Küsters, Peter Böttner und Yann Schnee)

32040-230

1. Geben Sie die zentralen Aussagen des Textes wieder.
2. Partnerarbeit: Charakterisieren Sie im Wechsel die Rolle einzelner kriegsführender Länder des Ersten Weltkrieges außer dem Deutschen Reich und Frankreich. Gehen Sie dabei auf folgende Gesichtspunkte ein: Zeitpunkt des Kriegseintritts; Bedeutung für das jeweilige Bündnis; erlittene Verluste; Status seit dem Friedensschluss; Gedenken an den Ersten Weltkrieg.
3. Setzen Sie die Argumente des Textes in Beziehung zur Erinnerung an den Ersten Weltkrieg. Ziehen Sie dazu auch den Verfassertext auf den Seiten 344 bis 349 heran.
4. Erklären Sie die Unterschiede zwischen dem deutsch-französischen und dem deutsch-britischen Konflikt. Beziehen Sie dazu jeweils auch die Vorgeschichte des Ersten Weltkrieges mit ein.
5. Setzen Sie sich mit den Bemerkungen des Textes über das „Kriegserleben“ (Zeile 56) der deutschen und französischen Bevölkerung auseinander.
6. Entwickeln Sie, unter Bezugnahme auf das Pflichtmodul und das Schaubild auf Seite 354, eine kritische Gegendarstellung zu den Ausführungen von Becker und Krumeich.

[1] Die damalige Republik China erklärte am 14. August 1917 dem Deutschen Reich und Österreich-Ungarn den Krieg. Zudem warben Großbritannien und Frankreich zwischen 1914 und 1918 fast 130 000 Kriegsarbeiter aus China für nicht-militärische Einsätze in Europa an.

Orientierung

3.5 Wahlmodul: Die Gesellschaft der Weimarer Republik

Die Weimarer Republik als erste deutsche Demokratie wurde nicht von einer starken republikanischen Bewegung erstritten. Sie entstand vielmehr als improvisierte Lösung, um die Folgen des vom Kaiserreich verlorenen Ersten Weltkrieges erträglich zu gestalten. Der von großen Teilen der Bevölkerung als ungerecht empfundene Versailler Friedensvertrag belastete von Beginn an die neue Staatsform. Trotz innerer Unruhen, Inflation und späterer hoher Arbeitslosigkeit entwickelte sich in den Jahren zwischen 1918 und 1933 ein faszinierendes kulturelles Leben. Erst um 1930 schlugen die latenten Vorbehalte gegen die Demokratie in offene Demokratiefeindschaft um. Die Ernennung Adolf Hitlers zum Reichskanzler am 30. Januar 1933 bedeutete schließlich das Ende der Weimarer Republik und führte Deutschland in eine unheilvolle Diktatur.

Das Kapitel beschäftigt sich inhaltlich mit ...

- den konkurrierenden politischen Ideen der Gründungsphase
- den Belastungen der Republik durch den Versailler Vertrag und politischer Gewalt von rechts und links
- dem „Krisenjahr" 1923 und dessen Bewältigung
- den „Goldenen Zwanzigern" als Zeitalter von Modernisierung und Technisierung
- den Ursachen und Auswirkungen der Weltwirtschaftskrise
- der Frage nach dem Scheitern der Weimarer Republik

Aufbruch.
Farblithografie von César Klein, 1919.
Es handelt sich hierbei um ein überparteiliches Plakat des Werbedienstes der Deutschen Republik zur Wahl der Nationalversammlung.

- ▶ Beschreiben Sie das Plakat. Gehen Sie dabei auf den Bildaufbau, die dargestellten Personen und die Farbgebung ein.
- ▶ Arbeiten Sie heraus, wer auf dem Plakat fehlt.

32040-231

Entstehung der Republik

9. 11. 1918 — Die **Revolution** stürzt die Monarchie; Deutschland wird Republik.

11. 11. 1918 — Der Erste Weltkrieg endet mit dem **Waffenstillstand von Compiègne**.

Krisenjahre

5. - 12. 1. 1919 — Der „**Spartakus-Aufstand**" in Berlin wird niedergeschlagen.

19. 1. 1919 — Männer und erstmals Frauen wählen die **Verfassunggebende Nationalversammlung**. Sie tagt in Weimar.

11. 2. 1919 — **Friedrich Ebert** wird zum Reichspräsidenten gewählt.

7. 5. 1919 — Der deutschen Delegation wird der **Versailler Vertrag** vorgelegt. Er regelt die Nachkriegsordnung in Europa. Artikel 231 legt die Alleinschuld Deutschlands und seiner Verbündeten am Krieg fest.

11. 8. 1919 — Ebert unterzeichnet die **Weimarer Verfassung**, am 14. August tritt sie in Kraft: Deutschland ist parlamentarische Demokratie.

18. 11. 1919 — Die Generäle **Paul von Hindenburg** und Erich Ludendorff bekräftigen die „**Dolchstoßlegende**".

13. - 17. 3. 1920 — Der konterrevolutionäre **Kapp-Putsch** schlägt fehl.

1921/22 — **Attentate** auf die „Erfüllungspolitiker" häufen sich.

8./9. 11. 1923 — Der rechtsradikale **Hitler-Putsch** in München scheitert.

15. 11. 1923 — Die Regierung beendet die Hyperinflation mit einer **Währungsreform**.

Gefährdete Stabilität

26. 4. 1925 — Nach dem Tod Friedrich Eberts (28. 2.) wird Paul von Hindenburg neuer Reichspräsident.

1926 — Deutschland wird als Folge einer Außenpolitik der Verständigung unter **Gustav Stresemann** in den Völkerbund aufgenommen.

24./29. 10. 1929 — Der Zusammenbruch der New Yorker Börse löst eine **Weltwirtschaftskrise** aus.

Verfall der Demokratie

1930 — Die Große Koalition aus SPD, Zentrum und bürgerlich-liberalen Parteien zerbricht als letzte Regierung mit einer Mehrheit im Parlament. Ab 29. März regiert **Heinrich Brüning** als Kanzler des ersten Präsidialkabinetts dauerhaft mit **Notverordnungen**.

14. 9. 1930 — In den Reichtagswahlen erhalten die radikalen Parteien einen deutlichen Stimmenzuwachs.

1932 — Mit 6,12 Millionen erreicht die Zahl der Arbeitslosen ihren Höchststand.

31. 7. 1932 — Bei den Reichstagswahlen wird die **NSDAP** stärkste Partei.

6. 11. 1932 — Bei den Reichstagswahlen muss die NSDAP Verluste hinnehmen, bleibt aber stärkste Partei.

28. 1. 1933 — **Kurt von Schleicher** tritt als Reichskanzler zurück, nachdem Reichspräsident Hindenburg ihm das Vertrauen entzogen hat.

30. 1. 1933 — Reichspräsident Hindenburg ernennt **Adolf Hitler** zum Reichskanzler.

Paul von Hindenburg (1847–1934): Als Sohn eines adligen Offiziers und Gutsbesitzers durchlief Hindenburg ab 1866 eine militärische Karriere. Er wurde 1914 zum Oberbefehlshaber der Truppen an der Ostfront berufen und stieg im Ersten Weltkrieg zum Generalfeldmarschall auf. Von 1925 bis 1934 war er Reichspräsident, als welcher er am 30. Januar 1933 Adolf Hitler zum Reichskanzler ernannte.

Friedrich Ebert (1871–1925): Er arbeitete als Sattler, Redakteur und Gastwirt. Ebert engagierte sich früh in Partei und Gewerkschaft, war ab 1913 SPD-Vorsitzender, übernahm nach Ausrufung der Republik 1918 die Regierungsgeschäfte und wurde 1919 erster Reichspräsident der Weimarer Republik.

Hinweis: Über politische Persönlichkeiten und Parteien informiert auch die Übersicht „Wer ist wer in der Weimarer Republik?" auf Seite 514.

Das Ende der Monarchie | Im Jahr 1914 hatten Teile der deutschen Bevölkerung, vor allem das Bildungsbürgertum, Studenten und Gymnasiasten, enthusiastisch auf die Nachricht vom Ausbruch des Krieges reagiert.[1] Für andere Gruppen, für Arbeiter, Bauern oder Kleinbürger, verbanden sich damit Befürchtungen und Ängste. Die Berichte von den grauenvollen Kämpfen an der Front, mehr noch die ersten Gefallenen aus dem Kreis der Familie oder Freunde, ließen die anfängliche Begeisterung auch unter den Befürwortern des Krieges schnell verfliegen. Die sozialen Spannungen entluden sich bereits seit Ende des Jahres 1915 in Unruhen, Protesten und Arbeitsniederlegungen. In den letzten beiden Kriegsjahren kam es dann zu Massenprotesten, die Ausdruck einer verbreiteten Antikriegsstimmung waren. Zu Beginn des Jahres 1918 beteiligten sich in Berlin und anderen Großstädten eine Million Arbeiterinnen und Arbeiter an Streiks, bei denen die Forderungen nach innenpolitischen Reformen und nach Beendigung des Krieges immer lauter wurden.

Doch erst nach dem Scheitern der letzten großen Offensiven (März bis August 1918) gab die *Oberste Heeresleitung* (*OHL*) die Hoffnung auf einen Sieg auf und drängte die Regierung Ende September zum Abschluss eines sofortigen *Waffenstillstandes*. Das Eingeständnis der Niederlage kam für die Mehrzahl der Politiker und die Öffentlichkeit völlig überraschend. Die Chefs der OHL, die Generäle *Erich Ludendorff* und **Paul von Hindenburg**, entschiedene Gegner jeglicher demokratischer Reformen, forderten jetzt die Bildung einer vom Parlament getragenen Regierung. Diese sollte die Waffenstillstandsverhandlungen führen und damit auch die Verantwortung für den Zusammenbruch übernehmen, um so die militärische Führung vom Makel der Niederlage freizuhalten.

Anfang Oktober 1918 bildete Reichskanzler Prinz *Max von Baden* eine neue Regierung. Sie bestand aus Vertretern der *Sozialdemokratischen Partei Deutschlands* (*SPD*), des *Zentrums* und der liberalen *Fortschrittspartei*. Dass die Militärs sich damit ihrer Verantwortung entziehen konnten, belastete die Republik von Anfang an schwer. Denn viele Deutsche sahen den Zusammenbruch nicht als das Ergebnis einer militärischen Niederlage, sondern als das Resultat der von den „Linken" verantworteten Revolution.

Als Ende Oktober 1918 Matrosen den Befehl der Seekriegsleitung verweigerten, für eine inzwischen militärisch sinnlose Schlacht gegen die Briten auszulaufen, wurden sie festgenommen und in Kiel inhaftiert. Um die Freilassung der Kameraden zu erzwingen, bildeten sich Soldatenräte, die zu Massendemonstrationen aufriefen. Obwohl die Aktionen kriegsmüder Truppenteile nicht von langer Hand vorbereitet waren, breitete sich die revolutionäre Bewegung sehr schnell aus. Spontan nun auch in Ortschaften gewählte Arbeiter- und Soldatenräte beanspruchten die politische Führung, amtierende Politiker und Beamte gaben nach. So wurde der gewaltlose Sturz der Monarchien in allen Bundesstaaten in kurzer Zeit vollzogen.

Am 9. November forderten Hunderttausende in Berlin die sofortige Beendigung des Krieges und die Abdankung Kaiser *Wilhelms II.*, der in ihren Augen das Haupthindernis für einen schnellen Friedensschluss war. Da er sich bis zuletzt weigerte, gab Reichskanzler Max von Baden noch am gleichen Tag auf eigene Verantwortung die Abdankung des Kaisers bekannt.

Der Rat der Volksbeauftragten | Ebenfalls am 9. November 1918 übergab Max von Baden ohne verfassungsrechtliche Legitimation das Amt des Reichskanzlers an **Friedrich Ebert**, den Vorsitzenden der SPD, die im Reichstag die stärkste Fraktion stellte. Während Ebert die Entscheidung über die künftige Staatsform einer gewählten Nationalversammlung überlassen wollte, rief sein Parteifreund *Philipp Scheidemann* in Berlin die „Deutsche Republik" aus. Er kam damit *Karl Liebknecht* zuvor, dem Führer der *Spartakisten*, eines linken Flügels der 1917 von der SPD abgespaltenen *Unabhängigen Sozialdemokratischen Partei Deutschlands* (*USPD*). Erst zwei Stunden später verkündete Liebknecht dann die „Sozialistische Republik Deutschland". Um der sich abzeich-

[1] Zum Ersten Weltkrieg siehe das Kapitel auf den Seiten 296 bis 355.

nenden Bildung einer sozialistischen **Räterepublik** zu begegnen, bemühte sich Ebert um eine Verständigung mit der USPD. Die beiden Parteien besetzten auf paritätischer Grundlage mit je drei Vertretern den *Rat der Volksbeauftragten* als provisorische deutsche Regierung. Er wurde zunächst nur durch die Berliner Arbeiter- und Soldatenräte legitimiert, die sich wie auch in anderen Städten im Zuge der Revolution spontan, ohne festes politisches Konzept und ohne überregionale Organisation gebildet hatten. Die meisten Arbeiterräte orientierten sich nicht an der Theorie des Rätesystems. Im Vordergrund standen nach dem Zusammenbruch die praktischen Aufgaben, die Lebensmittelversorgung und die öffentliche Ordnung. Die Arbeiterräte traten aber allgemein für die Demokratisierung von Militär, Verwaltung und Wirtschaft ein.

Der vom 16. bis 20. Dezember 1918 in Berlin tagende *Reichskongress der Arbeiter- und Soldatenräte* beließ die gesetzgebende und vollziehende Gewalt bis zur Einberufung der Nationalversammlung beim Rat der Volksbeauftragten. Der Antrag der radikalen Linken, am Rätesystem als Grundlage der Verfassung für eine sozialistische Republik festzuhalten, wurde dabei mit großer Mehrheit abgelehnt.

Neue Regierung, alte Eliten | Der Rat der Volksbeauftragten war mit einer Reihe von Aufgaben konfrontiert, die sich nach dem Ende des Krieges ergaben. Mit Demonstrationen und Straßenkämpfen versuchten vor allem die Spartakisten weiterhin, ein parlamentarisches System zu verhindern und die Bevölkerung für die Räterepublik zu gewinnen (→M1). Um die innere Sicherheit zu gewährleisten, entschloss sich Ebert zu einer Vereinbarung mit dem Reichswehrgeneral *Wilhelm Groener,* der den Rückzug der deutschen Truppen leitete. Im Namen der Obersten Heeresleitung bekundete Groener seine Loyalität gegenüber der Regierung und versprach militärische Unterstützung bei Unruhen. Als Gegenleistung erwartete er den gemeinsamen „Kampf gegen den Radikalismus und Bolschewismus[1]" (→M2). Zudem unterstützte der Rat der Volksbeauftragten die Bildung sogenannter **Freikorps**. Gegen die Unruhen, die nach dem Reichskongress der Arbeiter- und Soldatenräte ausgebrochen waren, rief Ebert erstmals die OHL zu Hilfe. Nach einer blutigen Straßenschlacht traten die Mitglieder der USPD Ende Dezember 1918 aus dem Rat der Volksbeauftragten aus. Die tiefere Ursache für diesen Bruch lag in der grundsätzlichen Differenz zwischen SPD und USPD über das *Ebert-Groener-Abkommen.*

Die Regierung Ebert scheute auch deshalb davor zurück, die militärischen Kommandostrukturen anzutasten, weil die OHL die Aufgabe hatte, nach Abschluss des Waffenstillstandes am 11. November 1918 innerhalb von 35 Tagen die deutschen Soldaten zurückzuführen. Dies konnte nur gelingen, wenn die revolutionäre Stimmung nicht die Disziplin in der Armee untergrub.

Der Spartakus-Aufstand | Die Regierung Ebert hatte noch bis unmittelbar vor den Wahlen zur Nationalversammlung mit revolutionären Unruhen fertig zu werden. Vom 5. bis 12. Januar 1919 stand Berlin im Zeichen des „Spartakus-Aufstandes". Tausende Anhänger des Spartakusbundes um Karl Liebknecht und **Rosa Luxemburg** lieferten sich Straßenschlachten mit Regierungstruppen und Freikorps. Die Aufständischen wollten die Wahlen verhindern und den Arbeiter- und Soldatenräten zur Regierungsgewalt verhelfen. Der Aufstand wurde blutig niedergeschlagen, Rosa Luxemburg und Karl Liebknecht nach ihrer Verhaftung von Offizieren ermordet. Daraufhin kam es auch in anderen Städten zu Streiks und bewaffneten Aufständen. Erst im Mai 1919 gelang es der Regierung, die letzten Unruhen zu beenden. Tausende hatten ihr Leben verloren.

[1] Die Bolschewisten bildeten den radikalen Flügel innerhalb der Russischen Arbeiterpartei, die unter der Führung Wladimir Iljitsch Lenins in der Oktoberrevolution 1917 in Russland die Macht übernahmen.

Geschichte In Clips
Zur Ausrufung der Republik siehe diesen Code.

32037-43

Räterepublik: Herrschaftsform der direkten Demokratie. Räte sind gewählte Ausschüsse von Bewohnern eines Bezirks, Arbeitern und Soldaten. Sie sind an die Weisungen der Wähler gebunden und vereinen gesetzgebende, ausführende und rechtsprechende Gewalt auf sich.

Freikorps: paramilitärische Einheiten, die nicht zu den regulären Truppen gehörten. Diese Freiwilligenverbände bestanden aus ehemaligen Berufssoldaten, Abenteurern, Studenten oder Schülern, meist Männer, die nach dem Krieg kein Zuhause und keine Arbeit hatten und nicht in ein ziviles Leben zurückgefunden hatten.

Rosa Luxemburg (1871–1919): Journalistin und sozialistische Theoretikerin; Mitbegründerin der Kommunistischen Partei Deutschlands (KPD)

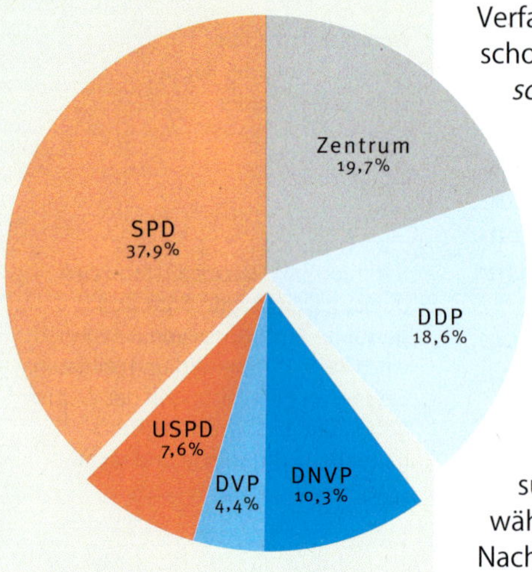

Ergebnis der Wahlen zur Nationalversammlung 1919.

Nationalversammlung und neue Verfassung | Am 19. Januar 1919 fand die Wahl zur Verfassunggebenden Nationalversammlung statt. Die drei größten Fraktionen, die schon während des Krieges im Reichstag kooperiert hatten – SPD, Zentrum und *Deutsche Demokratische Partei* (*DDP*), als Nachfolgerin der liberalen Fortschrittspartei – bildeten die sogenannte „*Weimarer Koalition*". Diese vereinigte mit 76,2 Prozent der Stimmen die deutliche Mehrheit des Volkes auf sich (331 von insgesamt 423 Mandaten). Die Opposition war gespalten: Links stand die radikal-sozialistische USPD und rechts die nationalbürgerlich ausgerichtete *Deutsche Volkspartei* (*DVP*) sowie die konservativ-monarchistische *Deutschnationale Volkspartei* (*DNVP*). Die *Kommunistische Partei Deutschlands* (*KPD*) hatte die Wahlen zur Nationalversammlung boykottiert und sich gar nicht erst aufstellen lassen.

Um sich den politischen Unruhen in Berlin zu entziehen, trat die Nationalversammlung am 6. Februar 1919 in Weimar zusammen. Sie sollte bis zur ersten Reichstagswahl im Juni 1920 eine vorläufige Regierung bilden und eine Verfassung erarbeiten. Ebert wurde am 11. Februar zum ersten Reichspräsidenten gewählt. Noch am selben Tag beauftragte er Scheidemann, eine Regierung zu bilden. Nach über fünfmonatiger Beratung nahm die Nationalversammlung die neue Verfassung am 31. Juli an. Das Deutsche Reich war nun eine *parlamentarische Republik*.

Die Verfassungsorgane | Am 14. August 1919 trat die neue Verfassung in Kraft. Erstmals in Deutschland musste das monarchische Prinzip dem Grundsatz der Volkssouveränität weichen. Dem *Reichstag* oblag nun neben dem Recht auf Gesetzgebung auch die Kontrolle der Regierung, d. h. Kanzler und Minister benötigten für ihre Amtsführung sein Vertrauen. Jeder von ihnen konnte durch ein *Misstrauensvotum* zum Rücktritt gezwungen werden. Allerdings konnte der Reichstag den Kanzler nicht wählen. Für den *Reichsrat*, die Vertretung der Länder, war mit einem aufschiebenden Veto gegen Beschlüsse des Reichstages nur geringer Einfluss vorgesehen.

Der *Reichspräsident* war mit weitreichenden Vollmachten ausgestattet. Er allein ernannte und entließ den Kanzler und konnte den Reichstag auflösen. Außerdem war er Oberbefehlshaber der Reichswehr. Von besonderer Bedeutung war *Artikel 48* der Verfassung. Dieser gab dem Reichspräsidenten das Recht, bei Störung der öffentlichen Sicherheit und Ordnung die nötigen Maßnahmen zu ihrer Wiederherstellung zu treffen und notfalls die Reichswehr einzusetzen. Im Lauf der Jahre wurde der Artikel häufig von Reichspräsident und Reichskanzler unter Umgehung des Parlaments herangezogen, um wirtschaftliche und soziale Probleme zu lösen.

Der Wähler als Souverän | Männer und Frauen über 20 Jahren erhielten nach der neuen Verfassung das Recht, alle vier Jahre die Abgeordneten des Reichstages und alle sieben Jahre den Reichspräsidenten zu wählen. Um jede einzelne Stimme zur Geltung zu bringen, galt das *Verhältniswahlrecht:* Jede Partei erhielt für 60 000 gültige Stimmen ein Mandat. Eine Sperrklausel, die den kleinen Parteien – auch „Splitterparteien" genannt – den Zutritt zum Reichstag hätte verwehren können, gab es nicht. Dies galt als besonders gerecht und demokratisch. Allerdings erschwerte die Parteivielfalt häufig die Bildung regierungsfähiger Mehrheiten im Reichstag. Hinzu kam, dass die Parteien kaum die Bereitschaft zu Kompromissen zeigten, die eigenen Interessen dem Gemeinwohl vorzogen und damit die Regierung schwächten.

Als Elemente der direkten Demokratie wurden *Volksbegehren* und *Volksentscheid* eingeführt. Die Staatsbürgerinnen und -bürger sollten sich durch Plebiszite (Volksabstimmungen) direkt an der staatlichen Willensbildung beteiligen. Jedoch konnte die plebiszitäre Komponente der Verfassung ihre Aufgabe, ein „Gegengewicht zum Parteienstaat" zu bilden, in der Praxis nicht erfüllen. Vielmehr versuchten republikfeindliche Parteien, Volksabstimmungen zur Manipulation der Massen einzusetzen. Solche Bestrebungen scheiterten aber bis 1933 an den fehlenden Mehrheiten.

Internettipp
Den vollständigen Gesetzestext der Weimarer Verfassung finden Sie unter diesem Code.

32039-29

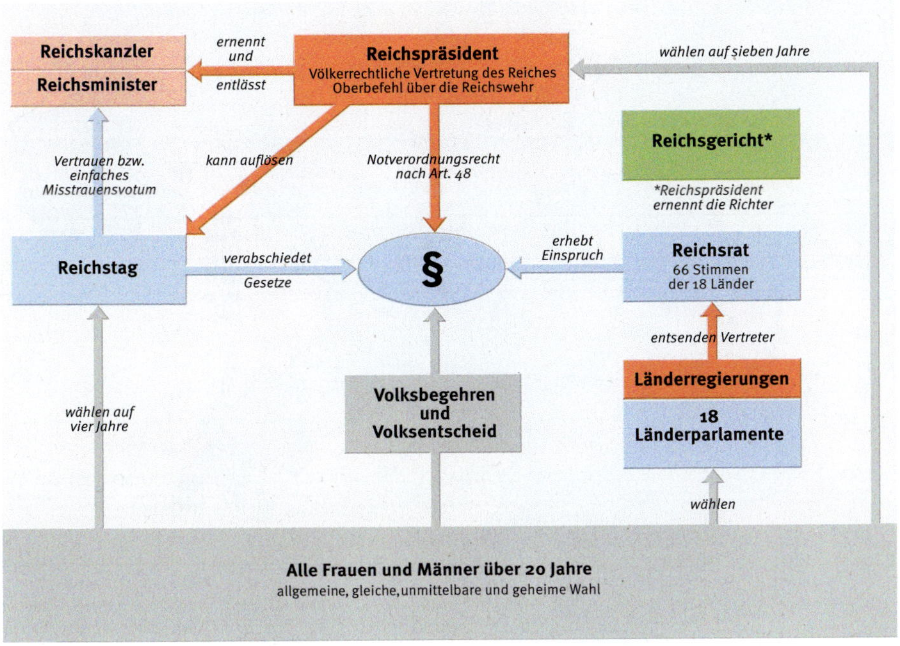

Weimarer Verfassung.

- Weisen Sie anhand des Schaubildes nach, dass der Weimarer Verfassung zentrale liberale Prinzipien zugrunde lagen. | H
- Begründen Sie, warum man die Verfassung als fortschrittlich und liberal bezeichnen kann, obwohl der Reichspräsident die Stellung eines „Ersatzkaisers" hatte.

32040-232

Die Grundrechte | Der zweite Hauptteil der Weimarer Verfassung enthielt einen Katalog an *Grundrechten* und *Grundpflichten* (Artikel 109–165): Rechtsgleichheit, Freizügigkeit, Recht der freien Meinungsäußerung, Freiheit der Person, Glaubens- und Gewissensfreiheit sowie soziale Grundrechte, darunter der Schutz und die Förderung von Ehe und Familie, das Recht auf Arbeit, den Schutz der Jugend und vieles mehr. Die wichtige Aufgabe der Kontrolle der Staatsmacht erfüllte dieser Katalog jedoch nicht uneingeschränkt, da viele Grundrechte in Krisenzeiten durch Notverordnungen gemäß Artikel 48 außer Kraft gesetzt werden konnten. Dass dies nicht nur zur Sicherung, sondern auch zur Zerstörung der demokratischen Ordnung geschehen konnte, vermochten sich die Verfassungsgeber nicht vorzustellen. Sie gaben der Republik eine wertneutrale Verfassung ohne normative Einschränkung, die den Gegnern der Demokratie von links und rechts die Möglichkeit bot, den Staat massiv zu bekämpfen. Die verantwortlichen Politiker sahen das Wesen der Demokratie ausschließlich in der Mehrheitsentscheidung, unabhängig davon, in welche Richtung sie ging. Außerdem bestand für die Bürgerinnen und Bürger keine Möglichkeit, die Verletzung der Grundrechte durch die Staatsgewalt vor Gericht einzuklagen, sodass sie letztlich unverbindlich blieben (→M3).

Zur Situation der Frauen | Zu den demokratischen Errungenschaften der Weimarer Republik gehört die verfassungsrechtliche Gleichstellung von Mann und Frau. Bei der Wahl zur Nationalversammlung wurde eine alte sozialdemokratische Forderung verwirklicht: das aktive und passive *Wahlrecht für Frauen*. Mit einer Wahlbeteiligung von fast 90 Prozent machten die Frauen 1919 von ihrem Stimmrecht regen Gebrauch, 41 von 310 Kandidatinnen zogen in die Weimarer Nationalversammlung ein.

Die verfassungsrechtliche Gleichstellung der Frauen bedeutete freilich nicht, dass sie im Familienrecht gleichberechtigt waren. Für Tätigkeiten, die über die Hausarbeit hinausgingen, brauchten Frauen die Erlaubnis des Ehemannes. So bestimmte es das Bürgerliche Gesetzbuch noch bis 1977. Das Frauenwahlrecht und die steigende Zahl weiblicher Mitglieder in Parteien und Gewerkschaften änderten nichts daran, dass führende Positionen in der Politik und im öffentlichen Leben weiterhin nur von Männern besetzt blieben.

Internettipp
Über die Geschichte des Frauenwahlrechts informiert dieser Code.

32037-45

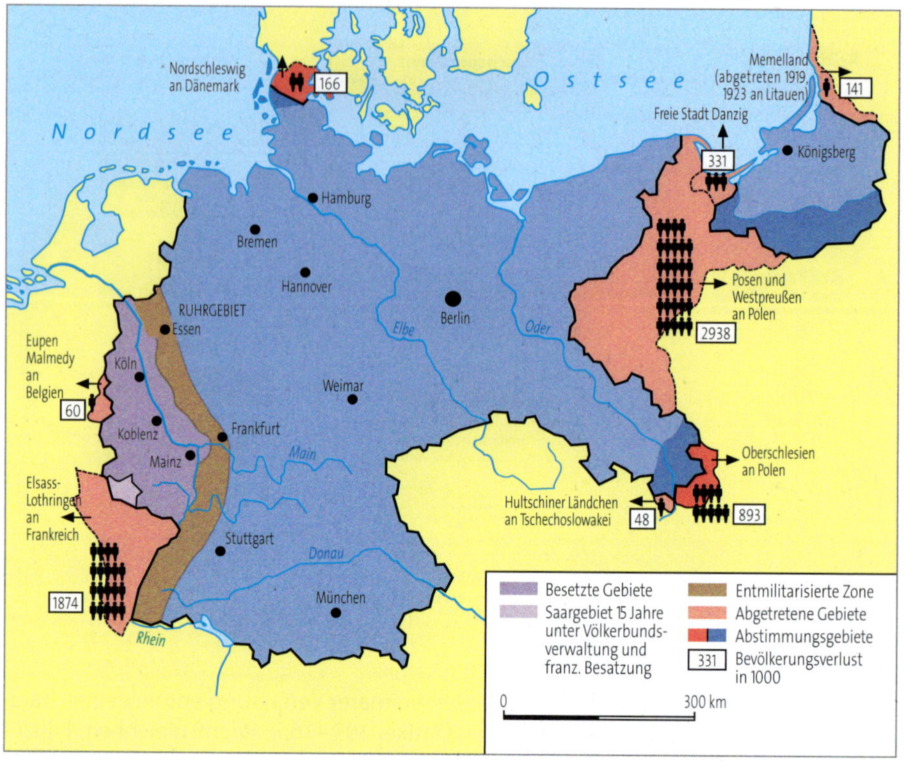

Deutsche Gebiets- und Bevölkerungsverluste nach dem Friedensvertrag von Versailles.

Der Versailler Vertrag und seine Folgen | Von Anfang an belastete der in Versailles bei Paris geschlossene Friedensvertrag die Weimarer Republik schwer. Ohne Beteiligung der Besiegten tagte die Friedenskonferenz, auf der die Nachkriegsordnung Europas festgelegt werden sollte. Am 7. Mai 1919 wurde der deutschen Delegation der fertige Vertrag mit 440 Artikeln vorgelegt: Deutschland verlor 13 Prozent seines Staatsgebietes und rund zehn Prozent seiner Bevölkerung sowie sämtliche Kolonien. Die Reichswehr wurde auf ein Berufsheer von maximal 100 000 Soldaten reduziert, die Flotte musste ausgeliefert werden und eine Luftwaffe wurde verboten. Ferner sollten für die Kriegsschäden der anderen Mächte Ausgleichszahlungen (*Reparationen*) in noch festzulegender Höhe erbracht werden (→M4).

Die Bestimmungen lösten in der deutschen Öffentlichkeit, in der man auf einen milden **„Wilson-Frieden"** gehofft hatte, Empörung und Proteststürme aus. Vor allem Artikel 231 des Vertrages, der sogenannte *Kriegsschuldartikel*, der die juristische Anspruchsgrundlage für die Reparationen war, wurde in Deutschland als moralische Ächtung des ganzen Volkes empfunden.

„Wilson-Frieden": Der US-amerikanische Präsident Woodrow Wilson hatte am 8. Januar 1918 einen „14-Punkte-Plan" vorgelegt, in dem er seine Vorstellungen von den Grundlagen einer zukünftigen Friedensordnung in Europa formulierte. Diese sollte auf dem Selbstbestimmungsrecht der Völker und dem Autonomie- und Nationalitätenprinzip basieren.

Als die deutschen Einsprüche erfolglos blieben, trat die Regierung Scheidemann zurück. Um das Ultimatum der Alliierten zu erfüllen, wurde die neue Regierung von der Nationalversammlung beauftragt, den Vertrag in Versailles zu unterschreiben (→M5). Den Politikern, die sich unter dem Druck der Verhältnisse dazu bereit erklärt hatten, gestanden anfänglich alle Parteien ehrenhafte Motive zu. Doch schon bald wurde der *Versailler Vertrag* von der äußersten Rechten bis hin zur Sozialdemokratie wegen des Kriegsschuldartikels und der umfangreichen Reparationen als ein „Diktat"- und „Schandfriede" abgelehnt. Republikfeindliche Kräfte hetzten gegen die „Erfüllungspolitiker". „Versailles" wurde zur Diffamierungsparole schlechthin, die Republik für die Belastungen des Friedensvertrages verantwortlich gemacht.

Die „Dolchstoßlegende" | Neben dem widerwillig angenommenen Versailler Vertrag, radikalisierte die *„Dolchstoßlegende"* die Bevölkerung der Nachkriegszeit. Schon im November 1918 verbreiteten rechtsradikale Zeitungen die angebliche Bemerkung eines britischen Generals, die deutsche Armee sei „von hinten erdolcht" worden: Streiks und politische Unruhen in der Heimat hätten sie zur Kapitulation gezwungen. Die beiden Generäle Paul von Hindenburg und Erich Ludendorff machten sich diese Version zu eigen und verbreiteten Ende 1919 eine Verschwörungstheorie, mit der sie die eigene Schuld an der militärischen Niederlage von sich ablenken und vor allem auf die Sozialdemokratie abwälzen wollten (➔M6). Durch sein großes Ansehen, das er als General und Feldmarschall im Ersten Weltkrieg erworben hatte, vermochte es der spätere Reichspräsident Hindenburg, dieser Lüge besonderes Gewicht zu verschaffen. Ein Großteil der Bevölkerung glaubte dieser Verfälschung der Tatsachen, zumal die Öffentlichkeit an einer vorurteilsfreien Auseinandersetzung mit dem Geschehen im Ersten Weltkrieg kaum interessiert war. Zudem unterschätzten vor allem die Sozialdemokraten, welche Gefahren von der „Dolchstoßlegende" ausgingen.

Die „Dolchstoßlegende" vergiftete das politische Klima und diente deutschnationalen, völkischen und anderen rechtsextremen Gruppen und Parteien zur Propaganda gegen die republiktreuen Parteien, die bei Kriegsende Verantwortung übernommen und den Versailler Vertrag akzeptiert hatten.

Die Weimarer Regierungsparteien | Von Anfang an waren im Reichstag nicht nur staatstragende, demokratisch gesinnte Politiker vertreten. Nur drei der zahlreichen Parteien bekannten sich ausdrücklich zur parlamentarisch-demokratischen Republik und hatten maßgeblich an der Weimarer Verfassung mitgearbeitet: die SPD, die DDP und das Zentrum – die Parteien der „Weimarer Koalition".

Die SPD ging bei den Wahlen zur Nationalversammlung 1919 und bei den Reichstagswahlen bis 1930 jeweils als stärkste Kraft hervor, erreichte jedoch nie die absolute Mehrheit. Bis zum Ende der Republik blieb sie auf Reichsebene mit wenigen Ausnahmen in der Opposition.

Die linksliberale DDP vertrat vor allem das Bildungsbürgertum, Kaufleute und Angestellte. Neben der SPD war sie die Partei, die sich am entschiedensten zur Weimarer Republik bekannte. Mit *Walther Rathenau* stellte die DDP 1922 den Außenminister. Schon ab 1920 verlor sie jedoch in großem Maß Stimmen an die nationalliberale Deutsche Volkspartei (DVP). Diese vertrat vor allem die Interessen der Großindustrie. Obwohl an vielen Regierungen beteiligt, hielt sie noch lange an der Wiederrichtung der Monarchie fest.

Das Zentrum war die Partei des politischen Katholizismus. Ihr kam eine bedeutende Stellung zu, da sie sich für alle sozialen Schichten einsetzte und sie mit fast allen Parteien koalitionsfähig war. Von 1919 bis 1932 war sie in nahezu jeder Reichsregierung vertreten. 1920 entstand mit der *Bayerischen Volkspartei* (*BVP*) die bayerische Variante des Zentrums. Die Parteien der Weimarer Koalition verloren bereits bei den ersten Reichstagswahlen am 6. Juni 1920 ihre Mehrheit und erreichten sie danach nicht mehr.

31000-65 **Bildinformation**

60

„Wählt deutschnational!"
Wahlplakat der DNVP zur Reichstagswahl vom 7. Dezember 1924.

▸ Erläutern Sie den Plakattext.

▸ Interpretieren Sie die Zielsetzung des Plakates und beurteilen Sie die Wirkung von Text und Bild.

32040-233

„Hinab mit dem Geschmeiß! Wählt Kommunisten!"
Wahlplakat der KPD zur Reichstagswahl von 1924.
Als „Geschmeiß" bezeichnet die KPD hier ihre politischen Gegner, die Parteien unterschiedlichster politischer Ausrichtung umfassen. Bei den dargestellten Personen handelt es sich unter anderem um den Reichspräsidenten Friedrich Ebert (SPD), Außenminister Gustav Stresemann (DVP) sowie Adolf Hitler (NSDAP).

Gegner der Republik | Links- und rechtsradikale Gruppierungen und Parteien bekämpften den Parlamentarismus von Anfang an mit allen Mitteln. Mit ihrer Kompromisslosigkeit stellten sie die Arbeit des Parlaments infrage und gefährdeten die politische Stabilität der Republik.

Die kommunistische KPD und die linkssozialistische USPD lehnten die Republik ab, weil ihnen die Revolution von 1918/19 nicht weit genug gegangen war. Sie betrachteten alle Gegner des Rätesystems, besonders die SPD, als „Handlanger des Kapitalismus", da deren Zusammenarbeit mit den alten Eliten die notwendige revolutionäre Umgestaltung Deutschlands verhindert habe. Die USPD schloss sich zwar 1922 wieder der SPD an, ihre radikalen Mitglieder traten jedoch der KPD bei.

Die rechtskonservative DNVP war ein Sammelbecken völkisch-nationalistischer, konservativer Kreise. Ihr gehörten vor allem die alten Eliten aus Adel, Militär, Großgrundbesitz und Großbürgertum an. Nach 1928 rückte die Partei stark nach rechts und kooperierte mit der *Nationalsozialistischen Deutschen Arbeiterpartei* (*NSDAP*), an die sie seit 1930 viele Wählerinnen und Wähler verlor.

Republik ohne Republikaner? | Viele Deutsche, die dem pompös-militärischen Auftreten der Führungsschichten des Kaiserreiches nachtrauerten, vermochten die neue Staatsform innerlich nicht zu akzeptieren, fanden sich aber aus Vernunftsgründen mit ihr ab. Die zahlreichen politischen und wirtschaftlichen Krisen erzeugten jedoch Angst.

In der Beamtenschaft besaß die Republik keine Stütze. Wegen des Mangels an qualifizierten Fachleuten wurde der alte obrigkeitsstaatliche Verwaltungsapparat aus dem Kaiserreich ohne nennenswerte personelle Veränderungen übernommen. In ihrer großen Mehrzahl blieben die Beamten konservativ-monarchisch gesinnt. Dies zeigte sich besonders in der Justiz. Richter waren geschützt durch das Privileg der Unabsetzbarkeit und konnten so ihre Abneigung gegen die neue Staatsform ungehindert ausleben. Attentäter von rechts konnten mit milden Strafen für ihre „nationale Tat" rechnen, während Anschläge von links mit der vollen Härte des Gesetzes geahndet wurden (➔M7).

Eine besondere Rolle spielte die Reichswehr. Ihre Offiziere hingen der alten Ordnung an und wollten „ihre" Armee als „Staat im Staat" bewahren. Forderungen nach einer stärkeren parlamentarischen Kontrolle lehnte General *Hans von Seeckt*, der Chef der Heeresleitung, als unzulässige Politisierung ab.

Aber auch auf der anderen Seite des politischen Spektrums wuchs die Unzufriedenheit. Viele Sozialdemokraten und Sozialisten waren der Meinung, dass die SPD den bürgerlichen Parteien zu weit entgegengekommen war, und radikalisierten sich zunehmend. Das Bündnis von 1919 zwischen dem gemäßigten Flügel der Arbeiterbewegung und dem demokratischen Teil des Bürgertums war schon früh einer Zerreißprobe ausgesetzt.

Der Beginn der Weimarer Republik war offen für den verheißungsvollen Gedanken der Demokratie. Aber von Anfang an konkurrierten autoritäre Ordnungsmodelle von rechts und links.

Putschbewegungen und politische Morde | Im März 1920 marschierte eine als rechtsextrem eingestufte Marinebrigade in Berlin ein, um unter Führung von *Wolfgang Kapp* und dem Weltkriegsgeneral Erich Ludendorff die Regierungsgewalt zu übernehmen (*Kapp-Putsch*). Die Reichswehr griff nicht zum Schutz der demokratischen Regierung ein: „Reichswehr schießt nicht auf Reichswehr". Der Putsch scheiterte indes, weil sich die Ministerialbürokratie den Anordnungen des selbst ernannten „Reichskanzlers" Kapp widersetzte. Zudem riefen die Gewerkschaften den Generalstreik aus und sabotierten damit alle Handlungen der Putschisten.

Im Ruhrgebiet formierten KPD und USPD eine Rote Armee von 50000 Mann, die den eingesetzten Regierungstruppen wochenlange blutige Kämpfe lieferte. In Sachsen und Thüringen bekämpften sich Selbstschutzeinheiten der Arbeiterschaft und Freikorpsverbände. Ab Ende 1920 setzte eine Serie von Mordanschlägen gegen führende Repräsentanten der Demokratie ein, die als „Erfüllungspolitiker" und „Novemberverbrecher" von rechts geächtet wurden. Am 26. August 1921 brachten Angehörige der rechtsextremen *Organisation Consul* (*O.C.*) den Zentrumspolitiker *Matthias Erzberger* um. Drei Wochen nach einem missglückten Anschlag auf Philipp Scheidemann wurde Außenminister Walther Rathenau wiederum von Angehörigen der O.C. am 24. Juni 1922 erschossen.

Reparationsverpflichtungen und Besetzung des Ruhrgebietes | In Versailles war noch keine Entscheidung über die Höhe der Reparationszahlungen getroffen worden, mit denen Deutschland die Kriegsschäden der Alliierten begleichen sollte. Im Jahr 1921 wurden schließlich 132 Milliarden Goldmark festgelegt, zahlbar innerhalb von 42 Jahren. Die Reichsregierung wollte bis an die Grenzen der Leistungsfähigkeit versuchen, die Reparationen zu erfüllen, um gerade dadurch ihre Unerfüllbarkeit deutlich zu machen. Als Deutschland mit seinen Lieferungen geringfügig in Rückstand geriet, benutzte der französische Ministerpräsident *Raymond Poincaré* dies als Vorwand, um französische Soldaten ins Ruhrgebiet einmarschieren zu lassen (11. Januar 1923). So hoffte er, die Territorialansprüche, die Frankreich in Versailles nicht durchsetzen konnte, nachträglich zu befriedigen. Die Reichsregierung rief die Bevölkerung zum „passiven Widerstand" auf, der bald täglich 40 Millionen Goldmark kosten sollte und der eigenen Wirtschaft schweren Schaden zufügte.

Zweitverwertung.
Foto vom Herbst 1923.
Kinder lassen Flugdrachen steigen, gebastelt aus wertlos gewordenen Banknoten.

Inflation | Der Erste Weltkrieg hatte das Deutsche Reich gewaltige Summen gekostet, die die kaiserliche Regierung durch verzinste Anleihen bei der Bevölkerung und eine enorme Papiergeldvermehrung finanziert hatte. Da die Güterproduktion mit der Geldmengenvermehrung nicht Schritt hielt, war das Ergebnis ein rasches Ansteigen der Preise, also eine *Inflation*. Als Folge dieser Wirtschaftspolitik musste die junge Republik eine völlig zerrüttete Währung mit 154 Milliarden Mark Staatsschulden übernehmen.

Zusätzlich zu den Staatsschulden musste die Republik weitere Aufgaben schultern, wie Kriegsopferversorgung und Lebensmittelimporte. Die Weimarer Regierungen setzten die Inflationspolitik fort, um damit die hohen Reparationsforderungen zu unterlaufen. Als nun die Ausgaben für den „Ruhrkampf" hinzukamen, mussten die Notenpressen Tag und Nacht Papiergeld drucken. Lag der Dollarkurs im April 1923 noch bei 20000 Mark, so notierte man im November 4,2 Billionen Mark. Löhne und Gehälter wurden stellenweise täglich ausbezahlt. Noch am Zahltag gaben die Menschen das Geld aus, bevor es durch die nächste Preiserhöhung wertlos wurde. Ein Kilogramm Butter kostete am 23. Juli in Hamburg 128000 Mark, am 24. September 120 Millionen Mark. Der Währungszusammenbruch traf alle, die ihre Ersparnisse auf Konten angelegt hatten, vor allem Angestellte

Reichsbanknote vom 1. November 1923.

und Rentner. Die Besitzer von Sachwerten erlitten kaum Verluste, im Gegenteil, oft konnten sie aufgenommene Kredite mit entwertetem Geld abbezahlen. Der größte Gewinner der Inflation war der Staat. Die gesamten Kriegsschulden von 154 Milliarden Mark hatten am 15. November 1923 nur noch den Wert von 15,4 Pfennigen.

In einer *Währungsreform* der neuen Reichsregierung unter *Gustav Stresemann*[1] Ende 1923 wurde der Wechselkurs zwischen Mark und Dollar neu festgelegt (1 Dollar = 4,20 Mark) und statt durch Goldreserven der Reichsbank wurde die *„Rentenmark"* durch eine Hypothek auf Grundbesitz industrieller Sachwerte gedeckt. Die Bevölkerung schenkte dem neuen Zahlungsmittel sofort Vertrauen – Anfang 1924 war die Inflation überwunden. Den sinnlos gewordenen passiven Widerstand im Ruhrgebiet hatte Stresemann zuvor schon abgebrochen.

Reichsexekution: (militärisches) Mittel eines Bundesstaates oder Staatenbundes gegenüber seinen Gliedstaaten

Aufstände gegen die Republik | Die von „Ruhrkampf" und Inflation geprägte Krise des Jahres 1923 suchten unterschiedlichste Oppositionsbewegungen für ihre Zwecke zu nutzen. Im Rheinland und in der Pfalz besetzten unter Duldung französischer Besatzungstruppen separatistische Gruppen die Rathäuser. Sie riefen die „Rheinische Republik" und die „Autonome Pfalz" aus. Die Mehrheit der Bevölkerung lehnte diese Bewegung jedoch ab und vertrieb die Separatisten.

In Sachsen und Thüringen traten im Oktober 1923 kommunistische Minister in die SPD-Landesregierungen ein. Auf Weisung der kommunistischen Führung in Moskau begannen Vertreter der KPD, die Bewaffnung der Arbeiter zu organisieren und diese auf eine Revolution nach russischem Vorbild vorzubereiten. Die Reichsregierung verhängte unter Anwendung des Artikels 48 der Verfassung die **Reichsexekution** über Sachsen und ließ Reichswehreinheiten einmarschieren. Der Ministerpräsident Sachsens wurde seines Amtes enthoben. In Thüringen traten daraufhin die kommunistischen Minister zurück.

Adolf Hitler (1889–1945):
Hitler stammte aus dem österreichischen Braunau (Inn), kam 1913 nach München, wo er sich erfolglos als Künstler durchschlug. 1914 freiwillige Teilnahme am Ersten Weltkrieg in bayerischem Regiment, Verwundung und Auszeichnung, 1919 Propagandist der DAP, seit 1920 NSDAP; 1921 Vorsitzender der Partei, 1923 Hitler-Putsch und Festungshaft, 1925 Neugründung der NSDAP und Aufstieg zur Massenpartei, 1933 Ernennung zum Reichskanzler, ab 1934 „Führer und Reichskanzler".

Der Hitler-Putsch in München | In Bayern war besonders München zu einem Sammelbecken der rechten Kräfte geworden. Ehemalige Freikorpsführer und rechtsradikale Prominenz, wie Ludendorff und weitere Akteure des gescheiterten Kapp-Putsches, fanden dort ein neues Betätigungsfeld. Unter dem Einfluss rechtskonservativer und republikfeindlicher Kräfte betrieb die bayerische Regierung eine gegen Berlin gerichtete Politik. So wurde die noch unbedeutende NSDAP unter ihrem Vorsitzenden **Adolf Hitler** geduldet, während sie 1922 in Preußen und anderen Ländern wegen Republikfeindlichkeit verboten wurde.

1919 war Adolf Hitler der kurz zuvor in München gegründeten *Deutschen Arbeiterpartei* (*DAP*) beigetreten, die sich 1920 in NSDAP umbenannte. Mit gehässigen Reden gegen die Republik und Hetze gegen die jüdische Bevölkerung machte er die Partei bald zum Tagesgespräch in München. Im Herbst 1923 wollte Hitler nach dem Vorbild des italienischen Faschistenführers *Benito Mussolini* einen „Marsch auf Berlin" durchführen. Am 8. November 1923 erklärte er auf einer Veranstaltung im Münchner Bürgerbräukeller den Ausbruch der „nationalen Revolution" und die Absetzung der Reichsregierung. Am folgenden Tag unternahm er mit General Ludendorff einen Demonstrationszug zur Feldherrnhalle, um die Bevölkerung für seine Umsturzpläne zu gewinnen (*Hitler-Putsch*). Doch die Landespolizei stoppte den Zug mit Waffengewalt. Putschisten wurden getötet, die Anführer verhaftet. Obwohl Hitler als österreichischer Staatsbürger hätte ausgewiesen werden können, erhielt er fünf Jahre Festungshaft in Landsberg am Lech, wurde jedoch bereits nach neun Monaten wieder entlassen. Ludendorff wurde freigesprochen. In den milden Strafen zeigte sich die Sympathie, die die Putschisten in den führenden Justiz- und Regierungskreisen genossen.

Geschichte In Clips
Zum Hitler-Putsch siehe diesen Code.
32037-47

Trotz aller Aufstandsbewegungen: Am Ende des *Krisenjahres 1923* hatte sich die Republik behauptet. Würde sie sich angesichts des anhaltenden Widerstands extremer Kräfte von rechts und links dauerhaft konsolidieren?

[1] Zu Gustav Stresemann finden Sie ausführliche Informationen auf Seite 369 f.

Die „Goldenen Zwanziger": das Wirtschaftsleben | Die Jahre nach der Sanierung der Währung werden häufig als die „*Goldenen Zwanziger*" bezeichnet. Vor allem amerikanische Kredite förderten die Investitions- und Innovationsbereitschaft der deutschen Industrie, die in einigen Bereichen (Maschinenbau, Chemie, optische Geräte, Elektrobranche, Feinmechanik) bald eine internationale Spitzenstellung einnahm. Das Produktionsvolumen stieg zwischen 1924 und 1929 um 50 Prozent. Trotzdem verhärtete sich das soziale Klima zwischen den Tarifparteien im Laufe der Jahre, da die Löhne und Sozialleistungen stärker stiegen als der Produktivitätsfortschritt.

Die großindustriellen Unternehmensverbände versuchten zudem seit 1923, die sozialpolitischen Einigungen von Ende 1918 zu korrigieren. Streiks und Aussperrungen eskalierten um die Frage der Erhaltung des Achtstundentages und der Tarifautonomie der Gewerkschaften – Positionen, die für die Arbeitnehmerverbände zu den politischen Grundlagen der Republik zählten. Immerhin wurde aber 1927 mit der einvernehmlichen Einführung der *Arbeitslosenversicherung*, deren Mittel je zur Hälfte von Arbeitgebern und Arbeitnehmern aufzubringen waren, ein wesentlicher sozialpolitischer Fortschritt erzielt.

Kleine Unternehmen und Handwerker machten für ihre niedrig bleibenden Gewinne die industrielle Modernisierung und die Konzentration der Großbetriebe verantwortlich. Die antimodernistische und antikapitalistische Gesinnung wuchs in diesen Kreisen ebenso wie bei den Bauern, die unter einer immer größer werdenden Verschuldung litten.

„Dada siegt."
Collage von Raoul Hausmann, 1920. Im Jahr 1919 schlossen sich einige Künstler zusammen und propagierten ihren neuen Kunststil „Dada". Er war die Absage an überkommene autoritäre Strukturen in Kunst und Politik, ein Stück „praktizierter Anarchie". Die Künstler bedienten sich alltäglicher Gegenstände und nutzten das relativ neue Medium der Fotografie für ihre Collagen.

▸ Hausmann wollte den Zeitgeist abbilden. Erläutern Sie anhand der Collage, was für ihn dazu gehörte.

32040-234

Die „Goldenen Zwanziger": das kulturelle Leben | Wenn wir heute von den „Goldenen Zwanzigern" sprechen, so meinen wir vor allem das freie, ungewöhnlich produktive, ja teilweise ungezügelte Kulturleben. Anknüpfend an die geistigen Strömungen im Kaiserreich, entfaltete sich in Deutschland, und vor allem in der Metropole Berlin, für mehr als ein Jahrzehnt eine einzigartige künstlerische und intellektuelle Blüte. Eigenartigerweise verharrten aber die meisten Vertreter der „Weimarer Kultur" in einer tiefen Ablehnung gegenüber der Republik. Was waren die Gründe?

Der verlorene Krieg und die Revolution hatten das Weltbild und die Ordnung der wilhelminischen Zeit von Grund auf verändert. Politische, wirtschaftliche, technologische und gesellschaftliche Brüche machten eine neue Orientierung notwendig. In dieser Aufbruchsstimmung entstand ein Zeitgeist, der gleichermaßen überschwänglich wie radikal war. Demgegenüber erschien der politische Alltag grau, langweilig und voller Kompromisse. Intellektuelle von rechts und links waren sich deshalb einig in der Ablehnung der Republik und ihrer führenden Repräsentanten.

Neue Kunstströmungen | In den *bildenden Künsten* und in der *Literatur* beeinflusste schon seit Beginn des Jahrhunderts der **Expressionismus** das Schaffen von Malern, Dramatikern und Lyrikern. Sie alle lehnten die überkommene bürgerliche Gesellschaft ab und postulierten das Ideal eines „neuen Menschen". Um geistige und seelische Empfindungen intensiv darzustellen, trat in der Malerei die Gegenständlichkeit hinter die Farbe zurück, die Wirklichkeit wurde abstrahiert.

Expressionismus (von lat. *expressio*: Ausdruck): vom Ende des 19. Jahrhunderts bis ca. 1925 bestehende Kunstrichtung in Europa, die Erlebtes expressiv ausdrückt

Seit Mitte der Zwanzigerjahre dominierte die Richtung der *Neuen Sachlichkeit*. In der bildenden Kunst entstanden jetzt objektive, nüchtern-distanzierte Werke ohne die bisherige ekstatische Grellheit. Auch in der Literatur wurde ein verhaltener Ton angeschlagen. Erfolgsromane wie „Berlin Alexanderplatz" (1929) von *Alfred Döblin* und „Kleiner Mann, was nun?" (1932) von *Hans Fallada* verzichteten auf jegliches revolutionäre Pathos und schilderten eindrucksvoll das Leben der „kleinen Leute".

Internettipp
Verschiedene informative Artikel über Kultur, Kunst, Musik und Mode der „Goldenen Zwanziger" finden Sie unter diesem Code.

32037-49

Weltgeltung erzielte in den Zwanzigerjahren das *Theater* in Deutschland. Die Erfolge des „epischen Theaters" sind eng mit den Namen des Schriftstellers *Bertolt Brecht* und des Regisseurs *Erwin Piscator* verbunden. Anhand der Geschicke seiner Hauptfiguren wollte Brechts episches Theater die sozialen Gesetze herausarbeiten, die das Verhalten von Menschen bestimmen. Das Drama wurde zum Lehrstück. Die Uraufführung von Brechts „Dreigroschenoper" geriet 1928 zum Höhepunkt des Berliner Theaterlebens.

Große internationale Anerkennung fand auch die *Architektur*, verkörpert durch das *Bauhaus* in Weimar, später Dessau. Unter der Leitung von *Walter Gropius* war das Bauhaus eine gemeinsame Ausbildungsstätte für Handwerker und Künstler. Durch das Herausarbeiten der Funktionalität in der Architektur oder bei Gegenständen des täglichen Gebrauchs versuchten sie, Formschönheit mit den Erfordernissen der Technik zu verbinden.

„Großstadt."
Mischtechnik auf Holz, 1927/28 in Dresden von Otto Dix gemalt.

- Beschreiben Sie das Gemälde. Gehen Sie dabei v.a. auf die dargestellten Personen näher ein. | H
- Arbeiten Sie heraus, was das Bild über die Gesellschaft der Weimarer Republik aussagt.
- „Das Lebensgefühl in den Goldenen Zwanzigern war kein goldenes." Nehmen Sie dazu Stellung.

32040-235

Massenkultur und Medien | Das Theater schlitterte in eine Krise, als die Konkurrenz des *Kinos* übermächtig wurde. Die Zahl der Lichtspieltheater verdoppelte sich zwischen 1918 und 1930 auf 5000. Die deutsche Filmindustrie produzierte in Europa die meisten Filme, und ihre künstlerisch hochwertigen Stummfilme genossen weltweit hohes Ansehen. Der erste Tonfilm wurde 1922 in Berlin aufgeführt, und ab 1927 feierte der Tonfilm seinen kommerziellen Durchbruch. Bahnbrechend wurde 1930 „Der blaue Engel" mit *Marlene Dietrich* und *Emil Jannings* in den Hauptrollen.

Zur neuen „*Massenkultur*" der Zwanzigerjahre gehörte neben dem Kino der stürmische Aufschwung, den *Presse* und *Rundfunk* nahmen. Neben den florierenden Tageszeitungen eroberten sich Illustrierte und Boulevardblätter ihre Leserschaft. Noch stärker in die Lebensgewohnheiten der Bürgerinnen und Bürger griffen die neuen Rundfunksender ein. Seit der ersten Radiosendung am 29. Oktober 1923 stieg die Zahl der Empfänger unentwegt an. Neun Jahre später besaß bereits jeder vierte Haushalt einen Rundfunkapparat. In der *Musik* dominierte mit dem Jazz und dem Charleston Musik aus den USA. Populär gemacht wurden die neuen Hits in ausverkauften Kabaretts und Revuen und bald auch durch Schallplatten.

Sport – ein neues Phänomen | Überall in der Welt wurden nach dem Ersten Weltkrieg Sportveranstaltungen zu einem bisher unbekannten Phänomen, das die Massen begeisterte. Der *Deutsche Fußballbund* (*DFB*) hatte 1914 rund 190 000 Mitglieder, 1931 waren es bereits mehr als eine Million. Neue Sportarten wie Handball entstanden, und erstmals machten auch Frauen als Leistungssportlerinnen auf sich aufmerksam (→M8). Nicht nur die Tageszeitungen und der Rundfunk berichteten, allein über 500 Sportzeitungen konkurrierten beim Aufbau von Stars um die Gunst ihrer Leserschaft. Nicht mehr Militärführer, sondern Leichtathleten, Schwimmer oder Boxer genossen die Verehrung des Publikums. Beliebte Sportler wurden von Wirtschaftsunternehmen als Werbeikonen inszeniert. *Rudolf Caracciola*, der mit einem Mercedes-Rennwagen mehrfach den Großen Preis von Deutschland auf dem Nürburgring gewann, personifizierte wie kein Zweiter die „roaring Twenties" in Deutschland. Nach der Niederlage im Weltkrieg gab der Sport Gelegenheit, mit anderen Nationen wieder auf Augenhöhe zu konkurrieren.

Wissenschaft und Technik | Vergleichbares galt für deutsche Wissenschaftler, die nach 1918 von ihren ausländischen Kollegen zunächst meist boykottiert wurden. Doch angetrieben von staatlichen Förderprogrammen konnten sie alsbald verlorenes Prestige zurückgewinnen. Von den naturwissenschaftlichen Nobelpreisen zwischen 1919 und 1933 wurde jeder dritte an deutsche Chemiker, Physiker oder Mediziner verliehen. *Albert Einstein* erhielt 1921 den Preis in Physik für seine Entdeckung des Gesetzes des photoelektrischen Effekts – und nicht etwa für die Relativitätstheorie.

Von der bahnbrechenden Grundlagenforschung profitierten deutsche Unternehmen mit weltweit anerkannten Spitzenleistungen. Das Luftschiff „Graf Zeppelin" umrundete 1929 erstmals die Erde. Ein von Pulverraketen angetriebenes Fahrzeug der Firma *Opel* beschleunigte in acht Sekunden von 0 auf 100 km/h. Neben einem solchen Weltrekord konnte Opel aber auch durch Fließbandproduktion den Preis für seinen Kleinwagen „*Laubfrosch*" von 45 000 Reichsmark auf 1930 Reichsmark senken; damit wurde er für größere Käuferschichten erschwinglich. Andere Neuerungen hielten zunächst nur in die einkommensstärkeren Haushalte Einzug: Die Firma *Miele* stellte die erste elektrische Geschirrspülmaschine her, Musik konnte man erstmals zu Hause auf eigenem Plattenspieler hören, und der Kommunikation diente das erste Selbstwähltelefon (1926), mit dem man nicht mehr auf die Vermittlung des „Fräuleins vom Amt" angewiesen war.

So bleibt von den hoffnungsvollen „Goldenen Zwanzigern" alles in allem ein ambivalentes Bild. Technische Neuerungen, die Nutzung von Medien und von bis dahin unbekannten Formen einer Massenkultur wurden allgemein begrüßt. Doch was die einen als Aufbruch in einen neuen Lebensstil feierten, war für andere Anlass zu kulturpessimistischen Stimmungen. Wille zur Modernität und Angst vor der Modernität waren zwei Seiten derselben Medaille – sowohl in der Gefühlslage einzelner Personen als auch innerhalb gesellschaftlicher Gruppen.

Gustav Stresemann – ein Repräsentant seiner Zeit | 1923 war das Jahr, in dem die drängendsten Probleme der Republik (Abbruch des passiven Widerstands im Ruhrgebiet und Beendigung der Hyperinflation) unter Reichskanzler **Gustav Stresemann** einer Lösung zugeführt werden konnten. Doch wer war Gustav Stresemann?

1878 in Berlin geboren, hatte Stresemann nach dem Studium in Industrieverbänden Karriere gemacht und wurde 1907 für die Nationalliberale Partei erstmals Abgeordneter im kaiserlichen Reichstag. Während des Weltkrieges gehörte er zum engeren Führungskreis seiner Fraktion, deren Vorsitzender er 1917 wurde. Gemeinsam mit seiner Partei trat er während des Krieges zunächst für umfangreiche Annexionen im Osten und Westen ein. Doch bereits im September 1917 erklärte er, „dass wir nicht beabsichtigen, den Krieg um weiterer Eroberungen halber weiterzuführen".

Jahr	Preisträger
1921	Albert Einstein (Physik)
1922	Otto Meyerhof (Medizin)
1926	Gustav Stresemann (Friedensnobelpreis)
1929	Thomas Mann (Literatur)
1931	Carl Bosch (Chemie)

Kleine Auswahl deutscher Nobelpreisträger zur Zeit der Weimarer Republik.
Im Zeitraum von 1918 bis 1933 kamen insgesamt 18 Nobelpreisträger aus Deutschland.

Gustav Stresemann (1878–1929): Wirtschaftswissenschaftler und Politiker, 1923 Reichskanzler, 1923–1929 Außenminister. Er prägte die Weimarer Republik und erwirkte die Aufnahme Deutschlands in den Völkerbund.

In den ersten Nachkriegsjahren wandelte sich Stresemann vom Monarchisten zum „Vernunftsrepublikaner“: „Erst kommt das Reich und dann die Monarchie.“ Stresemann, der führende Politiker der bürgerlichen Parteien, wurde am 13. August 1923 Reichskanzler. Zwar musste er bereits im November als Kanzler zurücktreten, doch prägte er als Außenminister die deutsche Politik bis zu seinem Tod am 3. Oktober 1929 nachhaltig.

Die Außenpolitik Stresemanns | Vorrangiges Ziel der deutschen Politik war seit 1919 die Revision des Versailler Vertrages. Dabei setzte Stresemann als Vertreter einer bürgerlichen Politik auf den friedlichen Ausgleich unterschiedlicher Interessen. Insbesondere war er bereit, das Sicherheitsbedürfnis Frankreichs vor dem wirtschaftlich starken Nachbarn im Osten zu berücksichtigen (➔M9). Das Ergebnis waren die *Verträge von Locarno* (1926): Deutschland, Frankreich und England verpflichteten sich, keine Veränderung der bestehenden Grenzen vorzunehmen. Im Osten verzichtete Stresemann in einem Schiedsvertrag mit Polen lediglich auf eine gewaltsame Revision der Grenzen. Mit den Locarnoverträgen konnte Deutschland seine außenpolitische Isolierung durchbrechen und wurde am 8. September 1926 in den *Völkerbund* aufgenommen. Stresemann hoffte, so wieder in den Status einer europäischen Großmacht zurückzukehren.

Eine weitere grundlegende Frage betraf die endgültige Festlegung der Reparationszahlungen. Eine Kommission unter Vorsitz des Amerikaners *Owen Young* legte 1929 die Gesamtsumme schließlich auf 112 Milliarden Goldmark fest, die über einen Zeitraum von 59 Jahren zu zahlen war. Im Gegenzug entfielen ausländische Wirtschaftskontrollen in Deutschland und die Besatzungstruppen wurden fünf Jahre vor dem festgesetzten Termin abgezogen.

1926 erhielten Stresemann und sein französischer Amtskollege *Aristide Briand* den Friedensnobelpreis. Doch in Deutschland rief die nationale Rechte weiterhin zur Revision des „Diktatfriedens“ auf und bekämpfte die Politik ihres Außenministers bis über seinen Tod hinaus als „ehrlose Erfüllungspolitik“.

Internettipp
Den Text der Rede Stresemanns zum deutschen Beitritt zum Völkerbund vom 10. September 1926 finden Sie unter diesem Code.

32037-48

Ursachen der Weltwirtschaftskrise | Der wirtschaftliche Aufschwung der Zwanzigerjahre fand 1929 ein unerwartet jähes Ende. Es folgte – ausgehend von den USA – die schwerste Krise, die die Weltwirtschaft bis dahin erlebt hatte.

Die Hochkonjunktur in den Jahren nach dem Ersten Weltkrieg schürte bei weiten Teilen der amerikanischen Bevölkerung ein wahres Spekulationsfieber mit der Hoffnung auf schnellen Reichtum. Viele Anleger kauften Wertpapiere auf Kredit, um sie nach dem Kursanstieg wieder gewinnbringend veräußern zu können. Vom 24. auf den 25. Oktober 1929 („Schwarzer Freitag“) und noch einmal am 29. Oktober sanken an der New Yorker Börse plötzlich die überhöhten Aktienkurse dramatisch, bei manchen Papieren um bis zu 90 Prozent. Die Menschen stürmten aus Angst um ihre Ersparnisse die Geldinstitute und brachten diese dadurch in Zahlungsschwierigkeiten. Um wieder flüssig zu werden, zogen die amerikanischen Banken kurzfristig Kredite aus Europa zurück. Außerdem erhöhte die Regierung der Vereinigten Staaten zum Schutz der eigenen Wirtschaft die Importzölle. Diese Maßnahmen rissen die europäischen Staaten mit in die Krise.

Die Auswirkungen der Krise auf Deutschland | Im Gefolge der amerikanischen Wirtschaftskrise senkten steigende Arbeitslosenzahlen die Kaufkraft der Bevölkerung und die Steuereinnahmen des Staates erheblich. Die verhängnisvolle Spirale von Produktionsdrosselungen und Entlassungen drehte sich immer weiter. In ihrem vollen Ausmaß traf die weltweite Depression Deutschland 1931, als das Ausland verstärkt seine kurzfristigen Kredite zurückzog. Viele deutsche Banken kamen in Zahlungsschwierigkeiten oder brachen zusammen (Bankenkrach). 1932 erreichte die Krise ihren Höhepunkt. Die industrielle Produktion ging auf die Hälfte des Standes von 1928 zurück. Im Februar meldeten sich 6,12 Millionen Beschäftigte arbeitslos. Viele kleine und mittlere Unter-

Geschichte In Clips
Zum New Yorker Börsencrash und der Wirtschaftskrise im Deutschen Reich siehe diese Codes.

32037-51 32037-52

nehmen verloren ihre Betriebe durch Konkurs (➔M10). Angestellte und Arbeiter brachte die Arbeitslosigkeit in große Not. Ein Gefühl der Unsicherheit machte sich breit, das über die unmittelbar Betroffenen hinaus die gesamte Bevölkerung erfasste. Die existenzbedrohende Not und allgemeine Krisenstimmung erhöhten die Anfälligkeit für radikale Ideen von rechts und links.

Arbeitslosenschlange im Hof des Arbeitsamtes in Hannover.
Foto (Ausschnitt) von Walter Ballhause, Frühjahr 1932.

Scheitern der „Großen Koalition" | Noch 1928 hatten die Reichstagswahlen einen Sieg der republikanischen Parteien gebracht. Die SPD bildete als stärkste Fraktion mit Zentrum, DDP, DVP und BVP eine „Große Koalition". Reichskanzler wurde der Sozialdemokrat *Hermann Müller*. Die unterschiedlichen programmatischen Ziele dieser Parteien führten jedoch von Anfang an zu Spannungen. Nach Stresemanns Tod 1929 glaubten die Parteien, eine „Politik schädlicher Kompromisse" nicht länger vor den eigenen Anhängern vertreten zu können. Die Koalition zerbrach letztlich an der Frage, wie die Arbeitslosenversicherung saniert werden könne.

Regieren ohne Mehrheit | Nach dem Bruch der Großen Koalition war der Weg frei für eine Regierungsbildung neuen Stils, die die alten Eliten wieder an die Macht bringen sollte. Treibende Kraft war General *Kurt von Schleicher*, Chef des Ministeramtes im Reichswehrministerium. Er schlug Hindenburg vor, eine nach rechts orientierte bürgerliche Regierung zu ernennen, die nur dem Reichspräsidenten verantwortlich sein sollte (*Präsidialkabinett*). Das zukünftige Kabinett, dessen Handlungsfähigkeit der Präsident durch Einsatz der Artikel 48 (Notverordnungsrecht) und 25 (Reichstagsauflösung) sicherzustellen hatte, sollte „antimarxistisch", also ohne sozialdemokratischen Einfluss, und „antiparlamentarisch", also ohne an eine Koalition gebunden zu sein, gebildet werden. Hindenburg, der vielen Regierungskrisen müde, stimmte zu und ernannte **Heinrich Brüning** am 29. März 1930 zum Reichskanzler.

Brüning nahm mit einer rigiden Sparpolitik die anhaltend hohe Arbeitslosigkeit und das Elend großer Bevölkerungsteile in Kauf, um den Alliierten die Unerfüllbarkeit ihrer Reparationsforderungen vor Augen zu führen. Gehaltskürzungen im öffentlichen Dienst, Leistungsabbau im sozialen Bereich und Steuererhöhungen ließen allerdings die Kaufkraft der Bevölkerung und die Einnahmen des Staates weiter zurückgehen.

Als sich der Reichstag im Juli 1930 weigerte, einem Bündel einschneidender sozialpolitischer Maßnahmen der Regierung zuzustimmen, löste ihn der Reichspräsident auf und setzte für den 14. September Neuwahlen fest. In der Zwischenzeit regierte Brüning mit Notverordnungen.

Heinrich Brüning (1885 – 1970):
1930 – 1932 Reichskanzler;
1934 Emigration in die USA. Der 1885 in Münster geborene Brüning war Volkswirt und hatte als Frontoffizier am Ersten Weltkrieg teilgenommen. Seit 1924 war er Reichstagsabgeordneter des Zentrums und hatte sich als Steuer- und Finanzexperte einen Namen gemacht.

Radikalisierung des Wahlkampfes | Die radikalen Parteien führten einen Wahlkampf, wie man ihn bisher in Deutschland noch nicht erlebt hatte. NSDAP und KPD schürten die Angst der Menschen vor einem sozialen Abstieg und versprachen „Arbeit und Brot". Die NSDAP verbreitete ihre nationalistisch-antisemitischen Parolen lautstark mit organisierten Massenaufmärschen, mit Uniformen, Marschmusik, Fahnen, Plakaten, Flugblättern und geschulten Rednern. Ihre Stimmenzahl wuchs von 800 000 (1928) auf nun 6,4 Millionen – ein in der Geschichte des deutschen Parlamentarismus beispielloser Aufschwung. Die NSDAP stellte jetzt nach der SPD die zweitstärkste Fraktion im Reichstag. Der Verfall der bürgerlichen Mitte setzte sich rapide fort. In den Augen der Öffentlichkeit hatten Demokratie und Parlamentarismus versagt.

„Notverordnung."
Karikatur von Erich Schilling aus dem „Simplicissimus" vom 16. Februar 1931.
Sie trägt folgende Unterschrift: „Nach den Erfahrungen der letzten Wochen ist verfügt worden, dass jeder Demonstrationszug seinen eigenen Leichenwagen mitzuführen hat."

- Beschreiben Sie, auf welches Problem die Karikatur anspielt.
- Erläutern Sie die Gefahren für ein demokratisches Staatswesen, wenn das Gewaltmonopol nicht mehr beim Staat liegt.

32040-236

31000-67 **Bildinformation**

Der Aufstieg der NSDAP | Als sich die NSDAP 1920 ihr Parteiprogramm gegeben hatte, war sie eine unter zahllosen radikalen Splitterparteien. Bis zum Januar 1933 wuchs die Zahl ihrer Mitglieder auf 849 000 an, die NSDAP wurde zur Massenpartei. Was machte die Partei für so viele Menschen attraktiv?

Der Schock der Kriegsniederlage, der als nationale Demütigung empfundene Versailler Vertrag, die Revolution mit ihren blutigen Auseinandersetzungen, schließlich die negativen psychologischen Folgen von Inflation und Massenarbeitslosigkeit ließen die antiliberalen, antimarxistischen und antisemitischen Parolen Adolf Hitlers auf fruchtbaren Boden fallen. Die Zeitgenossen wollten in ihm den starken Mann sehen, einen Führer und „Erlöser", der die Nation wieder zu politischer Größe führen würde. Außerdem zogen Tatkraft und Durchsetzungsvermögen der NSDAP Mitglieder und Wähler an. Auch emotionale Appelle an „Ehre, Größe, Hingabe", führten der „Bewegung" ihre Wähler und Sympathisanten zu. Viele von ihnen wollten mit ihrem Wahlverhalten nur die Unzufriedenheit mit den gegenwärtigen Verhältnissen ausdrücken. Dies erklärt auch die starken Schwankungen der NSDAP in der Gunst der Wählerschaft.

Es gelang den Nationalsozialisten, in die obere Mittelschicht und sogar Oberschicht einzudringen. Auch bei der Arbeiterschaft konnten sie bedeutend mehr Stimmen gewinnen als bisher vermutet worden war. Die NSDAP wurde eine „Integrationspartei" für alle sozialen Schichten, eine Bewegung mit „Volksparteicharakter". Auffällig blieb der große Zustrom vor allem junger Menschen, die sich von nationalistischen Ideen begeistern ließen.

Von Brüning zu Papen | Nach den „Erbitterungswahlen" von 1930 war im Reichstag eine parlamentarische Mehrheitsbildung nahezu unmöglich geworden. Der Verfall des Parlamentarismus setzte sich rapide fort (→M11). Während der Reichstag 1930 immerhin noch 94 Sitzungen abhielt, sank die Zahl bis 1932 auf lediglich 13. Waren es 1930 noch 98 Gesetze, die der Reichstag verabschiedete, so blieben 1932 gerade fünf. Im Gegenzug dazu steigerte sich die Anzahl der Notverordnungen von fünf (1930) auf 66 (1932). Der Reichstag musste tatenlos zusehen, wie die politische Macht in die Hände der Regierung und der Bürokratie überging. Trotz fehlender Mehrheit im Parlament konnte Reichskanzler Brüning nach der Wahl seine Notverordnungspraxis fortsetzen. Denn die SPD tolerierte seinen Kurs, aus Gründen der Staatsraison und aus Furcht vor einer weiteren Radikalisierung bei Neuwahlen, die zu einem Kabinett unter Beteiligung der Nationalsozialisten führen konnten. Nachdem Brüning das Vertrauen von Reichspräsident Hindenburg verloren hatte, der die Regierung nicht länger mithilfe der Notverordnungen stützen wollte, trat er zurück. Sein Nachfolger wurde **Franz von Papen**, der ein neues Kabinett bildete, in dem von elf Ministern sieben adlig waren („*Kabinett der Barone*").

Franz von Papen (1879–1969): 1932 Reichskanzler; im Nürnberger Prozess gegen die Hauptkriegsverbrecher 1946 freigesprochen

Der Weg in die Diktatur | Während sich Brüning als Chef des ersten Präsidialkabinetts noch bemüht hatte, mit dem Reichstag zusammenzuarbeiten, suchte Papen, gestützt auf eine breite antiparlamentarische, republikfeindliche Allianz, die offene Auseinandersetzung mit diesem. Am 4. Juni 1932 wurde der Reichstag aufgelöst. Hitler verweigerte auch dieser Regierung die Zusammenarbeit und attackierte sie schonungslos.

Die Neuwahlen am 31. Juli 1932 brachten der NSDAP einen sensationellen Erfolg. Sie verdoppelte ihre Mandatszahl und wurde stärkste Fraktion. Nach diesem Wahlerfolg forderte Hitler für sich das Amt des Reichskanzlers. Hindenburg lehnte ab. Gleich in der ersten Sitzung des neu gewählten Reichstages am 30. August sprach eine deutliche Mehrheit dem Reichskanzler das Misstrauen aus (512 gegen 42). Dennoch blieb Papen im Amt. Nach einer neuerlichen Auflösung des Reichstages fanden am 6. November abermals Neuwahlen statt. Die NSDAP verlor überraschend zwei Millionen Wählerinnen und Wähler. Hitler sah, dass ihm nicht mehr viel Zeit blieb, sein Ziel zu erreichen, zumal vieles auf eine Verbesserung der Wirtschaftslage hindeutete.

Papen beabsichtigte, zur Überwindung der parlamentarischen Blockade den Staatsnotstand auszurufen. Mit Zustimmung des Reichspräsidenten sollten dabei einige Bestimmungen der Verfassung außer Kraft gesetzt werden. Hindenburg verweigerte diesen Plänen die Zustimmung und entließ Papen am 3. Dezember. Dessen Nachfolger, General Kurt von Schleicher, scheiterte mit seinem Versuch, für seine Wirtschafts- und Beschäftigungspolitik einen Teil der NSDAP, die Gewerkschaften und die SPD zu gewinnen. Reichspräsident Hindenburg wurde nun von seinen engsten Beratern, führenden Unternehmern aus Wirtschaft und Industrie sowie vor allem durch Papen bedrängt, Hitler zum Reichskanzler zu ernennen (→M12). Papen winkte der Vizekanzlerposten. Zusammen mit den anderen konservativen Ministern glaubte er, die Nationalsozialisten ausreichend unter Kontrolle zu haben. Am 28. Januar 1933 trat Schleicher zurück. Zwei Tage später ernannte Hindenburg Hitler zum Reichskanzler (→M13 und M14).

31000-128 **Bildinformation**

„Unsere letzte Hoffnung: Hitler."
Wahlplakat der NSDAP zur Reichstagswahl von 1932.

► Erläutern Sie die suggestive Wirkung des Plakates.

32040-237

M1 Bürgerliche oder sozialistische Demokratie?

In der „Roten Fahne", dem Zentralorgan des Spartakusbundes, schreibt Rosa Luxemburg (1871–1919) am 20. November 1918:

Das heutige Idyll, wo Wölfe und Schafe, Tiger und Lämmer wie in der Arche Noah friedlich nebeneinander grasen, dauert auf die Minute so lange, bis es mit dem Sozialismus ernst zu werden beginnt. Sobald die famose Nationalversammlung wirklich beschließt, den Sozialismus voll und ganz zu verwirklichen, die Kapitalsherrschaft mit Stumpf und Stiel auszurotten, beginnt auch der Kampf. [...] All das ist unvermeidlich. All das muss durchgefochten, abgewehrt, niedergekämpft werden – ob mit oder ohne Nationalversammlung. Der „Bürgerkrieg", den man aus der Revolution mit ängstlicher Sorge zu verbannen sucht, lässt sich nicht verbannen. [...]
Die Nationalversammlung ist ein überlebtes Erbstück bürgerlicher Revolutionen, eine Hülle ohne Inhalt, ein Requisit aus den Zeiten kleinbürgerlicher Illusionen vom „einigen Volk", von der „Freiheit, Gleichheit und Brüderlichkeit" des bürgerlichen Staates. [...]
Nicht darum handelt es sich heute, ob Demokratie oder Diktatur. Die von der Geschichte auf die Tagesordnung gestellte Frage lautet: *bürgerliche* Demokratie oder *sozialistische* Demokratie. Denn Diktatur des Proletariats[1], das ist Demokratie im sozialistischen Sinne. Diktatur des Proletariats, das sind nicht Bomben, Putsche, Krawalle, „Anarchie", wie die Agenten des kapitalistischen Profits zielbewusst fälschen, sondern das ist der Gebrauch aller politischen Machtmittel zur Verwirklichung des Sozialismus, zur Expropriation[2] der Kapitalistenklasse – im Sinne und durch den Willen der revolutionären Mehrheit des Proletariats, also im Geiste sozialistischer Demokratie.
Ohne den bewussten Willen und die bewusste Tat der Mehrheit des Proletariats kein Sozialismus. Um dieses Bewusstsein zu schärfen, diesen Willen zu stählen, diese Tat zu organisieren, ist ein Klassenorgan nötig: das Reichsparlament der Proletarier in Stadt und Land.

Die Rote Fahne vom 20. November 1918

32040-238

1. Arbeiten Sie heraus, mit welchen Argumenten Rosa Luxemburg die Wahl zur Nationalversammlung verwirft. Welche Aussagen sind situationsbedingt, welche programmatisch? | H
2. Suchen und erläutern Sie Widersprüche in der Argumentation von Rosa Luxemburg.
3. Charakterisieren Sie Rosa Luxemburgs Verständnis der Begriffe „Demokratie" und „Diktatur".

[1] **Proletariat:** Darunter wird nach Friedrich Engels die Klasse der modernen Lohnarbeiter verstanden.
[2] **Expropriation:** Enteignung

M2 Verständigung zwischen Groener und Ebert

General Wilhelm Groener (1867–1939) und Friedrich Ebert (1871–1925), treffen am 10. November 1918 eine Vereinbarung. In seiner 1957 erschienenen Autobiografie schreibt Groener darüber, dass es sein Ziel sein sollte, die deutschen Truppen nach der Unterzeichnung des Waffenstillstandes ordnungsgemäß ins Deutsche Reich zurückzuführen:

Die Aufgabe der Heeresleitung musste es jetzt sein, den Rest des Heeres rechtzeitig und in Ordnung, aber vor allem innerlich gesund in die Heimat zu bringen und dem Offizierskorps als dem Träger des Wehrgedankens einen Weg in die neuen Verhältnisse zu ermöglichen. Die seit Jahrhunderten im preußisch-deutschen Offizierskorps angesammelte moralisch-geistige Kraft musste in ihrem Kern für die Wehrmacht der Zukunft erhalten werden. Der Sturz des Kaisertums entzog den Offizieren den Boden ihres Daseins, ihren Sammel- und Ausrichtepunkt. Es musste ihm ein Ziel gewiesen werden, das des Einsatzes wert war und ihm die innere Sicherheit wiedergab. Es musste das Gefühl wachgerufen werden der Verpflichtung nicht nur gegenüber einer bestimmten Staatsform, sondern für Deutschland schlechthin.
Das Offizierskorps konnte aber nur mit einer Regierung zusammengehen, die den Kampf gegen den Radikalismus und Bolschewismus aufnahm. Dazu war Ebert bereit, aber er hielt sich nur mühsam am Steuer und war nahe daran, von den Unabhängigen und der Liebknechtgruppe über den Haufen gerannt zu werden. Was war demnach näher liegend, als Ebert, den ich als anständigen, zuverlässigen Charakter und unter der Schar seiner Parteigenossen als den staatspolitisch weitsichtigsten Kopf kennengelernt hatte, die Unterstützung des Heeres und des Offizierskorps anzubieten?
[...] Am Abend rief ich die Reichskanzlei an und teilte Ebert mit, dass das Heer sich seiner Regierung zur Verfügung stelle, dass dafür der Feldmarschall und das Offizierskorps von der Regierung Unterstützung erwarteten bei der Aufrechterhaltung der Ordnung und Disziplin im Heer. Das Offizierskorps verlange von der Regierung die Bekämpfung des Bolschewismus und sei dafür zum Einsatz bereit. Ebert ging auf meinen Bündnisvorschlag ein. Von da ab besprachen wir uns täglich abends auf einer geheimen Leitung zwischen der Reichskanzlei und der Heeresleitung über die notwendigen Maßnahmen. Das Bündnis hat sich bewährt.

Zitiert nach: Heinz Hürten (Hrsg.), Weimarer Republik und Drittes Reich 1918–1945 (Deutsche Geschichte in Quellen und Darstellung, Bd. 9), Stuttgart ²2000, S. 35

32040-239

1. Beschreiben Sie die Aufgaben, die Groener gemäß seiner Autobiografie hatte.
2. Setzen Sie sich mit dem Verhalten Groeners auseinander. | H | F

M3 Lehren aus Weimar

Der Publizist Sebastian Haffner (1907–1999) untersucht, welche Konsequenzen die Gestalter des Grundgesetzes aus den Erfahrungen mit der Weimarer Verfassung gezogen haben:

Von 1945 bis 1949 lagen reichlich drei Jahre zwischen dem demokratischen Neuanfang und der nationalsozialistischen Niederlage – und was für einer Niederlage, und was für Jahre! Diesmal war kein Raum für eine Dolchstoßlegende[1]. […]
Auf die Frage, wodurch sich eigentlich die Bonner Demokratie von der Weimarer unterscheidet, haben die meisten Leute nur ein Achselzucken. Für sie ist Demokratie Demokratie. Aber die Unterschiede sind gewaltig.
Der einfachste und grundlegendste Unterschied ist wohl dieser: Die Weimarer Verfassungsarchitekten waren Optimisten, die Väter des Grundgesetzes eher Pessimisten. […]
Die Weimarer Verfassung zeigt in ihren wesentlichen Einrichtungen – Volksbegehren und Volksentscheid, Volkswahl des Reichspräsidenten, leichte Auflösbarkeit des Reichstages – ein fast unbegrenztes Vertrauen in die demokratische Vernunft und staatsbürgerliche Verantwortung des Wählers. Das Bonner Grundgesetz ist eher von Misstrauen geprägt, seine Verfasser waren gebrannte Kinder: Sie hatten erlebt, wie verführbar und schwankend in seinen Stimmungen der Wähler sein kann, wie leicht eine Demokratie gerade durch zu schrankenlose Demokratie sich selbst zugrunde richten kann, und sie wollten es nicht noch einmal erleben. Die Weimarer Verfassung setzte ein Volk von unbeirrbaren Demokraten und musterhaften Staatsbürgern voraus. Das Bonner Grundgesetz will eine demokratische Verfassung sein, die auch unter fehlbaren und verführbaren, unvollkommenen Menschen funktionieren kann, es will die Demokratie auch vor sich selber schützen. […]
Die Weimarer Republik hat in den vierzehn Jahren ihres Bestehens dreizehn Reichskanzler verbraucht. […]
Das Bonner Grundgesetz macht es schwer, einen einmal gewählten Bundeskanzler zu stürzen: Der Bundespräsident kann es überhaupt nicht, der Bundestag nur, indem er einen anderen Kanzler wählt. […]
Mindestens ebenso wichtig sind die vielen Hindernisse, die das Grundgesetz einer vorzeitigen Auflösung des Bundestages in den Weg legt: Denn eine neue Bundestagswahl bedeutet ja auch eine neue Kanzlerwahl, und die will das Grundgesetz eben nicht so leicht machen. Nicht jede Schwankung in der Wählerstimmung soll sofort auf Parlament und Regierung durchschlagen. […]
Gewiss hat zum Untergang der Weimarer Demokratie die Instabilität der Regierungen, die übermäßige Häufigkeit der Wahlen, die allzu starke Machtposition des Reichspräsidenten und ihr Missbrauch beigetragen. Aber nicht zu leugnen ist, dass schließlich der deutsche Wähler selbst der Weimarer Republik den Todesstreich versetzt hat. […]
Der Wähler ist der demokratische Souverän. Die Wählermehrheit entscheidet: Das ist die Quintessenz jeder demokratischen Verfassung. Wie aber, wenn die Wählermehrheit gegen die Demokratie entscheidet? Ist es dann die Pflicht der Demokratie, im Namen der Demokratie Selbstmord zu begehen? Umgekehrt: Begeht nicht eine Demokratie auch dann Selbstmord, wenn sie – im Namen der Demokratie – die Entscheidung der Wählermehrheit missachtet? Gehört es zum Wesen demokratischer Freiheit, dass sie auch sich selbst zur Disposition des Wählers stellen muss? Oder darf sie sagen: Keine Freiheit für die Feinde der Freiheit? […]
Die Weimarer Verfassung liest sich wie eine Aufforderung an den Wähler, sich recht viel einfallen zu lassen und sich politisch jederzeit so recht auszutoben. Vom Grundgesetz kann man das nicht sagen. […]
Sodann ist die Gesetzgebung an die verfassungsmäßige Ordnung gebunden, und darüber wacht das Bundesverfassungsgericht – eine sehr mächtige Institution, die keine frühere deutsche Verfassung kannte. […] Dem Bundesverfassungsgericht hat das Grundgesetz eine sehr wirksame Waffe in die Hand gegeben in der Gestalt der Grundrechte, die, wiederum anders als in Weimar, nicht nur Programm künftiger Gesetzgebung, sondern unmittelbar geltendes Recht sind und nur mit verfassungsändernden Mehrheiten – zum Teil sogar überhaupt nicht – abgeändert oder eingeschränkt werden können.

Sebastian Haffner, Im Schatten der Geschichte, Stuttgart 1985, S. 191 ff.

32040-240

1. Geben Sie die Unterschiede zwischen der Weimarer Verfassung und unserem Grundgesetz unter Berücksichtigung beider Entstehungsgeschichten wieder. | F
2. Arbeiten Sie die Lehren heraus, die die Väter und Mütter des Grundgesetzes aus der Weimarer Verfassung gezogen haben.
3. Weisen Sie die starke Stellung des Bundesverfassungsgerichts in unserer heutigen Rechtsordnung nach. Informieren Sie sich über Gerichtsverfahren, in denen das Gericht den gesetzgebenden Körperschaften Schranken gesetzt hat.

[1] Zur „Dolchstoßlegende" siehe die Informationen auf Seite 363.

M4 Deutschland und der Vertrag von Versailles

Eine zweiminütige animierte Karte zum Thema „Deutschland und der Vertrag von Versailles“ können Sie unter diesem Code abrufen.

32037-46

32040-241

1. Fassen Sie anhand der Karte die Bestimmungen des Versailler Vertrages zusammen.
2. Diskutieren Sie anschließend, welche Festlegungen für die deutsche Bevölkerung besonders schwer zu akzeptieren waren.

M5 „Wehrlos ist […] nicht ehrlos!“

Reichskanzler und SPD-Politiker Gustav Bauer (1870–1944), der Nachfolger Philipp Scheidemanns (1865–1939), fordert am 23. Juni 1919, wenige Stunden vor Ablauf des alliierten Ultimatums, die Nationalversammlung auf, den Friedensvertrag unterzeichnen zu lassen:

Die Entente […] will uns das Schuldbekenntnis auf die Zungen zwingen, sie will uns zu Häschern unserer angeschuldeten Landsleute[1] machen; es soll uns nichts, gar nichts erspart bleiben. Zur Verknechtung wollen uns die Feinde auch noch die Verachtung aufbürden!

[…] Unsere Hoffnung, mit dem einzigen Vorbehalt einer Ehrenbewahrung bei unseren Gegnern durchzudringen, war nicht sehr groß. Aber wenn sie auch noch geringer gewesen wäre: Der Versuch musste gemacht werden. Jetzt, wo er misslungen, an dem sträflichen Übermut der Entente gescheitert ist, kann und muss die ganze Welt sehen: Hier wird ein besiegtes Volk an Leib und Seele vergewaltigt wie kein Volk je zuvor. […] Unterschreiben wir! Das ist der Vorschlag, den ich Ihnen, im Namen des gesamten Kabinetts, machen muss. Bedingungslos unterzeichnen! Ich will nichts beschönigen.

Die Gründe, die uns zu diesem Vorschlag zwingen, sind dieselben wie gestern. Nur trennt uns jetzt eine Frist von knappen vier Stunden von der Wiederaufnahme der Feindseligkeiten. Einen neuen Krieg könnten wir nicht verantworten, selbst wenn wir Waffen hätten. Wir sind wehrlos. Wehrlos ist aber nicht ehrlos! Gewiss, die Gegner wollen uns an die Ehre; daran ist kein Zweifel. Aber dass dieser Versuch der Ehrabschneidung einmal auf die Urheber selbst zurückfallen wird, dass es nicht unsere Ehre ist, die bei dieser Welttragödie zugrunde geht, das ist mein Glaube bis zum letzten Atemzug.

[1] Neben der Anerkennung der Kriegsschuld verlangten die Alliierten in den Artikeln 227 und 228 die Auslieferung des Kaisers und weiterer Personen wegen des Verstoßes gegen das Kriegsrecht, um sie vor ein alliiertes Militärgericht zu stellen.

Zitiert nach: Wolfgang Elben, Die Weimarer Republik, Frankfurt am Main [6]1975, S. 40 f.

32040-242

1. Arbeiten Sie heraus, warum Reichskanzler Bauer die Annahme des Vertrages empfahl.
2. Präsentation: Entwickeln Sie als Antwort auf Bauer eine Rede aus der Perspektive eines Gegners, der die Unterzeichnung des Vertrages kategorisch ablehnt. | H

M6 Schuld waren die anderen

Ein Untersuchungsausschuss der Nationalversammlung soll nach dem Krieg die Ursachen der deutschen Niederlage ergründen. Generalfeldmarschall Paul von Hindenburg (1847–1934) erklärt am 18. November 1919:

Trotz der ungeheuren Ansprüche an Truppen und Führung, trotz der zahlenmäßigen Überlegenheit des Feindes konnten wir den ungleichen Kampf zu einem günstigen Ende führen, wenn die geschlossene und einheitliche Zusammenwirkung von Heer und Heimat eingetreten wäre. […] Doch was geschah nun? Während sich beim Feinde trotz seiner Überlegenheit an lebendem und totem Material alle Parteien, alle Schichten der Bevölkerung in dem Willen zum Siege immer fester zusammenschlossen, und zwar umso mehr, je schwieriger ihre Lage wurde, machten sich bei uns, wo dieser Zusammenschluss bei unserer Unterlegenheit viel notwendiger war, Parteiinteressen breit, und diese Umstände führten sehr bald zu einer Spaltung und Lockerung des Siegeswillens. Die Geschichte wird über das, was ich hier nicht weiter ausführen darf, das endgültige Urteil sprechen. Damals hofften wir noch, dass der Wille zum Siege alles andere beherrschen würde. Als wir unser Amt übernahmen, stellten wir bei der Reichsleitung eine Reihe von Anträgen, die den Zweck hatten, alle nationalen Kräfte zur schnellen und günstigen Kriegsentscheidung zusammenzufassen […].

Was aber schließlich, zum Teil wieder durch Einwirkung der Parteien, aus unseren Anträgen geworden ist, ist bekannt. Ich wollte kraftvolle und freudige Mitarbeit und bekam Versagen und Schwäche. Die Sorge, ob die Heimat fest genug bliebe, bis der Krieg gewonnen sei, hat uns von diesem Augenblicke an nie mehr verlassen. Wir erhoben noch oft unsere warnende Stimme bei der Reichsregierung. In dieser Zeit setzte die heimliche planmäßige Zersetzung von Flotte und Heer als Fortsetzung ähnlicher Erscheinungen im Frieden ein. Die Wirkungen dieser Bestrebungen waren der Obersten Heeresleitung während des letzten Kriegsjahres nicht verborgen geblieben. Die braven Truppen, die sich von der revolutionären Zermürbung freihielten, hatten unter dem pflichtwidrigen Verhalten der revolutionären Kameraden schwer zu leiden; sie mussten die ganze Last des Kampfes tragen. Die Absichten der Führung konnten nicht mehr zur Ausführung gebracht werden. Unsere wiederholten Anträge auf strenge Zucht und strenge Gesetzgebung wurden nicht erfüllt. So mussten unsere Operationen misslingen, es musste der Zusammenbruch kommen; die Revolution bildete nur den Schlussstein. Ein englischer General sagte mit Recht: „Die deutsche Armee ist von hinten erdolcht worden." Den guten Kern des Heeres trifft keine Schuld. Seine Leistung ist ebenso bewunderungswürdig wie die des Offizierkorps. Wo die Schuld liegt, ist klar erwiesen.

Zitiert nach: Herbert Michaelis und Ernst Schraepler (Hrsg.), Ursachen und Folgen. Vom deutschen Zusammenbruch 1918 und 1945 bis zur staatlichen Neuordnung Deutschlands in der Gegenwart. Eine Urkunden- und Dokumentensammlung zur Zeitgeschichte, Bd. 4, Berlin o. J., S. 7 f.

32040-243

1. Analysieren Sie, worin nach Ansicht Hindenburgs die Gründe für die Niederlage Deutschlands lagen. Wem wurde die Schuld an der Niederlage angelastet? | F
2. Nehmen Sie Stellung zu seinen Vorwürfen. | H
3. Beurteilen Sie das Bild, das Hindenburg von Heer und Kriegsende zeichnet. | H

M7 Die Sühne der politischen Morde 1918–1922

	Pol. Morde begangen von Linksstehenden	Pol. Morde begangen von Rechtsstehenden	Gesamtzahl
Gesamtzahl der Morde	22	354	376
- davon ungesühnt	4	326	330
- teilweise gesühnt	1	27	28
- gesühnt	17	1	18
Zahl der Verurteilten	38	24	62
Geständige Täter freigesprochen	–	23	23

Emil Julius Gumbel, Vier Jahre politischer Mord, Berlin 1924, S. 81

32040-244

1. Arbeiten Sie die Informationen der Tabelle heraus.
2. Erläutern Sie, welche Einstellung der Justiz zur Republik in M7 und in der Karikatur auf dieser Seite deutlich wird.

„Hochverrat vor dem Reichsgericht."
Karikatur von Gerhard Holler aus: „Ulk", Wochenschrift des Berliner Tagblatts, Nr. 9, 56. Jg., 4. März 1927.
Bildtext links unten: „Ich werde die Republik vor Ihnen zu schützen wissen!"
Bildtext rechts unten: „Ich werde Sie vor der Republik zu schützen wissen!"

M8 Frauensport?

Der 800-m-Lauf ist bei den Olympischen Spielen von 1928 eine von fünf leichtathletischen Disziplinen für Frauen. Einige Läuferinnen lassen sich nach Passieren der Ziellinie ins Gras sinken. In einem anonymen Bericht heißt es damals:

Was den 800-m-Lauf betrifft, so kann aus eigener Anschauung und unter dem Gesichtswinkel des Arztes berichtet werden, dass die Athletinnen, die sich freiwillig auf den Rasen hingestreckt hatten, vom Erschöpfungszustand weit entfernt waren und auf alle Fälle keine deutlicheren Ermüdungserscheinungen kundgaben, als sie gewöhnlich auch bei den Männern nach derartigen Anstrengungen aufzutreten pflegen. Die Japanerin und die beiden Amerikanerinnen dürften sich mehr aus Nervosität und unter dem Eindruck ihrer Niederlage zu jener Geste veranlasst gesehen haben, die so viele Kommentare im Gefolge trug. Es handelt sich hier unserer Ansicht nach hauptsächlich um eine Frage der Erziehung, und man darf mit Sicherheit annehmen, dass sich derartige für den Anfang entschuldbare Szenen bei kommenden Spielen nicht mehr erneuern werden. Im Übrigen haben die Damen bei den Amsterdamer Spielen einen wundervollen Kampfgeist bewiesen; sie machten sich den Sieg bis ins Ziel hinein streitig, und gerade nach dieser Richtung hin war der 800-m-Lauf typisch. Wir glauben behaupten zu dürfen, dass man bei dieser Gelegenheit einem der schönsten Kämpfe der Olympischen Spiele überhaupt beigewohnt hat, einem jener Kämpfe, die unvergessliche Erinnerungen zu hinterlassen pflegen.

Zitiert nach: Ekkehard zur Megede, Die Geschichte der olympischen Leichtathletik, Bd. 1, München/Berlin/Frankfurt am Main 1968, S. 215 f.

32040-245

1. Geben Sie den Text mit eigenen Worten wieder.
2. Der deutsche Sportfunktionär Karl Ritter von Halt äußerte in den 1920er-Jahren: „Der Kampf verwirrt das Mädchenantlitz, er gibt der weiblichen Bewegung einen harten, männlichen Ton. […] Er wirkt beim Weibe unschön." Charakterisieren Sie das zugrundeliegende „Frauenbild" des Sportfunktionärs und stellen Sie es dem anonymen Bericht gegenüber.
3. Tatsächlich wurde der 800-m-Lauf für Frauen nach 1928 aus dem olympischen Programm gestrichen und erst 1960 wieder aufgenommen. Diskutieren Sie über die Gründe, die zu einer Neubewertung des Frauensports führten.

M9 Grundzüge der Außenpolitik Stresemann

Vier Wochen vor der Konferenz in Locarno beschreibt Gustav Stresemann (1878–1929) in einem Antwortbrief an den ehemaligen Kronprinzen Wilhelm die Grundpositionen seiner Außenpolitik am 7. September 1925:

Die deutsche Außenpolitik hat nach meiner Auffassung für die nächste, absehbare Zeit drei große Aufgaben:
Einmal die Lösung der Reparationsfrage in einem für Deutschland erträglichen Sinne und die Sicherung des Friedens, die die Voraussetzung für eine Wiedererstarkung Deutschlands ist.
Zweitens rechne ich dazu den Schutz der Auslandsdeutschen, jener zehn bis zwölf Millionen Stammesgenossen, die jetzt unter fremdem Joch in fremden Ländern leben.
Die dritte große Aufgabe ist die Korrektur der Ostgrenzen: die Wiedergewinnung von Danzig, vom polnischen Korridor und eine Korrektur der Grenzen in Oberschlesien.
Im Hintergrund steht der Anschluss von Deutsch-Österreich. […]
Wollen wir diese Ziele erreichen, so müssen wir uns aber auch auf diese Aufgaben konzentrieren. Daher der Sicherheitspakt, der uns einmal den Frieden garantieren und England sowie […] Italien als Garanten der deutschen Westgrenzen festlegen soll. Der Sicherheitspakt birgt andererseits in sich den Verzicht auf eine kriegerische Auseinandersetzung mit Frankreich wegen der Rückgewinnung Elsass-Lothringens, einen deutschen Verzicht, der aber insoweit nur theoretischen Charakter hat, als keine Möglichkeit eines Krieges gegen Frankreich besteht. […]
Ich warne vor einer Utopie, mit dem Bolschewismus zu kokettieren. Wenn die Russen in Berlin sind, weht zunächst die Rote Fahne vom Schloss, und man wird in Russland, wo man die Weltrevolution wünscht, sehr zufrieden sein, Europa bis zur Elbe bolschewisiert zu haben, und wird das übrige Deutschland den Franzosen zum Fraß geben. Dass wir im Übrigen durchaus bereit sind, mit dem russischen Staat, an dessen evolutionäre Entwicklung ich glaube, uns auf anderer Basis zu verständigen, und uns durch unseren Eintritt in den Völkerbund durchaus nicht nach dem Westen verkaufen, ist eine Tatsache, über die ich […] gern gelegentlich mündlich Näheres sagen würde. […] Das Wichtigste ist für die unter 1) berührte Frage der deutschen Politik das Freiwerden deutschen Landes von fremder Besatzung. Wir müssen den Würger erst vom Halse haben. Deshalb wird die deutsche Politik […] in dieser Beziehung zunächst darin bestehen müssen, zu finassieren[1] und den großen Entscheidungen auszuweichen.

Zitiert nach: Herbert Michaelis und Ernst Schraepler (Hrsg.), Ursachen und Folgen, Vom deutschen Zusammenbruch 1981 und 1945 bis zur staatlichen Neuordnung Deutschlands in der Gegenwart. Eine Urkunden- und Dokumentensammlung zur Zeitgeschichte, Bd. 6, Berlin o. J., S. 487 ff.

[1] **finassieren:** Tricks anwenden

32040-246

1. Arbeiten Sie die Argumente heraus, mit denen Stresemann (M9) versucht, den Kronprinzen von seinen Ansichten zu überzeugen. | H
2. Der britische Botschafter Lord d'Albernon bemerkte nach der Reichstagsabstimmung über die Locarno-Verträge über die Deutschen: „Sobald ihnen irgendetwas gewährt wird, stellen sie nicht nur weitere Forderungen, sondern versuchen, das ihnen einmal Gegebene als eine höchst unvollkommene Erfüllung ihrer unbestreitbaren Rechtsansprüche darzustellen. Die einzige Ausnahme, die ich in Deutschland fand, war Stresemann." Entwickeln Sie vor diesem Hintergrund eine Bewertung der politischen Lebensleistung des Außenministers.

M10 Arbeitslosigkeit und Konkurse in Deutschland

Die Entwicklung der Arbeitslosigkeit			Jahresdurchschnitt	Konkurse
1929	Januar	2850214	1898604	13180
	Juli	1251452		
1930	Januar	3217608	3075580	15486
	Juli	2765258		
1931	Januar	4886925	4519704	19254
	Juli	3989686		
1932	Januar	6041910	5577942	14138
	Juli	5392248		
1933	Januar	6013612	4804428	7954
	Juli	4463841		
1934	Januar	3772792	2718309	6219
	Juli	2426014		
1935	Januar	2973544	2151039	5955
	Juli	1754117		
1936	Januar	2520499	1592655	5266
	Juli	1169860		

Statistisches Jahrbuch für das Deutsche Reich, 56. Jahrgang, Berlin 1937, S. 350 und 406

32040-247

1. Präsentation: Stellen Sie die Tabellen in einer Grafik dar (Kurven- oder Säulendiagramm) und erläutern Sie aus dem Vergleich die Wechselwirkung zwischen Arbeitslosigkeit und Konkursen.
2. Charakterisieren Sie die wirtschaftlichen, gesellschaftlichen und politischen Probleme, die sich aus der hohen Zahl von Arbeitslosen und Konkursen ergaben.

M11 „Nicht unser Staat"

Der sozialdemokratische Reichstagspräsident Paul Löbe (1875–1967) berichtet in seinen Lebenserinnerungen von der parlamentarischen Arbeit nach 1930:

Einige Jahre konnte der Reichstag wieder ordnungsgemäß arbeiten. Als aber 1930 das deutsche Volk 107 Nationalsozialisten neben 77 Kommunisten [...] entsandte und 40 deutschnationale Hugenbergianer[1] ihre schützende Hand über die Nazis hielten, brach der Sturm aufs Neue los. Äußerste Rechte und äußerste Linke warfen sich die Bälle zu, unterstützten gegenseitig ihre Obstruktionsanträge[2], begleiteten die jeweiligen Schimpfkonzerte ihrer Antipoden mit tosendem Beifall und versuchten durch unsinnige und demagogische Anträge die Arbeit des Parlaments und der Regierung lahmzulegen. [...]
Bei einer Reichshaushaltsberatung stellten die Kommunisten eine Reihe von Anträgen, unsympathische Steuern und Abgaben aufzuheben oder herabzusetzen, sodass bei Annahme dieser Anträge die Reichseinnahmen von zehn Milliarden auf sechs vermindert worden wären. Bei dem Ausgabenetat kamen dann so viel populäre Anträge auf Rentenerhöhungen, Wohnhausbauten, Erweiterung des Kreises der Versorgungsberechtigten, dass die Ausgaben des Etats von zehn auf 14 Milliarden steigen mussten. Als ich den kommunistischen Wortführer fragte, woher die Mittel für eine solche Wirtschaft kommen, wie das Defizit von acht Milliarden gedeckt werden sollte, erwiderte er kaltschnäuzig, darüber könne sich ja die Regierung den Kopf zerbrechen, „es ist ja nicht unser Staat, sondern der eure". Genauso unehrlich war die Taktik der nationalsozialistischen Fraktion. Sie beantragte, dass niemand im Reich mehr als tausend Mark Monatseinkommen beziehen sollte, dachte aber gar nicht daran, selbst diesen Grundsatz zu befolgen, sondern wollte mit solch demagogischen Anträgen nur die anderen Parteien in Verlegenheit bringen [...].

Zitiert nach: Günter Schönbrunn (Bearb.), Weltkriege und Revolutionen, München [5]1995, S. 249

32040-248

1. Fassen Sie zusammen, wie Radikale von links und rechts die parlamentarische Arbeit beeinflussten.
2. Analysieren Sie, welche Wirkung diese Art der parlamentarischen Arbeit auf die Öffentlichkeit haben musste.
3. Recherchieren Sie die verfassungsrechtlichen Möglichkeiten, Feinden der Demokratie in der Bundesrepublik entgegenzutreten. Diskutieren Sie anschließend Ihre Ergebnisse.

[1] **Alfred Hugenberg** (1865–1951): Politiker und Medienunternehmer, von 1928 bis 1933 Vorsitzender der DNVP
[2] **Obstruktion**: Verschleppung, Verhinderung

M12 „Zu bejahender Kraft mitreißen"

Mitte November 1932 richten Persönlichkeiten aus Wirtschaft und Industrie sowie aus großagrarischen Kreisen an den Reichspräsidenten die Bitte, Adolf Hitler (1889–1945) zum Kanzler zu ernennen:

Mit Eurer Exzellenz bejahen wir die Notwendigkeit einer vom parlamentarischen Parteiwesen unabhängigen Regierung, wie sie in dem von Eurer Exzellenz formulierten Gedanken eines Präsidialkabinetts zum Ausdruck kommt.

Der Ausgang der Reichstagswahl vom 6. November d. J. hat gezeigt, dass das derzeitige Kabinett […] für den von ihm eingeschlagenen Weg keine ausreichende Stütze im deutschen Volk gefunden hat.

[…] Gegen das bisherige parlamentarische Parteiregime sind nicht nur die Deutschnationale Volkspartei und die ihr nahe stehenden kleineren Gruppen, sondern auch die Nationalsozialistische Deutsche Arbeiterpartei grundsätzlich eingestellt und haben damit das Ziel Eurer Exzellenz bejaht. […] Es ist klar, dass eine des Öfteren wiederholte Reichstagsauflösung mit sich häufenden, den Parteikampf immer wieder zuspitzenden Neuwahlen nicht nur einer politischen, sondern auch jeder wirtschaftlichen Beruhigung und Festigung entgegenwirken muss. Es ist aber auch klar, dass jede Verfassungsänderung, die nicht von breitester Volksströmung getragen ist, noch schlimmere wirtschaftliche, politische und seelische Wirkungen auslösen wird. […]

Die Übertragung der verantwortlichen Leitung eines mit den besten sachlichen und persönlichen Kräften ausgestatteten Präsidialkabinetts an den Führer der größten nationalen Gruppe wird die Schlacken und Fehler, die jeder Massenbewegung notgedrungen anhaften, ausmerzen und Millionen Menschen, die heute abseits stehen, zu bejahender Kraft mitreißen.

Zitiert nach: Wolfgang Michalka und Gottfried Niedhart (Hrsg.), Deutsche Geschichte 1918–1933, Frankfurt am Main 2002, S. 224f.

32040-249

1. Fassen Sie die Argumente der Verfasser für eine Berufung Hitlers zum Reichskanzler sowie die Absichten und Hoffnungen, die sie mit dieser Berufung verbinden, zusammen.
2. Setzen Sie sich mit den politischen Einstellungen auseinander.

M13 „Brautvorführung"

Die nachstehende Karikatur wird im Februar 1933 in der Schweizer Satirezeitschrift „Nebelspalter" veröffentlicht.

32040-250

1. Beschreiben Sie die Karikatur. Gehen Sie dabei auf die dargestellten Personen und die Raumgestaltung ein.
2. Charakterisieren Sie die Personen (Mimik/Gestik, Kleidung und Attribute) und ihre Beziehungen zueinander.
3. Identifizieren Sie die dargestellten Personen. Tipp: Die Person rechts neben der Frauengestalt soll der Unternehmer und Politiker Alfred Hugenberg sein.
4. Arbeiten Sie heraus, was der Zeichner mit dem Schwert über dem Bett aussagen wollte.
5. Ordnen Sie die Karikatur in den historischen Kontext ein.

M14 Woran scheiterte Weimar?

*Der Historiker Eberhard Kolb (*1933) untersucht, welche Faktoren zum „Scheitern" Weimars beigetragen haben:*

Wie wurde Hitler möglich? War die „Machtergreifung" der Nationalsozialisten unter den gegebenen Bedingungen unvermeidlich? Diese Frage, um die alle Erörterungen über das Scheitern Weimars kreisen, wird von der bisherigen Forschung auf recht unterschiedliche Weise beantwortet. Allerdings sind die in der wissenschaftlichen Diskussion zunächst dominierenden monokausalen Erklärungsversuche, in denen der Aufstieg des Nationalsozialismus und die Machtübertragung an Hitler auf eine einzige oder eine allein ausschlaggebende Ursache zurückgeführt wurden, inzwischen ad acta gelegt worden, denn alle derartigen einlinigen Deutungen haben sich als untauglich erwiesen. Die Historiker sind sich heute zumindest darin einig, dass das Scheitern der Republik und die nationalsozialistische „Machtergreifung" nur plausibel erklärt werden können durch die Aufhellung eines sehr komplexen Ursachengeflechts. Dabei sind vor allem folgende Determinanten zu berücksichtigen: institutionelle Rahmenbedingungen, etwa die verfassungsmäßigen Rechte und Möglichkeiten des Reichspräsidenten, zumal beim Fehlen klarer parlamentarischer Mehrheiten; die ökonomische Entwicklung mit ihren Auswirkungen auf die politischen und gesellschaftlichen Machtverhältnisse; Besonderheiten der politischen Kultur in Deutschland (mitverantwortlich z.B. für die Republikferne der Eliten, die überwiegend der pluralistisch-parteienstaatlichen Demokratie ablehnend gegenüberstanden); Veränderungen im sozialen Gefüge, beispielsweise Umschichtungen im „Mittelstand" mit Konsequenzen u.a. für politische Orientierung und Wahlverhalten mittelständischer Kreise; ideologische Faktoren (autoritäre Traditionen in Deutschland; extremer Nationalismus, verstärkt durch Kriegsniederlage, Dolchstoßlegende und Kriegsunschuldspropaganda; „Führererwartung" und Hoffnung auf den „starken Mann", wodurch einem charismatischen Führertum wie dem Hitlers der Boden bereitet wurde); massenpsychologische Momente, z.B. Erfolgschancen einer massensuggestiven Propaganda infolge kollektiver Entwurzelung und politischer Labilität breiter Bevölkerungssegmente; schließlich die Rolle einzelner Persönlichkeiten an verantwortlicher Stelle, in erster Linie zu nennen sind hier Hindenburg, Schleicher, Papen.
Die Antwort, die auf die Frage nach dem Scheitern der Weimarer Demokratie und der Ermöglichung Hitlers gegeben wird, hängt in ihrer Nuancierung wesentlich davon ab, wie die verschiedenen Komponenten gewichtet und dann zu einem konsistenten Gesamtbild zusammengefügt werden, denn Gewichtung und Verknüpfung sind nicht durch das Quellenmaterial in einer schlechthin zwingenden Weise vorgegeben, sie bilden die eigentliche Interpretationsleistung des Historikers.

Eberhard Kolb, Die Weimarer Republik, München [7]2009, S. 215 f.

32040-251

1. Geben Sie die Ursachen für das Scheitern der Weimarer Republik wieder.
2. Präsentation: Erarbeiten Sie ein Schaubild, in dem Sie Ursachen, Zusammenhänge und Wirkungen der Faktoren berücksichtigen. | F
3. „Das Scheitern der Weimarer Republik war vermeidbar." Beurteilen Sie diese These.

„Der Reichstag wird eingesargt."
Collage von John Heartfield (eigentlich Helmut Herzfeld) aus der „Arbeiter Illustrierten Zeitung" (AIZ) vom 4. September 1932.

- Erläutern Sie, wofür bei John Heartfield der Reichstag steht.
- Analysieren Sie, warum der Künstler die SPD (siehe Schleife unten) ins Blickfeld rückt.
- Erörtern Sie, inwiefern die Collage Heartfields Haltung gegenüber der politischen Entwicklung ausdrückt.

32040-252

Methode

Rollenspiele durchführen

Das **Rollenspiel** ist, anders als der Name es vermuten lässt, kein Spiel, sondern eine anspruchsvolle Methode des historischen Lernens und Verstehens. Beim Rollenspiel geht es nur in einem ersten Schritt um die Auswertung von Quellen, da dies die Basis des späteren Handelns darstellt. Auch und vor allem aber geht es um einen **Perspektivwechsel**. Will man in die Rolle einer anderen, z. B. historischen Person schlüpfen, bedarf es entsprechender Kenntnis ihrer Lebensumstände und -ansichten. Ein erfolgreiches Rollenspiel bewegt sich innerhalb eines Themas, das deutlich macht, welche Aspekte im Besonderen beleuchtet und dargestellt werden sollen. Es muss im Vorfeld klar sein, welche und wie viele Rollen auszufüllen sind, damit die Interaktion während des Spiels gelingen kann. Es gilt, **auf der Basis diverser Quellen** ein möglichst genaues Rollenprofil zu erstellen. Der Rollenwechsel impliziert nicht nur ein Sich-Einfühlen, sondern auch ein ganzheitliches Ausfüllen der Rolle. Interessant kann es auch sein, bewusst eine konträre Position einzunehmen. So erschließen sich bislang unbekannte **Verhaltensoptionen**, und **Fremdverstehen** wird ermöglicht. Die besondere Herausforderung besteht darin, die historische Szenerie bei der Darstellung von der eigenen Wirklichkeit abzugrenzen, diese aber im Anschluss, etwa in Form einer Diskussion, sehr wohl beurteilen zu können.

32039-31 **Methode Online**

Arbeitsschritt	Leitfragen (Auswahl)
1. Vorbereitung (in Einzel-, Partner- oder Gruppenarbeit)	• Sichten Sie das Quellenmaterial und beziehen Sie sowohl Schrift- als auch Bildquellen ein, die Auskunft über Gedanken und Ansichten der darzustellenden Person oder der sozialen Gruppe geben, der sie zugehörig ist (Tagebuch, Biografie, Reden, Briefe, Karikaturen, Statistiken …). • Informieren Sie sich über den historischen Kontext und das soziale Milieu Ihres Rollencharakters. Beziehen Sie auch Ihr Vorwissen mit ein.
2. „role-taking“ und „role-making“	• Erstellen Sie ein Rollenprofil: Notieren Sie persönliche Informationen der darzustellenden Person (Geschlecht, Herkunft, Beruf, soziale Schicht, Bildung – daraus resultierende politische Ansichten …). • Überlegen Sie sich auf Basis der Quellenanalyse Argumente und Beispiele, die die Ansichten Ihrer Rolle untermauern. • Setzen Sie Ihre Rolle in Beziehung zu anderen – welche ist konträr zu der Ihren, mit welcher bestehen Gemeinsamkeiten? Wie kann sich dies auf Ihre Interaktion, Mimik, Gestik und Position im Raum auswirken? • Formulieren Sie Fragen, Vorwürfe oder bewusste Provokationen für die Interaktion mit anderen Rollen. • Trennen Sie streng eigene Ansichten von denen Ihres Rollencharakters.
3. Reflexion	• Überprüfen Sie, inwiefern Sie der Rolle gerecht geworden sind: Wurden alle wesentlichen Aspekte bedacht? Kam es zu Konflikten? Konnten diese gelöst werden? • Reflektieren Sie die Interaktion und bewerten Sie die Nachhaltigkeit des Rollenspiels.

Wahlabend in Salzgitter, 1930.

Im Wahllokal kommen Sie ins Gespräch über die aktuelle politische Lage …

Sie sind ein **ehemaliger ranghoher Offizier**, der seine Karriere dem Krieg und dem Militär zu verdanken hat. Ihre Familie genoss seit jeher Privilegien. Durch die Revolution und die neue Staatsform hat sich einiges für Sie verändert …

Sie sind eine **junge Frau und Mutter**, die mit ihrem Mann zusammen selbstständig einen kleinen Kaufladen führt. Sie haben sich die Selbstständigkeit hart erwirtschaftet und genießen einen Lebensstandard ohne schwere körperliche Arbeit. Durch die Revolution und die neue Staatsform haben sich für Sie als Frau neue Möglichkeiten ergeben …

Sie sind ein **Beamter im mittleren Dienst** im örtlichen Finanzamt und mussten durch die politischen Wirren und die staatliche Sparpolitik Gehaltssenkungen hinnehmen. Ihre Ausbildung haben Sie im Kaiserreich absolviert, aber durch die Revolution und die neue Staatsform hat sich für Sie einiges verändert …

Sie sind ein **Arbeitsloser**, der früher als Fabrikarbeiter in der Stahlindustrie tätig war. Sie wurden vom Fabrikbesitzer aufgrund allgemeiner Sparmaßnahmen entlassen, da durch das Kriegsende die Rüstungsindustrie nicht mehr gefragt ist. Sie sind mit Ihrer Situation sehr unzufrieden. Die Villa des Fabrikbesitzers sehen Sie jeden Tag aus der Ferne, wenn Sie auf dem Weg zur Suppenküche sind …

32040-253

1. Arbeiten Sie für eine der genannten Rollen ein Rollenprofil mithilfe des Leitfadens auf Seite 382 heraus. Sie können anschließend Ihre Ideen mit den Rollenprofilen auf Seite 491 vergleichen.
2. Interagieren Sie in Ihrer Rolle: Machen Sie Ihre Position deutlich und erklären Sie, inwiefern Sie mit der aktuellen Politik und Staatsform (un)zufrieden sind.

Die Weimarer Republik (1918–1933)

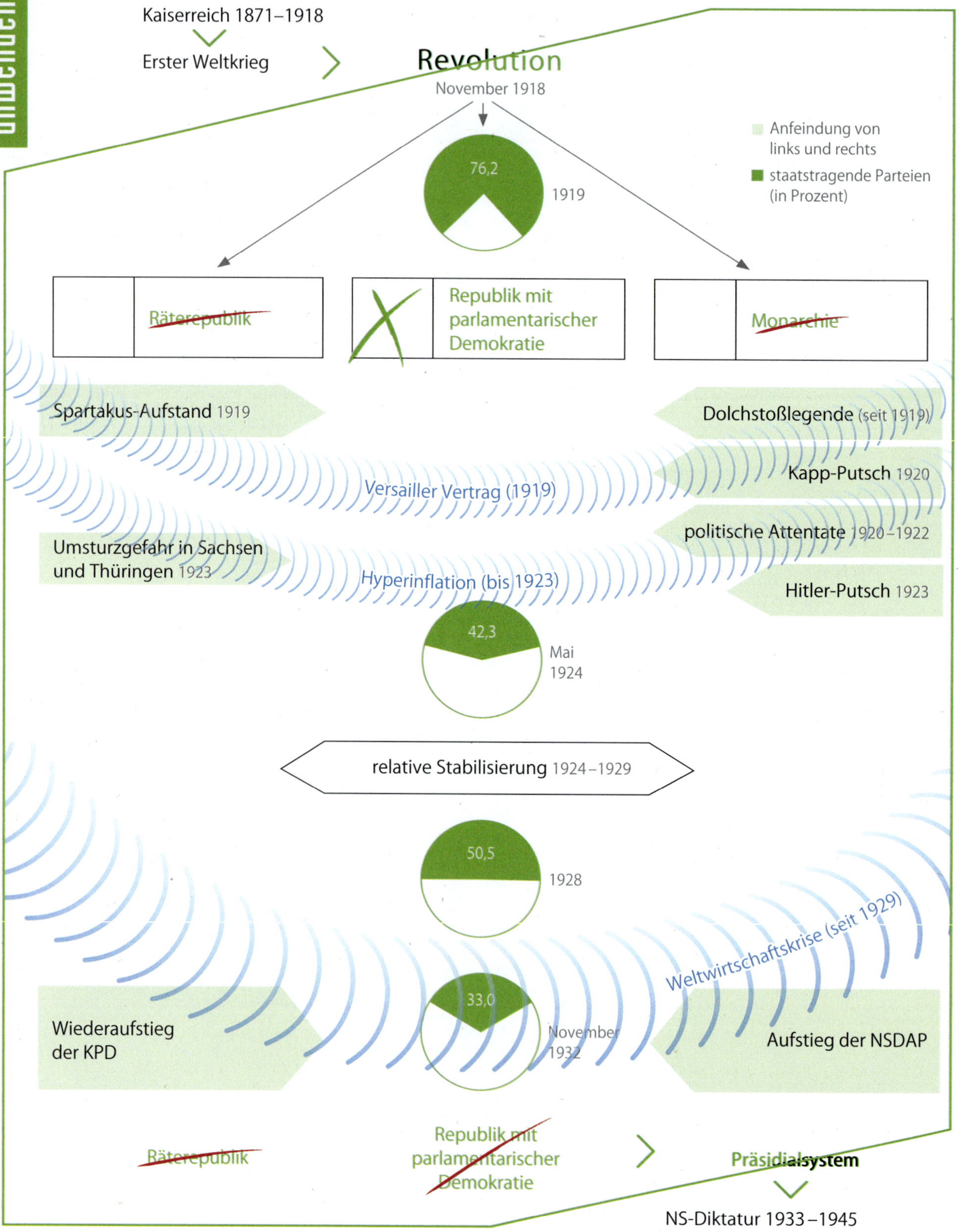

M „Es lebe die deutsche Republik!"

*Frank-Walter Steinmeier (*1956) ist seit dem 19. März 2017 der zwölfte Bundespräsident der Bundesrepublik Deutschland. Bei einer Gedenkstunde des Deutschen Bundestages zum 9. November 2018 hält er anlässlich des 100. Jahrestages der Revolution folgende Rede:*

Die Revolution, so ungeplant und improvisiert sie auch war, steht für eine tief greifende Zäsur in der deutschen Geschichte, für einen Aufbruch in die Moderne.

Viele ihrer Errungenschaften prägen heute unser Land, auch wenn uns das nicht jeden Tag bewusst ist. Die Revolution brachte allen deutschen Parlamenten das allgemeine und gleiche Wahlrecht – endlich, zum ersten Mal auch für die Frauen! Sie bahnte den Weg zur Weimarer Nationalversammlung, zu einer republikanischen Verfassung, zur parlamentarischen Demokratie, der ersten in der Geschichte unseres Landes. Auch Grundsteine des modernen Sozialstaates legte diese Revolution: Acht-Stunden-Tag, Tarifpartnerschaft, Mitbestimmung durch Betriebsräte – all das steht für den sozialen Fortschritt, der damals inmitten der Nachkriegswirren begann.

Aber trotz alledem hat die Revolution bis heute kaum Spuren im Gedächtnis unserer Nation hinterlassen. […]

Manchmal scheint mir, als sei jene Zeitenwende auf ewig überschattet vom Scheitern der Republik, als sei der 9. November 1918 diskreditiert und entwürdigt durch den 30. Januar 1933. Ja, das Ende der Weimarer Republik führte hinab ins furchtbarste Kapitel der deutschen Geschichte. Aber: Historisch gescheitert ist nicht die Demokratie – historisch gescheitert sind die Feinde der Demokratie. […]

Ja, diese Revolution war auch eine Revolution mit Irrwegen und enttäuschten Hoffnungen. Aber es bleibt das große Verdienst der gemäßigten Arbeiterbewegung, dass sie – in einem Klima der Gewalt, inmitten von Not und Hunger – den Kompromiss mit den gemäßigten Kräften des Bürgertums suchte, dass sie der parlamentarischen Demokratie den Vorrang gab. […]

In der Weimarer Republik hat der 9. November nie die symbolische Kraft eines Gründungsmythos gewinnen können. […] Statt Einheit zu stiften, verschärfte die Erinnerung an den 9. November sogar die ideologische Spaltung der Gesellschaft: Für Teile der radikalen Linken stand das Datum für den vermeintlichen Verrat an der Arbeiterklasse, für die Republikfeinde von rechts für ihre Lüge vom „Dolchstoß", den angeblichen Verrat an den Frontkämpfern. Es war kein Zufall, dass Adolf Hitler ausgerechnet am 9. November 1923 in München den ersten Anlauf zum Sturz der Republik unternahm, jenes „undeutschen Systems", dessen Repräsentanten die völkische Rechte mit mörderischem Hass überzog. […]

Und es war vor allem die lange Tradition antiliberalen Denkens, die die politische Kultur der Republik vergiftete: Intellektuelle wie Carl Schmitt zogen gegen den Interessenpluralismus der „modernen Massengesellschaft" zu Felde und schmähten die „taktischen Kompromisse und Koalitionen" einer sogenannten politischen „Klasse". Vertreter der radikalen Linken geißelten Parlamente und Regierungen als Herrschaftsinstrumente der „bürgerlichen Klasse". […]

Das Denken und Handeln der Weimarer Demokraten wirkte über die erste Republik hinaus. Die Mütter und Väter der Bundesrepublik, von denen viele in der Weimarer Zeit geprägt worden waren, konnten nach 1945 auf deren Kenntnissen aufbauen und auch aus ihren Irrtümern lernen. In den Worten von Heinrich August Winkler: „Dass Bonn nicht Weimar wurde, verdankt es auch der Tatsache, dass es Weimar gegeben hat." […]

So wenig der Demokratie am 9. November 1918 ihr Scheitern schon vorherbestimmt war, so wenig ist heute, einhundert Jahre später, ihr Gelingen garantiert. Wir beobachten ein wachsendes Unbehagen an der Parteiendemokratie, bis hinein in die Mitte unserer Gesellschaft. Wir erleben, wie manche die Parlamente gar nicht mehr als Orte für politische Lösungen ansehen wollen. Nicht alle diese Menschen sind Gegner der Demokratie – aber sie fehlen der Demokratie. Gerade die Geschichte der Weimarer Republik zeigt doch, wie sehr wir Bürgerinnen und Bürger brauchen, die bereit sind, Verantwortung zu übernehmen, die sich den Mühen demokratischer Politik aussetzen – weil sie an ihren Wert glauben. […]

Trauen wir uns, die Hoffnung, die republikanische Leidenschaft jener Novembertage auch in unserer Zeit zu zeigen. Trauen wir uns, den Anspruch zu erneuern: Es lebe die deutsche Republik! Es lebe unsere Demokratie!

Frank-Walter Steinmeier, Gedenkstunde zum 9. November 2018, www.bundespraesident.de/SharedDocs/Reden/DE/Frank-Walter-Steinmeier/Reden/2018/11/181109-Gedenkstunde-Bundestag.html (Zugriff: 23. Februar 2024)

32040-254

1. Fassen Sie die Leistungen zusammen, die wir nach Steinmeier der Revolution von 1918 verdanken.

2. Charakterisieren Sie den Zwiespalt, mit dem in Deutschland seit jeher auf die Ergebnisse von 1918 geblickt wird.

3. Diskutieren Sie, inwiefern sich der 9. November als nationaler Gedenktag eignen würde.

Orientierung

3.6 Wahlmodul: Deutsches und europäisches Selbstverständnis nach 1945

Das Kapitel beschäftigt sich inhaltlich mit …

- der Auseinandersetzung mit der NS-Vergangenheit in beiden deutschen Staaten
- dem Selbstverständnis der Bundesrepublik und der DDR in der bipolaren Welt
- dem Selbstverständnis und der kulturellen Identität des wiedervereinigten Deutschlands im europäischen Kontext
- den Versuchen der Herausbildung einer europaweiten Erinnerungsgemeinschaft

Das deutsche Selbstverständnis nach 1945 hatte sich zunächst an den Ereignissen der jüngsten Vergangenheit abzuarbeiten. Durch die Teilung der Welt in ideologische Blöcke, deren Grenze mitten durch Deutschland verlief, entwickelten sich in der DDR und in der Bundesrepublik jeweils völlig unterschiedliche politische Systeme und damit auch unterschiedliche „Aufarbeitungskulturen". Einig waren sich beide Staaten in der historischen Bewertung des NS-Staates als furchtbares Unrechtssystem. Unterschiedlich fielen jedoch die Antworten auf die beiden Fragen aus, wie es zu diesem im Holocaust gipfelnden Zivilisationsbruch kommen konnte und welche Lehren ein Staat daraus ziehen muss. Die Art und Weise, wie beide Staaten die Vergangenheit „bewältigten", ist ein Spiegel der beiden politischen Systeme und diente jeweils zu deren Legitimation.

Die Systemkonkurrenz erleichterte es der Bundesrepublik bzw. der DDR zunächst, sich in die jeweiligen militärischen und wirtschaftlichen Bündnisse (NATO, OEEC/OECD bzw. Warschauer Pakt, RGW) zu integrieren. Im Westen wurde man Teil der europäischen Integration, die nach 1990 mit der Ausweitung um Staaten in Osteuropa vertieft wurde. In den beiden deutschen Staaten entfalteten sich auch sehr unterschiedliche historische Anknüpfungspunkte und Wertesysteme. Diese trugen neben den Leistungen in Wirtschaft, Sport und Kultur zum jeweiligen Selbstverständnis bei und wirken bis heute nach. Die Wiedervereinigung 1990 und der Wandel zur „Berliner Republik" stellte daher nicht nur eine gewaltige wirtschaftliche Herausforderung dar, sondern auch eine gesellschaftliche. Sie ging einher mit einer gewandelten ökonomischen, europäischen und zum Teil auch militärischen Rolle der Bundesrepublik.

Aktuell zeigen die politischen Entwicklungen in Ost- und Westdeutschland, dass ein gemeinsames Selbstverständnis noch lange nicht vorhanden ist. Die Krise des Euro und der EU, aber auch die Flüchtlingskrise, haben Verlustängste in wirtschaftlicher wie kultureller Hinsicht hervorgerufen. Als Reaktion darauf ziehen sich viele Menschen auf die eigene nationale und kulturelle Identität zurück, was eine gemeinsame europäische Erinnerungskultur erschwert.

Installation „Die Tore der Deutschen" von Horst Hoheisel. Foto vom 27. Januar 1997.
In der Nacht vom 26. auf den 27. Januar 1997, dem Tag der Befreiung des KZ Auschwitz und Tag des Gedenkens an die Opfer des Nationalsozialismus, projizierte Hoheisel Fotos des geschlossenen und geöffneten Auschwitz-Tores mit der Inschrift „Arbeit macht frei" auf das Brandenburger Tor in Berlin.

► Das Brandenburger Tor gilt als Symbol nationaler Identität. Mit seinem „Denkbild" wollte Hoheisel zum Nachdenken über die symbolische und erinnerungskulturelle Funktion des Tores anregen. Erläutern und beurteilen Sie Aussage und beabsichtigte Wirkung der Installation.

32040-255

Deutschland nach 1945

5. 6. 1945 — Die Siegermächte des Zweiten Weltkrieges übernehmen die Regierungsgewalt in Deutschland, das in vier Besatzungszonen geteilt ist.

1945/46 — Im Nürnberger Prozess werden die Hauptkriegsverbrecher verurteilt.

1945 - 1950 — Die Alliierten führen eine **Entnazifizierung** durch (in der SBZ nur bis 1948).

1949 — Mit der Unterzeichnung des Grundgesetzes am 23. Mai wird die Bundesrepublik gegründet; am 7. Oktober folgt die Gründung der DDR. Die Westdeutsche Regierung erkennt sie nicht als Staat an (**Alleinvertretungsanspruch**).

seit 1950 — In der DDR ist der **8. Mai** als „Tag der Befreiung" bis 1966 gesetzlicher Feiertag; in ganz Deutschland wird das Datum bis heute mit besonderen Gedenkveranstaltungen begangen.

10. 9. 1952 — Im **Luxemburger Abkommen** verpflichtet sich die Bundesrepublik zu „Wiedergutmachungszahlungen" an Israel und den verfolgten Juden.

17. 6. 1953 — Der Volksaufstand in der DDR gegen das SED-Regime wird von sowjetischen Militärs niedergeschlagen. In Westdeutschland wird der **17. Juni** zum Nationalfeiertag.

6. 11. 1958 — In Ludwigsburg wird die Zentralstelle zur Aufklärung von NS-Gewaltverbrechen eingerichtet.

1961 — Die SED lässt in Berlin eine Mauer errichten.

1963 - 1965 — In Frankfurt am Main finden die **Auschwitz-Prozesse** statt.

26. 6. 1969 — Der Bundestag hebt die Verjährungsfrist für Völkermord auf.

21. 12. 1972 — Im Rahmen der sozial-liberalen Ostpolitik von Bundeskanzler Willy Brandt erkennt die Bundesrepublik die DDR als gleichberechtigten Staat an (**Grundlagenvertrag**).

18. 9. 1973 — Beide deutsche Staaten werden Mitglieder der Vereinten Nationen (UN).

Deutschlands Wiedervereinigung

9. 11. 1989 — Die Mauer fällt; die innerdeutschen Grenzen sind offen

3. 10. 1990 — Die Wiedervereinigung wird vollzogen: „**Tag der deutschen Einheit**".

Aufarbeitung nach 1990

1992 - 1999 — Führende DDR-Funktionäre werden wegen ihrer Verantwortung für die Tötungen an der innerdeutschen Grenze angeklagt und verurteilt.

1996 — Der **27. Januar** wird zum Tag des Gedenkens an die Opfer des Nationalsozialismus erklärt; 2005 erhebt ihn die UNO zum **Internationalen Holocaustgedenktag**.

2. 8. 2000 — Die Stiftung „**Erinnerung, Verantwortung und Zukunft**" zur Entschädigung von NS-Zwangsarbeitern wird gegründet.

10. 5. 2005 — In Berlin wird das **Denkmal für die ermordeten Juden Europas** eingeweiht.

2008 — Die EU beschließt den „**Europäischen Tag des Gedenkens an die Opfer von Stalinismus und Nationalsozialismus**" (23. August).

Schuld und Sprachlosigkeit | Nach dem Ende des „Dritten Reiches" hätten sich Millionen Deutsche die bittere Frage stellen können, welchen Anteil sie selbst an der jüngsten Vergangenheit hatten. In den ersten Nachkriegsjahren schien sich in der deutschen Bevölkerung jedoch eine Verweigerungshaltung durchzusetzen. Nur eine Minderheit war dazu bereit, über die persönliche oder kollektive Mitverantwortung nachzudenken (➔M1). Für Scham und Trauer über das schuldhafte Verhalten und die Massenverbrechen fehlte es vielfach an Einsicht, aber auch an Kraft. Nach Krieg, Flucht und Vertreibung waren die Menschen bemüht, das eigene Schicksal und den Alltag zu bewältigen. Zudem war der zeitliche Abstand für eine selbstkritische Betrachtung oder Infragestellung zu gering (➔M2 und M3). Viele Menschen täuschten Unkenntnis vor. Sie hätten nichts von den Verbrechen in den Konzentrationslagern gewusst. Die meisten sahen sich selbst als Opfer der nationalsozialistischen Ideologie und der bis zuletzt funktionierenden Propaganda. Andererseits gab es aber auch einige Intellektuelle und Politiker, die ein Eingeständnis der Schuld und eine „Wiedergutmachung" forderten. Im August und Oktober 1945 bekannten sich die beiden großen Kirchen in offenen Briefen zu ihrer Verantwortung.

„Er hat mir's doch befohlen!"
Karikatur von 1946.

► Interpretieren Sie die Aussage der Karikatur.

32040-256

Entspannungspolitik: Der Begriff beschreibt eine Phase des Kalten Krieges von Ende der 1960er- bis Anfang der 1980er-Jahre. In diesem Zeitraum versuchten die USA und die UdSSR sowie ihre jeweiligen Verbündeten Konflikte vorwiegend auf diplomatischem Weg zu lösen und gegenseitiges Vertrauen aufzubauen.

Zwei Staaten – zwei Haltungen | Mit der doppelten Staatsgründung im Jahr 1949 zeigten sich bereits grundsätzliche Unterschiede in der Auseinandersetzung der Bundesrepublik und der *Deutschen Demokratischen Republik* (DDR) mit der NS-Zeit.

Die Bundesrepublik Deutschland verstand sich als Gegenmodell zum nationalsozialistischen Regime. Die freiheitlich-demokratischen und rechtsstaatlichen Prinzipien des Grundgesetzes untermauerten dies. Andererseits sah sich der westdeutsche Teilstaat aber auch als Rechtsnachfolger des Deutschen Reiches, dessen Erblast er nun tragen musste.

Gegenüber dem Ausland beanspruchte Bundeskanzler *Konrad Adenauer* (CDU) einen *Alleinvertretungsanspruch* der demokratischen Bundesrepublik für ganz Deutschland. Die DDR erkannte er nicht als eigenständigen Staat an. Sein Staatssekretär im Auswärtigen Amt, *Walter Hallstein*, entwickelte daraus folgende Doktrin (*Hallstein-Doktrin*): Erkannte ein Land die DDR als selbstständigen Staat an, drohte die Bundesrepublik, die diplomatischen Beziehungen zu ihm abzubrechen. Davon war nur die Sowjetunion ausgenommen, die ja zu den vier Siegermächten zählte. Doch die DDR ließ sich auf Dauer nicht vollständig isolieren. Im Zuge der **Entspannungspolitik** der 1960er-Jahre wurde die Hallstein-Doktrin schließlich aufgegeben.

Von Anfang an grenzte sich die DDR gegenüber der Bundesrepublik ab und begriff sich als der „bessere" der beiden deutschen Staaten. Die herrschende Staatspartei – die *Sozialistische Einheitspartei Deutschlands* (SED) – verstand die DDR als „antifaschistisches Bollwerk", als Friedensstaat und als sozialistischen Staat, der damit in besonderem Maße als Wohlfahrtsstaat den Menschen diente. In der kommunistischen Weltanschauung galt der „Faschismus" als letzte Stufe einer kranken kapitalistischen Gesellschaft. Das SED-Regime übernahm dieses Geschichtsbild. Der Sozialismus würde demnach den Kapitalismus und somit auch den Faschismus überwinden. Damit konnte auch die im Zuge der Bodenreform durchgeführte Enteignung von rund 7 000 Großgrundbesitzern gerechtfertigt werden, indem diese zu Wegbereitern des Faschismus deklariert wurden. Mit dem Abschluss der „antifaschistisch-demokratischen Umwälzung" und der Gründung der DDR sah man die strukturellen und ideologischen Wurzeln des Nationalsozialismus „ein für alle Mal ausgerissen" (➔M4). Die DDR lehnte daher jede Verantwortung für die NS-Verbrechen ab. Sie überließ es der Bundesrepublik, die deutsche Vergangenheit aufzuarbeiten.

Außenpolitisch rang die DDR jahrzehntelang um internationale Anerkennung. Erst 1955 wurde sie von der Sowjetunion für souverän erklärt und Anfang 1956 als „gleichberechtigtes" Mitglied in den *Warschauer Pakt* aufgenommen. Mit ihrer zweiten Verfassung von 1968, in der die führende Rolle der Partei festgeschrieben wurde, schloss die DDR den Aufbau der sozialistischen „Volksdemokratie" auch rechtlich ab. Aber erst der *Grundlagenvertrag* von 1972, mit dem sich Bundesrepublik und DDR als gleichberechtigte Staaten anerkannten, sowie die Aufnahme beider deutscher Staaten in die Vereinten Nationen (18. September 1973) brachte der DDR breitere internationale Anerkennung.

Propaganda für den Volksentscheid in Sachsen zum „Gesetz über die Übergabe von Betrieben von Kriegs- und Naziverbrechern in das Eigentum des Volkes".
Foto aus Leipzig, 1946.
1946 wurden die Bürger in Sachsen zu einem Volksentscheid über die Enteignung wichtiger Industrie- und Gewerbebetriebe aufgerufen. Zwei Drittel der Bevölkerung stimmten zu. Dies genügte der SED, um die Enteignung auch in allen übrigen Gebieten Ostdeutschlands durchzuführen.

Amnestie und Integration | In den westlichen Besatzungszonen hatten trotz aller Entnazifizierungsbemühungen der Alliierten große Teile der führenden Elite des NS-Staates neben den vielen Mitläufern im großen Vergessen untertauchen, ihre Karrieren in der Bundesrepublik fortsetzen und erneut in Schlüsselpositionen aufsteigen können. In der bundesdeutschen Öffentlichkeit regte sich zunächst kaum Kritik. Mehr noch: 1949 und 1954 verabschiedete der Deutsche Bundestag – ihm gehörten in der zweiten Legislaturperiode 129 ehemalige NSDAP-Mitglieder an – einstimmig „Straffreiheitsgesetze", die viele verurteilte NS-Täter begnadigten. Seit 1951 durften aus politischen Gründen entlassene Beamte und Berufssoldaten in den öffentlichen Dienst zurückkehren. Beim Aufbau des Wiesbadener Bundeskriminalamtes seit 1945 waren NS-Beamte maßgeblich beteiligt. Damit wurden nahezu alle, die von alliierten Militärgerichten verurteilt worden waren, wieder frei.

Die westdeutsche „Vergangenheitspolitik" entsprach der in der Gesellschaft der 1950er-Jahre weit verbreiteten „Schlussstrich"-Mentalität. Die „Gnadenwelle" sollte der Stabilisierung der jungen Bundesrepublik dienen. Integration und Aufbau schienen wichtiger als Gerechtigkeit. Auf diese Weise konnten sich auch die Millionen „Mitläufer" des NS-Systems entlastet fühlen. Es gab jedoch auch Politiker, die gegen diesen Hang zur Schuldabwehr auftraten.

Die Sowjets führten die *Entnazifizierung* sehr viel konsequenter als die Westalliierten durch. Aber auch in der SBZ wurden bereits frühzeitig ehemalige NS-Parteigenossen von einer Bestrafung ausgenommen, um ihnen eine Brücke in den neuen sozialistischen Staat zu bauen. Wer sich aktiv am Aufbau des Sozialismus beteiligte, dem winkte eine rasche politische und soziale Integration. Das am 9. November 1949 verabschiedete „Gleichberechtigungsgesetz" der Volkskammer rehabilitierte alle, die allein wegen der Mitgliedschaft in der NSDAP bestraft worden waren. 1952 wurden schließlich auch geringfügig Belastete integriert. Der Bereich der Justiz und der Exekutive blieb ihnen jedoch verschlossen. Die NS-Opferverbände liefen gegen diese Politik Sturm. Weil sich vor allem die Vereinigung der Verfolgten des Naziregimes nicht mit der Politik der Staatsführung abfinden wollte, musste sie 1953 ihre Auflösung bekannt geben.

Entschädigung für NS-Opfer | 1950 entstand in Deutschland der Zentralrat der Juden. Er setzte sich für die Rechte der Juden ein und forderte Wiedergutmachung für das erlittene Unrecht. Bundeskanzler Konrad Adenauer ging, nicht zuletzt auf Druck der Amerikaner, auf die jüdischen Forderungen ein. Ende September 1951 bot er im Bundestag dem 1948 in Palästina gegründeten Staat Israel Wiedergutmachungsverhandlungen an. Am 10. September 1952 wurde in Luxemburg mit Israel und jüdischen

Leistungen der Bundesrepublik für NS-Opfer (in Mrd. Euro)	
Bundesentschädigungsgesetz (BEG)*	44,54
Weitere gesetzliche Regelungen	1,94
Härtefallregelungen	2,78
Leistungen an den Staat Israel	1,76
Globalverträge mit Staaten u.a. (z.B. Claims Conference**)	1,46
Rückerstattung geraubten Vermögens	2,02
Sonderfonds der Bundesländer außerhalb des BEG	1,53
Sonstige Leistungen	4,63
Stiftung „Erinnerung, Verantwortung und Zukunft"	12,56
Gesamt:	63,22

Süddeutsche Zeitung vom 15. Juli 2008, S. 6

* Das Gesetz von 1956 entschädigte alle Verfolgten, die bis zum 31. Dezember 1952 in der Bundesrepublik oder in West-Berlin wohnten bzw. vor ihrer Auswanderung dort gelebt hatten.

** Jewish Claims Conference: 1951 gegründeter Zusammenschluss von Verbänden, die jüdische Opfer des Nationalsozialismus in Entschädigungsfragen vertreten

- ▶ Erläutern Sie, wen das Bundesentschädigungsgesetz ausschloss.
- ▶ Nehmen Sie Stellung zu der Frage, ob es gerechtfertigt ist, dass die Bundesrepublik heute noch Entschädigungsleistungen aufbringt.

32040-257

Bundeskanzler Konrad Adenauer (rechts) und der israelische Ministerpräsident David Ben Gurion in New York.
Foto vom 14. März 1960.
Es war das erste deutsch-israelische Treffen führender Politiker nach 1945.

Organisationen ein Wiedergutmachungsabkommen geschlossen (*Luxemburger Abkommen*). Es stellte unter anderem drei Milliarden DM (1,53 Mrd. Euro) für die Eingliederung von etwa einer halben Million Holocaust-Überlebender in Aussicht. Im Bundestag konnte Adenauer die Ratifizierung des Vertrages nur mithilfe der Opposition durchsetzen, da er in den eigenen Reihen keine Mehrheit für das Abkommen fand.

Auch anderen NS-Opfern stellte die Bundesrepublik Entschädigungen in Aussicht. Über zwei Millionen Anträge zur Wiedergutmachung wurden anerkannt. Allerdings waren die Leistungen für den Einzelnen eher bescheiden: Für einen Monat KZ-Haft gab es einen einmaligen Betrag von 150 DM, für nachgewiesene Gesundheitsschäden waren Renten vorgesehen. Andere Opfergruppen gingen lange Zeit leer aus, etwa die Zwangsarbeiter aus Osteuropa, die erst ab dem Jahr 2000 durch die Stiftung „Erinnerung, Verantwortung und Zukunft" entschädigt wurden.

Vergleichbare Wiedergutmachungen leistete die DDR nicht. Entsprechende Forderungen Israels wies die SED-Führung rigoros zurück, zumal sie den jungen Staat Israel als Teil des kapitalistischen Weltsystems begriff.

Antitotalitärer Basiskonsens in der Bundesrepublik | Die Bundesregierung bekämpfte sowohl rechts- als auch linksextreme Parteien. Politik und Bürger in der Bundesrepublik fühlten sich jedoch vor allem von „links" bedroht, vom Kommunismus der DDR und der Sowjetunion. Der Kalte Krieg verschaffte dem Antikommunismus immer neue Nahrung. Eine Neigung zur Schwarz-Weiß-Malerei in der bundesdeutschen Gesellschaft – hier die heile Welt des Westens, dort die böse kommunistische Welt des Ostens – war weit verbreitet. In der Bundesrepublik etablierte sich ein „antitotalitärer" Basiskonsens, in den frühere nationalsozialistische, antibolschewistische Kräfte integriert werden konnten (➔M5). In der immer wieder verwendeten Formel von der „Verteidigung der Freiheit gegen den Bolschewismus" trafen sich Konservative, Liberale und Sozialdemokraten ungeachtet ihrer sonstigen parteipolitischen Gegensätze. So wurde der Antikommunismus zur tragfähigen Integrationsideologie für die noch ungefestigte Demokratie in Westdeutschland.

In der frühen Nachkriegszeit galt in Westdeutschland die Formel „Rechtsradikalismus = Linksradikalismus". Auf diese Weise konnte nicht nur die DDR-Diktatur mit der NS-Diktatur gleichgesetzt, sondern auch manche kritische Frage zur eigenen Geschichte abgewehrt werden. So blieben in der westdeutschen Öffentlichkeit lange Zeit die Verbrechen der Wehrmacht in Polen oder in der Sowjetunion ebenso unbeachtet wie das Schicksal der Millionen ausgebeuteten osteuropäischen Zwangs- oder Fremdarbeiter.

Verordneter Antifaschismus in der DDR | Die DDR beanspruchte für sich den absoluten Bruch zum „Dritten Reich" und zu allen anderen vorangegangenen „Klassen-Herrschaften". Daher musste sie eine vollkommen neue Traditionslinie erfinden. Auf der Suche nach Legitimität machte die Parteiführung den kommunistischen Widerstand gegen den Nationalsozialismus, in dessen Nachfolge sie den SED-Staat stellte, zum „Gründungsmythos". Der *Antifaschismus* wurde zur Staatsideologie. Aus ehemals kommunistischen Verfolgten und Widerstandskämpfern wurden moralisch unangreifbare politische Führer. Die von diesen verordnete antifaschistische Geschichtsdeutung besagte, dass „der Aufbau des Sozialismus die einzig richtige Konsequenz aus dem Faschismus" sei, denn nur mit der Abschaffung des Kapitalismus sei auch die Grundlage für den Faschismus für immer beseitigt. Somit konnten sich alle, die sich mit dem Sozialismus identifizieren, auch als „Sieger der Geschichte" verstehen. Gerade junge Menschen und Intellektuelle befürworteten den Staat, weil sie so deutlich Abstand zur NS-Vergangenheit wahren konnten. Auch außenpolitisch versuchte sich die DDR mit ihrer antifaschistischen Staatsdoktrin zu legitimieren.

Nicht zuletzt nutzte die DDR den Verweis auf die nationalsozialistische Vergangenheit aus, um den Konkurrenten im Westen, dessen Elite und Beamtenschaft eine kaum gebrochene personelle Kontinuität zum „Dritten Reich" aufwiesen, als „braunes System" darzustellen. Die aufwändigste und folgenreichste Kampagne hierzu startete im Mai 1957 in Ost-Berlin. Während der internationalen Pressekonferenz „Gestern Hitlers Blutrichter – Heute Bonner Justizelite" wurde die NS-Vergangenheit von 118 bundesdeutschen Richtern und Staatsanwälten enthüllt. Im Laufe der folgenden drei Jahre identifizierte die DDR etwa alle sechs Monate weitere 200 Juristen des „Dritten Reiches". Das erregte auch im Ausland Aufmerksamkeit, sodass die bundesdeutsche Politik unter Handlungsdruck geriet. Letztlich beschloss die Ende 1958 tagende Konferenz der Justizminister, die Zentrale Stelle der Landesjustizverwaltungen zur Aufklärung nationalsozialistischer Verbrechen zu gründen. Sie trug zwar nicht die Hypothek der NS-belasteten Juristen ab, ließ jedoch die systematische Ermittlung gegen Nazi-Täter, die Anfang der 1950er-Jahre nahezu zum Erliegen gekommen war, wieder Fahrt aufnehmen. Eine vergleichbare Institution gab es in der DDR nicht.

Umgang mit Widerstand und Opfern | Die Antifaschismus-Ideologie verlieh den kommunistischen Widerstandskämpfern Heldenstatus, darunter vor allem dem ehemaligen KPD-Vorsitzenden *Ernst Thälmann*, den die Nationalsozialisten 1944 im KZ Buchenwald ermordet hatten. Andere Widerstandsgruppen, etwa aus den Kirchen, dem Bürgertum oder dem Militär, fanden in der DDR ebenso wenig Beachtung wie die vielen Millionen Menschen, die der NS-Rassenideologie zum Opfer fielen (➜M6). Nicht Antisemitismus und Rassismus, sondern der Kampf gegen „die Arbeiterklasse" und gegen die Sowjetunion sei das wesentliche Element des „Hitler-Faschismus" gewesen, lautete die immer wieder propagierte Doktrin der SED-Führung. Eine eingehende Auseinandersetzung

Wahlplakat der CDU zur Bundestagswahl 1953.

Plakat der Nationalen Front von 1960.
Im Vordergrund: die Skulpturengruppe an der 1958 eingeweihten Mahn- und Gedenkstätte des ehemaligen Konzentrationslagers Buchenwald. Das Denkmal fand erst die Zustimmung der Partei, als der Künstler Fritz Cremer Figuren mit Parteibanner und Waffen hinzufügte.

▶ Analysieren Sie Aussage und Wirkung des Plakats.

32040-258

Ehrenmal im Innenhof der Gedenkstätte Deutscher Widerstand in Berlin.
Foto (Ausschnitt) von 2011.
Die von dem Bildhauer Richard Scheibe geschaffene Bronzefigur wurde am 20. Juli 1953 eingeweiht.

mit dem Holocaust, wie sie in der Bundesrepublik in den 1970er-Jahren einsetzte, gab es in der DDR nicht. Die Juden, die Sinti und Roma und andere Verfolgte erfuhren daher auch keine besondere Anerkennung als Opfer.

Erst Ende der 1980er-Jahre rückte die politische Führung der DDR den Holocaust stärker in den Fokus. Den Feierlichkeiten zum Gedenken an den 50. Jahrestag der „Reichspogromnacht" 1988 kam daher eine nie dagewesene Bedeutung zu. So stieg die DDR, resümiert der Historiker *Peter Bender*, erst kurz vor ihrem Ende herunter „vom hohen Ross des ‚Siegers der Geschichte' und wurde, was die Bundesrepublik war: ein Nachfolgestaat des Nazi-Reiches".

In der späteren Bundesrepublik galt die Haltung zum Widerstand gegen das NS-Regime, vor allem die Erinnerung an das Hitler-Attentat vom 20. Juli 1944, als entscheidendes Kriterium dafür, wie die deutsche Bevölkerung ihre Vergangenheit „bewältigte". Die Verschwörer des 20. Juli bezeugten stellvertretend für die vielen anderen mutigen Frauen und Männer des deutschen Widerstandes, dass es auch in der NS-Zeit ein anderes, besseres Deutschland gegeben hatte. Dies sah jedoch in den ersten Nachkriegsjahren anders aus: Bei vielen Menschen stieß das Thema „20. Juli" auf Ablehnung, denn es erinnerte an eigene Versäumnisse und die persönliche Schuld. Manche verurteilten die Männer des 20. Juli sogar als Verräter. Im offiziellen Gedenken hatte der 20. Juli jedoch bereits seit 1946 seinen Platz. Nach außen diente er dazu, die Kollektivschuldthese zu widerlegen, nach innen sollte er eine neue Identität in einer freiheitlichen Tradition stiften. Je größer der zeitliche Abstand, desto positiver wurde das Datum bewertet. Zum 60. Jahrestag 2004 erfuhren die Protagonisten des gescheiterten Attentats eine intensive Würdigung durch Politik, Medien und Öffentlichkeit.

Geschichts- und Gedenkkultur | Die große Bedeutung der geschichtskulturellen Beglaubigung im Staats- und Gesellschaftssystem der DDR zeigt sich auch in der „gründungsmythischen Dreieinigkeit" der DDR-Gedenk- und Feiertage: So wurde am 15. Januar der Ermordung von *Karl Liebknecht* und *Rosa Luxemburg* gedacht[1], 1950 der 8. Mai als arbeitsfreier Feiertag („Tag der Befreiung des deutschen Volkes vom Hitlerfaschismus", ab 1967 nicht mehr arbeitsfrei) und der 7. Oktober, der Gründungstag der DDR („Tag der Republik"), als Staatsfeiertag eingeführt. Der 8. Mai galt auch als „Tag des Dankes an die Sowjetunion" und der 7. Oktober als „Tag des Stolzes auf die eigene Leistung". Damit fügten sich die Feiertage zu einer Erzählung, in der auf den Kampf und die Opfer, die Erlösung und der Dank an die Befreier sowie schließlich die stolze Feier des Bestehenden folgte.

Völlig anders ging die Bundesrepublik mit ihrer symbolischen Repräsentation und geschichtskulturellen Selbstdeutung um. Hier herrschte nach 1945 in dieser Hinsicht eine große Verunsicherung. In erster Linie wollte sich die Bundesrepublik sowohl gegen das „Dritte Reich" als auch gegen die DDR abgrenzen. In der westdeutschen Bevölkerung wurde der 8. Mai lange eher als „Tag des Zusammenbruchs" als ein Tag der Befreiung angesehen. Er fand erst nach Jahren Eingang in die offizielle *Gedenkkultur*. Auch ein Gründungsdatum, an dem die Bundesrepublik sich hätte feiern können, gab es nicht. Die Bundesrepublik verstand sich als „Provisorium", welches – wie das Grundgesetz – nur so lange Bestand haben sollte, bis sich alle Deutschen in freier Selbstbestimmung eine Verfassung geben und einen Staat bilden würden.

17. Juni 1953: Nachdem die SED-Führung die Arbeitsnormen heraufgesetzt hatte, kam es in Ost-Berlin und 700 weiteren Städten der DDR zu Aufständen. Diese wurden mithilfe sowjetischer Truppen blutig niedergeschlagen.

Einen wichtigen Schub für die westdeutsche Identitätsbildung brachte der ostdeutsche Volksaufstand vom **17. Juni 1953**. Kurz darauf erklärte der Bundestag den 17. Juni als „Tag der deutschen Einheit" zum ersten und einzigen Staatsfeiertag der alten Bundesrepublik. Der Aufstand habe ein für alle Mal die Behauptung widerlegt, „dass das deutsche Volk nicht die innere Kraft aufbringe, sich gegen Diktatur und Will-

[1] Vgl. im Wahlmodul „Die Gesellschaft der Weimarer Republik" Seite 359.

kür zur Wehr zu setzen". Der 17. Juni wurde damit zum Bestandteil der Nach-Geschichte des Nationalsozialismus und der *Aufarbeitung*. Noch weiter geht der Historiker *Edgar Wolfrum* in seiner Bewertung: „Pointiert ausgedrückt war das Datum der eigentliche Gründungsakt der Bundesrepublik – und durfte es zugleich offiziell gar nicht sein."

Lebensstandard als Legitimation: das „Wirtschaftswunder" | Nicht nur die gegensätzlichen politischen Kurse, die beide deutsche Staaten einschlugen, auch der Wohlstand der Bevölkerung entwickelte sich unterschiedlich.

In Westdeutschland förderten die Alliierten den raschen wirtschaftlichen Wiederaufbau. Zunächst musste die durch den Krieg verursachte Inflation beseitigt werden. Am 20. Juni 1948 wurde in den Westzonen eine *Währungsreform* durchgeführt und die Deutsche Mark als neues Zahlungsmittel eingesetzt. Was sich anschließend ereignete, grub sich als Gründungsmythos der Bundesrepublik tief ins Bewusstsein der Menschen ein (➔M8): Über Nacht füllten sich die Geschäfte mit Waren, die bislang nur mit Mühe auf dem Schwarzmarkt erhältlich gewesen waren. Die Händler hatten ihre Güter bis zur Einführung einer stabilen Währung zurückgehalten.

Die Währungsreform und die 1948 von dem späteren Wirtschaftsminister *Ludwig Erhard* mit Unterstützung der Amerikaner durchgesetzte Einführung der **Sozialen Marktwirtschaft** schufen die Grundlagen für einen beispiellosen Wirtschaftsaufschwung, der für die Zeitgenossen einem „Wirtschaftswunder" gleichkam. Die internationale Nachfrage nach deutschen Produkten wuchs, die Industrieproduktion, die Kaufkraft der Bevölkerung und die Einkommen stiegen an, bereits Ende der 1950er-Jahre herrschte Vollbeschäftigung. Ein spezifisches Lebensgefühl bildete sich aus: das Streben nach bürgerlicher Normalität, Erfolg und materiellem Wohlstand. Auf die „Fresswelle" der frühen 1950er-Jahre folgte eine „Kaufwelle", eine „Reisewelle", die viele Deutsche in ihr Traumland Italien führte, und schließlich die „Motorisierungswelle". Trotz bleibender sozialer Ungleichheit prägte kaum etwas anderes das *Selbstverständnis* der Westdeutschen so sehr wie der wirtschaftliche Erfolg in den ersten beiden Jahrzehnten nach der Gründung der Bundesrepublik.

Feier für den einmillionsten „Käfer" im Wolfsburger Volkswagenwerk.
Foto vom 5. August 1955.
Der VW-Käfer wurde zum Symbol des deutschen Wirtschaftsaufstiegs. Er wurde insgesamt 21,5 Millionen Mal gebaut.

Soziale Marktwirtschaft: Wirtschaftsordnung der Bundesrepublik Deutschland, in der sich der Staat, anders als in der reinen freien Marktwirtschaft, durch gesetzliche Rahmenbedingungen um einen möglichst gerechten Ausgleich zwischen wirtschaftlich stärkeren und schwächeren Gruppen der Gesellschaft bemüht.

Planwirtschaft: Wirtschaftsordnung, in der die Produktion von Gütern sowie deren Verteilung nach staatlich festgelegten Plänen vorgenommen wird.

„Von der Wiege bis zur Bahre" | Die sowjetische Besatzungsmacht verzichtete nicht auf Reparationen und Demontage. Hunderte Industrieanlagen wurden in Ostdeutschland abgebaut. Die Einführung der sozialen **Planwirtschaft**, die Verstaatlichung der Industrie, die Kollektivierung der Landwirtschaft und Enteignung vieler kleiner Handels- und Handwerksbetriebe sowie die zentral von der Regierung geplante Güterproduktion – all diese von Moskau verordneten Maßnahmen lähmten die Wirtschaft. Das starre System führte zu ständigen Engpässen in der Industrie und der Versorgung der Bevölkerung mit Gütern des täglichen Lebens. Trotz hoher Arbeitsleistungen blieb der Lebensstandard deutlich niedriger als in der Bundesrepublik. Gerade junge, gut ausgebildete DDR-Bürger zog es in den kapitalistischen Westen. Erst die Abriegelung durch den Bau von Mauer und Selbstschussanlagen 1961 setzte der Massenflucht ein Ende. Die Grenze war jedoch nicht ganz undurchlässig. Von 1961 bis 1988 flohen über 40 000 Personen – teilweise unter spektakulären Umständen – in den Westen.

Käuferschlange vor einem Obst- und Gemüsemarkt am Alexanderplatz in Ost-Berlin.
Foto vom Oktober 1978.
Weil es an so vielem fehlte, bekamen die DDR-Bürger selten das, was sie kaufen wollten, sondern sie kauften das, was es gerade gab. Schlangestehen gehörte zum Alltag.

In den folgenden Jahren verbesserte sich der Lebensstandard. Trotz aller Propaganda blieb die Bundesrepublik aber der einzige von den Bürgern akzeptierte Maßstab. Mit sozialen Vergünstigungen versuchte die SED-Führung, die Bevölkerung positiv zu stimmen und ihre Herrschaft zu sichern. Letztlich akzeptierten die meisten Bürger den „Sozialstaat DDR", der sie „von der Wiege bis zur Bahre" begleitete. Die staatliche Subventionierung von Konsum und Sozialleistungen bei geringer Arbeitsproduktivität der staatlichen Betriebe und dem im Vergleich zum Export wesentlich höheren Import von Waren führte die DDR jedoch in den Bankrott, den die Parteiführung bis zum Schluss zu verheimlichen suchte.

Amerikanisierung im Westen – Zensur im Osten | Die von der Bundesregierung verfolgte Westorientierung fand ihre Entsprechung in der persönlichen Lebenswelt der Bürger (→M9). Amerikanische Kultur und Lebensart hielten in der Bundesrepublik Einzug, besonders geprägt durch Coca-Cola, Kaugummi und Burger, Jeans, Rock'n'Roll, Hollywood-Filme und Massenmotorisierung. Gleichzeitig machte die von den USA ausgehende Massenkultur die Werte der amerikanischen Demokratie populär: Liberalismus, Pluralismus und Rechtsstaatlichkeit stellten obrigkeitliches Denken und patriarchalische Strukturen infrage. Überall in Westeuropa ging dies mit dem Protest und einem veränderten Lebensgefühl vieler Jugendlicher einher, die nach Freiräumen von Arbeitsethos und Bürgerlichkeit verlangten. Viele der älteren Generation sahen diese Entwicklung als Anzeichen des kulturellen Verfalls, andere wiederum begriffen die Amerikanisierung als historisch längst überfälligen Prozess der kulturellen Demokratisierung und Emanzipation.

Durch diese Entwicklung vollzog sich die deutsche Teilung auch im kulturellen Bereich. Die DDR bot ihren Bürgern keine vergleichbaren Konsummöglichkeiten. Die für den „Westen" stehenden Wertvorstellungen wie Individualismus und Freiheitsdrang standen den Idealen des „real existierenden Sozialismus" entgegen und wurden unterdrückt. Da die westliche Kultur vom „Klassenfeind" propagiert und gelebt wurde, musste sie in der DDR umso negativer bewertet und streng sanktioniert werden. Die Partei versuchte, alle westlichen Einflüsse zu verhindern, Beat-Musik und Jeans wurden viele Jahre verboten.

Demgegenüber erhob die DDR den Anspruch, eine „Kulturgesellschaft" zu sein. Die Staatsführung war stolz, ihren Bürgern kostenlosen Zugang zu Bibliotheken, Theatern und Museen zu bieten. Viele zeitgenössische Autoren wurden von Ost- und Westdeutschen gelesen. Zahlreiche Schriftsteller übten in ihren Werken Kritik an der deutschen Vergangenheit und Gegenwart, die sich oft gegen beide deutsche Staaten richtete. Obwohl Zensur und Publikationsverbot drohten – beides stritt die DDR-Führung offiziell ab –, entstand seit den späten 1960er-Jahren ein Milieu regimekritischer Schriftsteller. Manche von ihnen verließen die DDR, wie etwa *Sarah Kirsch, Jurek Becker* oder *Monika Maron*. Der ostdeutsche Schriftsteller und Liedermacher *Wolf Biermann* wurde wegen kritischer Veröffentlichungen 1976 ausgebürgert (→M10). Bis in die 1980er-Jahre blieben Künstler und Autoren der Willkür des SED-Regimes ausgesetzt, das entweder über Kritik hinwegsah oder mit harten Maßnahmen reagierte.

Wettstreit der Systeme im Sport | Die materiellen Anreize, welche die DDR ihren Bürgern bieten konnte, waren gemessen an westlichen Standards gering. Sie musste daher auf andere Felder ausweichen, auf denen sie die Loyalität der Bevölkerung gewinnen und zugleich der kapitalistischen Konkurrenz erfolgreich Paroli bieten konnte. Sportliche Glanzleistungen sollten die Bürger mit nationalem Stolz erfüllen und dem Land die zunächst verwehrte internationale Anerkennung bringen.

Im Kalten Krieg wurden internationale Sportveranstaltungen zu Arenen im Wettstreit der Systeme (→M11). In diesem Sinne sah die DDR ihre Spitzensportler als „Diplomaten im Trainingsanzug". Kein anderes Land der Welt gab anteilsmäßig so viel Geld für die Förderung des Sports aus. Bereits in den Kindergärten und Grundschulen wurden begabte Kinder gefördert. Zudem wurde systematisch gedopt. Die internationalen Erfolge der ostdeutschen Spitzensportler trugen zur Identifikation der Bürger mit ihrem Land bei.

Bedeutend für das Selbstverständnis der westdeutschen Nachkriegsgesellschaft war der Sieg bei der Fußballweltmeisterschaft 1954 in Bern. Durch das „Wunder von Bern" konnten die Deutschen wieder stolz auf ihre Nation sein. Als die DDR bei den Olympischen Spielen von 1968 erstmals mit eigener – und nicht mehr in einer gesamtdeutschen – Mannschaft antrat und von da an im Medaillenspiegel jeweils vor der Bundesrepublik lag, sah sich diese genötigt, die staatliche Sportförderung ihrerseits zu forcieren. Auch im Westen war Doping nicht unbekannt. Im Jahr vor den Olympischen Spielen 1972 in München erklärte Bundesinnenminister *Hans-Dietrich Genscher* in einer Beratung: „Von ihnen als Sportmediziner will ich nur eines: Medaillen für München."

Deutsches Turn- und Sportfest.
Foto vom 15. August 1959, Leipzig. „Jedermann an jedem Ort – einmal in der Woche Sport", so die Losung von DDR-Staatschef Walter Ulbricht. In diesem Sinne betätigte er sich wie hier auf dem III. Turn- und Sportfest in Leipzig als begeisterter Vorturner.

Skandal und Wandel in der Bundesrepublik | In den 1960er-Jahren spitzte sich in der Bundesrepublik die Auseinandersetzung um die Vergangenheit zu. Die jüngere Generation kritisierte die Selbstverständlichkeit, mit der ehemalige Mitläufer nach 1945 die Entwicklung der Bundesrepublik bestimmten, und forderte dazu auf, das Schweigen zu brechen. Die meist sehr persönlich geführte Auseinandersetzung der Jugend mit der Vergangenheit ihrer Eltern, Lehrer und Professoren führte oftmals zu einer pauschalen Verurteilung der älteren Generation und ging mit einem inflationären Gebrauch des Faschismus-Vorwurfs einher.

Im Mai 1968 erklärte der Bundestag „Beihilfe zum Mord aus niederen Beweggründen" rückwirkend seit 1960 als straffrei. Da im bundesdeutschen Rechtsverständnis als Haupttäter immer Hitler, Himmler, Heydrich u. a. galten, wurde die Masse der Schreibtisch-Täter stets nur wegen Beihilfe zum Mord angeklagt. Aufgrund der Novelle mussten viele Prozesse und Ermittlungsverfahren gegen NS-Täter eingestellt werden. Was in der offiziellen Sprachregelung als „Panne des Gesetzgebers" galt, nannte die kritische Öffentlichkeit „kalte Amnestie".

Frankfurter Auschwitz-Prozess: Mit 22 Angeklagten und 183 Verhandlungstagen handelte es sich um einen der größten und meistbeachteten Prozesse in der Geschichte der deutschen Justiz. Durch die Aussagen der mehreren hundert Zeugen – größtenteils KZ-Überlebende – sahen sich viele Deutsche gezwungen, sich mit der eigenen Rolle während der NS-Zeit und der mangelnden Aufarbeitung nach 1945 auseinanderzusetzen.

Der von 1963 bis 1965 dauernde **Frankfurter Auschwitz-Prozess** hatte das Ausmaß des NS-Völkermordes, aber auch die Schwierigkeit gezeigt, den Verantwortlichen ihre individuellen Mordtaten nachzuweisen. Mord und Beihilfe zum Mord verjährten bis dahin nach 20 Jahren – so wäre in absehbarer Zeit eine Strafverfolgung von NS-Tötungsverbrechen nicht mehr möglich gewesen. Schließlich handelte der Gesetzgeber: Der Deutsche Bundestag verschob zunächst die Verjährungsfrist, nach weiteren intensiven Debatten im Jahr 1979 entschied er, die Verjährung von Völkermord und Mord ganz aufzuheben. So konnten in den 1960er-Jahren noch zahlreiche Prozesse gegen NS-Täter durchgeführt werden.

Auf politischer Ebene belebte sich vor allem im Zuge der Neuen Ostpolitik unter Bundeskanzler *Willy Brandt* der Diskurs über die NS-Vergangenheit von Neuem. Die Bundesrepublik bemühte sich erfolgreich um eine Verbesserung der deutsch-deutschen Beziehungen und der Verhältnisse zu den Staaten, die die DDR anerkannt hatten. Dazu gehörten auch Bemühungen um eine Aussöhnung mit den Opfern im Osten, die der berühmte Kniefall Brandts vor dem Mahnmal für die Opfer des Warschauer Ghettos im Dezember 1970 symbolisch ausdrücken sollte.

Stillstand und Ritualisierung in der DDR | Eine solche auf den Nationalsozialismus zentrierte Auseinandersetzung der jungen Generation mit der älteren blieb in der DDR aus. Der ritualisierte antifaschistische Bezug auf den Nationalsozialismus wandelte sich nur in Nuancen. Öffentliche Kontroversen waren ohnehin nicht möglich. Neben der diktatorischen Verfasstheit des Staates war das einerseits durch die „antifaschistische Herkunft" der Herrschenden bedingt. „Wir fühlten eine starke Hemmung, gegen Menschen Widerstand zu leisten, die in der Nazi-Zeit im KZ gesessen hatten", kommentierte die Schriftstellerin *Christa Wolf* rückblickend. Andererseits war in der DDR die Auseinandersetzung mit dem „Hitler-Faschismus" ein Dauerthema in Politik, Bildung und Medien. Seit Gründung des Landes war die Bevölkerung durch dutzende Romane, Fernseh- und Kinoproduktionen, die zum Teil auch zum zentral vorgegebenen Schulstoff gehörten, „antifaschistisch" beeinflusst (z. B. *Bruno Apitz* „Nackt unter Wölfen").

Begegnung mit Zeitzeugen.
Foto vom 16. April 2005.
Ein früherer Häftling erläutert Schülerinnen und Schülern in der Gedenkstätte des ehemaligen KZ Sachsenhausen bei Berlin Fotos und Dokumente.

Nach 1990: Die Aufarbeitung geht weiter | Die Wiedervereinigung löste bei den deutschen Nachbarstaaten zunächst altes Misstrauen gegenüber einem politisch wie militärisch starken Deutschland aus. Durch das Bekenntnis zur NATO-Mitgliedschaft und die Zustimmung zur weiteren Vertiefung der europäischen Integration konnte Bundeskanzler *Helmut Kohl* diese Befürchtungen aber letztlich zerstreuen. (➔M12).

Seit der Deutschen Einheit hat sich Deutschland auch einer „doppelten Vergangenheit" zu stellen. Die Fehler, die bei der ersten „Diktaturbewältigung" gemacht wurden – vor allem bei der strafrechtlichen Verfolgung der NS-Verbrechen – sollten sich bei der zweiten nicht wiederholen. Das vereinte Deutschland wandte sich, anders als nach 1945, unverzüglich der Aufarbeitung der Vergangenheit zu. Die Verbrechen der DDR-Diktatur wurden öffentlich gemacht, den Opfern wurde materiell und symbolisch Genugtuung verschafft, die Täter wurden bestraft. Für die Geschichtswissenschaft gilt das Thema DDR inzwischen als „überforscht". Geschichtskulturell aber hat das Thema, vor allem in den Facetten „Repression und Mangel", weiter Konjunktur.

Seit 1990 gibt es auch eine gesamtdeutsche Erinnerung an den Nationalsozialismus. Befürchtungen, das Thema könnte zu den Akten gelegt werden, erwiesen sich als falsch. Das Bekenntnis zur Verantwortung für die deutschen Gewalttaten steht unverändert. In Wissenschaft, Medien und Kunst ist das Interesse an der NS-Zeit größer denn je. Das Bild jener Epoche wird immer differenzierter. Unternehmensgeschichten etwa klären den Beitrag der deutschen Wirtschaft an der Judenverfolgung sowie an der Ausbeutung von Zwangsarbeitern während des Krieges. Mit der im Jahr 2000 gegründeten *Stiftung „Erinnerung, Verantwortung und Zukunft"* wurden die vielen Millionen ehemaliger Zwangsarbeiter entschädigt und endlich als Opfer anerkannt.

Darüber hinaus widmet sich die Geschichtswissenschaft verstärkt dem Thema „Aufarbeitung der Aufarbeitung" und damit der Frage, wie in Deutschland, aber auch in anderen europäischen Staaten, mit der NS-Vergangenheit von 1945 bis heute umgegangen worden ist.

Alles neu in der „Berliner Republik"? | Im politischen Sprachgebrauch ist seit der deutschen Einheit von der „Berliner Republik" die Rede (→M13). Diese Bezeichnung bezieht sich nicht nur auf die neue, modernisierte Hauptstadt, sondern vielmehr auf ein verändertes deutsches Selbstverständnis im europäischen und internationalen Kontext.

Hat sich die deutsche Politik nach 1990 verändert? Dafür sprechen einige Indizien: Die Bundesrepublik drängt auf einen Sitz im Weltsicherheitsrat der UNO. Sie beteiligt sich an internationalen militärischen Kriegseinsätzen im Rahmen der NATO und der UNO, wobei sie sich vehement gegen den Kriegseinsatz im Irak und gegen Libyen aussprach. Sie richtet „Gipfelkonferenzen" zur Klärung internationaler Konflikte aus. Und auch bei der Bewältigung der Euro- und Schuldenkrise seit dem Jahr 2008 spielt die Bundesrepublik eine dominierende Rolle.

Der Wandel von der Bonner zur in „neuer alter Größe" gewachsenen Berliner Republik hat im In- und Ausland auch Unbehagen ausgelöst. Um das Ansehen Deutschlands in der Welt und das Vertrauen des Auslands zu bewahren, knüpft die Berliner Republik an die antirituellen Traditionen der Bundesrepublik an. Dies betrifft auch die alljährliche Ausrichtung der Feier zum „Tag der Deutschen Einheit" am 3. Oktober. Bremens Oberbürgermeister *Klaus Wedemeyer* empfahl 1994 auf der zentralen Einheitsfeier: „Rücksichtnahme und Aufrichtigkeit, Behutsamkeit und Realitätssinn nach innen und nach außen sollten uns auch leiten, wenn wir über die deutsche Nation und die kollektive Identität der Deutschen diskutieren."

Volksfest am Brandenburger Tor zum Tag der Deutschen Einheit in Berlin.
Foto vom 3. Oktober 2011.

Innenpolitisch hat sich die Situation von einem Dreiparteiensystem (CDU/CSU, SPD, FDP) zu einem Sechsparteiensystem (CDU/CSU, SPD, Grüne, Linke, FDP, AfD) entwickelt, das vielfältigere politische Konstellationen ermöglicht. Von allen Parteien wird heute eine größere ideologische Beweglichkeit und Kompromissfähigkeit eingefordert. Nicht zuletzt sorgen die vielfältigen internationalen Anforderungen – Globalisierung, Terrorismus, Ökologie, Demografie – dafür, dass sich die deutsche Politik stets neu definieren muss.

Ob sich die Orientierung der deutschen Politik am „Zivilisationsbruch Nationalsozialismus" mit wachsendem zeitlichen Abstand halten wird, oder ob dieser historische Bezugspunkt allmählich verblasst, wird sich zeigen. Die politische Auseinandersetzung mit den NS-Verbrechen sollte jedoch nicht beendet werden, weil bis heute Rassismus, Antisemitismus, Ausländerfeindlichkeit und andere rechtsextremistische Auswüchse vielfach auf nationalsozialistischen Vorstellungen gründen. Außerdem hat sich nach 1945 mehrfach gezeigt, dass sich Zivilisationsbrüche in allen Teilen der Welt wiederholen können (z. B. die Massenmorde in Kambodscha oder die Kriegsverbrechen in Jugoslawien und Ruanda).

Ein Land – eine Identität? | Seit der „Wiedervereinigung" nähert sich die politische Kultur in den beiden Teilen Deutschlands allmählich einander an. Obwohl Löhne und Gehälter inzwischen weitgehend angeglichen wurden, fühlte sich ein Teil der Ostdeutschen jedoch durch die radikale politische und wirtschaftliche Umstellung ungerecht behandelt. Orientierungslosigkeit, Rechtsradikalismus und eine nostalgische Verklärung des Sozialismus machten sich breit. Insgesamt sind die Menschen in den neuen Bundesländern mit Demokratie, pluralistischer Gesellschaft und Marktwirtschaft weniger zufrieden als die im Westen. Die überwiegende Mehrheit der Bevölkerung steht aber positiv zum wiedervereinigten Deutschland.

Die Unterschiede in der Lebenserfahrung und im Lebensgefühl zwischen den Deutschen in Ost und West waren doch größer, als man das in den aufregenden Monaten der friedlichen Revolution erwartet hatte. Dies betrifft auch das kollektive Gedächtnis und traditionelle Werthaltungen. Trotz aller wirtschaftlichen und sozialen Probleme: Der Stolz auf die friedliche Revolution in der DDR und die daraufhin erfolgte Deutsche Einheit hat wesentlich zu einem gemeinsamen Selbstverständnis und zur „inneren Einheit" Deutschlands beigetragen.

Zusammenwachsen.
Karikatur (ohne Titel) von Reiner Schwalme, 1992.

▶ Erklären Sie die Haltung des Zeichners zur deutschen Einheit. Diskutieren Sie, ob die Aussage der Karikatur auch heute noch Gültigkeit hat.

32040-259

„Stolpersteine".
Seit 1997 verlegt der Kölner Künstler Gunter Demnig „Stolpersteine". Das sind kleine Betonwürfel mit Messingplatten, auf denen die Namen von NS-Opfern (Juden, Sinti und Roma, politisch und religiös Verfolgte, Homosexuelle, Opfer der „Euthanasie") stehen. Sie werden vor den früheren Wohnhäusern der Opfer in den Gehweg eingelassen. Bis 2012 wurden etwa 35 000 Steine an rund 750 Orten in zehn europäischen Ländern verlegt.

Eine neue Geschichtskultur | Mit dem Ende der DDR verschwand auch ihre *Geschichtskultur*. Die Symbole des vereinigten Deutschland, die Flagge und Hymne, waren jene der Bundesrepublik. Namen der ostdeutschen Straßen, Plätze und Institutionen, die Denkmäler und symbolträchtigen Gebäude verschwanden, während sich Benennungen, die sich an der Geschichtskultur der alten Bundesländer orientieren, allmählich auch im Beitrittsgebiet verbreiten.

In der Bundesrepublik war die politische Kultur seit Ende der 1970er-Jahre pluraler geworden. Es gab immer mehr bürgergesellschaftliche Initiativen. Das beeinflusste auch die westdeutsche Geschichtskultur. Die (Um-)Benennung von Straßen, Plätzen, Institutionen und Kasernen, die Errichtung, Entfernung oder Umwidmung von Gedenkorten verstand man nun nicht mehr als alleinige Angelegenheit des Staates, sondern als Resultat eines Selbstverständigungsprozesses der Gesellschaft. Auch das 2005 fertiggestellte *Denkmal für die ermordeten Juden Europas* sowie das 2007 vom Bundestag beschlossene *Freiheits- und Einheitsdenkmal* im Zentrum Berlins hatten bürgergesellschaftliche Ursprünge (➔M14). Heute gibt es in Deutschland eine Vielzahl von Gedenkstätten, die vom Bund, den Ländern, Kommunen oder von bürgergesellschaftlichen Akteuren errichtet wurden und betrieben werden.

Andererseits versteht es der Staat zunehmend als seine Aufgabe, die Vergangenheit mit einem offiziellen Gedenkwesen zielgerichtet lebendig zu halten. Dagegen erheben sich auch kritische Stimmen, die diese staatlich „verordnete" Gedenkkultur eher als Hindernis für eine wirkliche Auseinandersetzung und ein lebendiges Geschichtsbewusstsein begreifen.

Gleichzeitig wird die Gedenk- und Erinnerungskultur an Nationalsozialismus und Holocaust immer internationaler, was sich heute vor allem an Museen wie dem *United States Holocaust Memorial Museum* in Washington, D.C., oder dem *Jüdischen Museum* in Berlin zeigt. Auch die Entwicklung des 27. Januar von einem nationalen Gedenktag der Deutschen zum „Internationalen Tag des Gedenkens an die Opfer des Holocaust" verweist auf die Tatsache, dass der Holocaust heute Teil einer *transnationalen Erinnerungskultur* geworden ist.

Etwa seit Beginn des neuen Jahrhunderts haben die Themen Nationalsozialismus und Zweiter Weltkrieg auch in Kino- und TV-Produktionen Konjunktur. Eine neue Generation von Autoren und Regisseuren entwickelt hier eine eigene Sichtweise auf die Vergangenheit, welche in der Geschichtswissenschaft, aber auch in den Medien immer wieder kontrovers diskutiert wird.

Gemeinsames europäisches Erinnern | Nach dem Zusammenbruch des Kommunismus und im Zuge der EU-Osterweiterung sahen viele eine politische und wirtschaftliche Vereinigung Europas unter westlichen Vorzeichen in greifbarer Nähe. Damit verbunden war der Wunsch nach Überwindung der Nationalstaaten im Rahmen einer gemeinsamen europäischen Identität. Doch erwies sich dieses Ziel als äußerst schwer zu verwirk-

Befürworter der katalanischen Unabhängigkeit demonstrieren in Barcelona.
Foto vom 27. Oktober 2017.
Bereits 1640 kam es in Katalonien zu einem Aufstand gegen Zentralisierungsbestrebungen des Königs Philipp IV. und seines Beraters Olivares: Alle spanischen Teilreiche sollten sich an den Kriegskosten der Krone beteiligen und Soldaten verpflegen und beherbergen. Erst 1652 konnten königliche Truppen die Macht in Katalonien zurückerobern. Bis heute lebt das Bewusstsein der katalanischen Eigenständigkeit weiter, obwohl die Provinz formell zu Spanien gehört. Nach einem von der Zentralregierung in Madrid für verfassungswidrig erklärten Unabhängigkeitsreferendum in Katalonien stimmte das dortige Parlament im Oktober 2017 für die Loslösung vom spanischen Staat. Daraufhin eskalierte der Konflikt: Die Regionalregierung wurde für abgesetzt erklärt, es erfolgten Anklagen wegen Rebellion gegen führende Separatisten, von denen einige ins Ausland flohen wie der damalige Ministerpräsident Puigdemont, andere wurden inhaftiert. Katalonien wurde zwischenzeitlich unter die Zwangsverwaltung der Zentralregierung gestellt. Der Konflikt schwelt weiter und zeigt, welchen Zündstoff historisch gewachsene Konflikte um Autonomie und kulturelle Identität in einer zunehmend globalen Welt weiterhin liefern.

lichen. Welche gemeinsamen Merkmale und Ziele kann man von Portugal bis Griechenland, von Skandinavien bis Sizilien als gemeinschaftsstiftend erkennen? Zeichnete sich Europa nicht seit dem Mittelalter durch seine Vielfalt der Staatswesen und der Kulturen aus, ja ergab sich daraus nicht sogar die Konkurrenz und Dynamik, die Fortschritt und Expansion ermöglichten (→M7)? Für die westliche Wertegemeinschaft, zu der freilich auch die USA und Kanada zählen, kann man Demokratie und Menschenrechte, Säkularisierung, Technologisierung und Kapitalismus als Leitideen festmachen. Gerade in Deutschland sahen viele in einer „europäischen Identität Deutschlands" die Möglichkeit, das kontaminierte deutsche Erbe nach 1945 in einem europäischen Rahmen aufzulösen. Ein Vertreter einer „europäischen Leitkultur" ist der Politikwissenschaftler *Bassam Tibi*, der sie wie folgt definiert: „Primat der Vernunft vor religiöser Offenbarung, d. h. vor der Geltung absoluter religiöser Wahrheiten, individuelle Menschenrechte (also nicht Gruppenrechte), säkulare, auf der Trennung von Religion und Politik basierende Demokratie, allseitig anerkannter Pluralismus sowie ebenso gegenseitig zu geltende Toleranz."

Im Jahr 2008 hat das Europäische Parlament den *„Europäischen Tag des Gedenkens an die Opfer von Stalinismus und Nationalsozialismus"* beschlossen. Er findet am 23. August statt, dem Tag der Unterzeichnung des Hitler-Stalin-Paktes. In Zeiten der Globalisierung suchen allerdings viele Menschen zunehmend Halt in regionalen und nationalen Strukturen. Nationale Opfermythen sind zudem langlebig und können nur durch historische Forschung überwunden werden. Verschiedene Opfergruppen konkurrieren um Anerkennung, und eine ehrliche Auseinandersetzung mit der eigenen Geschichte jenseits der Opfersicht fällt immer noch schwer, wie die Diskussionen in Polen, Ungarn, Tschechien oder Russland zeigen. „Erinnerung erweist sich damit letztlich rückgekoppelt an die Machtfrage. ‚Souverän' ist nicht nur, wer über den Ausnahmezustand entscheidet, sondern auch, wer selbstgenügsam über seine Erinnerungen und nationalen Mythen entscheidet" (*Aleida Assmann*) (→M15).

Doch auch in Deutschland gerät im Zuge der Übernahme der Opferperspektive die Täterperspektive zunehmend verloren. Erst wenn die Erinnerung an eigene Schuld und die Anerkennung der Leiden anderer zugleich möglich sind, kann eine gemeinsame europäische Erinnerungsgemeinschaft entstehen. Und auch die jeweiligen regionalen und nationalen Identitäten müssten in die überstaatlichen Gemeinschaften integriert werden. Ansonsten kommt es zu Separationsbestrebungen wie etwa in Katalonien, Norditalien oder Schottland. Die Finanz- und Eurokrise, der Ruf nach autoritären Regierungen, der Brexit und die Angst vor Migration haben nicht nur die EU in eine tiefe Krise gestürzt, sondern auch den Weg zu einer europäischen Erinnerungskultur auf einem gemeinsamen Wertefundament erschwert.

Internettipp

Die Bundeszentrale für politische Bildung hat ein Dossier zum Thema „Geschichte und Erinnerung" veröffentlicht, das noch einmal viele Aspekte dieses Wahlmoduls zusammenfasst. Sie finden es unter diesem Code.

32037-61

M1 „Es ist zum Übelwerden"

Der Schriftsteller und Nobelpreisträger Hermann Hesse (1877–1962) lebt seit 1919 in der Schweiz im Tessin. Während der Zeit des Nationalsozialismus ist sein Haus eine Anlaufstelle für etliche Emigranten aus Deutschland auf ihrem Weg ins Exil. Hesse schreibt einen „Offenen Brief" an die Schriftstellerin Luise Rinser, der am 26. April 1946 unter dem Titel „Ein Brief nach Deutschland" in der National-Zeitung (Basel) veröffentlicht wird. Darin heißt es:

Merkwürdig ist das mit den Briefen aus Ihrem Lande! Viele Monate bedeutete für mich ein Brief aus Deutschland ein überaus seltenes und beinahe immer ein freudiges Ereignis. […]

Dann wurden die Briefe häufiger und länger und unter diesen Briefen waren schon viele, die mir keine Freude machten und die zu beantworten mir bald die Lust verging […].

Ein Gefangener in Frankreich, kein Kind mehr, sondern ein Industrieller und Familienvater, mit Doktortitel und guter Bildung, stellte mir die Frage, was denn nach meiner Meinung ein gut gesinnter anständiger Deutscher in den Hitlerjahren hätte tun sollen? Nichts habe er verhindern, nichts gegen Hitler tun können, denn das wäre Wahnsinn gewesen, es hätte ihn Brot und Freiheit gekostet, und am Ende noch das Leben. […]

Da sind nun zum Beispiel alle jene alten Bekannten, die mir früher jahrelang geschrieben, damit aber in dem Augenblick aufgehört haben, als sie merkten, dass man sich durch Briefwechsel mit mir, dem Wohlüberwachten, recht Unangenehmes zuziehen könne. Jetzt teilten sie mir mit, dass sie noch leben, dass sie stets warm an mich gedacht und mich um mein Glück, im Paradies der Schweiz zu leben, beneidet hätten, und dass sie, wie ich mir ja denken könne, niemals mit diesen verfluchten Nazis sympathisiert hätten. Es sind aber viele dieser Bekenner jahrelang Mitglieder der Partei gewesen. Jetzt erzählen sie ausführlich, dass sie in all diesen Jahren stets mit einem Fuß im Konzentrationslager gewesen seien, und ich muss ihnen antworten, dass ich nur jene Hitlergegner ganz ernst nehmen könne, die mit beiden Füßen in jenen Lagern waren, nicht mit dem einen im Lager, mit dem anderen in der Partei […].

Dann gibt es treuherzige alte Wandervögel, die schreiben mir, sie seien damals, so etwa um 1934, nach schwerem inneren Ringen in die Partei eingetreten, einzig, um dort ein heilsames Gegengewicht gegen die allzu wilden und brutalen Elemente zu bilden und so weiter.

Andere wieder haben mehr private Komplexe und finden, während sie im tiefen Elend leben und von wichtigeren Sorgen umgeben sind, Papier und Tinte und Zeit und Temperament im Überfluss, um mir in sehr langen Briefen ihre tiefe Verachtung für Thomas Mann[1] auszusprechen und ihr Bedauern oder ihre Entrüstung darüber, dass ich mit einem solchen Mann befreundet sei.

Und wieder eine Gruppe bilden jene, die offen und eindeutig all die Jahre mit an Hitlers Triumphwagen gezogen haben, einige Kollegen und Freunde aus früheren Zeiten her. Sie schreiben mir jetzt rührende und freundliche Briefe, erzählen mir eingehend von ihrem Alltag, ihren Bombenschäden und häuslichen Sorgen, ihren Kindern und Enkeln, als wäre nichts gewesen, als wäre nichts zwischen uns, als hätten sie nicht mitgeholfen, die Angehörigen und Freunde meiner Frau, die Jüdin ist, umzubringen und mein Lebenswerk zu diskreditieren und schließlich zu vernichten. Nicht einer von ihnen schreibt, er bereue, er sehe die Dinge jetzt anders, er sei verblendet gewesen. Und auch nicht einer schreibt, er sei Nazi gewesen und werde es bleiben, er bereue nichts, er stehe zu seiner Sache. Wo wäre je ein Nazi zu seiner Sache gestanden, wenn diese Sache schief ging? Ach, es ist zum Übelwerden.

Zitiert nach: Christoph Kleßmann, Die doppelte Staatsgründung. Deutsche Geschichte 1945–1955, Bonn 1991, S. 443 f.

32040-260

1. Beschreiben Sie, wie sich die Deutschen in ihren Briefen an Hermann Hesse darstellen.

2. Erläutern Sie, welche Gründe es für die Einstellung der Deutschen und ihren Umgang mit dem Nationalsozialismus geben könnte. | F

3. Präsentation: Erörtern Sie die Haltung Hesses, die hier zum Ausdruck kommt. Nehmen Sie selbst Stellung zu den Briefschreibern und verfassen Sie Antworten. | F

M2 Mentalitätsbrüche

Der Historiker Hans-Ulrich Wehler (1931–2014) spricht von einem vierfachen Mentalitätsbruch, der die Ausgangslage der neu gegründeten Bundesrepublik begünstigt habe:

1. Jedes Liebäugeln mit der Diktatur traf nach 1945 in Westdeutschland auf unüberwindbaren Widerstand. Die Erfahrungen mit dem Führerabsolutismus hatten alle Illusionen, die dieses politische System unlängst noch umhüllt hatten, aufgelöst. […]

2. Mit dem Untergang des „Dritten Reiches" wurde außerdem die Fata Morgana eines deutschen „Sonderwegs" in die Moderne endgültig aufgegeben. Zwar hatte Deutschland seit jeher zum Okzident, zum westlichen Kulturkreis und europäischen Staatensystem, gehört – insofern ist die Formel vom „langen Weg nach Westen" irreführend. Doch war es seit der zweiten Hälfte des 19. Jahrhunderts mit fatalen Folgen von dessen Modernisierungspfad abgewichen. Das niederschmetternde Resultat des nationalsozialistischen „Sonderwegs" blieb umso wirkungsvoller, als die Blockkon-

[1] **Thomas Mann** (1875–1955): deutscher Schriftsteller und Nobelpreisträger, der 1933 in die Schweiz und 1938 in die USA emigrierte. Als Gegner der Nationalsozialisten wandte er sich regelmäßig in einer eigenen Radiosendung, gesendet von der BBC, an die deutsche Bevölkerung.

frontation zwischen sowjetischer Diktatur und westlicher Demokratie die vermeintliche Option für einen neuen „Dritten Weg“, den einige irrlichternde Schwarmgeister noch immer für begehbar hielten, denkbar unattraktiv machte.

3. Nachdem der Vulkan des deutschen Radikalnationalismus erstickt worden war, erloschen auch die Leidenschaften, die ihn von einer Eruption zur anderen getrieben hatten. Damit verlor der politische Verband der Deutschen einen seiner Tragpfeiler, insbesondere aber eine Antriebskraft, die ihn seit hundert Jahren bewegt hatte. Die große Frage lautet seither, welcher Loyalitätspol an die Stelle der Nation treten kann, da auch moderne westliche Staaten weiterhin einer integrierenden Programmatik bedürfen. [...]

4. Auch der Bann des charismatischen „Führers“ war 1945 endgültig gebrochen worden, nachdem der Selbstmörder ein bis dahin unvorstellbares Chaos heraufgeführt hatte. Trotzdem: Da der Hitler-Mythos sozialpsychisch viel tiefer verankert war, als mancher Kritiker der Führerherrschaft später wahrhaben wollte, ist seine Ausstrahlungskraft nicht über Nacht erloschen. Die ersten Meinungsumfragen ergaben, dass Hitlers Leistungen in den sechs Friedensjahren noch rundum auf Anerkennung trafen. Im Sommer 1952 etwa hielt ihn ein Drittel der Befragten für einen „großen Staatsmann“, ein weiteres Viertel besaß eine „gute Meinung“ von ihm. Auch 1955 glaubte immerhin fast die Hälfte (48 Prozent), dass Hitler ohne den Krieg als einer „der großen deutschen Staatsmänner“ dagestanden hätte. Selbst 1967, als die westdeutsche Wirtschaft und die Bonner Republik schon jahrelang florierten, hielten noch immer 32 Prozent an diesem positiven Urteil fest. Heutzutage mag man das mit einem ungläubigen Kopfschütteln registrieren, aber die zuverlässig ermittelten empirischen Befunde beweisen noch einmal die außergewöhnliche Faszination, die Hitlers charismatische Herrschaft auf seine Deutschen ausgeübt hatte.

Hans-Ulrich Wehler, Deutsche Gesellschaftsgeschichte, Bd. 4: Vom Beginn des Ersten Weltkriegs bis zur Gründung der beiden deutschen Staaten 1914–1949, München 2003, S. 981 f.

Titelblatt der satirischen Nachkriegszeitschrift „Ulenspiegel“ von Oktober 1946.
Die LDP (Liberal-Demokratische Partei Deutschlands) war eine 1945 in der Sowjetischen Besatzungszone gegründete liberale Partei, die in der DDR zur einflusslosen Blockpartei wurde.

► Analysieren Sie die Aussage des Bildes. | H

32040-262

1. Präsentation: Vergleichen Sie die Aussagen Wehlers mit dem Bericht in M1.
Erarbeiten Sie auf dieser Grundlage ein Schaubild zum Selbstverständnis der Deutschen nach dem Krieg.

32040-261

2. Erörtern Sie, welche integrierende Idee heute im wiedervereinigten Deutschland als Antriebskraft wirken könnte.

M3 Einstellungen im Wandel der Zeit

„Wann im 20. Jahrhundert ist es nach Ihrem Gefühl Deutschland am besten gegangen, in welchen Jahren?"

Zeitraum	Jahr der Umfrage 1959	1963	1970	1980
vor dem Ersten Weltkrieg	28	16	5	4
1918 bis 1933	5	5	2	2
1933 bis 1939	21	10	5	3
während des Krieges (1940–1945)	1	1	–	–
nach 1945	39	62	–	–
heute, jetzt	–	–	81	80
keine Angabe	6	6	7	11

Nach: Allensbacher Jahrbuch der Demoskopie 1984–1992, München 1993, S. 386

32040-263

▸ „Wann im 20. Jahrhundert ist es nach Ihrem Gefühl Deutschland am besten gegangen ...?" Diese Frage wurde von einem Meinungsforschungsinstitut in seinen Umfragen regelmäßig in der Bundesrepublik Deutschland gestellt. Die Tabelle zeigt, wie die Befragten geantwortet haben. Beschreiben Sie anhand der Daten die Einstellung der Westdeutschen. Erläutern Sie, welche Tendenzen erkennbar sind und wie sich diese erklären lassen. Ziehen Sie Ihre Ergebnisse aus M1 und M2 hinzu. | H

M4 Zur „antifaschistischen Umwälzung" in der DDR

Im Geschichtsschulbuch, das an allen 10. Klassen der Polytechnischen Oberschulen der DDR eingesetzt worden ist, heißt es in der Ausgabe von 1984:

Die Entstehung und Entwicklung der Deutschen Demokratischen Republik war das Resultat der siegreichen antifaschistisch-demokratischen Umwälzung. In diesem revolutionären Prozess kämpften Arbeiter, werktätige Bauern und andere demokratische Kräfte unter Führung der SED für eine antiimperialistisch[1]-demokratische Staatsmacht und für die Durchsetzung des gesellschaftlichen Fortschritts. Die Machtgrundlagen der Monopolbourgeoisie und der Großgrundbesitzer wurden in der antifaschistisch-demokratischen Umwälzung beseitigt, die Wurzeln des Faschismus wurden ausgerottet.

Geschichte Klasse 10, Volk und Wissen, Berlin 1984, S. 87

[1] **Imperialismus**: Nach Auffassung des Marxismus-Leninismus ist der Imperialismus die fortgeschrittene Stufe des Kapitalismus, da die Industrieländer, um sich Rohstoffe und Absatzmärkte zu sichern, zur Unterwerfung und Ausbeutung anderer Staaten übergehen.

32040-264

1. Geben Sie wieder, wie im Schulbuch die „antifaschistisch-demokratische Umwälzung" in der DDR beschrieben wird. Entspricht die Darstellung den historischen Tatsachen?
2. Erläutern Sie mithilfe der Darstellung auf Seite 388 den Faschismus-Begriff, wie ihn die DDR verstand. | F
3. Erörtern Sie, welche Konsequenzen sich aus dieser Geschichtsdarstellung für den Umgang mit der jüngsten Vergangenheit in Politik und Gesellschaft der DDR – auch gegenüber Westdeutschland – ergaben.

M5 Antikommunismus als Deckmantel?

*Der Politikwissenschaftler Dietrich Thränhardt (*1941) analysiert die Integration ehemaliger Nationalsozialisten in der Bundesrepublik folgendermaßen:*

Als Übergangsideologie für die Bundesrepublik, die in die westliche Gesellschaft hineinwuchs, war der Antikommunismus hervorragend geeignet. In ihm konnte man sich mit den ehemaligen Kriegsgegnern, mit der Demokratie, den „westlichen Werten", dem Christentum, dem „Abendland" identifizieren, die als positives Gegenbild fungierten. Auch wenn man während des „Dritten Reiches" unterschiedlichen politischen Lagern angehört hatte, war auf dieser ideologischen Grundlage eine Versöhnung möglich. Die große Menge der ehemaligen Nationalsozialisten und die noch größere Zahl der ehemaligen Antidemokraten konnte auf diese Weise allmählich eine neue positive Identifikation gewinnen, die aber häufig sehr partiell blieb. Nach dem Urteil der Frankfurter Allgemeinen Zeitung war es 1954 bei Bewerbungen eher eine Empfehlung, „PG" [Parteigenosse, also Mitglied der NSDAP] gewesen zu sein.
Zur Stabilisierung nach innen trug diese neue Dichotomisierung[2] [...] zweifellos bei. Die politische Eingliederung breiter Schichten mit bisher nichtdemokratischer Orientierung gelang in bemerkenswertem Umfang. Die Eingliederung einer so großen Anzahl ehemaliger Nichtdemokraten, vorwiegend in bürgerlichen Kreisen und gesellschaftlich angesehenen Berufsgruppen (Ärzte, Lehrer, Verwaltungsbeamte, Richter), barg andererseits die Gefahr des Eindringens von undemokratischen Einflüssen. [...]
Als die neuen Bundesministerien aufgebaut wurden, waren die Überprüfungen durch die Alliierten aufgegeben worden. Sozialdemokraten wurden wegen der harten innenpolitischen Frontstellung kaum eingestellt. Andererseits erhielten aber alle ehemaligen Beamten des „Dritten Reiches", mit Ausnahme der schwer belasteten, einen Rechtsanspruch

[2] **Dichotomisierung**: Zerlegung einer Gesamtheit in zwei Teilgesamtheiten, die mithilfe eines Merkmals unterschieden werden (z. B. in der Statistik nach Geschlecht: männlich und weiblich)

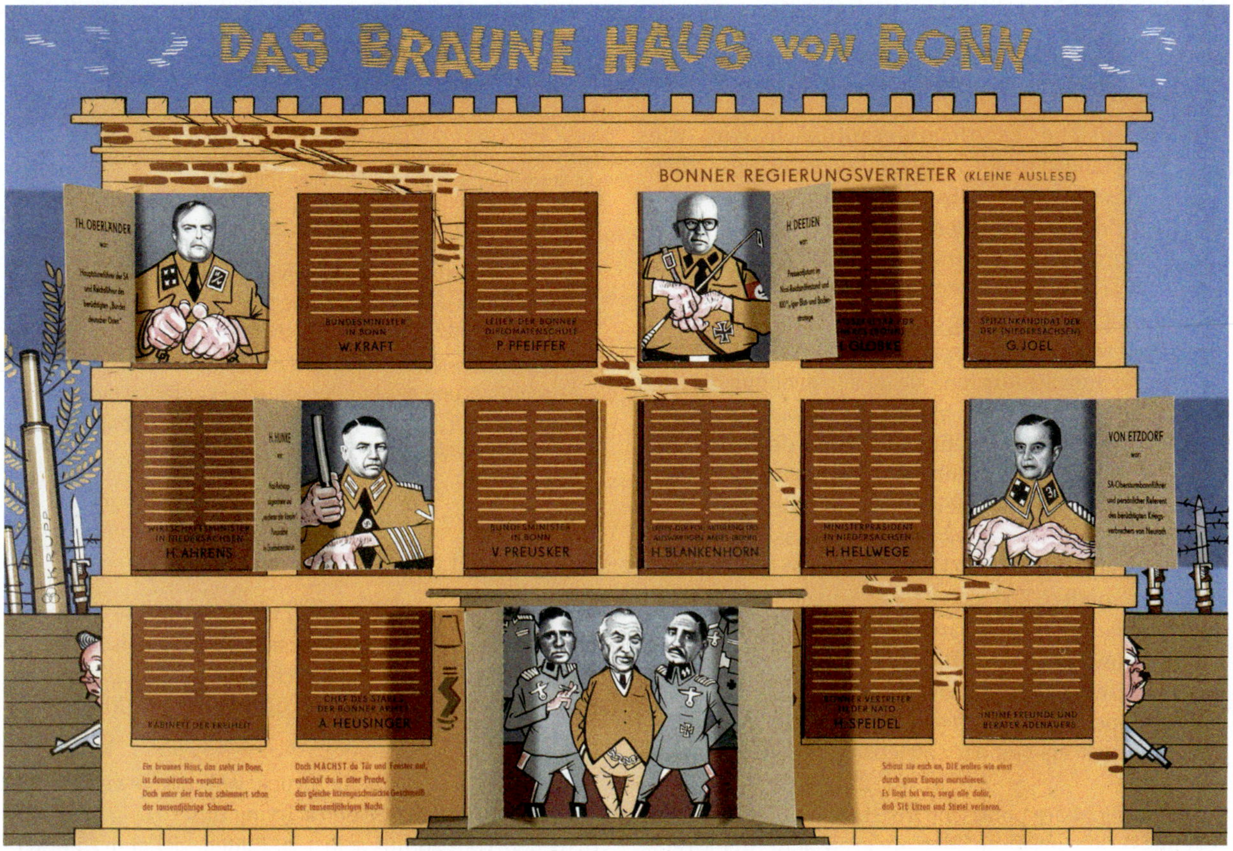

Das Braune Haus von Bonn.
Schautafel, herausgegeben von der SED-Abteilung Agitation, Presse, Rundfunk, Berlin-Ost, 1956.
Als „Braunes Haus“ wurde die NS-Parteizentrale in München von 1930 bis 1945 bezeichnet. „Das Braune Haus von Bonn“ zeigt führende Politiker der Bundesrepublik, die im NS-Regime aktiv waren. Dazu gehört etwa Minister Theodor Oberländer (oben links).

▶ Erläutern Sie, warum die SED an der Aufdeckung der „braunen“ Vergangenheit westdeutscher Politiker interessiert war.

32040-265

auf Beschäftigung (Ausführungsgesetz zu Art. 131 GG). Alle Behörden hatten 20% der Stellen für diesen Zweck zu reservieren. Da die meisten früheren Spitzenbeamten von den Alliierten entlassen und sogar vorübergehend verhaftet worden waren, standen sie 1949/50 zur Verfügung. Innerhalb der Gruppe der Beamten hatten alte Verbindungen Bestand gehabt: Ein ehemaliger Beamter „zog“ den anderen nach. Im Ergebnis kam es zur Wiederherstellung der alten Bürokratie, einschließlich ihrer NSDAP-Mitglieder. Im Auswärtigen Amt waren 1951 66% der leitenden Beamten ehemalige NSDAP-Mitglieder. Kritik daran wies Adenauer mit dem Appell zurück, „jetzt mit der Naziriecherei Schluss zu machen“. Für das Bundesjustizministerium ergab eine amerikanische Untersuchung noch höhere Werte. In anderen Ministerien, für die keine Unterlagen vorliegen, dürfte die Entwicklung ähnlich gewesen sein.
Immer wieder wurden diese Besetzungen mit dem Mangel an „Fachleuten“ erklärt. Die Besetzung der Bundesministerien war dabei der spektakulärste und auch greifbarste Fall. Denn es bestand ein Unterschied zwischen einer allgemeinen beruflichen Wiedereingliederung ehemaliger Nationalsozialisten und der Besetzung zentraler Entscheidungspositionen. Insbesondere die Justiz, in der sich der Korpsgeist ihrer Angehörigen bemerkbar machte, wurde weithin restituiert. Erst seit Ende der sechziger Jahre, als breite öffentliche Kritik einsetzte, wurde den schwer belasteten „Blutrichtern“ die Möglichkeit gegeben, sich unter Wahrung ihrer Versorgungsansprüche pensionieren zu lassen. Bestraft wurde keiner.

Dietrich Thränhardt, Geschichte der Bundesrepublik Deutschland, Frankfurt am Main 1996, S. 112 ff.

32040-266

1. Fassen Sie die Aussagen Thränhardts mit eigenen Worten zusammen.
2. Erläutern Sie, inwiefern der Antikommunismus als „Integrationsideologie“ wirkte.
3. Erörtern Sie, ob es in unserer heutigen Gesellschaft auch „Integrationsideologien“ gibt.

M6 Antifaschismus und Antitotalitarismus

*Der Historiker Martin Sabrow (*1954) vergleicht, wie nach 1945 „Vergangenheitspolitik" betrieben worden ist:*

Der ostdeutsche Legitimationsantifaschismus wies schließlich tabuisierende Züge auf, indem er wesentliche Aspekte des Nationalsozialismus aus dem kollektiven Gedächtnis wie aus der wissenschaftlichen Forschung verbannte, darunter so zentrale Fragen wie die Massenattraktivität des Hitler-Regimes und die Teilhabe der Bevölkerung an Verfolgung und Vernichtung. Nie brachte die DDR-Geschichtswissenschaft eine Hitler-Biografie hervor, und bis zum Schluss hielt sie an einem dogmatisierten Denken fest, das Hitler als bloßen Handlanger der Monopole verstand, die KPD als führende Kraft des Widerstandes und das deutsche Volk als verführtes Opfer der Fremdherrschaft einer kleinen Clique. Die erste Überblicksdarstellung der DDR-Geschichtswissenschaft zur NS-Zeit widmete der Shoah kein Kapitel und keinen Unterabschnitt, sondern konzentrierte sich in den vier von 260 der „faschistische[n] Barbarei in den okkupierten Gebieten" gewidmeten Seiten auf die deutschen Gräueltaten in den besetzten Teilen der Sowjetunion. Juden wurden als Opfergruppe in diesem Zusammenhang nur ein einziges Mal, und zwar als Teil der sowjetischen Bevölkerung erwähnt […].
Eine vergleichbare politische Instrumentalität und Tabuisierungskraft besaß auf der anderen Seite der Grenze der bundesdeutsche Antitotalitarismus. Sie zeigte sich im Umgang etwa mit dem kommunistischen Widerstand, der in der Bundesrepublik aus der symbolischen wie der materiellen Integration ausgeschlossen blieb. Sie zeigte sich ebenso in der Wiedergutmachungspolitik gegenüber den Opfern der nationalsozialistischen Gewaltherrschaft: Der zur westlichen Hemisphäre zählende Staat Israel erhielt Entschädigungsleistungen, osteuropäische Staaten erhielten sie bis 1989 nicht. […] Seine tabuisierende Kraft bewies der bundesdeutsche Antitotalitarismus, indem er das Bild des christlichen und konservativen Widerstands ebenso von unwillkommenen Zügen zu reinigen erlaubte, wie es der Antifaschismus in Bezug auf den kommunistischen Widerstand vermochte. Die antidemokratischen und teils sogar antisemitischen Grundüberzeugungen vieler Männer des 20. Juli 1944, die in den Anfangsjahren der NS-Herrschaft oft überzeugte Hitler-Anhänger gewesen waren, blieben ebenso im Verborgenen wie die erst jüngst näher beleuchtete Frage der Verstrickung des militärischen Widerstandsflügels in den nationalsozialistischen Genozid. Diese […] Haltung belastete die frühe Bundesrepublik mit einer unheilvollen und bis zum Anschein der Komplizenschaft reichenden Symbiose von Amnesie und Amnestie, die aus heutiger Sicht als ein empörender „Triumph des ‚Beschweigens'" vor uns steht, sie erlaubte aber zugleich analog zur staatlich verfolgten und gesellschaftlich verlangten Wiedereingliederungspolitik die unzweideutige Verurteilung des NS-Systems, ohne seine ehemaligen Träger und Anhänger auszugrenzen.

Martin Sabrow, Die NS-Vergangenheit in der geteilten deutschen Geschichtskultur, in: Christoph Kleßmann und Peter Lautzas (Hrsg.), Teilung und Integration. Die doppelte deutsche Nachkriegsgeschichte als wissenschaftliches und didaktisches Problem, Bonn 2005, S. 132–151, hier S. 142–144

32040-267

1. Geben Sie Gemeinsamkeiten und Unterschiede in der „Vergangenheitsbewältigung" beider deutscher Staaten wieder.
2. Charakterisieren Sie anhand des ostdeutschen Antifaschismus und des bundesdeutschen Antitotalitarismus den Begriff „Vergangenheitspolitik". Wie wirkt sich diese Politik jeweils aus? | F

M7 „Einheit in Vielfalt"

Walter Hallstein (1901–1982) war von 1958 bis 1968 der erste Vorsitzende der Kommission der Europäischen Wirtschaftsgemeinschaft. Anlässlich der Verleihung des Internationalen Karlspreises der Stadt Aachen 1961 hielt er folgende Rede:

[…] Wir blicken vielmehr zurück, weil wir gewiss sind, in der Erinnerung, in der Betrachtung unseres eigenen Werdens den Weg zu uns selbst zu finden, sicherer zu erkennen, was unser wahres Wesen ist, unsere Möglichkeiten, unsere Notwendigkeiten, unsere Verantwortung. Wir blicken zurück, weil wir wissen, dass alles Leben Bewegung ist, auch das Leben der Völker, weil es hieße, die Dynamik unseres eigenen Tuns verleugnen, wenn wir es je anders begriffen als eine unaufhörliche Veränderung, ein ständiges Werden, eine *création continue* – und nicht als einen Zustand, nicht als etwas Statisches. Deshalb ist in allem unserem Handeln, in allem Geschehen der europäischen Einigung immer die Vergangenheit gegenwärtig – ebenso sehr wie es die Zukunft ist; denn alle Politik ist ja ein beständiges In-Form-Bringen für die Aufgaben, die das Morgen bringen wird.
In dieser Vergangenheit nun finden wir Weniges, in dem symbolkräftiger die eigenständige politische Einheit Europas Gestalt gewann, wie den Mann, dessen Namen der Preis trägt, den ich heute empfangen darf. Als das Licht der Geschichte voll über dem nördlichen Europa aufgegangen war, hatte Europa befriedet im Innern und geschützt an seinen Grenzen unter der *Pax Romana* gelebt. Immer wieder hat es beides gesucht: das Ende des Zwists – zu keiner Zeit ist das Gefühl dafür ganz erloschen, dass es ein Bruderzwist war – und die Überwindung der niemals ganz nachlassenden äußeren Gefahr. Von allen geglückten (oder scheinbar geglückten) Versuchen ist der Karls des Großen der glaubhafteste, ohne die Fragwürdigkeiten, ohne das Abenteuerliche anderer Bemühungen. Aber er gelang nur für einen historischen Augenblick,

und dann bereitete sich der lange Prozess vor, an dessen Ende jene nationalstaatliche Verfassung Europas steht, deren Struktur am Wesentlichsten durch den Wiener Kongress bestimmt ist. Diese Struktur Europas dauert bis in unser Jahrhundert, bis in unsere Tage, als ein Staatensystem labilen Gleichgewichts, kunstvoll und mühsam durch das Ab- und Zugeben von Gewichten dirigiert von dem Konzert der Mächte und doch schließlich seiner Legitimität beraubt, weil es die einzige verbindliche Leistungsprüfung für ein europäisches politisches System nicht bestanden hat: In zwei Weltkriegen hat es seine Unfähigkeit bewiesen, den inneren Frieden in Europa zu wahren und seine äußere Sicherheit zu gewährleisten.

[...] Damit sind wir auch beim innersten Kern des europäischen Phänomens. Unter den furchtbaren Erschütterungen, die die europäische Geschichte der ersten Hälfte unseres Jahrhunderts ausmachen, ist eine neue Unbefangenheit gegenüber der traditionellen politischen Struktur erwachsen: Nicht, dass das Nationalbewusstsein erloschen wäre – trotz des entsetzlichen Missbrauchs, der mit ihm getrieben worden ist. Nein: Europa ist die Vielfalt und wird sie immer bleiben. Seine Kraft und Art ist der großartige Reichtum seiner Landschaften, seiner Stämme, seiner Begabungen, seiner Erinnerungen, die wir Geschichte nennen. Aber das Nationalbewusstsein ist verändert. Es ist geläutert. Es hat seine zerstörerischen Eigenschaften abgelegt, seine Erbfeindschaften, seine Rivalitäten, seine hegemonialen Tendenzen.

Denn Europa ist sich innegeworden, dass es nicht nur die Vielfalt ist. Es ist auch die Einheit, die Einheit in der Vielfalt. Es gibt inmitten aller Verschiedenheit eine Grundmasse gleicher, identischer Elemente, Bedingungen, Anlagen, Wertmaßstäbe, seelischer und geistiger Gemeinsamkeiten, ein Gefühl des Aufeinanderangewiesenseins im Guten wie im Bösen, gemeinsamen Tuns und Leidens, großer gemeinsamer Schwächen, aber auch glänzender gemeinsamer Leistungen – kulturell, wirtschaftlich, politisch. Ist nicht sogar Amerika, wenn auch gewiss nicht gleich Europa oder ein Teil davon, doch zu einem guten Stück auch eine europäische Schöpfung? Und ist nicht der Eiserne Vorhang mehr noch als eine tief schmerzende nationale Wunde; geht er nicht durch das Herz Europas selbst? Dieser Einheit in der Vielfalt hat Europa sich angeschickt, politischen Ausdruck, politische Form zu geben. [...]

Rede von Walter Hallstein, https://www.karlspreis.de/de/preistraeger/walter-hallstein-1961/rede-von-walter-hallstein (Zugriff: 17. Juni 2019)

32040-268

1. Fassen Sie die Position Hallsteins in einer These zusammen.
2. Erläutern Sie die historische Begründung für Hallsteins Vorstellung von einem einigen Europa.
3. Diskutieren Sie, was genau Hallstein mit den kulturellen, wirtschaftlichen und politischen Gemeinsamkeiten der Europäer meint.

M8 Mythos und Identität

*Der Politikwissenschaftler Herfried Münkler (*1951) beschreibt, welche Funktion „moderne" Mythen in der Bundesrepublik und der DDR übernommen haben:*

Politische Mythen haben in allen europäischen Nationen eine wichtige Rolle gespielt, Deutschland allerdings war ein regelrechtes Dorado der politischen Mythografie. Das hängt mit der politischen Deutungshoheit des Bildungsbürgertums und mit der verspäteten Staatsbildung zusammen: Bis 1871 waren Mythen und Symbole die einzige Repräsentation der Nation. Das hatte zur Folge, dass die nationalen Erwartungen und Anstrengungen auf das Feld des Symbolischen verwiesen waren. [...]

Dafür erfolgte nach dem Zweiten Weltkrieg ein mythenpolitischer Schnitt, wie er radikaler nicht hätte sein können. Fast alle politischen Mythen waren desavouiert: An eine Wiederkehr Barbarossas nach langem Schlaf war nicht mehr zu denken, und die Nibelungen hatten auf ihrem Zug nach Osten allesamt den Tod gefunden. Von der germanischen Identität, auf die man zeitweilig so stolz gewesen war, wollte man nichts mehr wissen, und auch der Preußenmythos war anrüchig geworden.

Im Umgang mit den Trümmern der alten deutschen Mythen gingen DDR und Bundesrepublik unterschiedliche Wege: Während die DDR ein neues Mythensystem errichtete, in dessen Zentrum geschichtliche Ereignisse standen, die sich als Vorgeschichte des Arbeiter-und-Bauern-Staates aufbereiten ließen – vom Bauernkrieg über die antinapoleonischen Befreiungskriege bis zum antifaschistischen Widerstand –, blieben in der Bundesrepublik die mythenpolitischen Trümmerberge zunächst weitgehend unbearbeitet. [...]

Aber ganz hat auch die Bundesrepublik auf Sinnstiftung durch mythische Erzählungen nicht verzichten können. Die Konsummythen [...] dienten nicht nur als Kaufanreize und Marketinginstrumente einer sich in ihrem neuen Wohlstand einrichtenden Gesellschaft, sondern avancierten auch zu Gegenerzählungen zur Mythik der DDR: Sie bestritten deren Anspruch, der bessere deutsche Staat zu sein, und hielten ihr die notorischen Versorgungsdefizite der Bevölkerung und die Einschränkung der Reisefreiheit als Manko der politischen Ordnung vor. Damit konterkarierten die bundesrepublikanischen Konsummythen den antifaschistischen Gründungsmythos, in dem die DDR den Widerstand gegen Hitler und die Zerschlagung des Nazi-Regimes für sich monopolisiert hatte.

Herfried Münkler, Die Deutschen und ihre Mythen, Berlin [2]2009, S. 17 und 19f.

32040-269

1. Fassen Sie zusammen, was Münkler unter dem „mythenpolitische[n] Schnitt" (vgl. Zeile 10f.) versteht.
2. Erklären Sie auf der Grundlage von Münklers Ausführungen den Begriff „politischer Mythos". | H

M9 Sonderweg nach Westen: Das Modell Deutschland

*Der Historiker Andreas Rödder (*1967) erklärt, wie sich das westdeutsche Selbstverständnis nach 1945 herausbildete:*

Neben der auf die deutsche Schuld zentrierten Erinnerungskultur wurde die politisch-kulturelle Verwestlichung zum zweiten Spezifikum des bundesdeutschen Selbstverständnisses. Die Westbindung in Verbindung mit der außenpolitischen Kultur der Zurückhaltung schlug sich in der staatlichen Repräsentation nieder – von der Qualität der auf Staatsbanketten ausgeschenkten Weine bis zur Architektur staatlicher Bauten. Bonn war nicht nur wegen seiner überschaubaren Größe als Provisorium und als Manifestation der Bescheidenheit geeignet. […]
Die alte Bundesrepublik zeigte sich durch und durch westlich: Demokratie und Marktwirtschaft, Pluralismus und Individualismus wurden zu unumstößlichen Grundwerten – die zu Beginn des 20. Jahrhunderts als Inbegriff der verachteten „Zivilisation" gegolten hatten. Die dem seinerzeit gegenübergestellte deutsche „Kultur" war bestenfalls noch Gegenstand von Verlustanzeigen. […]
Die Bundesrepublik hatte Leitideen und Deutschlandbilder des Westens übernommen, traditionelle Selbstbilder hingegen ebenso aufgegeben wie einen affirmativen Bezug auf die eigene Geschichte. Ebenso verlor die Nation als Leitkategorie an Bedeutung. […] Stattdessen zeigte sich die Bundesrepublik wie kaum ein anderer europäischer Staat bereit, staatliche Hoheitsrechte auf die europäische Ebene zu übertragen. Die Bundesrepublik vollzog nicht weniger als einen grundlegenden Wechsel der deutschen Identität.
Ersatz stellte das Selbstverständnis als „Modell Deutschland" bereit. Dabei wurde die „Erfolgsgeschichte" der Bundesrepublik in zwei Versionen erzählt, und sie wirkte gerade daher besonders integrativ. Die bürgerliche Version hob auf die Stabilitätsgeschichte der politischen Institutionen, auf eine prosperierende Marktwirtschaft und Massenwohlstand sowie auf Frieden und Freiheit durch die Westbindung ab. Die linke Lesart zielte auf Demokratisierung und Partizipation, Liberalisierung und Emanzipation, Individualisierung und Pluralismus. Beides kam zusammen, als die Bundesrepublik 1989 ihren 40. Geburtstag feierte.

Andreas Rödder, Wer hat Angst vor Deutschland? Geschichte eines europäischen Problems, Frankfurt am Main 2018, S. 156–158

32040-270

1. Präsentation: Stellen Sie die im Text genannten Elemente des westdeutschen Selbstverständnisses in einer Mindmap dar.
2. Zeigen Sie die Besonderheiten bei der Suche nach einer deutschen Identität nach 1945 auf.
3. Diskutieren Sie die Unterscheidung von Zivilisation und Kultur (vgl. Zeile 11–17) in Zeiten der Westbindung.

Der Kanzlerbungalow.
Der 1963/64 von Architekt Sep Ruf errichtete Bungalow diente als Wohn- und Empfangsgebäude der Kanzler bis zum Regierungsumzug nach Berlin 1999.

- Beschreiben Sie die Anlage des Kanzlerbungalows
- Geben Sie dem Bauwerk ein Motto und begründen Sie dies.

32040-271

M10 „Unsere DDR ist ein sauberer Staat"

Im Dezember 1965 spricht Erich Honecker (1912–1994) vor dem Zentralkomitee der SED über die Kulturpolitik:

Unsere DDR ist ein sauberer Staat. In ihr gibt es unverrückbare Maßstäbe der Ethik und Moral, für Anstand und gute Sitte. Unsere Partei tritt entschieden gegen die von den Imperialisten betriebene Propaganda der Unmoral auf, die das Ziel verfolgt, dem Sozialismus Schaden zuzufügen. Dabei befinden wir uns in voller Übereinstimmung mit der Bevölkerung der DDR und der überwiegenden Mehrheit der Menschen in Westdeutschland.

Wir stimmen jenen zu, die feststellen, dass die Ursachen für diese Erscheinungen der Unmoral und einer dem Sozialismus fremden Lebensweise auch in einigen Filmen, Fernsehsendungen, Theaterstücken, literarischen Arbeiten und in Zeitschriften bei uns zu sehen sind. Es häuften sich in letzter Zeit auch in Sendungen des Fernsehfunks, in Filmen und Zeitschriften antihumanistische Darstellungen. Brutalitäten werden geschildert, das menschliche Handeln auf sexuelle Triebhaftigkeit reduziert. Den Erscheinungen der amerikanischen Unmoral und Dekadenz[1] wird nicht offen entgegengetreten. Das gilt besonders für den Bereich der heiteren Muse und der Unterhaltung, für einzelne literarische Arbeiten. [...] Biermann wird systematisch vom Gegner zum Bannerträger einer sogenannten literarischen Opposition der DDR, zur Stimme der „rebellischen Jugend" gemacht. Davon zeugen Sendungen westdeutscher Rundfunkstationen, Berichte in der westdeutschen Presse und Rezensionen zu seinem in West-Berlin erschienenen Gedichtband. Biermann wird dort als ein „äußerst freimütiger und kühner Kritiker des mitteldeutschen Regimes" gefeiert. Biermanns sogenannte Gedichte kennzeichnen sein spießbürgerliches, anarchistisches Verhalten, seine Überheblichkeit, seinen Skeptizismus und Zynismus. Biermann verrät heute mit seinen Liedern und Gedichten sozialistische Grundpositionen. Dabei genießt er wohlwollende Unterstützung und Förderung einiger Schriftsteller, Künstler und anderer Intellektueller. Es ist an der Zeit, der Verbreitung fremder und schädlicher Thesen und unkünstlerischer Machwerke [...] entgegenzutreten.

Zitiert nach: Rolf Steininger, Deutsche Geschichte. Darstellungen und Dokumente in vier Bänden, Bd. 3: 1955–1969, Frankfurt am Main 2002, S. 269 f.

32040-272

1. Charakterisieren Sie das Bild, das Erich Honecker von der Kultur in der DDR zeichnet. Erläutern Sie, was er von der Kulturpolitik der SED erwartet.
2. Erörtern Sie die Begriffe, die Honecker in seiner Kritik verwendet, und finden Sie jeweils Gegenbegriffe.

Der Liedermacher Wolf Biermann bei seinem Auftritt in der Kölner Sporthalle am 13. November 1976.
Mit der Begründung, er habe die DDR kritisiert, wurde Biermann nach seinem Köln-Konzert am 16. November 1976 ausgebürgert. Zu diesem Zeitpunkt hatte er in der DDR bereits elf Jahre Berufsverbot. Seine Ausbürgerung löste eine Protestwelle aus: Zwölf bekannte Schriftsteller unterschrieben eine Petition, 400 weitere DDR-Bürger solidarisierten sich mit ihnen. Die SED-Führung reagierte mit Festnahmen, Parteiausschlüssen und Berufsverboten. Reihenweise verließen daraufhin prominente Künstler und Schriftsteller die DDR.

[1] **Dekadenz**: kultureller Verfall

Kopf-an-Kopf-Rennen der beiden deutschen Mannschaften beim Staffelwettbewerb der Frauen.
Foto von den Olympischen Sommerspielen in München 1972.
Hier siegte die bundesdeutsche Auswahl knapp vor dem DDR-Team. Im Medaillenspiegel lag die DDR am Ende jedoch deutlich vorn. Die Spiele von 1972 waren die ersten, bei denen die Sportler aus der DDR hinter ihrer Landesfahne in das Stadion einziehen durften. Dies war auf bundesdeutschem Boden zuvor verboten. Als das Internationale Olympische Komitee (IOC) beschloss, die Spiele 1972 nach München zu vergeben, entschied das Bundeskabinett schließlich, das Hissen der „Spalterflagge" zuzulassen.

M11 Kalter Krieg im Sport

*Die Historikerin Uta Andrea Balbier (*1974) zur Bedeutung des Sports in der Systemkonkurrenz:*

Die internationale Sportwelt eröffnete den kalten Kriegern auf beiden Seiten des Eisernen Vorhangs mehrere Möglichkeiten: In der offensichtlichen Wettbewerbssituation um Millimeter und Hundertstelsekunden versuchten beide Blöcke, die Überlegenheit ihres Gesellschaftssystems unter Beweis zu stellen, wie es SED-Generalsekretär Walter Ulbricht der DDR-Sportbewegung bereits zu Beginn der 1950er-Jahre einschärfte. In den 1960er-Jahren wurden im westlichen Lager vergleichbare Stimmen laut, und auch hier schnellte die Sportförderung in die Höhe. Gleichzeitig bot die – ihrem Selbstverständnis nach – unpolitische internationale Sportwelt diplomatisch kaum anerkannten Staaten wie der DDR Manövrierraum: Diese versuchte sich in den Sportstadien der Welt mit eigener Flagge und Hymne in Szene zu setzen, da die Bundesregierung umgekehrt bestrebt war, jede auch nur symbolische Anerkennung des Pankower Regimes zu verhindern.

In einer Welt, in der Leistung, nicht ideologische Überzeugung zählte, mauserten sich die DDR-Sportfunktionäre lange vor der diplomatischen Anerkennung ihres Staates zu ernst zu nehmenden Verhandlungspartnern. Innerhalb des Internationalen Olympischen Komitees [...] erreichte sie die Akzeptanz ihrer Existenz Jahre bevor der Grundlagenvertrag 1974 das Verhältnis zwischen der DDR und der Bundesrepublik normalisierte. Die Geschichte des Aufstiegs der DDR im internationalen Sport ist jedoch eng mit der Politisierung der olympischen Bewegung im Kalten Krieg verknüpft. In dem Versuch, politisch neutral zu sein, schuf die olympische Bewegung Tatsachen, die politische Dynamiken auf beiden Seiten des Eisernen Vorhangs freisetzten. Die gesamtdeutsche Olympiamannschaft war von Beginn an – in Ost wie in West – ein Spielball deutschlandpolitischer Interessen.

Uta Andrea Balbier, Kalter Krieg im Stadion, in: Dies. u.a. (Hrsg.), Der Kalte Krieg, Darmstadt 2010, S. 91–96, hier: S. 91 f.

32040-273

1. Fassen Sie zusammen, inwiefern die beiden Blöcke internationale Sportveranstaltungen in Arenen des Kalten Krieges verwandelten.
2. Erläutern Sie, weshalb die SED-Führung den Sport systematisch förderte. Gab es weitere mögliche Motive?
3. Beurteilen Sie das Verhältnis von Sport und Politik. Nennen Sie Beispiele, in denen der Sport politischen Zwecken diente.

M12 Der Weg zur Souveränität

In seinen Erinnerungen schreibt der damalige Bundeskanzler Helmut Kohl (1930–2017) über die Schwierigkeiten bei den „Zwei-plus-Vier-Verhandlungen" im Frühjahr 1990, die letztlich im „Zwei-plus-Vier-Vertrag" mündeten, der am 12. September 1990 unterzeichnet wurde und dem wiedervereinigten Deutschland die volle Souveränität brachte:

Während die Außenminister der Vereinigten Staaten, Großbritanniens und Frankreichs ohne Wenn und Aber die Position der Bundesregierung unterstützten, endete die Zustimmung der sowjetischen Seite bei der Frage der Bündniszugehörigkeit. Schewardnadse [damals Außenminister der Sowjetunion] wiederholte die Position Moskaus: Die Bevölkerung seines Landes und der Oberste Sowjet stünden der NATO-Mitgliedschaft eines vereinten Deutschlands eindeutig ablehnend gegenüber. Er warnte vor dem Trugschluss, die Sowjetunion würde hier spielen oder bluffen. Für sein Land bleibe die NATO, was sie immer gewesen sei: ein gegnerisches Militärbündnis, dessen Strategie den Ersteinsatz von Nuklearwaffen umfasse. [...]

Als mich Hans-Dietrich Genscher [damals Außenminister der Bundesrepublik] in einer Konferenzpause anrief, sprach er einen brisanten Punkt an: Schewardnadse hatte im Verlauf der Verhandlungen erneut vorgeschlagen, die inneren und äußeren Aspekte der deutschen Einheit zeitlich zu entkoppeln. Das hätte praktisch bedeutet, dass zwar die staatliche Einheit Deutschlands schon bald möglich geworden wäre, nämlich durch einen Beitritt der DDR zur Bundesrepublik. Diese auf den ersten Blick elegant erscheinende Übergangslösung hätte aber den entscheidenden Nachteil, dass uns – und das war ja auch erkennbar der Hintergedanke der sowjetischen Seite – auf unbestimmte Zeit das Recht vorenthalten bliebe, über unsere Bündniszugehörigkeit frei zu entscheiden. Gerade bei der deutschen Linken gab es eine starke national-neutralistische Tradition, und so lag die Vermutung nahe, dass Moskau Zeit gewinnen wollte, um mithilfe dieser Strömung schließlich doch noch eine Neutralisierung der Bundesrepublik Deutschland zu erreichen.

Da gab es nichts zu überlegen: Schewardnadses Vorschlag war für die Bundesregierung inakzeptabel. Entsprechend lautete meine Anweisung, in diesem Punkt keinen Millimeter nachzugeben; denn innere und äußere Aspekte der deutschen Einheit gehörten zusammen. [...]

Mein Optimismus beruhte darauf, dass wir in der Frage der NATO-Mitgliedschaft in einer guten Position waren. Außerhalb der Sowjetunion gab es damals praktisch niemanden mehr, der nicht die Mitgliedschaft Gesamtdeutschlands in der NATO bejaht hätte. Auf der Außenministerkonferenz des Warschauer Pakts hatten sich auch die ČSFR, wie sich die Tschechoslowakei seit dem 20. April nannte, Polen, Ungarn und noch andere Staaten in diesem Sinne erklärt. Der eine oder andere Nachbar mochte dabei natürlich gedacht haben, es gehe hierbei nur um die Sicherheit für Deutschland, sondern auch um Sicherheit vor Deutschland. Aber die Motive waren mir letztlich gleichgültig, wenn wir im Ergebnis in der NATO bleiben konnten.

In beiden Teilen Deutschlands, vor allem aber im Westen, war die Wiedervereinigungseuphorie des Winters 1989/90 unterdessen merklich abgekühlt. Der Weg zur Einheit war steiler und steiniger, als die meisten es sich vorgestellt hatten. Die vielfach geäußerte Enttäuschung über die erste Runde der Zwei-plus-Vier-Verhandlungen war auch Ausdruck dieser Ernüchterung. Dennoch setzten die Menschen in der DDR auf den baldigen Beitritt zur Bundesrepublik. Garant dieser Politik war in ihren Augen nach wie vor der deutsche Bundeskanzler.

Helmut Kohl, Erinnerungen 1990–1994, München 2007, S. 103–106

32040-274

1. Fassen Sie die im Text von Kohl genannten Ziele der Bundesrepublik bzw. der Sowjetunion zusammen.
2. Partnerarbeit/Präsentation: Verfassen Sie mit Ihrem Sitznachbarn/Ihrer Sitznachbarin einen Dialog zwischen Kohl und Schewardnadse.
3. Recherchieren Sie Inhalt und Bedeutung des Zwei-Plus-Vier-Vertrags.
4. Beurteilen Sie die langfristigen Folgen der „Bündnisfrage" für die Idee eines gemeinsamen Europas.

„Die Siegermächte...".
Zu sehen sind die britische Premierministerin Margaret Thatcher, der amerikanische Präsident George Bush, Bundeskanzler Helmut Kohl, der Ministerpräsident der DDR Lothar de Maizière, der sowjetische Staatschef Michail Gorbatschow sowie der französische Staatspräsident François Mitterrand. Die Karikatur von Klaus Stuttmann stammt aus dem Jahre 1990.

▸ Vergleichen Sie die Aussage der Karikatur mit der Einschätzung von Helmut Kohl in M12. | H

32040-275

M13 Was ist die „Berliner Republik"?

*Der Journalist Ludwig Watzal (*1950) 2001 zu Befürchtungen und Bedenken gegenüber der „Berliner Republik":*

Als der Publizist Johannes Gross Anfang der neunziger Jahre den Begriff der Berliner Republik in die öffentliche Debatte einführte, schlugen die Wellen hoch. Seither geistert er durch die politischen Feuilletons. Gewichtige Bedenken wurden vorgetragen: Das Ende der Bonner Republik ließ Befürchtungen aufkeimen, Deutschland könnte an Traditionen anknüpfen, die es ins Verderben geführt hatten. Neuer deutscher Größenwahn, das Abstreifen seiner NS-Vergangenheit im Sinne eines historischen Schlussstriches oder das Ende der Westbindung wurden befürchtet. Die Befürworter einer Berliner Republik behaupteten, dass sich durch den Umzug an der innen- wie außenpolitischen Ausrichtung Deutschlands nichts Wesentliches ändern werde. Dass die Herausforderungen an das Land von Berlin aus besser bewältigt werden würden, ist bis heute bloße Behauptung. Der unbestreitbare Vorteil Berlins liegt aber darin, dass es nicht nur politische Hauptstadt, sondern auch gleichzeitig kulturelle Metropole ist.

Der Politologe Kurt Sontheimer (1928–2005) beurteilt die „Berliner Republik" im selben Jahr wie folgt:

Von einer Berliner Republik als erneuerter Republik ließe sich reden, wenn durch die Einbeziehung der DDR-Bevölkerung ein politischer Prozess in Gang gekommen wäre, der zu bedeutsamen Änderungen der politischen und wirtschaftlich-sozialen Ordnung der alten Bundesrepublik geführt hätte. Doch dies war nicht der Fall. Nur die Bundesrepublik kam zum Zuge, die andere Seite war geschlagen und hilflos. So konnte die nun von Berlin aus zu regierende Bundesrepublik im Wesentlichen keine andere Republik sein als ihre Vorgängerin mit Regierungssitz in Bonn. Beim Übergang von Bonn nach Berlin hat sich an der Verfassungsordnung und dem politischen System der Bundesrepublik nichts Wesentliches verändert. Die friedliche Revolution der DDR-Bürger kam in der westlichen Bundesrepublik an ihr Ziel und ihr Ende. Auf diese Bundesrepublik hat sie sich nicht verändernd ausgewirkt. Es war ein frommer Wunsch vieler Ostdeutscher zu meinen, auch die Bundesrepublik müsse sich im Vereinigungsprozess ändern. Sie tat es nicht. [...]

Es sind diese großen und schwierigen Aufgaben des Zusammenwachsens und der gegenseitigen Anerkennung und Toleranz, die der jetzt von Berlin aus regierten Bundesrepublik von der Geschichte zugewiesen worden sind. Ihre Bewältigung, die auch misslingen oder nur unbefriedigend gelingen kann, unterscheidet die heutige Bundesrepublik von ihrer Bonner Variante. Dazu kommen die außerordentlichen Wandlungsprozesse im wirtschaftlichen und sozialen Bereich, die mit dem Allerweltsbegriff der Globalisierung umschrieben werden und die dem Staat einiges von seiner früheren Gestaltungsmacht entziehen. Kurz: Die Berliner Republik von heute unterscheidet sich hinsichtlich ihrer Probleme und Aufgaben, auch in ihrer Stellung im Rahmen der internationalen Ordnung, doch ganz wesentlich von den Problemen, mit denen es Bonn und seine Politiker vor Jahrzehnten zu tun hatten.

*Die Historikerin Vera Caroline Simon (*1980) äußert sich zum Stil der Einheitsfeiern im vereinigten Deutschland:*

In Anbetracht der im In- und Ausland gezeichneten Renationalisierungsszenarien war es nicht verwunderlich, dass die symbolische Ausgestaltung des neuen Nationalfeiertags so unprovokativ, ja so zurückhaltend wie möglich ausfiel. [...]

Die nichtmilitärische Ausgestaltung entsprach jedoch nicht allein der außenpolitischen Signalfunktion einer sich der internationalen Vorbehalte bewussten Bundesrepublik. Sie etablierte sich auch in dezidierter Abgrenzung zu den mili-

Der Reichstag in Berlin.
Von seiner Fertigstellung 1894 bis 1933 diente der Bau als Parlamentsgebäude. Nach der Wiedervereinigung beschloss der Deutsche Bundestag, den Reichstagsbau als Sitz des gesamtdeutschen Parlaments zu nutzen. Von 1995 bis 1999 wurde das Gebäude saniert; dabei entstand die gläserne Kuppel, die eine Durchsicht auf den darunterliegenden Plenarsaal ermöglicht. Sie ist für Besucher zugänglich und zu einem Wahrzeichen der Republik geworden.

▶ Die „Berliner Republik" versteht sich als bürgernah, transparent, weltoffen, modern und geschichtsbewusst – dies soll auch durch die repräsentativen Regierungsbauten deutlich werden. Beurteilen Sie, ob und inwiefern die Architektur des Reichstages dieses Selbstverständnis wiedergibt. | H

32040-276

tärischen Zeremonien der DDR, die bereits zu Zeiten der Zweistaatlichkeit als Unterschied zwischen der säbelrasselnden, totalitären DDR und der demokratischen Bundesrepublik angeführt wurde. Bereits der Nationalfeiertag der alten Bundesrepublik, der 17. Juni, sollte [...] ein „geläutertes Nationalbewusstsein" präsentieren.

Erster Text: Ludwig Watzal, Editorial, in: Aus Politik und Zeitgeschichte, Heft 1–2/2001, S. 2; zweiter Text: Kurt Sontheimer, Berlin schafft keine neue Republik – und sie bewegt sich doch, in: Aus Politik und Zeitgeschichte, Heft 1–2/2001, S. 3–5; dritter Text: Vera Caroline Simon, Gefeierte Nation. Erinnerungskultur und Nationalfeiertag in Deutschland und Frankreich seit 1990, Frankfurt am Main u. a. 2010, S. 84

32040-277

1. Fassen Sie zusammen, was unter „Berliner Republik" verstanden wird. | H
2. Erläutern Sie, welche Erwartungen und Befürchtungen mit ihr verknüpft worden sind.
3. „Während sich in Bonn der Verzicht aufs Nationale ausdrückte, wird in Berlin in großem Stil die Nation reinszeniert. Die Nation will nicht nur imaginiert, sie will auch repräsentiert sein: durch Ideen, Mythen, Erzählungen, Symbole und nicht zuletzt durch die Architektur ihrer neuen Hauptstadt."[1] Nehmen Sie dazu Stellung.
4. Stellen Sie die Berliner Republik jeweils der Bonner und der Weimarer Republik gegenüber. Erörtern Sie Gemeinsamkeiten und Unterschiede.

M14 „Eine Verpflichtung für Gegenwart und Zukunft"

*Am 25. Juni 1999 beschließt der Bundestag die Errichtung eines Denkmals für die ermordeten Juden Europas nach einem Entwurf des amerikanischen Architekten Peter Eisenman. Kurz vor der Eröffnung des Holocaust-Mahnmals in Berlin am 10. Mai 2005 nimmt Bundestagspräsident und zugleich Kuratoriumsmitglied der Denkmal-Stiftung Wolfgang Thierse (*1943) in einem Interview mit der „Jüdischen Allgemeinen" (J.A.) dazu Stellung:*

THIERSE: [...] Mit dieser Entscheidung [für die Errichtung des Denkmals] bekennt sich der Bundestag dazu, sich nicht nur der freundlichen, der großen Seiten unserer Geschichte zu erinnern, sondern auch der entsetzlichen. Im Sinne einer Verpflichtung für Gegenwart und Zukunft. Das ist ein Bekenntnis zur *raison d'être*[2] dieser Republik, die entstanden ist aus den materiellen, geistigen und moralischen Trümmern des nationalsozialistischen Deutschland. Mit der Verpflichtung, immer für Demokratie, Humanität und Toleranz einzustehen, Rassismus, Antisemitismus und Diktatur niemals wieder zuzulassen.

J.A.: Kann ein solches Signal von einer Architektur ausgehen?

THIERSE: Kunstwerke zwingen nicht alle, ja zu sagen. Kunstwerke, das Holocaust-Denkmal ist auch eines, sind eine Einladung. Ich bin überzeugt davon, dass diese Einladung vielfach angenommen werden wird. Sie werden beim Gang durch das Stelenfeld sinnlich und körperlich erfahren können, was das heißt: einsam sein, bedroht sein, bedrängt sein. Wenn die Besucher so emotional berührt in den „Ort der Information" gehen, dort anhand von Einzelschicksalen erfahren, woran erinnert wird – an die millionenfache Vernichtung von Menschen –, dann kann das Denkmal gut gehen und funktionieren. [...]

J.A.: Viele Juden sagen, sie brauchen ein solches Denkmal nicht.

THIERSE: Das ist richtig.

J.A.: Wer braucht dann das Denkmal?

THIERSE: Es ist doch ganz klar: Das ist kein Denkmal für die überlebenden Juden. Es ist ein Denkmal für uns Deutsche, für unser kollektives Gedächtnis. Damit wir uns daran erinnern, was einmal möglich war. Eine solche verpflichtende Erinnerung geschieht dadurch, dass wir der Opfer gedenken. Verdrängen wir damit die Täter? Nein! Ein Kilometer entfernt steht die „Topographie des Terrors"[3], die zeigt, wie dieser Herrschafts- und Unterdrückungsapparat funktionierte. [...]

J.A.: Zieht das Denkmal nicht allein durch seine Existenz einen Schlussstrich unter die Geschichte?

THIERSE: Warum? Wenn es so wäre, wäre es ein Argument gegen jedes Denkmal, das ja immer der „versteinerte" Ausdruck eines Diskussionsprozesses ist, der zu einem Ende gekommen ist. Aber Peter Eisenmans Werk hat eben etwas Anstößiges, Anregendes, Irritierendes. Und das Mahnmal steht ja auch in einem Kontext mit dem „Jüdischen Museum" und der „Topographie des Terrors". Das ist ein Angebot zur historischen Aufklärung im Selbstversuch.

„Es ist ein anstößiges Denkmal". Judith Hart und Christian Böhme im Gespräch mit Wolfgang Thierse; in: Jüdische Allgemeine Nr. 18/2005, 6. Mai 2005

32040-278

► Analysieren Sie die Rolle der NS-Zeit im politischen Selbstverständnis der Bundesrepublik, wie sie Thierse hier zum Ausdruck bringt.

[1] Aleida Assmann, Geschichte im Gedächtnis. Von der individuellen Erfahrung zur öffentlichen Inszenierung, München 2007, S. 111

[2] **Raison d'être**: dt. „Daseinsberechtigung"

[3] Projekt zur Dokumentation des NS-Terrors auf dem Gelände zwischen Prinz-Albrecht-Straße (heute Niederkirchnerstraße), Wilhelmstraße und Anhalter Straße im Berliner Stadtbezirk Kreuzberg, wo sich zwischen 1933 und 1945 das Hauptquartier der Gestapo, der Sitz der SS-Führung und das Reichssicherheitshauptamt befanden. Die Dokumentationsstätte in der Niederkirchnerstraße 8 zählt zu den staatlichen Museen in Berlin.

M15 Der lange Schatten der Vergangenheit

*Die Literaturwissenschaftlerin Aleida Assmann (*1947) untersucht, welche Rolle historische Schlüsselereignisse für die Geschichtspolitik spielen:*

Ein klarer Missbrauch, darin sind sich heute die meisten einig, besteht darin, die Toten der Geschichte nachträglich zu Agenten der eigenen Sache und zum politischen Verstärker eigener Zwecke und Ziele zu machen. Von Instrumentalisierung der Geschichte im negativen Sinne können wir aber auch sprechen, wo mit Ad-hoc-Argumenten aus der Geschichte die eigenen Ziele legitimiert werden. Im Februar 2006 hat Angela Merkel zum Beispiel auf der Münchner (!) Sicherheitskonferenz mit Blick auf die Drohungen des iranischen Präsidenten Ahmadinedschad vor „Appeasement" (Beschwichtigung) gewarnt. Mit diesem Stichwort erinnerte sie implizit an die britische und französische Politik der Zugeständnisse gegenüber Nazi-Deutschland 1938, dem Jahr der Annexion der sudetendeutschen Gebiete und der damaligen Tschechoslowakei. Der Golfkrieg im Jahr 1990 und der Irakkrieg im Jahr 2002 waren von Vater und Sohn Bush jeweils mit dem Stichwort „Appeasement" legitimiert worden. Damit wird eine Parallele zwischen dem irakischen bzw. iranischen Präsidenten und Hitler gezogen, die weitere Diskussionen und Verhandlungen unterbindet und den Krieg moralisch zum einzig angemessenen Mittel macht.

Das von Merkel in die Diskussion gebrachte Stichwort war gut gemeint. Es reflektiert die Position deutscher Politik, sich in allen Stücken von der negativen Vorgeschichte der Bundesrepublik absetzen und unterscheiden zu müssen. Der politische Imperativ lautet: nie wieder Appeasement, nie wieder durch Arglosigkeit oder Opportunismus einer entsprechenden Entwicklung Vorschub leisten. Der Imperativ „Nie wieder" suggeriert, dass sich die Geschichte wiederholt und dass man diese Wiederholungen vermeiden kann. „Nie wieder" ist auch der moralische Imperativ der Auschwitz-Pädagogik. So klar diese Direktive ist, so unklar ist jedoch ihre Anwendung im Einzelnen, denn aus der Geschichte heraus sind grundsätzlich keine glasklaren Lehren zu destillieren. So haben mit Berufung auf Auschwitz deutsche Politiker für und gegen den Einsatz der Bundeswehr im Kosovo argumentiert: wegen der deutschen Aggression im Zweiten Weltkrieg nie wieder deutsche Militäreinsätze, und wegen Auschwitz nie wieder deutsche Gleichgültigkeit gegenüber Völkermord. Michael Jeismann hat ernüchternd darauf hingewiesen, dass die feste Entschlossenheit zum „Nie wieder" bisher keine neuen historischen Katastrophen abzuwenden vermochte. 1994, als der Film Schindlers Liste von Steven Spielberg in den Kinos anlief, starrte die Welt voller Entsetzen auf den Völkermord an der Bevölkerungsgruppe der Tutsi in Ruanda; 1995, als die Ausstellung „Verbrechen der Wehrmacht" gezeigt wurde, kam es gleichzeitig in Srebrenica zum Genozid, als bosnische Serben bosnische Muslime abschlachteten.

Das Appeasement-Stichwort ist nur ein idealtypisches Beispiel für Geschichtspolitik. Viele Nationen stehen im Banne von Schlüsselereignissen ihrer Geschichte, durch die hindurch sie die jeweils gegenwärtigen Herausforderungen wahrnehmen und die ihnen die normativen Vorgaben ihres Handelns diktieren. Solche tief eingeprägten und langfristig prägenden historischen Erinnerungen bilden die kulturellen Schemata, durch die hindurch die Wirklichkeit auf eine mehr oder weniger zwanghafte Weise verarbeitet wird. Der Begriff „Instrumentalisierung" ist dabei irreführend, denn diese Assoziationen stellen sich geradezu reflexartig ein und bestimmen, wenn keine distanzierende historische Selbstaufklärung dazwischentritt, die Orientierung. Nationen, die die Herausforderungen der Zukunft immer wieder im Lichte bestimmter neuralgischer[1] Schlüsselereignisse deuten, sind noch nicht aus dem Bann (um nicht zu sagen: Schatten) ihrer Geschichte herausgetreten. Um diese Dynamik zu überwinden, müssen sie sie nicht vergessen, aber doch so umformen, dass die Vergangenheit ihren alles andere überbietenden Appellcharakter und damit die Dominanz über die Gegenwart verliert.

Aleida Assmann, Der lange Schatten der Vergangenheit. Erinnerungskultur und Geschichtspolitik, München 2006, S. 275 f.

32040-279

1. Fassen Sie zusammen, worin für Assmann die Problematik des Appeasement-Vergleichs liegt.
2. Gruppenarbeit: Setzen Sie sich mit der These auseinander, viele Nationen stünden im Banne von historischen Schlüsselereignissen (vgl. Zeile 52 f.). Überprüfen Sie dies in Gruppen für mehrere Staaten wie etwa die USA, Großbritannien, Frankreich, Spanien, China usw. | H
3. Diskutieren Sie im Plenum, worin Chancen und Risiken historischer Vergleiche liegen.

[1] **neuralgisch**: problematisch

Methode

Karikaturen erschließen

Karikaturen (von ital. caricare für „übertreiben") sind gezeichnete Quellen: Sie nehmen kritisch und stets tendenziös Stellung zu politischen oder gesellschaftlichen Ereignissen, Entwicklungen oder Zuständen sowie individuellen Personen.
Mit den Mitteln der **Parodie** und der **Ironie** werden ausgewählte Aspekte bewusst übertrieben oder verzerrt. Der Betrachter soll auf Missstände aufmerksam gemacht und zu eigenem **Reflektieren** derselben angeregt werden. Eine Karikatur ist stets **Produkt ihres historischen Entstehungskontextes** und kann nur in diesem verstanden werden. Es bedarf bei der Arbeit mit Karikaturen außerdem einer genauen Analyse aller Bildelemente, damit diese aufgeschlüsselt werden können. Zur typischen **Symbolsprache** zählen:

- visualisierte Redensarten („den Gürtel enger schnallen")
- Tierallegorien (der „gallische/französische Hahn", der „russische Bär")
- Symbole (Krone für die Monarchie, Waage für die Gerechtigkeit)
- Allegorien/Personifikationen („Uncle Sam" für die USA, „Marianne" für Frankreich, „Germania" für Deutschland, „der deutsche Michel" mit Zipfelmütze für die Deutschen, Taube als Friedensbringer)
- innerhistorische Verweise

In der Regel ergänzen Betitelungen oder kurze Texte, die den gezeichneten Personen Worte in den Mund legen, die bildliche Darstellung.
Kritisch bleiben! – Karikaturen verstecken hinter der amüsanten Fassade eine ernste Botschaft!

Weitere Anwendungsbeispiele finden Sie u.a. auf den Seiten 377, 380, 388, 398 und 412.

32039-32 Methode Online

Arbeitsschritt	Leitfragen (Auswahl)
1. Reproduktion	• Wer hat die Karikatur angefertigt/in Auftrag gegeben? • Zu welchem Anlass ist die Karikatur veröffentlicht worden? • Wie lauten Titel und Thema der Karikatur? • Welche Gestaltungsmittel werden verwendet und wie spielen diese zusammen? (Größenverhältnisse, Farbgebung, Schrift)
2. Reorganisation und Transfer	• Wie sind die Gestaltungsmittel und Symbole in ihrer inhaltlichen Aussage zu deuten? • Auf welche politischen/sozialen/wirtschaftlichen/kulturellen Hintergründe wird angespielt? • An welchen Adressaten wendet sich die Karikatur? • Welchen Standpunkt nimmt der Karikaturist ein? • Welche Aussageabsicht wird verfolgt?
3. Reflexion und Problemlösung	• Wie lässt sich die Aussage der Karikatur insgesamt beurteilen? • Wurde das Thema aus heutiger Sicht zutreffend gestaltet? • Welche Auffassung vertreten Sie insgesamt zu der Karikatur? (gelungen, berechtigte Kritik, übertrieben etc.)

schwarzer Horizont = ungewisse/unglückliche Zukunft

„Deutscher Michel" mit Zipfel-Schlafmütze = allegorische Darstellung des „typischen" Deutschen

Mimik: wachender, wohlwollender Blick von oben, **Gesichtszüge:** klare Identifikation Adenauers

Kanonenrohr: Hinweis auf NATO-Beitritt/Wiederbewaffnung

VW-Käfer: Symbol für die wirtschaftlich prosperierende BRD

katholische Krankenschwestertracht und Kruzifix: Ironisierung typischer Eigenschaften Adenauers (Katholik, autoritär)

Titel der Karikatur

Konsumgüter und DM-Geldsack: Symbole für den wirtschaftlichen Aufschwung („Wirtschaftswunder")

Gestik: Adenauer hält das Steuer fest in der Hand. ≙ autoritärer Führungsstil

„Nicht wahr, Michelchen – keine Experimente!"
Karikatur von Hanns Erich Köhler in der Frankfurter Allgemeinen Zeitung aus dem Jahre 1957.

Untersuchen Sie die Karikatur mithilfe der Arbeitsschritte auf Seite 416.
Ihre Ergebnisse können Sie mit der Beispiellösung auf Seite 492 vergleichen.

32040-280

Deutsches Selbstverständnis – eine Suche nach Identität?

Bundesrepublik

- antitotalitärer Konsens: Bekämpfung von Links- und Rechtsextremismus
- Antikommunismus als Integrationsstrategie
- Wirtschaftswunder als Basis des westdeutschen Selbstverständnisses

DDR

- verordneter Antifaschismus
- kommunistischer Widerstand als Basis des Gründungsmythos
- Kapitalismus als Quelle des Faschismus

Wiedervereinigung 1990

„Berliner Republik"

- „Tag der deutschen Einheit" am 3. Oktober
- gesamtdeutsche Erinnerung an den Nationalsozialismus
- beginnende Aufarbeitung der DDR-Diktatur
- Entschädigung ehemaliger Zwangsarbeiter (2000)
- Holocaust-Mahnmal im Zentrum Berlins (2005)

ABER:

- weiterhin unterschiedliche Mentalitäten in Ost- und Westdeutschland
- Herausforderung einer gemeinsamen europäischen Erinnerungskultur

M Eine europäische Erinnerungsgemeinschaft?

*Die Literaturwissenschaftlerin Aleida Assmann (*1947) beschäftigt sich mit der Möglichkeit der Überwindung nationaler Erinnerungsmythen. 2018 wurde sie mit ihrem Mann zusammen mit dem Friedenspreis des Deutschen Buchhandels ausgezeichnet.*

[...] Der ungarische Schriftsteller Peter Esterhazy hat einen ähnlichen Gedanken geäußert, als er im Oktober 2004 in seiner Friedenspreis-Rede in der Paulskirche sagte: „Die eigenen Verbrechen durch einen Hinweis auf die deutschen Verbrechen abzudecken, ist eine europäische Gewohnheit. Der Hass auf die Deutschen war das Fundament der Nachkriegszeit."

Auf dieser Basis gab es transnational anerkannte und ehrenwerte Haltungen, die die nationalen Kollektive für sich in Anspruch nahmen: Opfer und/oder Widerstand. Für die erste Option, die Opferrolle, kann hier als ein Paradigma die österreichische Opferthese stehen, für die zweite Option, den Widerstand, kann das Beispiel Frankreichs und die Bedeutung der „Résistance" herangezogen werden. Selbstverständlich hat es beides gegeben, Opfer Hitlerdeutschlands und Manifestationen des Widerstands. Deshalb geht es hier auch keineswegs um die unstrittige Rechtmäßigkeit solcher Erinnerungen, sondern allein um die Art und Weise, wie solche Erinnerungen als offizielle Erinnerung verallgemeinert und nach dem Kriege politisch instrumentalisiert wurden. In der Psychoanalyse spricht man in diesem Zusammenhang von „Deckerinnerungen", die das positive Selbstbild schützen: Man erinnert sich an etwas, um etwas anderes umso besser vergessen zu können. Auf die Situation des nationalen Gedächtnisses bezogen heißt das: Man erinnert sich an das eigene Leiden, um sich nicht an die eigene Schuld erinnern lassen zu müssen. Sich in der Opferrolle zu erinnern, kann weiter bedeuten, dass der Blick auf andere Opfer, insbesondere auf die jüdischen Opfer, verstellt ist. Nationale Mythen entstehen dadurch, dass passende partielle Erinnerungen, die durch Erfahrung gedeckt sind, als einheitliche und ausschließliche Erinnerung für das gesamte Kollektiv in Anspruch genommen werden, womit die unpassenden Erinnerungen aus dem nationalen Diskurs und Selbstbild ausgeschlossen bleiben. Diese Selbstentlastungsstrategien der nationalen Mythen wurden in den 1990er-Jahren nach und nach zum Gegenstand von Kontroversen. Überall in Europa haben sich in den letzten zehn Jahren die Koordinaten der nationalen Geschichtsbilder verschoben und komplexeren Darstellungen Platz gemacht. In Frankreich hat die Anerkennung der Vichy-Kollaboration den nationalen „Mythos der Résistance" erschüttert; im post-Waldheim'schen[1] Österreich wurde die offizielle Version vom „ersten Opfer Hitlers" problematisiert, die Polen, die besonders unter der deutschen Verfolgung und Vernichtung zu leiden hatten, müssen sich mit ihrer antisemitischen Geschichte auseinandersetzen, in Italien sind die kommunistischen und faschistischen Erinnerungen nach wie vor gespalten, und selbst die Schweiz, der neutrale Staat und die Zuflucht für so viele Flüchtlinge, ist mit den Banken und der Grenze als ihren aktuellen „Erinnerungsorten" konfrontiert.

Aleida Assmann, Der lange Schatten der Vergangenheit. Erinnerungskultur und Geschichtspolitik, München [3]2018, S. 260f.

32040-281

1. Fassen Sie die Funktion, die Assmann den nationalen Erinnerungsmythen zuschreibt, in einer These zusammen.
2. Erläutern Sie, auf welchen historischen Ereignissen die deutsche Opferrolle nach dem Zweiten Weltkrieg basierte.
3. Gruppenarbeit/Präsentation: Recherchieren Sie in Gruppen zu den genannten Nationen und ihren Mythen betreffend den Zweiten Weltkrieg: Frankreich, Österreich, Polen, Italien, Schweiz. Präsentieren Sie Ihre Ergebnisse und diskutieren Sie mögliche Formen der Überwindung nationaler Erinnerung.
4. Entwickeln Sie Ideen zur Ausgestaltung des Europäischen Tages des Gedenkens an die Opfer von Stalinismus und Nationalsozialismus am 23. August an Ihrer Schule.

[1] **Kurt Waldheim** (1918–2007): Generalsekretär der Vereinten Nationen (1972–1981) und Bundespräsident Österreichs (1986–1992). Geriet 1985 nach Aufdeckung seiner NS-Vergangenheit, die von ihm geleugnet und relativiert wurde, insbesondere international stark in die Kritik („Waldheim-Affäre").

Mittelalterspektakel in Niedersachsen.
Foto vom Juli 2016.
Auf dem Festival „Mittelalterlich Phantasie Spectaculum" (MPS) im Schlosspark der niedersächsischen Stadt Bückeberg wird eine musikalische Vorführung dargeboten. Das MPS findet jährlich an unterschiedlichen Orten statt und ist mit hunderten Mitwirkenden eine der größten Mittelalterveranstaltungen in Deutschland.

Das Spiel „Carcassonne".
Foto vom Februar 2017.
Das im Jahre 2000 erschienene Legespiel „Carcassonne" erfreut sich seit Jahren großer Beliebtheit. Es erhielt zahlreiche Preise und ist in über 20 Sprachen übersetzt worden. Das Spiel ist nach der mittelalterlichen Festungsstadt Carcassonne im Süden Frankreichs benannt.

Dreharbeiten zur Dokumentation „Die Welt der Ritter".
Foto vom Oktober 2013.
Die dreiteilige Dokumentation von 2014 wurde im Auftrag des ZDF für die Fernsehsendung „Terra X" produziert. Die Dreharbeiten fanden in der Tschechischen Republik statt.

4. Geschichts- und Erinnerungskultur

Niemals zuvor war es so vielen Menschen möglich, sich derart umfassend über geschichtliche Ereignisse der Vergangenheit und Gegenwart zu informieren. Bücher und andere Medien, allen voran das Internet, sind dabei klassische Informationsträger. Zeitzeugen, Erinnerungsorte, Denkmäler und Gedenktage tragen ebenfalls dazu bei, dass uns das Wissen um die historischen Vorgänge erhalten bleibt. Dabei sind dies keinesfalls nur Eckpfeiler der Vergangenheit. Unsere Gegenwart bietet reichlich Stoff, um sich immer wieder mit Themen auseinanderzusetzen und diese zeitnah in diverse Erinnerungsformen zu gießen, um das Wissen für die Nachwelt zu erhalten. Nur so lassen sich auch langwierige Entwicklungen als solche erkennen und verstehen. In diesem Rahmenthema lernen Sie, wie Geschichts- und Erinnerungskultur funktioniert, können Ihre Fertigkeiten zur Dekonstruktion von Geschichtsdarstellungen anwenden und Geschichte schließlich in komplexen Formen darstellen.

Kompetenzen

Am Ende des vierten Rahmenthemas sollten Sie Folgendes können:

… Geschichtsdarstellungen hinsichtlich der darin enthaltenen Deutungen sowie ihren historischen Erkenntniswert analysieren und die Bedeutung der darin vorhandenen Konstruktionen für ihr Geschichtsverständnis und ihre Identität bewerten.

… den (gesellschaftlichen) Umgang mit Geschichte, die damit verbundenen spezifischen Formen der Erinnerung und deren mediale Umsetzung reflektieren und die Intention solcher Rekonstruktionsprozesse bewerten.

… sich mit der Geschichtlichkeit von Mensch und Welt sowie der Wahrheitsfähigkeit von Geschichte auseinandersetzen.

… die (Deutungs-)Offenheit historischer Prozesse beurteilen.

Was wissen und können Sie schon?

32108-62

Betrachten Sie in kleinen Arbeitsgruppen die Bildmaterialien auf der linken Seite. Bearbeiten Sie anschließend die folgenden Aufgaben:

1. Beschreiben Sie die drei Bilder. Gehen Sie dabei auf die nachstehenden Fragen ein: Wer oder was ist dargestellt? Was wird thematisiert?
2. Arbeiten Sie heraus, welches „Mittelalterbild" die Fotografien transportieren.
3. Erläutern Sie, was für Sie „typisch" Mittelalter ist.
4. Präsentieren Sie im Anschluss Ihre Ergebnisse in der Klasse.

4.1 Kernmodul: Geschichtsbewusstsein und Geschichtskultur

Was ist Geschichte? | Diese Frage mag auf den ersten Blick verwundern. Es scheint offensichtlich, dass „Geschichte" ein anderes Wort für „Vergangenheit" ist. Zwar bezeichnet „Geschichte" z. B. auch das Schul- und Studienfach, aber im allgemeinen Sprachgebrauch wird der Begriff weitgehend synonym mit „Vergangenheit" verwendet. Geschichtswissenschaft und -didaktik gebrauchen den Begriff allerdings differenzierter, was weitreichende Konsequenzen für den Umgang mit „Geschichte" hat.

Wissenschaftlich betrachtet bezeichnet „Vergangenheit" sämtliches früheres Geschehen. Dies ist jedoch nie vollständig rekonstruierbar. Zum einen wäre es vom Umfang her schon nicht leistbar, wollte man jedes Ereignis aus all den damaligen Perspektiven in jedem Detail recherchieren und „getreu" wieder abbilden. Denn selbst wenn sämtliche zeitgenössischen Wahrnehmungen festgehalten worden und alle schriftlichen, mündlichen und visuellen Äußerungen jedes Zeitgenossen überliefert wären, könnte man sie schon aus Zeitgründen nicht insgesamt erforschen. Zum anderen liegen eben nicht für alle Perspektiven bzw. von allen Beteiligten, zu allen Details, zu jedem Ereignis überhaupt Quellen vor oder sind noch erhalten. Vieles wird nicht aufbewahrt (archiviert), wenn es zur Zeit des Ereignisses als nicht erinnerungs- und bewahrwürdig erscheint. Andere Quellen sind im Lauf der Zeit verloren gegangen oder vernichtet worden.

Während wir also zu manchen Aspekten, wie den Ereignissen seit der Frühen Neuzeit, ein fast unüberschaubares Quellenangebot haben, sind viele andere Bereiche nur über wenige noch erhaltene Quellen erschließbar, was vor allem für die Antike und das Mittelalter gilt. Manches ist zudem nur indirekt über die Zeugnisse anderer noch rekonstruierbar, vieles bleibt letztlich aber verschwunden.

Wie entsteht Geschichte? | „Geschichte" entsteht erst in der Auseinandersetzung mit „Vergangenheit". Die Geschichtswissenschaft hat hierfür ein Verfahren entwickelt, das eine möglichst verlässliche und nachprüfbare Rekonstruktion und Deutung ermöglichen soll: die *historische Methode*. Der Erkenntnisprozess bezieht sich auf unterschiedliche (Zeit-)Ebenen: angefangen von der Entwicklung einer historischen Frage, über die Recherche nach und Auswertung von Fachliteratur und Quellen bis hin zur deutenden, meist auf die eigene Gegenwart bezogene Geschichtsdarstellung, die sich der wissenschaftlichen Kritik stellen muss (➔M1).

„Geschichte" wird von der Gegenwart rückblickend aus dem gemacht, was aus der Vergangenheit noch verfügbar ist, den Quellen. Diese sind Ausdruck zeitgenössischer Wahrnehmungen und Deutungen der damaligen Menschen (*Multiperspektivität*). Geschichte ist daher kein Spiegel vergangener Realität, sondern vielmehr ein – wenn auch wissenschaftsorientiertes – Interpretationsergebnis. Aus diesem Grund erhebt die Geschichtswissenschaft keinen absoluten Wahrheitsanspruch (➔M2). Das lässt sich auch daran erkennen, dass Historiker auf Grundlage derselben Quellen häufiger zu unterschiedlichen Erkenntnissen gelangen. Sei es, dass sie die zeitgenössischen Perspektiven, Auswirkungen oder Gründe bestimmter Ereignisse nur unterschiedlich gewichten (*Pluralität*) oder dass sie sogar zu gegensätzlichen Erklärungsmodellen gelangen (*Kontroversität*).

Kontroversen werden dann öffentlich diskutiert, wenn anlässlich von Jubiläen und Jahrestagen oder ausgelöst von aktuellen Entwicklungen vergangene Ereignisse in den Fokus des allgemeinen Interesses rücken, jüngst z. B. die Diskussion um die Frage der deutschen Schuld am „Ausbruch" des Ersten Weltkrieges oder aktuell auch in der Beurteilung der Person Martin Luthers.

Es handelt sich bei Geschichte zwar um Deutungen und Interpretationen, beliebig sind die Ergebnisse dennoch nicht. Zumindest nicht, wenn sie Gültigkeit beanspruchen wollen. Nicht jeder kann sich seine ganz eigene „Geschichte" machen. Die Ergebnisse werden diskutiert und geprüft und erst wenn sich herausstellt, dass die Deutung im Einklang mit den zur Verfügung stehenden Quellen ist, die Argumentation schlüssig ist und die historische Methode korrekt angewendet wurde, akzeptiert die Wissenschaftsgemeinschaft solche Ergebnisse als konsensfähig, als **triftig**.

In der Freizeit lässt sich der wissenschaftliche Anspruch nicht immer eigentätig umsetzen. Daher greifen viele vor allem in ihrer freizeitlichen Beschäftigung mit Vergangenheit auf bereits fertige Geschichtsangebote zurück, die – je nach Wissenschaftlichkeit – zu mehr oder weniger triftigen Geschichtsbildern, also Vorstellungen über die Vergangenheit, führen können. Eine Schwierigkeit besteht darin, aus der Fülle der Angebote diejenigen herauszufiltern, die tatsächlich auf Quellen und dem aktuellen Forschungsstand beruhen, und sie von denjenigen zu unterscheiden, die Wissenschaftlichkeit bloß behaupten und dabei „Geschichte" bewusst oder unabsichtlich falsch oder mit politischen Absichten darstellen.[1]

Wieso Geschichtsbewusstsein? | In der Diskussion über Vergangenheit und Geschichte sollten drei Bezeichnungen unterschieden werden, die häufig synonym verwendet werden, aber wichtige Unterscheidungen beinhalten: *Geschichtswissen*, *Geschichtsbild* und *Geschichtsbewusstsein*. Unter Geschichtswissen ist die Kenntnis der Daten und Fakten der Vergangenheit und der verschiedenen aktuellen Deutungszuweisungen zu verstehen, über die ein Mensch verfügt. Häufig erscheint gerade das Fach Geschichte als langweilig, weil es als bloße Faktenpaukerei missverstanden wird. Ein Grundwissensgerüst ist sicher unersetzlich, weil ohne die Kenntnis der wesentlichen Fakten eine Orientierung und Beurteilung von Geschichtsangeboten auf ihre fachliche Korrektheit hin nicht möglich ist. Geschichtsunterricht erschöpft sich aber nicht in der Aneignung von Faktenwissen. Vielmehr hat er das Ziel, eigene und fremde *Geschichtsbilder* zu reflektieren und zu hinterfragen. „Geschichtsbild" meint hier die Vorstellungen von Menschen über eine Zeit. Sehr häufig sind diese eher klischeehaft und wissenschaftlich nicht haltbar, so z. B. das gängige Klischee des dekadenten alten Roms oder des finsteren Mittelalters. Um eigene und fremde Geschichtsbilder als potenziell falsch anzuerkennen, bedarf es nicht nur der Faktenkenntnis. Gerade die genannten klischeehaften Vorstellungen lassen sich durchaus auf Quellen zurückführen, zumindest solange man diese nicht kritisch untersucht. Es bedarf aber vielmehr der Entwicklung eines *Geschichtsbewusstseins*, um reflektiert und konstruktiv mit derartigen eigenen und fremden Vorstellungen umzugehen.

Über „Geschichte" kann man sich auf unterschiedlichen Ebenen bewusst werden: Zunächst einmal kann sich ein Mensch darüber klar werden, dass es so etwas wie Vergangenheit/Geschichte gibt, dass die menschliche Entwicklung, unsere Erkenntnisse, Haltungen und Werte Veränderungen unterworfen waren, sind und sein werden. Er weiß, dass Geschichte unterschiedliche, gegenwartsbezogene und

Abbau des Lenin-Denkmals.
Foto von 1991, Berlin.
Arbeiter montieren das 18 Meter hohe Denkmal von Wladimir Iljitsch Lenin, russischer Revolutionär und Gründer der Sowjetunion, im Ost-Berliner Bezirk Friedrichshain ab.

31000-138 **Bildinformation**

triftig > Triftigkeit: Der historische Erkenntnisprozess beruht auf der Rekonstruktion von Ereignissen und Personen (Sachanalyse). Durch einen Quellenvergleich wird versucht herauszufinden, wie vergangene Ereignisse von den Zeitgenossen (vermutlich) wahrgenommen wurden, warum sie wie gehandelt bzw. nicht gehandelt haben. Diese Beurteilung berücksichtigt die zeitgenössischen Wert- und Weltvorstellungen (Sachurteil). Auf dieser Grundlage und einer entsprechenden Deutung und Gewichtung werden kausale Zusammenhänge gebildet. Die Vergangenheit wird dann nach heutigen Maßstäben beurteilt, Gegenwartsbezüge werden hergestellt und Perspektiven für die Zukunft entwickelt (Werturteil). Erfolgt dies nach den Gesetzen der Logik und der wissenschaftlichen Methode, spricht man von Triftigkeit.

[1] Lesen Sie dazu auch das Kernmodul auf Seite 428 bis 433.

zukunftsgerichtete Bedürfnisse befriedigen und unterschiedliche Funktionen haben kann.[1] Auf einer abstrakteren Ebene begreift der Mensch aber auch, dass Geschichte nicht mit Vergangenheit gleichzusetzen ist. Ihm ist also der *Konstruktionscharakter von Geschichte* bewusst. Auf der höchsten Stufe nutzt er diese Erkenntnis, um entweder selbst triftig Geschichte aus den Quellen zu deuten oder um sich mit Geschichtsangeboten anderer kritisch auseinanderzusetzen. Letzten Endes ist dies der Beitrag, den das Fach Geschichte leistet: zu einem kritischen Bewusstsein und einer verantwortungsvollen Teilhabe und Mitgestaltung unserer demokratischen Gesellschaft zu befähigen.

Ein heikler Besuch.
Foto vom 5. Mai 1985, Bitburg (Rheinland-Pfalz).
US-General Matthew Ridgeway, US-Präsident Ronald Reagan, Bundeskanzler Helmut Kohl und der ehemalige Luftwaffeninspekteur der Bundeswehr, Johannes Steinhoff, besuchten im Mai 1985 den Militärfriedhof in Bitburg. Reagan legte auf dem Friedhof einen Kranz am Ehrenmal für gefallene Soldaten des Zweiten Weltkrieges nieder.

- Recherchieren Sie im Internet den Hintergrund zu den abgebildeten Ereignissen auf den Fotos (diese und vorherige Seite).
- Lesen Sie M4 auf Seite 427 aufmerksam durch. Ordnen Sie anschließend die beiden Ereignisse den Bereichen Geschichts- bzw. Erinnerungskultur zu.
- Erläutern Sie die Unterschiede der beiden Konzepte an diesen Beispielen und ergänzen Sie sie um Ihnen bekannte weitere Ereignisse.

32040-283

Geschichtsbewusstsein und Geschichtskultur | Ganz allgemein gesprochen meint ein reflektiertes *Geschichtsbewusstsein* die Erkenntnis, dass aus gegenwartsbezogenen Interessen und Fragestellungen durch die Hinwendung zur Vergangenheit Geschichte so konstruiert wird, dass sie sinnstiftend für Gegenwart und Zukunft wird.

Damit wird aber auch deutlich, dass dieses Geschichtsbewusstsein einen Prozess und das Ergebnis einer individuellen Geistesleistung darstellt. Wenn Geschichtsdidaktiker wie beispielsweise *Karl-Ernst Jeismann* oder *Jörn Rüsen* dann vom „Geschichtsbewusstsein in der Gesellschaft" sprechen, bleibt zu fragen, wie sich so ein „kollektives Geschichtsbewusstsein" herausbildet.

Der Geschichtsdidaktiker *Bernd Schönemann* erklärt Geschichtsbewusstsein als zwei Seiten einer Medaille. Er geht davon aus, dass sich ein Geschichtsbewusstsein nur individuell entwickeln lässt (innere Seite), es aber durch Kommunikation im öffentlichen Raum auch eine äußere Seite erhält. Diese „öffentlichen Geschichtsäußerungen" werden als *Geschichtskultur* bezeichnet (→M3).

Parallel hierzu steht das Konzept des kulturellen, des kommunikativen und des kollektiven Gedächtnisses, das *Jan* und *Aleida Assmann* auf der Grundlage der Forschungen des französischen Philosophen und Soziologen *Maurice Halbwachs* entwickelt haben (→M4).

[1] Darüber informiert auch das Kernmodul auf Seite 428 bis 433.

M1 Historische Erkenntnis

*Die Geschichtsdidaktikerin Saskia Handro (*1969) hat ein Modell zum Prozess der historischen Erkenntnis entwickelt:*

Epistemische Funktion rezeptiven und produktiven Sprachhandelns

Verstehen (Hermeneutik) als gegenwartsgebundener Deutungsakt	Strategien historischen Denkens ⟷		Erklärung (Analytik) als Anwendung fachspezifischer Theorien, Konzepte und Begriffe
Historische Methode			
Heuristik Erkenntnisinitiation und Recherche	**Quellenkritik** Erkenntnisproduktion und methodische Reflexion	**Interpretation** Erkenntnisstrukturierung und Sinnbildung	**Darstellung** Erkenntnispräsentation und -reflexion
Historische Fragen formulieren Vorwissen darstellen, Hypothesen formulieren Darstellungen und Quellen recherchieren	Formale und inhaltliche Struktur analysieren • Gattungsmerkmale, situativer Kontext • benennen, beschreiben und beurteilen von Quellenaussagen (Perspektivität, Intention, Analyse sprachlicher Mittel)	Quellen- und Darstellungsaussagen in Bezug auf historische Frage u.a. • beurteilen, vergleichen • kausale, temporale Zusammenhänge, Motive erklären • Theorien, Fachbegriffe anwenden, Triftigkeiten benennen	Historisches Erzählen: adressaten-, gattungs- und situationsgerecht (als u.a. Vortrag, Zeitungsartikel) Historische Sach- und Werturteile erklären und begründen: in Bezug auf Triftigkeit, Theorien, Werte, Normen Historische Deutungen und Werturteile diskutieren, argumentieren, erörtern
Narrativieren als historischer Sinnbildungs- und Erkenntnisprozess			**Historische Narrationen im Diskursprozess**

Nach: Saskia Handro, Sprachbildung im Geschichtsunterricht. Leerformel oder Lernchance?, in: Katharina Grannemann, Sven Oleschko und Christian Kuchler (Hrsg.), Sprachbildung im Geschichtsunterricht. Zur Bedeutung der kognitiven Funktion von Sprache, Münster 2018, S. 13–42, hier S. 15

1. Markieren Sie Ihnen unbekannte Begriffe und schlagen Sie ihre Bedeutung in einem Wörterbuch oder Online-Lexikon nach.
2. Erklären Sie ausgehend vom Schaubild, wieso es sich beim historischen Denken um einen Prozess handelt.
3. Erläutern Sie, welche Schritte des Schaubildes im Geschichtsunterricht vollzogen werden. Nennen Sie Beispiele aus Ihrem Schulbuch, mit denen diese Schritte vollzogen werden.
4. Diskutieren Sie, wieso es wichtig ist, „historisch zu denken", anstatt nur Faktenwissen zu lernen.

32040-284

M2 Objektivität und Geschichte

Der Geschichtsdidaktiker Karl-Ernst Jeismann (1925–2012) hat mit seinem Konzept vom Geschichtsbewusstsein maßgeblich die Geschichtsdidaktik beeinflusst. In einem Vortrag erklärt er, was unter „Objektivität von Geschichte" zu verstehen ist:

Wenn wir von Geschichte reden, handelt es sich nicht um die reale, vergangene Geschichte, sondern immer nur um eine spätere Rekonstruktion von Vergangenheiten aus häufig unvollständigen und dunklen Zeugnissen, um ein vieldeutiges, mehrdimensionales Puzzle, immer wieder umgebaut und neugestaltet je nach Zuwachs oder Verlust von Erkenntnis, aber auch je nach unterschiedlicher Perspektive und Erfahrung. Um die ganze Wahrheit der Geschichte können wir nicht streiten, nur um die Richtigkeit oder die Triftigkeit bestimmter Rekonstruktionen. In Urteil und Wertung beziehen wir Geschichte auf uns selbst; nur so, nicht in der bloßen

Reihung von Fakten, entsteht in Öffentlichkeit und Wissenschaft Interesse an der Geschichte. Von anderen Erfahrungen und Positionen her gesehen, sieht die gleiche Geschichte anders aus, ohne dass sie verfälscht sein muss. Schaut man so hinter die Geschichten, kann man lernen, dass keine für sich das absolute Recht auf Alleingültigkeit beanspruchen und andere Wertungen verdammen oder als schlechthin falsch bezeichnen darf. Daraus wiederum ist zu folgern, dass unterschiedliche oder kontroverse Geschichtsrekonstruktionen miteinander in Verbindung gesetzt, aneinander gemessen werden können und müssen. Das ergibt kein einheitliches Geschichtsbild, ist aber ein Weg zu einer Verständigung über verschiedene, jeweils in ihrer Weise begrenzt richtige Vorstellungen von der Geschichte. Dies ist die Art, wie „Objektivität" denkbar wird, als „Konsensobjektivität" des Abwägens verschiedener Perspektiven und Urteile. Wir verlangen sachliche und methodische Solidität – Richtigkeit –, maßen uns aber nicht den Besitz alleingültiger Maßstäbe und Urteile an. Das führt zu einem unabschließbaren Diskurs um Geschichte im Austausch der Argumente: Das – und nicht das Wahrheitsmonopol – ist der von der Wissenschaft der Öffentlichkeit anzubietende Umgang mit Geschichte. Er ist schwer. Gelingt aber eine solche Verständigung, wird nicht nur unser Geschichtsbild reicher und vielfältiger, sondern auch das Verständnis des anderen in der Gegenwart vertieft. Geschichte muss dann nicht Barriere zwischen Parteien oder Völkern sein, das legitime Identifikationsbedürfnis ist nicht auf die Konstruktion von Feindbildern angewiesen, und die oft so vordergründigen Argumentationen mit Geschichte zu gegenwärtigen Zwecken werden leichter durchschaubar. Das ist es, was Geschichtswissenschaft als Besinnung auf die Art und Weise, wie uns die Vergangenheit überhaupt zur Verfügung steht, der Öffentlichkeit bieten kann: Geschichtsbewusstsein statt Geschichtsbegehren, Nachdenklichkeit statt selbstgerechter Bestätigung. Das ist zugleich ein Beitrag zu vernünftigem Miteinander in modernen Gesellschaften und zwischen den Völkern und Staaten.

Karl-Ernst Jeismann, Geschichte und Öffentlichkeit. Historie zwischen Vergewisserung und Verführung, herausgegeben vom Landschaftsverband Osnabrücker Land e.V., Bad Iburg 1999, S. 33 f.

32040-285

1. Klären Sie unbekannte Begriffe im Text.
2. Fassen Sie die wichtigsten Aussagen zusammen.
3. Erklären Sie, was Jeismann unter „Konsensobjektivität" (Zeile 26) versteht. | H
4. Präsentation: Markieren Sie Wortzusammensetzungen, die sich auf „Geschichte" beziehen. Erstellen Sie eine Tabelle oder Liste, in der Sie diese Begriffe erklären.
5. Jeismann verwendet den Begriff „Geschichte" auch dann, wenn er „Vergangenheit" meint. Erläutern Sie den Unterschied zwischen diesen Begriffen. Beurteilen Sie anschließend, ob es nicht anstatt „Geschichtsrekonstruktionen" besser „Vergangenheitsrekonstruktionen" heißen müsste.

M3 Geschichtsbewusstsein und Geschichtskultur: zwei Seiten einer Medaille?

*Der Geschichtsdidaktiker Bernd Schönemann (*1954) beschreibt das Verhältnis von innerer (individueller) und äußerer (kollektiver) Seite des Geschichtsbewusstseins wie folgt:*

Die Kategorien Geschichtsbewusstsein und Geschichtskultur lassen sich widerspruchsfrei unter dem „Dach" der Zentralkategorie „Geschichtsbewusstsein in der Gesellschaft" ansiedeln, wenn man akzeptiert, dass Gesellschaften ihre Vergangenheit auf zweierlei Weise (bimodal) konstruieren, nämlich individuell und kollektiv. Geschichtsbewusstsein und Geschichtskultur werden dann als zwei Seiten einer Medaille begreifbar: auf der einen Seite Geschichtsbewusstsein als *individuelles* Konstrukt, das sich von außen nach innen, in Internalisierungs- und Sozialisationsprozessen aufbaut; auf der anderen Seite Geschichtskultur als *kollektives* Konstrukt, das auf dem entgegengesetzten Weg der Externalisierung entsteht und objektive[1] Gestalt annimmt. Wer nach Geschichtskultur fragt, der richtet seinen Blick also vornehmlich auf die Außenseite des gesellschaftlichen Geschichtsbewusstseins, wie es uns beispielsweise in Denkmälern, in historischen Festen und Jubiläen oder in Museen entgegentritt. Denkmäler sind „da", auch wenn der Einzelne achtlos an ihnen vorbeigeht oder sie für ganz andere Zwecke, etwa als Treff- oder Aussichtspunkt, nutzt. Feste und Jubiläen werden nicht gefeiert, weil wir uns, jeder für sich, dafür entschlössen, sondern weil der Kalender und der auf ihn fixierte Erinnerungsbetrieb dies so wollen; unsere Museumslandschaft wird immer vielfältiger, obwohl die Mehrheit der Bevölkerung ihr immer noch fremd gegenübersteht. Gewiss: Denkmäler können geschleift, Feiertage abgeschafft, Museen geschlossen werden. Aber *solange* sie existieren, existieren sie unabhängig von unserem subjektiven Wollen und unserer persönlichen Wahrnehmung; sie weisen einen höheren Grad an Dauerhaftigkeit auf und sind beständiger als die historischen Vorstellungswelten Einzelner.

Bernd Schönemann, Geschichtsdidaktik, Geschichtskultur, Geschichtswissenschaft, in: Hilke Günther-Arndt (Hrsg.), Geschichts-Didaktik. Praxishandbuch für die Sekundarstufe I und II, Berlin 2003, S. 11 - 22, hier S. 17

32040-286

1. Fassen Sie zusammen, wie individuelles und kollektives Geschichtsbewusstsein entsteht. | H
2. Geben Sie Beispiele für die „äußere Seite" des Geschichtsbewusstseins aus dem Text wieder und ergänzen Sie weitere Beispiele, die Sie aus eigener Anschauung kennen.
3. Diskutieren Sie, wer auf welche Weise ganz konkret das kollektive Geschichtsbewusstsein prägt. Argumentieren Sie mithilfe von selbstgewählten Beispielen.

[1] Gemeint ist hier „materielle".

Aleida und Jan Assmann.
Foto (Ausschnitt) vom Oktober 2018, Frankfurt am Main.

M4 Geschichts- und Erinnerungskultur

*Der Historiker Christoph Cornelißen (*1958) erörtert in einem Online-Aufsatz ausgehend von den Konzepten von Jan Assmann (1938–2024) und Aleida Assmann (*1947) die Gemeinsamkeiten und Unterschiede von Geschichts- und Erinnerungskultur:*

Obwohl der Begriff „Erinnerungskultur" erst seit den 1990er-Jahren Einzug in die Wissenschaftssprache gefunden hat, ist er inzwischen ein Leitbegriff der modernen Kulturgeschichtsforschung. Während er in einem engen Begriffsverständnis als lockerer Sammelbegriff „für die Gesamtheit des nicht spezifisch wissenschaftlichen Gebrauchs der Geschichte in der Öffentlichkeit – mit den verschiedensten Mitteln und für die verschiedensten Zwecke" definiert wird, erscheint es aufgrund der Forschungsentwicklung der vergangenen zwei Jahrzehnte insgesamt sinnvoller, „Erinnerungskultur" als einen formalen Oberbegriff für alle denkbaren Formen der bewussten Erinnerung an historische Ereignisse, Persönlichkeiten und Prozesse zu verstehen, seien sie ästhetischer, politischer oder kognitiver Natur. Der Begriff umschließt mithin neben Formen des ahistorischen oder sogar antihistorischen kollektiven Gedächtnisses alle anderen Repräsentationsmodi von Geschichte, darunter den geschichtswissenschaftlichen Diskurs sowie die nur „privaten" Erinnerungen, jedenfalls soweit sie in der Öffentlichkeit Spuren hinterlassen haben. Als Träger dieser Kultur treten Individuen, soziale Gruppen oder sogar Nationen in Erscheinung, teilweise in Übereinstimmung miteinander, teilweise aber auch in einem konfliktreichen Gegeneinander.
Versteht man den Begriff in diesem weiten Sinn, so ist er synonym mit dem Konzept der Geschichtskultur, aber er hebt stärker als dieses auf das Moment des funktionalen Gebrauchs der Vergangenheit für gegenwärtige Zwecke, für die Formierung einer historisch begründeten Identität ab. Sehr deutlich wird dies in den untergeordneten Begriffen der Erinnerungs-, Vergangenheits- oder Geschichtspolitik. Weiterhin signalisiert der Terminus Erinnerungskultur, dass alle Formen der Aneignung erinnerter Vergangenheit als gleichberechtigt betrachtet werden. Folglich werden Textsorten aller Art, Bilder und Fotos, Denkmäler, Bauten, Feste, sowie symbolische und mythische Ausdrucksformen, aber auch gedankliche Ordnungen insoweit als Gegenstand der Erinnerungskulturgeschichte begriffen, als sie einen Beitrag zur Formierung kulturell begründeter Selbstbilder leisten. [...]
[Die Diskussion der letzten Jahre konzentriert sich] vor allem auf zwei weitere Schlüsselbegriffe. Hierbei handelt es sich zum einen um das „kommunikative" sowie zum anderen um das „kulturelle" Gedächtnis. Der erstgenannte Terminus bezieht sich auf die Erinnerung an tatsächliche beziehungsweise mündlich tradierte Erfahrungen, die Einzelne oder Gruppen von Menschen gemacht haben. Im Fall des kommunikativen Gedächtnisses ist die Rede von einem gesellschaftlichen „Kurzzeitgedächtnis", dem in der Regel maximal drei aufeinanderfolgende Generationen zuzurechnen sind, die zusammen eine „Erfahrungs-, Erinnerungs- und Erzählgemeinschaft" bilden können. Während diese im unaufhörlichen Rhythmus der Generationenabfolgen meist leise und unmerklich vergeht, wird das „kulturelle Gedächtnis" als ein epochenübergreifendes Konstrukt verstanden. Im Allgemeinen wird damit der in jeder Gesellschaft und jeder Epoche eigentümliche Bestand an Wiedergebrauchs-Texten, -Bildern und -Riten bezeichnet, „in deren ‚Pflege' sie ihr Selbstbild stabilisiert und vermittelt". Es ist „ein kollektiv geteiltes Wissen vorzugsweise (aber nicht ausschließlich) über die Vergangenheit, auf das eine Gruppe ihr Bewusstsein von Eigenheit und Eigenart stützt".

Nach: https://docupedia.de/zg/Erinnerungskulturen_Version_2.0_Christoph_Corneli%C3%9Fen (Zugriff: 28. April 2017; die Einzelnachweise wurden im Text entfernt)

32040-287

1. Definieren Sie ausgehend vom Text folgende Begriffe: Erinnerungskultur, kommunikatives und kulturelles Gedächtnis.
2. Erklären Sie „kollektives Gedächtnis".
3. Diskutieren Sie, inwiefern es bedeutsam ist, zwischen Geschichts- und Erinnerungskultur zu unterscheiden.

4.2 Kernmodul: Historische Erinnerung

Geschichte ist überall? | „Vergangenheit" und „Geschichte" sind in unserer Gesellschaft unübersehbar. Alte Burgen, Schlösser, Kirchen und Rathäuser, Denkmäler und andere bauliche und gegenständliche Zeugnisse der Vergangenheit sind in unserem Alltag präsent. Schon in der Kindheit werden wir mit „Geschichte" konfrontiert: durch Spielzeug, wie Lego-Ritter, durch Zeichentrickserien, historische Kinderbücher, Comics und Filme. Auch wenn diese Angebote nur selten wissenschaftlichen Ansprüchen genügen – das ist nicht ihr Ziel oder ihre Aufgabe – schaffen sie doch erste Berührungspunkte mit der Geschichtskultur. Dies wurde seitens der Geschichtswissenschaft und -didaktik nicht immer nur als Chance begriffen, sondern auch kritisiert (➔M1).

Rattenfänger-Freilichtspiele in Hameln.
Foto von 2005.
Der Rattenfänger, hier gespielt von Jürgen Rinne, lockt mit seinen Flötenklängen die „Ratten" an. Von Mitte Mai bis Mitte September führen jeden Sonntag rund 80 bis 100 Laienschauspieler die Rattenfängersage in der Innenstadt von Hameln auf.

Im Schulfach Geschichte wird solchen Angeboten die wissenschaftsorientierte Beschäftigung mit Vergangenheit an die Seite gestellt. Zudem wird auch der Umgang mit geschichtskulturellen Angeboten thematisiert, nicht zuletzt weil diese wichtige Mittel sind, sich außerhalb von und nach der Schulzeit weiter mit Geschichte zu befassen.

Merkmale historischer Narrationen | „Geschichte" entsteht nicht durch die bloße Aneinanderreihung von Fakten und Ereignissen. Chroniken und andere chronologische Auflistungen sind daher keine „Geschichte" im eigentlichen Sinn. Erst die sinnvolle Verknüpfung zeitdifferenter Ereignisse machen aus derartigen Fakten und Zahlen „Geschichte" (*Sinnstiftung*). Als solche sind sie erzählend, narrativ.

Geschichtserzählungen bzw. historische Narrationen unterscheiden sich von anderen Erzählformen durch bestimmte Merkmale. So lässt sich „Geschichte" nur im Rückblick konstruieren (*Retrospektivität*). Häufig stellt sich erst im Nachhinein heraus, dass ein Ereignis eine besondere Bedeutung hat oder in welchem Zusammenhang Ereignisse stehen. „Wir" blicken aus unserer Gegenwart in die Vergangenheit, kennen bereits den weiteren Verlauf und können daher solche Verknüpfungen herstellen. Dies ist auch ein grundlegender Unterschied zwischen Quellen, die zeitnah von den Zeitgenossen verfasst werden, und der nachträglichen Rekonstruktion und Deutung durch Historiker: Während der Zeitgenosse die Auswirkungen der Ereignisse nicht sicher vorhersagen, allenfalls vermuten oder befürchten kann, blickt der Historiker in Kenntnis möglicher Fortentwicklungen und Konsequenzen auf diese Zeit zurück.

Ein weiteres Merkmal historischer Narrationen ist die Intention des Verfassers. Hier sind unterschiedliche Sinnstiftungs- oder auch Erzählabsichten zu unterscheiden. In der Geschichtswissenschaft werden sie als traditionales, exemplarisches, genetisches oder kritisches Erzählen bezeichnet (➔M2).

Historische Erzählungen „funktionieren" je nach Gattung ganz unterschiedlich (*Medialität*). So erzählt ein Geschichtsroman anders als eine Festrede oder eine Geschichtsdokumentation und dennoch wollen sie auf ihre je unterschiedliche Weise gesellschaftliche Geschichtsbedürfnisse befriedigen.

Formen von Geschichtskultur | Es ist vor allem die Aufgabe von Gedenkfeiern, Archiven und Museen, das „kulturelle Gedächtnis" aufzubauen, zu bewahren und der Öffentlichkeit zugänglich zu machen. Damit prägen sie das individuelle Geschichtsbewusstsein Einzelner und repräsentieren gleichzeitig Aspekte der kollektiven Geschichts- und Erinnerungskultur. Dass auch sie eine Auswahl der zu archivierenden und auszustellenden Quellen treffen müssen, ist nicht unproblematisch (➔M3).

Geschichtskulturelle Angebote bedienen ganz unterschiedliche Bedürfnisse. Vor allem, wenn sie sich an ein größeres Publikum richten oder im Unterhaltungssektor gegen andere Freizeitangebote behaupten wollen, tritt die Triftigkeit[1] der Darstellung häufig hinter unterhaltenden und dramatisierenden Elementen zurück. Fakten werden kreativ mit Fiktionen vermischt. Dies betrifft nicht nur Angebote wie Geschichtsspielfilme, -romane, -comics oder Brett- und Computerspiele historischen Inhalts. Auch andere Gattungen, die sich in ihrem Selbstverständnis wie auch in der öffentlichen Wahrnehmung als wissenschaftsorientiert verstehen, greifen zunehmend auf unterhaltende Elemente zurück. Das betrifft nicht nur Geschichtsdokumentationen, sondern auch Ausstellungen oder Reenactments wie Mittelaltermärkte, Ritterturniere oder Living History.[2]

Sehusafest.
Foto von 2014, Seesen.
Das Foto zeigt zwei Darsteller auf dem Sehusafest im niedersächsischen Seesen. Mit rund 1 000 Akteuren gilt es als größtes Historienfest Norddeutschlands. Das Sehusafest wird seit 1975 am ersten Wochenende im September aufgeführt und zeigt Szenen aus der Stadtgeschichte von Seesen.

Kritische Auseinandersetzung mit Geschichtsdarstellungen | Der Geschichtsdidaktiker *Hans-Jürgen Pandel* hat Bereiche definiert, die auf ihre Triftigkeit oder Authentizität untersucht werden können (➔M4). Es bleibt dennoch schwierig, die „Korrektheit" der Darstellung zu überprüfen. Da den meisten Menschen nicht zuzumuten ist, sich in ihrer Freizeit den oft nur schwer verständlichen Forschungsstand zu erarbeiten, müssen andere Wege aufgezeigt werden. Das Internet bietet hierzu zahlreiche Hilfestellungen, wenngleich die Nutzung nicht unproblematisch oder einfach ist. Rezensionen zu Ausstellungen, Reaktionen auf Gedenkfeiern und Jubiläen oder populärwissenschaftliche Fachbücher bzw. Geschichtsmagazine können dabei hilfreich sein. Wichtig ist zudem, die jeweiligen Angebote auf ihre Sinnstiftungsintention zu untersuchen. Dies gibt Hinweise darauf, ob es sich eher um geschlossene oder offene Darstellungen handelt. Das meint Darstellungen, die mit einem nicht zu hinterfragenden Wahrheitsanspruch auftreten, bzw. solche, die deutlich machen, dass sie das Ergebnis von Interpretationen sind, die kritisch überprüft und diskutiert werden sollen. Traditional intendierte Angebote entziehen sich z.B. in der Regel der Kritik und Überprüfung, weil es ihre Aufgabe ist, Traditionen zu begründen oder zu pflegen, und nicht, sie infrage zu stellen.

Grundsätzlich folgt eine kritische Auseinandersetzung mit Geschichtsdarstellungen dem aus dem Geschichtsunterricht bekannten kritischen Verfahren, das bei der Quellenanalyse angewendet wird: Wer erzählt wann wem wie was warum? Allein schon das Nachdenken darüber, was ein Film, eine Ausstellung oder ein Internetangebot mit der Darstellung bezwecken könnte, kann helfen, sich in kritische Distanz zum Dargestellten zu setzen. Im Idealfall wird hierdurch Neugier geweckt, die dazu führt, dass sich ein Betrachter näher mit der Thematik befasst.

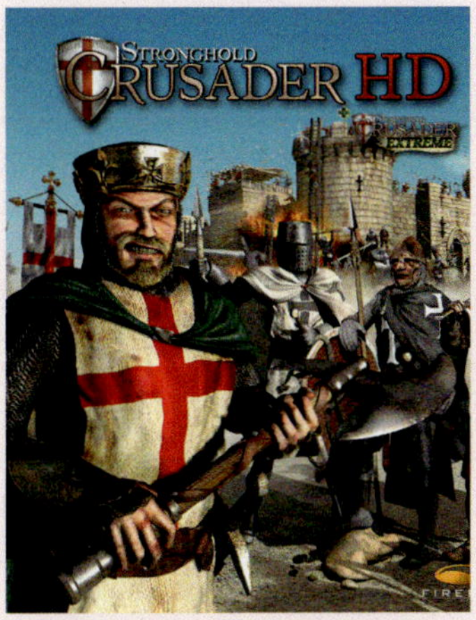

Cover des Computerspiels „Stronghold Crusader".
In dem 2002 veröffentlichten Strategiespiel kann der Spieler in die Rolle eines christlichen oder muslimischen Fürsten zur Zeit der Kreuzzüge schlüpfen.

[1] Über den Begriff „Triftigkeit" informiert Seite 423.
[2] Siehe die Abbildungen auf Seite 428 und 429.

M1 Geschichte und Öffentlichkeit

Der Geschichtsdidaktiker Karl-Ernst Jeismann (1925–2012) hält 1998 einen Vortrag, in dem er sich mit dem Verhältnis von Geschichte und Öffentlichkeit auseinandersetzt:

Überall ist Geschichte wieder präsent. Wie sich ein ausgetrockneter Schwamm vollsaugt, so füllt Historisches heute unsere Umwelt. Geschichte hat Marktwert bekommen. Wo es Anlässe gibt, bilden sich große und kleine Geschichtsbetriebe. Dies Phänomen einer neuen Geschichtsbegierde brachte eine Unzahl neuer Museen, die das Abgelöste in Erinnerung zu halten versuchen. [...] Ein museales Netz repräsentiert in der Öffentlichkeit Vergangenheit in vielfältiger Form. Geschichte wird zum Freizeitvergnügen. [...]
Und nun gar die Medien: Die Serien zum Zweiten Weltkrieg, zum Nationalsozialismus, aber auch zur frühen Bundesrepublik erfreuen sich großer Zuschauerzahl und intensiver Besprechungen in den Zeitungen; die Computerspiele mit historischen Themen schießen ins Kraut.
Schließlich die Denkmäler: Sie sind heute wieder ein ernstgenommenes Medium historischer Anreicherung der Umwelt. Und nun erst die Erinnerungsfeiern: Jeder Ort, der etwas auf sich hält, präsentiert seine Geschichte öffentlichkeitswirksam. [...]
Für jedermann ist die Vergangenheit ein Gegenstand der Neugierde auf dem Spektrum von Schaulust, Sentimentalität, Wissbegier, Nachdenklichkeit. Es wirkt die Faszination des zeitlich Fremden, in dessen Gewand man einmal schlüpfen möchte. [...]
Es demonstriert aber die Lust an der Geschichte, das spielerische Umgehen mit ihr und eine Annäherung durch Nachahmung. Ernsthafter, ohne die Nebenabsicht, sich selbst durch das Medium der Geschichte in Szene zu setzen, sind Begegnungen mit echten Überresten – an dieser Stelle liegt das Beispiel Kalkriese nahe, wo u.a. eine originale römische Steinschleuder in Aktion zu sehen war. [...]
Historische Neugier sucht das zeitlich Ferne, das Andere, oft das Kuriose. Viel nachhaltiger treibt die Frage nach der eigenen Geschichte die Menschen zur Suche nach Überresten, Zeugnissen oder Erzählungen, die sie selbst betreffen. Mit dem Stichwort der Identitätsbildung oder Identitätswahrung durch öffentliche Darstellung von Geschichte kommen wir aus dem bunten Vordergrund vielfältiger Begegnungen mit Geschichte in ein schwieriges Feld. [...] Subjektive Identität, Ich-Identität, die uns Gewissheit darüber gibt, wer wir sind, wo wir herkommen und hingehören nach Ort und Zeit, wie wir urteilen und handeln, ist immer verbunden mit sozialen, kollektiven Identitäten, d.h. mit dem Willen und der Fähigkeit von Gruppen, sich selbst als etwas Besonderes, Eigentümliches zu erkennen, damit auch abzugrenzen von anderen und allen Mitgliedern einen im Kern gemeinsamen, anerkannten Kanon von Vorstellungen, Gewissheiten und Lebensformen zu vermitteln. [...] Wie der Einzelne sich selbst in seiner persönlichen oder Familiengeschichte wiederfindet, so finden sich Völker und Gesellschaften in der Geschichte allgemein. [...]
Deshalb ist Vergewisserung der eigenen Geschichte immer mehr als Neugier oder Spiel; sie ist eine Existenzbeglaubigung von Gemeinschaften. Sie muss gezeigt und bezeugt, öffentlich sichtbar werden durch Erinnerungs- und Bestätigungsrituale: Symbole, Erzählungen, Lieder, Feiern. [...]
Bei solchen Feiern oder demonstrativen Gemeinsamkeiten geschieht nun immer auch die Auslöschung anderer Erinnerungen im gleichen Kontext. Die Fragwürdigkeiten und Gräuel der Französischen Revolution [...] werden bei dieser kollektiven Vereinnahmung der Geschichte durch eine fröhlich feiernde Öffentlichkeit ebenso verdrängt wie die Vernichtung, Umsiedlung oder Dekulturation der Indianerstämme infolge der Entstehung der USA.
Hier stoßen wir auf eine Problematik des Umgangs der Öffentlichkeit mit ihrer Geschichte. Sie ist in hohem Maße selektiv, verkürzt, manchmal bis zur Verfälschung. Erinnerung wird zur Schauseite, zum Mythos, darf nicht kritisiert werden. [...]
Historische Fundamente der Identität werden lebenslang gegründet – kurzfristiger greifen Legitimationsstrategien auf die Öffentlichkeit zu. Hier wird Geschichte benutzt, um gegenwärtige Ansprüche oder Entscheidungen zu rechtfertigen. [...] Ihr wichtigstes Medium sind politische Reden, Broschüren, Weiß-, Rot- oder Schwarzbücher. Es gibt Untersuchungen dieses Phänomens, die zeigen, dass Geschichte in dieser Funktion in der Öffentlichkeit immer wieder eingesetzt wird, sei es als gezielte politische Strategie der Meinungsbeeinflussung, sei es als Erklärung bestimmten Verhaltens im Großen wie im Kleinen. Ansprüche auf Land und Herrschaft werden so gerechtfertigt [...]. [...]
Das wichtigste Instrument des Argumentierens mit Geschichte ist das historische Exempel. Der ungeheure Vorrat an Geschichte dient als Beispielsammlung zum überzeugenden Beweis für die Richtigkeit dieses oder jenes Handelns oder Urteilens. Historie als das Archiv von Erfahrungen, aus denen zu lernen ist: Das leuchtet unmittelbar ein. [...]
Ebenso eindrucksvoll, dabei aber stärker auf historisches Wissen spekulierend ist die Konstruktion von Analogien und Kontinuitäten, so [...] wenn im Dienste der gewollten europäischen Einigung die europäische Gemeinsamkeit durch die Jahrhunderte aufgedeckt oder beschworen wird und als eine aufsteigende Linie erscheint, die notwendig zum Zusammenschluss führen müsse. [...]
Es ist eine Strategie der Überredung der Öffentlichkeit zu bestimmten Denkweisen und Handlungen, aber auch eine Verführung für den so Argumentierenden selbst. Dieser Gebrauch von Geschichte ist immer problematisch, operiert nur mit Halb- oder Teilwahrheiten, verkennt, dass Geschichte nicht das immer Gleiche, sondern das sich immer Wandelnde ist – und trotzdem bleibt dieser Umgang mit ihr offenbar eine unvermeidliche Art, historische Erfahrung auf die Gegenwart zu beziehen.

Karl-Ernst Jeismann, Geschichte und Öffentlichkeit. Historie zwischen Vergewisserung und Verführung, herausgegeben vom Landschaftsverband Osnabrücker Land e.V., Bad Iburg 1999, S. 1–36

32040-288

1. **Präsentation:** Überlegen Sie vor der Quellenlektüre, welche „Formen" von Geschichte Sie aus dem öffentlichen Raum kennen. Erstellen Sie eine Tabelle, in der Sie diese Geschichtsangebote auflisten. Legen Sie eine Spalte mit dem Oberbegriff „Funktion" an.
2. Fassen Sie die wesentlichen Argumente Jeismanns bezüglich des Verhältnisses von Geschichte und Öffentlichkeit in eigenen Worten zusammen. | **H**
3. Geben Sie die von Jeismann genannten Formen von Geschichte wieder. Vergleichen Sie sie anschließend mit den von Ihnen vor der Lektüre aufgeführten Beispielen (siehe Aufgabe 1).
4. Ergänzen Sie Ihre Tabelle um die von Jeismann genannten Aspekte und Beispiele. Beurteilen Sie ihre jeweilige Funktion.

M2 Erzähltypen nach Rüsen

*Auf dem Wiki der Pädagogischen Hochschule Karlsruhe fasst ein Autorenteam die Erzähl- und Sinnbildungstypen nach Jörn Rüsen (*1938) zusammen:*

1. Traditionelles Erzählen / traditionale Sinnbildung

[...] Geschichten, die dem traditionellen Erzählen angehören, erinnern an „verpflichtende Ursprünge" [...] und „an ihre ständige Durchsetzung, Wiederkehr und Resistenz im Wandel der Zeit" (Kontinuität der Ursprünge). Nach Rüsen ist der Ursprungsmythos eine besonders „reine Form dieses Typs". Andere Beispiele wären Stiftungsgeschichten, Herrschaft legitimierende Genealogien, Rückblicke in Jubiläen(reden). Die traditionale Sinnbildung übersieht dabei den Wandel der Verhältnisse über die Zeit. „Alles" bleibt demnach „beim Alten. Dinge die einmal erreicht wurden gelten als weiterhin gültig, Verlorenes als unwiederbringlich." [...]

2. Exemplarisches Erzählen

Die exemplarische Sinnbildung gilt als komplexer als die traditionale Sinnbildung, da sie Veränderungen im Wandel der Zeit anerkennt. Diese Veränderungen werden als Wandel zwischen verschiedenen Fällen derselben Art verstanden. Das heißt Einzelfälle sind nur Beispiele für eine allgemeingültige Regel. Diese Regel gilt überzeitlich. Aus der Betrachtung von einzelnen oder mehreren Fällen, die auf eine Regel abzielen, kann man somit für die Zukunft lernen. [...] Exemplarisches Erzählen erinnert somit an Sachverhalte der Vergangenheit, die Regeln gegenwärtiger Lebensverhältnisse konkretisieren. Kontinuität wird hierbei als Geltung dieser Regeln vorgestellt. Exemplarische Erzählungen sind durch die klassische Devise „historia magistra vitae"[1] charakterisiert, d.h. als Vorbildergeschichten Regelwissen und eine „Moral" vermitteln. Im Grunde genommen bleibt auch hier alles beim Alten. Beispiele für exemplarisches Erzählen sind Geschichten, die von Herrschertaten erzählen und Regeln des klugen Herrschens [...]. Das traditionale und das exemplarische Erzählen entsprechen dem Anforderungsbereich der Reproduktion.

3. Kritisches Erzählen

Kritische Erzählungen stellen Abweichungen dar, die gegenwärtige Lebensverhältnisse infrage stellen, d.h., bestehende Orientierungen und Vorstellungen werden aufgrund gegenteiliger Erfahrungen im Umgang mit vergangenem Material außer Kraft gesetzt. Hier spricht man eher von einer „Anti-Kontinuität", die sich als Veränderung vorgegebener Kontinuitätsvorstellungen in Form von Abgrenzung, Abweisung oder strikter Negation von Standpunkten zu verstehen gibt. Es kommt zum Bruch von Kontinuität. [...] Es sollen alternative Möglichkeiten aufgezeigt werden und eingefahrene historische Klischees widerlegt werden, indem empirisch auf widersprechende Erfahrungen verwiesen wird. Damit leugnet die kritische Sinnbildung, dass es eine allgemeingültige Regel, wie beim exemplarischen Erzählen gibt. [...] Das kritische Erzählen entspricht in der Schule dem Anforderungsbereich der Reorganisation, dieser beinhaltet das selbstständige Erklären und Anwenden von Gelerntem und dessen Transfer.

4. Genetisches Erzählen

Die genetische Sinnbildung stellt die zeitliche Veränderung der historischen Deutungsarbeit in den Mittelpunkt. Genetisches Erzählen „erinnert an qualitative Veränderungen in der Vergangenheit, die andere und fremde Lebensverhältnisse in eigene münden lassen". [...] Es wird versucht den Zusammenhang zwischen Vergangenheit, Gegenwart und Zukunft herzustellen, damit eine „gerichtete Veränderung" angenommen werden kann. Kontinuität tritt hier als Entwicklung ins Bild mit dem Ziel, die Richtungen dieser Veränderungen zu erkennen. In diesem Zusammenhang bedeutet historische Orientierung zu erkennen, in welche „Richtung" sich die Verhältnisse geändert haben, und diese Entwicklung in der Zukunft ermitteln zu können. Als kategoriale Beispiele sind bei der genetischen Sinnbildung die Entwicklung oder der Fortschritt zu nennen [...].

Nach Rüsen treten seine Sinnbildungstypen nie in Reinform auf, sondern immer in charakteristischen Kombinationen bzw. Mischformen, wobei eine dominant sei.

Nach: http://geoges.ph-karlsruhe.de/mhwiki/index.php5/Narration_Grundlagen (Zugriff: 28. April 2017; die Einzelnachweise wurden im Text entfernt)

[1] **historia magistra vitae**, dt. Übersetzung: Geschichte (ist) Lehrmeisterin des Lebens

32040-289

1. Fassen Sie die Hauptmerkmale der vier Erzähltypen zusammen.
2. Arbeiten Sie heraus, welche Erzähltypen bzw. Sinnbildungsmuster Ihr Geschichtsschulbuch oder ein anderes geschichtskulturelles Angebot bietet. Begründen Sie.
3. **Partnerarbeit:** Welches Sinnbildungsmuster von „Geschichte" erscheint Ihnen am wichtigsten? Erörtern Sie Ihnen bekannte Beispiele.

M3 Sammeln und bewahren – nur was und was nicht?

Museen und Archive stellen aus, bewahren und sammeln nach Schwerpunkten. Die Stiftung Haus der Geschichte der Bundesrepublik Deutschland informiert im Internet über sein Sammlungskonzept:

1986 beginnt die Stiftung Haus der Geschichte mit dem Aufbau zeithistorischer Sammlungen. Aufgenommen werden Objekte, die sich eignen, um Zeitgeschichte materiell zu dokumentieren und auszustellen: Gebrauchsgegenstände, Dokumente, Filme und andere Medien, Zeitschriften, Maschinen, Möbel, Textilien und vieles mehr. Heute umfassen unsere Sammlungen 1 Million Objekte. Neben materiellen Objekten sammelt die Stiftung zunehmend auch digitale Objekte.
Mindestens drei Kriterien sind ausschlaggebend dafür, ob ein Gegenstand, Dokument oder Medium Teil unserer Sammlung wird: Ist das Objekt typisch für seine Zeit (z.B. eine FDJ-Bluse) oder absolut einmalig (wie etwa der „Schabowski-Zettel“)? Ist es drittens mit einer besonderen Aussagekraft verbunden? Immer gilt, dass vor allem diejenigen Objekte spannend sind, die für sich selbst oder im Zusammenhang mit anderen eine Geschichte erzählen. Der Seesack etwa, den Elvis Presley 1958 zu Beginn seines Wehrdienstes in die Bundesrepublik mitbringt, steht für die Bedeutung der amerikanischen Popkultur in Deutschland und für einen Aspekt des Kalten Krieges. Und für Elvis-Fans hat er darüber hinaus eine besondere emotionale Bedeutung!
Die Sammlungstätigkeit ist eine wichtige Grundlage unserer musealen Arbeit in Bonn, Leipzig und Berlin. Wir tragen dazu bei, ein „kulturelles Gedächtnis“ unserer Gesellschaft mit aufzubauen. Unsere Aufgabe ist, das zeitgeschichtliche Geschehen aufmerksam zu verfolgen, dessen Einbeziehung jüngerer geschichtlicher Ereignisse in die Ausstellung zu prüfen, Sammlungsbereiche zu erweitern und infrage kommende Objekte zu sammeln. Als Museum für deutsche Zeitgeschichte sammeln wir Objekte von 1945 bis heute entlang der Ausstellungsthemen – auch nach dem Grundsatz „Von der Straße ins Museum“.
Für uns heißt das: Ob Flüchtlingskrise, „Brexit“ oder deutscher WM-Titel, wir bewerten, welche aktuellen Entwicklungen zeitgeschichtlich relevant werden können und übernehmen Objekte für unsere Sammlung, die eine damit verbundene Geschichte erzählen.

Nach: www.hdg.de/haus-der-geschichte/sammlung/ (Zugriff: 30. Juli 2018)

32040-290

1. Beschreiben Sie die wichtigsten Aspekte der Sammlungstätigkeit des Hauses der Geschichte.
2. Erläutern Sie die drei Kriterien, nach denen das Haus der Geschichte seine Objekte auswählt.
3. Erörtern Sie, welche Überlieferungslücken durch die Schwerpunktbildung entstehen könnten.
4. Diskutieren Sie in der Klasse Möglichkeiten und Grenzen von Museen, das kulturelle Gedächtnis aufzubauen.
5. Verschaffen Sie sich über die Suchmaske des Internetauftrittes vom Haus der Geschichte einen Überblick über die gesammelten Materialien. Wählen Sie eigene Objekte zu verschiedenen Kategorien aus und schlagen Sie sie dem Haus der Geschichte zur Aufbewahrung / zukünftigen Ausstellung vor. Begründen Sie Ihre Vorschläge nach den im obigen Text angegebenen Auswahlkriterien.

M4 Wahrheit der Fiktion

*Am Beispiel von Jugendbüchern zum „Dritten Reich“ differenziert der Geschichtsdidaktiker Hans-Jürgen Pandel (*1940) fünf Typen, nach denen der „Wahrheitsgehalt“ bzw. der Authentizitätsgrad von Geschichtserzählungen untersucht werden kann:*

a) Faktenauthentizität
Ein Jugendbuch ist fakten- und ereignisauthentisch, wenn die geschilderten Personen wirklich gelebt und die erzählten Ereignisse tatsächlich vorgefallen sind. [...] Eine solche Faktenauthentizität, bei der die Existenz aller Personen und die Tatsächlichkeit jedes Ereignisses dokumentarisch gesichert ist, würde es nicht erlauben, ein fiktives Buch zu schreiben, das zugleich anschaulich und spannend ist. Zu dürftig wäre die schriftstellerische Gestaltungsmöglichkeit, wenn der Autor nur solche Figuren aufnehmen könnte und Ereignisse berichten dürfte, für die ihm Quellenbelege vorliegen. Zu lückenhaft sind zudem Alltagsszenen, menschliche Gefühlslagen, Fantasien und Gedanken in den Quellen repräsentiert; zu unergiebig sind die vorliegenden Quellen, um Anschaulichkeit zu erzeugen. Die fiktive Darstellung muss mit der Faktenauthentizität großzügiger umgehen können, wenn sie ihre Arbeit ernst nimmt. Allerdings sind ihr dabei auch enge Grenzen gesetzt.
Sie darf die historische Situation, in der die Geschichte spielt, nicht abändern, die Periodisierungen dürfen nicht verschoben werden und die Ereignisabläufe der historischen Großchronologie muss unverändert erhalten bleiben, die Mentalitäts- und Interessenlagen sozialer Gruppen müssen dem Forschungsstand entsprechen.

b) Typenauthentizität

Ein Jugendbuch ist typenauthentisch, wenn es die dargestellten Personen zwar nicht als individuelle Personen, aber doch als Typus gegeben hat. Auch Ereignisse müssen sich nicht ereignet haben, aber das geschilderte Ereignis muss einen typischen, damals wiederholt vorgekommenen Ereignistyp schildern. […]

c) Erlebnisauthentizität

Ein Jugendbuch ist erlebnisauthentisch, wenn die dargestellten inneren Erfahrungen subjektiv authentisch sind. Sie sind dann authentisch, wenn der Erzähler die geschilderten Erfahrungen, Gefühle und Gedanken in der erzählten Situation tatsächlich gehabt hat. […]

Erlebnisauthentizität ist kaum mit den üblichen historischen quellenbezogenen Mitteln nachzuweisen. Eine solche Erlebnisauthentizität verlangt daher Informationen über die Biografie eines Autors oder der Autorin, die ihre inneren Erlebnisse wiedergibt. Die Fakten- und Typenauthentizität darf in solchen Erzählungen großzügiger gehandhabt werden. Ihr muss man sogar einen größeren Spielraum einräumen, da seine Gefühle, Assoziationen und Fantasien die Logik von Raum und Zeit und die Gesetze der Rationalität durchbrechen. […]

d) Quellenauthentizität

Die Forderung nach Authentizität kann sich auch auf ein Buch als Ganzes richten. Es handelt sich dann um Bücher, deren Texte oder Bilder zu derjenigen Zeit entstanden sind, über die dieses Buch berichtet. Die bekanntesten Prosabeispiele für diesen Typ der Authentizität sind die Tagebücher der Anne Frank […]. Es sind die Bücher, die insgesamt eine Quelle sind, weil sie während der Zeit, über die sie Auskunft geben, entstanden sind. Ein Buch ist quellenauthentisch, wenn der gesamte Buchtext ein quellenauthentischer Text ist. Den Beweis ihrer Quellenauthentizität treten diese Bücher meist dadurch an, dass sie Faksimiles[1] der Originalseiten mitdrucken. […]

e) Repräsentationsauthentizität

Die Authentizität des erzählten Zusammenhangs kann durch die Auswahl der Ereignisse erreicht, aber verfehlt werden, die in die Geschichte eingehen. Die in einem Jugendbuch dargestellten Ereignisse und Schicksale müssen sich in die Hintergrundnarrativität der bekannten Geschichte des Dritten Reiches einordnen lassen, ohne zu ihr in Widerspruch zu treten. Die geschilderten Ereignisse und Situationen müssen in dem Sinne exemplarisch sein, dass sie Schicksale repräsentieren, die häufig vorgekommen sind. Der geschilderte Ereigniszusammenhang, der zwar individuelle und unverwechselbare Personen zeigt, muss dennoch von allgemeiner Gültigkeit sein. Er soll für viele Schicksale stehen und darf nicht so einmalig sein, dass er nur auf ein einziges Leben zutrifft. Viele Zeitzeugen müssen sagen können: So etwas Ähnliches habe ich auch erlebt, und so etwas ist oft vorgekommen. Erst wenn die geschilderten Ereignisse exemplarisch für den Ereigniskomplex Holocaust sind, erhalten sie Plausibilität und die dargestellte Geschichte Gültigkeit.

Die Vielfalt der Authentizitätsformen macht deutlich, dass es die einfache antagonistische[2] Gegenüberstellung von Fiktion und Wahrheit nicht gibt. Wenn historische Jugendbücher geschichtliche Themen aufgreifen, müssen sie auf einer der genannten Authentizitätsebenen Wahrheitsansprüche einlösen, sonst bringen sie sich um die Chance, einen Bezug zur historischen Wirklichkeit herzustellen. Kein historisches Jugendbuch wird allen Authentizitätsansprüchen gleichzeitig nachkommen wollen […].

Hans-Jürgen Pandel, Die Wahrheit der Fiktion. Der Holocaust im Comic und Jugendbuch, in: Bernd Jaspert (Hrsg.), Wahrheit und Geschichte. Vom Umgang mit deutscher Vergangenheit, Hofgeismar 1993, S. 72–108, hier S. 92–104

32040-291

1. Geben Sie die Merkmale der verschiedenen Authentizitätsbereiche stichpunktartig wieder. | F
2. Diskutieren Sie an einem selbstgewählten Beispiel, welche Probleme für Geschichtsproduzenten auftreten, wenn sie für ihre Darstellung eine größtmögliche Authentizität erreichen wollen.
3. „Typenauthentizität" heißt auch, dass die handelnden Figuren ihrer Zeit gemäß typisch denken, handeln und sprechen. Erörtern Sie, welche Probleme ein Romanautor oder ein Filmemacher haben kann, wenn er eine Geschichtsdarstellung der Antike oder des Mittelalters vorhat. Entwickeln Sie Lösungsvorschläge und diskutieren Sie sie in der Klasse. | H

[1] **Faksimile:** originalgetreue Nachbildung einer Vorlage

[2] **antagonistisch:** gegensätzlich

Orientierung

4.3 Pflichtmodul: Epochenbilder in der Geschichtskultur – das Mittelalter

Das Kapitel beschäftigt sich inhaltlich mit ...

den Formen der Rezeption der Epoche des Mittelalters

der Dekonstruktion verschiedener Mittelalterbilder

der Rekonstruktion des Mittelalters

Epochenbilder sind besondere Vorstellungen über ein vergangenes Zeitalter. Im Rückblick wird eine Epoche wiederentdeckt und dabei entweder kritisiert oder im Gegenteil als faszinierend und vorbildhaft angesehen. Diese Wertungen entsprechen nicht immer den historischen Tatsachen und betonen oft nur einzelne Gesichtspunkte einer Vergangenheit, die sich in Wirklichkeit viel komplexer ausnahm.

Die Epoche des europäischen Mittelalters – die Zeit etwa von den „Völkerwanderungen" bis zur Reformation – rückte im 19. und 20. Jahrhundert immer wieder ins öffentliche Blickfeld. Auf das Mittelalter beriefen sich politische Bewegungen, um damit ihre je eigene Vision von Staat und Gesellschaft zu begründen. Aus der Beschäftigung mit dem Mittelalter entwickelte sich die moderne Geschichtswissenschaft. Daneben dient das Mittelalter bis heute als Vorbild für Kunst und Architektur, als Stoff für Literatur, Theater und Filme, als Anlass für Feste und Inszenierungen sowie als Publikumsmagnet für den modernen Tourismus.

Bau von Schloss Neuschwanstein.
Foto um 1880.
Am Rande der Allgäuer Alpen ließ König Ludwig II. von Bayern (1845–1886) seit 1868 das Schloss Neuschwanstein errichten. Mit den damals modernsten Bautechniken entstand eine Art „Märchenschloss", das an das Mittelalter erinnern sollte. Was die Besucherinnen und Besucher bis heute zu sehen bekommen, ist allerdings nur die Vorstellung des früheren Königs und seiner Gestalter vom Mittelalter, nicht „das" Mittelalter selbst.

- Präsentation: Stellen Sie das Foto einer heutigen Ansicht von Schloss Neuschwanstein gegenüber. Beschreiben Sie anhand beider Bilder, welche Entwicklung der Bau bis zu seinem Abschluss im Jahr 1892 nahm.
- Recherchieren Sie im Internet nach Videos, die das Innere von Neuschwanstein zeigen. Beschreiben Sie Ihre Reaktion auf das Gesehene.

32108-63

Mittelalterbilder von 1800 bis 1945

Ende 18. Jh. — Der beschleunigte gesellschaftliche und politische Wandel führt zu einer neuen Zeitwahrnehmung in Europa und Nordamerika: Die eigene, „neue Zeit" oder „Moderne" wird von einem vergangenen „Mittelalter" abgegrenzt. Vertreter der Aufklärung betonen die Rückständigkeit der früheren Epoche.

Anfang 19. Jh. — Die Romantik reagiert auf das Unbehagen an der Moderne und verklärt das Mittelalter zum Sehnsuchtsort.

Entstehung der Mediävistik: Das Mittelalter soll nach den Maßstäben moderner Wissenschaft erforscht werden.

Mitte 19. Jh. — Wiederentdeckung der Gotik als Baustil des Mittelalters

1876 — Uraufführung von Richards Wagners Opernzyklus „Der Ring des Nibelungen"

1880 — Der Bau des Kölner Doms, seit dem 16. Jahrhundert unvollendet, kommt zum Abschluss.

um 1880/90 — In Denkmälern und Gemälden versucht der Reichsnationalismus des Deutschen Kaiserreiches an das Kaisertum des Mittelalters anzuknüpfen.

seit den 1920er-Jahren — Durch Fotografie, Film und Tourismus werden Kulturschätze des Mittelalters einem Massenpublikum vorgestellt.

1933 - 1945 — Die Nationalsozialisten berufen sich auf das Mittelalter, um eine deutsche Vorherrschaft in Europa gewaltsam durchzusetzen.

Mittelalterbilder der Gegenwart

seit den 1980er-Jahren — Mittelaltermärkte erfreuen sich zunehmender Beliebtheit. Allein in Deutschland finden jährlich mehrere Hundert Märkte und mittelalterliche Feste statt. Zu den bekanntesten Veranstaltungen in Niedersachsen zählen u.a. das „Mittelalterlich Phantasie Spectaculum" (u.a. Bückeburg), das „Sehusafest" (Seesen) und „Mystica Hamelon" (Hameln).

1980 — Der Italiener Umberto Eco veröffentlicht seinen im Mittelalter spielenden Roman „Il nome della rosa" (dt.: „Der Name der Rose"). Er wird zu einem weltweiten Bestseller und 1986 mit dem schottischen Schauspieler Sean Connery verfilmt.

seit den 1990er-Jahren — Das Thema „Mittelalter" hat in Kino- und TV-Produktionen Konjunktur (z.B. „Robin Hood – König der Diebe", USA, 1991; „Braveheart", USA, 1995; „Timeline", USA, 2003; „Königreich der Himmel", USA/ES/GB/D, 2005; „Die Päpstin", D/IT 2009; „Black Death", GB/D, 2010; „Die Säulen der Erde", D/CAN, 2010; „Die Wanderhure", D/AT, 2010; „Vikings", CAN/IRL, 2013-2020).

2008 — Die erste Folge der mehrteiligen Geschichtsdokumentation „Die Deutschen" im Auftrag des ZDF sehen rund 6,5 Millionen Fernsehzuschauer. Sie behandelt die Regierungszeit des mittelalterlichen Herrschers Ottos des Großen.

2023 — Die „Landshuter Hochzeit 1475" findet mit über 2000 Mitwirkenden statt. Das historische Dokumentarspiel wird seit 1985 alle vier Jahre in Landshut aufgeführt und zählt seit 2018 zum Immateriellen Kulturerbe der Bundesrepublik.

Mittelalterbilder von 1800 bis 1945

Das Mittelalterbild der Aufklärung | Im späten 18. Jahrhundert entwickelten die Menschen in Europa ein allgemeines Bewusstsein, in einer völlig neuen Zeit zu leben. Das starke Bevölkerungswachstum, die beginnende Industrialisierung, technisch-wissenschaftliche Fortschritte und politische Umwälzungen wie die Gründung der USA und die Französische Revolution schienen nicht mehr vergleichbar mit dem Wandel, wie er in früheren Zeiten stattgefunden hatte. Diese früheren Zeiten wurden nun gedanklich neu geordnet. Von der eigenen Gegenwart, die man fortan als Moderne oder Neuzeit bezeichnete, wurde eine vorhergehende Epoche abgehoben, das „Mittelalter". Dabei ging es nicht nur um eine zeitliche Abgrenzung früherer Jahrhunderte, sondern auch um deren grundlegende Andersartigkeit. Zumal die Vertreter der *Aufklärung* entwarfen das Bild eines im Vergleich zur Gegenwart „finsteren", „rückständigen" Mittelalters.[1] Sie verwiesen auf die soziale Ungleichheit der mittelalterlichen Ständegesellschaft, auf die geistige Bevormundung und die Verfolgung Andersgläubiger durch die christliche Kirche, die Rechtlosigkeit der Bauern im Zeichen der Leibeigenschaft, das Fehlen von Menschenrechten oder die Beschränkung bürgerlicher Freiheiten allein auf die Städte.[2] Das Vernunftdenken der Aufklärung lehnte diese Zustände für die eigene Zeit ab – sie waren entweder bereits abgeschafft oder sollten künftig beseitigt werden. Dieser Anspruch machte wiederum das Mittelalter zu einer Epoche, die als überwunden galt.

Das Mittelalterbild der Romantik | Seit Beginn des 19. Jahrhunderts wurden immer mehr Zweifel am optimistischen Fortschrittsglauben der Aufklärung laut. Die Französische Revolution und ihre Gewaltakte, die Kriege der napoleonischen Zeit und die bereits sichtbaren sozialen Verwerfungen der Industrialisierung ließen die Moderne insgesamt fragwürdig erscheinen. Dagegen erfuhr das Bild des Mittelalters eine Aufwertung. Im Denken der **Romantik**, wie es etwa in philosophischen Schriften, Romanen, Gedichten, Predigten oder Bildnissen zum Ausdruck kam, wurde das Mittelalter zu einem Sehnsuchtsort verklärt, einer Zeit, die von den Einflüssen der Moderne noch unberührt geblieben war. Mit der Aufklärung teilte die Romantik zwar die Ansicht, das Mittelalter sei eindeutig vergangen und in der Gegenwart nicht wiederherstellbar. Dieser Befund wurde jedoch nicht mehr als Errungenschaft gefeiert, sondern als schmerzlicher Verlust beklagt (→M1).

Romantik: Stilrichtung in Philosophie, Literatur, Kunst und Musik vom Ende des 18. bis etwa Mitte des 19. Jahrhunderts. Sie betonte vor allem Leidenschaft, Gefühlsbetontheit, Spontaneität, Ursprünglichkeit und Natürlichkeit.

Das Mittelalter als Ursprung europäischer Nationen | Auf die napoleonischen Kriege folgte die Zeit der Nationalbewegungen in vielen Ländern Europas. In ihrem Bemühen um nationale Selbstvergewisserung entdeckten vor allem Gelehrte und Literaten das Mittelalter als Epoche wieder, in der sich Stämme seit der Völkerwanderungszeit zu späteren Nationen entwickelt hatten. Als zuverlässigster Nachweis einer nationalen Vergangenheit galten schriftliche Quellen. Daher wurden nun in großem Umfang Urkunden, Chroniken und andere Texte des Mittelalters aus öffentlichen Archiven oder privaten Sammlungen hervorgeholt, ausgewertet und publiziert. Die Erforschung des Mittelalters war einerseits von der Romantik beeinflusst, ging es doch um das Auffinden möglichst ursprünglicher und unverfälschter Kulturgüter. Andererseits stand dabei auch die Aufklärung Pate, denn die Untersuchung der mittelalterlichen Quellen erfolgte nach streng nachprüfbaren, wissenschaftlichen Maßstäben. Im Lauf des 19. Jahrhunderts entwickelte sich die **Mediävistik** zu einem eigenen Bildungszweig an Universitäten und in wissenschaftlichen Vereinigungen. Die damalige Mittelalterforschung sollte vor allem dazu dienen, die Anfänge und Frühgeschichte der jeweils eigenen Nation einer breiteren Öffentlichkeit nahezubringen.

Mediävistik (von lat. *medium aevum*: mittleres Zeitalter): Wissenschaft des europäischen Mittelalters. Zu den verschiedenen Forschungsfeldern gehören die Fachbereiche der mittelalterlichen Geschichte, Theologie und Sprach- und Literaturwissenschaft, der Archäologie des Mittelalters, der mittelalterlichen Musik- und Kunstwissenschaft sowie der Architektur jener Epoche.

[1] Weitere Informationen zur „Aufklärung" finden Sie auf den Seiten 118 und 133.

[2] Einen Überblick über die Herrschaft und Gesellschaft im europäischen Mittelalter bietet das Kapitel ab Seite 30.

Bauliches Erbe und Vorbild | An das Mittelalter erinnerten im 19. Jahrhundert auch die zahlreichen Bauten, die aus dieser Zeit stammten, vor allem Burgen, Klosteranlagen und Kirchen. Viele von ihnen lagen entweder in Ruinen oder waren vom Verfall bedroht. Mit staatlicher Unterstützung, oft auch durch private Initiativen finanziert, wurden seit den 1830er- und 40er-Jahren viele mittelalterliche Bauwerke saniert oder erweitert. Dazu gehörten etwa die Dome zu Regensburg, Bamberg, Worms, Speyer, Aachen und Magdeburg oder das Ulmer Münster. Der Kölner Dom, der seit dem Mittelalter als unfertiger Bau existierte, wurde zwischen 1822 und 1880 fertiggestellt (➔M2). Auch im übrigen Europa gelang die Erhaltung oder Erneuerung prächtiger mittelalterlicher Bauten. Die Mehrzahl dieser Bauwerke war im Stil der Gotik errichtet, die inzwischen auch als Vorbild für viele moderne Gebäude diente. In zahlreichen Städten Europas entstanden seit Mitte des 19. Jahrhunderts Villen, Bahnhöfe, Markthallen, Rathäuser, Hospitäler und selbst Fabrikanlagen mit (neu)gotischen Elementen. Die Gotik als Stil des Mittelalters prägte den damaligen öffentlichen Raum.

Gotik: Kunst- und Architekturstil in Europa etwa von der Mitte des 12. bis zum Beginn des 16. Jahrhunderts. Charakteristisch für den gotischen Baustil sind Spitzbögen, Rippengewölbe und schlanke, besonders hoch aufragende Säulen und Türme.

Kaiser- und Reichstradition | Für die deutsche Politik des 19. Jahrhunderts diente die Geschichte des Mittelalters als wesentlicher Bezugspunkt. Seit 1815 bestand der Deutsche Bund, eine lose Verbindung souveräner Staaten. Es gab jedoch kein gemeinsames Oberhaupt wie noch im Mittelalter und bis 1806, keinen Kaiser. Im einstigen Heiligen Römischen Reich Deutscher Nation hatten die deutschen Fürsten und Freien Reichsstädte weitgehende Eigenständigkeit genossen. Darauf beriefen sich nun Königreiche wie Bayern, Württemberg und Hannover oder auch Stadtstaaten wie Hamburg, Bremen und Frankfurt am Main. Das vergangene Reich des Mittelalters diente somit als Vorbild für staatliche Vielfalt und Gleichberechtigung.

Dagegen erinnerten damalige Verfechter eines deutschen Nationalstaates an die Herrschaft des Kaisers als Lehnsherr über Fürsten und Städte im Mittelalter. Besonders die Kaisergestalten aus den Dynastien der Sachsen, Salier und Staufer wurden in der Geschichtsschreibung, Dichtung und politischen Publizistik verherrlicht. In ihrer Sicht stand das Reich des Mittelalters nicht für staatliche Vielfalt, sondern für machtvolle Einheit.

1871 wurde ein deutscher Nationalstaat gegründet, das Deutsche Reich, unter Führung des Königreiches Preußen. Der preußische König war zugleich deutscher Kaiser, die übrigen deutschen Monarchen und Stadtstaaten verloren dagegen ihre Souveränität. Mit dem einstigen Reich des Mittelalters hatte das neue Deutsche Reich nichts gemein. Dennoch suchte das neue Kaisertum an die kaiserliche Herrlichkeit des Mittelalters anzuknüpfen. Der Reichsnationalismus im späten 19. Jahrhundert sollte vor

Denkmal vor der Kaiserpfalz in Goslar.
Foto von 2015.
Reiterstandbilder mit Kaiser Wilhelm I. (links) und Kaiser Friedrich I. Barbarossa (rechts).
Die Goslarer Kaiserpfalz aus dem 11. Jahrhundert wurde zwischen 1868 und 1897 restauriert und teils neu gestaltet. Hinzu kam auch ein Denkmal mit zwei Bronzestatuen. Sie zeigen den preußischen König und deutschen Kaiser Wilhelm I. sowie den berühmten Stauferkaiser Friedrich I. Barbarossa aus dem 12. Jahrhundert. Zum Stauferkaiser siehe auch die Methode auf Seite 445.

- Präsentation: Halten Sie nach einer Internetrecherche ein Referat über die Neugestaltung der Kaiserpfalz im 19. Jahrhundert, besonders den Kaisersaal und seine Wandbilder. | F
- Analysieren Sie, in welches Verhältnis das Denkmal die beiden Kaiser zu setzen sucht.

32108-64

Siegfrieds Tod an der Quelle im Odenwald.
Szenenbild aus dem deutschen Stummfilm „Die Nibelungen" von 1924.
Der Regisseur Fritz Lang (1890–1976) schuf 1924 einen zweiteiligen Spielfilm von rund fünf Stunden Länge über die Nibelungensage. Das Szenenfoto zeigt den Tod des ahnungslosen Siegfried, den sein früherer Gefährte Hagen von Tronje auf Geheiß der Burgunder hinterrücks ermordet.

- Präsentation: Stellen Sie den Film in einem Kurzreferat vor. Gehen Sie dabei auch auf Fritz Lang und seine weiteren Filme ein.
- Gruppenarbeit: Diskutieren Sie in der Klasse, ob und inwieweit Fantasyromane und -filme unsere Sicht auf die Vergangenheit beeinflussen. | H

32108-65

allem von den inneren Spannungen ablenken, die den Zusammenhalt des noch jungen Nationalstaates gefährdeten. Die inneren Gegensätze, die das Deutsche Reich belasteten – zwischen Preußen und den übrigen Bundesstaaten, Protestanten und Katholiken, deutscher Bevölkerung und nationalen Minderheiten sowie Bürgertum und Arbeiterbewegung – hatte es im Mittelalter noch nicht gegeben. Die Erinnerung an eine *mittelalterliche Kaiser- und Reichstradition* diente als Mahnung an gesellschaftliche Stabilität und Geschlossenheit, ebenso an die Treue der Bevölkerung zur Monarchie als einer angeblich gottgewollten Ordnung.

„Heldenhaftes" Mittelalter | Das Mittelalter bediente auch das Verlangen weiter Teile der Gesellschaft nach moralischen Vorbildern. Daher fanden alte Sagen und Erzählungen großes Interesse. Ein Beispiel ist das *Nibelungenlied*, ein Heldenepos über den Drachentöter Siegfried von Xanten, der die burgundische Prinzessin Kriemhild heiratet. Ihre Brüder begehen Verrat an Siegfried und lassen ihn ermorden, worauf Kriemhild an den Burgundern (den Nibelungen) furchtbare Rache nimmt. Die verschiedenen Textfassungen aus dem 13. bis 15. Jahrhundert wurden von der Mittelalterforschung im 19. Jahrhundert zusammengetragen. Seither galt das Nibelungenlied als deutsches Nationalepos, dessen Inhalt in populären Darstellungen verbreitet wurde. Zu den berühmtesten Umsetzungen zählten das dreiteilige Drama „Die Nibelungen" von *Friedrich Hebbel*, 1861 uraufgeführt, sowie der vierteilige Opernzyklus „Der Ring des Nibelungen" von *Richard Wagner*, der erstmals 1876 auf die Bühne gelangte. Während die Mediävistik die historischen Vorbilder des Nibelungenliedes herausarbeitete, gingen Schriftsteller und Komponisten daran, den Stoff zu einem zeitlos gültigen Lehrstück über Mut, Treue und Gefolgschaft, über Neid, Heimtücke und Habgier aufzubereiten. Im kollektiven Gedächtnis der Deutschen vermischte sich dabei das „originale" Mittelalter mit einem erfundenen Mittelalter der Dichtungen und Mythen.

Der Ideen- und Bildervorrat mittelalterlicher Sagen ließ sich auch für die nationale politische Propaganda nutzen, etwa während des Ersten Weltkrieges und danach. Das Deutsche Reich sollte im Krieg wie der Held Siegfried erscheinen, ehrenhaft (sprich: schuldlos am Krieg) und unbesiegbar. Als dann 1918 dennoch der deutsche Zusammenbruch stattfand, entstand die unwahre Behauptung, die Niederlage sei nur durch Streiks und Aufstände im Innern verschuldet, die dem deutschen Heer in den Rücken gefallen seien. Diese „Dolchstoßlegende" mochte auch deshalb bei vielen Menschen verfangen, weil sie dem Bild der Ermordung Siegfrieds im Nibelungenlied glich.[1]

Mittelalterbegeisterung in der Weimarer Republik | Obwohl 1918 die Monarchie im Deutschen Reich und damit auch das Kaisertum untergegangen war, blieb das Mittelalter als Epoche unvermindert populär. Am Mittelalter interessierte nun besonders die soziale Harmonie, die in jenen Jahrhunderten angeblich geherrscht hatte. Der gesellschaftlichen und politischen Zerrissenheit der Weimarer Republik wurden die *Ordnungsmodelle des Mittelalters* (Stände, Bünde, Zünfte, Mönchsorden usw.) gegenübergestellt. Die klaren Regeln und die emotionale Bindung jener Gemeinschaften sei der rein rationalen, interessengeleiteten Gesellschaft der Moderne überlegen, so der Soziologe und Philosoph *Ferdinand Tönnies*. Vor allem die Jugendbewegung der 1920er- und 30er-Jahre versuchte das Vorbild von Bünden und Schwurgemeinschaften aus dem Mittelalter nachzuahmen.

Zugleich wurde das Mittelalterbild von den neuen *Massenmedien* und vom *Massentourismus* des frühen 20. Jahrhunderts bestimmt. Fotografien, seit den 1920er- und 30er-Jahren auch Dokumentarfilme, machten breite Schichten der Gesellschaft mit mittelalterlichen Monumenten bekannt (→M3 und M4). Städte luden ein zum Besuch mittelalterlicher Bauten und Kunstwerke, teils warben sie auch mit Festspielen oder Märkten, die an das Mittelalter erinnern sollten.

Im Nationalsozialismus: Mittelalter als Gewaltgeschichte | Auch die Hitler-Diktatur seit 1933 berief sich in ihrer Politik und Selbstinszenierung auf das Mittelalter (→M5). Der neue Staat galt als *„Drittes Reich"*, anknüpfend an das Reich des Mittelalters und das (zweite) Deutsche Kaiserreich von 1871 bis 1918. Hitler erklärte etwa die ehemalige Reichsstadt Nürnberg, einst der Schauplatz vieler Reichsversammlungen, zur „Stadt der Reichsparteitage" der NSDAP. In Nürnberg wurden 1935 auch die berüchtigten Gesetze verabschiedet, die die Entrechtung der jüdischen Bevölkerung verfügten.

Der Nationalsozialismus führte zwar kein neues Kaisertum ein, berief sich aber auf das mittelalterliche Reich und seinen einstigen Vorrang in Europa. Dieser Vorrang war im Mittelalter noch religiös begründet gewesen und hatte eher symbolische Bedeutung. Der NS-Staat interpretierte ihn hingegen als Anspruch auf Vorherrschaft. Dem Deutschen Reich sollte der Osten Europas unterworfen und als *„Lebensraum"* angegliedert werden. Als geschichtliches Vorbild verwiesen die Nationalsozialisten auf die Christianisierung heidnischer Völker in Osteuropa, insbesondere auf die Herrschaft des Deutschen Ritterordens über Teile des Baltikums im 13. bis 16. Jahrhundert.

Hitlers „Lebensraum"-Politik führte 1939 zum Überfall auf Polen und seit 1941 zum deutschen Vernichtungskrieg gegen die Sowjetunion. Um die eigene Bevölkerung auf diesen Krieg einzustimmen, stellte die deutsche Propaganda die Sowjetunion als große, fremdartige Bedrohung des Abendlandes dar. Auch dieses Feindbild nahm Anleihen an die Geschichte des Mittelalters, etwa die Hunnenstürme des 5. Jahrhunderts oder die Einfälle der Mongolen im 13. Jahrhundert, die Teile Europas verwüstet hatten. Die Nationalsozialisten und ihre Anhänger deuteten das Mittelalter in gleicher Weise wie die eigene Gegenwart – als Daseinskampf ganzer Völker (→M6).

[1] Zur „Dolchstoßlegende" siehe auch Seite 363.

M1 Das christliche Mittelalter – eine heile Welt?

Der Dichter Novalis (eigentlich: Friedrich von Hardenberg, 1772–1801) verfasst im Jahr 1799 die Schrift „Die Christenheit oder Europa". Darin entwirft er das Bild eines Mittelalters, das ganz von der christlichen Kirche geprägt ist:

Es waren schöne glänzende Zeiten, wo Europa ein christliches Land war, wo Eine Christenheit diesen menschlich gestalteten Welttheil bewohnte; Ein großes gemeinschaftliches Interesse verband die entlegensten Provinzen dieses weiten geistlichen Reichs. – Ohne große weltliche Besitzthümer lenkte und vereinigte Ein Oberhaupt, die großen politischen Kräfte. – Eine zahlreiche Zunft[1] zu der jedermann den Zutritt hatte, stand unmittelbar unter demselben und vollführte seine Winke und strebte mit Eifer seine wohltätige Macht zu befestigen. Jedes Glied dieser Gesellschaft wurde allenthalben geehrt, und wenn die gemeinen Leute Trost oder Hülfe, Schutz oder Rath bei ihm suchten, [...] so fand es auch bei den Mächtigeren Schutz, Ansehn und Gehör, und alle pflegten diese auserwählten, mit wunderbaren Kräften ausgerüsteten Männer, wie Kinder des Himmels, deren Gegenwart und Zuneigung mannigfachen Segen verbreitete. Kindliches Zutrauen knüpfte die Menschen an ihre Verkündigungen. – Wie heiter konnte jedermann sein irdisches Tagewerk vollbringen, da ihm durch diese heiligen Menschen eine sichere Zukunft bereitet, und jeder Fehltritt durch sie vergeben, jede mißfarbige Stelle des Lebens durch sie ausgelöscht, und geklärt wurde. Sie waren die erfahrnen Steuerleute auf dem großen unbekannten Meere [...]. [...]

Mit welcher Heiterkeit verließ man die schönen Versammlungen in den geheimnißvollen Kirchen, die mit ermunternden Bildern geschmückt, mit süßen Düften erfüllt, und von erhebender Musik belebt waren. In ihnen wurden die geweihten Reste ehemaliger gottesfürchtiger Menschen dankbar, in köstlichen Behältnissen aufbewahrt. [...] Man sammelte mit inniger Sorgfalt überall was diesen geliebten Seelen angehört hatte, und jeder pries sich glücklich der eine so tröstliche Reliquie erhalten oder auch nur berühren konnte. Hin und wieder schien sich die himmlische Gnade vorzüglich auf ein seltsames Bild, oder einen Grabhügel niedergelassen zu haben. – Dorthin strömten aus allen Gegenden Menschen mit schönen Gaben und brachten himmlische Gegengeschenke: Frieden der Seele und Gesundheit des Leibes, zurück. Aemsig suchte, diese mächtige friedensstiftende Gesellschaft, alle Menschen dieses schönen Glaubens theilhaftig zu machen und sandte ihre Genossen, in alle Welttheile, um überall das Evangelium des Lebens zu verkündigen, und das Himmelreich zum einzigen Reiche auf dieser Welt zu machen. [...]

Das waren die schönen wesentlichen Züge der ächtkatholischen oder ächt christlichen Zeiten. Noch war die Menschheit für dieses herrliche Reich nicht reif, nicht gebildet genug. Es war eine erste Liebe, die im Drucke des Geschäftslebens[2] entschlummerte, deren Andenken durch eigennützige Sorgen verdrängt, und deren Band nachher als Trug und Wahn ausgeschrien und nach spätern Erfahrungen beurtheilt, – auf immer von einem großen Theil der Europäer zerrissen wurde.

Novalis, Die Christenheit oder Europa. Ein Fragment [1799], in: Ders., Werke, Tagebücher und Briefe Friedrich von Hardenbergs, Bd. 2: Das philosophisch-theoretische Werk, hrsg. von Hans-Joachim Mähl, München/Wien 1978, S. 732–750, hier S. 732–734 (gekürzt)

32108-66

1. Geben Sie in eigenen Worten wieder, was Novalis am christlichen Mittelalter schätzt. | H
2. Arbeiten Sie heraus, mit welchen Begriffen und Stilmitteln der Dichter das Christentum im Mittelalter umschreibt.
3. Analysieren Sie, welche gesellschaftlichen Wunschvorstellungen der Dichter im christlichen Mittelalter verwirklicht sieht. | F
4. Nehmen Sie Stellung zu einer Gleichsetzung von europäischem Mittelalter und (katholischem) Christentum.

M2 Baustelle der Nation

*Der Historiker Ulrich Schlie (*1965) untersucht die nationale Bedeutung des im 19. Jahrhundert fertiggestellten Kölner Doms:*

Wie kaum ein zweites Bauwerk erzählt die Geschichte der Fertigstellung des Kölner Doms von der Mittelalterzuwendung in politischer Absicht. Denn der Dom zu Köln wurde im 19. Jahrhundert zum Symbol für das kommende Reich, für die Einheit der Christenheit und die Nähe des Mittelalters zu Gott. Lange Zeit war das unvollendete Bauwerk unbeachtet, wenn nicht vergessen geblieben. 1797 hatte es österreichischen Kriegsgefangenen als Quartier gedient, und ein Aachener Bischof hatte mit der Forderung von sich reden gemacht, das Bauwerk ganz abtragen zu lassen. Mit den Befreiungskriegen änderte sich der Blick auf den Dom. Nun mehrten sich Stimmen, die dafür plädierten, den Kölner Torso als nationales Symbol zu begreifen und zu Ende zu bauen. Zu den prominentesten und am deutlichsten vernehmbaren Stimmen gehörte die von Joseph Görres, der im Rheinischen Merkur vom 20. November 1814 geschrieben hatte, die Nation sei noch nicht reif für den Bau eines eigenen Nationaldenkmals, und der stattdessen empfahl, den Kölner Dom als Symbol des „neuen Reiches" [...] zu vollenden. In seinem unfertigen Zustand sei das Bauwerk dauernde Mahnung, „ein Bild von Teutschland in seiner Sprach- und Gedankenverwirrung, seinem inneren Hader und seiner Eigensucht, seinem Niedergang und seiner Zerrissenheit".

[1] **Eine zahlreiche Zunft**: meint hier den christlichen Priesterstand

[2] **Geschäftsleben**: meint hier Alltag und Berufstätigkeit

Der Kölner Dombau wurde zu einer nationalen Sammlungsbewegung. Die Spendenbereitschaft der Deutschen war schon damals ausgeprägt. Im ganzen Land fanden sich Förderer, die sich oft auch mit nur kleinen, symbolischen Geldbeträgen beteiligten. Die vielfältigen Aufrufe aus Anlass der 600-Jahr-Feier 1848 taten das ihre, und es ist deshalb nicht verkehrt, den Dom als „Denkmal der Massen und Volksdom" zu bezeichnen, genauso wie die Dombaufeste von 1842 und 1880 unzweifelhaft den Charakter von Volksfesten trugen. Die Gotik wurde als dem deutschen Wesen gemäße Bauform begriffen (gotisch und deutsch galten in der Anschauung der Zeit als identisch), und dies blieb selbst dann so, nachdem die französischen Ursprünge der Gotik entdeckt worden waren. [...]
Fast schien es so, als hätten die Deutschen im Kölner Dom das Symbol ihres erträumten Reiches gefunden: ein unvollendeter Kirchenbau als Sinnbild eines millenarischen[1] Reiches. Seine Fertigstellung wurde jetzt als nationale Aufgabe begriffen, an der sich sowohl Katholiken als auch Protestanten beteiligten: die Nation als Wille und Vorstellung, eine höhere Aufgabe, zu deren Nutzen sogar die seit der Reformation dauernde und im Dreißigjährigen Krieg bestätigte konfessionelle Spaltung vorübergehend hintangestellt wurde.

Ulrich Schlie, Die Nation erinnert sich. Die Denkmäler der Deutschen, München 2002, S. 31 f.

32108-67

1. Fassen Sie den Text in Thesenform zusammen.
2. Erläutern Sie, inwieweit der Kölner Dom ein Sinnbild für die politischen und gesellschaftlichen Verhältnisse in Deutschland im 19. Jahrhundert darstellte. | H | F
3. Erörtern Sie, ob die damalige Bevölkerung mit dem Kölner Dom in seinem unfertigen Zustand ein eher positives oder negatives Bild vom Mittelalter verbinden konnte.
4. Gruppenarbeit: Diskutieren Sie in der Klasse die Bedeutung großer Bauprojekte für den Zusammenhalt einer Gesellschaft. Verweisen Sie dabei auf Beispiele im In- und Ausland sowie aus Vergangenheit und Gegenwart. | H

M3 Lichtbilder vom Mittelalter

*Im Dom zu Bamberg befindet sich eine Steinskulptur aus dem frühen 13. Jahrhundert, der sogenannte Bamberger Reiter. Der Kunsthistoriker Wolfgang Ullrich (*1967) beschreibt, wie die Figur im 20. Jahrhundert ihre Berühmtheit erlangt hat:*

Es ist keine Übertreibung, wenn man feststellt, dass der Bamberger Reiter erst durch die Fotografien Walter Heges[2] wirklich populär wurde. [...] Hege hatte es [...] selbst zu seinem Ziel erklärt, die mittelalterliche Skulptur „zum gegenwärtigen starken Erlebnis zu bringen, und diese Kunst dem einfachsten Menschen des Volkes nahe zu bringen". Die auf die Fotografien folgende Popularität und Vereinnahmung des Bamberger Reiters belegt eindrucksvoll, wie gut Hege sein Ziel erreicht hatte. [...]
Walter Heges größte Tugend war Geduld; oft und lange hielt er sich – zu verschiedenen Tages- und Jahreszeiten – im Dom auf, um günstige Beleuchtungsverhältnisse zu erkunden und mit ungewöhnlichen Blickwinkeln zu experimentieren. Er agierte wie ein Porträtfotograf, der ein möglichst charaktervolles Bild seines Motivs präsentieren will. Im Halb- oder Ganzprofil, aus Untersicht oder frontal, in starken Hell-Dunkel-Kontrasten oder gleichmäßig ausgeleuchtet, mit Pferd oder lediglich als Kopf nahm Hege den Reiter auf und gelangte so zu einer Vielzahl von Fotografien, die einen stolzen Helden immer noch stolzer und noch heldenhafter zeigen. Vor allem aber suggerieren sie Lebensnähe. Konzentriert auf die Figur, blendet Hege meist deren Umfeld aus, womit dem Betrachter der Fotografien vorenthalten bleibt, dass der Reiter, eingebunden in Architektur, in einem mittelalterlichen Kirchenraum steht und dabei mehrere Meter über dem Boden platziert ist. So zeigen die Fotografien Positionen und Details, die vor Ort nicht oder nur mühsam zugänglich wären. Durch seine Beleuchtungstechnik sowie durch Sfumato-Effekte[3] versteht Hege es zudem, vergessen zu machen, dass sein Sujet eigentlich aus Stein ist. [...]
Berthold Hinz, der 1970 als erster kritisch auf die Rezeptionsgeschichte des Bamberger Reiters zurückblickt, bezeichnete diesen deshalb auch zurecht als „Werk nicht der Gotik, sondern des 20. Jahrhunderts". Bevor er ins Visier von Foto- und Filmkameras genommen worden war, stand er nämlich ziemlich unbeachtet an seiner Wand vor dem Bamberger Georgenchor. Über Jahrhunderte hinweg taucht nirgendwo etwas über ihn auf, sodass die kunsthistorische Forschung bis heute darüber streiten kann, ob sein jetziger Standort überhaupt der ursprüngliche sei. Erst 1729 findet sich im Reisebericht eines Wolfenbütteler Arztes eine kurze

[1] **millenarisch** (von lat. *millennium*: Jahrtausend): Bezeichnung für eine erwartete tausendjährige, nahezu ewig bestehende politische und gesellschaftliche Ordnung

[2] **Walter Hege** (1893–1955): Fotograf, Kameramann und Filmregisseur, bekannt durch seine Aufnahmen für Kunstbände, später auch für seine Dokumentarfilme über Kunst oder Natur

[3] **Sfumato** (ital.: verraucht, verschwommen): Abtönen, Aufweichen von scharfen Konturen eines Bildes in Malerei, Fotografie oder Film

Erwähnung des Reiters – immerhin war er damals schon fast fünfhundert Jahre alt. Doch sollte es noch weitere eineinhalb Jahrhunderte dauern, bis die ersten Besucher eigens des Reiters oder der anderen gotischen Skulpturen wegen nach Bamberg kamen.

Wolfgang Ullrich, Der Bamberger Reiter und Uta von Naumburg, in: Etienne François und Hagen Schulze (Hrsg.), Deutsche Erinnerungsorte, Bd. 1, München 2001, S. 322–334, Anm. S. 694 f., hier S. 325 f.

32108-68

1. Beschreiben Sie anhand des Textes die Entwicklung des Bamberger Reiters als Sehenswürdigkeit.
2. Erläutern Sie, weshalb sich der Bamberger Reiter als ideale Verkörperung des Mittelalters eignete. Berücksichtigen Sie dabei auch, dass bis heute nicht eindeutig geklärt ist, wen der Bamberger Reiter eigentlich darstellt. | H | F
3. Nehmen Sie Stellung zu der Aussage, der Bamberger Reiter sei nicht das Werk der Gotik, sondern des 20. Jahrhunderts (vgl. Zeile 34 f.).

Bamberger Reiter (Detail).
Foto von Walter Hege, 1925/26.

M4 Mittelalter als Filmerlebnis

*Die Filmhistorikerin Nicola Valeska Weber (*1980) befasst sich mit den deutschen „Kulturfilmen“ (Dokumentarfilmen) der 1920er- bis 40er-Jahre, die u. a. von mittelalterlicher Kunst und Architektur handeln:*

Anders als heute war neben der Unterhaltung damals auch die tägliche Berichterstattung Teil des Kinoprogramms, das sich neben dem Hauptfilm aus einem Begleitprogramm aus Wochenschau und Kulturfilm zusammensetzte. [...] Während der Spielfilm auf Unterhaltung und Zerstreuung setzte, waren die Kulturfilmemacher bemüht, den jeweiligen Stoff sowohl didaktisch als auch populärwissenschaftlich, zum Teil auch unterhaltsam zu vermitteln. Der Kulturfilm deckte eine breit gefächerte Themenpalette von Natur, Wirtschaft, Kunst und Handwerk über Technik bis hin zu Militaria[1] und Politik ab. [...] Zwischen 1918 und 1945 wurden in Deutschland circa 20 000 Filme dieser Art gedreht, davon circa 2000 bis 3000 zwischen 1933 und 1945. [...]

Adolf Hitler hatte immer wieder auf die Bedeutung der mittelalterlichen Dome als Zeugen einstiger Größe verwiesen und sie damit zum Maßstab für die kulturellen Leistungen der Gegenwart gemacht. Die monumentalen Bauten des Mittelalters wurden von den Nationalsozialisten als Abbilder der mittelalterlichen Reichsstruktur, dem Führungswillen der deutschen Herrscher sowie des Gemeinschaftsbewusstseins des deutschen Volkes interpretiert. [...]

Als Medium der Dokumentation von Sehenswürdigkeiten und Schauobjekten konnte der (Kultur-)Film den Zuschauern eine virtuelle Reise, die Illusion eines Raumerlebnisses und die Vorstellung von mittelalterlichen Kunstwerken ermöglichen. [...] Analog zu der völkisch, „rassisch“ geprägten Kunstgeschichtsschreibung wird die mittelalterliche sakrale Architektur als Zeuge einstiger Größe und Grundlage der deutschen Kulturnation verstanden. [...] Die Popularisierung des Mittelalterbildes im Kulturfilm war dabei geprägt durch Allgemeinverständlichkeit und Zugänglichkeit bei gleichzeitiger affektiver[2] Verankerung. Atavistische[3] Mittelaltermythen wurden mit moderner Montage und Tricktechniken wie der Animation verbunden.

Nicola Valeska Weber, Überblendungen. Das Mittelalter im Kulturfilm des Nationalsozialismus, in: Maike Steinkamp und Bruno Reudenbach (Hrsg.), Mittelalterbilder im Nationalsozialismus, Berlin 2013, S. 89–102, hier S. 90, 91 f., 97 f.

[1] **Militaria** (lat.): Themen oder Gegenstände aus dem Bereich Militärwesen und Kriegsgeschichte
[2] **affektiv** (lat. *affectus*: Stimmung, Gemütsverfassung): gefühlsbetont, von Stimmungen geleitet
[3] **atavistisch** (lat. *atavus*: Urahn): (abwertend) urwüchsig, von einem weit zurückliegenden Entwicklungsstadium stammend

32108-69

1. Fassen Sie die Kennzeichen des „Kulturfilms" im frühen 20. Jahrhundert zusammen. | F
2. Erläutern Sie die Vorzüge und Risiken der filmischen Präsentation mittelalterlicher Kunst- und Bauwerke gegenüber einer Darstellung auf Fotos und Gemälden. | H
3. Überprüfen Sie die These, wonach erst moderne Medien das Mittelalter wirklich erfahrbar machen. Argumentieren Sie dabei anhand des Textes und Ihrer eigenen Eindrücke.

M5 „Der Bannerträger"

Postkarte von 1938 nach einem Ölgemälde des österreichischen Künstlers Hubert Lanzinger (1880–1950) von 1934/36:

32108-70

1. Beschreiben Sie die Wirkung, die von dem Bild ausgeht.
2. Stellen Sie gegenüber, welche Elemente des Bildes auf das Mittelalter verweisen, welche dagegen auf die Zeit des Nationalsozialismus.
3. Arbeiten Sie heraus, welche Rolle Hitler in dieser Darstellung zukommt.
4. Interpretieren Sie das Bild als beispielhaft für die Deutung des Mittelalters im Nationalsozialismus. | H

M6 Kreuzzug und Vernichtungskrieg

Mit dem Plakat „La Grande Croisade" (dt.: Der große Kreuzzug) von 1941/42 wirbt die Vereinigung „Légion des Volontaires Français contre le Bolchevisme" (Legion französischer Freiwilliger gegen den Bolschewismus, LVF) für den Eintritt in Kampfverbände, die sich dem deutschen Vernichtungskrieg gegen die Sowjetunion anschließen. Auch in anderen Ländern Europas gibt es damals solche Freiwilligenverbände.

31000-986 Bildinformation

32108-71

1. Geben Sie die Aussage des Bildes in eigenen Worten wieder.
2. Analysieren Sie die Vermengung von mittelalterlichen und modernen Elementen in Wort und Bild, wie sie das Plakat vornimmt.
3. Erläutern Sie, weshalb der Begriff „Kreuzzug" von der Propaganda des Deutschen Reiches und anderer Länder für den Krieg gegen die Sowjetunion verwendet wurde. Verweisen Sie dabei auf die Kreuzzüge des Mittelalters, ihr Feindbild und ihre damalige Rechtfertigung. | H | F

Denkmäler untersuchen

Weitere Anwendungsbeispiele finden Sie u. a. auf den Seiten 280 und 344.

Denkmäler sind eine besondere Form von Bauwerken. Sie sind gedacht, an ein Ereignis, an Zeiträume oder Personen zu erinnern, die dem Auftraggeber oder Künstler wichtig sind. Die **Anlässe** für die Errichtung eines Denkmals haben sich im Laufe der Jahrhunderte ebenso verändert wie die **Art der Gestaltung**. Je nachdem welches Kriterium zugrunde gelegt wird, lassen sich Kategorien von Denkmälern unterscheiden. Eine rein äußerliche Einteilung ist die in Denkmäler mit naturalistisch gestalteten Figuren, Baudenkmäler, Industriedenkmäler, Naturdenkmäler und abstrakt gestaltete Denkmäler. Eine andere Möglichkeit der Unterscheidung bietet die **Intention** eines Denkmals. Mahnmale und Erinnerungsstätten richten zum Beispiel den Auftrag an die Nachwelt, aus der Vergangenheit für die Zukunft zu lernen.
Kaum eine Quellengattung ist so gut geeignet für **historisch-entdeckendes Lernen** wie Denkmäler. Sie ermöglichen nicht nur die Beschäftigung mit der Vergangenheit. Darüber hinaus sind sie ein sichtbarer Bestandteil des kulturellen und kollektiven Gedächtnisses eines Landes. Sie führen vor Augen, dass **historische Erinnerung** der ständigen Veränderung unterworfen ist, und sie drücken das **Geschichtsbewusstsein** in ihrer Entstehungszeit aus. Jeden aufmerksamen Betrachter veranlasst ein Denkmal zu einer ganz persönlichen Einschätzung. Je besser er die **Entstehungsgeschichte** kennt und die einzelnen Teile deuten kann, desto mehr geht dabei die Bewertung eines Denkmals über rein subjektive Eindrücke hinaus.

32108-72 **Methode Online**

Arbeitsschritt	**Leitfragen (Auswahl)**
1. Reproduktion	• Wen oder was zeigt das Denkmal? • Welche Form hat das Denkmal (Material, Farbe, Gestaltung)? • Wann wurde das Denkmal errichtet? Wie lange dauerte es von der Idee bis zur Realisierung? • An welchem Ort wurde das Denkmal errichtet? Welche Bedeutung hat die Umgebung? • Wer hat das Denkmal initiiert, bezahlt, künstlerisch gestaltet und eingeweiht? • Gab es Kontroversen oder alternative Entwürfe?
2. Reorganisation und Transfer	• An welche Persönlichkeit, welches Ereignis oder welchen Sachverhalt soll das Denkmal erinnern? • Vor welchem historischen Hintergrund wurde das Denkmal errichtet? • Wie sind die dargestellten Symbole und Allegorien sowie die Inschriften des Denkmals zu deuten? • An welche Adressaten richtet(e) sich das Denkmal? Welche Beweggründe und Ziele hatten die Initiatoren? • Wie wurde das Denkmal aufgenommen und kommentiert? • Welche emotionale, kognitive (den Verstand ansprechende) und/oder politische Absicht verfolgt das Denkmal? • Wurde das Denkmal später verändert oder an einen anderen Platz versetzt?
3. Reflexion und Problemlösung	• Wie lassen sich Form und Gestaltung des Denkmals bewerten? • Ist die beabsichtigte Wirkung des Denkmals durch die Gestaltung umgesetzt? • Welche Wirkung hat das Denkmal auf heutige Betrachter?

Innen begehbarer Turm. Die Spitze der Kuppel ist der Reichskrone des Deutschen Kaiserreiches nachempfunden.

Reiterstatue Kaiser Wilhelms I. (1797–1888), darunter Figuren der römischen Gottheiten Mars und Minerva, jeweils aus Kupferblech

Der Sockel des Denkmals ist durch Rundbögen offengelegt.

Das Kaiser-Wilhelm-Nationaldenkmal auf dem Kyffhäuser bei Bad Frankenhausen (Thüringen). Foto von 2019.
Das Denkmal wurde auf den Überresten der Reichsburg Kyffhausen aus dem 11. Jahrhundert errichtet. Seine Einweihung nach sechsjähriger Bauzeit fand im Juni 1896 statt. Die Gesamthöhe beträgt 81 Meter.

Steinskulptur Kaiser Friedrichs I. Barbarossa (1122–1190) am Fuße des Denkmals. Die Figur wird im Moment ihres Erwachens aus jahrhundertelangem Schlaf dargestellt. Der namensgebende Bart des Kaisers (Barbarossa: „Rotbart") reicht bis zum Boden herab.

Internettipp
Weiteres Bildmaterial zum Kaiser-Wilhelm-Nationaldenkmal auf dem Kyffhäuser können Sie unter diesem Code abrufen.

32108-73

32108-74

Untersuchen Sie das abgebildete Denkmal mithilfe der Arbeitsschritte auf Seite 444. Ihre Ergebnisse können Sie mit der Lösungsskizze auf Seite 493 vergleichen.

Das Mittelalter in der Geschichts- und Erinnerungskultur der Gegenwart

Mittelaltermarkt an der Diedrichsburg.
Foto vom März 2011.
Die Diedrichsburg im niedersächsischen Melle wurde Mitte des 19. Jahrhunderts erbaut und soll mit ihrer Architektur an einen mittelalterlichen Wehrturm erinnern.

► Diskutieren Sie mögliche Gründe für die gegenwärtige Beliebtheit von Mittelaltermärkten als Living-History-Inszenierungen. Welche gesellschaftliche(n) Funktion(en) erfüllen sie?

32108-75

Populäres Mittelalter | Das Mittelalter ist wie keine andere Epoche in der Geschichts- und Erinnerungskultur der Gegenwart präsent. Weil diese Mittelalterbilder nicht selten in der Öffentlichkeit inszeniert werden, hat man dieses „populäre" Mittelalter, wie es uns etwa auf *Mittelaltermärkten* begegnet, auch als „Sekundärmittelalter" (Valentin Groebner) bezeichnet (→M1). Es handelt sich dabei jedenfalls nicht um das wissenschaftlich verhandelte Mittelalter, wie es an Schulen und Hochschulen gelehrt wird, sondern um moderne Mittelalterinszenierungen der Populärkultur, wie sie uns etwa in Literatur, Film, Fernsehen, digitalen Medien, aber auch in der Tourismusindustrie begegnen. Der sogenannte Mittelalterboom schlägt sich darüber hinaus in unterschiedlichen Mittelalterinszenierungen nieder, die z.B. als *Reenactment*, *Living History* oder als *Live Action Role Playing* (*LARP*) bezeichnet werden. Es ist nicht das historische, sondern das imaginierte, das inszenierte Mittelalter, das die Massen interessiert und fesselt. Es ist nicht das vergangene und weithin fremde Mittelalter, nicht das Mittelalter der kaum zu verstehenden Überreste und Quellen, die man nur mithilfe anspruchsvoller Hilfswissenschaften auswerten kann, sondern das bunte, das laute, das „lebendige" Mittelalter, wofür sich die Menschen interessieren (→M2).

Die Mittelaltersehnsucht unserer Zeit ist mithin zwiespältig. Von den Mühen der Annäherung an diese uns so ferne Zeit will sie im Allgemeinen wenig wissen. Bewunderer wenden sich dem vermeintlich einfacheren Mittelalter zu, um der komplexen Gegenwart zu entfliehen. Die Wissenschaft spricht in diesem Zusammenhang von Eskapismus. Von daher erklären sich auch die Vorbehalte, die die Mediävistik gegenüber dem Mittelalterboom geltend gemacht hat. Sie muss zur Kenntnis nehmen, dass die moderne Sehnsucht nach dem Mittelalter nicht immer der historischen Vergangenheit gilt. Denn sie erzielt dort ihre größten Wirkungen, „wo es gar nicht um die Rekonstruktion der Vergangenheit geht" (Valentin Groebner).

Die *Epochenimagination* „Mittelalter" ist zugleich ein Paradebeispiel dafür, dass der massive öffentliche Zugriff auf Geschichte mit einem Funktionswandel dessen einhergeht, was wir unter Geschichte verstehen. Geht es der Geschichtswissenschaft um die angemessene Rekonstruktion der Vergangenheit, so will die populäre Geschichtskultur deren Vergegenwärtigung und Verlebendigung. Geschichte soll als Erfahrungs-, Erlebnis-, Handlungs- und Projektionsraum inszeniert werden.

Mittelalterinszenierungen: Das Mittelalter wird heute in der Populärkultur vielfach verlebendigt. Als Reenactment bezeichnet man die Wiederaufführung oder Reinszenierung konkreter geschichtlicher Ereignisse (z.B. einer Schlacht oder eines historischen Festes), als Living History die Darstellung historischer Lebenswelten durch Personen (z.B. auf einem Mittelaltermarkt), deren Kleidung, Ausrüstung und Gebrauchsgegenstände möglichst der dargestellten Epoche entsprechen sollen. Mit Live Action Role Playing (LARP) werden Rollenspiele beschrieben, bei denen die Spieler eine bestimmte historische Figur (einen „Charakter") möglichst authentisch darstellen.

Eskapismus: Methode der Geschichtsbenutzung, um aus der gegenwärtigen Realität, deren Anforderungen man als zu komplex, schwierig und aufdringlich empfindet, zu flüchten (engl. *to escape*). Die Epochenimagination „Mittelalter" wird z.B. als Rückzugs-, Projektions- oder Identifikationsraum gewählt, um der Gegenwart zu entfliehen.

Mediales Mittelalter | Der öffentliche Gebrauch von Geschichte folgt mithin anderen Gesetzen, als sie für die Vermittlung von Geschichte in Schule und Unterricht gelten. Außer Frage steht jedoch, dass die populären Vorstellungen vom Mittelalter, wie sie etwa durch Film, Fernsehen, das Internet oder historische Romane vermittelt werden, nicht selten wirksamer sind und das öffentliche Geschichtsbewusstsein nachhaltiger beeinflussen als wissenschaftliche Befunde (➔M3 und M4). *Ken Follets* Roman „Säulen der Erde" hat bereits in seiner englischen Originalversion von 1989 ein Millionenpublikum erreicht. Er ist in einer ZDF-Umfrage sogar zum drittliebsten Buch der Deutschen gewählt worden. Den Sat1-Film „Die Wanderhure", der im Spätmittelalter der Konzilszeit spielt, haben 2010 nahezu zehn Millionen Fernsehzuschauer gesehen. Das früheste und vielleicht beste Beispiel für den modernen Mittelalterboom ist freilich der Hype, den *Umberto Ecos* Roman „Der Name der Rose" (Il nome della rosa) in den 1980er-Jahren in der Öffentlichkeit ausgelöst hat.

Das Mittelalterfach hat sich seither zunehmend für Phänomene der Geschichtskultur geöffnet. Hier spielen vor allem die großen Mittelalterausstellungen eine wichtige Rolle. Wie hat man die mediale Präsenz des Mittelalters zu verstehen? Es kann im Bereich historischen Lernens jedenfalls nicht nur darum gehen, die Fehler und Versäumnisse populärkultureller Geschichtsinszenierungen aufzuzeigen. Es gilt vielmehr zu erkennen, dass Geschichte als Vorstellungsgebilde immer medial aufbereitet wird. Somit sollte man anstreben, einen reflektierten Umgang mit zu Gegenwartszwecken aufbereiteter und inszenierter Vergangenheit zu schulen.

Es reicht deshalb nicht aus zu fragen, ob das, was der Mittelalterfilm zeigt, mit der historischen Wirklichkeit (die wir ja auch nicht exakt kennen) übereinstimmt, sondern warum die mittelalterliche Vergangenheit so und nicht anders aufbereitet wird. Ein gutes Beispiel ist der moderne Mittelalterroman „Die Päpstin" von *Donna Woolfolk Cross*, der 2006 auch verfilmt wurde. Der Film will nicht in erster Linie historisch belehren. Er benutzt das Mittelalter vielmehr als Kulisse zur Verarbeitung moderner Themen. Gleiches gilt für die Darstellung der Kreuzzüge in dem Film „Königreich der Himmel" von *Ridley Scott*, der 2005 in die Kinos kam. Der Film wurde nicht nur „als klassische Inszenierung zur Darstellung des Mittelalters und des Kampfes um die Stadt Jerusalem aufgefasst, sondern zugleich als Parabel auf aktuelle politische Konstellationen, neue religiöse Auseinandersetzungen und die US-Außenpolitik unter Präsident *George W. Bush* gelesen" (Christian Kuchler).

Modernes Mittelalter | Das Mittelalter hat der Moderne seit jeher als Projektionsfläche gedient. Der moderne Mensch beschäftigt sich gewissermaßen zwangsläufig mit dem Mittelalter, weil es sein Produkt, seine Erfindung, seine Entdeckung ist. Man kann auch sagen, der moderne Mensch habe das Mittelalter erfunden, um sich selbst zu verstehen.

Wenn heute vom Mittelalter gesprochen wird, ist es jedenfalls häufig nicht die vergangene mittelalterliche Wirklichkeit, die im Fokus steht. Es sind vielmehr moderne Bilder, Vorstellungen und Imaginationen, die den zeitgenössischen Gedankenaustausch über die historische Epoche bestimmen. Damit bewegen wir uns nicht mehr auf einer faktischen, sondern auf einer imaginären Ebene. Es geht nicht mehr vorrangig um die angemessene wissenschaftliche Rekonstruktion vergangener Wirklichkeit(en), sondern um die absichtsvolle Konstruktion einer neuen und anderen Wirklichkeit. Diese wird zwar „Mittelalter" genannt, sie hat aber gewissermaßen Platzhalterfunktion. Man hat deshalb vom Mittelalter auch als moderner „Anderswelt" gesprochen.

„Black Death."
Plakat zum britisch-deutschen Film „Black Death" aus dem Jahre 2010, der 1348 in England – zur Zeit der Großen Pest – spielt.

- Lassen Sie das Plakat kurz auf sich wirken und benennen Sie, welche Mittelalterbilder, die Sie bereits kennen, angesprochen werden.
- Belegen Sie die Wirkung aus Aufgabe 1 anhand der Bildelemente des Plakates und charakterisieren Sie das Mittelalterbild, das hier erzeugt wird. Tipp: Beziehen Sie hierzu auch den Trailer zum Film mit ein.
- Weisen Sie historisch unrichtige Elemente im Film nach. Nutzen Sie dazu die Inhaltsangabe unter dem Mediencode **32108-76**.
- Überprüfen Sie anhand der Aussagen von M1 (Seite 449), ob man bei dem Plakat von einem Beispiel des „Sekundärmittelalters" nach Valentin Groebner sprechen kann. **| H**

32108-77

„Mittelalterrock"?
Ein Mitglied der Band „In Extremo" bei einem Auftritt auf dem Greenfield Festival in Interlaken/Schweiz im Jahre 2015.

- Mittelalterbands wie „In Extremo", „Corvus Corax" oder „Saltatio Mortis" sind seit Jahren erfolgreich im Musikgeschäft aktiv. Recherchieren Sie weitere Mittelalterbands und analysieren Sie in einem kurzen Essay, welche Bilder vom Mittelalter über ihre Texte und ihr Auftreten (Kleidung, Instrumente etc.) vermittelt werden.

32108-78

Vor diesem Hintergrund wird klar, dass es weniger historische Realitäten als vielmehr moderne Vorstellungen, Imaginationen und Wünsche sind (vor allem des 19. und frühen 20. Jahrhunderts), die verhandelt werden, wenn heute über „das" Mittelalter gesprochen wird. Alle moderne Befassung mit dem Mittelalter bewegt sich somit zwischen Wunsch und Wirklichkeit. Die moderne Sehnsucht nach dem Mittelalter, die man im Anschluss an eine anglo-amerikanische Begrifflichkeit auch als *Mediävalismus* bezeichnen kann, hat also mit dem intensiven Wunsch nach einem anderen Leben jenseits der Moderne zu tun. Das Mittelalter, das in diesem Zusammenhang aufgerufen wird, ist keine chronologisch verortbare Epoche, die man wissenschaftlich erforschen und unterrichten kann, sondern Mythos, Lebensform, Gefühl oder eben Traumfabrik.

In der modernen „Erlebnisgesellschaft" (Gerhard Schulze) und der damit einhergehenden Eventkultur ist die Beschäftigung mit Geschichte auch eine besondere Form der Freizeitgestaltung und damit ein Teil der Tourismus- und Unterhaltungsindustrie geworden. Das muss man wissen, um die Angebote beurteilen zu können. Mittelalter, Renaissance und jüngere Geschichte werden in der öffentlichen Wahrnehmung insofern nicht selten zu einem undifferenzierten „Früher" vermischt und dem modernen „Heute" gegenübergestellt. Ins Mittelalter wird quasi alles verlegt, was nicht modern oder doch zumindest fremd anmutet.

Die Epoche bietet auch Anhaltspunkte, um über vermeintlich unhaltbare Zustände in der Moderne zu klagen. Ins Mittelalter kann sich flüchten, wem die Gegenwart zu schwierig und zu unübersichtlich geworden ist. Geschichte hätte hier angesichts der Zumutungen der Moderne Entlastungsfunktion. Das würde erklären, warum die Epoche heute gleichwohl so gegenwärtig ist. Je moderner die moderne Welt wird, desto unvermeidlicher wird das Mittelalter.

Die „Landshuter Hochzeit 1475" – ein Touristenmagnet.
Foto vom Juli 2023.
Im niederbayerischen Landshut wird seit 1985 alle vier Jahre dieser historische Festumzug begangen. Erstmalig fand er 1903 statt.

- Recherchieren Sie im Internet, warum dieser Umzug gefeiert wird und welche Bedeutung er heute hat.
- Erörtern Sie Vor- und Nachteile einer solchen Geschichtsdarstellung.

32108-79

M1 Sekundärmittelalter

*Der österreichische Historiker Valentin Groebner (*1962) schreibt über den von ihm geprägten Begriff „Sekundärmittelalter“:*

Das Mittelalter schrumpft in akademischen Pflichtveranstaltungen ebenso wie in den Lehrplänen der Schulen [...]. Das Mittelalter verschwindet aber nicht aus der Populärkultur, im Gegenteil. Die beiden kommerziell erfolgreichsten Filme der letzten Jahrzehnte, die Trilogien „Star Wars“ und „Lord of the Rings“, sind Sekundärmittelalter, zusammengesetzt aus den traditionellen literarischen Versatzstücken romantischer Mittelaltermotive, komplett mit Prinzessinnen und Ungeheuern, fahrenden Rittern, langhaarigen Barbarenkönigen und wilden Männern. Die Bahnhofsbuchhandlungen sind voller historischer Romane mit farbenprächtigen Umschlägen und etwas reißerischen Titeln, die im Mittelalter angesiedelt sind. Die künstlichen Welten der Computerspiele wimmeln nur so von Burgen und Bogenschützen. Aber der Erfolg dieser Mittelalterinszenierungen im Kino, in der Literatur, in den neuen digitalen Medien und in einem boomenden Freizeit- und Vereinswesen geht einher mit der Verweigerung der meisten deutschen Mediävisten, sich mit solchen Adaptionen[1] der von ihnen studierten Vergangenheit zu beschäftigen. Wenn einzelne Kolleginnen und Kollegen sich mit moderner Mittelalterrezeption befassten, so die solide Mehrheitsmeinung, sei das sicher nützlich. Aber als ernsthafte, gleichberechtigte Forschung wird das nicht angesehen [...]. Mit der Basis der eigenen Arbeit, den Texten aus dem 8., 11. oder 14. Jahrhundert, dem richtigen Mittelalter also, habe dieser neue Firlefanz selbstverständlich nichts zu tun.

Valentin Groebner, Das Mittelalter hört nicht auf. Über historisches Erzählen, München 2008, S. 21 f.

32108-80

1. Erklären Sie, warum das Mittelalter nach Groebner „schrumpft“, aber gleichzeitig auch wächst.
2. Erläutern Sie, was der Begriff „Sekundärmittelalter“ nach Groebner bedeutet und arbeiten Sie entsprechende Merkmale dieses Mittelalterbildes heraus. | H

M2 Mittelalter in der Geschichtskultur

a) *Die deutsche Historikerin Bea Lundt (*1950) berichtet über das Mittelalter in der Geschichtskultur der Gegenwart:*

Der Ort des Mittelalters innerhalb der Geschichtskultur kann also nur vor dem Hintergrund aktueller Sinnbedürfnisse verstanden werden. Bestimmte Erinnerungsstrukturen lassen sich besser in der Distanz der fernen Zeiten bearbeiten. Man legt in die Vergangenheit, was man in der Gegenwart vermisst; und man vergisst, was man nicht ertragen kann. Je weiter die Zeit zurückliegt, desto willkürlicher kann mit ihr verfahren werden.

b) *Der Historiker Valentin Groebner (siehe M1) spricht über das Mittelalter als moderne „Wunschmaschine“:*

Offenbar geht es um Wünsche. Übers Mittelalter zu reden und schreiben heißt Wünsche zu verhandeln. Denn diese Epoche [...] ist buchstäblich durch Wünsche erschaffen worden, vor mehreren hundert Jahren, und seither wird sie mit Wünschen entworfen, umrissen, ausgestattet und möbliert. Ziemlich unterschiedlichen Wünschen. Fangen wir mit den Verhältnissen an der Wende vom 20. zum 21. Jahrhundert an, bevor wir uns der Vergangenheit zuwenden. Was begehrt derjenige, der etwas vom Mittelalter wissen will? Über das Mittelalter wissenschaftlich zu arbeiten, ist häufig mit der Sehnsucht verbunden, dieses entfernte Zeitalter zur Distanzierung von einer als aufdringlich oder hässlich, kurz, ästhetisch (oder moralisch) ungenügenden Gegenwart zu nutzen. Historikerinnen und Historiker [...] gestehen das gewöhnlich nur zögernd ein.

c) *Die Journalistin und Fachbuchautorin Karin Schneider-Ferber (*1965) betont, dass der „Blick“ auf das Mittelalter seit Jahrhunderten unterschiedlich ausfällt:*

Zwischen den Antipoden „Faszination“ und „Schrecken“ hat sich eine Reihe von Irrtümern und Vorurteilen über das schillernde Jahrtausend zwischen Antike und Neuzeit eingeschlichen. Die romantisch-verklärte Sicht auf das Mittelalter hat mit der Realität ebenso wenig zu tun wie das heilige Erschauern über seine negativen Seiten. Das Mittelalter ist nicht einfach da, sondern es wurde und wird immer neu geschaffen aus der Perspektive der späteren Jahrhunderte. So entwickelte jede Generation ihre eigenen Vorstellungen vom Mittelalter: Während die Humanisten es gemessen an den hohen Idealen der Antike mit Abscheu und Entsetzen als eine Zeit der Rückständigkeit betrachteten, sahen die Romantiker unter dem Eindruck der napoleonischen Befreiungskriege in ihm die „gute alte Zeit“ der Kaiserherrschaft und der nationalen Größe. Heute fällt der Umgang mit der Epoche differenzierter aus, doch auch wir betrachten die Vergangenheit durch die Brille von eigenen Wertvorstellungen, von Wünschen und Sehnsüchten. Selbst wir haben nur eine leise Ahnung davon, was das Mittelalter in all seiner Vielschichtigkeit und Widersprüchlichkeit ausmacht.

[1] **Adaption**: Anpassung

d) Der amerikanische Autor Michael Crichton (1942–2008) über die „Zukunft der Vergangenheit" in seinem mittelalterlichen Zeitreiseroman „Timeline" (1999), in dem eine Gruppe von Mittelalterexperten in die Vergangenheit des 14. Jahrhunderts zurückreist. In dem Roman erläutert Robert Doniger, Chef der Firma ITC (International Technology Corporation), das Konzept seiner Geschäftsidee, die Reisen in die Vergangenheit möglich macht:

Doniger ging auf der dunklen Bühne auf und ab. Im Auditorium saßen drei Konzernchefs und sahen ihm schweigend zu. „Früher oder später", sagte er, „wird die Künstlichkeit der Unterhaltung – der permanenten, ununterbrochenen Unterhaltung – die Leute dazu bringen, dass sie Authentizität[1] suchen. Authentizität wird zum Schlagwort des einundzwanzigsten Jahrhunderts. Und was ist authentisch? Alles, was nicht darauf ausgerichtet ist, Profit zu machen. Alles, was aus sich selbst heraus existiert und seine eigene Gestalt annimmt. Und was ist das Authentische überhaupt? Die Vergangenheit. Die Vergangenheit ist eine Welt, die bereits vor Disney und Murdoch und British Telecom und Nissan und Sony und IBM und all den anderen Gestaltern unserer Gegenwart existierte. Die Vergangenheit gab es, bevor es sie gab. Die Vergangenheit entwickelte sich ohne ihre Einmischung und ihre Gestaltung. Die Vergangenheit ist echt. Sie ist authentisch. Und genau das macht die Vergangenheit unglaublich attraktiv. Weil die Vergangenheit die einzige Alternative zur korporativen Gegenwart ist. Was werden die Leute tun? Sie tun es bereits. Das am schnellsten wachsende Segment des Reisemarktes ist der Kulturtourismus. Leute, die nicht andere Orte, sondern andere Zeiten besuchen wollen. Leute, die eintauchen wollen in mittelalterliche Wehrstädte, in riesige buddhistische Tempel, in die Pyramidenstädte der Mayas, in ägyptische Nekropolen[2]. Leute, die durch die Welt der Vergangenheit spazieren, die in ihr sein wollen. In der untergegangenen Welt. Und sie wollen nicht, dass diese Welt eine Fälschung ist. Sie wollen sie nicht hergerichtet oder herausgeputzt. Sie wollen sie authentisch. Und wer wird diese Authentizität garantieren? Wer wird zum Markennamen der Vergangenheit? ITC […]. Eins sollte uns klar sein: Die Geschichte ist keine leidenschaftslose Aufzeichnung toter Ereignisse. Noch ist sie ein Spielplatz, auf dem Wissenschaftler ihren trivialen Disputen frönen können. Der Zweck der Geschichte ist die Erklärung der Gegenwart – die Geschichte sagt uns, warum die Welt um uns herum so ist, wie sie ist. Sie sagt uns, was wichtig ist in unserer Welt, und wie es dazu kam. Sie sagt uns, warum die Dinge, die wir schätzen, die Dinge sind, die wir schätzen sollten. Das ist wahre Macht – tief greifende Macht. Die Macht, eine ganze Gesellschaft zu gestalten. Die Zukunft liegt in der Vergangenheit – und bei dem, der die Vergangenheit kontrolliert.

Erster Text: Bea Lundt, Das ferne Mittelalter in der Geschichtskultur, in: Geschichtskultur. Die Anwesenheit von Vergangenheit in der Gegenwart, herausgegeben von Vadim Oswalt und Hans-Jürgen Pandel, Schwalbach/Ts. 2009, S. 233; zweiter Text: Valentin Groebner, a.a.O., S. 11 f.; dritter Text: Karin Schneider-Ferber, Alles Mythos! 20 populäre Irrtümer über das Mittelalter, Stuttgart 2009, S. 8; vierter Text: Michael Crichton, Timeline. Eine Reise in die Mitte der Zeit. Roman. Deutsch von Klaus Berr, München 2000, S. 550 f. und 551 f.

32108-81

1. Analysieren Sie, was es bedeutet, wenn Lundt feststellt, dass der Ort des Mittelalters in der Geschichtskultur nur vor dem Hintergrund „aktueller Sinnbedürfnisse" verstanden werden könne. | H
2. Erklären Sie, was Groebner meint, wenn er sagt, über das Mittelalter zu reden und zu schreiben, bedeute, „Wünsche zu verhandeln".
3. Erläutern Sie den Satz von Schneider-Ferber, das Mittelalter sei „nicht einfach da", sondern werde „immer neu geschaffen". | F
4. Vergleichen Sie die Aussagen von M2 a) bis c) und arbeiten Sie aus dem Ergebnis konkrete Merkmale des Mittelalters in der Geschichtskultur heraus.
5. Nehmen Sie Stellung zu der im Roman „Timeline" dargebotenen Zeit- und Gegenwartsanalyse. | H

M3 Experteninterview zu Geschichtsdokumentationen mithilfe von Reenactments

*Der Mittelalterhistoriker Gerd Althoff (*1943) von der Universität Münster ist als Experte an mehreren TV-Produktionen beteiligt. In einem Interview mit Oliver Näpel aus dem Jahre 2017 erzählt er von seinen Erfahrungen:*

Näpel: Sie waren als Experte schon häufiger bei der Produktion von Geschichtsdokumentationen beteiligt. Welche Vorteile sehen Sie in einer solchen Zusammenarbeit?

Althoff: Die Vorteile sind eindeutig, dass man natürlich ein großes Publikum erreicht. Bei der Sendung „Die Deutschen"[3], an der ich ja mitgewirkt habe, war dann plötzlich eine Zuschauerzahl von vier bis fünf Millionen da zur Prime-Time abends um zwanzig Uhr, und das ist natürlich schon eine Sache […], von der man eigentlich nicht mal träumen kann. Das hat auch die Fernsehleute bewogen, die Sendungen so zu gestalten, dass sie, ich will nicht sagen reißerisch, aber dass sie im Grunde genommen ein breites Publikum ansprachen. […] [Das geschah dann durch] zum Teil auch relativ rüde Reenactments, also der Darstellung von Geschehen, was es so gar nicht gegeben hat. Da kommt dann auch gleich die Gefahr, dass es eine Spannung gibt

[1] **Authentizität:** Schlüsselwort der modernen Mittelalterszene, das so viel wie „Echtheit" bedeutet.

[2] **Nekropolen:** Totenstädte

[3] Mehrteilige Geschichtsdokumentation des ZDF in zwei Staffeln (2008/2010), auf der Internetseite des Senders weiterhin verfügbar.

zwischen dem, der eine Ware verkaufen will an ein großes Publikum, und dem, der seriöse Aussagen machen kann, will und deswegen häufig nur sagen kann: „Darüber wissen wir nichts. Das wissen wir nicht so genau. Das verstehe ich auch nicht. Ich kann mich nicht in das Gemüt eines mittelalterlichen Herrschers oder auch Geistlichen oder in welches Gemüt auch immer hineindenken, weil die Leute uns fremd sind.“ [...]

Ich habe in zwei Sendungen der „Deutschen“ mitgemacht, sowohl bei Otto dem Großen als auch bei Heinrich IV., und habe zwei völlig unterschiedliche Erfahrungen gemacht. Die eine Erfahrung, die positive, war, dass ich mitgearbeitet habe am Drehbuch und auch Ideen von mir darin enthalten sind in der endgültigen Fassung. Diese Folge ist im Grunde genommen in Zusammenarbeit entstanden und dadurch ist das eigentlich eine erfreuliche Sache gewesen, so wie ich es eigentlich auch mit anderen Sendern dann mehrfach praktiziert habe. In dem anderen Fall war es so, dass der Regisseur und auch der Drehbuchautor sehr genaue Vorstellungen hatten, was sie wollten, und dass sie mich von vornherein eigentlich nur zur Füllung von einigen Versatzstücken haben wollten und mir auch das Drehbuch nur ganz grob mal erklärt haben. Ich bin da auf eine Stelle gestoßen, zu der ich gesagt habe, die ist so weit weg von dem, was die Quellen hergeben, dass ich da nicht mitmache, wenn es diese Szene gibt.

Näpel: Um welche Szene handelte es sich da genau?

Althoff: Es ging um die Versöhnung zwischen Otto dem Großen und seinem Sohn Liudolf und die ist gut bezeugt. Das ist sozusagen ein übliches Unterwerfungsverfahren mit Verzeihen des Vaters, richtig nach dem Gleichnis vom verlorenen Sohn in der Bibel gestaltet. Das sollte umgedeutet werden dahingehend, dass Vater und Sohn sich zwar versöhnen, aber dass die Helfer dieses Sohnes alle geköpft werden und die Köpfe an Stangen aufgestellt werden und dann Vater und Sohn an diesen Stangen vorbeigingen und der Sohn seinem engsten Freund, dem geköpften Freund, die Augen zudrückte. Das war völlig abwegig. [...] Diese Stelle ist dann zwar gestrichen worden, aber ich habe seitdem nicht mehr in das Drehbuch schauen dürfen und dadurch ist letztendlich eine Sendung entstanden, die einen Experten hatte, der etwas kommentierte, was er gar nicht kannte und was überhaupt nicht mit seinen Vorstellungen übereinstimmte. Ich bin dann häufiger angesprochen worden, also was da los gewesen wäre, ob ich vergessen hätte, was ich mal geschrieben hätte und so weiter und das war richtig ein Beispiel für eine missglückte Zusammenarbeit.

Näpel: Ist das eine typische oder eher eine außergewöhnliche Erfahrung für Sie?

Althoff: Nein, die Erfahrung macht man eigentlich bei jedem Projekt [...]: Dass die einem sagen, wir müssen etwas anschaulich darstellen und es muss eine klare Botschaft da sein, sodass man das wirklich in der Form dann zu einem Film mit Schauspielern und so weiter machen könnte. Die Geschichte hat aber nicht so viele klare Botschaften überliefert. Man weiß eben nicht, was die geredet haben, man weiß auch nicht, was sie in einer bestimmten Situation genau gefühlt haben. Aber das muss nach der Philosophie der Filmemacher in dem Film klar rauskommen. Deswegen hat man häufig gestritten, ob man überhaupt wörtliche Rede simulieren kann, selbst wenn sie stilisiert und nachformuliert ist.

Das ist in einigen Fällen möglich, ich habe dann irgendwann gesagt, ja gut, die Auseinandersetzung zwischen Heinrich IV. und Gregor VII., da gibt es seitens des Papstes siebenundzwanzig Leitsätze, die sind formuliert und betreffen die Ansprüche des Papsttums. Die kann auch der Gregor [im Film] sagen in einem Streitgespräch. Das ist zwar auch nicht bezeugt, dass es dieses Streitgespräch gegeben hat, aber man hat einen Text, der zumindest die richtigen Sätze, die der Papst unterstrichen hat und die seine Geltungsansprüche betreffen, und die er sicher auch gesagt hätte in einer solchen Situation. Und in anderen Bereichen sind dann eben einfach entweder rührselige oder brutale Statements gekommen, von denen man nicht mal weiß, ob sie auch nur in etwa die Position der Akteure wiedergeben, und da sagt natürlich dann der Wissenschaftler schnell: „Stopp, das geht nicht mehr.“

Das Interview führte Oliver Näpel mit Gerd Althoff im Januar 2017.
Es wurde sprachlich geglättet und stark gekürzt.

32108-82

1. Geben Sie die positiven und negativen Erfahrungen Althoffs wieder.

2. Arbeiten Sie aus dem Interview heraus, in welcher Hinsicht Althoff mit der Folge zu Otto dem Großen unzufrieden ist.

3. Die Folge „Otto und das Reich“ wird Althoffs Anspruch nach Wissenschaftlichkeit nicht gerecht. Schauen Sie sich die „Reenactments“ (vgl. Zeile 14) in der rund 43-minütigen Dokumentation auf der Interseite des ZDF an. Siehe dazu auch den Mediencode **32108-83**. Überprüfen Sie a) anhand Ihrer Ergebnisse aus M1 (Seite 449), inwieweit hier ein „Sekundärmittelalter“ inszeniert wird und b) anhand Ihrer Ergebnisse aus M2 (Seite 449 f.), inwieweit hier typische Merkmale des Mittelalters in der Geschichtskultur nachweisbar sind.

4. Erörtern Sie auf Basis Ihrer Ergebnisse aus den Aufgaben 1 bis 3 Althoffs Aussagen zu Geschichtsdokumentationen mithilfe von Reenactments.

M4 Das Mittelalter im Kinderbuch

*a) Die deutsche Schriftstellerin Kirsten Boie (*1950) veröffentlicht im Jahre 2006 das Kinderbuch „Der kleine Ritter Trenk", das sich an sechs- bis achtjährige Kinder richtet. Die Reihe wird auf sechs Bücher ausgeweitet und 2011 für eine Zeichentrickserie für das ZDF/KiKa adaptiert. 2015 wird die Geschichte zudem als Zeichentrick verfilmt. Das erste Kapitel handelt davon, wer Trenk ist:*

Buchcover „Der kleine Ritter Trenk" (Band 1).

Jetzt will ich vom kleinen Ritter Trenk vom Tausendschlag erzählen, der so tapfer war und so schlau und außerdem auch noch so nett, dass er berühmt wurde von den Bergen bis zum Meer, und das war damals fast die ganze Welt, musst du bedenken, weil Amerika ja noch nicht entdeckt war.

Als Trenk geboren wurde, hätte niemand geglaubt, dass er einmal so ein großer und stolzer Ritter werden würde, denn geboren wurde er in einer winzig kleinen Bauernkate, in der die Regentropfen durch das undichte Strohdach fielen und der Qualm vom offenen Feuer die Luft verpestete und in der sein Vater Haug und seine Mutter Martha und seine kleine Schwester Mia-Mina und natürlich auch Trenk alle zusammen mit ihrer mageren Ziege und einem Ferkel in einem einzigen winzigen Raum auf dem Lehmboden schliefen. Trenks Vater war nämlich ein Bauer, und wenn du jetzt denkst, dass das doch gar keine so üble Sache war (auch wenn es damals natürlich noch keine Traktoren und keine großen Mähdrescher gab), dann muss ich dir leider sagen, dass Bauern es in den alten Zeiten ganz und gar nicht so schön hatten, wie du vielleicht glaubst. In der Zeit, von der ich erzählen will, gehörten den Bauern nämlich das Land, das sie bebauten, und die Kühe, die sie molken, und die Schweine, die sie schlachteten, kein bisschen; auch nicht die Katen, in denen sie wohnten, und nicht einmal sie selbst und ihre Frauen und ihre Kinder.

Ja, nicht einmal sie selbst und ihre Frauen und Kinder gehörten ihnen! All das gehörte dem Ritter, der in seiner großen, stolzen Burg hoch über dem Tal wohnte, und für den mussten sie darum auch ordentlich schuften. Sie mussten ihm von dem Getreide abgeben, das sie ernteten, und von dem Kohl und den Rüben; er bekam Fleisch von ihren Schweinen und Käse aus der Milch ihrer Kühe und Ziegen; und wenn er ihnen Nachricht schickte, dass sie jetzt mal ein bisschen auf seinen Feldern arbeiten sollten oder ihm einen neuen Brunnen graben, aber hoppla-hopp!, dann mussten sie ihre armseligen Hacken hinschmeißen und ihre Arbeit liegen lassen und rennen. Und dass ihnen deshalb ihr eigenes Getreide auf den Feldern verschimmelte und ihre Kühe vor Schmerz schrien, weil sie gemolken werden wollten, kümmerte den Ritter gar nicht. Wenn ein Bauer nicht tat, was sein Grundherr von ihm wollte, ließ der ihn einfach auspeitschen, schließlich gehörte der Bauer ja ihm.

Ja, so war das damals, wenn man ein leibeigener Bauer war, und du kannst dir vorstellen, dass die Jungs und die Mädchen, wenn sie ihren Eltern auf den Feldern halfen oder Krähen aus den Obstbäumen verscheuchten oder was die Kinder damals sonst noch so alles erledigen mussten, darüber nachdachten, was sie tun konnten, um später selber einmal nicht so ein erbärmliches Leben zu führen.

„Das werdet ihr niemals erleben, wenn ich erwachsen bin!", sagte Trenk, als er eines Nachmittags, nachdem sein Vater gerade wieder einmal bedeckt mit blauen Striemen vom Ochsenziemer nach Hause gekommen war, zusammen mit seiner kleinen Schwester Mia-Mina die Ziege und das Ferkel durch das Dorf führte, damit sie am Wegrand fressen sollten, was da eben so wuchs. „Dass ich Bauer werde und mich vom Herrn Ritter verprügeln lasse, das werdet ihr niemals erleben!"

„Was willst du denn sonst wohl machen?", fragte Mia-Mina und zerrte an ihrem Ziegenstrick. „Leibeigen geboren, leibeigen gestorben, leibeigen ein Leben lang." Und das war ja die heilige Wahrheit.

Aber Trenk fand nicht, dass er sich damit abfinden musste. „Dann werde ich eben einfach selbst ein Ritter!", sagte er entschlossen.

Da lachte und lachte seine kleine Schwester so sehr, dass ihr der Ziegenstrick durch die Hand rutschte und sie die Ziege zu zweit fast eine Viertelstunde durch das Dorf jagen mussten. Darum redete Trenk an diesem Nachmittag lieber nicht mehr davon. Er wusste ja selbst, dass so etwas ganz unmöglich war.

Trotzdem ist es später haargenau so gekommen, und wieso, das will ich jetzt erzählen.

b) Die Mediävistin Anne Südbeck hat einige Informationen zur Einordnung der Geschichte des „kleinen Ritter Trenk" zusammengestellt:

Die Mittelalterliche Gesellschaft

[…] Die mittelalterliche Gesellschaft war geprägt von einer komplexen Sozialstruktur, in der – neben der allgemeinen Freiheit – Leibeigenschaft und verschiedene Formen der Minderfreiheit nebeneinander existieren [vgl. Rudolf, Kölmel, Nolte]. Diese miteinander verwobenen und auf eine lange Tradition zurückblickenden gesellschaftlichen Strukturen sind dabei allerdings nur schwer durch allgemeine Kriterien zu erklären. Durch den stetigen Prozess des gesellschaftlichen Wandels kam es dennoch immer wieder zu Veränderungen. Dieser Wandel zeigt, dass es sich bei der mittelalterlichen Gesellschaft keineswegs um ein starres und undurchlässiges Konstrukt handelte, sondern vielmehr um ein soziales Geflecht, welches großer Flexibilität unterworfen war [vgl. Kölmel, Nolte]. Insbesondere wirkte das Entstehen neuer Städte seit dem 12. Jahrhundert und die zunehmende Loslösung der Städte von ihren Stadtherren seit dem 13. Jahrhundert als Antrieb für eine immer mobiler werdende Gesellschaft […].

Die Bauern

[…] Zwar gab es auch freie Bauern, jedoch befand sich eine große Mehrheit der Bauern in Abhängigkeit zu ihrem Grundherrn. […] Die Bauern in Grundhörigkeit bewirtschafteten das Land des Grundherrn und waren durch den Boden, den sie bestellten, an diesen gebunden. Die Grundherren bewirtschafteten ihren Besitz nicht selbst, sondern verliehen ihn an ihre Bauern. Diese hatten als Gegenleistung Abgaben bzw. Dienste zu leisten. […] Hörige waren im Besitz des Grundherrn; dieser konnte sie daher auch verschenken oder verkaufen. […] Sie waren nur eingeschränkt rechtsfähig und hatten kein Recht auf Freizügigkeit.

Die Ritter

Der Begriff des Rittertums ist zunächst schwer greifbar, denn man versteht darunter eine Institution, ein Ideal oder eine soziale Gruppe [vgl. Ganshof]. Zwischen dem Ende des 9. und Anfang des 11. Jahrhunderts lässt sich der Lehnsadel, zu dem die Ritter zu zählen sind, als ein grausamer, wilder und undisziplinierter Stand charakterisieren, dessen Hauptaufgabe der Kampf war. Erst das Bemühen, unter anderem vonseiten der Kirche, ein ethisches Ideal einzuführen, schuf die bis heute gültige Bedeutung des Rittertums. […] Die Kerntugenden dieser Ritter waren Tapferkeit und Loyalität, ehrenhaftes Verhalten und Stehvermögen, sowie die Verlässlichkeit des gegebenen Wortes [vgl. Painter, Ehlers]. Dienst, Würde und Stand bildeten dabei drei Grundvoraussetzungen, um in den Ritterstand aufgenommen zu werden. Dennoch stellte der Stand kein Ausschlusskriterium dar, denn „zur Ritterschaft gehöre das Leistungsprinzip" [vgl. Ehlers]. […] Zum Ritter wurde man durch den Erhalt seiner vollen Waffenrüstung. Ursprünglich „waffnete" der Vater oder Lehnsherr den künftigen Ritter. Jedoch gab es kein ausschließliches Recht, wer die Ritterwürde verleihen durfte. Im Grunde stand es jedem Ritter zu, einen anderen zu waffnen. Auf dem Gebiet des deutschen Reiches konnten auch Hörige den Ritterschlag empfangen [vgl. Ganshof].

Erster Text: Kirsten Boie, Der kleine Ritter Trenk, Hamburg 2006; zweiter Text: Anne Südbeck, „Leibeigen geboren, leibeigen gestorben, leibeigen ein Leben lang". „Der kleine Ritter Trenk" und das Mittelalter im Kinderbuch, in: Tobias Enseleit und Christian Peters (Hrsg.), Bilder vom Mittelalter. Vorstellungen von einer vergangenen Epoche und ihre Inszenierung in modernen Medien, Münster 2017, S. 271 ff.
Unter Verwendung von Texten von: François Louis Ganshof (1998), Joachim Ehlers (2006), Wilhelm Kölmel (1980), Cordula Nolte (2011), Sidney Painter (1998), Hans Ulrich Rudolf (1976)

32108-84

1. Analysieren Sie, welches Bild des Mittelalters im ersten Kapitel des Kinderbuches gezeichnet wird.
2. Arbeiten Sie heraus, welche Mittel die Autorin verwendet, um Kinder dafür zu sensibilisieren, dass es sich um eine vergangene Epoche handelt.
3. Vergleichen Sie das im ersten Kapitel entworfene Mittelalterbild mit der wissenschaftlichen Darstellung.
4. Beurteilen Sie den Authentizitätsgrad des Kinderbuches im Rahmen des bereitgestellten Ausschnittes.

Epochenbilder in der Geschichtskultur – das Mittelalter

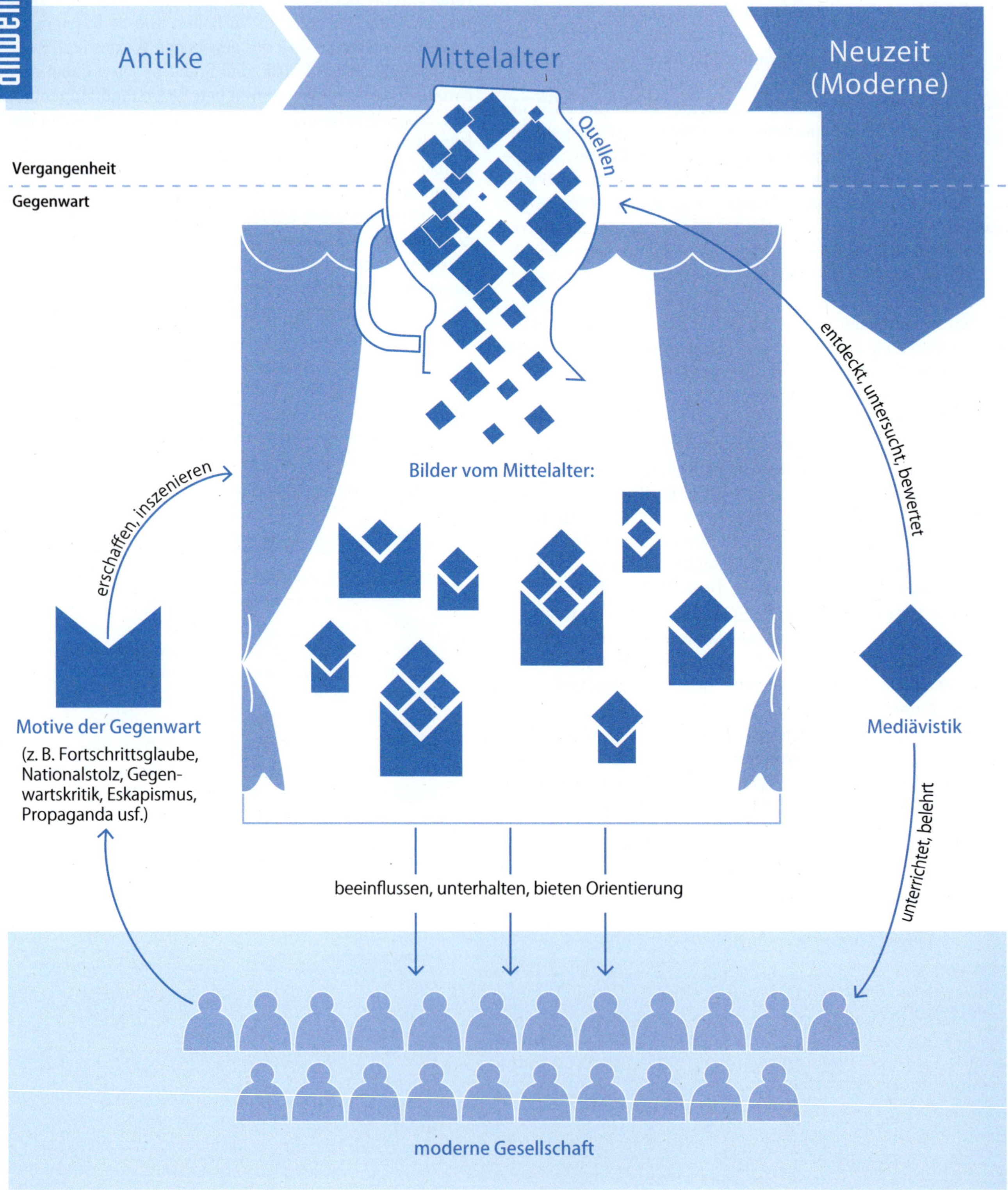

M „Voll die Seuche!"

Der Kulturhistoriker Arno Görgen befasst sich mit der wissenschaftlichen Untersuchung von Computerspielen. Im Jahre 2024 schreibt er über das 2019 erschienene Spiel „A Plaque Tale: Innocence":

Über vierhundert Jahre der immer wieder hereinbrechenden, in gewisser Weise immer gleichen und doch unberechenbaren Katastrophe haben sich so tief in das kollektive Gedächtnis gebrannt, dass selbst heute noch Ausläufer des Schwarzen Todes in Bildern und Erzählungen zu spüren sind. [...] Die Pest hat der Populärkultur eine Faszination für den Tod eingeimpft, die bis heute nicht kleinzukriegen ist. In diesem Sinne kann sie durchaus als Mutter aller Seuchen betrachtet werden, die bestimmte Erzählweisen erst erschaffen hat. [...] *A Plague Tale* steh[t] somit am vorläufigen Ende einer sehr, sehr langen Erzähltradition, die letztlich sogar bis zu den Berichten des griechischen Geschichtsschreibers Thukydides zur Pest im Athen des 4. Jahrhunderts v. Chr. zurückreicht. [...]

1348, das Jahr, in dem *A Plague Tale: Innocence* angesiedelt ist, ist dabei geschickt gewählt. Zum einen spielt es [...] im nordwestlichen Frankreich, eine chaotische Zeit, [...] zumal diese Region im Hundertjährigen Krieg zwischen Frankreich und England (1337–1453) stark umkämpft war. Gleichzeitig hatte *Yersinia Pestis* [...] erst ein Jahr zuvor [...] europäisches Festland betreten und fegte seitdem ungebremst über den Kontinent. [...]

Vielerorts entlud sich die Angst gegenüber und der Frust über die übermächtige Plage in der Beschuldigung von Juden als Brunnenvergiftern und Krankheitsverursachern. Dies gipfelte wiederum in Judenpogromen [...]. In *A Plague Tale: Innocence* findet sich zumindest relativ am Anfang eine Reminiszenz an die Jagd eines solchen Schuldigen in einer Szene, in der eine Frau, vielleicht eine mutmaßliche Hexe, auf einem Scheiterhaufen verbrannt werden soll. Man muss dazu anmerken, dass tatsächliche Hexenverbrennungen zu dieser Zeit kaum vorkamen und auch zu ihren Hochzeiten etwa zwei- bis dreihundert Jahre später eher im heutigen deutschen Raum [...] vorkamen. [...]

[I]n *A Plague Tale: Innocence* sind es Ratten, die zu tausenden über Mensch und Tier herfallen und diese in nullkommanix bis auf die Knochen verzehren. Bis heute gelten Ratten als Überträger der Seuche, sie sind Symbol geworden, für Schmutz, Krankheiten und in diesem Zusammenhang auch für ein amoralisches, dunkles Anderes, das dem Wohl der Menschen diametral gegenübersteht. Tatsächlich waren Ratten genauso Opfer der Pest wie der Mensch. Die Pest ging jeweils mit einem Massensterben der Rattenpopulationen einher. Überträger waren jedoch vermutlich Flöhe, die über die Ratten beim Menschen landeten, diese bissen und infizierten – erst wenn die Ratten starben und die Flöhe auf andere Säugetiere ausweichen mussten, fiel der Mensch ihren Bissen zum Opfer [...]. *A Plague Tale: Innocence* greift also eine Kollektivsymbolik der Krankheiten auf, die nicht unbedingt faktisch korrekt, jedoch allgemein verständlich ist und zugleich Angst- und Ekelreaktionen auslösen kann.

Diese Kollektivsymbolik umfasst [...] auch evakuierte Stadtviertel mit weißen Kreuzen an der Tür – auch diese Markierungen wurden eigentlich erst einige Zeit später mit den ersten Pestverordnungen und dem Beginn echter gesundheitspolitischer Maßnahmen wie dem Bau von Pestkrankenhäusern und Quarantänebestimmungen eingeführt. Im Rahmen des Spiels aber erfüllt diese Symbolik den Zweck, die Spielwelt als kontaminiert und potenziell gefährlich zu markieren, daher ist historische Akkuratesse auch hier nebensächlich. Andernorts wird der Raum durch schwarze Auswucherungen überflutet [...]. Diese tumorartigen Auswüchse führen zu einer Entfremdung mit dem Vertrauten und signalisieren: Die Krankheit löst die Gesellschaft bis in ihre Grundfesten auf, das gilt für den Menschen ebenso wie für seine Umwelt. [...]

Eine Mythologisierung einer zwar tödlichen, jedoch eigentlich profanen bakteriellen Infektion wird so zur perfekten Blaupause eines epischen Kampfes zwischen Gut und Böse, zwischen Familienwerten und politischer Gier nach Macht, zwischen Schuld und Unschuld (*Innocence*) umgeschrieben.

Arno Görgen, Voll die Seuche! Die Pest als Mutter aller Infektionskrankheiten im Computerspiel, 2. Dezember 2024; https://doi.org/10.58079/12t3b (Zugriff: 10. Februar 2026)

32108-85

1. Betrachten Sie verschiedene Inhalte zum Computerspiel „A Plaque Tale: Innocence" (Trailer, Screenshots, Rezensionen etc.) und notieren Sie Ihre ersten Eindrücke. Setzen Sie diese anschließend in Beziehung zu den Aussagen der Materialien auf Seite 449 (M1 und M2 a–c).
2. Verfassen Sie anhand der Ergebnisse von Aufgabe 1 eine kurze Beschreibung des Spiels und analysieren Sie mithilfe des Textes von Arno Görgen, welche Auswirkungen die Geschichtsdarstellung in „A Plaque Tale" auf die historische Erzählung der Pest hat.
3. Ordnen Sie die von Görgen beschriebene Rezeption der Pest im Spiel in den Kontext der Rezeption der Pest in Literatur, Kunst und Film ein (siehe hierzu das Kapitel ab Seite 74). | F
4. Erörtern Sie, inwiefern die im Spiel erzeugte Stimmung und die emotionale Involvierung der spielenden Person einen Beitrag zum Verständnis der Pest im 14. Jahrhundert leisten kann.

5.1 Hilfen zum richtigen Umgang mit den Operatoren

Anforderungsbereich I (Reproduktion)

Operator	Was ist zu beachten?	Wie ist vorzugehen?
beschreiben	Der Operator wird häufig sowohl bei Bildquellen wie Gemälden, Karikaturen oder Fotografien als auch bei Statistiken verwendet. Als Vorbereitung für eine anschließende Analyse soll das Material in **nachvollziehbarer** und **strukturierter Form** in seinen **Einzelheiten** (in der Regel Bildelemente und deren Beziehungen zueinander) vorgestellt werden. Eine Analyse oder Erklärung ist hier noch nicht vorzunehmen, also was z. B. die einzelnen Elemente einer Bildquelle oder einer Statistik im historischen Kontext für eine Bedeutung haben oder wie die Darstellung zu beurteilen ist. Klar identifizierbare Personen dürfen aber bereits als solche benannt werden.	Kreisen Sie das Ihnen wesentlich erscheinende Element des Materials ein und verfassen Sie ausgehend davon eine Beschreibung. Das zentrale Element ist z. B. bei einer **Bildquelle** daran zu erkennen, dass es oft in klarer Beziehung zu den anderen Bildelementen steht. Davon ausgehend können Sie dann die übrigen Bestandteile des Materials und die Bildebenen (Vordergrund, Hintergrund) in ihrem Inhalt beschreiben. Bei **Statistiken** empfiehlt es sich, auf die dort oft dargestellte Entwicklung einzugehen. Das gilt auch für dynamische **Karten** (z. B. eine Karte, die die Expansion Roms oder die „Entdeckungsfahrten“ der Frühen Neuzeit zeigt). **Beispiel**: Im Zentrum des um 1877 entstandenen Historiengemäldes des Künstlers Anton von Werner steht Martin Luther in aufrechter Haltung und legt seine rechte Hand aufs Herz. Sein Blick ist Kaiser Karl V., der auf seinem Thron im Schatten sitzt, zugewandt. Im Bildhintergrund befinden sich ... usw.
gliedern	Der Operator ist dafür gedacht, einen **Sachverhalt vorzustrukturieren** und zu **ordnen**, um ihn leichter greifbar zu machen. Das kann zum Beispiel die Einteilung eines zeitlichen Verlaufes in bestimmte Phasen sein. In Bezug auf einen vorgegebenen Text wird durch die Gliederung die Vorarbeit für eine Zusammenfassung bzw. eine Textwiedergabe geleistet. Oft wird der Operator daher bei Texten verwendet, in denen die zugrunde liegende inhaltliche Struktur zunächst nicht so einfach zu erkennen ist oder sich verschiedene Aspekte überlagern.	Falls keine Gliederungskategorien durch die Aufgabenstellung vorgegeben sind, wählen Sie **prägnante Begriffe** aus, die aus dem Text heraus deutlich werden. Geben Sie dann die **Zeilen** an, in denen Informationen, die zu diesen Begriffen gehören, benannt werden. Die Begriffe können dann jeweils den Ausgangspunkt für eine Textwiedergabe oder Zusammenfassung bilden. Zusätzlich werden auch Wertungen und Einstellungen der Autorin/des Autors wiedergegeben bzw. zusammengefasst. **Beispiel**: In einem Brief an seine Ordensbrüder in Europa berichtet der Franziskaner Pedro de Gante aus Mexiko-Stadt 1529 über die Missionierung der indigenen Bevölkerung. Der Autor schreibt zunächst über den alten Glauben der Einheimischen (Belegstelle: Zeilenangabe). Anschließend thematisiert er die verschiedenen Strategien der Missionierung der indigenen Bevölkerung. Dabei nennt er die Massentaufen (Belegstelle: Zeilenangabe), den Unterricht und die Ausbildung der Einheimischen zu Missionaren (Belegstelle: Zeilenangabe) und deren Vorgehen bei der Missionierung (Belegstelle: Zeilenangabe).
wiedergeben	Ähnlich wie beim Operator „zusammenfassen“ (siehe Seite 457) geht es hier darum, zu zeigen, dass Sie den **Inhalt** eines vorgegebenen Textes **verstanden** haben. Allerdings sollen die Inhalte dabei nicht reduziert, sondern **strukturiert** in ihrer Gänze wiedergegeben werden. Meist wird dieser Operator bei Texten verwendet, die einen hohen Informationsgehalt und wenige Wiederholungen aufweisen, oft auch sprachlich anspruchsvoller sind und quasi **„übersetzt“** werden müssen. Dies kann z. B. für Quellen gelten, die aus einer weiter zurückliegenden Epoche stammen. Auch hier soll der Inhalt des vorliegenden Textes weder von Ihnen erläutert noch bewertet werden. Sie verfassen Ihre Textwiedergabe also wie ein **distanzierter Beobachter**.	Teilen Sie den Text, der wiedergegeben werden soll, in **Sinnabschnitte** ein. Notieren Sie an den Rand des jeweiligen Sinnabschnitts einen Satz, der die Inhalte des Abschnitts in die **moderne Fachsprache** „übersetzt“. Um die sprachliche Distanz zum Ausdruck zu bringen, verwenden Sie bei der anschließenden Formulierung der Wiedergabe den **Konjunktiv**. **Beispiel**: Der portugiesische Seefahrer Vasco da Gama berichtet, dass bei der Ankunft seiner Flotte an der Küste von Kalikut im Jahre 1498 zunächst Abgesandte in vier Booten zu ihm gekommen seien, die ihn und sein Gefolge nach ihrer Herkunft gefragt hätten.

Operator	Was ist zu beachten?	Wie ist vorzugehen?
zusammenfassen	Der Operator ist oft in der ersten Aufgabe bei schriftlichen Arbeiten anzutreffen. Hier sollen Sie zeigen, dass Sie den **Inhalt** eines Textes **verstanden** haben und damit in der Lage sind, diesen **gekürzt** und **in eigenen Worten** wiederzugeben. Zu beachten ist dabei, dass Sie den Text auf die **wichtigsten Aussagen** reduzieren und diese dann anführen. Die Inhalte des zu untersuchenden Textes sollen weder von Ihnen erläutert noch bewertet werden. Sie schreiben Ihre Zusammenfassung wie ein **distanzierter Beobachter**.	Teilen Sie den Text, der zusammengefasst werden soll, im Vorfeld in **Sinnabschnitte** ein. Schreiben Sie an den Rand des jeweiligen Sinnabschnitts eine **Überschrift** oder einen **Satz**, der den Inhalt des Abschnitts auf den Punkt bringt. Um die sprachliche Distanz zu unterstreichen, verwenden Sie bei der anschließenden Formulierung der Zusammenfassung den **Konjunktiv**. **Beispiel**: Der Historiker Manfred Hettling erläutert in einer Fachpublikation, dass der Begriff „Wende" passender als der Begriff „Revolution" für die Zeit von 1989/90 sei.

Anforderungsbereich II (Reorganisation und Transfer)

Operator	Was ist zu beachten?	Wie ist vorzugehen?
analysieren	Mithilfe dieses Operators soll ein Material auf bestimmte Aspekte hin untersucht werden, um seine **inhaltliche Aussagekraft** thematisch **zielgerichtet zu erfassen**. Die Aspekte sind in der Regel direkt aus dem Material zu ersehen. Bei manchen Materialien bietet es sich auch an, diese in Hinblick auf mehrere Aspekte zu analysieren und dann zu einem Gesamtbild zusammenzufügen. Wichtig ist es, die Untersuchungsergebnisse anschließend zu **ordnen** und **strukturiert darzustellen**. Außerdem muss – zum Beispiel durch ein Zitat mit Zeilenangabe bzw. ein Bildelement oder einen Zahlenwert – das entsprechend erfasste Ergebnis der Untersuchung am Material **belegt** werden. Genau wie bei „charakterisieren" und „herausarbeiten" (siehe Seite 457 f und 459 f) wird der Operator „analysieren" zur **inhaltlichen Erschließung** eines Materials genutzt. Damit werden diese Operatoren seltener in normalen schriftlichen Arbeiten eingesetzt. Allerdings können sie in umfangreicheren schriftlichen Arbeiten (z. B. im Abitur) als **Vorbereitung**, **Nachbereitung** oder **Verbindung** zu einer anderen weiteren Aufgabe aus dem Anforderungsbereich II (wie „erläutern"; siehe Seite 458 f.) genutzt werden. So kann z. B. eine inhaltliche Erläuterung der jeweils erschlossenen Aspekte gefordert sein oder eine Untersuchung eines Materials in Bezug auf zuvor in einer anderen Aufgabe erläuterte Inhalte.	Gehen Sie das Material durch, indem Sie Ihre „Analysebrille" aufsetzen und die Elemente (Textpassagen, Bildelement oder Zahlenwerte) **markieren**, in denen Aussagen zu ihrem Untersuchungsaspekt auftauchen. Fügen Sie diese Elemente zusammen und wählen Sie eine **geeignete Struktur**, mit der Sie Ihre Ergebnisse geordnet darstellen wollen. **Beispiel**: Analysieren Sie die Motive (Kriterium) der handelnden Gruppen, die in der spätmittelalterlichen Chronik in Bezug auf den Umgang mit der jüdischen Bevölkerung genannt werden. Eine denkbare Antwort: In der Chronik wird ein entscheidendes Motiv für die Ermordung der jüdischen Bevölkerung durch die Stadtbevölkerung genannt: „Was man den Juden schuldete, galt als bezahlt" (Belegstelle: Seiten- und/oder Zeilenangabe). Die Pest bot den Stadtbürgern einen Anlass, die Juden als Sündenböcke darzustellen und sich so ihrer Schulden zu entledigen. Dies gilt auch für die „Landesherren", die als „Schuldner" (Belegstelle: Seiten- und/oder Zeilenangabe) erwähnt werden. Die ablehnende Haltung der Stadträte gegenüber den Mordaktionen gegen die jüdische Bevölkerung, die in ... (Belegstelle: Seiten- und/oder Zeilenangabe) nachzulesen ist, erklärt sich daraus, dass die jüdische Gemeinde in den Städten regelmäßig Schutzgeldzahlungen an den jeweiligen Stadtrat leistete.
charakterisieren	Ähnlich wie beim Operator „analysieren" soll auch hier **ein Aspekt** in einem Material **zielgerichtet untersucht** werden. Während bei einer Analyse eher sachorientiert vorzugehen ist, stehen bei einer Charakterisierung **Eigenarten und Merkmale** im Vordergrund, die sich häufig auf einer Werteebene bewegen. Die untersuchten Eigenschaften lassen sich oft mit **Adjektiven** belegen, die die Eigenarten beschreiben und sich im Endergebnis zu einem „Gesamtbild" bzw. einer Gesamtwirkung zusammenfügen. Dazu ist es wichtig, die Untersuchungsergebnisse zu **ordnen** und **strukturiert darzustellen** und auch ein **Fazit** zu ziehen. ▶ nächste Seite	Betrachten Sie das Material durch Ihre „Analysebrille" und **markieren** Sie die Elemente (Textpassagen), in denen Aussagen zu Ihrem Untersuchungsaspekt auftauchen. **Belegen** Sie die Aussagen auch mit passenden Adjektiven, die sich z. B. aus der Bewertung des Autors oder Ihrem eigenen Eindruck ergeben. Fügen Sie anschließend die Elemente zusammen und suchen Sie eine **Struktur**, mit der Sie Ihre Ergebnisse geordnet darstellen wollen. Wichtig ist dabei, auch die **Gesamtwirkung** zu erfassen, die der Sachverhalt nach der Untersuchung entfaltet. **Beispiel**: Charakterisieren Sie die Vorgehensweise (Kriterium) der Franziskaner bei der Missionierung der indigenen Bevölkerung in Spanischamerika. Eine mögliche Antwort: Die Vorgehensweise lässt sich als oberflächlich (Adjektiv) charakterisieren, da in ... ▶ nächste Seite

Operator	Was ist zu beachten?	Wie ist vorzugehen?
charakterisieren	Dabei kann eine erste Bewertung der Ergebnisse erfolgen. Außerdem ist – zum Beispiel durch ein Zitat mit Zeilenangabe – das **Ergebnis** der Untersuchung auf Basis des Materials zu **belegen**.	(Belegstelle: Seiten- und/oder Zeilenangabe) deutlich wird, das Teile der indigenen Bevölkerung, die zuvor mit dem christlichen Glauben noch nicht in Berührung gekommen sind, sehr schnell zu Missionaren ausgebildet werden. Sie gehen wiederum auch gewalttätig (*Adjektiv*) vor, da sie „Götzenbilder" und „Tempel" des alten Glaubens ohne Zögern zerstören (Belegstelle: Seiten- und/oder Zeilenangabe). Insgesamt erscheint die Missionierung eher darauf abzuzielen, möglichst viele Menschen zu erfassen. Die Akzeptanz des christlichen Glaubens durch die einheimische Bevölkerung aus Überzeugung und dessen Durchdringung scheinen eher zweitrangig zu sein.
einordnen	Dieser Operator ist verwandt mit dem Operator „erläutern" (siehe weiter unten) aber von der Aufgabenstellung her enger gefasst. Es geht darum, **Einzelaspekte** in einen größeren **historischen Zusammenhang** zu stellen. Durch eine Erläuterung dieser Zusammenhänge, in den der Aspekt eingeordnet wird, zeigen Sie dann, dass Sie **wissen** und **begründen** können, warum der Aspekt in diesen Zusammenhang passt. Daher wird dieser Operator auch gern für schriftliche Arbeiten gewählt.	Es bietet sich zunächst an, eine **Mindmap** zu erstellen. Gehen Sie dabei von einem Einzelaspekt aus, der sich z. B. in einem vorgegebenen Material findet, und suchen Sie weitere Aspekte, die mit ihm in Beziehung stehen. Oft geht es dabei um historische Ereignisse und Prozesse, die als Ursache des Sachverhalts zeitlich vorher abliefen oder als Wirkungen und Folgen zeitlich danach stattfanden. So ergibt sich der **Gesamtzusammenhang**, den Sie dann umfassend in Ursachen und Folgen erläutern. **Beispiel:** In seiner Schrift „An den christlichen Adel deutscher Nation von des christlichen Standes Besserung" aus dem Jahre 1520 erklärt Martin Luther, dass alle Christen geistlichen Standes seien. Er erkennt damit die Überordnung des geistlichen Standes über den weltlichen Stand nicht mehr an. Für ihn sind alle Getauften Priester (*Ausgangspunkt*). Diese Feststellung ist eine Reaktion auf die Missstände innerhalb der Kirche z. B. in Bezug auf Simonie (Ämterkauf) und kanonische Gerichtsbarkeit, die die folgenden Auswirkungen hatten ... (*Ursachen*). Mit seiner Lehre vom allgemeinen Priestertum erhöht Luther den Status des Laien und verhilft dem weltlichen Stand, sich aus seiner Unmündigkeit zu befreien. Diese Erkenntnis aus Luthers Adelsschrift ermöglicht z. B. den Fürsten des Heiligen Römischen Reiches sich als „Notbischöfe" zu verstehen, die somit die Struktur der Kirche in ihren Territorien ganz neu ordnen konnten ... (*Folgen*).
erklären	Der Operator ist eine **Vorstufe des Erläuterns**, daher sind im Prinzip dieselben Aspekte zu beachten (siehe unten). Allerdings steht der Materialbezug hier weniger im Vordergrund. Gleichwohl geht es aber auch darum, **Wissen gezielt anzuwenden**. Ein Sachverhalt ist so darzustellen, dass seine Voraussetzungen, Ursachen und Folgen verständlich werden. Sie sollen also die **Gründe** oder die **Zusammenhänge** von etwas **aufzeigen**.	Grundsätzlich gelten hier dieselben Anregungen wie beim Operator „erläutern" (siehe unten). Allerdings können die Sachverhalte abgekoppelt von konkreten Materialbezügen dargestellt werden. So kann z. B. die **Gesamtaussage eines Materials** Ausgangspunkt einer Erklärung sein. **Beispiel**: Erklären Sie, was das vom spanischen Kronjuristen Palacios Rubios 1513 entworfene Requerimiento für die Gebietsansprüche anderer europäischer Mächte bedeutet. Eine denkbare Antwort: Der Text des Requerimiento gaukelt vor, die indigene Bevölkerung hätte eine Möglichkeit, sich mit den Spaniern friedlich zu einigen. Dadurch erhielt die spanische Eroberung den Anschein der Rechtmäßigkeit. Das Requerimiento etablierte also ein Verfahren, welches der spanischen Krone gegenüber anderen europäischen Mächten die Behauptung ermöglichte, die Eroberung sei rechtmäßig, weil sie erst nach Unterweisung der Einheimischen vollzogen worden sei.
erläutern	Der Operator taucht häufig in schriftlichen Arbeiten auf. Dabei sollen Sachverhalte, die in Textquellen, aber auch in Materialien wie Statistiken oder Bildern angesprochen werden, in ihren **Hintergründen erklärt** werden. ▶ nächste Seite	Bei diesem Operator ist es wichtig, *nicht* nur einfach **Wissen** unstrukturiert und aneinandergereiht wiederzugeben. Sie sollen zeigen, dass Sie Ihr Wissen, das zur Bearbeitung der Aufgabe benötigt wird, abrufen können, um dann zielgerichtet die Sachverhalte zu erläutern. ▶ nächste Seite

Operator	Was ist zu beachten?	Wie ist vorzugehen?
erläutern	Das eigene Sachwissen ist zu nutzen, um zielgerichtet z. B. einzelne relevante Textpassagen, Bildelemente oder Daten in ihrer **tieferen Bedeutung** umfassend darzustellen. Hier zeigen Sie also, dass Sie Ihre **Kenntnisse kompetent anwenden** können. Der Operator beinhaltet zwar auch den Operator „erklären" (siehe Seite 458), geht jedoch über ihn hinaus. So sollen nicht nur **Theorien** (wie z. B. Theorien zu Krisen oder Transformationsprozessen), sondern auch **historische Beispiele** herangezogen werden, um die entsprechenden Sachverhalte zu veranschaulichen.	In einem ersten Schritt ist das vorgegebene Material daraufhin zu untersuchen, zu welchen Textpassagen, Bildelementen oder Daten Sie **Hintergründe** erläutern könnten. Zur Vorstrukturierung bietet es sich an, z. B. eine **Mindmap** zu erstellen und den gewählten Passagen schlagwortartig Sachinhalte zuzuordnen. Diesen Sachinhalten können noch weitere Inhalte zugeordnet werden, sodass sich ein umfassendes Beziehungsgeflecht ergibt. Nach einer von Ihnen gewählten Reihenfolge kann dann ausgehend vom Material die Erläuterung mit **Beispielen und Belegen** formuliert werden. **Beispiel**: Den Ausgangspunkt der Erläuterung bildet eine Textpassage aus dem 1513 verfassten Requerimiento. Dort wird von der indigenen Bevölkerung verlangt, die Kirche als obersten Herrn der gesamten Welt anzuerkennen. Eine mögliche Erläuterung dazu könnte folgendermaßen aussehen: Die spanische Krone will damit eine Rechtsgrundlage für ihre Herrschaft in Amerika schaffen. Sie hatte durch die päpstliche Bulle „Inter caetera divinae" (1493) und den Vertrag von Tordesillas (1494) die Herrschaft in den „neu entdeckten" Territorien, die sich in dem ihnen zugewiesenen Bereich befanden, zugesprochen bekommen – also letztlich auch vonseiten der Kirche. Daher ist es wichtig, dass die indigene Bevölkerung missioniert wird und sich zum „heiligen katholischen Glauben" bekennt (Belegstelle: Seiten- und/oder Zeilenangabe), um damit – in der Vorstellung der spanischen Krone – auch die neue Herrschaftsordnung verbindlich anzuerkennen. Deswegen wird sogar mit Vergünstigungen und Rechten im Fall eines Übertritts zum Christentum geworben (Belegstelle: Seiten- und/oder Zeilenangabe).
gegenüberstellen	Dieser Operator ist eine **Vorstufe zum Operator „vergleichen"** (siehe Seite 460 f.). Hier geht es aber ausschließlich darum, die **Unterschiede und Gegensätze** von Sachverhalten oder Materialien anhand **bestimmter Kriterien** herauszustellen.	Es empfiehlt sich, zunächst eine **Tabelle** anzulegen. Eine Spalte sollte sich auf den ersten Sachverhalt bzw. das erste Material und die andere auf den zweiten Sachverhalt bzw. das zweite Material beziehen. Anhand des in der Aufgabe formulierten Kriteriums werden nun beide Sachverhalte bzw. Materialien auf die gegensätzlichen Aspekte hin untersucht und diese jeweils in den entsprechenden Sichtweisen – am besten mit **Belegstellen** aus dem Material – stichpunktartig in die Tabelle eingetragen. Mithilfe dieser Vorstrukturierung können Sie dann die Gegenüberstellung ausformulieren. **Beispiel**: Während der sowjetische Staatspräsident Michail Gorbatschow Reformen (*Kriterium*) in der Sowjetunion anmahnt, schließt Erich Honecker auf einer Politbürositzung im Februar 1989 diese für die DDR mit den Worten „wir sind doch nicht daran interessiert, dass wir Rückstände wieder [...] als Ziel angehen [...]" aus (Belegstelle: Seiten- und/oder Zeilenangabe).
herausarbeiten	Während beim Operator „analysieren" (siehe Seite 457) die Aspekte, die aus einem Material erschlossen werden sollen, direkt zu erkennen sind, muss beim Operator „herausarbeiten" erst **„zwischen den Zeilen"** gelesen werden, um die Aussage eines Materials zu erfassen. Genauso wie beim Operator „analysieren" werden einem dabei **bestimmte Kriterien** an die Hand gegeben, anhand derer die Untersuchung erfolgen soll.	Wie bei den Operatoren „analysieren" und „charakterisieren" ist es auch beim Operator „herausarbeiten" hilfreich, sich das **Untersuchungskriterium**, das in der Aufgabenstellung genannt wird, klar zu machen. Achten Sie bei der Bearbeitung des Textes auf **Andeutungen** oder **subtile Bewertungen**, die der Autor/die Autorin vornimmt, und ziehen Sie daraus Ihre Erkenntnisse. **Beispiel**: Arbeiten Sie aus dem Bericht des Sekretärs des Herzogs von Aragón im Jahre 1517 heraus, wie er Leonardos Arbeiten beurteilt (*Kriterium*). Die relevante Textstelle in dem Bericht lautet: „Dieser Herr hat eine besondere (*Wertung*) Abhandlung über den Körperbau zusammengestellt [...], so wie noch kein anderer Mensch es jemals getan hat (*Wertung*)" (Belegstelle: Seiten- und/oder Zeilenangabe). ▶ nächste Seite

Operator	Was ist zu beachten?	Wie ist vorzugehen?
	◄ vorherige Seite	Fazit: Der Sekretär stellt das einzigartige Talent Leonardos heraus. Er hat etwas geschaffen, was noch niemand vor ihm geschafft hat, seine Arbeit ist also besser als die Anderer.
in Beziehung setzen	Wenn dieser Operator in einer Aufgabe verwendet wird, sind **Zusammenhänge** zwischen Sachverhalten, die in **verschiedenen Materialien** zu finden sind, herzustellen. Häufig soll dabei untersucht werden, in welcher Art der Sachverhalt in dem jeweils anderen Material erscheint und ob sich ggf. in der inhaltlichen Aussage Veränderungen zeigen. Es kann aber auch sein, dass in einem Material der Sachverhalt selbst analysiert wird und dann in Beziehung zu einem Material gesetzt werden soll, welches bereits die Folgen oder Ursachen dieses Sachverhaltes thematisiert. In jedem Fall ist es notwendig, die jeweils herausgestellten Zusammenhänge nachvollziehbar zu **erläutern**.	Analysieren Sie zunächst das Ausgangsmaterial nach den gesuchten Aspekten und listen Sie diese **stichpunktartig** auf (ähnlich wie beim Operator „nachweisen“, siehe unten). Untersuchen Sie dann das andere Material daraufhin, inwiefern ein **Zusammenhang** zu den herausgestellten Aspekten erkennbar ist. Fassen Sie anschließend den jeweiligen Zusammenhang in Worte und erläutern Sie ihn. **Beispiel**: In dem Ende des 16. Jahrhunderts veröffentlichten Kupferstich von Theodor de Bry „Kolumbus betritt amerikanischen Boden“ (*Ausgangsmaterial*) sind gleich mehrere Ereignisse zu erkennen, die sich in dem durch Bartolomé de Las Casas überlieferten „Bordbuch des Kolumbus“ (*Bezugsmaterial*) an verschiedenen Tagen wiederfinden. So wird die Flucht der indigenen Bevölkerung vor der ankommenden Flotte des Kolumbus, die im Hintergrund des Kupferstiches zu sehen ist, im Bordbuch am ... erwähnt. Der Stich soll also in der Rückschau einen visuellen Überblick über verschiedene Ereignisse geben (*Erläuterung*).
nachweisen	Hier wird verlangt, ein Material auf **bekannte historische Inhalte** hin zu untersuchen (z. B.: Finden sich Aspekte von Martin Luthers Lehre in dem vorliegenden Text?). Außerdem ist genau aufzuzeigen, an welcher Stelle im Material die gesuchten Aspekte stehen. In schriftlichen Arbeiten ist dieser **Beleg** dann auch durch eine **Erläuterung** zu begründen.	Vergewissern Sie sich zunächst, welche **Aspekte** den historischen Inhalt, der nachgewiesen werden soll, ausmachen. Notieren Sie sich diese Aspekte und untersuchen Sie das Material daraufhin, ob der Inhalt direkt oder indirekt angesprochen wird. Formulieren Sie dann den Nachweis und nennen Sie die **Belegstelle**. Erläutern Sie anschließend, warum Sie diese Stelle gewählt haben. **Beispiel**: Das Motto der Humanisten „ad fontes“, was übersetzt so viel wie „zu den Quellen“ bedeutet (*Aspekt des gesuchten historischen Inhaltes*), lässt sich in Luthers Adelsschrift von 1520 nachweisen. Der Reformator bezieht sich bei seiner Aussage, dass alle Christen geistlichen Standes sind, auf eine Textpassage aus der Bibel (Belegstelle: Seiten- und/oder Zeilenangabe). Seine Überlegungen gehen also – wie es die Humanisten forderten – auf ein Studium der Quellen zurück, um der Wahrheit näher zu kommen. Dies steht auch in Verbindung zu dem auf Luther zurückgehenden Begriff „sola scriptura“ (dt.: „allein durch die Schrift“), wonach die Bibel als einzige Quelle des christlichen Glaubens gilt (*Erläuterung*).
vergleichen	Bei einem Vergleich ist es wichtig, **Unterschiede**, **Ähnlichkeiten** und **Gemeinsamkeiten** zwischen Sachverhalten bzw. Materialien anhand **bestimmter Kriterien** darzustellen. Oft bleibt die Bearbeitung unvollständig, da z. B. nur auf die Unterschiede Bezug genommen wird.	Erstellen Sie eine **Tabelle** mit den Spalten „Gemeinsamkeiten“, „Ähnlichkeiten“ und „Unterschiede“. Untersuchen Sie nun die Sachverhalte bzw. Materialien anhand des **Vergleichskriteriums** und tragen Sie Ihre Ergebnisse stichpunktartig – am besten mit den **Belegstellen** aus dem Material – in die Tabelle ein. Im Anschluss können Sie anhand dieser Vorstrukturierung den Vergleich ausformulieren. **Beispiel**: Der um 1450 erfundene Buchdruck mit beweglichen Lettern weist in seiner Wirkung (*Kriterium*) insofern *Gemeinsamkeiten* mit dem heutigen Internet auf, dass er eine Eigendynamik in der Verbreitung von Medien und Informationen auslöste. Was heute E-Mails oder Tweets leisten, erfüllten damals Flugschriften und -blätter als Massenmedien. Beiden Entwicklungen gemein ist zudem eine stärkere Vernetzung der Welt (*Ähnlichkeit*), auch wenn das Internet in viel größerem Ausmaß dazu beigetragen hat. Deutliche *Unterschiede* ergeben sich hinsichtlich der Autorenschaft und des Konsums: Die Kosten des Drucks von Schriften und Flugblättern waren immer noch so hoch, ► nächste Seite

Operator	Was ist zu beachten?	Wie ist vorzugehen?
vergleichen	◄ vorherige Seite	dass nicht jeder Mensch sich diese leisten konnte. Hinzu kam auch noch die geringe Alphabetisierungsrate zu Beginn der Entwicklung. Informationen und Nachrichten wurden also nur von einem Teil der Bevölkerung veröffentlicht und je nach Adressaten von einem größeren oder kleineren Kreis rezipiert. Das Internet ermöglicht jedoch, dass jeder Mensch zum Autor werden kann, ungeachtet der finanziellen oder literarischen Fähigkeiten.

Anforderungsbereich III (Reflexion und Problemlösung)

Operator	Was ist zu beachten?	Wie ist vorzugehen?
beurteilen	Es soll zu einem historischen Sachverhalt oder Prozess ein **begründetes Sachurteil** formuliert werden. Ein persönlicher Wertebezug wird nicht verlangt. **Kategorien** einer Beurteilung können im Prinzip alle Bereiche des menschlichen Lebens sein, je nachdem, welcher historischer Sachverhalt thematisiert wird. So können die Kategorien im Bereich von Themen wie „Freiheit und Herrschaft“ (mögliche Kategorien: Demokratie, Diktatur, Revolution, ...), „Wirtschaft und Umwelt“ (mögliche Kategorien: Kosten, Gewinn, Wachstum, ...) oder „Individuum und Gesellschaft“ (mögliche Kategorien: Rechte, Pflichten, Einschränkungen, Aufgaben, ...) gewählt werden. Es können ebenso auch übergreifende Kategorien wie Effizienz, Legitimität, Plausibilität oder Stimmigkeit zugrunde gelegt werden, wie auch kontrastive Kategoriepaare wie „Fluch/Segen“, „Freiheit/Sicherheit“ etc. Entscheidend sind vor allem die **Argumente** bei der Beurteilung. Ausgehend von den selbstgewählten oder vorgegebenen **Kategorien** sollen konkrete **Maßstäbe** und **Kriterien** entwickelt oder aus Theorien übernommen werden, anhand derer das Urteil erfolgt. Diese Kriterien und Maßstäbe werden dann auf konkrete historische Fakten und Beispiele bezogen, die dann als Argumente für das Urteil in der gewählten Kategorie dienen. Je deutlicher erläutert wird, warum das Beispiel oder der Sachverhalt das eigene Urteil unterstützt und je klarer der eigene Beurteilungsmaßstab zum Ausdruck kommt, umso besser. Es können übrigens auch mehrere Kategorien mit den zugehörigen Kriterien und sowohl Argumente für als auch gegen die eigene Position in die Bearbeitung einfließen. Anders als bei dem Operator „erörtern“ (siehe Seite 462 f.) muss diese Abwägung aber nicht zwingend sein.	Wählen Sie – falls es nicht schon durch die Aufgabenstellung vorgegeben ist – eine für die Beurteilung sinnvoll erscheinende **Kategorie** (z. B.: Demokratie, wirtschaftliches Wachstum, Fluch/Segen, Legitimität) aus und benennen Sie konkrete **Kriterien** und **Maßstäbe** anhand derer die Beurteilung in der betreffenden Kategorie erfolgen soll (z. B. souveränes Parlament, Wahlen, Gewaltenteilung oder Ausbau von Infrastruktur, Modernisierung von Produktionsanlagen oder Rechtsgrundsätze der betrachteten oder der heutigen Zeit etc.). Sowohl die Kategorie als auch die ihr zugehörigen Kriterien sollten dann bei der späteren Formulierung der Beurteilung auch klar benannt werden. Überprüfen Sie, in welcher Ausprägung die Kriterien bei dem zu untersuchenden Gegenstand vorliegen, und überlegen Sie anschließend, welche **Position** Sie vertreten wollen. Sammeln Sie im Anschluss daran Ihre Argumente stichpunktartig und achten Sie darauf, **historische Sachverhalte *und* Beispiele** anzuführen. Generell müssen Sie (insbesondere in schriftlichen Arbeiten) auch das Material, zu dem die Aufgabe gestellt ist, zur Unterstützung Ihrer Argumentation oder als Ausgangspunkt für die Beurteilung einbeziehen. Beim Verfassen der Beurteilung sollten Sie daher mit **Zitaten** aus oder **Bezügen** zum Material (Zeilenangaben) arbeiten. Ebenso ist es wichtig, dass der Maßstab, nach dem Sie urteilen, deutlich wird. Am Ende der Bearbeitung sollte ein **Fazit** stehen, das die zentralen Argumente noch einmal prägnant zusammenfasst und die eigene Position auf den Punkt bringt. Als **Faustregel** gilt: Nicht das Urteil an sich entscheidet darüber, ob die Bearbeitung gelungen ist, sondern die Qualität und Nachvollziehbarkeit der Argumente und des eigenen Beurteilungsmaßstabes, anhand derer das eigene Urteil begründet wird. **Beispiel**: Das Deutsche Kaiserreich von 1871 kann nicht als Diktatur (*Kategorie* aus dem Bereich „Freiheit und Herrschaft“) bezeichnet werden. Zwar vereinigte sich eine große Machtfülle (*Kriterium:* uneingeschränkte Macht) auf die Person des Kaisers, der z. B. den Reichstag jederzeit auflösen und damit die parlamentarische Arbeit beenden konnte (Beispiel). Gleichzeitig hatte der Reichstag jedoch Mittel, diese Macht indirekt einzuschränken (*Gegenkriterium:* Kontrolle von Macht), da dieser z. B. den Etat bewilligen musste und damit erheblichen Einfluss auf die Handlungsfähigkeit des Kaisers und seiner Regierung hatte (Beispiel). Ebenso waren die Bürgerinnen und Bürger durch in der Verfassung verankerte Bürgerrechte (Beispiel) vor einem willkürlichen Zugriff des Staates (*Gegenkriterium:* Rechtssicherheit) geschützt.

Operator	Was ist zu beachten?	Wie ist vorzugehen?
entwickeln	Anders als bei den anderen Operatoren im Anforderungsbereich III verbleibt der Operator „entwickeln“ nicht nur bei einer **Beurteilung** eines Sachverhalts oder einer Problemstellung. Darüber hinaus sind Sie hier aufgefordert, eine **eigene Einschätzung** des Sachverhalts darzulegen und ggf. sogar ein **Lösungsmodell** für die vorliegende Problemstellung zu konstruieren. Oft ist hier das Einnehmen einer **Gegenposition** hilfreich, um aus dieser eine Alternative zu dem vorgelegten Problem oder dem Sachverhalt zu gewinnen. Formate wie die Gegenrede oder der Leserbrief bieten sich hier als Rahmen zur Ausformulierung der Ergebnisse an.	Machen Sie sich zunächst die **Sachverhalte**, die **Problemstellungen** und **Wertungen** klar, die sich aus dem Material, das Sie bearbeiten, ergeben (z. B. durch die Analyse eines Textes oder einer Karikatur). Überlegen Sie nun jeweils Möglichkeiten, die Aspekte anders zu sehen bzw. anders mit ihnen umzugehen. Finden Sie **Argumente** dafür, dass diese Alternativen eine tragfähigere Strategie darstellen, das vorliegende Problem zu lösen. Gehen Sie dabei auf prägnante Punkte im vorliegenden Material ein, und stellen Sie daraufhin Ihre **Alternative** begründet vor. Im abschließenden **Fazit** bringen Sie ihr Lösungsmodell dann noch einmal auf den Punkt. **Beispiel**: In seiner Rede am 10. Oktober 1991 zum bevorstehenden Kolumbus-Tag verweist US-Präsident George Bush darauf, dass die „Entdeckung“ Amerikas durch Christoph Kolumbus zu einem „Austausch von Wissen, Ressourcen und Ideen zwischen der Alten und der Neuen Welt“ geführt habe (Belegstelle: Seiten- und/oder Zeilenangabe). Seine Aussage erweckt den Eindruck, hier habe ein gleichberechtigter Austausch bzw. Handel stattgefunden (*Bezug zum Text*). Das war aber nicht der Fall (*Gegenposition*). Wissen aus der „Alten Welt“ wie z. B. der Bergbau wurden von Spaniern vorrangig in die „Neue Welt“ gebracht, um Ressourcen der indigenen Bevölkerung einseitig und unter menschenunwürdigen Arbeitsbedingungen auszubeuten (*Argument*). In einer Rede zum Kolumbus-Tag muss auf dieses ungerechte Missverhältnis aus Gründen der Wahrhaftigkeit hingewiesen werden, auch wenn langfristig die „Neue Welt“ auch von neuen Techniken profitieren konnte. Zudem wäre hier eine Entschuldigung für die Ausbeutung der einheimischen Bevölkerung angebracht (*alternatives Lösungsmodell*).
erörtern	Eine Erörterung erfolgt zu einer vorgegebenen Problemstellung, die meist als eine **These/Position** vorgegeben ist. Wie beim Operator „sich auseinandersetzen“ (siehe unten) steht es einem offen, ob man ein **Sach- oder Werturteil** verfassen möchte, es sei denn, die Aufgabenstellung gibt dies bereits vor. Anders als bei den Operatoren „beurteilen“, „Stellung nehmen“ oder „sich auseinandersetzen“ ist es hier zwingend erforderlich, eine **abwägende Auseinandersetzung/Beurteilung** zu gestalten. Bevor die eigene Position im abschließenden **Fazit** auf den Punkt gebracht wird, müssen also sowohl Argumente für als auch gegen die vorgegebene These/Position gesammelt, gewichtet und begründet werden.	Wählen Sie – falls es nicht schon durch die Aufgabenstellung vorgegeben ist – eine Ihnen für die Aufgabe sinnvoll erscheinende **Sach- oder Wertekategorie** für die Beurteilung aus (siehe hierzu den Operator „beurteilen“ bzw. „Stellung nehmen“.). Benennen Sie ebenso konkrete **Kriterien** und **Maßstäbe** anhand derer Sie die Erörterung in der betreffenden Kategorie gestalten wollen. Sowohl die Kategorie als auch die ihr zugehörigen Kriterien sollten dann bei der späteren Formulierung der Erörterung klar benannt werden. Überprüfen Sie anhand des ausgewählten Kriteriums, welche Argumente für und welche gegen die formulierte These oder die problemorientierte Fragestellung sprechen. Listen Sie die **Pro- und Kontra-Argumente** stichpunktartig mithilfe einer Tabelle auf. Achten Sie auch darauf, historische Sachverhalte und Beispiele anzuführen sowie das zur Erörterung vorgegebene Material – wie bei den Operatoren „beurteilen“, „Stellung nehmen“ und „sich auseinandersetzen“ – einzubeziehen. Überlegen Sie anschließend, welche **Position** Sie vertreten wollen. Gewichten Sie die gesammelten Pro- und Kontra-Argumente – beginnend mit dem schwächsten Argument (für die eigene Position) bzw. stärksten Argument (gegen die eigene Position). In dieser Reihenfolge formulieren Sie dann Ihre Erörterung nach dem sogenannten **„Sanduhrprinzip“**. Am Ende der Bearbeitung sollte ein **Fazit** stehen, das die zentralen Argumente noch einmal prägnant zusammenfasst und die eigene Position auf den Punkt bringt. Generell gilt als **Faustregel** auch hier: Nicht das Urteil an sich entscheidet darüber, ob die Bearbeitung gelungen ist, sondern die schlüssige Argumentation, anhand derer das eigene Urteil begründet wird. ▶ nächste Seite

Operator	Was ist zu beachten?	Wie ist vorzugehen?
erörtern	◀ vorherige Seite	**Beispiel**: Erörtern Sie, ob es sich bei dem „Thesenanschlag" Martin Luthers um einen Wendepunkt in der Geschichte handelt (*problemorientierte Fragestellung*). Vorgehen/mögliche Antwort: In der Diskussion der These vom „Wendepunkt der Geschichte" (*Kategorie*) ist zu überprüfen, inwieweit der Verlauf der Ereignisse eine völlig neue Richtung einschlug (*Kriterium:* Richtungswechsel) und inwieweit eine neue Dynamik in die Entwicklung kam (*Kriterium:* Dynamik). Zum ersten Kriterium kann gesagt werden, dass bereits vor dem Thesenanschlag von 1517 Reformer wie John Wyclif und Jan Hus ähnliche Ansichten wie Martin Luther gegenüber der Kirche vertraten, z. B. ... Luthers Thesenanschlag hatte aber deutliche gravierende Auswirkungen auf das Heilige Römische Reich und Europa als das Wirken seiner Vorgänger, wie z. B. ..., sodass hier von einer größeren Dynamik gesprochen werden kann, die passend mit dem Begriff „Wendepunkt" beschrieben werden kann.
sich auseinandersetzen	Bei diesem Operator steht es Ihnen frei, ob Sie ein **Sach- oder Werturteil** bilden. Anders als beim Operator „Stellung nehmen" ist es für das Verfassen eines Werturteils also nicht erforderlich, zuvor noch ein Sachurteil zu formulieren. Oft lässt sich bereits schon aus der Aufgabenstellung ablesen, welche Art von Urteil verlangt wird.	Es sind die gleichen Anregungen und Hilfen, wie bei den Operatoren „beurteilen" und „Stellung nehmen" zu beachten. Bei einem **Sachurteil** würden dann jeweils Sachkategorien gewählt werden (siehe hierzu den Operator „beurteilen") und die dazu entwickelten konkreten Kriterien gelten, während bei einem **Werturteil** anhand von Wertkategorien (siehe den Operator „Stellung nehmen") die dazu entwickelten konkreten Wertmaßstäbe herangezogen werden könnten. Wie bereits weiter oben erwähnt, ist auch hier nicht das Urteil entscheidend darüber, ob es sich um eine gelungene Bearbeitung handelt, sondern die **schlüssige Argumentation**, anhand derer das **eigene Urteil** begründet wird.
Stellung nehmen	Der Operator geht über ein **begründetes Sachurteil** hinaus, da hier zusätzlich ein **Werturteil** gefordert wird. Eine Stellungnahme besteht also im Grunde genommen aus zwei Teilen: Im ersten Teil geht es um Aspekte, die schon unter dem Operator „beurteilen" erklärt worden sind (siehe Seite 461). Im zweiten Teil ist ein Werturteil zu formulieren, bei dem eine Beurteilung aus **heutiger Perspektive** und anhand von **heutigen Wertekategorien** (z. B.: Freiheit, Sicherheit, Recht und Gerechtigkeit, Gleichberechtigung, politische Teilhabe, Solidarität) verlangt wird. Entscheidend beim Werturteil sind auch hier die **Argumente**. Je überzeugender diese sind, umso besser.	Zu beachten ist, dass dem Werturteil ein Sachurteil vorgeschaltet ist. Daher gelten hier die gleichen Hinweise wie beim Operator „beurteilen". Im Prinzip kann für das Werturteil das Vorgehen genauso erfolgen, nur dass **heutige Wertmaßstäbe** als Kriterien dienen, die in der Stellungnahme auch benannt werden sollten. Außerdem gilt wieder die **Faustregel**: Nicht das Sach- und anschließende Werturteil an sich entscheiden darüber, ob die Bearbeitung gelungen ist, sondern die Qualität und Nachvollziehbarkeit der Argumente, anhand derer die eigenen Urteile begründet werden. **Beispiel**: Die Umsiedlung der indigenen Bevölkerung in Dörfern und Gemeinden im 16. Jahrhundert war in Bezug auf die wirtschaftlichen und ideologischen Ziele der Spanier durchaus effizient (*Kategorie*). Auf diese Weise konnte die indigene Bevölkerung besser kontrolliert und zur Arbeit eingesetzt werden (*Kriterium:* Kontrolle, effiziente Arbeitsorganisation) sowie Widerstand durch sie schnell eingedämmt werden (*Kriterium:* Verhinderung von Widerstand, Stabilität), der diesen Einsatz hätte gefährden können. Zudem konnte die indigene Bevölkerung so gezielter missioniert werden. Mit der Annahme des Glaubens wurde so auch die gottgegebene Herrschaft der Spanier von der indigenen Bevölkerung akzeptiert (*Kriterium:* Akzeptanz der Herrschaft, Stabilität, Gehorsam), was wiederum Widerstand gegen die Herrschaft vorbeugen konnte (*Kriterium:* Verhinderung von Widerstand, Stabilität). Im Hinblick auf die Wertekategorie „Freiheit" ist das Vorgehen aus heutiger Sicht abzulehnen. Die Freizügigkeit (*Kriterium/Wertemaßstab:* freie Wahl des Wohnorts) und die Glaubensfreiheit (*Kriterium/Wertemaßstab:* freie und ungehinderte Ausübung der eigenen Religion) der indigenen Bevölkerung wurden stark eingeschränkt. Es wurde ein willkürlicher Zwang ausgeübt.

Operator	Was ist zu beachten?	Wie ist vorzugehen?
überprüfen	Hier soll ein Sachverhalt daraufhin untersucht werden, ob er die Voraussetzungen für die **Gültigkeit einer Hypothese** erfüllt. Oft wird anhand von Materialien überprüft, ob historische Theorien und Modelle einen Prozess passend beschreiben – z. B. ob ein Sachverhalt als Krise oder Revolution einzuschätzen ist. Anders als beim Operator „nachweisen" (siehe Seite 460) ist nicht sicher, dass sich die Hypothese am Ende wirklich bestätigen lässt bzw. der Prozess nachweisbar ist. Die Überprüfung ist also **offen** und muss auch nicht zu einem eindeutigen Ergebnis führen. Umso wichtiger ist es hier, die Erkenntnisse, die Sie bei der Überprüfung gewonnen haben, durch eine **Erläuterung** zu begründen. Je präziser erläutert wird, warum das Beispiel oder der Sachverhalt die zu überprüfende Hypothese unterstützt oder entkräftet, umso besser.	Formulieren Sie **zentrale Kriterien**, die erfüllt sein müssen, damit die zu überprüfende These Gültigkeit besitzt. Bearbeiten Sie den Sachverhalt/das Material daraufhin, inwieweit diese Kriterien nachweisbar sind. Erfolgt die Überprüfung anhand eines Materials, sollten Sie **relevante Textstellen** oder **Zahlenwerte** vermerken, die Sie später zitieren können. Verfassen Sie strukturiert ihr „**Prüfgutachten**", indem Sie ausgehend vom Sachverhalt/dem Material darlegen, inwieweit die Hypothese erfüllt ist. Begründen Sie Ihre Einschätzung durch Beispiele/Sachwissen. **Beispiel**: Die Entwicklungen in der DDR 1989 brachten einen fundamentalen Systemwechsel (*Kriterium einer Revolution*) für die Bevölkerung. Aus einer faktischen Einparteienherrschaft wurde eine parlamentarische Demokratie, aus einer zentralistischen Planwirtschaft schließlich eine freie Marktwirtschaft (*Argumente*). In diesem Aspekt ist das Kriterium einer Revolution also erfüllt.

Operator, der Leistungen in allen drei Anforderungsbereichen verlangt:

Operator	Was ist zu beachten?	Wie ist vorzugehen?
interpretieren	Der Operator erfordert **Leistungen aus allen drei Anforderungsbereichen**. Zuerst ist nachzuweisen, dass das Material verstanden worden ist. Das bedeutet, dass zunächst eine Beschreibung, Zusammenfassung oder Wiedergabe der Inhalte des Materials in eigenen Worten erfolgt. Danach soll anhand von bestimmten Kriterien das Material auf seine Inhalte hin analysiert und diese mithilfe des eigenen Fachwissens erläutert werden. Die Kriterien können in der Aufgabenstellung vorgegeben sein oder müssen selbst festgelegt werden. Zum Schluss sind die Aussagen, die sich aus dem Material ergeben, zu beurteilen. Dabei soll immer ein Sachurteil erfolgen, das noch um ein Werturteil ergänzt werden kann, aber nicht muss.	Es empfiehlt sich, **schrittweise vorzugehen** und die jeweiligen **Teile der Bearbeitung auszuformulieren**. Beginnen Sie mit der Beschreibung, Zusammenfassung oder Textwiedergabe, anschließend folgen die Analyse und Erläuterung bezogen auf ein Untersuchungskriterium. Zuletzt ist die Beurteilung oder Stellungnahme in Hinblick auf das zuvor Untersuchte vorzunehmen. **Hilfen** zur jeweiligen Vorstrukturierung befinden sich bei den entsprechenden Operatoren. **Beispiel** *(für eine Aufgabenstellung):* Interpretieren Sie die Wandmalerei „Landung der Spanier in Veracruz" von Diego Rivera aus dem Jahre 1951 im Hinblick auf ihre Aussagekraft bezüglich der Folgen der spanischen Kolonisation (*Untersuchungskriterium*).

5.2 Gewusst wie: Lerntipps fürs Abitur

Kennen Sie das auch: Sie stehen kurz vor der Abiturprüfung und wissen nicht, wie Sie sich die ganze Stofffülle merken sollen? Typische Eselsbrücken aus dem Geschichtsunterricht wie „Sieben, fünf, drei – Rom schlüpft aus dem Ei" oder „Zehn, sieben, sieben – Heinrich muss nach Canossa schieben" helfen beim Abitur nur bedingt weiter. Daher wollen wir Ihnen auf dieser Seite ein paar ausgewählte Techniken und Hilfen vorstellen, mit denen Sie sich den Lernstoff besser aneignen können.

Was hat mein Stuhl mit der konstitutionellen Monarchie zu tun?

Lerntipp 1

Stellen Sie sich folgende Situation vor: Sie gehen durch Ihr Zimmer und legen gedanklich an bestimmten Orten jeweils eine Information zu den Hauptphasen der Französischen Revolution ab. Wie soll das funktionieren? Ganz einfach! Hier ein Beispiel: Stuhl – Konstitutionelle Monarchie, Schreibtisch – Republik und „Schreckensherrschaft", Regal – Direktorium. Ausgewählte **Orte** werden also mit verschiedenen **Inhalten** verbunden. Und nicht nur das. Sie sind zudem durch kleine **Geschichten** miteinander zu verknüpfen. Der Fantasie sind dabei keine Grenzen gesetzt. Am Beispiel des Stuhles kann das Ganze dann so aussehen: Eigentlich bräuchte ich dringend einen neuen Stuhl. Seine „Konstitution" ist nicht mehr gut. Lieber würde ich wie ein „Monarch" auf einem neuen Stuhl thronen (= Konstitutionelle Monarchie).
Zudem ist es wichtig, dass der von Ihnen festgelegte Weg in der richtigen **Abfolge** wiederholt wird, um sich die Begriffe dauerhaft merken zu können. Dabei müssen Sie Ihre Route im Zimmer nicht immer selbst abschreiten, sondern können diese auch in Gedanken durchlaufen.

Werden Sie kreativ und fertigen Sie Gedankenlandkarten an!

Lerntipp 2

Bei dieser Methode geht es darum, Ihre Gedanken zu einem Thema aufs Papier zu bringen. Die Gedankenlandkarten – auch **Mindmaps** genannt – helfen Ihnen, Ideen zu ordnen, übersichtlich darzustellen und Wissen zu verknüpfen. Welche Schritte bei der Gestaltung einer Mindmap zu beachten sind, finden Sie unter dem auf dieser Seite aufgeführten Mediencode. Im Internet gibt es übrigens kostenlose **Programme** (z. B.: Free Mind und FreePlane), mit denen sich ganz einfach und schnell Mindmaps kreieren lassen.

Reden ist Silber, Schweigen ist Gold – stimmt das überhaupt?

Lerntipp 3

Das bekannte Sprichwort kann beim Lernen ignoriert werden. Hier ist es sogar ratsam, über das Gelernte zu sprechen. **Erzählen** Sie Ihrem Freundeskreis oder Ihrer Familie von dem Thema, mit dem Sie sich gerade beschäftigen. Ein guter Nebeneffekt ist, dass Sie sich damit auch testen, ob Sie alles verstanden haben. Sie können natürlich auch kleine Gruppen mit Ihren Mitschülern bilden und sich gegenseitig abfragen. Lernen Sie lieber alleine, hilft auch **halblautes oder lautes Üben** beim Einprägen neuer Informationen.

Merke: Wiederholung macht den Meister!

Lerntipp 4

Die Themenvielfalt, die Sie für das Abitur beherrschen sollen, ist nicht gerade gering. Daher sollten Sie es unbedingt vermeiden, sich zu überfordern und zu viel auf einmal zu lernen. Effizienter ist es, sich den Lernstoff vorab in **überschaubare Einheiten** einzuteilen und das angeeignete Wissen **regelmäßig zu wiederholen.** Nach nur einmaligem Lernen ist die Wahrscheinlichkeit nämlich hoch, in wenigen Tagen die Hälfte davon wieder zu vergessen. Erst durch häufige Wiederholungen prägen sich die Informationen auch dauerhaft ins Gedächtnis ein.

Hinweis: Über die Erstellung einer Mindmap – und andere Präsentationsformen – informiert der folgende Mediencode.

32037-74

5.3 Hinweise zur Bearbeitung von Klausuren

Ziel

Klausuren

In Klausuren sollen Sie zeigen, dass Sie fachspezifisches Material anhand von Aufgaben angemessen bearbeiten können. Dabei sollen Sie ihr Wissen mit neuen Sachverhalten **problembewusst verknüpfen** und begründet **Stellung nehmen**.

Anforderung

Reproduktion

Im **Anforderungsbereich I** beschreiben Sie geordnet und gerafft historische Zustände oder Entwicklungen.

Reorganisation und Transfer

Im **Anforderungsbereich II** bearbeiten Sie Materialien problem- und methodenbewusst zu einem aus dem Unterricht bekannten Thema.

Reflexion und Problemlösung

Der **Anforderungsbereich III** verlangt gründliches Nachdenken und eine Lösung. Sie müssen auf Grundlage Ihrer Materialienanalyse ein Problem untersuchen und bewerten. Ihre Stellungnahme kann eine abwägende Diskussion gegensätzlicher Standpunkte erfordern. Abschließend müssen Sie dazu selbst Position beziehen.

Tipp

Die Operatoren der Anforderungsbereiche I bis III finden Sie vorne im Buch erklärt (siehe: Anforderungsbereiche und Operatoren). **Hilfen zum richtigen Umgang mit den Operatoren** bietet die Übersicht ab Seite 456.

Vorgehen

Aufgaben erfassen

- ☑ Lesen Sie die **Aufgaben** sorgfältig durch; unterstreichen Sie den **Operator**. Versuchen Sie, den Auftrag genau zu erfassen. Machen Sie sich ihn bei Bedarf in eigenen Worten klar. Finden Sie **Schlüsselbegriffe** und klären Sie kurz ihre Bedeutung.

Operatoren beachten

- ☑ Erledigen Sie die Aufgaben streng anhand der Operatoren. Sie zeigen Ihnen, zu welchen **Anforderungsbereichen** Sie jeweils arbeiten sollen.

Kernaussagen ermitteln

- ☑ Lesen Sie den Text zunächst als Ganzes, um Thema und Hauptaussagen im **Zusammenhang** zu begreifen. Im zweiten Durchgang ermitteln Sie aufgabenbezogen die **wesentlichen Aussagen**. Unterstreichen Sie dabei Wörter statt Sätze; so fällt es Ihnen leichter, **eigene Formulierungen** zu finden und sich von der Vorlage zu lösen.

Aussagen strukturieren

- ☑ Stellen Sie zunächst den **Autor** und die **Quelle** (Entstehungszeit, historischer Kontext, Adressaten) vor, wiederholen Sie aber nicht die wissenschaftliche Fundstelle des Textes.

Text gliedern

- ☑ Gliedern Sie Ihren Text folgerichtig. Setzen Sie **Schwerpunkte in Inhalt und Umfang** Ihres Textes. Achten Sie bei Ihrem Zeit- und Arbeitsaufwand auf die Gewichtung der Aufgaben.
- ☑ Geben Sie die Hauptgedanken eigenständig in **indirekter Rede** im **Konjunktiv** wieder.

Aussagen belegen

- ☑ Direkte **Zitate** empfehlen sich, wenn der Operator intensive Textarbeit verlangt und sie einen Kernaspekt in auffälligen Worten ausdrücken. Eine **Erläuterung in eigenen Worten** muss folgen.
- ☑ Halten Sie die **Reihenfolge der Aufgaben** ein. Vermeiden Sie Überschneidungen.

Stil

- ☑ Schreiben Sie **kurze, verständliche Hauptsätze** oder **Satzgefüge**. Drücken Sie sich sachlich aus und benutzen Sie **Fachbegriffe**.

Letzte Kontrolle

- ☑ Planen Sie Zeit für die **Durchsicht** ein. Lesen Sie Ihre Klausur zunächst nur unter **inhaltlichen Gesichtspunkten**; erst in einem zweiten Durchgang achten Sie auf **Rechtschreibung, Grammatik** und **Satzbau**. Achten Sie auf die **Zeitenfolge** (Präsens mit Perfekt; Präteritum mit Plusquamperfekt). Nutzen Sie zulässige **Wörterbücher**.

5.4 Formulierungshilfen für die Textanalyse

Einleitung

Der Verfasser / die Verfasserin (kurze Vorstellung) beschäftigt sich (Zeit / Kontext) mit ... / untersucht / setzt sich mit der Frage auseinander / behandelt das Problem ... / thematisiert / äußert sich zu / führt aus ...

Beispiel: Der Historiker Klaus J. Bade setzt sich in seiner 2002 erschienenen Publikation „Europa in Bewegung" mit der historischen und aktuellen Bedeutung von Migration auseinander.

Einordnung in den historischen Kontext

Der Autor / die Autorin (Name) hat den Brief / Aufsatz / etc. verfasst / die Rede gehalten, als ... Die Quelle lässt sich vor dem Hintergrund von ... einordnen / ist im Zusammenhang mit ... zu sehen.

Beispiel: Die Bürgerbewegung „Demokratie Jetzt" startet am 12. September 1989 einen Aufruf, der sich an alle Initiativgruppen und reformfreudigen Kräfte in der DDR richtet und auf aktuelle Probleme im Staat eingeht. Der Aufruf lässt sich vor dem Hintergrund der sich wirtschaftlich und politisch zuspitzenden Krise der DDR im Jahre 1989 einordnen.

Textwiedergabe „Kernthese"

Er / sie behauptet / ist der Meinung, dass ... / vertritt die These / die Position, dass ...

Beispiel: Der amerikanische Politikwissenschaftler Samuel Phillips Huntington behauptet, dass die Konflikte in der Welt in der Zukunft zwischen verschiedenen Großkulturen verlaufen werden.

Textwiedergabe „Argumentation"

Der Verfasser / die Verfasserin begründet dies, indem er / sie ... / belegt dies mit ... / erklärt dies mit / hebt hervor / betont / kritisiert / bemängelt / argumentiert

Beispiel: Der Politikwissenschaftler Samuel Phillips Huntington betont, dass ein „weltweiter Kampf der Kulturen" (Zeilenangabe / Belegstelle) nur zu vermeiden sei, wenn der Westen seine Kultur verteidigt und dieser nicht darauf hoffe, dass die anderen Kulturen sich ihm annähern werden.

Zusammenfassung

Der Autor / die Autorin fasst seine / ihre Haltung / Sichtweise zusammen, indem er / sie ... / sagt abschließend ... / kommt zu dem Schluss, dass ...

Beispiel: Eberhard Kolb, Professor für Geschichte, kommt zu dem Schluss, dass jeder Historiker durch die Gewichtung der verschiedenen Faktoren darüber entscheidet, wie er das Scheitern der Weimarer Republik interpretiert.

Vergleich

Ebenso wie (ein anderer Autor / eine andere Autorin) / anders als (die Meinung / Argumentation / Position von) ...

Beispiel: Die Historiker František Graus und Peter Schuster nehmen unterschiedliche Standpunkte in Bezug auf die Krise des Spätmittelalters ein. Während Graus ... betont, hebt Schuster ... hervor.

Absicht

Er / sie will darauf hinweisen / erreichen / verdeutlichen / appelliert / zielt auf / verfolgt die Absicht ...

Beispiel: Der britische Mathematiker, Philosoph und Friedensforscher Bertrand Russell will mit seinem in der „Times" am 23. Oktober 1945 erschienenden Leserbrief auf die Geschehnisse im Kontext der Vertreibung der deutschen Bevölkerung aufmerksam machen.

Stellungnahme (Sach- und Werturteil)

Beurteilung: Die Argumentation überzeugt (nicht) / ist widersprüchlich / schlüssig / (nicht) einleuchtend / nachvollziehbar / zutreffend, weil ... *Bewertung*: Ich stimme dem Autor / der Autorin zu / teile (nicht) die Haltung des Verfassers / der Verfasserin / schließe mich (nicht) der Argumentation an, weil ... / Aus heutiger Sicht / Perspektive lässt sich sagen / festhalten, dass ...

Beispiel: Die Thesen des amerikanischen Politologen Jack A. Goldstone über die Ursachen von Revolutionen überzeugen (nicht) aus folgenden Gründen: ...

5.5 Übungsklausur: Krisen, Umbrüche und Revolutionen

Die Aufgabenstellung bezieht sich auf das **Pflichtmodul** „Die Große Pest und ihre Folgen" aus dem ersten Rahmenthema mit dem dazugehörigen **Kernmodul** „Krisen". Darüber hinaus ist ein Semesterübergriff auf das vierte Rahmenthema „Geschichts- und Erinnerungskultur" vorgesehen.

Pflicht- und Kernmodul

1. Beschreiben Sie das Fresko (M1) nach einer quellenkritischen Einleitung.

Pflicht- und Kernmodul

2. Analysieren Sie M2 im Hinblick auf die religiöse Deutung der Pest und die Funktion der angerufenen Heiligen. Berücksichtigen Sie dabei auch die Rolle Marias.

Pflicht- und Kernmodul

3. Ordnen Sie die in M1 und M2 erkennbaren Formen der Pestbewältigung in weitere zeitgenössische Reaktionen auf die Pest im Mittelalter ein.

Pflichtmodul sowie Semesterübergriff

4. Beurteilen Sie, inwiefern M1 und M2 geeignet sind, das spätere Epochenbild eines „finsteren" und von Angst geprägten Mittelalters zu stützen.

Tipps für die Bearbeitung

- **Aufgabe 1**: Gehen Sie bei der Beschreibung auch auf die Größenunterschiede zwischen Maria und der sie umgebenden Bevölkerung ein. Die Pestpfeile erwähnt unter anderem der Chronist Gabriele de Mussis auf Seite 50 (M3, Zeile 20).
- **Aufgabe 2**: Beginnen Sie sinnvollerweise damit, die Bedeutung Gottes für das Leben und Sterben der Menschen herauszuarbeiten. Hinweise zu den Heiligen Rochus und Sebastian und ihrer Rolle im Leben der Menschen des Mittelalters finden sich auf Seite 79.
- **Aufgabe 3**: Die hier verlangte Einordnung erwartet keine chronologische Einordnung, sondern eher eine Kategorisierung unterschiedlicher mittelalterlicher Versuche, gegen die Pest vorzugehen und sich vor Ansteckung zu schützen.
- **Aufgabe 4**: Für diese Aufgabe sollten Sie zunächst die Aufgabenstellung selbst problematisieren („finster" ist ein sehr wertender Begriff). Dann scheint es sinnvoll, auf die Verengung des benannten Epochenbildes einzugehen – die Pest war zwar ein wiederkehrendes Phänomen, prägte aber nicht das gesamte Mittelalter. Hinweise auf diese Verengung lassen sich beispielsweise im Verfassertext „Mediales Mittelalter" auf Seite 447 finden.

Hinweis: Ihre Arbeitsergebnisse zu den Aufgaben 1 bis 4 können Sie mit den Lösungsvorschlägen unter diesem Code vergleichen.

32108-86

M1 Schutzmantelmadonna

Das Fresko der Schutzmantelmadonna befindet sich in einer österreichischen Kirche. Es ist um 1470/80 entstanden und wird dem Maler Thomas von Villach (1435/40–1523/29) zugeschrieben. Zentrale Figuren sind Maria, die ihren schützenden Mantel über die Menschen der Umgebung breitet, und Gott, der vom oberen, rechten Bildrand aus Pestpfeile schleudert.

Hinweis: Die auf dem Fresko angebrachten Schriftbänder sind nicht Gegenstand der Aufgabe. Sie unterstreichen die religiöse Aussage des Bildes, insbesondere Bitte, Fürbitte und Schutz.

M2 „Gebet in Todesfurcht"

Das „Gebet in Todesfurcht" entsteht vermutlich nicht vor 1500 in Nürnberg. Die im Gebet benannten Heiligen sind sogenannte Pestheilige (Rochus und Sebastian) oder Heilige, die den Kranken beistehen. Im Spätmittelalter ziehen immer wieder Pestwellen durch das heutige Deutschland. Nürnberg wird zu Lebzeiten des Spruchdichters Hans Schneider (um 1450–nach 1513) zweimal Mal von der Pest heimgesucht:

Ewiger Gott in der Dreifaltigkeit,
[...]
Du hast zu nehmen und zu geben,
dem Menschen Leib, Seel und das Leben.
Weil du ja allgewaltig bist,
so bitten wir dich Herr Jesus Christ,
dass du uns durch deinen bittern Tod,
und auch durch aller Heiligen Not
[...]
mögest uns Gnade erweisen,
und lass dich, lieber Herr, erweichen!
Dein Diener Sankt Sebastian,
und vier weitere, die wir anrufen:
der liebe Herr Sankt Fabionus,
außerdem Sankt Nikasius,
Sankt Rochus und Sankt Silvester,
wir sind ihre Brüder und ihre Schwestern
und großes Trübsal hat uns umgeben.
[...]
Ihr lieben Heiligen seid gebeten,
und bittet für uns Jesus Christus,
verlängere unsere Lebensfrist
und nimm uns noch nicht zu dir,
bewahre uns von der Pestilenz
[...]
Wir sind nicht würdig, dich zu bitten,
so gewähr uns, Herr, noch eine Frist,
[...]
Maria hilf uns allen dar,
so schauen wir Gottes Majestät.
Als Hans Schneider gesprochen hat.

Hans Schneiders „Gebet in Todesfurcht", zitiert nach: https://www-user.tu-chemnitz.de/~fna/30reinhold.pdf (Zugriff: 7. April 2026; dem Neuhochdeutschen angeglichen von Jule Sommersberg)

5.6 Übungsklausur: Wechselwirkungen und Anpassungsprozesse

Die Aufgabenstellung bezieht sich auf das **Pflichtmodul** „Jüdisches Leben in Deutschland im langen 19. Jahrhundert", das **Kernmodul** „Kulturkontakt und Kulturkonflikt" und das **Wahlmodul** „Industrialisierung" aus dem zweiten Rahmenthema des niedersächsischen Kerncurriculums. Des Weiteren ist ein Semesterübergriff auf das vierte Rahmenthema „Geschichts- und Erinnerungskultur" vorgesehen.

1. Fassen Sie die Kernaussagen des Textes (M1) nach einer kurzen Einleitung zusammen. — Pflichtmodul

2. Arbeiten Sie ausgehend von M1 heraus, wie wirtschaftliche Umbrüche und soziale Krisenerfahrungen am Ende des 19. Jahrhunderts zur Popularität antisemitischer Deutungsmuster beitrugen. — Pflicht- und Wahlmodul

3. Erläutern Sie, wie sich Kulturkontakt und -konflikt zwischen der jüdischen Minderheit und der Mehrheitsgesellschaft im ländlichen Raum des 19. Jahrhunderts im Kontext wirtschaftlicher Umbrüche entwickelten. — Pflicht-, Kern- und Wahlmodul

4. Erörtern Sie, inwiefern das von Schülerinnen und Schülern vorangetriebene Projekt „Jüddepatt" (M2) ein angemessenes Gedenken an den Beitrag deutscher Juden zur Wirtschaft im 19. Jahrhundert darstellt. — Pflichtmodul und Semesterübergriff

Tipps für die Bearbeitung

- **Aufgabe 1**: Gliedern Sie den Text zunächst in Sinnabschnitte und machen Sie sich außerdem Notizen zu den Elementen der Textkritik.
- **Aufgabe 2**: Überlegen Sie zunächst, welche Textpassagen sich eignen, um sie mit den durch die Industrialisierung hervorgerufenen gesellschaftlichen Umbrüchen zu verknüpfen.
- **Aufgabe 3**: Beachten Sie zum Kulturkontakt die Seiten 146 ff. des Kernmoduls.
- **Aufgabe 4**: Über die unterschiedlichen Theorien zur Erinnerungskultur informieren die Seiten 428 bis 433.

Hinweis: Ihre Arbeitsergebnisse zu den Aufgaben 1 bis 4 können Sie mit den Lösungsvorschlägen unter diesem Code vergleichen.

32040-389

M1 „Über den ‚jüdischen Wucher auf dem Lande'"

Der jüdische Wirtschaftswissenschaftler Arthur Prinz (1898–1981), der 1939 nach Palästina und von dort aus 1948 in die USA auswandert, setzt sich mit der Rolle der deutschen Juden in der Wirtschaft des 19. und 20. Jahrhunderts auseinander. In seinem Werk „Juden im Deutschen Wirtschaftsleben", das 1984 postum erscheint, schreibt er im Kapitel über die jüdische Bevölkerung auf dem Land:

Am Ende des 19. Jahrhunderts besaßen gegen 25000 Großgrundbesitzer – etwa 1 Prozent aller deutschen Landwirte – ein Viertel allen angebauten Bodens, meist östlich der Elbe. Sie hatten mit jüdischen Viehhändlern wenig zu tun, aber ihr Verhalten war [...] für die Juden folgenreich. Wie fast der ganzen deutschen Landwirtschaft war es den Gutsbesitzern in den fünfziger und sechziger Jahren und auch noch zu Anfang der siebziger Jahre recht gut gegangen. Die Getreidepreise standen hoch und das gleiche galt auch für Produkte wie Wolle [...]. Natürlich stiegen auch die Bodenpreise. So wuchs eine Generation von Landwirten heran, die nichts kannte als Prosperität[1]. In dem Glauben, dass alles so weitergehen würde, lebte man nicht nur auf großem Fuß, sondern kaufte, oft mit geborgtem Gelde, viel Land auf Spekulation [...]. Dann aber kam, im Zuge der weltwirtschaftlichen Entwicklung, der große Umschwung. Der [...] preußische Weizenpreis sank [infolge des Massenexports amerikanischen Weizens] von 1880 bis 1886 fast um ein Drittel [...]. [Dies war] für Schuldner im Allgemeinen eine böse Zeit, so besonders für die oft verschuldeten und zum großen Teil weder anpassungswilligen noch geschäftstüchtigen Grundbesitzer. Dagegen lag ihre Stärke in ihrem politischen Einfluss [...]. So erkämpften sie Ende der siebziger Jahre Deutschlands Übergang zum Schutzzoll[2], welcher den Getreidepreis weit über Weltmarkthöhe brachte – trotz der erbitterten Proteste eines großen Teiles der Öffentlichkeit gegen die „Brotverteuerer" [...].

In dieser heiklen Situation suchten die Führer der Großgrundbesitzer sich durch ein Bündnis mit anderen [...] Gruppen eine politische Massenbasis zu schaffen. [D]as einzige Programm, auf das sich viele heterogene Elemente einigen konnten – Junker[3] und kleine Ladenbesitzer, Handwerker und Bauern – war Beschwerden über „die Juden". Die Gutsbesitzer konnten über die angebliche Bevorzugung [...] der Banken und des Handels klagen, die Ladenbesitzer über die Warenhäuser, die Bauern über den „jüdischen Wucher auf dem Lande". So kam es besonders zwischen 1887 und 1893 zu einer außerordentlichen Verschärfung des politischen Antisemitismus. [...] Antisemitische Abgeordnete zogen in den Reichstag ein: 1887 nur einer, 1890 fünf, 1893 sechzehn! Vor allem aber ging die Konservative Partei, die Hauptvertretung der Junker, 1892/93 offiziell zum Antisemitismus über. [...] Für die konservativen Junker war der Antisemitismus kaum eine Sache der Gesinnung, sondern das Mittel einer um die Erhaltung ihrer wirtschaftlichen und politischen Macht kämpfenden aristokratischen Minderheit, Millionen von Wählern unter ihren Einfluss zu bringen. Dagegen hatte die Feindschaft, mit der wohl die große Mehrheit der Bauern den Juden damals gegenüberstand, ursprünglich wenig mit antisemitischen Theorien zu tun. Im Wesentlichen entsprang sie wirtschaftlichen Interessengegensätzen [...]. Zwar hatte der Bauer, anders als der Junker, in der Regel weder Land auf Spekulation gekauft, noch über seine Verhältnisse gelebt. Auch der Sturz der Weizenpreise traf ihn nicht sehr, da er, abgesehen von der Erzeugung für seinen eigenen Bedarf, eher Produkte der Veredelungswirtschaft zu verkaufen hatte. Aber trotzdem brauchte er oft Geld [...]. Was sie [die Bauern] zwang, sich hilfesuchend an die Juden zu wenden, war vor allem das Fehlen anderer Kreditmöglichkeiten, wie ihnen zugängliche Banken oder Darlehenskassen.

[...] Welche Belastung die von einer Unzahl von Zeitungen, Flugschriften und herumziehenden Agitatoren[4] und selbst von bekannten Universitätsprofessoren betriebene judenfeindliche Kampagne für die Juden im ganzen Reich bedeutete, davon gibt die jüdische Presse jener Zeit ein erschütterndes Bild. Die Haltung der Behörden war noch fast der einzige Lichtblick. Die selbe Regierung, die Juden bei Anstellungen und Beförderungen schwer benachteiligte, ließ doch im Allgemeinen gewaltsame antisemitische Ausschreitungen nicht zu. Der Justizminister in Berlin wies alle Gerichte erster Instanz an, „die angezeigten Fälle antisemitischer Ausschreitungen mit dem höchsten gesetzlichen Strafmaße zu bestrafen". Während der ärgsten Judenhetze im Lande fuhr die preußische Regierung damit fort, Juden mit Orden auszuzeichnen. So grotesk uns heute der Gegensatz zwischen diesen Gnadenbezeugungen[5] (wenn auch „4. Klasse") für ein paar reiche Juden und dem Druck, unter dem fast die ganze Judenheit lebte, vorkommen mag, so unzweifelhaft erscheint es, dass eine Begünstigung des Radau-Antisemitismus durch die Regierung unabsehbare Folgen gehabt hätte.

[...] Die Jahre der größten Erregung über den „jüdischen Wucher auf dem Lande" – von etwa 1880 bis 1885 – waren zugleich die Zeit enorm starker Auswanderung aus dem Reiche, möglicherweise der „größten Auswanderungsflut der deutschen Geschichte". Von den mannigfachen wirt-

[1] **Prosperität:** Wohlstand und Gedeihen

[2] **Schutzzoll:** Einfuhrzoll zum Schutz der einheimischen Wirtschaft gegenüber ausländischen Konkurrenten

[3] **Junker;** hier: adlige Gutsbesitzer, vor allem in Ostpreußen

[4] **Agitator:** Hetzer, die die Öffentlichkeit aggressiv politisch beeinflussen

[5] **Gnadenbezeugung:** Auszeichnung durch den Kaiser – hier in Form eines Ordens –, die allein auf kaiserlichem Wohlwollen beruht.

schaftlichen und politischen Gründen dieser Massenauswanderung waren die schwere Wirtschaftslage, wachsende Unzufriedenheit mit den politischen Zuständen, speziell mit dem Ausnahmegesetz gegen die Sozialdemokraten[1], wohl die ausschlaggebendsten. Diese Motive spielten auch bei den jüdischen Auswanderern eine Rolle, aber für sie kamen zweifellos die Verschärfung des Antisemitismus und der schwere wirtschaftliche und menschliche Druck hinzu, unter dem besonders die Viehhändler litten. Jedenfalls war die jüdische Auswanderung damals verhältnismäßig noch stärker als die allgemeine. Das vorliegende Material lässt zwar nicht genau erkennen, wie groß die jüdische Auswanderung jener Jahre war, geschweige denn wie viele Viehhändler darunter waren. Aber wir halten es für höchst wahrscheinlich, dass eine erhebliche Zahl von Viehhändlern damals nach den Vereinigten Staaten oder Argentinien ausgewandert ist.

Avraham Barkai (Hrsg.), Arthur Prinz: Juden im Deutschen Wirtschaftsleben. Soziale und wirtschaftliche Struktur im Wandel 1850–1914, Schriftenreihe wissenschaftlicher Abhandlungen des Leo Baeck Instituts 43, Tübingen 1984, S. 126–132

M2 „Jüddepatt"

Der Journalist Stephan Seeger berichtet am 11. Mai 2024 in der Neuß-Grevenbroicher Zeitung über den „Jüddepatt", einen historischen jüdischen Handelsweg aus Nordrhein-Westfalen, der neu belebt wird:

Im Juli 2022 hatte der Projektkursus „Jüdische Geschichte in Deutschland" der Gesamtschule Büttgen einen Antrag an den Stadtrat gestellt, eine Tafel mit der Aufschrift „Jüddepatt" an der Gartenstraße aufzustellen, die an ein Stück Stadtgeschichte erinnern soll: Den „Jüddepatt", einen historischen Pfad zwischen Büttgen und Glehn. Darüber kamen bis in die 1930er-Jahre in Glehn lebende Juden zu Fuß nach Büttgen, um mit den hiesigen Bauern Viehhandel zu betreiben.
[...] „Mit einer solchen Tafel hat die Stadt die Möglichkeit, ein Zeichen für Zivilcourage und gegen Rassismus und Antisemitismus zu setzen und gemeinsam mit der Stadt Korschenbroich auch ein stadtübergreifendes geschichtliches Projekt umzusetzen", hieß es damals in der Begründung des Antrags.
Initiiert wurde das Projekt von [...] Nadine Graber. In ihrem Projektkursus hatte die Lehrerin über diesen Pfad gesprochen und den Antrag gestellt. Graber wandte sich dann an Religionslehrer Carl-Wilhelm Bienefeld, der von der Idee, den „Jüddepatt" wieder zu beleben, sofort begeistert war. [...]
Insgesamt sollen neun Schilder zwischen Büttgen und Glehn aufgestellt werden, die auf den „Jüddepatt" hinweisen. [...]
[D]ie Wiederbelebung des Pfades [ist] eine Herzensangelegenheit für Bienefeld und [...] Graber. „Es ist ein Stück unserer Geschichte. Ich bin der Meinung, dass wir das aufarbeiten müssen, damit es nicht wieder passiert. Es geht auch darum, ein Stück Geschichte lebendig zu machen", so Bienefeld.

Stephan Seeger, Neun Hinweis-Tafeln für den „Jüddepatt" geplant, Neuß-Grevenbroicher Zeitung vom 11.05.2024, https://rp-online.de/nrw/staedte/kaarst/kaarst-jueddepatt-zwischen-buettgen-und-glehn-soll-wiederbelebt-werden_aid-112421177 (Zugriff: 9. Mai 2025)

[1] Gemeint ist hier das „Sozialistengesetz". Siehe hierzu Seite 259 im Band.

5.7 Übungsklausur: Wurzeln unserer Identität

Die Aufgabenstellung bezieht sich auf das **Pflichtmodul** „Der Erste Weltkrieg" aus dem dritten Rahmenthema des niedersächsischen Kerncurriculums. Daneben gibt es einen Bezug zum **Kernmodul** „Deutungen des deutschen Selbstverständnisses" und zum **Wahlmodul** „Die Gesellschaft der Weimarer Republik". Außerdem liegt ein Semesterübergriff zum vierten Rahmenthema „Geschichts- und Erinnerungskultur" vor.

Pflicht- und Kernmodul

1. Beschreiben Sie die Bildelemente auf dem Plakat und geben Sie den darunterstehenden Text mit eigenen Worten wieder (M1).

Pflicht- und Kernmodul

2. Stellen Sie die Aussagen des Plakates (Bild und Text) denen von David Lloyd George in M2 gegenüber. Gehen Sie dabei auch auf die Wahrnehmung des jeweiligen Gegners ein.

Pflicht-, Wahl- und Kernmodul sowie Semesterübergriff

3. Erörtern Sie unter Verweis auf M1 und M3 die Rolle überzogener oder falscher Erwartungen im Deutschen Reich bis 1918, sowohl für den Kriegsverlauf als auch für das nachmalige Kriegserinnern.

Pflichtmodul

4. Setzen Sie sich mit folgender These auseinander: „Die Idee, dass Deutschland den Ersten Weltkrieg verlieren musste und dass dies sehr früh feststand, ist unhistorisch" (M3, Zeile 27 bis 29).

Tipps für die Bearbeitung

- **Aufgabe 1**: Achten Sie insbesondere auf die Gestalt links oben, ihre Gesichtszüge und Gestik sowie Hinweise darauf, welches Land sie personifizieren soll. Überlegen Sie, wofür der Adler oben rechts steht. Beschreiben Sie zudem, in welchem Verhältnis der Soldat und die Frauengestalt stehen.
- **Aufgabe 2**: Für die Gegenüberstellung ist u.a. danach zu fragen, wie der jeweilige Gegner benannt oder umschrieben wird, welche Kriegs- und Friedensziele formuliert und welche Appelle an die je eigene Seite gerichtet werden.
- **Aufgabe 3**: Informationen, die in die Erörterung einfließen können, bieten die Kapitel „Vom Epochenjahr 1917 bis zum Kriegsende" (Seite 326 bis 333), „Erinnerung und Gedenken bis in die Gegenwart" (Seite 344 bis 353) sowie die Ausführungen im Wahlmodul „Die Gesellschaft der Weimarer Republik" auf den Seiten 358, 362f. und 376f.
- **Aufgabe 4**: In der Auseinandersetzung mit der genannten These lässt sich auch auf das Wort Kaiser Wilhelms II. vom 6. August 1914 verweisen, das er im Januar 1918 wiederholte: „Noch nie ward Deutschland überwunden, wenn es einig war" (siehe M1 c) auf Seite 318). Über Erinnerungskultur und Formen ahistorischen Erinnerns informiert das Kernmodul 4.1 auf den Seiten 422 bis 427.

Hinweis: Ihre Arbeitsergebnisse zu den Aufgaben 1 bis 4 können Sie mit den Lösungsvorschlägen unter diesem Code vergleichen.

32039-34

M1 „Bleibt einig!"

Das folgende Plakat (Lithografie, 117 × 90 cm) nach einem Entwurf von Richard Benno Adam (1873–1937) wurde 1917 in Berlin gedruckt:

M2 Kein vorzeitiges Kriegsende

Im September 1916 gibt der damalige britische Kriegsminister und spätere Regierungschef David Lloyd George (1863–1945) ein Interview über die Kriegsaussichten der Entente-Mächte. Sein Gesprächspartner ist der US-amerikanische Publizist Roy W. Howard (1883–1964), der das Interview für die Nachrichtenagentur „United Press" veröffentlicht:

„Deutschland hat sich entschieden, mit England bis zur Entscheidung zu kämpfen. Nun wollen wir dafür sorgen, dass es seinen Willen bekommt. Der Kampf muss bis zum Ende geführt werden, bis zum k.o."

Lloyd George fuhr fort, nun nicht mehr mit saloppen Worten, sondern in ernsterem Ton:

„[...] Kein Blutvergießen, kein Leid, das es künftig geben wird, könnte schlimmer sein als was jene toten Verbündeten erlitten, die die ganze Wucht der preußischen Kriegsmaschinerie ertragen haben, bevor letztere ins Wanken geriet.

Großbritanniens Entschlossenheit, den Kampf bis zu einer klaren Entscheidung fortzusetzen, geht jedoch über das natürliche Verlangen nach Vergeltung hinaus.

Die Kämpfe, die stattfinden müssen, bis ein dauerhafter Frieden möglich ist, sind unmenschlich und unbarmherzig. Den Krieg abzubrechen wäre jedoch mit unvergleichlich viel mehr Grausamkeit verbunden, solange die Zivilisation erneut von dieser Seite bedroht werden könnte. Ein Frieden vor der völligen Beseitigung dieser Bedrohung, jetzt oder zu irgendeinem Zeitpunkt, ist undenkbar." [...]

Wie lange aber könne und müsse seiner Vermutung nach der Krieg weitergehen, wurde Lloyd George gefragt. Rasch gab er zur Antwort:

„Die britische Armee kennt heute weder den Tag noch die Stunde. Der Faktor Zeit ist noch am wenigsten entscheidend, es zählt allein das Ergebnis.

Zwanzig Jahre benötigte England, um Napoleon zu bezwingen, und in den ersten fünfzehn Jahren gab es für das Land nichts als Niederlagen. Den jetzigen Krieg zu gewinnen, wird zwar keine zwanzig Jahre dauern, aber er wird gewonnen, ganz gleich, wie viel Zeit dies erfordert. Dabei erkenne ich an, dass wir erst damit begonnen haben, zu siegen.

Wir geben uns keiner Illusion hin, der Krieg nähere sich einem Ende. Doch wie er ausgehen muss, darüber hegen wir nicht den mindesten Zweifel."

Roy W. Howard, Lloyd George says: "We will fight Germany to a knockout", United Press, 29. September 1916, https://www.upi.com/Archives/1916/09/29/Lloyd-George-says-We-will-fight-Germany-to-a-knockout/3583010911547/ (Zugriff: 10. April 2024; Auszüge) (übersetzt von Thomas Ott)

M3 „Auf Messers Schneide"

*Der deutsche Historiker Holger Afflerbach (*1960) erinnert daran, wie sehr die Niederlage des Deutschen Reiches von 1918 im Widerspruch zu den damaligen Erwartungen stand:*

Der Unglaube des Herbstes 1918, dass Deutschland den Krieg verloren habe, spiegelt die Tatsache wider, dass die Zeitgenossen einen anderen Ausgang erwartet hatten. Selbst jene, die als Pessimisten oder Realisten galten, wurden von der Heftigkeit und Plötzlichkeit des Zusammenbruchs überrascht. Die Gegner hatten sich noch einige Monate zuvor „mit dem Rücken zur Wand" gesehen, und der Sozialdemokrat Philipp Scheidemann, dessen Name das Synonym für einen Verständigungsfrieden war, hatte Anfang 1917 seiner Überzeugung Ausdruck verliehen, dass Deutschland bis Kriegsende seine militärische Überlegenheit werde behaupten können.

Die historische Perspektive veränderte das Urteil. Die Niederlage der Zentralmächte im Herbst 1918 wirkt in der Rückschau wie das hochwahrscheinliche Resultat des Krieges, als Sieg der bei weitem stärkeren Partei. Die wahre Frage des Ersten Weltkrieges laute, wie der amerikanische Historiker Jay Winter urteilte, warum Deutschland und seine Verbündeten überhaupt so lange durchhalten konnten. Aus der Erfahrung zweier verlorener Weltkriege heraus wirkt die Idee, dass Deutschland über Jahre hinweg für praktisch unbesiegbar gehalten wurde, fast lächerlich. Die Kritik an diesem Glauben ist durchaus berechtigt; wir blicken auf ein katastrophales Scheitern der deutschen Politik und nichts kann und darf diese Erkenntnis verwässern. Und doch ist unsere Sicht unausweichlich durch die Erfahrung der Weltkriege geprägt. Die Idee, dass Deutschland den Ersten Weltkrieg verlieren musste und dass dies sehr früh feststand, ist unhistorisch und lenkt von dem Faktum ab, dass der Krieg sehr lange „auf Messers Schneide" stand und auch anders hätte ausgehen können. [...] Sein sehr lange offenes Ergebnis [...] ist aber unverzichtbar, um die Radikalisierung des Krieges zu verstehen und die faktische Unmöglichkeit eines akzeptablen Friedens; die Härte der Sieger und gleichzeitig die fehlende Bereitschaft des Verlierers, das Ergebnis zu akzeptieren.

Holger Afflerbach, Auf Messers Schneide. Wie das Deutsche Reich den Ersten Weltkrieg verlor, München 2018, S. 8f.

5.8 Übungsklausur: Geschichts- und Erinnerungskultur

Die Aufgabenstellung bezieht sich auf das Pflichtmodul „Epochenbilder in der Geschichtskultur – das Mittelalter" aus dem vierten Rahmenthema mit dem dazugehörigen Kernmodul. Der inhaltliche Schwerpunkt liegt auf den Mittelaltervorstellungen des 19. Jahrhunderts. Gleichzeitig bietet der Textausschnitt aus einer Erzählung des Autors Heinrich Heine einen Semesterübergriff zum Pflichtmodul „Jüdisches Leben in Deutschland im langen 19. Jahrhundert" aus dem zweiten Rahmenthema des niedersächsischen Kerncurriculums.

Pflicht- und Kernmodul sowie Semesterübergriff

1. Fassen Sie den Text Heinrich Heines nach einer kurzen quellenkritischen Einleitung zusammen.
2. Analysieren Sie, welches Mittelalterbild der Text entwirft und wie jüdisches Leben darin verortet wird.
3. Erläutern Sie die im Text erkennbaren Formen antisemitischer Ausgrenzung und Bedrohung.
4. Erörtern Sie, inwiefern Heines Mittelalterdarstellung im Auszug (1840) als Kommentar zu Mittelaltervorstellungen in Deutschland im 19. Jahrhundert verstanden werden kann.

Tipps für die Bearbeitung

- **Aufgabe 1**: Erstellen Sie eine dreispaltige Liste mit W-Fragen. In die erste Spalte kommen die Fragen, in die zweite die Antworten und in die dritte weiterführende (und damit quellenkritische) Überlegungen. Festzustellen, dass ein Text von Heinrich Heine stammt, ist eine Sache. Quellenkritisch ergiebig wird es erst, wenn Sie sich klarmachen, welche Rolle Heine in der deutschen Literatur des 19. Jahrhunderts spielte und welches Verhältnis er zu seiner eigenen Religion (jüdisch, später zum Christentum konvertiert) hatte.
- **Aufgabe 2**: Eine kurze Einführung in den Begriff des „Epochenbildes" finden Sie im Buch auf Seite 434. Das Kapitel ab Seite 436 informiert u. a. über Mittelalterbilder im 19. Jahrhundert.
- **Aufgabe 3**: Entscheiden Sie, zu welchen der im Text angeführten antijüdischen Maßnahmen Sie genug Vorwissen mitbringen, um Beispiele anzuführen, die über den Text hinausweisen.
- **Aufgabe 4**: Zu Heinrich Heine finden Sie weitere Informationen im Kapitel „Jüdische Akkulturation und Assimilation im Bürgertum und ihre Grenzen" auf Seite 175 f. Daneben kann Ihnen der Ausschnitt aus Novalis' „Die Christenheit oder Europa" (1799, 1826 veröffentlicht) auf Seite 440 (M1) einen Ansatzpunkt für Ihre Ausführungen bieten.

Hinweis: Ihre Arbeitsergebnisse zu den Aufgaben 1 bis 4 können Sie mit den Lösungsvorschlägen unter diesem Code vergleichen.

32108-87

M „Der Rabbi von Bacharach“

Der Dichter und Schriftsteller Heinrich Heine (1797–1856) verfasst in den 1820er-Jahren die Erzählung „Der Rabbi von Bacharach“, deren Handlung im späten Mittelalter angesiedelt ist. Sie wird als Fragment im Jahre 1840 veröffentlicht. Im zweiten Kapitel heißt es:

Als die schöne Sara die Augen aufschlug, ward sie fast geblendet von den Strahlen der Sonne. Die hohen Türme einer großen Stadt erhoben sich, und der stumme Wilhelm stand mit der Hakenstange aufrecht im Kahne und leitete denselben durch das lustige Gewühl vieler buntbewimpelter Schiffe, deren Mannschaft entweder müßig hinabschaute auf die Vorbeifahrenden oder vielhändig beschäftigt war mit dem Ausladen von Kisten, Ballen und Fässern, die auf kleineren Fahrzeugen ans Land gebracht wurden; wobei ein betäubender Lärm, das beständige Hallorufen der Barkenführer, das Geschrei der Kaufleute vom Ufer her und das Keifen der Zöllner, die, in ihren roten Röcken, mit weißen Stäbchen und weißen Gesichtern, von Schiff zu Schiff hüpften.

„Ja, schöne Sara“ – sagte der Rabbi zu seiner Frau, heiter lächelnd – „das ist hier die weltberühmte freie Reichs- und Handelstadt Frankfurt am Main, und das ist eben der Mainfluss, worauf wir jetzt fahren. [...] Hier siehst du auch die starke Mainbrücke mit ihren dreizehn Bögen, und gar viel Volk, Wagen und Pferde, geht sicher darüberhin, und in der Mitte steht das Häuschen, wovon die Mühmele Täubchen erzählt hat, dass ein getaufter Jude darin wohnt, der jedem, der ihm eine tote Ratte bringt, sechs Heller auszahlt für Rechnung der jüdischen Gemeinde, die dem Stadtrate jährlich fünftausend Rattenschwänze abliefern soll!“ [...]

[S]ein Weib bei der Hand ergreifend, führte er sie durch das Menschengewimmel des Ufers, wo jetzt, weil es die Zeit der Ostermesse, eine Menge hölzerne Krambuden aufgebaut standen. Als sie, durch das dunkle Maintor, in die Stadt gelangten, fanden sie nicht minder lärmigen Verkehr. Hier, in einer engen Straße, erhob sich ein Kaufmannsladen neben dem andern, und die Häuser, wie überall in Frankfurt, waren ganz besonders zum Handel eingerichtet: im Erdgeschosse keine Fenster, sondern lauter offne Bogentüren, sodass man tief hineinschauen und jeder Vorübergehende die ausgestellten Waren deutlich betrachten konnte. Wie staunte die schöne Sara ob der Masse kostbarer Sachen und ihrer niegesehenen Pracht! Da standen Venezianer, die allen Luxus des Morgenlands und Italiens feil boten, und die schöne Sara war wie festgebannt beim Anblick der aufgeschichteten Putzsachen und Kleinodien, der bunten Mützen und Mieder, der güldnen Armspangen und Halsbänder, des ganzen Flitterkrams, das die Frauen sehr gern bewundern und womit sie sich noch lieber schmücken. Die reichgestickten Samt- und Seidenstoffe schienen mit der schönen Sara sprechen und ihr allerlei Wunderliches ins Gedächtnis zurückfunkeln zu wollen, und es war ihr wirklich zu Mute, als wäre sie wieder ein kleines Mädchen und

Heinrich Heine.
Radierung von 1827.

Mühmele Täubchen habe ihr Versprechen erfüllt und sie nach der Frankfurter Messe geführt, und jetzt eben stehe sie vor den hübschen Kleidern, wovon ihr so viel erzählt worden. Mit heimlicher Freude überlegte sie schon, was sie nach Bacherach mitbringen wolle [...], und wie sie hinaufsah nach dem Antlitz ihres Mannes, so war dieses unumwölkt und trug seine gewöhnliche ernste Milde. [...]

Welch ein buntes Treiben! Zumeist waren es Handelsleute, die laut mit einander feilschten oder auch mit sich selber sprechend an den Fingern rechneten oder auch von einigen hochbepackten Markthelfern, die im kurzen Hundetrab hinter ihnen herliefen, ihre Einkäufe nach der Herberge schleppen ließen. Andere Gesichter ließen merken, dass bloß die Neugier sie herbeigezogen. Am roten Mantel und der goldnen Halskette erkannte man den breiten Ratsherrn. Das schwarze, wohlhabend bauschige Wams verriet den ehrsamen stolzen Altbürger. Die eiserne Pickelhaube, das gelblederne Wams und die klirrenden Pfundsporen verkündigten den schweren Reitersknecht. Unterm schwarzen Samthäubchen, das in einer Spitze auf der Stirne zusammenlief, barg sich ein rosiges Mädchengesicht, und die jungen Gesellen, die gleich witternden Jagdhunden hinterdrein sprangen, zeigten sich als vollkommene Stutzer durch ihre keckbefiederten Barette, ihre klingelnden Schnabelschuhe und ihre seidnen Kleider von geteilter Farbe, wo die rechte Seite grün, die linke Seite rot, oder die eine regenbogenartig gestreift, die andre buntscheckig gewürfelt war, sodass die närrischen Burschen aussahen, als wären sie in der Mitte gespalten. Von der Menschenströmung fortgezogen, gelangte der Rabbi mit seinem Weibe nach dem Römer. Dieses ist der große, mit hohen Giebelhäusern umgebene Marktplatz der Stadt, seinen Namen führend von einem ungeheuren Hause, das Zum Römer hieß und vom Magistrate angekauft und zu einem Rathause geweiht wurde. In diesem Gebäude wählte man Deutschlands Kaiser und vor demselben wurden oft edle Ritterspiele gehalten. Der König Maximilian[1], der dergleichen leidenschaftlich liebte, war damals in Frankfurt anwesend, und tags zuvor hatte man ihm zu Ehren, vor dem Römer, ein großes Stechen veranstaltet. An den hölzernen Schranken, die jetzt von den Zimmerleuten abgebrochen wurden, standen noch viele Müßiggänger und erzählten sich, wie gestern der Herzog von Braunschweig und der Markgraf von Brandenburg unter Pauken- und Trompetenschall gegeneinander gerannt, wie Herr Walter der Lump den Bärenritter so gewaltig aus dem Sattel gestoßen, dass die Lanzensplitter in die Luft flogen, und wie der lange blonde König Max, im Kreise seines Hofgesindes, auf dem Balkone stand und sich vor Freude die Hände rieb. Die Decken von goldnen Stoffen lagen noch auf der Lehne des Balkons und der spitzbögigen Rathausfenster. [...]

Zwei Fechtmeister, in bunten Bändern einherflatternd, ihre Rapiere[2] schwingend, begegneten sich hier wie zufällig und stießen mit Scheinzorn aufeinander; nach langem Gefechte erklärten sie sich wechselseitig für unüberwindlich und sammelten einige Pfennige. Mit Trommler und Pfeifer marschierte jetzt vorbei die neu errichtete Schützengilde. [...]

In der Mitte des Zuges unter einem prächtigen Baldachin sah man Geistliche in weißen Chorhemden von kostbaren Spitzen oder in buntseidnen Stolen, und einer derselben trug in der Hand ein sonnenartig goldnes Gefäß, das er, bei einer Heiligennische der Marktecke anlangend, hoch emporhob, während er lateinische Worte halb rief, halb sang ... Zugleich erklingelte ein kleines Glöckchen und alles Volk ringsum verstummte, fiel auf die Knie und bekreuzte sich. [...]

Vor jener Zeit wohnten die Juden zwischen dem Dom und dem Mainufer, nämlich von der Brücke bis zum Lumpenbrunnen und von der Mehlwaage bis zu Sankt Bartholomäi. Aber die katholischen Priester erlangten eine päpstliche Bulle, die den Juden verwehrte, in solcher Nähe der Hauptkirche zu wohnen, und der Magistrat gab ihnen einen Platz auf dem Wollgraben, wo sie das heutige Judenquartier erbauten. Dieses war mit starken Mauern versehen, auch mit eisernen Ketten vor den Toren, um sie gegen Pöbelandrang zu sperren. Denn hier lebten die Juden ebenfalls in Druck und Angst, und mehr als heutzutage in der Erinnerung früherer Nöten. Im Jahr 1240 hatte das entzügelte Volk ein großes Blutbad unter ihnen angerichtet, welches man die erste Judenschlacht nannte, und im Jahr 1349, als die Geißler[3], bei ihrem Durchzuge, die Stadt anzündeten und die Juden des Brandstiftens anklagten, wurden diese von dem aufgereizten Volke zum größten Teil ermordet oder sie fanden den Tod in den Flammen ihrer eignen Häuser, welches man die zweite Judenschlacht nannte.

Zitiert nach: Klaus Briegleb (Hrsg.), Heinrich Heine. Sämtliche Schriften, Bd. 1, München 1968, S. 474–479

[1] Hier ist der Habsburger Maximilian I. (1459–1519) gemeint, der 1508 im Heiligen Römischen Reich Deutscher Nation zum Kaiser aufstieg.

[2] **Rapier**: Stich- und Hiebwaffe

[3] Zu den Geißlerzügen siehe nochmals Seite 59.

Digitale Materialien

Im Schulbuch befinden sich Hinweise auf verschiedene digitale Angebote. Um diese abzurufen, geben Sie einfach den im Buch genannten Mediencode im Suchfeld auf www.ccbuchner.de ein oder steuern Sie die digitalen Inhalte direkt über die QR-Codes an. Neben weiterführenden Internettipps bietet Ihnen das Lehrwerk auch digitale Formate, die eigens entwickelt wurden. Es handelt sich dabei um Filmclips und animierte Geschichtskarten:

- **Geschichte in Clips**: Die mehrminütigen Filmclips behandeln ausgewählte historische Themen. Die zeitgenössischen Bild- und Tondokumente sind mit erläuternden Sprechertexten und Untertiteln versehen.
- **Animierte Karten**: Sie veranschaulichen zeitliche und territoriale Veränderungen im Zusammenhang. Sprecherkommentare ordnen die Ereignisse in ihren jeweiligen historischen Kontext ein.

Die genannten Formate sind auf folgenden Seiten im Schulbuch zu finden:

Geschichte In Clips

Animierte Karten

Quellen und Methoden

Die Vergangenheit hat zahllose Spuren in unserer Gegenwart hinterlassen, die uns überall begegnen. Historiker bezeichnen diese Überreste aus früheren Zeiten als Quellen. Allgemein lassen sich folgende Arten unterscheiden:

- **schriftliche Quellen** (Textquellen): Gesetze, Zeitungen, Briefe etc.
- **visuelle Quellen** (Bildquellen): Gemälde, Karikaturen, Fotografien etc.
- **gegenständliche Quellen** (Sachquellen): Münzen, Fahrzeuge, Bauwerke etc.
- **mündlich überlieferte Geschichte** (mündliche Quellen): Sagen, Mythen, Zeitzeugenberichte etc.

Für jede Quellenart werden eigene Verfahren und Arbeitsweisen benötigt, um möglichst viele und verlässliche Informationen zu erhalten. Die nachstehende Übersicht bietet daher Hinweise auf Erklärungen, wie Sie Schritt für Schritt bei der **Quellenanalyse** vorgehen können. Zum einen wird auf die entsprechende Schulbuchseite verwiesen. Zum anderen finden Sie Codes, die sich auf Methoden beziehen, die nicht im Schulbuch abgedruckt sind.

Methoden im Schulbuch

Methoden im Internet

Um auf die folgenden Methoden zuzugreifen, geben Sie bitte in das Suchfeld der Internetseite www.ccbuchner.de den in der Randspalte genannten Code ein.

Essays verfassen	Code 32037-79
Lieder auswerten	Code 32037-80
Literarische Texte als Quellen verwenden	Code 32037-81
Politische Symbole interpretieren	Code 32037-82
Ton- und Filmdokumente historischer Ereignisse auswerten	Code 32037-83
Zeitzeugen befragen	Code 32037-84

Lösungsskizze: Mit Karten arbeiten

Hinweis: Die Karte „Die Ausbreitung der Großen Pest im 14. Jahrhundert" finden Sie auf Seite 55.

1. Reproduktion | Es handelt sich um eine Geschichtskarte, die von einem Grafiker im Auftrag eines Schulbuchverlages angefertigt wurde. Es ist unklar, wann sie erstellt und publiziert sowie für welche Klassenstufe sie erarbeitet wurde.

Die Karte zeigt die Ausbreitung der Pest um die Mitte des 14. Jahrhunderts in Europa. Mit schwarzen Pfeilen werden die Verbreitungswege der Seuche gezeigt. Ebenso gibt die Karte Auskunft über das genaue Jahr der Ausbreitung der Pest. Die Jahresangaben bewegen sich in dem Zeitraum von 1346 bis 1362.

Zur besseren Orientierung sind mehrere Städte namentlich in der Karte genannt. Sie zeigt außerdem einige Flüsse, große Seen und Meere. Allerdings sind diese nicht mit einer Beschriftung versehen.

2. Reorganisation und Transfer | Anhand der Karteninformationen lässt sich festhalten, dass ganz Europa um die Mitte des 14. Jahrhunderts von der Pest betroffen war. Auch nach Großbritannien, Irland und die skandinavischen Länder drang die Seuche vor. Laut den Jahresangaben in der Karte trat die Pest erstmals 1346 nordöstlich des Schwarzen Meeres auf und gelangte von dort über Kaffa nach Konstantinopel. Aus der Pfeilrichtung lässt sich schließen, dass die Seuche aus dem asiatischen Raum nach Europa kam.

Die schwarzen Verlaufspfeile deuten darauf hin, dass sich die Pest von Stadt zu Stadt immer weiter ausbreitete. So gehen beispielsweise von Venedig in Italien insgesamt vier Pfeile ab, die in nördliche und östliche Richtung weisen. Die Pest scheint laut Karteninformation von Konstantinopel nach Venedig im Jahre 1348 gekommen zu sein. Hier ist zu vermuten, dass dies über Handelsrouten und Transportwege geschehen ist. So zeigt ein langer Pfeil von Konstantinopel über das Adriatische Meer bis nach Venedig.

Die Pest verbreitete sich aber auch vor allem über die Landwege in Europa und dies in kürzester Zeit, wie sich mithilfe der Jahreszahlen auf der Karte ablesen lässt. So erreichte die Pest im Jahre 1348 nicht nur Venedig, sondern im selben Jahr auch schon den Süden Großbritanniens. Das Jahr 1348 ist auch die am häufigsten aufgeführte Jahreszahl in der Karte. Der Eintrag mit der Jahreszahl 1362 ist hingegen nur einmal in der Karte vermerkt. In diesem Jahr erreichte die Seuche das Gebiet um Moskau.

3. Reflexion und Problemlösung | Die auf der Karte dargestellten Sachverhalte sind richtig. Die Pest, die eine der größten Katastrophen der europäischen Geschichte war, wütete besonders grausam um die Mitte des 14. Jahrhunderts. Auch wenn ganz Europa von der Seuche betroffen war, waren die Verluste von Stadt zu Stadt bzw. von Region zu Region höchst unterschiedlich. Dies lässt sich allerdings nicht in der Karte ablesen. So fehlen hier Angaben zu den Todesopfern. Unklar bleibt auch, ob noch weitere Städte, die hier nicht eingezeichnet sind, von der Pest betroffen waren oder wie lange die Seuche in den Städten blieb. Auch können nur Vermutungen angestellt werden, wie sich die Pest von Ort zu Ort ausbreitete und warum manche Regionen weniger bzw. gar nicht betroffen waren.

Lösungsskizze: Mittelalterliche Buchmalereien deuten

Hinweis: Die Miniatur „Geißlerzug in Tournai" finden Sie auf Seite 71.

1. Reproduktion | Die wohl um 1349 entstandene Miniatur befindet sich in der Chronik des Abtes Aegidius Li Muisis, der dieses Amt seit 1331 im Benediktinerkloster in Tournai bekleidete. Die Vermutung liegt daher nahe, dass sie im Kloster selbst angefertigt wurde. Die in lateinischer Sprache verfasste Chronik beschäftigt sich mit der Geschichte der Welt von der Schöpfung bis zum Jahre 1349 und wurde von einem anderen Schreiber bis zum Tod des Abtes im Jahre 1352 weitergeführt.

Das querformatige Bild befindet sich oberhalb eines lateinischen Textes. Es ist mit einem Rahmen mit farbigen Mustern versehen, um den blattartige Gebilde angeordnet sind. Die Miniatur zeigt einen Geißlerzug in seitlicher Perspektive vor einem goldfarbenen Hintergrund, der sich in drei Personengruppen einteilen lässt: Die erste Gruppe zeigt drei Männer in bunter Kleidung, die Prozessionsstangen und eine Fahne tragen. Darauf folgen zwei Geißler, die an ihrer typischen Kleidung als solche zu erkennen sind. Ihre Köpfe sind mit einer Kapuze verhüllt. Darüber tragen sie eine dunkle Mütze, auf der ein rotes Kreuz angebracht ist. Zudem sind sie mit einem rockartigen, hellen Gewand bekleidet, ihre Füße sind hingegen nackt. Einer der Geißler trägt ein großes Kruzifix und eine Peitsche mit Knoten an den Riemenenden in den Händen. Die dritte Gruppe umfasst sechs Geißler, die jeweils in Zweiergruppen angeordnet sind. Die Männer halten Peitschen in ihren Händen, die sie sich über ihre Schulter schlagen. Der Geißler in der Mitte der Gruppe hat seine Hände zum Gebet zusammengelegt.

2. Reorganisation und Transfer | Die Buchmalerei ist im Kontext der Großen Pest einzuordnen, die um die Mitte des 14. Jahrhunderts in Europa – auch in Tournai – wütete. Während der Pest zogen Männer mit nacktem Oberkörper über das Land und peitschten sich selbst. Sie glaubten, dadurch Gott gnädig zu stimmen und Unheil wie die Seuche im letzten Moment abwenden oder abmildern zu können. Die Buchmalerei zeigt eine realistische Darstellung eines Geißlerzuges. Der Umzug läuft geordnet ab und erinnert mit den voranschreitenden Personen, die Fahne und Stangen tragen, an eine kirchliche Prozession. Auf der Buchmalerei ist richtig dargestellt, dass neben der Selbstgeißelung auch Gebete für die Lebenden und Toten bei den Umzügen gesprochen wurden. So betet ein Mann aus der Geißlergruppe.

Die Chronik mit der Buchmalerei werden sicher nur wenige Zeitgenossen gesehen haben, vor allem aber die Geistlichen des Benediktinerklosters. Allerdings war es auch nicht die Absicht, sie einem großen Adressatenkreis zu zeigen, zumal es damals nur wenige Lesekundige gab. Es muss außerdem berücksichtigt werden, dass die Herstellung einer solchen Handschrift in den klösterlichen Skriptorien immer auch als Dienst an Gott begriffen wurde. Die Chronik ist nicht wie eine heutige Geschichtsdarstellung von Ereignissen zu verstehen, sondern muss im Kontext der religiösen Deutung der Weltgeschichte durch die Zeitgenossen gesehen werden. So beginnt die Chronik auch mit der Schöpfung der Welt durch Gott.

3. Reflexion und Problemlösung | Die Miniatur vermittelt ein sehr anschauliches Bild über die Geißlerbewegungen und religiösen Bußpraktiken des Mittelalters. Sie ist eine der bekanntesten zeitgenössischen Bildquellen und wird heute in vielen Fachbüchern über die Große Pest abgedruckt. Daneben gibt es auch andere mittelalterliche Bildquellen, die Geißlerzüge darstellen. So lässt sich als Beispiel eine Miniatur aus der Konstanzer Weltchronik des 15. Jahrhunderts benennen. Auch hier ist eine Geißlergruppe mit nacktem Oberkörper dargestellt, die Fahne, Kruzifix und Peitschen mit sich führen. Die Miniatur aus der Chronik des Abtes Aegidius Li Muisis zeigt allerdings eine viel detailreichere Ausgestaltung der Personen. Auch die Anordnung in Zweierreihen fehlt zum Beispiel in der Buchmalerei der Konstanzer Chronik.

Lösungsskizze: Streitschriften untersuchen

Hinweis: Die Auszüge aus der Streitschrift „Von den Juden und ihren Lügen“ (1542/43) von Martin Luther finden Sie auf Seite 113.

1. Reproduktion | *„Von den Juden und ihren Lügen“* wurde im Winter 1542/43 von Martin Luther in Wittenberg verfasst. Der Text erschien auf Deutsch und Lateinisch. In der hier verwendeten Edition umfasst die Schrift 135 Seiten. Davon sind einzelne Stellen zitiert und an das heutige Deutsch angeglichen. Luther spricht davon, er wolle auf einen Text erwidern, in dem ein Jude die Bibel uminterpretiere und damit den christlichen Glauben anzufechten versuche.

In seinem Pamphlet will Luther die jüdische Auffassung der Bibel als „Lügen“ hinstellen. Die Juden hätten Jesus Christus nicht als Messias anerkannt, und wären dafür mit dem Zorn Gottes bestraft worden. Luther nennt die Juden uneinsichtig, neidisch und stolz. Sie würden die Christen hassen und deren Glauben verspotten. Darauf mit Nachsicht zu reagieren, verbiete sich, sonst provozierten die Christen gleichfalls Gottes Zorn. Christen sollten die Juden als ihre schlimmsten Feinde ansehen. Christliche Obrigkeiten müssten mit aller Härte gegen jüdische Untertanen vorgehen – vom Einäschern der Synagogen und der Räumung ihrer Häuser über Zwangsarbeit bis hin zur Ausweisung.

Luthers Text enthält jede Menge Übertreibungen, Vorurteile und unbewiesene Anschuldigungen. Besonders anstößig erscheint sein Vergleich des jüdischen Glaubens mit einer Infektion, vor der der eigene Körper (die christliche Gemeinschaft) unbedingt zu schützen sei (vgl. Zeile 27 bis 29).

2. Reorganisation und Transfer | Der religiöse Dissens zwischen Juden und Christen führte seit der Spätantike zu Ausgrenzung und Gewalt gegen Juden in Europa. Im Spätmittelalter nahmen die Übergriffe noch zu, Juden wurden etwa zu Sündenböcken für Seuchen und Hungersnöte. In Frankreich oder Spanien verloren sie das Aufenthaltsrecht, auch aus deutschen Territorien wurden sie im 16. Jahrhundert ausgewiesen.

Luther war anfangs für die Duldung der Juden und ihre friedliche Bekehrung. Seine Hoffnung, die Juden ließen sich für ein erneuertes Christentum gewinnen, blieb jedoch unerfüllt. Angesichts bleibender religiöser Gegensätze wollte Luther seine Deutung der Bibel verteidigen, die ihm als maßgebliche Quelle des Glaubens (*sola scriptura*) galt.

Der Text wendet sich an die evangelischen Christen. Sie sollten die Juden meiden und ihre angebliche Gotteslästerung nicht hinnehmen, denn dies sei eine schwere Sünde. Er warnt die Obrigkeiten davor, die Juden zu schützen. Luther stellt es zwar jedem frei, sich ein eigenes Urteil zu bilden (vgl. Zeile 37 f.). Seine Aussagen, was von den Juden zu halten und wie mit ihnen umzugehen sei, erscheinen gleichwohl als fanatische Hassbotschaft.

3. Reflexion und Problemlösung | Luther hatte zeitlebens kaum Kontakt mit Juden. Auch in dem Pamphlet von 1542/43 spricht er nur über sie, nicht zu ihnen. Der Text verrät Wut und Enttäuschung über das Scheitern aller Bekehrungsversuche, ebenso Furcht, die Reformation könne durch jüdische Lehren beeinträchtigt werden. Luther verfasste zwischen 1538 und 1546 mehrere Schriften über die Juden, alle ähnlich gehässig in Ton und Inhalt. Mit seiner unversöhnlichen Haltung war er keineswegs allein, vielmehr galt dieses Denken als Allgemeingut unter den Christen seiner Zeit. Luthers antijüdische Schriften sorgten damals weder für Aufsehen noch waren sie sonderlich erfolgreich.

Im späten 19. und frühen 20. Jahrhundert wurden diese Schriften in Deutschland „wiederentdeckt“ und nun für den rassistischen Judenhass vereinnahmt. Der Reformator hatte die Juden nicht nur als Religionsgemeinschaft, sondern als Volk mit angeblich angestammten negativen Eigenschaften definiert. Luther hat den Antisemitismus zwar nicht erfunden, dennoch wurde er zu einem seiner Stichwortgeber.

Lösungsskizze: Umgang mit historischer Fachliteratur üben

Hinweis: Auszüge aus Publikationen von Albert Soboul und Rolf E. Reichardt über die Französische Revolution finden Sie auf Seite 141.

1. Reproduktion | Albert Soboul (1914–1982) hatte lange Jahre den Lehrstuhl für die Geschichte der Französischen Revolution an der Sorbonne in Paris inne. Sein 1962 erschienenes Werk „Precis d'histoire de la Revolution française" gilt als Standardwerk, das auch ins Deutsche übersetzt wurde.

Rolf E. Reichardt (*1940) ist ein deutscher Neuzeithistoriker und Bibliothekar an der Universität Mainz. An der Universität Gießen hatte er verschiedene Lehraufträge. Mit der Französischen Revolution beschäftigte er sich vor allem unter kultur- und mediengeschichtlichen Aspekten.

Soboul weist der Französischen Revolution eine zentrale Stellung in der modernen Weltgeschichte zu, deren Wirkung bis heute anhält. Für ihn markiert sie den Übergang vom „Feudalismus" zum Kapitalismus und schuf damit die Voraussetzungen für einen modernen bürgerlichen Staat.

Reichardt stellt die Revolution als ein differenziertes kultur- und mentalitätsgeschichtliches Ereignis dar. Durch sie seien soziale Schichten politisiert worden, die bislang vom politischen Leben ausgeschlossen waren. Vor allem die neue Publizistik und neue politische Umgangsformen trugen zur Entwicklung einer neuen demokratischen Kultur in ganz Europa bei.

2. Reorganisation und Transfer | Soboul steht in der Tradition der sozialistischen Geschichtsschreibung. Er vertritt die marxistische These, wonach die Revolution im Wesentlichen ein Klassenkonflikt war und den Übergang von einer feudalen zur kapitalistischen Produktionsweise darstellt. Insofern ist sie für ihn eine „bürgerliche Revolution". Reichardt sieht den Verlauf der Revolution nicht durch Klassengegensätze festgelegt. Er versteht sie vor allem als ein politisches und kulturelles Ereignis.

Sowohl Soboul als auch Reichardt wenden sich an ein breites Publikum, um ihm einen Überblick ihrer Forschungen zum Thema zu liefern.

3. Reflexion und Problemlösung | Den beiden Textauszügen liegen unterschiedliche theoretische Ansätze zugrunde. Konsequenterweise beschreiben sie die Französische Revolution aus unterschiedlichen Blickwinkeln. Diese schließen sich nicht gegenseitig aus, sondern vervollständigen unser Bild von den Jahren nach 1789.

Lösungsskizze: Historische Porträts untersuchen

Hinweis: Das Gemälde „Ludwig Börne" finden Sie auf Seite 187.

1. Reproduktion | Moritz Daniel Oppenheim gilt als Porträtist des jüdischen Bürgertums. Zwischen 1829 und 1838 entstanden zahlreiche Bilder, die bekannte und auch weniger bekannte jüdische Persönlichkeiten zeigen. Der in Hanau geborene Künstler etablierte sich ab 1825 in Frankfurt am Main als Maler. 1827 schuf er sein erstes Porträt von Ludwig Börne. In den folgenden Jahren entstanden weitere Varianten. Das hier vorliegende Ölgemälde (119 x 90 cm) entstand 1840. Es zeigt Ludwig Börne, der 1786 als Juda Löb Baruch in der Frankfurter Judengasse geboren wurde. Nach seinem Übertritt zum lutherischen Glauben 1818 nahm er den Namen Ludwig Börne an.

Oppenheim malte Börne in einem Dreiviertelporträt. Es zeigt den Kopf und den Oberkörper des Porträtierten. Börne sitzt an einem Tisch in einer Stube. Er trägt ein dunkelgrünes Jackett mit Pelzkragen; sein Gesicht ist leicht links dem Betrachter zugewandt. In der Linken hält er eine Broschüre, in der Rechten einen Schreibstift. Auf dem Tisch liegt eine Zeitung. Im Hintergrund sind ein Bücherregal, ein Porträtbild an der Wand, eine Büste und eine Statuette zu sehen. Auf dem Fußboden liegt ein zusammengekauerter Hund vor einem offenen Kamin.

2. Reorganisation und Transfer | Mit Ludwig Börne porträtierte Oppenheim einen bedeutsamen Schriftsteller und Journalisten, der die politischen Verhältnisse in der Restaurationszeit kritisierte und sich für Pressefreiheit einsetzte. Das Bild zeigt Börne in einer konkreten Arbeitssituation. Die Haare sind zurückgekämmt und die Stirn ist hoch und breit, was Börnes Intellektualität und seine Fähigkeit zur tiefen Reflexion unterstreicht. Der ernste direkte Blick suggeriert die Ehrlichkeit und Redlichkeit des Dargestellten. Der Hintergrund ist eher dunkel gehalten, das Licht konzentriert sich auf das Gesicht Börnes. Attribute sind sparsam eingesetzt. Die geringe Distanz stellt einen engen Kontakt zum Betrachter her, der quasi in die Privatsphäre einbezogen wird.

Das Porträtbild im Hintergrund zeigt wahrscheinlich Jeanette Wohl, eine langjährige Vertraute und Freundin Börnes. Sie regte ihn zu den *Pariser Briefen* an (verfasst zwischen 1830 und 1833). Darin beschrieb Börne seine Eindrücke von Paris und der französischen Gesellschaft und berichtete von der Julirevolution in Frankreich. Sie riefen ein gewaltiges literarisches und politisches Echo hervor.

Die Büste stellt vermutlich Jean-Jacques Rousseau dar, einen wichtigen Aufklärer und Vordenker der Französischen Revolution. Seine Ideen über die soziale Vertragstheorie, die Menschenrechte und die Bedeutung der Bildung hatten einen großen Einfluss auf die europäische Geschichte.

Die Statuette präsentiert den idealisierten Typus eines „Tyannenmörders". Sie könnte den griechischen Held Aristogeiton zeigen, der zusammen mit seinem Freund Harmodios den Tyrannen Hipparchos von Athen ermordete.

Der schlafende Hund kann als Symbol für Introspektion und Kontemplation interpretiert werden, dass Börne sich also in sein Inneres zurückgezogen hat, um über seine Gedanken und Gefühle nachzudenken. Auch ist der Hund ein traditionelles Symbol für Treue, Loyalität und Hingabe.

Bei der Zeitung auf dem Tisch handelt es sich um die französische Zeitung „Le Nationale". Sie war ein Organ der liberalen und demokratischen Bewegung in Frankreich und stand für die Ideen der Julirevolution von 1830. Sie bildete eine wichtige Plattform für die Diskussion von politischen und sozialen Fragen. Ihre Redakteure und Autoren waren bekannt für ihre kritischen Artikel über die politische Situation in Frankreich und Europa.

3. Reflexion und Problemlösung | Das Porträt erscheint wie ein Denkmal für Ludwig Börne, einen Streiter für Freiheit, Recht und Menschenwürde. An dieser Überhöhung wirkt auch das von oben einfallende Licht mit, das auf Börnes hohe Denkerstirn fällt und die Statuette des Tyrannenmörders.

Lösungsskizze: Autobiografien erschließen

1. Reproduktion | Der vorliegende Text aus dem Jahr 1921 stammt von Jakob Wassermann, einem deutsch-jüdischen Schriftsteller. Der Verfasser wuchs in einem bürgerlichen Elternhaus in Fürth auf und feierte seit Ende der 1890er-Jahre Erfolge mit Romanen und Erzählungen. 1919 zog er nach Österreich, wo er 1934 verstarb. „Mein Weg als Deutscher und Jude" setzt sich speziell mit dem deutsch-jüdischen Verhältnis anhand von Wassermanns eigenen Erlebnissen auseinander. Es handelt sich um eine problemorientierte autobiografische Abhandlung. Die gehobene, bild- und metaphernreiche Sprache spiegelt den künstlerischen Anspruch des Verfassers wider. Viele bissige und spöttische Bemerkungen tauchen auf, mit denen Wassermann seine Bitterkeit über das Erzählte ausdrückt.

Hinweis: Auszüge aus der Autobiografie von Jakob Wassermann finden Sie auf Seite 205.

2. Reorganisation und Transfer | In den Textauszügen blickt der Verfasser auf seine Kindheit und Jugend in Fürth in den 1870er- und 80er-Jahren zurück, ebenso auf die einjährige Dienstzeit im bayerischen Militär in Würzburg. Die Menschen, denen er begegnet, bleiben zumeist anonym und werden nur als Personengruppen, nicht als Individuen vorgestellt. Wassermann beschreibt seine Erlebnisse als akkulturierter Jude in der Gesellschaft des Deutschen Kaiserreiches. Obwohl ihm jüdische Religion und Kultur kaum etwas bedeuten, wird er immer wieder mit seinem Judentum konfrontiert. Sobald den nichtjüdischen Deutschen seine Herkunft bekannt wird, stößt er auf Anfeindungen. Seine Umgebung identifiziert ihn dann nicht mehr als Person, sondern nur noch als Teil einer weitgehend verachteten Minderheit.

Wassermann sieht sich immer wieder als Fremder. In der Schulzeit erscheint ihm der jüdische Religionsunterricht fremd und nichtssagend. Der Militärdienst befremdet ihn, da die Vorgesetzten ihm absichtlich jede Anerkennung verweigern. Fremdheit erlebt er auch in der privaten Begegnung mit Nichtjuden, die ihn entweder rundheraus ablehnen oder nur ausnahmsweise akzeptieren wollen. An den Erfahrungen des Judenhasses im Alltag trägt er schwer. Vergeblich wünscht er sich eine gerechtere, von Vorurteilen freie Bewertung durch seine Mitmenschen. Die Diskriminierung von Jüdinnen und Juden ist Wassermann zufolge so weit verbreitet, dass niemand mehr dagegen aufbegehrt. Auch er selbst kann lediglich darlegen, warum ihm die deutsche Gesellschaft keine Heimat mehr bietet.

Wassermanns Schrift ist an alle Deutschen gerichtet. Er möchte ihnen „Anschauung" über das Problem des Judenhasses geben. Dabei beruft er sich in manchen Bemerkungen auf die deutsch-jüdische Bevölkerung insgesamt, um seine Erfahrungen als typisch für das damalige Los vieler Jüdinnen und Juden zu kennzeichnen.

3. Reflexion und Problemlösung | Die Textauszüge geben ein anschauliches Bild über Judenhass und Judendiskriminierung während des Deutschen Kaiserreiches. Dabei stützt sich die Schilderung allein auf die subjektiven Eindrücke des Erzählers. Mit dieser einseitigen Darstellung macht sich Wassermann allerdings angreifbar, ebenso wie mit vielen Verallgemeinerungen und Pauschalurteilen, die den Text durchziehen. Bei aller berechtigten Kritik an den bedrückenden Zuständen im Deutschen Kaiserreich versäumt es der Verfasser von „Mein Weg als Deutscher und Jude", einen „Ausweg" aufzuzeigen.

Der Quellenwert dieses autobiografischen Textes liegt u. a. darin, dass er Auskunft über die Lage der jüdischen Bevölkerung im Königreich Bayern gibt. Dort bestanden von staatlicher Seite weniger judenfeindliche Beschränkungen als in Preußen, während der Judenhass noch stark kirchlich-religiös geprägt war. Die Abhandlung lässt sich etwa den Schriften Walther Rathenaus gegenüberstellen. Rathenau klagte zwar ebenfalls über seine Benachteiligung als Jude, schien jedoch weniger desillusioniert als Wassermann und hoffte auf ein Gelingen des deutsch-jüdischen Zusammenlebens.

Lösungsskizze: Statistiken auswerten

Hinweis: Die Statistik „Strukturwandel im internationalen Vergleich" finden Sie auf Seite 273.

1. Reproduktion | Die Tabelle stammt aus einer wirtschaftsgeschichtlichen Darstellung aus dem Jahr 1994. Der Autor nennt in der Quellenangabe eine Reihe von statistischen Werken, deren Daten er zusammenführt. Dabei werden Länder verschiedener Erdteile im Zeitraum von 1800 bis Ende der 1980er-Jahre verglichen. In Intervallen von jeweils rund fünfzig und zuletzt dreißig bis vierzig Jahren ist der Anteil der Beschäftigten in den drei Sektoren Landwirtschaft, Industrie und Handwerk sowie Dienstleistungen beziffert. Für einige Länder stimmen die Zeitschnitte nicht immer mit der sonstigen Zählweise überein. Während sich die Angaben hauptsächlich auf einzelne Staaten beziehen, sind in der Schlusszeile etwa 35 (nicht genannte) ärmere Entwicklungsländer zu einem Durchschnitt zusammengefasst.

2. Reorganisation und Transfer | Anhand der statistischen Verteilung aller Erwerbstätigen auf die drei erwähnten Sektoren lässt sich üblicherweise die Struktur einer Volkswirtschaft kennzeichnen. Je nachdem, welcher Bereich am stärksten vertreten ist, gilt ein Land vorwiegend als Agrar-, Industrie- oder Dienstleistungsgesellschaft. Im Zuge der Industrialisierung veränderte sich die Gewichtung der Sektoren, da Industriebetriebe verstärkt Arbeitskräfte benötigten, während die Landwirtschaft dank des technischen Fortschritts immer weniger Personal erforderte.

Die Tabelle macht diesen Strukturwandel augenfällig. In Großbritannien bildeten Industrie und Handwerk bereits um 1850 den beschäftigungsstärksten Sektor. In Deutschland (hier ohne Angabe der jeweiligen Grenzen), Frankreich, den USA oder Japan war der Agrarbereich noch bis um 1900 führend, wenngleich die industrielle und handwerkliche Beschäftigung stark aufholte und im Lauf des 20. Jahrhunderts die Landwirtschaft hinter sich ließ.

Zeitversetzt wuchs auch der Dienstleistungsbereich in den industrialisierten Ländern stark an: Um 1950 lag er in Großbritannien und Frankreich fast gleichauf mit Industrie und Handwerk, in den USA dominierte der Dienstleistungssektor bereits eindeutig den Arbeitsmarkt. Bis um 1980/90 schrumpfte die Landwirtschaft in den genannten Ländern Europas, den USA und Japan auf einstellige Prozentsätze, aber auch Industrie und Handwerk fielen immer weiter hinter den Dienstleistungsbereich zurück.

Südkorea, das bis Ende des Zweiten Weltkriegs zum japanischen Kolonialreich gehörte, verringerte seinen Beschäftigtenanteil im Agrarbereich von 1965 bis um 1980/90 auf etwa ein Fünftel, während sich der Anteil für Industrie und Handwerk verdoppelte. Der Dienstleistungsbereich wuchs von 28 auf 45 Prozent und lag damit deutlich vor dem industriellen bzw. Handwerkssektor. In Indien, das erst 1948 seine Unabhängigkeit erlangte und danach große Teile des vormaligen Staatengebildes einbüßte, blieb der Agrarbereich bis 1980/90 vorherrschend und nahm zwischenzeitlich noch zu, während die Industriebeschäftigung nur langsam anstieg und lange nur einen Bruchteil des Dienstleistungssektors ausmachte. Um 1980/90 ähnelten die Werte für Indien weitgehend dem Durchschnitt von etwa 35 ärmeren Entwicklungsländern.

3. Reflexion und Problemlösung | Länder wie Großbritannien und Deutschland durchliefen im 19. und 20. Jahrhundert einen Wandel von der Agrar-, zur Industrie- und schließlich zur Dienstleistungsgesellschaft. Diese Abfolge traf jedoch keineswegs auf alle wirtschaftlich entwickelten Staaten zu. In den USA oder asiatischen Volkswirtschaften wie Japan und Südkorea wuchsen zwar Industrie und Handwerk ebenfalls stark an, blieben jedoch stets geringer als das Arbeitsangebot anderer Sektoren. Länder wie Indien und ärmere Entwicklungsländer verharrten dagegen im 20. Jahrhundert noch weitgehend in agrarischen Verhältnissen. Die vorliegende Statistik erscheint zwar lückenhaft und weist inhaltliche Unschärfen auf. Dennoch kann der hier unternommene internationale und globale Langzeitvergleich zeigen, dass die Industrialisierung zu unterschiedlichen Verlaufsformen eines Strukturwandels führte.

Lösungsskizze: Fotografien als Quellen deuten

Hinweis: Die Fotografie „The Raid" von Frank Hurley finden Sie auf Seite 325.

1. Reproduktion | Das zusammengesetzte Schwarz-Weiß-Foto „The Raid" (dt. „Der Angriff") des aus Sydney stammenden Fotografen Frank Hurley entstand 1917/18 im Auftrag der australischen Regierung. Es zeigt einen Angriff australischer Soldaten, die aus Schützengräben steigen und vorrücken, unterstützt von Flugzeugen und Artilleriefeuer. Granatexplosionen sind erkennbar, rechts im Hintergrund brennt ein abgestürztes Flugzeug. Der Himmel ist in hellen Rauch gehüllt und mit dunklen Sprengwolken durchsetzt. Man sieht keine Gefallenen oder Verwundeten, auch der Gegner ist nicht auszumachen.

Hurleys „Angriff" entstand als Fotomontage mit Bildteilen aus zwölf verschiedenen Aufnahmen. Das Ergebnis erschien als großes Querformat (4,75 mal 6 Meter).

Bei dem Bild handelt es sich um eine nachgestellte Gefechtsszene. Darauf weist die leicht erhöhte Perspektive hin, von der aus in die Ferne fotografiert wurde. In der dafür nötigen Position hätte Hurley ein leichtes Ziel für den Gegner geboten. Zudem sind die Schützengräben im Bild unbefestigt, ohne Sandsäcke, Holzverschalungen oder Leitern und nicht wie üblich durch Stacheldraht gedeckt. Vermutlich stammten die Aufnahmen von einem Übungsgelände. Wie die historische Forschung nachgewiesen hat, setzte Hurley die beiden Angriffsreihen der Soldaten aus zwei verschiedenen Fotos zusammen, ebenso wie er Bildausschnitte von Flugzeugen, Rauchwolken und Explosionen hinzufügte. Trotz allem wirkt die Szene realistisch.

2. Reorganisation und Transfer | „The Raid" soll einen der Angriffe abbilden, den australische Verbände auf deutsche Stellungen bei Zonnebeke in Belgien Ende September oder Anfang Oktober 1917 unternahmen. Das Gefecht fand im Rahmen der Dritten Flandernschlacht zwischen Streitkräften der Entente und des Deutschen Reiches (Juli bis November 1917) statt. Wie die übrigen Aufnahmen Hurleys diente „The Raid" dazu, der Öffentlichkeit in den Ländern der Entente einen Eindruck vom damaligen Kriegsgeschehen in Frankreich und Belgien zu vermitteln, auch um die Bevölkerung an der „Heimatfront" zum Durchhalten zu bewegen.

Hurley wollte die Dynamik und Komplexität der damaligen Kämpfe möglichst eindrucksvoll wiedergeben. Hierzu hielt er es für notwendig, aus mehreren Aufnahmen Bildkompositionen zu erstellen, die aussagekräftiger schienen als jedes einzelne Bild für sich. Realismus und Montage standen für ihn in keinem Widerspruch. Hurley ging es auch um eine Würdigung des Einsatzes der Soldaten an der Front.

3. Reflexion und Problemlösung | Die Mehrzahl der Fotos, die vom Ersten Weltkrieg überliefert sind, wurde von den Soldaten selbst aufgenommen. Sie fingen weniger das Kampfgeschehen ein, in dem sie selbst gefordert waren, sondern eher jene Situationen, in denen die Waffen schwiegen. Frank Hurleys „The Raid" und andere Fotos des Künstlers bilden dagegen eine Ausnahme, insofern sie Gefechtsszenen präsentieren, was sonst vorzugsweise durch Filmaufnahmen, Gemälde und schriftliche Berichte erfolgte. Hurley hat den Krieg selbst miterlebt, den er durch Fotomontagen in seiner ganzen Wucht abzubilden versuchte. Unter diesem Gesichtspunkt können seine Bilder als glaubwürdig gelten. Das Publikum in Großbritannien, Australien und anderen Ländern – darunter viele Kriegsteilnehmer – konnte Hurley jedenfalls überzeugen, wenn man das Interesse, das seine Ausstellungen fanden, als Indiz nimmt. Als historische Quelle müssen Hurleys Bilder allerdings unter dem Vorbehalt gesehen werden, dass darin der Krieg mit künstlerischen Mitteln dramatisiert, zum Teil auch heroisch verklärt wurde.

Lösungsskizze: Politische Plakate auswerten

Hinweis: Das Plakat „Schlesier seid auf der Hut! – Der Tod Eures Wohlstandes naht sich" finden Sie auf Seite 343.

1. Reproduktion | Das politische Plakat stammt aus Berlin aus dem Jahr 1921. Angaben über den Künstler oder Auftraggeber liegen nicht vor. Als Motiv ist ein menschliches Gerippe zu sehen, das eine große Flagge mit sich führt. Die riesenhafte Gestalt schreitet über eine Landschaft hinweg, die getrennt ist in einen kärglich besiedelten Hintergrund und eine blühende Siedlung im vorderen Bildteil. Das Plakat nimmt Bezug auf die Volksabstimmung in Oberschlesien, dessen Einwohnerinnen und Einwohner 1921 aufgerufen waren, für einen Verbleib beim Deutschen Reich oder einen Anschluss an Polen zu votieren.

2. Reorganisation und Transfer | Etwa vier Fünftel der hochformatigen, kolorierten Lithografie sind mit der erwähnten Abbildung ausgefüllt. Darunter steht in fettgedruckter Fraktur der Plakattext. Die Schrift wie auch die polnische Staatsflagge im oberen Bildteil sind in dem gleichen auffallenden Rot gehalten. Das Gerippe wirkt überdimensioniert und bedrohlich. Seine rechte Hand hält die Flagge, während es den linken Arm triumphal in die Höhe reckt. In der unteren Bildhälfte erscheint eine leicht hügelige Landschaft, mit vereinzelten, verfallen anmutenden Gebäuden am Horizont. Im Vordergrund ist eine dichte Häusergruppe abgebildet, mit hellen, solide wirkenden Bauten, dazwischen hohe rauchende Schornsteine und ringsherum ordentlich angelegte Agrarflächen, was auf das Gedeihen von Industrie und Landwirtschaft hinweist. Zwischen Hinter- und Vordergrund verläuft eine Grenzlinie, angedeutet durch zwei Grenzpfähle. Das Gerippe macht einen großen Schritt aus dem kargen Hintergrund jenseits der Grenze mitten in die blühende Siedlung. Allegorisch wird damit der Tod dargestellt, der geradewegs auf Oberschlesien und den Wohlstand seiner Bevölkerung zusteuert.

Der Friedensvertrag von Versailles von 1919 sah für Oberschlesien eine Volksabstimmung über die Staatszugehörigkeit vor. Die Bevölkerung Oberschlesiens war zum großen Teil polnischer Abstammung und sprach teils Polnisch, teils Deutsch. Es erschien daher konsequent, wenn ein Plakat zur Volksabstimmung an die „Schlesier" gerichtet war, statt an Deutsche oder Polen. Um sich dagegen von Polen abzugrenzen, kamen weder ethnische noch konfessionelle Identitäten infrage – die Mehrheit Oberschlesiens war katholisch, ebenso wie in Polen. Das Plakat appelliert vielmehr an wirtschaftliche Interessen und malt aus, was Oberschlesien angeblich von einer polnischen Regierung zu erwarten habe. Von Polen scheint eine „tödliche" Gefahr für den Wohlstand auszugehen. Die Abbildung versucht sowohl Abscheu als auch Bedrohungsängste vor dem Nachbarland und seiner behaupteten Rückständigkeit wachzurufen. Um für den Verbleib Oberschlesiens beim Deutschen Reich zu werben, sendet das Plakat eine eindeutige Warnung aus: Wer für den Anschluss an Polen stimmt, sorgt für den Untergang aller wirtschaftlichen Errungenschaften.

3. Reflexion und Problemlösung | Das Plakat setzt ganz auf das Mittel der Abschreckung. Die Mahnung an den „Tod" in Wort und Bild knüpft an die Erfahrung vom Verlust von Menschenleben an, die um 1920 allgegenwärtig und für jedermann nachvollziehbar war. Auch die Spannungen zwischen dem 1918 wiederbegründeten Polen und dem Deutschen Reich während der ersten Nachkriegsjahre werden in dem Plakat sinnfällig. Im Streit um die künftigen Grenzen kam es vorübergehend sogar zu Kampfhandlungen. Die Abstimmung in Oberschlesien vom 20. März 1921 unter Aufsicht der Siegermächte konnte den Konflikt nicht beilegen, denn das Ergebnis fiel nicht eindeutig genug aus. Zwar stimmten insgesamt 59,6 Prozent für das Deutsche Reich, andererseits gab es Mehrheiten für Polen in einzelnen Städten und Bezirken. Einem Vorschlag des Völkerbundes folgend, beschlossen die Siegermächte eine Teilung. Der Osten Oberschlesiens gelangte 1922 an Polen, der westliche Teil blieb beim Deutschen Reich.

Lösungsskizze: Rollenspiele durchführen

Rollenprofil	ehemaliger ranghoher Offizier	junge Frau und Mutter	Beamter im mittleren Dienst	Arbeitsloser
Bildung und Beruf	• klassische Schulbildung • Militärausbildung • durch Kriegsgeschehen zu Geld und Ansehen gekommen • lange militärische Familientradition • Traditionslinie (Kaiserreich)	• keine höhere Schulbildung / kein Bildungsbürgertum • kaufmännische Ausbildung = für Frauen nicht selbstverständlich! • nicht auf schwere körperliche Arbeit angewiesen	• vermutlich Bildungsbürgertum • klassische Schulbildung • Ausbildung zum Beamten im Staatsdienst • geprägt von den Idealen und politischen Grundsätzen des Kaiserreiches	• niedriges Bildungsniveau • gelernter Arbeiter oder Hilfsarbeiter? • ehemals Arbeiter in der Stahlindustrie • jahrelang harte körperliche Arbeit bei geringem Lohn
Sozialer Status	Oberschicht	Mittelschicht	Mittelschicht	Unterschicht
Gefühle	• Berufsehre • Vaterlandsstolz • Kaisertreue • Monarchist • enttäuscht vom „Schmachfrieden" • verletzter Stolz durch „Alleinschuld"-Paragraph • Glaube an „Dolchstoßlegende" • Identifizierung mit Republik fehlt	• familiär • häuslich oder modern? • Angst um Selbstständigkeit (Wirtschaftskrise!) • Befürworterin der Republik • profitiert vom neuen Wahlrecht für Frauen • Angst vor Umsturz und politischer Radikalisierung	• ideologisch heimatlos durch Wegfall des Kaiserreiches • Distanzierung von radikalen Linken • Sehnsucht nach Stabilität / „den guten alten Zeiten" • fehlende Akzeptanz der Republik als Staatsform, arrangiert sich aber mit ihr	• Existenzangst • Frustration • fühlt sich übergangen, vergessen, abgeschrieben • Gefühl der Wertlosigkeit • Suche nach ideologischer und politischer Heimat (SPD als Interessensvertretung der Arbeiterschicht durch Spaltung weggefallen → auf der Suche nach Alternativen) • enttäuscht vom neuen Staat (fehlende Fürsorge für Arbeitslose)
Politische Ansichten	• nationalistisch • rechtskonservativ • antirepublikanisch	demokratisch	konservativ	Gefahr der Radikalisierung nach links oder rechts

Hinweis:
Das Rollenspiel zur Weimarer Republik finden Sie auf Seite 383.

Lösungsskizze: Karikaturen erschließen

Hinweis: Die Karikatur „Nicht wahr, Michelchen – keine Experimente!" von Hanns Erich Köhler finden Sie auf Seite 417.

1. Reproduktion | Die Zeichnung stammt von Hanns Erich Köhler (1905–1983), einem der bekanntesten Karikaturisten der frühen Bundesrepublik. Er veröffentlichte sie 1957 in der Frankfurter Allgemeinen Zeitung, der führenden überregionalen, politisch eher konservativ ausgerichteten deutschen Tageszeitung.

2. Reorganisation und Transfer | Die Karikatur zeigt den an seinen charakteristischen Gesichtszügen erkennbaren ersten deutschen Bundeskanzler und CDU-Vorsitzenden Konrad Adenauer. In Anspielung auf seine Prägung als rheinischer Katholik und seinen autoritären Führungsstil ist er als Krankenschwester in Ordenstracht gekleidet. Lächelnd schiebt er eine Kreuzung aus Kinderwagen und Volkswagen, an dem vorn ein Kanonenrohr angedeutet ist. Im Kinderwagen liegen ein Geldsack und der als zufrieden schlafendes Baby dargestellte „Deutsche Michel" mit typischer Zipfelmütze, die Personifikation des deutschen Durchschnittsbürgers. Er hält einen Kühlschrank und einen Fernseher in den Armen. Thema der Karikatur ist die gesellschaftspolitische Situation Mitte der 1950er-Jahre (1957), die von Adenauers langjähriger Kanzlerschaft (1949–1963) und dem „Wirtschaftswunder" geprägt war, das VW-Käfer, Fernseher, Kühlschrank und D-Mark symbolisieren.

Mit dem Slogan „Keine Experimente" errangen die CDU/CSU und ihr Spitzenkandidat Adenauer bei der Bundestagswahl 1957 mit 50,2 Prozent der Mandate ihren bislang größten Sieg. Es war das erste und einzige Mal, dass eine Partei die absolute Mehrheit erhielt und die alleinige Regierungsfraktion stellen konnte.

Grundlagen für Adenauers Popularität waren der steigende Lebensstandard und die sinkende Arbeitslosigkeit. 1955 hatte die Bundesrepublik zudem mit dem Ende der Besatzungsherrschaft, dem NATO-Beitritt und der folgenden Wiederbewaffnung ihre Souveränität wiedererlangt. Adenauer konnte in seiner dritten Legislaturperiode nun vier Jahre lang ohne Koalitionspartner regieren und seine umstrittenen Ziele auch in der Außenpolitik verwirklichen. Dazu gehörte u.a. der Aufbau der Bundeswehr im NATO-Bündnis, worauf das angedeutete Kanonenrohr und die als schwarzer Horizont ausgemalte ungewisse oder gar dunkle Zukunft anspielen.

Mit seiner Karikatur nimmt Köhler Stellung zur politischen Einstellung der Bevölkerung, die sich in der Bundestagswahl spiegelt. Die meisten Deutschen hielten sich nach dem Krieg politisch zurück, konzentrierten sich auf den wirtschaftlichen Wiederaufbau und ihren privaten Lebensstandard. In Adenauer sahen sie den Garanten für Wohlstand und Stabilität. Für das „Experiment" eines politischen Wechsels gab es keinen Bedarf.

3. Reflexion und Problemlösung | Der Karikaturist will dem Wähler einen Spiegel vorhalten und ihn daran erinnern, seine politische Verantwortung ernst zu nehmen. Adenauer hat sich in den acht Jahren im Kanzleramt ein so hohes Ansehen verschafft, dass ihm der Bundesbürger – mit den Errungenschaften des „Wirtschaftswunders" materiell zufriedengestellt – im Schlaf vertraut und freie Hand lässt, ohne zu wissen, wohin der Weg führt. Der Karikaturist wendet sich nicht gegen Adenauers Politik, sondern das Desinteresse, mit dem sich die Deutschen ihre gerade erst zurückgewonnene politische Mündigkeit aus Bequemlichkeit abnehmen lassen.

Zeichenstil und Bildkomposition sind einfach, die Personen leicht zu erkennen und auf wenige charakteristische Elemente reduziert. Die Karikatur ist eine gelungene Allegorie, da sie die komplexen Zusammenhänge des gesellschaftspolitischen Klimas der Adenauerzeit mit Text und Symbolik treffend, einfach und damit wirkungsvoll zusammenfasst.

Lösungsskizze: Denkmäler untersuchen

Hinweis: Das Kaiser-Wilhelm-National-denkmal auf dem Kyffhäuser bei Bad Frankenhausen finden Sie auf Seite 445.

1. Reproduktion | Das Denkmal zeigt den preußischen König und deutschen Kaiser Wilhelm I. (1797–1888) aus der Familie der Hohenzollern, ebenso den mittelalterlichen Kaiser Friedrich I. Barbarossa (1122–1190) aus dem Geschlecht der Staufer. Angelegt ist das Denkmal auf einem Bergrücken im Nordosten des Kyffhäuser, einem Mittelgebirge in Thüringen. In der Mitte eines mächtigen Stufenbaus ragt ein hoher Turm auf. Als Baumaterial dienten Reste der verfallenen mittelalterlichen Reichsburg Kyffhausen, ebenso Sandstein aus einem örtlichen Steinbruch, der dem Denkmal einen rötlichen Farbton verleiht. Der Bau dauerte von 1890 bis 1896. Angeregt und finanziert wurde er bald nach dem Tod Kaiser Wilhelms I. durch den Deutschen Kriegerbund, dem damaligen Dachverband deutscher Kriegsveteranen. Die Bauleitung übernahm der Architekt Bruno Schmitz (1858–1916), die Skulptur Barbarossas aus Stein stammte von dem Bildhauer Nikolaus Geiger (1849–1897), die Plastik Kaiser Wilhelms I. aus Kupferblech schuf Emil Hundrieser (1846–1911).

2. Reorganisation und Transfer | Das Kyffhäuser-Denkmal ist dem ersten Kaiser des 1871 gegründeten Deutschen Kaiserreiches gewidmet. Wilhelm I. wird als Reichsgründer verehrt. Der Monarch erscheint dabei als Wiedergänger des mittelalterlichen Kaisers Friedrich I. Barbarossa. Wie dieser als „Rotbart" bezeichnet wurde, erhielt Wilhelm I. schon zu Lebzeiten den Beinamen „Barbablanca" („Weißbart"). Der Sage zufolge war der Geist Barbarossas ins Gebirgsmassiv des Kyffhäuser entschwunden, um erst wieder zu erscheinen, wenn die Nation gerettet werden sollte. Wilhelm I. und das preußische Herrscherhaus der Hohenzollern, so die Lesart des Denkmals, lösten diese Verheißung ein, indem sie Deutschlands staatliche Einheit herstellten. Barbarossa am Sockel des Denkmals und in Stein gehauen wirkt wie ein ausgegrabenes Fossil, er erwacht aus tiefem Schlaf. Hoch über ihm ist die Figur Wilhelms I. zu Pferd und in Kupfer zu sehen, ein „moderner" Kaiser, hellwach und als strahlender Held. Die Figuren der Minerva (römische Göttin der Weisheit) und des Mars (römischer Kriegsgott) verkörpern allegorisch Weisheit und Tapferkeit als Herrschertugenden Kaiser Wilhelms. Das Denkmal veranschaulicht gleichsam die „Wiederauferstehung" des mittelalterlichen Reiches als geeinter Nationalstaat, die Realisierung eines angeblich jahrhundertelangen Traums.

Wie andere damals geschaffene Denkmäler, die dem ersten Reichskanzler Otto von Bismarck (1815–1898) oder Wilhelm I. gewidmet waren (etwa die restaurierte Kaiserpfalz in Goslar, siehe Seite 437), sollte die Erinnerungsstätte am Kyffhäuser dazu dienen, die Bevölkerung mit dem noch jungen Nationalstaat zu versöhnen, dem es an innerer Einheit mangelte. Um die Vorherrschaft Preußens im Deutschen Reich zu rechtfertigen, inszenierte sich das Kaisertum der Hohenzollern als legitimer Erbe der einst mächtigen Stauferkaiser, die in der Bevölkerung noch immer bewundert wurden.

3. Reflexion und Problemlösung | Im 19. und frühen 20. Jahrhundert konnte das Denkmal durch seine schiere Größe beeindrucken. Den Besuchern vermittelten das Burgplateau auf dem Berg und der hohe Turm den Eindruck einer Wehranlage. Kaiser Wilhelm I. hielt hier symbolisch Wacht über das Land. Der Aufstieg zum Denkmal war mit körperlicher Anstrengung verbunden, wie beim Besuch einer entlegenen Pilgerstätte.

Aus heutiger Sicht erscheint das Denkmal eher zu groß geraten und aus der Zeit gefallen. Deutschlands innere Einheit beschäftigt zwar auch die Menschen in der Gegenwart. Orientierung in dieser Frage bieten jedoch nicht länger Symbole militärischer Stärke, die Verehrung eines Monarchen oder die Bezugnahme auf alte Sagen. Unter diesem Blickwinkel mutet das Denkmal inzwischen fremdartig und kurios an.

1. Krisen, Umbrüche und Revolutionen

1.1 Kernmodul: Krisen

Seite 10, Abb., A2, F
Diskutieren Sie, inwiefern Angst und Unsicherheit Kennzeichen sind, die mit einer Krise einhergehen.

Seite 13, M3, A1, H
Stellen Sie den von Marx beschriebenen „Teufelskreis" von Handels- bzw. Überproduktionskrisen visuell in einem Schaubild dar. Hilfe zur Erklärung: Code **32037-85**.

Seite 13, M4, A1, F
Weisen Sie in M4 nach, dass Burckhardt Krisen als „Befreiung" charakterisiert. Überprüfen Sie, inwieweit diese Sichtweise auch mit Kosellecks Ausführungen zu Krisen in M2 auf Seite 12 vereinbar ist.

Seite 14, M5, A3, F
Überprüfen Sie anhand Ihres Schaubildes und der Checkliste, ob die sogenannten „Krisen" des Spätmittelalters tatsächlich als Krisen zu bezeichnen sind. Verfahren Sie ebenso bei der Frage, ob der Französischen Revolution Krisen vorausgingen.

1.2 Kernmodul: Revolutionen

Seite 19, M2, A1, H
Setzen Sie die Begriffe, die Schieder in Bezug auf den schnellen Wandel nennt, in Beziehung zu den passenden Informationen des Verfassertextes auf den Seiten 16 und 17.

Seite 19, M3, A2, H
Diskutieren Sie, was es für die Bevölkerung heißt, nur noch mit der Sicherung der eigenen Existenz beschäftigt zu sein. Was geschieht, wenn sich die Lage zumindest soweit verbessert, dass dies nicht mehr ausschließlich die Hauptaufgabe der Menschen ist und Spielräume entstehen?

1.4 Pflichtmodul: Die Große Pest und die Folgen

Seite 38, M1, A3, H
Wipo schrieb den Bericht gezielt für Konrads Sohn und späteren König Heinrich III.

Seite 39, M2, A1, H
Formulieren Sie eingängige Slogans und erstellen Sie Skizzen, die die Vorteile der Entwicklung im Vergleich zu vorher deutlich machen.

Seite 39, M2, A2, H
Bringen Sie Oberbegriffe wie „Leistungssteigerung", „verlängerte Arbeitszeit", „höhere Erträge", „neue Berufe", „Energiequellen" oder „Investoren" in die Mindmap ein.

Seite 40, M3, A1, H
Untersuchen Sie arbeitsteilig die Situation der Frauen in den Städten auf a) Rollen, die sich aus Zwängen, und b) Rollen, die sich aus neuen Möglichkeiten ergaben.

Seite 41, M5, A2, H
Diskutieren Sie die Bedeutung sowohl für die zuvor unfreien Menschen (Leibeigene, Hörige, Abhängige) als auch für die Herrschaftsträger (König, Adel, Kirche).

Seite 41, M6, A3, H
Diskutieren Sie, in welcher Weise Klöster ihr regionales Umfeld beeinflussten (z. B. Landwirtschaft, Handwerk, Bildung, Armenfürsorge, religiöse Angebote) und auf welche Unterstützung durch die Umgebung von außen die Klöster angewiesen waren (z. B. Abgaben, Spenden, Nachwuchs etc.).

Seite 43, M8, A3, H
Analysieren Sie, welche Vor- und Nachteile sich a) für die Stadt und ihre Bürgerschaft und b) für die Universität und ihre Studenten aus dem Bestehen einer Universität in einer Stadt ergaben.

Seite 44, Abb., A2 und A3, H
Arbeiten Sie anhand der Kleidung, Ausrüstung, Gestik und Mimik den Stand und die Stellung der „Lebenden" heraus und kontrastieren Sie dies mit der Darstellung der „Toten". Analysieren Sie, welche Rolle der Geistliche in der Szene einnimmt.

Seite 47, Abb., A1, H
Achten Sie auf Merkmale wie Farbgebung, Mimik und Gestik.

Seite 49, M1, A1, H
Bedeutung der Indexzahlen der Grafik:

Index	Umschreibung	Temperatur	Niederschlag
+3	extrem	viel zu warm	viel zu nass
+2	deutlich übernormal	sehr warm	nass
+1	leicht/mäßig übernormal	zu warm	zu feucht
0	normal	normal	normal
–1	leicht/mäßig unternormal	zu kühl	zu trocken
–2	deutlich unternormal	kalt	trocken
–3	extrem	viel zu kalt	viel zu trocken

Nach: https://www.klima-owl.de/Chroniken/DieMethodenDerRekonstruktion HistorischerWetterdaten.pdf

Die Balken in der Grafik stehen für die Abweichungen von einer Normalperiode nach den Indexzahlen. Die nach oben ragenden Balken bilden übernormale Werte wie zum Beispiel Wärme ab. Hingegen zeigen die nach unten ragenden Balken unternormale Werte wie zum Beispiel Kälte. Die schwarze Kurve steht für den geglätteten langfristigen Trend der Temperatur- bzw. Witterungsverläufe über einen Zeitraum von 1000 Jahren. Die einzelnen Farbbalken bilden Variabilität und Ausschläge einzelner Jahre oder Jahreszeiten ab.

Diskutieren Sie, inwieweit das menschliche Bedürfnis, eine Erklärung für die Verbreitung einer Krankheit zu finden, den Bericht von Gabriele de Mussis a) verständlich erscheinen lässt und b) moralisch rechtfertigt. Seite 50, M3, A3, F

Untersuchen Sie für den Vergleich die sprachliche Gestaltung beider Berichte (Begriffe, Wertungen, Vergleiche, Verharmlosungen, Dramatisierungen etc.). Zur Erklärung der Unterschiede in der Darstellung können Sie die Hintergrundinformationen zu den Autoren hinzuziehen: Johannes VI. Kantakuzenos war der ehemalige Herrscher des Oströmischen Reiches, das damals noch aus der Stadt Konstantinopel, dem Umland sowie einigen Gebieten in Südgriechenland und Inseln bestand und stark von der Pest betroffen war. Agnolo di Tura war direkt betroffener Einwohner der Stadt Siena. Seite 51, M4, A3, H

Identifizieren Sie anhand der Zeitabfolge eine Ursprungsregion und beschreiben Sie davon ausgehend die Verbreitung. Seite 52, M5, A1, H

Untersuchen Sie, inwieweit die Karte selbst Hinweise enthält, anhand derer man die Gründe für die unterschiedliche Intensität der Ausbreitung der Pest herausarbeiten kann. Seite 52, M5, A2, F

Nutzen Sie die Merkmale von Krisen zum Beispiel nach Rudolf Vierhaus (M5 auf Seite 14) zur Charakterisierung. Seite 53, M6, A2, H

Man geht davon aus, dass zwei Drittel der Einwohner Sienas der Pest zum Opfer fielen. Infolgedessen verlor die Stadt ihre herausragende wirtschaftliche und politische Bedeutung in Italien. Erklären Sie vor diesem Hintergrund die unrealistisch hohe Opferzahl, die Agnolo die Tura ansetzt. Seite 53, M6, A3, H

Die beiden Geistlichen im rechten Teil des Bildes tragen einen Reliquienschrein mit den sterblichen Überresten eines Heiligen, die durch ihre heilige Kraft eine Wende des Schicksals herbeiführen sollen.
Der abgebildete Text enthält den Satz: „Verschone, Herr, dein Volk, das du mit deinem Blut erlöst hast, und um deines Namens willen zürne uns nicht in Ewigkeit." Seite 57, Abb., A3, H

Bonaiuti schrieb die Chronik gegen Ende seines Lebens, also in Kenntnis der weiteren Geschichte von Florenz. Analysieren Sie, auf welche Folgen der Epidemie der Autor hinweisen wollte. Seite 62, M1, A2, H

Charakterisieren Sie dazu jeweils die Reaktionen, die in den Quellen beschrieben werden, und stellen Sie die unterschiedlichen Merkmale, die Sie dabei herausarbeiten, gegenüber. Seite 62, M2, A2, H

Gesellschaftliche Auswirkungen betreffen das Zusammenleben der Menschen und ihre Zugehörigkeit zu verschiedenen Gruppen. Wirtschaftliche Auswirkungen betreffen Fragen von Angebot, Nachfrage, Gewinn, Verlust und Preis. Manche Folgen der Pest können gleichzeitig in beiden Bereichen Auswirkungen haben. Seite 63, M3, A1, H

Der Begriff „Fundamentalzäsur" bezeichnet allgemein einen tiefgreifenden historischen Einschnitt, der bestehende Strukturen so stark verändert, dass man von einem klaren „Vorher" und „Nachher" sprechen kann. Weisen Sie folgende Merkmale einer „Fundamentalzäsur" in M3 nach: grundlegende Veränderung (Bruch), langfristige Wirkung dieser Veränderung (Nachhaltigkeit), Veränderung in allen Bereichen der Gesellschaft (Breitenwirkung). Seite 63, M3, A3, H

Klären Sie zunächst die symbolische Bedeutung der einzelnen Bildelemente: Wofür steht das Kind? Wofür das Blut? Welche Rollen spielen der Ort des Geschehens und die handelnden Personen? Seite 63, Abb., A1, H

Erläutern Sie anhand der in M4 geschilderten Vorgänge die Bedeutung der im Grundgesetz verankerten Rechtsstaatlichkeit insbesondere in Bezug auf den Schutz von Minderheiten. Seite 64, M4, A2, F

Beachten Sie hier besonders die Textpassage in den Zeilen 39 bis 44. Seite 64, M4, A3, H

Bestimmte Merkmale können bei der Zuordnung zu gesellschaftlichen Gruppen helfen. So weisen Kettenhauben, Metallhelme oder Waffen auf Soldaten hin, Kapuzen sind die Kleidung von einfachen Bürgern, wohingegen der rote Umhang auf eine höhere soziale Stellung der Person oder ein offizielles Amt, das diese bekleidet, hindeutet. Seite 64, M5, A2, H

Überprüfen Sie, welche Artikel des Grundgesetzes entscheidend sind, um die in M4 und M7 geschilderten Pogrome zu verhindern: Stellen Sie dazu die in M4 und M7 geschilderten Übergriffe auf die jüdische Bevölkerung und deren Täter zusammen und entwickeln Sie daraus einen passenden Prompt, mit dessen Hilfe Sie eine textgenerative KI dazu auffordern, die Artikel des Grundgesetzes zu benennen, die derartige Vorgänge verhindern. Seite 65, M7, A4, F

Seite 66, M8, A5, H

Diskutieren Sie dabei folgende Themenbereiche: „Stärkung der Frömmigkeit", „Bestätigung der Deutung der Pest als Strafe Gottes", „Mobilisierung der Bevölkerung", „Konkurrenz zur offiziellen kirchlichen Praxis", „Autoritätsverlust der Kirche", „Gefahr von Ketzerei und Unruhen".

Seite 67, M9, A2, H

Analysieren Sie, welche Aspekte beide Historiker jeweils als am bedeutendsten einschätzen.

Seite 73, M1-M2, A3, H

Untersuchen Sie bei der Beurteilung folgende Kriterien: Inwieweit liegen ähnliche Ausgangsbedingungen vor? Inwieweit handeln ähnliche Gruppen und Personen und verfolgen vergleichbare Ziele? Inwieweit sind ähnliche Strukturen oder Mechanismen nachweisbar?
Klären Sie dann mithilfe der Antworten auf diese Fragen: Inwieweit hilft der Vergleich, sowohl den vergangenen als auch den gegenwärtig nachwirkenden Sachverhalt besser zu verstehen (Erkenntnisgewinn).

Seite 74, Abb., A, H

Teilen Sie das Gemälde in verschiedene Bereiche ein und führen Sie arbeitsteilig folgende Arbeitsschritte durch: 1. Beschreiben Sie die Gegenstände, Figuren und deren Handlungen in Ihrem Bereich möglichst genau. 2. Analysieren Sie die Bedeutung der Gegenstände, Figuren und deren Handlungen in Ihrem Bereich (Bildsymbolik). 3. Beurteilen Sie, inwieweit die Botschaft des Gemäldes den Charakter der Pest treffend erfasst.
Tauschen Sie Ihre Ergebnisse aus. Führen Sie diese zu einer Gesamtinterpretation zusammen.

Seite 75, Abb., A2, F

Vergleichen Sie die unmittelbaren Auswirkungen der Pest auf die Bevölkerung im Mittelalter und des industrialisierten Stellungskrieges im Ersten Weltkrieg auf die Frontsoldaten in ihrem Charakter.

Seite 78, Abb., A1, H

Vergleichen Sie die Gestaltung des Plakates mit dem Holzschnitt „Totentanz" auf Seite 75.

Seite 81, M2, A2, H

Beziehen Sie dabei ein, dass Boccaccio nach Ende der Pandemie selbst gesellschaftlich aufsteigt.

Seite 86, M4, A4, H

Nutzen Sie die Kriterien des Geschichtsdidaktikers Hans-Jürgen Pandel, um die Darstellung Parrigers zu charakterisieren und zu beurteilen (Faktenauthentizität, Typenauthentizität, Quellenauthentizität, Repräsentationsauthentizität). Siehe hierzu M4 auf Seite 432 f.

Seite 87, M5, A1, H

Charakterisieren Sie dazu das von Camus beschriebene Verhalten der Menschen in M5.

Seite 87, M5, A2, H

Die Ideologie des Nationalsozialismus erwuchs aus kleinen Anfängen, wirkte für viele ansteckend und führte zu Shoah, Vernichtungskrieg und einem Zivilisationsbruch. Erklären Sie wie Camus dies in M5 mit der Metapher der Pest umschreibt.

Seite 87, M6, A1, H

Führen Sie zur ersten Annäherung einen „Fünf-Sinne-Check" durch. Stellen Sie sich dazu vor, Sie wären Teil der Szene: Was sehen Sie? Was hören Sie? Was würden Sie ertasten können? Was riechen Sie? Was schmecken Sie?

Seite 89, M, A3, H

Untersuchen Sie, inwieweit man hier von einem tiefgreifenden Wandel sprechen kann.

Seite 89, M, A4, F

Diskutieren Sie, inwieweit die Corona-Pandemie Entwicklungen ausgelöst hat, die unser jetziges Leben beeinflussen. Vergleichen Sie Ihre Ergebnisse mit denen von Aufgabe 4.

1.5 Wahlmodul: Die Krise der spätmittelalterlichen Kirche und die Reformation

Seite 103, M2, A2, H

Analysieren Sie, wie beide Texte ihren jeweiligen Anspruch begründen.

Seite 103, M3, A3, H

Charakterisieren Sie, welche Eigenschaften Erasmus von einem wahren Theologen fordert und untersuchen Sie, inwieweit sich dieser Anspruch mit dem „Priestertum aller Gläubigen" Luthers deckt.

Seite 104, M4, A4, H

Analysieren Sie dazu arbeitsteilig auch die kurz- und langfristigen gesellschaftlichen und politischen Folgen der Veröffentlichung der Thesen (siehe dazu den Verfassertext auf den Seiten 94 bis 101) und tragen Sie Ihre Ergebnisse als Diskussionsgrundlage zusammen.

Seite 105, M5, A1, F

Weisen Sie begründet nach, an welchen Stellen im Text die von Luther entwickelten Glaubensgrundsätze (siehe dazu den Verfassertext „Eine theologische Initiative" auf Seite 94 f.) zum Ausdruck kommen.

Seite 106, M6, A2, H

Analysieren Sie die Forderungen in den Artikeln arbeitsteilig daraufhin, an welchen Stellen
a) eine Rückkehr zum „alten Recht" (also Zuständen, wie sie zuvor einmal bestanden) gefordert wird,
b) eine Begründung der Forderung mit der Heiligen Schrift erfolgt.
Tauschen Sie Ihre Ergebnisse anschließend aus und diskutieren Sie das Verhältnis zwischen den Forderungen der Bauern und der Reformation.

Seite 106, M6, A3, H

Beachten Sie dabei besonders Luthers Ausführungen in Zeile 51 bis 70 (M5).

Seite 108, M8, A1, H

Orden Sie die Elemente des Schaubildes verschiedenen Bereichen (z. B. Beratung, Teilhabe, Wahl, Rechtsprechung, Religion usw.) zu und erklären Sie, wie die „Verfassung" in diesen Bereichen jeweils funktionierte. Recherchieren Sie dazu auch die Funktionen des „Reichtages" und des „Reichskammergerichtes" seit 1495.

1.6 Wahlmodul: Französische Revolution

Überprüfen Sie, inwieweit sich die in M1 herausgearbeiteten Ideen der Aufklärung in den Materialien M2 und M3 (Seite 133 bis 135) nachweisen lassen. Seite 133, M1, A1, F

Erklären Sie die Veränderungen zwischen den Verfassungen anhand des jeweiligen historischen Kontextes. Seite 137, M4, A1, F

Erstellen Sie ein Schaubild, in dem das Verhältnis von „Tugend" und „Terror" nach Robespierre deutlich wird. Bringen Sie dabei auch die jeweiligen Funktionen der beiden Begriffe für die Gesellschaft ein. Seite 138, M5, A1, H

Erläutern Sie sich gegenseitig anhand der Karte auf Seite 126 die Lage, in der sich die französische Republik im Jahr 1793 befand. Diskutieren Sie dann gemeinsam, inwieweit die Rede Robespierres (erster Text) und die „Schreckensherrschaft" eine verständliche Reaktion auf die jeweiligen Bedrohungen der Republik waren. Seite 138, M5, A2, H

Nehmen Sie ausgehend von der Bearbeitung von M5 Stellung zu der Frage, inwieweit das Erstreben eines höheren, moralisch wertvollen Zieles auch radikale Mittel zu dessen Erreichung rechtfertigt. Heiligt der Zweck die Mittel? Seite 138, M5, A4, F

Recherchieren Sie Beispiele aus der Geschichte, in denen mithilfe von „Terror" eine tugendhafte Ordnung etabliert oder beschützt werden sollte, und stellen Sie diese im Kurs vor. Setzen Sie sich dabei auch damit auseinander, inwieweit die Ziele letztlich erreicht und welche Wirkungen dabei erzeugt wurden.

Vergleichen Sie die von Lachenicht dargestellte neue Definition, die der Begriff „Revolution" durch die Französische Revolution erhalten hat, mit denen von Ihnen im Kernmodul (Seite 16 bis 21) entwickelten Charakteristika von Revolutionen. Seite 139, M6, A2, F

Recherchieren Sie, welche Rolle die Französische Revolution für das Selbstverständnis der Franzosen spielt, und überprüfen Sie, ob hier Formen einer Mythenbildung (Komplexitätsreduktion, Sinnstiftung, Überhöhung, Stilisierung) nachzuweisen sind.

Weisen Sie in M7 und dem Gemälde die Charakteristika einer Mythenbildung (Komplexitätsreduktion, Sinnstiftung, Überhöhung, Stilisierung) nach. Seite 139, M7, A2, H

Überprüfen Sie, inwieweit die Kriterien für eine Revolution und eine Modernisierung, die Sie in den jeweiligen Kernmodulen (Seite 16 bis 27) entwickelt haben, nach Schama (M, Seite 143) und Lachenicht (M6, Seite 138 f.) nachzuweisen sind. Seite 143, M, A4, H

2. Wechselwirkungen und Anpassungsprozesse

2.1 Kernmodul: Kulturkontakt und Kulturkonflikt

Diskutieren Sie, wie das Schaubild auf Seite 147 ergänzt bzw. in seiner Gestaltung verändert werden müsste, wenn die Bereiche „Akkulturation" und „Kulturverflechtung" nach Bitterli dort eingebracht werden sollen. Seite 147, M1, A1, F

2.2 Kernmodul: Transformationsprozesse

Braudel kann mit der Aussage „Die Geschichte stammt gleichzeitig aus dem Gestern, dem Vorgestern und dem Einst!" zitiert werden. Erklären Sie anhand von M1 den Inhalt dieser Aussage. Seite 151, M1, A1, F

Beachten Sie dabei, dass Globalisierung definiert ist als Prozess, bei dem sich Beziehungen zwischen verschiedenen Gruppen und Regionen, die weit auseinander liegen, so verstärken, dass eine globale Verflechtung in Bereichen wie Wirtschaft, Politik, Kultur und Umwelt entsteht und dadurch Veränderungsprozesse in diesen Bereichen in Gang gesetzt werden. Untersuchen Sie, ob es entsprechende Beispiele in der Geschichte gab, um ihre Stellungnahme zu unterstützen. Seite 153, M3, A3, H

2.3 Kernmodul: Migration

Charakterisieren Sie die verschiedenen historischen Phasen der menschlichen Migration nach Bacci in ihren Eigenarten und geben Sie jeder Phase eine aussagekräftige Überschrift (z. B. „Verbreitung der menschlichen Spezies" oder „Verbreitung des Ackerbaus" für die erste Phase). Beachten Sie dabei auch die Rolle, die Europa dort jeweils spielt. Seite 156, M1, A1, H

Beachten Sie hierbei insbesondere die Zeilen 1–16 in Oltmers Ausführungen. Seite 157, M2, A1, H

2.4 Pflichtmodul: Jüdisches Leben in Deutschland im langen 19. Jahrhundert

Seite 166, M2, A2, F
Charakterisieren Sie, welches Verständnis von „Nation" bzw. Staat in der Schrift von Christian Wilhelm von Dohm zum Ausdruck kommt: Wann ist man nach dem Verständnis des Textes Teil einer Nation?

Seite 166, M2, A3, H
Untersuchen Sie zunächst, welche Kernkriterien der Aufklärung – wie z. B. Vernunft als oberstes Prinzip, Toleranz gegenüber anderen Meinungen und Religionen, Selbstbestimmung des Individuums, Freiheit des Denkens und Meinungsäußerung oder Bekämpfung von Aberglauben und Vorurteilen – sich im Text nachweisen und belegen lassen.

Seite 167, M3, A3, H
Arbeiten Sie zunächst die Anforderungen heraus, die in dem Edikt an die badischen Juden gestellt werden und vergleichen Sie diese mit den Anforderungen, die in M1 formuliert werden. Benennen Sie Gemeinsamkeiten und Unterschiede.

Seite 167, M3, A3, F
Setzen Sie sich begründet damit auseinander, welches der beiden Materialien (M1 und M3) eher einem modernen Verständnis von Staatsangehörigkeit entspricht.

Seite 168, M4, A2, F
Setzen Sie sich begründet damit auseinander, inwieweit Wilhelm von Humboldts Argumentation einem modernen und aufgeklärten Verständnis von Staatsbürgerrecht und der Rolle des Staates bei der Integration gesellschaftlicher Gruppen entspricht.

Seite 169, M5, A2, H
Analysieren Sie das Edikt zunächst arbeitsteilig in Hinblick auf a) rechtliche Gleichstellung, b) wirtschaftliche Freiheit, c) persönliche Freiheit und d) Mitwirkungsrechte in Staat und Gesellschaft. Tragen Sie anschließend Ihre Ergebnisse zusammen und diskutieren Sie die Intentionen des preußischen Staates hinter den Verordnungen.

Seite 169, M6, A2, H
Erstellen Sie anhand der Informationen des Darstellungsteiles auf den Seiten 160 bis 165 einen Zeitstrahl in Form einer Fieberkurve, die den Stand der Gleichberechtigung der jüdischen Bevölkerung in den deutschen Landen abbildet.

Seite 171, M9, A, F
Vergleichen Sie die Formulierungen von M8 und M9 mit den Formulierungen von Artikel 3 und 4 des Grundgesetzes sowie den Artikel 56. Erläutern Sie die Hintergründe für Gemeinsamkeiten und Unterschiede in den Formulierungen.

Seite 172, M10, A2, H
Setzen Sie die Informationen aus dem Verfassertext „Wirtschaftlicher Wandel" auf Seite 165 in Beziehung zu den Daten aus den Statistiken.

Seite 175, Abb., A, H
Visualisieren Sie die Statistik in Form einer Grafik. Nutzen Sie die Informationen aus dem Kapitel „Der lange Weg zur Emanzipation" (Seite 160 bis 173), um die dargestellte Entwicklung zu erklären.

Seite 180, M1, A3, F
Vergleichen Sie die Definition des Begriffs „Akkulturation" aus M1 mit derjenigen, die der Historiker Urs Bitterli in M1 auf Seite 147 verwendet.

Seite 180, M2, A2, H
Analysieren Sie die Texte M2 und M3 arbeitsteilig darauf, welche Rolle die Salons a) für den kulturellen Austausch, b) für gegenseitiges Verständnis und Unterstützung in der Gesellschaft und c) für den Transfer von Wissen spielten. Tauschen Sie anschließend Ihre Ergebnisse in einer gemischten Dreiergruppe aus: Zitieren Sie dabei jeweils die entsprechenden Textpassagen aus M2 und M3 und erläutern Sie diese in Bezug auf ihr Thema. Fassen Sie dann die Funktion der Salons in einem gemeinsamen Statement zusammen.

Seite 182, M6, A3, F
Diskutieren Sie z. B. anhand der Kriterien von Urs Bitterli in M1 auf Seite 147 oder der Kriterien in M1 auf Seite 179 f., inwieweit jüdische Salons Beispiele für a) Inklusion, b) Akkommodation, c) Assimilation oder d) Akkulturation sind.

Seite 183, M7, A3, F
Überprüfen Sie, inwieweit sich die „neue Form des Bürgerporträts" (Zeile 37) auch in dem Porträt von Rahel Levin Varnhagen (M5, Seite 182) nachweisen lässt.

Seite 185, M11, A4, H
Stellen Sie noch einmal die Definitionen der Vorgänge von „Akkulturation" und „Assimilation" (siehe M1 auf Seite 179 f. bzw. M1 auf Seite 147) gegenüber und verfassen Sie begründet anhand der Bildelemente der Karikatur ein Statement dazu, welcher der beiden Vorgänge hier eher erfasst wird.

Seite 193, M2, A2, F
Stellen Sie gegenüber, welche Relevanz der Zeitungsartikel den Aspekten „Religionsbekenntnis" und „Abstammung" in seiner Analyse der Kriminalstatistik zuweist und setzen sich mit dem dort zum Ausdruck kommenden Ansatz kritisch auseinander.

Seite 195, M4, A2, F
Recherchieren Sie unter welchen Voraussetzungen islamischer Religionsunterricht an niedersächsischen Schulen eingerichtet werden kann bzw. soll und vergleichen Sie die Voraussetzungen mit denen der Einrichtung jüdischen Religionsunterrichts in M4 a).

Seite 197, M6, A3–A5, H
Visualisieren Sie die unterschiedlichen Voraussetzungen und Bedingungen der im Text genannten jüdischen Bevölkerungsgruppen in Form eines Schaubildes. Bringen Sie dabei Charakteristika wie den sozialen Status, den Grad der Emanzipation sowie Assimilation, die Mehrheitsverhältnisse und mögliche Barrieren, die den Gruppen begegneten, mit ein.

Arbeiten Sie aus dem Text heraus, wie viele jüdische Bürger im Krieg an der Front gestorben sind und in welchem Verhältnis diese zu dem „bekannten Studenten" standen. Seite 197, M8, A1 und A3, H

Entwickeln Sie Ideen, welche Voraussetzungen eine Gesellschaft erfüllen muss, damit eine Person wie Albert Ballin einen zentralen Teil seiner Identität nicht „weitestgehend verstecken" muss. Seite 201, M1, A3, F

Weisen Sie Gedanken der „Aufklärung" und „Emanzipation" im Text von Bertha Pappenheim nach. Seite 202, M2, A2, F

Setzen Sie sich mit der Aussage „Ist der Makel sozialer Ungleichheit getilgt, so ist damit auch der offizielle Teil der Volksabneigung gegen die jüdischen Deutschen beseitigt und der Weg zum herzlichen Verständnis gebahnt" (M3, Zeile 56–59) auseinander. Übertragen Sie dazu das Zitat auf die Situation von Minderheiten in Deutschland heute. Seite 203, M3, A4, F

Unter der „Ersten Internationalen" verstand man den 1864 in London gegründeten ersten internationale Zusammenschluss von Arbeitergesellschaften, die dasselbe Ziel verfolgten, nämlich: Die internationale Solidarität der Arbeiterbewegung zu stärken und gemeinsame Strategien zur Verbesserung der sozialen und wirtschaftlichen Lage der Arbeiter zu entwickeln. Setzen Sie nun diesen Ansatz in Beziehung zu dem von dem Verfasser verwendeten Begriff „goldene Internationale" und erläutern Sie wie er den Begriff „Internationale" umdeutet. Seite 210, M1, A2, H

Weisen Sie anhand des Textes nach, dass der Verfasser in seinem Text vom Antijudaismus (religiös begründete Ablehnung oder Feindseligkeit gegenüber Jüdinnen und Juden) zum Antisemitismus (rassistisch und/oder kulturell begründete Ablehnung oder Feindseligkeit gegenüber Jüdinnen und Juden) übergeht. Seite 210, M1, A3, F

Entwickeln Sie für jede Passage, in der Heinrich von Treitschke die jüdische Bevölkerung beschreibt, ein passendes Adjektiv, das seine Beschreibung kennzeichnet. Seite 211, M2, A3, H

Diskutieren Sie den Einfluss prominenter Personen auf gesellschaftliche Debatten heute. Beziehen Sie dabei auch den jeweiligen Hintergrund der Person ein (Politiker, Schauspieler, Wissenschaftler etc.). Erklären Sie auf Basis der Diskussionsergebnisse, warum Theodor Mommsen ein bestimmtes Verhalten von Heinrich von Treitschke erwartet. Seite 212, M3, A2, F

Geben Sie jedem der drei Teile des „Borkum-Liedes" jeweils eine thematische Überschrift. Analysieren Sie daraufhin den Zweck für die gewählte Reihenfolge der drei Teile des Liedes. Seite 213, M4, A2, H

Weisen Sie in M1 nach, an welchen Stellen der Autor eine Assimilation der jüdischen Bevölkerung an die deutsche Gesellschaft nahelegt. Seite 218, M1, A2, H

Arbeiten Sie heraus, wie der Autor das Verhältnis zwischen Religion und Staat einschätzt. Seite 218, M1, A3, H

Vergleichen Sie die Zielsetzung und das Selbstverständnis des Central-Vereins, mit denen heutiger religiöser Vereine wie zum Beispiel denen des Zentralrats der Muslime. Erläutern Sie dabei die historischen Hintergründe der Gemeinsamkeiten und Unterschiede in Selbstverständnis und Zielsetzung. Seite 219, M2, A4, F

Analysieren Sie, inwieweit die Konzepte einer „Staatsbürgernation", „Kulturnation" oder „Volksnation" in M1, M2 und M3 vertreten werden. Recherchieren Sie zu den Begriffen im Internet. Zur „Staatsnation" und „Kulturnation" siehe auch Seite 278 im Schulbuch. Seite 220, M3, A2, H

Überprüfen Sie anhand der Informationen der Verfassertexte der vorherigen Teilkapitel und des vorliegenden Teilkapitels, inwieweit die Aussagen des Flugblattes historisch zutreffend sind. Seite 221, M4, A1, F

Gestalten Sie eine fiktive Podiumsdiskussion zwischen Vertretern der Zionistischen Vereinigung und des Central-Vereins, in der es a) um die Frage nach der richtigen Antwort auf den Antisemitismus im Deutschen Kaiserreich und b) um die Frage nach der Zukunft des jüdischen Lebens im Deutschen Kaiserreich geht. Seite 221, M5, A3, F

2.5 Wahlmodul: Romanisierung und Kaiserzeit

Erörtern Sie die These: „Nur durch die *pax Romana* war die Romanisierung überhaupt möglich!" Seite 238, M1, A2, F

Vergleichen Sie den in M2 dargestellten Einfluss der römischen Kultur und Sprache auf die einheimische Bevölkerung Spaniens in der römischen Kaiserzeit mit dem gegenwärtigen Einfluss der amerikanischen Kultur und Sprache auf Ihr eigenes Leben. Beziehen Sie dabei auch die jeweiligen Gründe für die Übernahme von Sprache und Lebensweise mit ein. Seite 238, M2, A3, F

Listen Sie alle Veränderungen in der Lebensweise der Britannier, die in M5 beschrieben werden, auf. Diskutieren Sie dann im Partnergespräch, inwieweit diese Veränderungen Vor- bzw. Nachteile für die Britannier brachten. Unterscheiden Sie dabei zwischen der „vornehmen" und „einfachen" britannischen Bevölkerung und beziehen Sie auch Tacitus' Wertungen ein. Seite 240, M5, A2, H

Seite 241, M7, A2, F

Erörtern Sie, inwiefern die Verbreitung der Terra sigillata als Beispiel für eine „antike Globalisierung" gelten kann. Informieren Sie sich dazu zunächst über die Bedeutung des Begriffes „Globalisierung" in der Gegenwart. Weiten Sie die Diskussion danach auf alle Bereiche der Romanisierung in der Kaiserzeit aus.

Seite 242, M8, A1, H

Stellen Sie in Form einer Tabelle dar, von wem und zu welchen Gegebenheiten die lateinische bzw. griechische Sprache und Schrift jeweils genutzt wurde.

2.6 Wahlmodul: Industrialisierung

Seite 250, Abb., A, H

Teilen Sie die Abbildung in verschiedene Bereiche ein und analysieren Sie, welche Aussage jeder dieser Bereiche dem Betrachter vermittelt und durch welche gestalterischen Mittel diese Wirkung erzielt wird.

Seite 258, Abb., A, H

Legen Sie eine Folie über die Abbildung und umranden Sie mithilfe eines Folienstiftes verschiedene Bereiche und Personen. Weisen Sie einzelnen Personen mögliche Gedanken in Form von Denkblasen zu und analysieren Sie anschließend für jede der von Ihnen gewählten Personen bzw. für jeden ausgewählten Bereich die vom Künstler beabsichtige Botschaft an den Betrachter des Gemäldes. Führen Sie dann die Einzelbotschaften zu einer Gesamtaussage zusammen.

Seite 262, M1, A1-A3, F

Erläutern Sie anhand der Aussagen Toni Pierenkempers (M1) und der Charakteristika von Hans-Ulrich Wehler (M1 und M2 auf Seite 24 f.), was die Industrialisierung zu einem Modernisierungsprozess macht.

Seite 263, M2, A4, F

Erklären Sie Sven Beckerts Aussage „Der Kriegskapitalismus brachte den Industriekapitalismus hervor" (Zeile 36 f.) und setzen Sie sich mit den Folgen dieses ursächlichen Problemzusammenhangs auseinander.

Seite 264, M3, A1, H

Stellen Sie die Entwicklung der Daten in M3 a) in Form von sechs Kreis- bzw. Tortendiagrammen und analog die Daten in M3 c) in Form eines Graphen dar (Auf Zeitintervalle achten!). Interpretieren Sie anschließend die Statistiken mithilfe der Arbeitsschritte der Methode „Statistiken auswerten" auf Seite 272 im Schulbuch.

Seite 264, M3, A2, F

Arbeiten Sie heraus, was sich aus den Statistiken über die Entwicklung der internationalen Machtverhältnisse entnehmen lässt.

Seite 264, M4, A1, F

Analysieren und erläutern Sie die jeweilige Zielsetzung hinter den in M4 aufgeführten Maßnahmen.

Seite 265, M5, A1, H

Verfassen Sie zu dem Material eine quellenkritische Einleitung, beziehen Sie dabei besonders auch die in der Quellenangabe deutlich werdenden Auftraggeber des Gutachtens mit ein. Nutzen Sie die quellenkritische Einleitung dazu, die dem Gutachten innewohnende Haltung zu erklären.

Seite 269, M9, A1, H

Stellen Sie den von Marx und Engels in M9 beschriebenen Verlauf der Geschichte bis hin zur klassenlosen Gesellschaft in Form eines Flussdiagramms dar.

Seite 270, M11, A4, F

Überprüfen Sie begründet, inwieweit die vorliegende Denkschrift ein gutes repräsentatives Beispiel für Lohmanns Wirken und seine Haltung insgesamt darstellt.

Seite 271, M12, A2, H

Stellen Sie den von Robert Schuman in M12 dargestellten Zusammenhang zwischen Industriewirtschaft, Rüstung und Politik in einem Beziehungsdiagram dar.

3. Wurzeln unserer Identität

3.1 Kernmodul: Nation – Begriff und Mythos

Seite 279, M1, A3, F

Erörtern Sie begründet, welcher Definition oder welchen Definitionen von „Nation" in M1 Ihre Assoziationen am ehesten entsprechen und welche vollständig davon abweichen.

Seite 280, M2, A5, F

Erörtern Sie, inwieweit die Ehrung prominenter Persönlichkeiten zur Schaffung einer nationalen Identität nutzbringend, unpassend oder sogar gefährlich ist.

Seite 281, M3, A2, H

Erklären Sie anhand des Textes die vier Eigenschaften der Nation als „vorgestellte politische Gemeinschaft": a) „vorgestellt" (Zeile 2–6), b) „begrenzt" (Zeile 6–11), c) „souverän" (Zeile 16–27) und d) „Gemeinschaft" (Zeile 28–31). Fügen Sie anschließend Ihre Ergebnisse zu einer Gesamtdefinition zusammen.

Seite 283, Abb., A1-A3, H

Erläutern Sie wie die folgenden Charakteristika im Holzschnitt inhaltlich ausgestaltet werden: a) Sinnstiftung, b) Komplexitätsreduktion, c) Überhöhung und d) Stilisierung.

3.2 Kernmodul: Deutungen des deutschen Selbstverständnisses

Analysieren Sie, welche Bedeutung die einzelnen Bildelemente (z.B. die Reichskrone, das Feuer etc.) haben und welche Gesamtbedeutung sich im Zusammenspiel dieser Elemente im Gemälde ergibt. — Seite 285, Abb., A3, H

Überprüfen Sie, inwieweit der vorliegende Text einen Beleg für das deutsche „Sonderbewusstsein" darstellt. Entwickeln Sie dazu Kriterien auf Basis der Charakterisierung des deutschen „Sonderbewusstseins"/„Sonderwegs" durch Helmuth Plessner und Karl Dietrich Bracher (M1, Seite 291), Hans-Ulrich Wehler (M2, Seite 292) und Heinrich August Winkler (M3, Seite 293). — Seite 287, M2, A3, F

Erstellen Sie hierzu eine Tabelle mit der Überschrift „Der Begriff „Volksgemeinschaft" in seinen Deutungen" und den Spalten „Partei", „Charakteristika" und „Wirkung". — Seite 288, M3, A2, H

Recherchieren Sie wie die Begriffe „Volksnation" und „Staatsbürgernation" definiert werden und erklären Sie auf Basis dieser Definitionen die Unterschiede zwischen „Abstammungs- und Abstimmungsgemeinschaft". — Seite 289, M5, A2, H

Setzen Sie sich bei der Bearbeitung der Aufgabe 3 mit Ihren eigenen Vorstellungen von „deutscher Nation" und „deutschem Volk" auseinander und bringen Sie diese in die Analyse ein. — Seite 289, M5, A3, F

3.3 Kernmodul: Deutscher Sonderweg und transnationale Geschichtsschreibung

Ziehen Sie für einen Vergleich mit Frankreich die Darstellungstexte des entsprechenden Kapitels im Buch (Seite 116ff.) heran. Zum Einfluss des Luthertums in Europa können die Informationen des Darstellungstextes im Modul „Die Krise der spätmittelalterlichen Kirche und die Reformation" ab Seite 90 helfen, zur Bedeutung der Weimarer Republik die Informationen ab Seite 356. — Seite 291, M1, A2, H

3.4 Pflichtmodul: Der Erste Weltkrieg

Arbeiten Sie die Stereotype heraus, die über die Herero und Nama vermittelt werden sollen, sowie das Bild, das von den deutschen Soldaten gezeichnet werden soll. Erläutern Sie, mit welchen Mitteln diese „Bilder" erzeugt werden. — Seite 298, Abb., A2, F

Diskutieren Sie, welche Auswirkungen die Aufrüstung eines Landes für die heimische Wirtschaft, den Staatshaushalt, die Beschäftigung im Inland und die Durchsetzung außenpolitischer Interessen hat. Entwickeln Sie danach in Form eines Rollenspieles ein Streitgespräch zwischen einem zeitgenössischen Befürworter und Kritiker einer Aufrüstung. — Seite 305, M3, A2, H

Charakterisieren Sie die dargestellten Länder anhand der Daten von M2 und M3 (1913/14) jeweils hinsichtlich deren wirtschaftlicher und militärischer Stärke. Tragen Sie die Informationen in eine Kopie der Karte ein. Beurteilen Sie dann anhand der Karte die Kräfteverhältnisse der dargestellten Bündnissysteme inklusive potentieller weiterer Partner im Allgemeinen und potentieller Konfliktparteien im Speziellen im Vergleich. Tragen Sie die Informationen passend in eine Kopie der Karte ein. Entwickeln Sie im Fazit eine Prognose in Bezug auf die Konfliktgefahr und den möglichen Konfliktausgang. Beziehen Sie dabei auch die jeweilige geografische Lage der verschiedenen potentiellen Parteien ein. — Seite 307, M5, A1 und A2, F

Informieren Sie sich über das Vorgehen der Großmächte bei der Aushandlung des Londoner Vertrags von 1913. Diskutieren Sie, inwieweit dieses Vorgehen auf die in M7 beschriebene Situation im Juli 1914 übertragbar ist. Erläutern Sie dabei, welche Veränderung im Verhalten der im Juli 1914 involvierten Großmächte dazu notwendig wäre. — Seite 308, M7, A4, H

Analysieren Sie dazu zunächst M1 bis M3 daraufhin, welche Art der Verantwortung die drei Verfasser den beteiligten Ländern jeweils für den Kriegsausbruch zuweisen. — Seite 311, M1–M3, A2, H

Visualisieren Sie die Überschneidungen und Differenzen der Positionen der drei Verfasser in einem Venn-Diagramm (Mengendiagramm). — Seite 311, M1–M3, A3, H

Stellen Sie das Foto „Ausflug nach Paris" den beiden Aufnahmen auf Seite 316 („Bilder des Krieges") gegenüber. Erläutern Sie anhand der Bildquellen und mithilfe des Darstellungstextes auf den Seiten 312 bis 317 den Wandel zwischen Kriegserwartung und Kriegswirklichkeit. — Seite 312, Abb., A2, F

Erläutern Sie, welche Werte und welches Verhalten von den deutschen Soldaten, den Müttern der deutschen Soldaten und der deutschen Bevölkerung insgesamt eingefordert werden. — Seite 318, M2, A3, F

Nutzen Sie dazu die Informationen, die Sie unter dem Code **32039-35** finden. — Seite 320, M4, A1 und A2, H

Stellen Sie die Daten in einem geeigneten Diagramm dar und beschreiben Sie die dargestellte Entwicklung in ihrer Dynamik. — Seite 322, M7, A1, H

Weisen Sie begründet unter der Berücksichtigung der Kriterien „Überhöhung", „Stilisierung", „Komplexitätsreduktion" und „Sinnstiftung" die Mythisierung Paul von Hindenburgs anhand der Nagelfigur und ihrer Nutzung nach. — Seite 323, M9, A2, F

Seite 331, M2, A3, H	Nutzen Sie dazu auch die Information des Textes „Risse in der Heimatfront" auf Seite 327.
Seite 333, M4, A2, H	Gehen Sie in beiden Schaubildern jede Institution einzeln durch und stellen Sie deren Rechte und Möglichkeiten jeweils für 1914–16 und 1917/18 tabellarisch gegenüber. Analysieren Sie dann jeweils, inwiefern eine Veränderung stattfand und ob diese eher einen demokratischen oder autoritären Charakter hatte.
Seite 333, M5, A3, H	Nehmen Sie hierzu arbeitsteilig die Perspektive des Deutschen Reiches, Frankreichs, Russlands und Großbritanniens ein und kommentieren Sie jeden Punkt Wilsons aus ihrer eingenommenen Perspektive. Führen Sie Ihre Ergebnisse dann in der Gruppenarbeit zusammen und bearbeiten Sie anschließend die Aufgabe 3.
Seite 333, M6, A2, F	Diskutieren Sie, welche Rolle die Abwesenheit eines Repräsentanten der USA bei den Verhandlungen spielte.
Seite 336, Abb., A1, F	Arbeiten Sie aus der Karte die „Gewinner" und „Verlierer" der Versailler Friedensordnung heraus.
Seite 338, M1, A1 und A2, H	Berechnen Sie jeweils die prozentualen Anteile von eingesetzten Streitkräften, militärischen Todesfällen und zivilen Todesfällen an der jeweiligen Gesamtbevölkerung. Stellen Sie diese Daten in einem vergleichenden Diagramm dar. Verfahren Sie ebenso bei dem jeweiligen Verhältnis von eingesetzten Streitkräften und militärischen Todesfällen.
Seite 340, M3, A3, H	Informieren Sie sich dazu über die Situation in Russland im Jahre 1919.
Seite 350, M1, A3 und A4, F	Charakterisieren Sie die „Remembrance Poppies" anhand passender Merkmale als Teil des „kulturellen Gedächtnisses" nach Aleida und Jan Assmann (siehe im Schulbuch Seite 427).
Seite 351, M2, A3, F	Weisen Sie Kennzeichen einer Mythisierung („Komplexitätsreduktion", „Überhöhung", „Sinnstiftung", „Stilisierung") im Umgang mit dem Schlachtort Gallipoli durch Australien nach.
Seite 352, M3, A2, F	Das Kenotaph befindet sich im Londoner Regierungsviertel direkt vor dem Haupteingang des Außenministeriums. Erläutern Sie die Hintergründe für die Wahl dieses Standortes.
Seite 353, M5, A3, F	Entwickeln Sie eigene Gedanken dazu, inwiefern ein Gedenken an den Ersten Weltkrieg heute noch relevant ist.

3.5 Wahlmodul: Die Gesellschaft der Weimarer Republik

Seite 361, Abb., A1, H	Berücksichtigen Sie dabei Volkssouveränität. Demokratie, Föderalismus, Gewaltenteilung und Grundrechte.
Seite 368, Abb., A1, H	Entwerfen Sie zu jeder der dargestellten Personen einen „Steckbrief" mit Angaben zur gesellschaftlichen Stellung, zum Beruf und zur politischen Einstellung. Notieren Sie anschließend mögliche Gedanken, die die auf dem Gemälde gezeigten Personen haben könnten.
Seite 374, M1, A1, H	Vergleichen Sie die Aussagen Rosa Luxemburgs mit der Revolutionstheorie von Marx und Engels (siehe dazu M1 auf Seite 18 im Buch) und überprüfen Sie, inwieweit Luxemburg in M1 die marxsche Lehre vertritt.
Seite 374, M2, A2, H	Analysieren Sie die Wertvorstellung Groeners, die in M2 zum Ausdruck kommen.
Seite 374, M2, A2, F	Beurteilen Sie auf Basis Ihres Sachwissens zu Kriegsverlauf, Kriegsalltag und Kriegsende des Ersten Weltkrieges die Aussagen Groeners in den Zeilen 5 bis 15 (M2).
Seite 375, M3, A1, F	Recherchieren Sie den Text der Verfassung der Weimarer Republik und des Bonner Grundgesetzes. Weisen Sie die Eigenschaften, die Sebastian Haffner, der Weimarer Verfassung und dem Bonner Grundgesetz zuschreibt, in den jeweiligen Texten begründet nach.
Seite 376, M5, A2, H	Überlegen Sie wie ein Vertreter der „Dolchstoßlegende" (siehe den Darstellungstext auf Seite 363 und M6 auf Seite 376 f.) auf die Rede reagieren würde.
Seite 377, M6, A1, F	Arbeiten Sie die politische Einstellung Hindenburgs aus dem Text heraus. Diskutieren Sie, welche Wirkungen diese auf sein politisches Handeln als Reichspräsident haben könnte.
Seite 377, M6, A2 und A3, H	Beziehen Sie die Informationen der Darstellungstexte auf Seite 358 f. in die Stellungnahme bzw. Beurteilung mit ein.
Seite 379, M9, A1, H	Informieren Sie sich über den Hintergrund von Kronprinz Wilhelm als Adressaten Stresemanns und erklären Sie vor diesem Hintergrund die Argumentation des Außenministers.
Seite 381, M14, A2, F	Diskutieren Sie, wie die in M14 aufgeführten Faktoren zu gewichten sind – auch in Hinblick auf ihr jeweiliges Zusammenwirken. Als Hilfe können die Seiten 358 bis 373 genutzt werden.

3.6 Wahlmodul: Deutsches und europäisches Selbstverständnis nach 1945

Setzen Sie die Haltung Hesses in Beziehung zu der Aussage der Karikatur auf Seite 388. Nutzen Sie auf der derselben Seite auch die Informationen des Textabschnittes „Schuld und Sprachlosigkeit". — Seite 402, M1, A2 und A3, F

Legen Sie eine Folie über das Titelblatt des „Ulenspiegel" und umranden Sie mit einem Folienstift einzelne Bereiche. Analysieren Sie diese dann in Bezug auf ihre Wirkung und Bedeutung hin. Beachten Sie dabei auch die Symbolik in den Bildelementen. Die Bearbeitung kann auch arbeitsteilig erfolgen. Die Bereiche sind dann unter den Gruppenmitgliedern zu verteilen. Im Anschluss werden die Teilergebnisse zusammengetragen und die Gesamtdeutung gemeinsam erarbeitet. — Seite 403 Abb., A, H

Erstellen Sie zu den Daten einen Verlaufsgraphen. Beachten Sie dabei, dass die Zeitachse gleichmäßig skaliert wird (z. B. 1 cm für 1 Jahr). Beschreiben Sie anschließend den Verlauf des Graphen. Erklären Sie ihn auch anhand der Informationen auf den Seiten 388 bis 401. — Seite 404, M3, A, H

Setzen Sie die Aussagen des Textes in Beziehung zur Revolutionstheorie von Marx und Engels (M1, Seite 18). Untersuchen Sie, inwieweit Elemente der marxschen Lehre in M4 nachzuweisen sind. — Seite 404, M4, A2, F

Setzen Sie sich damit auseinander, inwieweit die im Text jeweils angesprochenen Defizite in der jeweiligen Vergangenheitspolitik heute behoben sind. — Seite 406, M6, A2, F

Informieren Sie sich über die von Münkler angesprochenen Inhalte. Überprüfen Sie dann, inwieweit hier jeweils eine Mythisierung vorgenommen wurde, indem Sie untersuchen, ob die Kriterien der Sinnstiftung, Überhöhung und Komplexitätsreduktion jeweils erfüllt sind. — Seite 407, M8, A2, H

Legen Sie eine Folie über die Karikatur und umranden Sie mit einem Folienstift einzelne Personen und Symbole. Identifizieren Sie diese in ihrer Funktion und analysieren Sie sie dann in Bezug auf ihre Wirkung und Bedeutung hin. Die Bearbeitung kann auch arbeitsteilig erfolgen. Tragen Sie die Ergebnisse anschließend zusammen, indem Sie die Beziehungen der Elemente/Personen untereinander diskutieren. — Seite 412, Abb., A, H

Suchen Sie nach Fotos und Abbildungen des Reichstagsgebäudes aus vergangenen Zeiten und untersuchen Sie jeweils, inwieweit sich die Architektur im Vergleich zur gegenwärtigen jeweils verändert hat bzw. gleich geblieben ist. Analysieren Sie die Gründe dafür. — Seite 413, Abb., A, H

Erstellen Sie eine Mindmap mit dem Titel „Charakteristika der Berliner Republik". — Seite 414, M13, A1, H

Anregungen kann hier zum Beispiel das Modul „Französische Revolution" ab Seite 116 im Buch liefern. — Seite 415, M15, A2, H

4. Geschichts- und Erinnerungskultur

4.1 Kernmodul: Geschichtsbewusstsein und Geschichtskultur

Skizzieren in einem Verlaufsdiagramm den Weg, den die „faktische Vergangenheit" durch die Beschäftigung mit Geschichte bis zur „Konsensobjektivität" nach nehmen kann. Verwenden Sie daneben auch Begriffe wie „Rekonstruktion", „Urteil" und „Perspektive". — Seite 426, M2, A3, H

Erstellen Sie ein Schaubild, in dem das Verhältnis zwischen der individuellen und kollektiven Seite des Geschichtsbewusstseins deutlich wird. Bringen Sie dabei auch Beispiele, wie Sie in Zeile 14 bis 27 genannt werden, ein. — Seite 426, M3, A1, H

4.2 Kernmodul: Historische Erinnerung

Erstellen Sie eine Mindmap, in der die Wirkungen, Funktionen aber auch Problemstellungen, die nach Jeismann von der Beschäftigung mit Geschichte ausgehen, abgebildet sind. — Seite 431, M1, A2, H

Übertragen Sie die von Pandel aufgestellten Kriterien der Authentizität auf einen Geschichtsspielfilm Ihrer Wahl. Überprüfen Sie dann anhand dieser Kriterien den Authentizitätsgrad nach Pandel. — Seite 433, M4, A1, F

Charakterisieren Sie eine beliebige Person einer Epoche in ihrer Mentalität, ihren Aufgaben, Zielen etc. Diskutieren Sie anschließend, welche Eigenschaften in einer entsprechenden Geschichtserzählung zum Ausdruck kommen müssten, damit diese „typenauthentisch" ist. — Seite 433, M4, A3, H

4.3 Pflichtmodul: Epochenbilder in der Geschichtskultur – das Mittelalter

Seite 437, Abb., A1, F	Vergleichen Sie die identitätsstiftende Wirkung, die von der Kaiserpfalz in Goslar im 19. Jahrhundert ausgehen sollte, mit derjenigen, die vom Kölner Dom ausging (siehe auch M2 auf Seite 440 f.).
Seite 438, Abb., A2, H	Arbeiten Sie dazu an konkreten Beispielen wie „Der Herr der Ringe", „Königreich der Himmel" oder „Der Name der Rose".
Seite 440, M1, A1, H	Gliedern Sie den Text zur Strukturierung in Bereiche, die Novalis anspricht. Zum Beispiel: Alltag, Glaube, Regierung, gesellschaftliches Miteinander.
Seite 440, M1, A3, F	Charakterisieren Sie anhand der Merkmale Komplexitätsreduktion, Überhöhung, Stilisierung und Sinnstiftung den Mythos vom „Mittelalter", der hier durch Novalis erzeugt wird.
Seite 441, M2, A2, H	Erstellen Sie einen Zeitstrahl, der die verschiedenen Sichtweisen auf die Baustelle „Kölner Dom" durch die Jahre zeigt.
Seite 441, M2, A2, F	Charakterisieren Sie anhand der Merkmale Komplexitätsreduktion, Überhöhung, Stilisierung und Sinnstiftung den Mythos vom „Kölner Dom" im 19. Jahrhundert.
Seite 441, M2, A4, H	Charakterisieren Sie die Sinn- und Identitätsstiftung, die von den im Darstellungstext erwähnten Bauwerken ausgeht sowie anhand von Beispielen wie der Freiheitsstatue (USA), des Maracanã-Stadiums (Brasilien) oder der Kaaba (Saudi-Arabien).
Seite 442, M3, A2, H	Arbeiten Sie anhand der Bildelemente heraus, zu welchem gesellschaftlichen Stand des Mittelalters die abgebildete Person wahrscheinlich gehörte.
Seite 442, M3, A2, F	Setzen Sie die Botschaft, die das Foto der betrachtenden Person über das Mittelalter vermittelt, in Beziehung zu den Aussagen von Novalis in M1.
Seite 443, M4, A1, F	Vergleichen Sie die Kennzeichen des Kulturfilms mit denen moderner historischer Dokumentationen (z. B. anhand von „Otto und das Reich", siehe hierzu Seite 450 f.).
Seite 443, M4, A2, H	Analysieren Sie, bis zu welchem Grad die unterschiedlichen Gestaltungsformen gezielt dazu genutzt werden können, bestimmte (ggf. politisch erwünschte) Deutungen des Mittelalters zu transportieren.
Seite 443, M5, A4, H	Untersuchen Sie hierzu, welche Aspekte aus dem Darstellungstext „Im Nationalsozialismus: Mittelalter als Gewaltgeschichte" (Seite 439) sich im Bild nachweisen lassen.
Seite 443, M6, A3, H	Ein „Kreuzzug" war ursprünglich ein religiös legitimierter Krieg der Christenheit, vor allem zur „Befreiung" Jerusalems und anderer heiliger Stätten vom Islam. Charakterisieren Sie die Umdeutung, die hier vorgenommen wird.
Seite 443, M6, A3, F	Auch heute wird der Begriff noch verwendet, z. B. „Kreuzzug gegen Korruption", „Kreuzzug für den Klimaschutz" etc. Charakterisieren Sie auch hier die Umdeutung, die vorgenommen wird, und setzen Sie sich mit der Angemessenheit der Verwendung dieses historisch geprägten Begriffs auseinander.
Seite 447, Abb., A4, H	Untersuchen Sie, inwieweit die „Mittelaltermotive", die Valentin Groebner in den Zeilen 8 bis 10 in M1 auf Seite 449 benennt, in dem Plakat, dem Trailer und der Inhaltsangabe auftauchen, und benennen Sie weitere. Führen Sie im zweiten Schritt Elemente an, die nichts mit dem „richtigen Mittelalter" (M1, Zeile 26) zu tun haben.
Seite 449, M1, A2, H	Geben Sie zunächst die „Mittelaltermotive" (Zeile 8) wieder, die Valentin Groebner nennt, und finden Sie eigene Beispiele dafür in Film, Literatur und Spiel. Benennen Sie dann Elemente in diesen Medien, die nachweislich historisch unrichtig sind und somit nichts mit dem „richtigen Mittelalter" (vgl. Zeile 26), das man dann als „primäres Mittelalter" verstehen kann, zu tun haben.
Seite 450, M2, A1, H	Bea Lundt sagt in M1a): „Man legt in die Vergangenheit, was man in der Gegenwart vermisst; und man vergisst, was man nicht ertragen kann." Nennen Sie hierfür ein Beispiel, das sich auf das Mittelalter als „Vergangenheit" bezieht, und erklären Sie: Was kann man beim „Eintauchen" in dieses Beispiel erleben oder erfahren, was es heute nicht mehr gibt? Was blendet man dabei bewusst aus?
Seite 450, M2, A3, F	Setzen Sie die Aussagen Bea Lundts und Karin Schneider-Ferbers in Beziehung zu den Formen des Gedächtnisses nach Assmann (M4, Seite 427) und den Merkmalen von Mythen nach Herfried Münkler (M4, Seite 281 f.) und Heidi Hein-Kircher (M5, Seite 282 f.).
Seite 450, M2, A5, H	Untersuchen Sie, wie die Merkmale des Mittelalters in der Geschichtskultur, die in M2 a) bis c) deutlich werden, in der Geschäftsidee Robert Donigers weiterentwickelt werden. Diskutieren Sie, inwieweit diese Geschäftsidee im Einklang mit den „Sinnbedürfnissen" aus a) und den „Wünschen" aus b) steht.
Seite 455, M, A3, F	Charakterisieren Sie mithilfe der Theorie von Assmann zu den Formen historischer Erinnerung (siehe Seite 427, M4) die durch das Spiel vorliegende Art der Erinnerung an die Pest.

Lexikon zur Geschichte: Begriffe

Ablass (althochdt. *Ablaz*: Nachlass): kirchliche Vorstellung von der Verringerung zeitlicher Sündenstrafen im Jenseits. Ein Ablass wurde als Gegenleistung für gute Werke gewährt, wenn der Betreffende zugleich Buße tat. Im Spätmittelalter bot die Kirche Ablässe gegen Gebühren an.

Absolutismus: die (in der Theorie) ungeteilte Herrschaft des Monarchen. Sie wird hergeleitet aus dem Gottesgnadentum des Herrschers, der über dem Gesetz steht.

Ancien Régime (wörtlich: alte, ehemalige Regierung): Der Begriff steht für die vorrevolutionären Zustände.

ANZAC (Australian and New Zealand Army Corps): Truppenverband zumeist freiwilliger Soldaten aus Australien und Neuseeland, der im Ersten Weltkrieg für Großbritannien und die Entente kämpfte

Arrondissements: den Departements untergeordnete Verwaltungseinheiten

Aufklärung: Die bis heute meist verwendete Definition lieferte der Königsberger Philosoph Immanuel Kant (1724–1804): „Aufklärung ist der Ausgang des Menschen aus seiner selbst verschuldeten Unmündigkeit." Die Vernunft sollte zum Maßstab allen Denkens werden. Auswirkungen hatte dies für den Kampf gegen (religiöse) Vorurteile, für Bildung und Rechte der Bürger sowie in einer Hinwendung zu den Naturwissenschaften.

Aufstand vom 17. Juni 1953: Nachdem die SED-Führung die Arbeitsnormen heraufgesetzt hatte, kam es in Ost-Berlin und 700 weiteren Städten der DDR zu Aufständen. Diese wurden mithilfe sowjetischer Truppen blutig niedergeschlagen.

Barock: Stilepoche in Kunst, Literatur, Musik und Architektur etwa zwischen 1600 und 1730

chemische Industrie: seit etwa 1850 aufkommender Wirtschaftsbereich, in dem Rohstoffe in chemischen Fertigungsprozessen zu Produkten wie künstlichen Farben, Kunststoffen, Kunstdünger, Reinigungs- oder Konservierungsmitteln und Medikamenten verarbeitet werden

Club des Cordeliers: so benannt nach seinem ersten Tagungsort, einer Kirche der Franziskaner, die im Volksmund „cordeliers" genannt wurden

Club des Feuillants: benannt nach dem ehemaligen Feuillantinerkloster in Paris

Dekret (von lat. *decernere*: beschließen, entscheiden): rechtlich bindende Verfügung

Deutscher Bund: Auf dem Wiener Kongress 1815 gegründeter Zusammenschluss von anfangs 34 unabhängigen (souveränen) Fürsten und vier freien Städten (Lübeck, Hamburg, Bremen und Frankfurt am Main). Sitz der Bundesversammlung (Bundestag) war Frankfurt am Main. Der Deutsche Bund blieb bis zur Gründung des Norddeutschen Bundes 1866 bestehen.

Diaspora (griech.: Zerstreuung): Allgemein: Zustand, bei dem Angehörige eines Volkes oder einer Religion in bestimmten Ländern die Minderheit bilden. Speziell: Die Zerstreuung der Jüdinnen und Juden in alle Länder nach der Zerstörung des Jerusalemer Tempels 70 n. Chr.

Dominions: Bezeichnung für Territorien des Britischen Weltreiches, die sich selbst verwalteten, außenpolitisch jedoch vom britischen Mutterland vertreten wurden. Als erstes erlangte Kanada 1867 diesen Status. Ihm folgten 1901 Australien, 1907 Neufundland und Neuseeland, 1910 Südafrika.

Dreifelderwirtschaft: Anbaumethode, bei der auf einem Feld in einem Jahr Wintergetreide (z.B. Roggen und Weizen) und im nächsten Jahr Sommergetreide (z.B. Hafer) angebaut wird. Im dritten Jahr liegt das Feld zur Erholung brach. Die Erträge sind dadurch höher, als wenn Anbau und Brache jährlich wechseln.

Dreyfus-Affäre: Benannt nach dem jüdisch-französischen Offizier Alfred Dreyfus (1859–1935), der fälschlich der Spionage beschuldigt und 1894 nach einem manipulierten Gerichtsverfahren zu lebenslangem Exil verurteilt wurde. Der Justizskandal spaltete die öffentliche Meinung in Frankreich und im übrigen Europa. Erst 1906 wurde der Schuldspruch für Dreyfus aufgehoben und der zu Unrecht Verurteilte rehabilitiert.

Edikt von Nantes: von König Heinrich IV. gewährte Bestimmung, die den Protestanten in Frankreich freie Religionsausübung und rechtliche Gleichstellung versprach, zugleich aber den katholischen Glauben als Staatsreligion festschrieb. Nach der Aufhebung des Edikts 1685 setzten neuen Verfolgungen der Protestanten ein, die massenhaft in andere Länder Europas, nach Amerika oder Südafrika flohen.

Elektroindustrie: Industriezweig, der gegen Ende des 19. Jahrhunderts entstand und auf die Herstellung etwa von Stromgeneratoren, Kabeln, Batterien und elektrisch betriebenen Anlagen, Geräten und Bauteilen spezialisiert ist

Entspannungspolitik: Der Begriff beschreibt eine Phase des Kalten Krieges von Ende der 1960er- bis Anfang der 1980er-Jahre. In diesem Zeitraum versuchten die USA und die UdSSR sowie ihre jeweiligen Verbündeten Konflikte vorwiegend auf diplomatischem Weg zu lösen und gegenseitiges Vertrauen aufzubauen.

Enzyklika (von altgriech. *kyklos*: Ring, Kreis): Rundschreiben des Papstes an die katholischen Gemeinden in aller Welt, mit Lehrinhalten zu Fragen des Glaubens, der Lebensführung oder über gesellschaftliche Themen

Eskapismus: Methode der Geschichtsbenutzung, um aus der gegenwärtigen Realität, deren Anforderungen man als zu komplex, schwierig und aufdringlich empfindet, zu flüchten (engl. *to escape*). Die Epochenimagination „Mittelalter" wird z.B. als Rückzugs-, Projektions- oder Identifikationsraum gewählt, um der Gegenwart zu entfliehen.

Expressionismus (von lat. *expressio*: Ausdruck): vom Ende des 19. Jahrhunderts bis ca. 1925 bestehende Kunstrichtung in Europa, die Erlebtes expressiv ausdrückt

Fegefeuer: Von der Papstkirche seit dem 6. Jahrhundert entwickelte Lehre, wonach die Seelen Verstorbener eine Zeit der Reinigung durchlaufen müssen, um ihre Sünden zu büßen. Erst dann werde Gott über ihre Wiederauferstehung oder ihre Verdammnis in der Hölle entscheiden.

Feudal: abgeleitet von lat. *foedum*: Lehensgut

Frankfurter Auschwitz-Prozess: Mit 22 Angeklagten und 183 Verhandlungstagen handelte es sich um einen der größten und meistbeachteten Prozesse in der Geschichte der deutschen Justiz. Durch die Aussagen der mehreren hundert Zeugen – größtenteils KZ-Überlebende – sahen sich viele Deutsche gezwungen, sich mit der eigenen Rolle während der NS-Zeit und der mangelnden Aufarbeitung nach 1945 auseinanderzusetzen.

Freikorps: paramilitärische Einheiten, die nicht zu den regulären Truppen gehörten. Diese Freiwilligenverbände bestanden aus ehemaligen Berufssoldaten, Abenteurern, Studenten oder Schülern, meist Männer, die nach dem Krieg kein Zuhause und keine Arbeit hatten und nicht in ein ziviles Leben zurückgefunden hatten.

Freizügigkeit: Im 19. Jahrhundert bezeichnete Freizügigkeit das Recht, sich frei innerhalb eines Staates oder Landes zu bewegen und einen Wohnsitz zu wählen, ohne durch feudale oder ständische Bindungen eingeschränkt zu sein. Es bedeutete auch die Freiheit, einen Beruf oder ein Gewerbe frei zu wählen und auszuüben.

Generalstände: Ständevertretung ganz Frankreichs mit je 300 Abgeordneten des Klerus, des Adels und des Dritten Standes (= Bürger, Bauern)

Gewerkschaften: Nach dem Vorbild der britischen *trade unions* gegründete Arbeitervereinigungen, die die Interessen der Beschäftigten gegenüber Arbeitgebern und Regierung vertreten

Globalisierung: Prozess einer fortschreitenden Annäherung und Verflechtung zwischen den verschiedenen Weltregionen durch Handel, Kapitalverkehr und sonstige Wirtschaftsbeziehungen, Migration und Tourismus, Medien und Kommunikation oder zwischenstaatliche Vereinbarungen

Gotik: Kunst- und Architekturstil in Europa etwa von der Mitte des 12. bis zum Beginn des 16. Jahrhunderts. Charakteristisch für den gotischen Baustil sind Spitzbögen, Rippengewölbe und schlanke, besonders hoch aufragende Säulen und Türme.

Guillotine: Hinrichtungsgerät, benannt nach dem Arzt Joseph Ignace Guillotin (1738–1834), der sich als Abgeordneter in der Konstituante für einen humaneren und für alle Stände gleichen Vollzug der Todesstrafe eingesetzt hatte

Hochstift: weltlicher Herrschaftsbereich eines geistlichen Reichsfürsten (Fürsterzbischof, -bischof, Reichsabt, -äbtissin usw.)

höhere Töchterschule: im 19. Jahrhundert Bildungseinrichtung nach der Volksschule, die Mädchen auf die Tätigkeit als Hausfrauen, Ehefrauen und Mütter vorbereitete

Hugenotten: seit Mitte des 16. Jahrhunderts Bezeichnung für die Protestanten in Frankreich, die stark vom Reformiertentum geprägt waren

Humanismus (von lat. *humanitas*: Menschenwürde): spätere Bezeichnung für eine geistige Bewegung im Europa des 14. bis 16. Jahrhunderts. Sie nahm das Wissen und die Ideen der griechisch-römischen Antike zum Vorbild, um die eigene Gesellschaft sittlich zu verbessern.

Imperialismus (von lat. *imperium*: Reich, Herrschaft): Erweiterung des Herrschaftsbereiches eines Staates auf andere Völker oder Länder, oft gegen deren Willen

Islam: eine der großen Weltreligionen, die vom Propheten Mohammed (um 570–632) in Arabien gegründet wurde. Die Araber eroberten in der Folgezeit Vorderasien, Nordafrika und zeitweise die spanische Halbinsel. Dabei setzten sie überall ihre Religion durch.

Jakobinerklub: benannt nach dem Dominikanerkloster Saint-Jacques, in dessen Räumen sich die Mitglieder seit dem 24. Dezember 1789 versammelten

Jesuiten (eigentlich: Gesellschaft Jesu): geistlicher Orden, von dem Spanier Ignatius von Loyola (1491–1556) 1534 gegründet und 1540 von Rom anerkannt. Die Jesuiten widmen sich dem Unterricht in Schule und Universität sowie der Missionierung. Sie tragen keine eigene Ordenskleidung und betonen den Gehorsam gegenüber dem Papst.

Kalenderreform: von Papst Gregor XIII. verfügte Korrektur des Kalendersystems. Der neue Gregorianische Kalender wich damals um zehn Tage vom bisherigen Julianischen Kalender ab, die Differenz nahm später noch zu. Protestantische Länder führten den neuen Kalender teils erst im 18. Jahrhundert ein. Auch das Reich war in dieser Frage lange gespalten.

Kapital: (von lat. *caput*: Haupt, Kopf; ital. *capitale*: Kopfzahl, Vermögen): Sammelbegriff für Mittel, die zur Produktion von Gütern oder Dienstleistungen zur Verfügung gestellt werden, etwa Bargeld, Kredite oder Wertpapiere, Grundbesitz, Maschinen und Geräte, Betriebsstätten usw.

Kapuziner (von ital. *cappuccio*: Haube, Kapuze): Zweig des Franziskanerordens, 1528 vom Papst bestätigt. Die Mönche leben in größter Armut und verdingen sich als Seelsorger sowie als Helfer für Kranke, Arme und Obdachlose.

Klassizismus (ca. 1770–1840): künstlerische Gegenbewegung zum verspielten Rokoko, die sich an der Antike orientiert mit den Idealen von Klarheit und harmonischer Proportion

Klerus (von lat. *clericus*: Geistlicher): Sammelbegriff für alle Geistlichen

Konkordat: völkerrechtlicher Vertrag zwischen Staat und katholischer Kirche zur Regelung kirchlich-staatlicher Angelegenheiten

Konkordienbuch: Sammlung der für die evangelisch-lutherische Kirche maßgeblichen Bekenntnisschriften (u. a. Luthers Katechismen, Confessio Augustana von 1530, Konkordienformel), 1580 veröffentlicht

Konkordienformel (von lat. *concordia*: Eintracht): gemeinsame Bekenntnisformel evangelisch-lutherischer Reichsstände, 1577 unterzeichnet. Die Konkordienformel versuchte, einen Schlussstrich unter die Lehrstreitigkeiten innerhalb des Luthertums zu ziehen.

Konkubinat (von lat. *concubinus*: Geliebter): (heute veraltet für) eheähnliches Verhältnis. Im Mittelalter wurde es als Lebensgemeinschaft für Personen geduldet, die keine Ehe eingehen konnten.

Kriegsanleihen: Schuldverschreibungen eines Staates, die dieser zur Finanzierung eines Krieges anbietet und nach Kriegsende mit Zinsen zurückzuzahlen verspricht

Kurie (von lat. *curia*: Rat, Hof): Gesamtheit der dem Papst unterstehenden Zentralbehörden zur Leitung der katholischen Kirche

Lagune: Flaches Gewässer, das durch natürliche Barrieren wie Inseln oder Sandablagerungen vom offenen Meer weitgehend abgetrennt ist. Am bekanntesten ist die Lagune von Venedig.

Laien (von lat. *laicus*: weltlich): Bezeichnung für Christen ohne geistliches Amt

Landeshoheit: einheitliche Herrschaftsgewalt eines Fürsten oder einer reichsstädtischen Obrigkeit über die Einwohner. Sie blieb bis zum Ende des Reiches beschränkt durch Reichsgesetze, Gewohnheitsrechte und das Appellationsrecht der Untertanen an die Reichsgerichte.

Laterankonzil (von lat. *concilium*: Rat, Zusammenkunft): Konzile waren Kirchenversammlungen, bei denen unter Leitung des Papstes die höchsten Würdenträger grundsätzliche Fragen des Glaubens diskutierten. Der Lateranpalast war bis ins 13. Jahrhundert die Residenz des Papstes in Rom. Das Konzil von 1215 gilt als eines der bedeutendsten. Neben den Kleidervorschriften für Juden wurde auch entschieden, dass Mediziner aus dem Klerus keine chirurgischen Behandlungsmethoden anwenden durften.

Leibeigenschaft: Rechtszustand einer dauernden persönlichen und wirtschaftlichen Abhängigkeit von einem Herrn

Marktwirtschaft (auch: Kapitalismus): System, das auf freien Wettbewerb setzt und dem Grundsatz von Angebot und Nachfrage folgt, um möglichst großen wirtschaftlichen Gewinn zu erzielen

Mediävistik (von lat. *medium aevum*: mittleres Zeitalter): Wissenschaft des europäischen Mittelalters. Zu den verschiedenen Forschungsfeldern gehören die Fachbereiche der mittelalterlichen Geschichte, Theologie und Sprach- und Literaturwissenschaft, der Archäologie des Mittelalters, der mittelalterlichen Musik- und Kunstwissenschaft sowie der Architektur jener Epoche.

Menschenrechte: Wo immer Menschen heute Freiheit und Gerechtigkeit fordern, berufen sie sich direkt oder indirekt auf die „Erklärung der Menschen- und Bürgerrechte" von 1789. Das Vorbild lieferte die Virginia Bill of Rights von 1776, mit der sich die von der britischen Krone abtrünnige Kolonie Virginia eine eigene Verfassung gab. Im 19. Jahrhundert wurden die Menschenrechte zunächst Gegenstand nationaler Verfassungen und im 20. Jahrhundert schließlich sogar Bestandteil internationaler Abkommen. Die Vereinten Nationen oder der Europarat haben Menschenrechtsvereinbarungen getroffen, die von ihren Mitgliedstaaten anerkannt werden mussten – als Bedingung für die Aufnahme in diese internationalen Organisationen. Die Verwirklichung und Sicherung der Menschenrechte bleibt auch in Zukunft eine ständige nationale und internationale politische Aufgabe. Sie steht und fällt mit dem Engagement der Bürgerinnen und Bürger.

Merkantilismus (von lat. *mercator*: Kaufmann): staatlich gelenkte Wirtschaftsform in Europa im 16. bis 18. Jahrhundert, die auf hohe Ausfuhren heimischer Fertigprodukte angelegt ist, um Handelsgewinne zu erzielen, während die Binnenwirtschaft von Importen anderer Staaten möglichst abgeriegelt wird

Mittelalter: In der europäischen Geschichte die Zeitspanne zwischen Antike und Früher Neuzeit: etwa 500 bis 1500. Die mittelalterliche Kultur entwickelte sich auf den Grundlagen der Antike, germanischer Traditionen und des Christentums. Kennzeichen des Hochmittelalters sind eine strenge Ständeordnung, die Blütezeit des Rittertums, Entstehen und Wachsen von Städten und Wirtschaftsleben, starker Einfluß der Papstkirche sowie der Baustil der Gotik.

Mittelalterinszenierungen: Das Mittelalter wird heute in der Populärkultur vielfach verlebendigt. Als Reenactment bezeichnet man die Wiederaufführung oder Reinszenierung konkreter geschichtlicher Ereignisse (z. B. einer Schlacht oder eines historischen Festes), als Living History die Darstellung historischer Lebenswelten durch Personen (z. B. auf einem Mittelaltermarkt), deren Kleidung, Ausrüstung und Gebrauchsgegenstände möglichst der dargestellten Epoche entsprechen sollen. Mit Live Action Role Playing (LARP) werden Rollenspiele beschrieben, bei denen die Spieler eine bestimmte historische Figur (einen „Charakter") möglichst authentisch darstellen.

Mobilmachung: Anordnung eines Staates zur Einsatzbereitschaft seiner Streitkräfte

Montanunternehmen (von lat. *mons*: Berg): Industriebetriebe des Bergbaus sowie der Produktion oder Verarbeitung von Eisen und Stahl

Nationalgarde: Am 11./12. Juli 1789 in Paris entstandene Bürgerwehr, die einerseits die Bürger vor der königlichen Armee schützen und andererseits das Eigentum der Bürger sichern sollte. Ihre Mitglieder kamen aus dem Bürgertum. Die Nationalgarde bestand mit Unterbrechungen bis 1871.

Norddeutscher Bund: 1866 entstand unter Preußens Führung der Norddeutsche Bund. Er löste den auf dem Wiener Kongress geschaffenen Deutschen Bund ab und bestand aus Preußen, 17 Kleinstaaten nördlich der Mainlinie und vier Freien Städten. Der Norddeutsche Bund ging 1871 im Deutschen Kaiserreich auf.

Novemberpogrom: gewaltsames Vorgehen von Nationalsozialisten und deren Anhängern gegen die jüdische Bevölkerung in vielen Städten und Gemeinden des Deutschen Reiches während des 9. und 10. November 1938. Neben der Zerstörung von Wohnungen, Geschäften, Friedhöfen und Synagogen kamen mehr als 1500 Jüdinnen und Juden durch Gewalttaten ums Leben.

Pandemie: Infektionskrankheit mit meist schweren Krankheitsverläufen. Im Unterschied zur Epidemie ist die Pandemie nicht regional begrenzt.

Panslawismus: geistig-politische Strömung, die die kulturelle Gemeinsamkeit aller slawischen Völker betont. Seit dem späten 19. Jahrhundert entstand daraus die Forderung nach nationaler Befreiung aller Slawen unter der Führung Russlands.

Pantheon: Bezeichnung sowohl für die Gesamtheit der Götter als auch für das ihnen geweihte Heiligtum

Päpstliche Bulle: offizielle päpstliche Urkunde mit rechtskräftiger Erklärung, die damit im Kirchenrecht Gültigkeit besitzt

Partisanen (von ital. *partigiano*: Parteigänger): Bezeichnung für bewaffnete Personen, die an einem Krieg teilnehmen, ohne regulären Streitkräften anzugehören

Patriziat (von lat. *patres*: die Väter): Angehörige des Patriziats waren im antiken Rom Familien der alteingesessenen adligen Oberschicht. In den Städten des Mittelalters war das Patriziat eine sozial relativ geschlossene Oberschicht, die meist die höchsten Ämter innehatte.

Planwirtschaft: Wirtschaftsordnung, in der die Produktion von Gütern sowie deren Verteilung nach staatlich festgelegten Plänen vorgenommen wird.

Pogrom (russ.: Verwüstung, Zerstörung): gewaltsame Ausschreitung der Bevölkerung gegen religiöse oder ethnische Minderheiten, vor allem gegen Juden

Proletarier (von lat. *proles*: Nachkomme): im Alten Rom Bezeichnung für die Angehörigen der Unterschicht, die nichts außer ihren eigenen Kindern besaßen

Propaganda (von lat. *propagare*: verbreiten): systematischer Einsatz von Medien, der die öffentliche Meinung für eine bestimmte politische oder weltanschauliche Richtung einnehmen soll. Um Zweifel, Kritik oder Widerspruch zu zerstreuen, werden dabei Sachverhalte oft stark vereinfacht, übertrieben oder falsch dargestellt.

Protektorat (lat.: Schutzherrschaft): Verwaltung eines Landes und militärischer Schutz nach außen durch einen anderen Staat

Protestation (von lat. *protestari*: bezeugen): Rechtshandlung eines Reichsstandes, sich gegen einen Mehrheitsbeschluss zu erklären. Dabei blieb es fraglich, ob der Protestierende von der Entscheidung ausgenommen war oder ihr dennoch folgen musste.

Psalmen (von altgriech. *psalmós*: Lied, Saitenspiel): Sammlung von Gedichten, Liedtexten und Gebeten im Alten Testament

Räterepublik: Herrschaftsform der direkten Demokratie. Räte sind gewählte Ausschüsse von Bewohnern eines Bezirks, Arbeitern und Soldaten. Sie sind an die Weisungen der Wähler gebunden und vereinen gesetzgebende, ausführende und rechtsprechende Gewalt auf sich.

Reallöhne: statistische Höhe von Einkommen, bei denen das erhaltene Entgelt (Nominallohn) mit den bestehenden Lebenshaltungskosten verrechnet wird, Gradmesser für die tatsächliche Kaufkraft

Realpräsenz: Lehrauffassung von der Gegenwart Christi in der Abendmahlsfeier. Christus ist demnach in Brot und Wein „leibhaftig" anwesend. Gemäß der Lehre von der **Spiritualpräsenz** (von lat. *spiritus*: Seele, Geist) ist Christus nicht körperlich, sondern durch den Heiligen Geist zugegen.

Reichsacht: Ausschluss aus der Gesellschaft wegen schwerer Verbrechen. Der Geächtete war rechtlos und durfte straflos beraubt oder getötet werden. Die Reichsacht wurde vom Kaiser verhängt, jedoch erst nach einem ordentlichen Verfahren.

Reichsexekution: (militärisches) Mittel eines Bundesstaates oder Staatenbundes gegenüber seinen Gliedstaaten

Reichsleitung: zivile politische Führung des Deutschen Kaiserreiches, bestehend aus dem Reichskanzler und seinen Staatssekretären. Der Kanzler wurde vom Kaiser (zugleich preußischer König) ernannt und entlassen und war nur ihm, nicht dem Parlament, verantwortlich. Das Militär lag außerhalb der Befugnisse der Reichsleitung und blieb dem Monarchen direkt unterstellt.

Reichsstände: Inhaber von Sitz und Stimme auf Reichstagen (geistliche und weltliche Kurfürsten und Fürsten sowie Reichsstädte)

Religionskolloquium: Religionsgespräch, Verhandlungen über theologische Lehrauffassungen. Die Kolloquien von 1540/41, 1546 und 1557 brachten keine Einigung.

Reliquie (von lat. *reliquiae*: Zurückgelassenes): (angeblicher) Überrest einer heiligen Person, etwa ein Körperteil, getragene Kleidung, ein Gegenstand aus deren Besitz

Renaissancepapsttum: spätere Bezeichnung für die Regierung der Päpste von Mitte des 15. bis zur Mitte des 16. Jahrhunderts, die wie weltliche Fürsten auftraten und ihren Herrschaftssitz Rom zu einem Zentrum der Renaissance (Wiederbelebung der klassischen Antike) machen wollten.

Restauration (lat. *restaurare:* wiederherstellen): Wiederherstellung früherer, politischer und gesellschaftlicher Verhältnisse, die oft durch eine Revolution beseitigt worden waren. So wird auch die Epoche in der Zeit von 1815 bis 1848 genannt, in der die Fürsten durch eine restaurative Politik versuchten, alle nationalen und liberalen Bestrebungen zu unterdrücken.

Romantik: Stilrichtung in Philosophie, Literatur, Kunst und Musik vom Ende des 18. bis etwa Mitte des 19. Jahrhunderts. Sie betonte vor allem Leidenschaft, Gefühlsbetontheit, Spontaneität, Ursprünglichkeit und Natürlichkeit.

Sakramente (von lat. *sacrare*: weihen, heiligen): Weihehandlungen, die nur von Priestern durchgeführt werden können. Im Mittelalter wurden sieben Sakramente festgelegt: Taufe, Firmung, Abendmahl (Kommunion), Buße (Beichte), Krankensalbung („letzte Ölung"), Priesterweihe und Ehe.

Säkularisation (von lat. *saecularis*: weltlich, zeitlich): Enteignung von Kirchengut durch dessen Umwandlung in weltlichen Besitz

Sansculotten (franz. *sans culotte*: ohne Kniebundhose): Anhänger der städtischen Volksbewegung, die nicht die Kniehose (*culotte*) der „guten Gesellschaft", sondern lange Hosen der einfachen Bürger trugen. Weitere Kennzeichen der Sansculotten waren die rote Mütze („*Bonnet rouge*"), die Pike (Spieß) und das brüderliche Du.

Schisma (altgriech.: Spaltung, Trennung): Spaltung einer Religionsgemeinschaft, aus der keine abweichende Glaubensrichtung hervorgeht. Als Schisma wird etwa auch die Trennung zwischen römischer und griechisch-orthodoxer Kirche im 11. Jahrhundert bezeichnet.

Schlieffen-Plan: Operationsplan von 1905 für einen Zweifrontenkrieg, benannt nach dem damaligen preußischen Generalstabschef Alfred von Schlieffen (1833–1913). Der Plan sah eine schnelle Überflügelung Frankreichs von Norden her vor, indem deutsche Armeen durch das neutrale Belgien marschierten. Nach einem Sieg im Westen sollten genügend Kräfte gegen Russland zur Verfügung stehen.

Schutzjuden: Bezeichnung für Juden, die einen Schutzbrief durch ihre Landesherren erhielten. Es war eine Art Vertrag, der die Dauer ihrer Niederlassung sowie Rechtsschutz, Schutz der Religion, Handelserlaubnis und anderes mehr festlegte. Dafür mussten die Juden jährlich ein Schutzgeld und andere Abgaben an den Schutzherren zahlen.

Schwarzer Tod: Die Metapher des „Schwarzen Todes" stammt ursprünglich aus dem Altgriechischen. Sie wurde erst seit dem 17. Jahrhundert vor allem im Volksmund auf die Pest angewendet.

Selbstbestimmungsrecht der Völker: Grundsatz des modernen Völkerrechts, wonach jedes Volk das Recht hat, selbstständig über seine Staats- und Regierungsordnung sowie seine innere Entwicklung zu entscheiden.

Semiten: seit dem späten 18. Jahrhundert wissenschaftliche Bezeichnung für Angehörige einer Völker- und Sprachenfamilie, die im oder seit dem Altertum in Nordafrika sowie im Nahen und Mittleren Osten beheimatet waren. Nach heutigen wissenschaftlichen Maßstäben erscheint der Begriff „semitisch" zu unbestimmt für eine völkerkundliche Zuordnung, weshalb er kaum noch verwendet wird.

Senat (lat. *senatus*: Ältestenrat/Rat erfahrener Politiker): oberster Rat des Römischen Reiches. In ihn wurde nur aufgenommen, wer Magistrat („Regierungsbeamter") gewesen war und über großes Vermögen verfügte. Unter Augustus umfasste der Senat 600 Mitglieder.

Siegfrieden: Friedensschluss, dessen Bestimmungen einseitig durch den oder die Sieger eines Krieges diktiert werden

Sozialdarwinismus: Anschauung, die manche Theorien des Naturforschers Charles Darwin (1809–1882) auf die moderne Gesellschaft anzuwenden sucht. Demnach herrsche auch unter den Menschen ein dauernder „Kampf ums Dasein", in dem sich nur die Stärksten und Anpassungsfähigsten behaupten könnten.

Soziale Marktwirtschaft: Wirtschaftsordnung der Bundesrepublik Deutschland, in der sich der Staat, anders als in der reinen freien Marktwirtschaft, durch gesetzliche Rahmenbedingungen um einen möglichst gerechten Ausgleich zwischen wirtschaftlich stärkeren und schwächeren Gruppen der Gesellschaft bemüht.

Sozialstaat: Gesamtheit von Gesetzen, öffentlichen Einrichtungen und Angeboten zur Unterstützung für sozial Schwache

Toleranz (von lat. *tolerare*: dulden, ertragen): fried- und respektvoller Umgang mit Andersdenkenden; Verhalten, das über eine rein rechtliche Duldung Andersdenkender noch hinausgeht

Triftigkeit: Der historische Erkenntnisprozess beruht auf der Rekonstruktion von Ereignissen und Personen (Sachanalyse). Durch einen Quellenvergleich wird versucht herauszufinden, wie vergangene Ereignisse von den Zeitgenossen (vermutlich) wahrgenommen wurden, warum sie wie gehandelt bzw. nicht gehandelt haben. Diese Beurteilung berücksichtigt die zeitgenössischen Wert- und Weltvorstellungen (Sachurteil). Auf dieser Grundlage und einer entsprechenden Deutung und Gewichtung werden kausale Zusammenhänge gebildet. Die Vergangenheit wird dann nach heutigen Maßstäben beurteilt, Gegenwartsbezüge werden hergestellt und Perspektiven für die Zukunft entwickelt (Werturteil). Erfolgt dies nach den Gesetzen der Logik und der wissenschaftlichen Methode, spricht man von Triftigkeit.

Utraquisten (von lat. *sub utraque specie*: unter beiderlei Gestalt): christliche Glaubensgemeinschaft in Böhmen, die das Abendmahl unter Einschluss des Laienkelchs praktizierte.

Verbürgerlichung: Aufstieg von Menschen in bürgerliche Schichten einer Gesellschaft, verbunden mit materieller Besserstellung und der Übernahme bürgerlicher Werte, Verhaltensformen und Anschauungen

Verständigungsfrieden: Friedensschluss auf der Grundlage von Kompromissen und Verzichtleistungen aller Seiten

Völkerbund (engl.: *League of Nations*, frz.: *Société des Nations*): internationale Organisation zur Wahrung des Friedens und zur Zusammenarbeit aller Völker, 1920 von 32 Staaten gegründet, mit Sitz in Genf. Der Völkerbund bestand bis April 1946.

völkisch: Bezeichnung für eine radikal-nationalistische Überzeugung, die für das eigene Staatsvolk völlige ethnische Einheitlichkeit anstrebt

Volksschule: im 19. Jahrhundert in den deutschen Staaten eingeführte einheitliche Elementarschule mit acht Jahrgangsstufen

„Wilson-Frieden“: Der US-amerikanische Präsident Woodrow Wilson hatte am 8. Januar 1918 einen „14-Punkte-Plan“ vorgelegt, in dem er seine Vorstellungen von den Grundlagen einer zukünftigen Friedensordnung in Europa formulierte. Diese sollte auf dem Selbstbestimmungsrecht der Völker und dem Autonomie- und Nationalitätenprinzip basieren.

Wüstungen: Bezeichnung für aufgegebene Siedlungen und landwirtschaftlich nicht mehr genutzte Flächen

Zensuswahlrecht: Das Recht des Wählers oder das Gewicht der Stimme ist an den Nachweis eines bestimmten Besitzes, Einkommens oder einer bestimmten Steuerleistung (Zensus) gebunden.

Zunft: genossenschaftlicher Zusammenschluss der Handwerksmeister eines Gewerbes (vgl. heute die Innung). Sie regelten die wirtschaftlichen Belange (Herstellung und Absatz der Produkte, Rohstoffbeschaffung, Verkaufspreise). Außerdem boten die Zünfte ihren Mitgliedern gesellige Zusammenkünfte und soziale Unterstützung (für Kranke, Witwen und Waisen; Sorge für das Begräbnis).

Lexikon zur Geschichte: Personen

Bergman, Ingmar (1918–2007): Er war einer der bedeutendsten, vielfach ausgezeichneten Filmregisseure des 20. Jahrhunderts. In seinen Filmen geht es häufig um die Frage nach der Existenz Gottes, die Einsamkeit des Menschen und das (vergebliche) Streben nach Glück. Zu seinen größten Erfolgen zählen unter anderem „Einen Sommer lang“ (1951), „Wilde Erdbeeren“ (1958), „Das Schweigen“ (1963), „Szenen einer Ehe“ (1973) sowie „Fanny und Alexander“ (1982).

Bismarck, Otto von (1815–1898): Ministerpräsident Preußens von 1862 bis Januar 1873 und November 1873 bis 1890, von 1867 bis 1871 Kanzler des Norddeutschen Bundes, danach bis 1890 Deutscher Reichskanzler

Bora, Katharina von (1499–1552): stammte aus dem sächsischen Landadel, seit 1515 Nonne, Mitglied der Zisterzienserinnen, verließ 1523 die Klostergemeinschaft und heiratete 1525 Martin Luther, mit dem sie sechs Kinder hatte und ein bürgerliches Leben führte.

Brüning, Heinrich (1885–1970): 1930–1932 Reichskanzler; 1934 Emigration in die USA. Der 1885 in Münster geborene Brüning war Volkswirt und hatte als Frontoffizier am Ersten Weltkrieg teilgenommen. Seit 1924 war er Reichstagsabgeordneter des Zentrums und hatte sich als Steuer- und Finanzexperte einen Namen gemacht.

Calvin, Johannes (1509–1564): französischer Jurist, Humanist und Reformator, entwickelte eine reformierte Kirchenordnung für Genf, die 1541 in Kraft trat. Von 1536 bis 1559 verfasste er sein großes Lehrwerk „Institutio christianae religionis“ (dt.: „Unterricht in der christlichen Religion“).

Danton, Georges Jacques (1759–1794, hingerichtet): Er war Mitbegründer des Cordeliers-Clubs, wurde 1792 Abgeordneter des Nationalkonvents und war zeitweise Mitglied des Wohlfahrtsausschusses.

Ebert, Friedrich (1871–1925): Er arbeitete als Sattler, Redakteur und Gastwirt. Ebert engagierte sich früh in Partei und Gewerkschaft, war ab 1913 SPD-Vorsitzender, übernahm nach Ausrufung der Republik 1918 die Regierungsgeschäfte und wurde 1919 erster Reichspräsident der Weimarer Republik.

Engels, Friedrich (1820–1895): Kaufmann, Philosoph und Publizist aus Barmen, enger Weggefährte und Mitarbeiter von Karl Marx

Erzberger, Matthias (1875–1921): deutscher Publizist und Politiker, seit 1903 Mitglied des Reichstages (Zentrumspartei), im November 1918 Bevollmächtigter des Deutschen Reiches für das Waffenstillstandsabkommen von Compiègne, 1919 bis 1920 Finanzminister der Weimarer Republik, fiel im August 1921 einem rechtsextremen Mordanschlag zum Opfer

Ferdinand I. (1503–1564): Herrscher aus dem Haus Habsburg, Erzherzog von Österreich, seit 1526/27 König von Böhmen, Ungarn und Kroatien. 1531 zum römisch-deutschen König gewählt, blieb er Stellvertreter Karls V. und wurde nach dessen Tod 1558 Kaiser.

Herz, Henriette (1864–1847): deutsch-jüdische Schriftstellerin. Sie war mit dem Arzt Marcus Herz verheiratet, der in sein Haus regelmäßig namhafte Naturwissenschaftler und Philosophen einlud. Selbst umfassend gebildet, gründete sie um 1780 den ersten Salon in Berlin. Dieser war für viele Jahre Treffpunkt für die bedeutendsten Intellektuellen der Stadt.

Herzl, Theodor (1860–1904): aus Budapest stammender österreichisch-jüdischer Journalist, Schriftsteller und Publizist. Er gilt als einer der wichtigsten Vordenker der Gründung des Staates Israel, die 1948 erfolgte. Herzls Leichnam wurde 1949 nach Jerusalem überführt und auf dem nach ihm benannten Herzlberg beigesetzt.

Hindenburg, Paul von (1847–1934): Als Sohn eines adligen Offiziers und Gutsbesitzers durchlief Hindenburg ab 1866 eine militärische Karriere. Er wurde 1914 zum Oberbefehlshaber der Truppen an der Ostfront berufen und stieg im Ersten Weltkrieg zum Generalfeldmarschall auf. Von 1925 bis 1934 war er Reichspräsident, als welcher er am 30. Januar 1933 Adolf Hitler zum Reichskanzler ernannte.

Hitler, Adolf (1889–1945): Hitler stammte aus dem österreichischen Braunau (Inn), kam 1913 nach München, wo er sich erfolglos als Künstler durchschlug. 1914 freiwillige Teilnahme am Ersten Weltkrieg in bayerischem Regiment, Verwundung und Auszeichnung, 1919 Propagandist der DAP, seit 1920 NSDAP; 1921 Vorsitzender der Partei, 1923 Hitler-Putsch und Festungshaft, 1925 Neugründung der NSDAP und Aufstieg zur Massenpartei, 1933 Ernennung zum Reichskanzler, ab 1934 „Führer und Reichskanzler".

Hus, Jan (um 1370–1415): tschechischer Theologe, Prediger und Kirchenkritiker, Rektor der Universität Prag, wird bis heute als tschechischer Nationalheld verehrt

Karl V. (1500–1558): Herrscher aus dem Haus Habsburg, seit 1515 Herr über die Niederlande, seit 1516 König von Spanien, Herr über Neapel und Sizilien, seit 1519 römisch-deutscher König, seit 1520 „erwählter römischer Kaiser", 1530 vom Papst zum Kaiser gekrönt

Levin Varnhagen, Rahel (1771–1833): Schriftstellerin und Intellektuelle. Ihr Salon in Berlin galt um 1800 als der einflussreichste der Stadt; in ihm verkehrten die bedeutendsten Philosophen und Dichter.

Ludendorff, Erich (1865–1937): preußischer Offizier, seit August 1914 und bis Kriegsende Stabschef und Stellvertreter Hindenburgs, nach 1918 erklärter Gegner der Weimarer Republik und rechtsnationalistischer Politiker.

Luther, Martin (1483–1546): Theologe und Reformator aus Eisleben in Thüringen. Seit 1505 Mitglied des Ordens der Augustiner-Eremiten, seit 1512 Professor für Bibelauslegung an der Universität Wittenberg. Im Streit um seine Ansichten über Glaube und Kirche wurde er 1521 vom Papst zum Ketzer erklärt. Seit 1525 lebte er als Ehemann, Hausvater und Priester in Wittenberg. Auf seine Lehren geht die evangelisch-lutherische Kirche zurück.

Luxemburg, Rosa (1871–1919): Journalistin und sozialistische Theoretikerin; Mitbegründerin der Kommunistischen Partei Deutschlands (KPD)

Marx, Karl (1818–1883): Wirtschaftswissenschaftler, Philosoph und Publizist aus Trier, Begründer der Wirtschafts- und Gesellschaftstheorie des Marxismus, brachte als politisch Verfolgter 1845 bis 1848 in Brüssel zu, ging nach der Revolution von 1848/49 ins Exil nach London

Melanchthon, Philipp (1497–1560): Humanist, Theologe, Dichter und Reformator. Ab 1518 Professor für Altgriechisch in Wittenberg, seither Luthers Anhänger und Mitarbeiter, nach Luthers Tod Wortführer der Reformation. Er widmete sich zumal der Reform des Unterrichtswesens.

Mommsen, Theodor (1817–1903): deutscher Historiker, erhielt 1902 für sein Hauptwerk, die fünfbändige „Römische Geschichte" (1854–1885), den Nobelpreis für Literatur

Müntzer, Thomas (1486/90–1525): Theologe, Priester und Revolutionär. Er forderte neben einer Enteignung der Kirchen und Klöster auch die Abschaffung der Vorrechte des Adels. Als Teilnehmer am Bauernkrieg in Thüringen wurde er 1525 hingerichtet.

Napoleon Bonaparte (1769–1821): Er kämpfte als Offizier zunächst gegen die Royalisten, später im Auftrag des Direktoriums in Italien. Er kam 1799 durch einen Staatsstreich an die Regierung, krönte sich 1804 selbst zum Kaiser der Franzosen und nannte sich fortan Napoleon I. Er starb in Verbannung auf der Atlantikinsel St. Helena.

Papen, Franz von (1879–1969): 1932 Reichskanzler; im Nürnberger Prozess gegen die Hauptkriegsverbrecher 1946 freigesprochen

Princip, Gavrilo (1894–1918): aus Bosnien stammender serbischer Nationalist. Für den Doppelmord von Sarajewo verurteilte ihn ein österreichisches Gericht im Oktober 1914 zu einer Gefängnisstrafe statt zum Tode, da er zum Tatzeitpunkt nicht volljährig gewesen war. Wenige Monate vor Kriegsende starb er in der Haft an Tuberkulose.

Robespierre, Maximilien de (1754–1794, hingerichtet): Rechtsanwalt; Mitglied des Jakobinerklubs und Abgeordneter des Nationalkonvents und seit Juli 1793 im Wohlfahrtsausschuss tätig

Sieyès, Emmanuel Joseph (1748–1836): Angehöriger des Klerus und Politiker. Er war einer der einflussreichsten Wortführer des Dritten Standes, wurde Abgeordneter des Nationalkonvents und unterstützte 1799 als Mitglied der Regierung den Staatsstreich Napoleons.

Sigmund, auch Sigismund (1368–1437): Herrscher aus dem Haus Luxemburg, das nach ihm ausstarb. 1378–1388 und 1411–1415 Kurfürst von Brandenburg, seit 1387 König von Ungarn und Kroatien, seit 1411 römisch-deutscher König, seit 1419 auch König von Böhmen, 1433 zum Kaiser gekrönt.

Stresemann, Gustav (1878–1929): Wirtschaftswissenschaftler und Politiker, 1923 Reichskanzler, 1923–1929 Außenminister. Er prägte die Weimarer Republik und erwirkte die Aufnahme Deutschlands in den Völkerbund.

Talleyrand, Charles Maurice (1754–1838): Priester und Politiker. Seit 1789 war er als Bischof von Autun Vertreter des Ersten Standes in den Generalständen. Er wurde Mitglied der Nationalversammlung, leistete 1790 den Eid auf die Verfassung, woraufhin er vom Papst aus der Gemeinschaft der Gläubigen gebannt wurde. Von 1797 bis 1807 Außenminister Napoleons und nach dessen Niederlage ab 1814 erneut Außenminister.

Treitschke, Heinrich von (1834–1896): deutscher Historiker und Publizist, von 1871 bis 1884 Abgeordneter des Deutschen Reichstages (bis 1878 für die Nationalliberale Partei, danach parteilos)

Ullstein, Leopold (1826–1899): Der deutsch-jüdische Verleger gründete 1898 die „Berliner Morgenpost", die bald auflagenstärkste Tageszeitung der Reichshauptstadt. Ullstein gehörten auch andere Massenblätter wie die „Berliner Zeitung am Mittag" oder die „Berliner Illustrirte Zeitung". Wegen ihrer niedrigen Preise und einfachen Berichterstattung fanden sie eine große Leserschaft.

Wilhelm II. (1859–1941): Sohn Kaiser Friedrichs III. und der aus England stammenden Kaiserin Viktoria, von 1888 bis 1918 König von Preußen und deutscher Kaiser, dankte am Ende des Ersten Weltkrieges ab und lebte danach im Exil in den Niederlanden. Seine Zeit als Monarch wird als „Wilheminismus" bezeichnet.

Wilson, Woodrow (1856–1924): US-Politiker (Demokratische Partei), Präsident der Vereinigten Staaten von 1913 bis 1921, erhielt 1920 den Friedensnobelpreis

Zwingli, Ulrich (1484–1531): Schweizer Theologe, Priester und Reformator, seit 1523 verantwortlich für die Einführung der Reformation in Zürich und anderen Schweizer Orten. Zürich unterlag 1531 im Krieg gegen katholische Kantone. Zwingli fiel in der Schlacht.

Wer ist wer in der Weimarer Republik?

Die Reichspräsidenten

Friedrich Ebert (Februar 1919 bis Februar 1925, SPD)

Paul von Hindenburg (April 1925 bis August 1934, parteilos)

Die Reichskanzler

Reichskanzler	Partei	Amtszeit
Philipp Scheidemann	SPD	Februar bis Juni 1919
Gustav Bauer	SPD	Juni 1919 bis März 1920
Hermann Müller	SPD	März bis Juni 1920, Juni 1928 bis März 1930
Constantin Fehrenbach	Zentrum	Juni 1920 bis Mai 1921
Joseph Wirth	Zentrum	Mai 1921 bis November 1922
Wilhelm Cuno	parteilos	November 1922 bis August 1923
Gustav Stresemann	DVP	August bis November 1923
Wilhelm Marx	Zentrum	November 1923 bis Januar 1925, Mai 1926 bis Juni 1928
Hans Luther	parteilos	Januar 1925 bis Mai 1926
Heinrich Brüning	Zentrum	März 1930 bis Mai 1932
Franz von Papen	Zentrum, ab 3. Juni 1932 parteilos	Juni bis Dezember 1932
Kurt von Schleicher	parteilos	Dezember 1932 bis Januar 1933

Die Parteien

Partei	Gründung	Ausrichtung
Bayerische Volkspartei (BVP)	1918	bayerische Partei der Katholiken, abgespalten von der Zentrumspartei
Deutsche Demokratische Partei (DDP)	1918	liberale Partei, Befürworter der Republik
Deutschnationale Volkspartei (DNVP)	1918	konservative Partei, kritisch gegenüber der Republik
Deutsche Volkspartei (DVP)	1918	Partei der Industriellen, kritisch gegenüber der Republik
Kommunistische Partei Deutschlands (KPD)	1918	radikale Arbeiterpartei, gegen die Republik
Nationalsozialistische Deutsche Arbeiterpartei (NSDAP)	1919 (seit 1920 unter diesem Namen), 1925 (Neugründung)	antisemitische und nationalistische Partei Adolf Hitlers, gegen die Republik
Sozialdemokratische Partei Deutschlands (SPD)	1863 (seit 1890 unter diesem Namen)	gemäßigte Arbeiterpartei, Befürworter der Republik
Unabhängige Sozialdemokratische Partei Deutschlands (USPD)	1917	radikale Arbeiterpartei, gegen die Republik
Zentrum (Z)	1870	Partei der Katholiken, Befürworter der Republik

Die **fettgedruckten Begriffe und Seitenzahlen** verweisen auf Erläuterungen in der Randspalte des Darstellungsteils.

Die **fettgedruckten Namen und Seitenzahlen** verweisen auf biografische Informationen in der Randspalte des Darstellungsteils.

© 2026 FIREFLY HOLDINGS LIMITED. All rights reserved. – S. 429; © 2026 Photo Scala, Florence – S. 85; AdobeStock/caifas – S. 259; -/Gabrielle – S. 437; -/Yaroslav – S. 99; akg-images – S. 43, 160, 245, 253, 268; -/arkivi – S. 213; -/Walter Ballhause – S. 371; -/Peter Connolly – S. 236; -/Fotoarchiv für Zeitgeschichte – S. 323; -/Heritage Images, CM Dixon – S. 241; -/Interfoto, TV-Yesterday – S. 198; -/Erich Lessing – S. 47; -/© VG Bild-Kunst, Bonn 2026 – S. 75, 368; Alamy Stock Photo/Abaca Press – S. 8; -/ART Collection – S. 98; -/Art Collection 4 – S. 95; -/Bailey-Cooper Photography – S. 352; -/BibleLandPictures, Zev Radovan – S. 243; -/Wilfried Dietz – S. 420; -/Oliver Förstner – S. 420; -/Germany Images David Crossland – S. 192; -/Angela Serena Gilmour – S. 344; -/GL Archive – S. 98, 122, 130; -/Glasshouse Images – S. 356; -/Granger Historical Picture Archive – S. 86, 93; -/Glenn Harper – S. 346; -/Chris Hellier – S. 443; -/Chris Howes/Wild Places Photography – S. 350; -/Heritage Image Partnership Ltd. – S. 40, 96, 97, 120; -/Hirarchivum Press – S. 250; -/Historic Images – S. 92; -/imageBROKER.com – S. 8, 445, 446; -/KGPA Ltd – S. 316; -/Lanmas – S. 155; -/Lebrecht Music & Art – S. 369; -/Hervé Lenain – S. 36; -/Masterpics – S. 125; -/PA Images – S. 278; -/Painters – S. 175; -/PAINTING – S. 74; -/Pictorial Press Ltd. – S. 94, 139, 334; -/Vladimir Pomortzeff – S. 420; -/Maurice Savage – S. 296; -/Johann Scheibner – S. 276; -/Science History Images – S. 59, 316; -/The History Collection – Cover, S. 75; -/The Picture Art Collection – S. 119, 438; -/The Print Collector – S. 207, 298; -/Bill Waterson – S. 331; -/World History Archive – S. 329; -/Zoom Historical – S. 207; Archäologisches Museum Frankfurt am Main – S. 237; bpk-Bildagentur – S. 94, 185, 372; -/Deutsches Historisches Museum, Sebastian Ahlers – S. 364; -/Deutsches Historisches Museum, Arne Psille – S. 330, 343, 405; -/Deutsches Historisches Museum, Arne Psille // © VG Bild-Kunst, Bonn 2026 – S. 391; -/Deutsches Historisches Museum // © The Heartfield Community of Heirs/VG Bild-Kunst, Bonn 2026 – S. 381; -/Kupferstichkabinett, SMB, Jörg P. Anders – S. 51; -/RMN-Grand Palais, Jean-Gilles Berizzi, Paris, MuCEM, Museé des Civilisations de l'Europe et de la Méditerrané – S. 116; -/RMN-Grand Palais, Bulloz, Paris, Musée Carnavalet – S. 17; -/Staatsbibliothek zu Berlin – S. 283, 377; -/The Jewish Museum of NY, Art Resource, NY – S. 184; Bridgeman Images – S. 228; -/© British Library Board, All Rights Reserved – S. 39; -/Photo © Christie's Images // © VG Bild-Kunst, Bonn 2026 – S. 367; -/Luisa Ricciarini – S. 44; Cartoonlobby e.V./Karikatur von Reiner Schwalme aus dem Jahr 1992 – S. 398; Umschlagkonzept: dtv/Umschlagbild: Klaus Steffens – S. 84; Doreen Eschinger, Berlin – S. 392; © falknordmann – S. 182; Fotolia/beermedia – S. 10; Bildarchiv Foto Marburg/Jeannine Le Brun – S. 79; © Freunde und Förderer des Leo Baeck Instituts e.V./https://fuf-leobaeck.de – S. 164; © Hessen Kassel Heritage, Sammlung Graphik, Foto: Ute Brunzel/Johann Michael Voltz, Hepp! Hepp!, SM-GS 6.2.790/3, fol. 5 – S. 163; Dr. Horst Hoheisel, Kassel/© VG Bild-Kunst, Bonn 2026 – S. 386; imago images/United Archives International, Topfoto – S. 335; Interfoto/Miller – S. 395; Limesmuseum Aalen/Ulrich Sauerborn – S. 234; Mauritius Images/Alamy Stock Photo, AGB Photo Library – S. 260; -/Alamy Stock Photo, Andrei Antipov – S. 434; -/Alamy Stock Photo, Archive Collection – S. 71; -/Alamy Stock Photo, ARCHIVIO GBB – S. 366; -/Alamy Stock Photo, ART Collection – S. 127, 128; -/Alamy Stock Photo, Art Collection 2 – S. 182; -/Alamy Stock Photo, Arterra Picture Library – S. 351; -/Alamy Stock Photo, ARTGEN – S. 80; -/Alamy Stock Photo, Auk Archive – S. 312; -/Alamy Stock Photo, Balfore Archive Images – S. 177; -/Alamy Stock Photo, BMH Photographic – S. 326; -/Alamy Stock Photo, BNA Photographic – S. 77; -/Alamy Stock Photo, Roland Bouvier – S. 124; -/Alamy Stock Photo, Iurii Buriak – S. 280-/Alamy Stock Photo, De Luan – S. 325; -/Alamy Stock Photo, Entertainment Pictures, Entertainment Pictures – S. 447; -/Alamy Stock Photo, FLHC7 – S. 129; -/Alamy Stock Photo, Gainew Gallery – S. 46; -/Alamy Stock Photo, GL Archive – S. 358, 514; -/Alamy Stock Photo, Historic Collection – S. 327; -/Alamy Stock Photo, History and Art Collection – S. 365; -/Alamy Stock Photo, Rye Hobie – S. 56; -/Alamy Stock Photo, Peter Horree – S. 79, 258; -/Alamy Stock Photo, Ian Dagnall Computing – S. 259, 304; -/Alamy Stock Photo, Islandstock – S. 276; -/Alamy Stock Photo, Tilman Jentzsch, Gonzales Photo – S. 448; -/Alamy Stock Photo, Andy Lane – S. 144; -/Alamy Stock Photo, Zip Lexing – S.166; -/Alamy Stock Photo, Angus McComiskey – S. 280; -/Alamy Stock Photo, Mccool – S. 48, 293; -/Alamy Stock Photo, Moviestore Collection, Moviestore Collection Ltd. – S. 87; -/Alamy Stock Photo, Painters – S. 285; -/Alamy Stock Photo, PF-(bygone1) – S. 200; -/Alamy Stock Photo, Photo 12 – S. 155, 391; -/Alamy Stock Photo, Pictorial Press, Pictorial Press Ltd – S. 53; -/Alamy Stock Photo, Piemags/rmn – S. 161; -/Alamy Stock Photo, Stefano Politi Markovina – S. 28; -/Alamy Stock Photo, PRISMA-ARCHIVO – S. 99; -/Alamy Stock Photo, Andreas Prott – S. 448; -/Alamy Stock Photo, PWB Images – S. 125; -/Alamy Stock Photo, Peter Righteous – S. 96; -/Alamy Stock Photo, Alfredo Garcia Saz – S. 280; -/Alamy Stock Photo, Peter Schickert – S. 44; -/Alamy Stock Photo, Signal Photos – S. 104; -/Alamy Stock Photo, SilverScreen – S. 78; -/Alamy Stock Photo, Skimage – S. 208; -/Alamy Stock Photo, Smith Collection/Gado, Gado Images – S. 45; -/Alamy Stock Photo, Svintage Archive – S. 189; -/Alamy Stock Photo, The Granger Collection – S. 83, 478; -/Alamy Stock Photo, The History Collection – S. 130, 170, 174; -/Alamy Stock Photo, The Picture Art Collection – S. 61, 63; -/Alamy Stock Photo, The Protected Art Archive – S. 61; -/Alamy Stock Photo, Vidimages – S. 187; -/Alamy Stock Photo, Hilda Weges – S. 32; -/Alamy Stock Photo, Markus Wissmann – S. 427; -/Alamy Stock Photo, World History Archive – S. 57, 58; -/Alamy Stock Photo, Zoonar GmbH – S. 121; -/Collection Christophel – S. 77; -/imageBROKER, Martin Jung – S. 34; -/imageBROKER, Martin Siepmann – S. 469; -/Memento – S. 45; -/Michael Runkel – S. 280; -/Science Source, LOC – S. 314, 358, 514; -/SuperStock, Fine Art Images – S. 169, 248; -/TopFoto – S. 371, 373; -/United Archives, WHA, World History Archive – S. 359; -/World Book Inc. – S. 132, 216, 302, 373; Museum für Kunst und Gewerbe Hamburg – S. 442; S. R, Nebelspalter Magazin, Februar 1933/© Silver Hesse, Zürich, Zeichner: Gregor Rabinovitch – S. 380; © Verlag Friedrich Oetinger, Hamburg – S. 452; Österreichische Nationalbibliothek/ANNO, Neues Österreich Nummer 381 vom 20.07.1946, In Nürnberg und anderswo – er hat mir's doch befohlen – S. 388; © Peter Palm, Berlin – S. 35, 52, 307, 313, 328, 336; Pfister, Christian; Wanner, Heinz: Klima und Gesellschaft in Europa – Die letzten tausend Jahre. 2021. Haupt Verlag, Bern – S. 49; picture-alliance/akg-images – S. 81, 106, 168, 174, 189, 199, 255, 299, 302, 363, 389; -/akg-images, Herve Champollion – S. 345; -/akg-images, Erich Lessing – S. 244; -/akg-images, Armin Pongs – S. 148; -/arkivi – S. 176; -/Bildarchiv – S. 424; -/Bildarchiv, Wolfgang Kumm – S. 423; -/Bildarchiv Monheim, Florian Monheim – S. 408; -/ddrbildarchiv, Herbert Sandberg – S. 403; -/dpa, Bifab – S. 170; -/dpa, Wolfgang Eilmes – S. 348; -/dpa, Axel Heimken – S. 144; -/dpa-Report, dpaweb, Ingo Wagner – S. 144; -/© epa-Bildfunk, SCANPIX, NORWAY, Marit, Hommedal – S. 27; -/© Fine Art Images, Heritage Images – S. 64; -/Fotoreport, Gerd Herold – S. 393; -/Karl-Josef Hildenbrand – S. 399; -/Holger Hollemann – S. 428; -/Imagechina, Yan Zheng – S. 22; -/Rainer Jensen – S. 397; -/Sebastian Kahnert – S. 276; -/Andreas Lander – S. 413; -/Mary Evans Picture Library – S. 199; -/Schnoerrer – S. 410; -/Peter Steffen – S. 429; -/SZ Photo, Scherl – S. 198, 443; -/SZ Photo, Werek – S. 394; -/Zentralbild, Arno Burgi – S. 25; -/Zentralbild, euroluftbild.de, Gerhard Launer – S. 231; -/Zentralbild, Waltraud Grubitzsch – S. 8; -/Zentralbild, Michael Hanschke – S. 396; -/ZUMA Press, SOPA via ZUMA Wire, Victor Serri – S. 400; -/ZUMA Press, Li Wen – S. 22; © Punch Cartoon Library/TopFoto – S. 226; Klaus Stuttmann, Berlin – S. 412; ullstein bild – S. 258; -/AISA – S. 239; -/Archiv Gerstenberg – S. 41; -/BPA – S. 290; -/imagebroker.net, Konrad Wothe – S. 230; -/Roger Viollet, Bruno de Monès – S. 151; -/Roger Viollet, Albert Harlingue – S. 365; -/Wilfried Zeckai – S. 409; © Wilhelm-Busch-Gesellschaft e. V., Hannover – S. 417; Württembergische Landesbibliothek/Bibliothek für Zeitgeschichte – S. 475; www.wikimedia.org – S. 266; -/Brunswyk – S. 399; -/Zedler & Vogel, CC0 – S. 158.

Mediencodes

Alamy Stock Photo / Hervé Lenain	S. 36 (31000-983);
Mauritius Images / Alamy Stock Photo, Gainew Gallery	S. 46 (31000-984);
Alamy Stock Photo / PAINTING	S. 74 (31000-985);
Alamy Stock Photo / Heritage Image Partnership Ltd.	S. 120 (31000-39);
Mauritius Images / Alamy Stock Photo, The History Collection	S. 130 (31000-463);
Mauritius Images / World Book Inc.	S. 132 (31000-464);
Alamy Stock Photo / Lanmas	S. 155 (31000-249);
Mauritius Images / Alamy Stock Photo, Photo 12	S. 155 (31000-268);
© Hessen Kassel Heritage, Sammlung Graphik, Foto: Ute Brunzel / Johann Michael Voltz, Hepp! Hepp!, SM-GS 6.2.790/3, fol. 5	S. 163 (31000-390);
akg-images / Interfoto, TV-Yesterday	S. 198 (31000-275);
akg-images	S. 245 (31000-466);
Mauritius Images / SuperStock, Fine Art Images	S. 248 (31000-40);
Mauritius Images / Alamy Stock Photo, Peter Horree	S. 258 (31000-195);
picture-alliance / akg-images	S. 302 (31000-467);
Mauritius Images / Alamy Stock Photo, Auk Archive	S. 312 (31000-468);
Alamy Stock Photo / Pictorial Press Ltd.	S. 334 (31000-469);
picture-alliance / akg-images, Herve Champollion	S. 345 (31000-470);
picture-alliance / dpa, Wolfgang Eilmes	S. 348 (31000-471);
picture-alliance / akg-images	S. 363 (31000-65);
bpk-Bildagentur	S. 372 (31000-67);
Mauritius Images / World Book Inc.	S. 373 (31000-128);
picture-alliance / Bildarchiv, Wolfgang Kumm	S. 423 (31000-138);
Alamy Stock Photo / Chris Hellier	S. 443 (31000-986).